남북한문전 14

남북한문전

A Guide to Studies on Korea

선사시대부터 현대까지 우리나라의
역사 · 정치 · 법제 · 행정 · 사회경제 · 사상 · 문화 · 외교 · 통일에 관한
국내외 저술의 분류와 해설

[제 14 권]

현대 (7): 제6공화정(개별적 비교)

김 학 준

단국대학교출판부

차례

제1부 제6공화정: 노태우정부로부터 문재인정부까지

제3부 조선민주주의인민공화국의 국내외 상황전개

제1부 제6공화정: 노태우정부로부터 문재인정부까지

제1장
노태우정부

제1절 개관

1987년 6월항쟁의 결과로 여야합의에 따른 새 헌법이 마련되고 이 헌법에 따라 1987년 12월 16일에 5년 단임제의 대통령을 선출하는 국민직선이 실시됐다. 이 직선에서 당선된 노태우(盧泰愚) 민주정의당 후보는 1988년 2월 25일에 제13대 대통령에 취임했다. 이에 따라, 제6공화정이 개막됐다.

노태우정부의 시기에 전국적 수준의 선거가 네 차례 실시됐다. 첫째, 제13대 국회총선이 1988년 4월 26일에 실시됐고 그 결과 집권당인 민주정의당이 제1당이 됐으나 과반수 의석은 확보하지 못해 여소야대(與小野大)의 국면이 열렸다. 김대중의 평화민주당, 김영삼의 통일민주당, 김종필의 신민주공화당이 각각 제2당, 제3당, 제4당이 되었다. 이 국면은 1990년 1월에 민주정의당 · 통일민주당 · 신민주공화당 등 3당이 민주자유당(약칭 민자당)으로 통합함에 따라 크게 바뀌었다.

둘째, 시 · 군 · 구의회의원 선거가 1991년 3월 26일에 그리고 시 · 도의회의원 선거가 1991년 6월 20일에 각각 실시됐다. 지방교육위원선거는 1991년 8월 8일과 10일에 실시됐다. 이로써 1961년의 5 · 16군사정변으로 전면중단됐던 지방자치제와 교육지방자치제가 부활됐다.

셋째, 제14대 국회총선이 1992년 3월 24일에 실시됐다. 집권당인 민주자유당이 전체 의석 299석 가운데 149석을 차지해 원내 제1당의 지위를 유지했으나 과반수는 얻지 못했다.

넷째, 第14대 대통령선거가 1992년 12월 18일에 실시됐다. 민주자유당의 김영삼 후보, 민주당의 김대중 후보, 그리고 통일국민당의 정주영 후보가 경쟁한 이 선거에서 김영삼 후보가 당선됐다. 김대중 후보는 정계은퇴를 선언하고 영국으로 '유학의 길'을 떠났다.

노태우정부는 대한민국이 '권위주의 체제'에서 '민주주의 체제'로 '전이(轉移)' 또는 '이행(移行)'하는 과도기에서 징검다리 역할을 성공적으로 수행했다. 노태우정부는 지속적 경제성장을 유지하면서도 물가를 안정시켰으며, 마침내 중산층 형성을 이끌어냈다. 경기도 일산(一山)과 분당(盆唐)에 모두 2백만 호가 들어서는 '신도시'를 건설함으로써 주택문제 해결에 돌파구를 열었고, 서해안고속도로와 인천국제공항을 신설하고 KTX 고속철도를 개통해 국내적 · 국제적 교통망을 훨씬 더 활성화했다.

미국과의 동맹관계를 강화하고 일본과의 우호친선관계를 유지한 가운데, 서울올림픽을 성공적으로 개최한 바탕 위에서 북방정책을 적극적으로 추진했다. 그 결과 소련과 중공 및 동유럽과 국교를 수립할 수 있었으며, 남북한의 유엔동시가입을 실현시켰고, 남북한관계의 역사에서 처음으로 남북총리회담을 성사시켜 북한과 「남북기본합의서」 및 「한반도비핵화선언」을 채택할 수 있었다.

제1항 노태우정부에 관한 기초자료

노태우 전기

(1) 이경남(李敬南: 언론인), 『용기 있는 보통사람 노태우』(을유문화사, 1987)/강상구(姜尙求) 역, 『노태우: 벽을 넘어 화합과 전진』(일본어)(도쿄: 후유키샤[冬樹社], 1988).

(2) 이영규(신문인) · 이배영(출판인) 공편저, 『인간 노태우』(호암출판사, 1987).

대통령 취임 이전의 공약 또는 지향(志向)

(1) 민주정의당 정책위원회, 『노태우 약속 이렇게 실천한다』(민주정의당 정책위원회, 1987); ______, 『밝은 미래와의 노태우 약속: 13대 대통령선거 공약』(민주정의당 정책위원회, 1987).

(2) 김종성(金鍾聲) 편저, 『노태우: 6·29선언과 그의 정치론』(창작예술사, 1987).

(3) 사람과생각사 편집실 편, 『함께 하는 정치 고루 사는 사회: 노태우의 인식』(사람과생각사, 1987).

(4) 오의일(吳義日) 편저, 『노태우 선언과 세계언론』(동신출판사, 1987).

(5) 노태우, 『위대한 보통사람들의 시대: 90년대를 위한 설계와 실천』(을유문화사, 1987)/정순일(鄭淳日) 역, 『보통사람의 시대: 한국 민주화 선언』(일본어)(도쿄: 사이마루출판회, 1988)/첨탁호(詹卓顥) · 전제공(傳濟功) 공역, 『평범한 사람들의 위대한 시대』(중국문)(대북: 여명문화사업공사, 1988).

대통령 취임 이후의 공약 및 실적

(1) 문화공보부 해외공보관 편, 『노태우 대통령 아태지역(亞太地域) 4개국 순방 외신보도』(문화공보부 해외공보관, 1988); ______, 『노 대통령 방미관련 외신보도』(문화공보부 해외공보관, 1989).

노 대통령은 1988년 11월 3~14일에 말레이시아, 호주, 인도네시아, 브루나이 4개국을 순방했다. 그는 1989년 10월에 미국을 방문하고 부시 대통령을 비롯한 미국 정계의 요인들과 회담했다.

(2) 문화공보부 편, 『노태우 대통령의 꾸준한 개혁 1년』(문화공보부, 1988).

(3) 김춘식(金春植) 편, 『대통령 아저씨 짜증날 땐 만화 보셔요』(계몽사, 1989).

어린이들이 스스로 대통령에게 띄운 편지들 가운데 가려 뽑아 모은 책이다.

(4) 대통령 공보비서실 편, 『민주주의의 시대 통일을 여는 연대: 노태우 대통령 1년의 주요 연설』(동화출판사, 1989);

(5) ______, 『노태우 대통령 연설문집』 제1권~제3권(대통령공보비서실, 1990); 제4권~제5권(대통령공보비서실, 1992~1993).

(5-A) 「재단법인 보통사람들의 시대 노태우센터」 편집, 『노태우의 생각 대통령의 연설 1988~1993: 노태우 대통령 연설문집』(늘픔플러스, 2023).

위에서 적시한 『노태우 대통령 연설문집』 전5권 가운데 중요한 연설문을 뽑았다.

(6) 조순(趙淳) 외 저, 『민주 · 번영 · 통일의 90년대: 제6공화국이 나아가는 길』(을유문화사, 1989).

경제기획원 장관 겸 부총리 조순을 비롯한 노태우정부의 장관들과 청와대 수석비서관들이 노태우정부가 지향하는 정책적 목표와 그 방향을 제시했다.

(7) 노태우, 『보통사람이 작은 기적을 이룰 때까지』(김영사, 1989).

(8) 대통령공보비서실 편, 『민주주의와 통일을 여는 길』(동화출판공사, 1991).

(9) 대통령비서실 21세기기획단 편, 『21세기의 한국: 국책연구기관이 본 전망과 과제』(동화출판사, 1993).

노태우 대통령 때 발족한 21세기위원회와 산하의 21세기기획단은 제6공화정이 추진할 과제를 선정했다. 이 책은 그 과제가 어떻게 수행되고 있는가를 점검했다.

(10) 국무총리행정조정실 편, 『제6공화국 국정평가 및 향후과제』(국무총리행정조정실, 1993).

실록

(1) 공보처 편, 『제6공화국실록: 노태우대통령정부 5년』 전6권(공보처 정부간행물제작소, 1992), 제1권(『정치』).

제4장 3당통합과 정당정치 재정립, 307~337쪽.
제5장 지방자치시대의 개막과 정국, 338~365쪽.

제5편 지방자치의 실시

제1장 지방자치시대 개막의 의의, 367~372쪽.
제2장 지방자치 실시의 연혁, 373~384쪽.
제3장 지방자치법의 특색과 주요 내용, 385~403쪽.
제4장 지방선거법의 특색과 주요 내용, 404~412쪽.
제5장 지방자치 관계 법률의 제정 및 개정, 413~422쪽.
제6장 1991년 지방의회 의원 선거의 실시, 423~466쪽.
제7장 지방자치의 정착과 발전을 위한 추진상황과 향후과제, 467~479쪽.

제6편 행정민주화를 통한 정치민주화의 내실화

제1장 제6공화국 행정민주화작업의 의의, 481~483쪽.
제2장 행정민주화의 추진체계와 과정, 484~487쪽.
제3장 행정민주화를 위한 각계 의견의 수렴, 488~501쪽.
제4장 행정민주화의 구체적 실천과정 및 내용, 502~545쪽.
제5장 결론: 총체적 평가와 향후과제, 546~548쪽.

(2) ______ 편, 『제6공화국실록: 노태우대통령정부 5년』 전6권(공보처 정부간행물제작소, 1992), 제2권(『외교 · 통일 · 국방』).

제1편 외교

제1장 제6공화국의 외교이념과 기본정책 방향, 33~37쪽.
제2장 한미간 성숙한 동반자관계 강화, 38~63쪽.
제3장 미래지향적 한일 우호협력관계 발전, 64~86쪽.
제4장 북방외교의 성공적 전개, 87~125쪽.
제5장 역사적인 남북한 유엔가입의 실현, 126~142쪽.
제6장 아시아 · 태평양 외교의 새로운 전개, 143~163쪽.
제7장 통합구주(統合歐洲)와의 실질협력관계 심화, 164~172쪽.
제8장 제3세계권과의 관계증진, 173~187쪽.
제9장 경제 · 통상외교의 적극화, 188~215쪽.
제10장 국제기구활동의 강화, 216~226쪽.
제11장 해외동포 지원과 국민 해외진출 장려, 227~238쪽.
제12장 대외문화 · 홍보외교 강화, 239~249쪽.

제13장 선진외교체제의 확립, 250~261쪽.
제14장 결론, 262~265쪽.

제2편 통일

제1장 '민족공동체 통일'을 지향한 새로운 통일정책의 전개, 267~297쪽.
제2장 통일환경의 변화 모색, 298~331쪽.
제3장 남북대화의 전개와 진전, 332~399쪽.
제4장 남북교류 협력의 실현, 400~427쪽.
제5장 통일정책 기반의 확대조성, 428~449쪽.
제6장 통일에 대비한 역량강화, 450~476쪽.
제7장 '한민족 공동체 통일' 실현을 위한 범국민적 통일역량 결집, 477~485쪽.
부록 1: 통일정책 선언문, 486~502쪽.
부록 2: 남북교류협력 관계 법규, 503~511쪽.
부록 3: 남북관계 주요일지, 512~533쪽.

제3편 국방

제1장 국방정책 기본방향, 535~545쪽.
제2장 군사대비태세 재정비 강화, 546~558쪽.
제3장 국방태세의 자주적 혁신, 559~581쪽.
제4장 자주국방 능력 강화, 582~605쪽.
제5장 한미 안보협력관계의 전향적 재정립, 606~627쪽.
제6장 적극적인 전쟁억제 및 긴장완화 노력, 628~648쪽.
제7장 국제평화 및 우호증진에 기여, 649~659쪽.
제8장 새 시대 민주군대의 위상 정립, 660~680쪽.
제9장 사회발전 및 국민편익 증진, 681~699쪽.
제10장 국방실적 평가와 새로운 과업, 700~706쪽.

(3) ______ 편, 『제6공화국실록: 노태우대통령정부 5년』 전6권(공보처 정부간행물제작소, 1992), 제3권(『경제』).

제1편 여건변화와 거시경제운용

제1장 경제운용 기조, 35~56쪽.
제2장 국내경제여건의 변화와 대응, 57~76쪽.
제3장 대외경제여건의 변화와 대응, 77~92쪽.
제4장 경제정책운용 평가, 93~140쪽.

제5장 거시경제운용 성과, 141~183쪽.
제2편 경제의 균형발전
제1장 지역균형발전의 추진, 185~207쪽.
제2장 농어촌발전정책의 추진과 방향, 208~231쪽.
제3장 제6공화국 주택정책의 개요 및 성과, 232~259쪽.
제4장 토지제도개혁을 통한 경제정의의 실현, 260~281쪽.
제3편 경제의 자율화와 개방화 추진
제1장 금융자율화와 국제화, 283~313쪽.
제2장 민주·자율적 노사관계의 정착, 314~340쪽.
제3장 경제의 자율화 추진, 341~367쪽.
제4장 개방경제로의 이행, 368~378쪽.
제5장 대외통상협력의 강화, 379~403쪽.
제4편 경제의 발전기반 확충
제1장 산업구조의 고도화, 405~431쪽.
제2장 제조업 경쟁력 강화 대책, 432~459쪽.
제3장 사회간접자본 확충, 460~482쪽.
제4장 과학기술정책 추진, 483~521쪽.
제5장 중소기업의 육성·발전, 522~545쪽.
제5편 국민복지 증진과 환경보전
제1장 국민욕구변화와 정책전환, 547~551쪽.
제2장 전국민의료보장과 국민건강수준 향상, 552~569쪽.
제3장 국민건강의 보호증진, 570~599쪽.
제4장 사회복지의 증진, 600~629쪽.
제5장 환경보전과 쾌적한 생활여건 조성, 630~669쪽.
제6편 2000년대 한국경제의 비전
제1장 2000년대 민족경제의 발전 전망, 671~681쪽.
제2장 2000년대의 경제발전여건과 대응전략, 682~684쪽.

(4) ______ 편, 『제6공화국실록: 노태우대통령정부 5년』전6권(공보처 정부간행물제작소, 1992), 제4권(『교육·사회·문화·체육·청소년·여성』).

제1편 교육
제1장 제6공화국의 교육정책 방향, 37~51쪽.

제2장 교육 내용 및 방법의 개선, 52~72쪽.
제3장 기초 의무교육의 충실, 73~85쪽.
제4장 초·중등 교육환경의 개선, 86~90쪽.
제5장 고등학교 교육체제의 개혁, 91~101쪽.
제6장 기초과학 및 기술교육의 강화, 102~114쪽.
제7장 교원 종합대책 추진, 115~138쪽.
제8장 고등교육의 충실화, 139~161쪽.
제9장 사학진흥, 162~169쪽.
제10장 평생교육 기회의 확충, 170~186쪽.
제11장 해외교육 및 국제교류, 187~194쪽.
제12장 교육행정의 자율화, 195~209쪽.

제2편 사회

제1장 깨끗한 정부와 신뢰받는 공직자상의 정착을 위한 사정의 강화, 211~238쪽.
제2장 국민생활 보호를 위한 법질서 확립, 239~256쪽.
제3장 국민화합을 위한 새 질서 새 생활 운동의 전개, 257~287쪽.

제3편 문화

제1장 문화주의 시대의 개막, 289~300쪽.
제2장 민족 전통문화의 창달, 301~322쪽.
제3장 국민문화 향유권 및 참여권 신장, 323~366쪽.
제4장 문화창조력 제고 및 미래사회에 대비한 문화역량 창출, 367~391쪽.
제5장 국제 문화교류의 증진, 392~405쪽.
제6장 통일문화의 기반조성, 406~411쪽.
제7장 문화재원의 확충, 412~419쪽.
제8장 제6공화국 문화치적 평가, 420~423쪽.

제4편 체육

제1장 체육정책의 기본방향, 425~439쪽.
제2장 기적을 창조한 서울올림픽 제전, 430~448쪽.
제3장 남북체육교류의 과정과 성과, 449~463쪽.
제4장 국제경기대회 및 체육교류, 464~482쪽.
제5장 국민생활체육의 추진과 성과, 483~498쪽.
제6장 자립체육을 위한 기초환경 조성, 499~512쪽.
제7장 종합평가, 513~519쪽.

제5편 청소년

제1장 2000년대를 향한 청소년 육성정책, 521~534쪽.

제2장 청소년 정책의 효율적 추진을 위한 체제 확립, 535~546쪽.
제3장 청소년 활동의 강화, 547~566쪽.
제4장 청소년 복지의 확충, 567~585쪽.
제5장 청소년 교류의 확대, 586~597쪽.
제6장 청소년육성 추진기반의 구축, 598~609쪽.
제7장 총괄, 610~613쪽.

제6편 여성

제1장 여성정책 방향의 전환, 615~619쪽.
제2장 법과 제도의 정비, 620~635쪽.
제3장 여성관련 행정조직의 개편, 636~642쪽.
제4장 여성발전을 위한 사업의 추진, 643~684쪽.

(5) ______ 편, 『제6공화국실록: 노태우대통령정부 5년』 전6권(공보처 정부간행물제작소, 1992), 제5권(『대통령』).

제1편 제6공화국의 출범: 1988

제1장 '보통사람들의 위대한 시대,' 5~18쪽.
제2장 창조의 정치, 19~36쪽.
제3장 남북이 함께 번영하는 민족공동체, 37~44쪽.
제4장 벽을 넘어서, 45~56쪽.
제5장 민주번영의 통일시대, 57~61쪽.
제6장 한반도에 화해와 통일을 여는 길, 62~68쪽.
제7장 아시아 · 태평양 시대, 69~74쪽.
제8장 이해와 관용, 75~81쪽.

제2편 안정과 화합을 향한 전진: 1989

제1장 새해의 포부, 83~99쪽.
제2장 취임 한 돌을 맞아, 100~106쪽.
제3장 고뇌와 결단, 107~111쪽.
제4장 민주주의의 과제, 112~119쪽.
제5장 번영에의 의지, 120~125쪽.
제6장 전환기의 종언, 126~132쪽.
제7장 한민족공동체의 시대, 133~140쪽.
제8장 전진의 동반자, 141~147쪽.

제9장 자주외교의 시대, 148~162쪽.
제10장 80년대를 마감하며, 163~169쪽.
제3편 '희망의 연대'를 열며: 1990
제1장 새로운 출발, 171~179쪽.
제2장 국민통합의 정치, 180~185쪽.
제3장 국정의 쇄신, 186~193쪽.
제4장 미래지향의 선린관계, 194~200쪽.
제5장 한반도의 변화, 201~208쪽.
제6장 국민과 함께, 209~213쪽.
제7장 남북 교류 · 협력의 시대, 214~218쪽.
제8장 자유언론의 만개, 219~222쪽.
제9장 나라의 기틀, 223~227쪽.
제10장 크게 열린 북방의 새 지평, 228~245쪽.
제4편 통일·번영에의 도약: 1991
제1장 '도약의 해'를 열며, 247~260쪽.
제2장 진동하는 세계, 261~266쪽.
제3장 지방화시대의 개막, 267~271쪽.
제4장 한반도의 봄, 272~279쪽.
제5장 북미순방, 280~287쪽.
제6장 선진의 토대, 288~295쪽.
제7장 유엔회원국 시대, 296~304쪽.
제8장 아 · 태협력의 새 시대, 305~311쪽.
제9장 밝고 건강한 사회, 312~318쪽.
제10장 번영의 기틀, 319~326쪽.
제11장 남북화해와 통일의 이정표, 327~333쪽.
제5편 결실의 해: 1992
제1장 1992년의 국정방향, 335~350쪽.
제2장 새해의 국빈, 351~356쪽.
제3장 임기 1년을 앞두고, 357~365쪽.
제4장 새로운 우방들, 366~369쪽.
제5장 6·29선언 5주년을 맞아, 370~372쪽.
제6장 제14대 국회, 373~376쪽.
제7장 새로운 도약, 377~393쪽.
제8장 21세기를 대비하며, 394~411쪽.

(6) ______ 편, 『제6공화국실록: 노태우대통령정부 5년』 전6권(공보처 정부간행물제작소, 1992), 제6권(『일지』).

청와대 신축공사

대통령비서실, 『청와대건설지』(대통령비서실, 1992년 1월).

노태우 대통령은 1989년 7월에 청와대본관과 대통령관저 그리고 프레스센터인 춘추관공사를 시작해 2년 2개월 뒤인 1991년 9월 4일에 준공했다. 당시 임재길(林栽吉) 대통령 총무수석비서관이 주도한 이 건설에 관한 모든 자료를 담았다. 임재길(1942~현재)은 육군사관학교를 졸업하고 대령으로 예편했다.

대통령 퇴임 이후의 회고록

(1) 조갑제(趙甲濟) 해설, 『노태우 육성회고록: 전환기의 대전략』(조갑제닷컴, 2007). 「머리말: 역사는 노태우를 지금보다 훨씬 높게 평가할 것이다」에서, 조갑제는 많은 날카로운 관찰들을 남겼는데 그 가운데 다음이 포함됐다.

(i) "노태우 대통령 시절 5년간이 나의 기자생활 37년간 가장 자유롭게 일할 수 있었던 시기로 기억된다. [···] 정치적 기사로 해서 기자들이 안기부에 연행된 적이 없는 첫 시기였다. 노 대통령과 측근들은 비판적인 기자들을 누르는 대신 설득하려고 애썼다."

(ii) "6·29선언의 탄생과정에 전두환 대통령의 역할이 컸지만 결국 그 선언을 실천에 옮김으로써 새 역사 창조의 주인공이 된 사람은 노태우 대통령이었다. 1997년의 김대중-김정일의 반역적 합작품인 6·15선언은 탄생 자체가 원인무효인 사기였다. 6·29처럼 철저하게 실천된 정치선언도 달리 없을 것이다. 이 점 하나만으로도 노태우 대통령은 높게 평가받아야 한다."

(iii) "민주화세력은 노태우정권을 어떻게 보느냐를 기준으로 하여 그 정체성을 드러냈다. 나는 1987년 12월 대통령선거 때 그를 찍지 않았으나 '국민의 선택으로 뽑힌 정부이므로 민주정부, 정통성 있는 정부로 인정해야 한다'고 입장을 정리했다. 정리할 것도 없이 너무나 당연한 일이었다. 선거에서 패배한 일부 민주화세력은 노 정부를 군사정권의 연장이라고 해석하고 타도를 외쳐댔다. 그 속엔 친북좌익세력이 있었다. 이 시기에 국회의원에 출마하여 당선되었고, 국회에서 전직 대통령을 향하여 명패를 던지고도 무사했던 노무현 대통령까지도 제6공화국을 민주정부로 이해하지 않는 듯한 논법을 자주 쓴다.

노태우정부, 즉 제6공화국을 정통성이 있는 민주정부로 인정하지 않는 세력은 자동적으로 민의를 부정하는 반민주세력이다. 노태우정부 하에서 여당의 대표를 지냈던 김영삼 씨는 대통령이 되자 자신의 정부가 최초의 민주정부라면서 '문민정부'라고 이름 지었다. 그렇다면 그는 군사정부 하에서 제2인자로 복무했다는 이야기이다."

(2) 노태우, 『노태우 회고록』 전2권(조선뉴스프레스, 2011).

상권: 국가, 민주화, 나의 운명

제1장 나의 어린 시절, 25~44쪽.

제2장 육사생도 시절, 45~78쪽.
제3장 국군장교의 길, 79~114쪽.
제4장 5 · 16혁명과 방첩대생활, 115~140쪽.
제5장 베트남전선, 141~164쪽.
제6장 유신과 윤필용, 165~184쪽.
제7장 공수여단장 시절, 185~198쪽.
제8장 경호실과 차지철, 199~216쪽.
제9장 9사단장, 217~226쪽.
제10장 10 · 26사건에서 12 · 12까지, 227~240쪽.
제11장 수도경비사령관: 보안사령관 시절, 241~266쪽.
제12장 서울올림픽 유치 지휘, 267~284쪽.
제13장 2 · 12총선과 민정당대표, 285~312쪽.
제14장 6·29선언: 모든 것을 건 승부, 313~372쪽.
제15장 13대 대통령선거, 373~400쪽.
제16장 취임 전후, 401~440쪽.
제17장 서울올림픽: 조국이 가장 빛났던 순간, 441~456쪽.
제18장 '5공 청산'이란 광풍, 457~466쪽.
제19장 중간평가 유보, 467~480쪽.
제20장 3당 합당과 갈등, 481~498쪽.
제21장 민자당경선과 김영삼, 499~522쪽.
제22장 중립내각으로 대선, 523~552쪽.

하권: 전환기의 대전략

제23장 민주화와 자율화의 전면적 확산, 13~22쪽.
제24장 전환기의 경제, 도전과 응전, 23~38쪽.
제25장 구조개혁과 200만호 건설, 39~56쪽.
제26장 KTX, 영종도공항, 서해안고속도로, 57~66쪽.
제27장 법질서 확립, 67~78쪽.
제28장 전환기의 교육정책, 79~88쪽.
제29장 21세기를 향한 비전과 투자, 89~96쪽.
제30장 언론자유의 보장, 97~104쪽.
제31장 문화 · 예술 · 스포츠의 생활화, 105~112쪽.
제32장 청와대생활, 113~132쪽.
제33장 통일을 위한 원교근공(遠交近攻), 133~146쪽.

제34장 한국 · 헝가리 수교, 147~154쪽.
제35장 동구(東歐) 민주화혁명의 현장에서, 155~186쪽.
제36장 한소수교, 187~238쪽.
제37장 북경으로 가는 길, 239~248쪽.
제38장 한중수교의 막전막후, 249~276쪽.
제39장 남북대화시대의 개막, 277~314쪽.
제40장 남북기본합의서, 315~330쪽.
제41장 심각해지는 북핵문제, 331~348쪽.
제42장 남북 막후비화, 349~364쪽.
제43장 한반도비핵화선언, 365~382쪽.
제44장 분단 46년 만에 유엔가입, 383~392쪽.
제45장 한미관계의 순항, 393~428쪽.
제46장 북방외교의 철학, 429~434쪽.
제47장 퇴임과 귀향, 435~478쪽.
제48장 국정리더십에 대하여, 479~496쪽.
제49장 정치자금, 497~520쪽.
제50장 따뜻한 눈으로 역사를 보자, 521~533쪽.

노태우대통령 연보, 534~535쪽.
상훈 기록, 536~537쪽.
분야별 주요 업무일지, 538~560쪽.

국무총리와 대통령 보좌진의 회고

(1) 김학준(金學俊), 「노 대통령 임기 안에 민주 기틀 확립된다」, 『신동아』(1989년 11월), 158~173쪽; ______, 「노정부는 '물정부'일 수밖에 없었다」, 『신동아』(1993년 2월), 434~453쪽.

(2) 문희갑(文熹甲), 『경제개혁이 나라를 살린다』(행림출판사, 1992).

(3) 노재봉(盧在鳳), 「노태우: 시대변화에 대한 역사의식이 뚜렷한 대통령」, 조선일보사 월간조선부 엮음, 『비록 한국의 대통령: 권력과 인간, 정치와 인생: 우리의 일곱 대통령 이승만 · 윤보선 · 박정희 · 최규하 · 전두환 · 노태우 · 김영삼 이야기』(조선일보사 출판부, 1993), 214~219쪽.

(4) 염홍철(廉弘喆), 「노태우 대통령: 리더쉽과 치적 공과」, 한국정치학회 충청지회

주최, 『남북한 정치지도자의 리더쉽과 치적 공과: 남북한 건국 50주년 학술대회』(1998년 6월 19일), 169~197쪽; ______, 「노태우 대통령: 국정운영의 공과(功過)」, 한국현대사연구회, 『근현대사강좌』11(2000년 2월), 7~50쪽.

(5) 강영훈(姜英勳), 「제4장 국무총리직과 나라 정치」, ______, 『나라를 사랑한 벽창우: 강영훈 회고록』(동아일보사, 2008), 348~476쪽.

(6) 김재순(金在淳) · 박준규(朴浚圭) 전 국회의장/이현재(李賢宰) · 정원식(鄭元植) · 강영훈(姜英勳) · 현승종(玄勝鍾) 전 국무총리/김덕주(金德柱) 전 대법원장/노재봉(盧在鳳) · 정해창(丁海昌) · 최석립(崔石立) · 김종인(金鍾仁) · 손주환(孫柱煥) · 김학준(金學俊) · 임인규(林仁圭) · 이병기(李丙琪) 대통령비서실 외 저, 『노태우 대통령을 말한다: 국내외 인사 175인의 기록』(경기도 파주시: 동화출판사, 2011).

(7) 최병렬(崔秉烈), 『보수의 길, 소신의 삶: 최병렬 자서전』(기파랑, 2011).

전두환 대통령 때 민정당 비례대표로 제12대 국회의원을 역임했고 노태우 대통령 때 대통령정무수석비서관에 이어 문화공보부장관→공보처장관→노동부장관을 역임했으며, 김영삼 대통령 때 서울특별시장을 역임한 저자(1938~2022)의 회고록이다. 7~11장이 노태우 대통령 시절에 관계된다.

(8) 연세대학교 국가관리연구원 편/박철언 · 문희갑 · 노재봉 구술/박명림(朴明林) · 윤민재(尹民載) · 권자경(權子卿) · 장훈각(張訓珏) · 박용수(朴鏞秀) 채록 및 편집, 『한국대통령 통치구술사료집 3(『노태우대통령』)』(선인, 2013).

(9) 정원식(鄭元植), 「내가 만난 노태우 대통령」, ______, 『정원식의 교육시론』(경기도 파주시: 교육과학사, 2014), 369~373쪽.

노태우 대통령 때 문교부장관에 이어 국무총리를 역임한 저자의 회고가 담겼다.

(10) 김종인(金鍾仁), 『영원한 권력은 없다: 대통령들의 지략가 김종인 회고록』(시공사, 2020).

노태우 대통령 때 보건사회부장관에 이어 대통령경제수석비서관 등으로 봉직했던 저자의 회고가 담겼다. 특히 제2부와 제3부에, 노태우 대통령의 국내외 정책결정에 관한 회고가 많이 포함됐다.

※ 김종인(1940~현재)은 한국외국어대학 독어독문학과를 졸업했다. 대한민국 초대 대법원장 김병로(金炳魯)의 손자로 할아버지가 5 · 16군사정부에 맞서 야당생활을 하던 때 할아버지 곁에서 현실정치를 익혔다. 곧 독일로 유학해 뮌스터대학교 대학원 경제학

과에서 경제학박사학위를 받고, 서강대학교 경제학과 교수로 부임했다. 당시 대통령비서실장이던 김정렴(金正濂)의 조카사위라는 인연으로 정부의 경제정책에 조언할 수 있었다. 신군부가 집권하면서 국가보위비상대책위원회에 참여했고 곧 민주정의당 소속의 전국구 국회의원으로, 이어 노태우 대통령 때 보건사회부장관 및 경제수석비서관으로 봉직했다. 전국구로만 다섯 차례에 걸쳐 국회의원에 진출한 것으로 유명하다. 이러한 경험이 모두 이 책에 녹아있다. 한국외국어대학교 석좌교수 및 건국대학교 석좌교수로 활동했으며, 가장 최근에는 국민의힘 비상대책위원장으로 활동했다. 그의 대표적 저서로 다음이 있다.

김종인, 『결국 다시 경제민주화다: 헌법이 보장하는 경제민주화 이야기』(박영사, 2017); _____, 『김종인, 대화: 스물 효민 묻고, 여든 종인 답하다』(동아일보사, 2021).

2000년에 태어난 곽효민이 1940년에 태어난 김종인에게 정치에 대해 질문하고 김종인이 대답하는 형식으로 쓰였다. 이 책에서 김종인은 현행 대통령제를 비판하고 '포용적인 정치시스템 구축'을 제의했다. 김종인은 또 특히 문재인정부에 와서 '연성독재(軟性獨裁)'의 위험이 제기되고 있으며 사법부의 독립이 흔들리고 있다고 경고했다; _____, 『왜 대통령은 실패하는가: 킹메이커는 왜 정치의 패러다임을 바꾸려고 하는가』(21세기북스, 2022); _____, 『독일은 어떻게 1등국가가 되었나: 전범국가에서 모범국가로』(오늘산책, 2023).

김종인에 대한 설명과 평가로 다음이 있다.

(ⅰ) 곽대중, 『김종인 사용설명서: '경제할배' 김종인 그의 파괴력은 어디서 오는가』(기다림설레임, 2017).

※ 곽대중(1974~현재)은 전남대학교 총학생회 회장을 역임했으며, 현재 통일아카데미 이사이다.

(ⅱ) 남재희(南載熙), 「그 시대 그 사람: 김종인 전: 비례대표 국회의원 5선 기록했으나 대권에는 실패한 마키아벨리」, 『황해문화』118(2023년 봄), 269~275쪽.

(11) 정해창(丁海昌), 『대통령비서실장 791일: 정해창의 청와대 일지』(경기도 파주시: 나남출판사, 2023).

노태우 대통령의 세 번째 비서실장이었던 저자가 자신의 재임기에 있었던 여러 국내외 일들에 관한 기록을 위의 책으로 출판했다.

노태우 대통령 때 청와대를 출입했거나 국회를 출입한 기자의 회고

(1) 이낙연(李洛淵: 동아일보 정치부 기자), 『80년대 정치현장: 정치부 기자수첩 '79-89'』(동아일보사, 1989).

(2) 이정식(李廷湜: CBS 청와대 출입기자), 『기사로 안 쓴 대통령 이야기』(동학사, 1992).

(3) 윤국한(尹國漢: 한겨레 청와대 출입기자), 「떠나가는 노태우의 5년 성적표」, 『월간 말』(1993년 2월), 24~27쪽.

(4) 문재철(文哉喆: KBS 청와대 출입기자), 『청와대 비밀메모』(갑인출판사, 1993).

노태우 대통령 5년에 대한 종합적 평가

(1) 박종렬(朴鍾烈: 신동아 기자), 「노태우 대통령의 이미지 메이킹 전략」 『신동아』(1988년 4월), 200~213쪽.

(2) 유종렬(劉鍾烈), 「노태우 대통령 부드러우나 뚝심 센 지도자」, 『현대공론』(1989년 5월), 86~95쪽.

(3) 김영명(金永明), 「제15장 노태우정권의 수립과 민주주의 정착의 과제」, ______, 『한국현대정치사: 정치변동의 역학』(을유문화사, 1992), 387~412쪽.

(4) James Cotton, ed, *Korea Under Roh Tae-woo: Democratization, Northern Policy and Inter-Korean Relations*(Canberra, Australia: Allen and Unwin, 1993).

Part 1 Democratisation: Prerequisites

Okonogi Masao, "South Korea's Experiment in Democracy," pp.7~21.

James Cotton, "From Authoritarianism to Democracy in South Korea," pp.22~41.

Jae-youl Kim, "Democratisation in South Korea," pp.42~52.

Robert E. Bedeski, "State Reform and Democracy in South Korea," pp.53~73.

Won-mo Dong, "The Democratisation of South Korea: What Role Does the Middle Class Play?," pp.74~91.

Chalmers Johnson, "South Korean Democratisation: The Role of Economic Development," pp.92~110.

Part 2 Democratisation: Process

Hong-nack Kim, "The 1988 Parliamentary Election in South Korea," pp.111~126.

Jang-hee Yoo, "Reform with No Caprice: Economic Performance of the Roh Administration," pp.127~137.

Jin Park, "Political Change in South Korea: The Challenge of the Conservative Alliance," pp.138~152.

Hak-joon Kim, "New Political Development with a Vision for the 1990s and Beyond," pp.153~169.

Sun-kwang Bae and James Cotton, "Regionalism in Electoral Politics," pp.170~186.

Part 3 Northern Policy and Inter-Korean Relations

Perry Wood, "The Strategic Equilibrium on the Korean Peninsula in the 1990s," pp.187~217.

Sang-seek Park, "Northern Diplomacy and Inter-Korean Relations," pp.218~244.

Hak-joon Kim, "The Republic of Korea's Northern Policy: Origin, Development, and Prospects," pp.245~266.

Dong-won Lim, "Inter-Korean Relations Oriented toward Reconciliation and Cooperation," pp.267~276.

Hak-joon Kim, "Korean Reunification: A Seoul Perspective," pp.277~289.

James Cotton, "The Two Koreas and Rapprochement: Foundations for Progress?," pp.290~302.

Hong-koo Lee, "Unification through a Korean Commonwealth: Blueprint for a National Community," pp.303~312.

(4-A) John Kie-chiang Oh, "Book Review: *Korea Under Roh Tae-woo* by James Cotton," *Journal of Asian Studies*, Vol. 53, No. 2(May 1994), pp.580~581.

(5) Robert E. Bedeski, *The Transformation of South Korea: Reform and Reconstitution in the Sixth Republic Under Roh Tae Woo, 1987~1992*(New York: Routledge, 1994).

(5-A) Tian He, "Book Review: *The Transformation of South Korea* by Robert E. Bedeski," *Asian Journal of Comparative Politics*, Vol. 20, No. 10(January 2020), pp.1~18.

(6) 진덕규(陳德奎), 「노태우정부의 권력구조와 정치체제」, 안청시(安淸市) 외, 『전환기의 한국민주주의, 1987~1992』(법문사, 1994), 31~86쪽.

(7) 지동욱(池東旭), 『한국 대통령 열전: 권력자의 영화와 전락』(일본어)(도쿄: 주오고론신샤[中央公論新社], 2002)/박윤희(전문번역가) 옮김, 「제6장 노태우」, ______, 『한국대통령 8인 비극적 말로의 비밀: 최고 권력자의 영화와 전락, 암투와 감춰진 모습』(사

람의향기, 2003), 207~236쪽.

(8) 김일영(金一榮), 「노태우정부에서의 정치사회적 갈등양상과 해결경험」, 『분쟁해결연구』(단국대학교 분쟁해결연구센터) 제7권 제2호(2009년 12월), 5~25쪽.

(9) 강원택(康元澤) 편, 『노태우 시대의 재인식: 전환기의 한국사회』(경기도 파주시: 나남출판사, 2012).

강원택(康元澤), 「서언: 노태우 리더십의 재평가」, 15~39쪽.

제1부 국내정치

이현우(李賢雨), 「여소야대 국회에 대한 반응」, 41~66쪽.

최준영(崔峻榮), 「3당합당: 민주화 이후 한국 정당정치 전개의 분기점」, 67~98쪽.

김선혁(金善赫), 「노태우시대 한국의 시민사회」, 99~132쪽.

박태균(朴泰均), 「세계사적 전환기와 노태우정부」, 133~167쪽.

제2부 대외관계

이근(李根), 「노태우정부의 북방외교: 엘리트 민족주의에 기반한 대전략」, 169~200쪽.

전재성(全在晟), 「북방정책의 평가: 한국 외교대전략의 시원」, 201~236쪽.

이정철(李貞澈), 「외교-통일 분화기 한국 보수의 대북정책: 정책연합의 불협화음과 전환기 리더십의 한계」, 237~268쪽.

박철희(朴喆熙), 「노태우시대의 대전략과 우방국 외교: 대미 · 대일관계」, 269~293쪽.

제3부 경제정책

송치영(宋致榮), 「노태우정부의 주요 경제정책 평가: 성장, 금융 자유화 및 개방, 물가 안정화 정책을 중심으로」, 295~324쪽.

조성욱(趙成旭), 「기업과 정치권 관계 전환기의 대기업정책」, 325~342쪽.

허재준(許栽準), 「노태우정부 노동정책의 의의와 위상」, 343~378쪽.

강신욱(姜信昱), 「노태우정부 복지정책의 성취와 한계」, 379~406쪽.

(10) 강원택(康元澤) 편, 『6.29선언과 한국 민주주의: 민주화 30년, 한국 민주주의의 진전과 노태우정부 시기의 재조명』(푸른길, 2017).

강원택(康元澤), 「제1장 한국 민주화와 노태우정부」, 9~29쪽.

제1부 6·29선언과 한국정치

한정훈(韓定勳), 「제2장 정치사로서의 6·29선언」, 31~61쪽.

강신구(姜信球), 「제3장 6·29선언 8개항의 의미와 진전에 대한 평가」, 62~99쪽.

임성학(林成學), 「제4장 민주화의 '제3의 물결'과 6·29선언」, 100~126쪽.

가상준(賈尙埈), 「제5장 6·29선언과 한국 민주주의에 대한 세대간 인식」, 127~161쪽.

제2부 노태우정부 시기의 재평가

조진만(趙眞晩), 「제6장 전환기의 민주주의」, 162~195쪽.

윤성이(尹聖理), 「제7장 여소야대 정국과 대통령 리더십」, 196~227쪽.

이연호(李年鎬), 「제8장 단임 대통령제와 경제정책」, 228~256쪽.

박인휘(朴仁煇), 「제9장 북방정책, 30년의 평가」, 257~283쪽.

황재호(黃載皓), 「제10장 한국과 중국, 수교 과정과 의미」, 284~311쪽.

제3부 물결 속의 한국 민주주의

기미야 다다시(木宮正史: 도쿄대 대학원 총합문화연구과), 「제11장 한국 민주화와 국제정치」, 313~358쪽.

그렉 브래진스키(Gregg Brazinsky, 조지워싱턴대 역사학과), 「제12장 Korea's Democratic Transition, The Tides of World History, and US Foreign Policy」, 359~385쪽.

추윤한(朱雲漢: 국립대만대 정치학과), 「제13장 South Korea and Taiwan at the Juncture of Democratic Opening: A Retrospective Assesement 30 Years Later」, 386~416쪽.

(11) 김태완(金泰完: 월간조선 기자), 「노태우의 경청하는 리더십: "여소야대 13대 총선 이후 사사건건 발목잡은 3김 수시로 만나"」, 『월간조선』(2017년 6월), 102~107쪽.

(12) 박태균(朴泰均), 「박태균의 역사와 비평: 한 · 중수교 30년…미 · 중격돌 헤쳐갈 새해 우리의 전략은?」, 『중앙일보』(2022년 12월 22일), 24쪽.

서울대학교 국제대학원 교수인 필자가 결코 이 글을 통해 노태우 대통령 5년을 평가하고자 한 것은 아니다. 긴 역사적 안목에서 2022년이 한국사에서 차지하는 의미를 학문적으로 구명하고자 한 글이다. 거기에는 '한국사회의 전환점이 된 1992년'이라는 작은 제목 아래 다음과 같은 구절이 포함됐다.

"조선 건국 600년이자, 지금으로부터 30년 전인 1992년에는 한국 사회가 큰 전환이 이루어졌다. 1월 1일부터 자본시장이 개방되면서 외국인들의 주식매수가 허용되기 시작했다. 위안부 문제 해결을 위한 수요집회가 1월 8일 시작되었고, 12월에는 대통령 선거를 통해 1961년 이후 처음으로 직접선거를 통해 군인 출신이 아닌 민간 정치인을 대통령으로 선출했다.

4월에는 LA 폭동으로 교민들의 피해가 발생했고, 5월에는 국제원자력기구에서 북한의 핵재처리 능력을 확인하면서 북핵 문제가 시작되었다. 무엇보다도 1992년에 가장 중요했던 사건은 한국과 중국의 수교였다. 중국의 공산화와 한국전쟁 참전으로 타이완과 외교관계를 유지하던 한국은 타이완과 단교하고 타이완 소유의 모든 시설을 중국에 이양했다.

한・중수교는 한국의 무역구조를 바꾸어 놓았다. 수출주도형 경제성장을 추진하면서도 일본과 미국 외에 수출시장을 확대하지 못하고 있었던 한국으로서는 경제적으로 새로운 전환을 맞이할 수 있었고, 향후 30여년 간 한국의 주요 무역상대국 순위를 바꾸어놓았다. 또한 한・미동맹을 외교의 축으로 하면서도 중국과의 관계를 심각하게 고려하지 않을 수밖에 없는 상황이 되면서 한국의 외교정책을 실리외교로 바꾸어 놓는 계기가 되기도 했다.

1992년에는 그 전해에 있었던 남북기본합의서로 인해 팀 스피릿 한미합동훈련이 실시되지 않았으며, 같은 해 12월에는 베트남과의 수교가 이루어졌다. 보수정부 아래에서 북한과의 관계로 인해 한・미합동훈련을 연기되었고, 불과 20년 전 5000명이 넘는 한국의 젊은이가 희생되었을 때 적국이었던 베트남이 한국의 수교국이 된 것이다.

이렇게 보면 지난 2022년에 발생했던 사건들에 대한 현재의 평가도 중요하지만, 수십년이 지나면 그 사건에 대한 평가가 바뀔 수도 있고, 지금 주목받았던 사건이 기억 속에서 사라질 수도 있으며, 눈에 띄지 않았던 사건이 새롭게 주목받을 수도 있을 것이다. 당시에는 많은 비판을 받았던 노태우정부 시기의 정책과 사건들이 재조명을 받고 있는 것이 대표적 사례라 할 수 있다. 그래서 역사는 현재와 과거의 대화이다."

(13) 박은식(호남대안포럼 공동대표), 「광주 청년이 바라본 신군부시대…정말 모든 게 '암흑기'였나」, 『조선일보』(2023년 4월 13일), A33쪽.

전두환정부 시기와 노태우정부 시기를 합쳐 종합적으로 평가했다. 그 가운데 노태우정부에 한정해 그 일부를 소개하기로 한다.

직선제 개헌이 이뤄졌지만 국민의 선택은 노태우였다. 노태우정권은 북방외교, 평시 작전권 회수, 남북한 유엔동시가입 등을 추진해 성공시켰다. 그리고 국민의료보험 및 국민연금제도를 확대했다. 이 시기 호남지역에 광양제철과 서해안고속도로가 건설됐고 새만금개발사업도 추진됐다.

그 시대엔 목숨 걸고 민주화투쟁에 앞장선 분들도 있었지만 이념을 떠나 민생문제를 해결하려던 엘리트 관료들과 그들의 제안을 외압 안 받게 보호해주며 추진케 한 리더들도 있었다. 무엇보다 가족을 위해 성실히 일한 국민들이 있었다. 이 시기는 암흑기가 아닌 모두의 노력으로 한강의 기적을 완성한 시대인 것이다.

노태우정부의 과제: 민주화와 통일

(1) 한국정치학회 편, 『한국정치의 민주화와 통일방안』(을유문화사, 1990).

第1부 한국 민주화의 정치쟁점

강민(姜珉), 「제6공화국 민주화의 구조적 한계와 정치상황의 논리」, 15~40쪽.
양승태(梁承兌), 「민주화와 민주화의 수사」, 41~62쪽.
길승흠(吉昇欽), 「혁신정당의 필요성과 가능성」, 63~84쪽.
현종민(玄鍾敏), 「정당은 과연 이데올로기가 필요한가」, 85~102쪽.
김호진(金浩鎭), 「한국사회의 갈등구조와 민주화 전망」, 103~128쪽.
박영조(朴榮祚), 「노사분규의 원인고찰과 대책」, 129~162쪽.
유종해(劉鍾海), 「민주화시대에 있어서의 지방자치제의 방향」, 163~176쪽.
이성복(李成福), 「민주화와 지방자치」, 177~209쪽.

第2부 통일의 논리와 정책방향

안병준(安秉俊), 「통일정책의 기조와 과제」, 211~222쪽.
이호재(李昊宰), 「북방외교와 남북한 관계 개선의 전망」, 223~236쪽.
김세균(金世均), 「통일정책의 허와 실」, 237~246쪽.
정용길(鄭用吉), 「통일로 가는 과도체제의 제(諸)형태」, 247~262쪽.
이종은(李鍾殷), 「자유민주주의와 계급민주주의」, 263~276쪽.
김중위(金重緯), 「새로운 통일방안 모색」, 277~286쪽.
박관용(朴寬用), 「'한민족연합체' 통일방안」, 287~298쪽.
강문규(姜汶奎), 「분단극복과 평화통일」, 299~308쪽.
조순승(趙淳昇), 「평화민주당의 통일정책」, 309~ 320쪽.
이희일(李熺逸), 「평화통일정책의 기본방향」, 321~330쪽.
정태윤(鄭泰允), 「진보정치연합의 통일정책」, 331~342쪽.
이홍구(李洪九), 「'한민족공동체 통일방안'의 정책기조와 실천방향」, 343~364쪽.

(2) 서명구(徐明九), 「노태우정부와 한국의 공화주의 정치에 관한 연구」, 성신여자대학교 대학원 정치외교학과 정치학박사학위청구논문, 2016년 2월.

※ 서명구(1963~현재)는 서울대학교 사회과학대학 외교학과를 졸업하고 성신여자대학교 대학원 정치외교학과에서 「한국정치의 민주화과정에 관한 연구: 6공화국의 공론정치와 담론 분석」(2005년 8월)로 석사학위를 받은 데 이어 성신여자대학교 대학원 정치외교학과에서 박사학위를 받았다. 현재 성신여자대학교 정치외교학과 강사다.

노태우정부의 한계 지적, 노태우정부에 대한 비판, 노태우리더십에 대한 논평

(1) 김진배(金珍培), 「박정희 전두환 노태우: 군출신 대통령 인물 비교연구(상)」, 『월간조선』(1988년 6월), 290~314쪽; ______, 「박정희 전두환 노태우: 군출신 대통령 인물 비교연구(하)」, 『월간조선』(1988년 7월), 424~443쪽.

(2) 송진혁(宋鎭赫: 중앙일보 논설위원), 「민주화인가 취약성인가」, 『이코노미스트』(1988년 11월 20일), 28~29쪽.

(2-A) 송진혁, 『상식의 정치 상식 이하의 정치: 송진혁 정치칼럼』(벽서정, 1996).

※ 송진혁(1942~현재)은 서울대학교 문리대 정치학과를 졸업하고 중앙일보 편집국장→논설주간→상무이사 등을 거쳐 고려대학교 언론학부 석좌교수를 역임했다.

(3) 조갑제(趙甲濟), 「노 대통령은 과연 약한가」, 『월간조선』(1989년 7월), 240~263쪽.

(4) 고성국(高成國), 「노태우정권은 '군부독재'의 연장이다」(1989년 11월), 174~185쪽; ______, 「노정권 파시즘체제의 본질을 밝힌다」, 『월간 말』(1991년 6월), 14~18쪽.

(5) 김호진(金浩鎭), 「노태우 전두환 박정희의 리더십 비교 연구」, 『신동아』(1990년 1월), 274~289쪽.

(6) 강민(姜珉), 「제6공화국 민주화의 구조적 한계와 정치상황의 논리」, 한국정치학회 편, 『한국정치의 민주화와 통일방안』(을유문화사, 1990), 15~40쪽.

(7) 황수경(한국장애인고용공단 고용개발원), 「노태우정권의 전면적 노동탄압정책: 전환기의 노동운동」, 『월간 말』(1990년 7월), 50~53쪽.

(8) 안병영(安秉永), 「노 대통령 지도력의 세 가지 특징」, 『신동아』(1991년 4월), 152~163쪽.

(9) 김현묵(극작가), 「노태우정권 실정(失政) 총점검: 거짓말로 풀어 본 노 정권 실체」, 『사회평론』제92권 제5호(1992년 4월), 94~103쪽.

(10) 학술단체협의회 · 서울대학교대학원자치회협의회 편, 「노태우 실정 백서」, 『월간 말』(1992년 4월), 24~29쪽.

(11) 진덕규(陳德奎), 「민주적 리더십인가 방임형 리더십인가」, 『신동아』(1993년 2월), 406~413쪽.

(12) Kie-duck Park, "Fading Reformism in New Democracy: A Comparative Study of Regime Consolidation in Korea and the Philippines," unpub. Ph.D. diss.,

University of Chicago, 1993; 박기덕(朴基德), 「노태우정부의 체제공고화와 개혁주의의 퇴조: 개혁이론의 정립을 위한 시도」, 『한국정치학회보』 제28집 제1호(1994년 11월), 123~161쪽.

※ 박기덕(1951~현재)은 서울대학교 문리대 정치학과를 졸업하고 라이스대학교(Rice University) 대학원 정치학과에서 석사학위를 받은 데 이어 시카고대학교 대학원 정치학과에서 박사학위를 받았다. 세종연구소 소장을 역임한 뒤 서울대학교 행정대학원 초빙교수로 봉직했다.

(13) 박상희(朴尙姬), 「선거 포스터의 시각정치적 언어에 대한 비판적 연구: 박정희, 전두환, 노태우 대통령을 중심으로」, 『문화와 정치』(한양대학교 평화연구소) 제9권 제2호(2022년 6월), 117~155쪽.

김옥숙 여사

노태우 대통령의 부인인 김옥숙(金玉淑, 1935~현재)은 경북대학교 가정학과를 중퇴하고 가정주부로 헌신했다.

(1) 여성동아 편집부, 「대통령당선자 노태우와 그의 가족들」, 『여성동아』(1988년 1월), 110~115쪽.

(2) 김영종(여성중앙 기자), 「대통령영부인 김옥숙 여사의 집안살림 최초공개」, 『여성중앙』(1990년 3월), 24~31쪽; _____, 「김옥숙 여사가 밝힌 청와대 떠나는 속마음」, 『여성중앙』(1993년 2월), 88~93쪽

(3) 황성근(여성중앙 기자), 「전임대통령 노태우 · 김옥숙 부부 시민생활 60일」, 『여성중앙』(1993년 5월), 86~91쪽.

(4) 고승현(高丞賢), 「한국 역대 대통령 영부인들의 정치적 역할에 관한 연구」, 단국대학교 대학원 정치외교학과 정치학석사학위청구논문, 1994년 2월; _____, 「제6장 보통사람시대의 영부인 김옥숙 여사」, _____, 『한국의 퍼스트레이디』(밀알사, 1996), 232~266쪽.

(5) 함성득(咸成得), 「4장 한국의 영부인」 가운데 「6. 김옥숙 여사」, _____, 『영부인론』(나남출판, 2001), 125~128쪽 가운데 172~173쪽.

(6) 조은희(趙恩禧), 「그림자처럼 조용한 내조형 파트너: 김옥숙」, _____, 『한국의 퍼스트 레이디: 프란체스카 · 공덕귀 · 육영수 · 홍기 · 이순자 · 김옥숙 · 손명순 · 이희

호』(황금가지, 2007), 185~216쪽.

※ 조은희(1961~현재)는 단국대학교 대학원 행정학과에서 「정부브랜드 이미지 측정에 관한 연구: 척도개발을 중심으로」(2004년 2월)로 박사학위를 받았다. 경향신문사 기자로 시작해 대통령문화관광비서관을 역임했다. 현재 한양대학교 겸임교수다.

6공 실세로 불리던 박철언의 회고록

(1) 박철언(朴哲彦), 『4077 면회왔습니다』(행림출판, 1995).

박철언(1942~현재)은 서울대학교 법과대학 법학과를 졸업하고 사법시험을 거쳐 검사의 길을 걸었다. 김옥숙 여사의 고종사촌 동생이면서 노태우 대통령의 고종사촌 처남이 되었기에, 신군부가 등장하면서 우선 전두환 대통령 때 대통령 법무비서관 및 정무비서관으로, 이어 장세동 국가안전기획부장 때 특별보좌관으로 활동했다. 노태우 행정부가 출범하면서, 대통령 정책보좌관으로 제13대 국회의원(전국구)을 겸해 '6공 황태자'로 불리기도 했다. 노 대통령정부에서 체육청소년부장관을 역임한 뒤 제14대 국회의원으로 봉직했다. 그러나 김영삼 행정부가 들어서면서 구속됐다. 제목의 '4077'은 서울교도소에 수감됐던 때의 수인번호였다.

(2) ______, 『바른 역사를 위한 증언: 5공, 6공, 3김 시대의 정치비사』 전2권(랜덤하우스중앙, 2005).

한국사회의 성장과 발전에 관한 통계 공식발표

통계청, 『통계로 본 한국의 발자취』(통계청, 1992); ______, 『통계로 본 한국의 발자취』(통계청, 1995); ______, 『통계로 본 한국의 변천』(통계청, 2004).

제2항 *Asian Survey*의 논문

다음의 논문들은 대체로 노태우정부 5년의 대내외적 상황을 분석하는 가운데 당시에 직면했던 과제들을 잘 설명했다.

(1) Arnold Walter, "Science and Technology Development in Taiwan and South Korea," *Asian Survey*, Vol. 28, No. 4(April 1988), pp.437~450.

(2) Jae-ho Chung, "South Korea-China Economic Relations: The Current Situation and Its Implications," *Asian Survey*, Vol. 28, No. 10(October 1988), pp.1031~1048.

(3) Chan-wook Park, "Legislators and Their Constituents in South Korea: The Patterns of District Representation," *Asian Survey*, Vol. 28, No. 10(October 1988), pp.1049~1065.

(4) Richard W. Wilson, "Wellsprings of Discontent: Sources of Dissent in South Korean Student Values," *Asian Survey*, Vol. 28, No. 10(October 1988), pp.1066~1081.

(5) Sung-joo Han, "South Korea in 1988: A Revolution in the Making," *Asian Survey*, Vol. 29, No. 1(January 1989), pp.29~38.

(6) Hong-nack Kim, "The 1988 Parliamentary Election in South Korea," *Asian Survey*, Vol. 29, No. 5(May 1989), pp.480~495.

(7) Jin-wung Kim, "Recent Anti-Americanism in South Korea: The Causes," *Asian Survey*, Vol. 29, No. 8(August 1989), pp.749~763.

(8) Chong-sik Lee, "Political Change, Revolution, and the Dialogue in the Two Koreas," *Asian Survey*, Vol. 29, No. 11(November 1989), pp.1033~1042.

(9) Karl J. Fields, "Trading Companies in South Korea and Taiwan: Two Policy Approaches," *Asian Survey*, Vol. 29, No. 11(November 1989), pp.1073~1089.

(10) Kyong-soo Lho, "Seoul-Moscow Relations: Looking to the 1990s," *Asian Survey*, Vol. 29, No. 12(December 1989), pp.1153~1166.

(11) David Dollar, "South Korea-China Trade Relations: Problems and Prospects," *Asian Survey*, Vol. 29, No. 12(December 1989), pp.1167~1176.

(12) Soo-hyun Chon, "South Korea-Soviet Trade Relations: Involvement in Siberian Development," *Asian Survey*, Vol. 29, No. 12(December 1989), pp.1177~1187.

(13) Young-whan Kihl, "South Korea in 1989: Slow Progress toward Democracy," *Asian Survey*, Vol. 30, No. 1(January 1990), pp.67~73.

(14) Bret L. Billet, "South Korea at the Crossroads: An Evolving Democracy or Authoritarianism Revisited," *Asian Survey*, Vol. 30, No. 3(March 1990), pp.300~311.

(15) Kyu-ho Youm and Michael B. Salwen, "A Free Press in South Korea: Temporary Phenomenon or Permanent Fixture," *Asian Survey*, Vol. 30, No. 3(March

1990), pp.312~325.

(16) Larry L. Burmeister, "South Korea's Rural Development Dilemma: Trade Pressures and Agricultural Sector Adjustment," *Asian Survey*, Vol. 30, No. 7(July 1990), pp.711~723.

(17) Young-whan Kihl, "South Korea in 1990: Diplomatic Activism and a Partisan Quagmire," *Asian Survey*, Vol. 31, No. 1(January 1991), pp.64~70.

(18) Chong-min Park, "Authoritarian Rule in South Korea: Political Support and Governmental Performance," *Asian Survey*, Vol. 31, No. 7(July 1991), pp.743~761.

(19) Byung-joon Ahn, "South Korean-Soviet Relations: Contemporary Issues and Prospects," *Asian Survey*, Vol. 31, No. 9(September 1991), pp.816~825.

(20) Hong-yung Lee, "South Korea in 1991: Unprecedented Opportunity, Increasing Challenge," *Asian Survey*, Vol. 32, No. 1(January 1992), pp.64~73.

(21) Andrew E. Green, "South Korea's Automobile Industry: Development and Prospects," *Asian Survey*, Vol. 32, No. 5(May 1992), pp.411~428.

(22) Peggy Falkenheim Meyer, "Gorbachev and Post-Gorbachev Policy toward the Korean Peninsula: The Impact of Changing Russian Perceptions," *Asian Survey*, Vol. 32, No. 8(August 1992), pp.757~772.

(23) Howard A. Palley, "Social Policy and the Elderly in South Korea: Confucianism, Modernization, and Development," *Asian Survey*, Vol. 32, No. 9 (September 1992), pp.787~801.

(24) Hong-yung Lee, "South Korea in 1992: A Turning Point in Democratization," *Asian Survey*, Vol. 33, No. 1(January 1993), pp.32~42.

(25) Andrew Mack, "The Nuclear Crisis on the Korean Peninsula," *Asian Survey*, Vol. 33, No. 4(April 1993), pp.339~359.

(26) Kang-suk Rhee, "Korea's Unification: The Applicability of the German Experience," *Asian Survey*, Vol. 33, No. 4(April 1993), pp.360~375.

제2절 민주화합추진위원회 및 87년 체제론의 전개

제1항 민주화 이후의 국정운영

남궁근(南宮槿), 『민주화 이후 국정운영』(법문사, 2022).

1987년 6·29선언을 계기로 민주화가 추진된 이후 대통령을 중심으로 하는 정부핵심부의 국정운영을 심층적으로 분석했다. 특히 김영삼정부 이후 문재인정부에 이르기까지 정부핵심부가 국정을 어떻게 운영했는가를 많은 자료를 분석하며 해설했다.

※ 남궁근(1954~현재)은 서울대학교 문리대 정치학과를 졸업하고 서울대학교 행정대학원에서 석사학위를 받은 데 이어 미국 피츠버그대학교 공공 · 국제문제대학원에서 박사학위를 받았다. 행정고시에 합격해 관계에서 사회생활을 시작했으나 교육계로 전환해 경상대학교 교수를 거쳐 서울과학기술대학교 총장을 역임했다. 현재 서울과학기술대학교 석좌교수다.

제2항 민주화합추진위원회(약칭 민화위)

(1) 「'민주화합추진위' 발족」, 『동아일보』(1988년 1월 11일), 1쪽 머리.

독립운동가이며 건국대학교 총장을 역임한 조일문(趙一文) 민주화합추진위원회구성준비위원장은 1988년 1월 11일에 민주화합추진위원회 위원 52명의 명단을 발표했다. 그들에는 다음이 포함됐다.

독립운동계: 광복회 회장 이강훈(李康勳)

종교계: 천주교서울대교구총대리주교 김옥균(金玉均), 개신교목사 조향록(趙香祿), 조계종총무원장 서의현(徐義玄), 성균관관장 김경수(金敬洙), 천도교교령 고정훈(高定勳)

학계: 전 서울대 총장 고병익(高柄翊), 전 학술원 회장 심종섭(沈鍾燮)

과학기술계: 한국엔지니어클럽 명예회장 마경석(馬景錫), 과학기술단체총연합 회장 박태원(朴泰源)

문화예술계: 전 예술원 회장 김동리(金東里), 예술원 원로회원 서정주(徐廷柱)

언론계: 전 서울일일신문사 사장 이관구(李寬求), 문학사상사 발행인 임홍빈(任洪彬), 샘터사 발행인 김재순(金在淳)

법조계: 전 대법관 이회창(李會昌), 전 대한변호사협회 회장 이병용(李炳勇), 전 대한변호사협회 회장 김태청(金泰淸)

경제계: 선경그룹 회장 최종현(崔鍾賢), 금호그룹 회장 박성용(朴晟容)

노동계: 전 자동차노조위원회 위원장 지용택(池龍澤)

정계: 전 통일사회당 당수 이동화(李東華), 전 신민당 부총재 김원만(金元萬), 전 신민당 최고위원 이충환(李忠煥), 전 공화당 의장서리 박준규(朴浚圭), 전 공화당 사무총장 신형식(申泂植)

관계: 전 감사원장 신두영(申斗泳), 전 부총리 이한빈(李漢彬), 전 외무부 장관 김용식(金溶植), 전 국방부 장관 박병권(朴炳權), 전 농수산부장관 장덕진(張德鎭), 전 주영대사 강영훈(姜英勳)

여성계: 전 YWCA연맹 부회장 손인실(孫仁實), 한국걸스카웃연맹총재 김문희(金文姬), 여성단체협의회장 직무대리 김천주(金天柱)

기타: 전 흥사단 이사장 서영훈(徐英勳), 황해도도민회 회장 홍성철(洪性澈)

(2) 민주화합추진위원회 편, 『민주발전과 국민화합을 위한 건의』(민주화합추진위원회, 1988년 2월).

노태우 대통령은 자신이 대통령에 당선되면 각계각층의 지도적 인사들로써 민주화합추진위원회를 구성해 국민여론을 집약시키고 그 위원회의 제의를 국정에 반영하겠다고 약속했다. 이에 따라 원로 언론인 이관구(李寬求) 전 서울일일신문사 사장 및 전 성균관대학교 교수를 위원장으로 하는 민주화합추진위원회가 1988년 1월 11일에 구성됐다. 이 위원회는 대통령취임 전날인 1988년 2월 24일에 보고서를 제출하고 해산했는데, 그 사이 '광주사태'로 불리던 1980년 5월의 광주에서의 비극을 '광주민주화운동'으로 정의했다.

(3) 한명규(韓明奎), 「민주화합추진위원회」, 『신동아』(1988년 3월), 202~213쪽.

(4) 전계량(田桂良), 「'민화위에 무엇 기대하랴'」, 『월간경향』(1988년 3월), 108~111쪽.

광주민주화운동에 직접 참여했던 필자는 민주화추진위원회에 기대할 것이 거의 없다고 논평했다.

(5) 한동윤(韓東潤), 「민화위의 '광주 청문회'」, 『월간조선』(1988년 3월), 380~406쪽.

(6) 남재희(南載熙), 「'광주폭동'을 '광주민주화운동'으로: 신문편집기자의 정치언어감각」, 『헌정』(2019년 3월), 70~72쪽; ________, 「무인정권시대의 스케치: 박정희 · 전두환 · 노태우 시대의 정치와 언론 이야기」, 『황해문화』105(2019년 겨울), 345~348쪽.

민주화합추진위원회 위원으로 활동한 필자는 자신이 제5공화정 시대에 통용되던 '광주폭동'을 '광주민주화운동'으로 명명하기를 제의했으며, 이 제의가 전체회의에서 받아들여졌다고 회상하고, '광주폭동'을 '광주민주화운동'으로 자리매김한 것은 큰 진전이었다고 논평했다.

제3항 87년 체제론의 전개

제6공화정은 1987년 6월항쟁의 산물이어서 흔히 '87년 체제'라고 불렀다. 훗날 이 체제가 시대의 요구에 맞게 바뀌어야 한다는 주장이 계속해서 제기됐다.

(1) 학술단체협의회 편, 『1980년대 한국사회와 지배구조: 제2회 학술단체연합 심포지엄』(풀빛, 1989).

이 책은 대체로 제6공화정 노태우정부를 다뤘다.

1. 한국사회의 지배구조 형성과 변화 과정

한국정치연구회, 「신식민지파시즘의 이론구조」, 11~46쪽.

한국산업사회연구회, 「1980년대 한국사회의 지배구조변화」, 47~80쪽.

2. 1980년대 지배구조와 지배정책의 성격

홍장표(洪長杓) 외 4인, 「1980년대의 한국자본주의」, 81~109쪽.

'보건과 사회'연구회, 「1980년대 한국사회보장정책의 성격」, 110~170쪽.

한국사회언론연구회, 「1980년대 한국언론정책의 성격」, 171~197쪽.

한국산업사회연구회, 「제6공화국의 노동정책: 노동통제정책을 중심으로」, 108~224쪽.

한국농어촌사회연구소, 「1980년대 농업정책의 동향과 성격: 농수산물수입개방과 농업구조조정정책의 진전을 중심으로 」, 225~264쪽.

여성사회연구회, 「1980년대의 여성정책: 제6공화국의 여성정책을 중심으로」, 265~294쪽.

한국정치연구회, 「제6공화국의 통일 · 북방정책」, 295~330쪽 한국교육문제연구회, 「제6공화국의 교육에 대한 지배정책」, 331~362쪽.
민주주의법학연구회, 「1980년대 법질서와 입법정책」, 363~380쪽.

3. 종합토론: 현단계 한국사회의 지배구조와 민족민주운동, 381~386쪽.

(2) 황태연(黃台淵) · 박명호(朴明浩), 『분권형 대통령제 연구』(동국대학교출판부, 2003).

이 책이 '87년체제' 그 자체를 다룬 것은 아니다. 그러나 '87년체제'의 산물인 대통령제 헌법의 개정 또는 보완을 '분권형 대통령제'에서 찾는다는 점에 유의할 필요가 있다.

(3) 이병천(李炳天), 「전환시대의 한국 자본주의론: '61년 체제'와 '87년 체제'의 시험대」, 『역사비평』71(2005년 여름), 67~90쪽.

(4) 민병두(閔丙梪), 『현행 헌법의 한계와 쟁점: 87년 체제를 넘어』(민병두의원실, 2005).

(5) 김종엽(金鍾曄), 박형준(朴亨埈), 정태인(鄭泰仁), 한홍구(韓洪九), 「좌담: 새로운 동아시아 질서와 87년체제」, 『창작과 비평』127(2005년 봄), 18~63쪽.

(6) 이일영(李日榮), 「동아시아 경제와 한국의 87년체제: 교착과 혁신」, 『창작과 비평』129(2005년 가을), 81~96쪽.

(7) 김종엽(金鍾曄), 「분단체제와 87년체제」, 『창작과 비평』130(2005년 겨울), 12~33쪽; ______, 「87년체제의 궤적과 진보논쟁」, 『창작과 비평』136(2007년 여름), 358~379쪽; ______, 「촛불항쟁과 87년체제」, 『창작과 비평』141(2008년 가을), 36~59쪽; ______ 편, 『87년체제론: 민주화 이후 한국사회의 인식과 새 전망』(경기도 파주시: 창비, 2009).

마지막 책의 구성은 다음과 같다.

제1부 87년체제론의 제기

김종엽(金鍾曄), 「분단체제와 87년체제」, 29~55쪽.
백낙청(白樂晴), 「6월항쟁 20주년에 본 87년체제」, 56~73쪽.

제2부 87년체제 논의의 확산

조희연(曺喜昖), 「'87년체제' '97년체제'와 민주개혁운동의 전환적 위기」, 75~120쪽.
김호기(金皓起), 「87년체제인가, 97년체제인가」, 121~138쪽.
김종엽(金鍾曄), 「촛불항쟁과 87년체제」, 139~166쪽.
백낙청(白樂晴), 「선진화 담론과 87년체제」, 167~181쪽.

제3부 87년체제의 정치 · 경제학

(7-A) 김종엽(金鍾曄), 『분단체제와 87년체제』(경기도 파주시: 창비, 2017).

※ 김종엽(1964~현재)은 서울대학교 사회과학대학 사회학과를 졸업하고 서울대학교 대학원 사회학과에서 석사학위를 받은 데 이어 서울대학교 대학원 사회학과에서 「에밀 뒤르켐의 현대성 비판에 대한 연구」(1996년 2월)로 사회학박사학위를 받았다. 현재 한신대학교 사회과학대학 사회학과 교수다.

(8) 박명림(朴明林), 「87년 헌정체제 개혁과 한국민주주의: 무엇을, 왜, 어떻게 바꿀 것인가」, 『창작과 비평』130(2005년 겨울), 34~51쪽.

(9) 윤상철(尹相喆), 「87년체제의 정치지형과 과제」, 『창작과 비평』130(2005년 겨울), 52~67쪽.

(10) 박상훈(朴常勳), 「한국의 '87년 체제': 민주화 이후 한국정당체제의 구조와 변화」, 『아세아연구』제49권 제2호(2006년 6월), 7~41쪽.

(11) 조현연(趙顯鉛), 「'87년 체제'의 정치적 등장 배경과 한국 민주주의 연구: '87년 9차 개헌과 13대 대통령선거를 중심으로」, 『기억과 전망』16(2007년 6월), 217~251쪽.

(12) 김호기(金皓起), 「87년 체제인가, 97년 체제인가: 민주화 시대에서 세계화 시대로」, 『사회비평』36(2007년 여름), 12~26쪽.

(13) 이영성(李榮星) · 김호기(金皓起) 편, 『시대정신 대논쟁: 87년체제에서 08년 체제로』(아르케, 2007).

이 책은 2008년에 실시될 제18대 국회총선을 앞두고 한국일보가 개최한 '선택 2007, 시대정신 대기획'을 2007년 10월 19일부터 11월 26일까지 『한국일보』에 연재했던 것을 단행본으로 묶은 것이다.

(14) 강경근(姜京根), 「87년체제 20년의 헌법적 평가」, 『자유민주연구』(자유민주연구학회) 제2권 제1호(2007년 7월), 179~191쪽.

(15) 서경석(徐炅碩), 「87년 헌법체제와 헌법정치」, 『민주법학』(관악사) 34(2007년 9월), 137~167쪽.

(16) 김철규(金喆奎), 「87년체제의 해체와 개발주의의 부활」, 『한국사회』(고려대학교 한국사회연구소) 제8집 제2호(2007년 12월), 33~53쪽.

(17) 백낙청(白樂晴) · 조효제(趙孝濟) 대담, 「87년체제의 극복과 변혁적 중도주의」, 『창작과 비평』139(2008년 봄), 91~130쪽.

이 대담에서 한 부분만 소개하면 다음과 같다.

> 백낙청: 나는 남북연합이라는 정치적인 장치 없이는 연착륙도 안 되고 따라서 재이륙도 불가능하다고 보거든요. 지금처럼 남북이 완전히 따로 선 두 정부를 가진 채 교류협력을 지속해서는 북의 개혁개방이라는 것도 순조롭게 갈 수 없다고 봐요. 참여정부에서 대북정책을 적극적으로 추진해온 사람들이 흔히들 이렇게 해서 북한의 중국식 또는 베트남식 개혁개방을 유도한다고 하는데, 중국이나 베트남은 첫째는 미국으로부터 체제 안전보장을 받은 상태에서 개혁개방을 시작했어요. 물론 북의 경우도 북미수교를 통한 체제보장을 전제로 하는 말이지만, 중국과 베트남은 통일을 이룬 나라들이기 때문에 체제보장문제가 간단

하지만 분단국가는 달라요. 아시다시피 베트남은 미국을 물리치고 통일한 뒤에 개혁에 착수했고, 중국의 경우는 대만문제가 있지만 한반도와 같은 분단상황은 아니죠. 중국은 국공내전(國共內戰)에서 중국공산당이 승리해 국민당을 대만으로 몰아내면서 1949년에 실질적으로 통일한 거예요. 대만문제는 분리독립을 막느냐 못 막느냐의 문제이지 중국이 대만에 흡수당할 위협의 문제는 아니란 말이지요. 그런데 남북관계에서는 미국이 북에 대해서 안전보장을 하더라도 남쪽 사회가 있는 한 개혁개방을 하고 교류가 활발해지면 활발해질수록 북의 체제불안이 더 커질 수 있어요. 난민이탈 같은 것이 훨씬 심해질 수도 있고 심지어는 휴전선을 넘어서 탈북하는 사람이 생길 수도 있고 국제사회의 인권문제 제기도 더 강력해질 것이고.

(18) 손호철(孫浩哲), 「'한국체제' 논쟁을 다시 생각한다: 87년 체제, 97년 체제, 08년 체제론을 중심으로」, 『한국과 국제정치』제25권 제2호(2009년 여름), 31~59쪽.

(19) 이남주(李南周) 사회/김기원(金基元) · 박창기(朴昌基) · 정태인(鄭泰仁) 토론, 「권력교체를 넘어 한국사회 새판짜기로: 2013년체제의 전망과 과제」, 『창작과 비평』154(2011년 겨울), 353~387쪽.

(20) 김수진(金秀鎭), 「87년체제 역사적 진화과정의 비판적 성찰」, 『의정연구』(한국의회발전연구회) 제23권 제1호(2017년 4월), 6~36쪽.

(21) 장훈(張勳), 「정책정당의 부침과 한국민주주의 30년: 정책정당 발전의 역사적 · 이론적 제약과 한국정당의 변동」, 『한국정당학회보』 제17권 제3호(2018), 5~33쪽.

필자가 '87년체제' 그 자체에 초점을 맞춘 것은 아니다. 그러나 필자는 '87체제' 등장 이후 한국에서 민주주의가 어떻게 성장하고 또는 후퇴했는가의 문제를 정책정당 발전의 역사적 맥락에서 접근했다.

(22) 서희경(徐希慶), 「결론」, ______, 『한국헌정사, 1948~1987』(포럼, 2020), 1, 1188~1232쪽 가운데 1228~1232쪽.

'87년체제'의 한계를 지적하면서 개헌의 방향을 제시했다.

(23) 전성철(全聖喆: 글로벌스탠다드연구원 회장), 「수명 다한 대통령제, 이젠 벗어던지자: 싸우는 정치에서 생산성 높은 정치로」, 『중앙일보』(2020년 10월 14일), 25쪽.

제4항 6공화정 등장을 계기로 활발해진 국가성격론

한배호 교수 논문집: 자본주의와 민주주의의 관점에서

석호(石湖)한배호(韓培浩)박사화갑기념논문집간행위원회 편, 『한국의 자본주의와 민주주의』(법문사, 1991),

제1부 한국의 자본주의와 민주주의

제1편 자본주의 산업화와 한국의 민주주의

한배호(韓培浩), 「1. 자본주의와 민주주의」, 3~17쪽,

최장집(崔章集), 「2. 한국 정치균열의 구조와 전개」, 18~46쪽.

장달중(張達重), 「3. 자본주의 산업화와 한국의 민주주의의 사회적 토대」, 47~69쪽.

제2편 한국정치의 역사적 성격

김용욱(金容郁), 「4. 한국의 전통정치체계 구조와 변혁」, 71~97쪽.

최상용(崔相龍), 「5. 분단, 점령 그리고 평화」, 98~114쪽.

김용기(金用基), 「6. 한국진보세력의 성격과 제약요인」, 115~126쪽.

신명순(申命淳), 「7. 허정과도정부하의 내각책임제개헌 연구」, 127~140쪽.

이정복(李正馥), 「8. 관료적 권위주의론과 유신체제」, 141~155쪽.

제3편 자본주의 산업화와 정치과정

길승흠(吉昇欽), 「9. 한국의 산업화와 정당정치」, 157~177쪽.

박종철(朴鍾喆), 「10. 산업화와 국가」, 178~203쪽.

한용원(韓鎔源), 「11. 한국군부의 정치개입과 권위주의정치」, 204~220쪽.

김병국(金炳局), 「12. 무정형(無定形)의 시민사회와 정당정치의 붕당성(朋黨性)」, 221~240쪽.

김태일(金台鎰), 「13. 현대한국의 농민운동과 국가」, 241~271쪽.

제4편 사회구조의 변화와 정치문화, 정치행태

이갑윤(李甲允), 「14. 한국 중산층의 정치의식」, 273~282쪽.

이남영(李南永), 「15. 한국 국회의원 선거결과를 결정하는 주요요인」, 283~298쪽.

어수영(魚秀永), 「16. 한국 고등학생의 국가의식 연구」, 299~321쪽.

제5편 한국정치의 과제와 민주주의

윤용희(尹龍熙), 「17. 한국 의회정치의 발전과 전망」, 323~346쪽.

고성국(高成國), 「18. 사회운동의 정치발전론적 함의」, 347~362쪽.

차기벽(車基壁), 「19. 한국에서의 민족주의와 민주주의」, 363~380쪽.

제2부 한국 정치와 국제질서, 정치이론의 제문제

제6편 한국 정치와 국제질서
한승주(韓昇洲), 「20. 독일통일과 남북한관계」, 383~395쪽.
구영록(具永祿), 「21. 한국과 동북아협력체제에 관한 소고(小考)」, 396~405쪽.
오기평(吳淇坪), 「22. 북방외교의 국내정치와의 연계성에 관한 고찰」, 406~419쪽.
한상일(韓相一), 「23. 일본의 대외팽창과 위기의식」, 420~431쪽.
제7편 정치이론과 사상의 몇 가지 쟁점
정진위(鄭鎭渭), 「24. 국제관계이론에 대한 소고(小考)」, 433~443쪽.
서정갑(徐正甲), 「25. 정치사상쇠퇴 논쟁의 내용과 분석」, 444~452쪽.

최장집 교수의 이론

(1) 최장집(崔章集), 『한국현대정치의 구조와 변화』(까치, 1989).

1983년부터 1989년 초까지 5년 남짓한 시기에 발표한 논문들 가운데 책의 제목에 맞는 것들을 가려 뽑아 체계를 세워 편집한 책이다. 제4공화정에도 관련되지만 '민주화로의 이행'이 중요한 주제로 떠오른 제6공화정에 더 관련된다.

서문, 3~4쪽.
제1부 현대한국 정치의 분석을 위한 이론적 문제
그람시의 헤게모니 이론, 11~36쪽.
한국현대사 연구를 위한 이론적 고려 37~51쪽.
민족주의와 코포라티즘, 52~71쪽.
관료권위주의 개념과 한국적 적용의 문제, 72~77쪽.
제2부 한국현대정치의 역사와 갈등구조
과대성장국가의 형성과 정치균열의 전개, 81~113쪽.
미군정하 국가다원주의의 형성과 정치균열의 역사적 기원, 114~165쪽.
한국전쟁의 시각변화, 166~170쪽.
한국사회의 정치이데올로기 구조, 171~178쪽.
제3부 민주화의 이행의 문제
군부권위주의 체제의 내부 모순과 변화의 동학(動學)(1972~1986), 181~233쪽.
경제적 불평등과 정치적 민주화, 234~254쪽.
민주화의 두 개념: 절차적 민주주의와 실질적 민주주의, 255~270쪽.
국가다원주의의 위기와 1988년 4·26총선의 의미, 271~283쪽.
'지역감정'의 정치적 기능, 284~291쪽.
민주화 정치연합의 형성과 분해과정: 6월민주항쟁부터 6·10통일운동까지, 292~310쪽.

이 책은 8·15해방 이후의 한국정치를 이해함에 있어서 매우 긴요하다. 저자는 이 책에 수록된 논문들을 통해 그람시의 이론, 코포라티즘, 관료권위주의, 과대성장국가 등 국가론 분야의 새로운 이론들을 한국정치학계에 처음으로 소개했다.

(1-A) 심지연(沈之淵), 「종합서평: 김영작 저, 『한말 내셔널리즘 연구』, 최장집 저, 『한국현대정치의 구조와 변화』」, 『한국정치학회보』 제23집 제2호(1990년 2월), 503~506쪽.

(2) 최장집(崔章集), 「한국국가와 그 형태변화에 대한 이론적 접근」, 『경제와 사회』(비판사회학회)4(1990년 2월), 70~79쪽.

국가에 관한 서방세계의 많은 이론을 활용하면서 노태우정부의 성격을 분석했다.

(3) 최장집(崔章集), 『한국민주주의의 이론』(한길사, 1993).

이 책은 첫 번째 책의 연장선 위에서 쓰였다. 저자가 1989년부터 1992년까지 4년 동안 민주주의라는 주제와 관련된 것들을 가려 뽑아 체계를 세워 엮은 것이다.

(3-A) 임혁백(任爀伯), 「서평: 최장집 저, 『한국민주주의의 이론』」, 『한국정치학회보』 제27집 제1호(1993년 10월), 487~494쪽.

이 책을 높이 평가했다.

(3-B) 손호철(孫浩哲), 「최장집, 『한국민주주의의 이론』」, 동아일보 『신동아』 편집실 편, 『21세기를 움직일 화제의 명저 100선: 신동아 2002년 신년호 특별부록』(동아일보사출판국, 2002), 175~177쪽.

손호철 교수는 이 책을 “1980년대 말과 90년대 초의 이론적 논쟁 속에서 한국의 정치학, 아니 한국 사회과학의 성과를 대표하는 저작이다”라고 평가했다.

(4) 최장집(崔章集), 『한국민주주의의 조건과 전망』(나남, 1996)/나카무라 후쿠지(中村福治) 역, 『한국현대정치의 조건』(도쿄: 호세이대학출판국, 1999).

이 책 역시 저자가 그때그때 요구에 따라 현실정치의 변화를 민주주의의 이론 내지는 실천이성적 관점에서 분석한 글들을 체계를 세워 편집한 것이다. 이 제14권 「제2부 제2장 제6공화정(2): 김영삼정부」에서도 읽힐 책이다.

(4-A) 전상인(全相仁), 「서평: 최장집 저, 『한국민주주의의 조건과 전망』」, 『한국

정치학회보』 제30집 제4호(1996년 겨울), 492~496쪽.

서평자는 494쪽에서 다음과 같이 주장했다.

> "『한국민주주의의 조건과 전망』은 좁게는 김영삼정부의 성격을 역사적으로, 이론적으로 그리고 비판적으로 이해하기 위해 읽고 넘어가지 않을 수 없는 귀중한 학문적 업적이다. 그러나 보다 넓게는 오늘의 시점에서 1980년대 이후 세계사의 흐름을 주도한 민주화의 '제3의 물결'을 재평가하기 위한 필독서로서의 가치도 동시에 지닌다."

(5) 최장집(崔章集), 『민주화 이후의 민주주의: 한국 민주주의의 보수적 기원과 위기』(후마니타스, 2002).

이 책은 노태우정부가 아니라 주로 김영삼정부와 김대중정부를 다루었다.

(5-A) 마인섭(馬仁燮), 「서평: 왜 민주화 이후 한국 민주주의는 위기에 처하게 되었나; 최장집 저, 『민주화 이후의 민주주의』」, 『한국정치학회보』제36집 제4호(2002년 겨울), 395~413쪽.

제3절 제13대 국회총선·3당합당·5공 비리청산

제1항 제13대 국회총선과 여소야대 정국

제6공화정 성립 이후 최초의 국회총선인 제13대 총선이 1988년 4월 26일에 실시됐다. 유신체제 때 폐지된 소선거구제가 부활한 이 총선에서 지역구 224석 전국구 75석 모두 299석을 둘러싸고 4당이 경쟁했다. 결과는 집권당으로 노태우 대통령이 총재로 이끄는 민주정의당이 125석(전국구 38석 포함), 김대중 총재가 이끄는 평화민주당이 70석(전국구 16석 포함), 김영삼 총재가 이끄는 통일민주당이 59석(전국구 13석 포함), 김종필 총재가 이끄는 신민주공화당이 35석(전국구 8석 포함)을 차지한 것으로 나타났다. 총선을 앞두고 창당된 한겨레민주당은 1석을 차지했으나 당선자는 총선 직후 평민당에 입당했다. 무소속 후보는 9석을 차지했다. 이로써 집권당인 민정당이 원내 제1당의 지위를 차지하는 데는 성공했으나 과반수를 확보하지 못해, 헌정사상 최초로 여소야대(與小野大) 현상이 나타났다.

(1) Chan-wook Park, "The 1988 National Assembly Election in South Korea: The Ruling Party's Loss of Legislative Majority," *Journal of Northeast Asian Studies*, Vol. 7, No. 3(September 1988), pp.59~76.

(2) 박상철(朴相哲), 「한국의 정당정치와 민주화의 전망: 제13대 총선거 결과 분석을 중심으로」, 『수선논집(首善論集)』(성균관대학교 대학원) 제13권 제1호(1988년 12월), 149~178쪽.

(3) 정관용(鄭寬容), 「1988년 4 · 26총선: 한국 최초의 '여소야대'」, 『역사비평』16(1992년 봄), 75~81쪽.

(4) 박통희(朴統熙), 「제13대 여소야대 국회의 효율성 논란」, 『한국정치학회보』 제27집 제1호(1993년 10월), 161~184쪽.

(5) 중앙선거관리위원회 편, 「제2장 제13대 국회의원선거」, ______, 『대한민국선거사』제5집(1988.2.25.~1993.2.24)(경기도 과천시: 중앙선거관리위원회, 2009), 33~164쪽.

4당체제의 등장: 1988년 제13대 국회총선 결과

1988년 4월 26일에 실시된 제13대 국회의원총선거는 민주정의당(약칭 민정당), 평화민주당(약칭 평민당), 통일민주당, 신민주공화당 등의 '4당체제'를 등장시켰다.

(1) 강병규(姜秉奎), 「4당체제와 민주화의 새 문제」, 『헌정』84(1989년 5월), 28~34쪽.

(2) 서형래(徐形來), 「4당 분할정국 어디로 갈까」, 『월간경향』(1988년 6월), 210~225쪽.

(3) 김창희(金昶熙), 「13대 총선결과, 절묘한 선택 절묘한 구도」, 『신동아』(1988년 6월), 162~177쪽.

(4) 안병영(安秉永), 「정치력 시험대에 오른 '1여3야 동거체제'」, 『신동아』(1988년 6월), 198~209쪽.

(5) 정요섭(丁堯燮), 「4당체제의 허와 실」, 『광장』(1988년 7월), 10-19쪽.

(6) 황병태(黃秉泰), 「기술우위정책 추진을 위한 4당의 정책방향: 종합적 기술개발 지원체제의 구축」, 『기술관리』(한국산업기술진흥협회)61(1988년 9월), 14~16쪽.

(7) 유창선(劉昌宣), 「한국 지역정당체제의 성립과 전개에 관한 연구: 포괄정당적 동질성이 지역정당체제에 미친 영향을 중심으로」, 연세대학교 대학원 사회학과 정치사회학박사학위청구논문, 2001년 8월.

필자는 특히 6·29선언 이후 치러진 제13대 대통령선거와 제13대 국회의원총선에 유의하며 한국에서 지역정당체제가 성립되고 전개된 과정을 분석했다.

※ 유창선(1960~현재)은 연세대학교 사회과학대학 사회학과를 졸업하고 연세대학교 대학원 사회학과에서 석사→박사학위를 받았다. 경희사이버대학교 NGO학과 외래교수를 역임했으며, 여러 매체에서 정치평론가로 활동했다. 은퇴 이후의 삶은 『나를 위해 살기로 했다: 죽음의 문턱에서 알게 된 것들』(사우, 2019), 그리고 서영아(徐永娥: 동아일보 콘텐츠기획본부 국장급), 「서영아의 100세 카페: 뇌종양 수술 후 나를 위한 삶 시작…"동네 아저씨로 사는 게 너무 행복"」, 『동아일보』(2022년 9월 3일), 19쪽에서 읽을 수 있다.

제2항 중간평가 유보

노태우 대통령은 1987년 12월의 제13대 대통령선거 마지막 단계에서 자신이 대통령에 당선되면 임기 중에 '중간평가'를 받겠으며 부정적으로 나오는 경우 대통령직에서 물러날 뜻이 있음을 공언했다. 그러나 1989년 3월에 야당과의 대화를 통해 중간평가를 유보한다는 결정을 내렸다.

(1) 이민수(李民樹), 「노태우 중간평가 돌파가 명운(命運)」, 『현대공론』 제1권 제9호(1989년 1월), 208~215쪽.

(2) 이영덕(李永德) 외, 「좌담: 노태우의 승부처 중간평가; 중간평가 정국타개를 위한 4당의 전략과 대응방안 점검」, 『월간조선』(1989년 3월), 132~143쪽.

(3) 이낙연(李洛淵), 「노태우 중간평가, 신임투표냐 정책평가냐」, 『신동아』(1989년 2월), 198~205쪽.

(4) 김정기(金政起), 「노태우는 얼마나 인기 있는 대통령인가: 중간평가, 정국의 새 변수」, 『신동아』(1989년 4월), 214~223쪽.

(5) 김택환(金澤煥), 「노태우 '정면돌파' 전략의 막전막후: 중간평가, 정국의 새 변수」,

『신동아』(1989년 4월), 192~201쪽.

(6) 고성국(高成國), 「노(盧)공약은 NO공약인가, 노(怒)공약인가: 노태우대통령 선거공약 실천 중간평가」, 『다리』(1989년 11월), 74~87쪽.

(7) 이수인(李壽仁), 「노정권의 중간평가서」, 『월간 말』(1990년 10월), 26~31쪽.

(8) 한국의정평론사 편, 「보통시대는 존재하지도 존재할 수도 없었다: 노대통령의 중간평가」, 『의정평론』(1990년 10월), 16~21쪽.

(9) 세계일보 편, 「노태우 대통령 '중간평가 백지화' 내막」, 『세계와 나』(1992년 11월), 136~143쪽.

(10) 남재희(南載熙), 「"재야에 있을 사람이" Lone Wolf처럼」, ______, 『아주 사적인 정치 비망록』(민음사, 2006), 113~128쪽 가운데 125~128쪽.

노태우 대통령이 대통령 후보 시절에 공약한 '중간평가'를 공약대로 실시할 것이냐의 여부를 놓고 민정당 소속 국회의원과 민정당 지구당 위원장 연석회의가 열렸다. 이 자리에서의 토론내용을 회상했다.

제3항 5공비리 청산: 전두환 전 대통령 백담사 유배 등

전두환 전 대통령을 사법처리하라는 여론이 높아지자 노태우 대통령은 1988년 11월 23일에 그 내외를 강원도 인제군(麟蹄郡) 북면(北面) 용대리(龍垈里) 외가평(外加平)에서 동남쪽으로 약 8km 되는 내설악(內雪岳)에 위치한 백담사(百潭寺)로 보냈다. 전 대통령 내외는 1990년 12월 25일에 귀가할 수 있었다.

(1) 동아일보 신동아부 취재반, 「전두환, 장막에 싸인 연희동 100일」, 『신동아』(1988년 7월), 268~281쪽.

전두환 전 대통령이 퇴임한 직후부터 그와 그가 이끌었던 제5공화정을 비난하고 그때 저질러진 '범죄'를 철저히 수사하라는 요구가 확산됐다. 이러한 분위기 속에서 서대문구 연희동 자택에서의 그의 생활을 보도했다.

(2) 김일동(金日東: 신동아 기자), 「백담사 1년, 전두환의 항변」, 『신동아』(1989년 11월), 274~289쪽.

(3) 주부생활 편집부, 「사형 남편 목숨도 구해낸 이순자씨 백담사 시절부터 안방에서

집필한 자서전 공개」, 『주부생활』(1997년 1월), 353~359쪽.

(4) 최병렬(崔秉烈), 「8. 백담사로 떠난 전직 대통령」, ______, 『보수의 길, 소신의 삶: 최병렬 자서전』(기파랑, 2011), 183~193쪽.

당시 대통령 정무수석비서관으로 전두환 전 대통령 내외가 백담사로 유배되는 과정을 상세히 회고했다.

(5) 남재희(南載熙), 「무인정권시대의 스케치: 박정희 · 전두환 · 노태우 시대의 정치와 언론 이야기」, 『황해문화』105(2019년 겨울), 312~352쪽.

전두환 대통령 때 민정당 서울시당위원장으로 11 · 12대 국회의원을 역임했고 13대 국회의원으로 봉직하던 필자 내외가 백담사를 방문해 전두환 전 대통령 내외를 만나 담소를 나눈 이야기를 회상했다.

5공비리의 한 사례로 비판된 삼청교육대

김상돈(金相敦), 「또 하나의 감옥: 청송보호소의 실상」, 『신동아』(1988년 7월), 422~437쪽.

필자는 삼청교육대에 끌려갔다가 1981년 2월에 법원으로부터 유죄판결을 받고 1983년 2월에 청송보호소에 입소됐으며 1987년에 가출옥 형식으로 4년 7개월 만에 출소했다. 청송보호소에서의 너무나 비인도적이며 잔혹한 생활에 대해 고발했다.

제4항 3당합당: 민주자유당 창당

1990년 1월 22일에 민주정의당 총재인 노태우 대통령은 통일민주당 총재인 김영삼 의원 및 신민주공화당 총재인 김종필 의원과 함께 청와대에서 공동기자회견을 갖고 3당의 합당을 선언했다.

(1) 박인제(朴仁濟), 「'구국의 결단인가' '밀실의 야합인가': 정계개편충격, 그 이후」, 『신동아』(1990년 3월), 134~143쪽.

(2) 이신행(李信行), 「'보수대연합', 보수의 허구: 정계개편충격, 그 이후」, 『신동아』(1990년 3월), 144~151쪽.

(3) 한동윤(韓東潤), 「3당통합, 노태우 · 김영삼 · 김종필의 밀약: 정계개편충격, 그 이

후」, 『신동아』(1990년 3월), 152~169쪽.

(4) 서두원(徐斗源), 「박철언 · 월계수회와 민자당파벌: 정계개편충격, 그 이후」, 『신동아』(1990년 3월), 170~186쪽.

(5) 한명규(韓明奎), 「야권통합은 이뤄질 것인가: 정계개편충격, 그 이후」, 『신동아』(1990년 3월), 188~199쪽.

(6) 유영을(劉榮乙), 「거대여당 민주자유당과 재벌: 정계개편충격, 그 이후」, 『신동아』(1990년 3월), 200~209쪽.

(7) 윤석인(尹錫仁: 한겨레 정치부 기자), 「3당합당의 의미」, 『창작과비평』67(1990년 3월), 314~324쪽.

3당합당을 거세게 비판했다.

(8) 이규진(李揆振), 「거여(巨與) 정치실험의 행보와 한계: 3당합당후의 첫 임시국회가 남긴 것」, 『월간중앙』(1990년 4월), 142~151쪽.

(9) Hakjoon Kim, "New Political Development with a Vision for the 1990s and Beyond," *Korea and World Affairs*, Vol. 14, No. 1(Spring 1990), pp.34~53.: Reprinted in James Cotton, ed, *Korea Under Roh Tea-woo: Democratization, Northern Policy and Inter-Korean Relations*(Carberra: Allen and Unwin, 1993), pp.153~169.: Reprinted in Hakjoon Kim, *Korea's Relations with Hes Neighbors in a Changing World*(Seoul and Elizabeth, N.J.: Hollym International Corp, 1993), pp.3~28.

(10) 권영기(權榮基), 「3당합당 비사」, 『월간조선』(1992년 9월), 202~221쪽.

(11) 정순태(鄭淳台: 월간경향 편집위원), 「합당은 YS구상이었다」, 『월간중앙』(1992년 9월), 164~187쪽.

(12) 최장집(崔章集), 「6공 보수주의에 대한 하나의 비판」, 『사상』 제2권 제3호(1990년 가을), 253~300쪽.

(13) 문용직(文容直), 「1990년 3당합당의 분석」, 『한국과 국제정치』 제9권 제1호(1993년 6월), 67~88쪽.

(14) 김재한(金哉翰), 「한국 거대여당체제의 등장과 쇠퇴」, ______ 편, 『정당구도론』(나남, 1994), 13~43쪽.

(15) 김희민(金熙民), 「한국 3당합당의 원인과 결과」, 김재한(金哉翰) 편, 『정당구도론』(나남, 1994), 45~84쪽.

※ 김희민(1958~현재)은 미국 미네소타대학교 정치학과를 졸업하고, 미주리주 세인트루이스에 있는 워싱턴대학교 대학원 정치학과에서 정치학박사학위를 받았다. 정치학박사학위청구논문 서지사항은 다음과 같다. Hee-min Kim, “Social Group Relations, Policy Stability, and Economic Growth in Democratic Capitalism,” unpub. Ph.D. diss., Washington University, 1990. 이 논문은 필자의 표현으로 ‘민주적 자본주의(democratic capitalism)’의 범주에 속하는 서구의 약 25개 국가들을 비교한 것이다. 여기에 한국은 포함되지 않았다. 플로리다주립대학교 정치학과 교수를 역임한 뒤 현재 서울대학교 사범대학 사회교육과 교수이면서 플로리다주립대학교 명예교수다.

(16) 이현출(李鉉出), 「한국정당의 당내민주주의: 민주자유당의 구조와 운영을 중심으로」, 건국대학교 대학원 정치외교학과 정치학박사학위청구논문, 1997년 2월.

※ 이현출(1964~현재)은 건국대학교 법과대학 법학과를 졸업하고 건국대학교 대학원 정치외교학과에서 석사→박사학위를 받았다. 현재 건국대학교 사회과학대학 정치외교학과 교수다.

(17) 양회창(梁會昌), 「한국정당의 해체와 통합에 관한 연구: 3당합당을 중심으로」, 조선대학교 대학원 정치외교학과 정치학박사학위청구논문, 1999년 2월.

(18) 박희경(朴喜慶), 「한국의 정치연합과 정당구도의 변화: 1987~2000」, 경북대학교 대학원 정치외교학과 정치학박사학위청구논문, 2001년 2월.

3당합당에 대한 분석이 포함됐다.

(19) 김현우(金炫宇), 「제8장 제6공화국의 정당통합운동」 가운데 「제5절 민주정의당 · 통일민주당 · 신(新)민주공화당의 합당(민주자유당)」, ______, 『한국 정당통합운동사』(경기도 파주시: 한국학술정보주식회사, 2009), 621~770쪽 가운데 643~659쪽.

(20) 김대중(金大中), 「6부」 가운데 「민심에 대한 쿠데타, 3당합당」, ______, 『김대중 자서전』전2권(삼인, 2011), 제1권, 475~628쪽 가운데 532~545쪽.

(20-A) 김호기(金晧起), 「김대중, 『김대중 자서전』과 정치가의 미래 2」, ______, 『현대한국지성의 모험: 100년의 기억, 100년의 미래』(메디치, 2020), 293~300쪽.

(21) 강원택(康元澤), 「3당합당과 한국 정당정치」, 『한국정당학회보』 제11권 제1호(2012년 2월), 171~193쪽.

(22) 박준병(朴俊炳), 「14. 3당통합과 내각제파동의 와중에서」, ______, 『군인의 길, 정치인의 길: 박준병 회고록』(기파랑, 2012), 307~330쪽.

당시 민정당 사무총장이었던 저자는 민정당과 통일민주당 및 신민주공화당이 민주자유당이라는 이름 아래 통합하는 과정을 상세히 회고했다. 3당은 통합과 더불어 "1년 이내에 의원내각제로 개헌하며, 이를 위하여 1990년 중 개헌작업에 착수한다"는 합의각서를 작성했다. 그러나 결국 김영삼 대표의 반대로 내각제개헌은 이뤄지지 않았다.

(23) 최준영(崔峻榮), 「3당합당: 민주화 이후 한국 정당정치 전개의 분기점」, 강원택(康元澤) 편, 『노태우 시대의 재인식: 전환기의 한국사회』(경기도 파주시: 나남출판사, 2012), 67~98쪽.

(24) 이종찬(李鍾贊), 「10. 망국적 3당합당」, ______, 『숲은 고요하지 않다: 이종찬 회고록』 전2권(경기도 파주시: 한울, 2015), 제2권, 127~148쪽.

(25) 김종인(金鍾仁), 「"김영삼과 선을 그으십시오": 1990년 3당합당」, ______, 『영원한 권력은 없다: 대통령들의 지략가 김종인 회고록』(시공사, 2020), 287~301쪽.

노태우 대통령의 핵심적 참모들 가운데 한 사람이었던 저자는 자신이 노태우 대통령에게 김영삼과 선을 그을 것을 권고했다고 회상했다.

정치변동론의 큰 틀에서의 접근

윤상철(尹相喆), 「한국 권위주의체제의 정치변동, 1983-1990: 지배블럭, 제도야당 및 중간계급을 중심으로」, 서울대학교 대학원 사회학과 사회학박사학위청구논문, 1997년 2월; ______, 『1980년대 한국의 민주화이행과정』(서울대학교출판부, 1997).

※ 윤상철(1960~현재)은 서울대학교 사회과학대학 사회학과를 졸업하고 서울대학교 대학원 사회학과에서 석사→박사학위를 받았다. 현재 한신대학교 사회과학대학 사회학과 교수다.

노태우·김영삼·김대중·김종필 등 '3김1노'에 대한 회상

남재희(南載熙), 「삼김일노의 회상」, 『황해문화』104(2019년 가을), 198~229쪽.

『조선일보』 정치부장을 거쳐 박정희 대통령, 전두환 대통령, 노태우 대통령, 김영삼 대통령 시절에 국회의원과 장관 및 당정책의원회 의장 등을 역임하면서 체험한 '삼김일노'에 대해 회상했다.

3당통합 반대투쟁

(1) 안평수(安平洙), 「반(反)민자당 선언: 3당야합의 반(反)정치 반(反)경제」(학민사, 1990).

(2) 정웅재(『월간 말』 기자), 「3당합당 반대 민자당사 점거, 김태진 편: 서울구치소 점거와 재판거부」, 『월간 말』(2008년 11월), 154~157쪽.

3당합당이 발표되자 전국민족민주운동연합, 전국교직원노동조합, 전국노동운동단체협의회 등 재야단체들은 그것을 '수구대연합'으로 규정하면서 강력투쟁방침을 선언했다. 대학가도 거기에 합세했다. 이 글은 당시 건국대학교 4학년생으로 투쟁에 참여했다가 서울구치소에 수감됐던 김태진 군으로부터 당시 상황에 대해 이야기를 듣고 작성됐다.

87년체제 등장 이후 한국헌정사 개관

(1) 강원택(康元澤) 저, 『대통령제, 내각제와 이원정부제: 통치형태의 특성과 운영의 원리』(경기도 고양시: 인간사랑, 2006); ______ 편, 『헌법 개정의 정치: 무엇을 어떻게 바꿀 것인가』(경기도 고양시: 인간사랑, 2010); ______ 저, 『어떻게 바꿀 것인가: 비정상 정치의 정상화를 위한 첫 질문』(경기도 파주시: 이와우, 2016).

(2) 김종철(金鍾鐵), 「헌법개정의 정치학: 87년체제의 평가와 헌법개정의 조건 및 방향」, 『법과사회』55(2017년 8월), 171~206쪽.

(3) 마상훈 · 최선(崔善), 「헌법개정논의의 질적 제고에 관한 연구」, 『한국정치연구』(서울대학교 한국정치연구소), 제27권 제1호(2018년 2월), 153~176쪽.

(4) 서희경(徐希慶), 『87년체제의 한국헌정사, 1987~2017』(포럼, 2023).

이 책은 1987년 개헌 이래 박근혜정부까지 30년에 걸친 한국헌정사를 고찰했다. 저자가 이미 출판한 『대한민국 헌법의 탄생: 한국헌정사, 만민공동회에서 제헌까지』(경기도 파주시: 창비, 2012)와 『한국헌정사, 1948~1987』(포럼, 2020)에 이은 책이다. 이로써 저자는 한국의 헌법과 정치를 100여 년의 긴 호흡으로 고찰했다. 방대한 양의 이 책은 다음과 같이 구성됐다.

제1부 1987년 민주화와 1990년대의 헌정의제와 개헌 논의

제1장 1987년 민주화시기의 개헌논의 41~204쪽.

제2장 1990년대의 개헌 논의 205~286쪽.

제2부 노무현 정부의 헌정의제와 개헌 논의

제3장 노무현 정부의 출범과 대통령 탄핵 소추 287~410쪽.

제4장 후기 노무현 정부의 대연정론과 4년 연임제 개헌 제안 411~476쪽.

제3부 이명박·박근혜 정부의 개헌 활동과 개헌 논의

제5장 이명박 정부의 개헌 활동과 개헌 논의 477~572쪽.

제6장 박근혜 정부의 개헌 추진과 87년 체제의 운명 573~768쪽.

제5항 중립내각 구성

노태우 대통령은 다가오는 제14대 대통령선거를 공정하게 치르기 위해 1992년 8월 28일에 민주자유당 총재직을 사퇴하고 이어 1992년 9월 18일에 민주자유당을 탈당하면서 중립내각의 구성을 발표했으며 실제로 1992년 10월 9일에 중립내각을 구성했다. 중립내각의 국무총리로는 성균관대학교 총장을 역임한 데 이어 한림대학교 총장을 맡고 있던 법학자 현승종(玄勝鍾, 1919~2020) 교수가 임명됐다.

(1) 박동서(朴東緖), 「중립내각구성과 지방행정」, 『지방행정』(1992년 10월), 73~76쪽.

(2) 이상기(李相起), 「중립내각의 김영삼 비밀지원」, 『말』(1992년 12월), 40~43쪽.

(3) 현승종(玄勝鍾), 「제6장 중립내각 국무총리와 마지막 소임」, ______, 『춘재(春齋) 현승종 인생회상』(여백, 2020), 361~466쪽.

제6항 민중당 창당

1987년의 제13대 대통령선거에서 '독자적 민중후보 출마'를 제의했던 재야인사들은 1989년 11월 10일 「진보적 대중정당 건설을 위한 준비모임」을 결성했고, 이를 바탕으로 1990년 11월 10일 「민중당」을 창당했다. 상임대표위원에 이우재(李佑宰), 대표위원에 「민주교육실천협의회」(약칭 민교협) 공동의장 김상기(金祥基), 통일운동가 김낙중(金洛中) 등을 선출했으며, 정책위원장에 장기표(張琪杓), 사무총장에 이재오(李在五), 그리고 노동위원장에 노동운동가 김문수(金文洙)를 선임했다. 민중당은 1992년 3월 24

일에 실시된 제14대 국회의원선거에서 지역구에서 1명의 당선자도 내지 못했을 뿐만 아니라 유효투표의 1.5%밖에 득표하지 못해 중앙선거관리위원회에 의해 1992년 3월 30일에 등록이 취소됐다.

(1) 황의봉(黃義鳳), 「민중당」, 『신동아』(1991년 2월), 388~403쪽.

(2) 노찬백(魯燦伯), 「한국에서의 진보적 군소정당의 실패에 관한 연구: 1987년~1992년」, 경희대학교 대학원 정치외교학과 정치학박사학위청구논문, 1995년 2월.

민중당에 관한 분석이 포함됐다.

※ 노찬백(1956~현재)은 한국외국어대학교 사회과학대학 정치외교학과를 졸업하고 한국외국어대학교 대학원 정치외교학과에서 석사학위를 받은 데 이어 경희대학교 대학원 정치외교학과에서 박사학위를 받았다. 광주보건대학교 교수로 정년퇴임했으며, 현재 광주보건대학교 명예교수다.

(3) 박상병(朴庠秉), 「한국의 진보정당에 관한 연구: 민중당의 사례를 중심으로」, 인하대학교 대학원 정치외교학과 정치학박사학위청구논문, 1997년 8월.

※ 박상병(1961~현재)은 인하대학교 사회과학대학 정치외교학과를 졸업하고 인하대학교 대학원 정치외교학과에서 석사→박사학위를 받았다. 현재 인하대학교 정책대학원 초빙교수다.

제4절 지방의회선거와 제14대 국회총선 및 제14대 대통령선거

제1항 지방의회선거

노태우정부는 1961년 5·16군사정변으로 중단됐던 지방의회선거를 부활시켰다. 1991년 3월 26일에는 기초지방자치단체(시 · 군 · 구) 의회의원선거를 실시했고, 1991년 6월 20일에는 광역지방자치단체(시 · 도) 의회의원선거를 실시했다.

선거관련 법전

박윤흔(朴鈗炘) 편, 『지방자치법전』(법전출판사, 1991).

※ 박윤흔(1935~현재)은 서울대학교 행정대학원에서 석사학위를 받은 데 이어 고려대학교 대학원 법학과에서 「행정법상의 의무이행 확보수단에 관한 연구: 그 현황과 개선방향」(1985년 2월)로 법학박사학위를 받았다. 대구대학교 총장 및 환경처 장관을 역임했다.

중앙선거관리위원회 자료

중앙선거관리위원회 편, 「제3장 구 · 시 · 군 의회의원선거」 및 「제4장 시 · 도 의회의원선거」, ______, 『대한민국선거사』 제5집(1988.2.25.~1993.2.24)(경기도 과천시: 중앙선거관리위원회, 2009), 165~238쪽 및 239~312쪽.

지방의회 일반론

(1) 정재길(鄭在吉), 『지방의회론』(박영사, 1991).

(2) 김기옥(金基玉), 『지방자치에 참여하는 길』(법영사, 1991).

연구저술

(1) 허영(許營), 「지방의회의원선거법상의 기탁금제도」, 『사법행정』(1991년 6월), 77~82쪽.

(2) 이의근(李義根), 「'91 지방의회의원선거 실시과정과 결과」, 『지방행정』 제40권 제7호(1991년 7월), 37~53쪽.

(3) 김인철(金仁喆), 「6·20 시도의회의원선거 결과분석」, 『자치행정』41(1991년 8월), 40~46쪽.

(4) 한정일(韓貞一), 「한국의 자방자치와 주민의 정치참여에 관한 연구: 기초의회의원선거를 중심으로」, 『행정연구』(건국대학교 부설 행정문제연구소) 15(1991년 8월), 47~76쪽.

(5) 박영기(朴榮基) · 심문보(沈文輔), 「광역자치단체 의회의원 선거과정연구: 대전직할시를 중심으로」, 『사회과학연구』(한남대학교 사회과학연구소)1(1991년 11월), 63~92쪽.

※ 박영기(1948~현재)는 연세대학교 정법대학 행정학과를 졸업하고 이스트캐롤라니아대학교(East Carolina University) 대학원 정치학과에서 석사학위를 받은 데 이어 연세대학교 대학원 행정학과에서 「행정이념에 대한 이론적 고찰과 실증적 연구」(1989년 2월)로 행정학박사학위를 받았다. 한남대학교 사회과학대학 행정학과 교수로 정년퇴임했으며, 현재 한남대학교 명예교수다.

※ 심문보(1963~현재)는 한남대학교 사회과학대학 행정학과를 졸업하고 경희대학교 대학원 행정학과에서 석사학위를 받은 데 이어 인하대학교 대학원 행정학과에서 「폐기물처리업의 인허가 규제에 따른 집단갈등 연구」(1998년 8월)로 행정학박사학위를 받았다. 현재 한서대학교 인문사회과학대학 행정학과 교수다.

(6) 현대사회연구소, 『지방의회선거 사례연구 I: 기초의회의원선거』(현대사회연구소, 1991); ______, 『지방의회선거 사례연구 II: 광역의회의원선거』(현대사회연구소, 1991).

(7) 조중빈(趙重斌), 「지방의회선거에 대한 유권자의 인지와 평가」, 『사회과학연구』(국민대학교 사회과학연구소) 4(1992년 2월), 247~261쪽.

제2항 제14대 국회총선 그리고 제14대 국회

(1) 정영국(鄭榮國), 「14대 국회의원 선거과정의 특징: 3개 선거구 참여관찰사례를 중심으로」, 한국정치학회 편, 『선거와 한국정치: 국내하계학술대회논문집』(한국정치학회, 1992), 99~133쪽.

(2) 박찬욱(朴贊郁), 「제14대 국회의 국정심의 방향과 과제」, 『입법조사월보』(1992년 8월), 1~9쪽; ______, 「제14대 국회의원 총선거에서의 정당지지 분석」, 『선거와 한국정치』(한국정치학회, 1992), 177~220쪽; 이남영(李南永) 편, 『한국의 선거 1』(나남출판사, 1993), 67~115쪽에 재수록; 박찬욱, 「제14대 국회의원 선거결과에 대한 집합자료분석」, 『한국과 국제정치』(경남대학교 극동문제연구소) 제9권 제2호(1993년 12월), 1~31쪽; Chan-wook Park, "Partisan Conflict and 'Immobilisme' in the Korean National Assembly: Conditions, Processes, and Outcomes," *Asian Perspective*, Vol. 17, No. 2(Fall-Winter 1993), pp.5~37; ______, "The Fourteenth National Assembly Election in

Korea: A Test for the Ruling Democratic Liberal Party," *Korea Journal*, Vol. 33 No. 1(Spring 1993), pp.5~16.

(3) 김광웅(金光雄), 『우리동네 선거이야기, 나라 선거이야기, 고쳐야 할 선거이야기』(예음, 1992).

우리나라에서 치러지는 선거를 면밀하게 관찰한 저자가 선거에서 나타난 폐해를 지적하고 개선방향을 제시했다. 특히 제14대 국회총선을 중심으로 자신의 의견을 개진했다.

(4) 중앙선거관리위원회 편, 「제5장 제14대 국회의원선거」, ______, 『대한민국선거사』제5집(1988.2.25.~1993.2.24)(경기도 과천시: 중앙선거관리위원회, 2009), 313~426쪽.

(5) 김현우(金炫宇), 「제8장 제6공화국의 정당통합운동」 가운데 「제12절 제14대 국회의원 선거(1992.3.24)」, ______, 『한국 정당통합운동사』(경기도 파주시: 한국학술정보주식회사, 2009), 621~770쪽 가운데 693~697쪽.

이지문 중위의 '군(軍) 부대 부정선거' 폭로

(1) 이지문(李智文), 『추첨민주주의 이론과 실제』(아담북스, 2016).

학군단 출신의 육군중위로 14대 국회의원총선 때 군부대 안에서 부재자투표를 놓고 부정선거가 있었다고 폭로한 저자의 저서다. 그의 폭로를 계기로 군인의 부재자투표는 일반 유권자와 마찬가지로 영내(營內)가 아니라 영외(營外)에서 실시하도록 개선됐다. 그는 훗날 정부로부터 '민주화운동 관련자'로 공인을 받았다.

※ 이지문(1968~현재)은 고려대학교 정경대학 정치외교학과를 졸업하고 육군중위로 전역했으며, 서울특별시 시의원으로 활동했다. 연세대학교 대학원 정치외교학과에서 「한국 민주주의의 질적 고양을 위한 추첨제 도입 방안 연구」(2011년 8월)로 박사학위를 받았다. 현재 한국청렴운동본부 이사장이다.

(2) 호루라기재단 엮음, 『한국의 공익제보』(책봄, 2022).

공익제보 분야 전문가들이 공익제보의 현황과 과제에 관해 쓴 책이다. 군부재자투표 부정을 최초로 폭로한 이지문 중위 등 공익제보자 6인의 수기를 실었다. 그들 가운데에는 1991년 5월에 감사원 내부의 '비리'를 공개했다가 구속돼 재판을 받았던 이문옥(李文玉) 감사원 감사관이 포함됐다. 그는 다음과 같은 회고록을 남겼다. 이문옥, 『그래도

못다한 이야기: 전 감사관 이문옥 고백록』(동광출판사, 1991).

제3항 제14대 대통령선거

(1) 정영태(丁榮泰), 「노동자와 중간층의 정치의식: 14대 대선투표행태분석을 중심으로」, 『노동문제논집』(고려대학교 노동문제연구소) 10(1993년 9월), 196-216.

(2) Chan-wook Park, "Korean Voters' Candidate Choice in the 1992 Presidential Election: A Survey Data Analysis," *Korea and World Affairs*, Vol. 17, No. 3(September 1993), pp.432~458; 박찬욱(朴贊郁), 「14대 대선의 승인과 패인: 실증조사결과를 중심으로」, 『노동문제논집』10(1993년 9월), 217~230쪽; ______, 「제14대 대선에 있어서의 유권자의 후보지지에 관한 분석」, 준봉(峻峰)구범모(具範謨)교수화갑기념논총편집위원회 편, 『전환기 한국정치학의 새 지평: 준봉구범모교수화갑기념논총』(나남출판, 1994), 545~554쪽.

(3) 황근(黃懃), 「유권자의 정치적 도식(圖式)이 투표행위에 미치는 영향: 정치커뮤니케이션 이론을 중심으로」, 고려대학교 대학원 신문방송학과 박사학위청구논문, 1993년 8월.

13대 대통령선거와 14대 대통령선거에 대해 초점을 맞췄다.

※ 황근(1961~현재)은 한국외국어대학교 신문방송학과를 졸업하고 고려대학교 대학원 신문방송학과에서 석사→박사학위를 받았다. 그의 저술들 가운데 황근(黃懃), 『4차 산업혁명과 미디어의 진화』(온샘, 2020)가 있다. 이 책은 가짜뉴스현상 또는 전체주의적 사회통제에 대한 분석을 포함했다.

(4) 양순직(楊淳稙), 「갈등의 정치계절」, ______, 『대의는 권력을 이긴다』(에디터, 2002), 317~339쪽.

평민당을 탈당한 저자는 결국 정주영이 주도한 국민당 창당에 참여했다. 저자는 그 과정을 회상했다.

(5) 김경회(金慶會), 「3장 검사장의 꽃, 서울검사장이 되다」 가운데 「초원복집사건과 나」, ______, 『나 이제 자유인이 되어: 격동의 시절, 검사 28년』(중앙M&B, 2002), 183~240쪽 가운데 222~223쪽.

제14대 대통령선거를 앞둔 1992년 12월 11일에, 영남 출신의 당시 김기춘(金淇春) 법무부장관이 부산 초원복집에서 부산지역 기관장들과 회식하며 "우리가 남이가"라는 말을 나눈 사실이 정주영 후보의 통일국민당에 의해 폭로됐다. 이 모임이 영남 출신 김영삼 후보의 당선을 위해 지역감정을 불러일으키기로 모의한 것으로 해석되면서 큰 파문을 일으켰다.

(6) 엄상현(嚴相炫), 「황인오 전 조선노동당 중부지역당 총책 "2004년 총선 직전, 한나라당 정형근 의원이 정치입문 제의"」, 『신동아』(2005년 1월), 206~212쪽; 한기홍, 「"주체사상 무장해 생명과 사상, 육신과 재산 다 바치겠다"(구국전위가입선서)」, 『신동아』(2013년 10월), 146~151쪽.

제14대 대통령선거를 앞둔 1992년 10월 6일에 국가안전기획부는 「남한조선노동당중부지역당 사건」을 발표하면서, 북한의 조선로동당 정치국 후보위원 겸 최고인민회의 대의원으로 북한권력서열 19위인 리선실이 서울에 침투해 공작한 결과 황인오를 중심으로 하는 「남한조선노동당중부지역당」을 결성할 수 있었다고 주장했다. 이 발표에 따르면, 62명이 연루된 이 사건은 '남로당 이후 최대 간첩단 사건'이었다.

(6-A) 김동식(북한학박사), 『아무도 나를 신고하지 않았다: 북에서 온 공작원 이야기』(기파랑, 2013).

저자(1962~현재)는 김정일정치군사대학을 졸업하고 대남공작원으로 남한에 침투해 리선실과 접선했다. 1995년 9월에 제주도에 침투했으나 한국경찰과의 총격전 끝에 체포됐고, 이후 전향해 국군기무사령부에서 분석관으로 봉직했다.

(7) 중앙선거관리위원회 편, 「제6장 제14대 대통령선거」, ______, 『대한민국선거사』제5집(1988.2.25.~1993.2.24)(경기도 과천시: 중앙선거관리위원회, 2009), 427~530쪽.

(8) 김현우(金炫宇), 「제8장 제6공화국의 정당통합운동」 가운데 「제14절 제14대 대통령선거(1992.12.18)」, ______, 『한국 정당통합운동사』(경기도 파주시: 한국학술정보주식회사, 2009), 621~770쪽 가운데 706~713쪽.

(9) 이종찬(李鍾贊), 「11. 민주자유당 대선후보 경선」 및 「12. 새로운 모색」, ______, 『숲은 고요하지 않다: 이종찬 회고록』전2권(경기도 파주시: 한울, 2015), 제2권, 149~212쪽 및 213~278쪽.

앞부분은 1992년 5월 19일에 열린 민주자유당 대통령후보 경선전당대회에서 차점을 기록한 저자가 그 과정에 대한 회고를 담았다. 뒷부분은 대우그룹 김우중(金宇中) 회장이 대통령 후보로 나서려고 했던 여러 움직임에 대한 회고, 그리고 자신이 「새한국당」을 창당했으나 결국 정주영의 「국민당」과 합당한 과정에 대한 회고를 담았다.

第5절 경제·노동·교육·사회·문화(서울올림픽 포함)

제1항 개관

(1) 한국산업사회연구회 엮음, 『한국사회와 지배이데올로기: 지식사회학적 이해』(녹두, 1991).

한국의 저명한 정치학자(예, 최장집[崔章集])와 사회학자(예, 김진균[金晋均]) 등이 한국사회의 정치 · 경제 · 사회 · 노동 · 교육 · 문화 · 언론 등 여러 분야의 '지배이데올로기'를 분석했다.

(2) 배성인(裵晟仁), 「한국의 산업화와 민주화 과정에 관한 연구: 제1공화국에서 제6공화국까지」, 단국대학교 대학원 정치외교학과 박사학위청구논문, 1997년 8월.

※ 배성인(1964~현재)은 명지대학교 사회과학대학 정치외교학과를 졸업하고 명지대학교 대학원 정치외교학과에서 석사학위를 받은 데 이어 단국대학교 대학원 정치외교학과에서 박사학위를 받았다. 현재 충북대학교 강사다.

(3) 「재단법인 보통사람들의 시대 노태우센터」 주최, 『노태우정부의 경제정책과 그 현대적 의미: 6·29 민주화선언 26주년 기념 학술대회』(2023년 7월 6일, 서울 한국프레스센터 외신기자클럽).

김종인(金鍾仁) 노태우센터 고문의 「기조연설」에 이어, 강원택(康元澤) 교수, 이연호(李年鎬) 교수, 박인휘(朴仁煇) 교수, 전상인(全相仁) 교수, 김경민(金經民) 교수 등이 발표했다. 김종인 고문은 노태우정부 때 한국에서 중산층이 형성됐다는 논지를 전개했다.

(4) 윤여일(尹汝一), 『모든 현재의 시작, 1990년대』(경기도 파주시: 돌베개, 2023).

저자가 노태우 대통령 시대를 다룬 것은 결코 아니다. 저자는 1990년대의 시작으로,

1987년의 민주화운동을 비롯해 여러 시점을 제안했는데, 자연히 노태우 대통령 시대가 포함된다. 저자는 1990년대는 IMF 외환위기를 넘어 월드컵과 촛불시위 및 노무현 대통령 당선까지의 2002년을 아우르는 키워드를 '대중'이라고 보면서 이 '대중'을 1990년대의 특징으로 보았다.

※ 윤여일(1979~현재)은 고려대학교 문과대학 사회학과를 졸업하고 서울대학교 대학원 사회학과에서 석사학위를 받은 데 이어 서울대학교 대학원 사회학과에서 「탈냉전기 동아시아 담론의 형성과 이행에 관한 지식사회학적 연구」(2015년 2월)로 박사학위를 받았다. 현재 제주대학교 공동자원과지속가능사회연구센터 연구교수다.

제2항 경제 및 노동통제

개관

(1) Sook-jong Lee, "Political Liberalization and Economic Development in South Korea," *Korea Journal of Population and Development*, Vol. 20, No. 1,(July 1990), pp.77~100.

이 논문이 반드시 노태우정부의 경제를 설명한 것은 아니다. 그러나 '정치적 자유화'가 진전되는 상황에서 '경제적 발전'은 어떻게 이루어지는가라는 문제의식에 대답을 준다.

※ 이숙종(李淑鍾, 1957~현재)은 연세대학교 사회과학대학 사회학과를 졸업하고 하버드대학교 대학원 사회학과에서 석사→박사학위를 받았다. 박사학위청구논문 서지사항은 다음과 같다. Sook-jong Lee, "The Limits of the Japanese State: Liberalization and Industrial Reorganization of the 1960s," unpub. Ph.D. diss., Harvard University, 1989. 현재 성균관대학교 사회과학대학 행정학과 명예교수다.

(2) Yeon Ho Lee, "The Relationship between the State and the Chaebol, 1980-1993," unpub. Ph.D. diss., University of Cambridge, 1995.

이 논문이 노태우 대통령 시대의 경제 그 자체를 분석·설명한 것은 아니다. 제목이 말하듯, 전두환체제가 들어선 1980년까지의 시기를 다뤘다. 그러나 노태우정부 시기에 국가와 재벌 사이의 관계에 대한 분석과 설명이 포함됐다.

※ 이연호(1964~현재)는 연세대학교 사회과학대학 정치외교학과를 졸업하고 케임브리지대학교 대학원에서 정치경제학을 전공해 석사→박사학위를 받았다. 연세대학교 동서문제연구원 원장 및 Yonsei-SERI EU Center 소장에 이어 연세대학교 대외협력처장을 역임했다. 현재 연세대학교 사회과학대학 정치외교학과 교수이면서 연세대학교 사회과학대학 학장이다.

(3) 이장규(李璋圭) 외 저, 『경제가 민주화를 만났을 때: 노태우 경제의 재조명』(올림, 2011년 7월).

"노태우정부는 첨예한 노사분규 현장에도 공권력을 투입하지 않았으며, 부실기업 정리와 금리자유화에도 관여하지 않았다"라고 지적했다.

(4) 이승윤(李承潤), 「6장 13~14대 국회의원과 경제부총리 시절」, ______, 『전환의 시대를 넘어: 인덕(仁德) 이승윤 회고록』(투데이미디어, 2011년 12월), 217~286쪽.

노태우정부에서 경제부총리를 맡았던 저자가 노태우정부의 경제정책과 경제실적을 자세히 설명했다.

※ 이승윤(1931~2020)은 서울대학교 문리대 영어영문학과 학생 때 미주리대학교 콜럼비아 캠퍼스 경제학과로 유학해 경제학박사학위를 받았다. 서울대학교 상과대학 경제학과 교수를 거쳐 서강대학교 경상대학 경제학과 교수로 봉직했으며, 제9대 국회의원으로 정계에 입문한 뒤 제10대, 제13~14대 국회의원을 역임했고, 그 과정에서 재무부장관과 경제부총리를 역임했다.

(5) 김종인(金鍾仁), 「재벌의 탐욕, 그 끝은 어디인가: 1990년 비업무용 부동산매각조치」, ______, 『영원한 권력은 없다: 대통령들의 지략가 김종인 회고록』(시공사, 2020), 229~244쪽.

신도시건설

(1) 정재영(鄭在永: 신동아 기자), 「긴급 르뽀: 요지경 속 분당·일산 신도시개발」, 『신동아』(1989년 6월), 368~397쪽.

(2) 이동규(李東奎), 「안산, 분당 신도시 인구이동 특성에 관한 비교연구」, 홍익대학교 대학원 도시계획과 박사학위청구논문, 2001년 2월.

(3) 김영선(金瑩善), 「수도권 신도시 개발의 정책방향에 관한 연구: 분당과 일산의 사례를 중심으로」, 경기대학교 대학원 행정학과 행정학박사학위청구논문, 2002년 2월.

(4) 권기철(權奇澈), 「신도시 아파트 건설의 개발이익 분석에 관한 연구: 분당신도시 사례를 중심으로」, 경북대학교 대학원 지리학과 박사학위청구논문, 2005년 2월.

(5) 최경애(崔京愛), 「수도권 신도시 지역주민운동의 형성과 변화에 관한 비교연구: 안산 · 일산 사례를 중심으로」, 성균관대학교 대학원 사회학과 박사학위청구논문, 2008년 8월.

고속철도(KTX) 개통

고속철도 개통에 관해서는 여러 박사학위논문이 제출됐으며 저서가 출판됐다. 그것들 가운데 몇몇을 적시하면 다음과 같다.

(1) 홍창식(洪昌植), 「경부고속철도가 지역관광에 미치는 영향에 관한 연구」, 경기대학교 대학원 관광경영학과 박사학위청구논문, 2002년 8월.

※ 홍창식(1968~현재)는 현재 서울호서전문학교 학사관리부 부장이다.

(2) 한국철도공사 편, 『KTX가 대한민국을 바꾼다: 고속철도 개통 1주년 성과와 과제』(한국철도공사, 2005).

(3) 한국철도공사 한국철도학회 편, 『KTX개통 2주년 특별 세미나: KTX개통에 따른 사회경제적 파급효과와 정책과제』(한국철도공사, 2006).

(4) 서은영(한양대), 「고속철도 개통전후의 역세권 주변 토지용도별 지가 변화 특성에 미치는 영향 요인 분석」, 한양대학교 도시대학원 박사학위청구논문, 2014년 2월.

(5) 오재학(한국교통연구원) · 권영종(한국교통연구원) · 최진석(한국교통연구원) · 이주연(한국교통연구원) 공저, 『KTX 경제혁명: 고속철도 15년, 무엇이 달라졌을까?』(트러스트북스, 2017).

(6) 배은선(철도인), 『기차가 온다: 증기기관차에서 KTX까지 한국철도 120년』(지성사, 2019).

저자는 국립 철도고등학교를 졸업하고 한국방송통신대학교에서 일본학을 전공했으며 우송대학교 철도대학원에서 경영학석사학위를 받고 우송대학교 대학원에서 「일제강점기 철도종사원 양성교육과 철도도서관에 관한 연구」(2017년 8월)로 박사학위를 받았다. 서울 오류동 역장이던 때 '철도의 날(6월 28일)'을 맞아 한국철도공사에서 '이색철도인'으로 선정됐다. 수송원 · 운전원 · 차장(車掌) · 역장은 물론 홍보업무와 같은 사무직도 거쳤다.

국민연금

국민연금제도는 1986년에 전두환정부에서 마련됐으며, 노태우정부에서 1988년에 시행되기 시작했고, 김대중정부와 노무현정부에서 각각 개혁된다.

(1) 임유진(林裕眞), 「한국에서 정당경쟁의 변화와 복지개혁의 두 가지 길: 국민연금 개혁의 복지정치(1997~2007)」, 연세대학교 대학원 정치외교학과 정치학박사학위청구논문, 2013년 2월.

※ 임유진(1978~현재)은 연세대학교 사회과학대학 정치외교학과를 졸업하고 연세대학교 대학원 정치외교학과에서 석사→박사학위를 받았다. 현재 강원대학교 사회과학대학 정치외교학과 교수다.

(2) 김일재(金日載), 「국민연금제도 개혁의 정책결정과정 연구: 정책흐름모형과 옹호연합모형의 융합모형의 적용」, 가천대학교 대학원 행정학과 행정학박사학위청구논문, 2014년 2월.

이 논문이 반드시 전두환정부와 노태우정부의 시기에 초점을 맞춘 것은 아니다. 국민연금제도 전반을 이해하는 데 많은 도움을 준다.

※ 김일재(1960~현재)는 서울대학교 사회과학대학 정치학과를 졸업하고 인디애나대학교(Indiana University) 블루밍턴 캠퍼스 대학원에서 정책학을 전공해 석사학위를 받은 데 이어 가천대학교 대학원 행정학과에서 박사학위를 받았다. 행정고시로 관계에 입문한 이후 전라북도 행정부지사를 거쳐 한국지방행정연구원 원장을 역임했다.

노동·노동통제·노사관계 등

(1) 노중기(盧重琦), 「국가의 노동통제전략에 관한 연구: 1987~1992」, 서울대학교 대학원 사회학과 사회학박사학위청구논문, 1995년 8월; ______, 『국가의 노동통제와 민주노조운동: 1987~1992』(경기도 파주시: 한국학술정보주식회사, 2007).

저자는 노태우정부 기간 한국노동정치의 전개과정과 그것의 민주노조운동에 대한 함의를 분석했다. 저자는 「머리글」에서 "결국 '1987년 체제' 10년간의 경험은 노동운동의 발전과정, 상승과정이었음이 밝혀진 것이다. 그 동력은 무엇보다 1987년 노동자대투쟁에서 연원하고 있었다"라고 주장했다.

제1장 문제제기와 연구과제, 11~20

※ 노중기(1961~현재)는 서울대학교 사회과학대학 사회학과를 졸업하고 서울대학교 대학원 사회학과에서 석사→박사학위를 받았다. 현재 한신대학교 사회과학대학 사회학과 교수다.

(1-A) 노중기, 『노동체제 변동과 한국 국가의 노동정책』(후마니타스, 2020).

(1-B) 김원(金元), 「서평: 2000년대 이후 노동정책의 변화와 노동운동의 현재; 노중기 지음, 『노동체제 변동과 한국 국가의 노동정책』」, 『황해문화』107(2020년 여름), 382~389쪽.

(2) 손혁상(孫赫相), 「한국노동자의 정치의식과 정당세력화: 1987년 이후 노동자정당의 저발전을 중심으로」, 경희대학교 대학원 정치외교학과 박사학위청구논문, 2006년 2월.

※ 손혁상(1962~현재)은 서울대학교 사회과학대학 정치학과를 졸업하고 펜실베이니아대학교 대학원 정치학과에서 석사학위를 받았으며 펜실베이니아대학교 대학원 정치학과에서 박사과정을 수료했고, 경희대학교 대학원 정치외교학과에서 박사학위를 받았다. 경희대학교 NGO대학원 교수와 경희대학교 공공대학원 교수를 거쳐 경희대학교 공공대학원장 → 대외협력부총장 → 대외부총장을 역임했으며, 그 과정에서 국제개발협력학회(KAIDEC) 회장으로 봉사했고, 13대 한국국제협력단(KOICA) 총재로 임기를 마친 뒤 경희대학교 공공대학원 교수로 복귀했다. 그의 연구에 대해서는 이 14권의 제1부 제1장 제6절 제4항에서 자세히 살필 것이다.

(3) 한국노동안전보건연구소, 『일하다 마음을 다치다』(나름북스, 2010).

공저자는 일할 때 '신체 따로 정신 따로'가 아니라 '신체와 정신이 함께' 작동한다는 시각에서 노동자의 건강문제를 바라보았다. 이 책을 관류하는 논지는 다음과 같이 요약될 수 있다.

수십년간 투쟁 끝에 육체적 부담으로 발생하는 신체질환과 정신 질환은 노동과의 인관성을 어렵게 인정받았다. 정신적 부담에 따른 신체 질환이나 정신적 질환은 여전히 '개인이 감당할 몫'이다. 개인이 속한 조직이나 사회가 업무 부담으로 정신적 부담이 생길 수 있다는 것을 인정하지 않는다는 걸 뜻하기도 한다. [···] 정신건강문제란 게 그렇다. 다들 혼자 감내한다. [···] 연구소는 쉽게 단정해선 안된다고 말한다. '당신이 극복할 문제' '당신만의 이야기'가 아니라고 이야기한다. 직장에서 생기는 정신건강문제나 직무스트레스문제를 각자가 현명하게 다뤄야 할 문제, 개인의 멘탈문제로 보고 억누르는 사회적 분위기에 반기를 든다. '유리멘탈'을 단단히 다져서 이겨낼 문제가 아니라, 고쳐야 할 대상이자 원인인 일터 문제로 시선을 돌리자고 말한다.

(4) 양재진(梁在振), 「제도주의적 권력자원론과 한국의 노동, 자본, 정치가의 복지정책 선호에 관한 실증연구」, 『한국정치학회보』 제48권 제2호(2014년 6월), 79~102쪽; Jae-jin Yang, "Why Are Active Labor Market Policies Underdeveloped in South Korea?," 『한국정치학회보』 제49권 제6호(2015년 12월), 85~108쪽; 양재진, 「아산, 현대 그리고 노사관계의 변화와 분화발전: 현대자동차와 현대중공업의 비교」, 『아산리더십연구원저널』(울산대학교 아산리더십연구원) 4(2018년 12월), 43~71쪽; 윤성원(尹晟源) · 양재진(梁在振)), 「한국과 일본의 노동시장 개혁과 청년실업」, 『한국정치학회보』 제56권 제3호(2022년 6월), 5~36쪽.

※ 윤성원(1987~현재)은 연세대학교 사회과학대학 행정학과를 졸업하고 연세대학교 대학원 행정학과에서 석사학위를 받은 데 이어 연세대학교 대학원 행정학과에서 「한국과 일본의 청년실업 비교연구」(2020년 8월)로 박사학위를 받았다. 연세대학교 행정학과 강사를 거쳐 국회입법조사처 보건복지여성팀 입법조사관이다.

(5) 안재성(安載成), 『구로, 1989: 김종수 평전』(삶창, 2021).

저자는 1989년 5월에 20대의 청년으로 분신자살한 김종수 평화시장 재단사의 삶과 노동운동을 조명했다.

(6) 김영선(서울과학종합대학원 학술연구교수), 『존버씨의 죽음: 갈아넣고 쥐어짜고 태우는 일터는 어떻게 사회적 살인의 장소가 되는가』(오월의봄, 2022).

고려대학교 대학원 사회학과에서 산업사회학을 전공해 박사학위를 받은 저자는 이 책을 통해 과로와 이로 말미암은 죽음을 분석한 데 이어 여전히 미흡한 제도적 변화를 추구했다.

김현경 교수의 일련의 논문

김현경(金賢慶), 「경제개방은 고용불안정성을 높이는가: OECD국가군의 고용보호법제(Employnment Protection Legislation)를 통해 본 노동시장유연성의 결정요인분석」, 『국제정치논총』제3호 제55권(2015년 9월), 123~155쪽; Hyun Kyoung Kim, "From a Dualized Labor Market to a Dualized Welfare State: Employment Insecurity and Welfare State Development in South Korea" *International Area Studies Review*, Vol. 20, No. 1(2017), pp.76~93; ______, "Korean Workers' Employment Status and Its Effects on Job Security and Social Policy Preferences,"『한국사회』제1호 제18권(2017년 6월), 105~134쪽.

이 일련의 논문이 노태우시대나 그 이후 어떤 특정 정부시기를 다룬 것은 아니다. 2000년대 이후의 노동문제를 통시적으로 분석했다.

※ 김현경(1979~현재)은 고려대학교 정경대학 정치외교학과를 졸업하고 콜럼비아대학교 대학원 정치학과에서 석사→박사학위를 받았다. 현재 고려대학교 국정설계연구소 연구교수다.

전노협

1990년 1월 22일에 「전국노동조합협의회」(약칭 전노협)이 기존의 「한국노동조합총연맹」(약칭 한국노총)과는 별개로 공식 출범했다. 전노협은 1995년 11월 11일에 「전국민주노동조합총연맹」(약칭 민노총)이 결성된 이후, 12월 3일에 '발전적 해소'를 선언했다.

(1) 조성관(趙成寬), 「특별인터뷰: 전노협 결성준비위원장 단병호(段炳浩), "노동운동의 정치세력화가 절실"」, 『월간조선』(1989년 12월), 290~300쪽.

(2) 전국노동조합협의회백서발간위원회 편, 『전노협 백서 1987-1995 12』(도서출판 전노협, 1997).

(3) 김창우(노동운동가), 「전노협 청산에 관한 연구」, 창원대학교 노동대학원 석사학위청구논문, 2007년 2월; ______, 『전노협 청산과 한국 노동운동: 전노협은 왜 청산되었는가』(후마니타스, 2007).

(4) 김영수(金永秀: 경상대) · 김원(작가) · 유경순(노동사전공 박사) · 정경원(노동운동 전문가), 『전노협 1990~1995: 전노협의 창립에서 해산까지』(한내, 2013).

민노총: 노동운동을 포함해

민노총은 김영삼정부 때인 1995년 11월 11일에 출범했으며, 김대중정부 때인 1999년 11월 13일에 합법화됐다. 다음 부분은 이 총서의 제11권 제6장 제1절과 연결해 읽어주기 바란다.

(1) 이광일(李光日), 「한국의 민주주의와 노동정치: 급진노동운동의 이론과 실천을 중심으로」, 성균관대학교 대학원 정치외교학과 박사학위청구논문, 2000년 2월.

※ 이광일(1964~현재)은 성균관대학교 사회과학대학 정치외교학과를 졸업하고 성균관대학교 대학원 정치외교학과에서 석사→박사학위를 받았다. 현재 한국예술종합학교 강사다.

(2) Joohee Lee, "Micro-Corporatist Class Compromise and Demcratic Stability: The South Korean Case," unpub. Ph.D. diss., University of Wisconsin, Madison, 1996; 이주희(李周禧), 『21세기 한국노동운동의 현실과 전망』(한울아카데미, 2002년 1월 20일).

※ 이주희(1965~현재)는 이화여자대학교 사회과학대학 사회학과를 졸업하고 위스콘신대학교 매디슨 캠퍼스 대학원 사회학과에서 석사→박사학위를 받았다. 현재 이화여자대학교 사회과학대학 사회학과 교수다.

(3) 우승명, 「노동조합과 '사회적'운동: 민주노동의 사회개혁 투쟁을 중심으로」, 한신대학교 대학원 석사학위논문, 1999; Sungmyong Woo, "Gewerkschaftliche Sozialpolitik und Solidarität:Entwicklung gewerkschaftlicher Konzeptionen zur Sozialpolitik am Beispiel der Korean Confederation of Trade Unions," unpub. Ph.D. diss., Freie Universität Berlin, 2011.

※ 우승명(1972~현재)은 현재 한신대학교 휴먼서비스대학 사회복지학과 강사다.

(4) 윤진호 · 정이환 · 홍주환 · 서정영주, 『비정규 노동자와 노동조합』(전국민주노동조합총연맹, 2001년 2월 5일).

(5) 안승천, 『한국노동자운동, 투쟁의 기록: 전태일에서 민주노총까지』(박종철출판사, 2002).

(6) 김진균(金晋均), 『진보에서 희망을 꿈꾼다』(박종철출판사, 2003).

(7) 김영곤, 『한국 노동사와 미래: 17-21세기』(선인, 2005년 2월).

(8) 김유선, 『한국노동자의 임금실태와 임금정책: 민주노총 임금정책방향』(후마니타스, 2005년 3월).

(9) 이원보(李元甫), 『한국노동운동사 100년의 기록』(한국노동사회연구소, 2005년 10월 14일).

※ 이원보(1945~현재)는 오랜 기간에 걸쳐 노동운동에 참여했고 한때 반독재민주화 운동과 관련해 투옥됐다. 중앙노동위원회 위원장을 역임했으며, 현재 노사발전재단 대표이사장이다.

(10) 역사학연구소, 『노동자, 자기 역사를 말하다: 현장에서 기록한 노동운동과 노동자교육의 역사』(서해문집, 2005년 11월).

(11) 전국민주노동조합총연맹 정책연구원, 『민주노총 10년 연표: 1995-2005』(전국민주노동조합총연맹, 2007년 3월).

(12) 이재교 · 김혜준, 『거꾸로 가는 민주노총』(시대정신, 2007년 3월 30일).

(13) 한도현 · 박영도 · 윤상철 · 이선미 · 이기홍, 『시민들의 사회참여와 시민공동체』(백산서당, 2007년 6월 28일).

(14) 전국민주노동조합총연맹, 『산별노조 운동과 민주노총: 산별노조 시기에 민주노총 위상과 조직개편 전략』(민주노총 서울, 2007).

(15) 정영태(丁榮泰), 『노동조합과 사회개혁』(한국노총중앙연구원, 2007년 12월 31일).

(16) 조돈문(趙敦文) · 이수봉(李守峯), 『민주노조운동 20년: 쟁점과 과제』(후마니타스, 2008년 2월 16일).

※ 조돈문(1954~현재)은 서울대학교 경영대학을 졸업하고 연세대학교 대학원 사회학과에서 석사학위를 받은 데 이어 위스콘신대학교 매디슨 캠퍼스 대학원 사회학과에서 박사학위를 받았다. 박사학위청구논문 서지사항은 다음과 같다. Donmoon Cho, "Working Class Formation in the Third World: A Comparative-Historical Study on Union Accountability and Worker Experiences in South Korea(1910s-1940s) and Mexico(1870s-1910s)," unpub. Ph.D. diss,. University of Wisconsin, Madison, 1993.

(17) 은수미(殷秀美) · 정주연(鄭珠衍) · 이주희(李周禧), 『산별 노사관계 실현가능한 미래인가』(한국노동연구원, 2008년 4월 30일).

※ 은수미(1963~현재)는 서울대학교 사회과학대학 사회학과를 졸업하고 서울대학교 대학원 사회학과에서 석사학위를 받은 데 이어 서울대학교 대학원 사회학과에서 「한국 노동운동의 정치세력화 유형 연구: 노동운동과 시민운동의 관계구조 분석」(2005년 2월)

으로 박사학위를 받았다. 국회의원과 경기도 성남시 시장을 역임했다.

※ 정주연(1963~현재)은 고려대학교 정경대학 경제학과를 졸업하고 위스콘신대학교 매디슨 캠퍼스 대학원 사회학과에서 석사→박사학위를 받았다. 박사학위청구논문 서지사항은 다음과 같다. Jooyeon Jeong, "An Institutional Analysis of Production Strategy and Social Institutions in the Korean Machine Tool Industry in Comparison to Japan and Germany," unpub. Ph.D. diss., University of Wisconsin, Madison, 1994. 현재 고려대학교 정경대학 경제학과 교수다.

(18) 남춘호(南春浩), 『전북지역 민주노동운동과 노동자의 일상』(한울아카데미, 2009년 1월 20일).

※ 남춘호(1957~현재)는 서울대학교 사회과학대학 사회학과를 졸업하고 서울대학교 대학원 사회학과에서 석사학위를 받은 데 이어 서울대학교 대학원 사회학과에서 「석탄광업 노동시장분절에 관한 연구」(1991년 8월)로 박사학위를 받았다. 전북대학교 사회과학대학 사회학과 교수로 정년퇴임했으며, 현재 전북대학교 명예교수다.

(19) 현장개혁실천연대 연구팀, 『민주노총의 이념과 노동운동 비판』(자유기업원, 2009년 3월 27일).

(20) 안현호 · 이수봉 · 곽노완 · 권문석 · 김원태 · 류청오 · 강연자 · 강남훈 · 백승호 · 김미정 지음/ 민주노총 정책연구원 엮음, 『1등만 기억하는 더러운 세상을 뒤집어라』(매일노동뉴스, 2010년 1월).

(21) 양규헌 · 허영구 · 김재광 · 김혜진 · 정명진, 『위기의 노동운동 더 아래로 더 왼쪽으로』(메이데이, 2010년 1월 28일).

(22) 허영구(許榮九), 『새로운 시대의 총연맹 좌파노총』(박종철출판사, 2012년 9월 3일).

(23) 박명준(朴明駿) 등, 『노동조합의 정책역량에 관한 연구: 한국과 주요국 노동조합총연맹의 탐색적 비교』(한국노동연구원, 2014년 9월 20일).

※ 박명준(1971~현재)은 서울대학교 사회과학대학 사회학과를 졸업하고 서울대학교 대학원 사회학과에서 석사학위를 받은 데 이어 독일 쾰른대학교 대학원 사회학과에서 박사학위를 받았다. 박사학위청구논문 서지사항은 다음과 같다. Myung Joon Park, "Chances and Limits of Experimental Corporatism in Transition Societies: The South Korean Experiences in Comparison to Spain," unpub. Ph.D. diss., Universität zu

Köln(University of Cologne), 2009. 현재 한국노동연구원 연구위원이며, 독일 베를린 자유대학교 한국학과 전임연구원이다.

(24) 권두섭 · 김형동 · 박성우, 『노동조합 100문 100답: 노동조합 설립 단체교섭 파업 부당노동행위 당신이 노동조합에 궁금한 모든 것』(매일노동뉴스, 2015년 10월).

(25) 김은선, 『마을과 노동, 희망으로 엮다』(매일노동뉴스, 2016).

김은선은 「더불어사는삶사단법인희망씨」 사무국장이다. 희망씨는 노동자와 지역주민이 중심이 돼 아동 · 청소년을 지원하는 나눔연대법인이다. 이 책은 민주노총희망연대의 발자취를 담았다. 민주노총희망연대는 정규직과 비정규직이 서로 돕고 지켜주는 노동조합이다.

(26) 김장민(金長敏), 「좌파정당과 노동조합의 관계에 관한 연구: 민주노동당과 민주노총의 관계를 중심으로」, 경상국립대학교 대학원 정치경제학과 박사학위청구논문, 2017년 2월: ______, 『민주노동당과 민주노총의 관계: 좌파정당과 노동조합의 관계』(공생공락, 2017).

※ 김장민(1965~현재)은 고려대학교 법과대학 법학과를 졸업하고 경상국립대학교 대학원 정치경제학과에서 석사→박사학위를 받았다. 현재 홍익대학교 법학부에서 박사후 과정을 밟고 있다.

(27) 남춘호 · 이성호 · 차유미 · 강문식 · 노중기 · 이현진 · 조용화, 『민주노총전북본부 20년사: 1996-2017』(흐름출판사, 2021년 5월 1일).

(28) 정경윤 · 박선효 · 최성용 · 윤설, 『청년 조합원과 민주노총』(전국민주노동조합총연맹 부설 민주노동연구원, 2021년 6월).

(29) 김아진(조선일보 정치부 기자), 「민노총 전 간부 이수봉(李守峯)의 내부 고발: 북한 말로 문건 정리, 노동 고민은 없어…민노총은 괴물이다」, 『조선일보』(2023년 4월 22일), B8쪽.

1995년부터 민노총에서 대변인→정책연구원장→사무부총장 등을 지내며 10년 넘게 상근간부로 일한 이수봉 현 동서미래포럼 전략연구원 부원장은 2023년 4월 13일 서울 여의도의 한 사무실에서 기자에게 최근 공안당국이 적발한 민노총 간첩단 사건은 '팩트'라고 말하며, "북한의 구체적 지침을 받았다. 지도부는 사과해야 한다."라고 말했다. 그는 "민노총은 이제 괴물이 되어버렸다."라고 말하며, "이대로 가면 기업도 나라도 망한다."라고 주장했다. 그는 서강대학교 경제대학원에서 경제학 석사학위를 받았다.

중소기업협동조합중앙회(중기협)

정상호(鄭相鎬), 「한국의 민주화와 자영업 집단의 이익정치」, 고려대학교 대학원 정치외교학과 박사학위청구논문, 2001년 2월; ______, 「한국 중소기업 집단의 이익정치: 중기협을 중심으로」, 『한국정치학회보』 제36집 제4호(2002년 겨울), 193~210쪽.

필자는 한국의 산업화과정에서 나타난 국가에 의한 중소기업 집단의 조직화와 통제 방식을 살펴보고, 그것에 의해 규정된 중소기업 집단의 이익정치 패턴이 민주화 이후 어떤 변화를 보이는지 분석하고자 했다.

※ 정상호(1965~현재)는 한양대학교 법정대학 정치외교학과를 졸업하고 한양대학교 대학원 정치외교학과에서 석사학위를 받은 데 이어 고려대학교 대학원 정치외교학과에서 박사학위를 받았다. 현재 서원대학교 사범대학 사회교육과 교수다.

제3항 교육: 전교조에 관한 논쟁

전교조의 공식 입장

1989년 5월 28일에 전국교직원노동조합, 약칭 전교조가 전라남도 담양군(潭陽郡) 고서면(古西面)에 있는 담양고서중학교 윤영규(尹永奎) 교사를 초대 위원장으로 선출하고 공식 출범했다. 전교조의 연원은 해방직후로 거슬러 올라갈 수 있겠으나, 가까이로는 「민주교육실천협의회」 그리고 그것에 바탕을 둔 「민주교육추진전국교사협의회」에서 찾을 수 있다. 전교조를 노태우정부는 불법단체로 간주해 가입한 교사들을 해직했으나, 김영삼정부는 공인하지는 않되 묵인했고, 김대중정부는 공인했다. 전교조는 오늘날까지 존속하고 있다.

(1) 김한종(金漢宗), 「한 전교조 교사의 해직일기: 기다리기엔 너무 긴 이별」, 『월간조선』(1989년 12월), 526~535쪽.

(2) 심성보(沈聖輔), 『민주화 이후의 공동체교육: 한국교육의 새로운 대안과 희망을 찾아서』(살림터, 2008).

※ 심성보(1953~현재)는 고려대학교 사범대학 교육학과를 졸업하고 고려대학교 대학원 교육학과에서 석사학위를 받은 데 이어 고려대학교 대학원 교육학과에서 「공동체주의의 교육윤리학적 연구」(1995년 2월)로 교육학박사학위를 받았다. 부산교육대학교 사

범대학 윤리교육학과 교수로 정년퇴임했으며, 현재 부산교육대학교 명예교수다. 그의 또 다른 저서로는 『전환시대의 교육사상』(학지사, 1995)이 있으며, 공저로는 전국교직원노동조합 참교육실천위원회에서 펴낸 『학교붕괴: 죽어가는 학교를 되살리기 위한 성찰과 진단』(푸른나무, 1995)이 있다.

(3) 전교조 충북지부 이야기 편집위원회 엮음, 『아직도 푸른 백년의 꿈: 전교조 충북지부 이야기』(고두미, 2018).

(4) 전국교직원노동조합해직교사백서편찬위원회 엮음, 『교육민주화운동 관련 해직교사 백서 1: 총론; 1989년 해직교사를 중심으로』(우리교육, 2022); ______, 『교육민주화운동 관련 해직교사 백서 2: 열전; 1989년 해직교사를 중심으로』(우리교육, 2022).

해산과 요구

(1) 김동렬(학부모), 『전교조에 고함: 우리 아이들을 볼모로 잡지 마라』(뿌리출판사, 2004).

(2) 정재학(중학교 교사), 『전교조의 정체』(동문선, 2007).

(3) 김구현(필명 도암), 『전교조 없는 맑은 세상』 전2권(유페이퍼, 2009); ______, 『전교조에게 빼앗긴 학창시절: 학생이 본 전교조』(KLTU, 2010); _____, 『전교조 이렇게 살았다』(행복한마음, 2014).

(4) 김진성(金鎭晟), 『전교조 알아야 대한민국 지킨다』(이지출판사, 2017).

(5) 이정현(김제농[農]생명 마이스터고 교사), 『교사 내전: 대한민국 교사가 살아가는 법』(들녘, 2021).

교육현장

김영화, 『지금 6학년 교실에서는: 초등학교 6학년 교실 현장보고서』(미니허니, 2009).

제4항 각종 시위와 사교(邪教) 그리고 법질서

학원시위

(1) 윤석진(尹錫鎭: 월간중앙 기자), 「새 판도 학생운동권, 무엇을 예고하나: 대학가 학생회장선거 정밀분석」, 『월간중앙』(1990년 1월), 294~307쪽.

(2) 이동권(문필가), 『강경대 평전: 1991년 '5월 투쟁'의 꽃』(민주의소리, 1991).

명지대학교 경제학과 학생 강경대(姜慶大, 1972~1991) 군은 노태우정부에 항의하는 집단시위에 참여했다가 진압과정에서 사망했다.

(3) 김도종(金道鍾), 「한국학생운동의 쇠퇴와 전망: 제도화에서 탈제도화로」, 『한국과 국제정치』16(1992년 가을 · 겨울), 159~176쪽; ______, 「전환기의 비제도권 정치세력: 권위주의, 민주화, 학생운동」, 일민(一民)윤형섭(尹亨燮)박사환갑기념논문집간행위원회 편, 『한국정치의 쟁점과 이해: 일민윤형섭박사화갑기념논문집』(박영사, 1993), 193~220쪽.

(4) 권경원 글, 이강훈 그림, 정준희 송상교 보탬, 『1991, 봄 잃어버린 이름들을 새로 쓰다』(너머북스, 2021).

강경대 군을 비롯해 국가폭력으로 목숨을 잃은 이들에 대한 기록이다.

(5) 양인자(문필가) 글/박승희정신계승사업회 기획, 『박승희 평전: 1991년, 오월 광주에 피어난 해방의 코스모스』(오월숲, 2022).

전남대학교 식품영양학과 학생 박승희 양(1971~1991)은 강경대 군의 죽음에 항의하며 집단시위에 참여하면서 분신자살했다.

노동쟁의

(1) 윤석진(월간경향), 「88임투전선(賃鬪前線)을 가다」, 『월간경향』(1988년 5월), 266~277쪽.

(2) 현대사회연구소 편, 『노사관계의 현황과 대책: 노동쟁의의 양상을 중심으로』(현대사회연구소, 1989).

(3) 임종률(林鍾律), 「쟁의행위와 조정제도의 상호관계」, 『노동법학』(한국노동법학회) 3(1991년 12월), 47~74쪽.

※ 임종률(1943~현재)은 서울대학교 법과대학 법학과를 졸업하고 서울대학교 대학원

법학과에서 석사학위를 받은 데 이어 서울대학교 대학원 법학과에서 「쟁의행위와 형사책임」(1982년 2월)로 법학박사학위를 받았다. 성균관대학교 법과대학 법학과 교수로 정년퇴임했으며, 현재 성균관대학교 명예교수이면서 대한민국학술원 회원이다.

안면도사태

과학기술처가 1990년 11월 3일에 원자력발전소 가동과정에서 생성되는 방사성폐기물을 임시저장하는 시설을 충청남도 태안군 안면도 일대에 신축하겠다는 계획을 발표하자 해당 지역주민들과 전국의 환경단체들이 반대하면서 일어났다. 11월 8일에는 경찰서에 불을 지르고 경찰관들을 감금했으며, 해당 지역의 학생들이 등교를 거부하기에 이르렀다. 당시 언론은 이 사태를 '민란' 또는 '항쟁'이라고 불렀다. 정부는 결국 이 계획을 취소하고 여론을 수렴해 다시 결정하겠다는 뜻을 발표했다.

(1) 박재묵(朴在默), 「안면도 주민의 반핵운동에 관한 사회학적 연구」, 『성곡논총』25의 하(1994년 6월), 1075~1152쪽; ______, 「지역반핵운동과 주민참여: 4개지역 원자력시설반대운동의 비교」, 서울대학교 대학원 사회학과 사회학박사학위청구논문, 1995년 2월.

※ 박재묵(1950~현재)은 서울대학교 문리대 사회학과를 졸업하고 서울대학교 대학원 사회학과에서 석사→박사학위를 받았다. 충남대학교 사회과학대학 사회학과 교수로 정년퇴임했으며, 현재 충남대학교 명예교수다. 그 사이 한국사회학회 회장과 대전세종연구원 원장을 역임했다.

(2) 강남준(姜南俊), 「안면도사태 보도분석: 상호설득적 환경정보교류 부재」, 『저널리즘 비평』(한국언론학회)(1994년 1월), 13~19쪽.

이 논문에(1)의 논문이 인용되고 토론된 것에 미루어(1)의 논문이 먼저인 것으로 여겨진다.

(3) 김명숙(金明淑), 「정치항의의 원인과 과정에 관한 연구: 안면도 및 울진 주민의 핵폐기물 처분장 설치 반대 항의를 중심으로」, 이화여자대학교 대학원 정치외교학과 정치학박사학위청구논문, 1996년 8월.

(4) 김진현(金鎭炫), 「5장 과기처장관 시절」, ______, 『대한민국 성찰의 기록: 김진현 회고』(경기도 파주시: 나남출판사, 2022), 139~260쪽.

저자는 자신이 노태우정부에서 과학기술처 장관으로 봉직할 때(1990년 11월 10

일~1993년 2월 25일) 가졌던 포부 그리고 겪은 일들을 자세히 회상했다. 그 가운데에는 '안면도사태'가 포함됐다.

제주개발특별법 제정에 반대하는 도민운동

부만근(夫萬根), 「정책결정과정에서 대상집단의 대응요인에 관한 연구: 제주도개발특별법 제정반대운동을 중심으로」, 건국대학교 대학원 행정학과 행정학박사학위청구논문, 1995년 8월.

제주개발특별법 제정 구상이 알려지면서 제주도민 가운데 일부는 그것이 재벌을 살찌게 하는 법이라며 반대운동을 전개했다. 그러나 이 법은 1991년 12월에 국회에서 통과됐다. 필자는 이 운동에 초점을 맞췄다.

사교(邪教): 다미선교회 시한부 종말론에 초점을 맞추어

개신교 정통파의 이장림(李長林) 목사는 『다가올 미래를 대비하라』(그루터기, 1988년 3월 30일)는 '예언서'를 출판한 데 이어 1988년 8월에 서울 마포구 성산동에 "다가올 미래를 대비한다"라는 뜻을 담은 다미선교회를 세웠다. 그는 이어 『경고의 나팔』(다미선교회출판부, 1989)과 『하늘 문이 열린다』(다미선교회출판부, 1989)를 출판하고 『다가올 미래를 대비하라』(다미선교회출판부, 1989)를 다시 출판하면서 1992년에 세계의 종말이 오고 하나님의 뽑힘을 받은 사람들은 예수의 공중재림 때 허공으로 들려 올라가는 현상인 '휴거(携擧)'의 은덕을 통해 구원을 받는다는 '휴거설'을 설교했다. 그는 이어 『1992년의 열풍』(광천, 1990)을 출판했으며, 그에 동조하는 박한묵은 『인류의 멸망을 대비하라』(다미선교회출판부, 1990)을 출판했다. 이 목사의 설교에 심취한 사람들은 엄청난 액수의 헌금을 하고 '휴거일'을 기다렸다. 이 목사는 '휴거일'을 1992년 10월 10일 또는 10월 28일을 제시했다. 그러나 '휴거'는 나타나지 않았다. 결국 그는 사기죄로 법원에서 징역 2년을 선고받았다.

(1) 최명훈, 「한국교회 종말론의 형성과정에 관한 연구」, 성결대학교 대학원 신학과 신학박사학위청구논문, 2011년 8월.

(2) 김학균(金鶴均), 「『빛 가운데로 걸어가면』에 나타난 "시한부 종말론" 고찰」, 『인문학연구』(경희대학교 인문학연구원) 제0권 제22호(2012), 31~53쪽.

제목에 나오는 『빛 가운데로 걸어가면』전2권(현대문학북스, 1997)은 작가 윤흥길(尹

興吉) 교수의 장편소설로, 다미선교회로 대표되는 사이비 교회의 시한부종말론을 분석했다.

※ 김학균(1970~현재)은 서울대학교 인문대학 국어국문학과를 졸업하고 서울대학교 대학원 국어국문학과에서 석사학위를 받은 데 이어 서울대학교 대학원 국어국문학과에서 「염상섭 소설의 추리소설적 성격 연구」(2008년 2월)로 문학박사학위를 받았다. 현재 서울시립대학교 인문대학 국어국문학과 전임연구원이다.

(3) 김창배, 「한국교회사 고찰을 통한 신(新)몬타누스주의 연구: 역사신학적 유형분석에 의한 이단분별의 관점에서」, 성결대학교 대학원 신학과 신학박사학위청구논문, 2015년 2월.

제목에 나오는 '몬타누스주의'는 2세기 때 중부 유럽에 위치한 실레지아(Silesia)에서 출발해 이탈리아와 소아시아를 중심으로 활동하던 의학 저술가인 요하네스 몬타누스(Johannes Montanus)가 제시한 금욕주의적 기독교 생활관을 의미한다. 당시 기독교는 몬타누스의 설교를 이단으로 단정했다. 필자는 다미선교회가 제시하는 '시한부종말론'을 신(新)몬타누스주의라고 명명했다.

법조와 법질서 유지

(1) 「민주사회를 위한 변호사모임」 기획/최영도(崔永道) · 박원순(朴元淳) · 박인제(朴仁濟) · 윤종현(尹鍾現) · 박연철(朴淵徹) · 이석태(李錫兌) · 백승헌(白承憲) 공동집필, 『민변백서: 민변 10년의 발자취』(민주사회를 위한 변호사모임, 1998).

1987년 6월항쟁의 결과로 6·29선언이 발표되고 제6공화정이 출범하면서 제도적 민주주의의 시대가 열렸다. 이러한 사회적 분위기 속에서, 그동안 '인권변호사'로 활동한 한승헌(韓勝憲) 변호사 등은 「정의실현법조인회」를 결성했고, 이석태 변호사를 비롯한 젊은 변호사들은 「청년변호사회」를 결성했다. 이들은 1988년 5월 28일에 조영래(趙英來) 변호사의 제안에 따라 「민주사회를위한변호사모임, 약칭 민변」을 출범시켰다. 민변은 『민주사회를 위한 변론』 및 『한국인권보고서』 등을 정기적으로 출판하면서 인권신장과 민주화에 이바지해 왔다.

(1-A) 이돈명변호사전기간행위원회 기획/정지아 · 강금희 씀, 『돈명이 할아버지』(공동선, 2004).

민변은 이병린(李丙璘, 1911~1986) 변호사에서 시작해 이돈명(李敦明, 1922~

2011), 한승헌(韓勝憲, 1934~2022), 조준희(趙準熙, 1938~2015), 홍성우(洪性宇, 1938~2022), 황인철(黃仁喆, 1940~1993) 변호사 등을 '인권변호사 1세대'로 부르며 존경한다.

(1-B) 한승헌, 『한승헌 변호사의 유머산책: 산민(山民) 객담』(범우사, 2004).

제목의 '산민'은 한승헌 변호사의 호다.

(2) 정순태(鄭淳台), 「검찰총장 정구영(鄭銶永)」, 『월간중앙』(1991년 1월), 310~325쪽.

정구영(1938~현재)은 서울대학교 법과대학 법학과를 졸업하고 고등고시 사법과에 합격해 서울지방검찰청 검사장과 광주고등검찰청 검사장을 거쳐 노태우 대통령 때 대통령 사정수석비서관에 이어 제23대 검찰총장(1990년 12월 6일~1992년 12월 5일)으로 재임하며 공직기강확립을 비롯한 법치주의의 회복에 힘을 쏟았다. 필자는 정구영 총장을 여러 시각에서 분석했다.

제5항 언론

『한겨레』 창간

6월항쟁의 결과로 6·29선언이 발표되고 제6공화정이 출범하면서 언론자유는 그 이전 시대에 비해 훨씬 확대됐다. 이러한 분위기에서, 유신시대 때부터 언론계에서 반독재민주화운동을 이끌었던 기자들은 국민의 성원을 받으며 1988년 5월 15일에 일간지 『한겨레』를 창간했다. 초대 사장에는 동아일보 편집국장으로 유신체제에 저항했으며 이어 신군부가 조작한 「김대중내란음모사건」에 연루되어 고초를 겪었던 송건호(宋建鎬, 1927~2001) 선생이 선임됐다. 동아일보에서 자유언론실천운동에 참여했던 성유보(成裕普, 1943~2014)와 권근술(權根述, 1941~2020) 그리고 조선일보에서 자유실천운동에 참여했던 정태기(鄭泰基, 1941~2020) 등이 사장 또는 편집국장 등으로 봉직했다.

(1) 한겨레신문사 편, 『한겨레 10년 성과와 미래』(한겨레신문사, 1998).

(2) 한겨레독자주주모임 편, 『언론을 바로세우는 사람들: 한겨레 독자주주운동 10년사』(살림터, 1998).

(3) 한겨레30년사 편찬위원회 편/황예람 · 김효실 대표집필, 『진실의 창, 평화의 벗: 서른 살 한겨레의 기록』(한겨레신문사, 2018).

조선일보·평민당 사태

『주간조선』은 1039호(1989년 3월 5일)에서 김대중 평민당 총재의 유럽순방에 관한 기사를 내보냈다. 평민당은 이 기사에 이의를 제기하면서 조선일보가 김대중 총재와 평민당의 명예를 훼손했다고 검찰에 고소했으며, 조선일보는 맞고소했다. 이것을 사람들은 흔히 '조평(朝平)사태'라고 불렀다. 평민당이 1989년 10월 17일에 아무런 조건 없이 고소를 취하함으로써 이 사태는 매듭지어졌다.

(1) 방우영(方又榮), 「조 · 평사태」, ______, 『조선일보와 45년: 권력과 언론 사이에서』(조선일보사, 1998), 403~409쪽.

당시 조선일보 사장이었던 필자의 회상이 포함됐다.

(2) 김대중(金大中), 「6부」 가운데 「지역감정과 편파보도」, 『김대중 자서전』전2권(삼인, 2011), 제1권, 546~556쪽.

'조 · 평사태'의 배경과 과정에 대해 회상했다.

제6항 서울올림픽

(1) 전국대학생대표자협의회 산하 「조국의 평화와 통일을 위한 학생추진위원회」(약칭 전대협 통학추) 편, 『우리는 결코 둘일 수 없다: 한반도의 평화와 조국의 자주적 통일을 위한 100만학도 통일심포지움 자료집』(광주직할시: 남풍[南風], 1988).

기존의 통일론에 대한 전면적 검토를 시도했으며 마지막으로 1988년 서울올림픽을 남북의 공동올림픽으로 치러야 한다는 주장을 담았다. 전반적으로 반미적 성격이 강하다.

(2) 김일동(金日東: 신동아 기자), 「박세직(朴世直)과 SLOOC, 올림픽 이후」, 『신동아』(1988년 11월), 348~359쪽.

(3) 김운용(金雲龍), 『위대한 올림픽: 바덴바덴에서 서울로』(도쿄: 베스보르매거진샤, 1989); ______, 『더 넓은 세계를 향하여: IOC 수석부위원장 김운용의 자전적 에세이!』(앞선책, 1995); ______, 『올림픽 30년: 중단한 개혁을 위해』(일본어)(도쿄: 소주샤[創樹社], 2001); ______, 『세계를 향한 도전』(연세대학교출판부, 2002); ______, 「남기고 싶은 이야기들: 올림픽 30년 · 태권도 40년」, 『중앙일보』(2008년 9월 22일~2009년

2월 13일 연재); _____, 『미련한 사람은 자기 경험에서 길을 찾고 현명한 사람은 선배에게 길을 찾는다』(중앙books, 2009); _____, 『김운용이 만난 거인들: 세계, 그리고 대한민국의 거인들에게 배우다; 전 IOC 부위원장 김운용의 회고 에세이』(중앙books, 2014).

※ 김운용(1931~2017)은 연희대학교 정법대학 정치외교학과를 졸업하고 주미대사관 참사관을 역임했다. 대한태권도협회 회장→세계태권도연맹 총재→국제올림픽위원회 위원→대한체육회 회장→대한올림픽위원회 위원장 등의 경력에서 보이듯, 국내외 체육계에서 한국을 대표하는 인물로 활동했다. 제16대 국회의원을 역임했다. 특히 서울올림픽 유치를 위해 힘썼다.

(4) 이방원(李芳遠), 『세울 꼬레아』(행림출판사, 1989).

1981년 9월 30일에 서독 바덴바덴에서 열린 국제올림픽위원회는 현지시간으로 오후 3시 45분, 한국시간으로 오후 11시 45분 1988년에 열린 제24회 하계올림픽 주최지가 서울로 결정됐음을 발표했다. 스페인인으로 국제올림픽위원회 위원장을 맡고 있던 후안 안토니오 사마란치(Juan Antonio Samaranch)는 그 결정을 발표하면서 '서울 코리아'를 스페인어로 '세울 꼬레아'라고 발음했다. 이 책은 서울에서 하계올림픽이 열리게 된 배경과 과정을 상세히 설명했다.

(5) 박세직(朴世直), 『하늘과 땅, 동서가 하나로: 서울올림픽, 우리들의 이야기』(고려원, 1990); _____, 『박세직위원장이 쓰는 서울올림픽 우리들의 이야기』(고려서적, 1991); 인천(仁泉)박세직위원장진갑문집기획위원회 편, 『서울올림픽의 묻혀진 이야기』(고려서적, 1994); 박세직 저/강용철(姜鎔哲) 역, 『내가 기획한 서울올림픽』(중국문)(북경:중신출판사, 2005).

서울올림픽조직위원회 위원장으로의 구상과 집행 등을 회상했다.

(6) 강신표(姜信杓), 「서울 올림픽과 바르셀로나 올림픽 비교연구」, 『인문사회과학논총』(인제대학교 인문사회과학연구소) 제4권 제1호(1997년 12월), 75~126쪽.

(7) Woong-yong Ha, "Korean Sports in the 1980s and the Seoul Olympic Games of 1988," unpub. Ph.D. diss., Pennsylvania State University, 1997.

※ Woong-yong Ha(하웅용[河雄龍], 1967~현재)은 한국체육대학교를 졸업하고 펜실베이니아주립대학교 대학원 체육학과에서 석사→박사학위를 받았다. 현재 한국체육대학교 생활체육대학 노인체육복지학과 교수다.

(8) 정주영(鄭周永), 「6 서울올림픽과 제5공화국」, ______, 『이 땅에 태어나서: 나의 살아온 이야기』(솔, 1998), 265~325쪽.

서울올림픽유치위원회 위원으로 활동한 저자의 회상을 담았다.

(9) 노신영(盧信永), 「제3부 외무부장관」 가운데 「7. 88올림픽 유치활동」, ______, 『노신영회고록』(고려서적, 2000), 219~316쪽 가운데 262~270쪽.

(10) 김재우(金載祐), 「88서울올림픽의 유치과정에 관한 연구」, 한양대학교 대학원 체육학과 박사학위청구논문, 2002년 2월; ______ · 최지훈(중앙대), 「88서울올림픽의 유치과정에 관한 연구」, 『한국체육사학회지』(2018년 12월), 57~73쪽.

(11) 신종대(辛鍾大), 「서울의 환호, 평양의 좌절과 대처: 서울올림픽과 남북관계」, 『동서연구』(연세대학교 동서문제연구원) 제25권 제3호(2013년 9월), 1~40쪽.

(12) 박해남(朴海男), 「서울올림픽과 1980년대의 사회정치」, 서울대학교 대학원 사회학과 사회학박사학위청구논문, 2018년 2월.

서울올림픽이 1980년대 '국가의 사회정치 수단'이었다는 논지를 전개했다.

(13) 이영훈(李永勳), 「23 정수라의 대한민국, 정태춘의 대한민국: '아! 대한민국'(5공화국 3S정책)」, ______, 『유행가는 역사다: 노래로 읽는 한국현대사』(경기도 고양시: 휴앤스토리, 2018), 241~248쪽.

(14) 최진환(崔進桓), 「IOC의 조선민주주의인민공화국 올림픽위원회 승인에 관한 연구」, 북한대학원대학교 북한학박사학위청구논문, 2020년 2월; ______, 「남북 스포츠 분단의 역사적 함의: 조선민주주의인민공화국 올림픽위원회 승인과정을 중심으로」, 『한국체육학회지』 제59권 제3호(2020년 5월), 1~20쪽; ______, 「88서울올림픽 남북공동주최 논쟁에 관한 연구」, 『현대북한연구』 제24권 제1호(2021년 4월), 41~87쪽; ______, 「남북한 중학교 체육교육과정 비교연구: 남한 2015 개정교육과정과 북한 2013 제1차 전반적 12년제의무교육강령을 중심으로」, 『현대북한연구』 제24권 제2호(2021년 8월), 86~131쪽.

(15) 곽영훈(郭英薰) · 김광수(金光秀), 『한강의 기적 그 꿈의 대장정: 한반도의 지도를 바꾼 정책건축가 곽영훈』(경기도 파주시: 김영사, 2021).

서울올림픽, 여수엑스포, 인천국제공항 등 글로벌 이벤트를 기획하고 주요 도시를 설계해온 정책건축가 곽영훈 박사의 일과 삶, 철학이 담긴 대담집이다.

※ 곽영훈(1943~현재)은 매사추세츠공과대학교(MIT) 건축학과를 졸업하고 매사추세

츠공과대학교 대학원 건축학과에서 석사학위를 받은 데 이어 하버드대학교 교육대학원에서 연구를 계속한 뒤 동국대학교 대학원 교육학과에서 박사학위를 받았다. 홍익대학교 도시계획과 학과장을 거쳐 서울올림픽 주경기장 및 올림픽공원 건설자문위원을 역임했으며, 제주대학교 석좌교수로 봉직했다.

(16) 이삼선, 『못다 이룬 귀향의 꿈: 이희철 회고록』(승연사, 2023).

이 책이 88서울올림픽 그 자체를 다룬 것은 아니다. 저자 이삼선은, 6·25 참전용사로 37년 6개월 동안 대한민국 경찰관으로 봉직한 아버지 이희철(1928~2021)의 삶을 회고하면서, 아버지가 일역을 맡았던 88서울올림픽에 대해서도 회고했다.

제7항 문화부 신설

노태우 대통령은 문화부를 신설하고 저명한 문학평론가 이어령(李御寧, 1933~2022) 교수를 초대 문화부장관으로 임명했다. 이 부분은 제11권 제4부 제7장 제4절 제1항 및 제13권 제1부 제5장 제1절 제3항과 연결해 읽어주기 바란다.

(1) 이어령, 『축소지향의 일본인』(갑인출판사, 1982)/______, 『'축소' 지향의 일본인』(일본어)(도쿄: 각세샤[學生社], 1982); ______, 『축소지향의 일본인 그 이후』(기린원, 1994); ______, 『축소지향의 일본인: 세계가 경탄한 최고의 일본인론; '축소' 논리로 해부한 일본인』(기린원, 1994); ______, 『축소지향의 일본인』(문학사상사, 2003); ______, 『축소지향의 일본인: '축소'의 논리로 해부한 놀라운 일본인론』(문학사상사, 2008).

(2) ______, 『지성(知性)에서 영성(靈性)으로』(경기도 파주시: 열림원, 2017); ______, 『한국인 이야기: 탄생 너 어디에서 왔니』(파람북, 2020); ______, 『한국인 이야기 너 누구니: 젓가락의 문화유전자』(파람북, 2022); ______, 『한국인 이야기; 너 어떻게 살래: 인공지능에 그리는 인간의 무늬』(파람북, 2022);

(3) ______, 『딸에게 보내는 굿나잇 키스』(열림원, 2021).

(4) ______ 저/김태완 편, 『메멘토 모리: 시대의 지성, 이병철(李秉喆) 회장의 24가지 질문에 답하다』(열림원, 2022).

'메멘토 모리(Memento mori)'는 라틴어로 '죽음을 기억하라'는 뜻이다. 사람은 누구나 언젠가 반드시 죽는다는 사실을 기억하며 생활하라는 뜻이다.

(5) ______, 『눈물 한 방울: 이어령의 마지막 노트 2019~2022』(김영사, 2022).

(6) ______, 『거시기 뭐시기』(김영사, 2022).

(7) 신현웅(辛鉉雄), 『천 년의 소리: DNA of K-culture』(웅진지식하우스, 2022).

문화체육관광부 차관을 지낸 저자(1943~현재)가 이어령 초대 문화부장관과 30여 년을 동행하며 한국문화사 현장에서 발로 뛴 경험을 정리했다. 저자는 현재 웅진재단 이사장이다.

(8) 『이어령 전집』 전34종 전24권(21세기북스, 2023).

이어령의 타계 1주기를 맞아 출판됐다. 이어령은 일생동안 모두 185권의 책을 남겼다. 전체 분량은 14,840쪽에 이른다. 「이어령 라이브러리」 전집 시리즈를 정본으로 당시 빠졌던 「공간의 기호학」(문화평론)과 「문화코드」(문화비평) 등 3개 작품이 추가됐다.

(9) 김성곤(金聖坤), 『이어령 읽기』(민음사, 2023).

서울대학교 영어영문학과 명예교수이자 문학평론가인 저자가 이어령과 나눴던 대화를 기록했다.

제6절 외무장관의 회고록과 대미·대일관계

노태우 대통령은 미국 및 일본을 비롯한 전통적인 우방과의 관계를 중시하면서도 북방세계에 대한 적극적인 접근을 시도해 소련 및 중국 등과 수교할 수 있었고 북한과도 일정하게 관계를 개선할 수 있었다.

제1항 외무장관 및 통일장관의 회고

노태우 대통령 때 외무장관을 맡았던 사람은 제21대(1986년 8월 26일~1988년 12월

5일) 최광수(崔侊洙, 1935~2021), 제22대(1988년 12월 5일~1990년 12월 26일) 최호중(崔浩中, 1930~2015), 제23대(1990년 12월 27일~1993년 2월 25일) 이상옥(李相玉, 1934~2023) 등이었다. 그들 가운데 최호중과 이상옥이 회고록을 남겼다.

(1) 최호중(崔浩中), 『둔마(鈍馬)가 산정(山頂)에 오르기까지: 최호중 회고록』(태일출판사, 1997); ______, 『빛바랜 영광 속에 후회는 없다: 최호중 회고록』(삼화출판사, 1999); ______, 『외교는 춤춘다』(한국문원, 2004).

제22대 외무장관으로 재직하며 소련 및 동유럽과의 수교를 성사시키는 등 노태우 대통령 초기의 외교를 이끌었던 저자의 회고록이다. 여러 다른 외교과제에 대한 회상도 포함됐다.

※ 최호중(1930~2015)은 서울대학교 문리대 정치학과를 졸업하고 고등고시 외교과에 합격해 외무부에 입부한 뒤 주미대사관 3등서기관으로 시작해, 제네바공사→외무부 차관보→사우디아라비아대사→말레이시아대사→벨기에대사→상공차관 등을 역임하고 외무장관에 올랐다. 곧 통일부총리로 승진했다.

(2) 이상옥(李相玉), 『전환기의 한국외교: 이상옥 전 외무장관 외교회고록』(삶과꿈, 2002).

제23대 외무장관으로 재직하며, 소련과의 수교에 따른 소련 및 러시아와의 관계, 중국과의 수교, 북방외교, 남북한 유엔동시가입, 부시 대통령의 방한과 노태우 대통령의 방미, 북한핵, 남북고위급 회담 등을 포함한 주요한 외교과제를 다뤘던 저자의 진솔한 회고록이다.

※ 이상옥(1934~2023)은 서울대학교 문리대 정치학과를 졸업하고 고등고시 외교과에 합격해 외무부에 입부한 이후 주미대사관 3등서기관으로 출발해 외무부 미주국장→외교안보연구원장→차관보→차관→싱가포르대사→제네바대사 등을 역임하고 노태우정부에서 외무부장관을 맡았다. 퇴임한 뒤 민족통일연구원(현 통일연구원) 이사장을 역임했다.

(8-A) 김석우(金錫友), 「고(故) 이상옥 장관의 헌신을 기리며」, 『외교』(한국외교협회) 145(2023년 4월), 121~125쪽.

국토통일원장관의 회고

김학준(金學俊), 「제6장 국토통일원장관으로 '한민족공동체통일방안'을 정부의 공식적 통일방안으로 확정하고 영국주재대사로 북방정책을 뒷받침하다(1988년 2월 25일~1993년 4월)」, ______, 『이홍구 평전: 효당(曉堂) 이홍구(李洪九) 전 국무총리의 정치철학과 현장실천』(중앙books, 2023), 362~428쪽.

노태우 대통령의 첫 번째 국토통일원장관이었던 이홍구는 노 대통령이 지향한 외교 목표와 북방정책을 자세히 회상했다.

제2항 대미·대일관계

개관

(1) 도일규(都日圭), 「한 · 미 · 일 안보협력에 관한 연구」, 『국방연구』 제31권 제1호(1988년 6월), 5~28쪽.

(2) 박홍규(朴弘圭), 「한국의 북방정책과 대(對)미 · 일 관계」, 『국제정치논총』 제29집 제2호(1989년 12월), 52~68쪽.

※ 박홍규(1944~현재)는 서울대학교 문리대 외교학과를 졸업하고 서울대학교 대학원 외교학과에서 석사학위를 받은 데 이어 신시내티대학교 대학원 정치학과에서 박사학위를 받았다. 서지사항은 다음이다. Hong-kyoo Park, "Political Development and Political Stability: East and Southeast Asia," unpub. Ph.D. diss., University of Cincinnati, 1983. 외교안보연구원 교수로 정년퇴임했으며, 현재 외교안보연구원 명예교수다.

대미관계

개관

(1) 한승주(韓昇洲) 편, 『전환기의 한미관계』(서울국제포럼, 1988).

(2) 박용옥(朴庸玉), 「한미군사관계: 현위치, 당면과제 및 전망」, 『국방연구』 제31권 제2호(1988년 12월), 261~276쪽.

(3) 온창일(溫暢一), 「한 · 미 동맹관계의 기본성격」, 『육사논문집』35(1988년 12월), 127~158쪽.

(4) 지효근(池孝根), 「동맹안보문화와 동맹결속력 변화: 한미동맹 사례연구, 1968~2005」, 연세대학교 대학원 정치외교학과 박사학위청구논문, 2007년 2월.

※ 지효근(1970~현재)은 육군사관학교를 졸업하고 연세대학교 대학원 정치외교학과에서 석사→박사학위를 받았다. 현재 상명대학교 인문사회과학대학 국가안보학과 초빙교수다.

(5) 김수광, 「닉슨-포드 행정부의 대(對)한반도 안보정책 연구: 한국방위의 한국화 정책과 한미연합방위체제의 변화」, 서울대학교 대학원 외교학과 박사학위청구논문, 2008년 2월.

이 논문은 노태우 대통령 때의 한미관계를 다루지는 않았다. 그러나 노태우 대통령 때의 한미관계를 이해하는 데 기초자료가 된다.

(6) 최중경(崔重卿), 『워싱턴에서는 한국이 보이지 않는다: 21세기 새로운 국가 대전략』(한국경제신문사, 2016).

※ 최중경(1956~현재)은 서울대학교 경영대학을 졸업하고 서울대학교 대학원 경영학과에서 석사학위를 받은 데 이어 하와이대학교 마노아 캠퍼스 대학원 경제학과에서 박사학위를 받았다. 행정고시를 통해 정부에 들어간 이후 필리핀대사→대통령 경제수석비서관→지식경제부장관 등을 역임했으며, 한국공인회계사 회장으로 봉직했다.

로스앤젤레스 한인타운 피습사건

1991년 3월에 로스앤젤레스의 백인경찰들이 과속으로 질주하는 흑인 로드니 킹(Rodney King)을 구타해 청각장애인으로 만들었는데, 배심원들이 백인경찰들에게 가벼운 형을 내리자 흑인들이 격앙됐다. 이 무렵 로스앤젤레스의 한인타운에서 가게를 운영하던 한인여성이 절도행위를 하는 것으로 오인된 흑인소녀를 사살한 사건이 일어났다. 1992년 4월 29일부터 5월 4일까지 흑인들은 한인타운을 습격했다.

(1) Edward Taehan Chang, "New Urban Crisis: Korean-Black Conflict in Los Angeles," unpub. Ph.D. diss., University of California, Berkeley, 1990; Edward T. Chang and Jeannette Diaz-Veizades, *Ethnic Peace in the American City: Building Community in Los Angeles and Beyond*(New York: New York University Press, 1999); 장태한(張泰翰), 『미국의 흑인 그들은 누구인가』(고려대학교출판부, 2012).

※ 장태한(1956~현재)은 캘리포니아대학교 버클리 캠퍼스를 졸업하고 캘리포니아대학교 로스앤젤레스 캠퍼스 대학원에서 석사학위를 받은 데 이어 캘리포니아대학교 버

클리 캠퍼스 대학원에서 박사학위를 받았다. 현재 캘리포니아대학교 리버사이드 캠퍼스 소수민족학과 교수다. 대표적인 저서로 『아시안 아메리칸: 백인도 흑인도 아닌 사람들의 역사』(책세상, 2004), 공저로는 『1920, 대한민국 하늘을 열다』(21세기북스, 2013) 등이 있다.

(2) Kwang-chung Kim, *Koreans in the Hood: Conflict with African Americans*(Baltimore, M.D.: Johns Hopkins University Press, 1999).

(3) Steph Cha, *Your House Will Pay*(New York: Ecco, 2019)/이나경(李那敬) 옮김, 『너의 집이 대가를 치를 것이다』(황금가지, 2021).

한국계 미국작가인 저자는 흑인들이 로스앤젤레스 한인가게들에 불을 지르고 동양인을 무차별 폭행한 폭동을 소재로 삼았다.

(4) Cathy Park Hong, *Minor Feelings: An Asian American Reckoning*(London: One World, 2020)/노시내(전문번역가) 역, 『마이너 필링스: 이 감정들은 사소하지 않다』(마티, 2021).

저자는 한국계 미국이민 2세 여성이다. 그녀는 여성으로서 인종주의에 맞서 자신의 정체성을 탐구하며 글을 썼다.

(5) 구교범, 「'미주 한인의 날' 제정 앞장 민병수 변호사 별세」, 『한국경제신문』(2023년 6월 6일), A20.

민병수(1933~2023)는 로스앤젤레스의 라번대학교(University of La Verne) 법과대학을 졸업한 뒤 캘리포니아주에서 한인으로 세 번째 변호사가 됐다. 그는 로스앤젤레스 한인 피해 때 「한인법률권익재단」을 세우고 피해업주들을 대리해 집단소송을 제기했으며, 로스앤젤레스시가 피해업소당 2만 달러의 손해배상을 지급하도록 이끌어냈다.

한국 안에서의 반미감정

표창원(表蒼園), 「사건15 미군에 희생된 꽃다운 청춘의 절규: 동두천 주한미군 범죄 희생자 윤금이 살인사건」, ______, 『프로파일러 표창원의 사건추적: 한국사회를 뒤흔든 희대의 사건을 파헤치다』(지식의숲, 2013), 292~201쪽.

경기도 동두천시 보신동에서 미군을 상대하던 20대 여성 윤금이 양이 1992년 10월에 주한미군 제2사단 제20보병연대 5대대 본부중대 소속인 케네스 마클(Kenneth Markle, 20세) 이병에 의해 엽기적인 방법으로 처참하게 살해됐다. 그는 결국 징역15년의 형을 받고 천안소년교도소 외국인용 감방에 수감됐다. 이 사건은 한국사회의 반미감정을 부추겼으며 한미행정협정의 개정을 불가피하게 만들었다.

일본 국왕과 총리로부터 일제의 조선식민지배에 대한 사과를 받아내다

노태우 대통령은 1990년 5월 24~26일에 일본을 방문하고 일본 중의원 · 참의원 양원 합동회의에서 연설했다. 노 대통령은 이 계제에 일본 국왕 아키히토(明仁)를 만났는데, 만찬장에서 아키히토는 일제의 조선 식민지배와 관련해 '통석(痛惜)의 념(念)'을 금할 수 없다고 말했다. 노 대통령 내외는 국왕 내외에게 서울을 방문해줄 것을 공식으로 요청했다.

노태우 대통령 시기인 1991년 8월 14일에, 일제강점기에 '근로정신대'에 끌려갔던 여성들 가운데 김옥순(1929~2022) 할머니가 처음 그 사실을 고백함으로써 '근로정신대' 문제가 공론화하는 계기를 마련했다. 노 대통령은 1992년 1월 16~18일에 서울에서 미야자와 기이치(宮澤喜一) 일본 총리와 회담했다. 미야자와 총리는 방한 직전인 1월 14일에 도쿄에 상주하는 한국특파원들을 상대로 일제의 조선식민지배에 대해 사과했다. 그는 1월 16일에 노 대통령이 베푼 만찬장에서 "우리 일본 국민은 무엇보다도 먼저 과거의 한 시기에 귀국 국민들께서 일본의 행위로 말미암아 견디기 힘든 고통과 슬픔을 체험하셨던 사실을 상기하고 반성하는 마음을 잊지 않도록 해야 할 것"이라고 말했다.

노태우 대통령의 일본 총리와의 회담은 계속됐다. 노 대통령은 '서해사업'이라는 암호명 아래 1992년 11월 8일에 교토에서 미야자와 총리와 회담했다.

(1) 사쿠라이 요시코(櫻井良子), 「노 대통령 긴급인터뷰: 일본 『문예춘추』6월호 소재(전문)」, 『동화』(1990년 6월), 148~159쪽.

(2) 한일협력위원회 편, 「세계 속의 새 한일관계: 노태우 대통령 일본국회 연설」, 『한일저널』17(1990년 7월), 36~37쪽.

(3) 신나리(동아일보 기자), 「정부, 1992년 노태우 방일 '서해사업' 극비 추진 한달 뒤 정상회담… 이듬해 '고노 담화' 이끌어」, 『동아일보』(2023년 4월 7일), A6쪽.

노태우 대통령의 '서해사업'은 김영삼정부 때인 1993년 8월 4일의 '고노 담화'를 낳았다. 고노 요헤이(河野洋平) 일본 관방장관이 일본군 위안부 모집의 강제성을 최초로 인정한 것이다.

제3항 난민협약 가입

2차대전이 끝난 이후 국제사회에서 새롭게 논의된 주제들 가운데 하나는 '난민(難民, refugee)'이다. 난민(難民, refugee) 또는 망명자(亡命者)는 '박해, 전쟁, 테러, 극도의 빈곤, 기근, 자연재해를 피해 다른 나라로 망명한 사람'을 의미한다. 이들의 지위와 보호를 위한 협약, 곧 「난민의 지위에 관한 협약(Convention Relating to the Status of Refugees: 약칭 난민협약)」은 1951년 7월 8일에 제네바에서 체결됐고 1954년 4월 28일에 발효했다. 이 협약을 보완하기 위해 1967년에 채택된 「난민의 지위에 관한 의정서(Protocol Relating to the Status of Refugees: 약칭 난민의정서)」가 성립했다. 대한민국 정부는 노태우 대통령 때인 1992년 12월 3일에 이 협약 및 의정서에 가입했으며, 그 가입은 1993년 3월 3일에 발효했다. 대한민국 정부는 난민을 실질적으로 더 보호하려는 취지에서 2012년 2월 10일에 「난민인정절차와 처우 등을 규율하는 법률」을 제정했고 2013년 7월 1일부터 시행했다. 이 법은 2014년 3월 18일에 개정됐고 2016년 12월 20일에 다시 개정되어 그 날짜로 시행됐다.

(1) 김현미(金賢美), 「제13장 난민」, 이혜경 · 이진영 · 설동훈 · 정기선 · 이규용 · 윤인진(尹麟鎭) · 김현미 · 한건수 분담집필, 『이민정책론』(박영사, 2016), 437~467쪽; 김현미, 「난민 포비아와 한국 정치적 정동의 시간성」, 『황해문화』101(2018년 겨울), 210~228쪽.

2018년 여름에 '예멘 난민들'이 제주도에 입국하면서 그들에 대한 처우를 둘러싸고 국내에서 논쟁이 일어났다. 필자는 이 '제주 예멘 난민 사태'를 분석했다.

※ 김현미(1963~현재)는 서울대학교 사범대학 영어교육과를 졸업하고 워싱턴대학교 대학원에서 여성인류학 및 문화인류학을 전공해 석사→박사학위를 받았다. 박사학위청구논문 서지사항은 다음과 같다. Hyun Mee Kim, "Labor, Politics and the Women Subject in Contemporary Korea," unpub. Ph.D. diss., University of Washington, 1995. 현재 연세대학교 사회과학대학 문화인류학과 교수다. 저자의 저서들에는 『글로벌시대의 문화번역: 젠더, 인종, 계층의 경계를 넘어, 문화현장총서』(또하나의문화, 2005)이 포함됐다.

(2) 양윤정(楊允晶), 「상이한 대응: 시리아 난민에 대한 인식격차가 유럽난민정책에 미치는 영향」, 고려대학교 대학원 정치외교학과 석사학위청구논문, 2017년 8월; _____,

Yun Jung Yang, "Recruiting the Most Vulnerable: What Explains the Use of Child Soldier?," unpub. Ph.D. diss., University of Essex, 2022.

※ 양윤정(1992~현재)은 와세다대학 정치경제학부 정치학과를 졸업하고, 고려대학교 대학원 정치외교학과에서 석사학위를 받았으며, 와세다대학 대학원 법학정치연구과에서 박사과정을 마친 뒤 영국 에섹스대학교 대학원 정치학과에서 박사학위를 받았다.

(3) 김병상, 「난민 인정 및 재판 절차의 문제점과 개선방안에 관한 연구」, 건국대학교 대학원 법학과 박사학위청구논문, 2020년 8월.

(4) 구아름, 「한국 거주 난민인정자의 사회적 배제 경험에 대한 현상학적 연구」, 순천향대학교 대학원 교육과학과 박사학위청구논문, 2021년 8월.

(5) 유혜림(兪慧林), 「한국 거주 난민인정자의 사회적 배제 경험에 대한 현상학적 연구」, 서울대학교 대학원 정치학과 박사학위청구논문, 2021년 8월.

※ 유혜림(1983~현재)은 애리조나주립대학교를 졸업하고 서울대학교 대학원 정치학과에서 석사→박사학위를 받았다. 서울대학교 한국정치연구소 연구원으로 봉직했으며, 「르완다 '포용적' 난민정책의 정치」, 『한국정치연구』제28집 제2호(2019년 6월), 221~247쪽을 출판했다.

(6) 한준성(韓準成), 「중남미 난민 위기와 1984 카르타헤나 난민선언: 평화 프로세스와 연계된 연성 지역주의 접근」, 『한국정치연구』제30집 제3호(2021년 10월), 171~198쪽.

(7) 김윤식(金允植), 「한국 난민·이민정책에 대한 비판: 가톨릭 사회교리의 관점을 중심으로」, 성공회대학교 대학원 사회학과 박사학위청구논문, 2022년 8월.

제4항 국제사회와의 협력 증진

(1) 한국국제협력단, 『한국국제협력단 20년, 1991~2010』(경기도 성남시: 한국국제협력단, 2010); ______, 『한국국제협력단 30년사 1991~2021』(경기도 성남시: 한국국제협력단, 2021).

노태우정부는 1982년부터 정부 각 부처에서 산발적으로 추진해오던 공적개발원조(Official Development Assistance: ODA) 사업을 일원화하기 위해 외무부 산하기관으로 한국국제협력단(Korean International Cooperation Agency: KOICA)를 1991년 4월 1일에 발족시켰다.

(1-A) 「특집: 한국의 국제개발협력 30년」, 『외교』138(2021년 7월), 13~146쪽.

조영무(曺永武) 전 포르투갈대사, 고형권(高炯權) 전 OECD대사, 장동희(張東熙) 전 핀란드대사, 조원호(趙元鎬) 전 가봉대사 등을 비롯해 한국의 국제개발협력에 참여했던 아홉 외교관의 글을 모았다.

(2) 오랜 기간에 걸쳐 공적개발원조(ODA) 사업을 연구했으며 한국국제협력단의 13대 이사장으로 봉직한 손혁상(孫赫相) 교수는 이 주제에 관해 참으로 많은 저술을 출판했다. 그것들에는 다음이 포함됐다.

(ⅰ) Hyuk-sang Sohn, "On Divergent Tracks?: The ODA Policies of Korea and Japan in Comparison," *International Studies Review*, Vol. 12, No. 1(June 2011), pp.1~32.

(ⅱ) Hyuk-sang Sohn, Sung-ik Ahn, and Ji-young Hong, "What Matters in Determining Korean ODA Allocation: An Empirical Analysis of Bilateral Aid since 1991," *Korean Political Science Review*, Vol. 45, No. 6(2011), pp.45~68.

(ⅲ) 손혁상 · 최정호, 「한국의 대(對) 아세안(ASEAN) 공적개발원조(ODA)정책: '경제협력'과 '개발협력'의 이중주」, 『동남아시아연구』제18권 2호(2008년 8월), 137~171쪽.

(ⅳ) 손혁상, 「ODA기본법 관련 주요 쟁점과 입법방향 제언」, 『국제개발협력』2009년 제2호(2009년 5월), 33~49쪽.

(ⅴ) Hyuk-Sang Sohn and So Wi Kim, "Government-NGO Partnerships for International Development Cooperation: A Case Study of South Korea," *Asian International Studies Review,* Vol. 12, No. 2(December 2011), pp.73-94.

(ⅵ) Hyuk-Sang Sohn, Sungsik Ahn and Jiyoung Hong, "What Matters in Determining Korean ODA Allocation: An Empirical Analysis on Bilateral Aid Since 1991," *Korean Political Science Review,* Vol. 45, No. 5(December 2011), pp.45-68.

(ⅶ) 손혁상 · 장지순, 「새마을운동의 국제개발협력사업화 현황 분석과 대안적 접근 모색: 권리에 기반한 접근(RBA)과의 접목 가능성을 중심으로」, 『세계지역연구논총』 제29집 3호(2011년 12월), 87~110쪽.

(ⅷ) 손혁상 · 신재은, 「한국 개발NGO 역량분석을 위한 프레임워크 구성과 경험적 분석」, 『국제개발협력연구』제4권 2호(2011년 12월), 1~44쪽.

(ⅸ) 손혁상 · 박영선(朴瑛宣), 「한국의 원조와 비원조 정책간의 '개발을 위한 정책일관성'에 관한 비판적 고찰」, 『국제정치논총』제52집 3호(2013년 9월), 375~401쪽.

(x) 손혁상, 「'ODA 추진체계 통합화 논쟁'에 대한 소고」, 『국제개발협력』2(2013년 5월), 79~90쪽.

(xi) 손혁상 · 박보기 · 김남경, 「국제개발협력을 위한 한국의 민관협력사업(PPP) 연구: KOICA '글로벌사회공헌프로그램' 분석을 중심으로」, 『국제지역연구』 제24권 2호(2014년 여름), 121~155쪽.

(xii) Hyuk-Sang Sohn and Kyung Jae Kang, "Evaluation Framework of Development Partnership Reconsidered: A Case of Developmental Public Private Partnership(DPPP) of South Korea," *Journal of Asia-Pacific Studies*, Vol. 22, No. 1(March 2015), pp.111-132.

(xiii) 손혁상 · 이진영, 「한국에서의 일본 ODA 연구동향 분석: 텍스트 네트워크 분석을 중심으로」, 『국제정치논총』제56권 3호(2016년 9월), 193~227쪽.

(xiv) 주한나 · 손혁상 · 이희진, 「한국의 국제개발 연구 동향과 과제: 1956-2015 학술논문 분석」, 『국제지역연구』제20권 제4호(2016년 10월), 3~34쪽.

(xv) 손혁상 · 이진영 · 이일청, 「한국의 무상원조 평가 동향 연구: KOICA 사후평가 보고서 분석을 중심으로(1988-2016)」, 『국제지역연구』제22권 제1호(2018년 4월), 161~201쪽.

(xvi) 손혁상, 「북한개발협력을 위한 삼각협력모색: 북한의 개발수요와 주축국 선정을 중심으로」, 『한국정치연구』제28집 제1호(2019년 2월), 307~339쪽.

(xvii) 손혁상 · 김선주, 「북한개발협력을 위한 취약국 지원 전략 유용성에 대한 비판적 검토」, 『국제정치논총』제59집 1호(2019년 3월), 127~165쪽.

(xviii) Youngwan Kim, Hyuk-Sang Sohn, and Bokyeong Park, "Make the Village Better: An Evaluation of the Saemaul Zero Hunger Communities Project in Tanzania and Bangladesh," *World Development*, 124(December 2019), pp.1-12.

(xix) 홍지영(洪志瑛) · 정헌주 · 손혁상, 「한국의 원조분절화 현상에 대한 실증연구」, 『한국정치학회보』제54집 제2호(2020년 여름), 205~227쪽.

※ 홍지영(1980~현재)은 서울대학교 대학원 정치학과에서 「글로벌 인도적 지원 거버넌스와 규범의 사회화: 2015년 네팔 지진 사례를 중심으로」(2018년 8월)로 박사학위를 받았다. 그녀는 「한국의 해외긴급구호 및 인도적 지원 정책의 거버넌스 구축과정과 그 복합요인」, 『한국정치연구』제25집 제1호(2016년 2월), 23~50쪽을 발표했다.

(xx) Hyuk-Sang Sohn, Seokwoo Kim and Changbin Woo, "Assessing Motives in Northeast Asian Aid Allocation: China, Japan, and Korea as a Collective Group and as Individual Donors," *Korean Journal of International Studies*, Vol. 18, No. 2(August 2020), pp.123-144.

(2-B) 변대호(邊大豪) 면담, 「손혁상 한국국제협력단 이사장 인터뷰」, 『외

교』138(2021년 7월), 185~197쪽.

(3) 한국국제교류재단, 『한국국제교류재단 30년사』(한국국제교류재단, 2021).

노태우정부는 대한민국의 소프트파워를 세계에 선양하고 국제우호친선관계를 증진시키기 위해 해외한국학진흥과 국제협력네트워킹 및 문화교류협력강화 등 여러 분야에서의 공공외교를 수행 · 지원하기 위해 외무부 산하기관으로 한국국제교류재단(Korea Foundation: KF)을 1991년 12월 14일에 발족시켰다.

제7절 북방정책

북방정책은 노태우 대통령의 대외정책에 있어서 하나의 상징적 역할을 수행했으며, 당시 국제정치의 세계적 전환 속에서 성공을 거두었다.

제1항 북방정책 입안에 참고가 된 서방에서의 이론개발

(1) Morton Abramowitz, "Moving the Glacier: Two Koreas and the Powers," *Adelphi Papers*(London: International Institute of Strategic Studies), No. 80(1971).

당시 미국 국무부 한국담당관이던 저자는 한국정부에 대해 마치 서독정부가 '동방정책(Ostpolitik)'을 구사하는 것처럼 '북방정책(Nordpolitik)'을 구사하는 것이 어떻겠느냐는 정책구상을 제의했다.

(2) 이종국(李鍾國), 「국제긴장완화 체제의 형성과 전개, 1966-1975」(일본어), 도쿄대학 대학원 국제관계학과 박사학위청구논문, 1993년 3월; ______, 『냉전질서와 국제긴장완화 정책사: 신뢰 프로세스 구축과정』(선인, 2021).

저자는 자신의 앞 논문을 바탕으로 뒤의 책을 출판했다. 이 일련의 저술은 2차대전 종결을 전후해 성립된 냉전체제가 완화되면서 데탕트체제가 성립되고 전개되는 과정을 치밀하게 살피는 가운데 그것이 한반도에 주는 함의를 제시했다.

※ 이종국(1960~현재)은 동국대학교 사회과학대학 정치외교학과를 졸업하고 도쿄대학 대학원 법학정치학연구과에서 국제정치를 전공해 박사학위를 받았다. 동국대학교 북한학연구소 연구교수를 거쳐 동북아역사재단 연구위원으로 봉직했으며 현재 동국대학교 강사다.

제2항 노태우정부에서의 북방정책 성립과 전개

정부 및 참여자의 해석

(1) 박철언(朴哲彦), 「민족의 진운과 북방정책」, 『민족지성』(1989년 4월), 186~202쪽; ______, 「한국 북방정책의 현황과 전망」, 『민족지성』(1990년 11월), 82~95쪽; ______, 「남북관계 정상화, 무엇이 문제인가: 북방정책과 통일전략」, 『민족지성』(1992년 7월), 96~113쪽; ______, 『바른 역사를 위한 증언: 5공, 6공, 3김 시대의 정치 비사』 전2권(랜덤하우스코리아, 2005).

노태우 대통령 때 집권당인 민주정의당→민주자유당의 국회의원이면서 대통령 정책보좌관이었던 필자가 노 대통령이 추구한 북방정책의 내용을 설명했다. 특히 마지막 책의 제2권이 매우 사실적이며 유용하다.

(2) Korean Overseas Information Service, Ministry of Public Information, *Northern Diplomacy*(Seoul: Korean Overseas Information Service, Ministry of Public Information, 1990).

(3) 이한빈(李漢彬), 「제16장 북방이 시야에 들어오다」, ______, 『이한빈 회고록: 일하며 생각하며』(조선일보사. 1996), 397~416쪽.

저자가 「국제민간경제협회회」(International Private Economic Council of Korea: IPECK)를 출범시키고 이 기구를 통해 소련과 중공을 비롯한 당시의 공산국가들과 접촉한 사실을 상세히 회고했다.

(4) 국립외교원 외교안보연구소 외교사연구센터 편, 『북방정책과 7·7선언』(선인, 2020).

북방정책에 관여한 강근택(姜根鐸), 공로명(孔魯明), 구본태(具本泰), 김달중(金達中),

김석우(金錫友), 염돈재(廉燉載), 위성락(魏聖洛), 유세희(柳世熙), 이동복(李東馥), 이홍구(李洪九), 정태익(鄭泰翼), 최병효(崔秉孝) [가나다 순] 등의 구술을 담았다.

학계의 분석

(1) "A Special Issue on Korea's Diplomacy," *Korea and World Affairs*, Vol. 7, No. 4(Winter 1988).

Byung-joon Ahn, "South Korea's New Nordpolitik," pp.693~705.

Sang-seek Park, "Northern Diplomacy and Inter-Korea Relations," pp.706~736.

Choung-il Chee, "South Korea's Foreign Policy in Transition: North Politics," pp.737~753.

James W. Riordan, "Korea-Soviet Union Relations: The Seoul Olympics as Catalyst and Stimulator of Political Change," pp.754~781.

Dong-bok Lee, "North-South Korean Parliamentary Talks: Positions of Two Sides and Prospects," pp.782~808.

Suk-ryul Yu, "Theoretical Approach to South Korea's Unification Policy," pp.809~824.

(2) 이석호(李錫浩), 「한국 북방정책의 변천과정과 결정요인」, 『국제정치논총』 제28집 제2호(1988년 12월), 117~151쪽.

(3) 김윤환(金潤煥), 「한국의 북방정책과 북한의 태도: 경제분야를 중심으로」, 『사회과학연구』(경희대학교 사회과학연구소) 14(1988년 12월), 15~25쪽.

(4) "New Horizons and Challenges for Korean Diplomacy: World Perspective," *Korea and World Affairs*, Vol. 8, No. 2(Summer 1989).

Kwang-soo Choi, "Korea's Foreign Policy in the 1990s," pp.253~262.

William J. Taylor and Michael J. Mazarr, "ROK-U.S. Security Relations: Maintaining Ties When the Troops Leave," pp.263~277.

Mikhail L. Titarenko, "Asian and Korean Security and Stability: A Soviet Perspective," pp.278~296.

Hong-nack Kim, "Sino-Soviet Rapprochement and Its Implications for South Korea's Northern Policy," pp.297~316.

András Hernádi, "The South Korean-Hungarian Relationship: An International Perspective," pp.317~330.

Masao Okonogi, "The Political Dynamics of Japan-North Korea Relations: Implications for the South," pp.331~346.

Duk-Choong Kim, "Partners in the Pacific: A World of Trading Blocs?," pp.347~354.

(5) 조병선(외교전문가), 『북방정책의 실상과 전망: 한국의 북방정책에 관한 연구』(열음사, 1989); ______, 『북방정책의 실상과 현상』(열음사, 1989).

위의 두 책은 사실 같은 책이다. 북방정책의 방향에 초점을 맞춘 정책연구서의 성격이 짙다.

(6) 백병훈(白秉勳), 「대통령의 유엔연설과 한국의 북방정책」, 『중국연구』(건국대학교 중국문제연구소) 8(1989년 8월), 177~196쪽.

(7) 박치영(朴稚榮), 「한국 대통령선거와 외교정책 이슈」, 『국제정치논총』 제29집 제1호(1989년 9월), 25~58쪽.

노태우 후보가 제시한 북방외교에 대한 유권자들의 반응도 다뤘다.

(8) 김달중(金達中), 「북방정책과 한·동구관계 개선의 의미」, 『민족지성』(1989년 8월), 82~96쪽; ______, 「북방정책의 개념, 목표 및 배경」, 『담수(淡水)』(담수회) 18(1989년 10월), 19~30쪽; ______, 「북방정책의 개념, 목표 및 배경」, 『국제정치논총』 제29권 제2호(1990년 3월), 41~52쪽.

(9) 이삼성(李三星), 「북방정책과 한·미관계: 주한미군 문제와 한국 북방정책의 한계」, 『한국과 국제정치』 제5권 제2호(1989년 가을), 69~98쪽.

(10) 김세균(金世均), 「북방정책과 통일정책」, 『담수』18(1989년 10월), 31~42쪽; ______, 「한국의 북방정책과 통일정책」, 『정경춘추』(1989년 10월), 133~143쪽; ______, 「북방정책과 통일정책」, 『국제정치논총』 제29권 제2호(1990년 3월), 143~154쪽.

(11) 한국정치외교사학회 편, 『한국 북방관계의 정치외교사적 재조명』(평민사, 1990년 1월).

홍순호(洪淳鎬), 「서장 북방관계 연구의 방법론적 시론」, 11~56쪽.

박일근(朴日根), 「제2장 청·일전쟁 전 한국의 북방정책」, 57~90쪽.

문희수(文熙洙), 「제3장 청·일전쟁과 한국의 북방관계(1894~1899)」, 91~124쪽.

카로이 펜들러, 「제4장 10C와 20C 전환기의 한국에 관한 오스트리아 · 헝가리 외교자료」, 125~130쪽.

우철구(禹澈九), 「제5장 노 · 일전쟁 전 한국의 북방관계(1898~1903)」, 131~154쪽.

이창훈(李昌訓), 「제6장 노 · 일전쟁과 한국의 북방관계(1903~1910)」, 155~176쪽.

김영식(金永植), 「제7장 일제하에서의 북방관계(1910~1945)」, 177~196쪽.

호춘혜(胡春惠, 중국어발음 후춘휘), 「제8장 간도의 한국인이 중국의 내정 · 외교상 조성한 어려움」, 197~212쪽.

허만호(許萬鎬), 「제9장 해방부터 한국전쟁까지의 한국의 대(對)북방관계」, 213~240쪽.

김학준(金學俊), 「제10장 한국휴전 이후 현재까지의 대한민국의 북방정책」, 241~262쪽.

신승권(辛承權), 「결론 북방관계의 전망」, 263~285쪽.

(12) Charles K. Armstrong, "South Korea's 'Northern Policy'," *The Pacific Review*, Vol. 3, Issue. 1(1990), pp.35~45.

(13) 정세현(丁世鉉), 「북방정책에 대한 북한의 반응」, 『국제정치논총』 제29권 제2호(1990년 3월), 131~142쪽.

(14) 김정하(자유기고가), 「북방정책 추진하는 핵심 브레인들」, 『통일의 길』79(1990년 7월), 66~72쪽.

(15) 왕임동(王任東), 「한국 북방정책의 대(對)북한 영향분석」, 『통일문제연구』 제90권 제1호(1990년 10월), 1~18쪽.

(16) Hakjoon Kim, "The Republic of Korea's Northern Policy: Origin, Development, and Prospects," *Japan Review of International Affairs*, Vol. 5, Special Issue(1991), pp.25~51; Reprinted in James Cotton, ed, *Korea Under Roh Tae-woo: Democratization, Northern Policy and Inter-Korean Relations*(Canberra: Allen and Unwin, 1993), pp.245~266; Reprinted in Hakjoon Kim, *Korea's Relations with His Neighbors in a Changing World*(Seoul and Elizabeth N.J.: Hollym International Corp, 1993), pp.21~43.

(17) Chung-si Ahn, "South Korea's 'Northern Diplomacy' and Prospects of Seoul-Pyongyang Relations," In Dalchoong Kim, ed., *Europe in Transition and the Korean Peninsula*(Seoul: Institute of East and West Studies, Yonsei University, 1991), pp.143~161.

(18) Tae Dong Chung, "Korea's Nordpolitik: Achievements and Prospects," *Asia Perspective*, Vol. 15, No. 2(December 1991), pp.149~179.

(19) Sang-hyun Yoon, "South Korea's Nordpolitik with Special Reference to Its Relationship with China," unpub. Ph.D. diss., George Washington University, 1994.

※ 윤상현(尹相炫, 1962~현재)은 서울대학교 사회과학대학 경제학과를 졸업하고 조지타운대학교 대학원 국제관계학과에서 석사학위를 받은 데 이어 조지워싱턴대학교 국제관계대학원에서 정치학박사학위를 받았다. 19대~21대 국회의원을 역임했으며, 현재 22대 국회의원이다.

(20) 임춘건(任春建), 「한국의 북방정책 선택과 추진과정에 관한 연구」, 경희대학교 대학원 정치외교학과 정치학박사학위청구논문, 1999년 8월; ______, 『북방정책과 한국정치의 정책결정』(경기도 파주시: 한국학술정보주식회사, 2008).

(21) 김성철(金聖哲), 「외교정책의 환경 · 제도 · 효과의 역동성: 북방정책 사례 분석」, 『국제정치논총』 제40권 제3호(2000년 11월), 81~99쪽.

(22) 신범식(辛範植), 「북방정책과 한국 · 소련/러시아 관계」, 『국제문제연구』(서울대학교 국제문제연구소) 24(2001~2002), 280~316쪽.

(23) 전재성(全在晟), 「노태우 행정부의 북방정책 결정요인과 변화과정 분석」, 『세계정치』(서울대학교 국제문제연구소) 제24권 제1호(2002년 12월), 259~279쪽.

(24) 하용출(河龍出) 편, 『북방정책: 기원, 전개, 영향』(서울대학교출판부, 2003).

하용출(河龍出), 「서론」, 1~22쪽.

전재성(全在晟), 「노태우 행정부의 북방정책 결정요인과 이후의 북방정책의 변화과정 분석」, 23~46쪽.

이지수(李志樹), 「북방정책의 북한에의 영향」, 47~72쪽.

신범식(辛範植), 「북방정책과 한국 · 소련／러시아 관계」, 73~112쪽.

이태환(李泰桓), 「북방정책과 한중관계의 변화」, 113~140쪽.

박정원(朴正元), 「북방정책과 한국 · 동유럽 관계의 전개」, 141~162쪽.

백창재(白昌宰), 「한국의 북방정책과 미국」, 163~188쪽.

이원덕(李元德), 「북방정책과 일본: 북일 수교교섭과 일본의 대북정책」, 189~224쪽.

(25) Yong-jick Kim, "The Nordpolitik as President Rho Tae Woo's New Foreign

Policy, 1988~1992,"『세계지역연구논총』 제23권 제1호(2005), 261~278쪽.

(26) 신욱희(申旭熙), 「압박과 배제의 정치: 북방정책과 북핵 1차위기」, 『한국정치외교사논총』 제29권 제1호(2007년 8월), 205~233쪽.

(27) 장훈각(張訓珏), 「노태우정부의 북방정책과 남북관계: 북핵위기를 중심으로」, 『동서연구』(연세대학교 동서문제연구원) 제23권 제2호(2011년 12월), 143~180쪽.

(28) 김연철(金鍊鐵), 「노태우정부의 북방정책과 남북기본합의서: 성과와 한계」, 『역사비평』97(2011년 겨울), 80~110쪽.

(29) 정준오(鄭埈旿), 「제6공화국 북방정책의 분석적 조명:국제질서와 민주화 변수의 상관관계 분석」, 고려대학교 대학원 정치외교학과 정치학박사학위청구논문, 2014년 8월; ______, 「탈냉전기 한국의 외교정책과 민주화 동인: 노태우정부의 북방정책을 중심으로」, 『전략연구』(한국전략문제연구소) 제22권 제2호(2015년 7월), 67~102쪽.

(30) 김용호(金容浩), 『외교영토 넓히기: 대한민국의 수교역사』(대한민국역사박물관, 2016).

저자가 노태우정부의 북방정책을 분석하고 설명하기 위해 이 책을 쓴 것은 아니다. 저자는 대한민국정부 수립 이후 대한민국의 외교관계가 확장한 과정을 설명하는 가운데 노태우정부가 북방정책을 추진하면서 '외교영토 넓히기'가 결정적 성공을 거두었음을 구체적 수치(數値)로써 설명했다.

(31) 동북아공동체연구재단 편, 『북방에서 길을 찾다: neo nordpolitik』(디딤터, 2017).

(32) 장덕준(張悳俊), 『북방정책의 이상과 현실: 아관파천에서 신북방정책까지』(역사공간, 2021).

북방정책에 관한 기존의 연구들을 모두 살핀 데 이어 그것들을 뛰어넘는 분석을 제시했다. 이 책의 특징들 가운데 하나는 한반도의 지정학적 구조를 중시하는 가운데 북방정책을 미국의 정치학자 앤드류 쿠퍼(Andrew F. Cooper)의 '틈새 외교(niche diplomacy)'에서 찾고자 한 점이다. 러시아어 원전을 활용함으로써 분석의 수준을 높였다.

※ 장덕준(1959~현재)은 서울대학교 사회과학대학 정치학과를 졸업하고 서울대학교 대학원 정치학과에서 석사학위를 받았으며, 미국 켄트주립대학교 대학원 정치학과에서 석사학위를 받은 데 이어 뉴욕주립대학교 버팔로 캠퍼스 대학원 정치학과에서 소련정

치를 전공해 박사학위를 받았다. 박사학위청구논문 서지사항은 다음과 같다. Duck-joon Chang, "Ideas, Interests, and Collective Learning: The Politics of Economic Reform in the Soviet Union, 1985~1991," unpub. Ph.D. diss., State University of New York, Buffalo, 1996. 국민대학교 사회과학대학 학장 및 연구교류처 처장, 그리고 한국슬라브학회 회장을 역임했다. 현재 국민대학교 글로벌인문지역대학 유라시아학과 교수다.

(32-A) 김학준(金學俊), 「서평: 새 정부의 출범을 앞두고 한국의 북방정책을 다시 생각한다; 장덕준 저, 『북방정책의 이상과 현실』」, 『한국정치학회보』 제55집 제5호(2021년 겨울), 169~172쪽.

민병돈 육사교장의 문제제기

김아진, 「김아진 기자의 밀당: 노태우 앞에서 '북한은 적' 외친 '진짜 군인' 민병돈(閔丙敦) 전 육사교장; 55만 대군은 있는데 군인이 없고, 스타는 널렸는데 장군이 없다」, 『조선일보』(2023년 6월 3일), B1~B2.

1989년 3월 21일에 열린 육군사관학교 졸업식장에서 당시 교장 민병돈 중장은 노태우 대통령이 임석했는데도 노 대통령의 북방정책에 문제를 제기하는 졸업식사를 했다. 민 장군은 노 대통령이 북한에 대해 '유화정책'을 쓰고 있다고 판단했던 것이다. 그는 결국 해임 · 예편됐다.

제3항 소련과의 수교

수교 이전의 한소관계: 1970년대 이후

(1) Hakjoon Kim, "The Soviet Union's New Attitude Towards South Korea in the 1970's: Its Motivation and Limits," In Jane L. Kiuchi, ed,. *Security and Stability on the Korean Peninsula*(San Francisco, C.A.: Institute for Asian-Pacific Studies, University of San Francisco, 1980), pp.67~84; Reprinted in Hakjoon Kim, *Korea's Relations with Her Neighbors in a Changing World*(Seoul and Edison, N. J: Hollym International Corporation, 1993), pp.302~314.

소련이 1970년대에 들어와 남한에 대한 태도에 약간의 변화를 보여주고 있다고 보았다.

(2) Michael Sadykiewicz, "Soviet Far East High Command: A New Developmental Factor in the USSR Military Strategy toward East Asia," *Asian Perspective*, Vol. 6, No. 2(Fall-Winter, 1982), pp.29~71.

1970년대~1980년대 소련의 동북아군사정책을 분석했다.

(3) Hakjoon Kim, "The Soviet Union in American-Korean Relations," In Dae-sook Suh and Young-nok Koo, eds,. *Korea and the United States: A Century of Cooperation*(Honolulu, H.I.: University of Hawaii Press, 1984), pp.191~215; Reprinted in Hakjoon Kim, *Korea's Relations with Her Neighbors in a Changing World*(Seoul and Edison, N.J.: Hollym International Corporation, 1993), pp.278~301.

한소수교가 성사되기 전의 상황에서 전개된 한소관계의 성격을 구명하고자 했다. 한국의 미국과의 관계가 소원해지면 소원해질수록 한국의 소련과의 관계는 개선되는 경향이 있음을 지적했다.

(4) ______, *Korea in Soviet East Asian Policy*(Seoul: Kyunghee University Press, 1986).

소련의 동아시아정책 속에서 코리아가 차지하는 위치를 분석했다.

(5) ______, "The Soviet Union's Northeast Asian Policy and the Korean Peninsula in the 1980's," *Journal of East-West Studies*(Seoul: Institute of East and West Studies, Yonsei University), Vol. 15, No. 1(Spring, 1988), pp.101~122; Reprinted in ______, *Korea's Relations with Her Neighbors in a Changing World*(Seoul and Edison, N.J.: Hollym International Corporation, 1993), pp.315~338.

1980년대의 소련과 한반도의 관계를 분석했다.

(6) Sung-joo Han, "South Korean Policy toward the Soviet Union," In ______, ed., *Soviet Policy in Asia: Expansion or Accommodation?*(Seoul: Panmun Book Co,. 1989), pp.315~323.

1980년대에 남한이 추구한 대소정책을 분석했다.

(7) Hakjoon Kim, "South Korean Perceptions of the Soviet Union," In Pushpa Thanbipillan and Daniel Matuszewski, eds, *The Soviet Union and Asian-Pacific Trends:*

Views from the Region(New York: The Praeger, 1990); Reprinted in ______, *Korea's Relations with Her Neighbors in a Changing World*(Seoul and Edison, N.J.: Hollym International Corp.1993), pp 356~368.

대한민국을 긍정적으로 평가하기 시작한 소련학자들

(1) Oleg D. Davydov, "South Korea: Capitalist 'Modernization' and Some Aspects of Its Political Development," *Far Eastern Affairs*(Moscow: Institute of the Far East, Soviet Academy of Sciences), No. 2(February 1988), pp.70~79; ______, "Seoul: In Search of New Horizons," *Far Eastern Affairs*, No. 3(1990), pp.32~39.

필자는 남한의 경제성장을 높이 평가했으며 남한이 6.29선언을 계기로 민주화의 길에 들어섰다고 부연했다. 당시 공산주의자들은 남한을 '미제의 식민지'로 폄하하고 남한경제를 '국제자본주의에 종속된 경제'라고 조롱했는데, 필자는 전혀 그렇게 보지 않았다.

※ 올레그 다비도프(1940~현재)는 소련 및 러시아연방의 저명한 국제경제전문가로 소련 및 러시아연방의 대외관계에 많은 영향을 미쳤다. 훗날 러시아연방의 국제경제담당 차관을 역임했으며, 국제경제담당 부총리로 승진하면서 러시아의 세계무역기구(WTO) 가입을 위한 협상을 이끌었다.

(2) Alexander Fedorovsky, "South Korea as a New Economic Partner," In Vladimir Ivanov, ed, *U.S.S.R. and the Pacific Region in the 21st Century*(New Delhi: Allied Publishers, Ltd, 1989), pp 94~95.

필자는 남한을 소련의 '새로운 경제파트너'로 간주해야 한다고 제의했다.

(3) Vasily V. Mikheev, "A Korean Settlement: New Political Thinking vs. Old Ambitions," *Korea and World Affairs*, Vol. 13, No. 4(Winter 1989), pp.672~688.

※ 바실리 미히브는 소련 및 러시아연방에서 남북한경제를 전공했으며 훗날 모스크바의 「세계경제 및 국제관계 연구소(IMEMO)」의 부총장으로 활동했다. 다비도프와 미히브 등 소련 및 러시아연방의 저명한 국제정치경제학자들이 남한을 높이 평가하면서 소련 및 러시아연방의 경제협력자가 될 수 있다는 건의를 계속한 것이 남한의 북방정책 추진을 도왔다.

소련의 대한민국에 대한 관심의 변화에 주목한 서방세계의 러시아전문가들

(1) Parris H. Chang, "Gorbachev's Peace Offensive in Asia: Style and Substance," *Journal of East Asian Affairs*, Vol. 4, No. 2(Summer/Fall, 1990), pp.342~359.

(2) Chan-young Bang, "Prospects of Korean-Soviet Economic Cooperation and Its Impact on Security and Stability of the Korean Peninsula," *Korean Journal of International Studies*, Vol. 21, No. 3(Autumn, 1990), 313~330.

샌프란시스코에서의 한소정상회담

노태우 대통령은 1990년 6월 4일(현지시간)에 샌프란시스코에서 고르바초프 소련 대통령과 회담했다. 이것은 최초의 한소정상회담이었다. 성사과정에서 미국의 전 국무장관 조지 슐츠(George Pratt Shultz)의 도움이 부분적으로 있었다.

(1) Korean Overseas Information Service, Ministry of Public Information, *A Crack in the Cold War Ice: First Korea-Soviet Summit Heralds Widespread Change*(Seoul: Korean Overseas Information Service, Ministry of Public Information, 1990).

(2) 김종인(金鍾仁), 「약소국의 비애를 절감하며: 1990년 한소수교」, ______, 『영원한 권력은 없다: 대통령들의 지략가 김종인 회고록』(시공사, 2020).

당시 대통령경제수석비서관으로 노태우 대통령을 수행해 샌프란시스코에 갔던 저자는 다음과 같은 일화를 소개했다.

> "대통령을 실은 비행기가 샌프란시스코에 도착하자 슐츠가 영접하러 공항에 나와 있었다. 비행기에서 내리자마자 슐츠가 했던 말이 귀를 의심하게 했다. "대통령과 함께 골프나 치러 갑시다" 하는 것이다. 이런 역사적인 순간을 앞두고 골프를 치자니, 무슨 엉뚱한 말인가 싶었다. 그랬더니 슐츠의 대답인즉 "이럴 때일수록 느긋한 자세를 보여야 한다"는 것이다. 우리가 소련에 매달리는 듯한 모습을 보이면 안 된다는 것이다. 과연 협상의 대가답다고 감탄했다.
>
> 대통령에게 이 이야기를 전했더니 고개를 흔들었다. 한국에서 출발하기 전부터 대통령은 대단히 초조해하고 있었다. 이루어질지 말지조차 모르는 회담을 위해 일국의 대통령이 지구 반대편까지 날아간 것 아닌가. 일종의 도박으로 보일 수도 있는 일이었다. 이미 언론에 보도가 되었기 때문에, 회담이 무산되면 전 세계적으로 창피한 일이었다. 미국에 도착해 대통령은 계속 호텔 방에만 머물러 있었다. 노태우 특유의 소심함에 좀 애잔하기도 하고, 약소국의 설움이란 이런 것인가 하는 생각도 들었다. 우리는 고르바초프가 샌프란시스코에

언제 도착하는지조차 정확히 모르고 있었다."

(3) ______, 「천둥번개 요란한데 비는 내리지 않고: 1992년 한중수교」, ______, 『영원한 권력은 없다: 대통령들의 지략가 김종인 회고록』(시공사, 2020), 216~225쪽.

저자의 회고는 다음과 같은 취지로 이어졌다.

> 고르바초프는 한국으로부터 경제지원을 먼저 받은 다음에 수교를 해도 늦지 않다는 입장을 취했다. 한국측이 계속 설득해 결국 수교부터 하기로 합의했다.

한소수교

샌프란시스코에서의 한소정상회담을 계기로 두 나라 사이의 관계는 급진전했으며 1990년 9월 30일(서울시간 10월 1일)에 대사급 외교관계를 수립하기에 이르렀다.

(1) Hakjoon Kim, "Emerging Relations Between South Korea and the Soviet Union," Yu-nam Kim, ed,. *Korea, America, and the Soviet Union in the 1990's: Problems and Policies for a Time of Transitions*(Seoul: Dankook University Press, 1991), pp.33~52; *Far Eastern Affairs*(Moscow: Institute of Far Eastern Studies, Soviet Academy of Sciences)(Summer, 1991)에 재수록; Reprinted in ______, *Korea's Relations with Her Neighbors in a Changing World*(Seoul and Edison, N.J.: Hollym International Corporation, 1993), pp.399~419.

(2) ______, "The Republic of Korea's Policy to Bring Peace on the Korean Peninsula," *Journal of East Asian Affairs*(Seoul: Research Institute for International Affairs), Vol. 6, No. 1(Winter-Spring, 1992), pp.1~21.

한반도에 평화를 정착시키기 위한 대한민국의 정책을 분석하면서 소련과의 수교가 갖는 의미를 구명했다.

(3) Peggy Falkenheim Meyer, "Gorbachev and Post-Gorbachev Policy toward the Korean Peninsula: The Impact of Changing Russian Perceptions," *Asian Survey*, Vol. 32, No. 8(August 1992), pp.757~772.

(4) Hakjoon Kim, "South Korean-Soviet Rapprochement and Its Impact on Northeast Asia," In ______, *Korea's Relations with Her Neighbors in a Changing*

World(Seoul and Edison, N.J.: Hollym International Corporation, 1993), pp.420~434.

(5) ______, "The Process Leading to the Establishment of Diplomatic Relations between South Korea and the Soviet Union," *Asian Survey*, Vol. 37, No. 7(July 1997), pp.637~651.

한소수교가 성사되는 과정을 설명했다.

(6) Se-hyun Ahn, "Multi-Dimensional Security Cooperation between Russia and South Korea: Progress and Obstacles," unpub. Ph.D. diss., London School of Economics and Political Science, 2006; 안세현(安世炫), 『경제안보란 무엇인가: 한·러 경제안보 협력의 현주소』(청미디어, 2022).

저자는 한·러수교과정을 추적했을 뿐만 아니라 수교 이후 두 나라의 발전방향을 에너지, 시베리아횡단철도(TSR)와 한반도종단철도(TKR)의 연결, 나홋카자유무역지대의 설정, 무기거래, 북한문제 등 여러 주제를 중심으로 분석했다.

※ 안세현(1972~현재)은 미국 아이오와주 코넬칼리지 정치외교학과를 졸업하고 조지타운대학교 외교대학원에서 석사학위를 받은 데 이어 런던경제정치대학교 대학원 국제관계학과에서 박사학위를 받았다. 그 과정에서 상트페테르부르크에너지광물자원대학교(St.Petersburg Mining University)에서 연구했으며, 박사학위를 받은 이후 미국과 중국의 여러 국제문제연구소에서 연구를 계속했다. 현재 서울시립대학교 정경대학 국제관계학과 교수다.

(7) *Substantializing Mutually Beneficial, Forward-Looking Relations between the Republic of Korea and the Russian Federation in the Spirit of Strategic Partnership*(Seoul: Asia-Pacific research Center, Hanyang University, 2018).

러시아 과학아카데미 산하 극동연구소(Institute of Far Eastern Studies)와 한양대학교 아시아·태평양연구센터가 2018년 12월 7일에 서울에서 가진 국제회의에서 발표된 논문들을 수록했다. 한·소수교가 이뤄진 1990년 이후 푸틴 대통령 시대에 이르기까지 전개된 두 나라의 관계와 그 과정에서 제기된 과제들을 다뤘다.

(8) 곽성웅(郭成雄), 「경협이 한소수교의 급진전에 미친 영향 연구: 1990년 공개 외교문서를 중심으로」, 『한국정치외교사논총』 제43집 제2호(2022년 2월), 41~71쪽.

경제가 악화일로(惡化一路)를 걷던 소련에게 경제협력을 제공하겠다는 한국정부의 약속이 한소수교를 앞당겼다는 결론을 제시했다.

※ 곽성웅(1979~현재)은 한양대학교 사회과학대학 정치외교학과를 졸업하고 러시아 쿠반국립대학교(Kuban State University) 대학원 정치학과에서 석사학위를 받은 데 이어 한양대학교 대학원 러시아학과에서 「19세기 히바칸국(Khiva Khanate)과 러시아제국의 외교관계 연구: 주요 외교적 쟁점들을 중심으로」(2020년 8월)로 박사학위를 받았다. 현재 배재대학교 한국·시베리아센터 전임연구원이다.

한소수교를 계기로 살핀 제정러시아의 한반도정책, 소련해체 이후의 모습, 그리고 한국과 러시아의 관계사

(1) 서현섭(徐賢燮), 『모스크바 1200일: 최초의 한국 외교관이 바라본 세기말의 러시아 풍경』(창, 1993).

러시아주재한국대사관 참사관으로 관찰한 소련해체 전후의 러시아를 묘사했다.

(2) Sang-Joon Lee, "Korean Investment in Russian Manufacturing Industry," unpub. Ph.D. diss., Institute of World Economics and International Relations, Russian Academy of Sciences, Moscow, 1999.

※ 이상준(李尙俊, 1965~현재)은 고려대학교 경영대학을 졸업하고 한국과학기술원(KIST)에서 석사학위를 받은 데 이어 러시아과학아카데미 세계경제국제관계연구소에서 박사학위를 받았다. 현재 국민대학교 사회과학대학 러시아·유라시아학과 교수다.

(3) 송금영(宋金永), 『러시아의 동북아 진출과 한반도정책(1860~1905)』(국학자료원, 2004).

※ 송금영(1958~현재)은 동아대학교 정치외교학과를 졸업하고 동아대학교 대학원 정치외교학과에서 석사학위를 받았다. 외교부에 입부해 러시아대사관을 비롯해 카자흐스탄대사관, 우크라이나대사관, 아일랜드대사관, 로스앤젤레스총영사관 등에서 봉직한 뒤 탄자니아대사를 역임했다. 저서로 『유라시아를 정복한 유목민 이야기』(민속원, 2018)와 『아프리카 깊이 읽기: 오천년 역사와 문화, 대외관계를 읽다』(민속원, 2020) 등이 있다.

(4) 국제교류재단 기획/기광서(奇光舒)·반병률(潘炳律)·신범식(辛範植)·심헌용(沈憲用)·엄구호(嚴久鎬)·홍완석(洪完錫) 등 분담집필, 『한러관계사』전2권(제주특별자치도 서귀포시: 한국국제교류재단, 2022).

독립국가연합의 성립, 소련의 해체, 러시아연방의 소련 계승, 옐친 대통령의 방한

소련을 구성한 공화국들의 대부분은 1991년 8월 이후 소련으로부터 탈퇴했으며, 그들은 1991년 12월 21일에 카자흐스탄의 알마티에서 그들로써 「독립국가연합(Commonwealth of Independent States, 약칭 CIS)」의 창립을 선언했다(러시아와 벨라루스가 주도한 독립국가연합은 1992년 1월 1일에 공식으로 출범했다). 이에 따라, 소련은 1991년 12월 25일 해체됐으며, 미국은 이튿날 러시아연방을 소련의 후계국으로 공인했다. 한국도 러시아연방을 소련의 후계국으로 공인했으며, 러시아연방의 보리스 옐친(Boris N. Yeltsin) 대통령은 1992년 11월 18~20일에 한국을 국빈방문하고 노태우 대통령과 회담했다. 이 회담에서 구 소련 때 스탈린에 의해 중앙아시아로 추방됐거나 '일제 스파이 용의자'로 오인됐던 고려인들의 명예를 러시아정부가 법적으로 회복시킨다는 합의가 이뤄졌고, 러시아정부는 실제로 그렇게 했다.

한국과 CIS와의 관계에 대해서는 코트라(KOTRA)를 비롯한 여러 기관에서 자료를 출판했다. 그것들을 제외하고 주로 정치학자들을 비롯한 인문·사회과학자들이 쓴 저술을 간추려 소개하면 다음과 같다.

(1) 김부기(金富起), 『독립국가연합(CIS)의 장래』(외교통상부 외교안보연구원, 1992).

(2) 고재남(高在南), 『독립국가연합(CIS)의 내부정세와 대외관계 전망』(외교통상부 외교안보연구원, 1992); ______, 『독립국가연합 헌장의 채택과 CIS체제의 장래』(외교통상부 외교안보연구원, 1993); ______, 「러시아의 CIS 통합운동의 동향 및 전망」, 『한국북방학회논집』(한국북방학회) 9(2002년 1월), 81~126쪽; ______, 「러시아의 중앙아시아정책과 다자주의」, 『한국과 국제정치』 제26권 제1호(2010년 3월), 199~233쪽.

(3) 최성(崔星), 「내정 위기 옐친 방한의 속사정」, 『옵서버』(1992년 10월), 248~259쪽.

(4) 조성완(북한연구소), 「모스크바통신: 독립국가연합(CIS)과 한국; 협력 현황과 방향」, 『북한』(2000년 12월), 138~143쪽.

(5) Seongjin Kim, "Regionalism in the Congresses of People's Deputies of the USSR and Russia: A Case Study of Siberia and the Russian Far East," unpub, Ph.D, diss., University. of Glasgow, 2001: 김성진(金星鎭), 「러시아 연방관계 변화의 성격(1990~2001): 벨기에, 스페인 연방화 과정과의 비교를 중심으로」, 『한국정치학회보』제37집 제1호(2003년 봄), 363~385쪽.

※ 김성진(1965~현재)은 연세대학교 사회과학대학 정치외교학과를 졸업하고 연세대

학교 대학원 정치외교학과에서 석사학위를 받은 데 이어 영국 글래스고대학교 대학원에서 러시아학을 전공해 박사학위를 받았다. 현재 덕성여자대학교 글로벌융합대학 정치외교학전공 교수다.

(6) 한국외국어대학교 역사문화연구소 기획/임영상(林永尙) 엮음, 『독립국가연합(CIS) 고려인 사회연구』(재외동포재단, 2003).

(7) Byung-yool Ban, "Korean Networks in the CIS: Current Problems and Future Tasks for Korea Newspapers," 『슬라브학보』 제19권 제2호(2004년 12월), 637~649쪽; 반병률(潘炳律) 외 저, 『CIS 지역 한인자료와 고려인 집단농장』(다해, 2009).

(8) 안성호(安成滰), 「독립국가연합(CIS)의 민주화과정에 대한 비교연구: 중앙아시아 5개국을 중심으로」, 『한국동북아논총』(한국동북아학회)(2008년 9월), 237~260쪽.

(9) 우평균(禹坪均), 「러시아의 재외동포정책 현황과 한국에의 시사점」, 『슬라브학보』 제24권 제1호(2009년 3월), 243~267쪽.

(10) 박병환(朴丙煥)·박윤형 등 공동집필, 『시베리아 개발은 한민족의 손으로: 블라디미르 수린의 한러 공생국가론』(국학자료원, 2009).

(10-A) 박병환(朴丙煥), 『한국외교에는 왜 러시아가 없을까?: 한반도 평화와 남북통일의 조력자, 유라시아 대륙 진출의 파트너』(우물이있는집, 2020); ______, 『나침반이 잘못된 한국외교: 올바른 4강 외교를 위한 제언』(우물이있는집, 2021).

러시아 이트쿠츠크주재총영사와 러시아대사관경제공사를 비롯해 러시아에서 외교관으로 10여 년 동안 봉직한 직업외교관 출신의 저자는 "국제정치는 이념과 도덕 및 감정과잉에서 벗어나 국익을 따져야 하며, 국가 위에 '민족'을 두는 것도 지양해야 한다"라고 주장하며, 특히 문재인정부의 외교를 여러 시각에서 비판했다. 현재 유라시아전략연구소 소장이다.

(11) 유인진(고려대), 「독립국가연합 고려인의 사회 정체성과 언어 사용 실태」, 『재외한인연구』(재외한인학회)(2014년 1월), 63~91쪽.

(12) 이선으(李宣羽), 「유라시아의 지정학, 민족 균열, 그리고 재민주화: 우크라이나와 벨라루스 사례 비교」, 『한국과 국제정치』 제31권 제3호(2015년 가을), 85~114쪽.

(13) 전남대학교 산학협력단 기획/김경학(金暻學) 책임연구, 『독립국가연합(CIS) 한국관련자료목록집』(국립중앙도서관, 2020).

(14) 하준수(KBS), 『나는 모스크바특파원이다』(그러나, 2020).

2015년부터 3년에 걸쳐 KBS 모스크바특파원으로 일했던 저자가 자신이 바라보았던 러시아를 기록했다.

유라시아 글로벌 통합 프로젝트

(1) 장치혁(張致赫), 알렉산드르 안드레예비치 티모닌(Alexander A. Timonin), 블라디미로비치 아파나시예프 공저, 『한국·러시아 협력과 하나의 유라시아 글로벌 통합 프로젝트』(한국경제매거진, 2022).

장치혁(1932~현재)은 고려학술문화재단 이사장으로, 단국대학교에서 명예법학박사 학위를 받은 데 이어 러시아 극동국립대학교에서 명예국제경제학박사학위를 받았다. 고려합섬 회장이면서 전경련 부회장으로, 김영삼정부 때 한국의 기업인으로는 최초로 북한을 방문했으며 소련 및 러시아와의 관계개선과 경제협력을 추진하는 가운데 한국과 러시아의 협력을 통해 '하나의 유라시아 글로벌 통합 프로젝트'를 실현시키고자 노력했다. 공저자들인 티모닌과 아파나시예프는 각각 러시아의 주한대사를 역임했다.

(1-A) 이성진(한국경제매거진 기자), 「'하나의 유라시아' 프로젝트 기록 책으로」, 『한경비즈니스』(2022년 7월 11일), 76쪽.

제4항 중국과의 수교

중국의 자료

(1) 『중국 대(對) 조선과 한국정책문헌 회편(滙編)』(중국문) 전5권(베이징: 중국사회과학출판사, 1994).

(2) 『중국과 조선반도 국가관계 문헌자료 회편(滙編)』(베이징: 세계지식출판사, 2006).

저술

(1) H. Liu, "The Sino-South Korean Normalization: A Triangular Explanation," *Asian Survey*, Vol. 33, No. 11(November 1993), pp.1083~1094.

(2) Hak-joon Kim, "The Establishment of South Korean-Chinese Diplomatic

Relatinos: 1988~1992," *Journal of Northeast Asian Studies,* Vol. 13, No. 2(Summer 1994), pp.31~38, Reprinted in Hak-joon Kim, *North and South Korea: Internal Politics and External Relations Since 1998*(Mississauga, Ontario: The Society for Korean and Related Studies, 2006), pp.181~202.

(3) 이종석(李鍾奭), 「제6장 탈냉전기 북한 · 중국관계: 전략적 협력관계로의 이행」, _____, 『북한 · 중국관계 1945~2000』(중심, 2000), 265~306쪽.

탈냉전기에 접어들면서 북한과 중국의 관계는 이념적 차원에서 벗어나 전략적 협력관계로 이행했다. 그러나 노태우정부 때 중국이 북한의 반대에도 불구하고 한국과 국교를 수립하자 일시적으로 양국관계는 냉각됐다.

(4) 전기침(錢其琛: 중국어발음 첸치천), 『외교십기(外交十記)』(홍콩: 삼련서점유한공사 [三聯書店 有限公司], 2003)/유상철(劉尙哲) 번역, 『열 가지 외교 이야기: 중국 외교의 대부 첸치천의 국제정치 비망록』(랜덤하우스코리아, 2004).

제5장이 한중수교 과정을 다뤘다.

※ 전기침(1928~2017)은 14세 때 중국공산당에 입당해 주로 신문 · 홍보 분야에서 일했으며 중화인민공화국이 성립된 뒤 외교부에 들어가 소련주재대사관에서 근무했고 기니대사와 기니비사우대사를 역임했다. 문화대혁명 기간에 하방됐다가 등소평 복권기에 외교부 대변인을 거쳐 부부장으로 승진했으며 1988년에 부장으로 승진했다. 1992년에 한중수교를 매듭지었으며 강택민 집권기에 이붕 총리와 이어 주용기 총리 아래에서 국무원 부총리로 중국외교를 이끌었다.

※ 유상철(1960~현재)은 타이베이에서 초등학교를 다녀 중국어에 능통했다. 중앙일보사 홍콩특파원과 베이징특파원을 역임했다. 서강대학교 공공정책대학원에서 중국학을 전공해 석사학위를 받은 데 이어 한양대학교 국제학대학원에서 「중국의 공공외교 전략과 행태에 관한 연구: 한국 사례를 중심으로」(2013년 2월)로 박사학위를 받았다. 현재 중앙일보 중국연구소 소장이다.

(5) 장정연(張庭延, 중국어발음 장팅옌), 『출사한국(出使韓國)』(중국문)(산동: 산동대출판사, 2004); _____, 『지난 추억을 찾아서(往事雜憶)』(중국문)(산동: 산동대출판사, 2012).

저자는 노태우정부 때 초대 주한중국대사(1992~1998)로 부임해 김영삼정부 때까지 봉직했다.

(6) 박종철(朴鍾喆), 「냉전시기 북중관계의 변천: 혈맹에서의 이탈하기(1953-94년)」, 중국사회과학원 국제정치학과 박사학위청구논문, 2007년 7월.

※ 박종철(1975~현재)은 전북대학교 사회과학대학 정치외교학과를 졸업하고 일본도호쿠대학(東北大學) 대학원에서 국제정치학을 전공해 석사학위를 받았으며, 중국 베이징의 중국사회과학원에서 박사학위를 받았다. 현재 경상국립대학교 사범대학 일반사회교육과 교수다.

(7) 김숙현(金淑賢), 「한중 국교 정상화에 관한 연구」(일본어), 도쿄대학 대학원 박사학위청구논문, 2007년 9월.

※ 김숙현(1972~현재)은 현재 국가안보전략연구원 연구위원이다.

(8) 이성일(李成日), 「중국의 조선반도정책과 조정과 중한국교정상화: 덩샤오핑기(期) 중국외교의 전환의 시점을 중심으로」(중국어), 게이오대학 대학원 법학연구과 법학박사학위청구논문, 2008년 3월.

※ 이성일(1971~현재)은 베이징대학에서 국제관계학을 전공해 학사→석사학위를 받은 데 이어 게이오대학 대학원에서 법학박사학위를 받았다. 현재 중국사회과학원 책임연구원이다.

(9) 박승준(朴勝俊), 「한·중수교의 배경과 의의 연구: 한국의 현실주의 적응과 중국의 전통주의 복귀」, 고려대학교 대학원 정치외교학과 정치학박사학위청구논문, 2010년 2월; ______, 『격동의 외교비록: 한국과 중국 100년』(기파랑, 2010).

조선일보 북경주재특파원으로 한중수교와 이후를 현장에서 관찰한 저자가 국제정치학의 이론과 개념을 활용했다.

※ 박승준(1954~현재)은 서울대학교 문리대 중어중문학과를 졸업하고 고려대학교 대학원 정치외교학과에서 석사→박사학위를 받았다. 조선일보 북중전략문제연구소 소장 및 인천대학교 초빙교수를 역임했다.

(10) 문홍화(門洪華: 중국어발음 먼훙화)·신정승(辛正承) 주편, 『동북아 합작과 한중관계』(중국문)(북경: 중국경제출판사, 2014).

(11) 조청봉(趙青峰), 「자극과 반응: 국교 수립 이전의 한중관계」, 『중국인문과학』(중국인문학회)68(2018년 4월), 427~448쪽.

(12) 미국의회 미-중경제·안보검토위원회/박행웅 편역, 『미-중분쟁의 실상』(경기도 파주시: 한울, 2020).

미국의회는 1995년 1월 1일에 발족한 세계무역기구(WTO)에 중국이 가입한 2010년 10월에 초당적인 기구로 미중경제안보검토위원회(UCESRC: U.S.-China Economic and Security Review Commission)를 세웠다. 이 기구는 미 · 중관계 전반을, 특히 경제 및 안보 문제에 역점을 두고 검토한 뒤 매년 연례보고서를 제출한다. 역자는 2018년도 연례보고서와 2019년도 연례보고서 가운데 중요한 부분을 중심으로 편역했다. 여기에는 한반도, 특히 한국에 미치는 영향을 깊이 생각하게 하는 주제가 있다.

※ 박행웅은 한국외국어대학교 영어과를 졸업하고 한국외국어대학교 대학원 영어과에서 석사학위를 받았으며 대한무역투자진흥공사(KOTRA)에 입사해 이탈리아의 밀라노 관장에 이어 슬로베니아의 류블리아나 관장 그리고 정보기획처장을 역임했다.

(13) 김석우(金錫友) · 윤해중(尹海重) · 신정승(辛正承) · 정상기(丁相基) 구술/이희옥(李熙玉) 면담/국립외교원 외교안보연구소 외교사연구센터 편, 『한중수교』(선인, 2021년 4월).

(14) Odd Arne Westad, *Empire and Righteous Nation: 600 Years of China-Korea Relations*(Cambridge, M.A.: Belknap Press of Harvard University Press, 2021); 오드 아르네 베스타 지음/옥창준(玉昌峻) 옮김, 『제국과 의로운 민족: 한중관계 600년사 하버드대 라이샤워 강연』(너머북스, 2022).

한중관계 600년사를 거시적 안목에서 분석했다. 저자는 여러 관점을 제시했는데, 그것들 가운데 하나는 "북한체제 붕괴와 같은 급변사태에서 중국이 한반도에 전통적으로 품어온 가부장적 인식이 작동할 수 있다. 중국이 북 · 중 접경지에서 완충지대를 확보하기 위해 군사적으로 개입할 가능성이 높다"라는 것이다.

(15) 화정평화재단 21세기평화연구소 지음, 『한중수교 30년』(화정평화재단, 2022년 1월).

서진영(徐鎭英), 「총론: 걸어온 길, 나아갈 길」, 12~24쪽.

※ 서진영(1942~2023)은 고려대학교 정경대학 정치외교학과를 졸업하고 워싱턴대학교 대학원 정치학과에서 중국학을 전공해 석사학위를 받은 데 이어 워싱턴대학교 대학원 정치학과에서 중국학을 전공해 박사학위를 받았다. 박사학위청구논문 서지사항은 다음과 같다. JinYoung Suh, "The Tachai Campaign and China's Rural Policy, 1964-1979," unpub. Ph.D. diss., University of Washington, 1980. 고려대학교 정경대학 정치외교학과 교수로 부임한 이후 고려대학교 평화연구소 소장, 고려대학교 국제대학원 원장, 그리고 한국세계

지역연구협의회 회장을 역임했으며, 김영삼대통령 때 대통령정책기획위원회 위원장으로 활동했다.

제1장 깊고 넓어진 양국관계

김석우(金錫友), 「죽(竹)의 장막 이렇게 걷었다」, 26~42쪽.

이희옥(李熙玉), 「옷소매 한 자락의 한중」, 43~58쪽.

한석희(韓碩熙), 「노태우 정부부터 문재인 정부까지, 7인7색 대중정책」, 59~73쪽.

최창근(중국전략연구소), 「한중 북중 대사 열전(列傳)」, 74~84쪽.

제2장 높아지는 도전 수위

이동률(李東律), 「눈은 돌리고 마음은 틀어지고, 왜?」, 86~101쪽.

주재우(朱宰佑), 「중국 눈에 한국이 없나」, 102~116쪽.

박한진(KOTRA아카데미), 「한중, 이제 코피티션(Copetition)시대」, 117~130쪽.

임훈기(베이징랑옌로펌), 「변한 중국, 변하지 않은 대중국 인식」, 131~147쪽.

제3장 미중갈등의 회오리

김한권(金漢權), 「한국, 미중 사이 '약한 고리' 벗어야」, 148~161쪽.

전재성(全在晟), 「미중경쟁 틈 파고드는 북핵」, 162~176쪽.

이상현(李相賢), 「한미동맹과 자강, 안보의 두 기둥」, 177~191쪽.

양평섭(楊平燮), 「대중견제, 한국경제의 고민과 전략」, 192~206쪽.

강준영(康埈榮), 「한 · 대만 관계와 미중 갈등」, 207~220쪽.

제4장 한중과 북한

신봉섭(申鳳燮), 「'전략적 공생'으로 진화한 북중」, 222~243쪽.

이상만(李相萬), 「김정은, 자주와 의존 사이 딜레마」, 244~258쪽.

김흥규(金興圭), 「중국, 북핵은 대미 전략경쟁의 지렛대」, 259~271쪽.

조동호(曺東昊), 「북한의 높아진 대중국 무역의존도 독해법」, 272~284쪽.

제5장 미·중·일 전문가의 권고

수미 테리(Sue Mi Terry), 「'강한 외교 전략', 한국에 주는 조언」, 286~301쪽.

그레그 A. 브레진스키(Gregg A. Brazinsky), 「"한국의 독자적 입지와 역할 가능"」, 302~314쪽.

박철희(朴喆熙), 「한중 30년과 중일 50년, 같은 점과 다른 점」, 315~331쪽.

한센둥(韩献東), 「'중한관계 2.0 시대'를 위한 5가지 충고」, 332~346쪽.

「권말부록: 화정평화재단 주최 한중수교 30년 신년 좌담회」, 348~365쪽.

(16) 조희용(曺喜庸), 『중화민국 리포트 1990~1993: 대만단교 회고』(선인, 2022년 3월).

중화민국주재대한민국대사관에서 근무한 경험을 가진 저자는 자신이 대사관을 떠난 뒤 대한민국정부가 중화민국과 단교하고 중화인민공화국과 수교한 과정에 대해 여러 자료를 종합적으로 분석하고 이 책을 썼다.

※ 조희용(1955~현재)은 서울대학교 사회과학대학 경제학과를 졸업하고 외무고시를 통해 외무부에 입부한 뒤 일본주재대사관과 필리핀주재대사관에서 근무했으며 중화민국주재대사관을 떠난 뒤에는 상해주재총영사관과 중국주재대사관에서 근무했다. 훗날 스웨덴대사(라트비아대사 겸임)와 캐나다대사를 역임했다.

(17) 이강국(李康國: 외교관), 『한중수교 30년 과거, 현재 그리고 미래』(글마당&아이디얼북스, 2022년 6월).

2022년은 한중수교 30주년이다. 이 계제에, 저자는 한중수교의 배경과 과정을 분석한 뒤, 한중관계 30년을 정치 · 외교관계, 북한 및 북핵 문제, 경제 · 통상관계, 사회 · 문화관계로 나누어 설명했다. 앞으로의 중국에 대한 정책 방향에 대해서도 의견을 제시했다.

※ 이강국(1959~현재)은 성균관대학교 문과대학 영어영문학과를 졸업하고 외무고시를 거친 직업외교관으로, 중국주재대사관 2등서기관, 상하이주재부총영사, 시안주재총영사 등을 역임했다.

(18) 「특집: 한중수교」, 『동북아역사포커스』(동북아역사재단) 2(2022년 가을).

신정승(辛正承: 전 주중대사), 「한중수교 30주년의 회고와 향후 한중관계」, 20~30쪽.

조영남(趙英男: 서울대 국제대학원 교수), 「한중수교 30년의 평가와 전망」, 31~43쪽.

강진아(姜抮亞: 한양대 교수), 「'역사'를 넘어서 새로운 아시아의 '가치동맹'을 모색하다」, 44~54쪽.

주영하(周永河: 한국학중앙연구원 교수), 「한중수교 30년, 한중음식 교류 30년」, 91~104쪽.

장남원(張男原: 이화여대 교수), 「한국 도자사(陶瓷史) 연구교류」, 105~117쪽.

조준형(趙濬衡: 연합뉴스 베이징특파원), 「수교 30주년, 베이징에서 본 중국의 외교 · 대(對)한국 전략」, 117~126쪽.

한중관계의 현황과 미래

(1) 「특집: 21세기 한 · 중 '역사 다시 쓰기'와 '다른 세계'」, 『황해문화』104(2019년 가

을), 18~135쪽.

백승욱(白承旭), 「3 · 1운동 100주년에 두드러지는 사상사 부재의 자리」, 18~39쪽.

백지운(白池雲), 「진먼섬 포격과 동아시아 냉전의 역설적 중층성」, 40~61쪽.

옥창준(玉昌峻), 「남방정책의 계보학: 아세아민족반공연맹부터 신남방정책까지」, 62~82쪽.

이일영(李日榮), 「한반도경제론에서 본 남북연합」, 83~102쪽.

백원담(白元淡), 「인터 코리아, 인터 차이나, 인터 아시아」, 103~134쪽.

(2) 최성락(동양미래대), 『한국이 중국을 선택한다면: 최선도 최악도 될 수 있는 국제관계 시나리오』(페이퍼로드, 2021).

(3) 정다훈(鄭多訓), 「중국의 다자주의와 평화 한반도」, 『황해문화』111(2021년 여름), 118~136쪽.

이제 더 이상 '힘 없는 약소국'이 아니라 '책임 있는 중견국'으로 성장한 한국은 한미동맹만을 내세울 것이 아니라 새로운 외교적 방향을 모색해야 한다고 주장했다.

※ 정다훈(1984~현재)은 서강대학교 문과대학 중국문화학과를 졸업하고 경희대학교 대학원 정치외교학과에서 석사학위를 받은 데 이어 예일대학교 대학원 동아시아학과에서 석사학위를 받고 북경대학 대학원 국제관계학과에서 2016년 7월에 「중국의 WTO 가입결정을 중심으로 살핀 지도자의 사상과 중국외교정책」(중국문)로 박사학위를 받았다. 현재 서강대학교 사회과학연구소 연구원이다.

(4) 김희교(金希教), 『짱깨주의의 탄생: 누구나 함부로 말하는 중국, 아무도 말하지 않는 중국』(보리, 2022).

한국인들 가운데 대륙에서 온 중국인들을 '짱꼴라'라는 비칭(卑稱)으로 부르는 사례가 있다. 만주족의 청나라가 중국대륙을 지배했을 때 지난날에는 지배족이었던 한족(漢族)이 이제는 만주족 앞에 스스로를 '노재(奴才)'라고 불렀다고 조롱하면서 이를 '청국노(淸國奴)'로 바꿔 부른 데서 시작됐다. 저자는 이 책을 통해 중국에 대한 편견과 혐오를 비판했다.

※ 김희교(1962~현재)는 연세대학교 문과대학 사학과를 졸업하고 연세대학교 대학원 사학과에서 석사학위를 받은 데 이어 중국 부단대학(復旦大學, 중국어발음: 푸단대학) 대학원 역사학과에서 「청말 민중운동과 미국의 중국정책, 1900~1906」(중국문)(1999년

10월)으로 박사학위를 받았다. 현재 광운대학교 동북아대학 동북아문화산업학부 교수다.

(5) 한청훤(중국전문가), 『차이나 쇼크, 한국의 선택: 왜 지금 중국이 문제인가?』(사이드웨이, 2022).

중국에 관한 칼럼을 자주 발표해 온 저자가 중국이 패권적 제국의 길을 선택한 배경과 미국 등 여러 국가는 물론 전 세계와 반목하며 마찰을 거듭하는 이유 등을 분석했다. 그밖에도 중국의 반도체기술, 대만과의 분쟁, 중국내부에 잠재한 농촌 · 인구 · 정치 리스크 등을 분석했다.

(6) 조평규(曺坪圭), 「대(對)정부 꽌시(Guanxi)가 중국진출 한국기업의 경영성과에 미치는 영향: 매개 및 조절효과를 중심으로」, 서강대학교 대학원 국제경영학과 경영학박사학위청구논문, 2015년 2월; ______, 『중국을 알지 못하면, 중국을 넘을 수 없다』(좋은땅, 2022).

중국에서 25년 동안 살면서 기업을 경영했던 저자(1956~현재)는 중국을 제대로 알 것을 주문했다. '꽌시(關係)'란 무엇인지, 중국에서 협상전략은 어떻게 세워야 하는지부터 중국의 반독점법과 빅데이터산업 등에 대한 해설까지 제시했다.

(7) 「특집: 한국과 중국의 문화충돌 원인분석; 문화제국주의에서 문화민족주의까지」, 『동북아역사논총』76(2022년 6월).

박영환(朴永煥), 「한중 문화충돌 서막, 단오논쟁의 교류사적 의미」, 7~46쪽.
윤경우(尹炅雨), 「중국의 한류 수용과 저항」, 47~86쪽.
김인희(金仁喜), 「중국의 '문화담론'과 한중의 문화충돌: 시진핑정부의 문화정책을 중심으로」, 87~113쪽.

(8) 「특집: 한 · 중수교 30주년」, 『외교』142(2022년 7월).

정상기(丁相基), 「한 · 중수교 30년 평가와 과제」, 113~131쪽.
연상모(延上模), 「한 · 중수교 30년 이대로 좋은가?: 기대에서 실망으로」, 132~150쪽.

(9) 김영준(金永俊: 월간중앙 기자), 「단독 인터뷰: 한중수교 30주년, 싱하이밍(邢海明) 주한중국대사 "삼십이립(三十而立), 한중우호협력은 변하지 않을 것"」, 『월간중

앙』(2022년 8월), 80~85쪽.

(10) 한중비전포럼 편, 『서른 즈음의 한중, 어떻게 설 것인가』(늘품플러스, 2022).

한중비전포럼 위원장인 신정승(辛正承) 전 주중대사, 노재헌(盧載憲) 동아시아문화센터 원장, 김진호(金珍鎬) 단국대학교 교수, 김흥규(金興圭) 아주대학교 교수, 서진영(徐鎭英) 고려대학교 명예교수, 윤영관(尹永寬) 전 외교통상부 장관, 위성락(魏聖洛) 전 러시아대사, 이하경(李夏慶) 중앙일보 주필, 이희옥(李熙玉) 성균관대학교 교수 등이 참여했다.

(11) 서울대학교 국제학연구소 기획/정종호(鄭鍾昊) 편, 『한중수교 30년, 평가와 전망 갈등과 협력의 한중관계, 상생의 길을 묻다』(21세기북스, 2022).

※ 정종호(1965~현재)는 서울대학교 사회과학대학 인류학과를 졸업하고 서울대학교 대학원 인류학과에서 석사학위를 받은 데 이어 예일대학교 대학원 인류학과에서 박사학위를 받았다. 박사학위청구논문 서지사항은 다음과 같다. Jong-ho Jeong, "Renegotiating with the State: The Challenge of Floating Population and the Emergence of New Urban Space in Contemporary China," unpub. Ph.D. diss., Yale University, 2000. 현재 서울대학교 국제대학원 교수다.

(12) 정덕구(鄭德龜)·윤영관(尹永寬)·김흥규(金興圭)·강준영(康埈榮)·주재우(朱宰佑)·하남석(河男錫) 외, 『시진핑 신(新)시대 왜 한국에 도전인가?』(21세기북스, 2023).

중국에 대한 정책을 세울 때 고려할 사항들

(1) Heung-Kyu Kim, "The Political Capacity of Beijing Still Matters: Political Leadership and Institutionalization of Fiscal Systems During the Period of Economic Decentralization in China, 1979~1997," unpub. Ph.D. diss., University of Michigan, 2002.

※ Heung-Kyu Kim(김흥규[金興圭], 1963~현재)은 서울대학교 사회과학대학 외교학과를 졸업하고 서울대학교 대학원 외교학과에서 석사학위를 받은 데 이어 미시간대학교 대학원 정치학과에서 박사학위를 받았다. 외교통상부 산하 외교안보연구원 교수를 거쳐 현재 아주대학교 사회과학대학 정치외교학과 교수다.

(2) 협자성(叶自成: 베이징대 교수, 중국어발음 예쯔청), 『중국대전략』(중국문)(북경:

중국사회과학원, 2005)/이우재(인천민주화운동계승사업회 부이사장) 역, 『중국의 세계전략』(21세기북스, 2005).

(3) 이원형(李元炯) 외 저, 『중국의 부상과 동남아의 대응: 대사들의 진단』(동북아역사재단, 2011).

신정승(辛正承), 「중국 대외전략의 흐름과 전망」, 13~48쪽.
이선진(李先鎭), 「중국의 대동남아 전략: 현황과 전망」, 49~82쪽.
임홍재(任洪宰), 「베트남의 대중국 관계: 기회와 도전」, 83~118쪽.
조병제(趙炳瑅), 「미얀마의 대중국 관계: 생존을 넘어」, 119~154쪽.
이건태(李建泰), 「라오스의 대중국 관계: 지정학적 운명과의 조화」, 155~186쪽.
양봉렬(梁峰烈), 「말레이시아의 대중국 관계: 실리외교 사례」, 187~214쪽.

※ 양봉렬(1952~현재)은 서울대학교 사회과학대학 정치학과를 졸업하고 외무고시를 거쳐 휴스턴총영사와 말레이시아대사 및 아세안대사 등을 역임했으며, 2000년 6월의 남북정상회담 때 남측 실무대표단의 일원으로 참가했다. 광주대학교 대학원에서 경영학박사학위를 받았으며, 광주과학기술원(GIST) 대외협력부총장을 역임했다.

이선진(李先鎭), 「인도네시아의 대중국 관계: Free & Active」, 215~250쪽.
이원형(李元炯), 「중국위협론과 아세안의 관여정책: 남중국해 문제를 중심으로」, 251~305쪽.

제5항 베를린장벽의 붕괴와 독일의 통일이 한반도에 미친 영향과 함의

동독의 공산정권은 동독주민이 동베를린을 통해 서베를린으로 망명하고 궁극적으로 서독으로 망명하는 것을 막기 위해 1961년 8월 13일에 동베를린과 서베를린 경계선 위에 장벽을 쌓아올렸다. 그러나 1989년 9월에 들어와 동독의 제2도시 라이프치히에서 반공운동이 조직적으로 전개되고 이것이 드레스덴을 포함한 동독의 주요한 도시들로 번지자 동독의 공산정권은 독일민주공화국(Deutsche Demokratische Republik) 국가원수이면서 독일사회주의통일당(Sozialistische Einheitspartei Deutschlands) 서기장인 에리히 호네커(Erich Honecker)를 권좌에서 추방하는 선에서 사태를 수습하고자 했다. 그렇지만 때는 이미 늦었다. 1989년 11월 9일에 동독인들은 베를린장벽을 파괴하면서 서베를린으로 그리고 이어 서독으로 넘어가기 시작했다. 호네커의 후임으로 권좌에 오른

에곤 크렌츠(Egon Rudi Ernst Krenz)는 상황을 역전시키기에 역부족이었고, 결국 1990년 10월 3일에 동독이 서독에 합류하는 형식으로 독일통일이 이루어졌다.

동독의 붕괴는 유럽에서 집권공산당 체제의 연쇄붕괴로 이어졌으며 결국 소련의 해체로까지 이어졌다. 이로써 동서냉전은 적어도 유럽에서는 종식됐다. 이러한 역사의 전개는 다른 지역 다른 국가에 대해서 영향을 주었지만 특히 같은 분단국가였던 한반도의 남북한에 직접적인 영향을 주었고, 이에 따라 이 주제에 관한 저술이 국내외에서 많이 출판됐다.

독일의 역사 그리고 독일의 통일에 관한 자료: 국내에서의 출판물을 중심으로

통일부 자료: 독일통일총서

통일부 편, 『독일통일총서』전30권(통일부, 2013~2019).

제1권: 군사 분야 통합 관련 정책문서, 2013.
제2권: 행정 분야 통합 관련 정책문서, 2013.
제3권: 구 동독지역 재건 특임관 분야 관련 정책문서, 2013.
제4권: 구 동독지역 인프라 재건 분야 관련 정책문서, 2013.
제5권: 경찰 분야 통합 관련 정책문서, 2014.
제6권: 정당 분야 통합 관련 정책문서, 2014.
제7권: 과거청산 분야 통합 관련 정책문서, 2014.
제8권: 여성 분야 통합 관련 정책문서, 2014.
제9권: 가족 분야 통합 관련 정책문서, 2014.
제10권: 통일비용 분야 통합 관련 정책문서, 2015.
제11권: 신탁관리청 분야 통합 관련 정책문서, 2015.
제12권: 보건·의료 분야 통합 관련 정책문서, 2015.
제13권: 사회복지·연금 분야 통합 관련 정책문서, 2016.
제14권: 노동·실업 분야 통합 관련 정책문서, 2016.
제15권: 화폐통합 분야; 관련 정책문서, 2015.
제16권: 통일교육 분야; 통합 관련 정책문서, 2015.
제17권: 교육통합 분야; 통합 관련 정책문서, 2015.
제18권: 외교 분야; 관련 정책문서1, 2015.
제19권: 외교 분야; 관련 정책문서2, 2015.

제20권: 교통 · 통신 분야; 관련 정책문서, 2017.
제21권: 문화 분야; 관련 정책문서, 2017.
제22권: 언론 분야; 관련 정책문서, 2017.
제23권: 환경 분야; 관련 정책문서, 2018.
제24권: 농업 분야; 관련 정책문서, 2018.
제25권: 이주 분야; 관련 정책문서, 2018.
제26권: 사회계층변동 분야; 관련 정책문서, 2018.
제27권: 동독의 통일대비 입법 분야; 관련 정책문서, 2018.
제28권: 사법제도 분야; 관련 정책문서, 2019.
제29권: 연방수상청 분야; 관련 정책문서, 2019.
제30권: 연방주 구축 분야; 관련 정책문서, 2019.

국내에서의 연구저술

(1) Byung Chul Seo, "Möglichkeiten und Grenzen für eine Selbständige Aussenpolitik eines Entwicklungslandes," unpub. Ph.D. diss., Rheinische Friedrich-Wilhelms-Universität Bonn, 1974; 서병철(徐丙喆), 『통일을 위한 동 · 서독관계의 조명』(지식산업사, 1988).

필자는 앞의 논문에서 동서독관계 그 자체를 분석했을 뿐 동서독관계와 남북한관계를 비교하지는 않았다. 필자는 뒤의 저서에서 자신의 박사학위논문에 바탕을 두고 동서독관계가 한반도에 주는 함의를 자세히 설명했다.

※ 서병철(1939~현재)은 서울대학교 문리대 독어독문학과를 졸업하고 독일 쾰른대학교 대학원 정치학과에서 석사학위를 받은 데 이어 본대학교 대학원 정치학과에서 박사학위를 받았다. 외무부 외교안보연구원에서 교수와 연구실장으로 봉직하다가 주독한국대사관 정무담당관으로 봉직했으며 통일연구원 원장으로 활동했다. 현재 지오디스월슨코리아 대표다.

(2) Wolfgang Behr, *Bundesrepublik Deutschland, Deutsche Demokratische Republik: Systemvergleich Politik, Wirtschaft, Gesellschaft: mit einem Kapitel, Der Systemvergleich Bundesrepublik-DDR in der politischen Bildung*(Kohlhammer, 1985); 이영기(李永起) 번역, 『동서독 체제비교』(고려대학교출판부, 1988); 이영기, 『독일 통일의 해부: 현장에서 본 분단45년』(국제언론문화사, 1990).

※ Wolfgang Behr(1965~현재)는 프랑크푸르트(암마인)대학교에서 중국학을 전공했으며 프랑크푸르트(암마인)대학교 대학원에서 중국학에 이어 슬라브학을 전공해 석사→박사학위를 받았다. 교수자격획득과정도 통과해 현재 스위스 취리히대학교 교수이다. 산스크리트어를 비롯한 동양의 여러 언어에 밝다.

※ 이영기(1935~현재)는 고려대학교 정경대학 정치외교학과를 졸업하고 함부르크대학교에서 석사학위를 받은 데 이어 베를린 자유대학교 대학원 정치학과에서 박사학위를 받았다. 박사학위청구논문 서지사항은 다음과 같다. Yung-Kee Lee, "Die Aussenpolitik Syngman Rhees im Koreakrieg, 1950-1953," unpub. Ph.D. diss., Freie Universität Berlin, 1976. 동아대학교 교수를 거쳐 명지대학교 북한학과 객원교수로 봉직했다. 그 과정에서 독일·유럽연구센터소장 및 함부르크 한독연구소장을 역임했다.

(3) 다카하시 스스무(高橋進), 『역사로서의 독일통일: 지도자들은 어떻게 움직였는가?』(일본문)(도쿄: 이와나미쇼텐, 1999)/ 이종국(李鍾國) 옮김, 『분단종식의 통일외교: 지도자들은 독일통일을 위해 어떻게 움직였는가』(역사공간, 2015).

※ 다카하시 스스무(1949~2010)는 도쿄대학 법학부 정치학과를 졸업하고 도쿄대학 정치학과에서 조수(助手)로 출발해 정교수에 올랐다. 독일정치를 전공했으며, 이 주제와 관련해 여러 저술을 출판했다.

(4) Uwe Müller, *Supergau Deutsche Einheit*(Berlin: Rowohit Taschenbuch Verlag, Marz 2005)/ 이봉기 번역, 『대재앙 통일: 독일통일로부터의 교훈』(문학세계사, 2006).

(4-A) 홍성기(洪聖基), 「독일통일에서 배우는 교훈: 통일비용은 주민지원이 아니라 지역경제 자립 위해 지출해야」, 『시대정신』35(2007년 여름), 240~246쪽.

이 글은 앞의 책에 대한 서평이다.

(5) Dong-Ki Lee, "Option oder Illusion?: die Idee einer nationalen Konföderation im geteilten Deutschland 1949~1990," unpub. Ph.D. diss., Friedrich Schiller University Jena, 2009; 이동기(李東奇), 『비밀과 역설: 10개의 키워드로 읽는 독일통일과 평화』(아카넷, 2020).

이 책은 독일의 분단과정부터 갈등과 대립, 화해와 교류, 통합과 통일에 이르기까지 한반도와 닮은 점과 다른 점을 분석했다.

※ 이동기(1966~현재)는 서울대학교 인문대학 서양사학과를 졸업하고 서울대학교 대학원 서양사학과에서 석사학위를 받은 데 이어 예나대학교 대학원 역사학과에서 박사

학위를 받았다. 그는 자신의 박사학위논문제목을 「선택가능한 길인가 망상인가? 1949~1990년 분단 독일의 국가연합안」으로 옮겼다. 현재 강원대학교 대학원 평화학과 교수다. 대표적 저서로는 『20세기 평화텍스트 15선』(아카넷, 2013)이 있고, 논문으로는 「더 나은 통일안은 없었는가?: 1989/90년 헬무트 콜, 국가연합 그리고 독일통일」, 『독일연구 역사 · 사회 · 문화』(한국독일사학회) 20(2010년 12월), 77~115쪽. 「빌리 브란트, 민주사회주의와 평화의 정치가」, 『역사비평』102(2013년 봄), 210~241쪽 등이 있다.

(6) 안상욱(安商旭), 「유럽통합의 관점에서 본 독일통일: 유럽통합 진전에 따른 통일의 진전과 통합과정에서의 동유럽 통합절차와 차별성」, 『국제정치논총』제50집 제5호(2010년 12월), 125~150쪽.

※ 안상욱(1973~현재)은 서울대학교 인문대학 서양사학과를 졸업하고 파리3대학교 대학원에서 석사학위를 받았으며 파리정치연구소에서 다시 석사학위를 받은 데 이어 파리3대학교 대학원에서 박사학위를 받았다. 박사학위청구논문 서지사항은 다음과 같다. Sang Wuk Ahn, "Mondialsation et transformation des marches du travail: Allemagne, Coree du Sud, Etats-Unis, France et Japon," unpub. Ph.D. diss., Université de Paris III(Université Sorbonne Nouvelle), 2007. 현재 부경대학교 인문사회과학대학 국제지역학부 교수다.

(7) 이은정(李恩政), 『베를린, 베를린: 분단의 상징에서 문화의 중심으로』(경기도 파주시: 창비, 2019).

1984년부터 독일에서 생활하며 박사학위(괴팅겐대학교)를 받았고 교수자격과정(할레대학교)을 통과한 뒤 베를린자유대학교 교수로 한국학연구소를 이끄는 저자는 독일에서의 자신의 연구와 생활에 바탕을 두고 이 책을 썼다. 저자의 생각은 이 책의 마지막 부분 「닫는 글」(252~257쪽)에 압축되어 있다. 중요한 부분은 다음과 같다.

> "독일의 분단체제와 한반도의 분단체제는 서로 비교할 수 없을 정도로 많은 것들이 다르다. 동서독은 서로 죽고 죽이는 전쟁도 하지 않았고, 분단에도 불구하고 계속 교류할 수 있었다. 편지를 보낼 수도 있었고, 여러 복잡한 서류를 제출하고 오래 기다려야 했지만 가족과 친척을 만날 수도 있었다. 많은 사람이 가족의 생사조차 모르고 70년 이상 살아야 했던 우리와는 정말 상황이 달랐다. 그럼에도 불구하고 우리는 무엇이 독일 분단체제의 극복을 가져왔을까 끊임없이 질문을 던질 수밖에 없다. 한반도와 독일이 완전히 달랐다면 무엇이 어떻게 달랐을까, 그리고 왜 달랐을까. 이에 대한 답을 찾아야만 우리가 할 수 있는

것이 무엇인지 알아낼 수 있을 것 같아서 묻고 또 묻는다.

베를린은 독일에서 분단체제의 상징이자 분단극복의 상징이기도 하다. 분단시기 동안 치열한 대립과 갈등의 근원지였고, 동시에 갈등을 해소하고 합의를 만들어낸 곳이기도 하다. 분단과 전쟁에 대한 서로의 잘잘못을 따지느라 분단의 경계선을 죽음의 차단선으로 만들어버린 한반도에서는 상상하기 어려운 일들이 베를린에서는 가능했다.

냉전갈등을 최고조에 이르게 했던 베를린장벽의 구축은 오히려 동서진영으로 하여금 서로 간의 협력 없이는 평화가 절대 보장되지 않는다는 사실을 분명히 알게 해주었다. 장벽 설치 2년 만에 서베를린과 동독 간에 통행증협정이 체결되고 서베를린 주민들이 동베를린을 다시 방문할 수 있게 된 것이 바로 그 증거다. 통행증 협상의 경험은 서베를린 시장이었던 브란트가 서독 연방정부의 수상이 되어 추진한 신동방정책의 중요한 밑거름이 되었다. 신동방정책의 기본이념인 '접근을 통한 변화'가 바로 베를린장벽의 구축과 함께 탄생한 것이다. 그런 이념은 서베를린 시장으로서 주민들이 분단으로 인해 겪는 고통을 덜어주어야 한다는 책임감에서 나온 것이었다.

브란트는 분단으로 인한 고통은 독일인 모두가 겪을 수밖에 없는 것이라며, 동독을 떠나려는 사람들에게 가해지는 폭력과 인권침해 사례를 모두 기록해두자고 제안했다. 그래서 [독일 북부의 니더작센주에 있는 도시] 잘츠기터(Salzgitter)에 중앙인권침해기록보관소가 만들어졌다. 신동방정책과 인권침해감시정책이 모두 브란트의 정책이었다는 것을 우리는 잘 모른다. 진보진영은 브란트가 신동방정책을 취했기 때문에 독일이 통일될 수 있었다는 점만 보려고 했고, 보수진영에서는 서독이 동독의 인권침해 사례를 모두 기록해두었다고 강조하면서 우리도 그런 기구가 필요하다고 강조했다. 분단으로 인해 국민들이 겪어야 하는 고통을 줄이기 위해 노력했던 브란트의 원칙을 이제는 제대로 봐야 할 때가 되지 않았을까.

브란트는 갈등에 직면했을 때에는 누구의 잘못인지 이유를 따지기 전에 문제를 해결할 수 있는 현실적인 방법을 모색하는 것이 정치인의 책임이라는 것을 실천을 통해 보여주었다. 실현가능한 해결책을 찾는 것은 타협할 준비가 되어 있을 때만 가능하다. 그는 자신의 원칙만을 고집한 것이 아니라 서로 다른 입장을 인정하면서도, 서로 받아들일 수 있는 타협점을 찾으려 했다. 그렇기 때문에, 베를린 문제를 해결하기 위해 동독과 서독이 서로 교류할 수 있었다. 베를린이 동서독 간의 교류를 위한 가교가 되었다는 의미가 바로 이것이다."

(8) 김면회(金勉會), 「베를린장벽 붕괴 30년, 구동독지역 정치지형 변화 연구」, 『유럽연구』(한국유럽학회) 제38권 제3호(2020년 가을), 97~127쪽.

※ 김면회(1964~현재)는 서강대학교 사회과학대학 정치외교학과를 졸업하고 서강대학교 대학원 정치외교학과에서 석사학위를 받은 데 이어 베를린 자유대학교 대학원 정

치학과에서 "Das Verhältnis zwischen SPD und DGB unter den Bedingungen der Globalisierung der Ökonomie,"(2000)로 박사학위를 받았다. 필자는 이 논문의 제목을 우리말로 「경제세계화 조건하의 독일노총과 독일사민당의 관계」로 번역했다. 현재 한국외국어대학교 사회과학대학 정치외교학과 교수다.

동서독 통일이 한반도에 주는 함의

(1) 리영희(李泳禧), 「독일식 한반도 통일방안 비판: '동 · 서독기본관계조약'과 '남 · 북기본관계에 관한 잠정협정'(제의)의 비교연구」, 『청암(靑巖)송건호(宋建鎬)선생화갑기념문집』(두레, 1986), 93~128쪽.

(2) 정용길(鄭用吉), 『분단국통일론: 동서독과 남북한』(고려원, 1988); ______ 외 분담집필, 『독일통일에서 무엇을 배울 것인가:전문학자 현장 리포트』(연합통신사, 1990).

앞의 책은 크게 보아 세 부분으로 구성됐다. 「독일편」과 「한반도편」 및 「부록」이 그것이다. 「독일편」에서는 독일이 분단된 배경, 동서독 교류의 역사와 실태 그리고 동서독 통일정책의 비교 등을 다뤘으며, 「한반도편」에서는 한반도가 분단된 배경, 남북한 통일정책의 비교, 그리고 한반도통일을 위한 제언 등을 포함했다. 「부록」에서는 동서독관계에 관한 자료 및 남북한관계에 관한 자료 등을 수록했다.

※ 정용길(1944~2023)은 동국대학교 법정대학 행정학과를 졸업하고 동국대학교 행정대학원에서 석사학위를 받은 데 이어 독일 하이델베르크대학교에서 박사학위를 받았다. 서지사항은 다음과 같다. Yong-kil Chung, "Die politischen Beziehungen Nordkoreas zur UR China und zur Sowjetunion im Hinblick auf Wiedervereinigung Koreas, 1945~1975," unpub. Ph.D. diss., Ruprecht-Karls-Universität Heidelberg, 1977. 논문제목을 우리말로 번역하면 다음과 같다. 「한반도 통일과 관련하여 본 북한의 대(對) 중국 및 소련 관계」. 정용길은 동국대학교 사회과학대학 정치외교학과 교수로 정년퇴임했다.

(2-A) 민병천(閔丙天), 「서평: 정용길, 『분단국통일론』」, 『통일문제연구』제1권 제1호(1989년 봄), 302~306쪽.

(2-B) 이숭희(李崇熙), 「서평: 정용길 저, 『분단국통일론』」, 『국제정치논총』 제29권 제1호(1989년 9월), 305~307쪽.

(2-C) 정천구(鄭千九), 「서평: 『통일을 위한 동 · 서독관계의 조명』(서병철 저),

『분단국통일론』(정용길 저)」, 『한국정치학회보』 제23집 제1호(1989년 9월), 319~324쪽.

(3) Dalchoong Kim, Werner Gumpel and Gottfried-Karl Kindermann, eds., *East-West Relationship and Divided Nations' Problems in the Gorbachev Era*(Seoul: Institution of East West Studies, Yonsei University, 1988); Ku-hyun Jung, Dalchoong Kim, Werner Gumpel and Gottfried-Karl Kindermann, eds., *German Unification and Its Lessons for Korea*(Seoul: Institution of East West Studies, Yonsei University, 1996).

(4) 이장희(李長熙), 「통독정책으로서의 동서독간의 문화협정」, 『국제법학회논총』(대한국제법학회) 제64권 제2호(1988년 6월), 91~112쪽; ______, 「한반도에서의 동·서독 통일모델의 적합성에 관한 연구」, 『통일연구논총』(국토통일원) 제8권 제1호(1988년 10월), 101~145쪽.

(5) Won-Myoung Lee, "Zur Frage der Nation und der Wiedervereinigung in geteilten Korea: Ein Koreanischer Weg oder die Anwendung der Deutschland Formel als Modus Vivendi?," unpub. Ph.D. diss., Rheinische Friedrich-Wilhelms-Universität Bonn, 1989.

필자는 동서독관계의 모델이 한반도에도 적용이 가능한가라는 시각에서 접근했다. 이 논문은 1989년에 서울의 남북평화통일연구소에서 같은 제목 아래 단행본으로 출판됐다.

※ 이원명(李源明)은 서울대학교 문리대 외교학과를 졸업하고 독일 본대학교 대학원 정치학과에서 박사학위를 받았다.

(6) 전득주(全得柱), 『분단국 통일의 재인식』(대왕사, 1989).

(7) 최신림(崔信林), 「독일경제의 통일과정 분석과 한국에 대한 시사」, 서울대학교 대학원 경제학과 박사학위청구논문, 1995년 2월; ______, 「독일경제 통합과정 분석과 한국에 대한 시사」, 『통일경제』(현대경제사회연구원) 10(1995년 10월), 52~66쪽.

(8) Helmut Wagner and Myoung-Kyu Kang, *Germany and Korea: Lessons in Unification*(Seoul: Seoul National University Press, 1995).

(9) John J. Metzler, *Divided Dynamism: The Diplomacy of Separated Nations: Germany, Korea, China*(Lanham, M. D.: University Press of America, 1996).

(10) 김국신(金國新)·박영호(朴英鎬)·박준영(朴俊英)·조동호(曺東昊) 등 분담집필, 『독일의 통일경험과 남·북한 교류협력방안』(한국정치학회, 1999).

(11) 김학성(金學成) · 황병덕(黃炳悳) · 박종철(朴鍾喆) · 전성훈(全星勳), 「한반도 독일의 냉전구조 해체방안 비교연구와 정책적 함의」, 『한국과 국제정치』제18권 제1호(2002년 3월), 97~133쪽

(12) 김누리 · 노영돈(盧泳暾) 편저, 『통일과 문화: 통일 독일의 현실과 한반도』(역사비평사, 2003); 김누리 편저, 『머릿속의 장벽: 통일 이후 동서독 사회문화 갈등』(한울아카데미, 2006); 김누리 외, 『통일독일의 문화변동: 동독의 귀환, 신독일의 출범』(한울아카데미, 2009); 김누리, 「독일통일 3대 신화: 독일통일 30년과 한반도」, 『통일인문학』84(2020년 12월), 117~151쪽.

※ 김누리(1960~현재)는 서울대학교 사범대학 독어교육과를 졸업하고 서울대학교 대학원 독어교육과에서 석사학위를 받은 데 이어 독일 브레멘대학교 대학원 독어독문학과에서 독일문학을 전공해 1995년에 박사학위를 받았다. 현재 중앙대학교 인문대학 유럽문화학부 교수다.

(13) 신우철(申宇澈), 『'체제전환'과 국가: 독일통일 · 중국개혁의 비교헌법론』(경상북도 경산시: 영남대학교 출판부, 2004).

※ 신우철(1965~현재)은 서울대학교 법과대학 법학과를 졸업하고 서울대학교 대학원 법학과에서 석사→박사학위를 받았다. 현재 중앙대학교 법학전문대학원 교수다.

(14) 서울대학교 행정대학원 통일정책연구팀 기획 · 지원/ 박성조(朴聖祚) 등, 『남과 북 뭉치면 죽는다: 준비 없는 교류와 통합 추진 그 위기의 시나리오』(랜덤하우스코리아, 2005년 6월).

※ 박성조(1936~현재)는 서울대학교 문리대 정치학과를 졸업하고 베를린 자유대학교 대학원 정치학과에서 박사학위를 받았다. 현재 베를린 자유대학교 종신교수다.

(15) 손선홍(孫宣洪), 『분단과 통일의 독일현대사』(소나무, 2005년 7월); ______, 『독

일통일 한국통일: 독일통일에서 찾는 한반도통일의 길』(푸른길, 2016).

※ 손선홍(1954~현재)는 한국외국어대학교 서양어대학 독어과를 졸업하고 독일 하이델베르크대학교에서 수학했으며, 연세대학교 행정대학원에서 안보학석사학위를 받았다. 1980년에 외교통상부에 입부한 이후 본(Bonn)총영사→독일공사→함부르크총영사 등을 역임했다. 현재 국립외교원 명예교수다.

(16) 염돈재(廉燉載), 『잘못 알려진 독일통일, 그리고 한반도 통일의 비전』(자유기업원, 2011).

동독에서 자유화운동이 일어나고 결국 동독이 '서독으로 편입'해 들어오는 과정을 자세히 분석하면서, 독일통일에 대해 우리가 잘못 알고 있는 여러 점을 지적했다.

※ 염돈재(1943~현재)는 연세대학교 정법대학 정치외교학과를 졸업하고 서울대학교 행정대학원에서 석사학위를 받은 데 이어 서울대학교 행정대학원에서 「정책결정과 정보왜곡의 발생원인: 1997년 외환위기 사례를 중심으로」(2002년 8월)로 행정학박사학위를 받았다. 대통령 정무비서관→주독 공사→국가정보원 제1차장 등을 역임하면서 독일통일 과정을 치밀하게 살폈다. 공직에서 물러난 뒤 성균관대학교 국가전략대학원 원장을 역임했다.

(17) 박정진(朴廷鎭), 「'분단갈등' 연구: 독일, 북아일랜드, 한반도 갈등관리 유형 비교」, 북한대학원대학교 박사학위청구논문, 2012년 2월; ______, 「제임스 로즈노(James Rosenau)의 변호나 개념으로 본 분단국가의 대(對)정책: 대북정책 수립에 주는 역설」, 『한국과 국제정치』제33권 제2호(2017년 여름), 171~213쪽.

※ 박정진(1978~현재)은 경남대학교 법정대학 정치외교학과 교수다.

(18) 김영희(金永熙), 『베를린장벽의 서사: 독일통일을 다시 본다』(경기도 파주시: 창비, 2016년 6월)

(19) 조원빈(趙元斌) · 박인휘(朴仁輝) · 천자현(千慈賢) 등 분담 집필, 『현대 동아시아국가의 형성과 발전』(대한민국역사박물관, 2016년 7월).

특히 「제2부 분단 경험 비교와 냉전과 탈냉전 시기 아시아 국가의 이데올로기 수용과 반발」(83~316쪽)이 많은 정보와 시사를 준다. 제2부의 구성은 다음과 같다.

김학성(金學成), 「제3장 한반도와 독일의 분단 경험 비교」, 85~168쪽.
이한우(李漢雨), 「제4장 베트남의 분단과 통일 과정이 한반도에 주는 함의」, 169~206쪽.

윤대엽(尹大燁), 「제5장 냉전과 탈냉전기 동아시아의 자본주의 수용과 전환: 한국과 대만의 비교」, 207~264쪽.

서보혁(徐輔赫), 「제6장 사회주의 진영의 분기(分岐): 중국과 북한의 길」, 265~316쪽.

(20) 정병기(鄭柄基), 「동독개혁과 독일통일: 위로부터의 개혁과 아래로부터의 개혁이 한반도 통일에 주는 시사점」, 『대한정치학회보』제27집 제2호(2019년 5월), 1~21쪽.

(21) 이규영(李奎榮), 「독일통일 30년: 한반도통일에 대한 함의」, 『신아세아』 제27권 제3호(2020년 가을), 18~30쪽.

※ 이규영(1956~현재)은 서강대학교 문과대학 독어독문학과를 졸업하고 서강대학교 문과대학 정치외교학과를 졸업한 데 이어 서강대학교 대학원 정치외교학과에서 석사학위를 받았고 독일 하이델베르크대학교 대학원 정치학과에서 박사학위를 받았다. 박사학위청구논문 서지사항은 다음과 같다. Kyu Young Lee, "Zivilgesellschaft als Ansatzpunkt fuer den Umbruch der sozialistischen Systeme in Osteuropa?," unpub. Ph.D. diss., Ruprecht Karls Universität Heidelberg, 193. 이 박사학위논문의 제목을 필자는 「동유럽에서의 시민사회이론과 사회주의체제변혁」으로 번역했다. 서강대학교 국제대학원 교수로 정년퇴임했으며, 현재 서강대학교 명예교수다.

(22) 양계민(梁桂珉) · 이우영(李宇榮), 「독일통일 후 동독 출신자의 지각된 차별감과 통일에 대한 태도」, 『현대북한연구』 제24권 제3호(2021년 12월), 143~182쪽.

빌리 브란트(Willy Brandt)

빌리 브란트(1913~1992)는 나치시대에 저항운동에 참여했으며 노르웨이와 스웨덴으로 망명하는 데 성공했다. 나치의 패전 이후 귀국해 사회민주당을 통해 정치적으로 성장했으며, 서베를린시장→외무장관→부총리에 올랐다. 1969~1974년에 총리에 선출됐고 특히 이 기간에 그의 대명사와 같은 '동방정책'을 정력적으로 수행해 동독 그리고 동유럽 및 소련과의 관계를 개선했다. 이 공로로 1971년에 노벨평화상을 수상했다. 그의 비서가 동독의 간첩이었음이 밝혀지면서 실각하자 곧 「국제개발문제에 관한 독립위원회」(통칭 브란트위원회)를 발족하고 국제적 이해와 평화의 증진에 힘썼다.

(1) 빌리 브란트 저/중앙일보 역, 『브란트회고록』(중앙일보 · 동양방송, 1962).

(2) Hans Dieter Leicht Bolesch and Hermann Otto, *Der lange Marsch des Willy*

Brandt: ein Porträt des deutschen Bundeskanzler(Tubingen: Horst Erdmann Verlag, 1971)/황문수(黃文秀) 역, 『빌리 브란트: 그 영광의 그늘에는』(범우사, 1972).

(3) 최정호(崔禎鎬), 「내가 본 빌리 브란트」, 『현대인다이제스트』2(1974년 7월), 36~42쪽.

(3-A) ______, 『사람을 그리다: 동시대인의 초상과 담론』(시그마북스, 2014).

콘라드 아데나워(Konrad Adenauer)를 비롯해 버트랜드 러셀(Bertrand Russell)과 칼 야스퍼스(Karl Theodor Jaspers) 등 약 70인을 만났던 저자가 그들에 대해 자세히 썼다.

(3-B) 사노 요코(佐野洋子) · 최정호(崔禎鎬) 지음, 『친애하는 미스터 최: 사노 요코가 한국의 벗에게 보낸 40년간의 편지』(남해의봄날, 2019).

베를린조형예술대학(현 베를린예술대학)에 유학하던 사노 요코와 베를린자유대학교에서 철학과 언론학을 전공하던 최정호가 처음 만난 1966년 가을 이후 40년에 걸쳐 주고 받은 편지를 소개했다.

(4) 국제경제연구원 편, 『남북문제의 현황과 전망: 브란트위원회의 활동과 관련하여』(국제경제연구원, 1978).

(5) 브란트위원회 편/이원재(李源栽) 역, 『빈국과 부국: 브란트보고서; 생존을 위한 전략』(나남, 1982).

(6) 이영기(李永起), 『빌리 브란트의 동방정책』(형상사, 1990).

(7) Gregor Schöllgen, *Willy Brandt: Die Biographie*(München: Propyläen, 2001)/김현성(월간 『민정』 기자) 역, 『빌리 브란트』(빗살무늬, 2003).

(8) Egon Karl-Heinz Bahr, *Das musst du erzählen. Erinnerungen an Willy Brandt* (Hamburg: Hörbuch Hamburg, 2013)/박경서(朴庚緖) · 오영옥(이화여대) 옮김, 『독일통일의 주역, 빌리 브란트를 기억하다: 빌리 브란트 비서실장 · 동방정책의 설계자 에곤 바의 생애 마지막 회고! 』(북로그컴퍼니, 2014).

에곤 바(1922~2015)는 신문기자로 출발해 브란트 총리의 대변인 그리고 비서실장으로 성장했다. 브란트의 동방정책을 실제로 입안하고 추진했다. 연방하원 의원에 이어 연방정부 각료로 봉직했다.

제6항 전 공산권과의 관계

동유럽

개관

노태우정부는 1988~1990년에 동유럽의 모든 국가와 수교했다.

(1) Kie-young Lee, "Concurrence et Complémentarité entre la Corée du Sud et l'Europe du l'Est," unpub. Ph.D. diss., Université Grenoble Alpes, 1986; ______, "Prospects for Korea-Eastern Europe Economic Relations: Emphasis on Commercial Exchange: Complementary or Competitive?," *Korea and World Affairs*, Vol. 12, No. 1(Spring 1988), pp.63~83.

※ Kie-young Lee(이기영[李基永], 1955~현재)는 서강대학교 문과대학 외교학과를 졸업하고 프랑스 그레노블 제2대학교 대학원에서 박사학위를 받았다. 서강대학교 강사 및 경기문화재단 대표를 거쳐, 현재 한국도자재단 이사장이다.

(2) Suk-bum Yoon, "Prospects of Korea's Trade with East European Socialist Countries," Dalchoong Kim and Werner Gumpel, eds., *New Directions in East-West Relations: German and Korean Perspectives*(Seoul: Institute of East and West Studies, Yonsei University, 1987), pp.343~354.

(3) 윤덕희(尹德熙), 「사회주의권 변화와 민족주의의 부활」, 『한국정치학회보』 제32집 제2호(1998년 9월), 255~277쪽; ______, 「동유럽의 체제전환: 유럽통합 관계에 대한 연구」, 『국가전략』(세종연구소) 제14권 제1호(2008년 3월), 185~212쪽; ______, 「유럽통합에 관한 중·동유럽 여론 연구: 폴란드, 헝가리, 체코를 중심으로」, 『유럽연구』(한국유럽학회) 제26권 제3호(2008년 12월), 77~108쪽; ______, 「중유럽의 정당정치와 유럽통합: 정파적관계를 중심으로」, 『국제정치논총』(한국국제정치학회) 제49권 제2호(2009년 6월), 103~127쪽; ______, 「동유럽의 복지국가 개혁에 관한 연구」, 『유럽연구』(한국유럽학회) 제29권 제2호(2011년 8월), 163~192쪽; ______, 「중·동유럽에서의 포퓰리즘 상승에 관한 연구」, 『국가전략』 제22권 제1호(2016년 3월), 119~142쪽.

(4) 이규영(李奎榮), 「한국-중부유럽 외교관계 연구: 1990년 이후를 중심으로」, 『동유럽』(서강대학교 국제지역문화원) 제2권 제1호(2011년 봄), 71~115쪽.

제목에 나오는 ‘중부유럽’은 우리가 흔히 말하는 ‘동부유럽’ 또는 ‘동구’에 해당된다. 지리학적 개념으로는 ‘중부유럽’이 맞는다. 그러나 동서냉전 때 ‘중부유럽’을 ‘동부유럽’이라고 불렀다.

(5) 한국학술정보 엮음, 『동구권 국교 수립: 외교문서 비밀해제. 1-16』(경기도 파주시: 한국학술정보, 2020).

헝가리

(1) Jung-won Park, “Conformity and Relative Autonomy in the Soviet Bloc: Hungary's Westward Policy since 1956 Revolution,” unpub. Ph.D. diss., Hungarian Academy of Sciences, 1994.

※ 박정원(朴正元, 1961~현재)은 서울대학교 사회과학대학 외교학과를 졸업하고 서울대학교 대학원 외교학과에서 석사학위를 받은 데 이어 헝가리과학아카데미에서 박사학위를 받았다. 현재 한국교원대학교 제2대학 윤리교육과 교수다. 그는 헝가리에 대해서 뿐만 아니라 동유럽 전반에 대해 여러 논문을 발표했다.

(1-A) 박정원, 「하이브리드 민주주의: 동구 민주이행의 특성」, 『국제정치논총』제35집 제1호(1995년 12월), 185~200쪽; ______, 「민족주의와 사회주의연방의 해체: 체코슬로바키아 사례」, 『국제정치논총』제38집 제2호(1998년 12월), 265~290쪽; ______, 「민족분쟁과 인도적 개입의 국제정치: 유고슬라비아에서의 인종청소를 중심으로」, 『세계지역연구논총』(한국세계지역학회) 제23집 제2호(2005년 12월), 59~83쪽.

(2) 김보국(金保局), 「헝가리의 체제전환시기까지 한국과 헝가리의 교류에 관한 연구: 한국과 헝가리의 외교문서를 중심으로 한국-북한-헝가리의 관계 고찰」, 『동유럽발칸연구』(한국외국어대학교 국제사회교육원 동유럽발칸연구소) 제39권 2호(2015년 4월), 161~189쪽.

※ 김보국(1970~현재)은 한국외국어대학교 서양어대학 헝가리어과를 졸업하고 한국외국어대학교 대학원 동유럽어문학과에서 석사학위를 받은 데 이어, 헝가리 부다페스트의 로란드대학교(Eotves Lorand University)에서 헝가리문학을 전공해 박사학위를 받았다. 현재 성균관대학교 동아시아학술원 수석연구원이다.

(3) 초머 모세(Csoma Mozes), 『헝가리 최초의 한국학 학자 북한을 만나다: 쇠베니 얼러다르의 1980년대 북한 문화에 관한 기억들』(단국대학교 출판부, 2015).

한국과 헝가리 관계에 있어서 초기의 중요한 인물로 평가되는 쇠베니 얼러다르

(1914~1980)의 눈에 비친 북한의 1950~60년대 사회의 다양한 모습을 담았다. 쇠베니는 헝가리의 북한주재대사관 문화관으로 봉직했다.

※ 초머 모세(Csoma Mozes)는 헝가리 부다페스트 엘떼(ELTE)대학교에서 역사학과 정치학을 전공했으며, 헝가리 부다페스트 국방대학교(Zrinyi National Defence University)에서 동아시아 정치학 박사학위를 받았다. 현재 엘떼(ELTE)대학교 한국학과 과장이다.

(4) 김지영(金志寧) · 유호열(柳浩烈), 「한국과 헝가리의 외교관계 수립과 북한의 대응: 평양주재 헝가리 대사관의 비밀외교문서에 대한 분석을 중심으로」, *Journal of North Korea Studies*(고려대학교 공공정책연구소 북한통일연구센터) 제4권 제1호(2018년 6월), 141~171쪽; 김지영, 「한국과 헝가리의 수교(修交)와 북한의 대응 연구」, 고려대학교 대학원 북한학과 북한학박사학위청구논문, 2021년 2월.

※ 김지영(1956~현재)은 한국외국어대학교 문리대 철학과를 졸업하고 한국외국어대학교 대학원 러시아 · 동유럽지역연구학과에서 석사학위를 받은 데 이어, 헝가리 부다페스트의 로란드대학교(Eotves Lorand University: 약칭 ELTE)에서 "A nagyhatalmi politika es az erdelyi kerdes a II vilaghaboru alatt es utan"(1999)로 박사학위를 받았다. 이 논문은 1차대전이 끝난 뒤인 1920년에 승전 연합국과 패전 헝가리 사이에 체결된 평화조약을 분석했다. 현재 숭실대학교 교양과정부 교수다.

폴란드

(1) 이진영 · 이일청(李一淸) · 김주희(金珠希), 「국제개발협력 정책의 유럽화(Europeanization): 폴란드와 슬로베니아 사례 분석」, 『동유럽발칸연구』(한국외국어대학교 동유럽발칸연구소) 제44권 제2호(2020년 5월), 171~198쪽.

※ 이진영(1982~현재)은 전남대학교 사회과학대학 정치외교학과를 졸업하고 전남대학교 대학원 정치외교학과에서 석사학위를 받은 데 이어 경희대학교 대학원 정치외교학과에서 「아세안(ASEAN) 회원국 확대 연구: 신규회원국의 가입결정과 가입협상과정 비교분석」(2017년 8월)으로 박사학위를 받았다. 현재 전북대학교 글로벌융합대학 국제인문사회학부 교수다.

※ 김주희(1972~현재)는 중앙대학교 국제관계학과를 졸업하고 베를린 자유대학교에서 국제관계를 전공해 석사→박사학위를 받았다. 현재 부경대학교 인문사회과학대학 정치외교학과 교수다.

(2) Kyunam Kim, “Stosunki Polski z państwami Półwyspu Koreańskiego w latach 1948-2013,” unpub. Ph.D. diss., Uniwersytet Warszawski, 2016; 김규남(金奎男), 「폴란드와 한국 관계: 양국 정부기록문서 분석을 중심으로」, 『유럽연구』(한국유럽학회) 제40권 1호(2022년 봄), 245~277쪽.

※ 김규남(1982~현재)은 한국외국어대학교 서양어대학 폴란드어과를 졸업하고 한국외국어대학교 대학원 국제관계학과에서 석사학위를 받은 데 이어 폴란드 바르샤바대학교 대학원에서 박사학위를 받았다. 폴란드어로 쓰인 이 학위논문의 제목은 한국어로 「폴란드와 한반도 관계: 1948년-2013년」이다.

불가리아

(1) 윤덕희(尹德熙), 「불가리아의 극우 포퓰리즘 연구: 아타카(Ataka)를 중심으로」, 『유럽연구』(한국유럽학회) 제35권 제3호(2017년 8월), 289~318쪽.

(2) 이희옥(李熙玉) · 김보국(金保局) 책임편집, 『남북한 관련 헝가리와 불가리아의 외교문서: 동유럽이 기록한 해방 전후의 한반도 1945-1956』(선인, 2019).

루마니아

(1) DukHee Yoon, “Two Cases of National Communism: Romania and North Korea,” unpub. Ph.D. diss., Université de Paris(Panthéon-Sorbonne), 1987.

※ 윤덕희(尹德熙, 1958~현재)는 연세대학교 사회과학대학 정치외교학과를 졸업하고 파리정치대학교(Institut d'Etudes Politiques de Paris) 대학원에서 석사학위를 받은 데 이어 파리1대학교(팡테온-소르본) 대학원 정치학과에서 박사학위를 받았다. 한국정치학계에서, 우리가 흔히 동유럽이라고 부르는 중부유럽의 공산국가들에 대한 연구를 이끌었으며, 명지대학교 사회과학대학 정치외교학과 교수로 정년퇴임했고, 현재 명지대학교 명예교수다.

(2) 윤덕희(尹德熙), 「동구의 민족주의: 루마니아의 권력형 민족주의를 중심으로」, 『공산권연구논총』(한국공산권연구협의회) 1(1988), 63~80쪽; ______, 「루마니아의 체제전환에 비추어 본 북한의 체제변화 전망」, 『사회과학논총』(명지대학교 사회과학연구소)31(2011년 12월), 31~51쪽.

발트국가들

러시아의 극서(極西)와 스웨덴 사이에, 그리고 핀란드 아래면서 폴란드 위에 발트해(Baltic Sea)가 있다. 이 발트해 연안에 에스토니아(Estonia), 라트비아(Latvia), 리투아니아(Lithuania)가 있다. 이 세 나라를 흔히 '발트 3국'이라고 부른다. 이 나라들은 1940년에 스탈린에 의해 강제로 소련에 편입됐으며, 각각 「에스토니아소비에트사회주의공화국」, 「라트비아소비에트사회주의공화국」, 「리투아니아소비에트사회주의공화국」으로 불렸다. 그러나 소련 말기인 1991년에 소련에 대항해 마침내 독립을 얻었다. 현재 각각 「에스토니아공화국」, 「라트비아공화국」, 「리투아니아공화국」으로 불린다. 대한민국은 노태우 대통령 때인 1991년에 이 세 나라와 각각 국교를 수립했다.

서진석(徐振錫), 『발트3국: 잊혀졌던 유럽의 관문』(경기도 파주시: 살림출판사, 2007); ______, 『서진석이 전하는 유럽 속의 발트3국: 당신이 아는 유럽은 어디까지입니까?; 에스토니아 라트비아 리투아니아』(명지출판사, 2013); ______, 『발트3국 여행하기: 에스토니아 · 라트비아 · 리투아니아』(경기도 고양시: 카멜북스, 2017).

※ 서진석(1973~현재)은 한국외국어대학교 서양어대학 폴란드어과를 졸업하고 리투아니아에서 석사학위를 받은 데 이어 에스토니아 타르투대학교 대학원에서 어문학박사학위를 받았다. 박사학위청구논문 서지사항은 다음과 같다. Jinseok Seo, "The Role of Shamanism in Korean Society in Its Inter- and Intra-Cultural Contacts," unpub. Ph.D. diss., University of Tartu, 2013. 라트비아의 수도 리가(Riga)에 있는 라트비아국립대학교에서 한국국제교류재단(KF) 파견교수로 봉직했으며, 현재 한국외국어대학교 EU연구소 선임연구원이다.

중앙아시아 = 내륙아시아

개관

(1) Bumhym Bek, "The Republic of Korea's Foreign Policy toward Central Asia," unpub. Ph.D. diss., University of World Economy and Diplomacy, Toshkent, Uzbekistan, 2006.

※ 백범흠(白範欽, 1962~현재)은 연세대학교 사회과학대학 신문방송학과를 졸업하고 외무고시를 통해 외무부에 입부해 오스트리아대사관 서기관→우즈베키스탄대사관 서기관→중국대사관 참사관→프랑크푸르트총영사관 총영사로 봉직했다. 현재 한중일3국협

력사무국 사무차장이다. 그의 저서에는 『통일: 외교관의 눈으로 보다』(늘품플러스, 2019) 등이 포함됐다.

(2) Bulent Aras and Reha Yilmaz, "Azerbaijan's Far Eastern Orientation and South Korea," *Korean Journal of Defense Analysis*, Vol. 21, No. 3(September 2009), pp.329~343.

(3) 윤성학(尹誠鶴), 『현대 중앙아시아의 이해』(고려대학교출판문화원, 2018).

1991년에 독립한 이후의 중앙아시아 5개 국가, 곧 우즈베키스탄, 카자흐스탄, 키르기스스탄, 타지키스탄, 투르크메니스탄의 역사와 현황을 자세히 설명했다.

※ 윤성학(1963~현재)은 고려대학교 문과대학 노어노문학과를 졸업하고 연세대학교 대학원 정치외교학과에서 석사학위를 받은 데 이어 연세대학교 대학원 정치외교학과에서 「민영화와 국가·기업관계: 러시아 석유산업의 구조조정 연구」(1997년 2월)로 박사학위를 받았다. 현재 고려대학교 러시아·CIS연구소 연구위원이다. 그의 또 하나의 저서는 『러시아 에너지가 대한민국을 바꾼다: 에너지 2008 자원전쟁 시대의 한국의 국가전략, 러시아 에너지를 선점하라』(뿌쉬낀하우스, 2008)이다.

(4) 양금희(梁琴姬)·강병철(사단법인 이어도연구회), 「우즈베키스탄의 정치변동과 한·우즈벡 관계의 미래」, 『신아세아』 제26권 제4호(2019년 겨울), 102~127쪽.

(5) 「특집: 한·중앙아시아 외교관계수립 30주년」, 『외교』142(2022년 7월).

엄구호(嚴久鎬), 「최근 유라시아 정세와 한국의 대(對)중앙아시아 외교방향」, 15~30쪽.

김희상(金希相), 「중앙아시아의 거점, 대(對)우즈베키스탄 외교의 현황과 향후 과제」, 31~43쪽.

백주현(白宙鉉), 「한·카자흐스탄 수교 30주년과 발전 전망」, 44~54쪽.

하태역(河泰曆), 「키르기기스탄: 여전히 생소한 30년 지기에서 진정한 상생의 파트너로」, 55~79쪽.

신성철(申性澈), 「'위대한 실크로드의 중심지' 투르크메니스탄, 그리고 한국」, 80~94쪽.

권동석(權東錫), 「중앙아시아의 샛별 타지키스탄: 한·중앙아시아의 협력 기반의 마지막 퍼즐이 맞춰지다」, 95~112쪽.

카자흐스탄

중앙아시아에 대한 관심이 커지면서 중앙아시아 각국에 대한 연구서도 출판됐다. 대표적인 책은 다음과 같다.

(1) 김형주(金炯柱), 「소련해체 이후 강대국의 대(對) 중앙아시아 지역패권주의 정책과 국제질서: 러시아와 카자흐스탄, 우즈베키스탄 관계를 중심으로」, 『한국중동학회논총』(한국중동학회) 제19권 제1호(1998년 12월), 87~109쪽.

(2) Ji-eon Lee, "Energy Policy Formation Process in Central Asia in the Context of Cooperation with Republic of Korea," unpub. Ph.D. diss., University of World Economy and Diplomacy, 2010.

※ Ji-eon Lee(이지은[李智恩], 1979~현재)은 한국외국어대학교 아시아언어문화대학 터키어과를 졸업하고 한국외국어대학교 대학원 중동아프리카학과에서 석사학위를 받은 데 이어 우즈베키스탄 세계경제외교대학교에서 박사학위를 받았다. 현재 한국외국어대학교 국제지역대학 중앙아시아어과 교수다.

(3) 김소연(한국외국어대학교 박사과정) · 이지은(李智恩), 「한국의 중견국 외교 연구: 북방정책과 카자흐스탄 사례를 중심으로」, 『아시아연구』(한국아시아학회) 제25권 제2호(2022년 5월), 251~272쪽.

(4) 전승민(全承敏), 『유라시아의 중심국 카자흐스탄 이야기』(들녘, 2022년 9월).

저자(1958~현재)는 한국외국어대학교 독어교육학과를 졸업한 직업외교관으로 카자흐스탄의 가장 큰 도시인 알마티(Almaty) 총영사를 역임했다.

(4-A) 김병호(金炳豪: 전 덴마크 대사), 「서평: 전승민, 『유라시아의 중심국 카자흐스탄 이야기』」, 『외교』(한국외교협회) 144(2023년 1월), 164~166쪽.

우즈베키스탄

(1) 강봉구(姜鳳求), 「우즈베키스탄 '민족국가의 발명'?" 우즈벡 종족-민족 정체성의 구성요소들」, 『한국정치학회보』제42집 제3호(2008년 가을), 415~437쪽.

(2) 양금희(梁琴姬) · 강병철(姜秉徹), 「우즈베키스탄의 정치변동과 한-우즈벡 관계의 미래」, 『신아세아』제26권 제4호(2019년 12월), 102~127쪽.

(3) 성동기(成東基), 『우즈베키스탄의 역사』(우물이있는집, 2021).

※ 성동기(1969~현재)는 고려대학교 문과대학 노어노문학과를 졸업하고 한국인 최초

로 우즈베키스탄 국립과학아카데미 역사연구소 역사학과에서 석사→박사학위를 받았다. 인하대학교 국제관계연구소 연구교수, 한국외국어대학교 중앙아시아연구소 초빙연구원, Pre-University in IUT(Inha University in Tashkent) 교장 및 대외협력실장 등으로 봉직했으며, 현재 인하대학교 프런티어학부대학 교수다.

몽골국

노태우정부는 1990년 3월 26일에 몽골과의 수교를 성사시키고, 1990년 6월 18일에 직업외교관 권영순(權永純, 1932~2019)을 초대 대사로 임명하면서 수도 울라바토르(Улаанбаатар)에 몽골주재대사관을 개설했으며, 몽골은 1991년 2월 1일에 한국주재대사관을 개설했다. 단국대학교는 국내 최초로 1993년 3월 1일에 자신의 외국어대학 안에 몽골학과를 개설한 데 이어 대학교 차원에서 몽골연구소를 개설하고 한국몽골학회 창립을 이끌었다. 성균관대학교 대학원에서 국어국문학과에서 「몽학삼서(蒙學三書)의 몽고어(蒙古語) 문법 연구」(1999년 2월)로 문학박사학위를 받았으며 이 논문을 바탕으로 『몽학삼서의 몽고어 연구』(단국대학교출판부, 2002)를 출판한 단국대학교 이성규(李聖揆) 교수가 이 학회 회장으로 한국에서의 몽골학을 선도했다.

(1) 양길현(梁佶炫), 「몽골 민주화의 추동요인과 진전과정: 1990년 총선과 1992년 총선을 중심으로」, 『국제정치논총』제38집 제2호(1998년 12월), 313~328쪽.

소련의 강력한 영향 아래 소련식 사회주의독재체제를 유지하던 몽골에서 민주화운동이 일어나고 결국 민주화가 성취된 과정을 분석했다.

(2) 단국대학교 몽골연구소 편, 『몽골과 한국: 미래지향적 관계발전 방안』(단국대학교출판부, 2012):______, 『동몽골의 가치와 미래』(단국대학교출판부, 2016).

(3) 송병구(宋秉九) · 류병재(柳炳才), 「한 · 몽관계 30년 회고와 전망에 관한 연구」, 『몽골학』(한국몽골학회) 60(2020년 2월), 153~197쪽.

※ 송병구(1971~현재)는 단국대학교 인문과학대학 몽골학과를 졸업하고 단국대학교 대학원 몽골학과에서 석사학위를 받았으며, 몽골국립대학교 대학원에서 몽골어를 연구해 박사학위를 받았다. 현재 단국대학교 외국어대학 몽골학과 교수다.

※ 류병재(1974~현재)는 단국대학교 인문과학대학 몽골학과를 졸업하고 단국대학교 대학원 몽골학과에서 석사학위를 받았으며, 중화인민공화국 내몽골의 내몽골국립대학교 대학원에서 몽골어를 전공해 박사학위를 받았다. 현재 단국대학교 외국어대학 몽골학과 교수다.

(4) 한국몽골학회 편, 『신북방시대, 한국몽골학 30년의 회고와 전망: 한·몽수교 30주년기념 국제학술대회』(한국몽골학회, 2021).

베트남사회주의공화국

노태우정부는 1992년 10월에 베트남사회주의공화국과 정식수교를 전제하고 베트남의 수도 하노이에 베트남연락대표부를 개설하고 제네바공사와 중앙아프리카대사를 역임한 직업외교관 박노수(朴魯洙, 1934~현재)를 대표부 대표로 임명했다. 1992년 12월 22일에 베트남사회주의공화국과 정식수교하자 정부는 그를 대사로 임명했다.

(1) 최은봉(崔恩鳳), 「한국은 적대국인 베트남을 어떻게 포용하게 되었는가?: 1992년 한국-베트남 수교와 인정의 삼중구조」, 『담론201』(한국사회역사학회) 제24집 제3권(2021년 10월), 83~121쪽.

※ 최은봉(1958~현재)은 이화여자대학교 사회과학대학 정치외교학과를 졸업하고 이화여자대학교 대학원 정치외교학과에서 석사학위를 받은 데 이어 오하이오주립대학교 대학원 정치학과에서 석사→박사학위를 받았다. 박사학위청구논문 서지사항은 다음과 같다. Eunbong Choi, "The Break-up and Privatization of the Japan National Railways: 1980-1987: A Case Study of Japanese Public Policymaking Structure and Process," unpub. Ph.D. diss., Ohio State University, 1991. 이화여자대학교 사회과학대학 정치외교학과 교수로 정년퇴임했으며, 현재 이화여자대학교 명예교수다. 한일관계를 포함한 일본의 대외정책에 관해 여러 논문을 발표했는데, 그것들 가운데 하나는 최은봉(崔恩鳳).오승희(吳承熺), 「전후 중일관계의 형성과 변환과정(1952~1972): 국제환경, 정책 패러다임, 제도」, 『일본연구』51(2012년 3월), 139~150쪽이다.

※ 오승희(1982~현재)는 이화여자대학교 사회과학대학 정치외교학과를 졸업하고 이화여자대학교 대학원 정치외교학과에서 석사→박사학위를 받았다. 서울대학교 일본연구소 HK연구교수로 봉직했다. 대표적 논문 가운데 하나는 「전후 일본의 인정투쟁과 중일국교정상화: 하나의 중국론에 대한 인정론적 접근」, 『한국정치학회보』제51집 제1호(2017년 3월), 73~98쪽이다.

(2) 국립외교원 외교안보연구소 외교사연구센터 기획/남기정(南基正) 면담/김석우(金錫友) 대담, 「Pant 05 아주국장 시기 II: 한중수교와 한·베트남수교」 가운데 「한·베트남 국교정상화 교섭」, ______, 『한국 외교와 외교관: 한일관계·한베수교』 외교사

연구센터 오럴히스토리 총서 18(역사공간, 2022), 205~296쪽 가운데 255~278쪽. 외무부 아주국장 시기에 베트남과 수교를 성사시킨 과정을 상세히 회상했다.

제8절 대북관계

노태우 대통령은 북방정책과의 연계 속에서 과감한 대북정책을 추진했다. 그 결과 남북한관계의 역사에서 처음으로 남북총리회담의 개최를 성사시켰고, 그 연장선 위에서 1991년 12월 13일 서울에서 흔히 「남북기본합의서」라고 불리는 「남북사이의 화해와 불가침 및 교류 · 협력에 관한 합의서」를 채택할 수 있었으며, 1991년 12월 31일에 「한반도비핵화공동선언」을 채택할 수 있었다. 이 과정에서, 1991년 9월에 남북한의 유엔동시가입을 실현시켰다.

제1항 개관

(1) 여영무(呂永茂), 『통일의 조건과 전망: 카이로선언에서 남북기본합의서까지』(문예출판사, 1992).

(2) Chan-bong Park, "Cooperation or Domination: An Analysis of Korean Unification Policies, 1972~1992," unpub. Ph.D. diss., University of Georgia, 1994.

※ Chan-bong Park(박찬봉[朴贊奉], 1956~현재)은 성균관대학교 경영대학 경영학과를 졸업하고 서울대학교 대학원 행정학과에서 석사학위를 받은 데 이어 조지아대학교 대학원 정치학과에서 박사학위를 받았다. 통일부 통일정책국 통일정책기획관을 역임했다.

(3) 양영식(梁榮植), 「제7장 노태우정부의 통일정책」, ______, 『통일정책론: 이승만정부로부터 김영삼정부까지』(박영사, 1997), 230~310쪽.

노태우정부의 통일정책을 자세히 설명하는 가운데 특히 「남북기본합의서」와 「한반도비핵화공동선언」이 채택되는 과정을 자세히 설명했다.

(3-A) 전인영(全寅永), 「서평: 명료한 남 · 북한 통일정책 분석 · 평가 및 교훈; 양영식 저, 『통일정책론』」, 『서평문화』27(1997년 가을), 88~92쪽.

(4) 임동원(林東源), 「II 탈냉전의 새로운 남북관계 모색」, _____, 『피스메이커: 남북관계와 북핵문제 20년』(중앙books, 2008), 139~303쪽.

국토통일원 차관으로, 여덟 차례에 걸쳤던 남북총리회담을 비롯해 각종 남북회담과 접촉에 모두 참여했던 저자가 자신의 관찰을 자세히 회상했다.

북한의 대응

북한은 김일성의 「조국통일 5개 방침」(1990년 5월 및 1990년 8월)과 「신년사」(1991년) 등을 통해 '전민족 대단결'을 강조했다.

(1) 정노관(鄭魯官), 「91년도 김일성 신년사와 정책방향」, 『공산권연구』(극동문제연구소)44(1991년 2월), 90~102쪽.

(2) 송종환(宋鍾奐), 「4. 김일성의 1민족, 1국가, 2제도, 2정부 연방제 통일방안(1991.1.1.)」, _____, 『북한 협상행태의 이해』(오름, 2002), 380~383쪽에 요약; _____, 「5. 조국통일을 위한 전민족대단결 10대 강령(1993.4.7.)」, _____, 『북한 협상행태의 이해』(오름, 2002), 384~386쪽에 요약.

(3) Charles King Armstrong, *Tyranny of the Weak: North Korea and the World, 1950-1992*(Ithaca, N.Y.: Cornell University Press, 2013).

이 책은 여기에서가 아니라 제11권과 제12권에서 소개됐어야 했을 것이다. 그러나 뒤늦게나마 여기에서 소개하기로 한다.

저자는 1950~1992년 기간에서의 북한의 대내정치와 대외외교를 분석했다. 다시 말해, 저자는 6·25전쟁의 발발(1950)로부터 시작해 북한의 동맹국가였던 소련이 대한민국과 수교하고(1990) 중국 역시 대한민국과 수교한 시점(1992)까지의 기간에 북한이 대내외적으로 걸었던 길을 분석했다. 저자는, 마치 유럽에서 약소국가들이 모여있었던 발칸반도에서의 분쟁이 1차 세계대전을 불러일으켰고 발칸반도의 유고슬라비아연방이 해체되면서 연방을 형성했던 국가들 사이에서 전쟁이 일어났던 것처럼, 북한이라는 '약한 나라'가 주변 강대국들과 동북아시아의 국제관계에 큰 영향을 미치고 있다는 데 착안해,

그러한 시각으로부터 북한의 42년사를 설명하고자 한 것이다.

이 책으로 저자는 2014년에 미국역사학회가 수여하는 상들 가운데 하나인 '동아시아사 분야에서의 존페어뱅크상'을 받았다. 그러나 고려대학교 북한학과 교수인 발라즈 살론타이 박사의 저서 『흐루쇼프시대의 김일성』(2005)을 표절했다는 의혹이 사실로 확인됨에 따라 결국 콜럼비아대학교 교수직을 잃었다.

(3-A) Seung-young Kim, "Book Review: *Tyranny of the Weak* by Charles King Armstrong," *Pacific Affairs*, Vol. 87, No. 4(December 2014), pp.874~876.

(3-B) Kevin Y. Kim, "Book Review: *Tyranny of the Weak* by Charles King Armstrong," *Journal of American-East Asian Relations*, Vol. 22, No. 1(January 2015), pp.73~75.

(3-C) Ghasem Torabi, "Book Review: *Tyranny of the Weak* by Charles King Armstrong," *Europe-Asia Studies*, Vol. 67, No. 5(May 2015), p.844.

(3-D) C. Green, "Book Review: *Tyranny of the Weak* by Charles King Armstrong," *Journal of East Asian Studies*, Vol. 14, No. 2(2014), pp.303-304.

(3-E) Watanabe Takeshi, "Book Review: *Tyranny of the Weak* by Charles King Armstrong," *Asian Studies*, Vol. 59, No. 3-4(2014), pp.88~92.

(3-F) S. C. Kim, "Book Review: *Tyranny of the Weak* by Charles King Armstrong," *American Historical Review*, Vol. 119, No. 3(2014), pp.879~880.

제2항 7·7선언에서 한반도비핵화공동선언까지

7·7 선언 및 유엔총회에서의 동북아평화협의회 구성제의

노태우 대통령은 1988년 7월 7일에 이른바 7·7선언을 통해 한국정부는 공산권과의 교류·협력을 적극적으로 추진할 것이며, 북한과도 대결관계를 종식시키고 동반자관계로 발전시키겠다는 뜻을 선언했다. 그는 이어 1988년 10월 17일에 열린 제43회 유엔총회에 참석해 10월 19일에 연설하는 가운데 7·7선언을 재확인하고 남북한과 미국·소련·중국·일본 등 6개국으로 동북아평화협의회를 구성할 것을 제의했다.

(1) 정대화(鄭大和), 「7·7선언과 7·1평양축전」, 『월간중앙』(1989년 7월), 150~159쪽.

(2) 신정현(申正鉉), 「'7·7선언' 1년, 통일이냐 공존이냐」, 『신동아』(1989년 7월), 148~157쪽.

(3) 안병무(安炳茂), 「노(盧) 대통령은 7·7선언을 끝까지 관철하라」, 『신동아』(1989년 8월), 140~145쪽.

(4) 박찬봉(朴贊奉), 「7·7선언체제의 평가와 대안체제의 모색: 기능주의에서 제도주의로」, 『한국정치학회보』 제42집 제4호(2008년 겨울), 339~365쪽 및 556~557쪽.

(5) 손진우(孫晋瑀), 「북방정책에 관한 연구: 기원 · 모색 · 정착; 6.23선언에서 7·7선언까지」, 북한대학원대학교 북한학박사학위청구논문, 2015년 8월.

※ 손진우(1935~현재)는 성균관 이사장을 역임하고 현재 성균관 관장으로 한국종교인평화회의 대표회장을 겸하고 있다.

(6) 김연광(金演光) · 배진영(裵振榮), 「인터뷰: 김종휘(金宗輝) 전 대통령 외교안보수석 비서관: "7·7선언은 한국인의 활동공간을 전(全)지구적으로 확대했다"」, 『월간조선』(2008년 7월), 210~227쪽.

(7) 신종대(辛鍾大), 「남북한 외교경쟁과 '6·23선언'」, 『현대북한연구』제22권 제3호(2019년 12월), 200~231쪽.

필자가 7·7선언 그 자체를 분석하지는 않았다. 그러나 이 논문을 읽으면 6 · 23선언 그 자체에 대한 이해를 넓힐 수 있을 뿐만 아니라 그 연장선 위에서 7·7선언이 나왔음을 새삼 깨닫게 된다.

(8) 김학준(金學俊), 「제6장 국토통일원장관으로 '한민족공동체통일방안'을 정부의 공식적 통일방안으로 확정하고 영국주재대사로 북방정책을 뒷받침하다(1988년 2월 25일~1993년 4월)」, ______, 『이홍구 평전: 효당(曉堂) 이홍구(李洪九) 전 국무총리의 정치철학과 현장실천』(중앙books, 2023), 362~429쪽.

남북협력기금 제정

노태우정부는 1990년 8월 1일에 「남북교류협력에 관한 법률」을 제정한 데 이어 「남북협력기금법」을 제정했다. 후자에 근거해 1991년 3월에 「남북협력기금」을 만들었다.

박희석(朴熙錫), 「분석: '문재인정부' 때 집행된 '남북협력기금' 4300억원 용처; 기금 대부분이 인건비 · 운영비 등 '고정비'로 나가는 현실」, 『월간조선』(2023년 5월), 138~153쪽.

좋은 뜻에서 마련된 '남북협력기금'이 문재인정부 때 '친북단체' 또는 '간첩단'에 흘러 들어가는 등 그 집행에 의문이 많다고 지적했다.

한민족공동체통일방안이 제시되기 이전 한국의 대외·통일정책

Kyongsoo Lho, "South Korean Foreign Policy, 1969-1988: The Establishment of Pragmatic International Relations," unpub. Ph.D. diss., University of Oxford, 1989.

※ 노경수(盧慶秀, 1954~현재)는 하버드대학교 정치학과를 졸업하고 옥스퍼드대학교 대학원 정치학과에서 박사학위를 받았다. 서울대학교 행정대학원 교수로 정년퇴임했으며, 현재 서울대학교 명예교수다. 그의 대표적 저서들 가운데 하나는 『정보화 · 다극화 시대의 신외교전략』(박영률출판사, 1997)이다.

한민족공동체통일방안에 관한 연구

(1) 김낙중(金洛中), 「「한민족공동체통일방안」을 비판한다」, 『월간 말』(1989년 11월), 70~73쪽.

(2) 정대규(鄭大圭), 「한민족공동체통일방안」, 『통일문제연구』14(1990년 12월), 143~153쪽.

(3) 이창헌(李昌憲), 「한민족공동체통일방안의 특징과 평가」, 『통일문제연구』(조선대학교 통일문제연구소) 9(1991년 12월), 75~92쪽.

(4) 안병준(安秉俊), 「한민족공동체통일방안의 구현과 동북아협의회 구상(상)」, 『국제문제』(1992년 4월), 55~64쪽; ______, 「한민족공동체통일방안의 구현과 동북아협의회 구상(하)」, 『국재문제』(1992년 5월), 63~74쪽.

(5) 김동수(金東洙), 『남북정치공동체 형성 방안』(통일부 통일교육원, 2015).

저자는 '남북정치공동체'라는 큰 틀 안에서 한민족공동체통일방안을 분석했다.

※ 김동수(1954~현재)는 서울대학교 대학원 정치학과에서 석사학위를 받은 데 이어 서울대학교 대학원 정치학과에서 「정치적 의무의 기반에 관한 연구: 근대국가에서의 동의(同意) 논리를 중심으로」(1991년 8월)로 박사학위를 받았다. 국립통일교육원 교수로 정년퇴직했으며, 현재 국립통일교육원 명예교수다.

남북한유엔동시가입

(1) 박치영(朴稚榮), 「제11장 남북한의 유엔가입에 대한 중·소 정책」 및 「제12장 북한의 유엔가입과 대외정책 변화」, ______, 『유엔정치와 한국문제』(서울대학교출판부, 1995), 259~257쪽 및 258~282쪽.

한국정부가 제의한 남북유엔동시가입안을 거부하던 북한은 결국 거기에 응해 제46차 유엔 총회에서 1991년 9월 17일(한국시간으로는 18일)에 동시가입하게 됐다.

(2) 「특집 유엔 가입 30주년과 한반도 평화」, 『외교』139(2021년 10월).

반기문(潘基文), 「한국의 유엔 가입 30주년」, 37~52쪽.

신동익(辛東益), 「대한민국의 유엔 가입 의의와 안보리 비상임 이사국 활동」, 53~71쪽.

※ 신동익(1958~현재)은 연세대학교 사회과학대학 정치외교학과를 졸업하고 연세대학교 대학원 정치외교학과에서 석사학위를 받은 데 이어 펜실베이니아대학교 대학원 정치학과에서 석사학위를 받았다. 외무고시를 통해 외무부에 입부해 오스트리아대사와 유엔차석대사 등을 역임했다.

박홍순(朴興淳), 「국제규범 정립과 유엔의 평화기구 역할」, 72~93쪽.

외교부 유엔과, 「우리 국민 국제기구 진출 성과 및 향후 과제」, 94~105쪽.

오영달(吳永達), 「주한 유엔군사령부와 한반도 평화」, 106~123쪽.

※ 오영달(1962~현재)은 한양대학교 사회과학대학 정치외교학과를 졸업하고 한양대학교 대학원 정치외교학과에서 석사학위를 받았고 경희대학교 평화복지대학원에서 석사학위를 받은 데 이어 영국 웨일스대학교에서 박사학위를 받았다. 박사학위청구논문 서지사항은 다음과 같다. Young-dahl Oh, "A Two Traditions Perspective on the Sovereignty-Human Rights Nexus," unpub. Ph.D. diss., University of Wales, Aberystwyth, 2001. 현재 충남대학교 사회과학대학 정치외교학과 교수다.

남북기본합의서

(1) 남북문제연구소 편, 『남북합의서와 북한의 두 얼굴』(남북문제연구소, 1992).

(2) 강현철(姜鉉哲), 「통일헌법상의 정부형태에 관한 연구: 이원정부제를 중심으로」, 한국외국어대학교 대학원 법학과 법학박사학위청구논문, 2002년 2월; ______, 『통일헌법연구』(경기도 파주시: 한국학술정보, 2006).

※ 강현철(1966~현재)은 한국외국어대학교 법과대학을 졸업하고 한국외국어대학교 대학원 법학과에서 석사→박사학위를 받았다. 현재 한국법제연구원 연구위원이다.

(3) 이장희(李長熙), 「남북기본합의서를 통한 한반도 평화체제 구축방안」, 『외법논집』(한국외국어대학교 법학연구소) 20(2005년 12월), 111~135쪽.

(4) 전봉근(田奉根) · 이상숙(李相淑), 「남북기본합의서 이행과 국제환경: 미북관계를 중심으로」, 『통일정책연구』 제20권 제1호(2011년 6월), 85~105쪽.

(5) 이정철(李貞澈), 「김일성의 남방정책과 남북기본합의서: 냉전해체의 비대칭성과 동맹재편전략의 좌절」, 『역사비평』97(2011년 겨울), 46~79쪽.

※ 이정철(1967~현재)은 서울대학교 법과대학 사법학과를 졸업하고 서울대학교 대학원 정치학과에서 석사학위를 받은 데 이어 서울대학교 대학원 정치학과에서 「사회주의 북한의 경제동학과 정치체제: 현물동학과 가격동학의 긴장이 정치체제에 미친 영향을 중심으로」(2002년 2월)로 정치학박사학위를 받았다. 현재 서울대학교 사회과학대학 정치학과 교수다.

(6) 김철수(金哲洙), 『한국통일의 정치와 헌법』(시와진실, 2017).

서울대학교 법과대학 헌법학 교수였던 저자는 헌법학자로서의 평생의 꿈이 남북통일 헌법 제정에 참여하는 것이라고 말하곤 했다. 남북기본합의서가 채택되면서 남북통일에 대한 기대가 자라는 것을 바라보며 저자는 위의 책을 준비하기 시작했다.

(7) 국립외교원 외교안보연구소 외교사연구센터 편, 『남북한기본합의서와 한반도비핵화공동선언』(선인, 2023).

위의 두 문서 작성을 위한 남북협상에 직접 참여했던 박용옥(朴庸玉) · 백주현(白宙鉉) · 송한호(宋漢虎) · 유명환(柳明桓) · 이동복(李東馥) · 임동원(林東源) · 정세현(丁世鉉)의 구술을 담았다.

당시 남북협상과 남북교류에 초점을 맞춘 저술

(1) 최승환(崔昇煥), 「남북교류의 활성화를 위한 기본원칙과 법적 · 제도적 개선방안」, 『서울국제법연구』(서울국제법연구원) 제1권 제1호(1994년 11월), 63~88쪽.

(2) 김재목(金在穆), 『남북협상 드라마: 남 · 북 · 미 삼각게임』(경당, 1995).

(3) 김재한(金哉翰), 『게임이론과 남북한관계: 갈등과 협상 및 예측』(한울아카데미, 1996).

(4) 김천식(金千植), 「노태우정부의 남북교류협력법 제정과정에 관한 연구」, 북한대학원대학교 북한학박사학위청구논문, 2014년 2월.

※ 김천식(1956~현재)은 서울대학교 사회과학대학 정치학과를 졸업하고 행정고시에 합격해 통일부에서 경력을 시작했으며 남북교류협력국장과 통일정책실장을 거쳐 차관으로 봉직했고, 그 사이에 대통령비서실 행정관으로 봉직했다. 북한을 약 40회 방문했고, 남북대회에는 약 120회 참여했다. 이 과정에서 서울대학교 행정대학원에서 석사학위를 받았다. 공직을 떠난 이후 서울대학교, 우석대학교, 이화여자대학교 등에서 초빙교수로 봉직했으며, 자신의 경험과 연구를 바탕으로 『통일국가론: 청년에게 희망을 주는 통일국가』(늘품플러스, 2018)를 출판했다. 현재 통일부 산하 통일연구원 원장이다.

1991년 남북한의 모가디슈 공동탈출

동북 아프리카에서 에티오피아와 케냐 사이에 위치한 소말리아(Somalia)는 영국의 식민지로 있다가 에티오피아를 침공해 점령한 이탈리아의 식민지로 남았고 2차대전이 끝나면서 다시 영국의 식민지가 됐다가 유엔 신탁통치 아래 놓였다. 1960년에 소말리아인민공화국으로 독립했으나 독재정권과 내란에 시달렸다. 수도 모가디슈(Mogadishu)에는 한국과 북한의 상주대사관이 각각 개설되어 있었다. 1990년 12월 30일에 수도를 침공한 반군은 약탈을 거듭하는 가운데 외국 공관들도 습격했다. 남북 대사관들도 약탈에 시달렸고 생명의 위협을 받았다. 남북 대사관들은 협력해 여러 위험한 고비를 넘기며 1991년 1월 12일에 이탈리아대사관을 통해 케냐로 탈출할 수 있었다. 소말리아는 2012년에 소말리아연방공화국으로 재출발했다.

(1) 이진숙(李眞淑), 「제4장 신(神)이 버린 땅 소말리아」,______, 『MBC 이진숙 기자의 취재수첩』(최정, 1996), 189~235쪽.

김영삼정부는 1993년 7월 30일에 한국의 상록수부대를 유엔평화유지군의 일원으로 소말리아에 파병했다. 250명으로 구성된 상록수부대는 본연의 임무를 성공적으로 마치고 1994년 3월에 귀국했다. 저자는 이 시점에 매우 어렵고 위험한 과정을 거쳐 소말리아를 방문하고 현지상황을 취재했다.

(2) 류승완(柳昇完) 감독, 영화 「모가디슈」(2021년 7월 28일 개봉).

한국대사관과 북한대사관이 서로 협력하며 소말리아를 탈출한 과정을 영화로 만들었다.

제3항 재야인사들의 통일방안 제시와 잇따른 방북

재야인사들의 통일방안

(1) 박순경(朴淳敬), 『하나님 나라와 민족의 미래』(대한기독교출판사, 1984); ______, 『민족통일과 기독교』(한길사, 1986; 삼대, 1988); ______, 『통일신학의 고통과 승리』(한울, 1992); ______, 『통일신학의 여정』(한울, 1992).

※ 박순경(1923~2020)은 감리교신학교를 졸업하고 서울대학교 문리대 철학과를 졸업했으며, 에모리대학교(Emory University) 대학원 철학과를 거쳐 드류대학교(Drew University) 대학원 신학과에서 "Man in Karl Barth's Doctrine of Election"(1966)으로 박사학위를 받았다. 이화여자대학교 기독교학과 교수로 정년퇴임하고, 목원대학교 대학원 초빙교수로 봉직했다. 1989년에 범민족대회 남북실무회담 10인 대표로 참여했고 이듬해 범민족대회 실무대표로 활동했다. 그녀는 국가보다 민족이 우위에 있으며 민족지상주의에 따라 남북이 통일을 성취해야 한다는 발언을 계속했으며, 무엇보다 김일성의 주체사상을 긍정적으로 평가했다. 이러한 활동으로 국가보안법 위반 혐의로 구속됐었다. 추모하는 논문집으로, 서광선(徐洸善) 등 25명 공저, 『하나님 혁명의 열망자 원초(原草) 박순경』(동연출판사, 2021)이 출판됐다.

(1-A) 김명구(金明九), 「박순경교수사건」, ______, 『공덕귀: 생애와 사상』(겨기도 파주시: 박영사, 2022), 467~479쪽.

(2) 김낙중(金洛中), 「3차 7개년 계획에 의한 4단계 평화통일방안」, 『민족통일』(민족통일촉진회)(1989년 9월), 38~48쪽; ______, 「4단계 평화통일방안을 제창함: 범민족대회 평화통일대토론회 발제논문」(앞 논문의 개제), 『신동아』(1990년 9월), 154~161쪽에 재수록.

필자는 민족통일촉진회 통일정책심의회 의장의 자격으로 국회 공청회가 마련한 자리에서 앞의 논문을 발표했다. 필자는 범민족대회 평화통일대토론회에서 뒤의 논문을 발표했다.

황석영 작가 방북

작가 황석영(黃晳暎, 1943~현재)은 북한의 「조선문학예술총동맹」 초청으로 1989년 3월 20일 방북하고 4월 27일에 일본으로 돌아갔으며 거기서 베를린으로 옮겼다.

(1) 전진우(全津雨), 「인터뷰: "북한문학은 혁명의 수단"; 황석영씨 동경서 본보 기자와 인터뷰」, 『동아일보』(1989년 5월 10일), 5쪽.

(2) 황석영, 「40년 만에 가본 평양 · 평양사람」, 『신동아』(1989년 7월), 260~289쪽.

(3) 황석영 저/작가황석영석방대책위원회 편, 『사람이 살고 있었네: 황석영 북한 방북기』(시와사회사, 1993); 황석영, 『가자 북으로 오라 남으로: 황석영 북한방문기』(이룸, 2000).

뒤의 책은 앞의 책 가운데 「1. 사람이 살고 있었네」에 황석영의 『사회평론』 및 『노둣돌』과의 인터뷰를 추가한 것이다.

문익환 목사 방북

재야인사로 저명한 문익환(文益煥) 목사는 유원호(劉元琥)와 함께 1989년 3월 20일에 출국해 도쿄와 북경을 거쳐 3월 25일에 평양에 도착했으며 약 10일에 걸쳐 평양에 머물면서 김일성과 3월 27일 및 4월 1일에 각각 회담했고 4월 2일에 북한의 「조국평화통일위원회, 약칭 조평통」 허담(許錟) 위원장과 연방제통일안을 포함한 9개항의 공동성명을 발표한 뒤 귀국했다. 정부는 국가보안법 위반 혐의로 그와 유원호를 구속했다. 문 목사의 방북과 거기에 연관된 저서들은 우리가 이미 제13권 제2부 제8장 제1절 제1항에서 다뤘기에 여기서는 되풀이하지 않기로 한다.

서경원 의원 방북

평민당 소속의 서경원(徐敬元) 국회의원은 정부의 허락을 받음이 없이 1988년 8월 19일에 입북해 김일성 주석 그리고 허담 조국평화통일위원회 위원장과 면담했으며, 허담으로부터 미화 5만 달러를 받고 9월 5일에 귀국했다. 서 의원은 국가보안법 위반으로 구속됐으며 유죄판결을 받아 의원직을 잃었다. 이 사건은 정계에 큰 파문을 일으켜, 이른바 공안정국(公安政局)이 형성됐다.

(1) 김경회(金慶會), 「3장 검사장의 꽃, 서울검사장이 되다」 가운데 「서경원 사건과 나」, ______, 『나 이제 자유인이 되어: 격동의 시절, 검사 28년』(중앙M&B, 2002), 183~240쪽 가운데 193~204쪽.

(2) 김대중(金大中), 「6부」 가운데 「공안정국망령」, 『김대중 자서전』전2권(삼인, 2011), 제1권, 475~628쪽 가운데 513~531쪽.

서경원 의원이 받아온 5만 달러 가운데 1만 달러를 받았다는 혐의 때문에 검찰수사를 받아야 했던 저자의 회고가 담겼다.

(3) 김양진(金養眞: 한겨레 기자), 「인터뷰: 간첩죄 재심재청구 방양균 씨; 공안검사의 고문이 내 인생 30년을 앗아갔다」, 『한겨레』(2018년 10월 20일), 12쪽.

1988년 서경원 당시 평화민주당 의원의 비서관이었던 방양균(房亮均) 씨는 '서경원방북사건'에 연루돼 간첩죄로 7년 동안 옥살이를 했다. 그는 1999년 2월에 사면·복권장을 받았고, 2003년 2월에는 광주민주화항쟁에 참여한 공을 인정받아 국가유공자증서도 받았다. 그러나 그는 아직 법적으로 '간첩'이라는 굴레를 벗지 못하고 있다. 그는 그 사건 때 국가안전기획부에서 21일, 서울지방검찰청 공안부에서 23일, 모두 44일에 걸쳐 엄청난 고문을 겪는 가운데 여러 차례 허위자백을 했다.

임수경 양 방북

문익환과 서경원에 이어 임수경(林秀卿) 양이 방북했다. 당시 한국외국어대학교 4학년 학생이던 임수경은 북한이 평양에서 개최한 「세계청년학생축전」에 「전국대학생대표자협의회, 약칭 전대협」 대표로 참석한다는 명분 아래 정부의 허가 없이 북경을 거쳐 1989년 6월 30일에 입북한 것이다. 그녀는 그해 8월 15일 판문점을 거쳐 귀환했고 정부는 국가보안법 위반 혐의로 구속했다. 뒷날 「새정치민주연합」의 비례대표로 제19대 국회의원으로 활동했다.

(1) 권영성(權寧星), 「문익환 임수경은 왜 생겨나는가」, 『신동아』(1989년 11월), 168~176쪽.

(2) 임수경 저/임수경후원사업회 엮음, 『어머니, 하나된 조국에 살고 싶어요: 임수경 옥중 방북백서』(돌베개, 1990).

(3) 림수경, 『어머니, 하나된 조국에 살고 싶어요: 림수경항소리유서』(평양: 평양출판사, 1991).

(4) 임수경, 『참 좋다! 통일세상: 임수경 아줌마의 통일 이야기』(황소걸음, 2003).

(4-A) 전효관(全烋寬), 「서평: 소프트해진 통일교육, 그 쟁점과 위상; 임수경 저, 『참 좋다 통일세상: 임수경 아줌마의 통일 이야기』」, 『현대북한연구』(북한대학원대학교) 제6권 제2호(2003년 12월), 189~220쪽.

※ 烋는 '휴'라고도 읽고 '효'라고도 읽는다.

(5) 임수경 · 지승호(전문저술가), 『임수경 스토리』(Human & Books, 2016).

제4항 미국학술지에서의 북한

*Asian Survey*의 논문

(1) B. C. Koh, "North Korea in 1988: The Fortieth Anniversary," *Asian Survey*, Vol. 29, No. 1(January 1989), pp.39~45.

(2) Kong-dan Oh, "North Korea in 1989: Touched by Winds of Change," *Asian Survey*, Vol. 30, No. 1(January 1990), pp.74~80.

(3) Sang-woo Rhee, "North Korea in 1990: Lonesome Struggle to Keep Chuch'e," *Asian Survey*, Vol. 31, No. 1(January 1991), pp.71~78.

(4) Jide Owoeye, "The Metamorphosis of North Korea's African Policy," *Asian Survey*, Vol. 31, No. 7(July 1991), pp.630~645.

(5) Sang-woo Rhee, "North Korea in 1991: Struggle to Save Chuch'e Amid Signs of Change," *Asian Survey*, Vol. 32, No. 1(January 1992), pp.56~63.

(6) John Merrill, "North Korea in 1992: Steering Away from the Shoals," *Asian Survey*, Vol. 33, No. 1(January 1993), pp.43~53.

*Korean Studies*의 논문

(1) Masayuki Suzuki, "Some Perspectives on Recent D.P.R.K. Policy Toward Japan," *Korean Studies*, Vol. 15(1991), pp.50~66.

(2) Dae-sook Suh, "North Korea in the 1990's," *Korean Studies,* Vol. 16(1992), pp.29~42.

북한붕괴론에 대한 토론

북한이 자신이 취할 정책과 노선에 따라 붕괴할 수도 있다는 추론이 제시됐다.

(1) Adian Foster-Carter, *Korea's Coming Reunification: Another East Asian Superpower* (London: The Economist Intelligence Unit, 1992).

저자는 북한의 붕괴에 따라 한국에 의한 흡수통일이 가시권에 들어온 것 같다는 의견을 제시하면서, 그 경우 통일한국은 동아시아에서 초강대국의 반열에 진입할 것이라고 보았다.

※ Adian Foster-Carter는 이튼칼리지와 옥스퍼드대학교를 졸업했다. 1968년부터 김일성을 열렬히 지지해 코리아의 역사를 깊이 공부하기 시작했으나 김일성에 대한 지지를 철회했다. 영국의 헐대학교(University of Hull)와 탄자니아의 다르에스살람대학교(Univesity of Dar es Salaam)에서 가르쳤으며, 영국의 리즈대학교(University of Leeds) 교수(Senior Lecturer)로 봉직했다.

(1-A) Brian Bridges, "Book Review: *Korea's Coming Reunification* by Adian Foster-Carter," *International Affairs*, Vol. 69, No. 1(January 1993), pp.179~180.

(2) Rinn-sup Shinn, "North Korea: Policy Determinants, Alternative Outcomes, US Policy Approaches," *CRS Report for Congress*(Washington, D.C.: Congressional Research Service, The Library of Congress, June 1993).

(3) Nicholas Eberstadt, *North Korea: Reform, Muddling Through, or Collapse?*(Seattle, W.A.: The National Bureau of Asian Research, 1993); ______, *Korea Approches Reunification*(Seattle, W.A.: The National Bureau of Asian Research, 1994; Armonk, N,Y.: M. E. Sharpe, 1996)/ 주명갑(朱明甲) 옮김, 『한반도 통일로 가는 길』(한국경제신문사, 1994).

(3-A) 서극성(徐極性), 「서평: 한국주도 통일의 과제와 방향제시; 「한반도 통일로 가는 길」, Nicholas Eberstadt 저, 주명갑 역」, 『서평문화』15(1994년 10월), 122~128쪽.

제2장
김영삼정부

제1절 개관

제6공화정의 두 번째 정부는 출범부터 '신(新)한국 창조'를 표방한 김영삼정부였다. 민자당 대통령 후보로 제14대 대통령선거에서 당선된 김영삼은 1993년 2월 25일에 대통령에 취임했으며 1998년 2월 24일에 퇴임했다.

역사바로세우기 운동과 하나회 해체

김 대통령은 자신의 정부가 '군사정부'를 종식시킨 문민정부임을 자임하면서, '역사바로세우기' 운동을 시작하고 자신이 이끄는 정부가 대한민국임시정부 다음으로 정통성을 지닌 정부임을 강조하는 것으로 해석되는 언설을 되풀이함으로써 결과적으로 대한민국 역대 정부의 '정통성'을 부인했다는 비판을 받았다. 같은 맥락에서, 군(軍) 개혁에 착수해 군부 안의 「하나회」를 해체했으며, 이어 12·12군사반란을 처벌했고, 1996년 2월에 자신을 대통령으로 만들어준 민자당을 「신한국당」으로 개조하면서 민자당에 포함됐던 '구(舊) 군부정권 세력'을 제거했다. 제15대 대통령선거가 다가오자, 김 대통령은 1997년 11월에 「신한국당」을 「한나라당」으로 개편했다.

지방자치제의 확대 그리고 15대 국회총선에서의 승리

김영삼정부는, 지방자치제와 관련해, 지방자치단체의 의원만을 뽑은 노태우정부에서 한 걸음 더 나아가 1995년 6월 27일에 지방자치단체의 의원과 장(長) 선거를 동시에 실시해 노태우정부가 부활시킨 지방자치제의 영역을 확대했다. 이 선거에서 김대중 전 민주당 대표가 이끌었던 민주당이 승리를 거두자 그는 그것을 자신의 정계복귀 명분으로 내세우고 자신의 지지기반을 바탕으로 1995년 9월 5일에 「새정치국민회의, 약칭 국민회의」를 창당했다. 이에 앞서 김종필 전 민자당 최고위원은 자신의 정치기반인 충청도를 중심으로 1995년 3월 30일에 「자유민주연합, 약칭 자민련」을 발족시켰다.

김영삼정부는 지방선거에 이어 1996년 4월 11일에 제15대 국회총선을 실시했다. 김영삼 총재의 신한국당은 139석, 김대중 총재의 새정치국민회의는 79석, 김종필 총재의 자유민주연합은 50석, 통합민주당은 15석, 무소속 등 기타는 16석을 차지했다.

금융실명제 실시 그러나 외환위기 직면

김영삼정부는 경제에서는 '신(新)경제'를 표방하며 우선 금융실명제를 실시함으로써 금융거래 또는 돈거래의 투명성을 높였다. 공직자들의 재산등록제를 실시해 공직세계의 청렴도를 높이고자 했다. 스스로 청와대 행사에서 '칼국수' 식사를 주도하면서 정부의 내핍을 모범으로 제시했다. 그러했지만 권력형 부정은 끊이지 않아 종국에는 아들이 구속되기에 이르렀다.

김영삼정부는 '세계화의 시대'가 열린 만큼 여기에 맞춰 국내외정책을 입안 · 집행해야 한다고 강조했으며, 우루과이라운드(Uruguay Round, 약칭 UR)을 포함한 국제적 협상과 합의에 따라 농민의 격렬한 반대를 무릅쓰고 국내의 쌀 시장을 개방하지 않을 수 없게 됐다. 1인당 국민소득이 1만 달러 수준을 넘어섰음을 과시하면서, '경제선진국 클럽'으로 불리는 경제협력개발기구(Organisation for Economic Cooperation and Development, 약칭 OECD)에 가입했다. 그렇지만 임기 말에 동남아시아에서 시작된 외환위기의 파급을 피하지 못해 국제통화기금(International Monetary Fund, 약칭 IMF)로부터 구제금융을 받아야 했다. '6·25전쟁에 버금가는 국난'이라는 위급한 상황 속에서 국내경제는 사실상 '파탄'에 준하는 어려움을 겪어야 했다.

대북 유화정책에서 강경정책으로의 전환

김영삼 대통령은 취임사에서는 김일성 주석을 상대로 남북정상회담의 개최를 제의하고 비전향장기수 이인모(李仁模)를 북한으로 돌려보내는 등 대북 '유화정책'을 썼다. 그러나 북한이 1993년 3월 12일에 핵확산금지조약(Non Proliferation Treaty, 약칭 NPT)

으로부터의 탈퇴를 선언함에 따라 '제1차 핵위기'가 조성되자 "핵을 가진 북한과는 협상할 수 없다"라는 강경한 자세를 유지했다. 그렇지만 윌리엄 제퍼슨 클린턴(William Jefferson Clinton, 약칭 Bill Clinton) 미국 대통령이 북한이 핵을 개발하고 있는 곳으로 지목된 평안북도 영변(寧邊)의 핵시설을 선제공격하자는 뜻을 가진 것으로 이해했을 때 그것은 한반도 전역에서의 전쟁으로 확대될 위험성이 있다고 반대했다. '제1차 핵위기'를 해소하기 위한 협상은 한국을 배제한 채 미국과 북한 사이에서만 전개됐고, 이것은 1994년 10월에 제네바에서 미국과 북한 사이의 합의로 이어졌다. 이후 핵협상은 한국·미국·중국·북한 사이의 4자회담 또는 거기에 러시아와 일본이 참가한 6자회담에서 진행됐다.

그 과정에서, 1994년 6월 하순에 카터 전 미국 대통령이 남북한을 교차방문하고 김영삼 대통령 및 김일성 주석과 개별적으로 회담한 결과 남과 북 사이에서는 1994년 7월 25~27일에 남북정상회담을 열기로 합의돼 남북관계에 새 국면이 열릴 것으로 기대됐다. 예상 밖에 1994년 7월 8일에 김일성이 죽어 그 기대는 무산됐다. 김영삼 대통령은 김일성이 죽었을 때 조문사절을 보내자는 재야 일각의 제의를 묵살하는 등 냉정한 자세를 보여주었고, 러시아의 보리스 옐친(Boris N. Yeltsin) 대통령으로부터 6·25전쟁이 스탈린의 최종 결정을 받아들인 김일성에 의해 시작됐음을 보여주는 옛 소련 기밀문서를 받자 곧바로 공개했다. 게다가 북한에서 '주체사상'을 정립하는 데 크게 기여한 황장엽(黃長燁) 조선로동당 중앙위원회 국제비서가 1997년 2월에 중국으로 망명하고 4월에 한국으로 들어옴에 따라 남북관계는 크게 경색됐다.

대외적으로, 김영삼 대통령은 한미동맹의 유지·강화에 힘을 썼으며, 그 기조 위에서 일본은 물론이고 러시아 및 중국과의 친선을 유지·강화하고자 했다. 동시에 아시아·태평양경제협력체(Asian-Pacific Economic Cooperation, 약칭 APEC) 회원국들과의 협력을 강화했다.

제1항 김영삼정부에 관한 기초자료

김영삼 대통령의 저서 및 회고록(1987년 이후에 한정)

(1) 김영삼 저/일월서각 편집부 편, 『김영삼: 민주화 구국의 길』(일월서각, 1987).

(2) 김영삼 · 조갑제(趙甲濟), 「김영삼의 육성 증언(상)」, 『월간조선』(1995년 10월), 180~213쪽; ______, 「김영삼의 육성 증언(하)」, 『월간조선』(1995년 11월), 345~415쪽.

(3) 김영삼, 『김영삼 회고록: 민주주의를 위한 나의 투쟁』전3권(백산서당, 2000); ______, 『김영삼 대통령 회고록: 민주주의를 위한 나의 투쟁』전2권(조선일보사, 2001). 뒤의 책의 구성은 다음과 같다.

상권

제1부 변화와 개혁의 시대를 열다(1993)

1. 32년 만의 문민대통령, 21~49쪽.
2. 달라진 청와대 모습, 51~73쪽.
3. 군 개혁, 75~95쪽.
4. 재산공개, 97~116쪽.
5. 역사바로세우기, 118~158쪽.
6. 금융실명제 전격실시, 160~178쪽.
7. 세계화의 길, 미래화의 길, 180~220쪽.
8. UR협상과 쌀 시장 개방, 222~233쪽.

제2부 북핵위기와 세계화(1994)

1. 정치개혁, 237~258쪽.
2. 북핵위기와 4강외교, 260~301쪽.
3. 우리 땅에서 전쟁은 안 된다, 303~319쪽.
4. 아쉬웠던 남북정상회담, 321~349쪽.
5. APEC정상회의와 아 · 태(亞太) 3국 순방, 351~372쪽.
6. 정부조직 개편, 374~389쪽.

하권

제3부 역사바로세우기(1995)

1. '삶의 질의 세계화' 구상, 21~71쪽.
2. 지방자치와 대북 쌀 지원, 73~95쪽.
3. 세계로 뛴 정상외교, 97~136쪽.
4. 전두환 · 노태우 구속, 138~177쪽.

제4부 승리와 영광의 순간들(1996년)

1. 15대총선 승리, 181~207쪽.
2. 4자회담과 월드컵유치, 209~230쪽.

3. 중남미순방, 232~239쪽.
4. 동해안잠수함침투, 241~262쪽.
5. 노동법파문, 264~271쪽.

제5부 도전과 시련(1997년)

1. 금융개혁파문, 275~303쪽.
2. 신한국당 경선과 기아사태, 305~320쪽.
3. 이인제 탈당과 김대중 비자금폭로, 322~347쪽.
4. IMF행, 고통의 결단, 349~366쪽.
5. 대통령선거 공정관리, 368~381쪽.

제6부 상도동으로 돌아오다(1998년), 385~391쪽.

(3-A) 김호기(金晧起), 「김영삼, 『김영삼 대통령 회고록』과 정치가의 미래 1」, ______, 『현대한국지성의 모험: 100년의 기억, 100년의 미래』(메디치, 2020), 285~292쪽.

김영삼 대통령 기자회견 및 연설(영문)

(1) Korean Overseas Information Service, *Kim Young Sam: Remolding the Nation for True Democracy*(Seoul: Korean Overseas Information Service, 1993).

(2) ______, *A New Task for Unity: President Kim Young Sam's 1994 Liberation Day Speech with Explanatory Notes*(Seoul: Korean Overseas Information Service, 1994).

김영삼 대통령 전기(1987년 이후에 한정)

(1) 김동선(金東詵) · 이영석(李英石) 외 저, 『민주화의 횃불 김영삼: 그의 신념과 정치행로』(원음사, 1987).

(2) 고바야시 게이지(小林慶二), 『김영삼: 한국현대사와 함께 걷다』(일본어)(도쿄: 하라쇼보[原書房], 1992)/안지나(전문번역가) 역, 『김영삼: 한국현대사와 더불어』(K2문고, 1992).

저자 고바야시 게이지는 도쿄대학 경제학부를 졸업하고 아사히신문사에 입사해 카이로지국장과 본사 외보부장을 역임했으며, 1981~1985년에 서울지국장으로 봉직했다. 이 시기에 김영삼과 아주 가까워졌다. 아사히신문을 떠난 뒤 규슈국제대학 교수로 봉직했다.

(3) Hee-min Kim, "Kim's Dilemma and the Politics of Rivalry," *Pacific Focus*, Vol. 7, No. 2(September 1992), pp.141~159.

이 논문은 김영삼의 전기는 결코 아니다. 그러나 김영삼과 김대중의 경쟁관계를 상세히 설명하는 과정에서 김영삼의 정치적 성장을 이해하게 만든다.

(4) 남홍진(작가), 『당당한 지도자 김영삼』(심우, 1992)/Sung-kyu Lee, trans., *A Life Story of President Kim Young Sam*(Seoul: Bansok, 1993).

(5) 이규희(李圭喜), 『꼬마동지 대장동지』(한가람, 1993년 2월).

김영삼 신민당 총재가 전두환 대통령 때 출입을 제한당하고 있던 상황에서 저자가 김 총재의 외부와의 연락을 맡았다. 그녀는 김 총재를 '대장동지'라고 불렀고, 김 총재는 그녀를 '꼬마동지'라고 불렀다. 이 책은 저자의 눈에 비친 김 총재의 생활을 그렸다.

(6) 이광복(李光馥), 『인간 김영삼: 섬 소년에서 대통령까지』(행림출판, 1993년 4월).

(7) Apple Publishing 편, 『대계마을 소년 김영삼 대통령 되기까지』(Seoul: Apple Publishing, 1994).

김 대통령은 경상남도 거제군(巨濟郡) 장목면(長木面) 외포리(外浦里) 대계(大鷄)마을에서 태어났다. 제목의 '대계마을'은 그것을 가리킨다.

(8) 김광근(金光根), 『한국총통 김영삼』(중국어)(북경: 시사출판사, 1997).

(9) 황조군(黃兆群), 『한국 육대(六大) 총통』(중국어)(북경: 인민출판사, 2004).

이승만, 박정희, 전두환, 노태우, 김영삼, 김대중 등 6명의 대통령을 다뤘다.

(10) 김삼웅(金三雄), 『김영삼 평전: 민주주의의 수호자』(깊은나무, 2016).

김영삼정부의 개혁에 대한 김영삼정부의 기록 및 평가

(1) 법제처 편, 『문민정부와 법제개혁: 그 1년의 발자취』(법제처, 1994).

(2) 여의도연구소 편, 『문민정부 4년: 성과와 과제』(여의도연구소, 1997).

(3) 공보처 편, 『문민정부 5년 개혁백서』(공보처, 1997).

(4) ______ 편, 『변화와 개혁: 김영삼정부 국정5년 자료집』전4권(공보처, 1997).

『1. 정치 · 외교 · 통일 · 국방』.

『2. 경제』

『3. 교육 · 사회 · 환경 · 문화』
『4. 대통령편 · 일지편』.

(5) 대통령자문정책기획위원회 편, 『미래를 향한 변화와 개혁: 문민정부 5년의 개혁정책을 평가한다』(대통령자문정책기획위원회, 1998).

1. 문민정부의 역사적 위상과 개혁의 의의
2. 성숙한 근대와 문민개혁
3. 21세기 준비를 위한 개혁
4. 문민개혁의 발전적 계승을 위하여

(6) 행정안전부 국가기록원 대통령기록관 편, 『대통령 기록물 목록집: 김영삼 대통령 문서 편』(대전광역시: 행정안전부 국가기록원 대통령기록관, 2008).

김영삼정부 각료들 또는 실세들의 회고

(1) 김덕룡(金德龍), 『열린 세상 열린 정치: 김덕룡 정치칼럼』(하늘땅, 1991); ______, 『머리가 하얀 남자: 가장 좋은 것은 앞날 속에 남겨져 있다』(자유문학사, 1995); ______, 『눈물을 닦아주는 남자: 정치는 국민의 눈물을 닦아주는 것이어야 한다』(자유문학사, 1996); ______, 『선명한 야당 젊고 활기찬 민주정당: 그래서 끝까지 함께 갈 우리당』(21세기국가경영연구회, 1998).

※ 김덕룡(1941~현재)은 서울대학교 문리대 사회학과에 입학해 서울대학교 문리대 학생회장과 서울대학교 총학생회장을 역임했다. 4학년 때인 1964년에 '한일굴욕외교반대투쟁'을 이끌다가 6월 3일의 비상계엄령 때 구속됐고 서울대학교에서 제적됐다. 훗날 미국 포틀랜드대학교에서 명예문학박사학위를 받았다. 서울대학교에서 제적된 이후 곧바로 김영삼 의원의 비서로 정계에 입문해 그의 심복이 됐으며 여러 차례에 걸쳐 투옥되는 등 민주화운동에서 가시밭길을 걸었다. 1988년 4월에 실시된 제13대 국회의원 총선에 당선된 이후 5선을 기록했고, 김영삼 대통령 때 정무제1장관을 역임했으며 이후 집권당의 사무총장으로 활동했다.

(1-A) 최경호(월간중앙 기자), 「인터뷰: "손학규 · 김무성 · 안철수 함께할 수 있다"; '한나라당 창업자' 김덕룡이 본 정계개편과 개헌」, 『월간중앙』(2017년 1월), 68~71쪽.

(1-B) 허인회(월간중앙 기자), 「인터뷰: "문(文)정부, 국민통합 못하면 낙제점 받을 것"; 김덕룡 전 민주평통 수석부의장의 국가론」, 『월간중앙』(2020년 1월), 114~119쪽.

문재인정부에서 민주평화통일자문회의 수석부의장을 역임한 김덕룡이 문재인정부에 관해 논평했다.

(2) 최형우(崔烔佑), 「제10장 제14대 대통령 선거, 김영삼 후보 대통령 당선」, 『더 넓은 가슴으로 내일을: 최형우 자전 에세이』(깊은사랑, 1993), 344~370쪽.

야당 정치인으로 오랜 기간에 걸쳐 김영삼 총재를 보좌했던 저자는 김 총재가 대통령에 취임하면서 내무장관을 역임했다.

(3) 오인환(吳隣煥), 「이것이 김영삼 개혁의 본질이다」, 『월간조선』(1993년 11월), 182~189쪽; ______, 『김영삼 재평가: 대통령과 임기를 함께한 문민정부 최장수 장관의 김영삼 평전』(조갑제닷컴, 2021).

※ 오인환(1939~현재)은 한국외국어대학을 졸업하고 파리제2대학교 대학원을 수료했다. 한국일보 수습기자로 출발해 편집국장과 주필을 역임했다. 김영삼정부에서 5년에 걸쳐 공보처장관으로 봉직했다.

(3-A) 배진영(裵振榮), 「인터뷰: "YS, 어려울 때 한 번도 서울을 떠나지 않았다": 『김영삼 재평가』 펴낸 오인환 전 공보처 장관」, 『월간조선』(2021년 12월), 236~255쪽.

(4) 남재희(南載熙), 『일하는 사람들과 정책』(비룡소, 1995); ______, 「노동위 · 노동부 · 사회적 합의(상)」, ______, 『아주 사적인 정치 비망록』(민음사, 2006), 158~174쪽; ______, 「노동위 · 노동부 · 사회적 합의(하)」, ______, 『아주 사적인 정치 비망록』(민음사, 2006), 175~191쪽.

저자가 김영삼정부에서 노동부장관으로 봉직하던 때의 일들을 중심으로 썼다. 그는 노동쟁의 현장에 공권력을 투입해야 한다는 정부 일각의 강력한 제의를 뿌리치도록 대통령에게 건의하고 관철시켰다.

(5) 한승주(韓昇州), 『세계화시대의 한국외교』(지식산업사, 1995); ______, 『남과 북 그리고 세계: 한승주교수 정치외교칼럼집』(나남, 2000); ______, 『외교의 길: 평화를 위한 여정』(올림, 2017); Sung-joo Han, *Korea Triangles, 1945~2020*(아산정책연구원, 2020); ______, 『한국에 외교가 있는가: 이론에서 실천까지 한승주의 외교통찰』(올림, 2021).

저자는 김영삼정부의 첫 외무부장관으로 북핵을 비롯한 여러 현안을 다뤘다. 저자는 일련의 저술을 통해 한미동맹의 중요성을 강조함과 아울러 균형 잡힌 국제정치관을 제시했다.

(5-A) 송문홍(宋文弘), 「한승주 전 외무 퇴임 후 첫 발언: 대북정책 행동 있으나 전략부족」, 『신동아』(1995년 6월), 168~183쪽.

자신이 외무장관으로 봉직하던 때의 여러 현안에 관해 설명했다.

(6) 서석재(徐錫宰), 『영원한 촌놈: 서석재 수필집; 인덕(仁德)과 의지(意志)의 정치인』(문학사상사, 1995).

서석재(1935~2009)는 김영삼 대통령의 '가신' 출신으로 11~15대 국회의원 그리고 김영삼정부에서 총무처장관을 역임했다.

(7) 주돈식(朱燉植), 『문민정부 1천2백일: 화려한 출발, 소리 없는 실종』(사람과책, 1997).

조선일보 편집국장을 역임하고 김영삼정부에서 대통령 정무수석비서관→대통령 공보수석비서관→문화체육부장관→정무제1장관 등으로 봉직했던 저자(1937~2022)가 김영삼정부 5년을, 특히 개혁과정을 수필 형식으로 기록했다.

(8) 김덕(金悳), 『분단한국의 통일모색』(동아일보사, 1997).

저자는 김영삼정부에서 국가안전기획부 부장과 통일부총리 그리고 국회의원(비례대표)을 역임했다. 이 책은 그의 회고록이 아니고, 김일성이 사망하기 이전에 북한에 대해 그리고 남북통일에 대해 쓴 글들을 모은 것이다. 그렇지만 이 책을 관류하는 큰 흐름은 김영삼정부가 추진한 통일정책 방향에 어긋나지 않다.

(9) 최영재(崔寧宰) 정리, 「YS정권 핵심실세가 회고하는 문민정부 5년(상)」, 『신동아』(2000년 12월), 230~247쪽; 송문홍(宋文弘) 정리, 「YS정권 핵심실세가 회고하는 문민정부 5년(중)」, 『신동아』(2001년 1월), 178~205쪽; ______, 「YS정권 핵심실세가 회고하는 문민정부 5년(하)」, 『신동아』(2001년 2월), 104~137쪽.

(10) 한완상(韓完相), 「한완상 칼럼」, 『한겨레』(2006년 5월 15일~2007년 3월 28일).

이 칼럼은 김영삼정부에서 부총리 겸 초대 통일원장관으로 봉직하던 때의 여러 일에 대한, 예컨대, 이인모를 북한으로 돌려보내기로 결정한 일에 대한 회상을 담았다.

(10-A) 조갑제(趙甲濟), 「인터뷰: 북한을 흡수통일할 수밖에 없는 상황까지도 피해야 한다; 한완상(韓完相)」, 『월간조선』(1993년 9월), 190~213쪽.

(11) 이명현(李明賢),『새 문명 새 철학』(철학과현실사, 2019); ______,『교육혁명』(철학과현실가, 2019), ______,『아름다운 세상』(철학과현실사, 2019).

김영삼정부에서 교육부장관으로 봉직했던 저자의 저서들이다. 이 책들이 김 대통령의 교육철학을 설명하지는 않았다. 그러나 김 대통령이 추진했던 교육개혁을 이해하는 데 도움을 준다.

※ 저자(1942~현재)는 서울대학교 문리대 철학과를 졸업하고 미국 브라운대학교 대학원 철학과에서 언어철학을 전공해 석사→박사학위를 받았다. 한국외국어대학교 철학과 교수를 거쳐 서울대학교 인문대학 철학과 교수로 봉직하다가 신군부의 집권에 저항한 결과로 해직됐다. 민주화시대가 열리면서 복직됐고 김영삼 대통령에 의해 교육부장관으로 발탁됐다. 현재 서울대학교 명예교수이면서 철학과현실사를 이끌고 있다.

(11-A) 이한구(李漢九),「서평: 새 문명의 비전에 대한 탁월한 통찰; 이명현 저,『새 문명 새 철학』」,『철학과현실』122(2019년 가을), 207~214쪽.

(11-B) 안병영(安秉永),「서평: 교육개혁을 꿈꾸는 철학자 이명현의 '교육혁명,' 이명현 저,『교육혁명』」,『철학과현실』122(2019년 가을), 215~221쪽.

(11-C) 백종현(白琮鉉),「서평: 너와 나 그리고 자연이 더불어 있는 세상; 이명현 저,『아름다운 세상』」,『철학과현실』122(2019년 가을), 223~277쪽.

(12) 박관용(朴寬用),「제4장 문민정부 시절」, _____,『나는 영원한 의회인으로 기억되고 싶다』(조선뉴스프레스, 2014), 115~158쪽.

김영삼 대통령의 첫 비서실장으로 봉직했던 저자의 회고록이다. 하나회 숙정, 금융실명제 실시, 김현철과의 관계 등에 대한 증언이 포함됐다.

(13) 임재민(월간조선 기자) · 최우석(崔祐碩),「임재민 · 최우석의 유쾌한 직설 13: YS의 37년 그림자 김기수(金基洙) 전 수행실장」,『월간조선』(2016년 1월), 178~194쪽.

김기수(1946~현재)는 한양대학교 정경대학 정치외교학과를 졸업했으며, 한양대학교 총학생회장을 역임했다. 1979년에 당시 제1야당 신민당 총재 김영삼 의원이 운영하던「민족문제연구소」에 합류한 이후 그를 모셨고 김 총재가 대통령이 된 뒤 대통령수행실장으로 봉직했으며, 김 대통령이 퇴임한 이후 전직 대통령을 예우하는 법에 따른 전직 대통령 비서관으로 봉직했다. 통산 37년에 걸쳐 YS를 모셨던 김 실장의 회고는 김 대통령의 재야 및 재조 시절 그리고 퇴임 이후 시절에 관한 많은 관찰을 담았다. 특히 김 대통령이 재야 시절에 이끌었던 민주화운동과 그 내부의 움직임에 관한 많은 일화를 담았다.

(14) 국립외교원 외교안보연구소 외교사연구센터 기획/윤덕민(尹德敏), 조양현(曺良鉉) 면담, 공로명(孔魯明) 구술, 『한국 외교와 외교관: 대일외교 · 북방정책 · 북핵 협상: 공로명 전외교부장관』 외교사연구센터 오럴히스토리 총서 16(역사공간, 2019); 공로명 장관구순기념문집편찬위원회 편, 『공로명과 나: 남기고 싶은 외교 비화들』(월인, 2021).

뒤의 책은 공로명 전 외무부장관과 인연을 갖고 있는 국내의 약 40명의 고위 인사들과 일본의 약 10명의 인사들이 기고한 글들을 모았다.

※ 공로명(1932~현재)은 서울대학교 법과대학 법학과를 졸업했다. 카이로총영사→브라질대사→뉴욕총영사→소련대사→러시아대사 등을 역임했으며, 그 과정에서 1983년 5월에 일어난 중공민항기 춘천불시착사건 때 열린 한중회담을 성공적으로 이끌었으며, 일련의 남북회담 등에도 참여했다. 김영삼정부 때 일본대사와 외무부장관으로 봉직했다.

(15) 김정남(金正男: 재야민주화운동가) · 한인섭(韓寅燮) 대담, 「4부 1990년대 이후」 가운데 「김영삼 대통령 취임사 준비」, ______, 『그곳에 늘 그가 있었다: 민주화운동 40년 김정남의 진실역정』(경기도 파주시: 창비, 2020), 603~677쪽 가운데 605~614쪽.

저자는 김영삼 대통령의 교육문화수석비서관으로 봉직하며 경험했고 목격했던 여러 일에 대해 회고했다. 김 대통령은 취임사에서 북한을 상대로 "동맹국이 민족보다 더 나을 수는 없습니다"라고 말하고 김일성과의 회담을 제의했다. 이것은 북한에게 북한의 동맹국인 러시아와 중국보다 한민족이 더 중요하다는 뜻을 전달한 것이었지만, 보수세력 일각에서는 "미국보다 북한이 더 소중하다"는 뜻이냐고 반문하면서 취임사 준비에 참여한 김정남 수석과 한완상 통일부총리의 '사상적 경향'에 문제를 제기했다. 「김영삼 대통령 취임사 준비」(605~614쪽)는, 김 대통령의 취임사가 마련된 경위에 대해 회고했다.

(15-A) 김정남(金正男) · 조갑제(趙甲濟) 대담, 「'보수층의 표적' 김정남 수석의 이념과 역사관」, 『월간조선』(1994년 6월), 322~357쪽.

(15-B) 이종환(李鍾煥) 인터뷰, 「김정남 전 대통령교문수석: "가는 길 분명해야 나라 바로 선다"」, 『신동아』(1995년 5월), 139~150쪽.

(15-C) 강인선(姜仁仙) 인터뷰, 「김정남 전 청와대 교육문화수석비서관, '실패한' 대통령 YS를 위한 변명: "그 많던 총리와 장관들은 다 어디로 갔는가"」, 『월간조선』(1998년 3월), 326~341쪽.

김영삼 대통령이 퇴임한 직후 김 대통령이 '실패한' 대통령이라는 세평이 나도는 데 대해 변호했다.

(16) 국립외교원 외교안보연구소 외교사연구센터 기획/남기정(南基正) 면담/김석우(金錫友) 대답, 「Pant 05 아주국장 시기 II」 가운데 「청와대 의전비서관 시기」 및 「Pant 06 통일원차관 시기 및 한국외교에 대한 제언」, ______, 『한국 외교와 외교관: 한일관계 · 한베수교』 외교사연구센터 오럴히스토리 총서 18(역사공간, 2022), 205~296쪽 가운데 278~296쪽 및 297~347쪽.

김영삼 대통령의 성격과 발상 등을 이해하는데 도움을 준다. 김 대통령의 결정에 관한 여러 많은 일화를 소개했는데, 그것들 가운데 하나는 대통령 주변의 경호원들이 신문이나 텔레비의 사진에 나타나는 수가 될 수 있는 대로 적게 해서 대통령이 국민에게 훨씬 가까이 있는 존재로 비치게 한 것이다. 또 하나는 칼국수다. 처음에는 우리 밀로 칼국수를 만든 결과 칼국수 발이 자주 끊어졌다. 그러나 경상북도 안동에서는 콩가루를 집어넣어 면이 끊어지지 않게 한다는 말을 듣고 그 방법을 따랐다는 것이다. 김석우 수석은 "김영삼 대통령은 자유민주주의와 시장경제의 가치에 대해서는 아주 철저한 신념을 갖고 있었습니다"라고 회상했다.

※ 김석우(1945~현재)는 서울대학교 법과대학 행정학과를 졸업하고 외무고시로 외무부에 입부해 외무부 아주국장 등을 역임한 뒤 김영삼정부에서 대통령 의전수석비서관과 통일원차관을 역임했다. 이후 국회의장 비서실장을 역임했으며, 현재 북한인권시민연합 이사장이다. 『남북이 만난다 세계가 만난다』(고려원, 1995), 『통일은 빠를수록 좋다: 북한 붕괴와 통일외교 로드맵』(공저: 홍성국[洪性國], 기파랑, 2010), 『국제정치경제의 이해 역사, 이념 그리고 이슈』(경기도 파주시: 한울, 2011) 등을 출판했다.

(17) 김학준(金學俊), 「제7장 남북정상회담 개최의 원칙적 합의를 북한과의 협상을 통해 구체화하다: 통일부총리를 거쳐 국무총리 그리고 여당대표로(1993년 7월~1998년 2월), 『이홍구 평전: 효당(曉堂) 이홍구(李洪九) 전 국무총리의 정치철학과 현장실천』(중앙books, 2023년 3월), 430~540쪽.

김영삼정부에서 민주평화통일자문회의 수석부의장→통일부총리→국무총리→당 대표위원(국회의원) 등으로 봉직한 이홍구 전 국무총리가 김영삼 대통령의 통일정책 및 국내정치에 대한 인식과 결정을 설명했다.

(18) 김도현(金道鉉), 『6월항쟁과 김대중 김영삼 민추협』(리북, 2023년 6월).

전두환 군부독재체제 때 반대세력의 중심에는 김영삼과 김대중이 있었다. 두 지도자는 1984년 5월 18일에 「민주화추진협의회, 약칭 민추협」을 결성하고 이 단체를 중심으로 반독재민주화운동을 이끌었다. 당시 민추협의 기관지 『민주통신』을 만들던 저자는 민추협의 활동을 자세히 기술했다. 이 책의 후반부에 민추협의 각종 선언문 등을 수록했다.

※ 김도현(1943~현재)은 서울대학교 문리대 정치학과 4학년 학생 때인 1964년에 한일회담반대운동에 적극적으로 참여했다가 구속됐고 제적됐다. 훗날 정부가 복학을 허용했으나 거부했다. 정부는 1967년 7월에 중앙정보부가 조작한「민족주의비교연구회사건」에 연루시켜 다시 투옥했으나 법원은 무죄로 석방했다. 이후 영남일보 논설위원으로 박정권을 비판하는 논설들을 발표했고, 화다출판사를 열어 장준하(張俊河) 선생을 기리는 책을 비롯해 민주화운동과 통일운동을 뒷받침하는 책들을 출판했다. 한국방송통신대학교에서 공부하며 학사학위를 받았다. 민주화시대가 열리면서 서울대학교 사회과학대학 정치학과로 복학해 정치학사학위를 받았다. 김영삼정부에서 문화체육부 차관을 역임했으며, 이후 서울특별시 강서구 청장으로 봉직했다.

김영삼정부 출범 당시 기대와 치적에 대한 평가

(1) 박봉환(朴鳳煥), 『우리의 역사는 누가, 어떻게 주도해야 하는가: 품위있는 나라에의 제언』(박영사, 1992년 12월 31일).

저자가 곧 출범할 김영삼정부를 직접적으로 지칭하면서 쓴 것은 아니다. 그러나 김영삼정부의 출범이 임박한 시점에서 출판한 사실에 미루어 김영삼정부를 상대로 국정운영의 큰 틀을 제시한 것으로 읽힌다.

저자는 출판의 시점에서 대한민국의 상황을 경제문제를 중심으로 살핀 뒤 '총체적 난국'으로 진단했다. 그는 '성공한 나라'의 사례로 독일과 일본을 꼽고, '실패한 나라'의 사례로 아르헨티나와 칠레를 꼽은 데 이어 '영국병(英國病)'으로 쇠락하던 영국이 보수당을 이끌던 마가렛 대처(Margaret Thatcher) 수상의 리더십을 통해 활로를 찾았음을 지적하고, 한국은 '산업화'와 '민주화'를 넘어서서 품위 있는 나라'를 만들어야 한다고 제의하면서, 그 목표를 달성하기 위해 '변혁의 시대를 이끌 수 있는 창조적 능력이 있는 최적자(最適者)에 의한 강력한 지도(指導)'가 요청된다고 주장했다. 그는 자본주의와 민주주의를 동시에 살릴 수 있는 길에 대해서도 진지하게 토론했다. 공직자로 일생을 보낸 지식인으로서의 고뇌를 느낄 수 있다.

※ 박봉환(1933~2000)은 서울대학교 문리대 정치학과를 졸업하고 고등고시 행정과를 통해 정부에 들어가 재무부 이재국장→경제과학심의회 상임위원→재무부 차관→동력자원부 장관→증권감독원 원장 겸 증권관리위원회 위원장 등을 역임했다.

(2) 손학규(孫鶴圭), 『한국정치와 개혁』(한울, 1993년 4월).

(3) Christopher J. Sigur, ed., *Korea's New Challenges and Kim Young Sam*(New York: Carnegie Council on Ethics and International Affairs, 1993)/크리스토퍼 시거 편저/ 정재문(鄭在文) 역, 『한국의 새로운 도전과 김영삼』(오름, 1993년 5월).

미 국무부 동아시아태평양차관보를 역임한 개스턴 시거(Gaston J. Sigur), 주한미국대사를 역임한 제임스 릴리(James R. Lilley), 하버드대학교 교수를 역임한 칼 모스코비치(Karl Moskowitz), MIT 교수 출신의 앨리스 암스덴(Alice H. Amsden), 『뉴욕타임스』의 데이비드 웅거(David Unger), 카네기재단의 로버트 마이어스(Robert Myers), 조지워싱턴대학교 교수 존 베넷(John Benett) 등의 글을 모았다.

(4) 이용식(李容式), 『김영삼 권력의 탄생: 3당합당에서 청와대까지 1000일간의 파워게임』(공간, 1993년 11월).

(5) 한국정치학회 편, 『문민정부와 정치개혁』(한국정치학회, 1993년 12월).

제3부 부록
학술대회 프로그램, 256~275쪽.
토론, 276~277쪽.
정책대안 및 비젼, 278~293쪽.

(6) Sung-chul Yang, "Where Does South Korean Political Development Stand Now?: From Legitimacy Crisis to Democratization Trial," *Korea and World Affairs*, Vol. 18, No. 1(March 1994), pp.5~22.

(7) 김영만(金榮晩), 『칼국수와 함께 역사를 만들어 가는 사람들: 청와대에선 세상 사람이 모르는 이런 일도 있었다』(동광출판사, 1994).

(8) 조갑제(趙甲濟) 인터뷰, 「노재봉(盧在鳳): 김영삼정권의 위선적 도덕주의가 국가 경영을 마비시키고 있다」, 『월간조선』(1995년 4월), 178~196쪽.

(9) 김민웅(金民雄), 「고난의 시대에서 배반의 시대로; 김영삼의 좌절과 그 출로, 그리고 우리의 자화상」, 강준만(康俊晩) · 김교만(金敎萬) · 김민웅(金民雄) · 김삼웅(金三雄) · 김진아(『사회평론 길』) · 문부식(文富軾) · 손석춘(孫錫春) · 최종욱(崔淙旭) · 황광수(黃光穗) 분담집필, 『레드 콤플렉스: 광기가 남긴 아홉 개의 초상』(삼인, 1997), 109~140쪽.

김영삼정부의 한완상 통일부총리와 김정남 교육문화수석비서관이 '좌익'이라는 '우익'의 부당한 공세로 퇴임하지 않을 수밖에 없었다고 개탄했다.

(10) Don Oberdorfer, *The Two Koreas: A Contemporay History*(Reading, M.A.: Addison-Wesley, 1997)/이종길(전문번역가) 역, 『두 개의 한국: 전직 워싱턴포스트 기자가 바라본 한국 현대사 비록』(길산, 2002); Don Oberdorfer and Robert Carlin, *The Two Koreas:. A Contemporary History,*3nd rev.ed.(New York: Basic Books, 2014)/이종길(전문번역가) · 양은미(전문번역가) 공역, 『두 개의 한국: 한국 현대사 비록』(길산, 2014).

앞의 책은 김영삼정부를 다룬 몇몇 장(章)에서 김 대통령이 '북한붕괴'론에 젖어 있었으며, 그러한 믿음에서 대북정책을 입안 · 추진했다는 논지를 전개했다. 뒤의 책은 제12장~제14장이 김영삼정부의 대북정책을 다뤘다. 여기서도 김 대통령이 '북한붕괴'론에 집착하고 있었음이 확인된다.

※ Don Oberdorfer(1931~2015)는 프린스턴대학교를 졸업하고 한 지방지에서 기자 생활을 시작했으며 곧 『워싱턴포스트』의 백악관출입 및 동아시아특파원으로 활동했다. 언론계를 떠난 뒤 존스홉킨스대학교 고등국제학대학원 산하 한미연구소에서 '석좌 저널리스트'로 활동했다. Robert Carlin은 미 국무성 또는 중앙정보부 관리로 북한과의 협상에 깊이 참여했다.

(11) 한국세계지역연구협의회 편, 『민주화와 지속적 경제발전, 그리고 통일: 문민정부 5년의 평가』(한국세계지역연구협의외, 1997).

(12) 동아일보 특별취재팀 편, 『잃어버린 5년 칼국수에서 IMF까지: YS 문민정부 1,800일 비화』전2권(동아일보사, 1999).

제1권

제1부 '문민개혁'의 탄생, 18~99쪽.
제2부 '문민사정'의 허실, 100~239쪽.
제3부 '신(新)경제'의 명암, 240~345쪽.
제4부 김현철 씨의 힘과 몰락, 346~434쪽.
부록: 문민정부 관련 도표, 435~445쪽.

제2권

제5부 군 개혁의 실상, 8~87쪽.
제6부 외교안보 막전막후, 88~159쪽.
제7부 환란(換亂)으로 치닫는 경제, 160~239쪽.
제8부 YS의 몰락, 240~302쪽.
부록 1: 김영삼 대통령 주요 연설문, 303~366쪽.
부록 2: 문민정부일지, 367~453쪽.

(13) 지동욱(池東旭), 『한국 대통령 열전: 권력자의 영화와 전락』(일본어)(도쿄: 주오고론신샤[中央公論新社], 2002)/박윤희(전문번역가) 옮김, 「제7장 김영삼」, ______, 『한국대통령 8인 비극적 말로의 비밀: 최고 권력자의 영화와 전락, 암투와 감춰진 모습』(사람의향기, 2003), 237~262쪽.

(14) 시사1번지 『폴리뉴스』 미디어 편, 「특집: 김영삼 대통령」, 『폴리피플』(2015년 12월).

김영삼 대통령의 서거(2015년 11월 22일)를 계기로 김 대통령의 공과를 여러 각도에서 분석했다.

(15) 김재한(金哉翰) 편, 『김영삼: 1987년 민주헌정체제의 등장과 운영 I; 1987년 민주헌정체제의 등장과 2017년 개헌 논의』(경기도 파주시: 카오스북, 2017).

(16) 김진현(金鎭炫), 「12장 YS와의 인연」, ______, 『대한민국 성찰의 기록: 김진현 회고』(경기도 파주시: 나남출판사, 2022), 487~500쪽.

저자는 김영삼 대통령에 대해 다음과 같이 말했다.

> 내가 겪은 역대 대통령을 평가하라 한다면 인간으로서 가장 결함이 적은 분은 김영삼 대통령이다. 지식이 모자라는 허점이 있으나 약속 신용을 지키는 것이나 돈에 사리 차리지 않는 것이나 대국 · 대의를 위해서 희생도 감수하는 큰 정치가다운 의지. 주로 '인간적' 측면에서는 내가 겪어본 정치인 중에서 단연 으뜸이고 특출했다. 한 번 믿으면 끝까지 믿는 순수형 냄새가 짙은 분이다.

김영삼정부가 직면했던 위기와 대응

한국정치학회 편/유석진(柳錫津) · 손호철(孫浩哲) · 백영철(白榮哲) · 안청시(安淸市) · 정운찬(鄭雲燦) · 임혁백(任爀伯) · 정용덕(鄭用德) · 김영명(金永明) · 로렌스 B. 크라우스(Lawrence B. Kraus) · 최장집(崔章集) · 유현석(柳現錫) · 윤영관(尹永寬) 분담집필, 『한국정치경제의 위기와 대응』(오름, 2001).

백영철, 「서장: 한국 정치경제의 위기와 대응」, 13~28쪽.

제1부 한국의 민주화와 정치개혁: 노태우·김영삼 시기 평가

안청시, 「제1장: 한국민주주의의 공고화와 삶의 질 향상; 정치개혁의 전략과 방안」, 31~63쪽.

유석진, 「제2장: 민주주의와 시장경제; 제도주의적 관점」, 64~88쪽.

정용덕, 「제3장: 국가기구의 제도적 특성과 행정개혁」, 89~128쪽.

제2부 한국 정치경제의 위기와 원인

김영명, 「제4장 동아시아 정치 · 경제 체제의 특징」, 131~149쪽.

손호철, 「제5장: 발전과 위기의 정치경제학; 한국의 'IMF위기'와 '동아시아모델'」, 150~168쪽.

로렌스 B. 크라우스, 「제6장: 1997~1998년 아시아 금융위기의 정치와 경제」, 169~224

쪽.

제3부 개혁의 방향과 대안모색

최장집, 「제7장: 한국 정치경제의 위기와 대안모색; '민주적 시장경제의 병행발전론'을 중심으로」, 227~261쪽.

정운찬, 「제8장: 한국 정치경제위기의 원인과 개혁방향」, 262~311쪽.

임혁백, 「제9장: 한국 자본주의의 개혁방향; 재벌정책을 중심으로」, 312~342쪽.

유현석, 「제10장: IMF 관리체제와 한국의 노사관계개혁; 노사정 대타협을 중심으로」, 343~374쪽.

윤영관, 「제11장: 발전국가에서 21세기 정치경제모델로」, 375~407쪽.

김영삼 내각과 인맥

(1) 조성관(趙成寬), 『대통령과 기자들: 김영삼권력 대해부』(나남, 1994).

(2) 최장원(崔壯源) · 김기철(金基哲) · 이정렬(李政烈), 「특별조사: 김영삼정권 2백50명의 각계 포진 실태」, 『월간조선』(1995년 3월), 202~213쪽.

(3) 노병만(盧秉萬), 「김영삼정권 권력엘리트의 특성 분석」, 『한국정치학회보』제31집 제2호(1997년 9월), 143~171쪽.

(4) 김용삼(金容三), 「'문민정부' 개각사(改閣史) 대해부: 김영삼 대통령, 장관 1백18명 차관 89명 양산」, 『월간조선』(1998년 1월), 356~375쪽.

김영삼 대통령이 애독하고 권장한 책

도몬 후유지(童門冬二), 『우에스기 요잔(上杉鷹山)』(도쿄: 가쿠요쇼보[學陽書房] 1983)/김철수(金哲秀) 옮김, 『불씨: 250여년 전 파탄직전의 에도막부를 살려낸 한 지도자의 실화소설』(굿인포메이션, 2002)

우에스기 요잔(1751~1822)은 에도 시대 중기 요내자와 번(米沢藩) 제9대 번주로, '성공적으로 개혁을 추진했던 통치자'로 평가된다. 현상을 과감히 타파하고 희망을 심어주는 개혁의 불을 붙이기 시작하면서, 하나의 '불씨가 종국에는 개혁의 불을 크게 일으켰다는 뜻을 담았다. 김영삼 대통령은 취임하면서 개혁의 당위성을 확산시키기 위해 이 소설 읽기를 권장한 것이다.

손명순 여사

김영삼 대통령의 부인 손명순(孫命順, 1929~2024)은 이화여자대학교 약학대학을 졸업하고 약사가 됐다. 그러나 개업하지 않고 가정주부로 헌신했다.

(1) 전재현(여성중앙 기자), 「손명순 여사, YS당선 첫새벽 하늘 우러러 눈물로 간구한 기도」, 『여성중앙』(1993년 1월), 86~92쪽.

(2) 강인선(姜仁仙), 「대통령부인 손명순 여사의 청와대 '근무' 3년 5개월」, 『월간조선』(1996년 8월), 230~241쪽.

(3) 함성득(咸成得), 「4장 한국의 영부인」 가운데 「7. 손명순 여사」, ______, 『영부인론』(나남출판, 2001), 125~128쪽 가운데 173~174쪽.

(4) 조은희(趙恩禧), 「한 발 뒤로 물러난 현모양처: 손명순」, ______, 『한국의 퍼스트레이디: 프란체스카 · 공덕귀 · 육영수 · 홍기 · 이순자 · 김옥숙 · 손명순 · 이희호』(황금가지, 2007), 217~248쪽.

제2항 *Asian Survey*의 논문

(1) Victor D. Cha, "Politics and Democracy Under the Kim Young Sam Government: Something Old, Something New," *Asian Survey*, Vol. 33, No. 9(September 1993), pp.849~863.

(2) Chong-sik Lee and Hyuk-sang Sohn, "South Korea in 1993: The Year of the Great Reform," *Asian Survey*, Vol. 34, No. 1(Januaray 1994), pp.1~9.

(3) Chong-sik Lee and Hyuk-sang Sohn, "South Korea in 1994: A Year of Trial," *Asian Survey*, Vol. 35, No. 1(January 1995), pp.28~36.

(4) Chang-hee Nam, "South Korea's Big Business Clientelism in Democratic Reform," *Asian Survey*, Vol. 35, No. 4(April 1995) pp.357~366.

(5) B. C. Koh, "South Korea in 1995: Tremors of Transition," *Asian Survey*, Vol. 36, No. 1(January 1996), pp.53~60.

(6) Sang-hyun Yoon, "South Korea's Kim Young Sam Government: Political Agendas," *Asian Survey*, Vol. 36, No. 5(May 1996), pp.511~522.

(7) B. C. Koh, "South Korea in 1996: Internal Strains and External Challenges," *Asian Survey*, Vol. 37, No. 1(January 1997), pp.1~9.

(8) Sun-hyuk Kim, "State and Civil Society in South Korea's Democratic Consolidation: Is the Battle Really over?" *Asian Survey*, Vol. 37, No. 12(December 1997) pp.1135~1144.

(9) Tong-whan Park, "South Korea in 1997: Clearing the Last Hurdle to Political-Economic Maturation," *Asian Survey*, Vol. 38, No. 1(January 1998), pp.1~10.

김영삼정부 시기에 한국에 관해 출판된 *Korean Studies*의 논문들

(1) Timothy C. Lim, "Explaining Development in South Korea and East Asia: A Review of the Last Dozen Years of Research," *Korean Studies*, 18(1994), pp.171~202.

(2) Diane M. Hoffman, "Lurred Genders: The Cultural Construction of Male and Female in South Korea," *Korean Studies*, 19(1995), pp.112~138.

(3) Karl E. Kim, "Book Review: *Troubled Tiger: Businessmen, Bureaucrats, and Generals in South Korea* by Mark L. Clifford," *Korean Studies*, 20(1996), pp.244~246.

(4) Chung H. Lee, "Book Review: *Korean Economic Development: An Interpretive Model* by Paul W. Kuznets; *Industrialization, Trade and Market Failures: The Role of Government Intervention in Brazil and South Korea* by Mauricio Mesquita Moreira," *Korean Studies*, 20(1996), pp.272~275.

(5) Michael J. Seth, "Strong State or Strong Society?: Educational Development in South Korea, 1961~66," *Korean Studies*, 21(1997), pp.72~95.

(6) Karl E. Kim, "Book Review: *Poisoned Prosperity: Development, Modernization, and the Environment in South Korea* by Norman R. Eder," *Korean Studies*, 21(1997), pp.130~133.

(7) Craig Mulling, "Book Review: *South Korea's Minjung Movement: The Culture and Politics of Dissidence* edited by Kenneth M. Wells," *Korean Studies*, 22(1998), pp.148~154.

제2절 역사바로세우기 운동

제1항 군개혁 하나회 해체와 율곡비리 감사

(1) 김재홍(金在洪), 「제10장 YS, 군부숙정 칼날 세우다」, _____, 『군(軍)』 전2권(동아일보사, 1994), 제2권(『정치장교와 폭탄주』), 300~383쪽.

김영삼 대통령은 집권 직후인 1993년 3월 8일에, 육사 17기로 하나회 소속인 김진영(金振永) 육군대장을 육군참모총장으로부터 해임하고 예편시켰다. 곧이어 육사 19기로 하나회 소속인 서완수(徐完洙) 국군기무사령관을 보직해임하고 예편시켰다. 그들의 후임에는 하나회 소속이 아닌 장군들이 임명됐다. 이 인사는 김 대통령이 하나회를 해체시킴으로써 더 이상 군 내부에 사조직을 허용하지 않겠다는 강력한 의지의 표시로 해석됐다. 실제로 1993년 4월 2일에 군 수뇌진을 대폭 교체하는 인사가 이뤄졌다. 그것은 '군부 대숙청'을 의미했다.

(2) _____, 「제11장 '성역 속의 떡고물': 율곡비리」, _____, 『군(軍)』전2권(동아일보사, 1994), 제2권(『정치장교와 폭탄주』), 384~415쪽.

국방부가 주관하는 '율곡사업'은 1974년 당시 박정희 대통령이 자주국방을 확립하기 위해 시작한 무기 및 장비 현대화 사업을 말하는 암호명이었다. '율곡사업'은 조선왕조 때 왜란의 발발을 예견하며 국방에 충실히 대비해야 한다고 제의한 율곡(栗谷) 이이(李珥)의 선견지명을 염두에 두고 명명된 것이었다.

이 사업에는 연간 3조 1천억 원이 투입됐으며, 이 사업을 통해 1970년대 말까지 M-16 소총과 한국형 미사일의 국내생산이 이어졌고 이어 K-1 전차와 경훈련항공기 제공호도 국산화됐다. 무기거래상들은 이 사업에 참여해 큰 돈을 벌 목적으로 국방부 고위장성들과 정치권에 커미션을 주었다. 자연히 군 내부에서 비리와 부정축재가 발생했다.

김영삼 대통령은 집권 직후인 1993년 4월 말에 감사원으로 하여금 율곡사업 전반을 감사하게 했다. 이 감사를 통해 몇몇 국방장관들을 비롯해 몇몇 육군참모총장 · 해군참모총장 · 공군참모총장 등이 수사를 받았으며 그들 가운데 상당수를 구속해 재판에 넘겼다. 그들은 예외 없이 유죄판결을 받았다.

(3) 오원철(吳源哲), 「'25조원 율곡사업' 진실: "국민 돈, 한 푼도 부정은 안돼,"」, 『신동아』(1995년 4월), 410~425쪽.

박정희 대통령 때 경제제2수석비서관으로 율곡사업을 관장했던 필자가 율곡사업에 관해 회상했다.

(4) ______, 「YS 군부인맥: '소산(小山)'·'K2'계 부상」, 『신동아』(1995년 7월), 248~265쪽.

부제에 등장하는 '소산(小山)'·'K2'계는 김영삼 대통령의 차남 김현철 계열을 의미한다. 김 대통령의 아호가 '거산(巨山)' 임을 염두에 두고 그를 '소산'이라고 불렀으며, 그가 경복고등학교 졸업생임을 염두에 두고 그의 인맥을 'K2계'라고 불렀던 것이다. 필자에 따르면, 김영삼 행정부의 군부는 김현철 인맥에 의해 많은 영향을 받았다.

(5) 주섭일(朱燮日), 「시론: 갈팡질팡, YS식 역사바로세우기」, 『신동아』(1996년 3월), 110~117쪽.

(6) 김광식(金光植), 「한국군부의 탈정치화 과정 연구」 고려대학교 대학원 사회학과 박사학위청구논문, 1999년 2월.

※ 김광식(1959~현재)은 고려대학교 문과대학 사회학과를 졸업하고 고려대학교 대학원 사회학과에서 석사→박사학위를 받았다. 한국국방연구원 연구위원으로 봉직했다.

(7) 윤승모(尹承模), 『우정은 변치 않을 때 아름답다: 정치인 서청원(徐淸源)을 말한다』(경기도 파주시: 나남출판사, 2013).

서청원(1943~현재)은 중앙대학교 법정대학 정치외교학과를 졸업하고 조선일보 수습기자로 출발해 조선일보 정치부 기자를 거쳐 정계에 입문했다. 주로 신민당 김영삼 총재를 모시고 제11대 국회의원에 당선된 이후 20대까지 8선을 기록했으며, 김영삼 대통령 때 정무제1장관(1993년 12월 21일~1994년 12월 23일)으로 봉직하는 가운데 김 대통령의 개혁을 뒷받침했다. 그의 저서로 『아직도 먼길을 가야 할 약속이 있다』(풍남, 1992)와 『카리스마의 시대는 끝났다』(답게, 1998) 등이 있다.

하나회 해체

(1) 김대곤(金大坤), 「"YS, 군 정치적 중립 훼손했다": 자민련 입당 전 수방사령관 안병호(安秉浩)」, 『신동아』(1995년 6월), 144~157쪽.

(1-A) 안병호(安秉浩) 구술/김준범(전 중앙일보 편집국 정치부장) 정리, 「인터뷰: "전두환 지시로 박근혜 만나 거액의 비자금 회수했다"; 안병호 전 수방사령관 4시간 격정토로」, 『월간중앙』(2017년 5월), 125~135쪽.

신군부의 핵심실세 가운데 일원이었으며 수도방위사령관을 역임한 안병호(1942~현재) 예비역 중장은 "하나회는 하나회에 대해 위협을 느낀 전두환의 지시로 1981년에 사실상 해체됐기에, 하나회의 해체는 김영삼 대통령의 공적이 아니다"라는 취지로 회고했다.

(2) 김석준(金錫俊), 「한국의 정치개혁과 민주정치발전에 관한 연구」, 『한국정책학회보』(한국정책학회) 제4권 제1호(1995년 6월), 11~29쪽.

김영삼 대통령의 「하나회」 해체를 긍정적으로 평가했다.

(3) 김승기(金昇琦), 「'떨어진 별' 하나회 장군들 그후」, 『신동아』(1995년 7월), 266~281쪽.

(4) 박민식(朴敏植), 『군사조직 「하나회」 대부: 윤필용 장군 5주기』(좋은이웃집, 2015).

(5) 김종필 구술/중앙일보김종필증언록팀 엮음, 「88 YS의 하나회 제거와 전·노 처벌」, ______, 『김종필 증언록: JP가 말하는 대한민국 현대사』(와이즈베리, 2016), 188~195쪽.

자신은 보도에 접한 뒤 하나회 숙정은 지지했으나 소급법을 만들어 전두환 전 대통령과 노태우 전 대통령을 처벌하는 데 대해서는 "소급법 제정은 옳지 않다"는 시각에서 지지하지 않았다고 말했다.

(6) 김정남(金正男), 「4부 1990년대 이후」 가운데 「문민정부의 개혁 드라이브」, ______, 『그곳에 늘 그가 있었다: 민주화운동 40년 김정남의 진실역정』(경기도 파주시: 창비, 2020), 603~677쪽 가운데 623~626쪽 및 635~637쪽.

김영삼 대통령의 결정과정을 자세히 회상하면서, "그때 옷 벗은 장군이 18명에 떨어진 별만 50개는 됐어요.[…] 하나회 척결이야말로 군정에서 민정으로 이동하는 중요한 정치적 결단이자 사건이었습니다"라고 말했다.

대한민국의 군에 관한 저술

이 대목에서 대한민국의 군에 관한 저술들 가운데 앞의 권(卷)들에서 다루지 않았던 몇몇 저술들을 소개하기로 한다.

(1) Chong chon Paek(Jong-chun Baek), "Military Education System and National Development: The Case of the Republic of Korea(ROK) Army," *Korea Observer*, Vol. 16, No. 4(Winter 1985), pp 400~431.

(2) Edward Olsen, "The Societal Role of the ROK Armed Forces," In Edward Olsen and Stephen Jurika, eds., *The Armed Forces in Contemporary Asian Societies*(Boulder, CO,: Westview Press, 1986).

(3) 양희원 엮음, 『군대문화의 뿌리: 군대의 전통과 관습을 중심으로』(을지서적, 1988).

(4) 박기열, 『젊은 사관후보생의 슬픈 연가』(미래문화사, 1989년 2월).

(5) 차재익, 『조국을 위하여』(고려원, 1989 5월).

(6) 김순권, 『젊음을 바치는 사람들』(쿰란출판사, 1991).

(7) 김환태, 『육두품 소령의 군대 이야기』전2권(쟁기, 1993).

(8) 서효일, 『군개혁 이렇게 해야 한다』전2권(백암, 1995년 2월).

(9) 김남국, 『국민의 군대, 그들의 군대』(풀빛, 1995년 4월).

(10) 이성찬, 『너희가 군대를 아느냐』전2권(들녘, 1998)

(11) 김삼석, 『반갑다, 군대야』(살림터, 2001).

(12) 김용궁(金龍宮), 「대한민국 국민의 공정한 병역의무이행이 국가경쟁력에 미치는 영향: 정책적 대안을 중심으로」, 서울벤처정보대학원대학교 국방정책학과 박사학위청구논문, 2011년 8월.

※ 김용궁(1975~현재)은 위덕대학교 대학원에서 박사학위과정을 마치고 서울벤처정보대학원대학교에서 박사학위를 받았다.

(13) 더파란하늘(필명), 『군대 바로 알기:군대 제대로 알고 가자! 군생활 완벽 지침서』(좋은땅, 2014)

저자는 강원도 철원 육군 제15사단 39연대 예하부대에서 현역병으로 복무한 가운데, GOP(철책) 경계근무에 6개월씩 두 차례에 걸쳐 투입됐고, 병장으로 만기전역했다. 그 경험을 바탕으로 병사들의 입장에서 이 글을 썼다.

(14) 김종대, 『시크릿 파일 위기 속의 장군들: 권력과 진급을 향한 별들의 전쟁』(메디치미디어, 2015).

(15) 정홍용, 『우리의 국방, 무엇을 어떻게 해야 하나』(플래닛미디어, 2018).

(16) 조영길(曺永吉), 『자주국방의 길: 자주국방의 열망, 그 현장의 기록』(플래닛미디어, 2019).

※ 조영길(1940~현재)은 합동참모회의 의장을 거쳐 노무현 대통령 때 국방부장관을 역임했다.

(17) 유용원(庾龍源), 『유용원의 밀리터리 시크릿:북한군, 주변4강, 한미관계, 한국군, 방위산업 관련 핫이슈 리포트』(플래닛미디어, 2020년 1월).

27년 동안 국방부 출입기자로 활동하며 쓴 글들을 모았다. 북한군 관련문제, 주변4강 관련자료, 한미군사관계 현황, 한국군의 당면과제, 그리고 방위산업 관련문제 등에 대해 썼다.

※ 유용원(1964~현재)은 서울대학교 사회과학대학 경제학과를 졸업하고 조선일보에서 1993년 이후 2024년까지 줄곧 국방부를 출입해 국내 최장수 군사전문기자로 꼽혔다. 조선일보 논설위원을 겸하고 있는 그의 저서들에는 『우리도 핵무장을 해야 하는가』(플래닛미디어, 2016) 등이 포함됐다. 현재 제22대 국회의원이다.

(18) 해병대전우70년사 편찬위원회, 『해병대전우 70년사』전2권(경기도 하남시: 청미디어, 2020년 11월).

각 권의 부제는 다음과 같다.

I : 해병대 70년, 걸어온 길 총망라
II: 전우회, 동기회 및 조직, 자랑스러운 해병대

(19) 박성규(朴成奎), 『피와 포도주』(준평, 2022)

박성규(1952~현재)는 육군3사관학교를 졸업하고 동국대학교 대학원 안보행정학과에서 석사학위를 받았다. 육군 11기계화보병사단장→제7군단장→제1야전군사령관(대장)을 역임했다. 40여 년 동안 군 작전통으로 근무했던 저자가 31개 주제를 통해 국가안보와 국방현안에 대해 썼다.

김훈 중위 사건

1998년 2월 24일에 판문점 공동경비구역(JSA)에서 육군사관학교 출신의 엘리트 장교 김훈 경비소대장이 사망한 채 발견됐다. 처음에는 '자살'로 발표됐으나, 훗날 순직한 것으로 판정됐다.

(1) 고상만, 『그날 공동경비구역에서는 무슨 일이 있었나?: 한 인권운동가가 13년 동안 추적한 판문점 김훈 중위 사망사건의 숨겨진 진실』(경기도 고양시: 책으로여는세상, 2011).

※ 고상만(1970~현재)은 이 책의 출판 당시 서울시교육청 감사관실에서 공무원이었다.

(1-A) 이덕우 변호사, 「추천사: 군인도 사람이다」.

"이 책은 대한민국 군대에 대한 인권사, 그리고 한국현대사의 소중한 기록이고 지은이가 발로 뛴 생생한 인권운동, 판문점 김훈 중위 사건에 대한 증언입니다."

제2항 김종필 밀어내기

김충식(金忠植), 「김종필 폭탄 발언: 내 입 열면 불행해질 사람이 있다」, 『신동아』(1995년 2월), 115~130쪽.

김영삼 정권의 핵심 인사들은 1995년 1월부터 김종필 민주자유당 최고위원이 군부독재세력의 핵심이었던 만큼 민주자유당에서 추방해야 한다고 공개적으로 발언했다. 자신을 '용도 폐기'하고자 한다고 직감한 김종필은 자신의 지지자들과 함께 당을 떠나 1995년 3월 30일에 자신의 지역 기반인 충청도를 중심으로 「자유민주연합」을 창당했다.

제3항 전두환·노태우 전 대통령 재판

김영삼 대통령은 '비자금 사건'과 관련해 1995년 11월 16일에 노태우 전 대통령을, 1995년 12월 3일에 전두환 전 대통령을 구속했다. 김 대통령은 이어 1995년 12월 21일에, 1979년 12월 12일의 '군사반란'을 처벌하는 특별법인 「5·18민주화운동 등에 관한 특별법」을 제정하고, 두 전직 대통령을 포함해 황영시(黃永時), 허화평(許

和平), 이학봉(李鶴捧), 정호용(鄭鎬溶), 유학성(兪學聖), 최세창(崔世昌), 허삼수(許三守), 이희성(李熺性), 차규헌,(車圭憲) 장세동(張世東), 주영복(周永福), 박종규(朴琮圭), 신윤희(申允熙), 박준병(朴俊炳) 등 모두 16명을 구속·기소했다. 그들 가운데 박준병 한 사람만 무죄가 확정됐고, 유학성은 대법원판결에 앞서 별세해 법적으로 무죄가 확정됐다.

(1) 박은정(朴恩正)·한인섭(韓寅燮) 엮음, 『5·18, 법적 책임과 역사적 책임』(이화여자대학교출판부, 1995).

박은정 교수의 논문과 한인섭 교수의 논문, 심헌섭(沈憲燮) 교수의 논문, 허영(許營) 교수의 논문, 김인석(金寅石) 교수의 논문, 오병선(吳炳善) 교수의 논문, 박원순(朴元淳) 변호사의 논문을 모았다. 마지막 부분에, 5·18에 관련된 여러 자료를 수록했다.

(2) 엄상익(嚴相益), 『피고인 각하: 엄상익 변호사의 두 전직 대통령 재판방청기』(미래미디어, 1996); 김중명(金重明) 역, 『피고인 각하: 전두환·노태우 재판방청기』(도쿄: 분케이슌슈[文藝春秋], 1997).

(3) 박상천(朴相千), 「5·18특별법 위헌 아닌 10가지 이유」, 『신동아』(1996년 3월), 118~125쪽.

서울대학교 법과대학 출신의 변호사이면서 국회의원으로 훗날 김대중정부에서 법무장관이 되는 필자(1938~2015)는 5·18특별법이 위헌이 아니라는 논리를 전개했다.

(4) 김덕한(金德翰), 「역사를 바꾼 정경식(鄭京植) 헌법재판관」, 『월간조선』(1996년 4월), 192~201쪽.

헌법재판소가 5·18특별법이 위헌이 아니라는 결정을 내리는 데 중요한 역할을 한 정경식 헌법재판관을 분석했다.

(5) 한인섭(韓寅燮), 『5·18재판과 사회정의』(경인문화사, 2006).

제6장 Kwangju and Beyond: Coping with Past State Atrocities in South Korea, 211~280쪽.

제7장 논설 및 단평, 281~300쪽.

(6) 박준병(朴俊炳), 「16. 자민련 입당과 무죄선고」, ______, 『군인의 길, 정치인의 길: 박준병 회고록』(기파랑, 2012), 357~391쪽.

자신이 구속 · 기소되고 1심에서부터 3심에 이르기까지 각 심(審) 모두에서 무죄판결을 받은 과정을 자세히 회상했다.

(7) 문영호(文永晧), 『군소 한 접시, 손 편지 한 장』(meal, 2022).

노태우 전 대통령 비자금사건의 주임검사로, 당시 연희동 사저를 압수 · 수색해야 한다는 여론이 거셌으나 '망신주기 수사'는 안 된다며 반대했다고 회상했다.

제4항 구 조선총독부 청사 철거

'신한국 창조'와 '역사바로세우기'를 내세웠던 김영삼 대통령은 지난날 중앙청으로 쓰였고 당시 국립중앙박물관으로 쓰이던 건물이 일제의 조선식민지배의 상징인 조선총독부 청사였음을 상기시키면서 철거를 결정하고, 광복 50주년 경축식(1995년 8월 15일)에서 중앙돔의 해체를 시작으로, 1996년 11월 13일에 이 건물의 지상 부분 철거를 완료했다. 김 대통령은 그 자리에 경복궁을 복원했다. 1998년 8월 8일에 독립기념관은 중앙돔과 건축부재로 「조선총독부 철거부재 전시공원」을 개원하여 일반에 공개했다.

(1) 최재봉(한겨레 기자), 「'총독부청사 철거 먼저' '새 박물관 건립 먼저' 중앙박물관 이전절차 논란」, 『한겨레』(1993년 10월 5일), 11쪽.

총독부 청사 철거를 둘러싼 논쟁을 정리했다.

(2) 강원용(姜元龍), 「중앙박물관 꼭 헐어야 하나」, 『경향신문』(1994년 12월 2일), 5쪽.

김영삼 대통령의 철거론을 여러 각도에서 철저히 비판했다.

(3) 김용삼(金容三) · 정양모(鄭良謨) · 이선복(李鮮馥) · 이난영(李蘭暎), 「국립중앙박물관 선(先)철거-후(後)건설에 전문가집단의 대반란」, 『월간조선』(1994년 12월), 190~

225쪽.

(4) 전진우(全津雨), 「인터뷰: 박물관, 총독부철거논란 '볼모' 아니다; 정양모」, 『신동아』(1995년 1월), 361~365쪽.

당시 국립중앙박물관 정양모 관장과의 인터뷰를 통해 김영삼정부가 국립중앙박물관으로 쓰이던 옛 조선총독부 청사를 철거하는 논리를 자세히 소개했다.

(5) 조갑제(趙甲濟), 「조갑제의 심층인터뷰 김대중」, 『월간조선』(1995년 9월), 204~228쪽.

김대중 총재는 철거를 '보류'해야 한다는 의견을 갖고 있었다고 썼다.

(6) 김정남(金正男), 「4부 1990년대 이후」 가운데 「문민정부의 개혁 드라이브」, ______, 『그곳에 늘 그가 있었다: 민주화운동 40년 김정남의 진실역정』(경기도 파주시: 창비, 2020), 603~677쪽 가운데 621~623쪽.

철거 결정은 전적으로 김영삼 대통령에 의해 내려졌다고 회상했다.

김영삼 대통령의 '역사바로세우기' 운동에 대한 전반적 비판

허화평(許和平), 『고독하지만: 자유민주주의 사상가 허화평의 사자후(獅子吼)』(새로운사람들, 2021).

1979년의 12·12군사반란에 연루된 혐의로 재판에 넘겨져 유죄가 확정됐던 저자는 이 책에서 김영삼정부가 출범한 1993년 이래 "대한민국은 들쥐의 무리가 민주와 공화를 갉아먹고, 자유시장경제를 갉아먹고, 법치를 갉아먹고, 안보를 갉아먹고, 양심을 갉아먹는 나라가 됐다. 지금 대한민국은 좌파정권이 독선과 독재를 앞세워 전체주의의 길로 치닫고 있는 나라가 됐다"라고 진단했다.

제3절 지방자치선거·15대 국회총선·15대 대통령선거

제1항 지방자치선거

김영삼정부는 1995년 6월 27일에 전국 광역단체장과 기초단체장 그리고 광역의회의원과 기초의회의원을 동시에 실시했다. 이것을 제1회 전국동시지방선거라고 부른다. 이 선거를 통해, 서울특별시장을 비롯한 광역단체장 15명, 기초단체장 230명, 광역의원 970명, 기초의원 4541명이 선출됐다.

(1) 공보처 편, 『선거광고관련법규 해설: 제1회 전국동시지방선거』(공보처, 1995).

(2) 중앙선거관리위원회 편 『전국동시지방선거당선자명부』(중앙선거관리위원회, 1995); ______, 『제1회 전국동시지방선거 투표율 분석: 95. 6. 27 시행』(중앙선거관리위원회, 1995); ______, 『전국동시지방선거총람』(중앙선거관리위원회, 1995), ______, 「제2장 제1회 전국동시지방선거」, ______, 『대한민국선거사』제6집(1993.2.25.~1998.2.24)(경기도 과천시: 중앙선거관리위원회, 2009), 27~172쪽.

(3) 서울특별시선거관리위원회 편, 『전국동시지방선거 총람』 서울특별시건거관리위원회, 1995~1998).

(4) 최한수(崔漢秀), 「6.27 지방선거의 평가: 정당지지 및 지역주의 실태」, 『한국정치학회보』제29집 제3호(1995년 12월), 141~161쪽.

(5) 강우창(姜佑昌) · 김도원(金度沅) · 강준모(고려대 정치외교학과 석사과정), 「후보자의 미소와 득표율의 관계: 제1~7회 지방선거 시군구 단체장 후보자들을 중심으로」, 『한국정치학회보』 제56집 제4호(2022년 가을), 59~82쪽.

제2항 제15대 국회총선과 제15대 국회

제15대 국회총선은 1996년 4월 11일에 실시됐다.

(1) 조성관(趙成寬), 「전 · 노 구속사태와 15대 총선 전망: 대통령제 민주주의의 실패-

내각제 개헌론 힘 얻다」, 『월간조선』(1996년 1월), 182~194쪽; ______, 「15대 총선 감상법: 승패를 좌우할 6대 변수」, 『월간조선』(1996년 3월), 312~322쪽; ______, 「96 한국의 절묘한 선택; 15대 총선,이렇게 치러졌다」, 『월간조선』(1996년 5월), 122~137쪽.

(2) 윤영오(尹泳五), 「해방후 정치사와 15대 총선의 역사적 의미」, 『경제정의』(경제정의실천시민연합) 29(1996년 3월), 39~47쪽.

(3) 이내영(李來榮), 「제15대 총선과 한국정치의 진로」, 『경제와 사회』30(1996년 6월), 8~40쪽.

(4) 맹진영(孟珍永), 「15대 총선 투표행태 및 정치적 의미: 인천을 중심으로」, 『황해문화』11(1996년 6월), 243~260쪽.

(5) 정영태(丁榮泰), 「노동자의 투표행태: 15대 국회의원선거를 중심으로」, 『현장에서미래를』(한국노동이론정책연구소)(1996년 6월), 154~182쪽.

(6) 공명선거실천시민운동협의회, 『제15대 총선보고서』(공명선거실천시민운동협의회, 1996).

(7) 정대화(鄭大和) · 안상종(安相鍾), 「15대 총선 분석과 평가: '수도권 대반란'의 해석과 지역주의 문제를 중심으로」, 『동향과전망』(한국사회과학연구소) 30(1996년 7월), 85~118쪽.

(8) 조중빈(趙重斌), 「15대 총선 결과 분석과 향후 정국의 전망」, 『동북아』(동북아문화연구원) 3(1996년 7월), 194~207쪽.

(9) 문용직(文容直), 「제14대 국회의 비판적 고찰: 제15대 국회의원 선거 분석과 전망」, 『의정연구』2(1996년 7월), 37~56쪽.

(10) 황아란(黃雅蘭), 「선거구 특성이 투표율에 미치는 영향: 제15대 국회의원선거 분석」, 『한국정치학회보』 제30집 제4호(1996년 가을), 185~298쪽; ______, 「국회의원 선거의 당선경쟁과 선거구 요인: 제15대 총선 당선자의 선거경쟁도 중심으로」, 『한국정치학회보』 제32집 제13호(1998년 가을), 163~186쪽; ______, 「국회의원 후보와 당선경쟁력에 대한 성차(性差) 연구」, 『한국정치학회보』 제36집 제1호(2002년 봄), 203~222쪽.

(11) 한국정치학회 편, 『개혁, 민주화와 제15대 국회의원 선거: 공명선거 정착을 위한 제언』(한국정치학회, 1996); ______, 『15대 총선과 한국정치변동: 한국정치학회 특별학술대회 논문집』(한국정치학회, 1996).

뒷 책의 구성은 다음과 같다.

제1분과 선거과정의 평가

정용대(鄭用大), 「4당의 선거전략과 평가」, 1~14쪽.

정준표(鄭俊杓), 「선거운동 평가: 대구 · 경북지역을 중심으로」, 15~24쪽.

황아란(黃雅蘭), 「지방정치와 제15대 총선: 95년 지방선거와의 비교분석」, 25~34쪽.

제2분과 선거결과의 정치변동의 전망

문용직(文容直), 「제15대 국회의원선거의 분석과 전망」, 47~56쪽.

백경남(白京男), 「15대 총선과 여성유권자」, 57~63쪽.

(12) 세종연구소 편, 『제15대 총선 분석』(세종연구소, 1996).

(ⅰ) 박찬욱(朴贊郁) 「제1장 15대 국회의원 총선결과 개관: 선거후 유권자 면접조사자료를 중심으로」, 17~62쪽.

(ⅱ) 강명세(姜明世), 「제2장 제15대 총선에 나타난 정당선택과 사회균열구조」, 63~94쪽.

(ⅲ) 이내영(李來榮), 「제3장 제15대 총선의 투표행태 변화: 지자제 선거와 제15대 총선의 이탈투표의 비교」, 95~130쪽.

(ⅳ) 이숙종(李淑鍾), 「제4장 정치적 성향과 투표행태」, 131~164쪽.

(ⅴ) 부록: 1996년도 세연(世硏) 국민의식조사, 165~174쪽.

(13) 김정기(金正基), 「텔레비전 선거관련 정치뉴스의 이용과 효과 연구: 1996년 15대 국회의언 선거와 관련하여」, 『의정연구』3(1996년 12월), 155~189쪽.

(14) 백선기(白善璣), 「한국 신문의 선거보도경향과 심층구조: 제15대 총선보도에 대한 기호학적 분석을 중심으로」, 『한국언론학보』(한국언론학회) 39(1996년 12월), 122~179쪽.

(15) 김원홍(金元洪), 「15대 총선과 여성후보에 관한 연구」, 『여성연구』(한국여성개발원)51(1996년 12월), 5~27쪽.

(16) 양재인(楊在仁), 「제15대 국회의원 선거 분석」, 『연구원논집』(경남대학교 경남지역문제연구원) 3(1997년 8월), 353~379쪽.

(17) 안희수(安禧洙), 「제15대 총선거로 본 한국정당정치의 향방」, 『사회과학연구소

논문집』(인하대학교) 15(1997년 9월), 11~50쪽.

(18) 정준표(鄭俊杓), 「북풍의 정치학: 선거와 북한변수」, 『한국과 국제정치』28(1998년 6월), 111~151쪽.

1996년 4월 11일에 실시될 제15대 국회총선을 며칠 앞둔 시점에 판문점에서 북한군은 갑작스럽게 남쪽을 향해 무력도발을 벌였다. 이 사건은 '북풍'을 일으켜 총선에서 보수세력을 결집시키려는 속셈에서 당시 권영해(權寧海, 1937~현재) 전 국방장관이 이끌던 국가안전기획부가 북측과의 밀담을 통해 유도한 것으로 밝혀졌다. 필자는 '북풍'이 15대 총선에 미친 영향을 분석했다.

(19) 이남영(李南永), 「한국유권자 선택행위의 모델: 제15대 국회의원 선거를 중심으로」, 『동서연구』 제11집 제1호(1999년 7월), 35~64쪽.

(20) 김현우(金炫宇), 「제8장 제6공화국의 정당통합운동」 가운데 「제22절 제15대 국회의원선거(1996.4.11)」, ______, 『한국 정당통합운동사』(경기도 파주시: 한국학술정보주식회사, 2009), 621~770쪽 가운데 740~744쪽.

(21) 중앙선거관리위원회 편, 「제3장 제15대 국회의원선거」, ______, 『대한민국선거사』제6집(1993.2.25.~1998.2.24)(경기도 과천시: 중앙선거관리위원회, 2009), 173~308쪽.

(22) 장맹수(張孟洙) 편저, 『제15대 총선(1996.4.11.) 이야기』상 · 하(선암각, 2015).

제3항 노동법 개정안 및 안기부법 개정안 여당 단독 통과

김영삼정부는 1996년 12월 26일 새벽에 노동법 개정안과 안기부법 개정안을 단독으로 통과시켰다.

(1) 민주사회를위한변호사모임 편, 『'독재의 망령'을 파헤치며: 안기부법 · 노동법 날치기 논리를 반박한다』(민주사회를위한변호사모임, 1997).

(2) 유현석(柳現錫), 「한국노사관계의 변화와 대안에 관한 연구: 조합주의, 생산성연합, 의사경쟁력연합」, 『국제정치논총』제38집 제2호(1998년 12월), 131~157쪽.

필자는 "1996~1997년 노동법 개정과정은 노사관계의 변화를 보여주었다"고 쓴 데 이어 "이번 노동법 개정과정에서 관찰된 변화 중에 가장 주목할 만한 것은 민주노총을 중심으로 한 재야 노동세력의 부상과 이로 인한 노동세력의 강화를 들 수 있다"는 결론을 제시했다.

※ 유현석(1963~현재)은 연세대학교 사회과학대학 정치외교학과를 졸업하고 콜로라도대학교(University of Colorado) 덴버(Denver) 캠퍼스 대학원 정치학과에서 석사학위를 받은 데 이어 노스웨스턴대학교 대학원 정치학과에서 정치학박사학위를 받았다. 정치학박사학위청구논문 서지사항은 다음과 같다. Hyun-seok Yu, "Capitalism, the New World Economy and Labor Relations: Korean Labor Politics in Comparative Perspective," unpub. Ph.D. diss., Northwestern University, 1995. 말레이시아대사 및 한국국제교류재단 이사장을 역임했으며, 현재 경희대학교 정경대학 정치외교학과 교수다.

(3) 곽용희, 「그때 그 시절, 96년 노동법 파동의 전모」, 『노동법률』(중앙경제)309 (2017년 2월), 46~49쪽.

제4항 제15대 대통령선거

7명의 후보가 등록한 제15대 대통령선거는 1997년 12월 18일에 실시됐다. 한나라당의 이회창(李會昌), 새정치국민회의의 김대중(金大中), 그리고 한나라당을 탈당한 세력이 창당한 국민신당의 이인제(李仁濟)가 3파전을 벌이는 가운데 건설국민승리21(약칭 국민승리21)의 권영길(權永吉)이 뒤를 따랐다. 결과는 김대중 후보의 승리였다.

(1) 이경태(李景泰), 「제15대 대통령선거에 있어서 정책 · 정견 중심의 공명선거를 실현하기 위한 정당의 역할」, 『사회과학연구』(대구대학교 사회과학연구소) 제4권 제1호(1997년 9월), 303~320쪽.

(2) 진방식(陳邦植), 「김영삼정권의 매카시즘」, ______, 『분단한국의 매카시즘』(형성사, 1997년 11월; 2004년 증보판), 264~273쪽.

김영삼정부는 청와대를 중심으로 또는 국가안전기획부를 중심으로 북한의 무력시위를 유도함으로써 '북풍(北風)'을 일으켜 한국의 유권자들에게 보수 성향의 후보를 지지하도록 하는 공작을 여러 차례 벌였다. 저자가 소개한 사례들 가운데 두 가지만을 소개하면 다음과 같다.

(ⅰ) 김영삼정부 말기에, 1997년 12월에 실시될 제15대 대통령선거를 앞두고 여론조사를 실시한 결과 여권의 후보인 이회창이 밀리는 것으로 나타났다. 국가안전기획부는 보수세력을 결집시키기 위해 몇몇 하수인들을 시켜 북경에서 북한 대외경제정책위원회 사람들과 만나게 하고 그 사람들에게 북측이 판문점공동경비구역에서 남쪽을 향해 총격을 가해달라고 요청했다.

(ⅱ) 국가안전기획부는 『인사이더월드』 발행인에게 여러 차례 미화를 주고 김대중 후보가 북한과 내통하고 있다는 의심을 품게 하는 기사들을 싣게 했다.

(3) 유재일(劉載一), 「제15대 대통령선거에서의 정당구도와 선거쟁점」, 『정치사회연구』(충청정치학회) 1(1997년 11월), 79~95쪽.

(4) 김동훈(金東勳), 「제15대 대통령선거에 있어서 정책 · 정견 중심의 공명선거를 실현하기 위한 당원의 역할」, 『사회과학논총』(충남대학교 사회과학연구소) 8(1997년, 12월), 281~299쪽.

(5) 중앙선거관리위원회 편, 『제15대 대통령선거 투표율 분석』(경기도 과천시:중앙선거관리위원회, 1998); ______, 「제4장 제15대 대통령선거」, ______, 『대한민국선거사』제6집(1993.2.25.~1998.2.24)(경기도 과천시: 중앙선거관리위원회, 2009), 309~443쪽.

(6) KBS 기술연구소 외 편, 「제15대 대통령선거 방송」, 『방송과기술』(한국방송기술인연합회) 58(1998년 2월), 130~144쪽

(7) Won-taek Kang, "Ideology and Voting: The 1997 South Korean Presidential Election," *Korea and World Affairs*, Vol. 22, No. 1(March 1998), pp.60~78.

(8) 정대화(鄭大和), 「제15대 대통령 선거 결과에 대한 실증적 연구: 여 · 야간 평화적 정권교체의 배경과 투표결과에 대한 해석」, 『동향과전망』37(1998년 3월), 52~82쪽.

(9) 황근(黃懃), 「제15대 대통령선거와 미디어정치」, 『동향과전망』(한국사회과학연구소) 37(1998년 3월), 101~125쪽.

(10) 새정치국민회의, 『제15대 대통령선거 백서』(새정치국민회의, 1998년 4월).

(11) 대통령선거방송토론위원회, 『제15대 대통령선거 대통령선거방송토론위원회 보고서』(대통령선거방송토론위원회, 1998).

(12) 한국갤럽조사연구소, 『제15대 대통령선거 투표행태』(한국갤럽, 1998).

(13) 이남영(李南永), 『한국의 선거: 제15대 대통령선거를 중심으로』(푸른길, 1998년

8월).

(14) 이창헌(李昌憲), 「한국의 제15대 대통령선거 결과 분석: 정치발전과 지역주의 성향을 중심으로」, 『한국동북아논총』10(1999년 5월), 245~265쪽.

(15) 경제희(慶濟姬) · 김재한(金哉翰), 「제15대 대통령선거에서의 전략적 투표자」, 『한국과 국제정치』(경남대학교 극동문제연구소) 제15권 제1호(1999년 6월), 65~95쪽.

(16) 김환열(金煥烈), TV토론 시청자의 후보자 변인 인식: 제15대 대통령선거를 중심으로」, 『정치 · 정보연구』(한국정치 · 정보학회)제2권 제2호(1999년 11월),129~155쪽.

(17) 윤천주(尹天柱), 「전통적 권위주의 정치를 초극한 제15대 대통령선거: 정당연립으로 당선된 대통령」, 『학술원논문집: 인문사회과학 편』38(1999년 11월), 325~356쪽.

(18) 안희수(安禧洙), 「제15대 대통령선거와 한국정당정치의 방향」, 『사회과학연구소논문집』(인하대학교 사회과학연구소) 17(1999년 12월), 17~67쪽.

(19) 황아란(黃雅蘭), 「경제투표에 대한 정치심리학적 접근: 제15대 대선을 중심으로」, 『한국정치학회보』 제34집 제2호(2000년 8월), 193~212쪽.

(20) 한정일(韓貞一), 「한국의 제15대 대통령선거에 관한 연구」, 『사회과학논총』(건국대학교 사회과학연구소) 24(2000년 12월) 47~68쪽.

(21) 열린미디어센터 편, 「97년 제15대 대통령선거 방송토롱위원회의 운영사례」, 『열린미디어 열린사회』6(2002년 여름), 96~116쪽.

(22) 주봉호(朱鳳浩), 「제15대 대통령선거와 북한변수」, 『정치 · 정보연구』(한국정치 · 정보학회), 제10권 제2호(2007년 12월), 21~45쪽.

(23) 김현우(金炫宇), 「제8장 제6공화국의 정당통합운동」 가운데 「제25절 제15대 대통령 선거(1997.12.17)」, ______, 『한국 정당통합운동사』(경기도 파주시: 한국학술정보주식회사, 2009), 621~770쪽 가운데 755~761쪽.

(24) 이용마(李容馬), 「한국사회 계층균열의 등장과 정당재편성」, 서울대학교 대학원 정치학과 박사학위청구논문, 2013년 8월; ______, 「2000년대 이후 한국사회 계층균열 구조의 등장」, 『한국정치학회보』제48집 제4호(2014년 9월), 249~270쪽.

1997년 12월에 실시된 제15대 대통령선거 이후 네 차례에 걸친 대통령선거에서 한국사회의 계층균열 구조가 등장했다고 보면서, 그것에 대한 경험적 분석을 시도했다. 필자는 한국사회에도 이념에 따른 계층균열 구조가 형성됐음을 확인할 수 있었다는 논지를 전개했다.

(25) 이종찬(李鍾贊), 「13. 김대중 대통령 만들기」 가운데 「야권단일화작업에 끼어든 JP의 '정치적 음모'」, ______, 『숲은 고요하지 않다: 이종찬 회고록』전2권(경기도 파주시: 한울, 2015), 제2권, 309~372쪽 가운데 328~338쪽.

당시 김대중이 총재로 있던 새정치국민회의 부총재로 김대중의 대통령당선을 위해 활동하던 저자는 다음과 같은 취지의 회고를 남겼다.

> 1997년 12월로 예정된 제15대 대통령선거를 앞두고 새정치국민회의와 자민련은 후보단일화작업을 추진하고 있었다. 물론 새정치국민회의 김대중 총재를 야권의 단일후보로 추대하자는 것이었다. 당시 자민련 총재였던 김종필은 겉으로는 응하고 있었다. 그러나 그는 내각제개헌을 구상하면서 비밀리에 작업을 진행하고 있었다. 김영삼 대통령으로 하여금 비상상황임을 선포해 내각제개헌을 실현시켜 대통령선거를 무산시키려고 했던 것이다. 결국 이 계획은 마지막 단계에서 김영삼 대통령이 대선을 중단하기란 불가하다고 결심하는 바람에 수포가 됐다.

신한국당의 이회창 후보

허영섭(許英燮), 『법이 서야 나라가 선다: 대쪽 판사 이회창 이야기』(석필, 1995).

국민신당의 이인제 후보

1997년 7월 21일에 실시된 신한국당 대통령후보 경선에서 이회창에게 패배한 이인제(李仁濟)는 신한국당을 탈당하고 1997년 10월 10일에 전 국민당 총재이면서 전 국회의장인 이만섭(李萬燮)을 총재로 하는 국민신당을 창당했다. 신한국당은 곧 자신을 한나라당으로 개명했다.

(1) 김재호(金載澔), 「제15대 대선시 국민신당의 등장과 그 지지세력에 관한 연구」, 경희대학교 대학원 정치외교학과 석사학위청구논문, 1999년.

(2) 이인제(李仁濟), 『출발선에 다시 서서: 이인제의 희망탐험; 운명은 도전하는 자의 몫이다』(따뜻한손, 2003).

※ 이인제(1948~현재)는 서울대학교 법과대학을 졸업하고 사법시험에 합격해 대전지방법원 판사로 출발했다. 13~14대 국회의원을 거쳐 김영삼정부에서 노동부장관과 경기도지사를 역임했다. 제15대 대통령선거에서 국민신당 후보로 출마해, 유효투표의 19.2%를 얻어 3위를 기록했다. 이후 16대~19대 국회의원으로 활동했고, 제17대 대통령

선거에서 민주당 후보로 출마해 유효투표 0.68%를 얻어 6위를 기록했다. 그는 다음과 같은 저서도 출판했다. 이인제, 『한라에서 백두를 보네: 이인제의 비전과 철학』(시사미디어, 2007); ______, 『통일은 경제다: 이제는 통일시대』(북앤피플, 2014).

(3) 이만섭(李萬燮), 「제4부 45.대선 앞둔 집권여당의 전례 없는 난맥상과 대통령 화형식」 및 「제4부 46. IMF체제하의 대선에서 패배한 국민신당 이인제 대통령 후보」, ______, 『나의 정치인생 반세기: 이승만에서 노무현까지-파란만장의 가시밭길 헤치며 50년: 전 국회의장 이만섭 회고록』(문학사상사, 2004), 447~454쪽 및 455~463쪽.

건설국민승리21의 권영길 후보

「전국민주노동조합총연맹(민노총)과 진보정치연합은 노동운동가 권영길(權永吉)과 이창복(李昌馥)을 공동대표로 하는 건설국민승리21(약칭 국민승리21)을 출범했다. 민주사회주의를 표방하는 이 당은 1997년 9월 7일에 권영길 민노총 위원장을 대통령 후보로 추대했으며, 1997년 11월 18일에 중앙선거관리위원회에 등록을 마쳤다. 권 후보는 약 30만 표를 얻어 유효투표 1.2%의 득표율을 기록했다. 이 당은 2000년 1월 민주노동당으로 재출범했다.

※ 권영길(1941~현재)은 서울대학교 농과대학을 졸업하고 서울신문사 파리특파원으로 봉직하다가 노동운동에 뛰어들었다. 이후 그는 17~18대 국회의원선거에서 경상남도 창원시 을구에서 당선됐다.

(1) 김정기(金正基) · 강정운(姜正雲), 「창원을구 유권자의 16대, 17대, 18대 총선 투표행태 비교연구」, 『의정논총』(한국의정연구회) 제5권 제2호(2010년 12월), 159~188쪽.

(2) 남재희(南載熙), 「그 시대 그 사람: 민주노동당의 권영길, 장기표 그리고 신장식 이야기」, 『황해문화』119(2023년 여름), 289~295쪽.

제4절 경제: 외환위기(IMF구제금융신청사태) 포함

제1항 개관: 김영삼정부 관료들의 회고록

(1) 박종주(월간중앙 기자), 「전 청와대 비서실장 김광일(金光一)이 털어놓은 문민정부의 마지막 나날들 그리고 지금의 YS: 'IMF의 진실' 이제 얘기할 때 됐다」, 『월간중앙』(1999년 7월), 74~87쪽.

(2) 강만수(姜萬洙), 『현장에서 본 한국경제 30년: 실천경제학; 부가세에서 IMF사태까지』(삼성경제연구소, 2005); ______, 『현장에서 본 경제위기 대응실록: 아시아금융위기에서 글로벌경제위기까지』(삼성경제연구소, 2015).

※ 강만수(1945~현재)는 서울대학교 법과대학 법학과를 졸업하고 뉴욕대학교 대학원 경제학과에서 석사학위를 받았다. 행정고시를 통해 관계에 진출해 김영삼정부에서 재정경제원 차관 그리고 이명박정부에서 기획재정부 장관과 산업은행 행장을 역임했다.

(3) 강경식(姜慶植), 『국가가 해야 할 일, 하지 말아야 할 일: 강경식 전 경제부총리 한국경제와 함께한 30년!』(경기도 파주시: 김영사, 2010).

※ 강경식(1936~현재)은 서울대학교 법과대학 법학과를 졸업하고 시라큐스대학교 맥스웰행정대학원에서 석사학위를 받았으며 세종대학교에서 명예경제학박사학위를 받았다. 고등고시 행정과로 정부에 들어가 경제기획원 차관보→재무부 차관→재무부 장관→대통령 비서실장→재정경제원 장관 겸 경제부총리를 거쳐 14~15대 국회의원을 역임했다. 이후 국가경영전략연구원 이사장으로 봉직했다.

(4) 김인호(金仁浩), 『명(明)과 암(暗) 50년: 한국경제와 함께; 김인호 회고록』

※ 김인호(1942~현재)는 서울대학교 법과대학 법학과를 졸업하고 시라큐스대학교 맥스웰행정대학원에서 석사학위를 받았다. 행정고시를 거쳐 경제기획원 사무관으로 출발해 경제기획원 차관보와 환경처 차관을 역임했으며, 김영삼정부에서 철도청 청장과 공정거래위원회 위원장 및 대통령경제수석비서관으로 봉직했다. 정부를 떠난 후 한국무역협회 회장으로 활동했고, 현재 시장경제연구원 이사장이다.

제2항 금융실명제

김영삼 대통령은 금융실명제를 실시한다고 1993년 8월 12일에 전격 발표했다.

(1) 백용호(白容鎬) · 안철원(安喆遠) · 윤원배(尹源培) · 이만우(李晩雨) · 이진순(李鎭淳) · 이필상(李弼商) · 최명근(崔明根) 공저, 『금융실명제』(비봉출판사, 1993).

(2) 진광명(陳廣明), 「한국의 금융실명제 형성과정에 관한 연구: 전두환 · 노태우 · 김영삼정부를 중심으로」, 한국외국어대학교 대학원 행정학과 행정학박사학위청구논문, 1995년 8월.

(3) 김한응(金漢應), 『금융실명제와 자유경제』(박영사, 1997).

(4) 서상원(徐相源), 「금융실명제 결정과정 분석: 전두환 · 노태우 · 김영삼 정부의 비교」, 고려대학교 대학원 행정학과 행정학박사학위청구논문, 1999년 2월; ______, 『정부패러다임적 정책결정과정분석: 금융실명제를 중심으로』(경기도 파주시: 한국학술정보, 2007).

※ 서상원(1958~현재)은 공군사관학교 전기전자공학과를 졸업하고 고려대학교 대학원 행정학과에서 석사학위를 받은 데 이어 고려대학교 대학원 행정학과에서 박사학위를 받았다. 현재 대구대학교 행정대학 경영행정학부 강사다.

(5) 김선미(金善美), 「NGO의 정책적 영향력: 금융실명제 실시의 사례분석」, 『한국정치학회보』 제 37집 제5호(2003년 12월), 99~126쪽.

(6) 이만섭(李萬燮), 「제4부 37. 금융실명제 발표 전에 미리 통보받아 김영삼 대통령에게 직언」, ______, 『나의 정치인생 반세기: 이승만에서 노무현까지-파란만장의 가시밭길 헤치며 50년: 전 국회의장 이만섭 회고록』(문학사상사, 2004), 391~398쪽.

김영삼 대통령이 국회의장인 자신과 민자당 최고위원인 김종필에게만 금융실명제 실시를 사전에 통보했으며, 자신은 곧 실명제 보완이 필요하다고 김 대통령에게 직언했다고 회고했다.

(7) 강경식(姜慶植), 「8장 금융실명제와 세제개혁」, ______, 『국가가 해야 할 일, 하지 말아야 할 일: 강경식 전 경제부총리 한국경제와 함께한 30년!』(경기도 파주시: 김영사, 2010), 468~529쪽.

(8) 「육성으로 듣는 경제기적 편찬위원회」 기획/홍은주(洪銀株) 집필, 『한국의 경제질서를 바꾼 개혁: 금융실명제』(경기도 파주시: 나남, 2020).

이 책은 '코리안 미러클' 총서 제6권에 해당한다. 이 총서에 대해서는 제12권에서 때때로 소개했다. 여기서 종합적으로 소개하기로 한다.

KDI · 육성으로 듣는 경제기적 편찬위원회, 『코리안 미러클 1』(2013).
육성으로 듣는 경제기적 편찬위원회, 『코리안 미러클 2』(2014).
육성으로 듣는 경제기적 편찬위원회, 『코리안 미러클 3』
① 이계민(李啓民), 「숲의 역사, 새로 쓰다」(2015).
② 권순직(權純直), 「농촌근대화 프로젝트, 새마을운동」(2015).
③ 홍은주(洪銀株) · 이은형(李銀衡), 「중화학공업, 지축을 흔들다」(2015).
육성으로 듣는 경제기적 편찬위원회, 『코리안 미러클 4: 외환위기의 파고를 넘어』(2016).
육성으로 듣는 경제기적 편찬위원회, 『코리안 미러클 5』
① 한국의 사회보험, 그 험난한 역정(2019).
② 모험과 혁신의 벤처생태계 구축: 한국 벤처기업 성장사(2019).
육성으로 듣는 경제기적 편찬위원회, 『코리안 미러클 6: 금융실명제』(2019).
육성으로 듣는 경제기적 편찬위원회, 『코리안 미러클 7: 정보화 혁명, 정책에 길을 묻다』(2022).

(9) 박정석, 「김영삼정부의 경제개혁에 관한 연구: 신자유주의적 관점을 중심으로」, 경남대학교 대학원 정치외교학과 정치학박사학위청구논문, 2021년 8월.

제3항 쌀 시장과 농민운동

2차대전이 끝나면서 미국을 중심으로 하는 서방세계는 새로운 세계무역질서를 여러 각도에서 고려했다. 그 고려 사항들 가운데 하나는 아시아와 아프리카에 출현한 신생국들이었다. 지난날 서방국가들의 지배를 받았기에 반(反)서방적 성향을 지닌 이 나라들은 게다가 가난했기에 공산주의에, 그리고 '공산주의의 종주국' 소련에 기울어지기 쉬웠다. 그들은 역시 지난날 서방국가들의 지배를 받았고 가난한 라틴아메리카의 국가들과 함께 '제3세계'를 형성하면서 반(反)서방 · 친(親)소련의 길을 걷는 모습을 보였다.

이에 미국은 서방의 주요국가들과 함께 그러한 흐름을 견제할 필요에서 1947년 10월

30일에 스위스 제네바에서 「관세와 무역에 관한 일반 협정(General Agreement on Tariffs and Trade, 약칭 GATT)」을 성립시켰다. 이 협정은 단순화시켜 쉽게 말해, 제3세계 국가들이 선진국을 상대로 무역을 해서 이익을 남김으로써 가난에서 벗어날 수 있는 여지를 만들어주었다. 한국은 1967년 4월 14일에 71번째 회원국으로 가입이 승인됐다. 돌이켜보면, 한국은 이 GATT체제를 적절히 활용해 미국을 비롯한 서방선진국을 상대로 수출을 확대할 수 있었고, 그것을 바탕으로 경제를 성장시킬 수 있었다.

1980년대에 들어와 국제적 경제교류는 다양해졌으며, GATT의 규칙으로는 다루기 어려운 새로운 문제들이 제기됐다. 게다가 미국을 비롯한 서방선진국은 제3세계의 수출확대로 말미암아 자국의 일부 산업들이 쇠락하고 심지어 무역적자를 경험하게 됐다. 여기서 그들은 제3세계의 수출확대를 견제하고 자국의 산업들을, 특히 미국의 경우 농업을 보호하기 위한 조치를 취하기 시작했고, 그것을 '무역자유화'론으로 포장했다.

이러한 배경에서, 미국의 주도 아래 1986년 9월부터 우루과이 푼타델에스테(Punta del Este)에서 15개 분야를 중심으로 '다자간 무역협상(Multinational Trade Negotiations)'이 시작됐고 같은 곳에서 1993년 12월에 마무리됐다. 그 결과, 1994년 4월 15일에 모로코의 마라케시(Marrakesh)에서 세계무역기구(World Trade Organization, 약칭 WTO)의 설립을 위한 협정이 체결됐으며, 이 협정에 따라 1995년 1월 1일에 제네바에서 164개국이 참여한 세계무역기구가 발족했다. 이로써 GATT체제는 폐기됐다.

한국은 처음부터 이 기구에 가입했는데, 한국과 관련해 가장 중요한 것은 농산물에 관한 조항이었다. 그것은 농산물시장의 전면 개방을 요구하는 선에서 더 나아가 정부가 농가=농민에 농업보조금을 주는 것과 영농자금을 융자해주는 것 그리고 농산물을 시장가격보다 비싸게 사주는 것 모두를 금지해 농민들은 반발하지 않을 수 없었다.

(1) 대우경제연구소 편, 『우루과이라운드와 한국경제』(한국경제신문사, 1994).

(2) Don Moon, "Governing the Court: The Political Economy of the WTO Dispute Settlement System," unpub. Ph.D. diss., University of Chicago. 2002; ______, "Equality and Inequality in the WTO Dispute Settlement(DS) System: Analysis of the GATT/WTO Dispute Data," *International Interactions*. Vol. 32, No. 3,(September 2006); 문돈(文燉), 「다자주의는 지역주의를 통제할 수 있는가?: WTO의 지역주의 통제」, 『한국국제정치학회』제48집 3호(2008년), 35~56쪽.

※ 문돈(1966~현재)은 서울대학교 사회과학대학 정치학과를 졸업하고 시카고대학교

대학원 정치학과에서 석사→박사학위를 받았다. 현재 경희대학교 국제대학 국제학과 교수다.

(3) 천규석(千圭奭), 『쌀과 민주주의』(녹색평론사, 2004).

우리나라에서 '쌀'이 갖는 의미를 여러 각도에서 설명하고, "우리쌀, 우리가 지켜야 한다"라는 명제를 제시했다.

※ 천규석(1938~현재)은 서울대학교 문리대 미학과를 졸업하고 1965년에 귀향한 이후 농민운동가로 활동하고 있다. 대표적 저서로 『이 땅덩이와 밥상』(창작과비평사, 1993), 『돌아갈 때가 되면 돌아가는 것이 진보다』(실천문학사, 1999), 『소농(小農)버리고 가는 진보는 십 리도 못 가 발병 난다』(실천문학사, 2006) 등이 있다.

(4) 강경식(姜慶植), 「9장 개방화와 관세제도 개편」, ______, 『국가가 해야 할 일, 하지 말아야 할 일: 강경식 전 경제부총리 한국경제와 함께한 30년!』(경기도 파주시: 김영사, 2010), 530~565쪽 가운데 562쪽.

저자는 시장개방화를 전후한 시기의 상황을 회고한 데 이어, 다음과 같이 발언했다.

> "세계 최빈국이 불과 50년의 시간에 이러한 발전을 이룬 나라는 한국 이외에는 그 비슷한 예도 없다. 이러한 평가를 받는 경제발전을 이루는 데 가장 큰 기여를 한 대통령으로 누구를 꼽을 것인가? 사람마다 제각기 다르지만 나는 이승만, 박정희, 전두환 대통령을 꼽는다."

(5) 이내수(李來秀), 『소통과 공감: 농업의 공익형 직불제 정착의 길』(농민신문사, 2020).

수입개방 이후 농업·농촌의 문제점과 그 대책을 논의했다.

※ 이내수(1939~현재)는 서울대학교 농과대학 농업경제학과를 졸업하고 텍사스농업·공업대학교(Texas A&M University) 대학원에서 농업경제학석사학위를 받았으며 동국대학교 대학원 경제학과에서 경제학박사학위를 받았다. 농업협동조합중앙회에서 사회생활을 시작해 부회장을 역임한 뒤 농민신문사 사장으로 봉직했으며, 이 책의 출판 때 향토지적재산본부 이사장이었다.

제4항 PKO 참여와 APEC회의 참석

김영삼 대통령은 유엔평화군 참여를 결정해 1993년 7월에 내전에 시달리는 소말리아에 「상록수부대」를 파병했다. 이 부대는 1994년 3월에 모든 임무를 마치고 무사히 귀국했다. 김영삼 대통령은 1994년 11월 14~15일에 인도네시아 보고르(Bogor)에서 열린 제2차 APEC 18개국 정상회담 참석을 계기로 필리핀과 호주를 순방했다. 귀국 직후, 그리고 1995년 신년기자회견 때 '세계화' 시대가 도래했음을 강조하면서 세계화에 부응하는 방향으로 국정을 운영할 것임을 천명했다.

(1) 공보처 정부간행물제작소 편, 『세계화를 향한 큰 걸음: 김영삼 대통령 APEC 지도자회의 참석 및 비(比)·인니(印尼)·호(濠) 공식방문』(공보처, 1994); ______, 『개혁과 세계화로 재도약: 국가경쟁력 강화의 해』(공보처, 1994).

(2) The Presidential Secretariat, *Korea's Quset for Reform and Globalization: Selected Speeches of President Kim Young Sam*, 2 vols.(Seoul: The Presidential Secretariat, 1996 and 1997).

PKO 참여

(1) 정도생, 「한국의 해외파병정책 결정과정에 관한 연구: 소말리아, 앙골라, 동티모르 PKO사례를 중심으로」, 단국대학교 대학원 정치외교학과 정치학박사학위청구논문, 2006년 8월.

(2) 하경석(河璟奭), 「유엔 평화유지활동(PKO)시 무력사용의 효과성에 관한 연구」, 고려대학교 대학원 정치외교학과 박사학위청구논문, 2020년 8월.

※ 하경석(1981~현재)은 고려대학교 문과대학 영어영문학과를 졸업하고 고려대학교 대학원 정치외교학과에서 석사→박사학위를 받았다.

야당의 비판

민주당 정책위원회 편, 『김영삼정부 2년을 평가한다: '개혁·국제화·세계화'의 실상과 허상』(민주당 정책위원회, 1995).

학계의 시각

(1) 하영선(河英善), 김태현(金泰炫), 정진영(鄭璡永), 김상배(金湘培), 강명구(姜明求), 이왕휘(李王徽) 등 분담집필, 『탈근대 지구정치학』(나남출판, 1993).

(2) 한국정치학회 연구위원회 편집, 『세계화시대의 한국정치: 쟁점과 과제』(한국정치학회, 1994)

Ⅰ. 김호진(金浩鎭), 「(주제논문) 21세기의 도전과 한국의 비젼: 세계화, 민주화, 그리고 통일」, 1~3쪽.

Ⅱ. 세계화에 대한 이론적 고찰

1. 정선영(鄭善影), 「세계화 개념의 이론과 역사」, 5~23쪽.
2. 김용호(金容浩), 「세계변동론에 대한 비판적 시론(試論)」, 24~43쪽.
3. 이수훈(李洙勳), 「글로벌 자본주의와 전지구화」, 44~61쪽.
4. 발표 및 토론요지, 62~79쪽.

Ⅲ. 세계화와 이데올로기

1. 강정인(姜正仁), 「세계화와 민주주의의 장래」, 81~91쪽.
2. 정범구(鄭範九), 「세계화의 지역주의, 그리고 국민국가」, 92~135쪽.
3. 노태구(盧泰久), 「세계화와 한국민주주의의 장래: 그 이론적 통합에 대하여」, 134~155쪽.
4. 발표 및 토론요지, 156~179쪽.

Ⅳ. 세계화와 국가경쟁력

1. 노화준(盧化俊), 「세계화시대의 정부의 정책기능과 구조: 국가경쟁력 강화를 중심으로」 181~191쪽.
2. 함성득(咸成得), 「국가경쟁력 강화를 위한 한국의 과학기술정책: 신제도론적 접근」, 192~229쪽.
3. 김호섭(金浩燮), 「세계화의 정부 관료제의 재정립: 과제와 방안」, 230~261쪽.
4. 발표 및 토론요지, 262~289쪽.

Ⅴ. 세계화와 지방정부의 경쟁력

1. 지병문(池秉文), 「세계화와 지방정부의 역할: 지방의 국제화」, 291~301쪽.
2. 김인식(金仁植), 「세계화시대 지방의 대응: 지방의 국가경쟁력 강화방안을 중심으로」, 302~317쪽.
4. 이성복(건국대), 「국제화와 지방자치: 실태와 전략을 중심으로」, 318~347쪽.
5. 발표 및 토론요지, 348~377쪽

Ⅵ. 정치개혁과 국가경쟁력

1. 이정희(李政熙), 「개혁입법과 정치개혁의 제도화」, 379~389쪽.

2. 배성문(裵成文), 「한국 민주화와 정치개혁의 성과와 과제: 정당의 민주화를 중심으로」, 390~405쪽.

3. 박광주(朴光周), 「국제화시대의 정치인: 어떻게 할 것인가」, 406~427쪽.

4. 발표 및 토론요지, 428~447쪽.

Ⅶ. 김영삼정부와 정치개혁

1. 김선종(金善宗), 「세계화와 의회정치의 개혁: 정치사회적 갈등의 해소를 위한 선거제도의 개혁과 의회민주주의의 발전을 위한 대안」, 449~459.

2. 나종오(羅鍾五), 「김영삼정부의 개혁정책: 미국 언론보도를 중심으로」, 460~491쪽.

3. 박동환(朴東煥), 「김영삼정부의 민주화와 대외정책방향」, 492~515쪽.

4. 발표 및 토론요지, 516~555쪽.

Ⅷ. 세계화와 한국의 과제

1. 이화수(李華洙), 「세계화의 도전과 한국의 대응전략」, 557~567쪽.

2. 최성종(崔成宗), 「세계화와 이익집단정치의 과제」, 568~587쪽.

3. 최한수(崔漢秀), 「세계화시대의 권력구조」, 589~605쪽.

4. 발표 및 토론요지, 606~625쪽.

Ⅸ. 세계화와 한국사회

1. 정희남(鄭希男), 「세계화와 한국 자본주의의 진로: 기업에 대한 토지정책을 중심으로」, 627~635쪽.

2. 정무권(鄭武權), 「세계화시대와 한국의 노동자본 국가관계: 힘의 균형과 실용주의적 관계를 위하여」, 636~661쪽.

3. 이규영(李奎榮), 「세계화와 한국시민사회의 역할: 진단과 방향설정을 위한 시론적 고찰」662~699쪽.

4. 발표 및 토론요지. 700~743쪽.

(3) 김경원(金瓊元), 임현진(林玄鎭) 편집, 『세계화의 도전과 한국의 대응』(나남출판, 1995).

공유식(孔裕植), 김병국(金炳局), 김성한(金聖翰), 김호기(金皓起) 문정인(文正仁), 박길성(朴吉聲), 백진현(白珍鉉), 송호근(宋虎根), 윤영관(尹永寬), 이내영(李來榮), 임혁백(任爀伯), 정수복(鄭壽福), 정진영(鄭璡永) 교수 [가나다 순] 등이 참여했다.

(4) 김영범(金榮範), 「세계화와 복지국가의 구조변동: 스웨덴, 일본, 한국의 사례」, 연세대학교 대학원 사회학과 사회학박사학위청구논문, 1999년 8월.

※ 김영범(1966~현재)은 연세대학교 사회과학대학 사회학과를 졸업하고 연세대학교 대학원 사회학과에서 석사→박사학위를 받았다. 현재 한림대학교 문화사회과학대학 교수다.

(5) Samuel S. Kim, ed., *Korea's Globalization*(New York: Cambridge University Press, 2000).

Barry K. Gills and Dongsook S. Gills, Yong-cheol Kim and Chung-in Moon, C. S. Eliot Kang, Eun Me Kim, Seung-sook Moon, Chae-jin Lee, B. C. Koh, Victor Cha 등의 논문을 모았다.

(6) 김우태(金宇泰), 『세계화시대의 한국정치사상』(중문출판사, 2001).

(7) 윤영관(尹永寬), 배영자(정치학박사) 편집책임, 『세계화와 한국』(을유문화사, 2003).

김상배(金湘培), 김영명(金永明), 김인영(金仁寧), 김주홍(金周洪), 김태현(金泰炫), 서창록(徐昌祿), 신연재(愼蓮縡), 양기웅(梁基雄), 윤영관(尹永寬), 이근(李根), 이종찬(李鍾燦), 이호철(李鎬鐵), 조현석(趙顯錫), 홍성민(洪性旼) 교수 [가나다 순] 등이 참여했다.

(8) Nam-kook Kim, "Identity Crisis and Social Integration under Globalization in Korea," *Korea Observer*, Vol. 44, No. 1(March 2013), pp.31~54.

(9) 이현출(李鉉出), 『세계화시대의 한국정치과정』(건국대학교출판부, 2016).

제5항 OECD 가입

한국은 1996년 12월 12일에 OECD 역사에서 29번째로 OECD에 가입했다. 이 주제에 관해서는 재정경제원, 한국개발연구원, 대외경제정책연구원, 산업연구원, 국토개발연구원, 현대경제연구원 등을 중심으로 많은 저술이 출판됐다. 다음 네 가지만 소개하겠다.

(1) 한국언론연구원 편, 『한국언론의 해외시장진출방안: OECD 가입 등 언론국제화에 따른 대응책을 중심으로』(한국언론연구원, 1995).

(2) 김세원(金世源) 등, 『OECD 가입과 금융시장 개방』(비봉출판사, 1995).

(3) 박원암(朴元巖), 『OECD 가입과 자본자유화』(한국개발연구원, 1996).

(4) 이천표(李天杓), 『한국 자본자유화와 금융자유화의 근년 변화: OECD 가입 및 IMF사태 이후의 실상, 평가 및 대응』(서울대학교출판부, 2004).

경제성공 사례로서의 한국

John Lie, *Han Unbound: Political Economy of Korea*(Stanford, C.A.: Standford University Press, 1998).

이 책이 김영삼정부의 경제 하나만을 다룬 것은 결코 아니다. 저자는 최빈국이었던 한국이 어떤 배경에서 1980년대~1990년대에는 구미 선진국들도 인정하는 부유한 경제국가로 자리를 잡았는가를 구명했다.

※ John Jaehoon Lie(1959~현재)는 서울에서 태어난 한국계 미국인으로 하버드대학교 학부를 우등으로 졸업하고 하버드대학교 대학원 사회학과에서 박사학위를 받았다. 박사학위청구논문 서지사항은 다음과 같다. John Lie, "Visualizing the Invisible Hand: From Market to Mode of Exchange," unpub. Ph.D. diss., Harvard University, 1988. 일리노이대학교 어바나샴페인 캠퍼스 교수와 미시간대학교 교수를 거쳐 캘리포니아대학교 버클리 캠퍼스 사회학과 교수로 봉직하고 있다.

제6항 정경유착

사회주의 국가에서도 그러하지만 특히 자본주의 국가에서는 권력과 재력 사이에 일정한 교환관계가 성립된다. 쉽게 말해, 정치인은 기업인으로부터 정치자금을 제공받고 그 대가로 기업인에게 특혜를 베풀어준다. 이렇게 정치인과 기업가 사이에 이루어지는 부도덕한 밀착관계를 흔히 정경유착(政經癒着)이라고 부른다. 우리나라에서도 정경유착은 제1공화정 때부터 성립됐지만 '경제제일주의'를 표방하며 대기업을 중심으로 경제개발에 힘을 쏟은 제3공화정 이후 심해졌다. 이 현상은 김영삼정부에서도 예외가 아니었다.

기업의 줄도산

1997년 1월 23일에 김시형(金時衡) 산업은행 총재와 신광식(申光湜)제일은행 행장 및 우찬목(禹贊穆) 조흥은행 행장은 제일은행 본점에서 한보철강(韓寶鐵鋼)의 부도결정을 발표했다. 재계서열 14위였던 한보그룹의 계열사 한보철강의 부도에 이어, 1월 30일에 한보건설이 부도가 나고 동시에 한보그룹 자체가 부도가 났으며, 한보그룹 회장 정태수(鄭泰守)는 구속되어 15년형을 선고받았다. 그러나 그는 복역 중 병보석으로 석방되자 해외로 도피했다가 마지막에는 2018년에 에콰도르에서 사망했다. 한보그룹의 부도는 다른 기업들의 부도로 이어졌으며, 결국 국제통화기금의 구제금융을 받게 되는 단초가 됐다.

(1) 박세훈(朴世薰), 「"사업은 운이 99%, 4조원 투자하여 남은 인생 철강산업에 바치겠다": 한보그룹 정태수 회장의 놀라운 변신」, 『월간조선』(1995년 5월), 362~371쪽.

1991년 1월에 그 전모가 밝혀진 '수서사건'에 연루돼 구속된 한보그룹 정태수 회장은 석방되면서 새 사업에 착수해 '재기'에 성공했다. 이 시점의 정 회장을 인터뷰한 것이다.

(2) 윤능선(尹能善), 『경제단체인생 40년』(삶과꿈, 1997).

'아석(雅石)'이라 자호한 윤능선(1925~현재)은 「전국경제인연합회」 상무이사와 「한국경영자총협회」 상임부회장을 역임했다. 경제인으로서의 평생을 이러한 경제단체에서 보낸 그는 박정희정부 이래의 정경유착에 관한 많은 증언을 남겼다.

(3) 박상익(건국대 박사) · 서동우(기업평론가) · 하성진(기업평론가), 「7장 한보: IMF의 신호탄 쏜 한보그룹」, ______, 『한국의 사라진 대기업』(경기도 구리시: 한국전자도서출판, 2016), 158~175쪽.

(4) 이순국(李淳國), 『다시, 시작하는 인생 수업』(동양북스, 2023).

저자(1942~현재)는 서울대학교 상과대학 경제학과를 졸업하고 한때 재계 순위 25위의 대기업인 신호그룹 회장으로 올라 은탑산업훈장 등을 받았다. 그러나 외환위기를 맞으면서 2006년에 신호제지 매각을 끝으로 평생 일군 모든 사업을 접었다. 이 책은 그 경험을 담았다.

김현철 구속

김현철은 1992년의 대통령선거를 전후한 시기에 현대적 기법을 활용한 여론조사를 중심으로 선거전략을 마련함으로써 대통령의 신임을 얻었다. 김영삼 대통령이 취임하면서 '실세 가운데 실세'로 꼽히며, 세간에서는 김 대통령의 아호 '거산(巨山)'에 빗대어 '소산(小山)'으로, 이어 '부통령' 또는 '소통령'으로 불렀다. 한보그룹 정태수 회장으로부터 '뇌물'을 받은 혐의로 1997년 5월에 구속됐고, 이 문제에 관해 김 대통령은 국민에게 사과했다.

(1) 홍은택(洪銀澤), 「권력의 암투 '표적' 김현철」, 『신동아』(1995년 8월), 116~125쪽; ______, 「대통령아들의 '홀로서기' 몸부림」, 『신동아』(1995년 9월), 148~155쪽.

이 글들은 김영삼정부 안에서 김현철이 보여준 '위세' 그리고 권력 내부의 갈등을 잘 보여주었다.

(2) 조용경(趙庸耿) 엮음, 『발가벗은 임금님과 젊은 부통령: 한보사건의 원인에서 처방까지』(한송, 1997).

박태준 민자당 최고위원 보좌역으로 활동한 편자는 주요 일간지와 주간지가 한보사태와 관련해 실은 기사 · 사설 · 칼럼 가운데 84편을 선정해 주제별로 분류한 뒤 자신의 해설을 덧붙여 함께 펴냈다.

(3) 한국일보 특별취재팀, 『대통령과 아들: 실록 청와대 · 문민정부 5년』(한국문원, 1999).

※ 김영삼 대통령의 차남 김현철(金賢哲, 1959~현재)은 고려대학교 문과대학 사학과를 졸업하고 서던캘리포니아대학교 대학원에서 경영학석사학위를 받은 데 이어 고려대학교 대학원 경영학과에서 박사학위를 받았다. 한양대학교 공공정책대학원 특임교수, 국민대학교 정치대학원 특임교수, 동국대학교 언론정보대학원 석좌교수 등을 역임했다. 자신에 대한 변호로, 김현철, 『하고 싶은 이야기 듣고 싶은 이야기』(고려원, 1995) 그리고 조갑제(趙甲濟) 인터뷰, 「정치포기 결심 직후 김현철의 4시간 토로」 『월간조선』(1995년 9월), 306~334쪽 등이 있다.

(4) 최병묵(崔秉默) 정리, 「김현철의 30년 친구 박태중의 비망록: 김현철 구속의 진실을 밝히다」, 『월간조선』(2012년 8월), 224~243쪽.

김현철과 함께 구속됐던 박태중의 비망록이다. 김현철이 김영삼 대통령의 '실세'로 활동하던 시기의 청와대 상황 그리고 권력 내부의 갈등 등을 자세히 회상했다.

(5) 심재륜(沈在淪), 「국민검사 심재륜의 수사일지 7: 대한민국을 강타했던 김현철 사건 상(上); "이봐요 중수부장, 각하가 울고 있어요. 각하가…"」, 『월간조선』(2012년 7월), 254~266쪽; ______, 「국민검사 심재륜의 수사일지 8: 대한민국을 강타했던 김현철 사건 중(中); "김현철 수사는 꿈도 꾸지 마라"」, 『월간조선』(2012년 8월), 244~261쪽; ______, 「국민검사 심재륜의 수사일지 9: 대한민국을 강타했던 김현철 사건 3; "국회의

원들은 칼만 안 들었지 다 강도"(정태수)」, 『월간조선』(2012년 9월), 390~407쪽; ______, 「국민검사 심재륜의 수사일지 10: 대한민국을 강타했던 김현철 사건 4; 김현철, 구속!」, 『월간조선』(2012년 10월), 368~387쪽.

한보사건을 다루면서, 특히 김현철을 다루면서 겪었던 일들을 자세히 회상했다. 이 사건과 관련해 정 회장은 자신이 돈을 준 정치인의 이름을 모두 털어 놓았는데, 현역 의원 20명을 포함해 전.현직 의원은 33명에 이르렀다. 당시 국회의장도 포함돼 의장공관에서 별도로 수사했다.

※ 심재륜(1944~현재)은 서울대학교 법과대학을 졸업하고 사법시험을 거쳐 검사로 출발해 대전지방검찰청 검사장→광주지방검찰청 검사장→인천지방검찰청 검사장 등을 거쳤다. 1997년에 제15대 대검찰청 중앙수사부장으로 임명돼, 한보사건을 수사하면서 김현철을 구속했다. 이후 대구고등검찰청 검사장과 부산고등검찰청 검사장으로 봉직했다. 현재 변호사다.

동화은행 사례

김연극(金燃極), 『"YS의 '성역 없는 사정(司正)'은 정치구호": 비자금 · 수표추적의 1인자였던 함승희(咸承熙) 전 검사, 회한의 수사비화 토로」, 『월간조선』(1995년 6월), 114~132쪽.

김영삼정부의 사직당국은 동화은행 행장이 증권사와 단자회사의 증설을 허가받기 위해 고위공직자와 국회의원 등에 뇌물을 준 사실을 확인하고 1993년 5월에 피의자들을 구속했다.

제7항 외환위기(IMF구제금융신청사태)

강경식 경제부총리의 회고

(1) 조갑제(趙甲濟) · 부지영(夫址榮), 「실록: IMF사태의 내막(상)」, 『월간조선(1998년 3월), 90~127쪽; ______, 「실록: IMF사태의 내막(하)」, 『월간조선(1998년 4월), 109~114쪽.

뒤의 글에서 당시 경제부총리였던 강경식은 그때 국내 경제관료들의 분석과 건의를 대통령이 받아들였다면 IMF의 구제금융을 받지 않을 수 있었다고 회고했다. 그의 표현으로, '국내 의사'의 말을 듣지 않다가 'IMF 의사'를 불러들였다는 것이다.

(2) 강경식(姜慶植), 「1장 경제부총리가 되다」 및 「2장 환란주범 만들기」, ______, 『국가가 해야 할 일, 하지 말아야 할 일: 강경식 전 경제부총리 한국경제와 함께한 30년!』(경기도 파주시: 김영사, 2010), 20~110쪽 및 112~196쪽.

김인호 대통령경제수석비서관의 회고

김인호(金仁浩), 『명(明)과 암(暗) 50년: 한국경제와 함께; 김인호 회고록』 전2권(기파랑, 2019).

제1권의 부제는 『영원한 시장주의자』이고, 제2권의 부제는 『외환위기의 중심에 서다』이다. 정통 경제관료로 당시 대통령경제수석비서관이었던 저자의 진솔한 회고가 담겼다. 이 책을 읽으면, 저자가 외환위기가 닥쳐오는 상황을 직시하면서 모든 힘을 기울여 대책을 수립했던 사실을 인정하게 된다. 이 책은 여기서만 읽힐 것은 아니다. 박정희 대통령 시기와 전두환 대통령 시기 그리고 노태우 대통령 시기에 대해서도 읽힐 책이다.

언론계 등의 관찰

(1) 김종찬(金鐘燦), 『김영삼제국과 IMF 신탁통치: 관료 · 언론 · 학계의 '삼각밀실거래'』(하나로,1998).

『불교신문』 편집국장인 저자의 관찰을 담았다.

(2) 최정규(崔丁圭), 『동아시아의 경제위기와 팍스 아메리카나: 미국의 세계경제 지배음모를 밝힌다』(넥서스, 1999).

『중도일보』 경제부 기자로 김영삼정부의 외환위기를 취재한 저자의 관찰을 담았다. 저자는 동아시아 외환위기의 배후에는 IMF를 주도하는 미국의 '음모'가 개입되어 있다는 명제를 제시했다.

※ 최정규(1960~현재)는 충남대학교 사회과학대학 사회학과를 졸업하고 『중도일보』 공채1기로 출발해 『중도일보』 사장에 이르렀다.

(3) 강원용(姜元龍), 「IMF라는 태풍이 불다」, ______, 『역사의 언덕에서』 제5권(『버스가 봉우리에서』),(한길사, 2003년 6월) 87~112쪽.

경동교회 목사이면서 크리스천아카데미 원장으로 당시의 상황을 관찰했던 저자의 회고가 담겼다.

(4) 김광현(金光顯), 『은밀한 게임: 경제전문기자가 20여 년 추적한 권력 실세와 돈의 파워 네트워크』(조선일보사, 2003년 12월).

1980년대 중반 이후 약 20년에 걸쳐 경제기획원과 재무부 및 상공부 등을 차례로 출입하며 대기업과 정권 사이의 '거래'를 치밀하게 취재했다. 저자는 그러한 심층취재의 바탕 위에서 이 책을 썼다. 이렇게 볼 때, 이 책은 단순히 김영삼정부 말기에 발생한 외환위기만을 다룬 것은 아니다. 그러나 외환위기에 대한 관찰을 포함시켰기에 여기에서 소개했다.

※ 김광현(1957~현재)은 서울대학교 인문대학 독어독문학과를 졸업하고 프랑크푸르트대학교 대학원 경제학과에서 수학했으며 조선일보 독일특파원→경제과학부장→경제부국장 등을 역임했다. 현재 아주경제신문사 사장이다.

(5) 안혜리(安惠利: 중앙일보 논설위원), 「안혜리 논설위원이 간다: 영화 「국가부도의 날」은 왜 사실을 왜곡했나; IMF 탓에 망했다?…이런 선동으론 비극을 막지 못한다」, 『중앙일보』(2018년 12월 4일), 26쪽.

영화 속의 외환위기

(1) 이새샘(동아일보 기자), 「'국가부도의 날' 영화 속 사실과 허구: 재정국 관료가 IMF상황 몰고갔다는 설정은 사실과 달라」, 『동아일보』(2018년 12월 8일), 10쪽.

(2) 최보식(崔普植), 「최보식이 만난 사람: IMF시절 '환란 주범'으로 구속됐던…김인호 당시 청와대 경제수석; "경제부총리 바꿔 해결되면 무슨 걱정있겠나…근본이 잘못돼 있는데"」, 『조선일보』(2018년 12월 17일), A30쪽.

1997년 말 IMF 사태 전후를 다룬 영화 「국가 부도의 날」에서 청와대 경제수석은 무능하게 그려진다. 김인호 당시 경제수석을 만나 영화 얘기를 꺼내니, "역사적 사건을 다루면서 최소한의 사실 고증도 없다. 아무리 영화라지만 이렇게 무책임할 수 있나. 국민을 바보로 만들려는 것인지 제작 의도가 불순하다"고 말했다. 그는 김대중 정권이 정치적 필요성에서 마련한 제단의 희생이 되어 강경식 경제부총리와 함께 '환란(換亂) 주범'으로 구속됐지만 재판에서는 강 부총리와 함께 무죄가 확정됐다.

연구저술: 외환위기 그 자체 그리고 외환위기를 계기로 다시 살핀 한국의 산업화정책과 노동의 문제 및 발전모델 등

이 부분은 제12권 제3부 제5장(「신흥공업국가로의 도약과 종속이론」 가운데 특히 제2절 및 제3절과 연결해 읽어주기 바란다.)

(1) Won-duck Lee, *Economic Growth and Earnig Distribution in Korea*(Seoul: Korean Labour Institute, 1989).

(2) Larry L. Burmeister, *State Industreial and Agriclutural Policy in Korea*(Boulder, C.O.: Westview Press, 1990).

(3) Robert P. Kearney, *The Warrior Worker: The Challenge of the Korean Way of Working*(New York: I.B. Tauras and Co. Ltd., 1991).

(4) Martin Hart-Landsberg, *The Rush to Development: Economic Change and Political Struggle in South Korea*(New York: Monthly Review Press, 1993).

Jenkins Rhys. 1992 "(Re-)Interpreting Brazil and South Korea" In Tom Hewitt, Hazel Johnson and Dave Wield, eds., *Industricalisation and Development*(Oxford: Oxford University Press, 1992).

(5) Wang-sik Kim, "IMF, Economic Stabilization, and Class Conflict in the Third World," unpub. Ph.D. diss., University of Missouri, Columbia, 1989; 김왕식(金旺植), 「IMF 경제안정화 프로그램의 효과: 라틴아메리카의 경험」, 『한국정치학회보』 제25집 제1호(1991년 10월), 495~519쪽; ______, 「한국의 외환위기와 IMF의 역할」, 『담론20 1』2(1998년 7월), 49~85쪽.

※ 김왕식(1953~현재)은 연세대학교 정법대학 정치외교학과를 졸업하고 연세대학교 대학원 정치외교학과에서 석사학위를 받은 데 이어 미주리대학교 콜럼비아 캠퍼스 대학원 정치학과에서 박사학위를 받았다. 이화여자대학교 사범대학 사회생활학과 교수로 정년퇴임한 뒤, 제1대 「대한민국역사박물관」 관장을 역임했다. 현재 이화여자대학교 명예교수이면서 미주리대학교 콜럼비아 캠퍼스 정치학과 교수다.

(6) 하봉규(河奉逵), 「한국의 보나파르티스트 권위주의: 유신체제의 정치경제」(독일어), 독일 마부르크대학교 대학원 정치학과 박사학위청구논문, 1989년 9월.

※ 하봉규(1957~현재)는 동아대학교 정치외교학과를 졸업하고 서강대학교 대학원 정

치외교학과에서 석사학위를 받은 데 이어 마부르크대학교 대학원 정치학과에서 박사학위를 받았다. 현재 부경대학교 인문사회과학대학 정치외교학과 교수로 정년퇴임했으며, 현재 부경대학교 명예교수다.

(7) Ki-hwan Kim and Danny M. Leipziger, *Korea: A Case of Governmaent-Led Development*(Washington, D.C.: World Bank Publication, 1993).

(8) 김영명(金永明), 『동아시아 발전모델의 재검토: 한국과 일본의 경우』(소화, 1996년 5월).

(8-A) 김달중(金達中), 「서평: 동아시아 발전모델에 대한 총체적 시각; 김영명 저, 『동아시아 발전모델의 재검토』」, 『서평문화』23(1996년 가을), 53~59쪽.

(9) 구종서(具宗書), 「동아시아 발전모델과 한국」, 『한국정치학회보』 제30집 제2호(1996년 8월), 209~224쪽.

(10) 한국정치연구회 편, 『동아시아 발전모델은 실패했는가』(삼인, 1998년 6월).

제1부 서론

손호철(孫浩哲), 발전과 위기의 정치경제학: 한국의 'IMF 위기'와 '동아시아 모델', 15~36쪽.

제2부 위기의 동아시아 발전 모델

정상호(鄭相鎬), 한국 I : 재벌 체제와 좌절된 경제개혁, 37~60쪽.

강명세(姜明世), 한국II: IMF 위기, 한국모델의 파탄, 그리고 새로운 모색, 61~90쪽.

김용복(金容福), 일본: 금융위기의 원인과 전망-'자연과 확산'의 위기 구조, 91~118쪽.

김준(金畯), 대만: 위기 속의 발전, 119~150쪽.

전제성(全濟成), 인도네시아: 부패한 정실 관계와 성장 경제의 파산, 151~184쪽.

박은홍(朴恩弘), 타이: 성장과 위기, 국가-기업 연결망의 두 얼굴, 185~210쪽.

제3부 Pax of IMF

이광일(李光日), 국제 금융 자본과 IMF '관리', 211~236쪽.

박사명(朴思明), 동아시아 경제위기의 정치동학, 237~254쪽.

(11) 김영명(金永明) 편, 『동아시아의 정치체제』(강원도 춘천시: 한림대학교출판부, 1998년 6월).

(11-A) 박기덕(朴基德), 「종합서평: '동아시아발전모델'의 구성과 '동아시아 지역 경제위기'의 원인: 한국정치연구회 편, 『동아시아 발전모델은 실패했는가』; 김영명 편,

『동아시아의 정치체제』」, 『한국정치학회보.』제32집 제4호(1998년 12월), 373~387쪽.

(12) 백종국(白鍾國), 「'동아시아모델위기론'에 대한 비판적 고찰: 한국의 외환위기를 중심으로」, 『한국정치학회보』 제 32집(1998년 12월), 95~116쪽; ______, 『한국자본주의의 선택: 국가공동체의 형성과 전망에 관한 정치경제학적 탐색』(한길사, 2009); ______, 「전후 국가발전전략의 전개와 케인스 정치경제학」, 『한국정치연구』 제19집 제3호(2010년), 268~284쪽; ______, 「'한국발전모델' 논의에 대한 비판적 고찰: 한국정치학계에서 나타난 연구들을 중심으로」, 『한국정치학회보』 제45집 제1호(2011년 3월), 211~233쪽.

(13) 이교관(李敎觀), 『누가 한국경제를 파탄으로 몰았는가』(동녘, 1998)

외인론의 관점에서 1997년의 외환위기를 분석한 책이다.

※ 이교관(1965~현재)은 서강대학교 대학원 정치외교학과에서 박사과정을 수료했다. 신문기자 출신으로 통일부장관 정책보자관을 거쳐 대통령비서실 행정관으로 봉직했다.

(14) Kun Young Park and Wang Hwi Lee, "The Finacial Crisis of 1997-1998 and Its Impact on Security Relations in East Asia," *Asian Perspective,* Vol. 23, No. 3(September, 1999), pp 129-151.

(15) Eun-joo Lee, "Unemployment and Its Impact on Well-being: A Field Study of the South Korean Economic Crisis, 1997-2001," unpub. Ph.D. diss., University of Texas, Austin, 2002.

※ 이은주([李殷周], 1968~현재)는 숙명여자대학교 아동복지학과를 졸업하고 숙명여자대학교 대학원 아동복지학과에서 석사학위를 받은 데 이어 오하이오주립대학교 대학원 아동복지학과에서 석사학위를 받았고 텍사스대학교 오스틴 캠퍼스 대학원 사회복지학과에서 박사학위를 받았다. 숙명여자대학교 연구교수와 동국대학교 교수를 역임했으며, 현재 서울사이버대학교 총장이다.

(16) 김진영(金晉英), 「동아시아모델 논쟁의 극복: 새로운 발전론을 위하여」, 『한국과 국제정치』 제19권 제1호(2003년 3월), 97~125쪽.

※ 김진영(1959~현재)은 부산대학교 사회과학대학 정치외교학과를 졸업하고 시라큐스대학교 맥스웰공공정책대학원(통칭 맥스웰행정대학원) 정치학과에서 석사→박사학위를 받았다. 박사학위청구논문 서지사항은 다음과 같다. Jinyoung Kim, "Capital Accumulation and Social Change in South Korea and Brazil: An Examination of

Regulation Theory and Its Application," unpub. Ph.D. diss., Syracuse University, 1993. 국제정치경제적 분석방법을 활용한 그녀는 신자유주의를 비롯한 서방세계의 경제체제 논리에 관한 저술을 많이 발표했는데, 거기에는 다음이 포함됐다.

김진영(金晉英), 「세계화와 헤게모니」, 『한국정치학회보』 제31집 제1호(1998년 6월), 339~360쪽; ______, 「글로벌 금융 거버넌스와 아시아 금융협력: IMF와 아시아통화기금(AMF)」, 『21세기정치학회보』 제21권 제3호(2011년 12월), 131~156쪽; ______, 「글로벌 금융 거버넌스에서 시장과 국가」, 『CHINA연구』(부산대학교 중국문제연구소) 12(2012년 2월), 85~116쪽; ______, 「베이징 컨센서스와 자본주의 4.0: 동아시아의 새로운 발전모델을 위한 함의의 탐색」, 『CHINA연구』15(2013년 8월), 27~66쪽; ______, 「자유주의 정치경제학의 과제: 신자유주의의 퇴진과 그 이후」, 『국제정치연구』 제19권 제2호(2016년 12월), 221~248쪽; ______, 「세계금융위기 이후의 포스트 브레튼우즈체제」, 『21세기정치학회보』 제28권 제3호(2018년 9월), 139~164쪽; ______, 「신자유주의 정치경제의 위기와 중국모델」, 『CHINA연구』 제24권 제4호(2021년 12월), 93~119쪽.

그녀는 다음과 같은 서평도 발표했다. 김진영(金晉英), 「서평: 『거대한 전환: 우리 시대의 정치 경제적 기원』」, 『CHINA연구』 제9권 제9호(2010년 8월), 361~366쪽. 서평의 대상이 된 원저는 다음과 같다. Karl Polanyi, *Origins of Our Time: The Great Transformation*(New York: Farrar and Rinehart, 1944; London: Victor Gollance, 1945)/홍기빈, 『거대한 전환: 우리 시대의 정치 경제적 기원』(길, 2009).

칼 폴라니(1886~1964)는 오스트리아·헝가리합병제국의 수도 빈에서 헝가리계 유대인으로 태어났다. 헝가리사람은 한국인과 마찬가지로 성을 먼저 쓰고 다음에 이름을 쓴다. 이렇게 볼 때, 그의 이름은 폴라니 칼이다. 그는 헝가리의 부다페스트대학교에서 경제학·역사학·인류학 등을 전공했으며 법학박사 학위를 받았다. 1차대전의 결과 오스트리아·헝가리합병제국이 패전하고 독일에서 나치즘이 크게 성장하면서 그 영향이 헝가리에까지 미쳐오자 그는 우선 런던으로, 이어 미국과 캐나다로 망명해 거기서 주로 저널리스트로 활동했다. 앞의 책은 그의 대표작으로, 시장경제의 원리에 바탕을 둔 자유주의와 자본주의에 대한 의문을 표시했다. 이것은 그의 페이비아니즘적 성향에 맞는 것이었다. 21세기에 들어와 신자유주의적 경제체제 및 국제경제질서가 여러 문제점을 낳게 되자 이 책은 새로운 조명을 받게 되었다.

(16-A) 김영진(金永鎭), 『시장자유주의를 넘어서: 칼 폴라니의 사회경제론』(경기도 파주시: 한울 아카데미, 2005).

(17) 김대환(金大煥: 인하대) 편저, 『동아시아 경제변화와 국가의 역할 전환: '발전국가'의 성립, 진화, 위기, 재편에 대한 비교정치경제학적 분석』(한울아카데미, 2003년 4월).

김대환 교수를 비롯해 조명래(趙明來), 박은홍(朴恩弘), 조희연(曺喜昖), 전병유(田炳裕), 김윤태(金倫台) 교수 등 국내학자 그리고 Bob Jessop, Ngai-Ling Sum, 왕진환(王振寰, 중국어발음 왕젠환) 교수 등 외국학자들의 논문을 모았다.

(18) Wang-sik Kim, "Economic Crisis and Financial Reform in Japan and Korea," unpub. Ph.D. diss., University of Missouri, Columbia, 2003.

※ 김왕식(金王植, 1967~현재)은 중앙대학교 경영대학 무역학과를 졸업하고 일본 주오대학(中央大學) 대학원 경제학과에서 석사학위를 받은 데 이어 미주리대학교 콜럼비아 캠퍼스 정치학과에서 정치학박사학위를 받았다. 현재 공주대학교 인문사회과학대학 행정학과 교수다. 그의 저서에는 『한 · 일 경제협력의 정치경제』(사회와담론, 2001)가 포함된다.

(19) Doh-chull Shin, Conrad P. Rutkowski, Chong-min Park, *The Quality of Life in Korea: Comparative and Dynamic Perspectives(*Amsterdam: Kluwer Academic Publishers 2003).

이 책은 꼭 여기서만 읽힐 책은 아니다. '경제성장' 또는 '경제발전'이 이루어지는 가운데 외형적인 것 보다는 '삶의 질(質)'이 더 중요하다는 인식이 확산됐으며, 그리하여 1970년대 후반 이후 정치학계와 사회학계를 비롯한 사회과학계에서는 '삶의 질'에 대한 연구가 활발해졌다. 이 책은 그러한 경향을 반영했다.

(20) Jaehwan Jung and Dahjin Kim, "Symbolic Policy and Ideational Path Dependency: Institutional Change and Ideational Continuity in the Korean Developmental Model," *Korean Political Science Review*, Vol. 52, No. 6(Winter 2018), pp.34~50.

(21) Yong-Chool Ha and Wang Hwi Lee, "The Politics of Economic Reform in South Korea: Crony Captialism after Ten Years," *Asian Survey,* Vol. 47, No. 6(November/December 2007), pp.894-914.

(22) 이왕휘(李王徽), 「발전 이후 발전국가: 한국과 동아시아 사례 비교」, 『한국정치학회보』 제56집 제4호(2022년 9월), 83~104쪽.

다음의 책들을 종합서평했다.

(i) Hyeoung-ki Kwon, *Changes by Competition: Evolution of the Korean Developmental State*(New York: Oxford University Press, 2021).

(ii) T. J. Pempel, *A Region of Regimes: Prosperity and Plunder in the Asia-Pacific*(Ithaca: Cornell University Press, 2021)/ 김성조 · 오승희(吳承憘) 역, 『레짐으로 본 동아시아: 제도, 파워, 패러다임』(동아시아연구원, 2020).

(iii) 임현진(林玄鎭) · 서문기(徐汶基) · 윤상우(尹相우) · 황석만, 『글로벌 아시아: 자본주의 발전과 포스트 발전 국가의 미래』(서울대학교출판문화원, 2021).

필자는 다음과 같은 결론을 제시했다.

이 세 책들은 동아시아 금융위기 이후 발전국가가 쇠퇴하여 규제국가로 이행할 것이라는 신자유주의의 예상과 달리 발전국가는 적어도 동아시아에서는 나름대로 진화하였다는 평가를 공유하고 있다. 위기 전과 다른 유형-즉 신자유주의적 발전국가 또는 재구성되는 발전적 레짐-이지만 국가중심성이라는 발전국가의 특징은 그대로 남아 있다.

※ 이왕휘(1968~현재)는 서울대학교 사회과학대학 외교학과를 졸업하고 서울대학교 대학원 외교학과에서 석사학위를 받은 데 이어 런던대학교 대학원 정치학과에서 박사학위를 받았다. 박사학위청구논문 서지사항은 다음과 같다. Wang Hwi Lee, "The Political Power of Economic Ideas: Comparative Policy Responses to the East Asian Financial Crisis in South Korea and Malaysia," unpub. Ph.D. diss., University of London, 2005. 현재 아주대학교 사회과학대학 정치외교학과 교수다.

제5절 사회·문화·교육·과학기술

제1항 한국사회학회가 본 광복 50년의 한국사회

한국사회학회 편, 『광복50년: 한국사회와 사회학』(한국사회학회, 1995).

1. 광복50년의 한국사회와 사회학
2. 고전 사회이론의 50년 성찰: 막스 베버와 에밀 뒤르껭
3. 한국의 현대 사회학이론 50년: 진단과 전망
4. 한국 사회학의 방법론적 과제: 인과분석을 중심으로
5. 지역공동체 연구의 성찰과 전망
6. 해방이후 한국인의 종교생활과 종교사회학
7. 한국의 경제성장과 정치발전: 발전사회학 50년의 회고와 전망
8. 지역간 불균형과 지방화
9. 일탈행동론 연구의 성과와 전망
10. 문화와 생활 양식의 변화
11. 한국의 사회운동
12. 국가와 시민사회의 변화: 민주화를 중심으로
13. 노동시장과 노사관계 연구의 현황과 과제
14. 인구현상의 변화와 인구연구
15. 조직과 직업구조: 연구동향과 과제
16. 한국사회학의 북한사회 연구

제2항 일련의 대형사고들

김영삼정부는 출범 직후부터 대형사고에 시달렸다. 무궁화호열차전복(1993년 3월 28일), 아시아나항공기충돌사고(1993년 7월 26일), 서해페리호침몰사고(1993년 10월 10일), 성수대교붕괴사고(1994년 10월 21일), 충주호유람선화재사고(1994년 10월 24일), 마포도시가스폭발사건(1994년 12월 7일), 대구상인동가스폭발사고(1995년 4월 28일),

삼풍백화점붕괴(1995년 6월 29일) 등이 그것들이었다.

최재현(崔裁炫), 『취재파일 1994: KBS 최재현 기자가 되살려낸 취재 비화』(가온미디어, 2022).

KBS 워싱턴특파원→사회부장→정치부장 등을 역임한 저자는 1994년에 일어난 일련의 대형사고들에 대한 회상을 이 책에 담았다.

성수대교 붕괴

1994년 10월 21일에 서울의 성수대교가 붕괴하면서 32명의 희생자를 냈다. 김영삼 대통령은 민심수습의 차원에서 이영덕(李榮德) 국무총리를 해임하고 이홍구(李洪九) 통일부총리를 국무총리로 임명했다.

(1) 최재승(崔在昇), 『성수대교 붕괴사고를 통해서 본 한강 교량의 문제점과 대응책』(극동기획, 1995).

(2) 건설산업비전포럼, 『성수대교 붕괴 20주년 한국호는 안전한가? 공공안전을 위한 건설산업의 역할과 과제』(건설산업비전포럼, 2014).

삼풍백화점 붕괴

1995년 6월 29일에 서울의 삼풍백화점이 붕괴했다. 이 사고로 502명이 사망하고 937명이 부상당했다.

(1) 참여민주사회시민연대 편, 『'삼풍백화점' 참사에 대한 검경합동수사본부의 수사내용에 관한 항의문』(참여민주사회시민연대, 1995).

(2) 홍종민(洪鍾敏), 『빵광주리 나르는 빠리의 교장선생: 성수대교와 삼풍백화점 사고를 되돌아보며』(한글, 1996).

(3) 홍성태(洪性泰), 『삼풍사고 10년 교훈과 과제』(보문당, 2006); 홍성태(洪性泰) · 안홍섭(安泓燮) · 박홍신, 『'안전사회'로 도약하는 길: 삼풍백화점 붕괴 20년의 연구』(진인진, 2018).

(4) 서울문화재단 기획/메모리[人]서울프로젝트 기억수집가, 『1995년 서울 삼풍: 사회적 기억을 위한 삼풍백화점 참사 기록』(동아시아, 2016).

(5) 김학준(金學俊), 「제7장 남북정상회담 개최의 원칙적 합의를 북한과의 협상을 통해 구체화하다: 통일부총리를 거쳐 국무총리 그리고 여당대표로(1993년 7월~1998년 2

월)」, ______, 『이홍구 평전: 효당(曉堂) 이홍구(李洪九) 전 국무총리의 정치철학과 현장실천』(중앙books, 2023), 430~540쪽 가운데 515~517쪽.

이홍구 국무총리가 삼풍백화점 붕괴 당시의 상황을 상세히 회상했다.

제3항 대학 및 사회 일각의 분위기

(1) 기독청년문화사 · 생명문화연구소 기획/박홍(朴弘) 신부, 남용우(기독청년문화연구소장) 목사 공저, 『레드 바이러스: 이 시대의 대학가 젊은이들을 옭아매는 변혁주의사상의 실체와 학생운동권 내부의 정체를 파헤친다』(거목, 1997).

서강대학교 총장 박홍 신부(1941~2019)는 일부 대학생들이 주체사상에 빠져들고 있다고 경고했다.

(2) 김진아(사회평론 길 기자), 「역사를 상대로 도박을 한 사제: 민주총장 박홍(朴弘)의 빨갱이 사냥, 그 화려한 변신」, 강준만(康俊晚) · 김교만(金敎萬) · 김민웅(金民雄) · 김삼웅(金三雄) · 김진아(『사회평론 길』) · 문부식(文富軾) · 손석춘(孫錫春) · 최종욱(崔淙旭) · 황광수(黃光穗) 분담집필, 『레드콤플렉스: 광기가 남긴 아홉 개의 초상』(삼인, 1997), 51~72쪽.

(3) 김봉걸(金鳳杰), 『한국의 대학, 어제와 오늘 그리고 내일』(대학서림, 1997), 187~211쪽.

이 책의 「한총련 8·15 연세대 시위사태」(197~200쪽), 「사태 이후의 대학가」(201~210쪽), 「대학가에 좌경세력이 그치지 않는 이유」(211쪽) 등을 통해, 대학가에, 특히 운동권에 종북 · 주사파가 자리를 잡고 있음을 지적했다.

※ 김봉걸(1927~2019)은 서울대학교 공과대학 화학공학과를 졸업하고 서울대학교 대학원 화학공학과에서 석사→박사학위를 받았다. 경희대학교 공과대학 화학공학과 교수→공과대학 학장→행정대학원 원장→부총장을 역임했다.

(4) 정수일(鄭守一), 『시대인, 소명에 따르다: 정수일 회고록』(아르테, 2022)

한국에서 아랍인 '무함마드 깐수(Muhammad Kansu 또는 Muhammad Kanso)'라는 이름으로 알려진 저자(1934~현재)는 1934년에 당시 '만주국' 길림성에서 태어났으며 북경대학을 졸업하고 카이로대학교에서 아랍어를 공부한 뒤 중국의 모로코대사관 등에서 봉직하다가 북한국적을 회복하고 김일성대학 교수가 됐다. 곧 남파돼 자신의 신분을 감춘 채 단국대학교 대학원 사학과에서 연구를 계속해 석사학위를 받은 데 이어 단국대학교 대학원 사학과에서 「신라 아랍-이슬람제국 관계사 연구」(1990년 2월)로 박사학위를 받은 뒤 단국대학교 교수로 활동했다. 그러나 김영삼정부 때인 1996년 7월 3일에 국가보안법 위반 혐의로 체포됐다. 그렇지만 적극적으로 간첩활동을 하지 않은 것이 참작돼 2000년에 석방됐으며 2004년에 복권됐고 정수일이라는 본명으로 다시 학계에서 주로 이슬람문명권에 대해 활발하게 연구와 저술에 전념했다. 그는 모로코의 학자이자 법관으로 3개 대륙 40개 나라 12만 킬로미터를 약 30년에 걸쳐 여행한 이븐 바투다(Ibn Battuta, 1304~1368)의 여행기를 번역한 『이븐 바투다 여행기』(창비, 2001)와 『실크로드 사전』(창비, 2013)으로 두 차례에 걸쳐 한국출판문화상을 받았다. 이 회고록은 그의 일생을 보여준다.

제4항 법조

슬롯머신사건

송종의(宋宗義), 「제3부」 가운데 「15. 짧고도 길었던 6개월: 서울지방검찰청 검사장」, ______, 『밤나무 검사의 자화상: 공직 회고록』(법률신문사, 2023), 213~352쪽 가운데 319~336쪽.

저자가 서울지방검찰청 검사장이던 때 수사를 지휘한 슬롯머신사건을 자세히 회고했다. 슬롯머신업자로부터 뇌물을 받은 현직 고등검사장을 비롯해 검찰 고위 간부들이 구속됐다.

제3차 사법파동

김영삼 대통령이 취임한 직후인 1993년 7월에 소장 법관들은 그 사이 법원 안에 '정치적 판사'들이 있었다고 지적하면서 '사법부의 개혁'을 요구하는 성명을 발표했다. 이 시점에 김 대통령이 공직자의 재산공개를 단행함에 따라 몇몇 고위 법관들이 상당히 많은 재산을 보유하고 있음이 드러났다. 당시 김덕주(金德柱) 대법원장이 변호사 시절이었던 1986~1988년에 투기대상 지역의 부동산을 사들인 사실도 공개됐다. 김 대법원장은 용퇴했다. 이것을 제3차 사법파동이라고 불렀다. 그의 후임으로 제12대 대법원장에 윤관(尹錧, 1935~2022) 대법관이 임명됐다.

(1) 신평(申平), 『한국의 사법개혁: 아직 끝나지 않은 여정』(높이깊이, 2009; 2011 전면개정판).

전면개정판 제2편 제2장 제2절에서 제3차 사법파동을 다뤘다.

※ 신평(1956~현재)은 서울대학교 법과대학 법학과를 졸업하고 서울대학교 대학원 법학과에서 석사학위를 받은 데 이어 영남대학교 대학원 공법학과에서 「헌법적 관점에서 본 명예훼손 연구: 의견과 사실의 이분론을 중심으로」(2002년 8월)로 법학박사학위를 받았다. 사법시험을 거쳐 판사로 봉직하다가 현재 변호사이면서 경북대학교 법학전문대학원 교수다.

(2) 한홍구(韓洪九), 『사법부: 법을 지배하는 자들의 역사』(경기도 파주시: 돌베개, 2016).

제5부 제4항에서 제3차 사법파동을 다뤘다.

성희롱에 대한 첫 유죄판결

서울대학교 자연과학대학의 한 여성 조교는 자신의 지도교수가 자신에게 성희롱을 했다고 주장하면서 소송을 제기했다. 서울민사지방법원 합의 18부는 1994년 4월 18일에 조교의 주장을 받아들이는 판결을 내렸다.

(1) 장윤경(한국성폭력상담소 홍보실장), 「성희롱 재판,형평성 잃은 시대착오적 판결」, 『나라의 길』(나라정책연구원) 35(1995년 9월), 79~85쪽.

(2) 신정휴(申正休), 『나는 성희롱 교수인가: 서울대 우(禹) 조교 성희롱 사건 재판의 실상과 나의 고백』(혜화당, 1998).

제5항 유산안물려주기운동의 확산

(1) 최상연(崔相淵: 중앙일보 기자), 「돈이 되레 자식 그르친다/"유산 물려주지 말자"」, 『중앙일보』(1994년 5월 28일).

유산을 전부 자녀에게 물려줄 것이 아니라 대부분을 사회에 환원하는 것이 바람직하다는 주장은 1984년 4월에 한국기독교1백주년을 맞아 기독교 실업인 성경공부모임인 「서울기독실업인회」에서 「소유에 대한 올바른 윤리의식을 확립하자」는 주제로 강연한 손봉호(孫鳳鎬) 서울대 교수로부터 제기됐다. 1994년 5월에 아들이 부모의 유산을 노리고 부모를 살해한 사건이 발생하자 기독교인들인 손봉호 교수, 이영덕 국무총리, 정근모(鄭根謨) 전 과학기술처장관 등은 이 운동을 확산시켰다.

제6항 살인사건

지존파(至尊派)연쇄살인사건

1993년 7월에 충청남도 논산에서 지존파에 의한 살인사건이 일어났으며, 이후 지존파에 의한 연쇄살인사건이 일어났다.

(1) 박상구, 『이젠 어둠보다 빛이 더 좋아: 지존파 김현양(金現陽)의 옥중회개록』(예찬사, 1996).

(2) 오윤성, 「지존파 사건에 대한 범죄사회학적 고찰」, 『한국경찰학회보』(한국경찰학회) 제7호(2003), 151~180쪽.

(3) 고병천, 「범죄단체 구성원의 행동패턴에 관한 연구: 지존파 사건을 중심으로」, 광운대학교 대학원 범죄학과 박사학위청구논문, 2015년 2월; ______, 『엄마 젖이 달았어요: 어느 수사반장의 네버 엔딩 스토리』(명성서림: 2023).

(4) 정명중, 「괴물의 탄생: 신자유주의, 유연성 그리고 '지존파'」, 『인문학연구』(원광대학교 인문학연구소) 제17집 제2호(2016년 8월), 117~148쪽.

(5) 정락인, 「잔인하고 엽기적인 살인조직 지존파: 부유층 대상 납치 살인 후 시신도 훼손」, 『시사저널』(2019년 12월 17일), 46~48쪽.

이태원살인사건

1997년 4월 3일 밤 대학생 조중필(趙重琊)은 서울 용산구 이태원의 한 햄버거 가게 화장실에서 미군에 의해 살해됐다. 2009년에 개봉된 영화 「이태원살인사건」은 이 사건의 실체를 극적으로 조명했고, SBS의 『그것이 알고 싶다』도 이 사건을 다뤘다.

표창원(表蒼園), 「사건16 피해자는 있는데 살인자는 없다: 이태원살인사건」, ______,

『프로파일러 표창원의 사건추적: 한국사회를 뒤흔든 희대의 사건을 파헤치다』(지식의 숲, 2013), 202~209쪽.

※ 표창원(1996~현재)은 경찰대학을 졸업하고 영국 엑시터대학교 사회과학부 경찰학과에서 「매스 미디어와 경찰 사이의 관계」("The Police and Crimewatch UK: A Study of the Police Use of Crime Reconstruction and Witness Appeal Programmes in Britain")로 박사학위를 받았다. 경찰대학 교수로 봉직하다가 제20대 국회의원으로 활동했으며, 현재 「표창원범죄과학연구소」 소장이다.

제7항 문화

서울 정도 6백주년

임덕순(任德淳), 「서울의 수도 기원과 발전과정」, 서울대학교 대학원 지리학과 박사학위청구논문, 1985년 8월; ______, 『600년 수도 서울: 수도의 기원과 지리적 발전과정』(지식산업사, 1994).

1994년은 조선왕조가 한양을 수도로 정한 6백주년의 해였다. 국토통일원 장관에 이어 주영대사를 역임하고 귀국한 이홍구 민주평화통일자문회의 수석부의장이 「서울 정도 6백주년 기념사업회」 회장을 맡아 여러 행사를 치렀다.

※ 임덕순(1939~현재)은 서울대학교 사범대 지리교육과를 졸업하고 서울대학교 대학원 지리교육과에서 석사→박사학위를 받았다. 충북대학교 사범대학 지리학과 교수로 정년퇴임했으며, 현재 충북대학교 명예교수다.

월드컵 유치

김영삼정부는 2002년에 열릴 월드컵대회를 유치하기 위해 노력했으며 결국 한국과 일본이 공동으로 개최한다는 조건 아래 유치에 성공했다. 유치위원회 위원장으로는 이홍구(당시 민주평화통일자문회의 수석부의장) 그리고 이홍구에 이어 구평회(具平會, 당시 한국무역협회 회장)가 활동했다. 정몽준(鄭夢準)은 유치위원회의 일원으로 활동하다가 조직위원회 부위원장을 맡는다.

(1) 다케우치 히로시(竹内浩), 『2002년의 페어플레이: 일한공최(日韓共催)와 FIFA의

정치역학』(일본어)(도쿄: 교토통신사[共同通信社], 1996)/이영결 역, 『2002 월드컵 전쟁: 한일 공동개최 비사』(청한문화사, 1997).

(2) 한유림, 『정몽준, 2002년 월드컵 유치작전』전3권(고려서적, 1997).

(3) 김상헌(남서울대) 편저, 『정몽준과 파워 코리아: 월드컵 유치부터 4강신화, 그리고 꿈은 계속된다』(휘닉스미디어, 2002).

(4) 정몽준(鄭夢準), 『나의 도전 나의 열정: 정몽준의 인생과 세상 이야기』(경기도 파주시: 김영사, 2002); ______, 『자유민주주의와의 약속: 자유가 희망이다』(미다스북스, 2012).

(5) 김학준(金學俊), 「제7장 남북정상회담 개최의 원칙적 합의를 북한과의 협상을 통해 구체화하다: 통일부총리를 거쳐 국무총리 그리고 여당대표로(1993년 7월~1998년 2월)」, ______, 『이홍구 평전: 효당(曉堂) 이홍구(李洪九) 전 국무총리의 정치철학과 현장실천』(중앙books, 2023), 460~540쪽.

영화 『서편제(西便制)』 개봉

작가 이청준(李淸俊)이 『뿌리 깊은 나무』(1976년 4월)에 처음 발표했던 소설 『서편제』는 훗날 그 밖의 연작소설들과 함께 『서편제』라는 제목 아래 출판사 열림원에서 1993년에 출판됐다. 이 단편이 임권택 감독에 의해 영화로 만들어져 1993년 4월 10일에 개봉됐다. 이 주제에 대해서는 참으로 많은 저술이 출판됐다. 여기서는 다음 두 개에 한정해 소개하기로 한다.

(1) 임권택(林權澤) 편, 『서편제 영화이야기』(하늘, 1993).

※ 임권택(1936~현재)은 대종상영화제에서 감독상을 받은 것을 비롯해 한국의 대표적 영화상들뿐만 아니라 베를린 영화제의 명예금동상과 칸 영화제의 감독상 등을 받아 한국을 대표하는 영화감독으로 자리를 잡았다. 대표작으로는 「만다라」(1981)를 비롯해, 「길소뜸」(1985) · 「씨받이」(1986) · 「취화선」(2002) 등이 꼽힌다. 정부로부터 금관문화훈장을 받았다. 동서대학교는 그의 이름을 따 임권택영화영상예술대학을 세웠다. 그의 저서로 『임권택이 임권택을 말하다』전2권(현실문화연구, 2003)이 있다.

(2) 박숙희(朴淑姬), 「『춘금초(春琴抄)』와 『서편제』의 비교: 「소리 · 음」의 예술」, 『일어일문학』(일어일문학회) 37(2007년 5월), 331~354쪽; ______, 「『춘금초(春琴抄)』와 『서편제』와의 비교연구: 맹목과 전통음악을 중심으로」(일본어), 부산외국어대학

교 대학원 일어일문학과 박사학위청구논문, 2008년 2월.

제목에 나오는『춘금초』는 일본의 탐미주의 작가 다니자키 준이치로(谷崎潤一郎, 1886~1965)의 소설로, 이후 영화로도 제작됐다.

※ 작가 이청준에 대한 연구서로는 우선 이윤옥(李潤玉),『비상학, 부활하는 새, 다시 태어나는 말:이청준 소설 읽기』(문이당, 2005) 그리고 이윤옥,『이청준 평전』(문학과지성사, 2023)이 대표적이다. 이청준을 비롯해 황순원(黃順元)·김치수(金治洙)·조해일(趙海一) 그리고 출판인 한만년(韓萬年)과 불교인 법정(法頂) 등을 포함한 지성인에 대한 회상은 다음에서 읽을 수 있다. 김병익(金炳翼),『기억의 깊이: 그 두런거림의 말들』(문학과지성사, 2016). 김병익은『기억의 양식들: 김병익 글 모음』(문학과지성사, 2023)을 통해 자신의 인생을 묶어내면서 동시에 문학은 물론, 사회·예술·인문·역사 등 여러 분야에 대해 조언했다.

김병익(1938~현재)은 서울대학교 문리대 정치학과를 졸업하고 서울대학교 대학원 정치학과에서 석사학위를 받았다. 동아일보 문화부장으로 봉직하던 때 자유언론실천운동에 참여해 퇴사했으며, 문학과지성사를 열면서 문학평론가로 활동했다. 이후 정부의 한국문화예술위원회 위원장으로 봉직했다.

부산국제영화제

부산국제영화제(Busan International Film Festival, 약칭 BIFF)는 문화공보부 산하 영화진흥공사 사장 김동호(金東虎)가 국내의 영화학 교수들 및 영화평론가들과 제휴해 1996년 9월 13일에 부산에서 시작했다. 집행위원장을 맡은 그는 이 영화제를 세계적 영화제로 키웠다. 김동호(1937~현재)는 서울대학교 법과대학을 졸업하고 문화공보부 차관을 거쳐 단국대학교 영화콘텐츠전문대학원 원장으로 활동했으며, 그 과정에서 은관문화훈장을 받았다.

김동호(金東虎),「남기고 싶은 이야기: 영화인 김동호가 말하는 타이거클럽 사람들과의 추억여행」,『중앙SUNDAY』(2022년 3월 26일~2023년 2월 4일).

이 글을 통해 그는 강수연(姜受延), 김지미(金芝美), 신성일(申星一), 임권택(林權澤) 등을 비롯한 국내의 정상급 영화인들을 소개했으며, 서울 중구 정동의 정동극장 그리고 종로구 운니동에 있던 운당여관 등을 소개했다.

제8항 교육 및 과학기술

5·31교육개혁과 대학증설

김영삼정부는 1994년 2월 5일에 대통령직속으로 「교육개혁위원회」를 출범시키고 1995년 5월 31일에 교육개혁안을 발표했다. 핵심은 대학설립준칙주의와 대학입학정원 자율화에 있었다. 이에 따라 특히 비수도권에서 대학이 증설됐다. 오늘날 사회적 관심의 대상이 된 '비수도권 대학의 학생 수 감소와 그것에 따른 위기'의 시원을 여기서 찾는 이들도 있다.

(1) 이행원(李行元), 『교육개혁의 논리: 현안과 대안 모색』(나남, 1994).

(2) 장석환, 「문민정부 이후 대학 정원정책 분석」, 『교육행정학연구』(한국교육행정학회) 제25권 제4호(2007년 12월), 389~412쪽; ______, 「대학정원 자율화 정책의 특성 분석」, 중앙대학교 대학원 인적자원개발정책학과 박사학위청구논문, 2009년 2월; ______, 「대학 정원조정의 메커니즘과 자율화의 과제」, 『교육행정학연구』제27권 제3호(2009년 10월), 423~446쪽.

정보통신을 비롯한 산업 분야에 대한 정책, 그리고 CDMA

다음의 저술들이 김영삼정부시대를 다룬 것은 아니다. 정보통신 분야를 비롯해 여러 다른 산업 분야에 관련된 저술들을 이 자리에 묶었다.

(1) 허인혜(許仁惠), 「비교정치경제 관점에서 본 산업클러스터: 정보통신산업을 중심으로」, 고려대학교 대학원 정치외교학과 박사학위청구논문, 2009년 8월.

※ 허인혜(1978~현재)는 고려대학교 정경대학 정치외교학과를 졸업하고 고려대학교 대학원 정치외교학과에서 석사→박사학위를 받았다. 현재 전북대학교 사회과학대학 정치외교학과 교수다.

(2) 고삼석(高三錫), 「방송의 디지털 전환에 따른 정보격차 해소방안에 관한 연구」, 중앙대학교 대학원 언론학박사학위청구논문, 2010.

※ 고삼석(1967~현재)은 김대중 · 노무현 · 문재인 대통령을 국회 또는 청와대에서 모셨으며 문재인 대통령 때 방송통신위원회 상임위원을 맡았다.

(2-A) ______, 『5G 초연결사회, 완전히 새로운 미래가 온다』(메디치미디어, 2019).

(3) 오진석(吳鎭錫), 『한국 근현대 전력산업사, 1898~1961』(푸른역사, 2021년 5월).

※ 오진석(1970~현재)은 연세대학교 상경대학 경제학과를 졸업하고 연세대학교 대학원 경제학과에서 석사학위를 받은 데 이어 연세대학교 대학원 경제학과에서 「한국근대 전력산업의 발전과 경성전기(주)」(2006년 8월)로 박사학위를 받았다. 현재 배재대학교 인문사회대학 행정학과 교수다.

(4) 조한나(서울대학교 한국정치연구소 객원연구원), 「한국의 조선 산업정책 변화에 대한 정치경제적 연구」, 서울대학교 대학원 정치학과 박사학위청구논문, 2021년 8월

(5) 남정욱(南柾旭), 『대한민국 정보통신의 역사 그 별의 순간들: 1882년부터 1996년까지』(파이터치연구원, 2022).

제6절 대북정책 및 대외정치

제1항 북한 핵문제를 둘러싼 남북과 주변국 정세

미국에서 클린턴 대통령의 민주당 행정부가 출범한 때로부터 2개월 뒤이며 한국에서 김영삼 대통령의 민자당 행정부가 출범한 직후인 1993년 3월 12일에 북한은 핵확산금지조약으로부터의 탈퇴를 선언했으며, 이로써 핵위기가 고조됐다. 클린턴 행정부는 곧바로 북한과의 양자회담을 뉴욕에서 열었으며, 1993년 6월 11일에 제1차 합의에 도달했고, 이어 1994년 10월 21일에 제네바에서 제2차 합의(「합의된 틀」 또는 「기본적 합의」)에 도달했다. 북한 핵을 다룬 저술들에 대해서는 우리가 제13권 제3부 제3장에서 자세히 소개했다. 다음은 그 부분과 연결해 읽어주기 바란다.

(1) Alvin Z. Rubinstein, "North Korea's Nuclear Challenge," *Korea and World Affairs*, Vol. 18, No. 1(March 1994), pp.23~41; ______, "Russia and North Korea: The End of an Alliance?" *Korea and World Affairs*, Vol. 18, No. 3(September 1994), pp.486~508.

(2) Hakjoon Kim, "The North Korean Crisis and the Geneva Agreement: 1980s~1997," *Korea and World Affairs*, Vol. 18, No. 2(Summer 1994), pp.273~300.

(3) Choung-il Chee, "Rethinking about South Korea's Security in Face of North Korea's Nuclear Capability," *Korea and World Affairs*, Vol. 18, No. 2(June 1994), pp.301~321.

(4) Kap-je Cho, "South Korea's Defense Options Regarding the North Korean Nuclear Crisis," *Korea and World Affairs*, Vol. 18, No. 2(June 1994), pp.322~346.

(5) 김태우(金泰宇), 『한국 핵은 왜 안 되는가: 김태우의 핵 주권 이야기』(지식산업사, 1994년 6월).

(6) Jin-hyun Paik, "The Geneva Framework Agreement and South Korea's Strategy of Engagement," *Korea and World Affairs*, Vol. 18, No. 4(December 1994), pp.629~641.

(7) 남찬순(南贊淳), 『평양의 핵 미소: 마침내 밝혀지는 핵 협상의 전모』(자작나무, 1995).

(8) 정옥임(鄭玉任), 「준(準) 위기관리에 있어서의 다차원(多次元) 홍정: 클린턴 행정부의 대(對)북핵정책에 관한 이론적 고찰」, 고려대학교 대학원 정치외교학과 정치학박사학위청구논문, 1995년 2월: ______, 『북핵 588일!: 클린턴 행정부의 대응과 전략』(서울프레스, 1995).

※ 정옥임(1960~현재)은 고려대학교 정경대학 정치외교학과를 졸업하고 고려대학교 대학원 정치외교학과에서 석사→박사학위를 받았다. 선문대학교 사회대학 국제유엔학과 교수를 거쳐 제18대 국회의원으로 활동했다.

(9) Chae-jin Lee, "U.S. Policy toward North Korea: The Dilemma of Containment and Engagement," *Korea and World Affairs*, Vol. 20, No. 3(September 1996), pp.357~379.

(10) Young-shik Kim, "South Korea-U.S. Relations and North Korea: A Cleavage in Their Approaches and Perspectives," *Korea and World Affairs*, Vol. 20, No. 3(September 1996), pp.474~491.

(11) Yo-taik Song, *US-DPRK Agreed Framework and Implementation*(Seoul: The Sejong Institute, 1998).

필자는 핵 과학자의 시각에서 북핵문제 그리고 북핵문제에 관한 미국과 북한 사이의 합의를 분석했다.

(12) Il-su Kim, "The President and International Security: Korea, Containment, and Change," unpub. Ph.D. diss., Miami University, 1998.

클린턴 대통령과 카터 전 대통령이 한반도 상황에 관해 내린 정책들을 비교하며 분석했다. 필자는 미국의 역대 대통령들이 집행한 외교정책에 관해 여러 논문을 발표했다. 대표적인 사례는 Il-su Kim, "A Comparative Analysis of President Clinton and Bush's Handling of the North Korean Nuclear Weapons Program: Power and Strategy," *Pacific Focus*, Vol. 19, No. 1(April 2004), pp.60~117; ______, "The Denuclearization of North Korea: Evaluating U.S. Presidential Power and Performance," 『21세기정치확회보』(21세기정치학회) 제14권 제2호(2004년 9월), 231~251쪽; 김일수, 「클린턴과 부시의 대북정책 비교 분석: 영향력과 전략을 중심으로」, 『대한정치학회보』(대한정치학회) 제12권 제2호(2004년 10월), 287~312쪽; ______, 「북한 핵문제와 미국의 대(對)한반도정책」, 『평화학연구』(한국평화연구학회), 제12권 제4호(2011년 12월), 51~120쪽; ______ · 유호근(兪澔根), 「미국의 국가안보와 핵억지 전략의 변화: 트루먼-트럼프 행정부까지」, 『세계지역연구논총』(한국세계지역학회) 제37권 제4호(2019년 12월), 7~40쪽.

※ 김일수(金佚洙, 1964~현재)는 이스턴켄터키대학교 학부를 졸업하고 이스턴켄터키대학교 대학원 정치학과에서 석사학위를 받은 데 이어 오하이오주 옥스퍼드에 있는 마이애미대학교 대학원 정치학과에서 박사학위를 받았다. 현재 충북대학교 사회과학대학 정치외교학과 교수다.

※ 유호근(1960~현재)은 한국외국어대학교 정치외교학과를 졸업하고 한국외국어대학교 대학원 정치외교학과에서 석사→박사학위를 받았다. 현재 청주대학교 인문사회대학 경찰행정학과 교수다.

(13) 조남풍(趙南豊), 「한미군사동맹체제에 관한 연구: 구조변화와 발전방향 모색」, 동국대학교 대학원 정치외교학과 박사학위청구논문, 1998년 8월.

※ 조남풍(1938~현재)은 육군사관학교를 졸업하고 육군교육사령관에 이어 국군보안사령관을 역임했으며, 퇴역 이후 재향군인회 회장으로 활동했다.

(14) 박용수(朴鏞秀), 「김영삼정부 북핵위기 대응의 한계에 대한 재평가: 김영삼 대통

령의 주도성 추구경향과 정부대응의 경직성을 중심으로」, 『한국정치연구』 제20집 제3호(2011년 10월), 55~79쪽.

(15) 윤원규(尹元奎), 「북한 핵위기와 북미협상: 1차 위기와 2차 위기의 비교분석」, 경남대학교 대학원 정치외교학과 박사학위청구논문, 2012년 2월.

(16) 박태균(朴泰均), 「남남갈등으로 표류한 김영삼정부의 대북정책」, 『통일과 평화』 제6집 제1호(2014년 6월), 3~47쪽.

북한과의 협상

(1) Michael J. Mazarr, *North Korea and the Bomb: A Case Study in Nonproliferation* (New York: St. Martin's Griffin, 1997).

(2) Leon V. Sigal, *Disarming Strangers: Nuclear Diplomacy with North Korea*(Princeton, N.J.: Princeton University Press, 1998)/구갑우(具甲祐)·김갑식(金甲植)·윤여령(서울대) 공역, 『미국은 협력하려 하지 않았다: 북한과 미국의 핵외교』(사회평론, 1999).

※ Leon V. Sigal(1942~현재)은 예일대학교 학부를 졸업하고 하버드대학교 대학원 정치학과에서 박사학위를 받았다. 그의 박사학위논문은 *Reporters and Officials: The Organization and Politics of Newsmaking*(Lexington, M.A.: D.C. Heath and Co.,1973)으로 출판됐다. 웨슬리언대학교 교수, 콜럼비아대학교 겸임교수, 『뉴욕타임스』 논설위원, 프린스턴대학교 강사 등을 역임했으며, 이 책의 출판 때 사회과학연구협의회 동북아협력·안보프로젝트 부장이었다.

※ 윤여령(1967~현재)은 서울대학교 사회과학대학 사회학과를 졸업하고 서울대학교 대학원 사회학과에서 석사학위를 받은 데 이어 서울대학교 대학원 사회학과에서 「북한 '인테리'정책 연구: 해방 이후~1980년대」(2013년 8월)로 박사학위를 받았다.

(3) Scott Snyder, *Negotiating on the Edge: North Korean Negotiating Behavior* (Washington D.C.: United States Institute of Peace Press, 1999).

북한과의 협상에 직접 참여했던 저자가 한·미·일의 북한문제 전문가들과의 대담을 통해 얻은 자료와 정보를 중심으로 썼다.

(3-A) 우호열(柳浩烈), 「서평: 벼랑 끝 협상: 북한의 협상행태 Scott Snyder, *Negotiating on the Edge*」, 『전략연구』23(2001년 10월), 234~241쪽.

(4) Chuck Downs, *Over the Line: Dealing with North Korea under the Armistice*

(Washington, D.C.: American Enterprise Institute, 1999).

(5) 양무진(梁茂進), 「북한의 대남협상전략 유형」, 경남대학교 대학원 정치외교학과 박사학위청구논문, 2002년 2월.

※ 양무진(1960~현재)은 경남대학교 법정대학 정치외교학과를 졸업하고 경남대학교 대학원 정치외교학과에서 석사→박사학위를 받았다. 현재 북한대학원대학교 교수다.

(6) 임수호(林秀虎), 「실존적 억지와 협상을 통한 확산: 북한의 핵정책과 위기조성외교(1989~2006)」, 서울대학교 대학원 정치학과 정치학박사학위청구논문, 2007년 2월.

※ 임수호(1969~현재)는 서울대학교 경영대학 경영학과를 졸업하고 서울대학교 대학원 정치학과에서 석사학위를 받은 데 이어 서울대학교 대학원 정치학과에서 박사학위를 받았다. 현재 삼성경제연구소 수석연구원이다.

북핵에 관한 저술: 1990년대와 그 이후

(1) 오관치(吳寬治), 「북한의 핵개발 현황과 대응책」, 『통일문제연구』 제5권 제1호(1993년 봄), 59~89쪽.

(2) 정영태(鄭永泰), 『북한 군사정책의 전개양상과 핵정책 전망』(민족통일연구원, 1993).

(3) 장제국(張濟國), 「핵개발 의혹을 둘러싼 미국의 대북정책 변화: 글로벌 정책과 국가별 정책」(일본어), 『법학정치학논구』(게이오기주쿠대학대학원법학연구과)40(1999년 3월), 1~25쪽; ______, 「미국의 '확대 관여'전략과 북-미 제3단계 회담의 전제 조건:북조선 협상의 전개 과정을 중심으로」(일본어), 『법학정치학논구』41(1999년 6월),135~163쪽; ______, 「장제국군 학위청구 논문 심사보고」(일본어), 『법학정치학논구』75(2002년 6월), 146~152쪽

※ 장제국(1964~현재)은 조지워싱턴대학교 정치학과를 졸업하고 조지워싱턴대학교 대학원 정치학과에서 석사학위를 받은 데 이어 시라큐스대학교 법과대학을 졸업해 법무박사(JD)학위를 받았으며 게이오대학 대학원에서 북한의 정치와 외교 그리고 동북아 국제질서를 전공해 박사학위를 받았다. 동서대학교 부총장을 거쳐 현재 동서대학교 총장이면서 한국대학교교육협의회 회장으로 활동하고 있다.

(4) 김연수(통일정책연구소), 「북핵문제에 대한 북한의 인식과 대응」, 『한국동북아논총』 제8권 제2호(2003년 6월), 209~233쪽.

(5) 박헌옥(북한연구소), 「북한의 핵정책과 1 · 2차 핵위기 비교」, 『군사논단』43(2005년 9월), 104~122쪽.

(6) 이상현(李相賢), 「북한 대량살상무기 문제 해결을 위한 협력적 위협감소 전략」, 『세종정책연구』 제2권 제1호(2006), 5~42쪽.

(7) 안문석(安文錫), 「1차 북핵위기 당시 미국의 대북 핵정책 결정과정 분석: 관료정치 모델을 중심으로」, 『한국동북아논총』53(2009년 2월), 87~110쪽.

(8) 김기정(金基正) · 나웅하(羅雄廈), 「관망과 개입: 1, 2차 북핵위기에 나타난 중국의 대북정책 변화요인 분석」, 『중소연구』 제33권 제1호(2009년 봄), 13~41쪽.

(9) 이종석(李鍾奭), 「북한의 '비핵화 의지' 평가와 함의」, 『정세와 정책』156(2009년 4월), 9~12쪽.

(10) 손한별, 「미국의 선택적 비확산정책 분석: 중국과 인도의 핵개발사례를 중심으로」, 국방대학교 대학원 안보정책학과 박사학위청구논문, 2015년 8월; ______, 「WMD 폐기에 대한 국제정치적 접근: 시리아 화학무기 폐기(2013-14) 사례」, 『국제정치논총』 제60권 제3호(2020년 9월), 85~124쪽.

※ 손한별(1979~현재)은 서울대학교 사범대학 독일어교육과를 졸업하고 서울대학교 대학원 정치학과에서 석사학위를 받은 데 이어 국방대학교 대학원에서 박사학위를 받았다. 현재 국방대학교 교수다.

(11) 전경주(全璟珠), "The Dictator's Island of Excellence: Contrasting Outcomes of the Nuclear Weapons Program between North Korea and Iraq," 고려대학교 대학원 정치외교학과 박사학위청구논문, 2021년 2월.

※ 전경주(1983~현재)는 현재 한국국방연구원 안보전략연구센터 북한군사연구실 선임연구원이다.

제2항 북핵위기 속에서 남북정상회담 개최 합의

(1) 곽태환(郭台煥), 양성철(梁性喆), 장경룡(張慶龍), 최완규(崔完圭), 한용섭(韓庸燮) 분담집필, 『북한의 협상전략과 남북한관계』(경남대학교 극동문제연구소, 1997).

(2) Bill Clinton, "Forty," ______, *My Life*(New York: Alfred A. Knopf, 2004),

pp.620~627 가운데 pp.602~603 /이순희(전문번역가) · 정영목(전문번역가) 역, 『빌 클린턴의 마이 라이프』 전2권(경기도 안양시: 물푸레, 2004), 제2권, 853~854쪽.

1993년 3월에 북핵위기가 발생했을 때, "나는 전쟁위험을 무릅쓰고라도 북한의 핵무기 개발을 막기로 결심하고 있었다"라고 회상하고, 다음과 같이 부연했다.

> "우리가 이 사태를 매우 심각하게 생각한다는 것을 북한에게 확실하게 보여주기 위하여, [대통령 북한정책조정관] 페리는 이후 사흘 동안 강경한 발언을 계속했다. 심지어 선제 군사공격을 배제하지 않는다는 말도 했다. 한편 [국무장관] 워런 크리스토퍼는 우리의 메시지가 적절히 균형을 이루도록 신경썼다. 국무부는 우리가 평화적인 해결책을 선호한다고 말했으며, 한국 대사 짐 레이니는 우리의 입장을 '경계, 결의, 인내'로 표현했다. 나는 만일 북한이 우리의 입장을 제대로 이해하고, 나아가 그 이웃들이나 미국과 협력하여 핵 계획을 포기할 경우에 얻을 수 있는 경제적 · 정치적 이익을 파악하게 되면, 우리가 이 문제를 풀 수 있다고 생각했다."

(3) Jimmy Carter, *A Full Life*(New York: Simon & Schuster, 2015)/최광민(재미과학자) 옮김, 『지미 카터: 구순기념회고록』(한국방송통신대학교출판문화원, 2018), 317~319쪽.

> "1994년 봄에 위기가 발생했다. 북한은 핵확산방지조약(NPT)의 의무조항을 무시하고 핵시설에서 감시단을 철수시켰고, 사용한 우라늄연료봉으로 플루토늄을 재처리하기 시작했다. 미국정부는 북한과 대화하길 거부했고, 유엔안전보장이사회로 이 사안을 넘겨 경제적 제재결의안을 통과시켰다. 몇몇 중국 친구들은, 만약 북한을 국제사회의 악당으로 낙인찍고 그들이 숭배하는 지도자를 범죄자로 몰고 가면 북한은 남한을 공격할 것이라고 말했다. 이 위기를 해소할 수 있다고 확신하는 전략을 구상하면서 내가 직접 평양에 가기로 결심했다. 빌 클린턴 대통령이 나의 두 번째 요청마저 거부했을 때, 대통령 앞으로 설령 승인하지 않더라도 어쨌거나 나는 평양에 가겠다는 편지를 썼다. 그러나 앨 고어(1948~현재) 부통령이 내 메시지를 중간에 가로채서 읽고는 표현을 변경하는 게 좋겠다며 설득했다. 이후 그는 이 수정된 메시지를 빌 클린턴에게 보냈고, 클린턴은 북한방문을 승인했다. 김일성에게 우리 측이 보낸 한 가지 메시지는 우리가 베이징을 통해서가 아니라 남한을 통해 직접 북한을 방문하겠다는 것이었다. 김일성은 심지어 유엔 사무총장도 중국을 통해 북한을 방문한다고 항의했지만 결국은 우리의 뜻을 수용했다. 아내와 나는 43년 만에 처음으로 서울에서 비무장지대를 통과해 평양으로 들어간 사람이 되었다.

핵기술자로서 나의 지식을 활용해 그들과 핵문제와 관련해 상세히 토론했다. 김일성이 서글서글하고 놀라울 정도로 모든 사안을 잘 파악하고 있다는 점을 깨달았다. 평양에서 배를 타고 대동강을 따라 바다까지 내려가면서 우리는 12가지 중요한 사안에 관한 합의에 도달했는데, 여기엔 핵문제, 국제사찰단의 조사 허용, 남한과의 정상회담, 비무장지대에 전진배치한 군대의 철수, 그리고 한국전쟁 중 전사한 미군의 유해송환문제 등이 포함되었다.

이 합의내용을 백악관으로 보냈다. 김일성은 내가 평양을 떠난 후 얼마 되지 않아 사망했으며, 그의 아들 김정일은 아버지와의 약속을 존중할 것이란 메시지를 보냈다. 제네바공식회담에서는 나와 김일성이 협상했던 내용에 양측이 합의했고, 국무장관인 매들린 올브라이트(Madeleine Albright)가 2000년 10월 평양을 방문해서 양자 간 약속을 다시 다짐받았다. 미국-북한 합의안은 2002년 조지 W. 부시 대통령이 북한을 '악의 축(Axis of evil)'으로 낙인찍으면서 파기되었다. 그 후 김정일과 김정은은 핵무기와 장거리미사일개발사업을 확장시켜 왔다. 미국은 현재 북한과의 거의 모든 접촉을 피하고 있고, 엄격한 경제제재가 여전히 진행 중이며 그 와중에 굶주린 사람들만 고통받고 있다."

(4) 김학준(金學俊), 「제7장 남북정상회담 개최의 원칙적 합의를 북한과의 협상을 통해 구체화하다: 통일부총리를 거쳐 국무총리 그리고 여당대표로(1993년 7월~1998년 2월)」, ______, 『이홍구 평전: 효당(曉堂) 이홍구(李洪九) 전 국무총리의 정치철학과 현장실천』(중앙books, 2023), 430~540쪽.

카터 전 대통령의 남북한 교차방문과 남북정상회담에 대한 남북한 합의 그리고 김일성의 사망 등을 당시 이홍구 통일부총리가 상세히 회상했다.

제3항 김일성 사망과 그 이후의 북한에 관한 전망

남북정상회담에 관한 기대가 높아가던 1994년 7월 8일에 「조선민주주의인민공화국」 주석이며 「조선로동당」 중앙위원회 총비서인 김일성이 82세의 나이로 죽었다. 곧바로, 그사이 김일성과 더불어 북한을 공동통치해 온 김정일이 후계자의 지위를 공식화했다. 이 계제에, 북한의 장래에 대한 논의가 활발해졌다. 이 무렵 북한은 심각한 식량난에 직면해 있어서 북한의 인권상황을 포함한 여러 분야에서의 곤경에 대한 논의 역시 활발해졌다.

(1) Adian Foster-Carter, "North Korea: The End of the Beginning," In David

Goodman, ed., *Communism and Reform in East Asia*(London: Routledge, 1988), pp.64~85; ______, *North Korea after Kim Il Sung*(London: The Economist Intelligence Unit, 1994).

(2) James Cotton, "Ideology and the Legitimation Crisis in North Korea," In David Goodman, ed., *Communism and Reform in East Asia*(London: Routledge, 1988), pp.86~101.; ______, "The Proliferation Security Initiative and North Korea: Legality and Limitations of a Coalition Strategy," *Security Dialogue*, Vol. 36, Issue 2(June 2005)

(3) Dong-bok Lee, "Kim Jong Il's North Korea: Its Limitations and Prospects," *Korea and World Affairs*, Vol. 18, No. 3(September 1994), pp.7~27; ______, "Political Dynamics in North Korea: Implications of Kim Jong Il's Succession to Power," In *The Future of North Korea: Implications for the Korean Peninsula and Northeast Asia*(Seoul: Institute of Foreign Affairs and National Security, Ministry of Foreign Affairs, 1995), pp.421~441.

(4) Hy-sang Lee, "Supply and Demand for Grains in North Korea: A Historical Movement Model for 1966-1993," *Korea and World Affairs*, Vol. 18, No. 3(September 1994), pp.509~552.

(5) Tae-hwan Ok and Hong-yung Lee, eds., *Prospects for Change in North Korea*(Berkeley, C.A.: Center for Korean Studies, Institute of East Asian Studies, University of California, Berkeley and Research Institute for National Unification, Seoul, 1994).

남궁영, 서재진(徐載鎭), 유호열(柳浩烈), 전현준(全賢俊), 정영태(鄭永泰), 허문영(許文寧) 박사 등이 기고했다.

(6) 조선일보 월간조선 엮음, 『주석궁 비사』(조선일보사출판국, 1994년 9월).

(7) Hong Nack Kim, "Japan's North Korea Policy in the Post-Cold War Era," *Korea and World Affairs*, Vol. 18, No. 4(December 1994), pp.669~694.

(8) 민족통일연구원 기획/ 서재진(徐載鎭) · 김병로(金炳魯) 공저, 『북한의 변화와 김정일정권의 장래』(민족통일연구원, 1994년 12월).

김정일정권이 내구력을 지니고 있어 쉽게 붕괴하지 않을 것이며 남북통일은 20~30년이 지나서야 실현될 것이라는 전망을 제시했다.

(9) 동아일보사 신동아 편집실 편, 『김정일북한대백과』(동아일보사 신동아 1995년 1월호 별책부록, 1995).

(10) Hak-joon Kim, "North Korea After Kim Il Sung and the Future of North-South Korea Relations," *Security Dialgue*(Oslo: Peace Research Institute), Vol. 26, No. 1(March 1995), pp.73~91; Reprinted in Hak-joon Kim, *North and South Korea: Internal Political and External Relation Since 1988*(Mississuaga, Ontario, Canada: The Society for Korean and Related Studied, 2006), pp.61~82; ______, "North Korea Falling Apart?," *Korea Observer*, Vol. 24, No. 2(Summer 1998), pp.259~285.

(11) Sung-chul Yang, "The Political Succession Question in Post-Kim Il Sung North Korea," *Korea and World Affairs*, Vol. 19, No. 2(June 1995), pp.213~239.

(12) 방찬영(方燦榮), 『기로에 선 조선민주주의인민공화국』(박영사, 1995년 7월).

(13) Young Namkoong, "An Analysis of North Korea's Policy to Attract Foreign Capital: Management and Achievement," *Korea and World Affairs*, Vol. 19, No. 3(September 1995), pp.459~481; ______, "Trends and Prospects of the North Korean Economy," *Korea and World Affairs*, Vol. 20, No. 2(June 1996), pp.219~235.

(14) 전현준(全賢俊), 『김정일정권의 권력엘리트 연구』(민족통일연구원, 1995년 10월)

(15) 정영태(鄭永泰), 『김정일체제의 군부 역할: 지속과 변화』(민족통일연구원, 1995년 12월).

※ 정영태(1955~현재)는 영남대학교 국어국문학과를 졸업하고 한국외국어대학교 대학원 정치외교학과에서 석사학위를 받은 데 이어 파리1대학교(판테온-소르본) 대학원 정치학과에서 박사학위를 받았다. 통일연구원 북한정치군사연구실 실장에 이어 북한연구소 소장으로 봉직했다.

(16) Young-ho Park, "North Korean Situation and Prospects for Inter-Korean Relations," *Korea and World Affairs*, Vol. 20, No. 1(December 1995), pp.66~79; ______, "North Korea under Kim Jong Il and South Korea's Policy towards North Korea," *Korea and World Affairs*, Vol. 21, No. 4(December 1997), pp.513~533.

(17) 김용호(金用浩), 『현대북한외교론』(오름, 1996년 8월).

이 책이 김일성 사망 이후 북한의 미래를 전망하는 데 초점을 맞춘 것은 아니다. 그러나 북한의 핵 개발과 주변 국가들과의 관계에 대한 분석을 포함해 북한의 외교를 여러 각도에서 분석함으로써 북한에서의 권력승계에 대한 우리의 이해를 높여준다. 특히 제7장~제9장은 김정일이 권력자의 지위에 도달하는 과정을 상세히 분석함으로써 김일성 사후 김정일의 권력승계에 대한 이해를 높여준다.

(18) Vladimir B. Yakubovsky, "Economic Relations between Russia and DPRK: Problems and Perspectives," *Korea and World Affairs*, Vol. 20, No. 3(September 1996), pp.451~473.

(19) 유석렬(柳錫烈), 『북한의 체제위기와 한반도 통일』(박영사, 1997).

(20) Nicholas Eberstadt, "Prospects for US-DPRK Economic Relations: Indications from North Korea's Past Trade Performance," *Korea and World Affairs*, Vol. 21, No. 4(December 1997), pp.534~567.

(21) Yong-ho Kim and Keun Lee, "An Evaluation of Recent U.S. and Korean Expert Analyses on the Future of North Korea," *The Economics of Korean Reunification*, Vol. 3, No. 1(August 1998), pp.116~136.

(22) 고명균(북한대학원대학교), 「김정일의 오이디푸스 콤플렉스와 후계체제의 위기」, 『현대북한연구』(북한대학원대학교 심연북한연구소) 제20권 제1호(2017년 4월), 130~178쪽.

제4항 *Asian Survey*의 북한

(1) John Merrill, "North Korea in 1993: In the Eye of the Storm," *Asian Survey*, Vol. 34, No. 1(January 1994), pp.10~18.

(2) Samuel S. Kim, "North Korea in 1994: Brinkmanship, Breakdown, and Breakthrough," *Asian Survey*, Vol. 35, No. 1(January 1995), pp.13~27; ______, "North Korea in 1995: The Crucible of 'Our Style Socialism'," *Asian Survey*, Vol. 36, No. 1(January 1996), pp.61~72.

(3) Banning Garett and Bonnie Glaser, "Looking Across the Yalu: Chinese Assessments of North Korea," *Asian Survey*, Vol. 35, No. 6(June 1995), pp.528~545.

(4) David H. Satterwhite, "North Korea in 1996: Belligerence Subsiding, Hunger Worsens," Asian Survey, Vol. 37, No. 1(January 1997), pp.10~19; ______, "North Korea in 1997: New Opportunities in a Time of Crisis," *Asian Survey*, Vol. 38, No. 1(January 1998), pp.11~23.

제5항 김영삼정부의 통일정책 그리고 이인모와 황장엽

김영삼정부의 통일정책

(1) 주정연(朱正淵), 「김영삼정부와 남북관계」, 일민(一民)윤형섭(尹亨燮)박사환갑기념논문집간행위원회 편, 『한국정치의 쟁점과 이해: 일민윤형섭박사화갑기념논문집』(박영사, 1993), 279~294쪽.

남북한통일은 베트남 형(型)이 아니라 독일 형(型)으로 이뤄지는 것이 바람직하다는 결론을 제시했다.

※ 주정연(1945~현재)은 연세대학교 정법대학 정치외교학과를 졸업하고 연세대학교 대학원 정치외교학과에서 석사학위를 받은 데 이어 동국대학교 대학원 정치외교학과에서 「한국조직내의 동료압력에 관한 연구」(1990년 2월)로 박사학위를 받았다. 창원대학교 사회과학대학 행정학과 교수로 정년퇴임했으며, 현재 창원대학교 명예교수다.

(2) Jeong-woo Kil, "The Kim Young Sam Government's Unification Policy: Phase Two-A Sketch of the New Policies toward the North," *Korea and World Affairs*, Vol. 18, No. 3(September 1994), pp.473~485.

(3) Jang-hee Yoo, "South-North Economic Relations in the Korean Peninsula: A Complementary Hypothesis," *Korea and World Affairs*, Vol. 19, No. 3(September 1995), pp.446~458.

(4) 학술단체협의회 편, 『한반도통일국가의 체제 구상』(한겨레신문사, 1995)

(5) 정용석(鄭鎔碩), 『분단과 통일: 통일을 향한 접근 논리』(단국대학교출판부, 1999).

저자가 발표한 논문들을 모았다. 김영삼정부 때 전개된 북한에 대한 논쟁을 분석한 논문들이 포함됐다.

(6) 백학순(白鶴淳), 『노태우정부와 김영삼정부의 대북정책 비교』(경기도 성남시: 세

종연구소, 2012).

저자는 노태우정부의 대북정책과 김영삼정부의 대북정책을 여러 시각에서 분석했다. 그것들 가운데 하나는 "노태우정부는 당시 북한경제가 매우 어렵다고 판단했으나 그것 때문에 북한체제가 붕괴할 것으로 예단하지 않았고 따라서 북한체제의 붕괴를 유도하려고 하지 않았으나, 김영삼정부는 당시 북한경제가 파탄에 직면해 '경착륙(硬着陸)'하리라고 예단하고 북한체제의 붕괴를 유도하고자 했다"는 것이다.

이인모(李仁模)

이인모(1917~2007)는 북한의 표기로는 '리인모'이다. 고향인 함경남도 풍산군과 홍남시에서 조선로동당 문화부장 등으로 활동했으며, 6·25전쟁 때 조선인민군 종군기자로 낙동강전선까지 내려왔다. 북한군이 후퇴할 때 지리산에 은거해 빨치산활동을 하다가 1952년에 포로가 됐으며 이후 전향을 거부하고 감옥생활을 함으로써 '비전향 장기수'가 됐다. 김영삼정부가 출범한 직후인 1993년 3월 19일에 김 대통령의 결단으로 북한에 송환됐다. 그의 전기로 이인모 · 신준영, 『이인모: 전 인민군 종군기자의 수기』(월간말, 1992)가 대표적이다.

황장엽(黃長燁)

황장엽(1923~2010)은 김일성종합대학에서 공부하다가 모스크바대학교로 유학해 철학박사학학위를 받은 뒤 귀국해 김일성의 총애를 받으며 김일성종합대학 총장을 거쳐 최고인민회의 의장과 조선로동당 중앙위원회 국제비서 등을 역임했으며, 주체사상 정립에 크게 이바지했다. 그러나 김일성이 죽고 김정일이 후계자로 등장하면서 황장엽은 김정일에 대해 비판적 시각을 드러냈다. 『로동신문』은 1996년 5월 10일에 "당내에 수령을 받드는 척하며 음모를 꾸미는 야심가가 있다"라는 취지의 논설을 내놓으면서, 황장엽을 에둘러 비난했다. 그 결과, 위협을 느낀 황장엽은 마침내 1997년 2월에 우선 중국으로 망명했고 1997년 4월에 한국으로 망명했다. 여러 책을 출판하면서, 김정일체제를 맹렬히 비난했다. 북한에 대해 '햇볕정책'을 쓰던 김대중정부와 노무현정부에서는 사실상 박해를 받았다.

(1) 황장엽, 「8 갈등과 망명」, ______, 『나는 역사의 진리를 보았다: 황장엽회고록』(한울, 1999; 시대정신, 2006; 2010년 개정판), 229~299쪽(1999년판 기준).

(2) _____, 『황장엽 비록 공개: 어둠의 편이 된 햇볕은 어둠을 밝힐 수 없다』(월간조선사, 2001).

(2-A) 최홍재(崔弘在), 「서평: 황장엽 선생을 위한 변명; 황장엽 저, 『어둠의 편이 된 햇볕은 어둠을 밝힐 수 없다』」, 『시대정신』18(2002년 1~2월), 193~204쪽.

(3) 황장엽, 『북한의 진실과 허위』(시대정신, 2006),

(4) 강철환(姜哲煥), 「황장엽씨 탈북 10년: 탈북자들 어려움 딛고 정치세력화 꾀해」, 『주간조선』(2007년 3월 5일), 34~36쪽.

(5) 정종욱(鄭鍾旭), 『정종욱 외교 비록: 1차 북핵 위기와 황장엽 망명』(기파랑, 2019). 당시 주중대한민국대사였던 저자가 황장엽 망명에 관해 회상했다.

(6) 이영종(李永鐘), 「이영종의 평양오디세이: 황장엽(黃長燁) · 김덕홍(金德弘) 홀대한 대한민국정부; 돈줄 끊고 전담 경호팀 해체…김덕홍 비운의 망명객 되나」, 『중앙일보』(2021년 1월 15일), 23쪽.

김영삼정부 때 국민적 환영을 받으며 한국으로 귀순한 황장엽과 김덕홍은 김대중정부 때부터 홀대를 받기 시작하고 노무현정부 때 역시 홀대를 받았다. 황장엽이 이명박정부 때 별세한 이후 혼자 남게 된 김덕홍에 대한 홀대는 문재인정부 때 정점에 도달했다. 필자는 이 과정을 상세히 기록했다.

북한의 무장간첩 침투 사건

(1) 로버트 김 후원회 편, 『집으로 돌아오다 한국인 로버트 김의 인생 이야기』(한길사, 2004); 로버트 김, 『로버트 김의 편지: 사라진 20년 425통의 편지』(온북미디어출판그룹, 2016).

1996년 9월에 북한 정찰국 소속의 상어급 잠수함 1척이 공비 26명을 태우고 동해로 침투했는데, 강원도 강릉시 강동면 안인진리에서 한국 해군에 의해 발견됐다. 이 무장공비들은 김영삼 대통령의 암살을 시도했던 것으로 판단됐다. 그들 가운데 1명이 생포되고 1명은 실종됐으며 24명 전원은 사망했다. 이때 미국 해군정보국(ONI)에 근무하던 한국계 미국인 로버트 김(한국명 김채곤[金采坤])은 이 침투사건에 관련된 정보를 주한미국대사관에서 봉직하던 백동일(白東一) 대령에게 전달했다가 FBI에게 체포되고 투옥됐다. 로버트 김은 복역을 끝낸 뒤 귀국했다.

(2) 김성곤(金星坤), 『도(道)의 정치: 이 땅에 진리의 구현을 기대하며』(세창미디어,

2007).

저자는 "이 땅에 도(道)의 정치를 현실로 구현해야 한다"라는 믿음으로 정치생활을 이어왔다. 이 책의 한 부분에 자신의 형 로버트 김의 구명을 위한 노력을 기록했다.

※ 김성곤(1952~현재)은 고려대학교 문과대학 사학과를 졸업하고 미국 템플대학교 대학원 철학과에서 종교학을 전공해 석사→박사학위를 받았다. 원불교 영산대학교 전임강사를 거쳐 15대 · 17대 · 18대 · 19대 국회의원, 국회 사무총장, 재외동포재단 이사장을 역임했다.

제6항 러시아와의 관계

김영삼 대통령은 1994년 6월 1~4일에 러시아연방을 국빈방문하고 옐친 대통령과 정상회담을 가졌다. 이 계제에 옐친 대통령은 6·25전쟁에 관한 구 소련의 기밀문서들을 김 대통령에게 넘겨주었으며, 한국 외무부는 1994년 7월 20일에 이 방대한 문서를 공개했다. 이 공개는 6·25전쟁에 관한 연구를 새롭게 자극했으며, 많은 저술이 출판됐다. 그것들 가운데 일부는 우리가 제10권 제1부 제4장 제1절 및 제2절에서 이미 소개했다. 다음은 새로운 연구물의 일부이다.

(1) Hakjoon Kim, "Russian Foreign Ministry Documents on the Origins of the Korean War," *Korea and World Affairs*, Vol. 20, No. 2(June 1994), pp.248~271.

(2) Myung-lim Park, "North Korea's Inner Leadership and the Decision to Launch the Korean War," *Korea and World Affairs*, Vol. 19, No. 2(June 1995), pp.240~268.

(3) Hak-soon Paik, "The Soviet Union's Objectives and Policies in North Korea, 1945-1950," *Korea and World Affairs*, Vol. 19, No. 2(June 1995), pp.269~293.

(4) Michael M. Sheng, "Beijing's Decision to Enter the Korean War: A Reappraisal and New Documentation," *Korea and World Affairs,* Vol. 19, No. 2(June 1995), pp.294~313.

(5) Jian Chen, "China and the Korean War: A Critical Historiographical Review," *Korea and World Affairs*, Vol. 19, No. 2(June 1995), pp.314~336.

(6) Il-pyong Kim, "The Sino-Soviet Alliance and the Korean War: The Decision

Making of Stalin, Mao, and Kim Il-Sung," *Korea and World Affairs*, Vol. 19, No. 2(June 1995), pp.337~348.

第7항 중국 및 일본과의 관계

김영삼 대통령과 장쩌민 주석과의 회담

김영삼 대통령은 1995년 11월 13~17일에 서울에서 장쩌민(江澤民) 중국 국가주석과 회담했다. 중국 국가주석의 첫 방한이었다. 이 회담 직후에 열린 기자회견에서 김 대통령은 일본이 과거사를 왜곡하는 사실에 대해 "일본의 버르장머리를 고쳐 놓겠다"고 발언했고 일본은 곧바로 반발했다.

공보처 편, 『장쩌민 중국 국가주석 방한 및 APEC 관련 언론보도』(공보처, 1995).

김영삼 대통령과 무라야마 총리와의 회담

김영삼 대통령은 1995년 11월 18일에 오사카에서 무라야마 도미이치(村山富市) 일본 총리와 회담했다. 두 정상은 김 대통령의 "버르장머리를 고쳐 놓겠다"는 발언의 파장을 봉합하고 두 나라의 발전적 방향에 합의했다. 다른 한편으로, 김영삼정부는 1997년 11월 6일에 독도의 동도(東島)와 서도(西島)에서 거주하는 주민과 경비력에 생필품을 원활하게 수송하고, 독도가 우리 영토임을 분명히 하기 위해 일본정부의 항의에도 불구하고 독도 접안시설 축조공사를 마쳤다.

제3장
김대중정부

제1절 개관

김대중(金大中, DJ) 총재가 이끈 「새정치국민회의」와 김종필(金鍾泌, JP)총재가 이끈 「자유민주연합」의 단일후보로서의 김대중 후보가 1998년 2월 25일에 제15대 대통령에 취임했다. '국민의 정부'를 자임한 이 정부는 2003년 2월 24일에 임기를 마쳤다. 이 정부는 이른바 DJP연합정부였기에 초대 국무총리에는 김종필 자유민주연합 총재가 임명됐다. 김종필 총재의 후임으로 자민련 총재가 된 박태준(朴泰俊) 국회의원은 김종필 국무총리의 뒤를 이어 국무총리로 임명됐다. 2000년 5월에 박태준 국무총리가 사임함에 따라 그의 후임으로는 6선 국회의원이면서 내무부장관과 국회부의장을 역임한 이한동(李漢東) 자민련 총재가 임명됐다.

김대중정부를 우선 외환위기 극복의 시기부터 설명하고, 이어 2010년 6월 13~15일에 평양에서 열린 제1차 남북정상회담을 준비기 → 정상회담 → 정상회담 이후의 세 시기로 나눠 설명하고자 한다. 외환위기 극복 및 남북정상회담 개최 등과 관련해 미국과의 관계가 중요했던 만큼 클린턴 민주당 행정부의 시기 및 그 후임으로서의 부시 공화당 행정부의 시기에서의 한미관계를 다루기로 하겠다.

이 주제들 다음으로, 국내정치를 기준으로 삼아 1998년 6월 4일에 실시된 제2기 전국지방동시선거 및 2002년 6월 13일에 실시된 제3기 전국동시지방선거를, 그리고 2000년 4월 13일에 실시된 제16대 국회총선을 다루기로 한다. 이 과정에서, 2000년 1월에 있었던 「새정치국민회의」의 「새천년민주당」으로의 전환, 2002년 12월 19일에 실시된 제16대 대통령선거를 앞둔 시점에서의 당내 갈등, 그리고 DJP 연합정부 안에서의 갈등 등도 다루기로 한다.

첫째, 김대중 대통령은 당선자 때부터 외환위기 수습에 착수해, 아무리 늦게 잡아도 1999년 8~9월까지 어려운 고비를 넘겼다. 그렇지만 급전(急錢)을 빌려준 국제통화기금(IMF)의 요구에 따라 국내적으로 '구조조정(restructuring)'이 이뤄지면서 대기업에서 중소기업에 이르기까지 국내의 기업들은 물론이고 국민의 고통이 컸다. 대우(大宇)와 같은 국제적 기업이 도산해 그룹이 해체됐으며, 실업자가 폭증했고 자연히 사회적 분위기는 우울해졌다.

둘째, 김대중 대통령은 국정운영의 일정한 부분을 핵심 측근인 권노갑(權魯甲) 전 국회의원에게 맡기다시피 한 채 남북정상회담 성사에 힘을 쏟았다. 국내적으로는, 국가안전기획부를 국가정보원으로 고치면서 기존의 대공요원(對共要員)들 가운데 북한에 대한 강경노선을 옹호하는 요원 상당 수를 해임했다. 동시에 북한이 폐기를 요구해왔으며, 「민주사회를 위한 변호사모임」을 비롯한 국내의 일부 시민단체들 역시 요구한 국가보안법의 폐기를 추구했고 사실상 국가보안법을 실효(失效)시켰다.

김정일정권을 상대로는 남북정상회담의 개최를 여러 차례 제의하면서 북한에 대한 식량과 비료 지원에 관한 협상을 진전시켰다. 미국을 상대로는, 클린턴 대통령과 워싱턴 및 서울에서 잇달아 회담하며 미국이 북한을 상대로 취한 여러 제재를 완화하도록 요청했고 일정하게 관철했다. 특히 북한 핵과 관련해 클린턴 대통령의 대북정책 조정관 윌리엄 페리(William J. Perry)를 설득함으로써 운신의 폭을 크게 넓혔다.

종합적으로, 김 대통령은 2000년 3월 9일에 「베를린 선언」을 통해 남북정상회담에 관한 종합적 계획을 발표했다. 동시에 북한과의 비밀협상을 진전시켜 2000년 6월 13~15일에 평양에서 김대중-김정일 사이의 정상회담을 성사시켰으며, 「남북 공동 선언」을 채택했다. 남과 북이 국가연합을 성사시켜 통일을 성취한다는 뜻을 담은 제2항을 비롯해 5개항으로 구성된 이 선언은 국내외적으로 큰 영향을 끼침과 동시에 논란을 일으켰다. 비록 그렇다고 해도 이후 일정한 기간에 걸쳐 남북관계에는 '화해'를 지향하는 여러 움직임이 표면화했으며, 이 공로를 인정해 노르웨이 오슬로의 노벨평화상위원회는 2000년 10월 13일에 김 대통령을 '2000년 노벨평화상 수상자'로 발표했다. 다른 한편으로, 정상회담을 성사시키기 위해 북에게 거액의 미화를 비밀리에 불법 송금한 사실이 훗날 드러나 법적 처벌과 비판이 뒤따른다.

2000년 10월 하순부터 남북관계에는 극적인 일이 잇달아 일어났다. 현대그룹 정주영 명예회장이 북한에 선물할 소떼를 몰고 방북한 데 이어 현대그룹의 금강호가 한국의 관광객들을 태우고 동해항에서 출항해 북한을 다녀왔다. 그사이 북한 국방위원회 제1부위원장 조명록(趙明祿) 차수(次帥)가 백악관을 방문해 클린턴 대통령과 회담했고,, 매들린 올브라이트(Madeleine Albright) 국무장관이 북한을 방문해 김정일과 회담했다.

그러나 2001년 1월에 부시 공화당 행정부가 들어서고 북한을 '악(惡)의 축(軸)'을 구성하는 세 나라 가운데 하나로 규정하는 등 북한에 대한 대결노선을 걸으면서. 김대중정부와 긴장관계를 조성하게 됐다. 김대중정부는 그러한 상황 속에서도 북한에 대해 '햇볕정책'을 계속하려 했으나, 남북관계는 긴장할 수밖에 없었다.

셋째, 김대중 대통령은 러시아와 중국 그리고 일본을 상대로 한 외교에도 힘을 기울였다. 그는 우선 김영삼 대통령 때 경색의 조짐을 보인 일본과의 관계를 개선시켜 1998년 10월 8일에 오부치 게이조(小淵惠三) 일본 총리와 「김대중-오부치 공동선언」으로 알려진 한일 파트너십에 관한 합의를 이끌어냈다. 또 일본의 대중문화를 한국시장에 개방하는 결정을 내렸으며, 새로운 어업협정을 체결했다. 중국과 러시아를 국빈방문해 정상회담을 개최했고, APEC 정상회담에도 참여했다.

넷째, 김대중 대통령은 2000년 4월 13일에 실시될 제16대 국회의원선거를 앞두고 2000년 1월 20일에 「새천년민주당」을 창당했다. 그러나 총선에서 패배했으며 자민련과 의석을 합해도 과반수에 이르지 못했다. 부정부패의 추방을 외치며 캠페인을 벌이기도 했지만, 2002년 5월에 3남 김홍걸이, 6월에는 2남 김홍업이 비리로 구속됐으며, 그 스스로에 관해 '비자금' 의혹이 따라다녔다.

제1항 김대중정부 5년에 관한 기초자료

김대중 자서전

김대중(金大中), 『김대중 자서전』 전2권(삼인, 2011), 제2권.

제1권은 저자의 대통령 이전 시기를 다뤘고, 또 우리가 제11권~제13권에서 간헐적으로 소개했기에 여기서는 다시 소개하지 않기로 하며, 대통령 이후 시기를 다룬 제2권만을 소개하기로 한다.

1부
「길고 무거운 겨울(1997.12.17.~1998.1)」, 13~33쪽,
「"각하라 부르지 마시오"(1998.2.25.~5.12)」,34~50쪽.
「나라 체질을 바꾼 4대 부문 개혁(1998)」, 51~69쪽.
「미국에서의 8박 9일(1998.3~1998.6)」, 70~88쪽.
2부
「소떼, 판문점을 넘다(1998.6~1998.9)」, 91~104쪽.
「기적은 기적적으로 오지 않는다(1998.9~1998.10)」, 105~122쪽.
「금강산 관광(1998.11~1999.9)」 123~143쪽.
「21세기는 누구 것인가?(1998.12~1999.3)」, 144~160쪽.
「4강외교의 매듭(1999.2~1999.6)」, 161~176쪽.
「순진한, 유약한 정부가 아니다(1999.6~1999.9)」, 177~193쪽.
「"김 대통령 아니면 10만 명이 더 죽었다"(1999.11~1999.12)」, 194~212쪽.
3부
「새 천 년 속으로(2000.1~2000.3)」, 215~232쪽.
「깊은 밤, 북으로 간 특사를 기다리다(2000.2~2000.6)」, 233~251쪽.
「"두려운, 무서운 길을 오셨습니다"(2000.6.13.~2000.6.14)」, 252~275쪽.
「현대사 100년, 최고의 날(2000.6.14.~2000. 6·15)」, 276~298쪽.
4부
「햇볕을 받아 피어난 것들(2000.6~2000.9)」, 301~323쪽.
「복지는 시혜가 아니다, 인권이다(1998~2000.10)」, 324~335쪽.
「2000년 가을, 부신 날들(2000.10)」, 336~351쪽.
「빌 클린턴과 부시, 그리고 한반도(2000.11~2000.12)」, 352~365쪽.
「첫 물방울이 가장 용감하다(2000.12)」, 366~382쪽.
5부
「국민의 정부 늦둥이, 여성부 탄생(2000.12~2001.3)」, 385~402쪽.
「인권국가 새 등을 달다(2001.5~2001.9)」, 403~418쪽.
「지식정보 강국, 꿈이 현실로(2001.9~2001.11)」, 419~432쪽.
「민주당 총재직을 내놓다(2001.11~2002.2)」, 433~450쪽.
「봄날, 몸이 아팠다(2002.3~2002.6)」, 451~461쪽.
「붉은 악마와 촛불(2002.6~2002.10)」, 462~479쪽.
「청와대를 나오다(2002.10~2003.2)」, 480~499쪽.
6부
「혼자서 세상을 품다(2003.2~2005.12)」, 503~519쪽.

「국민보다 반걸음만 앞서 가야(2006.1~2008.5)」, 520~543쪽.
「그래도 영원한 것은 있다(2008.5~2009.6)」, 544~566쪽.
「인생은 생각할수록 아름답다」, 567~574쪽.
「『김대중 자서전』이 나오기까지」, 575~576쪽.
「김대중 연보」, 577~587쪽.

김대중 전 대통령은 자신의 이 자서전 제2권(226쪽)에서 밝혔듯, 32세 때인 1956년에 장면(張勉) 전 국무총리를 대부로 하고 토머스 모어(Thomas More, 1478~1535)라는 영세명을 받으며 가톨릭에 입교했다. 『유토피아(Utopia)』라는 저서로 유명한 영국인 모어는 자신의 신앙을 지키면서 왕에게 충간하다가 처형됐다. 이 사실을 기억하면서 이 책을 읽으면 자서전 전체에 관류하는 정신적 기조를 쉽게 이해하게 된다.

김대중 전집

김대중 대통령은 43세 때인 1967년에 제6대 국회의원으로 처녀작 『분노의 메아리』(한국정경사, 1967)를 출판하고 46세 때인 1970년에 『내가 걷는 70년대』(범우사, 1970)를 출판한 이후 일관되게 저술활동을 활발히 했기에, 그의 저서는 참으로 많다. 우리는 그것들을 대체로 제11~13권에서 소개했다. 그의 저서들은 다음으로 취합됐다.

(1) 김대중전집편찬위원회 편, 『김대중전집』 전12권(한경과연[韓經科硏], 1989).

이 책은 김대중 대통령이 평민당(平民黨) 총재이던 때 평민당 소속의 비례대표로 제13대 국회의원에 선출된 허만기(許萬基) 서예가(1929~202)의 주도 아래 편찬됐다.

제1권 『조국에 바친 신명: 나의 정치철학』
제2권 『대중경제론: 대중경제 100문 100답 Mass-Participatory Economy: A Democratic Alternative for Korea』
제3권 『나의 조국, 나의 포부』
「김대중내란음모사건법정 최후진술」(1980년 11월 9일)은 25~36쪽에 있다.
제4권 『국민을 위하여, 국민과 함께 대중연설집』
제5권 『국회발언집 I 』
제6권 『국회발언집 II 』
제7권 『민주주의 십자가를 지고: 현대사에 묻는 것』

제8권 『인동초(忍冬草)의 새벽』

김대중 대통령은 자신을 '겨울을 이겨내는 풀'이라는 뜻의 '인동초'로 불렀다. 정권의 엄혹한 탄압을 이겨낸다는 뜻이 함축됐다.

제9권 『행동하는 양심으로: 인물론』

제10권 『존경하고 사랑하는 당신에게 옥중서신』

제11권 『무궁화여 영원하라: 수난사』

제12권 『김대중사건의 진상』

(2) 김대중, 『후광(後廣)김대중대전집』전15권(중심서원, 1993).

저자의 아호 '후광'은 저자의 출생지 전라남도 무안군(현 신안군) 하의면(荷衣面) 후광리(後廣里) 974번지의 '후광'에서 나왔다. 전집을 발행한 도서출판 중심서원의 대표는 제1권 「발간사」에서 '김대중 선생님'을 "'정치인 김대중'이 아닌 대사상가요 대학자"라고 부르며 높은 경의를 표했다.

제1권 『한국: 민주주의의 드라마와 소망』

1992년; 모스크바대학교 박사학위 논문집

제2권 『세계경제 8강으로 가는 길』

1992년; 대중경제론 개정증보판

1971년; 대중경제론 100문 100답

제3권 『통일론집』

1966년~1993년; 공화국 연합제-통일에 관한 비전

제4권 『대담집』

1971년~1992년; 국내외 인사와의 대담 및 각 매스컴과의 인터뷰

제5권 『토론집』

1987년~1992년; 대통령 후보로서의 주요 정책토론

제6권 『독재와 나의 투쟁』

1973년; 독재와의 투쟁에 대한 단상

1988년; 광주민주화운동의 진상규명을 위한 국회 청문회 증언

※ 이 책은 훗날 『행동하는 양심으로』(금문당출판사, 2009)로 다시 출판됐다.

제7권 『기고문집』

1955년~1993년; 각종 기고문, 수상(隨想)

1976년~1977년; 법정진술

제8권 『옥중서간집』

1980년~1982년; 옥중에서 가족에게 보낸 서신
제9권 『강연집Ⅰ』
1970년~1988년; 국내외 강연문
제10권 『강연집Ⅱ』
1989년~1993년; 국내외 강연문
제11권 『연설집』
1967년~1992년; 국내외 연설문
제12권 『국회발언집Ⅰ』
1963년~1965년; 국회 대정부 질의 및 토론
제13권 『국회발언집Ⅱ』
1966년~1968년; 국회 대정부 질의 및 토론
제14권 『국회발언집Ⅲ』
1969년~1992년; 국회 대정부 질의, 토론 및 교섭단체 대표 연설
제15권 『자료집』
1970년~1993년; 기자회견문 및 각종 성명서, 메시지 외 연대별 문헌 색인표/연보

제1권에 대해 자세히 소개하고자 한다. 제1권은 「제1부 박사학위논문 심사」와 「제2부 박사학위논문/한국: 민주주의의 드라마와 소망」으로 구성됐다. 러시아 외무성 외교대학원에 제출한 「한국사회에서의 민주주의의 생성과 발전원리에 관하여(1945~1991)」(한국어)라는 논문은 1992년 9월 8일에 통과됐으며, 『한국: 민주주의의 드라마와 소망』으로 출판됐다. 이 책은 다음과 같이 구성됐다.

「김대중사건 법정 최후진술」(1980년 11월 9일, 군법정), 49~56쪽.
「한국현대사의 의미: 격동의 세월 10년을 지내고」(1983년 6월, 워싱턴), 57~123쪽.
일본의 월간지 『세카이(世界)』의 야스에 료스케(安江良介) 편집장이 당시 워싱턴에 머물던 김대중과 가진 인터뷰 기사다.
「한국역사에서의 민주주의」(1983년 3월 10일, 하버드대학), 126~138쪽.
「한국의 전통문화와 민주주의」(1983년 10월 20일, 하버드대학 아시아법률센터 연설), 139~148쪽.
「한국의 기독교, 인권, 민주주의」(1983년 3월 31일, 에모리대학에서의 연설), 149~156쪽.
「나의 신앙과 정치참여」(1983년 5월 12일, 샌프란시스코), 157~164쪽.
「한 정치범의 보고서」(1983년 6월 10일, 국제사면위원회 미국지부), 165~175쪽.

「기로에 선 한국의 운명: 전망과 제안」(1984년 4월호 『행동하는 양심』), 176~186쪽.

「나의 조국, 나의 포부」(1985년 8월호 『월간조선』), 187~201쪽.

「민주주의는 대화를 요구한다」(1986년 8월 31일, 서울), 197~201쪽.

「민주주의를 위한 함성」(1986년 12월 14일, 서울), 202~213쪽.

「한국의 정치상황」(1987년 1월 1일, 서울), 214~228쪽.

「자유와 정의 그리고 통일의 희망」(1988년 6월 29일, 제142회 임시국회 대표연설), 229~240쪽.

「밝은 90년대를 열자」(1989년 10월 11일, 제147회 정기국회 대표연설), 241~255쪽.

「국민정치시대와 발상의 전환」(1990년 11월 23일, 제151회 정기국회 대표연설), 256~271쪽.

「민주대연합을 제창한다」(1991년 8월 17일, 광복46년 즈음한 기자회견문), 272~285쪽.

「민주주의만이 성공의 길」(1991년 9월 18일, 모스크바대학 연설), 286~292쪽.

「'한국형 모델'은 러시아에 적합하지 않다」(1992년 3월 12일, 러시아연방 『이즈베스티아』 기고문), 293~296쪽.

(3) 연세대학교 김대중도서관 편/류상영(柳相榮)·장신기(張信基)·이충은(김대중도서관 사서)·배종윤(裵鍾尹)·한주희(MIT대학원사회학과 박사과정)·장옥추(김대중도서관 연구원) 분담집필, 『김대중연보: 1924~2009』 전2권(연세대학교 김대중도서관, 2011); ______, 『김대중 전집』 전10권(연세대학교 대학출판문화원, 2015).

제1권 『외환위기로부터 나라경제를 구하다(1997년 12월 ~ 1998년 9월)』

제2권 『4대개혁으로 경제체질을 개선하다(1998년 10월 ~ 1999년 4월)』

제3권 『복지국가와 사회통합의 초석을 세우다(1999년 5월 ~ 1999년 11월)』

제4권 『민주주의와 인권 신장으로 국격을 높이다(1999년 12월 ~ 2000년 5월)』

제5권 『남북화해와 협력의 새로운 장을 열다(2000년 6월 ~ 2000년 12월)』

제6권 『한반도 평화를 위한 실용주의 외교를 펼치다(2001년 1월 ~ 2001년 7월)』

제7권 『지식정보화 강국의 꿈을 이루다(2001년 8월 ~ 2002년 2월)』

제8권 『문화와 자긍심의 꽃을 피우다(2002년 3월 ~ 2003년 2월)』

제9권 『국가원로와 국제평화지도자의 길을 걷다 1(2003년 3월 ~ 2007년 3월)』

제10권 『국가원로와 국제평화지도자의 길을 걷다 2(2007년 4월 ~ 2009년 8월)』

이 전집들 이외에, 이 전집들에 포함되기는 했으나 단행본으로 출판됐던 중요한 저술들은 다음과 같다.

(1) 김대중(金大中), 『공화국연합체』(학민사 1991).

(2) 김대중(金大中), 『나의 길 나의 사상: 세계사의 대전환과 민족통일의 방략』(한길사, 1994).

(3) 아태평화재단 편, 『김대중의 3단계 통일론: 남북연합을 중심으로』(한울, 1995).

(4) 일본NHK취재반 구성/김용운 편역, 『역사와 함께 시대와 함께: 김대중 자서전』 전2권(인동, 1999).

(5) 김대중(金大中) · 이문영(李文永) · 한승헌(韓勝憲) · 이해동(李海東) · 송기원(宋基元) · 설훈(薛勳) · 송건호(宋建鎬) · 김종완(金鍾完) · 이호철(李浩哲) · 고은(高銀) · 김상현(金相賢) · 이택돈(李宅敦) · 한완상(韓完相) · 김옥두(金玉斗) · 김홍일(金弘一) · 이석표(당시 중앙대생) · 한화갑(韓和甲) · 이희호(李姬鎬) · 조영창(김녹영의원 부인) · 김학민(金學珉) · 김정완(유인호교수 부인) · 박용길(朴容吉) · 김석중(소설가) · 이종옥(이해동목사 부인) · 이만열(李萬烈) 분담집필, 『김대중 내란음모의 진실』(문이당, 2000).

(5-A) 이만열(李萬烈), 「'5·17김대중내란음모사건'의 진실과 그 역사적 의의」, 『한국근현대사연구』14(2000년 가을), 131~153쪽.

(5-B) 김대중(金大中), 『김대중 자서전』 전2권(삼인, 2011), 제2권, 356쪽.

(6) 김대중(金大中), 『21세기와 한민족: 김대중 전 대통령 주요 연설 · 대담, 1999~2004)』(경기도 파주시: 돌베개, 2004).

「부록 1 김대중 대통령을 말한다」에 다음의 글이 포함됐다.
한상진(韓相震), 「내가 본 인간 김대중과 그 사상」, 337~?쪽.

(6-A) 김대중(金大中), 『김대중 자서전』 전2권(삼인, 2011), 제2권, 518~519쪽.
한상진 교수에 대해 다음과 같이 회고했다.

"한상진 교수는 진정성이 있는 학자였다. 국민의 정부에서는 한국정신문화연구원과 정책기획위원회의 책임을 맡았다. 그는 관료가 되는 것을 한사코 마다했지만 내가 제시한 직책들은 차마 거부하지 못했다. 만날 때마다 한반도 통일방안과 우리 민족의 미래에 대해서 서로 묻고 답했다. 그 기억은 소중하게 남아 있다. 퇴임 후 우리집을 찾아와 '아직 할 일이 많으십니다. 꼭 건강하셔야 합니다'라며 내 손을 쥐었다."

한상진 교수는 '중민이론(中民理論)'으로 명성을 높였다. 이 주제에 관해 다음과 같은 책이 있다. 한상진 외 저/ 박영도(朴榮道) · 김종엽(金鍾曄) 편, 『한상진과 중민이론』(새물결출판사, 2018).

통일부의 출판물

(1) 통일부, 『해설자료 국민의 정부 대북정책』(통일부, 1998).

(2) ______, 『평화와 화해 · 협력을 위한 대북정책과 남북현안에 대한 입장』(통일부, 1999).

(3) ______, 『대북정책추진현황(종합자료집)』(통일부, 2002).

(4) ______, 『대북정책 4년 평화와 협력의 길』(통일부, 2002).

국정홍보처 해외홍보원의 출판물

김대중정부는 기존의 공보처 해외공보관을 국정홍보처 해외홍보원으로 개편했다.

(1) 국정홍보처 해외홍보원, 『김대중 대통령 ASEAN+3 정상회의 참석 및 필리핀 국빈방문』(국정홍보처 해외홍보원, 1999).

(2) ______, 『김대중 대통령 APEC 정상회의 참석 및 뉴질랜드 · 호주 국빈방문』(국정홍보처 해외홍보원, 1999).

(3) ______, 『김대중 대통령 미국 공식방문 및 캐나다 국빈방문』(국정홍보처 해외홍보원, 1999).

(4) ______, 『김대중 대통령 러시아 및 몽골 국빈방문 외신기사집: 1999.5.27.~6.1』(국정홍보처 해외홍보원, 1999).

(5) ______, 『김대중 대통령 노벨평화상 수상 및 스웨덴 공식방문』(국정홍보처 해외홍보원, 2000); ______, 『김대중 대통령 노벨평화상 수상: 외신기사집』(국정홍보처 해외홍보원, 2000).

(6) ______, 『김대중 대통령 이탈리아, 교황청, 프랑스, 독일 국빈방문』(국정홍보처 해외홍보원, 2000).

(7) ______, 『해외언론이 본 국민의 정부 2년』(국정홍보처 해외홍보원, 2000).

(8) ______, 『전세계에 한반도 시대 개막을 알리다: 김대중 대통령 UN 밀레니엄 정상회의 참석』(국정홍보처 해외홍보원, 2000).

(9) ______, 『아세안 지역과의 경제협력 강화: 김대중 대통령 「ASEAN+3」 정상회의 및 싱가포르 인도네시아 국빈방문』(국정홍보처 해외홍보원, 2000).

(10) ______, 『21세기 APEC-공동번영의 길로: 김대중 대통령 브루나이 국빈방문 및 APEC 정상회의 참석』(국정홍보처 해외홍보원, 2000).

(11) ______, 『김대중 대통령 미국방문』(국정홍보처 해외홍보원, 2001).

(12) ______, 『국민의 정부 5년 국정자료집 1, 정치 외교 통일 국방』(국정홍보처 해외홍보원, 2003).; ______, 『국민의 정부 5년 국정자료집 2, 경제』(국정홍보처 해외홍보원, 2003); ______. 『국민의 정부 5년 국정자료집 3, 교육 복지 환경 노동 문화 사회』(국정홍보처 해외홍보원, 2003); ______, 『국민의 정부 5년 국정자료집 4, 대통령편 일지편』(국정홍보처 해외홍보원, 2003).

(13) ______, 『해외언론이 본 국민의 정부 5년: 경제위기 극복에서 월드컵 4강까지』(국정홍보처 해외홍보원, 2003).

김대중 평전 또는 김대중에 대한 평가(1987년 이후에 한정)

(1) 주치호(정치소설가), 『동교동의 낮과 밤: 김대중 평전』(평범서당, 1987).

(2) 김형문(金炯文), 『김대중 그는 누구인가』(금문당, 1987; 개정판 2009).

(3) 이태호(李泰昊), 『영웅의 최후: 김대중 평전』(한뜻, 1992).

1986년 11월 5일에, 당시 서울에서 전두환정권에 반대하는 운동을 이끌던 김대중은 대통령직선제가 실현된다면 자신이 사면·복권되더라도 입후보하지 않겠다고 선언했다. 그러나 1987년 6월항쟁의 결과 6·29선언이 발표되면서 김대중의 사면·복권이 이뤄졌지만 대통령에 입후보했다. 이것을 보고 오랜 기간에 걸쳐 그를 '영웅'으로 존경했던 저자는 그를 떠나기로 결심했다. 이 책은 그를 둘러싼 측근 사이에서의 갈등을 생생하게 보여주었다.

(4) 조갑제(趙甲濟), 「특별인터뷰 김대중 아·태재단 이사장: "한국현대사의 성취와 그늘 신라의 통일대업에서 배울 것, 민주와 자주의 문제"」, 『월간조선』(1995년 1월), 110~137쪽.

(5) 전인권(全寅權), 「한국정치의 기적 끝내 꽃피운 '인동초': 대통령 당선자 김대중이 살아온 길」, 『신동아』(1998년 1월), 110~122쪽.

(6) 김성(金星), 「김대중 당선자 연구: 사선을 넘어 투옥과 망명의 시련을 이기고」,

『월간조선』(1998년 1월), 130~143쪽.

(7) 버나드 크리서(전 『뉴스위크』 도쿄특파원), 「김대중 대통령당선자와 26년」, 『월간조선』(1998년 2월), 223~233쪽.

(8) 김행(金杏), 「한국인의 김대중관(觀)」, 『월간조선』(2001년 7월), 89~100쪽.

(9) 김정남(金正男), 「"무너져내리는 나라 다시 일으켜 세우자": 김정남 전 청와대 수석이 DJ에게 보내는 구국의 호소 제2탄」, 『월간중앙』(2001년 8월), 70~78쪽.

(10) 최기일(崔基一), 「3부 가까이서 본 리승만, 김대중」 가운데 「25장 김대중과의 만남」, 「26장 인간 김대중의 모습」, 「27장 1987년 대통령선거와 나의 실망」, ______, 『자존심을 지킨 한 조선인의 회상: 한·미·일 3국인의 삶을 산 최기일 박사 자서전』(생각의나무, 2002), 368~493쪽 가운데 414~418쪽, 419~427쪽, 428~453쪽.

미국에서 대학교수 생활을 하던 저자는 유신체제에 저항하는 김대중을 높이 평가하고 김대중의 미국 망명생활을 때때로 도왔다. 그러나 그는 차차 김대중에 실망하게 됐다. 저자는 이 과정을 상세하게 회상했다.

(11) 박호재(朴琥載), 『사랑해요 DJ: 김대중 평전』(이룸, 2009).

(12) 민주당·민주정책연구원 공편, 『행동하는 양심: 아! 당신은 민주주의입니다; 고(故) 김대중 전 대통령 추모집』(민주당, 2009).

(13) 김삼웅(金三雄), 「김대중의 정치철학과 사상 탐구」, 『인물과 사상』(인물과사상사)(2009년 10월), 114~126쪽; ______, 『김대중 평전』 전2권(시대의창, 2010).

제1권의 부제는 『행동하는 양심으로』이고, 제2권의 부제는 『역사는 진보한다』이다.

(14) 장성민(張誠珉)·김종혁(金鐘赫), 『김대중 다시 정권교체를 말하다: 정계 은퇴부터 대통령당선까지 알려지지 않은 이야기』(중앙북스, 2012년 1월).

(15) 김택근(金澤根), 『새벽: 김대중 평전』(경기도 파주시: 사계절출판사, 2012년 8월).

(16) 류상영(柳相榮)·김삼웅(金三雄)·심지연(沈之淵) 공편저, 『김대중과 한국 야당사』(연세대학교 대학출판문화원, 2013).

(17) 이종찬(李鍾贊), 「14 헌정사상 최초의 인수위 활동」 가운데 「김대중 대통령 당선 직후의 나날들」, ______, 『숲은 고요하지 않다: 이종찬 회고록』 전2권(경기도 파주시: 한울, 2015), 제2권, 373~395쪽 가운데 373~395쪽.

"이제 와서 돌이켜 평가해보면, 김대중 당선자의 인사 스타일은 철저한 자기중심주의였다. 그는 자신의 정치인생 프로그램에 도움이 되는지 걸림돌이 되는지를 항상 생각하고 인사를 했다. 그런 점에서 그는 유럽의 거인 샤를 드골 [프랑스 대통령]이나 콘라트 아데나워 [독일 총리]와 달랐다. [남아프리카공화국의 인권투사로 훗날 대통령이 된] 넬슨 만델라와도 달랐다. 그들은 국가목표 또는 세계적인 기여를 생각하고 인물을 찾아냈는데, 그런 점에서 김대중은 시야가 좁았다고 할 수 있다.

그가 발견한 인사 가운데 그의 정치인생 전체에서, 특히 대통령 재직 중에 세계와 호흡 가능한 인사는 임동원 외교안보 수석 한 사람뿐이었다. 한때 그의 주변에 많은 인사들이 포진해 있었지만 그들은 충분히 비상하지 못한 채 그를 떠났다. 이런 약점이 김대중 한 사람에게 국한된 것은 아니었다. 어쩌면 역사적으로 볼 때 우리나라 정치가 세계를 향해 뻗어나가기 보다 정권고수에 급급하다 보니 불가피한 일이었는지도 모르겠다."(395쪽).

(18) 김진현(金鎭炫), 「13장 DJ, 이론적 인연, 현실 인연, 가족 인연」, ______, 『대한민국 성찰의 기록: 김진현회고』(경기도 파주시: 나남출판사, 2022), 501~516쪽.

김영삼 대통령에 대해서는 상대적으로 호의적 자세를 보인 저자는 김대중 대통령에 대해서는 상대적으로 비판적 안목을 보였다. 저자는 자신의 자형(姊兄)이 김대중 후보의 비서실장 때 겪은 경험을 계기로 "탄압받는 순교자적 상징성, 고난의 DJ와 사욕이 많은 인간 DJ를 구분하게 되었다"라고 썼다.

(19) 정진백(鄭鎭伯: 김대중추모사업회 회장) 엮음, 『김대중의 말』(태학사, 2024년 1월 6일).

(20) 황태연(黃台淵) 책임편집/호프 엘리자베스 메이, 한상진(韓相震), 노명환(盧明煥), 김귀옥(金貴玉), 이영재(李榮宰) 글, 『사상가 김대중: 그의 철학과 사상』(지식산업사, 2024년 1월 6일).

김대중 대통령에 대한 강한 의혹제기와 비판

조갑제(趙甲濟), 「미공개 자료를 중심으로 쓰는 조갑제의 김대중 연구 1」, 『월간조선』(2002년 3월), 134~155쪽; ______, 「미공개 자료를 중심으로 쓰는 김대중 연구 2: 좌익 조직원 시절의 사건들」, 『월간조선』(2002년 4월), 146~165쪽; ______, 「미공개 자료를 중심으로 쓰는 김대중 연구 3: 김대중 주장; "교통사고를 위장한 암살 기도였다"」, 『월간조선』(2002년 5월); ______, 「미공개 자료를 중심으로 쓰는 김대중 연구 4: 6·15선언 제2항은 무허가 통일방안에 의한 '국가정체성의 변조' 기도?」, 『월간조선』(2002년 7월), 366~396쪽; ______, 「미공개 자료를 중심으로 쓰는 김대중 연구 5: 김대중 세력의 도전과 대한민국의 응전(또는 응징)」, 『월간조선』(2002년 9월), 264~280쪽; ______, 「미공개 자료를 중심으로 쓰는 김대중 연구 6: 좌익 행동대원 출신의 대한민국관」, 『월간조선』(2002년 10월).

이 일련의 글은 '김대중 신화'의 탈(脫) 신화화를 보여주었다. 조갑제 기자는 김대중 대통령에 관한 의혹제기 또는 연구를 계속했다.

(1) 조갑제(趙甲濟), 『김대중의 정체: 조갑제의 추적보고; 한국현대사의 검은 그림자』(조갑제닷컴, 2006; 2009년 개정판)/김선영(金宣英) 역, 『'수령님의 전사(首領様の戰士)' 김대중의 정체』(도쿄: 요이즈미샤[洋泉社], 2006).

(1-A) 조갑제(趙甲濟), 『속(續) 김대중의 정체: 조갑제의 추적보고』(조갑제닷컴, 2009).

4부: 국장(國葬)파문; 다시 파낸 태극기

한국의 다른 대통령과의 비교

(1) 김진(金璡), 「소신과 목숨으로 부딪친 두 거인의 20세기 최후 드라마: 김대중과 박정희의 역사적 화해」, 『월간중앙』(1999년 6월), 88~95쪽.

(2) 박종주(월간중앙 기자), 「박 대통령은 '현장확인형' DJ는 '신문정독형'」, 『월간중앙』(2001년 1월), 60~65쪽; ______, 「노무현과 조 · 중 · 동: 박정희에서 김대중까지 역대 대통령의 언론관」, 『월간중앙』(2003년 6월), 128~137쪽.

(3) 한기홍(韓起興), 「김대중 · 김영삼 · 전두환 대통령의 언론관 비교」, 『월간중앙』(2001년 4월), 169~173쪽.

(4) 고원(高源), 「한국의 연합정치와 경제개혁: 김영삼-김대중정부의 사례」, 서울대학교 대학원 정치학과 정치학박사학위청구논문, 2003년 2월; ______, 『한국의 경제개혁과 국가: 우리 시대 사회양극화의 기원과 극복방안』(경기도 파주시: 한국학술정보, 2005).

※ 고원(1964~현재)은 서울대학교 사회과학대학 국제경제학과를 졸업하고 서울대학교 대학원 정치학과에서 석사→박사학위를 받았다. 현재 국회사무처 입법조사처에서 봉직하고 있다.

(5) 정갑수(중앙대), 「우리나라 행정개혁의 방향성에 관한 연구: 김영삼정부와 김대중정부의 비교를 중심으로」, 중앙대학교 행정대학원 행정학석사학위청구논문, 2005년 8월.

(6) 이동우(李同雨), 「한국 정치발전과 정치지도자의 역할: 김대중 · 김영삼 · 김종필을 중심으로」, 『사회과학연구』(전북대학교 사회과학연구소) 제33집 제1호(2009년 6월), 251~277쪽.

(7) 정대철(鄭大哲) 구술/배진영(裵振榮) 정리, 「정대철 민주당 상임고문(하): 내가 겪은 DJ와 YS」, 『월간조선』(2013년 11월), 326~347쪽.

※ 정대철은 『열린 정치 열린 생각』(신원문화사, 1989), 『사람시대, 정대철의 유토피아』(푸른나무, 2011) 등을 출판했다. 그는 2023년에 사단법인 대한민국헌정회 회장으로 선출됐다.

(8) 김경재(金景梓), 『박정희와 김대중이 꿈꾸던 나라』(도전과미래, 2016).

(9) 주성영(朱盛英), 『한국문명사의 두 거인, 박정희와 김대중』(누벨끌레, 2022).

저자는 한국현대사를 대표하는 인물로 산업화를 상징하는 박정희, 그리고 민주화를 상징하는 김대중을 꼽는다. 저자의 주장은 다음과 같이 요약될 수 있다.

> 박정희와 김대중의 업적을 기반으로 한국은 경제강국, 문명국의 반열에 우뚝 섰다. 그러나 두 거인으로 대표되는 세력은 여전히 반목하고 있다. 광화문에 박정희의 한글현판을 걸고, 10만원권 지폐에 김대중의 얼굴을 넣자. 이렇게 함으로써 한국의 산업혁명과 민주주의 착근을 이룬 이들의 통합을 이루자.

※ 주성영(1958~현재)은 고려대학교 법과대학 법학과를 졸업하고 영남대학교 대학원 법학과에서 박사과정을 수료했다. 사법시험을 거쳐 검사로 활동하다가 제16~17대 국회의원을 역임했다. 현재 변호사다.

(10) 류상영(柳相榮), 『박정희와 김대중의 대화: 우리들의 자화상』(논형, 2022).

저자는 두 사람 사이의 가상대화를 담았다. 가상이지만 내용은 철저히 역사적인 기록과 자료에 기초했다. 두 사람의 대화는 격정적인 비판과 반론으로 이어졌다.

김정일과의 비교

함성득(咸成得), 「김대중 리더십과 김정일 리더십」, 『신동아』(2000년 7월), 104~110쪽.

빌리 브란트와의 비교

북한을 상대로 햇볕정책을 추진해 노벨평화상을 받은 김대중 대통령은 동독을 상대로 화해정책을 추진해 노벨평화상을 받은 서독의 빌리 브란트(Willy Brandt, 1913~1992) 총리에 비교되곤 했다.

(1) 한운석(韓雲錫), 「서독정부의 대(對)동독 화해정책 1949-1989」, 『역사비평』36(1997년 2월), 219~238쪽.

※ 한운석(1954~현재)은 고려대학교 사범대학 역사교육과를 졸업하고 고려대학교 대학원 사학과에서 석사학위를 받은 데 이어 독일 빌레펠트대학교(Universität Bielefeld) 대학원 사학과에서 독일사를 전공해 “Nationalstaat und Nationalismus im Denken von Marx und Engels”(1995)로 박사학위를 받았다. 고려대학교 사범대학 역사교육과 연구

교수로 봉직했다.

(2) 정상돈(鄭相敦), 『브란트 · 슈미트 정부의 대(對)동독 화해정책과 김대중 정부의 햇볕정책 비교연구』(경기도 성남시: 세종연구소, 1999).

※ 정상돈(1957~현재)은 한국외국어대학교 사회과학대학 행정학과를 졸업하고 베를린 자유대학교 대학원 정치학과에서 석사학위를 받은 데 이어 베를린 자유대학교 대학원 정치학과에서 "Konflikt und Konsens zwischen Lohnarbeit und Kapital im Verhaeltnis von Form, Struktur und Handlung"(1996)으로 박사학위를 받았다. 한국국방연구원 연구위원으로 봉직했다.

(3) 황병덕(黃炳悳) 외 저, 『신(新)동방정책과 대북포용정책: 브란트와 김대중의 민족통일 대구상』(두리미디어, 2000).

※ 필자들은 모두 독일에서 박사학위를 받았다. '햇볕정책'은 영어권에서는 'sunshine policy'로, 중국에서는 '양광정책(陽光政策)'으로 번역됐다. '햇볕정책'이라는 용어의 적실성에 대한 논란이 뒤따르자, 김대중정부는 차차 '대북포용정책'이라는 용어를 썼다. 이 책 역

시 '대북포용정책'이라는 용어를 썼다.

(4) 최영태(崔泳太), 「빌리 브란트와 김대중: 변방인들의 인문적 삶과 분단극복정책」, 『역사학연구』53(2014년 2월), 319~350쪽; ______, 『빌리 브란트와 김대중: 아웃사이더에서 휴머니스트로』(성균관대학교출판부, 2020).

서독의 총리로 동방정책을 추진함으로써 독일통일의 기초를 닦은 것으로 평가되는 빌리 브란트와 대한민국의 대통령으로 북한에 대한 햇볕정책을 추진함으로써 남북관계의 개선에 큰 돌파구를 연 것으로 평가되는 김대중을 비교했다. 저자는 브란트와 김대중을 모두 높이 평가했다.

※ 최영태(1954~현재)는 전남대학교 인문대학 사학과를 졸업하고 전남대학교 대학원 사학과에서 서양사를 전공해 석사학위를 받은 데 이어 전남대학교 대학원 사학과에서 「독일 사회민주주의운동에서의 Eduard Bernstein의 수정주의」(1991년 2월)로 박사학위를 받았다. 전남대학교 인문대학 사학과 교수로 정년퇴임했으며, 현재 전남대학교 명예교수다.

마하티르와의 비교

김민웅(金民雄), 「아시아 경제위기에 대처하는 두 가지 모델: 순응하는 DJ 저항하는 마히티르」, 『신동아』(1998년 8월), 394~409쪽.

마하티르 빈 모하맛(Mahathir bin Mohamad, 1925~현재)은 말레이시아 정부의 교육부장관→부총리→통상산업부장관을 거쳐 1981년~2003년에 총리를 역임했으며, 2018년~2020년에 다시 총리를 역임했다.

링컨과의 비교

허문도(許文道), 「통일대통령 링컨과 통일을 하겠다는 대통령 김대중 비교연구: "장군, 남부연맹이란 나라가 없는데 무슨 대통령이란 말이오?"」, 『월간조선』(2000년 11월), 182~190쪽.

김대중 대통령에 대해 냉소적인 시각을 지닌 필자는, 남북통일을 추구한다는 김 대통령은 남북전쟁을 겪으면서도 통합체로서의 미국을 유지한 링컨 대통령에 비교될 수 없다는 논지를 전개했다.

루스벨트와의 비교

전성철(全聖喆), 「전성철의 글로벌 인사이트: 지혜로운 진보, 어리석은 진보」, 『조선일보』(2022년 11월 4일), A24쪽.

> "온 나라가 IMF의 파고에 진땀을 흘리고 있던 1997년 12월, 김대중 당시 대선 당선인이 던진 첫 일성은 나를 무척 놀라게 했다. 바로 '민주주의와 시장경제를 창달하겠다'는 말이었다. '시장경제'?, 당시 대부분의 진보가 입에 담기조차 꺼리던 그 말을 당선인이 저렇게 먼저 선포하다니, 그런데 그때, 내 머리에 떠오른 사람이 바로 미국의 프랭클린 루스벨트 대통령이었다. DJ와 루스벨트, 두 사람은 공통점이 많다. 둘다 진보로서 보수정권에서 물려받은 망가진 경제를 화려하게 부흥시키는 데 성공했다. 두 대통령 모두 '민주주의와 시장경제'를 통해 대성과를 이뤄냈다는 점이다."

여러 다른 외국 지도자들과의 비교

(1) 최규선(崔圭先), 「인터뷰: 로버트 스칼라피노; 내가 만난 20세기 지도자들과 동북아의 미래: "박정희는 단순한 인물, 마르크스도 이해 못할 김일성, 외교에 성공한 김대중, 일본은 강력한 리더십 부족하여 개혁지체, 너무 일찍 민주화를 한 고르바초프, IQ높은 클린턴"」, 『월간조선』(1999년 12월), 262~274쪽.

(2) 조갑제(趙甲濟), 「정치인과 지도자를 위한 '현자' 이광요(李光耀)의 충고: 등소평(鄧小平), 고르바초프, 박정희(朴正熙), 전두환(全斗煥), 노태우(盧泰愚), 김대중(金大中), 김영삼(金泳三) 인물평」, 『월간조선』(2015년 3월), 262~280쪽.

리콴유 싱가포르 전 총리와의 '아시아적 가치' 논쟁

(1) Fareed Zakaria, "A Conversation with Lee Kuan Yew," *Foreign Affairs*, Vol. 73, No. 2(March-April 1994), pp.109~126.

리콴유(李光耀) 싱가포르 전 총리는 서구사회의 문화와 아시아사회의 문화 사이에는 차이가 있다고 발언했다. 이 발언의 바탕에는 미국인들에게 "서구식 민주주의를 아시아에 요구하지 말라"는 뜻이 깔려있다.

(2) Kim Dae-jung, "A Response to Lee Kwan Yew: Is Culture Destiny?: The Myth of Asia's Anti-Democratic Values," *Foreign Affairs*, Vol. 73, No. 6(November-December, 1994), pp.189~194.

김대중 총재는 리콴유 전 총리의 발언을 논리적으로 반박했다. 한국을 포함한 아시아에는, 특히 한국에는 민주주의의 전통이 강하며 따라서 서구민주주의가 지향하는 보편적 가치를 존중해 왔다고 주장했다.

김대중정부에 대한 평가

(1) 송문홍(宋文弘), 「리더십, 아직 비전이 안 보인다: 지식인그룹이 평가하는 김대중정부 1년」, 『신동아』(1993년 3월), 94~107쪽; ______, 「신자유주의에 기운 DJ노믹스 과연 '준비된 경제'인가: 김대중 대통령의 경제이념 비판」, 『신동아』(1999년 3월), 108~115쪽.

(2) 강준만(康俊晩), 『인물과 사상: 성역과 금기에 도전한다 13; 김대중 정권의 몰락』(개마고원, 2000).

(3) 한상진(韓相震), 「김대중 대통령 집권 2년 6개월의 공과(功過)와 과제: 국가개조 토대 마련에는 성공 '대화형 리더십' 개발 필요」, 『월간중앙』(2000년 9월), 66~71쪽.

(4) 김행(金杏), 「국민 1,000명이 매긴 'DJ국정운영 성적표: 국정 전체평가 '잘했다' 74.3% 현대사태 등 정책일관성은 '기대 이하'」, 『월간중앙』(2000년 9월), 72~85쪽.

(5) 조용휴, 「"DJ는 민주당 탈당 후 중립내각 구성하라": 민심 기행! DJ정부 평가 및 향후의 정국」, 『월간중앙』(2001년 12월), 84~96쪽; ______, 「역대 최고 대통령 박정희, 부정부패 1위 전두환, 민주주의 기여 1위 김대중」, 『월간중앙』(2002년 3월), 74~86쪽.

(6) 지동욱(池東旭), 『한국 대통령 열전: 권력자의 영화와 전락』(일본어)(도쿄: 주오고론신샤[中央公論新社], 2002)/박윤희 옮김, 「제8장 김대중」, ______, 『한국대통령 8인 비극적 말로의 비밀: 최고 권력자의 영화와 전락, 암투와 감춰진 모습』(사람의향기, 2003), 263~292쪽.

(7) 「특집: 김대중정부 5년, 얻은 것과 잃은 것」, 『신동아』(2003년 2월).

(i) 박효종(朴孝鍾), 「정치 분야」, 280~287쪽.
(ii) 고유환(高有煥), 「통일 분야」, 288~293쪽.
(iii) 김연명(金淵明), 「사회복지 분야」, 302~309쪽.

(8) 강원용(姜元龍), 「부시대통령과 북핵」 가운데 「김대중정권의 빛과 그림자」, ______, 『역사의 언덕에서』(경기도 파주시: 한길사, 2003), 제5권(『버스가 봉우리에

서』), 187~216쪽 가운데 201~208쪽.

김대중이 김종필과 제휴한 것을 비판하면서도, 다음과 같은 것들을 긍정적으로 평가했다.

(ⅰ) '경제위기를 잘 수습하여 경제를 안정시킨 것'
(ⅱ) 인권문제에서 큰 변화를 불러일으킨 것
(ⅲ) 여성부를 신설한 일
(ⅳ) 지난날 정치적으로 억울하게 희생된 사람들의 의문사를 해명하려고 노력한 것
(ⅴ) 온갖 법에 묶여 활동하지 못한 사람들에게 자유의 길을 열어준 것
(ⅵ) 최초의 남북정상회담을 성사시켜 남북에 화해와 평화의 길을 열어준 것

(9) 정태환(鄭台煥), 「김대중정권의 성격과 개혁정치: 모순과 한계」, 『한국학연구』(고려대학교 한국학연구소) 제31집(2009년 11월), 387~416쪽.

※ 정태환(1947~현재)은 캘리포니아대학교 리버사이드 캠퍼스 대학원 사회학과에서 박사학위를 받았다. 고려대학교 인문대학 사회학과 교수로 정년퇴임했으며, 현재 고려대학교 명예교수다.

(10) 이동우(李同雨), 「김대중 대통령의 정치리더십 연구」, 전북대학교 대학원 정치학과 정치학박사학위청구논문, 2012년 8월; ______, 『김대중 대통령 정치리더십』(전라북도 전주시: 선명, 2014).

(11) 전재호(全宰鎬), 「한국의 민주화 이행에서 김대중의 역할, 1980~1987년」, 『기억과 전망』35(2016년 겨울), 243~281쪽.

필자는 "비록 6·29 이후 정치사회의 분열로 민주화세력이 집권에 실패했을지라도, 1980년대 민주화 이행과정에서 정치사회와 김대중이 했던 역할은 평가절하될 수 없다"라는 결론을 제시했다.

(12) 김학재(金學載), 「김대중의 통일 · 평화 사상」, 『통일과 평화』(서울대학교 통일평화연구원) 제9집 제2호(2017년 12월), 59~90쪽.

필자는 「Ⅴ. 나오는 말: 교훈들」의 마지막 부분에서 다음과 같이 주장했다.

"김대중은 한국의 현대사에서 그리고 앞으로도 상당 기간 다시 반복되기 어려운 역사적 경험의 표상이다. 김대중은 20세기 중반~21세기 초반의 시대상황에서 수십 년에 걸쳐 민주

주의에 대한 신념을 키우고, 한국적인 통일모델을 개발하고, 그리고 이를 실현하기 위한 구체적 제도를 구상해냈다.

비록 우리가 마주하고 있는 현실이 조금 더 비관적이 되었지만, 오늘날 우리가 여전히 주목해야 할 김대중의 통일.평화 사상의 핵심적인 교훈은 분명하다. 통일을 추구하기 위해서는 강력한 민주주의의 토대를 갖추어야 한다는 점, 국제적 흐름과 비교적 관점을 통해 한국의 현재 상황에 맞는 정책의 모델을 창의적으로 찾아내야 한다는 점, 그리고 어떤 난관 속에서도 반드시 가능한 해법을 찾아내고 이를 이루어내려는 낙관주의를 갖추어야 한다는 점이다."

제2항 이희호 여사

이희호 여사는 김대중 대통령의 정치활동과 대통령직 수행에 많은 영향을 미쳤다.

회고록 또는 자서전적 수상록

이희호(1922~2019) 여사는 이화여자전문학교를 졸업하고 서울대학교 사범대학 교육학과를 졸업했으며 해방공간에서는 이범석(李範奭, 1900~1972)장군의 민족청년단을 비롯해 우익진영에서 활동했다. 그러나 미국으로 유학해 테네시주의 램버스칼리지(Lambuth College)에서 사회학을 전공한 데 이어 미주리주의 스칼릿칼리지(Scarritt College) 대학원에서 교육학을 전공해 석사학위를 받고 귀국했다. 만 40세이던 1962년에, 당시 상처(喪妻)한 독신으로 두 아들 김홍일(金弘一, 1948~2019)과 김홍업(金弘業, 1950~현재)을 키우면서 5·16군사정변 세력에 대항해 싸우던 김대중과 결혼해 아들 김홍걸(金弘傑, 1963~현재)을 낳았다. 김대중 대통령이 가톨릭 신자임에 비해 이 여사는 개신교 신자이다. 이 여사는 몇몇 대학교에서 강의하고 동시에 기독교 및 여성운동에 활발히 참여했다.

(1) 이희호(李姬鎬), 『어둠에서 빛을 향해』(일월서각, 1987년); ______, 『어둠 속에서 빛을 향하여』(일월서각, 1989).

(2) ______, 『나의 사랑 나의 조국』(명림당, 1992년 11월); 김정숙(金貞淑) 역, 『용기 있는 여성: 김대중 부인 회상기』(일본어)(도쿄: 마이니치심분샤, 1994); Hee-ho Lee (trans. by T. C. Rhee), *My Love, My Country*(Los Angeles, C.A.: Center for

Multiethnic and Transnational Studies, University of Southern California, 1997).

김대중 민주당 최고위원의 부인으로, 자신의 젊은 시절 그리고 남편의 수난에 관한 자신의 생각을 진솔하게 토론한 자전적 수필집이다. 남편이 14대 대통령선거에 입후보한 시점에 출판했다.

(3) ______, 『이희호의 내일을 위한 기도』(여성신문사, 1998. 12월 31일).

남편 김대중 전 신민당 대통령후보가 신군부에 의해 조작된 '내란음모' 혐의로 사형선고를 받고 투옥되어 있던 때인 1980년 11월 21일부터 1981년 12월 31일까지 아내로서 써보낸 3백여 통의 편지를 모은 책이다. 남편이 1997년 12월 실시된 15대 대통령선거에 당선된 때로부터 1년 뒤인 시점에서 출판했다. 이 책은 「프롤로그」에 이어 다음과 같이 구성됐다.

1 「겨울 벽을 뚫고(1980년 11월 21일~1981년 3월 10일).」,
2 「언제가 될지 알지 못하나(1981년 3월 11일~1981년 5월 31일).」,
3 「파수꾼이 새벽을 기다리듯(1981년 6월 1일~1971년 8월 31일).」,
4 「밤이 깊을수록(1981년 9월 1일~1981년 10월 31일).」,
5. 「희망을 가슴 속에 안고(1981년 11월 1일~1981년 12월 31일).」

(4) ______, 『동행: 고난과 영광의 회전무대; 이희호 자서전』(지식하우스, 2008)/요네즈 토구야(米津篤八) 역, 『남편 김대중과 함께: 고난과 영광의 회전무대』(일본어)(도쿄: 아사히심분슈판[朝日新聞出版], 2009).

김대중 15대 대통령의 아내로, 삶의 동반자이자 정신적 동지로 평생을 보낸 저자의 46년 삶을 담았다. 「글을 시작하며: 나의 삶, 나의 기도」로 시작한 이 책은 다음으로 이어졌다.

글을 시작하며: 나의 삶, 나의 기도, 5~12쪽.
1장 1922~1962 격동의 땅, 부푼 향학열, 13~64쪽.
2장 1962~1972 만남과 결혼, 그리고 파란곡절, 65~124쪽.
3장 1972~1980 유신, 칠흑 어둠에 갇혀, 125~192쪽.
4장 1980~1985 짧은 봄, 긴 겨울, 193~258쪽.
5장 1985~1998 '6월 민주항쟁'이 준 선물, 259~318쪽.

6장 1998~2008 푸른 기와집에서의 5년, 319~391쪽.

(5) ______, 『옥중서신: 편지로 새긴 사랑, 자유, 민주주의 1: 김대중이 이희호에게』(시대의창, 2009); ______, 『옥중서신: 편지로 새긴 사랑, 자유, 민주주의 2: 이희호가 김대중에게』(시대의창, 2009).

평전 또는 외부의 시각

(1) 한상준, 「이희호 여사의 감동 내조기」, 『여성중앙』(1993년 5월), 92~95쪽.

(2) 피천득(皮千得) 편, 『내가 만난 이희호』(명림당, 1997).

강원용(姜元龍), 강유정(姜由楨), 김갑순(金甲順), 김남조(金南祚), 박영숙(朴英淑), 백경남(白京男), 서영훈(徐英勳), 손숙(孫淑), 심치선(沈致善), 윤길중(尹吉重), 이우정(李愚貞), 정일화(Vincient I. Chung), 조영남(趙英男), 한화갑(韓和甲) [가나다 순] 등을 비롯해 이희호 여사를 잘 아는 인사들의 글을 모았다.

(3) 박찬일, 「새 퍼스트레이디 이희호 여사 당선 직후 본지와 첫 인터뷰」, 『우먼센스』(1998년 1월), 262~265쪽.

(4) 강인선(姜仁仙), 「대통령 당선자 부인 이희호 여사: 정치적 동지로서 함께 이룬 꿈」, 『월간조선』(1998년 1월), 144~145쪽.

(5) 허용범(許容範), 「82년 2월 청와대에서 전두환과 비밀면담: 김대중 대통령 당선자 부인 이희호 여사의 증언」, 『월간조선』(1998년 2월), 96~107쪽.

신군부가 조작한 「김대중내란음모사건」에 의해 대법원에서 사형선고를 받았으나 무기징역형으로 이어 20년형으로 감형된 채 감옥에 있던 김대중의 미국으로의 출국을 위한 당시 전두환 대통령과 이희호 여사 사이의 협상에 관한 증언이다.

(6) Queen 편집부, 「이희호 여사 공개 안 된 특급 내조법」, 『Queen』(1999년 1월).

(7) 박경수, 「남편을 대통령으로 만든 이희호 여사의 특급내조법」, 『주부생활』(1999년 1월), 294~297쪽.

(8) 김재원(전 중앙일보 기자), 『이희호의 메이 아이 헬프 유?』(태일출판사, 1999).

(9) 여성동아 편집부, 「남편을 대통령으로 만든 퍼스트 레이디 이희호 여사의 내조법」, 『여성동아』(1999년 5월), 424~435쪽.

(10) 함성득(咸成得), 「4장 한국의 영부인」 가운데 「8. 이희호 여사」, ______, 『영부

인론』(나남출판, 2001), 125~128쪽 가운데 174~175쪽.

(11) 조은희(趙恩禧), 「대통령을 만든 정치적 동반자: 이희호」, ______, 『한국의 퍼스트 레이디: 프란체스카 · 공덕귀 · 육영수 · 홍기 · 이순자 · 김옥숙 · 손명순 · 이희호』(황금가지, 2007), 249~285쪽.

(12) 고명섭(高明涉), 『이희호 평전: 고난의 길, 신념의 길』(한겨레출판, 2016).

제3항 김대중 대통령의 측근

김대중정부를 이해하기 위해서는 오랜 기간에 걸쳐 핍박과 투옥 속에서도 김대중을 지지하고 후원한 인사들, 특히 이른바 동교동계 인사들을 이해하는 것이 필수적이다.

핵심적인 인사

(1) 권노갑(權魯甲), 『누군가에게 버팀목이 되는 삶이 아름답다: 김대중 대통령과 함께한 40년』(살림출판사, 1999); ______, 『권노갑 회고록 순명(順命), 김창혁(金昌赫) 기자와 함께 쓴 한국현대정치 현장증언』(동아E&D, 2014).

권노갑(1930~현재)은 김대중의 목포상업고등학교 후배로 동국대학교 경제학과를 졸업하고 고려대학교 경영대학원에서 경영학석사학위를 받은 이후 일생을 김대중에게 바쳤다고 말할 수 있다. 유신시대 때부터 투옥을 겪어야 했고 13~15대 국회의원을 역임했으며, 그 과정에서 김대중 총재가 이끌던 평화민주당의 총재비서실장 그리고 역시 김대중 총재가 이끌던 새천년민주당의 총재비서실장을 역임했다. 정계를 떠난 뒤 한국외국어대학교 대학원 영어영문학과에서 석사학위를 받았으며, 경기대학교 · 동국대학교 · 제주대학교 그리고 미국 페어레이디킨슨대학교(Fairleigh Dickinson University)로부터 명예박사학위를 받았다. 현재 더불어민주당 상임고문이면서 김대중평화센터 명예 이사장이다.

(1-A) 권노갑(權魯甲) · 한화갑(韓和甲) · 김옥두(金玉斗) · 김형국(목사) · 이해동(李海東) · 한영애(韓英愛) · 김용인(김대중후보 경호대장) · 조인식 · 정동영(鄭東泳) · 김종선(金鍾善) · 김민석(金民錫) 공동집필, 『대통령을 만든 사람들』(석일사, 1998년 9월).

(1-B) 권노갑(權魯甲) · 김영배(金令培) · 김장곤(金莊坤) · 김태랑(金太郎) · 유종

근(柳鍾根) 공동집필, 『대통령과 함께한 사람들』전5권(맑은물, 1999년 5월).

제1권은 앞의 책(1-A)과 내용이 같다. 제2권은 김상현(金相賢) · 남궁진(南宮鎭) · 장영달(張永達) · 이윤수(李允洙) · 설훈(薛勳) · 유재건(柳在乾) 등을 포함했다.

(1-C) 윤석진, 「김대중정권의 '넘버 2' 권노갑의 파워: 그림자 아닌 독립권력, "그를 통하지 않으면 아무것도 할 수 없다"」, 『월간중앙』(2001년 11월), 118~135쪽.

(1-D) 송승호(宋承鎬), 「'김대중의 그림자'인 권노갑의 그림자 이훈평(李訓平) 의원의 권부 비화 증언: "김 대통령은 앞으로 어떤 자리를 천거할 때는 사전에 권 고문과 상의하라"는 당부를 했었다」, 『월간조선』(2002년 7월), 282~296쪽; ______, 「인터뷰: 김대중과의 60년 인연을 정리하는 권노갑의 20시간 격정토로: "배신을 밥 먹듯이 하는 정치인은 결코 지도자가 될 수 없다"」, 『월간조선』(2003년 3월), 678~702쪽.

권노갑의 『누군가에게 버팀목이 되는 삶이 아름답다』(살림출판사, 1999) 가운데 「정치자금에 대하여」(288~297쪽)에는 자신이 한보그룹 정태수(鄭泰守) 회장으로부터 받은 '정치자금' 때문에 법원에서 유죄가 확정돼 국회의원직을 상실한 사실 그리고 이로 말미암아 1997년 대통령선거에서 김대중 후보를 위해 활동할 수 없었던 사실에 대한 회상이 포함됐다. 그는 김대중정부에서 사면 · 복권됐고 새천년민주당 최고위원으로 선출됐으나 당내 일각의 후퇴 요구에 시달렸고, 김대중 총재는 그 요구를 수용했다. 권 최고위원은 처음에는 반발했으나 곧 '순명'으로 받아들였다.

(1-D-a) 김대중(金大中), 『김대중 자서전』 전2권(삼인, 2011), 제2권, 365쪽 및 434~436쪽.

권 최고위원의 거취에 관한 자신의 고민을 토로했다.

(2) 한화갑(韓和甲)과 그의 가족 저, 『시간이 바꿀 수 없는 것: 한화갑, 1978-2002』(지식공작소, 2002).

한화갑(1939~현재)은 목포 출신으로 목포고등학교를 졸업한 데 이어 서울대학교 문리대 외교학과를 졸업했다. 일찍부터 김대중의 반독재민주화운동에 참여해 도피와 투옥을 거듭해야 했다. 14~17대 국회의원을 역임했으며, 평화민주당 대표로 또 새정치국민회의 사무총장으로 활동했다. 한남대학교와 한국항공대학교로부터 각각 명예박사학위를 받았으며, 현재 한반도평화재단 총재다.

(2-A) 윤영찬(尹永燦), 「국민회의 한화갑 원내총무: "나이 60에 능참봉" DJ의 '영원한 비서'」, 『신동아』(1998년 8월), 150~155쪽.

(2-B) 오민수, 「길이 아니면 가지 말고 때가 올 때까지 기다린다: '리틀 DJ' 한화갑이 사는 법」, 『월간중앙』(2001년 12월), 66~71쪽.

(2-C) 김기영(金起榮), 「"DJ 계승자는 바로 나" 한화갑 민주당 상임고문」, 『신동아』(2002년 1월), 128~131쪽.

(3) 김옥두(金玉斗), 『다시 김대중을 위하여』(살림터, 1995); ______. 『든든해요 김대중: 김대중대통령 97대선 집권 드라마』(나남, 1998); ______, 『고난의 한길에도 희망은 있다: 김대중 대통령과 함께 한 정치역정 35년의 기록』(인동, 1999).

김옥두(1938~현재)는 목포해양고등학교를 졸업하고 한양대학교 공과대학에 재학하던 때부터 일관되게 김대중 선생을 모셔, 14~16대 국회의원을 역임했다. 새천년민주당 사무총장을 역임했으며, 현재 더불어민주당 고문이다. 목포해양대학교로부터 명예행정학박사학위를 받았다.

(4) 남궁진(南宮鎭), 「3 정치」 가운데 「김대중선생과 함께 한 어둠과 빛의 세월」, ______, 『새천년의 약속』(뉴스월드, 1999), 139~206쪽 가운데 142~172쪽.

남궁진(1942~현재)은 고려대학교 법과대학 법학과를 졸업하고 공군장교로 복무한 뒤 일관되게 김대중 선생을 모셨으며 특히 그가 동교동 자택에 연금되어 있을 때 외신담당 보좌역을 성실하게 수행했다. 훗날 전국구와 지역구로 각각 한 차례씩 국회의원에 선출됐으며, 김대중 대통령 때 대통령정무수석비서관을 거쳐 문화관광부장관을 역임했다.

김대중을 도운 인사들의 저서(출판년도 순)

(1) 장영달(張永達), 『참과 거짓 싸울 때에 어느 편에 설건가: 장영달 옥중기록』(형상사, 1989); ______, 『거짓은 정의를 이길 수 없습니다』(삼민사, 1992).

(2) 김상현(金相賢), 『믿음의 정치를 위하여』(학민사, 1992); ______. 『열린 시대의 정치논리』(학민사, 1993); 국회의원김상현후원회, 『수난을 딛고 민족과 함께: 김상현 의원의 정치역정 30년』(학민사, 1993).

(3) 김민석(金民錫), 『새 날 새 시대를 여는 불씨가 되어』(종로서적, 1992); 김민석(金民錫).김자영(金慈英) 공저, 『뛰면서도 사랑할 시간은 많습니다: 젊은 정치인 김민석, 전문 방송인 김자영 생활에세이』(시공사, 1995).

(4) 김원기(金元基), 『믿음의 정치학: 정치가 살아야 나라가 바로 산다』(중암기획, 1993).

(5) 이해동(李海東), 『꺾이지 않는 희망으로: 이해동목사 설교문집』(현존사, 1994); ______, 『평화를 만드는 사람들』(지성과실천사, 2005): ______, 이종옥(이해동 목사의 부인), 『둘이 걸은 한길』전2권(대한기독교서회, 2014).

(6) 김영배(金令培), 『오로지 한길만을: 나의 인생 나의 정치』(과학과사상, 1995).

(7) 최재승(崔在昇), 『정권교체로 가는 길: 지역패권주의 사례 연구』(한내, 1997).

(8) 한광옥(韓光玉), 『가슴이 넓은 사람 이야기』(삼연출판사, 1998).

한광옥(1942~현재)은 서울대학교 문리대 영어영문학과 학생 때부터 반정부민주화운동에 참여했으며 결국 김대중을 지지해 오랜 기간에 걸쳐 고초를 겪었다. 11 · 13 · 14· 15대 국회의원을 거쳐 김대중 대통령 때 대통령비서실장을 맡았으며 이후 박근혜 대통령 때 비서실장을 맡았다.

(9) 이영옥(李永玉), 『동교동 사람들』(인동[忍冬], 1998).

(10) 문희상(文喜相), 『생각을 바꾸면 세상이 바뀐다』(팍스코리아나21연구소, 2000); ______, 『대통령, 우리가 알아야 할 대통령의 모든 것』(경계, 2017).

(11) 김태랑(金太郞), 『우리는 산을 옮기려 했다: 김태랑 자전적 에세이』(하서출판사, 2002; 이오북스, 2011).

(12) 설훈(薛勳), 『사람답게 사는 세상을 꿈꾸다』(폴라리스, 2011).

(13) 유재건(柳在乾), 『하나님의 사람 유재건 변호사의 은혜인생』(두란노서원, 2011).

※ 유재건(1937~2022)은 연세대학교 정법대학 정치외교학과를 졸업하고 연세대학교 대학원 정치외교학과에서 석사학위를 받았으며 미국 브리검영대학교 대학원 사회학과에서 석사학위를 받은 데 이어 캘리포니아대학교 데이비스 캠퍼스 법과대학을 졸업해 법무박사학위를 받고 미국에서 변호사로 활동했다. 재미교포 이철수(李喆洙) 씨가 1973년 6월 3일에 샌프란시스코 차이나타운에서 발생한 살인사건의 용의자로 체포되자 그의 무죄를 미국사회에 알리면서 무죄판결을 이끌어낸 것으로 유명해졌다. 『함께 부르는 노래: 재미동포 이철수 구명활동보고서』(경기도 파주시: 범우, 2009)는 이철수의 무죄를 이끌어낸 이철수구명위원회의 활동기록이다. 유재건은 새정치국민회의 부총재로 선출된 뒤 제15~17대 국회의원으로 활동했다.

언론계의 시각

(1) 윤영찬(尹永燦) · 이철희(李哲熙), 「김대중정권을 움직일 사람들: 뉴 파워군단

DJT인맥 심층분석」, 『신동아』(1998년 1월), 124~141쪽.

(2) 김민철(金珉徹), 「김대중 대통령당선자 연구: 김대중 인맥의 실체, 누가 중용될 것인가」, 『월간조선』(1998년 1월), 146~153쪽.

(3) 김덕한(金德翰), 「MK 시대 개막: DJ시대 주목받는 호남4대고(광주일고-광주고-전주고-목포상고) 인맥 연구」, 『월간조선』(1998년 4월), 74~98쪽; ______, 「기관장 85명 중 32명이 호남 출신: DJ정부 산하기관·단체 인사의 실상」, 『월간조선』(1998년 6월), 146~159쪽.

(4) 안기석(安基碩), 「김대중정권 끌어가는 '실무핵심' 1백인」, 『신동아』(1998년 5월), 124~179쪽.

(5) 윤재걸(尹在杰), 「변화 거부하고 억지안정 택한 민주당의 향후 진로: "레임덕 막아라" 동교동계에 당 장악 DJ 특명」, 『월간중앙』(2000년 10월), 108~117쪽.

(6) 천영식(千榮植), 「동교동계 대체할 DJ직할부대: 출범 석달 본색 드러낸 중도개혁포럼의 정체」, 『월간중앙』(2001년 12월), 164~169쪽.

제4항 *Asian Survey*의 논문

(1) Brian J. Barna, "An Economic Roadmap to Korean Reunification: Pitfalls and Prospects," *Asian Survey*, Vol. 38, No. 3(March 1998), pp.265~290.

(2) Peter M. Beck, "Revitalizing Korea's Chaebol," *Asian Survey*, Vol. 38, No. 11(November 1998), pp.1018~1035.

(3) Yong-cheol Kim, "Industrial Reform and Labor Backlash in South Korea: Genesis, Escalation, and Termination of the 1997 General Strike," *Asian Survey*, Vol. 38, No. 12(December 1998), pp.1142~1160.

(4) Tong-whan Park, "South Korea in 1998: Swallowing the Bitter Pills of Restructuring," *Asian Survey*, Vol. 39, No. 1(January 1999), pp.133~139.

(5) Katharine H. S. Moon, "South Korean Movements against Militarized Sexual Labor," *Asian Survey*, Vol. 39, No. 2(March 1999), pp.310~327.

(6) Scott Snyder, "Patterns of Negotiation in a South Korean Cultural Context,"

Asian Survey, Vol. 39, No. 3(May 1999), pp.394-417.

(7) Tae-woo Kim, "South Korea's Missile Dilemmas," *Asian Survey*, Vol. 39, No. 3(May 1999), pp.486~503.

(8) Young-kwan Yoon, "South Korea in 1999: Overcoming Cold War Legacies," *Asian Survey*, Vol. 40, No. 1(January 2000), pp.164~171.

(9) Hagen Koo, "The Dilemmas of Empowered Labor in Korea: Korean Workers in the Face of Global Capitalism," *Asian Survey*, Vol. 40, No. 2(March 2000), pp.227~250.

(10) Uk Heo and Sunwoong Kim, "Financial Crisis in South Korea: Failure of the Government-Led Development Paradigm," *Asian Survey*, Vol. 40, No. 3(May 2000), pp.492~507.

(11) Nicholas Eberstadt, "Disparities in Socioeconomic Development in Divided Korea: Indications and Implications," *Asian Survey*, Vol. 40, No. 6(December 2000), pp.867~893.

(12) Hong-nack Kim, "The 2000 Parliamentary Election in South Korea," *Asian Survey*, Vol. 40, No. 6(December 2000), pp.894~913.

(13) Yong-chool Ha, "South Korea in 2000 Surviving through High Hopes of Summit Diplomacy," *Asian Survey*, Vol. 41, No. 1(February 2001), pp.30~39; ______, "South Korea in 2001: Frustration and Continuing Uncertainty," *Asian Survey*, Vol. 42, No. 1(February 2002), pp.56~66.

(14) James C. Schopf, "An Explanation for the End of Political Bank Robbery in the Republic of Korea," *Asian Survey*, Vol. 41, No. 5(October 2001), pp.693~715.

(15) Jae-ho Chung, "South Korea Between Eagle and Dragon," *Asian Survey*, Vol. 41, No. 5(October 2001), pp.777~796.

(16) Jong-sup Lee and Uk Heo, "The U.S.-South Korea Alliance," *Asian Survey*, Vol. 41, No. 5(October 2001), pp.822~845.

(17) Hun-joo Park, "Small Business in Korea, Japan, and Taiwan," *Asian Survey*, Vol. 41, No. 5(October 2001), pp.846~864.

(18) Jin-wook Choi, "Regulatory Forbearance and Financial Crisis in South Korea,"

Asian Survey, Vol. 42, No. 2(April 2002), pp.251~275.

(19) Andrew Scobell, "Crouching Korea, Hidden China: Bush Administration Policy toward Pyongyang and Beijing," *Asian Survey*, Vol. 42, No. 2(April 2002), pp.343~368.

(20) Hong-yung Lee, "South Korea in 2002: Multiple Political Dramas," *Asian Survey*, Vol. 43, No. 1(February 2003), pp.64~77.

(21) Richard Tait, "Playing By the Rules in Korea: Lessons Learned in the North-South Economic Engagement," *Asian Survey*, Vol. 43, No. 2(April 2003), pp.305~328.

(22) Timothy C. Lim, "Racing from The Bottom in South Korea?: The Nexus Between Civil Society and Transnational Migrants," *Asian Survey*, Vol. 43, No. 3(June 2003), pp.423~442.

(23) Eui-hang Shin, "The Role of NGOs in Political Elections in South Korea: The Case of the Citizens' Alliance for the 2000 General Election," *Asian Survey*, Vol. 43, No. 4(August 2003), pp.697~715.

(24) Jason U. Manosevitz, "Japan and South Korea: Security Relations Reach Adolescence," *Asian Survey*, Vol. 43, No. 5(October 2003), pp.801~825.

제2절 외환위기와 극복 과정

제1항 김대중 대통령의 회고

(1) 김대중, 「1부(1997년 12월~1998년 6월)」 가운데 「길고 무거운 겨울(1997.12.17.~1998.1)」, ______, 『김대중 자서전』(삼인, 2011년 7월), 제2권, 11~88쪽 가운데 13~33쪽.

제15대 대통령 당선이 확정된 시점으로부터 약 1개월에 걸친 시기에 직면했던 상황과 대책 구상을 상세히 회고했다. 그의 많은 회고 가운데 한 구절은 다음과 같다.

> "정권인수를 위한 현안 파악에 착수했다.[…] 곳간 형편부터 챙겨 물었다. '12월 18일 현재 외환보유고가 38억 7000만 달러에 불과합니다. IMF 등의 지원을 받더라도 당장 내년 1월 만기의 외채가 돌아오면 갚기 어렵습니다.' 충격이었다. 나라의 금고는 텅 비어 있었다. 언제 파산할지 몰랐다. 기가 막혔다. 국가경영을 책임진 사람들의 큰소리는 다 어디로 가고 일국의 부총리가 풀이 죽어 내 앞에 앉아 있었다. 나라 살림이 이 정도로 심각할 줄은 진정 몰랐다. IMF의 구제금융으로도 국가부도의 위기를 해소하지 못한다면 도대체 어쩌란 말인가."

그는 외환위기의 극복을 위해 1998년 1월 15일에 대통령 소속기관으로 「경제사회노동위원회」를 발족시켰다. 이 기구는 근로자 · 사용자 등 경제 · 사회 주체 및 정부가 고용노동정책 및 이와 관련된 경제 · 사회정책 등을 협의하고, 대통령에 대한 관련정책 자문을 맡았다. 초대 위원장에는 김 대통령의 측근인 한광옥(韓光玉) 4선 국회의원이 임명됐다.

그는 이어 국민 사이에서 일어난 '금 모으기 운동'에 대해서도 회고했다. "1998년 3월까지 계속된 이 운동에 […] 전국에서 무려 350만 명이 226톤의 금을 내놓았다. 당시 시세로 21억 5000만 달러어치였다. 모아진 금은 수출하며 달러가 들어왔다"라고 쓴 데 이어 "빈사 직전의 나라에 백성들이 수혈을 했다"고 덧붙였다.

(1-A) 박건(朴健), 「집합기억의 형성에 관한 일(一)연구: '국채보상운동'과 '금모으기 운동'의 연관을 중심으로」, 한국정신문화연구원 한국학대학원 석사학위청구논문, 1999년.

(1-B) 이순영, 「국가위기시 상징적 통합에 대한 연구: 금모으기운동(1998)과 국채보상운동(1907~1908)의 담론 분석」, 서울대학교 대학원 사회학과 석사학위청구논문, 2004년 8월.

(1-C) 백은진, 「금모으기운동에 나타난 민족주의와 행위자의 이해관계」, 연세대학교 대학원 사회학과 석사학위청구논문, 2005년 2월.

(1-D) 빌궁 엥크자르갈(Bilguun Enkhjargal: 몽골인), 「제한적 위기관리 담론과 제약된 집합운동: 1998년 금모으기운동에 대한 비판적 검토」, 한국학중앙연구원 한국학

대학원 석사학위청구논문, 2015년 8월.

(2) ______, 「1부(1997년 12월~1998년 6월)」 가운데 「나라 체질을 바꾼 4대 부문 개혁(1998)」, ______, 『김대중 자서전』(삼인, 2011년 7월), 제2권, 11~88쪽 가운데 51~69쪽.

외환위기의 극복을 위해, 기업 · 금융 · 공공 · 노동 등 4대 부문에서 '전면적 개혁'을 추진한 배경과 과정을 회고했다.

경제

유범상(劉氾相), 「한국의 노동정치와 공론장: 노사관계개혁위원회와 노사정위원회를 중심으로(1996~1999)」, 서울대학교 대학원 정치학과 정치학박사학위청구논문, 2000년 9월.

※ 유범상(1966~현재)은 고려대학교 정경대학 정치외교학과를 졸업하고 서울대학교 대학원 정치학과에서 석사학위를 받은 데 이어 서울대학교 대학원 정치학과에서 박사학위를 받았다. 현재 한국방송통신대학교 사회과학대학 사회복지학과 교수다.

제2항 고건 국무총리의 회고

고건(高建), 「12장 공직에 나아갈 때와 물러날 때」 가운데 「외환위기의 서막: 경제관료들 "우리 경제 펀더멘털 튼튼"」 및 「아세안정상회의에서 "금가락지 행렬 보셨습니까"」, ______, 『국정은 소통이더라: 고건의 공인(公人) 50년 다큐 스토리』(동방의빛, 2013), 442~475쪽 가운데 456~ 458쪽 및 459~462쪽.

외환위기가 발생했을 때 국무총리로서 한국은행을 비롯한 관계기관에 물어보니 "우리 경제의 펀더멘탈이 튼튼해 큰 걱정이 없다"라는 취지의 보고를 받았다고 회고했다. 그는 이어 1997년 12월 15이레 말레이시아 쿠알라룸푸르에서 열린 「동남아시아국가연합 + 3(한 · 중 · 일)」 정상회담에 김영삼 대통령을 대리해 참석했다. 이 자리에서 각국 정상들은 모두 한국의 외환위기에 대해 걱정했다. 고 총리가 1997년 12월 10일부터 새마을부녀회중앙협의회가 주도한 「애국가락지모으기운동」과 이 운동에 대한 국민적 호응을 설명하자, "회담장 분위기가 일순간 숙연해졌다"라고 회고했다.

제3항 第15대 대통령직인수위원회의 보고서

정권인수와 관련해, 제13대 노태우 대통령은 「대통령취임준비위원회」를 구성했고, 제14대 김영삼 대통령은 「대통령직인수위원회」를 구성했다. 제15대 김대중 대통령 역시 「대통령직인수위원회」를 구성했는데, 전자와 달랐던 것은 이 경우는 법령에 따라 구성됐다는 사실이다.

(1) 제15대 대통령직인수위원회 편, 『제15대 대통령인수위원회 백서』(제15대 대통령직인수위원회, 1998).

제15대 대통령직인수위원회가 68일 동안 수행한 활동을 자세하게 담았다.

(2) 이종찬(李鍾贊), 「14 헌정사상 최초의 인수위 활동」 가운데 「김대중 대통령 당선 직후의 나날들」, 「사상 첫 정권인수위원회의 명(明)과 암(暗)」, 「'국민의 정부'의 새 지평을 열다」, ______, 『숲은 고요하지 않다: 이종찬 회고록』 전2권(경기도 파주시: 한울, 2015), 제2권, 373~395쪽 가운데 373~395쪽, 396~408쪽, 409~414쪽.

대통령직인수위원회 위원장을 맡았던 저자는 이 인수위원회에 대한 집권세력 안에서의 다양한 시각과 정권인수위원회 안에서의 다양한 의견 등을 상세하게 회상했다. 우선 'IMF체제'와의 관계에 대해 다음과 같이 회상했다.

> "당시 1997년 12월 3일 우리 경제가 참담한 IMF관리체제에 들어간 직후였다. [IMF의] 미셸 캉드쉬 총재는 우리 경제를 완전히 장악했다. 그가 구조조정을 하라고 명령하면 그대로 해야 했다. 그리고 구조조정의 잣대는 미국의 신용평가사인 S&P와 무디스가 갖고 있었다. 이들이 매기는 우리나라의 국가 신용등급은 계속 하락하고 있었다."

이종찬 위원장은 12월 19일에 클린턴 대통령이 김대중 당선자와 나눈 통화에 대해서도 회고했다. 이 회고는 다음과 같이 요약될 수 있다.

> "통화내용은 '축하'가 아니라 '강경한 힐난'이었다. 클린턴은 당시 투자은행 샐러먼 브라더스(Salomon Brothers)의 부회장으로 한국에 머물던 자신의 전직 보좌관 제프리 셰퍼(Jeffery Shafer)의 보고를 인용하며 마치 김 당선자가 모라토리엄(외환지불정지)이라도 선언할 것처럼 말한 것이다. 라종일(羅鍾一) 교수를 비롯해 김 당선자의 몇몇 보좌역들이 셰퍼를 직접 만나 오해를 풀어주었다. 셰퍼는 "근본적으로 외국인들은 김대중을 사상적으로

좌편향된 인기주의자로 보는 시각이 강하다"라고 전하면서 이 점을 풀어야 한다고 충고했다. 셰퍼는 자신의 재무부 차관 후임인 데이비드 립튼(David Lipton)이 곧 한국을 방문해 김 당선자를 만날 것이라는 정보를 전해주었다. 실제로 립튼 차관은 [1997년 12월 15일에 부임한] 스티븐 보스워스(Stephen W. Bosworth) 주한미국대사의 안내로 김 당선자를 방문했다. 이 자리에서 김 당선자의 보좌역들과 김 당선자는 립튼 차관을 안심시키는 발언을 했다."

이종찬 위원장은 이어 S&P와 무디스의 대표들이 1998년 1월 14일에 각각 인수위원회를 방문했을 때 설득한 과정에 대해, 그리고 그들과의 문답에 대해서도 상세하게 회고했다.

제4항 경제관료 및 은행인의 기록 및 회상

외환위기가 발생했던 시점에서의 경제관료 회고록은 우리가 이 제14권 제2장 제4절 제1항에서 이미 살폈다. 여기서는 되풀이하지 않겠다.

(1) 비상경제대책위원회, 『활동결과보고서』(비상경제대책위원회, 1988년 2월).

김대중 대통령당선자는 1997년 12월 20일에 김영삼 대통령과 「비상경제대책위원회」 구성에 합의하고 12월 22일에 박정희정부에서 재무부장관을 역임한 김용환(金龍煥) 자민련 부총재를 위원장으로 하는 이 기구를 발족시켰다. 김대중 대통령당선자가 취임하기 전날까지 활동한 이 기구의 보고서는 당시 상황과 대책을 잘 보여줬다.

(2) 강봉균(康奉均), 『구조조정과 정보화시대의 한국경제 발전전략』(박영사, 2001).

김대중정부에서 대통령비서실 정책기획수석비서관에 이어 경제수석비서관을 역임하고 곧바로 재정경제부장관으로 봉직했던 저자는 이 책의 「1 IMF 외환위기의 수습과 구조개혁」에서 외환위기의 발생원인과 수습과정을 상세히 회고했다.

※ 강봉균(1943~2017)은 서울대학교 상과대학 경제학과를 졸업하고 행정고시를 거쳐 정부에 들어가 노태우정부에서 경재기획원 차관보, 김영삼정부에서 경제기획원 차관과 정보통신부 장관, 그리고 김대중정부에서 재정경제부장관으로 봉직했다. 미국 윌리엄스칼리지에서 석사학위를 받은 데 이어 한양대학교 대학원 경제학과에서 박사학위를 받았다. 16대~18대 국회의원을 역임했다.

(3) 진념(陳稔), 『경제살리기 나라살리기』(에디터, 2002).

김대중정부에서 기획예산처장관과 재정경제부장관 겸 경제부총리를 차례로 역임한 저자가 특히 「제1부 국가신용등급 A를 되찾은 날」에서 외환위기를 극복하는 과정을 상세히 회고했다.

※ 진념(1940~현재)은 서울대학교 상과대학 경제학과를 졸업하고 고등고시를 거쳐 정부에 들어가 해운항만청 청장을 거쳐, 노태우 대통령 때 동력자원부 장관, 김영삼 대통령 때 노동부 장관, 김대중 대통령 때 경제부총리 등을 역임했다. 워싱턴대학교 대학원 경제학과에서 석사학위를, 한양대학교 대학원 경제학과에서 박사학위를, 전북대학교에서 명예경제학박사학위를 받았다.

(4) 장철훈(張喆薰), 『금융위기 어떻게 오는가: 한 은행장이 겪은 IMF 리포트』(북앤피플, 2003년 1월).

※ 장철훈(1935~2023)은 서울대학교 상과대학 상학과를 졸업하고 조흥은행에 들어가 전무를 거쳐 은행장으로 봉직했다.

(5) 정재룡(鄭在龍)·홍은주(洪銀珠) 분담집필, 『부실채권 정리: 금융산업의 뉴 프론티어』(삼성경제연구소, 2003년 8월)/정철국(程哲國) 번역, 『불량채권의 처리: 금융산업의 신(新) 영역』(중국문)(타이베이: 대만금융연훈원, 2006).

정통 경제관료로 외환위기 때 한국자산관리공사(KAMCO) 사장으로 봉직하면서 부실채권 정리를 맡았던 정재룡 박사가 총 기획을 하는 한편, 기록의 객관성을 담보하기 위해 인터뷰의 정리와 일반적인 서술은 MBC 경제담당 해설위원인 홍은주 박사가 맡았다.

※ 정재룡(1946~현재)은 서울대학교 법과대학 법학과를 졸업하고 서울대학교 대학원 법학과에서 석사학위를 받은 데 이어 위스콘신대학교 매디슨 캠퍼스 대학원에서 공공정책학석사를 받았고 서울대학교 대학원 법학과에서 「부실채권 정리를 위한 법적 기반에 관한 연구」(2004년 2월)로 법학박사학위를 받았다. 그는 이 논문을 바탕으로 『부실채권 정리제도의 국제표준화』(경인문화사, 2005)를 출판했다. 그는 명지대학교에서 명예경영학박사학위를 받았다. 행정고시로 경제기획원에 들어가 공정거래위원회 상임위원→통계청장→세무대학장→재정경제부 차관보 등을 역임했다. 현재 상명대학교 법학과 석좌교수이면서 법무법인 태평양 고문 그리고 공정거래위원회 경쟁정책자문위원으로 활동하고 있다.

※ 홍은주(1958~현재)는 한양대학교를 졸업하고 오하이오주립대학교 대학원 경제학

과에서 석사→박사학위를 받았다. MBC 경제담당 해설위원을 거쳐 현재 한양사이버대학교 경제금융자산관리학과 교수다.

(6) 이규성(李揆成), 『한국의 외환위기: 발생 · 극복 · 그 이후』(박영사, 2006).

제1장 외환위기의 전개과정, 2~47쪽.
제2장 외환위기 발생원인의 분석, 48~127쪽.
제3장 위기극복정책의 기본구도, 128~173쪽.
제4장 IMF 최초 대응의 차질과 국가부도 방지대책의 추진(1997. 12월), 174~211쪽.
제5장 외화유동성의 확보와 구조개혁의 제도적 기반 마련(1997. 12. ~ 1998. 4월), 212~307쪽.
제6장 퇴출 중심의 구조조정과 금리인하의 추진(1998. 5~6월), 308~383쪽.
제7장 1차 구조조정의 완료와 성장잠재력 견지 대책의 추진(1998. 7~9월), 384~527쪽.
제8장 구조조정 가속화와 경제활성화 추진(1998. 10~12월), 528~665쪽.
제9장 금융안정의 회복과 플러스성장의 실현(1999. 상반기), 666~801쪽.
제10장 대우그룹 파탄의 수습과 경제회복의 확산(1999. 하반기), 802~917쪽.
제11장 한국경제의 새로운 도약을 위한 구상: 대전환기의 도전과제와 대응시스템의 구축 방안, 918~1024쪽.

저자는 자신의 이 책의 성격에 대해 「머리말」에서 다음과 같이 설명했다.

"이 책은 한국이 겪은 외환위기의 전말에 대한 기록이다. 외환위기 발생 전 해인 1996년부터 플러스 성장으로 회복된 1999년에 이르기까지 위기상황의 전개과정과 이에 대한 한국정부 및 사회의 대응 내용을 당시의 자료에 따라 정리한 것이다. 실록의 성격을 갖는다는 점에서 이 책은 학문적 관점에서 분석 · 평가한 연구서나 위기과정에서 겪은 경험을 기술한 회고록과는 구별된다."

저자는 이어 「머리말」에서 "외환위기는 6·25사변 이래 최대의 고통을 안겨주었다고 일컬어질 만큼 사회경제적으로 커다란 희생을 초래하였다"라고 쓴 데 이어, 정부는 1999년 상반기에 환란을 수습하고 IMF 관리체제로부터 졸업했다고 부연했다.

※ 이규성(1939~현재)은 서울대학교 상과대학 경제학과를 졸업하고 고등고시 행정과를 통해 정부에 들어가 재무부 재정차관보→전매청 청장→재무부 장관→재정경제원 장관 등을 역임했다. 충남대학교에서 명예경제학박사학위를 받았으며, 건양대학교 교수와

한국과학기술원(KAIST) 초빙교수로 봉직했다.

(7) 정덕구(鄭德龜), 『외환위기 징비록: 역사는 반복되는가』(삼성경제연구소, 2008).

※ 정덕구(1948~현재)는 고려대학교 상과대학 상학과를 졸업하고 위스콘신대학교 매디슨 캠퍼스 경영대학원에서 석사학위를 받았다. 행정고시에 합격해 재정경제원 대외경제국 국장과 제2차관보를 거치면서 IMF구제금융협상 수석대표로 뽑혔으며, 재정경제부 차관으로 뉴욕외채협상 수석대표를 맡았고, 곧 산업자원부 장관으로 승진했다. 이후 국회의원→평창동계올림픽유치특별위원회 위원장을 역임했고, 현재 NEAR재단 이사장이다.

(8) 이헌재(李憲宰), 「남기고 싶은 이야기: 이헌재 위기를 쏘다」, 『중앙일보』(2011년 12월 7일~2012년 3월 6일 연재); ______, 『위기를 쏘다: 이헌재가 전하는 대한민국 위기극복 매뉴얼』(중앙books,, 2012).

※ 이헌재(1944~현재)는 서울대학교 법과대학 법학과를 졸업하고 보스턴대학교 대학원 경제학과에서 석사학위를 받았다. 행정고시로 정부에 들어가 은행감독원 원장→금융감독원 원장→재정경제부 장관 겸 경제부총리를 맡았다. 2015년에 비영리 민간 싱크탱크로 설립된 재단법인 여시재(與時齋) 이사장을 역임했다.

제5항 미국 대통령과 재무장관의 회고

외환위기에서 벗어나려는 한국에게 가장 중요한 나라는 미국이었다. 이른바 '칼 자루'를 쥔 미국 대통령 빌 클린턴(William Jefferson Clinton)과 재무부장관 로버트 루빈(Robert Rubin)은 자신의 회고록에서 당시 한국상황에 대해 다음과 같은 회고를 남겼다.

(1) Bill Clinton, "Fourty-Nine," ______, *My Life*(New York: Alfred A. Knopf, 2004), pp.800~825 가운데 p.806/ 이순희(전문번역가)·정영목(전문번역가) 역, 『빌 클린턴의 마이 라이프』 전2권(경기도 안양시: 물푸레, 2004), 제2권, 1138~1140쪽.

태국·인도네시아·한국을 포함한 동아시아에서 경제위기가 발생했을 때의 상황에 대해 회고했다. 한국에 대한 특별한 언급은 없었다.

(2) Robert Edward Rubin and Jacob Weisberg, *In An Uncertain World: Tough Choices from Wall Street to Washington*(New York: Random House, 2003)/신영섭(申英燮) · 김선구(신한은행) 옮김, 『글로벌 경제의 위기와 미국』(한국방송통신대학교출판부, 2005).

원서의 경우 제8장("World on the Brink")이, 역서의 경우 「8. 벼랑 끝에 몰린 세계」(291~334쪽)이 당시 미국 재무부와 금융계의 시각을 잘 설명했다.

> "우리는 한국에서 문제가 일어나리라고는 생각하지 않았다. 한국은 세계 11위의 경제국으로 몇 십년 동안 이례적인 성장을 누려온 나라였다. [···] 그런데 우리가 미처 알지 못했던 것은 이 나라의 외환보유고가 거의 바닥이 나 있다는 사실이었다. [···] 은행들이 부도 직전의 상황에 처한 것이었다. 우리의 우려는 추수감사절 전날 절정에 이르렀다."

이 책은 미국정부의 관리들이 한국의 경제안정을 되살려내야 북한도 한국에 대한 망상을 갖지 않게 될 것이라는 전제 아래 한국에 대한 신속한 금융지원을 결심했음을 보여주었다.

※ Robert Edward Rubin(1938~현재)은 하버드대학교 경제학과를 최우등으로 졸업했으며 예일대학교 법과대학을 졸업하고 변호사로 출발했다. 주로 뉴욕의 금융계에서 일했으며 골드만삭스의 회장으로 올랐다. 클린턴 대통령 때 대통령 경제보좌역을 거쳐 재무부장관으로 봉직했다. Jacob Weisberg(1964~현재)는 예일대학교 학부를 졸업하고 저널리즘의 길을 걸어 이 책의 출판 때 『워싱턴포스트』가 세운 온라인 출판사 The Slate Group의 편집국장으로 봉직했다. 역자 신영섭은 서울대학교 사회과학대학 경제학과를 졸업하고 한국과학기술원(카이스트)에서 경영학석사학위를 받은 데 이어 뉴욕주립대학교 빙햄턴 캠퍼스 대학원에서 경제학박사학위를 받았으며 고려대학교 정책대학원 교수로 봉직했다. 그는 『남북한 경제통합의 선결과제』(삼성언론재단, 1998)를 출판했다. 김선구는 체이스맨해튼은행 서울 심사역과 캐나다로얄은행 한국총괄 부대표 등을 역임했으며 이 책의 출판 때 신한은행 여신감리부장이었다.

제6항 언론계 및 학계의 발굴자료와 분석

(1) 「특집: IMF시대 기회냐 위기냐」, 『월간조선』(1998년 1월).
중요한 것들은 다음과 같다.

(i) 김덕한(金德翰), 「인터뷰: 이우영(李愚榮) 전 중기청장; 박정희 대통령은 외환위기 때 외화보유고 매일 아침 직접 챙겨」, 225~229쪽.

이우영은 1974년 외환위기 당시 한국은행 외환관리과장이었다.

(ii) 강영철(姜榮哲), 「단시일 내 정부 · 금융 · 노동시장 대수술해야 산다: 세계적 컨설팅회사 부즈 앨랜의 한국경제 진단과 처방」, 230~236쪽.

(iii) 최흡(崔洽), 「한국기업, 외국자본 공세에 버틸 수 있을까: 국제적 기업 · 인수합병시대 방어책은 사라졌다」, 251~256쪽.

(iv) 이욱(李旭), 「경제지표에만 매달린 관료들의 오산」, 273~284쪽.

(v) 부지영(夫址榮)·김기훈(金起勳), 「'외환바닥' 상황서 '경제지표' 타령만 하고 다닌 경제부총리: 한보사태에서 IMF 구제금융 받기까지 전 과정 추적」, 285~295쪽.

(vi) 전성인(全聖寅), 「"아무도 빨간불에 주목하지 않았다"」, 296~300쪽.

(2) 「특집: IMF개방시대 우리의 살 길은?」, 『월간조선』(1998년 2월).
중요한 것들은 다음과 같다.

(i) 윤희영(尹熙榮), 「'두 얼굴의 사나이' 소로스는 한국에서 무엇을 노리나?」, 187~191쪽.

제목에 나오는 '소로스'는 세계적 투자가 조지 소로스(George Soros, 1930~현재)다. 헝가리 출생의 그는 나치를 피해 영국에 정착한 뒤 런던경제정치대학교에서 철학자 칼 포퍼(Karl Raimund Popper) 교수로부터 가르침을 받았으며, 미국으로 이주해 월스트리트에서 펀드매니저와 저널리스트로 활약했다. '헤지펀드의 대부'로 불리는 그는 특히 통화가 불안해진 나라에 '환 투기'를 해 거액을 벌어들인 이력을 지녔기에 '투자의 천재이면서 동시에 사기에도 천재'라는 평을 듣기도 했다. 그는 1998년 1월에 김대중 대통령 당선자의 초청을 받아 투자방안을 논의했으며, 그가 회장인 퀀텀펀드는 오늘날의 유진투자증권인 서울증권을 인수해 최대 주주가 됐다.

(ii) 최흡(崔洽), 「외국자본 유입…기업사냥의 전운(戰雲)인가, 회복 청신호인가」, 192~196쪽.

(3) 조갑제(趙甲濟)·부지영(夫址榮), 「이경식(李經植) 한은 총재 증언」, 『월간조선』(1998년 3월), 121~128쪽; ______, 「최초공개: 재경원 극비 보고서; 1997년 7월 23일 '외환위기 매우 심각'」, 『월간조선』(1998년 3월), 137~141쪽.

앞의 기사에 따르면, 이경식 한은 총재는 "IMF사태는 국제정보 부족과 위기관리능력 결함이 부른 재난이었다"고 증언했다. 뒤의 기사는 당시에 한국은행이 외환보유고에 관한 극비 보고서를 재정경제원에 올렸고, 재정경제원은 사태의 심각성을 정확히 인식하고 있었음을 보여주었다.

(4) 이재승(李梓昇), 『IMF사태 극복됐는가?』(서울프레스, 1999).

※ 이재승(1939~현재)은 서울대학교 문리대 영어영문학과를 졸업하고 한국일보에서 언론인으로 출발해 워싱턴특파원→외신부장→경제부장→논설위원→이사 등을 역임했다. 경제전문가로서 IMF사태의 자초지종을 설명했다.

(5) 육성철, 「국가와 시장의 갈등, 표류하는 DJ」, 『신동아』(2001년 9월), 90~105쪽.

(6) 김수길(金秀吉)·이정재(李正宰)·정경민(鄭耕民)·이상렬(李相列), 『금고가 비었습디다: DJ정권 5년의 경제실록』(중앙M&B, 2003).

중앙일보 경제부 기자들인 필자들이 외환위기를 극복한 김대중정부의 경제시책을 분석했다.

(7) 「[단독입수 '풍운아' 최규선 회고록] 시대를 앞선 '경제 구루' 이건희의 선견지명」, 『월간중앙』(2021년 1월), 136~151쪽.

기업인 최규선(崔圭先) 씨는 외환위기 때 김대중 대통령 당선인의 보좌역으로 적극적으로 도왔다고 회상했다.

※ 최규선(1960~현재)은 캘리포니아대학교 버클리 캠퍼스 정치학과를 졸업하고, 사업에 뛰어들어 썬테크놀로지스 등의 회사를 세웠다.

第7항 당시의 기업상황과 대우그룹 및 신동아그룹의 해체

(1) 김재호(金載澔), 「외환위기 긴급점검: 해외돈줄 막혀버린 한국경제: 뼈를 깎는 구조조정 없이는 외환위기 넘기지 못한다」, 『월간조선』(1997년 12월), 90~95쪽.

(2) 김용삼(金容三), 「인터뷰: 정몽규(鄭夢奎) 현대자동차 회장; "조건 맞으면 기아차

(車).삼성차(車)도 인수할 수 있다」, 『월간조선』(1998년 1월), 338~347쪽.

(3) 윤영호(尹泳虎), 「재벌개혁, SK에 덜미 잡히나: SK그룹, 한통보유 지분매각 요구」, 『신동아』(1998년 9월), 278~289쪽; ______, 「지지부진, 5대 재벌 구조조정: '힘센 재벌' DJ개혁에 정면승부」, 『신동아』(1998년 11월), 160~171쪽.

(4) 최홍섭(崔弘涉), 「기로에 선 5대 재벌의 운명: 현대그룹; DJ정권 들어 철저한 공격경영, 그러나 부채비율 · 적자규모 최대」, 『월간조선』(1999년 1월), 107~113쪽.

(5) 임규진(林奎振), 「DJ 능력없는 재벌총수 퇴출시킨다」, 『신동아』(1999년 9월), 218~226쪽.),

(6) 김성동(金成東), 「정몽헌(鄭夢憲)의 현대 3사(하이닉스, 건설, 아산) 아슬아슬한 줄타기: 대마불사(大馬不死)론의 재현(再現)-김대중정권과 공동운명체?」, 『월간조선』(2001년 9월), 176~187쪽.

(7) 이나리(신동아 기자), 「인터뷰: 6년 만에 물러난 '재계의 입' 손병두(孫炳斗) 전 전경련 부회장; "DJ정권, 빅딜 약속 안 지켰다"」, 『신동아』(2003년 3월), 218~227쪽.

(8) 김태권(일러스트레이터), 「현대 · 삼성 · 대우 · 기아의 역사를 바꾼 1997년/IMF」, ______ 등 저, 『사소한 것들의 현대사: 우리의 오늘을 만든 작고도 거대한 36가지 장면들』(한겨레출판, 2021), 279~297쪽.

대우그룹의 해체

(1) 부지영(夫址榮), 「인터뷰: 이석희(李奭熙) ㈜대우 무역부문 상담역 회장; "한국의 살길은 오직 수출뿐"」, 『월간조선』(1998년 2월), 206~211쪽.

(2) 송병락(宋丙洛), 『기업을 위한 변명』(김영사, 1999); ______, 「재벌 해체하려다 한국의 국부 해체할지도」, 『월간조선』(1999년 9월), 142~150쪽; ______, 「재벌 해체하려다 한국의 국부 해체할지도…: 『기업을 위한 변명』의 저자 송병락 교수의 김대중 재벌 해체정책 정면비판」, 『아태』(아시아태평양문제연구소)(1999년 12월), 135~148쪽.

송병락 교수는 김대중정부가 IMF의 요구사항에 순응해 한국경제의 경쟁력을 약화시켰다고 비판했다.

(3) 안기석(安基碩), 「김대중 · 김우중의 밀월과 파경 내막: "정치는 내가 맡고 경제는 김 회장이야"」, 『신동아』(2002년 2월), 134~145쪽.

(4) 대우세계경영연구회 엮음, 『대우는 왜?: 가장 먼저 가장 멀리 해외로 나간 사람들

의 이야기』(북스코프, 2012).

(5) 신장섭(申璋燮), 『김우중과의 대화: 아직도 세계는 넓고 할 일은 많다』(북스코프, 2014).

※ 신장섭(1962~현재)은 서울대학교 사회과학대학 경제학과를 졸업하고 서울의 매일경제신문사에서 경제부 기자와 경제부 차장 및 논설위원을 역임한 뒤 영국 케임브리지대학교 대학원 경제학과에서 석사→박사학위를 받았다. 1999년 이후 싱가포르국립대학교 경제학과 교수다.

(6) 이종찬(李鍾贊), 「15 국정원에서 바라본 세상」 가운데 「대우 해체의 막전막후」, ______, 『숲은 고요하지 않다』 전2권(경기도 파주시: 한울, 2015), 417~553쪽 가운데 473~495쪽.

저자는 자신의 고등학교 동기동창생인 김우중 회장과의 교우를 중시하면서도 자신이 국정원장이던 때 겪었던 '대우 해체'의 전말에 관해 진솔하게 회상했다.

(7) 윤재섭(尹在燮), 「3부 1장 김대중정부와 기업 · 금융 구조조정」 가운데 「재계 서열 2위 대우그룹은 왜 해체되었나」, ______, 『한국을 뒤흔든 금융권력: 정치권력은 어떻게 한국금융을 지배했는가』(21세기북스, 2016), 135~168쪽 가운데 145~160쪽.

저자는 다음과 같은 구절로 이 글을 시작했다.

> "1967년 자본금 500만 원짜리 대우실업으로 출발한 대우그룹은 31년 만인 1998년, 재계 서열 2위 그룹으로까지 성장하지만 이듬해인 1999년 8월 해체 수순을 밟는다. 대우에 대체 무슨 일이 벌어졌던 걸까? 대우그룹이 해체될 수밖에 없었던 것은 무분별한 외형확장 전략을 펴면서 재무구조 개선을 등한시했던 결과였다."

(8) 조성호(趙成豪), 「'김우중의 대우' 소멸 그 후 20년: '대우 DNA'는 아직 살아 있다!」, 『월간조선』(2019년 8월), 156~163쪽.

이 기사 가운데 다음 하나만을 소개하기로 한다.

> "1998년 10월 29일 나온 「노무라증권」 보고서는 대우에 대한 시장(市場)의 불신을 더욱 증폭시키는 꼴이 됐다. 『대우그룹에 비상벨이 울리고 있다』는 제목의 보고서는 대우가 자체적으로 자금을 조달할 방도가 없다고 지적한 것이다. 보고서는 "회사채 보유에 대한 금융기관의 제한 조치는 대우그룹에 비상등이 켜지게 만들었다"면서 "유일한 대안은 자산

매각밖에 없어 보이나 M&A(기업인수합병) 시장에서 투자가들이 매력을 느낄 만한 회사나 자산이 있는지에 대해 의문을 품지 않을 수 없다"고 했다.

스톡옵션제도의 도입

박태견(朴太堅), 『큰 장사꾼 김정태(金正泰)』(중앙M&B, 2002).

김정태(1947~2014)는 서울대학교 상과대학 경영학과를 졸업하고 서울대학교 대학원 국제경제학과에서 석사학위를 받았다. 이후 몇몇 증권회사를 거치며 동원증권 사장까지 올랐다. 김대중정부에서 주택은행장으로 봉직하면서 "월급은 1원만 받겠으니 스톡옵션을 달라"고 말해 화제가 됐다. 그는 또 "모두 장사꾼이 되라"라는 취임사로써 '제왕이 아닌 CEO의 시대'가 왔음을 알렸다. 그는 대우 여신을 1조 5천여억 원이나 회수했다.

신동아그룹의 해체

(1) 조성식(趙誠植), 「인터뷰: 최순영(崔淳永) 전 신동아그룹 회장; "DJ에게 대선자금 안 내 63빌딩 빼앗겼다"」, 『신동아』(2002년 12월), 110~133쪽.

(2) 김성동(金成東) · 백승구(白承俱), 「인터뷰: 최순영 전 신동아그룹 회장: 지난 10년간 가슴 속에 묻어뒀던 신동아그룹 해체 진상을 털어놓다!: 그들은(DJ정권 실세) 굶주린 이리떼처럼 달려들어 20조 원짜리 회사를 뜯어먹었다」, 『월간조선』(2009년 3월), 76~111쪽; ______, 「최순영 전 신동아그룹 회장 인터뷰 보도 이후: DJ측근들은 일제히 침묵, YS는 "나쁜 사람들 아이가"」, 『월간조선』(2009년 4월), 168~171쪽.

제8항 중산·서민층의 사회생활상

중산 · 서민층은, 특히 서민층은 말할 수 없는 큰 고통을 겪었다. 그 고통은 다음에 가장 잘 나타났다.

(1) 송호근(宋虎根), 『또 하나의 기적을 향한 짧은 시련: IMF사태를 겪는 한 지식인의 변명』(나남, 1998년 1월); ______, 『그들은 소리 내 울지 않는다: 서울대 송호근 교수가 그린 이 시대 50대 인생 보고서』(이와우, 2013).

(2) 서양원(徐洋遠), 「은행의 해고 러시: 제일 · 서울은 물론 우량 은행도…」, 『월간조

선』(1998년 2월), 197~200쪽.

(3) 「익명기고: 한 은행 노조위원장의 고민」, 『월간조선』(1998년 2월), 201~205쪽.

(4) 손숙(孫淑) · 김승현(방송인) 엮음, 『벼랑 끝에서 하늘을 보다: MBC 라디오 「여성시대 손숙 · 김승현입니다.」』(밀알, 1998).

MBC 라디오의 「여성시대 손숙 · 김승현 입니다」에 1년 6개월에 걸쳐 들어온 10만여 통의 편지들 가운데 70여 통을 가려 뽑아 모았다. 이 편지들은 특히 실직가장을 둔 집안의 어려움을 호소했다. 정부당국자와 정치인에 대한 원망은 물론이고 글자 그대로 눈물 없이는 듣기 힘든 내용으로 가득 찼다.

(5) 김대중(金大中), 「5부(2000년 12월~2003년 2월)」 가운데 「봄날, 몸이 아팠다(2002.3~2002.6)」, ______, 『김대중 자서전』 전2권(삼인, 2011), 제2권, 385~499쪽 가운데 461쪽.

김대중 대통령 스스로 당시의 상황을 다음과 같이 묘사했다.

> "또 외환위기 이후 국민의 정부는 '실업내각'이라고 할 만큼 실업자 문제해결에 매달렸지만 중산층 붕괴는 막을 수 없었다. 우리 사회의 중산층은 화이트칼라 계층과 자영업자들이 주류를 이루고 있었다. 그런데 이들의 실직과 폐업은 곧바로 극빈층으로 몰락을 의미했다. 사회안전망이 허술하여 정부로서도 속수무책이었다. 뒤늦게 많은 실업대책을 마련했지만 그것이 생계대책은 될지언정 실직자들을 원상회복시키지는 못했다.
>
> 외환위기는 이렇듯 우리 사회의 중산층을 허물어버렸다. 중산층의 붕괴는 소득의 양극화를 가져왔다. 빈곤층에 편입된 계층이 다시 중산층으로 올라서기는 참으로 어려웠다. 고금리는 부자는 더욱 부자로, 빈자는 더욱 헐벗게 만들었다. 일부에서는 이를 '20대 80 사회'라 부르기도 했다. 잘사는 20퍼센트와 못사는 80퍼센트로 나뉜다는 말이다.
>
> 사실 이런 구조는 세계화의 현상에서 이미 시작된, 지구촌 전체의 불가피한 현상일지도 몰랐다. 그러나 내 임기 중에 소득 양극화가 심화되었음이 참으로 안타까웠다. 일부 부유층들은 IMF 체제를 즐기고 있다는 말까지 나돌았다. 그들의 소비행태들을 보면서 중산 · 서민층의 상대적 박탈감은 더욱 심했을 것이다. 나는 그것을 알면서도 어쩔 수 없었다."

(6) 마민지, 『나의 이상하고 평범한 부동산 가족』(클, 2023).

영화감독인 저자는 이 책을 통해 자신이 유년시절이던 때 일어난 위화위기 사태로 겪은 집안이 겪어야 했던 어려웠던 생활을 회고했다.

외환위기가 가져온 사회적 변화

정운찬(鄭雲燦) · 조흥식(曺興植) 공편, 『외환위기 10년, 한국사회 얼마나 달라졌나』(서울대학교출판부, 2007).

빈곤정책

박보영(朴保英), 「김대중정권의 빈곤정책 형성과정에 관한 연구: 담론제도주의적 접근을 중심으로」, 고려대학교 대학원 사회복지학과 박사학위청구논문, 2013년 2월.

※ 박보영(1977~현재)은 현재 극동대학교 사회복지학과 교수다.

제9항 외환위기에 관한 경제계 및 경제학계의 연구

(1) 삼성경제연구소 편, 『IMF시대의 원인과 교훈』(삼성경제연구소, 1998년 3월); ______, 『(IMF경제포럼) IMF시대의 새로운 기업경영』(삼성경제연구소: 매일경제신문사, 1998); ______, 『IMF 1년과 한국경제의 변모』(삼성경제연구소, 1998년 12월)

(2) 전국경제인연합회 편, 『국난극복과 IMF: 해외에서 본 IMF처방과 한국경제』(전국경제인연합회, 1998)

(3) IMF환란원인규명과경제위기진상조사를위한 국정조사특별위원회, 『IMF환란원인규명과 경제위기진상조사를 위한 국정조사결과보고서』(IMF환란원인규명과경제위기진상조사를위한 국정조사특별위원회, 1999).

(4) 국민대학교 경제연구소 편, 『한국 외환위기의 원인, 전개 및 대응: 1997-1998』(비봉출판사, 1999).

고성수(高晟洙), 김종섭(金鍾燮), 박원암(朴元巖), 소병희(蘇秉熹), 윤택(尹鐸), 최공필(崔公弼) 교수 [가나다 순] 등이 기고했다.

(4-A) 정용승(鄭溶承), 「서평: 체계적이고 실증적인 외환위기 연구서; 국민대학교 경제연구소 편, 『한국 외환위기의 원인, 전개 및 대응』」, 『서평문화』36(1999년 12월), 118~123쪽.

신장섭 교수의 연구

(1) Jang-Sup Shin, *The Economics of the Latecomers: Catching-up, Technology Transfer and Institution in Germany, Japan and South Korea*(London: Routledge, 1996).

자신의 케임브리지대학교 대학원 경제학과 박사학위청구논문에 바탕을 둔 저서다. 한때는 후발국가였던 독일 · 일본 · 한국이 어떻게 선진국을 '따라잡음(Catching-up)'에 성공했는가를 분석했다.

(2) 신장섭(申璋燮), 『한국경제 제3의 길: 세계화와 금융위기 속의 생존전략』(중앙M&B, 1999).

(3) Jang-Sup Shin and Ha-Joon Chang, *Restructuring Korea Inc. Financial Crisis, Corporate Reform, and Institutional Transition*(London: Routledge, 2003).

(4) Jang-Sup Shin, *The Global Financial Crisis and the Korean Ecomony*(London:

Routledge, 2014).

제10항 외환위기에 관한 정치학계의 연구

(1) 김영규(金榮圭), 『IMF 르뽀: IMF공황, 개혁과 개방』(인하대학교출판부, 1998).

Ⅰ. 한국에는 지금 IMF난리가 일어나고 있다, 2~29쪽.
Ⅱ. IMF, 그 어떤 일을 하고 있는가, 30~85쪽.
Ⅲ. IMF사태, 왜 닥치게 되었는가, 86~161쪽.
Ⅳ. IMF관리, 우리는 무엇을 해야 하는가, 162~243쪽.
Ⅴ. IMF체제, 우리는 어떻게 해야 하는가, 244~317쪽.
Ⅵ. IMF시대, 우리경제는 어떻게 바뀌고 있는가, 318~417쪽.
Ⅶ. IMF공황, 우리경제는 어떻게 바뀔 것인가, 418~465쪽.
Ⅷ. IMF난국, 우리는 무엇부터 바꿔야 할 것인가, 466~573쪽.
Ⅸ. IMF개입, 우리는 어떻게 문을 열어야 할 것인가, 574~613쪽.
Ⅹ. IMF등장, 우리는 이것을 기회로 바꾸자, 614~677쪽
부록
Ⅰ. *Business Week*(아시아판), 1997. 11. 24 원문, 678~684쪽.
Ⅱ. 97년도 금융경제 일지(한국은행, 한은정보, 1998.1), 685~690쪽.
Ⅲ. IMF발표 자금지원 합의내용(1997. 12. 5) 요약 원문, 691~696쪽.
Ⅳ. 98년도 경제프로그램(1998. 2. 17)원문, 697~712쪽.
Ⅴ. 금융개혁법안 주요내용(한국은행, 한은정보, 1998.1), 713~723쪽.
Ⅵ. 주요 국민계정 지표 추이(한국은행, 한은정보, 1998.4), 724~726쪽.
Ⅶ. 통화위원회제도의 개요와 운용 현황(한국은행, 한은정보 1998.3), 727~731쪽.
Ⅷ. 98년도 경제프로그램(1998. 5. 22)(한국은행, 한은정보 1998.5), 732~747쪽.
Ⅸ. 국제기구 약어 일람표(한국은행, 한은정보, 1997. 10), 748~750쪽.
용어해설, 751~831쪽.
찾아보기, 831~841쪽.

※ 김영규(1946~현재)는 서울대학교 법과대학 행정학과를 졸업하고 서던캘리포니아 대학교 대학원 행정학과에서 석사→박사학위를 받았다. 인하대학교 사회과학대학 행정

학과 교수 및 인하대학교 교수협의회 회장을 역임했으며, 2002년 12월 19일에 실시된 제16대 대통령선거에 사회당 대표로 입후보했다. 그는 『사회주의자 김영규 교수가 강의하는 자본주의 경제학』(인하대학교출판부, 2011)을 출판했다.

(2) Stephan Haggard, Daniel Pinkston and Jungkun Seo, "Reforming Korea Inc.: The Politics of Structural Adjustment Under Kim Dae Jung," *Asian Perspective*, Vol. 23, No. 3(September 1999), pp.201~235.

(3) 백광일(白光一) · 윤영관(尹永寬) 공편, 『동아시아: 위기의 정치경제』(서울대학교출판부, 1999년 7월).

(4) 손호철(孫浩哲), 『신자유주의 시대의 한국정치』(푸른숲, 1999년 12월).

저자는 외환위기와 IMF구제금융의 상황 속에서 한국이 '신자유주의의 노예' 또는 '국제금융의 사냥터'로 전락할 위험성이 있음을 경고했다.

(4-A) 서울국제민중회의 조직위원회 편, 『IMF에 도전하는 민중: 신자유주의, IMF 그리고 국제연대』(문화과학사, 1998).

미국이 주도한 신자유주의가 결국 동아시아를 포함한 세계의 많은 나라를 미국중심 자본주의의 희생물로 만들었으며 그 전위가 IMF라는 전제 아래 거기에 맞서 투쟁하기 위해 국제연대가 필요하다는 국내외 인사들의 논문으로 구성됐다. 한국에서는 허영구(許榮九) 전국민주노동조합총연맹 부위원장이 기고했다.

제11항 사회협약정치의 실험

(1) Sunhyuk Kim, "The Politics of Reform in South Korea: The First Year of the

Kim Dae Jung Government," *Asian Perspective*, Vol. 24, No. 1(January 2000), pp.163~185.

이 논문은 꼭 이 항에 국한해 읽힐 수 있는 것은 아니다. 필자는 김대중정부의 첫 1년을 개혁의 관점에서 분석했다.

(2) 선학태(宣學泰), 「신생민주주의공고화의 가능성과 한계: 김대중정권하의 메크로코포라티스적 사회협약정치의 실험」, 『한국정치학회보』 제36집 제4호(2002년 겨울), 211~229쪽.

김대중정부는 IMF위기 속에서도 메크로코포라티스적 사회협약정치를 통해 복수노조, 노조의 정치활동, 제3자개입 등의 금지조항 폐기, 복지정치에서의 국가책임강화, 노사정위원회의 상설기구화 등을 단행했다. 필자는 "이로서 김대중정부는 단순한 절차적 차원의 정치적 민주화 수준을 뛰어넘어 계급갈등의 제도화를 통한 한국 신생민주주의의 공고화의 전망을 밝게 했다."라고 논평했다.

※ 선학태(1947~현재)는 서울대학교 사범대학 독어교육과를 졸업하고 서울대학교 대학원 윤리교육과에서 석사학위를 받은 데 이어 서울대학교 대학원 윤리교육과에서 「한국 중화학공업화 과정에 나타난 국가자율성」(1991년 8월)으로 박사학위를 받았다. 영국 뉴캐슬대학교(어펀타인) 대학원에서 2003년 3월에 박사학위를 받았다. 전남대학교 사범대학 윤리교육과 교수로 정년퇴임했으며, 현재 전남대학교 명예교수다. 대표적인 저서로 『한국민주주의의 뉴 패러다임』(명인문화사, 2008)과 『민주주의와 상생정치: 서유럽 다수제 모델 VS 합의제 모델』(다산출판사, 2016) 그리고 『합의제 헌정체제: 연합정치-의회협치 사회적 대화』(전남대학교출판문화원, 2021) 등이 있다.

제3절 대북정책 및 대북관계: 햇볕정책

제1항 햇볕정책

개관

김대중 대통령은 대통령에 취임하기 훨씬 이전부터 북한에 대해 '햇볕정책'을 적용할 것을 제의했다. 나그네의 옷을 벗긴 것은 폭풍이 아니라 햇볕이었다는 이솝우화를 예시하면서, 북한을 개방사회로 끌어내려면 군사적 압박과 경제적 제재를 넘어서서 포용과 지원을 베풀어야 한다는 뜻이었다. 대통령에 취임하면서 햇볕정책을 추진해 2000년 6월 13~15일에 평양에서 「조선민주주의인민공화국 국방위원장」 김정일과의 남북정상회담을 성사시켰다. 남북한관계에서 최초의 남북정상회담이었다.

(1) Sung-chul Yang, "A Reunified Korea: Problems and Pitfalls," 『중소연구』, Vol. 18, No. 4(December 1994), pp.263~279.

이 논문이 김대중 대통령의 햇볕정책 자체를 다룬 것은 아니다. 그러나 남북관계의 장래를 전망하는 가운데 햇볕정책에 대해서도 언급했다.

(2) Rinn-sup Shinn, "South Korea's Sunshine Policy and Its Political Content," *CRS Issues Brief*(Washington D.C: Congressional Research Service, Library of Congress, May 27, 1999).

(3) Chung-in Moon and David I. Steinberg, eds., *The Kim Dae-jung Government and Sunshine Policy: Promises and Challenges*(Seoul: Yonsei University Press, 1999).

Introduction

Chung-in Moon and David I. Steinberg, "The Kim Dae-jung Government and the Sunshine Policy," pp.11~21.

PART Ⅰ. Remarks on the Policy of Engagement

CHAPTER 1. Soon-young Hong, "Thawing Korea's Cold War: The Path to Peace on the Korean Peninsula," pp.25~32.

PART Ⅱ. Understanding Korea's Sunshine Policy

CHAPTER 2. Chung-in Moon, "Understanding the DJ Doctrine: The Sunshine Policy and the Korean Peninsula," pp.35~56.

CHAPTER 3. David I. Steinberg, "The Republic of Korea's Sunshine Policy: Domestic Determinants of Policy and Performance," pp.57~78.

CHAPTER 4. Chung Min Lee, "Neighbors, Friends and Allies: From the Outside Looking In," pp.79~104.

CHAPTER 5. Ki-Jung Kim and Deok Ryong Yoon, "Beyond Mt. Kumkang: Social and Economic Implications," pp.105~134.

PART Ⅲ. The Sunshine Policy and the Beltway Perspectives

CHAPTER 6. John Merrill, "Setting the Agenda: A View from the Executive Branch," pp.137~146.

CHAPTER 7. Peter T. R. Brookes, "The Sunshine Policy and the Role of the Congress," pp.147~152.

CHAPTER 8. Leon V. Sigal, "Think Tanks and the Development of Policy Options," pp.153~172.

CHAPTER 9. David E. Sanger, "The 'Sunshine Policy' and the Media," pp.173~180.

PART Ⅳ. Shaping a Consensus: Regional Perceptions

CHAPTER 10. Masao Okonogi, "Beyond the Status Quo: A View from Japan," pp.181~198.

CHAPTER 11. Samuel S. Kim, "Will Seoul's Sunshine Policy also Rise in Beijing?: A Chinese Perspective," pp.199~230.

CHAPTER 12. Bradley O. Babson, "Economic Perspectives on the Sunshine Policy," pp.231~240.

CHAPTER 13. Scott Snyder, "North Korean Views of the Sunshine Policy: Responses and Ramifications," pp.241~258.

PART Ⅴ. Roundtable

CHAPTER 14. Desaix Anderson · Robert L. Gallucci · William Gleysteen · Jr. · Donald Gregg · William Taylor, "Prospects for the Perry Report, American Policy and the Future of Sunshine Policy," pp.261~280.

(4) 충북대학교 사회과학연구소 편, 『한국과 독일의 햇볕정책』(충청북도 청주시: 충북대학교 사회과학연구소, 1999년 11월).

(5) Hong-nack Kim, "The Kim Dae Jung Government's North Korea Policy: Problems and Prospects," *Korea and World Affairs*, Vol. 23, No. 4(Winter 1999), pp.520~542.

(6) 구영록(具永祿), 『한국과 햇볕정책: 기능주의와 남북한관계』(법문사, 2000)/ Young-nok Koo, *Corée, vers la Réunification?*(프랑스어)(Paris: Syllepse, 2002).

국제정치학자로 오랜 기간에 걸쳐 국제정치학에 있어서의 통합에 관한 기능주의적 및 신(新)기능주의적 이론을 국내에 소개했으며 그 효용성 여부를 학문적으로 검증한 저자가 햇볕정책에 대한 관심이 높아진 시점에 자신이 그사이 이 주제와 관련해 발표한 논문들을 모아 단행본으로 펴냈다.

(6-A) 최명(崔明), 「구영록 저, 『한국과 햇볕정책』의 프랑스어 번역본 서문」, ______, 『나의 글 나의 정치학』(경기도 고양시: 인간사랑, 2006), 292~294쪽.

(7) 이재호(李載昊), 「대북정책의 다차원적 연계성과 햇볕정책의 효율성」, 고려대학교 대학원 정치외교학과 정치학박사학위청구논문, 2008년 8월; ______, 『사회통합형 대북정책』(경기도 파주시: 나남출판사, 2013).

※ 이재호(1954~현재)는 고려대학교 정경대학 정치외교학과를 졸업하고 고려대학교 대학원 정치외교학과에서 석사→박사학위를 받았다. 동아일보 워싱턴특파원을 거쳐 정치부장과 편집부국장에 이어 출판국장을 역임했다. 한국출판문화산업진흥원 원장으로 봉직한 뒤 극동대학교 석좌교수로 활동했다.

김대중 대통령의 회고

김대중(金大中), 「2부(1998년 6월~1999년)」, 「3부(2000년 1월~6월)」, 「4부(2000년 6월~12월)」, 『김대중 자서전』전2권(삼인, 2011), 제2권, 91~214쪽, 215~300쪽, 301~384쪽.

남북관계와 통일에 관한 저자의 신념과 철학, 그리고 남북정상회담 자체에 관한 저자의 회상을 담았다.

강인덕 통일부장관의 회고

(1) 강인덕(康仁德), 『한 중앙정보 분석관의 삶: 편조백방(遍照百邦) 투시백년(透視百年)의 기세로』 전2권(경기도 파주시: 경인문화사, 2022년 12월), 제2권, 176~272쪽.

제2권의 「제6부 통일부장관 시절: 분석보고 작성자가 아닌 사용자의 위치에 서다」에서 저자는 자신의 시각과 김대중 대통령의 시각을 비교했다.

(2) 김성동(金成東), 「인터뷰: 최고의 북한전문가 강인덕 전 통일부장관; "6·15남북정상회담은 DJ와 김정일이 서로 이용한 결과」, 『월간조선』(2023년 6월), 134~157쪽.

강인덕 전 통일부장관은 여러 중요한 발언을 했는데 거기에는 다음이 포함됐다.

(i) "시대상황에 잘 맞는 대북정책은 전두환정부의 「민족화합민주통일방안」이다."

(ii) "가장 잘못된 대북정책을 펼친 정부는 문재인정부다."

(iii) "내가 일본에 체류하고 있었을 때 남북정상회담이 열린다는 소식을 듣고 일본에 나와있는 국정원 파견관을 통해 DJ에게 정상회담 전에 참고하라며 『김정일의 민족관』이라는 책 두 권을 보냈다. 그 책의 10장이 바로 통일문제다. 김정일의 통일관은 김일성 때와 달라진 것이 없이, 통일전선론에 바탕을 둔 인민민주주의혁명론이다."

남북정상회담과 관련해 중요한 역할을 맡았던 인사들

(1) 이영종(李永鐘) 인터뷰, 「6·15 남북공동선언의 주역 박재규(朴在圭) 전 통일부장관: "6·15정상회담 하루 연기, 김정일의 '공항영접' 준비 때문」, 『월간중앙』(2002년 6월), 162~175쪽.

(2) 임동원(林東源), 『피스 메이커(Peace Maker), 남북관계와 북핵문제 20년: 임동원 회고록』(중앙books, 2008); ______, 『피스 메이커, 남북관계와 북핵문제 25년: 임동원 회고록』(경기도 파주시: 창비, 2015년 개정증보판); ______, 『다시 평화, 위기의 한반도에서 화합과 평화의 여정을 돌아보다: 임동원자서전』(폴리티쿠스, 2022).

임동원(1934~현재)은 단신 월남해 육군사관학교를 졸업하고 서울대학교 문리대 철학과를 졸업한 데 이어 서울대학교 행정대학원에서 석사학위를 받았다. 육군사관학교 교수를 거쳐 육군 소장으로 예편하면서 나이지리아 대사와 호주 대사를 역임했으며 노태우 대통령 때 외무부 외교안보연구원 원장을 거쳐 국토통일원 차관을 역임했다. 1995년에 김대중 이사장이 이끌던 아태평화재단 사무총장으로 출발해, 김대중정부에서 대통령 외교안보수석비서관→통일부장관→국가정보원장→통일부장관→대통령　통일외교안보

특별보좌역 등으로, 남북정상회담의 성사 그리고 이후의 상황 관리에 직접적이면서도 핵심적으로 활동했다. 위의 책들에는 그의 상세한 회고가 포함됐다. 두 번째 책의 목차는 다음과 같다.

(2-A) 임동원(林東源) 저/아사바 기요시(波佐場清) 역, 『남북수뇌회담으로의 길: 임동원 회고록』(일본어)(도쿄: 이와나미쇼텐, 2008).

※ 아사바 기요시(1947~현재)는 오사카외국어대학 조선어과를 졸업하고 『아사히 심분』에 입사해 서울지국장을 역임했다. 이후 고베대학 객원교수와 리츠메이칸대학 코리아센터 연구원으로 봉직했다.

(2-B) 임동원(林東源) · 백낙청(白樂晴) 외, 『다시 한반도의 길을 묻다: 36인의 대북 전문가가 말하는 한반도 평화 이야기』(삼인, 2010).

고경빈(高景彬), 고유환(高有煥), 김근식(金根植), 김상근(金祥根), 김연철(金鍊

鐵), 나핵집, 도종환(都鍾煥), 문정인(文正仁), 박선원(朴善源), 박영숙(朴英淑), 박태균(朴泰均), 백종천(白鍾天), 백학순(白鶴淳), 서보혁(徐輔赫), 서재정(徐載晶), 안병욱(安炳旭), 양성철(梁性喆), 이남주(李南周), 이봉조(李鳳朝), 이승환(李承煥), 이우영(李宇榮), 이장희(李長熙), 이종무(李鍾武), 이종석(李鍾奭), 장명봉(張明奉), 정성장(鄭成長), 정세현(丁世鉉), 정욱식(鄭旭湜), 정인성(목사), 정현백(鄭鉉栢), 진희관(秦熙官), 황상익(黃尙翼) [가나다 순] 등이 기고했다.

(2-C) Dong-won Lim, *Peacemaker: Twenty Years of Inter-Korean Relations and the North Korean Nuclear Issue; A Memoir*(Stanford, C.A.: Walter H. Shorenstein Asia-Pacific Research Center, Stanford University, 2012).

저자가 자신의 회고록을 영어로 펴냈다. 저자는 관직에서 물러난 뒤 인제대학교에서 명예정치학박사학위를 받았으며, 한겨레통일문화재단 이사장과 세종재단 이사장 등을 역임하고, 현재 한반도평화포럼 명예이사장이다.

(3) 정세현(丁世鉉) 구술/황준호(프레시안 기자) 정리,『정세현의 정세토크: 60년의 편견을 걷어내고 상식의 한반도로』(경기도 파주시: 서해문집, 2010); 정세현,『정세현의 외교토크: 대한민국 외교의 자기중심성을 위하여』(경기도 파주시: 서해문집, 2016); ______, 구술/박인규 대담,『판문점의 협상가 정세현 회고록 북한과 마주한 40년』(경기도 파주시: 창비, 2020).

협상에 관한 회고록은 아니지만 저자의 경험과 이론을 배합한 저서 또는 공저로는 다음이 있다. 정세현(丁世鉉),『한반도 특강: 2020 대전환의 핵심현안:』(경기도 파주시: 창비, 2018); ______ · 황재옥 · 정청래(鄭淸來),『정세현 정청래와 함께 평양 갑시다』(푸른숲, 2018); 정세현 전 통일부장관/황방열 대담,『담대한 여정: 판이 바뀐다, 세상이 바뀐다』(메디치미디어, 2018); 정세현 · 이재봉(李在峰) · 문정인(文正仁) · 김진향(金鎭香) · 명진(明盡) · 진천규(秦千圭),『평화의 길, 통일의 꿈 명사 초청 대담 '평화공부와 통일여행'』(메디치미디어, 2019); 정세현,『정세현의 통찰: 국제질서에서 시대의 해답을 찾다』(푸른숲, 2023).

※ 정세현(1945~현재)은 서울대학교 문리대 외교학과를 졸업하고 서울대학교 대학원 외교학과에서 석사학위를 받은 데 이어 서울대학교 대학원 외교학과에서「모택동의 대외관 전개에 관한 연구: 우(友) · 적(敵) 개념을 중심으로」(1982년 2월)로 정치학박사학위를 받았다. 국토통일원 공산권연구실 연구관으로 출발해, 노태우정부에서 민족통일연

구원 부원장으로 봉직했으며, 김영삼정부에서 대통령통일비서관→민족통일연구원 원장으로 봉직했고, 김대중정부에서 통일부차관을 거쳐 '국가정보원원장통일특별보좌역'에 이어 통일부장관을 역임했으며, 노무현정부에서 통일부장관을 역임하는 가운데 대중·대북 협상에 깊이 참여했다. 정부를 떠난 뒤에는 원광대학교 총장에 이어 민주평화통일자문회의 수석부의장을 역임했다.

페리 미국 대통령 북한정책관의 회상

William James Perry, *My Journey at the Nuclear Brink*(Stanford, C.A: Stanford University Press, 2015)/ 정소영(용인대 교수), 『핵 벼랑을 걷다: 윌리엄 페리 회고록』(경기도 파주시: 창비, 2016).

※ William James Perry(1927~현재)는 스탠퍼드대학교에서 학사→석사학위를 받은데 이어 펜실베이니아주립대학교 대학원 수학과에서 박사학위를 받았다. 카터 대통령 때 국방부 차관을, 클린턴 대통령 때 국방부 부장관에 이어 국방부 장관을 역임했다. 북핵문제가 미국에서도 심각하게 제기되자 클린턴 대통령에 의해 북한정책관으로 임명돼 남북한을 방문하면서 문제의 해결을 위해 노력했다. 그는 다음과 같은 책도 출판했다. Ashton B. Carter and William J. Perry, *Preventive Defense: An New Security Strategy for America*(Washington, D.C.: Brookings Institution Press, 1999) / 박건영(朴健榮) 옮김, 『예방적 방위전략』(프레스21, 2000).

제2항 북한의 반응

김정일의 제의

북한의 반응을 이해하기 위해 우리는 북한이 남북정상회담 이전에 유지한 일련의 태도를 살피지 않으면 안 된다.

(1) 한웅식, 「고려민주련방공화국을 창립하는 것은 조선 통일의 가장 합리적인 방도」, 『근로자』(1980년 11월).

(2) 렴태준, 「련방국가를 창설하는 것은 나라의 통일문제를 해결하는 가장 합리적인 방도」, 『근로자』(1988년 5월).

(3) 민원, 『김일성주석과 민족대단결』(평양: 평양출판사, 1994).

(4) 량정모, 『조국통일을 실현하기 위한 근본원칙과 방도에 대한 고찰』(평양: 조선사회과학원, 1999).

(5) 송종환(宋鍾奐), 「6. 김정일의 민족대단결 5대 방침(1998.4.18.)」, ______, 『북한 협상행태의 이해』(오름, 2002), 386~393쪽에 요약.

김대중 대통령이 취임과 더불어 북한을 상대로 남북정상회담의 개최를 제의한 데 대해, 북한의 김정일은 1998년 4월 18일에 「남북정당 · 사회단체대표자연석회의」 50주년 기념 중앙연구토론회에 "온 민족이 대단결 하여 조국의 자주적 평화통일을 앞당기자"라는 제하의 서한을 보냈다. 이 서한에서 그는 다음과 같은 내용의 '민족대단결 5대 방침'을 제시했다.

(i) 민족의 대단결은 철저히 민족자주의 원칙에 기초하여야 한다,

(ii) 애국애족의 기치, 조국통일의 기치 밑에 온 민족이 대단결하여야 한다,

(iii) 우리 민족의 대단결을 이룩하자면 북과 남 사이의 관계를 개선하여야 한다,

(iv) 우리 민족의 대단결을 위해서는 외세의 지배와 간섭을 반대하고 외세와 결탁한 민족반역자들, 반통일세력을 반대하여 투쟁하여야 한다,

(v) 민족의 대단결을 이룩하기 위해서는 북과 남, 해외의 온 민족이 서로 내왕하고 접촉하며 대화를 발전시키고 연대 연합을 강화하여야 한다.

이 민족대단결 5대 방침은 김일성이 1993년 4월 6일에 제시한 「전민족대단결 10대강령」의 내용을 바탕으로 삼아 압축적으로 재정리한 것이다

(6) 장석, 『김정일장군 조국통일론연구』(평양: 평양출판사, 2003).

(7) 강태화(姜兌和), 「북 "수뇌자 회담" 계속 요구, 이후락 "잘못되면 실망 커" 맞서」, 『중앙일보』(2023년 7월 7일), 8쪽.

2023년 7월 6일 통일부는 「1971년 11월~1979년 2월 남북회담 문서」(1678쪽)을 공개했다. 이 문서에 따르면, 북한은 박정희 당시 대통령과 김일성 당시 주석 사이의 남북정상회담과 함께 주한미군의 철수를 요구했다.

제1연평해전 및 제2연평해전

김대중 대통령이 '햇볕정책'을 표방하며 북한에 대한 '유화정책' 또는 '포용정책'을 추

진하던 때인 1999년 6월 15일에 대한민국의 영토에 속하는 서해 연평도 인근 해상에서 북한 해군의 도발로 남북 함정 사이에 해전이 벌어졌다. 한국 해군은 7명이 부상을 입었고, 고속정이 가벼운 피해를 입었음에 비해, 북한 해군은 어뢰정 1척과 경비정 1척이 침몰하고 다른 경비정 3척도 심각한 타격을 입고 퇴각했다. 이것을 제1연평해전이라고 부른다. 2002년 6월 29일에 서해 연평도 부근 NLL 북서쪽 방향 일대에서 북한 경비정 등산곶 684호정의 선제 포격 도발로 작은 규모의 교전이 일어났다. 이것을 제2연평해전이라고 부른다.

(1) 황병무(黃炳茂), 「제10장 연평해전 이후의 안보와 통일환경」, ______, 『전쟁과 평화의 이해』(오름, 2001), 281~293쪽.

(2) 이장희(李長熙), 「6·29 서해교전과 북방한계선에 대한 국제법적 검토」, 『외법논집』(한국외국어대학교 법학연구소) 12(2002년 8월), 33~52쪽.

이 주제는 '서해5도' 및 '북방한계선' 그 자체에 연결되어 있다. 필자는 이 주제와 관련해 다음의 논문을 발표했다.

(ⅰ) 이장희(李長熙), 『보고서: 북방한계선의 국제법적 분석과 재해석』(현대경제연구원, 1999).

(ⅱ) ______, 「서해5도의 국제법적 쟁점과 그 대응방안: 한강하구구역, 서해5도 그리고 북방한계선을 중심으로」, 『외법논집』(한국외국어대학교 법학연구소) 10(2001년 9월), 31~59쪽.

(3) 강정구(姜禎求), 「서해교전과 맹목적 냉전성역의 허구성」, 『진보평론』13(2002년 가을), 155~183쪽; ______, 「서해교전과 맹목적 냉전성역의 허구성」(앞 논문의 수정보완), ______, 『허물어진 냉전성역 드러난 진실: 고암(高巖) 강정구 정년퇴임 기념문집 3』(선인, 2010), 205~232쪽에 재수록.

(4) 우리마당통일문화연구소 편, 『이제는 평화협정을 체결하여야 한다!: '제2의 연평도사태'를 예방하기 위한 33인의 평화통일선언』(우리마당, 2011).

재야운동가 장기표(張琪杓) 신문명정책연구원 원장을 비롯한 33인이 서명했다. 장기표는 『장기표의 자아실현정치론: 불안없는 나라 살맛나는 국민』(구사[九思], 2016)을 출판한다.

(5) 김진호(金辰浩), 『군인 김진호』(초록문, 2014).

자신이 합참의장으로 봉직하던 때 일어난 연평해전에 대해 회상했다.

※ 김진호(1941~2022)는 고려대학교 문과대학 사학과를 졸업하고 ROTC 2기로 임관돼 육군대장에 올랐으며 합동참모본부의장으로 봉직했다.

(6) 한국해양전략연구소 편/김성만 저, 『연평해전』(한국해양전략연구소, 2015년 5월).

(7) 임동원(林東源), 「제12장 남북관계의 '원상회복'」가운데 「꽃샘추위」, ______, 『피스 메이커: 남북관계와 북핵문제 25년; 임동원 회고록』(경기도 파주시:창비, 2015년 6월), 448~503쪽 가운데 487~493쪽.

제2연평해전과 관련해, 북측이 핫라인을 통해 "이 사건은 계획적이거나 고의성을 띤 것이 아니라 순전히 현지 아랫사람들끼리 우발적으로 발생시킨 사고였음이 확인되었다. 이에 대하여 매우 유감스럽게 생각한다. 다시는 이러한 사고가 재발되지 않도록 노력하자"는 뜻을 담은 긴급통지문을 보내왔다고 회상했다.

(8) 엄낙용(嚴洛鎔), 『한 공직자의 경제이야기』(경기도 파주시: 나남, 2017).

> 필자는 빠른 속도로 기동 중인 우리 해군의 고속정을 북한 경비정이 단 한 번의 포격으로 핵심부위를 명중시켰다는 보도를 접하고 북한 경비정이 고성능의 무기를 사용하였을 것이라는 느낌이 강하게 들었다. 곧이어 북한 경비정이 장착한 무기가 탱크포라는 발표가 있었지만 출렁거리는 바다 위에서 전속력으로 질주하는 우리의 고속정의 급소를 탱크포로 단번에 명중시켰다는 발표에 신뢰가 가지 않았다. 우리 해군함정들의 반격에 의해 침몰상태로 파괴된 북한 경비정을 아군이 끌고 오지 않고 북한의 다른 함정이 예인하도록 허용하였기 때문에 이를 확인할 수 없었지만 지금도 필자는 그러한 의구심이 든다. 그리고 북한군의 이러한 신무기 무장이 남한에서 보낸 자금으로 이루어진 것일 개연성이 있다는 생각이 필자를 잠 못 이루게 한다.(131쪽)

(9) 김한나, 『영웅은 없었다: 연평해전, 나의 전쟁』(기파랑, 2019)』

제2연평해전에서 전사한 고 한상국(韓相國) 상사의 아내가 직접 펜을 들었다.

제4절 대북정책 및 대북관계: 남북정상회담과 6·15남북공동선언

제1항 남북정상회담 준비와 남북정상회담

정부의 공식 기록

"Chronology of the Inter-Korean Summit Talks," In The Republic of Korea, Ministry of Unification, *Together As One: The Inter-Korean Summit Talks Opening a New Era in the History of Korea*(Seoul, July 2000), pp.43~44.

회고록 또는 관련 저술

(1) 정주영(鄭周永), 「7 금강산과 시베리아 개발」, ______, 『이 땅에 태어나서: 나의 살아온 이야기』(솔, 1998), 329~349쪽.

남북정상회담의 개최를 위한 예비작업의 하나가 현대그룹 정주영 명예회장의 방북 그리고 금강산개발이었다. 금강산개발을 위한 북한과의 협상 그리고 연해주 진출을 위한 고르바초프와의 대화 등을 소개했다.

(1-A) 「특집 III 정주영 탄생 100주년 기념」, 『관훈저널』(2015년 가을), 75~174쪽.

특히 「정주영과 남북관계: 세미나」(2015년 9월 9일 한국프레스센터), 96~174쪽이 남북정상회담의 개최를 포함한 남북관계개선 전반에 대한 이해를 도와준다.

(2) 김근식(金根植), 「북한체제변화론: 가능성과 제약성 논의를 중심으로」, 『현대북한연구』제2권 제1호(1999년 6월), 313~341쪽.

(3) 김연각(金淵珏), 「북한 '변화' 연구: 과학성과 통찰력 사이에서」, 『현대북한연구』 제2권 제1호(1999년 6월), 367~389쪽.

(4) 최원기 · 정창현(鄭昌鉉), 『남북정상회담 600일』(김영사, 2000년 8월).

중앙일보 기자들인 공저자는 남북정상회담이 기획되고 추진된 모든 과정 그리고 남북정상회담이 진행된 과정을 상세하게 설명했다.

(5) 신지호(申志鎬), 『북한의 '개혁 · 개방': 과거 · 현황 · 전망』(한울, 2000년 9월); ______, 「북한체제변화 3단계론: 대북정책에의 시사」, 『한국정치학회보』제36집 제4호

(2002년 12월), 103~119쪽.

※ 신지호(1963~현재)는 연세대학교 상경대학 경제학과를 졸업하고 노동운동에 뛰어들었으나, 「고백」 그리고 「당신은 아직도 '혁명'을 꿈꾸는가」(월간지 『길을 찾는 사람들』 1992년 8월) 등을 발표함으로써 '좌파 · 진보'진영과 결별했다. 이후 게이오대학 대학원에서 국제정치학을 전공해 석사학위를 받은 데 이어 게이오대학 대학원에서 국제정치학을 전공해 「북조선의 개혁개방」(일본어)(2000년 3월)으로 박사학위를 받았다. 서강대학교 공공정책대학원 겸임교수로 활동하다가, 18대 국회총선에 한나라당 공천으로 입후보해 당선됐다. 현재 유튜버로 활동하고 있다.

(6) 유병진(兪炳辰), 「도시와 기업: 한국 울산시의 지역발전과 현대그룹」(일본어), 교토대학교 대학원 경제학박사학위청구논문, 2000년 9월.

이 논문이 남북정상회담에서 현대그룹이 수행한 역할을 분석하는 데 초점을 맞춘 것은 아니다. 그러나 울산광역시의 지역발전에서 현대그룹이 수행한 역할을 분석하는 데 초점을 맞췄기에, 자연히 현대그룹의 성장과정을 이해하는 데 많은 도움을 준다.

※ 유병진(1952~현재)은 명지대학교 무역학과를 졸업하고 명지대학교 대학원 경영학과에서 석사학위를 받은 데 이어 미국 롱아일랜드대학교 대학원 경영학과에서 석사학위를 받았으며, 교토대학 대학원 경제학과에서 박사학위를 받았다. 관동대학교 총장을 거쳐 명지대학교 총장으로 봉직하고 있다.

(7) 정규섭(鄭圭燮), 「햇볕정책을 넘어서: 논쟁과 대안의 모색」, 『현대북한연구』제4권 제1호(2001년 12월), 267~308쪽.

(8) 이원섭(李元燮), 『차라리 소가 되고 싶다: 민족화합을 향한 통일시론』(필맥, 2003).

정주영 회장이 소떼를 몰고 방북하는 장면을 보고 그 결정을 지지하면서 남북 화해 · 협력을 적극적으로 지지했다.

※ 이원섭(1949~현재)은 서울대학교 문리대 외교학과를 졸업하고 조선일보 사회부 기자로 출발했다가 자유언론운동에 동참해 조선일보를 퇴사한 뒤 한겨레신문 창간에 참여했다. 한겨레신문사 논설주간을 거쳐 서강대학교에서 언론학석사학위를 받았으며, 가천대학교 경상대학 신문방송학과 교수로 정년퇴임했다.

(9) 백승구(白承俱), 「2000년 6월 14일 평양: '돈 먹은' 김정일이 '돈 준' 김대중을 협박했다!」, 『월간조선』(2003년 7월), 142~157쪽.

(10) 김진현(金鎭炫), 「나의 북한, 북한사람 체험기」, 『철학과 현실』123(2019년 겨울), 183~214쪽.

필자는 북한대표도 참석한 북한에 관한 국제학술회의에 몇 차례 참석했고, 1999년 4월 25~27일에는 대통령통일고문회의 고문으로 금강산을 방문했으며, 특히 2000년 8월 5~12일에는 문화일보사 회장으로 김정일 국방위원장 초청에 의한 한국 신문 · 방송사장단 방북 때 동참해 김정일을 직접 대면하기도 했다. 그는 다양한 경험을 통해, 다음과 같은 결론을 제시했다.

> "오늘의 대한민국은 '화려'하지만, 또한 '처절한' 위기에 처해 있다. 그 원인의 가장 핵심적 요소는 대한민국의 국체 · 정체성의 혼란과 부정에 있고, 그 중심에는 북한에 대한 인식 · 판단 · 정책의 착오 · 착각 · 오류가 되돌릴 수 없이 축적되어 있다는 판단 때문이다. 30년 넘게 지속된 북한의 '핵과 미사일' 문제를 다루는 데 있어 완전무결한 실패, 대한민국 · 미국 · 일본 · 중국 · 러시아의 공통된 완전한 실패가 그 한 예이다. 그로 인하여 대한민국은 가장 완벽하게, 세계에서 유일하게 동서남북이 핵국가로 둘러싸인-일본을 원료 · 장비 · 기술 확보에서 사실상의 핵국가로 간주하고-'비핵고도국(非核孤島國)'으로 전락했다. 핵을 가진 것과 갖지 못한 것은 상대적 열세가 아니라, 제로와 무한대의 절대적 열세다."(184쪽).

(10-A) 김진현(金鎭炫), 「김정일 초청에 의한 북한 방문(2000.8.5.~12)」, ______, 『대한민국 성찰의 기록: 김진현회고』(경기도 파주시: 나남출판사, 2022), 456~463쪽.

필자는 이 글에는 다음과 같은 관찰이 포함됐다.

> (i) "이번 방북에서 확인한 것은 북한의 모든 시설에는 김일성 부자를 찬양하는 구호가 어김없이 적혀 있다는 점이다. 어떤 시설이든 입구나 마당, 방마다 아래위로 옆으로 김정일 장군 만세, 김일성 수령 만세 등으로 가득해 사람을 압도했다."
>
> (ii) "결국 이번 방북에서 느낀 것은 북한이 획일의 나라, 한 사람의 나라, 한 태양의 나라, 교(巧)와 술(術)의 나라, 적막한 나라였다는 것이다. 단군릉을 방문했을 때 안내원이 5011년이 된 뼈라고 설명하는 모습을 보고 교와 술이 대단한 나라임을 실감했다. 아마 북한에서 가장 부가가치가 높은 사람은 선전선동에 종사하는 사람일 것이다.
>
> 마지막으로 순안공항을 떠나올 때 동원된 군중들을 보면서 인간적으로 불쌍하다는 생각이 들어 눈물이 났다. 그들은 땡볕에 2시간 40분 동안 서서 우리 출발을 기다렸다. 특히 여섯 살 꽃다발 소녀가 '조국통일'을 외치며 눈물을 흘리는 모습을 보면서 어떻게 이렇게 만들어놨나 북녘 내 동포가 너무 불쌍했다."

제2항 6·15남북공동선언

전문(全文)

(1) 송종환(宋鍾奐), 「6·15남북공동선언(2000. 6·15)」, ______, 『북한 협상행태의 이해』(오름, 2002), 413~414쪽(전문).

(2) 김대중(金大中), 「남북 공동 선언」(전문), ______, 『김대중 자서전』 전2권(삼인, 2011), 제1권 가운데 286쪽.

「남북 공동 선언」 전문이 수록됐다.

6·15남북공동선언과 햇볕정책

적극적 지지

(1) 강정구(姜禎求), 「김대중정부 통일정책의 평가와 전망: 포용정책의 민족친화성과 신자유주의의 반통일성」, 『진보평론』 창간호(1999년 가을), 176~204쪽; ______, 「김대중정권의 통일정책」, ______, 『민족의 생명권과 통일』(당대, 2002), 361~388쪽에 재수록.

(1-A) ______, 「남북정상회담과 한반도통일정세」, 한신대학교개교60주년기획위원회 저, 『한반도 통일논의의 쟁점과 과제』(경기도 오산시: 한신대학교출판부, 2001), 101~134쪽; ______, 「남북정상회담과 통일」, ______, 『민족의 생명권과 통일』(당대, 2002), 389~421쪽에 재수록.

(1-B) ______, 「미국의 신(新)패권주의와 한반도 평화와 통일」, 『국제고려학회 서울지회 논문집』3(2001), 185~214쪽.; ______, 『민족의 생명권과 통일』(당대, 2002), 423~456쪽에 재수록.

(1-C) ______, 「친미사대주의 냉전세력과 민족앞길 가로막기」, ______, 『민족의 생명권과 통일』(당대, 2002), 457~485쪽.

6·15공동선언의 의의를 인정하지 않는 세력을 '친미사대주의 냉전세력'이라고 매도하면서, 그 세력은 '정상회담죽이기 논리'를 펴고 있지만 그 논리는 '허구성과 반(反)통일성'을 갖고 있다고 비판했다.

(2) 민족화해협력범국민협의회 편, 『남북정상회담의 의미와 남북공동선언의 실천방

향』(민족화해협력범국민협의회, 2000년 7월 4일).

민족화해협력범국민협의회의 세미나에서 두 전문가가 주제발표를 했다.

(ⅰ) 정성장(鄭成長), 「남북정상회담과 6·15 남북공동선언의 의의」
(ⅱ) 이장희(李長熙), 「민족화해를 위한 법제도적 정비의 문제」

(3) Jong-Seok Lee, "Achievements and Future Tasks of North-South Summitry," *Korea Focus,* Vol. 8, No. 4(July-August 2000), pp 1~6.

(4) 김낙중(金洛中), 「'통일민족국가'가 지향해야 할 정치.경제체제」, 『진보평론』6(2000년 12월), 151~168쪽.

강력한 비판

(1) 박성원(朴成遠), 「인터뷰: 이상우(李相禹), "6·15선언, 정권 바뀌면 휴지조각 될 수 있다": 흔들리는 보수세력」, 『신동아』(2000년 9월), 96~109쪽; 배진영(裵振榮), 「인터뷰: 이상우, 남북정상회담 겨냥한 평화체제 논의를 보며; 한반도 평화체제 구축의 토대는 6·15선언이 아니라, 남북기본합의서다; 대한민국이 배제된 미북평화협정은 대한민국의 정통성과 한미동맹을 허무는 자살행위다」, 『월간조선』(2007년 10월), 62~67쪽.

(2) 이동복(李東馥), 「'남북한 정상간 전쟁포기 합의가 사실이라면 ···주한미군 철수 요구 정당화': 대북전문가 이동복의 김대중 대북정책 직격 비판」, 『월간조선』(2001년 1월), 130~144쪽; ______, 「이동복의 6·15남북공동선언 폐기론: 김대중의 '한여름 밤의 환각'은 이미 사문화(死文化)의 길에 들어섰다」, 『월간조선』(2002년 7월), 344~364쪽; ______, 『손바닥으로 하늘을 가릴 수는 없다: 이동복의 현대사 경험』(경덕출판사 2007); ______, 「김대중 · 김정일 합작의 6·15 선언 국민투표 통해 폐기하자」, 『월간조선』(2008년 6월), 276~282쪽.

(3) 조갑제(趙甲濟), 「미공개 자료를 중심으로 쓰는 김대중 연구, 4: 6·15선언 제2항은 무허가 통일방안에 의한 '국가 정체성의 변조' 기도(企圖)?」, 『월간조선』(2002년 7월), 366~396쪽; ______, 『싸웠다, 그리고 이겼다!: 국민행동본부, 투쟁의 기록』(조갑제닷컴, 2007).

국민행동본부는 「육해공군해병대예비역대령연합회」 회장인 서정갑(徐貞甲) 예비역 육군대령을 중심으로 2001년 1월에 출범했다. 반공을 표방하고, 특히 북한의 김정일체제를 타도의 대상으로 여기며 김정일에 대해 '유화정책'을 추구하는 것으로 비치는 한국의 '좌파정권'을 상대로 투쟁했다. 국민행동본부는 김대중 대통령이 2000년 6월 15일에 평양에서 북한의 김정일 국방위원장과 채택한 「6·15 공동선언」을 '매국'의 문서라고 규정했다. 위의 책은 국민행동본부의 논리와 행동을 정리했다.

(4) 민병돈(閔丙敦), 「김대중의 '의심스러운 정책'에 대한 이적성(利敵性) 여부를 검토할 때」, 『월간조선』(2002년 8월), 96~101쪽.

(5) 김연광(金演光), 「인터뷰: 이인제 의원의 김대중 작심 비판: "6·15공동선언은 학술논의의 대상, 정치적으로는 무의미. 통일이 문서로 되나, 김정일의 엉터리 약속을 받아온 임동원은 반드시 해임해야"」, 『월간조선』(2002년 8월), 136~141쪽.

(6) 배진영(裵振榮), 「김대중을 국가반역 혐의로 처벌하다: 헌변(憲辯) 고발장」, 『월간조선』(2003년 7월), 158~163쪽.

(7) 박관용(朴寬用), 「김대중정권의 대북정책 실패에서 얻는 교훈」, ______, 『나의 삶 나의 꿈 그리고 통일: 현직 국회의장이 우리 시대에 던지는 메시지』(중앙M&B, 2003년 7월), 176~178쪽.

(8) 우종창(禹鍾昌), 「정주영-김정일-김대중의 대(對)국민 사기극: 정주영은 김정일에게 2조 원을 주고 국민세금 24조 원을 받아 썼다: 부패, 사기, 반역적 권력, 그 충격의 실상」, 『월간조선』(2003년 8월), 150~159쪽.

논평(문제점 제기 포함)

(1) 김근식(金根植), 「탈냉전과 한반도평화 그리고 민주주의」, 『평화연구』(고려대학교 평화와민주주의연구소), 제18권 제2호(2010년 가을), 139~166쪽; ______, 「햇볕정책 2년: 평가와 전망」, 『통일시론』(청명문화재단) 제3권 제2호(2000년 여름), 152~167쪽; ______, 「김대중 정부의 햇볕정책: 평가와 전망 그리고 과제」, 『한국과 국제정치』, 제18권 제2호(2002년 여름), 95~119쪽; ______, 「대북 퍼주기 논란과 남남갈등: 현황과 과제」, 『통일문제연구』(평화문제연구소), 제14권 제1호(2002년), 157~175쪽.

(2) Hakjoon Kim, "The North-South Summit Conference, the North-South Joint Declaration, Subsequent Events, and Their Meaning(February 1998~December 2000)," In Chung-in Moon, Odd Anne Westad and Gyoo-Hyong Kahng, eds., *Ending the Cold War in Korea: Theoretical and Historical Perspectives*(Seoul: Yonsei University Press, 2001), pp.241~278.

(3) 박선원(朴善源), 「햇볕정책과 여론: 지속성과 변용의 관점에서 본 실증분석」, 『한국과 국제정치』 제18권 제2호(2002년 여름), 121~154쪽.

(4) 최완규(崔完圭), 「햇볕정책의 국내정치적 제약요인 분석」, 『동북아연구』(경남대학교 극동문제연구소), 8(2003년 12월), 119~137쪽.

(5) 이만섭(李萬燮), 「제4부 50. 김대중 대통령의 햇볕정책과 문제점」, ______, 『나의 정치인생 반세기: 이승만에서 노무현까지-파란만장의 가시밭길 헤치며 50년: 전 국회의장 이만섭 회고록』(문학사상사, 2004), 500~502쪽.

김대중 대통령의 햇볕정책에 관해 긍정적 성격을 인정하면서도 문제점을 지적했다.

(6) 김재한(金哉翰), 「남남갈등과 대북 강온정책」, 『국제정치연구』(2006), 119~138쪽.

(7) 조건식(趙建植), 「한반도 통일방안 비교연구: 기능주의 · 신기능주의 · 연방주의」, 경남대학교 대학원 정치외교학과 박사학위청구논문, 2011년 8월.

7·7선언과 '한민족공동체 통일방안'을 비롯해 '김대중의 3단계 통일론' 그리고 '6·15공동선언 2항' 등을 비교 분석했다.

※ 조건식(1952~현재)은 서울대학교 문리대 정치학과를 졸업하고 경남대학교 북한대학원에서 북한학석사학위를 받은 데 이어 경남대학교 대학원 정치외교학과에서 박사학위를 받았다. 국토통일원 통일요원 선발 제1기로 국토통일원에서 공직을 시작해 노르웨이주재한국대사관 공보관을 거쳐 대통령 비서실장 보좌관에 이어 대통령 통일비서관 그리고 통일부 차관을 역임했다. 남북회담과 관련해 북한을 10여 차례 방문했으며, 이후 현대아산 사장으로 봉직하는 가운데 30여 차례 북한을 방문했다. 현재 한라대학교 석좌교수 겸 동북아경제연구원 원장이다.

(8) 김석우(金錫友) 구술/ 남기정(南基正) 면담, 『한국 외교와 외교관: 한일관계 · 한중수교 · 한베수교』 외교사연구센터 오럴히스토리 총서 18(국립외교원 외교안보연구소 외교사연구센터, 2022), 316~317쪽.

햇볕정책이 남북관계를 개선하려는 의도에서 출발했고 일정하게 기여한 것은 사실이지만, "결국은 햇볕정책이 성공했다고는 볼 수는 없죠" 라고 논평했다. 그는 김영삼 정부 때 북한의 급변사태 발생의 경우 한국정부가 취할 계획에 대해 설명한 뒤, 김대중정부는 이 계획이 북한정권을 자극할 수 있다는 우려에서 아예 취소했다고 부연했다.

낮은 단계의 연방과 국가연합

(1) Jongchul Park, "Inter-Korean Relations after the Summit Meeting: Achievements, Constraints, and Tasks", *Korea and World Affairs* Vol. 25, No. 2(August 2001), pp.189~211.

(2) 양길현(梁佶炫), 「신(新)남북시대의 평화공영과 연합제: 낮은 단계의 연방제」, 『국가전략』 제7권 제4호(2001년 12월), 55~77쪽; ______, 「남북한 평화통일과 국가연합제 통일방안」, 『동아시아연구논총』(제주대학교 평화연구소) 12(2001년 12월), 264~277쪽; ______, 「다시 보는 연합제: 낮은 단계의 연방제」, 『통문협(統問協) 동향과 논단』(통일문제연구협의회) 제1 · 2호(2006년 겨울), 3~18쪽; ______, 「다시 보는 연합제: 낮은 단계의 연방제」, 『북한연구학회보』(북한연구학회) 제11권 제2호(2007년 겨울), 173~196쪽.

(3) 남궁영, 「남북정상회담과 통일방안의 새로운 접근: 연합제와 낮은 단계의 연방제」, 『한국정치학회보』제36집 제1호(2002년 5월), 309~326쪽; ______, 「김대중정부의 대북정책에 대한 비판적 해석: 남남갈등의 쟁점을 중심으로」, 『국제정치연구』(동아시아 국제정치학회) 제7집 제2호(2004년 12월), 226~243쪽.

(4) Hakjoon Kim, "North Korea's 'Federation at the Low Stage' and South Korea's 'Confederation': Their Origins, Evolutions, Approximations, and Characteristics," *Korea and World Affairs,* Vol. 27, No. 1(Spring 2003), pp.67~106.

(5) 이일영(李日榮), 「한반도경제론에서 본 남북연합」, 『황해문화』104(2019년 가을), 83~102쪽.

※ 이일영(1963~현재)은 서울대학교 사회과학대학 경제학과를 졸업하고 서울대학교 대학원 경제학과에서 석사학위를 받은 데 이어 서울대학교 대학원 경제학과에서 「1980년대 중국의 농업개혁: 농업생산성 및 농공간 관계의 분석」(1994년 2월)로 경제학박사 학위를 받았다. 현재 한신대학교 사회혁신경영대학원 교수다.

제3항 김대중정부의 대북정책과 국내정치

(1) 이교관(李敎觀), 『김대중정부의 위험한 거래』(한송, 2002년 6월).

김대중정부의 대북정책을 객관적으로 분석했다는 평가를 받았다. 그는 한반도의 국제상황과 관련해, 『레드 라인』(한울,2005), 『패권 충돌의 시대 한국의 대전략: 완전한 승리의 비극과 제한적 승리의 불가피성』(김앤김북스,2002), 『전략국가의 탄생』(한울, 2016) 등을 출판했다.

(2) 이시형(대구한의대), 「김대중정부 대북정책에서의 여당의 위상과 역할」, 『21세기 정치학회보』제14권 제2호(2004), 139~168쪽.

(3) 이경호(李庚鎬), 「김대중정부 시기 대북정책과 국가자율성에 관한 연구」, 『국제정치논총』 제47권 제1호(2007년 3월), 191~213쪽.

※ 이경호(1965~현재)는 본대학교를 졸업하고 본대학교 대학원 정치학과에서 석사학위를 받은 데 이어 뒤셀도르프대학교 대학원 정치학과에서 박사학위를 받았다. 박사학위청구논문 서지사항은 다음과 같다. Kyeong-ho Lee, "Parteireform der beiden deutschen Grossparteien, SPD und CDU in den 90r Jahren: Grundsatzprogramm, Mitgliedschaft, Waehlerschaft," unpub. Ph.D. diss., Heinrich-Heine-Universität Düsseldorf, 2004.

(4) Sung-han Kim and Geun Lee, "When Security Met Politics: Desecuritization of North Korean Threats by South Korea's Kim Dae-jung Government," *International Relations of the Asia-Pacific,* Vol. 11, No. 1(January 2011), pp.25~55.

김대중정부의 대북정책을 분석했다.

(5) 김윤호(金允鎬), 「통일정책과정에서의 당정협조에 관한 연구: 김대중정부 햇볕정책을 중심으로」, 한국외국어대학교 대학원 행정학과 행정학박사학위청구논문, 2012년 2월.

(6) 김영호(金暎浩), 『대한민국과 국제정치』(성신여자대학교출판부, 2012년 7월; 개정판 2018).

구한말에서 김대중정부에 이르기까지의 약 1세기에 걸친 시기에 있어서의 조선=한국과 국제정치와의 관계를 치밀하게 분석했다. 개정판에서는 미중패권시대와 북핵시대를 맞이해 대한민국이 취해야 할 정책에 대해 상론했다.

(7) 정현곤(鄭鉉坤), 「남북 거버넌스 연구(2001-2007): 6·15남/북위원회를 중심으로」, 경남대학교 대학원 정치외교학과 정치학박사학위청구논문, 2015년 8월.

※ 정현곤(1964~현재)은 서울대학교 사범대학 지구과학교육학과를 졸업하고 경남대학교 대학원 정치외교학과에서 석사→박사학위를 받았다. 그는 「한반도 평화, 남북관계에서 길을 찾아야」, 『창작과비평』제45권 제2호(2017년 6월), 97~107쪽도 발표했다. 문재인정부에서 국무총리 시민사회비서관에 이어 대통령 시민참여비서관을 역임했다. 현재 한국사회적기업진흥원 원장이다.

(7-A) 정현곤 엮음, 『변혁적 중도론』(경기도 파주시: 창비, 2016).

정현곤(鄭鉉坤), 「서장: 변혁적 중도의 실현을 위하여」, 7~32쪽.

제1부 분단체제와 변혁적 중도론의 제기

백낙청(白樂晴), 「분단체제의 인식을 위하여」, 33~78쪽.

______, 「변혁과 중도를 다시 생각할 때: '한국사회 미래 논쟁'에 부쳐」, 79~83쪽.

______, 「2013년체제와 변혁적 중도주의」, 84~105쪽.

제2부 분단체제론의 지평

유재건(柳在建), 「한반도 분단체제의 독특성과 6·15시대」, 107~133쪽.

김종엽(金鍾曄), 「분단체제와 87년체제의 교차로에서」, 134~159쪽.

김연철(金鍊鐵), 「분단체제와 북한의 변화」, 160~181쪽.

이일영(李日榮), 「새로운 '한반도경제'를 위하여: 네트워크 경제모델의 제안」, 182~199쪽.

제3부 변혁적 중도주의의 실천

이승환(李承煥), 「분단체제 변혁의 전략적 설계를 위하여」, 201~226쪽.

김현미(金賢美), 「신자유주의적 권위주의 국가와 생활정치」, 227~247쪽.

이남주(李南周), 「87년체제 극복과 변혁적 중도의 정치」, 248~274쪽.

이태호(李泰鎬), 「전환을 위한 새로운 연대, 새로운 주체: 모두의 안녕을 위한 따뜻한 연대」, 275~301쪽.

남남갈등의 확산

6·15 남북공동선언은 대한민국 사회 안에서 찬반논란 또는 남남갈등을 불러일으켰다. 이 주제에 관한 종합적인 접근은 다음에서 이루어졌다.

(1) 경남대학교 극동문제연구소 편, 『남남갈등 진단 및 해소방안』(경남대학교 출판

부, 2004년 12월).

박재규(朴在圭): 기조연설 남남갈등을 넘어 한반도의 평화와 통일을 향해, 1~8쪽

제1부

손호철(孫浩哲): 남남갈등의 기원과 전개과정, 11~53쪽
강원택(康元澤): 남남 갈등의 이념적 특성에 대한 경험적 분석, 55~100쪽
이우영(李宇榮): 북한관과 남남갈등 여론조사와 신문기사를 중심으로, 101~131쪽
김태현(金泰炫): 한미관계와 남북관계, 133~168쪽
제1회의 토론: 남북관계와 남남갈등, 169~185쪽

제2부

이종원(李鍾元): 재일동포 사회와 남남갈등, 189~200쪽
한원구(경남대학교 극동문제연구소 미주본부장):Los Angeles 지역의 남남갈등, 그 진단과 처방, 201~212쪽
임명걸(중국해양대학교 한국어과 교수): 남북한을 바라보는 중국조선족의 시각, 213~226쪽
백학순(白鶴淳): 한미동맹 재편과 남남갈등, 227~283쪽
임혁백(任爀伯): 평화통일정책과 남남갈등의 극복, 285~334쪽
제2회의 토론: 남남갈등의 해소 방안, 335~358쪽

제3부

김근식(金根植): 남남갈등을 넘어: 진단과 해법, 361~372쪽
제3회의(라운드테이블): 남남갈등을 넘어서 평화통일의 길로, 373~403쪽

(2) 이동하(李東夏), 「'6·15공동선언 실천을 위한 민족작가대회'를 평가한다」, 『시대정신』30(2005년 가을 · 겨울), 144~157쪽.

6·15공동선언의 문제점을 지적하면서 ' 6·15공동선언 실천을 위한 민족작가대회'를 비판했다.

※ 이동하(1955~현재)는 서울대학교 법과대학을 졸업하고 서울대학교 인문대학 국어국문학과를 졸업했으며 서울대학교 대학원 국어국문학과에서 석사학위를 받은 데 이어 서울대학교 대학원 국어국문학과에서 「한국문학의 전통지향적 보수주의에 대한 연구」

(1989년 2월)로 박사학위를 받았다. 서울시립대학교 국어국문학과 교수로 정년퇴임했으며, 현재 서울시립대학교 명예교수다.

비전향장기수 북한 송환

정지윤(경향신문사 사진부 기자), 『바꿀 수 없는: 비전향 장기수 19인의 초상』(에이치투, 2018).

2000년 1차 송환 뒤에도 남한에 남은 비전향 장기수 19명의 초상과 일상을 담은 사진, 인터뷰를 묶었다. 이들은 오랜 감옥살이와 고문 후유증으로 병마와 싸우면서도 북한의 가족을 만날 수 있길 기다리고 있다고 한다.

북한 조선로동당 통일전선부 요원의 회상

장혜영, 「특별기고: 제3국 체류 북한 통일전선부 요원의 충격적 폭로고백: "386 주사파는 통전부의 정규군. 우리는 김대중을 '수령님의 전사'라고 불렀다"」, 『월간조선』(2005년 1월), 78~97쪽.

제4항 국가정보원

김대중 대통령은 취임 직후인 1998년 3월 5일에 이종찬(李鍾贊) 대통령직인수위원회 위원장을 국가안전기획부 부장으로 임명했다. 이 부장은 김 대통령과의 교감 속에 1999년 1월 21일에 국가안전기획부를 국가정보원(약칭 국정원)으로 바꿨다. 김 대통령은 이 부장을 국가정보원 원장으로 임명했다. 국가정보원은 남북정상회담 성사와 관련해 여러 역할을 수행했다.

(1) 김기삼(金基三), 『김대중과 대한민국을 말한다: 전직 국정원 직원의 양심 증언』(비봉출판사. 2010)/아라키 노부코(荒木信子), 『김대중가면의 뒷면: 전 한국정보부원의 고발』(도쿄: 소시샤[草思社], 2011).

저자는 서울대학교 법과대학을 졸업하고 김영삼정부가 출범한 1993년 2월 직후에 국가안전기획부에 입부한 때로부터 7년 10개월이 지난 2001년 11월에 사직했다. 곧 가족과 함께 미국으로 건너간 그는 김영삼정부의 국가안전기획부, 그리고 김대중정부에 의해 개명된 국가정보원의 비밀공작을 폭로하며 '양심선언을 발표했다. 특히 그는 김대중 대통령이 노벨평화상을 받기 위해 김정일과 비밀스런 뒷거래를 통해 남북정상회담을 성사시켰다고 비난했다. 이 일을 계기로 미국에 정치적 망명을 신청해 2002년에 받아들여졌다.

(2) 이종찬(李鍾贊), 「15. 국정원에서 바라본 세상」, ______, 『숲은 고요하지 않다: 이종찬 회고록』전2권(경기도 파주시: 한울, 2015), 제2권, 417~553쪽.

(3) 김당(金鐺), 『시크릿파일 국정원: 실패한 공작의 역사, 그리고 혁신』(메디치, 2016); ______, 『시크릿파일 반역의 국정원: 거대 조직과 검은 돈 그리고 비밀공작의 실체』(메디치, 2017).

이 책은 국가정보원이 태동한 과정 그리고 그 역사를 상세히 살폈으며, 김대중 대통령이 국가정보원을 개혁했다고 평가했다. 두 번째 책 가운데 「김기삼의 허위사실 폭로와 역대 정권들의 노벨평화상 방해공작」(761~790쪽)은 김기삼의 폭로가 사실에 근거하지 않았다고 비난했다.

불법도청사건

노무현정부 때인 2005년 여름에 김대중정부의 안기부→국정원이 '통신감청'을 했다는 이른바 불법도청사건이 일어났다. 언론매체들은 이것을 '안기부X파일사건'이라고 불렀다. 결국 김대중정부 때의 국정원 고위 간부들이 구속되고 마침내 임동원 전 원장과 신건(辛建) 전 원장이 구속되어 유죄판결을 받기에 이르렀다.

(1) 김당(金鐺), 「X파일 이후 국정원 어디로 가나? 아마추어 지휘부 자충수(自充手) 궁지」, 『월간중앙』(2005년 10월), 88~97쪽.

(2) 임동원(林東源), 「14장 평화와 통일의 길」 가운데 「대북송금 특검과 국정원 불법감청 사건」, ______, 『피스메이커(Peace Maker): 남북관계와 북핵문제 20년; 임동원 회고록』(중앙books, 2008), 712~732쪽 가운데 716~722쪽 가운데 716~720쪽.

자신은 불법감정을 지시한 일이 전혀 없다고 주장하면서, 이 사건을 일으킨 노무현 대통령의 '안일한 판단'을 비판했다.

(3) 김대중(金大中), 「6부(2003년 2월~2009년)」 가운데 「혼자서 세상을 품다(2003.2~2005.12)」, ______, 『김대중 자서전』 전2권(삼인, 2011), 제2권, 502~574쪽 가운데 516~517쪽.

이 사건에 관한 자신의 심경을 토로했다. 그는 임동원 전 원장과 신건 전 원장이 불법도청을 했다는 검찰의 발표를 믿을 수가 없다고 주장했다.

(4) 이종찬(李鍾贊), 「15. 국정원에서 바라본 세상」 가운데 「'통신감청 논란'의 뿌리」, ______, 『숲은 고요하지 않다: 이종찬 회고록』전2권(경기도 파주시: 한울, 2015), 제2권, 417~553쪽 가운데 528~543쪽.

북한에 대한 불법송금문제

당시 정부 요인의 증언

엄낙용(嚴洛鎔), 『한 공직자의 경제이야기』(경기도 파주시: 나남, 2017).

2002년 9~10월에, 북한에 대한 불법송금문제가 국회에서 제기됐고 언론 역시 이 문제를 크게 다뤘다. 2002년 10월 4일에 국회에서 증언한 엄낙용 전 재정경제부 차관은 자신의 회고록에서 다음과 같이 썼다.

> "필자는 재정경제부 차관으로 있으면서 남한과 북한의 경제적 협력관계를 구축하기 위한 제도적 개선이 필요하다고 생각하고 이를 위하여 많은 노력을 기울였다. 그러나 비밀스러운 방법으로 북한에 거액의 현금을 제공하는 것은 군사적·정치적 용도로 사용될 것이 명백하므로 동의할 수 없었다. 필자가 담당했던 해외차관도입 업무에서도 국제금융기구가 차관제공국가에서는 그 자금이 군사적 또는 정치적 목적에 사용되지 않도록 철저히 확인했다. 더구나 자금을 제공하는 과정에서 기업과 은행을 경영위기에 직면하게 만드는 결과를 초래하는 것은 용납하기 어려웠다. 만약 그러한 비밀스러운 자금 제공으로 남북관계에 근본적 화해가 형성된다면 모르겠지만 연평해전에서 나타난 결과는 우리를 공격하는 무기를 그들의 손에 쥐여준 형국이 아닐 수 없다.
>
> 그러나 나중에 특검을 거쳐 많은 사람이 사법처리되는 단계에서 필자의 인간적 고뇌는 더욱 커졌다. 이기호(李起浩) [대통령경제]수석과 이근영(李瑾榮) 전임 산은총재는 필자가 여러모로 감사하고 친밀하게 생각하는 공직의 선배임에도 그들에게 이러한 고난을 끼치고 말았다는 것은 필자에게 참으로 가슴 아픈 일이 아닐 수 없었다.
>
> 필자가 알기에는 이기호 수석은 비밀한 자금제공 대신 다른 대안을 주장했으나 관철되지 못한 탓으로, 이근영 전임 산은총재는 북한에 제공되는 자금인 줄 모르고 현대그룹에 대한 금융지원 차원에서 이 일에 연루된 것으로 이해한다. 그렇지만 필자가 인간적 어려움으로 이를 외면하고 침묵한다면 평생을 두고 자신을 가책하면서 괴로워할 것이라 생각하였으며 그러한 입장은 지금도 변함이 없다. 지금 다시 그러한 상황이 필자 앞에 재현된다

하더라도 같은 선택을 할 수밖에 없다고 생각한다."(132~133쪽)

그는 다음과 같은 일에 대해서도 회상했다.

"산업은행 총재로서 정부와의 마찰은 부임 초부터 시작했다. 전임자에 의하여 비정상적 여신(與信)이 현대상선에 제공된 것을 이상하게 생각한 필자는 이 여신이 정부의 고위층에 의하여 지시된 것임을 확인했다. 이를 회수하는 과정에서 현대측이 상환을 거부하며 정부로부터 받으라고 버티는 것을 보고 대출된 자금이 북한에 제공되었을 것으로 추측했다. 그리고 현대그룹의 자금흐름을 살펴보자 매우 어지럽다는 느낌을 받았다. 이러한 상황에서 현대그룹이 자금난을 겪으면서 정부에게 자금지원을 요청했다. 이 요청은 금융감독원 간부로부터 산업은행 임원에게 전달되었다. 이러한 요청에 대하여 자금의 용도가 확실한 현대그룹의 만기도래 회사채를 차환하기 위하여 발행되는 회사채의 신속인수 등은 동의했다. 그러나 자금의 용도가 불분명한 지원요청에 대하여 '구두로 요청하지 말고 문서로 요청하라'고 면박하자 필자의 속내를 모르는 정부 측 인사들이 펄펄 뛰며 분개한다는 소식을 접하기도 했다."(129쪽)

※ 엄낙용(1948~현재)은 서울대학교 법과대학 행정학과를 졸업하고 행정고시를 거쳐 정부에 들어가 하버드대학교 케네디스쿨에서 석사학위를 받은 데 이어 제네바대표부 재무관으로 봉직했으며, 재정경제원 제2차관보→관세청 청장→재정경제부 차관→산업은행 총재 등을 역임했다. 정부에서 나온 뒤 대학에서 강의하고 있다.

김대중 대통령의 해명

김대중(金大中), 『김대중 자서전』 전2권(삼인, 2011), 제2권, 492~493쪽.

자신의 임기 말에 터진 이 사건에 대해 김 대통령은 퇴임 직전인 2003년 2월 14일에 「국민에게 드리는 말씀」이라는 제목의 해명 · 사과문을 생방송했다. 그는 현대의 대북송금이 '실정법상 문제가 있음'을 인정하면서도 그것이 평화와 국가이익에 크게 도움이 된다고 판단했다고 설명하고 자신이 모든 책임을 지겠다고 다짐했다.

임동원 국정원장의 해명

2003년 2월 25일에 취임한 노무현 대통령은 곧바로 현대의 대북송금 문제에 대한 특별검사 수사에 착수했다. 특별검찰부는 2003년 6월 25일에 그 결과를 발표하고 임동원 전 국가정보원장 등을 구속기소했다. 법원은 유죄를 인정했으나 집행유예를 선고했다.

임동원(林東源), 「14장 평화와 통일의 길」 가운데 「대북송금 특검과 국정원 불법감청 사건」, ______, 『피스메이커(Peace Maker): 남북관계와 북핵문제 20년; 임동원 회고록』(중앙books, 2008), 712~732쪽 가운데 716~722쪽 가운데 716~720쪽.

자신은 특검조사에 적극 협조했으며, 특히 "국정원의 공작활동을 법적으로 문제시한다면 이를 묵인한 내가 모든 책임을 지겠으니 관련 부하직원들은 일절 문책하지 말 것"을 요청했다고 해명한 뒤, 다음과 같이 부연했다.

> "이 특검사건이 우리에게 남긴 상처는 대단히 깊었다. 민족문제와 남북관계에 대한 올바른 철학과 비전이 결여된 노무현 대통령은 취임 초부터 첫 단추를 잘못 끼움으로써 남북관계를 경색케 하고 국론을 분열시키는 결과를 초래했다. 이는 남북 화해협력과 통일문제에 대한 국민들의 관심과 흥미를 감퇴시키고 남북관계 개선을 위한 추동력을 잃어버리는 결과를 초래했다."

※ 이 부분이 그의 『피스 메이커, 남북관계와 북핵문제 25년: 임동원 회고록』(경기도 파주시: 창비, 2015년 개정증보판)에서는 빠졌다.

한 언론인의 해결방안 제시

김재홍(金在洪), 「대북송금, 초정파적 진상규명 방안을」, 『인물과 사상』(2003년 4월), 26~37쪽.

남북협상에서 관료의 역할

배종윤(裵鍾尹), 「1990년대 한국의 대북정책과 관료정치: 통일부와 국가정보원을 중심으로」, 『한국정치학회보』 제37집 제5호(2003년 가을), 147~165쪽.

박정희 대통령 이후 남북협상은 대체로 대통령의 철학과 의지에 따라 추진됐다. 그렇다면 관료는 그저 대통령의 뜻을 받아들인 채 수동적으로 움직였다는 것일까? 필자는 남북대화 또는 남북협상에 관련된 행정부서 관료의 발상과 역할을 분석했다.

※ 배종윤(1966~현재)은 연세대학교 사회과학대학 정치외교학과를 졸업하고 연세대학교 대학원 정치외교학과에서 석사학위를 받은 데 이어 연세대학교 대학원 정치외교학과에서 「한국외교정책 결정과정과 관료정치」(2001년 8월)로 박사학위를 받았다. 그는 자신의 이 논문을 바탕으로 「한국외교정책 결정과정의 관료정치적 이해」, 『국제정치

논총』 제42집 제4호(2002년 12월), 97~116쪽을 발표했다. 현재 연세대학교 사회과학대학 정치외교학과 교수다.

국가정보기관에 대한 의회통제

김정도(金呈道), 「국가정보기관에 대한 의회통제」, 영남대학교 대학원 정치외교학과 박사학위청구논문, 2008년 2월.

※ 김정도(1973~현재)는 현재 영남대학교 사회과학대학 정치외교학과 강사다.

제5항 노벨평화상

(1) 안기석(安基碩), 「김대중 대통령과 노벨평화상: '햇볕정책'과 '청렴성'에 달렸다」, 『신동아』(1999년 8월), 166~175쪽.

(2) 배정환(裵正桓) 외, 「김대중과 노벨평화상: 어떻게, 누가, 누구에 의해 뽑혀지는가?」, 『월간조선』(2000년 10월), 678~687쪽.

(3) 서동만(徐東晩) 외, 「DJ와 노벨평화상: 노벨평화상과 한반도의 미래, "남북한 민중이 함께 답은 화해와 평화의 상」, 『월간중앙』(2000년 11월), 50~65쪽.

(4) 백승구(白承俱), 「김대중 노벨평화상 국제로비 진상: 핵심인물은 김한정(金漢正) 청와대 제1부속실장」, 『월간조선』(2003년 3월), 252~271쪽.

(5) 이종찬(李鍾贊), 「15. 국정원에서 바라본 세상」 가운데 「김대중 대통령의 노벨평화상 수상 이야기」, ______, 『숲은 고요하지 않다: 이종찬 회고록』전2권(경기도 파주시: 한울, 2015), 제2권, 417~553쪽 가운데 496~527쪽.

김대중이 노벨평화상을 받지 못하도록 역대 정권이 국가안전기획부를 중심으로 공작해온 사례들을 자세히 설명했다. 전두환 대통령 때는 '산림정책'이라는 이름 아래, 노태우 대통령 때는 '조선사업'이라는 이름 아래, 그리고 김영삼 대통령 때는 '세종사업'이라는 이름 아래 김영삼 대통령의 노벨상 수상을 지향함과 아울러 김대중 수상을 저지하는 사업을 동시에 추진했다. 다시 김영삼 대통령 때는 '피요르드사업'이라는 이름 아래 김대중 수상을 방해하는 공작을 폈다. 김대중 대통령 때는 아태평화재단으로부터 「아태민주지도자회의(Forum of Democratic Leaders in the Asia-Pacific, 약칭 FDL-AP)」를 분리시켜 이 기구를 통해 노벨상 수상을 위한 활동을 벌였다. 저자는 다음과 같은 결론을 제시했다.

"노벨평화상이 김대중 대통령에게 돌아간 것은 아태민주지도자회의를 중심으로 몇 가지 사업을 벌였기 때문이 결코 아니었다. 더욱이 일부의 험담처럼 집요한 로비의 산물은 더더욱 아니었다. 그의 수상은 민주화와 인권, 그리고 평화에 대해 그가 한평생 보여준 일관된 신념과 행동의 결과였다. 그리고 무엇보다 가장 중요한 모멘텀은 2000년 남북정상회담이었다고 나는 생각한다."

이종찬 원장은 김대중 대통령의 노벨상 수상 과정에서 김한정 비서관이 수행한 역할에 관해 몇 차례 언급했다.

(6) 최우석(崔宇晳), 「국정원 특활비, 16대 총선자금, DJ 노벨상 수상 로비자금으로 사용됐나?: 김대중정권, 국정원 특활비 정치적 목적 사용 의혹」, 『월간조선』(2018년 3월), 256~266쪽.

(7) 송평인(宋平仁), 「송평인 칼럼: 민주화 이후의 대통령들은 다 실패했다」, 『동아일보』(2022년 11월 30일), A34쪽.

필자는 다음과 같은 구절로 이 칼럼을 시작했다.

"역사의 상공에 올라보자. 자잘한 물결은 사라지고 큰 줄기만 보일 정도로 높이 올라보자. 이승만 대통령은 유라시아대륙이 공산주의로 다 붉게 물들어갈 때 대륙의 오른쪽 끝단에 자유와 민주주의를 위한 토대를 마련했다. 박정희 대통령은 세계 최빈국 중 하나에서 산업화에 성공함으로써 북한과의 체제경쟁에서 이겼다. 민주화 이후의 대통령들은 뭘 했던가."

필자는 김대중 대통령에 대해 다음과 같이 썼다.

"김대중 대통령은 햇볕정책으로 소련공산당 붕괴 이후 경제적 곤궁에 처한 북한 세습정권을 살려냈다. 그 과정에서 퍼준 돈은 북한이 핵개발을 지속하는 데 쓰였다. 지금 돌아보면 당치도 않는 노벨평화상을 그가 받은 대가로 국민이 얻게 된 것은 북한의 핵위협이다. 북한은 김대중 집권기를 통해 곤궁에서 벗어난 뒤 노무현 집권 후반기인 2006년에 제1차 핵실험을 강행했다."

김대중 대통령 스스로의 회고

김대중(金大中), 「4부(2000년 6월~12월)」 가운데 「2000년 가을, 부신 날들(2002.10)」, ______, 『김대중 자서전』 전2권(삼인, 2011), 제2권, 301~384쪽 가운데 336~351쪽.

“2000년은 노벨평화상을 제정한지 100주년이 되는 해이고, 새 천 년의 첫 수상자이기 때문에 특히 경합이 치열했다”라고 쓴 데 이어 자신의 감회를 자세히 회상했다.

第6항 남북관계에 대한 언론계와 학계의 인식

(1) 김재홍(金在洪), 「김대중정부의 남북화해정책과 정치커뮤니케이션」, 『통일안보논총』(2000년 11월), 1~42쪽; ______, 「남북화해 시대의 한국정치」, 『관훈저널』76(2000년 가을), 186~240쪽; ______, 「김대중정부의 대북 포용정책에 대한 언론논조와 국민여론의 비교분석」, 『한국정치학회보』 제37집 제2호(2003년 여름), 197~218쪽.

필자의 분석에 따르면, 김대중정부의 남북화해정책에 대해 국민여론은 비교적 긍정하는 쪽이었음에 비해 언론은, 특히 보수언론은, 훨씬 비판적이었다.

(2) 남궁영 · 양일국, 「한국 정치학계의 북한문제 인식과 대응(2000-2012): 『국제정치논총』 · 『한국정치학회보』를 중심으로」, 『국가전략』 제21권 제4호,(2015년 겨울), 51~77쪽.

두 학술지에 등재된 북한관련 논문 197편을 분석했다, 이 분석에 따르면, ‘현실론’은 북한을 정상화해야 할 불량국가로 인식하며 그 방법으로 강경책을 선호하는 경향을 보였음에 비해 ‘이상론’은 북한체제의 특수성을 인정하고 가능한 대화와 경제원조를 통해 남북관계를 풀어가야 한다는 입장이었다.

평양과학기술대학 개교

정시행(조선일보 뉴욕특파원), 「정시행이 만난 사람: 14년째 북한에 과학기술 가르치는 박찬모 평양과기대 명예총장」, 『조선일보』(2023년 2월 27일), A30쪽.

남북정상회담의 결과 남북정부의 협약 아래 한 · 미 기독교계와 과학계의 지원으로

2010년 평양 중심에 북한의 유일한 국제사립대학이자 이공계 인재양성소인 평양과학기술대학이 개교했다. 서방교수 60여 명이 학부생과 대학원생 640여 명에게 선진과학지식과 영어를 가르친다. 이 전면 회견에서 박찬모 명예총장은 매우 흥미 있는 여러 경험과 관찰을 개진했다. 그것들 가운데 두 가지만 소개하기로 한다.

(ⅰ) "이 상태로 통일이 닥치면 엄청난 혼란이 올 것이다. 문화 · 지적 격차를 최소화해야 통일에 대비할 수 있다."

(ⅱ) "열성만은 서울 명문대생들이 북한 학생들 못 당할 것이다. 한국은 올라갈수록 나태해지는 게 있다. 평양과기대생들은 '교수님 기대에 어긋나지 않게 열심히 하겠다'고 한다. 교수가 들을 수 있는 가장 감동적인 말이다."

제5절 대외정치

제1항 미국과의 관계

남북정상회담의 개최 그리고 그 산물인 「남북공동선언」은 미국의 클린턴 행정부에 대해 큰 영향을 주었다. 그동안 진행됐던 미국과 북한 사이의 회담은 빠르게 진전되어 마침내 북한의 제2인자로 불린 「조선민주주의인민공화국 국방위원회 제1부위원장」 조명록 차수가 워싱턴을 방문해 클린턴 대통령 및 올브라이트 국무장관 등과 회담하고 공동성명을 발표하기에 이르렀다. 이 회담에서 올브라이트 국무장관과 클린턴 대통령의 북한방문이 합의됐고 실제로 올브라이트 국무장관은 미국 국무장관으로, 더 나아가 미국 장관으로 처음 북한을 방문하고 김정일과 회담했다.

(1) 김국신(金國新), 『미국의 대북정책: 남북정상회담 및 미 대선 결과에 따른 변화』(통일연구원, 2000).

(2) 도준호(都俊鎬), 「인터뷰: 공로명(孔魯明) 전 외무부장관의 통렬한 김대중 외교노선 비판: "자유통일을 하겠다면서 통일저지 세력인 북한 · 중국을 가까이 하고 미국을

멀리하는 것은 국익에 대한 자해"」,『월간조선』(2002년 6월), 100~118쪽.

(3) 강원용(姜元龍),「부시 대통령과 북핵」가운데「경직되는 미국의 한반도정책」, ______,『역사의 언덕에서』(경기도 파주시: 한길사, 2003), 제5권(『버스가 봉우리에서』), 187~216쪽 가운데 187~193쪽.

(4) Victor D. Cha, *Powerplay: The Origins of the American Alliance System in Asia*(Princeton, N.J.: Princeton University Press, 2018).

이 책이 제1차 남북정상회담 그 자체를 다룬 것은 아니다. 이 책은 특히 트루먼 행정부와 아이젠하워 행정부 때 미국이 중국을 의식하며 아시아에서 동맹체제를 수립한 배경과 과정에 초점을 맞췄다. 그러나 이 책은 아시아에서의 미국동맹체제의 기원을 치밀하게 분석하면서 그것이 오늘날의 미중대결관계에 주는 함의를 함께 보여주었다.

(5) 양욱(梁旭),「럼스펠드 시기 미국의 군사변환 정책」, 국방대학교 국방관리대학원 박사학위청구논문, 2021년 2월.

클린턴 대통령의 후임인 조지 W. 부시 대통령은 국방장관의 럼스펠드(Donald Henry Rumsfeld)를 기용했다. 부시 행정부는 김대중 대통령의 대북정책을 비판하고 견제하는 노선을 추구했다. 필자는 럼스펠드 국방장관 때 미국의 군사정책이 어떻게 바뀌었으며 그것이 한미관계에 어떤 영향을 주었나를 분석했다.

※ 양욱(1975~현재)은 서울대학교 법과대학 사법학과를 졸업하고 국방대학교 국방관리대학원에서 석사→박사학위를 받았다. 아산정책연구원 부연구위원이면서 한남대학교 국방전략대학원 안보국방정책학과 겸임교수다. 그는 홍용표(洪容杓)·박원곤(朴元坤)·김병연(金炳椽)·신범철(申範澈) 등이 공저한『한반도, 평화를 말하다: 튼튼한 평화를 위한 대한민국의 평화정책』(21세기북스, 2021)에도 기고했다.

올브라이트 장관의 방북

(1) 송종환(宋鍾奐),「북·미공동코뮈니케: 북한측 번역본(2000.10.12)」, ______,『북한 협상행태의 이해』(오름, 2002), 418~421쪽.

조명록의 방미에 따라 백악관에서 두 나라 사이의 공동성명이 발표됐다.

(2) Madeleine Korbel Albright with Bill Woodward, *Madam Secretary: A Memoir*(New York: Harper Collins, 2003; paperback, 2005)/백영미·김승욱·이원경, 공역,『매들린 올브라이트』전2권(황금가지, 2003).

원서 기준으로 "Part Four: Waging War, Pursuing Peace"(pp.361~514) 가운데 "Chapter 27: "Inside the Hermit Kingdom"(pp.458~475), 번역판 기준으로 「제4부 평화의 추구」(193~450쪽) 가운데 「은둔의 왕국, 북한」(354~381쪽)은 올브라이트 장관이 북한을 방문한 과정, 그녀가 김정일과 나눈 회담 그리고 북한에서 목격한 것들을 상세히 담았다.

(3) Bill Clinton, *My Life*(New York: Alfred A. Knopf, 2004)/이순희(전문번역가) · 정영목(전문번역가) 역, 『빌 클린턴의 마이 라이프』 전2권(경기도 안양시: 물푸레, 2004), 제2권, 1132쪽.

김대중 대통령의 '햇볕정책'에 대한 지지를 확실하게 표현하면서 올브라이트 국무장관의 방북 그리고 자신의 방북 권유에 대해 언급했다. 자신은 북한과의 협상을 진척시키고 싶었지만 중동 평화협상의 성사가 임박한 시점에서 방북할 수가 없었다고 설명했다.

(4) 김대중(金大中), 「4부(2000년 6월~12월)」 가운데 「2000년 가을, 부신 날들(2000.10)」, ______, 『김대중 자서전』전2권(삼인, 2011), 제2권, 301~382쪽 가운데 347~350쪽.

올브라이트 국무장관은 2000년 10월 23일~25일 평양을 방문하고 25일 오전에 서울을 방문해 김대중 대통령과 회담했다. 김 대통령은 이 회담에서 나눈 이야기를 자세히 회상했다.

(5) Ambassador Wendy R. Sherman, *Not for the Faint of Heart: Lessons in Courage, Power, and Persistence*(New York: Public Affairs, 2018).

저자는 미 국무부 북한정책조정관 겸 장관보좌관으로 올브라이트 국무장관이 방북했을 때 동행했고, 북핵문제를 둘러싼 6자회담에 미국대표로 참석했다. 그녀의 이 회고록은 부분적으로 자신의 경험을 담았다.

※ Wendy R. Sherman(1949~현재)은 스미스칼리지를 거쳐 보스턴대학교를 졸업했으며 메릴랜드대학교 칼리지파크 대학원에서 사회복지학을 전공해 석사학위를 받고 클린턴행정부 때 국무부에 입부했다. 이후 차관보→차관→하버드대학교 케네디스쿨 교수→국무부 부장관을 역임하고 2023년에 은퇴했다.

부시 대통령 이후의 미북관계와 한미관계

2000년 11월에 실시된 대통령선거에서 공화당의 부시 후보가 당선됨에 따라 미국의 대북정책은 강경정책으로 돌아섰고 자연히 미국과의 관계는 긴장됐으며 결국 클린턴 대통령의 방북은 실현되지 않았다. 같은 맥락 속에서, 한미관계 역시 긴장됐다.

(1) Colin Luther Powell with Joseph E. Persico, *My American Journey: An Autobiography*(New York: Random House, 1995) / 류진(柳津), 『콜린 파월 자서전: 미국 최초의 흑인 국무장관을 지낸 콜린 파월의 생애』(샘터, 1997: 개역판, 2001).

※ Colin Luther Powell(1937~2021)은 뉴욕시립대학교를 졸업하고 ROTC 장교로 육군에 들어가 합동참모의장(대장)에 올랐다. 부시 대통령 때 국가안보보좌관을 거쳐 국무장관으로 봉직했다.

(2) 서재정(徐載晶) · 이삼성(李三星) · 이철기(李鐵其) · 정욱식(鄭旭湜) · 서보혁(徐輔赫) · 윌리엄 하퉁(William Hartung) · 마이클 시아로커(Michelle Ciarrocca) · 우메바야시 히로미치(梅林宏道), 『한반도의 선택: 부시의 MD 구상, 무엇을 노리나』(삼인, 2001년 9월).

(3) Hakjoon Kim, "An Odd Alliance: South Korea-U.S. Relations After the Advent of the Bush Administration," *Korean Social Science Journal*, Vol. 29, No. 1(2002), pp.1~31; ______, "South Korea-U.S. Relations, 1948~2002(With Emphasis on Tension Between the Kim Dae Jung and George W. Bush Administration," *Korea Observer*, Vol. 34, No. 1(Spring 2003), pp.1~40.

(4) Anthony H. Cordesman, *Proliferation in the "Axis of Evil": North Korea, Iran, and Iraq*(Washington, D.C.: Center for Strategic and International Studies, 2002).

부시 대통령은 2002년 1월 29일에 행한 연례일반교서 연설에서 북한과 이란 및 이라크를 테러국가로 단정하고 그 세 나라가 '악의 축'을 형성하고 있다고 비난했다. 이 연설은 이미 악화되어가던 미국과 북한 사이의 관계를 더욱 악화시키는 결과로 이어졌다. 자연히 김대중정부와 부시정부 사이의 관계 역시 긴장될 수밖에 없었다.

※ Anthony H. Cordesman(1939~현재)은 시카고대학교를 졸업하고 플레처국제법 · 외교대학원에서 석사학위를 받은 데 이어 런던대학교 대학원 정치학과에서 박사학위를 받았다. 조지타운대학교 교수와 우드로윌슨국제연구소 펠로를 역임했으며, 국회와 백악관에서 정책보좌관으로 봉직했다. 이후 전략국제문제연구소 석좌연구원으로 활동했다.

(5) Sung-han Kim, "ROK-U.S. Relations After the Summit Meeting: How to Realize the Vision," *Korea and World Affairs*, Vol. 27, No. 2(Summer 2003), pp.189~201. "

(6) Condoleeza Rice, *No Higher Honor: A Memoir of My Years in Washington*(New York: Crown Publishing Group, 2011)/ 정윤미(전문번역가), 『최고의 영예: 콘돌리자 라이스 불꽃처럼 산 워싱턴 시절의 기록』(진성북스, 2012).

※ Condoleeza Rice(1954~현재)는 앨라배마주 버밍햄시에서 목사 아버지와 교사 어머니 사이에서 태어나 덴버대학교 정치학과를 졸업하고 노터데임대학교 대학원에서 정치학석사학위를 받은 데 이어 덴버대학교 대학원 정치학과에서 박사학위를 받았다. 스탠퍼드대학교 교수로 출발해 부시 대통령 때 국가안보보좌관에 이어 국무장관으로 봉직했다. 흑인으로서 파월 국무장관에 이은 두 번째 국무장관이었으며, 여성으로서 올브라이트 국무장관에 이은 두 번째 국무장관이었다. 퇴임 이후 스탠퍼드대학교 부총장으로 봉직했다.

9·11 테러와 한미관계

부시행정부가 출범한 때로부터 8개월 지난 2001년 9월 11일에 오사마 빈 라덴(Osama bin Laden)이 이끄는 이슬람계의 테러조직 알카에다(al-Qaeda)는 미국 뉴욕의 세계무역센터 쌍둥이 빌딩과 워싱턴 D.C.의 국방부 건물에 폭탄을 던져 세계적으로 큰 충격을 주었다. 이 사건은 부시행정부로 하여금 테러조직 그리고 테러를 뒷받침하는 국가들에 대해 훨씬 더 강경하게 대처하게 만들었으며, 자신의 우방국가들에 대해 테러를 더욱 분명히 하도록 요구하게 만들었다. 자연히 북한에 대해 포용·화해정책을 추구하던 김대중정부에게 적지 않게 부담을 주었다.

(1) Norman D. Levin and Yong-Sup Han, *Sunshine in Korea: The South Korean Debate over Policies Toward North Korea*(Santa Monica, C. A.: RAND, 2002).

(2) Norman D. Levin, *Do the Ties Still Bind?: The U.S. - ROK Security Relationship After 9/11*(Santa Monica, C. A.: RAND, 2004).

(3) 이춘근(李春根), 「테러전쟁 시대의 한미동맹: 문제점과 대책」, 『시대정신』25(2004년 여름), 262~295쪽.

한미동맹은 2003년에 50주년을 맞이했다. 그때로부터 1년이 지난 시점에서 필자는 그 사이의 한미동맹관계를 회고한 가운데 여러 중요한 논점을 제시했다. 그것들 가운데 하나는 다음과 같이 요약될 수 있다.

2000년 6월의 남북정상회담 이후 북한에 대한 한국인의 인식은 급변했다. 쉽게 말해, 한국인들은 북한을 더 이상 적으로 간주하지 않으려 하며 북한은 적국이라기보다는 협력의 대상으로 생각하기 시작한 것이다. 그때로부터 1년이 조금 넘었을 때, 9·11 사태가 일어났다. 9·11 이후 남북한은 접근하려고 한 반면에 미·북은 전쟁이 발발할지도 모른다는 수준으로 악화됐다. 9·11을 계기로 한·미·북의 관계는 완전히 꼬였다.

전 주한미국대사 도널드 그레그와의 관계

도널드 그레그는 노태우 대통령 때인 1989~1993년에 주한미국대사로 봉직했다. 윌리엄스칼리지를 졸업하고 1951년에 중앙정보국(CIA)에 들어가 1973~1975년에 CIA한국지부장을 맡았던 그는 당시 야당 정치인으로 박정희 대통령의 탄압을 받던 김대중을 후원했으며, 1980년에 신군부가 조작한 김대중내란음모사건으로 사형을 선고받자 그의 구명을 위해 노력했다.

(1) Donald Gregg, *Put Shards: Fragments of a Life Lived in CIA, The White House, and the Two Koreas*(Washington, D.C.: New Academia Publishing, 2014)./ 차미례(車美禮), 『역사의 파편들: 도널드 그레그 회고록』(경기도 파주시: 창비, 2015).

(2) John Delury and Tae-ho Kang, eds., *Bound by Destiny: Donald Gregg, Kim Dae-jung and Turning Points in the US-ROK Alliance*(Seoul: Yonsei University Press, 2014).

제2항 일본과의 관계

(1) 김대중(金大中), 「2부(1998년 6월~1999년)」 가운데 「기적은 기적적으로 오지 않는다(1998.9~1998.10)」, ______, 『김대중 자서전』전2권(삼인,2011), 제2권, 301~382쪽 가운데 347~350쪽.

김대중 대통령이 1998년 10월 7일~10일에 일본을 방문하고 오부치 게이조 총리와 정상회담을 가진 뒤 「21세기 한일 파트너십」이라는 공동선언을 발표했다. 이 선언에서 오부치 총리는 일제의 조선식민통치에 대해 '통절한 반성과 마음으로부터의 사죄'를 표시했다. 두 정상은 일본의 대중문화를 한국시장에 개방한다는 데 합의했고, 새로운 한

일어업협정을 체결했다.

(2) Chungin Moon and Seung-Won Suh, "Security, Economy and Identity Politics: Japan-South Korean Relations under the Kim Dae-Jung Government," *Korea Observer* Vol. 36 No. 4(Winter 2005), pp.561~602.

※ 서승원(徐承元, 1966~현재)은 고려대학교 문과대학 일어일문학과를 졸업하고 경희대학교 평화복지대학원에서 석사학위를 받은 데 이어 게이오대학 대학원에서 국제정치학을 전공하고 「대(對)중국 정부차관 공여의 정책과정, 1978~1997: '일본형 경제수법'의 연구」(2000년 3월)로 박사학위를 받았다. 이 논문의 집필 때 요코하마에 있는 관동학원대학(関東学院大学) 교수였다. 현재 고려대학교 문과대학 일어일문학과 교수다.

(3) 류상영(柳相榮) · 와다 하루키(和田春樹) · 이토 나리히코(伊藤成彦) 편저, 『김대중과 한일관계: 민주주의와 평화의 한일현대사』(연세대학교출판부, 2012).

(4) 한일비전포럼 기획/박철희(朴喆熙) 엮음, 『갈등에 휩싸인 한일관계: 현안 · 리스크 · 대응』(늘품플러스, 2020).

(5) 신각수(申珏秀) · 정재정(鄭在貞) · 진창수(陳昌洙) · 최희식(崔喜植) · 이창민(李昌玟) · 정구종(鄭求宗) · 권태환(예비역 육군준장) · 김현욱(金顯彧) · 박영준(朴榮濬) · 이신화(李信和) · 윤태성(尹泰聖) 분담집필/신각수 엮음, 『복합 대전환기: 새로운 한일 파트너십을 찾아서』(한반도평화만들기, 2021).

제6절 대내정치

제1항 DJP 연합정부

제1절에서 이미 지적했듯, 김대중정부는 DJP 연합정부였다. 이것은 대한민국의 헌정사에서 처음 있는 일이었다.

김종필 총리의 회상

김종필 증언, 「92 1997년 대선, 3김 최후의 격돌」 및 「96 나와 이회창」, 중앙일보 김종필증언록팀 엮음, 『김종필 증언록: JP가 말하는 대한민국 현대사』 전2권(미래엔:와이즈베리, 2016), 제2권, 220~237쪽 및 254~261쪽.

당시 자민련 총재이던 저자가 김대중 후보와 제휴하고 DJP연합을 성사시킨 배경과 과정을 상세히 회상했다. 집권하면 내각제개헌을 성사시키고 박정희대통령기념관을 건립해줄 것을 요청한 김종필 총재의 제의를 김대중 후보가 받아들임으로써 성사됐다는 것이다. 이 과정에서, 김용환 자민련 사무총장이 "총재님(DJ)은 거짓말을 잘한다는 소문이 있는데 맞습니까?"라고 대놓고 물어보자, DJ는 "나는 어려운 상황 속에 약속을 못 지킨 적은 있지만 거짓말을 한 적은 없습니다"라고 답변했다고 JP는 회상했다. 김종필이 자민련 명예총재로 2000년 9월에 남북정상회담 때 임동원 국정원장이 보여준 모습에 실망해 그의 해임을 건의했고 결국 한나라당과의 공조로 그의 해임건의안을 통과시킴으로써 DJP공조를 와해시킨 배경을 회상했다.

박태준 총리의 회상

청암(靑巖)이라 자호한 박태준(朴泰俊, 1927~2011) 총리에 관한 저술에 대해서는 우리가 제11권 제4부 제5장 제4절 제2항(544~545쪽)에서 자세히 소개했다. 다음에서는 그 저술들을 포함해 다시 소개하기로 한다.

(1) 포항종합제철주식회사, 『제철보국의 의지: 박태준 회장 경영어록』(포항종합제철주식회사, 1985); ______, 『나의 경영철학』(포항종합제철주식회사, 1985); ______, 『창업정신과 경영철학』(포항종합제철주식회사, 1988); ______, 『4 반세기 제철대역사의 달성』(포항종합제철주식회사, 1992).

(2) 조정래(趙廷來) 글/원유미(일러스트레이터) 그림, 『박태준』(문학동네, 2007).

(3) 박태준, 「쇳물은 멈추지 않는다」, 『중앙일보』(2004년 8월 1일~12월 8일 연재).

(4) 이대환(작가), 『세계 최고의 철강인 박태준』(현암사, 2005); ______ 편, 『청암 박태준 *Park Tae-joon A Memorial Issue*』(아시아, 2012년 3월).

뒤의 책은 국어와 영어로 구성됐다. 우선 조정래(趙廷來)의 추모사와 전상인(全相仁)의 추모사에 이어, 이대환의 「시론: 박태준의 길, 젊은이의 길」(66~133쪽), 송복(宋復)의 「연구논문: 특수성으로서의 태준이즘 연구」(134~213쪽), 전영기(全榮基)의 「행장(行

狀): 짧은 인생 영원한 조국에 바친 박태준: 박태준 1927~2011」(214~225쪽), 그리고 「연보」(226~237쪽)가 뒤따랐다. 동시에 각 필자의 영문논문이 수록됐다. Dae-hwan Lee, "Park Tae-joon's Road," pp.93~167, Bok Song, "A Study on Taejoonism as Principle," pp.168~218, Young-gi Chun, "Record of the Life of the Deceased Park Tae-joon, A Life Dedicated to His Eternal Fatherland, 1927~2011," pp.219~225.

(5) 최동주(崔東柱), 「내용분석을 통한 청암(青岩) 박태준의 가치체계 연구: 허만(Hermann)의 리더십 특성 연구방법(Leadership Trait Assessment)을 중심으로」, 『한국정치외교사논총』제33집 제1호(2011년 8월), 405~436쪽.

※ 최동주(1965~현재)는 중앙대학교 정경대학 정치외교학과를 졸업하고 아메리칸대학교 대학원에서 국제정치경제학을 전공해 석사학위를 받은 데 이어 런던대학교 동양아프리카연구대학원에서 국제정치경제학을 전공해 박사학위를 받았다. 박사학위청구논문 서지사항은 다음과 같다. Dong Ju Choi, "The Political Economy of Korea's Involvement in the Second Indochina War," unpub. Ph.D. diss., School of Oriental and African Studies, University of London, 1995. 현재 숙명여자대학교 글로벌서비스학부 교수다. 그는 『유엔과 한국: 1945~1973: 건국, 평화, 경제 성장의 파트너십』(경계, 2020)을 편저했으며, 아프리카의 정치와 국제관계에 관한 여러 논문을 출판했다.

(6) 포항지역사회연구소 엮음, 『박태준 생각』(아시아, 2021).

이한동 총리의 회상

이한동(李漢東), 『정치는 중업(重業)이다: 이한동 회고록; 어느 시골 소년의 꿈과 삶』(승연사, 2018).

특히 「46 대북문제로 DJP 공동정부 파국」(346~349쪽) 및 「47 국무총리시절: 못다 한 이야기」(350~366쪽)은 DJP 공동정부가 파기되는 원인과 과정을 설명했다. 그에 따르면, 자민련의 김종필 명예총재가 임동원 통일부장관의 해임을 건의해도 받아들여지지 않자 파기했다는 것이다.

※ 이한동(1934~2021)은 서울대학교 법과대학 법학과를 졸업하고 고등고시 사법과를 거쳐 판·검사에 임용된 뒤 정계에 투신해 제11대~제16대 국회의원을 역임했다. 민정당 사무총장과 원내총무 및 정책위원회 의장을 거쳐 내무부장관과 국회부의장을 역임하고 국무총리에 올랐다. 2002년 12월에 실시된 제16대 대통령선거에서 「하나로국민

연합」 후보로 입후보했으나 4위에 머물렀다. 그의 저서로 『이한동의 나라살리기』(신원문화사, 1997)가 있고, 그의 전기로 김성록이 쓴 『가슴이 넓은 남자가 좋다』(한송, 1997)가 있다. 부인 조남숙(趙南淑) 여사가 쓴 『마흔앓이』(피엔피, 1997)는 남편이 정치에 뛰어든 이후의 삶을 묘사했다.

이만섭 전 국회의장의 회상

이만섭(李萬燮), 「제4부 46 IMF 체제하의 대선에서 패배한 국민신당 이인제 대통령 후보」~「김대중 대통령의 햇볕정책과 문제점」, ______, 『나의 정치 인생 반세기: 이승만에서 노무현까지: 파란만장의 가시밭길 헤치며 50년』(문학사상사, 2004), 455~513쪽.

정치부기자의 회상

전영기(全榮基), 『성공한 권력: 프로 정치부 기자 전영기가 과감히 던지는 개헌 이야기』(사회평론, 2000).

중앙일보 정치부기자로 3김 모두와 박태준을 취재했던 저자의 회상이다.

제2항 6월 4일 지방선거

김대중정부는 출범 그 해인 1998년 6월 4일에 전국동시지방선거를 치렀다.

(1) 박병섭 · 정대화(鄭大和) · 조희연(曺喜昖) · 박찬욱(朴贊郁) · 정영국(鄭榮國) · 조현연(趙顯鉛) · 황근(黃懃) · 정기영(鄭起泳) · 김형준(金亨俊) · 배기찬 · 신광영(申光榮) · 김혁(金赫) · 안성호(安成濩) · 손혁재(孫赫載) 분담집필, 『한국민주주의와 지방자치: '98년 6.4 지방선거 분석』(문원, 1998).

(2) 조기선(전남CBS 보도제작국장), 『지역주의 관점에서 본 6 · 4 지방선거 리포트』(황금씨앗, 2015).

제3항 第16대 국회총선과 第16대 국회

(1) 임지현(林志弦), 「파시즘은 살아있다」, 임지현 · 권혁범 · 김기중 · 박노자 · 김은신 · 권인숙 · 유명기 · 김근 · 김진호 · 전진삼 · 문부식 분담집필, 『우리 안의 파시즘』(삼인, 2000), 5~17쪽.

第16대 국회총선의 결과에 대해, 필자는 영 · 호남의 지역감정이 준 폐해를 개탄했다.

(2) 김도종(金道鍾) · 김형준(金亨俊), 「제16대 국회의원 선거결과에 대한 집합자료분석」, 『한국정치학회보』제34집 제2호(2000년 8월), 105~127쪽.

(3) 김만흠(金萬欽), 「DJ정권 · 한나라당 · 자민련의 이념적 현주소: 이념은 없고 권력투쟁만 있다」, 『신동아』(2001년 1월), 132~141쪽.

(4) 신명순(申命淳) · 진영재(陳英宰), 「"돈 쓰는 선거"의 경험적 분석: 제16대 총선을 중심으로」, 『한국행정학보』제35권 제4호(2001년 겨울), 15~29쪽.

(5) 강경태(姜景太), 「16대 한국 국회의원 선거의 투표 참여 및 불참 분석: 총선시민연대의 낙천 · 낙선운동을 중심으로」, 『국제정치연구』 제6권 제2호(2003년 12월), 57~81쪽.

(6) 전진영(田眞英), 「합의 속의 갈등: 제16대 국회 전자표결에 나타난 의원 입법행태 연구」, 서울대학교 대학원 정치학과 정치학박사학위청구논문, 2005년 8월.

※ 전진영(1969~현재)은 이화여자대학교 법정대학 정치외교학과를 졸업하고 서울대학교 대학원 정치학과에서 석사→박사학위를 받았다. 국회입법조사처 정치의회팀 입법조사관이다.

(6-A) ______, 「국회의원 여성할당제 채택의 정치적 동인 분석」, 『한국정치연구』제22집 제11호(2013년 2월), 29~52쪽.

여성할당제의 도입 요구는 1990년대부터 꾸준히 제기되어 오다가 2000년 제16대 국회총선을 앞두고 처음으로 채택됐다. 2004년 제17대 국회총선을 앞두고 2004년에 비례대표 후보자에 대한 50% 여성할당제가 채택될 수 있었던 동인을 밝혔다.

재·보궐선거에서의 저조한 투표율

김용철(金容徹), 「인터넷투표: 미국의 실험과 한국에서의 전망」, 『한국정치학회보』 제37집 제5호(2003년 겨울), 127~146쪽.

필자가 재·보궐선거에서의 저조한 투표율 그 자체에 대한 분석을 시도한 것은 아니다. 다만 2002년 8월 8일에 실시된 국회의원 재·보궐선거의 평균 투표율이 29.8%에 지나지 않고, 2003년 4월 24일에 실시된 국회의원 재·보궐선거의 평균 투표율이 25.3%에 지나지 않은 사실을 상기시키면서, 이러한 낮은 투표율은 '대표성의 위기'현상으로 연결되고 있다고 지적하고, 이러한 현상은 한국에서도 인터넷투표의 필요성을 증폭시킬 것이라는 전망을 제시했다.

제4항 제16대 대통령선거

제16대 대통령선거는 2002년 12월 19일에 실시됐다. 「새천년민주당」은 노무현(盧武鉉) 해양수산부장관을, 「한나라당」은 이회창(李會昌) 전 국무총리를, 「민주노동당」은 권영길(權永吉) 당 대표를, 「하나로국민연합」은 이한동(李漢東) 전 국무총리를 각각 후보로 내세웠다. 「국민통합21」은 정몽준(鄭夢準) 국회의원을 후보로 내세웠으나, 노무현 후보와의 제휴를 선언하며 후보를 사퇴했다. 제15대 대통령 선거 때 「국민신당」 후보였던 이인제는 새천년민주당 경선에서 패배하자 이 당을 탈당하고 자민련에 입당했으나 대통령 후보로는 나서지 못했다. 이 대선에서 노무현 후보가 당선됐다.

(1) 장신기(『대자보』 정치팀장), 『이인제는 이회창을 이길 수 없다: 노무현 필승론! 노무현만이 이회창을 이긴다』(거름, 2002년 2월 9일).

(2) 김재한(정치평론가), 『대세론과 정권교체: 2002년 대선주자와 변수 대해부』(어린왕자, 2002년 2월 25일).

(3) 이회창, 『아름다운 원칙』(문예당, 2002년 10월 2일); 공성진(孔星鎭), 『미래를 여는 창: 이회창의 정치철학과 비전』(자연사랑, 2002년 10월 31일); 이회창, 『이회창 회고록』 전2권(경기도 파주시: 김영사, 2017).

(4) 이명주(이인제 의원 딸), 『이인제 의원님, 우리 아빠 맞아?』(느낌이있는책, 2002년 10월 29일).

(5) 정대화(鄭大和), 『포스트 양김시대의 한국정치』(개마고원, 2002년 11월 1일).

머리말: 양김을 넘어

1. 양김정권과 민주화의 두 얼굴, 19~48쪽
2. 양김정권에 대한 정치사회학적 비교분석, 49~78쪽.
3. 정치권의 지각변동, 79~120쪽.
4. 정당개혁과 국민경선, 121~152쪽.
5. 한국 사회와 갈등구조의 변화, 153~198쪽.
6. 시민사회의 정치세력화와 진보정당의 미래, 199~230쪽.
7. 권력구조의 2단계 재편, 231~266쪽.
8. 한국 정치의 새로운 패러다임, 267~304쪽.
9. 대통령선거의 성격과 결정구조,, 305~335쪽.

(6) 정몽준, 『나의 도전 나의 열정: 정몽준의 인생과 세상 이야기』(경기도 파주시: 김영사, 2011); ______, 『자유민주주의와의 약속: 자유가 희망이다』(미다스북스, 2012).

김대업 병풍사건

2002년 12월 19일에 실시될 제16대 대통령선거를 앞두고 육군 부사관 출신의 김대업(金大業, 1962~현재)은 이회창 후보의 아들이 병역비리를 저질렀다고 주장하고 반대당이 이 주장을 확산시킴으로써 이회창 후보에게 큰 타격을 주었다. 그러나 그의 주장은 전부 허위였다. 대선이 끝난 뒤 그는 명예훼손 및 무고 그리고 공무원자격 사칭 등의 혐의가 인정돼 유죄판결을 받고 투옥됐으며, 훗날 이회창을 상대로 사과했다.

(1) 배진영(裵振榮), 「김대업 사건 말싸움의 결말은?: 이회창·한화갑 중 한 명은 국민들 눈앞에서 사라져야」, 『월간조선』(2002년 9월), 211~214쪽.

(2) 우종창(禹鍾昌), 「김대업 범죄 세계의 낮과 밤: 공문서 변조와 청와대 사칭이 전공과목」 『월간조선』(2002년 10월), 172~192쪽.

(3) 송승호(宋承鎬) · 김태완(金泰完), 「김대업 병풍의 시작과 끝: "천용택 소개로 김대업을 처음 만났다"」, 『월간조선』(2007년 3월), 104~117쪽.

제5항 김대중 대통령에 따라다닌 논쟁

사상적 경향

김대중 대통령은 『김대중 자서전』 전2권(삼인, 2011), 제2권(49쪽)에서 지난날 중앙정보부 그리고 그 후신 국가안전기획부가 "나를 빨갱이로, 거짓말쟁이로 매도하는 흑색선전 자료를 만들어 배포했다"라고 썼다. 그는 또 자신이 "역대정권에 의한 용공 조작 때문에 별일을 다 당했다"고 부연했다.

(1) 김삼웅(金三雄), 「김대중 죽이기는 끝나지 않았다; 김대중을 둘러싼 광기의 정치사」, 강준만(康俊晩) · 김교만(金敎萬) · 김민웅(金民雄) · 김삼웅(金三雄) · 김진아(『사회평론 길』) · 문부식(文富軾) · 손석춘(孫錫春) · 최종욱(崔淙旭) · 황광수(黃光穗) 분담집필, 『레드 콤플렉스: 광기가 남긴 아홉 개의 초상』(삼인, 1997), 167~196쪽.

(2) 이철승(李哲承), 「문제 제기: 대선후보와 사상문제; 친북성향 인물은 대통령 될 자격 없다」, 『월간조선』(1997년 11월),

(3) 김삼웅(金三雄), 「『월간조선』11월호 「친북성향 인물은 대통령 될 자격 없다」에 대한 반론: 김대중 후보는 공산주의자가 아니다」, 『월간조선』(1997년 12월), 152~155쪽.

(4) 권영기(權榮基), 「안기부의 '김대중파일'」, 『월간조선』(1998년 3월), 342~347쪽.

(5) 김종필(金鍾泌), 「93 DJ는 공산주의자인가?」, 김종필 지음/중앙일보 김종필증언록팀 엮음, 『JP가 말하는 대한민국현대사 김종필 증언록』 전2권(와이즈베리, 2016), 제2권, 230~237쪽 가운데 231쪽.

철저한 반공주의자임을 자처한 김종필 전 국무총리는 "DJ는 진짜 공산주의자가 아니다. 그는 본질적으로 공산주의자가 될 수 없는 사람이다"라고 단언했다. 김종필 총리는 DJ가 공산주의를 수용한 '용공(容共)이 아니라 공산주의자를 이용한 '용공(用共)'이었다는 표현으로 그를 변호했다.

비자금

(1) 「신한국당 폭로 원본 독점입수: 김대중 총재의 비자금 파일」, 『월간조선』(1997년 11월), 90~115쪽.

신한국당이 폭로한 이 '원본'에 따르면, DJ의 비자금은 670억 7천 7백 75만원에 이른다. 이 비자금을 어떻게 조성하고 세탁했는가에 대해서도 설명했다. 이어 DJ에게 139억을 제공한 10대 기업이 비자금을 어떻게 조성했는가에 대해서도 설명했다. 다시 이 폭로에 따르면, DJ의 가·차명 계좌는 16개에 이르며 친인척 40명의 계좌에는 578억원이 입금되어 있다.

(1-A) 「김대중, 신한국당의 주장 중 일부라도 사실로 밝혀질 경우 책임지겠다.」(관훈클럽 제80회 대통령 후보 토론회: 1997년 10월 8일 프레스센터), 『월간조선』(1997년 11월), 116~122쪽.

이 토론회에서 남찬순(南贊淳: 동아일보 논설위원), 조갑제(趙甲濟: 월간조선 대표), 장현준(張鉉俊: 중앙일보 논설위원), 김원호(金源鎬: 연합통신 부국장), 김상균(金相均: MBC 통일외교부장) 등이 질문했다. 김 후보는 "전두환 전 대통령과 노태우 전 대통령은 권력을 이용해 부정하게 돈을 모았으나, 내가 받은 돈은 그러한 돈과 성격이 다르다. 나를 후원하는 국민의 헌금이다"라는 취지로 자신을 변호했다.

(2) 이창원(李昌源), 「DJ 비자금 수사유보 막전막후 '고뇌에 찬 결단' … 검찰총장이 했나, 청와대가 했나」, 『월간조선』(1997년 12월), 178~184쪽.

(3) 우종창(禹鍾昌), 「김대중 '대선작전'과 '국가개조계획': DJ '비자금 사건'때 검찰총장을 압박했다」, 『월간조선』(1998년 2월), 129~137쪽; ______, 「'DJ비자금' 수사 막전막후: 청와대와 검찰의 일촉즉발 위기; '비자금' 자료는 청와대 특별팀이 3년 전 작성」, 『월간조선』(1998년 3월), 127~135쪽.

(4) 박성원(朴成遠), 「"김대중대책팀 청와대사정비서관에게 자료입수, 가공에 들어갔다": DJ비자금 입수.폭로 전말; 구 여권인사 극비증언」, 『신동아』(1998년 3월), 100~106쪽.

(5) 조성호, 「최종흡 발(發) 'DJ 비자금' 13억5000만 달러 의혹은 규명될까?: 박정희·김대중 전 대통령 '비자금 논란'」, 『월간조선』(2019년 1월), 196~203쪽; ______, 「재판부는 왜 김홍걸 관련 '1억 달러'를 '대북(對北) 관련성'이 있다고 봤나?: 국정원·국세청의 'DJ 비자금 뒷조사' 재판 기록」, 『월간조선』(2019년 3월), 64~79쪽; ______, 「'1억 달러 DJ 비자금' 최초 제보자는 미(美) FBI: 국정원은 관련 '수표'까지 확보!: '김대중 전 대통령(DJ) 뒷조사' 재판 기록」, 『월간조선』(2019년 4월), 101~105쪽; ______, 「국정원·국세청-FBI·미(美)국세청 합동으로 DJ 비자금 추적, 계좌 등 확인!: 국정원 문서 확인! 한미(韓美), DJ 비자금 의혹 3년간 합동추적」, 『월간조선』(2020년 5월), 116~137

쪽; ______, 「DJ 일가에 다가오는 '진실의 순간'」, 『월간조선』(2020년 7월), 120~121쪽; ______, 「국정원 'DJ 비자금 의혹'관련 보고서에 등장한 박지원: 박지원 국정원장 후보자와 DJ 비자금 의혹과의 연관성」, 『월간조선』(2020년 8월), 138~147쪽.

第7절 사회·교육·과학·기술

제1항 사회

제2건국운동

1998년 8월 15일에 행한 「대한민국 50년 경축사」를 통해, 김대중 대통령은 1948년 8월 15일의 '대한민국정부 수립'을 '대한민국의 건국'으로 인정하고, "국가의 나아갈 방향을 새로이 정립하고 나라의 기강을 바로 세우며 민족의 재도약을 이룩하기 위해 국민 모두가 동참하는 '제2의 건국'을 제창한다"고 부연했다. 이 연설에 바탕을 두고 김대중 대통령은 1998년 12월 22일에 대통령직속자문기구로 「제2의 건국범국민추진위원회」를 설치했다. 대표공동위원장에는 학현(學峴)이라 자호한 서울대학교 경제학과 변형윤(邊衡尹) 명예교수를 추대했다. 이 기구는 국내정치에 개입하려는 의도에서 발족된 것이라는 오해가 일어남에 따라 2003년 4월 29일에 자진해산했다.

(1) 변형윤(邊衡尹) 구술/윤진호(尹辰浩: 서울대학교 경제학박사) 대담, 「IMF 경제위기와 김대중정부의 출범」, ______, 『냉철한 머리 뜨거운 가슴을 앓다: 학현 변형윤 교수 대화록』(경기도 파주시: 지식산업사, 2012), 373~392쪽 가운데 380~385쪽.

자신이 제2건국국민추진위원회의 대표공동위원장으로 취임하게 된 배경을 자세히 회고했다. 그는 『학현일지(學峴逸志): 변형윤 회고록』(현대경영사, 2019)에서도 같은 취지로 회고했다. 책 제목은 영국의 세계적 경제학자로 '후생경제학'을 정립했다는 평가를 받는 앨프리드 마셜(Alfred Marshall, 1842~1924) 케임브리지대학교 교수의 "cool heads but warm hearts"로부터 나왔다.

※ 변형윤(1927~2022)은 서울대학교 상과대학 경제학과를 졸업하고 서울대학교 대학원 경제학과에서 석사학위를 받은 데 이어 서울대학교 대학원 경제학과에서 「한국의 산업구조」(1968년 2월)로 경제학박사학위를 받았다. 그 사이 미국 밴더빌트대학교 대학원에서 계량경제학을 전공해 국내에 도입했다. 서울대학교 상과대학 학장을 역임했으며, 서울대학교 사회과학대학 경제학과 교수 때 신군부의 집권에 반대하는 「지식인 134인 시국선언」을 주도해 해임됐다. 그러나 1984년에 여타의 해임교수와 함께 복직됐다. 한국경제학계에서 '진보적 경제학자'를 대표하는 사례로 꼽힌다. 그의 저서들은 학현변형윤전집간행위원회 엮음, 『변형윤 전집』전9권(경기도 파주시: 지식산업사, 2012)로 모아졌다.

(2) Byung-Taek Chung, "The State and Civil Society: Legacies, Fetishes, and the 'Rebuilding Korea Movement'," unpub. M.A. thesis, Graduate Institute of Peace Studies, Kyunghee University, 2000.

한국사회의 성격에 대한 지성계 일각에서의 시각과 논쟁

(1) 임지현(林志弦), 「우리 안의 파시즘: 내면화된 권력, 혹은 '자발적 복종'에 대하여」, 『당대비평』(1999년 9월), 27~45쪽; 임지현 · 최정무 · 이한, 「좌담 우리 안의 파시즘2: 억압과 규율에서 자율과 연대로」, 『당대비평』(1999년 12월), 62~99쪽; 임지현 · 권혁범 · 김기중 · 박노자 · 김은신 · 권인숙 · 유명기 · 김근 · 김진호 · 전진삼 · 문부식 분담집필, 『우리 안의 파시즘』(삼인, 2000), 5~17쪽. 『우리 안의 파시즘』(삼인, 2000); 임지현 · 우찬제 · 이욱연 엮음/김내훈 · 김진호 등 10인 지음, 『우리 안의 파시즘 2.0』(휴머니스트, 2022).

1999년 민주화 세력 내부의 모순을 비판하며 계간지 『당대비평』에 발표돼 한국 사회를 뜨겁게 달궜던 동명 기획의 두 번째 버전이다. 22년이 흘렀다. 무엇이 바뀌었을까. '2.0'은 안타깝게도 우리 내면의 파시즘이 업데이트되었음을 뜻한다. 권력의 작동 방식은 강제와 억압에서 개개인의 내면화된 규율과 동의를 통한 자발적 복종으로 더 은밀해졌고, 세속화된 586운동권은 대중을 선동해 백주대낮에 '적폐' · '토착왜구' 사냥을 벌인다. 이들은 한국 사회의 종교재판관이다. 운동권 권력의 일탈은 매번 진보의 이름으로 정당화됐고, 노동운동은 '한국인-남성-대기업-정규직 노동자'를 대변하는 일상 권력이 됐다. 민주주의가 성숙할 틈은 없었다. 행정 · 입법 권력을 다 손에 쥐고도 "보수세력에 포위되어 아무것도 할 수 없었다" 항변하는 현(現) 집권세력의 행태에서 제국주의 열강으로부터 사회주의를 방어해야 한다며 자신들을 정당화했던 옛 스탈린주의자들의 '포위된 요새' 이론을 읽어내는 저자들의 인식은 깊고도 흥미롭다.

(2) 김당(金鐺), 「전향한 주사파 대부 '강철' 김영환의 육성고백: "김일성도 주체사상 모르더라"」, 『신동아』(1999년 11월), 184~197쪽.

김영환(金永煥, 1963~현재)은 서울대학교 법과대학 공법학과에 입학한 뒤 북한원전과 평양방송의 방송대학 강좌 청취로 김일성이 제시한 '주체사상'을 체계적으로 학습하고 '강철'이라는 필명으로 대학가에 주체사상에 관한 팸플릿 「강철서신」을 유포했다. 그는 1986년 12월에 「구국학생연맹, 약칭 구학련」 사건으로 국가안전기획부에 구속돼 47일 동안 고문을 당하고 1988년 12월에 형집행정지로 출소했다. 이후 독자적으로 주체사상을 연구하다가 1988년 7월에 남파간첩 윤태림에게 포섭돼 현지에서 조선로동당에 입당했으며, 서울대학교 사회과학대학 정치학과 출신의 조유식(曺裕植)과 함께 밀입북해 김일성을 면담한 뒤 정식으로 조선로동당에 입당했다. 그러나 1995년 4월에 주체사상을 공개비판하고 전향했다. 그는 민족민주혁명당(약칭 민혁당) 사건에 연루됐으나 1999년 10월 7일에 검찰의 공소보류 결정으로 석방됐다. 『신동아』의 김당 탐사전문기자는 그를 회견하고 그의 이념적 편력을 취재했다. 이 회견에서 김영환은 "북한의 수령론은 거대한 사기극이다"라고 단언했다. 이 글은 1980년대 중반 이후 1990년 후반까지 한국 대학가의 한 분위기를 보여준다.

(3) 영화 「박하사탕」(2000년 1월 1일 개봉).

이창동(李滄東) 감독의 작품인 이 영화는 광주민주화운동의 트라우마와 외환위기의 고통을 잘 보여주었다.

(3-A) 이다운, 「역사적 트라우마에 대한 영화적 기록: '박하사탕'을 중심으로」, 『한국문예비평연구』62(2019년 6월). 327-354쪽.

※ 이창동(1954~현재)은 경북대학교 사범대학 국어교육과를 졸업하고 교사로 사회생활을 시작했고 『동아일보』신춘문예를 통해 문단의 등단했다. 1995년에 시나리오 「아름다운 청년 전태일」을 썼으며, 1996년에 백상예술대상 각본상을 받았다. 1997년에 「초록물고기」를 통해 영화감독으로 데뷔했다. 노무현 대통령 때 문화관광부 장관으로 봉직했다. 국내외의 여러 권위있는 상을 받았으며, 한국을 대표하는 영화 감독들 가운데 한 사람으로 꼽힌다.

(4) 문부식(文富軾), 『잃어버린 기억을 찾아서: 광기의 시대를 생각함』(삼인, 2002).

저자(1959~현재)는 부산 고신대학교 신학과 학생으로 몇몇 동지들과 함께 1982년 3월 18일에 부산의 미문화원을 방화했다. 미국정부가 1980년의 광주민주화운동 때 신군부를 지원한 데 대한 항의의 표시였다. 고의는 전혀 아니였지만, 이 방화로 미문화원 도서실에서 독서하던 한 대학생이 질식사했다. 그는 사형을 선고받았으나 1988년 12월에 석방됐다. 도서출판 삼인의 주간과 계간 『당대비평』의 편집위원으로, 이어 진보신당 대변인으로 활동했고, 2013년에 격월간지 『말과 활』을 창간했다. 저자는 1997~2002년에 발표한 아홉 편의 글을 부분적으로 수정 · 보완한 뒤 체계를 세워 편집했다.

※ 부제 속의 '끼엔'은 베트남 소설가 바오 닌(保寧, 1952~현재)의 소설 『전쟁의 슬픔』의 주인공이다. '나디아'는 팔레스타인 작가로, 팔레스타인의 저항문인 가산 카나파니(Ghassan Kanafani, 1936~현재)의 『태양 속의 사람들』의 단편 「가자에서 온 편지」의 주인공의 조카이다. '윤상원(尹祥源, 1950~1980)'은 광주민주화운동 때 '시민군 대변인'이었다.

이 책에는 「강철서신」의 김영환, 노동운동가 박노해, 이념적으로 고뇌하던 청년 이명준을 소설화한 최인훈의 『광장』, 그리고 북한공작원 진운방 등이 등장한다. 저자의 깊은 사색과 폭넓은 독서를 느끼게 해주는 이 책은 1990년대 사회적 분위기의 한 면을 보여주었다. 그는 부산 미문화원방화사건과 관련해 「민주화운동보상심의위원회」에 만일 신청을 했더라면 여러 혜택이 뒤따르는 민주화운동가로 인정을 받을 수 있었을 터인데도 심의 신청을 하지 않았다. 이 사실에 대해서도 그는 좋은 평가를 받았다.

(5) Madeleine Korbel Albright with William Woodward, *Fascism: A Warning*(New York: Harper, 2018)/타일러 라쉬(Tyler Rasch) · 김정호(전문번역가) 옮김, 『파시즘: *A Warning*』(인간희극, 2018).

(5-A) 박충구(朴忠九), 「서평: 『파시즘』」, 『본질과 현상: 평화를 만드는 책』(본질과현상사)(2019년 여름), 157~164쪽.

원서도 세계적으로 파시즘이 일어나고 있음을 경고했지만, 이 원서가 우리나라에서 곧바로 번역됐다는 사실은 우리나라에서도 파시즘이 일어나고 있다는 지식인사회 일각의 인식을 보여준다.

※ Madeleine Korbel Albright(1937~2022)는 체코슬로바키아의 수도 프라하에서 태어났다. 그녀의 부모는 자녀들과 함께 나치독재를 피해 영국으로 이주했다가 나치가 패망한 뒤 프라하로 돌아왔다. 그러나 체코슬로바키아가 소련의 '위성국'이 되자 미국으로 이주했다. 그녀는 웰즐리칼리지를 졸업하고 콜럼비아대학교 대학원 정치학과에서 석사→박사학위를 받았다. 조지타운대학교 교수를 거쳐 유엔주재미국대사로 봉직하다가 국무장관으로 발탁됐다.

※ 타일러 라쉬(Tyler Rasch)는 미국 출신 한국 방송인이다. 시카고대학교에서 국제학을, 서울대학교 대학원에서 외교학을 전공했다. 한국어를 포함해 8개 국어를 구사한다.

동강댐 건설 논쟁

홍성만(洪性滿), 「정부와 비정부조직의 정책경쟁: 영월(동강)댐 개발정책사례를 중심으로」, 고려대학교 대학원 행정학과 행정학박사학위청구논문, 2001년 2월.

김영삼정부는 강원도 영월군을 끼고 흐르는 동강에 수해방지를 위해 댐을 쌓기로 결정했다. 그러나 환경보호운동단체를 중심으로 반대가 거세졌다. 김대중정부는 1998년 8월에 댐 건설을 포기한다고 결정했다. 필자는 이 사례를 분석했다.

성미산지키기운동과 마포연대

김의영(金義英), 「결사체 민주주의의 실험: 결사체 민주주의에 대한 소고(小考)」, 『한국정치학회보』 제39집 제3호(2005년), 433~455쪽; 김의영(金義英) · 한주희(韓珠熙),

「결사체 민주주의의 실험: 성미산지키기운동과 마포연대의 사례」, 『한국정치학회보』 제42집 제3호(2008년 가을), 143~166쪽.

서울특별시가 2001년에 서울특별시 마포구의 성미산 배수지 사업계획을 발표하자, 성미산이 위치한 마포구 성산동(城山洞) 일부 주민들이 결성한 마포연대가 '성미산 살리기'를 내세우며 반대했고 결국 관철시켰다. 이 사례를 '결사체 민주주의'에 관한 여러 이론으로부터 접근했다.

언론사 세무조사

김대중정부는 2001년에 국세청을 통해 전국 23개 언론사를 상대로 4개월 넘게 세무조사를 벌이고, 6월 29일에 그 결과를 발표하면서 6개의 언론사와 3명의 사주를 포함해 12명을 검찰에 고발했다.

(1) 한국신문방송편집인협회 편, 「제2장 편협과 언론자유」 가운데 「13. 언론사 세무조사」, ______, 『한국신문방송편집인협회 50년사: 1957~2007』(한국신문방송편집인협회, 2007), 104~240쪽 가운데 223~236쪽.

(2) 김대중(金大中), 「5부(2000년 12월~2003년 2월)」 가운데 「인권국가 새 등을 달다(2001.5~2001.9)」, ______, 『김대중 자서전』 전2권(삼인, 2011), 제2권, 385~499쪽 가운데 413~414쪽.

언론사 세무조사에 관해 회고했다.

세풍사건

김대중정부는 1997년의 대통령선거 때 이회창 후보 쪽에서 국세청을 이용해 대기업들로부터 거액의 선거자금을 불법적으로 거둬들였다며 관련자들을 구속 · 기소했다.

서상목(徐相穆), 『시장을 이길 정부는 없다』(매일경제신문사, 2003).

이 사건으로 구속된 저자가 옥중에서 집필했다.

제2항 인권과 복지정책 그리고 의약분업

역대 정권들의 국가폭력에 시달렸던 김대중 대통령은 어느 대통령보다 인권의 중요성을 강조하면서 2001년 5월 24일에 「국가인권위원회」에 관한 법률을 제정하고 2001년 11월 25일에 「국가인권위원회」를 공식으로 출범시켰다. 그는 또 복지정책의 개발과 실현에도 힘을 썼다. 의료보험제도를 포함한 여러 복지정책은 1960년대 이후 박정희정부를 비롯한 역대 정부에 의해 단계적으로 추진됐다. 그러한 연장선 위에서 김대중 대통령은 기초생활보장제 도입을 비롯해 4대 사회보험을 완성했다. 이렇게 볼 때, 복지정책은 김대중 정부에서만 다룰 수 있는 주제는 아니다. 그러나 편의상 여기에서 모두 다루기로 하겠다.

인권

(1) 조병륜(趙柄倫), 「인권보장의 실질화를 위한 권력의 민주화의 헌법철학 원리」, 『세계헌법연구』(국제헌법학회한국학회) 7(2002년 8월), 443~478쪽,

※ 조병륜(1945~현재)은 서울대학교 법과대학을 졸업하고 서울대학교 대학원 법학과에서 석사학위를 받은 데 이어 서울대학교 대학원 법학과에서 「국민대표론의 연구」(1983년 2월)로 법학박사학위를 받았다. 그는 이어 파리2대학교에서 프랑스 헌법을 연구해 법학박사학위를 받았다. 서지사항은 다음과 같다. Byung-yoon Cho, “L’ tologie de la souverainet du peuple et de la dignit de l’ homme,” unpub. Ph.D. diss., Université de Paris II(Pantheon Assas), 1989. 명지대학교 법정대학 법학과 교수로 정년퇴임했으며, 현재 명지대학교 명예교수다.

(2) 고상만, 『니가 뭔데 …: 젊은 ‘인권운동가’가 들려주는 인권현장 이야기』(청어, 2003).

※ 고상만(1970~현재)은 한국에서 의문 속에 별세한 사람들을 추적해 그 원인을 구명하는 일에 앞장을 섰다. 이 주제와 관련한 그의 여러 저서 가운데 대표적인 것은 『장준하, 묻지 못한 진실: 장준하 의문사 사건 조사관의 대국민 보고서』(경기도 파주시: 돌베개, 2012)이다.

(3) 조효제(趙孝濟), 『인권의 풍경: 조효제 교수의 우리 시대 인권 강의』(교양인, 2008); ______, 『조효제 교수의 인권 오디세이』(교양인, 2015); ______, 『인권의 최전

선: 조효제 교수의 미래 인권 강의』(교양인, 2020).

※ 조효제(1961~현재)는 경희대학교 치과대학을 졸업하고 옥스퍼드대학교 대학원에서 비교사회학을 전공해 석사학위를 받은 데 이어 런던대학교를 구성하는 런던경제정치대학교 대학원에서 박사학위를 받았다. 박사학위청구논문 서지사항은 다음과 같다. Hyo-je Cho, "The Quest for Professional Status: A Social and Sociological Study of Korean Traditional Medicine in the 20th Century," unpub. Ph.D. diss,. London School of Economics and Political Science, University of London, 1999. 현재 성공회대학교 사회과학부 교수다.

(4) 김두식(金斗植: 경북대 교수), 『불편해도 괜찮아: 영화보다 재미있는 인권 이야기』(경기도 파주시: 창비, 2010).

(5) 정진성(鄭鎭星) · 구정우(具廷禹) · 유은혜(숭실대) · 정병은(서울대 사회발전연구소) · 공석기(孔錫己) · 김두년(金斗年) · 이정은(李定垠) · 박경태(朴經泰) · 한성훈(韓成勳) 분담집필, 『인권사회학』(다산출판사, 2013).

이 책은 국제수준에서 정립된 인권개념을 하나의 실체로 인정하고 그것을 규범적으로 접근하거나 다양한 사회적 변수와 연결하여 질적 · 양적으로 분석했다. 인권사회학 형성과 발전, 인권사회학 이론, 인권사회학 방법론에 관한 논문을 수록했다.

※ 구정우(1973~현재)는 한림대학교 사회과학대학 정치외교학과를 졸업하고 서울대학교 대학원 사회학과에서 석사학위를 받은 데 이어 스탠퍼드대학교 대학원 사회학과에서 박사학위를 받았다. 박사학위청구논문 서지사항은 다음과 같다. Jeong-woo Koo, "The Rise and Fall of Confucian Civil Society: Political Competition between Academies and State in Choson Korea, 1543~1871," unpub. Ph.D. diss., Stanford University, 2007. 현재 성균관대학교 사회과학대학 사회학과 교수다.

※ 공석기(1970~현재)는 서울대학교 사회과학대학 사회학과를 졸업하고 서울대학교 대학원 사회학과에서 석사학위를 받은 데 이어 하버드대학교 대학원 사회학과에서 박사학위를 받았다. 박사학위청구논문 서지사항은 다음과 같다. Suk-Ki Kong, "Transnational Mobilization to Empower Local Activism: A Comparison of the Korean Human Rights and Environmental Movements," unpub. Ph.D. diss., Harvard University, 2006. 필자는 자신의 이 학위논문 제목을 우리말로 다음과 같이 옮겼다. 「지역운동 역량강화를 위한 초국적 동원: 한국 인권운동 및 환경운동의 비교연구」. 현

재 서울대학교 아시아연구소 연구교수다.

※ 이정은(1971~현재)은 덕성여자대학교 글로벌융합대학 사회학과를 졸업하고 서울대학교 대학원 사회학과에서 석사학위를 받았으며 서울대학교 대학원 사회학과에서 「해방 후 인권담론의 형성과 제도화에 관한 연구, 1945년~1970년대 초」(2008년 8월)로 박사학위를 받았다. 현재 창원대학교 사회과학대학 사회학과 교수다.

※ 박경태(1961~현재)는 연세대학교 사회과학대학 사회학과를 졸업하고 텍사스대학교 오스틴 캠퍼스 대학원 사회학과에서 석사→박사학위를 받았다. 박사학위청구논문서지사항은 다음과 같다. Kyung-tae Park, "Asian Immigration, Self-Employment, and Native Black Labor Market Outcomes," unpub. Ph.D. diss., University of Texas, Austin, 1994. 현재 성공회대학교 사회과학부 교수다.

(6) 문경란(文敬蘭)·홍성수(洪誠秀) 엮음, 『서울시민 인권헌장』(경인문화사, 2015).

※ 문경란(1959~현재)은 국가인권위원회 상임위원, 그리고 서울특별시 인권위원회 위원장을 역임했다.

※ 홍성수(1975~현재)는 고려대학교 법과대학을 졸업하고 고려대학교 대학원 법학과에서 석사학위를 받은 데 이어 런던경제정치대학교 대학원에서 박사학위를 받았다. 박사학위청구논문 서지사항은 다음과 같다. Sung Soo Hong, "Regulatory Dilemmas in Human Rights Protection: An Analysis of a National Human Rights Institution as a Solution," unpub. Ph.D. diss., London School of Economics and Political Science, 2008. 현재 숙명여자대학교 법과대학 교수다.

(7) 최은숙, 『어떤 호소의 말들: 인권위 조사관이 만난 사건 너머의 이야기』(경기도 파주시: 창비, 2022).

(8) 『동아일보』(2023년 6월 30일), 40쪽.

> "정부는 탈북자인 이한별 북한인권증진센터 소장(40세)을 국가인권위원회 비상임인권위원으로 임명했다. 북한이탈주민이 인권위원이 된 것은 이번이 처음이다. 임기는 2023년 6월 30일부터 3년이다. 1999년 탈북해 2002년 중국에서 한국으로 입국했다. 외대 중국어과를 졸업했다."

장애인 인권

(1) 김원영(변호사), 『실격당한 자들을 위한 변론』(사계절, 2018).

이 책의 주요 모티프가 된 '잘못된 삶 소송'은 장애를 가진 아이가 세상에 태어나, 차라리 태어나지 않는 편이 나았다며 장애를 진단해내지 못한 의사에게 손해배상을 청구하는 민사소송의 한 유형이다. 이 소송은 우리에게 태어난 것이 태어나지 않은 것보다 손해일 수 있는가라는 어려운 질문을 던진다.

1급 지체장애인인 변호사 김원영은 성장기 내내 이 질문과 싸워야 했다. 가난한 집에서 걷지 못하는 몸으로 태어난 그는 자신의 존재가 부모와 이 사회는 물론, 스스로에게도 손해인 것은 아닌지 끊임없이 물어야 했다. 이 책에서 그는 자신과 마찬가지로 흔히 '잘못된 삶', '실격당한 인생'이라 불리는 이들도 그 존재 자체로 존엄하고 매력적임을 증명해 보이는 변론을 시도한다. 그의 변론은 사람들 간의 일상적인 상호작용에서 어떻게 인간에 대한 존중이 싹트는지를 탐색하며 시작한다. 이후 자신의 결핍과 차이를 자기 정체성으로 받아들이는 결단이란 어떤 의미인지를 제시하며, 그렇게 정체성을 받아들이고 살아가는 개개인의 고유한 이야기가 법과 제도의 문에 들어설 수 있는 길을 모색한다. 나아가 모든 존재에게 자신이 누구인지, 어떤 특징과 경험과 선호와 고통을 가진 사람인지를 드러낼 무대가 주어진다면, 소수자들 스스로가 '인간 실격'이라는 낙인에 맞서 자신을 변론할 수 있으리란 전망을 제시한다.

(2) 천자오루 지음/ 강영희 역, 『사랑을 말할 때 우리가 꺼내지 않았던 이야기들: 장애인의 성과 사랑 이야기』(사계절, 2020).

저자는 대만의 저널리스트다.

(3) 황승택, 『다시 말해줄래요?: 청각을 잃자 비로소 들리기 시작한 차별의 소리들』(민음사, 2022년 4월).

(4) 박위, 『위라클(WERACLE): 우리 모두에게 기적을』(토기장이, 2022년 9월).

28세 청년 박위는 만취상태에서의 낙상사고로 하루아침에 전신마비 환자가 됐다. 저자는 이 사고가 발생한 2014년 5월부터 8년에 걸친 고난 속에서 기적을 발견해 나가는 과정을 기록했다. 책의 제목은 자신의 이름 '위'에 기적이라는 영어 'miracle' 가운데 'racle'을 합친 것이다. 그는 현재 유튜브 '위라클'을 개설했고, 구독자는 3년 반 만에 41만 명이 됐다.

사형제 사실상 폐지

인권존중을 강조한 김대중 대통령은 자시의 재임기간에 사형이 확정된 사형수에 대한 형을 집행하지 않았다. 그 결과 김영삼 대통령이 퇴임하기 직전인 1997년 12월 30일에 사형수 23명의 형이 집행된 이후 한국에선 실제 사형이 이뤄지지 않았다. 2022년 7월 현재 교도소에 수감 중인 사형수는 59명이다. 사형수는 있으나 사형 집행은 없는 나라로 25년을 보냈다. 그동안 공식적으로 사형제도를 없애자는 주장이 꾸준히 제기됐다. 헌법재판소는 앞선 1996년과 2010년에 사형제 합헌 결정을 내린 데 이어 2022년 7월 14일 관련 헌법소원 사건 공개변론 절차를 밟기 시작했다.

(1) 박철웅(朴鐵雄), 『내 목에 밧줄이 놓이기 전에』(마당문고사, 1983); ______, 『나는 사형수: 지상에서 만난 가장 따뜻한 시간 877일』(시루, 2012).

1979년 6월 20일에 일어난 골동품상 금당(金堂)살인사건 주범의 수기다. 박철웅에 대한 사형은 1982년 7월 22일에 집행됐다.

(2) 신민정(申玟貞: 한겨레 기자), 「사형제, 폐지할 때 됐다 2」, 『한겨레』(2018년 10월 16일), 1쪽 및 4쪽.

이 기사에 따르면, 2018년 10월 15일 현재 한국에 사형확정판결을 받아 복역하는 사형수는 모두 61명이다. 일반교정시설에 57명, 국군교도소에 4명이 수용됐다. 1997년 12월 30일에 마지막으로 사형집행이 이뤄졌다.

(3) 김태수(金兌洙), 『사형을 집행하라: '침묵하는 다수'를 위한 사형존치론』(조갑제닷컴, 2022).

(4) 전원책(全元策: 변호사), 「전원책이 고발한다: 20명 살인마도 생명권 있다? 흉악범은 인간의 탈 쓴 짐승이다」, 『중앙일보』(2022년 7월 12일).

이 원고는 중앙일보 본지에는 게재되지 않았다. 다만 인터넷에 게재됐다.

(5) 김재희(동아일보 기자), 「사형수 1명 지병으로 사망…국내 60명 남았다」, 『동아일보』(2019년 7월 23일), A2쪽.

> 2019년 7월 22일 현재 우리나라에서 사형확정판결을 받고 복역 중인 사형수는 60명이다. 김영삼 정부시절인 1997년 12월 30일에 사형수 23명에 대한 형집행이 이루어진 뒤로 지금까지 사형집행은 없었다. 우리나라는 여전히 사형제를 유지하고 있지만 사실상 사형제 폐지국가다. 국제앰네스티는 2007년에 한국을 '실질적 사형폐지국'으로 분류했다.

(6) 김대근(한국형사법무정책연구원 연구실장), 「김대근이 고발한다: 사형수 33명 만

났다, 그들이 두려워했던 건 '사형'이 아니었다」, 『중앙일보』(2022년 7월 27일), 26쪽.

(7) 문병주(중앙일보 논설위원), 「문병주 논설위원이 간다: 세 번째 헌재 심판대에 오른 사형제; 사형제 폐지 · 유지 오랜 논란, 이번엔 마침표 찍나」, 『중앙일보』(2022년 8월 9일), 24쪽.

이 글에는 서울대학교 법학전문대학원 교수 고학수(高鶴洙) 박사의 의견이 포함됐다. 사형제가 범죄예방의 사회경제적 효과를 내느냐의 문제에 대해, 고 교수는 "국내에는 데이터를 이용한 실증적인 분석은 없고, 분석이 많이 이루어진 미국에서도 아직 일반적인 결론이 나지 않았다"라고 말했다.

(8) 황건강(중앙일보 기자), 「인터뷰: 정당방위 적용도 사후 처방, 사형 집행 등으로 흉악범죄 예방해야」, 『중앙선데이』(2023년 8월 12일~13일), 9쪽.

서울가정법원장과 한국형사판례연구회장 등을 역임한 변호사 김대휘(金大彙, 1956~현재) 세종대학교 석좌교수는 "한국은 아직 사형이 위헌이란 판단이 나오지 않은 국가다. 실질적 사형폐지국가 지위를 잃는 게 부담될 수 있다. 그러나 살인 등 잔혹한 범죄로 사형을 선고받은 범죄자에게 사형을 집행하지 않는 것은 위법적 사태다"라고 말했다.

복지정책 및 복지국가론

(1) Young-Jong Kim, "The Impact of Industrialization and Other Social Changes on the Development of Social Welfare Institution in South Korea," unpub. Ph.D. diss., University of Texas, Austin, 1989.

※ 김영종(金永鍾, 1958~현재)은 경북대학교 사회과학대학 사회학과를 졸업하고 텍사스대학교 오스틴 캠퍼스 대학원 사회복지학과에서 석사→박사학위를 받았다. 경성대학교 법정대학 사회복지학과 교수로 정년퇴임했으며, 현재 경성대학교 명예교수다.

(2) Huck-ju Kwon, "The Welfare State in Korea: The Politics of Legitimation," unpub. Ph.D. diss., University of Oxford, 1995.

※ Huck-ju Kwon(권혁주[權赫周], 1963~현재)은 서울대학교 사회과학대학 정치학과를 졸업하고 서울대학교 대학원 정치학과에서 석사학위를 받은 데 이어 옥스퍼드대학교 대학원 정치학과에서 박사학위를 받았다. 현재 서울대학교 행정대학원 교수다.

(3) Sung-kyun Lee, "A Comparative Study of Welfare Programs for Old Age

Income Security in Korea and Taiwan," unpub. Ph.D. diss., University of Wisconsin, Madison, 1997.

※ Sung-kyun Lee(李成均, 1964~현재)은 서울대학교 사회과학대학 사회학과를 졸업하고 서울대학교 대학원 사회학과에서 석사학위를 받은 데 이어 위스콘신대학교 매디슨 캠퍼스 대학원 사회학과에서 박사학위를 받았다. 현재 울산대학교 사회과학대학 사회과학부 교수다.

(4) 한국사회과학연구소 사회복지연구실 편, 『한국 사회복지의 현황과 쟁점』(인간과 복지, 1998).

(5) Jae-jin Yang, "The 1999 Pension Reform and a New Social Contract in South Korea," unpub. Ph.D. diss., Rutgers, The State University of New Jersey, 2000; ______, 양재진(梁在振), 「경제위기, 정책망 그리고 연금개혁패러다임: 멕시코와 한국의 연금개혁 비교연구」, 『한국행정학회』 제35권 제2호(2001), 63~80쪽; Jae-jin Yang, "Parochial Welfare Politics and the Small Welfare State in South Korea," *Comparative Politics*, Vol. 45, No. 4(July 2013), pp.457~475; 양재진(梁在振), 「제도주의적 권력자원론과 한국의 노동 자본 정치가의 복지정책 선호에 관한 실증연구」, 『한국정치학회보』 제48권 제2호(2014년 6월), 79~102쪽; ______, 「작은 복지국가 연구: 성과, 한계 그리고 연구방향의 제시」, 『정부학연구』(고려대학교 정부학연구소) 제22권 제3호,(2016년 12월), 3~28쪽; Jae-jin Yang, *The Political Economy of the Small Welfare State in South Korea*(New York: Cambridge University Press, 2017); ______, ed., *The Small Welfare State: Rethinking Welfare in the US, Japan and South Korea*(Cheltenham, U.K.: Edward Elgar, 2020); Jae-jin Yang and Hyeok-yong Kwon, "Union Structure, Bounded Solidarity and Support for Redistribution: Implications for Building a Welfare State," *International Political Science Review*, Vol. 42, No. 2(March 2021). pp.277~293.

※ 양재진(梁在振, 1968~현재)은 연세대학교 사회과학대학 행정학과를 졸업하고 연세대학교 대학원 행정학과에서 석사학위를 받은 데 이어 럿거스(뉴저지주립대학교) 대학원 정치학과에서 사회복지행정을 전공해 박사학위를 받았다. 현재 연세대학교 사회과학대학 행정학과 교수다.

※ 권혁용(權赫勇, 1968~현재)은 고려대학교 정경대학 정치외교학과를 졸업하고 고려대학교 대학원 정치외교학과에서 석사학위를 받은 데 이어 코넬대학교 대학원 정치

학과에서 박사학위를 받았다. 박사학위청구논문 서지사항은 다음과 같다. Hyeok Yong Kwon, "Has Economic Insecurity Produced Left Voters? The Political Economy of Voter Transition," unpub. Ph.D. diss., Cornell University, 2004. 현재 고려대학교 정경대학 정치외교학과 교수다. 그는 이 주제와 관련해 다음과 같은 논문을 발표했다. 권혁용·김대용·박찬혁, 「한국인은 왜 재분배 정책을 지지하지 않는가? 설문실험 연구」, 『한국정치학회보』제56집 제4호(2022년 9월), 5~31쪽. 그는 다음과 같은 논문도 발표했다. 남궁현·권혁용, 「세계화시대 조세경쟁, 현실인가 신화(神話)인가?: 선진 민주주의 국가의 자본의 조세부담률에 대한 경험적 분석」, 『한국정치학회보』제42집 제3호(2008년 가을), 333~358쪽.

(5-A) 양재진(梁在振), 김영순(金榮順), 조영재(趙英宰), 권순미(權純美), 우명숙(禹明淑), 정흥모(鄭興模) 분담집필, 『한국의 복지정책 결정과정: 역사와 자료』(경기도 파주시: 나남, 2008).

(6) Ick-Joong Chung, "Developmental Trajectories of Offending among Poor and Non-Poor Children," unpub. Ph.D. diss., University of Washington, 2000.

※ 정익중(鄭益仲, 1969~현재)은 서울대학교 사회과학대학 사회복지학과를 졸업하고 서울대학교 대학원 사회복지학과에서 석사학위를 받은 데 이어 워싱턴대학교 대학원에서 아동복지학을 전공해 박사학위를 받았다. 현재 이화여자대학교 사회과학대학 사회복지학과 교수다. 필자는 아동복지와 관련해 여러 논문을 발표했다.

(7) 조영훈(曺永薰), 「유교주의, 보수주의, 또는 자유주의? 한국의 복지유형 검토」, 『한국사회학』(한국사회학회) 제35집 제6호(2001년 12월), 169~191쪽.

최근 연구 동향에서 동아시아 국가들의 복지유형은 서구의 복지국가들과는 다른, '유교주의 복지체제'를 구성한다고 말한다. 이어 이러한 유형은 (ⅰ) 복잡한 사회현실을 몇 개의 변수로 단순화해서 설명한다는 사회과학이론의 기본명제가 심각하게 훼손될 것, (ⅱ) 유교적 문화전통이 존재하는 한 서구와 같은 급속한 복지확대 정책을 기대할 수 없다는 문화결정론에 비판을 받고 있다.

저자는 이러한 주장에 대해 동아시아 국가들이 복지국가 발전에 있어서 서구국가들과는 다른 모습을 보이고 있지만, 여전히 기존의 복지유형론, 특히 에스핑-안데르센의 유형론에 의해 설명될 수 있다고 말하며, 그 국가들이 자유주의와 보수주의가 혼합된 형태이지만 궁극적으로는 자유주의 복지체제로 분류된다고 주장한다.

※ 조영훈(1960~현재)은 연세대학교 사회과학대학 정치외교학과를 졸업하고 연세대학교 대학원 사회학과에서 석사학위를 받은 데 이어 캘리포니아대학교 대학원 사회학과에서 1994년에 박사학위를 받았다. 현재 동의대학교 인문사회과학대학 사회복지학과 교수다.

(8) Ilcheong Yi, "Development of Occupational Welfare in Korea," unpub. Ph.D. diss., University of Oxford, 2002.

1950년대~1990년대 초 한국에서의 '직업적 복지의 발전'을 분석했다.

※ 이일청(李一淸, 1966~현재)은 서울대학교 사회과학대학 정치학과를 졸업하고 서울대학교 대학원 정치학과에서 석사학위를 받은 데 이어 옥스퍼드대학교 대학원에서 국제개발협력을 전공해 박사학위를 받았다. 현재 스위스의 「사회개발을 위한 유엔연구소(United Nations Research Institute for Social Development)」에서 선임연구원으로 봉직하고 있다. 그가 발표한 논문들에는 다음이 포함됐다. Ilcheong Yi, Jiyoung Kim, and Hyuk-sang Sohn, "Aid Effectiveness and Institutional Complementarity: Comparative Study of the Philippines and Republic of Korea", 『세계지역연구논총』, 제36집 제2호(2018년 6월), 255~284쪽; 김태균(金泰均) · 이일청(李一淸), 「반둥 이후: 제3세계론의 쇠퇴와 남남협력의 정치세력화」, 『국제정치논총』(한국국제정치학회) 제58집 제3호(2018년 9월), 49~99쪽.

(9) 안재흥(安載興), 「생산레짐과 정책레짐의 연계, 복지개혁의 정치, 그리고 노사정 관계의 변화: 스웨덴, 덴마크, 네덜란드, 오스트리아 비교」, 『국제정치논총』제45집 제4호(2005년 12월), 331~356쪽; ______, 「사회투자, 성장과 복지를 잇는 선순환의 필요조건인가?: 서유럽 6개국 비교연구」, 『한국정치학회보』제42집 제3호(2008년 10월), 359~387쪽; ______, 「정책과 정치의 동학, 그리고 제도의 변화: 스웨덴 기업지배구조의 사례」, 『한국정치학회보』제44집 제4호(2010년 12월), 237~264쪽.

※ 안재흥(1956~현재)은 서강대학교 사회과학대학 정치외교학과를 졸업하고 미시간대학교 대학원 정치학과에서 석사→박사학위를 받았다. 박사학위청구논문 서지사항은 다음과 같다. Jae-Hung Ahn, "Social Democratic Ideology and Workers' Interests: The Development of Social Democracy in Sweden, 1886-1911," unpub. Ph.D. diss., University of Michigan, 1993. 아주대학교 사회과학대학 정치외교학과 교수로 정년퇴임했으며, 현재 아주대학교 명예교수다. 그는 서유럽의 복지정책에 관해 여러 논문을 발

표했는데, 거기에는 다음이 포함됐다.

(i) 안재흥(安載興), 「스웨덴모델의 형성과 쇠퇴: 노동운동을 중심으로 한 통시적 비교」, 『국가전략』제7권 제1호(2001년 9월), 107~145쪽.

(ii) ______, 「세계화와 노·사·정 대응의 정치경제: 스웨덴, 네덜란드, 오스트리아 사례의 비교」, 『한국정치학회보』제36집 제3호(2002년 가을), 397~418쪽.

(iii) ______, 「생산레짐과 정책레짐의 연계, 복지개혁의 정치, 그리고 노사정 관계의 변화: 스웨덴, 덴마크, 네덜란드, 오스트리아 비교」, 『국제정치논총』제45집 제4호(2005년 12월), 331~356쪽.

(iv) ______, 「비교방법의 방법론적 정체성」, 『국제정치논총』제46집 제2호(2006년 6월), 31~56쪽.

(v) ______, 「서유럽 강소·복지국가 모델의 동학과 한국형 사회모델의 무산」, 『의정연구』제20집 제3호(2014년 12월), 119~152쪽.

(vi) ______, 「한국적 보수주의의 기원과 진화: 어떻게 접근할 것인가」, 『의정연구』제21집 제3호(2015년 12월), 169~183쪽.

(vii) ______, 「정치경제 레짐의 변동에 대한 집단행동 이론 시각의 연구: 서유럽 작은 복지국가의 비교사례 연구」, 『한국정치연구』제27집 제3호(2018년 10월), 145~174쪽.

(viii) ______, 「근대로의 이행과 역사 비교 방법」, 『역사학보』246(2020년 6월), 75~110쪽.

(10) 박범종(朴範宗), 「한국 복지정책의 결정요인에 관한 연구: 권위주의 정부와 민주주의 정부의 비교를 중심으로」, 부산대학교 대학원 정치외교학과 정치학박사학위 청구논문(2006년 2월).

이 논문이 꼭 김대중정부의 복지정책 하나만을 다룬 것은 아니다. 부제가 말해주듯, 박정희정부와 전두환정부의 복지정책에 관해서, 그리고 김영삼정부의 복지정책에 대해서도 논했다.

※ 박범종(1971~현재)은 부산외국어대학교 외교·국제개발학부 외교학과를 졸업하고 부산대학교 사회과학대학 정치외교학과에서 석사→박사학위를 받았다. 현재 부경대학교 지방분권발전연구소 전임연구원이다.

(11) 송호근(宋虎根)·홍경준(洪坰駿) 공저, 『복지국가의 태동: 민주화, 세계화, 그리고 한국의 복지정치』(경기도 파주시: 나남, 2006년 7월).

※ 홍경준(1967~현재)은 서울대학교 사회과학대학 사회복지학과를 졸업하고 서울대

학교 대학원 사회복지학과에서 석사학위를 받은 데 이어 서울대학교 대학원 사회복지학과에서 「한국기업복지의 결정요인; 제조업의 조직특성을 중심으로」(1996년 8월)로 박사학위를 받았다. 그의 대표적 저서는 『한국의 사회복지체제 연구』(경기도 파주시: 나남, 1999)이다. 현재 성균관대학교 소프트웨어대학 글로벌융합학부 교수다.

(12) 김윤태(金侖兌)·양재진(梁在振)·조홍식(曺興植) 등 분담집필, 『한국 복지국가의 전망: 새로운 도전, 새로운 대안』(경기도 파주시: 한울아카데미, 2010).

(13) 이태수(李兌洙), 『왜 복지국가인가?: 정글의 한국사회, 복지가 해답이다』(이학사, 2011).

※ 이태수(1959~현재)는 연세대학교 상경대학 경제학과를 졸업하고 연세대학교 대학원 경제학과에서 석사학위를 받은 데 이어 연세대학교 대학원 경제학과에서 「한국경제의 비생산적 부문에 관한 연구」(1992년 8월)로 박사학위를 받았다. 현재 가톨릭꽃동네대학교 사회복지대학 사회복지학부 교수다.

(14) 정태환(鄭台煥)·김윤태(金侖兌) 등, 『한국의 복지정치』(학지사, 2012).

(15) 정진경(鄭珍卿), 「복지국가 맥락에서 스웨덴, 미국, 한국의 자원봉사정책 비교연구」, 『한국행정학보』제47권 제2호(2013년 6월), 137~160쪽.

※ 정진경(1970~현재)은 이화여자대학교 사회사업학과를 졸업하고 이화여자대학교 대학원 사회복지학과에서 석사학위를 받은 데 이어 이화여자대학교 대학원 사회복지학과에서 「공공부조수급자의 복지의존 특성 및 영향요인에 관한 실증연구」(2004년 2월)로 박사학위를 받았다. 현재 광운대학교 법학대학 행정학과 교수다.

(16) 최태욱(崔兌旭) 엮음, 『복지한국 만들기: 어떤 복지국가를 누가 어떻게 만들 것인가』(후마니타스, 2013년 7월).

※ 최태욱(1961~현재)은 고려대학교를 졸업하고 캘리포니아대학교 데이비스 캠퍼스 대학원에서 국제정치학을 전공하여 석사학위를 받은 데 이어 캘리포니아대학교 로스앤젤레스 캠퍼스 대학원에서 국제정치학을 전공해 박사학위를 받았다. 한림국제대학원대학교 정치외교학과 교수로 봉직했다.

(17) 박영선(朴瑛宣), 「한국 복지국가운동 논쟁에 대한 비판적 연구: 복지국가실현연석회의 사례를 중심으로」, 『한국정치연구』제23집 제2호(2014년 6월), 263~288쪽.

2011년 7월 21일에, '보편적 복지국가'를 내세운 「복지국가실현연석회의」가 총 402개의 단체가 참여한 가운데 발족했다. 필자는 이 출범으로써 "드디어 한국 시민사회에서도 보편적 복지를 내세운 복지국가운동이 시작된 것이다." 라고 논평하면서, 이 논문을 썼다.

※ 박영선은 숙명여자대학교 영어영문학과를 졸업하고 성공회대학교 NGO대학원에서 석사학위를 받은 데 이어 성공회대학교 대학원 사회학과에서 「한국 시민사회 관렵법 변화에 대한 연구: 87년 전후 국가의 대(對) 시민사회 전략과 관계」(2011년 2월)로 박사학위를 받았다.

(18) 오건호(吳建昊), 『국민연금, 공공의 적인가, 사회연대 임금인가』(책세상, 2006년 9월); ______, 『내가 만드는 공적연금』(책세상, 2016)

※ 오건호(1964~현재)는 서울대학교 사회과학대학 사회학과를 졸업하고 서울대학교 대학원 사회학과에서 석사학위를 받은 데 이어 서울대학교 대학원 사회학과에서 「 민영화전후 영국 철도산업의 단체교섭제도 변화에 대한 연구」(1999년 2월)로 박사학위를 받았다. 민주노총과 민주노동당에서 사회복지정책을 담당했으며, 사회공공연구소 등에서 연금정책을 연구했다.

(19) 남지민(南知旼), 「발전국가의 전환과 복지정책: 김대중정부의 복지정책을 중심으로」, 영남대학교 대학원 정치외교학과 정치학박사학위청구논문, 2007년 2월.

※ 남지민(1975~현재)은 영남대학교 정치행정대학 정치외교학과를 졸업하고 영남대학교 대학원 정치외교학과에서 석사→박사학위를 받았다. 현재 영남대학교 정치행정대학 강사다.

(20) Tae-kyoon Kim, "Controlling the Welfare Mix: A Historical Review on the Changing Contours of State-Voluntary Relationships in Korea," unpub. Ph.D. diss., University of Oxford, 2007.

※ Tae-kyoon Kim(김태균[金泰均], ~현재)은 서울대학교 사회과학대학 사회학과를 졸업하고 서울대학교 국제대학원에서 석사학위를 받은 데 이어 옥스퍼드대학교 대학원 정치학과에서 석사학위를 받았고 옥스퍼드대학교 대학원 사회정책과에서 박사학위를 받았다. 현재 서울대학교 국제대학원 국제학과 교수다.

(21) Yeong-Soon Kim, "Institutions of Interest Representation and the Welfare State in Post-Democratization Korea," *Asian Perspective*, Vol. 34, No. 1(March 2010) pp.159~189; 김영순(金榮順), 「한국의 복지정책은 변화하고 있는가? 1차, 2차 국민연금 개혁을 통해 본 한국의 복지정책」, 『한국정치학회보』 제45집 제1호(2011년 봄),

141~163쪽.

※ 김영순은 서울대학교 사회과학대학 정치학과를 졸업하고 서울대학교 대학원 정치학과에서 석사→박사학위를 받았다. 대표적 저서는 자신의 박사학위청구논문을 보완한 『복지국가의 위기와 재편: 영국과 스웨덴의 경험』(서울대학교출판부, 1996)이다. 현재 서울과학기술대학교 교수다.

(22) 한국보건사회연구원 편, 『국민기초생활보장제도 10년사』(보건복지부 · 한국보건사회연구원, 2010).

김대중정부 때인 1999년 9월 7일에 제정됐고, 2000년 10월 1일자로 시행된 「국민기초생활보장법」에 따른 국민기초생활보장제도의 내용을 설명했다.

(23) 김대중(金大中), 「4부(2000년 6월~12월)」 가운데 「복지는 시혜가 아니다, 인권이다(1998~2000.10.)」, ______, 『김대중 자서전』전2권(삼인, 2011), 제2권, 299~382쪽 가운데 324~335쪽.

(24) Yong-Hoo Sohn, "David Hume's Insight into Responsibility and the Welfare State," 『정치사상연구』(한국정치사상학회) 제18권 제1호(2012년 5월), 262~284쪽.

※ 손용후(孫鏞厚, 1966~현재)는 뉴욕주립대학교 올바니 캠퍼스 대학원 정치학과에서 박사학위를 받았다. 박사학위청구논문 서지사항은 다음과 같다. "A Political Theory of Responsibility," unpub. Ph.D. diss., State University of New York, Albany, 2010. 이 논문의 요지는 다음에서 읽을 수 있다. Yong-Hoo Sohn, "Responsibility and Politics," *Korean Political Science Review*, Vol 45, No. 6(December 2011), pp.7~25.

(25) 신성혜(연세대), 「한국과 일본의 비공식 복지체계 비교 연구: 가족 간 사적이전소득을 중심으로」, 연세대학교 대학원 사회학과 사회학박사학위청구논문, 2016년 8월.

(26) 안병영(安秉永) · 정무권 · 신동면 · 양재진(梁在振) 등, 『복지국가와 사회복지정책』(다산출판사, 2018년 8월).

(27) 이철승(李哲承: 서강대) · 황인혜(연세대) · 임현지(서강대), 「한국 복지국가의 사회경제적 기초: 자산 불평등, 보험욕구, 복지 선호도, 2007~2016」, 『한국정치학회보』 제52권 제5호(2018년 10월), 1~30쪽.

(28) 윤홍식(尹洪植), 『한국 복지국가의 기원과 궤적』전3권(사회평론아카데미, 2019).

제1권(『자본주의로의 이행의 시작: 18세기부터 1945년까지』)

제2권(『반공개발국가 복지체제의 형성: 1945년부터 1980년까지』)
제3권(『신자유주의와 복지국가: 1980년부터 2016년까지』)

※ 윤홍식(1967~현재)은 미주리대학교 세인트루이스 캠퍼스에서 학부를 마치고 미주리주 워싱턴대학교 대학원 사회복지학과에서 석사학위를 받은 데 이어 미주리주 워싱턴대학교 대학원 사회복지학과에서 박사학위를 받았다. 박사학위청구논문 서지사항은 다음과 같다. Hong-sik Yoon, "Economic Consequences of Dissolution of Marital and Cohabiting Unions on Women, Men, and Children: Responses of Labor Market and Public Policies to Their Economic Adjustment," unpub. Ph.D. diss., Washington University, 2002. 그가 엮은 책으로 (ⅰ)『우리는 한 배를 타고 있다: 보편적 복지국가를 향한 노동과 시민의 친복지연대』(이매진, 2012),(ⅱ)『평화복지국가: 분단과 전쟁을 넘어 새로운 복지국가를 상상하다』(이매진, 2013),(ⅲ)『이상한 성공: 한국도 왜 불평등한 복지국가가 되었을까』(한겨레출판, 2021) 등이 있다. 현재 인하대학교 사회과학대학 사회복지학과 교수다.

(28-A) 신진욱(申晋旭),「서평: 한국 복지국가, 박정희의 주술풀기; 윤홍식,『한국 복지국가의 기원과 궤적』전3권」,『황해문화』105(2019년 겨울), 432~443쪽.

(29) 정진화(鄭眞和),『복지국가: 이론 · 사례 · 정책』(명인문화사, 2020).

※ 정진화(1976~현재)는 성신여자대학교 사회과학대학 정치외교학과를 졸업하고 연세대학교 대학원 정치외교학과에서 석사학위를 받은 데 이어 성신여자대학교 대학원 정치외교학과에서「존 롤즈의 분배정의론과 한국형 복지국가 건설 방안 모색」(2015년 8월)으로 박사학위를 받았다. 현재 성신여자대학교 동아시아연구소 연구원이다.

(30) 손병돈(孫炳敦),『한국의 비공식 복지: 아무도 눈여겨보지 않은 대한민국 복지의 실체』(사회평론아카데미, 2021).

※ 손병돈(1967~현재)은 서울대학교 사회과학대학 사회복지학과를 졸업하고 서울대학교 대학원 사회복지학과에서 석사학위를 받은 데 이어 서울대학교 대학원 사회복지학과에서「가족간 소득이전의 결정요인: 부모와 기혼자녀간을 중심으로」(1998년 2월)로 박사학위를 받았다. 현재 평택대학교 사회서비스대학 사회복지학과 교수다.

(30-A) 최연규(전북대),「서평: 공식 복지를 비추어보는 거울로서의 비공식 복지; 손병돈 저,『한국의 비공식 복지』」,『기독교사상』(2021년 10월), 264~270쪽.

(31) 박지우, 『행복한 나라의 불행한 사람들: 복지국가 스웨덴은 왜 실패하고 있는가』(추수밭, 2022).

스웨덴에서 생활한 저자는 우리나라에서 형성된 '복지국가 스웨덴'의 이미지는 현실과 많이 다르다고 썼다.

조세정책과 복지정책

Sung Ho Park, "The Role of Government in Social Pact Building: The Cases of Italy and South Korea in the 1990s," 『한국정치학회보』(한국정치학회) 제46권 제6호(2012년 12월), 143~170쪽; ______, "The Politics of Public Welfare in South Korea, 1990s-2010s: The Ratchet Effect and the Sustainability of New Welfare Policies," 『현대정치연구』(서강대학교 현대정치연구소) 제10권 제1호(2017년 4월), 59~91쪽.

※ 박성호(1972~현재)는 연세대학교 문과대학 철학과를 졸업하고 고려대학교 대학원 정치외교학과에서 석사학위를 받은 데 이어 노스캐롤라이나대학교 채플힐 캠퍼스 대학원 정치학과에서 박사학위를 받았다. 박사학위청구논문 서지사항은 다음과 같다. Sung Ho Park, "Economic Crisis and Wage-Setting Coordination in an Integrated Europe: The Experiences from Dveloped European Countries," unpub. Ph.D. diss., University of North Carolina, Chapel Hill, 2009. 현재 연세대학교 정경대학 국제관계학과 교수다. 그는 이 주제와 관련해 여러 논문을 발표했는데, 그것들 가운데 하나는 다음이다. Sung Ho Park, "Unions, Elections and the Modality of Wage-Setting Coordination: A Comparative Analysis of Belgium and the Netherlands," *Korean Political Science Review*, Vol. 45, No. 6(December 2011), pp.127~160.

의약분업과 파업

김대중 대통령은 2000년 7월 1일부터 의약분업을 단행했다. 의사와 약사의 업무를 분리해서 규정한 것이다. 이에 따라 의사의 파업과 약사의 파업이 뒤따랐다.

(1) 이상이(李相二), 「의약분업 정책결정과정에 관한 연구」, 경희대학교 대학원 의학과 박사학위청구논문, 2000년 2월.

(2) 조영재(趙英宰), 「한국 민주화와 이익정치: 의약분업갈등에 대한 2차원 게임이론의 적용」, 고려대학교 대학원 정치학과 정치학박사학위청구논문, 2001년 2월,

※ 조영재(1965~현재)는 고려대학교 정경대학 경제학과를 졸업하고 고려대학교 대학원 정치외교학과에서 석사→박사학위를 받았다. 현재 명지대학교 연구교수다.

(3) 정유석(鄭裕錫), 「의사들의 집단행동에 대한 윤리적 고찰」, 충북대학교 대학원 의학과 박사학위청구논문, 2001년 8월.

(4) 안병철(安柄喆), 「정책형성과정에서의 역동성 분석: 의약분업정책의 참여자간 상호작용을 중심으로」, 고려대학교 대학원 행정학과 행정학박사학위청구논문, 2001년 2월.

(5) 송호근(宋虎根), 『의사들도 할 말 있었다: 의사파업에 대한 사회학적 분석』(삼성경제연구소, 2001년 3월).

(6) 이애리나(李애리나), 「의약분업 정책과 의사의 전문주의에 관한 연구: 의사 파업을 중심으로」, 계명대학교 대학원 사회학과 박사학위청구논문, 2002년 2월.

(7) 김창엽(金昌燁), 「의약분업: 시장실패 또는 정부실패」, 『사회비평』32(2002년 여름), 131~143쪽.

(8) 김대중(金大中), 「4부(2000년 6월~12월)」 가운데 「복지는 시혜가 아니니다, 인권이다(1998~2000.10.)」, ______, 『김대중 자서전』전2권(삼인, 2011), 제2권, 299~382쪽 가운데 324~335쪽.

의약분업으로 발생한 분쟁을 잘 극복한 사례

일송(一松)윤덕선(尹德善)선생추모사업위원회 편, 『숨은 거인의 길: 일송 윤덕선 선생의 큰 생각을 담은 글 모음; 늙은 새는 낟알을 줍지 않는다』(소화, 2001); 일송기념사업회 편, 『일송 윤덕선 평전: 한국현대사의 숨은 주춧돌』(민음사, 2016); ______, 『숨은 거인의 길 2: 일송 윤덕선 박사의 큰 생각을 담은 글 모음 2』(소화, 2023).

※ 윤덕선(1921~1996)은 경성의학전문학교를 졸업한 의사로 오늘날의 가톨릭대학교의 전신인 성신대학 의학부 교수로 후진을 길렀으며, 가톨릭 중앙의료원 초대 의무원장으로 봉직하는 가운데 의학박사학위를 받았다. 이후 강남성심병원과 춘천성심병원 및 강동성심병원 등을 세웠다. 그는 1981년에 춘천에 있던 성심여자대학을 인수해 그 자리에 일송학원을 세워 이사장으로 취임한 뒤 한림대학을 세웠고 이 대학을 한림대학교로 키웠다. 그의 장남 도헌(陶軒) 윤대원(尹大元, 1945~2024)은 가톨릭대학교 의과대학을 졸업하고 가톨릭대학교 대학원 의학과에서 석사→박사학위를 받은 뒤 일송학원 이사장

으로 35년 동안 봉직했다. 그는 한림대학교 의료원의 상대역인 스웨덴 웁살라대학교 의과대학으로부터, 이 대학교 출신의 세계적 식물학자 칼 폰 린네(Carl von Linné, 1707~1778) 교수를 기념하는 린네 금메달을 받았다. 그의 저서로, 윤대원, 『마이티 닥터(Mighty Doctor): 후대의 모든 마이티 닥터를 고대하고 응원하며』(율리시즈, 2004)가 대표적이다.

지역 사이 그리고 이익단체 사이 이해관계의 갈등과 합의

한국사회 안에서는 의약분업처럼 여러 쟁점을 놓고 갈등이 자주 벌어졌다. 그렇지만 관련자 사이의 대화를 통해 합의를 끌어내는 경우도 적지 않았다. 다음은 김대중정부를 비롯해 그 이전과 이후에 일어났던 사례들에 관한 연구다.

(1) 육동일(陸東一), 「지역 · 집단이기주의에 관한 실증적 연구: 한(韓) · 약(藥) 집단분쟁과 산본(山本) 지역갈등을 중심으로」, 연세대학교 대학원 행정학과 행정학박사학위청구논문, 1995년 8월.

※ 육동일(1954~현재)은 연세대학교 대학원 행정학과에서 박사학위를 받았다. 충남대학교 사회과학대학 자치행정학과 교수로 정념퇴임했으며, 현재 충남대학교 명예 교수다.

(2) 지충남(池忠楠), 「 환경분쟁의 양태와 해결과정에 관한 한일 비교연구」, 전남대학교 대학원 정치외교학과 박사학위청구논문, 2000년 2월.

(3) 박홍엽(朴鴻葉) · 홍성만(洪性滿) · 김유환(金裕煥) · 권영인(權寧仁) · 강상규(姜相圭) 분담집필, 『공공갈등: 소통, 대안 그리고 합의형성』(르네상스, 2007).

(4) 조신형, 「사회 네트워크 분석을 통한 정부간 갈등 요인에 관한 연구: 동남권신공항건설 사례를 중심으로」, 충남대학교 대학원 자치행정학과 행정학박사학위청구논문, 2012년 8월.

폭력을 통한 갈등해소: 폭력범죄

박순진(朴淳辰), 「폭력범죄의 상호작용과정에 대한 연구」, 서울대학교 대학원 사회학과 박사학위청구논문, 2000년 2월; ______, 『한국사회의 폭력에 대한 연구: 진단과 처방』(한국형사정책연구원, 2003); ______, 『한국인의 갈등해소방식: 폭력을 중심으로』(한국형사정책연구원, 2005)

※ 박순진(1965~현재)은 서울대학교 사회과학대학 사회학과를 졸업하고 서울대학교

대학원 사회학과에서 석사→박사학위를 받았다. 대구대학교 법 · 행정대학 경찰학부 교수를 거쳐 총장을 역임하고, 현재 대구대학교 명예교수다.

제3항 교육

장우영(張又永), 「정보기술의 정치적 제도화: NEIS 도입 사례를 중심으로」, 『한국정치학회보』 제38집 제3호(2004년 9월), 163~189쪽.

김대중정부는 2000년 7월에 교육행정정보시스템 구축 기본계획을 발표한 데 이어 2001년 5월에 전자정부 11대 사업과제를 본격적으로 추진하면서 교육기관별 그리고 업무분야별 교육정보를 NEIS(National Education Information System)라는 웹기반의 전일적인 관리체계로 통합하기 시작했다. 2002년 9월에 한국교원단체총연합회(교총)와 전국교직원노동조합(전교조) 등이 NEIS에 대한 문제제기를 시작하면서 노무현정부가 출범한 직후인 2003년 3월에 교원단체들 사이의 대립이 정점에 이르렀다. 필자는 이 일련의 문제를 분석했다.

제4항 월드컵 4강 진출

공병호 · 윤태익 · 김기홍, 『거스 히딩크, 열정으로 승부하라: 경제경영 전문가 3인이 분석한 히딩크의 파워 리더십』(샘터사, 2002).

대한민국은 일본과 함께 피파(FIFA: Fédération internationale de football association, 영어로는 International Association Football Federation)가 주최하는 제17회 월드컵대회를 주최했다. 네덜란드인 거스 히딩크(Guus Hiddink, 1946~현재) 감독이 이끈 한국선수단은 2002년 6월 25일에 서울에서 열린 4강전에서 독일에게 졌다. 그러나 한국선수단이 4강전에 진출한 것은 이 때가 처음이어서 국민 모두가 환호했다.

제4장
노무현정부

제1절 개관

「새천년민주당」의 노무현(盧武鉉) 당선자는 2003년 2월 25일에 제16대 대통령으로 취임하고 2008년 2월 24일에 퇴임했다. 자신이 이끄는 정부를 '참여정부'라고 명명한 그의 대통령 취임은 '3김시대'를 종결시켰다는 점에서 그리고 거기에 '운동권정권'을 탄생시켰다는 점이 겹치면서, 대한민국정부 수립 이후의 한국정치시에서 큰 획을 긋는 특별한 의미를 지녔다. 그는 선거과정과 그 이후의 상당한 기간에 걸쳐 「노무현을 사랑하는 사람들의 모임, 약칭 노사모」라는 열성 지지자들의 자발적 후원을 받았는데, 어느 한 특정 정치인을 위해 이러한 팬클럽이 결성된 것도 이번이 처음이었다. 한국사회의 '비주류'에 속한 그의 출신과 학 · 경력 그 자체도 대한민국 대통령의 역사에서 독특했으며, 그 사실이 그의 겸손하고 평민적인 성격과 어우러져 대중에게 호감을 주었다.

탄핵 위기를 극복한 노무현 대통령

그러했지만 노무현 대통령은 취임 초부터 정치적 시련에 부딪혔다. 우선 자신의 형과 측근들이 대기업들로부터 '뇌물'을 받았다는 계속되는 보도에 시달렸다. 보수 · 우익 정당인 「한나라당」 역시 불법적 정치자금을 받은 사실이 밝혀졌고, 그 액수는 「새천년민주당」 그리고 그 후신 「열린우리당」이 받은 것보다 훨씬 커서 국민적 비난은 그쪽으로 쏠렸다. 노무현 대통령은 불법적 정치자금을 둘러싼 논란이 확산되자 2003년 10월 10일에 곧바로 자신의 재신임 여부를 국민투표에 붙이겠으며 그 절차를 헌법재판소에 묻겠다는 취지로 발언함으로써 정계에 풍파를 일으켰다. 헌법재판소가 11월 27일에 재신임국민투표 결정여부는는 헌법소원의 대상이 아니라고 결정함으로써 이 논란을 잠재웠다.

이어 그를 대통령후보로 선출했던 새천년민주당의 의원들 가운데 '노무현 직계'에 속하는 의원들이 새천년민주당을 탈당하고 10월 27일에 자신들 중심의 「열린우리당」을 창당한 데 이어 정동영(鄭東泳) 의원을 대표로 선출함으로써 사실상 김대중 전 대통령을 적극적으로 지지했던 세력과 갈라서게 됐다. 자연히 새천년민주당은 소수정당이 됐다. 이것은 그의 정치적 기반을 일정하게 약화시키는 결과를 낳았다.

그의 취임 다음 해인 2004년 3월 12일에 국회는 당시 다수의석을 장악한 한나라당의 주도 아래 그의 탄핵소추결의안을 통과시킴으로써 한국헌정사에서 대통령탄핵소추결의안의 통과라는 최초의 사례를 남겼다. 이 소용돌이 속에서 2004년 4월 15일에 실시된 제17대 국회총선은 열린우리당을 원내 제1당으로 만들어주었다. 이어 2개월 뒤인 5월 14일에 헌법재판소는 대통령탄핵소추결의안을 기각해 그의 대통령직을 회복시켰다. 헌법재판소가 국회의 대통령탄핵소추결의안을 기각함으로써 대통령직을 회복시킨 첫 사례였다.

주류세력교체론 전개와 재벌·보수언론 공격 그러나 FTA체결과 이라크파병

노무현 대통령은 '386세대'라는 '반(反)보수적 · 친(親)좌파적' 또는, 보기에 따라서는 '반미적 · 친북한적' 성향의 젊은 유권자들을 골격으로 하는 운동권의 적극적 뒷받침을 받고 있었다. 자연히 그가 이끄는 정부는 '진보정권' 또는 '좌파정권'으로 불렸고, 실제로 여러 정책에서 기성질서에 도전하는 정책들과 프로그램들을 제시했다. 그 대표적 사례가 한국의 기성질서에서 주류를 유지해온 세력을 그 세력과는 성격이 다른 새로운 세력으로 대체하려는 '주류세력교체'론 이었다. 다른 사례는, 삼성을 비롯한 재벌은 물론이고 서울대학교와 '보수 언론'을 비판과 공격의 대상으로 삼은 일련의 캠페인이었다. 미국에 대해서도 전시작전권의 한국으로의 이양을 강력히 요구했으며, 국내의 '반미운동'을 방관하거나 방조하는 자세를 보였다. 보수 · 우익세력이 비판하거나 수용을 거부한 제1차 남북정상회담의 결과인 「남북 공동 선언」을 준수할 뿐만 아니라 그 선을 넘어 제2차 남북정상회담을 성사시키도 했고, 이로써 미국 부시행정부와 갈등을 빚었다.

그러나 전반적으로 중도노선에 가까운 길을 걸었다. 특히 대외정책에서 '좌파'와 일정하게 선을 그으면서 한미자유무역협정(FTA)를 체결하고, 부시행정부의 요구를 받아들여 이라크에 파병했다.

노무현정부의 이러한 행로는 국내정치에서 이미 진행되어 오던 보수 · 우익세력과 진보 · 좌파세력 사이의 대립을 격화시켰다. 진보 · 좌파세력 내부에서의 분화현상도 두드러지게 나타났다. 어려움을 극복하기 위해 노무현 대통령은 제1야당 한나라당을 상대로 한나라당이 주도하는 대연정을 제의하기도 했으나 받아들여지지 않았다. 결국 2007년 12월의 제17대 대통령선거에서 보수 · 우익세력이 지지하는 이명박(李明博) 후보의 당선으로 이어졌다.

좋은 의미에서 '바보 노무현'으로 불릴 정도로 세속의 영리(榮利)나 개인적 이해타산과는 거리를 두고 진솔하게 살아왔다는 평을 들었다. 퇴임 직후 서울을 떠나 고향 경상남도 김해시 진영읍 본산리에 있는 봉하(烽下)마을로 돌아가 평범한 농부처럼 생활해 '새로운 전직 대통령'의 모습을 보였다. 그렇지만 재직 때 '뇌물'을 받았다는 혐의로 검찰조사를 받았다. 검찰이 문제로 삼은 액수는 역대 정권이 받은 '뇌물' 또는 부당한 정치자금과는 비교가 되지 않을 정도로 작았다. 검찰조사 과정에서, 2009년 5월 23일에 '극단적 선택'으로써 서거했고, 후임 이명박정부는 국민장으로 그를 보냈다. 그사이 형 노건평(盧建平) 그리고 후원자 강금원(姜錦遠) 회장과 박연차(朴淵次) 회장 역시 '돈 관계'로 구속됐다.

제1항 노무현정부에 관한 기초자료

노무현 대통령 문집과 전기

(1) 노무현, 『여보 나 좀 도와줘: 노무현 고백 에세이』(새터, 1994, 개정판 2002).

(2) ______, 『노무현이 만난 링컨: 겸손한 권력으로 강한 나라를 만든 정치인』(학고재, 2001).

이 책의 「서문: 왜, 다시, 링컨과 만나야 하는가」(5~17쪽)은 저자의 정치적 발상의 흐름을 느끼게 해준다.

(3) ______, 「자전기록: 내가 선택한 길을 내 뜻대로 걸었다」, 정혜신(鄭惠信) 등 분담집필, 『노무현: 상식 혹은 희망』(행복한책읽기, 2002년 3월), 125~148쪽.

(4) ______, 『노무현의 리더십 이야기: 행정가와 CEO를 위한 8가지 리더십의 원리』(행복한책읽기, 2002년 10월: 돌베개, 2019).

(5) ______, 『성공과 좌절: 노무현 대통령 못다 쓴 회고록』(학고재, 2009년 9월).

(6) ______, 『진보의 미래: 노무현 대통령이 직접 쓴 시민을 위한 대중 교양서』(경기도 파주시: 동녘, 2009년 11월: 돌베개, 2019).

(6-A) 김호기(金晧起), 「노무현, 『진보의 미래』와 진보의 미래」, ______, 『현대한국 지성의 모험: 100년의 기억, 100년의 미래』(메디치미디어, 2020), 301~307쪽.

서평자는 이 글의 마지막 부분에서 다음과 같이 썼다.

> "노무현정부 이후 진보는 두 차례 대선에서 보수에게 잇달아 패배했다. 그리고 박근혜정부의 조기 퇴진에 따른 2017년 대선에서 승리했다. 21세기의 미래에서 진보에게 부여된 주요 과제는 세 가지다. 시장의 적절한 제어, 사회적 약자 보호, 개인적 자율과 공동체적 연대의 생산적 결합이다. 사회민주주주의자인 영국 사회학자 앤서니 기든스가 강조하듯, 사회변동에 적극적으로 대응하는 정책의 부단한 혁신만이 진보의 가치를 지킬 수 있다. 이러한 혁신을 어떻게 이룰 것인지에 우리 사회 진보의 미래가 달려 있다고 나는 생각한다."

대통령 비서실 엮음

(1) 『있는 그대로, 대한민국』(지식공작소, 2007년 6월).

(2) 『한국정치, 이대로는 안 된다: 새로운 정치를 위한 제언』(역사비평사, 2007년 9월).

노무현 대통령 때 청와대 행정관이었던 양순필과 문제갑은 앞의 책을 수정보완해 『노무현, "한국정치 이의있습니다"』(역사비평사, 2009년 6월)로 다시 출판했다.

(3) 『노무현과 함께 만든 대한민국』(지식공작소, 2009년 5월).

(4) 대통령 홍보수석비서관 이백만(李百萬), 『불멸의 희망: 노무현의 가치, 노무현의 정책』(21세기북스, 2009년 11월).

노무현 대통령과 함께 일한 공직자들의 공저

(1) 유시민(柳時敏), 『노무현은 왜 조선일보와 싸우는가: 상식과 몰상식의 싸움, 타협은 없다』(개마고원, 2002년 8월); ______외 분담집필, 『이런 바보 또 없습니다: 아! 노무현』(책으로보는세상, 2009).

(2) 이진(李珍), 『참여정부, 절반의 비망록: 노무현, 왜 그러는 걸까?』(개마고원, 2005).

노무현 대통령 때 청와대 행정관이었던 저자가 대통령 당선 때부터 탄핵사태 직전까지의 시기에 노 대통령을 중심으로 벌어진 참여정부 초기의 비사들을 소개했다.

(3) 『10명의 사람이 노무현을 말하다: 노무현이라는 이름에 담긴 시대정신을 되새긴 기록』(오마이북, 2010년 5월).

이해찬(李海瓚, 전 국무총리), 「노무현의 꿈」, 1~52쪽.
유시민(柳時敏, 전 보건복지부 장관), 「노무현의 진보」, 53~88쪽.
문성근(文盛瑾, 배우), 「노무현의 분노」, 89~124쪽.
정연주(鄭淵珠, 전 KBS사장), 「노무현의 소통」, 125~160쪽.
도종환(都鍾煥, 한국작가회의 부이사장), 「노무현의 얼굴」, 161~198쪽.
박원순(朴元淳, 희망제작소 상임이사), 「노무현의 민주주의」, 199~238쪽.
이정우(李廷雨, 전 청와대 정책실장), 「노무현의 경제정책」, 239~274쪽.
문재인(文在寅, 전 청와대 비서실장), 「노무현의 법치주의」, 275~308쪽.
정찬용(鄭燦龍, 전 청와대 인사수석비서관), 「노무현의 인사 · 지역정책」, 309~336쪽.
한명숙(韓明淑, 전 국무총리), 「노무현의 사람 사는 세상」, 337~357쪽.

(4) 『10권의 책으로 노무현을 말하다: 책을 매개로 노무현과 대화하는 지적 사유의 여행』(오마이북, 2010년 6월).

김병준(金秉準, 전 청와대 정책실장:부총리 겸 교육인적자원부 장관), 「국가의 역할: 국가가 없으면 시장도 없다」, 20~63쪽.

김창호(金蒼浩, 전 국정홍보처장), 「폴 크루그먼 미래를 말하다: 보수의 시대와 진보의 고민」, 64~121쪽.

이동걸(李東傑, 전 한국금융연구원장), 「슈퍼자본주의: 이명박 정부, 슈퍼자본주의와 닮은꼴」, 122~165쪽.

안병진(安秉鎭, 경희사이버대 미국학과 교수), 「더 플랜: 민주주의와 공화주의의 과제」, 166~217쪽.

박능후(朴凌厚, 전 양극화민생대책위원회 위원), 「빈곤의 종말: 우리 안의 빈곤, 세계 속의 빈곤」, 218~261쪽.

김성환(金星煥, 전 청와대 정책조정비서관), 「유러피언 드림: 유러피언 드림에서 코리안

드림의 길을 묻다」, 262~301쪽.

김용익(金容益, 전 청와대 사회정책수석비서관), 「이제 당신 차례요, Mr. 브라운: 좌파와 우파를 넘는 새로운 길」, 302~337쪽.

조기숙(趙己淑, 전 청와대 홍보수석비서관), 「역사를 바꾸는 리더십: '변혁적 리더' 루스벨트와 노무현」, 338~385쪽.

고철환(高哲煥, 전 지속가능발전위원회 위원장), 「생태도시 아바나의 탄생: 쿠바 아바나와 봉하 생태농업」, 386~423쪽.

윤승용(尹勝容, 전 청와대 홍보수석비서관), 「생각의 오류: 언론보도의 함정과 생각의 오류」, 424~462쪽.

(5) 윤태영(尹太瀛: 대통령비서실 연설기획비서관), 『기록: 윤태영 비서관이 전하는 노무현 대통령 이야기』(책담, 2014); ______, 『대통령의 말하기: 노무현 대통령에게 배우는 설득과 소통의 법칙』(위즈덤하우스, 2016).

(6) 조기숙(趙己淑) 외, 『노무현의 민주주의』(경기도 고양시: 인간사랑, 2016).

저자는 연세대학교 법학전문대학원 김종철(金鍾鐵) 교수를 비롯해 여러 교수와 함께 이 책을 펴냈다.

(7) 염동연(廉東淵), 『둘이서 바꿔봅시다!: 염동연이 말하는 노무현 신화의 탄생』(메디치미디어, 2021).

(7-A) ______, 「노무현과 문재인/참여정부 창업공신 염동연 회고록」, 『조선일보』

「1. 2003년 부산파의 등장: 노 당선자, 어느 날 불쑥 비밀인사위에 문재인을 데려왔다」(2021년 1월 9일), A6쪽

「2. 'YS 방문 논란' 그 후: 노(盧)의 지방선거 출마 제안, 송철호(宋哲鎬)는 받았고 문재인(文在寅)은 거절했다」(2021년 1월 14일), A6쪽.

「3. 노(盧)와 호남, 그리고 유시민: 싸워줄 사람 필요했던 노(盧) "여당 미워서 유시민 장관시켰다"」(2021년 1월 24일), A8쪽

「4. 실패한 대연정 카드: 여야 모두 반대했던 대연정…노(盧), 대선 후보전부터 신념이었다」(2021년 1월 24일), A8쪽.

(8) 황이수(黃二秀), 『약관대 강당당 노무현: 노무현 참모 황이수가 말하는 '인간 노무현'』(나무와숲, 2023).

책 제목은 '약한 자에게 관대하고 강한 자에게 당당했던 노무현'이라는 뜻이다.

※ 황이수(1964~현재)는 서울대학교 사회과학대학 인류학과를 졸업하고 서울대학교 총학생회장 권한대행을 역임했다. 노무현 변호사가 지방자치실무연구소 소장이던 때 이 연구소에서, 그리고 노무현 변호사가 대통령에 취임한 이후 대통령 비서실 행사기획 비서관으로 봉직했다.

노무현재단의 저서

(1) 노무현재단, 『내 마음 속 대통령: 노무현 서거와 추모의 기록』(한걸음 더, 2009년 10월).

(2) 노무현재단 기획/ 고형규(연합뉴스), 김정현(봉하재단), 도종환(都鍾煥), 박천숙(코디네이터), 손혁재(孫赫載), 송기인(宋基寅), 신충진(신라호텔), 유중희(회사원), 원창희(기업인), 이경묵(KBS), 이이화(李離和), 이종구(李鍾九, 화가), 정기용(鄭奇鎔), 정윤수(문화평론가), 정훈이(만화가), 정혜윤(CBS), 하어영(한겨레), 홍순명(농업기술학교장) 분담집필, 『노무현이, 없다: 다시는 못 볼 아주 작은 추억 이야기』(학고재 2010년 4월).

(3) 노무현재단, 『우리가 노무현에게 떠올리는 말: 노무현 대통령 어록집』(노무현재단, 2014).

(4) 노무현재단 엮음/ 유시민(柳時敏) 정리, 『노무현 전집』 전7권(경기도 파주시: 돌베개, 2019).

(i) 『여보, 나 좀 도와줘: 노무현 고백 에세이』
(ii) 『노무현의 리더십 이야기: 행정가와 CEO를 위한 8가지 리더십의 원리』
(iii) 『성공과 좌절: 노무현 대통령 못다 쓴 회고록』
(iv) 『진보의 미래: 다음 세대를 위한 민주주의 교과서』
(v) 『운명이다: 노무현 자서전』
이 책은 2010년에 돌베개에서 처음 출판됐다.
(vi) 『그리하여 노무현이라는 사람은: 노무현의 말과 글』
(vii) 『노무현 1946~2009: 사진과 연보로 엮은 노무현 대통령의 생애』

(5) 노무현재단 편, 『존경하는 국민 여러분, 노무현입니다: 대통령의 명연설』(경기도 파주시: 돌베개, 2022).

노무현을 사랑하는 사람들의 모임(약칭 노사모)와 적극적 지지자들의 저서

(1) 「우리 시대의 인물 읽기」 기획위원회 기획/ 강민석(중앙일보), 노건호(盧建昊), 노무현(盧武鉉), 명계남(明桂南), 문성근(文盛瑾), 박재동(朴在東), 손혁재(孫赫載), 유시민(柳時敏), 이광호(『진보정치』), 장봉군(화백), 정혜신(鄭惠信), 천정배(千正培), 최민희(崔敏姬), 화미남자(무협작가) 분담집필, 『노무현: 상식 혹은 희망』(행복한책읽기, 2002).

이 책의 끝에 「부록 노무현 연구자료」(395~409쪽)가 수록됐다.

(2) 오연호(吳連鎬), 『노무현, 마지막 인터뷰: 대통령 노무현과 기자 오연호의 3일간 심층 대화』(오마이북, 2009년 7월; 2017년 개정판).

이 책에는 김대중 전 대통령의 「추천사: 우리가 깨어있으면 노무현은 죽어서도 죽지 않습니다」(5~9쪽)가 수록됐다.

※ 노사모에 관한 정치학자의 분석으로 다음이 있다. 강원택(康元澤), 「인터넷 정치 집단의 형성과 참여: 노사모를 중심으로」, 『한국과 국제정치』 제20집 제3호(2004년 9월), 161~184쪽.

노무현 대통령에 관한 저서

(1) 강준만(康俊晩), 『노무현과 국민 사기극: '인질'로 잡힌 한국인은 개혁을 원치 않는다』(인물과사상사, 2001년 4월); ______, 『노무현 죽이기』(인물과사상사, 2009)

저자는 노무현 대통령을 호의적으로 평가했다. 『조선일보』가 노무현 대통령에 대해 비판적 또는 '적대적' 시각을 가졌다고 주장하면서 『조선일보』를 거세게 비판했다.

(2) 김형배(예비역 육군대령), 『노무현이 후진타오를 이기려면: 주중한국대사관 무관 출신의 중국현지보고서』(동아일보사, 2003).

(3) 오시영(吳始暎), 『노무현 예찬론』(북넷,2008).

(4) 김창배(한국일보), 『대통령님, 나와 주세요: 대한민국 보통사람들, 노무현 전 대통령 만나러 '봉하마을' 가는 길』(Forbook, 2008).

(5) 김태형, 『심리학자, 노무현과 오바마를 분석하다』(경기도 고양시: 예담 2009년 8월); ______, 『노무현과 오바마가 꿈꾼 세상: 사람이 주인 되는 세상을 꿈꾼 노무현과 오바마의 이야기』(경기도 고양시: 인간사랑, 2017).

오바마 대통령에 대해 그리고 노무현 대통령에 대해 매우 호의적으로 썼다. 두 대통령 사이에 성장배경과 인격형성 및 정치행로에서 공통점이 많음을 지적했다.

(5-A) 김태형, 『그들은 왜 극단적일까: 사회심리학자의 눈으로 본 극단주의의 실체』(을유문화사, 2019); ______, 『월북하는 심리학: 남과 북을 가르는 7가지 심리분계선』(경기도 파주시: 서해문집, 2020).

(6) 김대호(金大鎬: 사회디자인연구소), 「셋째 마당: 헛발질하는 나라」 가운데 「1. 노무현과 열린우리당의 헛발질」, ______, 『진보와 보수를 넘어: 정의와 공평의 반석 위에 코리아를 세워라』(백산서당, 2007), 159~280쪽 가운데 159~208쪽; ______, 『노무현 이후: 새 시대에 플랫폼은 무엇인가』(한걸음더, 2009).

노무현 대통령에 대해 기본적으로 애정을 갖고 비판했다.

(6-A) 이광백, 「서평: 사회민주주의를 버리고 공평한 보상이 가능한 사회를 설계하자; 김대호 저. 『노무현 이후』」, 『시대정신』45(2009년 겨울), 449~456쪽.

(7) 김삼웅(金三雄), 『노무현 평전: 지울 수 없는 얼굴, 꿈을 남기고 간 대통령』(책으로보는세상, 2012).

(8) 손현욱(영화제작자) 기획/ 주식회사 바보들 엮음, 『노무현과 바보들』 전2권(경기도 파주시: 문학동네, 2019).

영화기획사 ON TABLE의 대표이자 제작사 주식회사 바보들의 프로듀서인 손현욱은 「노무현과 바보들」이라는 다큐멘터리를 제작해 2019년 4월 19일에 개봉했다. 그는 이 다큐멘터리의 연장선 위에서 위의 책을 기획했다.

(9) 남재희(南載熙), 「삼김일노(三金一盧)의 회상」, 『황해문화』(2019년 가을), 198~229쪽; ______, 「3부 시대와 인물로 보는 한국정치」 가운데 「진정성으로 일관한 드문 지도자, 노무현」 ______, 『시대의 조정자: 보수와 혁신의 경계를 가로지른 한 지식인의 기록』(믿음사, 2023), 277~380쪽 가운데 307~313쪽에 재수록.

필자는 노무현 대통령을 비교적 좋게 평가했다.

노무현 대통령과 가까웠던 인사들의, 그리고 그들에 관한 저술

(1) 노무현 등, 『의원님들 요즘 장사 잘 돼요?: 앞치마 두른 국회의원들의 세상 사는 이야기』(정음문화사, 2001).

3당통합에 반대하고 순수 야당의 길을 걸으려고 했던 노무현 전 국회의원을 비롯한 정치인들은 「국민통합추진회의」(약칭 통추)를 결성했다. 그들 가운데 노무현 전 의원을 비롯해 제정구(諸廷坵)와 원혜영(元惠榮) 전 의원 등 11명은 서울 강남구 역삼동에 고깃집 「하로동선(夏爐冬扇)」을 열었다.

(2) 백승구(白承俱: 월간조선 기자), 「추적: '태풍의 눈' 박연차(朴淵次) 태광실업 회장; "내 지갑은 먼저 보는 사람이 임자. 부담 갖지 말고 도움 청하라"」, 『월간조선』(2009년 5월), 94~108쪽.

박연차(1945~2020)는 노무현 대통령 일가와 가까웠으며 노무현이 정치인으로 성장하는 과정에서 재정적으로 후원한 기업인들 가운데 한 사람이었다. 노무현정부 출범 이전에 그리고 이후에 각각 한 차례씩 범죄혐의가 입증돼 투옥됐다. 이 인터뷰에서 그는 자신과 노무현 대통령 그리고 노무현 대통령의 형 노건평(盧建平)과의 관계를 자세히 회상했다.

(3) 김남성(金南成: 월간조선 기자), 「노무현의 정신적 지주, 함세웅(咸世雄)·송기인(宋基寅) 신부의 호텔정치: 성(聖)과 속(俗)을 무시로 넘나든 두 성직자의 정치활동모습」, 『월간조선』(2009년 5월), 130~137쪽.

노무현 대통령의 정신적 멘토로 알려진 함세웅 신부와 송기인 신부의 대외행태를 냉소적으로 바라보았다.

좌희정 우광재

노무현 대통령은 대통령이 되기 이전부터 안희정(安熙正)과 이광재(李光宰)를 아주 가까이했으며, 그래서 사람들은 좌희정(左熙正) 우광재(右光宰)라는 말로써 그들사이의 관계를 설명했다.

(1) 박신홍(朴信洪), 『안희정(安熙正)과 이광재(李光宰): 노무현의 동업자들 운명에서 희망으로』(메디치미디어, 2011).

노무현 변호사가 대통령이 되기까지 그를 적극적으로 보좌했으며 그의 측근으로 불렸던 이른바 '좌(左)희정 우(右)광재' 두 사람의 정치적 행로를 설명했다. 저자는 두 사람을('386세대'가 아니라) '486세대'의 선두주자로 보았다.

※ 박신홍은 연세대학교 사회과학대학 정치외교학과를 졸업하고 연세대학교 대학원 정치외교학과에서 석사학위를 받았다. 중앙일보 정치부 기자로 활동하는 가운데 특히 야당팀을 이끌었다. 그는 『한국정치, 야당의 길을 묻다』(하다, 2019)를 출판했다.

(2) 안희정, 『담금질: 안희정의 새로운 시작』(경기도 파주시: 나남, 2008); ______, 『산다는 것은 끊임없는 시작입니다: 안희정의 진심』(위즈덤하우스, 2013); ______, 『콜

라보네이션 시민×안희정, 경험한 적 없는 나라』(스리체어스, 2016); ______, 『안희정과 함께, 혁명』(웅진지식하우스, 2016); ______, 『안희정의 길: 우리 함께 걸어요』(경기도 파주시: 한길사, 2017).

세 번째 책의 제목 가운데 '콜라보네이션'은 '협력'이라는 뜻의 collaboration과 '국가'라는 뜻의 nation의 합성어다.

※ 안희정(1964~현재)은 고려대학교 문과대학 철학과를 졸업하고 야당의 길을 걸었다. 특히 노무현 변호사가 정치적으로 무명이던 때부터 헌신적으로 그를 모셔 노무현 변호사는 훗날 대통령이 되었을 때 공개적으로 안희정을 자신의 '정치적 동업자'로 불렀다. 민주당 최고위원을 거쳐 충청남도 도지사에 두 차례 당선됐으며 '차세대 대통령 후보'로까지 불렀다. 그러나 2018년에 여비서성폭행사건이 폭로되고 결국 대법원에서 유죄가 확정됨에 따라 3년 6개월을 복역한 뒤 2022년 8월에 만기출소했다.

(2-A) 문상철, 『몰락의 시간: 안희정 몰락의 진실을 통해 본 대한민국 정치권력의 속성』(메디치미디어, 2023).

2011년부터 2017년까지 안희정 충남지사의 비서관으로 안 지사를 지근거리에서 수행한 저자가 자신의 우상이었던 안 전 지사가 '변질하고 몰락해가는 과정'을 재구성했다.

(3) 이광재(李光宰), 『대한민국 어디로 가야 하는가: 문득 원로에게 대한민국의 미래를 묻다』(휴머니스트, 2014); ______, 『노무현이 옳았다: 미처 만들지 못한 나라, 국민의 대한민국』(포르체, 2020).

※ 이광재(1965~현재)는 연세대학교 법과대학을 졸업하고 야당의 길을 걸었다. 17대~18대 및 21대 국회의원에 당선됐으며, 노무현 대통령 때 대통령비서실 국정상황실장 그리고 강원도지사를 역임했다.

노무현 대통령 영부인 권양숙(權良淑) 여사

대통령비서실 제2부속실 편, 『노무현 대통령부인 권양숙여사연설 문집 2003년 2월 25일~2008년 2월 25일』(대통령비서실 제2부속실, 2008년 2월 25일).

이 책은 제목 그대로 대통령 영부인으로서 권양숙 여사가 행한 연설들을 모았다.

영부인 권양숙 여사에 관한 소개

(1) 전원경 · 구원화, 「고시생 아내에서 영부인까지: 30년 한지붕 참모 권양숙 여사... 정치 입문 반대하다 결국은 열혈 내조자 변신」, 『주간동아』(2003년 1월 2일), 18~19쪽.

(2) 김시관(金時寬), 「영부인 1계명 '친인척 관리': 권양숙 여사 청와대 생활 기대 반 부담 반 … "서민 대통령 이미지 부합하게 처신"」, 『주간동아』(2003년 3월 6일), 14~15쪽.

(3) 김은남, 「'잡음'도 '색깔'도 없이: 권양숙 여사, '조용한 내조' 일관 … 영부인 역할 모델 못 찾아」, 『시사저널』(2003년 6월 12일), 38~40쪽.

(4) 박희석(朴熙錫), 「총선 · 대선 앞두고 친노(親盧) '성지(聖地)' 봉하마을을 가다: 권양숙 여사는 정치에 개입할 것인가」, 『월간조선』(2011년 10월), 104~113쪽; ______, 「친노의 성지로 변하는 봉하마을 둘러보니 …: 권양숙, 부지 660평 · 연면적 153평 저택 신축; 돈 없다던 노건평은 자택 대규모 증 · 개축」, 『월간조선』(2016년 6월), 106~115쪽.

노무현 대통령의 장인

변재환(卞在煥), 「"당신네들의 말 한 마디 한 마디가 우리의 가슴을 송곳으로 찌릅니다": 6·25때 노무현 후보의 장인(남로당 간부)이 주도한 학살사건의 피살자 가족들 공개 증언 · 편지, 그리고 사실 검증」, 『월간조선』(2002년 6월), 131~139쪽.

이 글의 요지는 다음과 같다.

> 노무현 대통령의 장인 권오석(權五石, 1918~1971)은 일제패망 이후 남한에서 창당된 「남조선노동당, 약칭 남로당」에 입당했다. 6·25전쟁 때 경상남도 창원군 인민위원회 부위원장으로 활동하며 북한군 점령 아래 실시된 '인민재판'에서 우익인사들을 살해 또는 박해했다는 혐의를 받았고, 한국군의 수복 이후 「비상사태하의 범죄처벌에 관한 특별조치령」 제3조 제1항, 4조 5항 그리고 「국가보안법」 제1조, 제3조 위반 및 살인죄, 살인예비죄 등으로 유죄판결을 받아 수감됐다가 일시 석방됐으나 제2공화정 때 다시 수감되고 1971년에 마산교도소에서 옥사했다.

제2항 노무현 대통령의 배경과 지향

『월간중앙』(2002년 5월)은 노무현 대통령에 대한 특집을 마련했다. 노무현 대통령과 그의 대통령 취임에 관한 다각적 분석을 시도했다.

(1) 「총력기획: 가족사(家族史), 사상, 기업관, 화법과 스타일, 대선 경쟁력: 인간 노무현 입체 대해부」

(i) 오민수, 「직격 인터뷰: "나의 다음 화두는 '지역통합' 정계개편과 '책임총리제'"」, 56~69쪽.
(ii) 한기홍, 「독점공개: 친형이 털어놓는 '가족사'」, 70~83쪽.
(iii) 조용휴 · 오민수, 「폴앤폴 · 월간중앙 공동리서치 노무현의 강점과 약점」, 84~95쪽.
(iv) 강민석, 「심층분석: 노무현식 화법이 '노풍(盧風)' 불렀다」, 97~105쪽.
(v) 김동원(한국기자협회보), 「이슈해부: 노무현 대 조선일보 10년전쟁」, 106~113쪽.
(vi) 윤석진, 「'언론발언파동' 그 시작과 끝」, 114~123쪽.

(2) 「기획특집: 달라진 국민, 변하는 정치; 한국정치가 바뀌고 있다」

(i) 김철규(고려대 교수), 「노무현 현상의 정치학: 구태정치에 반기 든 '민풍(民風),' 지역주의 역풍 극복이 과제」, 126~129쪽.
(ii) 김교준(金教俊), 「3김식 정치의 종말, 보스정치가 무너진다: 국민경선 · 상향식 공천 도입으로 정당운영에도 새 바람」, 130~135쪽.
(iii) 안부근(安富根), 「정밀분석 한국정치의 신주류 20, 30대 파워: 소용돌이 속 성장한 '비판적 세대' 대선 핵심변수로 떠올라」, 136~139쪽.
(iv) 정영태(丁榮泰), 「움트는 보혁(保革) 양당체제: 진보에 대한 거부감 여전, '온건한 보혁대결'은 가능할 듯」, 140~143쪽.

(3) 김종혁(金鐘赫) · 박신홍(朴信洪), 「인터뷰 심야 3시간 격정토로: 이인제, "이회창보다 노무현에 나라 맡기면 더 위험」, 145~155쪽.

노무현 현상을 뒷받침한 세대

(1) 강원택(康元澤), 「세대, 이념과 노무현 현상」, 『계간사상』54(2002년 가을), 80~

102쪽.

(2) 김정훈(金正勳), 『왜 노무현은 성공했는데 안철수는 실패했을까?: 창조적 진보세대의 탄생』(글바당, 2015).

제3항 노무현 대통령에 대한 비판적 시각(중립적 시각 포함)

(1) 최성환(崔聖煥), 「인터뷰: 81세의 현역 남덕우 전 국무총리의 통렬한 노무현 비판」, 『월간조선』(2005년 1월), 256~271쪽.

※ 남덕우 전 국무총리의 10주기인 2023년 5월 18일에 한덕수(韓悳洙) 국무총리를 비롯해 그를 모시고 일했던 후학 27명은 『화이부동(和而不同)』이라는 추모집을 출판했다. 『논어』 속의 '화이부동'은 남 전 총리가 2009년에 출판한 서예집 『지암(芝巖) 남덕우 서집』 첫 장에 나오는 구절이다. "입장이 다르더라도 대의를 위해서는 함께 하자"라고 늘 주변에 말했던 그의 생전 좌우명이기도 했다.

(2) 함성득(咸成得), 「노무현 대통령의 집권 전반기 리더십 평가」, 『행정논총』(한국행정연구소) 제43권 제2호(2005년 6월), 409~441쪽; Sung Deuk Hahm and Dong Seong Lee, "Leadership Qualities and Political Contexts: Evaluation of the Roh Moo-hyun Administration in South Korea, 2003-2008," *Korea Observer,* Vol. 39. No. 2(June 2008), pp.181~213.

(3) 배진영(裵振榮), 「노무현, 리영희(李泳禧)의 가장 충실한 제자」, 『월간조선』(2005년 9월), 244~261쪽.

리영희를 '친북 · 친중 · 반미 좌파의 정신적 지도자'로 여긴 필자는 노무현 대통령이 그러한 리영희를 존경한다는 발언에 접하고 노 대통령의 이념적 · 사상적 신념에 강한 의혹을 나타냈다.

(4) 김경재(金景梓), 「맑은 영혼과 배신」 가운데 「노무현 후보와의 만남, 그리고 배신과 이별」, ______, 『김경재 고백 그리고 꿈: 청와대 허물고 그 자리에 서민아파트 짓고 싶다』(동행, 2006년 2월), 21~62쪽 가운데 22~37쪽.

저자는 '순수한 영혼인 줄 알았던 노무현 대통령'이 '교활한 배신'을 했다고 비난했다.

(5) ______, 「맑은 영혼과 배신」 가운데 「현대와 삼성에 대선자금 달라고 전화하다」,

______, 『김경재 고백 그리고 꿈: 청와대 허물고 그 자리에 서민아파트 짓고 싶다』(동행, 2006년 2월), 21~62쪽 가운데 52~61쪽.

당시 제16대 국회의원으로 노무현대통령후보 캠프에서 홍보위원장을 맡아 적극 지원했던 저자가 대선자금과 관련해 여러 일화를 공개했다. 그의 발언들 가운데 하나를 소개하면 다음과 같다.

> "노무현 대통령은 나중에 삼성측의 대선자금이 문제가 되자, 청와대 기자회견에서 삼성측으로부터 전혀 돈을 받지 않았다고 주장하면서 오히려 이 삼성문제를 어처구니가 없게도 나에게 덮어씌우려 했다. […] 나는 노 대통령의 변명을 이해하려 하면서도 한편으로는 기가 막혔다. 도무지 이해할 수가 없는 사람이다. 왜 그런 거짓말까지 해가면서, 자신의 정당성을 변호해야만 했을까? 대통령이 삼성에서 돈을 한 푼도 안 받았다는 것은 그의 고향인 '김해 봉화마을의 울고 가던 까마귀도 웃을 일이다.'라고 생각했다."

(6) 박효종(朴孝鍾), 「노무현 정부 '마지막 1년'에 바란다: '승부수'로 뒤집으려 말고 '자연'으로 돌아가라」, 『신동아』(2007년 1월), 90~99쪽.

기본적으로 노무현 대통령에게 기대를 표시하면서도, 그의 대통령직 수행 4년을 다음과 같이 평가했다.

> "그러나 그가 풍차를 향해 돌진하는 돈키호테처럼 편 가르기를 하며 싸움에 뛰어든 결과 우리 사회는 '만인투쟁의 장(場)'으로 변모했고 '투쟁이 모든 것의 아버지'가 되는 살벌한 상황으로 일변했다. 운명은 노 대통령에게도, 국민에게도 가혹했다. 통합보다 투쟁의 길을 선택한 그는 대한민국 건국 이래 '가장 외롭고 슬픈 대통령'이 되었고, 그의 슬픔과 외로움은 국민의 불행과 불안, 탄식으로 이어지고 있다.
>
> 실패와 변명의 악순환. 그 근원은 무엇인가. '아마추어리즘'이 그 핵심일 것이다. 국정수임에 대한 준비가 되어 있지 않았는데, 덜컥 국정을 맡은 것이다. 메뚜기는 겨울을 모른다. 서리도 얼음도 모른다. 가을 한철 뛰놀다가 죽기 때문이다. 이처럼 노 정권과 386참모들은 권력을 잡기 전 비판과 저항으로만 일관했기 때문에 권력을 잡은 후 국정 어젠다를 어떻게 건설적으로 만들어야 하는지 알 수 없었다. 그저 로드맵만 짜면 결실은 저절로 이루어지는 줄 알았다. 그러다보니 개혁을 한다며 기존의 것들을 과감하게 파괴했는데, 결과는 '창조적 파괴'가 아니라 '파괴적 파괴'였다."

(7) 박동천(朴東泉), 「대통령 노무현에 대한 평가: 언행을 중심으로」, 『사회과학연

구』(전북대학교 사회과학연구소) 제16권 제1호(2008년 2월), 114~144쪽.

제4항 노무현 대통령의 정치이념과 리더십에 대한 평가

(1) Jungug Choi, "Strategic Voting and the Effective Number of Presidental Candidates in New Democracies: The Case of South Korea," *Korean Political Science Review*, Vol. 37, No. 4(2003), pp.191~208.

(2) 이내영(李來榮) · 이성봉(李聖鳳) · 정원칠(동아시아연구원), 『노무현정부 1년 국정운영 평가: 국민여론과 전문가 평가』(동아시아연구원, 2004).

(3) 안수찬(安秀燦), 「한국형 '제3의 길' 논쟁 이뤄질까: 기존 좌파와 선 긋는 중도진보주의 정립하려던 노무현 전 대통령 유고 전문 공개…타당성에 대한 이견도 많아」, 『한겨레21』(2009년 8월 3일), 50~51쪽.

(4) Bum-soo Kim and Sun-hyuk Kim, "Does Culture Determine Democratic Leadership in East Asia? The Case of South Korea During the Roh Moo-hyun Presidency," *Asian Perspective*, Vol. 37, No. 3(July~September 2013), pp.387~408.

(5) 이승미, 「대통령의 약속: 노무현 · 이명박 · 박근혜 대통령 선거공약 입법산출 연구」, 『한국정치학회보』제28권 제3집(2019년 9월), 37~61쪽.

(6) 박일현(朴日鉉), 「의료민영화법률 입법 · 고착원인과 양상: 노무현 · 이명박 · 박근혜정부 의료법개정안 중심으로」, 중앙대학교 대학원 정치국제학과 박사학위청구논문, 2021년 8월.

대한의사협회에서 근무하며 보건의료정책결정과정, 이익단체정치참여, 해외재난의료 등에 관심을 가졌고, 특히 보건의료정책결정과정에서 주요한 행위자들인 국회 · 정부 · 이익단체 · 시민단체의 역할과 갈등에 관심을 가졌다.

※ 박일현(1976~현재)은 연세대학교 대학원에서 보건행정학을 전공해 석사학위를 받은 데 이어 중앙대학교 대학원 정치외교학과에서 박사학위를 받았다.

제2절 국내정치

제1항 개관

(1) Hakjoon Kim, "South Korea's Internal Politics Since Roh Moo-hyun Was Elected the President of the Republic of Korea(December 2002~May 2004), In Hakjoon Kim, *North and South Korea: Internal Politics and External Relations Since 1998*(Missussuaga, Ontario, Canada: Society for Korean and Related Studies, 2006), pp.235~280.

노무현 대통령의 당선으로부터 제17대 국회총선까지의 시기의 국내정치를 여러 각도에서 분석했다.

(2) Jaechul Lee, "Assessment of Democratic Progress in South Korea: People's Attitude toward Democracy during Roh Moo Hyun Government," 『세계지역연구논총』 제31권 제2호(2013년 8월), 7~29쪽.

제2항 주요 정책수립가들의 저서

고건 국무총리 → 대통령권한대행

고건(高建)은 2003년 2월 27일~2004년 5월 24일에 노무현정부의 첫 번째 국무총리로 봉직했다. 노무현 대통령에 대한 탄핵소추결의안이 국회에서 통과됨으로써 그의 대통령직이 정지됐으나 헌법재판소가 그 결의안을 기각함으로서 그의 대통령직이 회복될 때까지 약 2개월(2004년 3월 12일~5월 14일)에 걸쳐 대통령권한대행을 맡았다. 그의 회고록으로 다음이 있다.

고건, 『행정도 예술이다: 고건의 그린 서울 클린 서울 리포트』(매일경제신문사, 2002); ______, 「남기고 싶은 이야기들」, 『중앙일보』(2013년 2월 8일~2013년 7월 30일); ______, 『국정은 소통이더라』(동방의빛, 2013); ______, 『고건 회고록: 공인의 길』(경기도 파주시: 나남, 2017).

두 번째 책의 「2장 몽돌과 받침대」(68~109쪽)에서, 노무현 대통령이 "제가 몽돌처럼 생긴 돌이라면, 총리는 그 돌을 잘 받치도록 나무 받침대처럼 안정적인 사람이어야 짝이 잘 맞습니다"라고 말하며 총리직을 제의해 받아들였다고 회상했다. 몽돌은 모나지 않고 동글동글해서 잘 굴러다니는 돌을 말한다. 세 번째 책은 두 번째 책에 「[중앙일보사] 전영기(全榮基) 대담: "고건과 행복했던 국정대화 여행」(18~130쪽)을 추가한 것이다.

※ 고건(1938~현재)은 서울대학교 문리대 정치학과를 졸업하고 고등고시 행정과에 합격해 내무부에 들어가 전남도지사를 거쳐 대통령행정수석비서관 → 교통부장관 → 농수산부장관 → 내무부장관 등을 역임하고 12대 국회의원을 거쳐 서울특별시장에 두 차례, 국무총리에 두 차례(김영삼정부 및 노무현정부) 봉직했다. 그 사이 명지대학교 총장을 역임했다.

고건 총리

(1) 이동한(李東翰), 「재임 중 난제 풀어낸 행정의 '달인' 기획: 현직국장급 이상들이 뽑은 각 부처 역대 최고의 장관들」, 『월간조선』(1993년 9월), 214~288쪽.

(2) 김영평(金榮枰), 「고건(高建) 론: 권위주의시대의 반권위주의 행정가」, 이종범(李宗范) 편, 『전환시대의 행정가: 한국형지도자론』(나남출판, 1994). 213~241쪽.

이해찬 국무총리

이해찬(李海瓚)은 2004년 6월 30일~2006년 3월 15일에 노무현정부의 두 번째 국무총리로 봉직했다. 그의 회고록으로 다음이 있다.

(1) 이해찬, 『청양 이 면장 댁 셋째 아들 이해찬』(푸른나무, 2007년 8월).

제목의 '청양 이 면장 댁'은 무슨 뜻일까? 충청남도 청양군 청양면에서 면장을 맡았던 저자의 아버지를 말한다.

(2) ______, 『이해찬 회고록: 꿈이 모여 역사가 되다』(경기도 파주시: 돌베개, 2022년 9월).

출판사 돌베개는 저자가 유신체제에 반대하는 운동에 적극적으로 참여해 서울대학교로부터 퇴교당한 뒤 뜻을 같이하는 친구들과 함께 세웠다. 그는 1978년에 이 출판사 대표를 맡았다.

이 책은 최민희(崔敏姬) 19대 국회의원(새정치민주연합 비례대표)이 질문하고 이해찬 전 국무총리가 답변하는 대담집 형식으로 구성됐다. 이해찬 전 국무총리의 어린 시절부터의 생활이 포함됐으나, 대부분은 그가 대학생 때 직면한 유신체제 이후의 시기에 맞춰졌다. 이 책을 통해 독자는 1972년 이후 전개된 한국정치의 상황 50년을 읽을 수 있다.

그의 대담록 또는 공저로 다음이 있다.

(1) 도종환(都鍾煥), 문병란(文炳蘭), 서세원(徐世原), 송영(宋榮), 오성찬(吳成贊), 원병오(元炳旿), 정채봉(丁埰琫), 최래옥(崔來沃), 한완상(韓完相), 황병기(黃秉冀), 이해찬(李海瓚), 이장호(李長鎬) 분담집필, 『열두 편의 가슴시린 편지: 아들의 아버지』(행복공작소, 2005년 5월).

(2) 남재희(南載熙), 이해찬(李海瓚), 정관용(鄭寬容), 윤여준(尹汝雋), 김종인(金鍾仁) 분담집필, 『문제는 리더다: 정관용이 묻고 윤여준 · 이해찬 · 김종인 · 남재희가 답하다』(메디치미디어 2010년 1월).

(3) 재단법인 광장 기획/이해찬(李海瓚) 외, 『광장에서 길을 묻다: 이해찬과 진보지성 23인의 대화』(경기도 파주시: 동녘, 2011년 3월).

책 제목에 나오는 '23인'은 김병준(金秉準) 김유선(金裕善) 김진표(金振杓) 김태동(金泰東) 김형기(金炯基) 문정인(文正仁) 박주현(朴珠賢) 박찬욱(朴贊郁) 박창식(朴昌植) 오연호(吳連鎬) 유시민(柳時敏) 이정우(李廷雨) 이정희(李正姬) 이종석(李鍾奭) 이종원(李鍾元) 이학영(李學永) 이해동(李海東) 임동원(林東源) 장정수(張正秀) 정세균(丁世均) 정세현(丁世鉉) 조승수(趙承洙) 등이다.

※ 이해찬(1952~현재)은 서울대학교 문리대 사회학과 학생 때 유신체제에 반대하는 투쟁에 뛰어들어 퇴학을 당한 이후 일관되게 반독재민주화운동에 적극적으로 참여했다. 1985년에 비로소 서울대학교 사회과학대학 사회학과를 졸업할 수 있었다. 운동권의 연장선 위에서 정계에 투신해 13대, 14대, 15대, 16대, 17대, 19대, 20대 등 7선 국회의원으로 활동했으며, 서울특별시 정무부시장 → 교육부장관 → 새천년민주당 최고위원 → 국무총리 등을 역임했다. 그에 관한 학위논문으로 다음이 있다.

한상익(韓相益), 「정치적 자원과 분담형 국무총리- 이해찬 총리의 사례를 중심으로」 서울대학교 대학원 정치학과 정치학박사학위청구논문, 2010년 2월.

※ 한상익(1971~현재)은 서울대학교 사회과학대학 정치학과를 졸업하고 서울대학교

대학원 정치학과에서 석사→박사학위를 받았다. 현재 가천대학교 사회정책대학원 교수다.

한명숙 국무총리

한명숙(1944~현재)은 이화여자대학교 문리대 불어불문학과를 졸업하고 한신대학교 대학원 신학과에서 석사학위를 받았으며 이화여자대학교 대학원에서 여성학석사학위를 받았다. 유신체제에 저항하는 운동에 참여했고 그 연장선 위에서 유신정권의 「크리스찬 아카데미 사건」에 연루돼 옥살이를 했으며 출옥한 뒤 정계에 투신해 김대중정부에서 초대 여성부장관을 맡았고 이후 환경부장관을 맡았다. 노무현정부에서 2006년 4월 20일~2007년 3월 7일에 국무총리로 봉직했다.

(1) 한명숙, 『사랑은 두려워하지 않습니다: 한명숙 · 박성준 젊은 날의 편지』(김영사, 2007).

저자는 1967년에 서울대학교 상과대학 경제학과를 졸업한 박성준(朴聖焌, 1940~현재)과 결혼했다. 남편이 1968년에 통일혁명당 사건에 연루돼 대법원에서 15년형이 확정됐으나 1981년에 출소했다. 이 책은 두 사람 사이의 오간 편지를 중심으로 쓰였다. 박성준은 출소 이후 미국 유니언신학대학에서 석사학위를, 일본 릿교대학(立教大學)에서 신학박사학위를 받고, 사회운동가로 활동해왔다.

(2) ______ · 신기남(辛基南), 『첫째도 교육 둘째도 교육 세째도 교육: 교육 매니페스토』(밈, 2007).

(3) 한명숙, 『한명숙 부드러운 열정 세상을 품다』(행복한책읽기, 2010).

자신의 생애와 정치활동을 회상했다. 고(故) 노무현 대통령에 대한 존경을 담았다.

(4) ______, 『한명숙의 진실』(생각생각, 2021).

한명숙 국무총리는 불법정치자금을 받았다는 혐의로 2015년 8월 20일에 대법원 전원합의체에서 징역형을 선고받고 2년 동안 수감됐다. 저자는 재판이 잘못된 것이며 자신은 무죄라고 주장했다.

(5) 강기석(姜琪錫), 『무죄: 만들어진 범인; 한명숙의 헝거게임 그 현장의 기록』(레디앙, 2016).

(6) 정미경(鄭美京), 『여자 대통령이 아닌 대통령을 꿈꿔라: 검사 정미경의 여성리더십 제안』(랜덤하우스코리아, 2007).

저자는 고려대학교 법과대학을 졸업하고 사법시험에 합격해 검사로 출발해 정계에 입문한 뒤 제18~19대 국회의원으로 선출됐다. 여성으로서 직면했던 여러 경험과 어려움을 솔직하게 토로한 뒤, 여성으로서 처음 법무부장관으로 발탁된 강금실(康錦實), 그리고 역시 여성으로서 처음 국무총리에 기용된 한명숙(韓明淑) 등을 실명을 거론하며 비판했다. 저자는 「국민의힘」 최고위원으로도 활동했다.

한덕수 국무총리

한덕수(1949~현재)는 2007년 4월 3일~ 2008년 2월 28일에 국무총리로 봉직했다. 서울대학교 상과대학 경제학과를 졸업하고 하버드대학교 대학원 경제학과에서 석사→박사학위를 받았다. 행정고시를 통해 정부에 들어간 그는 특허청장 → 통상산업부차관 → OECD대사 → 대통령경제수석비서관 → 재정경제부장관 등을 거쳐 노무현정부의 마지막 국무총리로 봉직했다. 이후 이명박정부에서 초대 주미대사로, 윤석열정부에서 초대 국무총리로 봉직한다.

국무총리비서실, 『한덕수 국무총리연설문집: 2007. 4. 3-2008. 2. 28』(국무총리비서실, 2008).

김진표 경제부총리 및 교육부총리

김진표(金振杓, 1947~현재)는 노무현정부에서 첫 번째 경제부총리겸 재정경제부 장관으로 봉직했으며 17대 국회의원을 거쳐 교육부총리 겸 교육인적자원부 장관으로 봉직했다. 서울대학교 법과대학 법학과를 졸업하고 미국 위스콘신대학교 매디슨 캠퍼스 대학원 경제학과에서 석사학위를 받았다. 행정고시를 거쳐 정부에 들어가 주로 경제부서에서 경력을 쌓았다. 현재 5선 국회의원으로 제21대 후반기 국회의장이다.

김진표, 『김진표, 뚜벅걸음이 세상을 바꾼다: 정치를 바꾸는 비전 그리고 내가 꿈꾸는 세상』(책으로보는세상, 2011); ______, 『정치를 왜 합니까?: 정치가 국민에 대한 헌신임을 일깨우는 희망의 메시지』(와선재, 2013).

김병준 교육부총리

김병준(1954~현재)은 영남대학교 사회과학대학 정치외교학과를 졸업하고 한국외국어대학교 대학원 정치외교학과에서 석사학위를 받은 데 이어 미국 델라웨어대학교 대학원 정치학과에서 박사학위를 받았다. 박사학위청구논문 서지사항은 다음과 같다. Byong-Joon Kim, "Policy Involvement of Rural South Koreans in the Implementation of the New Village Credit Union Program," unpub. Ph.D. diss., University of Delaware, 1984. 그는 국민대학교 사회과학대학 행정학과 교수로 봉직했으며, 노무현정부에서 대통령 정책실장과 교육부총리 겸 교육인적자원부장관을 역임했다. 현재 국민대학교 명예교수다.

(1) 김병준(金秉準), 『한국지방자치론: 지방정치 · 자치행정 · 자치경영』(법문사, 1994); ______, 『지방자치론』(법문사, 2009); ______, 『김병준 교수의 지방자치살리기』(경기도 파주시: 한울, 2022).

자신의 전공인 지방자치에 대한 저서들이다.

(2) ______, 『김병준 대담』(지식중심, 2016); ______, 『대통령 권력』(지식중심, 2017).

정부에서의 경험을 바탕으로 구성됐다.

(3) ______, 『99%를 위한 대통령은 없다』(개마고원, 2012); ______, 『국가, 있어야 할 곳에는 없고, 없어야 할 곳에는 있다.』(선, 2021).

변양균 기획예산처장관 및 청와대 정책실장

변양균(卞良均, 1949)은 노무현정부에서 기획예산처장관에 이어 청와대 정책실장으로 봉직했다. 고려대학교 정경대학 경제학과를 졸업하고 예일대학교 대학원 경제학과에서 석사학위를 받은데 이어 서강대학교 대학원 경제학과에서 「한국재정의 지속가능성 분석과 재원 배분의 비(非)최적성 치유에 관한 연구」로 박사학위를 받았다. 행정고시를 거쳐 정부에 들어가 주로 경제부서에서 봉직했다.

변양균, 『노무현의 따뜻한 경제학』(바다출판사, 2012); ______, 『어떤 경제가 우리를 행복하게 하는가: 변양균의 현실과 맞서는 영화 속 한국경제특강』(바다출판사, 2012); ______, 『경제철학의 전환』(바다출판사, 2017); ______, 「남기고 싶은 이야기들: 진영을 넘어 미래를 그리다」, 『중앙일보』(2022년 10월 6일~2023년 3월 21일); ______, 『진영을 넘어 미래를 그리다: 변양균 회고록』(부키, 2023).

국가정보원장

(1) 황호택(黃鎬澤), 「황호택 기자가 만난 사람: 대학교수 복귀한 서동만(徐東晩) 전 국정원 기조실장; "고영구(高泳耉) 원장 정실인사 문제삼다 '지휘체계 문란'으로 내몰렸다"」, 『신동아』(2005년 4월), 78~97쪽.

(2) 김당(金鐺), 「제2장 국정원의 태동과 역사」 가운데 「국정원개혁 2, 노무현: 국정원장 인사청문회」, ______, 『시크릿파일 국정원: 실패한 공작의 역사, 그리고 혁신』(메디치미디어, 2016), 125~239쪽 가운데 165~201쪽; 「민주정부에서의 국정원 제자리 찾기, 그리고 좌절」, ______, 『시크릿 파일 반역의 국정원: 거대 조직과 검은 돈 그리고 비밀공작의 실체』(메디치 미디어, 2017), 85~109쪽.

노무현 대통령이 민변의 고영구 변호사와 학생 민주화운동가 서동만 박사를 각각 국가정보원 원장과 국가정보원 기획조정실장으로 임명하고 국가정보원을 개혁하려고 시도했으나 좌절된 과정을 분석했다.

이정우 청와대 정책실장

이정우(李廷雨, 1950~현재)는 서울대학교 상과대학 경제학과를 졸업하고 서울대학교 대학원 경제학과에서 석사학위를 받은 데 이어 하버드대학교 대학원 경제학과에서 박사학위를 받았다. 경북대학교 경상대학 경제학과 교수로 봉직했으며, 노무현정부에서 대통령 정책실장과 대통령 정책특별보좌관을 맡았다. 현재 경북대학교 명예교수이면서 한국장학재단 이사장으로 봉직하고 있다.

(1) 강철규(姜哲圭) · 김수현(金秀顯) · 김양희(金良姬) · 이동걸(李東傑) · 이정우(李廷雨) · 허성관(許成寬) 공동집필, 『경국제민의 길: 참여정부 경제의 겉과 속』(굿플러스북, 2015).

(2) 조해동(趙海東), 『진보정부의 경제권력: 문재인 · 노무현정부 경제정책 결정자 8인 평전』(늘품플러스, 2018).

1995년부터 신문기자로 기획재정부와 공정거래위원회 및 한국은행 등을 출입한 저자가 노무현정부와 문재인정부에서 주요한 경제정책 결정에 참여한 8인을 분석했다. 그들은 김동연(金東兗) 문재인정부 초대 부총리 겸 기획재정부장관, 장하성(張夏成) 문재인정부 초대 청와대 정책실장, 김수현(金秀顯) 문재인정부 2대 청와대 정책실장, 김상조(金尙祚) 문재인정부 초대 공정거래위원장, 이정우(李廷雨) 노무현정부 청와대 정책실장 및 정책기획위원장, 이동걸(李東傑) 노무현정부 금융감독위원회 부위원장, 정태인(鄭泰仁) 노무현정부 청와대 국민경제비서관, 이헌재(李憲宰) 노무현정부 2대 부총리 겸 재정경제부장관 등이다.

(2-A) 노혜경(盧蕙京), 「문제적 개인, 정태인을 기리며: 별은 여전히 빛나고 있을 것이다. 우리가 보지 못할 뿐」, 『황해문화』118(2023년 봄), 255~268쪽.

이 글은 이정우 당시 청와대 정책실장 그리고 정태인 당시 청와대 국민경제비서관의 정책적 발상과 '좌절'을 상세히 기록했다.

(3) 이정우, 「이정우의 참여정부 천일야화 」가운데「44화 교육혁신의 좌절」, 『한겨레』2023년 12월 12일.

김수현 청와대 정책실장

김수현(金秀顯, 1962~현재)은 서울대학교를 졸업하고 서울대학교 환경대학원 도시공학과에서 석사학위를 받은 데 이어 서울대학교 환경대학원 도시공학과에서 「한국의 공공임대주택정책의 전개과정에 관한 연구」(1996년 8월)로 박사학위를 받았다. 세종대학교 공공정책대학원 부동산학과 교수로 봉직했으며 청와대에서 대통령사회수석비서관을 거쳐 대통령 정책실장으로 봉직했다. 현재 세종대학교 교수다.

김수현, 『부동산과 정치: 문재인정부의 좌절과 한국사회의 과제』(오월의봄, 2023).

저자는 "문재인정부는 집값을 잡지못했다"고 인정하면서, 대출규제를 더 빠르게, 더 강하게 하지 못한 점을 실패 요인으로 꼽았다.

윤영관 외교통상부장관

윤영관(尹永寬, 1951~현재)은 노무현정부에서 첫 번째 외교통상장관으로 봉직했다. 서울대학교 문리대 외교학과를 졸업하고 서울대학교 대학원 외교학과에서 석사학위를 받았으며 미국 존스홉킨스대학교 고등국제학대학원에서 석사→박사학위를 받았다. 박사학위청구논문 서지사항은 다음과 같다. Young-kwan Yoon, "Political Economy of Foreign Investment and Productivity: A Historical Observation and Industrial Case Studies," unpub. Ph.D. diss., School of Advanced International Studies, Johns Hopkins University, 1987. 캘리포니아대학교 데이비스 캠퍼스 조교수를 거쳐 서울대학교 사회과학대학 외교학과 교수로 봉직했으며, 현재 서울대학교 명예교수이면서 아산정책연구원

이사장이다.

윤영관 편저, 『한국외교 2020 어디로 가야하나?』 전2권(늘품플러스, 2013).

이 책 제1권 가운데 「Ⅰ. 총론 2002년 세계정치와 한국의 대외전략」(9~76쪽)은 편저자의 국제정치와 한반도상황에 대한 인식과 대책을 잘 보여주었다.

송민순 외교통상부장관

송민순(宋旻淳, 1948~현재)은 서울대학교 문리대 독어독문학과를 졸업하고 외무고시를 거쳐 외무부에 입부한 이후 폴란드대사와 외교통상부차관보를 거쳐 노무현정부에서 대통령 통일외교안보정책실장에 있어 외교통상부장관을 맡았다. 그는 이 자격으로 남북회담 그리고 북핵을 둘러싼 한국의 미국 및 중국과의 회담에도 직접적으로 관여했다. 그는 정부에서 물러난 뒤 18대 국회의원으로 이어 북한대학원대학교 총장으로 봉직했다. 경남대학교로부터 명예정치학박사학위를 받았다.

송민순, 『빙하는 움직인다: 비핵화와 통일외교의 현장』(경기도 파주시: 창비, 2016).

저자는 자신의 체험을 바탕으로 매우 치밀하게 이 책을 썼다. 북경에서 열린 제4차 6자회담은 2005년 9월 19일에 공동성명을 채택함으로써 돌파구를 열었다는 평을 들었는데, 저자는 이 회담에 대해서도 자세하게 회상했다.

강금실 법무장관

강금실(康錦實, 1957~현재)은 노무현정부에서 첫 번째 법무장관으로 봉직했다. 서울대학교 법과대학 법학과를 졸업하고 사법시험을 통해 서울고등법원 판사로까지 올랐다. 이후 변호사로 활동하며 「민주사회를 위한 변호사 모임, 약칭 민변」의 부회장을 역임했고, 통합민주당 최고위원으로 활동했다. 가톨릭대학교 생명대학원에서 생명문화학 석사학위를 받고 환경운동에도 활발히 참여했다.

강금실, 『서른의 당신에게: 흔들리는 청춘에게 보내는 강금실의 인생성찰』(웅진지식하우스, 2007); ______, 『오래된 영혼: 로마에서 아시시까지, 강금실의 가슴으로 걷는 성지순례』(웅진지식하우스, 2011); ______, 『생명의 정치: 변화의 시대에 여성을 다시 묻는다』(로도스. 2012); ______, 『지구를 위한 변론: 미래 세대와 자연의 권리를 위하여』(김영사, 2021).

두 번째 책에 나오는 '아시시'는 이탈리아에 있는 성 프란체스코와 성녀 클라라의 탄생지로 유명하다.

천정배 법무장관

천정배(千正培, 1954~현재)는 서울대학교 법과대학 법학과를 졸업하고 서울대학교 대학원 법학과에서 석사학위를 받았다. 사법시험에 합격했으나 전두환 대통령에 의해 법관으로 임명되는 것을 수치라고 생각하고 임관을 거부한 뒤 변호사로 일관했다. 노무현정부에서 법무장관을 맡았으며, 15~20대 국회의원으로 활동했다.

천정배, 『꽁지머리를 묶은 인권변호사』(한마당, 1996); ______ · 차병직, 『여기가 로도스다, 여기서 춤추어라: 법을 꿈꾸는 젊은이들에게』(강, 2007); 천정배, 『광주여, 정신 바짝 차리자: 천정배의 개혁공동정부론』(강, 2020); ______, 『나의 노선: 천정배의 삶과 정치 역정』(강 ,2020); ______, 『정의로운 복지국가: 천정배의 정치 구상』(창해, 2010).

이종석 통일부장관

이종석(李鍾奭, 1958~현재)은 노무현정부에서 국가안전보장회의 사무차장으로, 이어 통일부장관 겸 국가안전보장회의 상임위원장으로 봉직하며 남북정상회담을 비롯한 여러 형태의 남북대화에 참여하면서 많은 영향을 끼쳤다. 그에 대해서는 우리가 제8권 제2부 「제3장 만주국 수립과 만주에서의 항일운동 및 김일성의 등장과 활동」에서 자세히 살폈기에 여기서는 되풀이하지 않겠다. 거기서 소개하지 않은 저서로 노무현정부 시기에 연관된 저서는 다음이 대표적이다.

(1) 이종석, 『칼 날 위의 평화: 노무현시대 통일외교안보 비망록』(경기도 고양시: 개마고원, 2014).

제2차 남북정상회담을 포함해 노무현정부 때 전개된 한반도 상황과 남북관계에 관한 많은 비화를 담았다.

(2) ______, 『한반도 평화통일론』(한울, 2012년 3월); ______, 『통일을 보는 눈: 왜 통일을 해야 하느냐고 묻는 이들을 위한 통일론』(개마고원, 2012년 6월); ______, 『북한 주둔 중국인민지원군 철수에 관한 연구』(세종연구소, 2014년 8월); ______, 『북한 · 중국 국경: 역사와 현장』(세종연구소, 2017년 7월); ______, 『통일: 통일을 꼭 해야 할까?』(풀빛, 2017년 12월); ______ 공저, 『한반도 특강: 2020 대전환의 핵심현안』(경기도 파주시: 창비, 2018년 10월).

한승주 주미대사

한승주(韓昇洲, 1940~현재)는 김영삼정부의 첫 번째 외무장관으로, 이후 고려대학교 총장서리로 봉직했다. 서울대학교 문리대 외교학과를 졸업하고 미국 뉴햄프셔대학교 대학원 정치학과에서 석사학위를 받은 데 이어 캘리포니아대학교 대학원 버클리 캠퍼스 정치학과에서 박사학위를 받고 뉴욕시립대학교 교수를 거쳐 고려대학교 정경대학 정치외교학과 교수로 봉직했다. 노무현 대통령은 국제사회에 널리 알려진 그를 주미대사로 기용해, 그는 2003년 4월~2005년 2월에 봉직했다. 그는『외교의 길 평화를 위한 여정』(올림, 2017)을 출판했다. 이 책의 영문본은 다음과 같다. Sung-joo Han, *On the Brink: A Korean Diplomat's Journey for Peace*(Seoul: Olym, 2019).

한승주,「3부 다시 외교의 길로」, ______,『한국에 외교가 있는가』(올림, 2021), 165~242쪽.

여기서 저자는 자신이 주미대사로 기용된 배경 그리고 주미대사로서의 활동을 회상했다.

김태유 과학기술수석보좌관

(1) 김태유(金泰由: 서울대학교 공과대학 산업공학과 명예교수)·김대륜(金大倫),『패권의 비밀: 4차 산업혁명 시대 패권의 향방을 보여주는 역작』(서울대학교 출판문화원, 2017).

(2) 김태유(金泰由)·김연배(金演培) 공저,『한국의 시간: 제2차 대분기 경제패권의 대이동』(쌤앤파커스, 2021).

김태유(1951~현재)는 콜로라도광산대학교에서 공학박사학위를 받은 뒤 서울대학교 공과대학에서 교수로 정년퇴임했으며, 서울대학교 명예교수로 노무현 대통령의 과학기술수석보좌관으로 봉직했다. 김연배(1968~현재)는 서울대학교 대학원 응용공학과에서 박사학위를 받고 서울대학교 공과대학 교수로 봉직했다. 두 공저자는 이 책을 통해 제4차 산업혁명시대에 한국이 나아갈 길을 제의했다.

강원국 연설비서관

강원국(姜元國),『대통령의 글쓰기: 김대중 노무현 대통령에게 배우는 사람을 움직이는 글쓰기 비법』(메디치미디어, 2014).

서울대학교 사회과학대학 외교학과를 졸업하고 김대중 대통령의 연설비서관실 행정관으로 출발해 노무현 대통령의 연설비서관으로 봉직했다. 이후 출판사 메디치미디어의 주간으로 활동하면서 『강원국의 어른답게 말합니다』(웅진지식하우스, 2021)를 출판했다

김종대 국방행정관

김종대(金鍾大), 『노무현, 시대의 문턱을 넘다: 한미동맹과 전시작전권에서 남북정상회담에 이르기까지』(나무와숲, 2010).

연세대학교 상경대학 경제학과를 졸업하고 노무현 대통령의 16대 대통령직인수위원회 국방전문위원을 거쳐 대통령 국방보좌관실 행정관으로 봉직했으며, 이어 국무총리 산하 비상기획위원회 혁신기획관으로 전시대비계획 수립 등에 참여했다.

김판석 인사제도비서관

김판석(金判錫), 「한국 인사행정의 발전방향: 전환기의 담론」, 『한국행정연구』제11집 제1호(2002년 봄) , 54~88쪽; _____, 「제5장 인사」, 박세일 외, 『대통령의 성공조건 Ⅰ』(서울: 동아시아연구원, 2002년 12월), 193~378쪽; _____, 「정부산하기관의 실태와 관리효율화 방안 연구」, 『한국사회와 행정연구』제13집 제4호(2003년 2월), 43~70쪽; _____, 「대통령과 인사: 정무 · 고위직 인사혁신」 , 『한국정치학회보』제37집 제2호(2003년 7월), 385~414쪽.

※ 김판석(1956~현재)은 중앙대학교 법정대학 행정학과를 졸업하고 플로리다국제대학교 대학원에서 행정학석사학위를 받은 데 이어 아메리칸대학교 대학원에서 행정학박사학위를 받았다. 인천대학교 교수를 거쳐 연세대학교 정경대학 학장과 정경대학원 원장을 역임했으며, 노무현 대통령 때 인사제도비서관으로, 문재인 대통령 때 인사혁신처장으로 봉직했다. 연세대학교 정경대학 행정학과 교수로 정년퇴임했으며, 현재 연세대학교 명예교수다.

대통령비서실에 대한 분석

허만섭(許萬燮), 「청와대 비서관 37퍼센트가 운동권」, 『신동아』(2003년 5월), 113~126쪽.

이 자료는 노무현대통령이 '운동권정권'으로 불린 사실적 근거를 뒷받침했다.

제3항 지역균형발전론과 천도론(遷都論)

노무현정부는 2003년 12월에 국회를 통해 「신행정수도의 건설을 위한 특별조치법」을 통과시켰다. 이에 따라, 2004년 5월에 「신행정수도건설추진위원회」가 발족했다. 헌법재판소 연구관 출신 이석연(李石淵) 변호사 등 169명은 여기에 반대하는 헌법소원을 제기했다. 헌법재판소 전원재판부는 2004년 10월 21일에 그 법이 위헌이라고 결정했다. 서울이 수도라는 것은 '관습헌법'에 의해 이미 정해진 것이라는 취지였다. 노무현정부는 여기에 맞춰 「행정중심복합도시 건설을 위한 특별법」을 국회를 통해 제정하고 세종특별자치시를 세웠다.

정부의 논리

(1) 국무총리실 세종특별자치시지원단 편, 『세종특별자치시 건설이전 지원 백서: 2011.3~2012.6』(국무총리실 세종특별자치시지원단, 2012).

(2) 행정중심복합도시건설청, 『2003년~2007년 행정중심복합도시 백서』(충청남도 연기군: 행정중심복합도시건설청, 2008).

서울특별시의 논리

(1) 서울특별시/서울시정개발연구원 공편., 『수도이전에 관한 국제 심포지엄: 외국의 경험과 교훈』(서울특별시 · 서울시정개발연구원, 2004).

(2) 서울특별시 편, 『수도이전 과연 타당한가』 전7권(서울특별시, 2005).

수도이전에 관한 찬반론

(1) 김형국(金炯國) · 최상철(崔相哲) 공편, 『천도반대운동의 사회학』(나남, 2004).

(1-A) 김형국, 「노무현식 천도론에 문제 있다: 균형발전이 바람직하긴 해도 그게 천도에 의해 이뤄질 일이라는 발상은 납득하기 어렵다…」, 『신동아』(2004년 3월), 92~99쪽.

(2) 최상철(崔相哲),『지금 왜 수도이전인가!: 국내외 석학들의 제언』(화산문화, 2004년 12월).

(3) 이석연(李石淵),『침묵하는 보수로는 나라 못 지킨다: 수도이전 막아낸 이석연 변호사의 신문고』(지평, 2006년 11월).

(4) 김영하(金英厦),『천도론: 21세기 도시의 비전』(단국대학교출판부, 2010).

조선=한국의 역사에서 있었던 천도에 관한 사례들을 모두 자세히 살핀 데 이어 대한민국의 역사에서 있었던 천도에 관한 찬반론을 공평하게 살폈다. 건축공학자인 저자는 그러한 기초 위에서 천도를 하는 경우에 준비해야 할 일들을 전문적으로 분석했다.

헌법재판소의 결정

(1)「2004헌마554」, 헌법재판소 전원재판부결정(2004년 10월 21일).

여기서 주목해야 할 것은 헌법재판소 전원재판부가 위헌으로 결정한 것은 오로지「신행정수도의 건설을 위한 특별조치법」일 뿐이다. 이 결정은 "수도이전을 시도하는 것은 위헌이다"라든지, "수도는 서울이다"라고 선언한 것은 아니다.

(2) 전광석(全光錫),「수도이전특별법 위헌결정에 대한 헌법이론적 검토」,『공법연구』(한국공법학회)(2005년 2월), 113~138쪽.

제4항 대통령 탄핵

국회의장과 국무총리의 시각

(1) 박관용(朴寬用),「1. 탄핵: 얻은 것과 잃은 것」, ______,『다시 탄핵이 와도 나는 의사봉을 잡겠다』(아침나라, 2005), 15~53쪽; ______,「제6장 탄핵의 격랑 속에서」, ______,『나는 영원한 의회인으로 기억되고 싶다』(조선뉴스프레스, 2014), 205~240쪽; ______,「노무현 대통령 탄핵소추안 의결과정」및「노무현 대통령 탄핵사건에 대한 생각」, 국회도서관 국회기록보존소 편,『대한민국 국회를 말하다』(국회도서관 국회기록보존소, 2019), 177~188쪽 및 189~201쪽.

당시 국회의장으로 대통령탄핵소추결의안을 다뤘던 저자의 회고다.

(2) 고건(高建),「1장 탄핵위기 24시」, ______,『국정은 소통이더라』(동방의빛,

2013), 28~66쪽; ______, 「제 14장 대통령탄핵위기 24시」, ______, 『고건 회고록: 공인의 길』(경기도 파주시: 나남, 2017), 531~566쪽.

당시 국무총리로 국회가 대통령탄핵소추결의안을 통과시켰을 때의 전후상황을 회고했다.

국회의원의 회상

(1) 유용태(劉容泰) · 홍사덕(洪思德) 외, 「대통령(盧武鉉)탄핵소추의결서」, 『월간조선』(2004년 4월), 116~124쪽.

(2) 김경재(金景梓), 「진짜 탄핵주역은 누구인가?」, ______, 『김경재 고백 그리고 꿈: 청와대 허물고 그 자리에 서민아파트 짓고 싶다』(동행, 2006), 88~113쪽.

당시 제16대 국회의원으로 노무현대통령이 국회에서 탄핵소추되고 헌법재판소에서 탄핵소추안이 기각된 전 과정을 상세히 회고했다.

언론계 및 학계의 시각

(1) 우종창(禹鍾昌), 「이문열(李文烈) 인터뷰: '탄핵 사태의 모든 책임자는 대통령'」, 『월간조선』(2004년 4월), 88~103쪽.

(2) 송기춘(宋基春), 「대통령노무현탄핵심판사건결정(헌법재판소 2004. 5. 14. 선고, 2004헌나1)의 몇 가지 문제점」, 『민주법학』(민주주의법학연구회) 26(2004년 8월), 332~362쪽.

(3) 안병진(安秉鎭), 「탄핵 이슈와 제17대 총선: 미국 1998년 중간선거와의 비교」, 『한국정치연구』(서울대학교 한국정치연구소) 제13집 제2호(2004년 10월), 21~38쪽.

제5항 제17대 국회총선과 제17대 국회

제17대 국회의원총선거는 2004년 4월 15일에 실시됐다. 이 총선에서 국회의석은 299석으로 다시 늘어났고 특히 1인2표제가 시행돼 유권자는 지역구에서 후보 한 표, 정당에 한 표를 행사할 수 있게 됐다. 집권여당이 열린우리당과 새천년민주당으로 분열된 상황 아래 제1야당 한나라당과 경쟁을 벌였으나, 노 대통령에 대한 탄핵소추안이 국회에서 통과된 데 대한 반발이 전국적으로 확산됐기에 노 대통령을 일관되게 지지한 열린우리당에게 유리하게 전개됐다. 결과는 열린우리당이 152석을 차지함으로써 16년 만에 여대야소 정국이 부활했고, 노 대통령은 '단점정부'를 이끌게 됐다.

탄핵을 주도했던 한나라당은 121석을 차지했고, 새천년민주당은 9석만을 차지하는 것으로 끝났다. 민주노동당은 10석을 얻어 제3당으로 부상했다. 초선의원이 전체 2/3에 이르는 188명이었고 당선자 연령도 30~40대가 절반에 접근해 세대교체가 이루어졌다. 여성 당선자도 39명으로 16대에 비해 크게 늘어났다.

단행본

(1) 한국정당학회 기획/김용호(金容浩) · 박명호(朴明浩) · 송기도(宋基道) · 김영태(金榮泰) · 하세헌(河世憲) · 강경태(姜景太) · 윤종빈(尹鍾彬) · 이현출(李鉉出) · 윤성이(尹聖理) · 김용철(金容徹) · 정연정(鄭演楨) · 이준한(李俊漢) 분담집필, 『제17대 총선 현장리포트: 13인 정치학자의 참여관찰』(푸른길, 2004).

(2) 「특집: 한국정치의 미래와 정국진단」, 『시대정신』25(2004년 여름).

김영환(金永煥), 「한국정치의 이념과 새 정치세력」, 8~28쪽.
홍진표(洪晉杓), 「열린우리당의 의회 장악 이후 정책 전망」, 29~39쪽.
김대호(金大鎬: 사회디자인연구소 소장), 「민주노동당의 강령 분석」, 40~67쪽.
김수영(국제문제전문가), 「서구 사회의 신(新)중도노선」, 68~85쪽.

(3) 김원홍(金元洪) · 김은경(한국여성개발원) 공저, 『제17대 총선에서의 여성후보 선거과정과 향후 과제』(한국여성개발원, 2004년 12월).

(4) 박찬욱(朴贊郁) · 강원택(康元澤) · 김의영(金義英) · 박철희(朴喆熙) · 박홍민(朴弘敏) · 백창재(白昌宰) · 안병진(安秉鎭) · 유석진(柳錫津) · 이정복(李正馥) · 이준한(李俊漢) · 임경훈(林炅勳), 『제17대 국회의원 총선거 분석』(푸른길, 2005).

제1부 경쟁과 참여

백창재, 「1장 정치자금제도 개선의 효과와 정치적 결과」, 19~45쪽.
김의영, 「2장 제17대 총선에서 시민단체의 선거참여」, 46~75쪽.
안병진, 「3장 탄핵 이슈와 제17대 총선」, 76~101쪽.

제2부 선택과 지지

박찬욱, 「4장 제17대 총선에서 2표병립제와 유권자의 분할투표」, 103~176쪽.

유석진, 「5장 대학생의 온라인 정치활동과 투표 행태」, 177~210쪽.

이준한 · 임경훈, 「6장 과연 '중대선거' 인가?」, 211~243쪽.

제3부 교체와 전환

강원택, 「7장 제17대 총선에서 민주노동당 지지에 대한 분석」, 245~274쪽.

박홍민 · 이준한, 「8장 제17대 국회의원 선거와 의원교체」, 275~303쪽.

박철희, 「9장 사회경제적 구조전환의 관점에서 본 4.15총선」, 304~341쪽.

제4부 모색과 전진

이정복, 「10장 제17대 총선과 한국 민주주의」, 343~392쪽.

※ 위의 필자들 가운데 이 총서에서 아직 소개되지 않은 필자는 박홍민이다. 그는 서울대학교 사회과학대학 경제학과를 졸업하고 서울대학교 대학원 정치학과에서 석사학위를 받은 데 이어 노스웨스턴대학교 대학원 정치학과에서 석사학위를 받고 미주리주 세인트루이스에 있는 워싱턴대학교 대학원 정치학과에서 박사학위를 받았다. 박사학위청구논문 서지사항은 다음과 같다. Hong Min Park, "Parties, Committees, and Rules in the U.S. House of Representatives," unpub. Ph.D. diss., Washington University, St. Louis, 2010. 앨라배마대학교 정치학과 교수를 거쳐 위스콘신대학교 밀워키 캠퍼스 정치학과 교수로 봉직하고 있다.

(5) 어수영(魚秀永) 편저, 『한국의 선거 5: 제16대 대통령선거와 제17대 국회의원선거』(오름, 2006).

어수영(魚秀永), 「책을 내면서」, 5~17쪽.

제1부 제16대 대통령선거 분석

이남영(李南永), 「제1장 누가, 왜, 어떻게 노무현 대통령을 당선시켰나?」, 19~38쪽.

이현우(李賢雨), 「제2장 16대 대통령선거에서 나타난 이슈와 후보자 전략」, 39~74쪽.

김욱(金旭), 「제3장 16대 대선에서 세대, 이념, 그리고 가치의 영향력」, 75~108쪽.

정구종(鄭求宗), 「제4장 16대 대통령선거 분석: 정치변동에서 사회변혁으로」, 109~133쪽.

제2부 제17대 국회의원선거 분석

이준한(李俊漢), 「제5장 17대 총선과 유권자의 투표참여」, 135~154쪽.

김왕식(金旺植), 「제6장 1인 2표제 도입의 정치적 효과」, 155~184쪽.

정혜숙(鄭憓淑) · 임영규(林英奎), 「제7장 17대 총선과 지역주의」, 185~226쪽.

어수영(魚秀永), 「제8장 세대와 투표양태」, 227~268쪽.

김형준(金亨俊), 「제9장 17대 총선과 세대: 정당 지지 분석을 중심으로」, 269~300쪽.

이현출(李鉉出), 「제10장 정당지도자 요인이 투표행태에 미치는 영향」, 301~328쪽.

윤종빈(尹鍾彬), 「제11장 17대 총선과 탄핵 쟁점」, 329~352쪽.

정연정(鄭演楨) · 조성대(趙誠帶), 「제12장 네티즌의 정치정향과 투표선택」, 353~384쪽.

※ 정연정(1968~현재)은 숙명여자대학교 정치외교학과를 졸업하고 서강대학교 대학원 정치외교학과에서 석사학위를 받은 데 이어 미국 일리노이주립대학교 대학원 정치학과에서 박사학위를 받았다. 박사학위청구논문 서지사항은 다음과 같다. Youn Chung Chung, "Citizen Groups and the Internet: Does the Internet Really Matter for Citizen Interest Group Mobilization?" unpub. Ph.D. diss., Illinois State University, 1999. 현재 배재대학교 인문사회대학 행정학과 교수이면서 서울여성가족재단 대표이사이다.

정영태(丁榮泰), 「제13장 이념적 스펙트럼의 제한적 확장과 진보정당의 원내진출」, 385~432쪽.

박명호(朴明浩), 「제14장 17대 총선과 정당구도의 변화」, 433~466쪽.

김영태(金榮泰), 「제15장 17대 총선의 정치적 의미: 정치지형의 재편문제를 중심으로」, 467~490쪽.

김영래(金永來), 「제16장 17대 총선 결과 분석과 의회정치의 발전과제」, 491~516쪽.

(6) 조진만(趙眞晩) · 최준영(崔峻榮) 공저, 『선거제도의 변화와 17대 총선』(경기도 파주시: 한국학술정보, 2006).

(6-A) 조진만 · 최준영 · 가상준, 「한국 재·보궐선거의 결정요인 분석」, 『한국정치학회보』제40집 제2호(2006년 여름), 75~98쪽.

(7) 장맹수(張孟洙) 편저, 『승자와 패자의 갈림길: 제17대 총선이야기』 전2권(선암각, 2011).

(8) 지병근(池昞根), 『김대중 · 노무현 정부 시기의 선거』(마인드탭, 2016).

논문

(1) 이철호(李哲鎬), 「17대 국회의원 선거 후 선거재판의 과제」, *JURIST*(청림인터렉티브) 404(2004년 5월), 13~14쪽.

(2) 김순은(金順殷), 「제17대 국회의원 선거와 정치개혁 선거방송토론회의 도입을 중

심으로」, 『지역사회』(한국지역사회연구소) 47(2004년 여름), 83~95쪽.

(3) 정병은(서울대 사회발전연구소), 「유권자의 사회자본과 지역주의 투표-17대 총선의 두 지역구 사례 비교」, 연세대학교 대학원 사회학과 사회학박사학위청구논문, 2004년 8월.

※ 정병은(1964~현재)은 연세대학교 사회과학대학 사회학과를 졸업하고 연세대학교 대학원 사회학과에서 석사→박사학위를 받았다. 서울대학교 사회발전연구소 연구원으로 봉직했다.

(4) 백창재(白昌宰), 「정치자금제도 개선의 효과와 정치적 결과: 제17대 총선의 사례」, 『한국정치연구』 제13집 제2호(2004년 10월), 1~20쪽.

(5) 이준한(李俊漢) · 임경훈(林炅勳), 「과연 '중대선거'인가?: 제17대 국회의원선거에서의 유권자 투표결정요인 분석」, 『한국정치연구』제13집 제2호(2004년 10월), 117~141쪽.

(6) 박홍민(朴弘敏) · 이준한(李俊漢), 「제17대 국회의원 선거와 의원교체」, 『한국정치연구』제13집 제2호(2004년 10월), 167~187쪽.

(7) 김주찬 · 이시원(李時遠), 「정책결정과정에서 야당의 영향력 연구」, 『의정연구』제11권 제1호(2005년 1월), 27~59쪽.

※ 김주찬(1962~현재)은 연세대학교 사회과학대학 정치외교학과를 졸업하고 경희대학교 평화복지대학원에서 석사학위를 받은 데 이어 조지워싱턴대학교 대학원 정치학과에서 박사학위를 받았다. 박사학위청구논문 서지사항은 다음과 같다. Juchan Kim, "Defense Planning and Military Expenditure in Korea: An Analysis of National Security Policy for an Uncertain Era," unpub. Ph.D. diss., George Washington University, 1998. 경상국립대학교 교수를 거쳐 현재 광운대학교 사회과학대학 행정학과 교수다.

※ 이시원(1954~현재)은 부산대학교 사회복지학과를 졸업하고 서울대학교 행정대학원에서 석사학위를 받은 데 이어 서울대학교 행정대학원에서 「정부신뢰의 영향요인에 관한 연구」(1993년 8월)로 박사학위를 받았다. 경상국립대학교 사회과학대학 행정학과 교수로 정년퇴임하고, 현재 경상국립대학교 명예교수다.

(8) 박이석(朴二錫), 「유권자의 정당 및 후보자 선택 영향요인에 관한 실증적 연구: 제17대 국회의원 선거를 중심으로」, 서울시립대학교 대학원 행정학과 행정학박사학위

청구논문, 2005년 2월.

(9) 조진만(趙眞晩) · 최준영(崔峻榮) · 이동윤(李東潤), 「선거 과정과 결과에 대한 당선자와 낙선자의 인식 차이: 제17대 국회의원선거 출마자 설문조사 결과를 중심으로」, 『국가전략』제11권 제1호(2005년 봄), 121~147쪽.

(10) 정대화(鄭大和), 「제17대 국회의원총선거 평가: 선거의 주요 쟁점에 대한 평가를 중심으로」, 『민주사회와 정책연구』(민주사회정책연구원) 7(2005년 상반기), 195~232쪽.

(11) 전용주(全勇柱), 「후보공천과정의 민주화와 그 정치적 결과에 관한 연구: 제17대 국회의원 선거를 중심으로」, 『한국정치학회보』제39집 제2호(2005년 여름), 217~236쪽.

(12) 송종길(宋鍾吉) · 박상호(朴相浩), 「제17대 지역구 국회의원 후보초청 TV토론형식(Format)연구」, 『정치커뮤니케이션연구』(한국정치커뮤니케이션학회) 2(2005년 여름), 195~225쪽.

(13) 정준표(鄭俊杓) · 정영재, 「선거제도의 정치적 효과: 제6대~제17대 국회의원 선거를 중심으로」, 『한국정당학회보』제4권 제2호(2005년 8월), 5~44쪽.

(14) 최준영(崔峻榮) · 조진만(趙眞晩), 「지역균열의 변화가능성에 대한 경험적 고찰: 제17대 국회의원 선거에서 나타난 이념과 세대균열의 효과를 중심으로」, 『한국정치학회보』 제39집 제3호(2005년 가을), 375~394쪽.

(15) 구자선(具滋善), 「선거운동의 확대방안에 관한 연구: 제17대 국회의원선거를 중심으로」, 『선거논단』(중앙선거관리위원회사무처) 제3호(2005년 12월), 23~39쪽.

(16) 김민익, 「한국신문의 제17대 국회의원선거 보도경향 분석」, 『선거논단』제3호(2005년 12월), 313~334쪽.

(17) 이정진(李定珍), 「제17대 국회의원선거와 지역정당체계의 재편」, 『국가경영전략』제5집 제2호(2006년 2월), 171~208쪽.

(18) 주대환(周大煥), 「민주노동당의 분당사태와 좌파의 진로」, 『시대정신』39(2008년 여름), 182~196쪽.

(19) 채진원(蔡鎭源), 「민주노동당의 변화와 정당모델의 적실성」, 경희대학교 대학원 정치외교학과 정치학박사학위청구논문, 2009년 2월.

※ 채진원(1971~현재)은 단국대학교 인문과학대학 역사학과를 졸업하고 경희대학교

대학원 정치외교학과에서 석사→박사학위를 받았다. 현재 경희대학교 후마니타스칼리지 객원교수다. 최근의 저서로『제왕적 대통령제와 정당: 20년간의 정당모델 · 공천 · 선거법 논쟁과 성찰』(푸른길, 2022)이 있다.

(20) 문우진(文宇振),「정치의식과 불평등 투표: 17대 및 18대 국회의원 선거 분석」,『국가전략』 제17집 제3호(2011년 8월), 73~93쪽.

(21) 정준표(鄭俊杓),「한국 국회의원선거를 통해 본 선거제도와 지역주의의 효과」,『한국정치연구』제23집 제2호(2014년 6월), 129~160쪽.

(22) 한상익(韓相益),「선거구 경쟁도와 전략적 분할투표: 17대와 18대 국회의원 총선거를 사례로」,『한국정치연구』제23집 제2호(2014년 6월), 161~184쪽.

(23) 전진영(田眞英),「국회의원의 대표유형에 따른 정책적 관심과 영향력의 차이분석: 제18대 국회 의원발의안을 중심으로」,『한국정치연구』제23집 제2호(2014년 6월), 211~234쪽.

(24) 박윤희,「17~18대 국회 상임위원회 의원발의 법안의 가결 요인 비교분석: 위원회 이론을 중심으로」,『한국정치연구』제23집 제2호(2014년 6월), 235~262쪽.

(25) Ki-hong Eom and Young-hwan Park, "Models of Political Representation in South Korea: Empirical Analyses for the 17th and 18th National Assemblies," *Korea Observer*, Vol. 47, No. 3(Autumn 2016), pp.597~620.

(26) 정경윤(鄭暻允),「진보적 소수정당의 가능성과 한계: 민주노동당의 입법 활동을 중심으로」, 성공회대학교 대학원 사회학과 사회학박사학위청구논문, 2017년 2월; ______,『다시, 진보정당: '거대한 소수' 민주노동당 사례로 본 진보의 길』(오월의봄, 2018).

필자는 17~18대 국회에서 민주노동당 국회의원 정책보좌관으로 활동했으며, 이 책의 출판 때 전국서비스산업노동조합연맹 정책기획국장이었다.

(27) 박성호(朴成浩),「혼합형 선거제도의 정치적 효과」, 연세대학교 대학원 정치외교학과 박사학위청구논문, 2021년 2월.

※ 박성호(1986~현재)는 연세대학교 사회과학대학 정치외교학과를 졸업하고 연세대학교 대학원 정치외교학과에서 석사→박사학위를 받았다. 현재 연세대학교 정경대학원 정치학과 객원교수다.

선거구 획정의 문제: 특히 제16대 및 제17대 국회총선과 관련하여

강휘원(姜輝遠), 「투표의 등가성을 위한 선거구획정의 정치와 기법」, 『한국정치학회보』 제35권 제2호(2001년 8월), 89~112쪽; ______, 「영국과 한국의 선거구획정위원회: 정치적 환경, 운영, 개혁방향」, 『한국정치학회보』 제36권 제4호(2002년 12월), 343~363쪽; ______, 「선거구획정 기준과 게리맨더링: 평택시 국회의원 선거구 사례연구」, 『대한정치학회보』(대한정치학회) 제12권 제1호(2004년 6월), 321~342쪽; ______, 「제16대 총선의 선거구 인구수 편차요인 분석」, 『대한정치학회보』(대한정치학회) 제12권 제3호(2005년 2월), 305~331쪽; ______, 「제17대 국회의원 선거구의 조밀성 측정과 GIS」, 『한국정치학회보』제40집 제2호(2006년 여름), 99~123쪽; Hwi-won Kang, "Measuring the Malapportioned Effects of Redistricting in Korea," *Korean Political Science Review*, Vol. 45, No. 6(December 2011), pp.27~44.

※ 강휘원(1955~현재)은 한양대학교 법정대학 행정학과를 졸업하고 한양대학교 대학원 행정학과에서 석사학위를 받았으며 조지아대학교 대학원 행정학과에서 석사학위를 받은 데 이어 조지아주립대학교 대학원 정치학과에서 박사학위를 받았다. 박사학위청구논문 서지사항은 다음과 같다. Hwi-Won Kang, "Court Involvement in the 1980s Congressional Redistricting: Its Determinants and Impact on Partisan Competition," unpub. Ph.D. diss., Georgia State University, 1994. 현재 평택대학교 사회과학대학 행정학과 교수다.

노무현 대통령의 대연정 제안

노무현 대통령은 2005년 6월에 한나라당을 상대로 '대연정' 안을 제의했다. 현행 국회 소선거구제를 중대선거구제로 바꾸는 개헌을 통해 국회를 구성한 뒤 자신의 열린우리당과 한나라당이 '대연정'을 실시하자는 제의였다. 한나라당은 이 제안을 거부했다.

(1) 박종주, 「[이슈기획 | 연정 이후 노심, X-파일 이후 국정원 어디로 가나?] 정치학자 238명 와이드 서베이」, 『월간중앙』(2005년 10월), 66~78쪽.

(2) 김은선, 「[이슈기획 | 연정 이후 노심 어디로 가나?] 연정은 '연정 로 드맵' 첫 단추」, 『월간중앙』(2005년 10월), 79~87쪽.

(3) 김당(金鐺), 「[이슈기획 | X-파일 이후 국정원 어디로 가나?] 아마추어 지휘부 자충수(自充手) 궁지」, 『월간중앙』(2005년 10월), 88~97쪽.

제6항 제4회 전국동시지방선거

제17대 국회총선으로부터 약 2년 뒤인 2006년 5월 31일에 제4회 전국동시지방선거가 실시됐다.

개관

(1) 이준한(李俊漢) 편, 『제4회 지방선거 현장리포트』(푸른길, 2007).

제1부 제도 변화와 선거 현장

고선규(高選圭), 「중선거구제 도입과 선거운동의 변화: 경기도」, 13~46쪽.

정준표(鄭俊杓), 「중선거구제와 정당공천제의 효과: 경상북도 경산시 」, 47~81쪽.

김용복(金容福), 「중선거구제, 정당공천제 그리고 지역주의: 경상남도 마산시, 창원시, 김해시」, 82~108쪽.

황아란(黃雅蘭), 「선거제도 변화와 여성참여: 부산광역시」, 109~137쪽.

양길현(梁佶炫), 「후보 공천 과정과 도지사 선거: 제주특별자치도」, 138~184쪽.

김용철(金容徹), 「선거제도의 변화와 지방의원의 충원: 광주광역시 · 전라남도」, 185~216쪽.

제2부 지역주의와 선거 과정

강경태(姜景太), 「지역색을 넘어: 부산광역시」, 219~243쪽.

하세헌(河世憲), 「지역주의에 대한 도전: 대구광역시」, 244~266쪽.

엄태석(嚴泰錫), 「2006년 지방선거 결과 분석: 충청북도」, 267~292쪽.

유재일(劉載一), 「지방선거의 구조와 동학(動學): 대전광역시」, 293~322쪽.

정연정(鄭演禎), 「신지역주의 정당의 한계와 문제점: 충청도」, 323~348쪽.

제3부 이슈, 정당, 매니페스토와 선거 과정

윤종빈(尹鍾彬), 「이미지, 심판론, 매니페스토: 서울특별시」, 351~376쪽.

박명호(朴明浩), 「인물론 대(對) 정당론: 경기도」, 377~396쪽.

유종선(柳鐘善), 「노동자 정치세력화 운동의 미래: 울산광역시」, 397~422쪽.

김재한(金哉翰), 「혁신도시 이슈: 강원도」, 423~445쪽.

이현출(李鉉出), 「16장 매니페스토 도입과 정책선거: 경기도」, 446~478쪽.

제4부 종합 정리

이준한(李俊漢), 「5 · 31 지방선거: 변화와 지속성」, 481~508쪽.

(2) 김석우(金錫宇) · 임성학(林成學) · 전용주(全勇株), 「한국정치사에서의 5 · 31지방선거의 의미: 정치적 충원을 중심으로」, 『한국정치외교사논총』제29집 제2호(2008년 2월), 349~373쪽.

(3) 지병근(池昞根), 「선거구제도와 군소정당 지지자들의 투표행태: 2010년 기초의회 선거 사례 분석」, 『한국정치연구』제23집 제2호(2014년 6월), 185~210쪽.

(4) 정준표(鄭俊杓) · 김진하(金鎭河) · 김정도(金呈道), 「지방선거와 일반화된 뒤베르제의 법칙」, 『국제정치연구』제17집 제1호(2014년 6월), 1~26쪽.

(5) 서재권(徐載權), 「지방정부 사회복지비 지출의 정치 · 제도적 결정요인: 부산 · 울산 · 경남지역 지방의원 정당 공천제 도입 효과를 중심으로」, 『의정연구』제21집 제2호(2015), 234~273쪽; 서재권(徐載權) · 김태완(金泰完), 「지역경제성장의 정치적 결정요인: 광역자치단체 간 교차분석(1995~2014)」, 『한국정치학회보』제50집 제4호(2016년 가을), 171~198쪽.

※ 서재권(1967~현재)은 연세대학교 사회과학대학 정치외교학과를 졸업하고 연세대학교 대학원 정치외교학과에서 석사학위를 받은 데 이어 캘리포니아대학교 로스앤젤레스 캠퍼스 대학원 정치학과에서 석사→박사학위를 받았다. 박사학위청구논문 서지사항은 다음과 같다. Jaekwon Suh, "Political Barriers to Market Convergence: Electoral Systems, Political Coalitions and Corporate Governance," unpub. Ph.D. diss., University of California, Los Angeles, 2008. 현재 부산대학교 사회과학대학 정치외교학과 교수다.

(6) Woo Chang Kang, "The Effect of Incumbency in National and Local Elections: Evidence from South Korea," *Electoral Studies,* Vol. 56(December 2018), pp.47~60; ______, 「여성의 기술적 대표성과 여성 정치참여: 제2~7회 지방선거 여성 투표율 분석」, 『한국정당학회보』제21집 제1호(2022년 3월), 5~41쪽; ______, 「후보자의 미소와 득표율의 관계: 제1~7회 지방선거 시군구 단체장 후보자들을 중심으로」, 『한국정치학회보』 제56집 제4호(2022년 9월), 59~82쪽.

(7) 서재권(徐載權), 「선거경쟁력이 재선에 미치는 영향: 광역의원 조례발의 성과의 매개효과 분석을 중심으로(2006~2018)」, 『한국정치학회보』제56집 제5호(2022년 12월), 141~172쪽.

필자는 제5회부터 제7회 광역시도의원선거 공천 및 당선 자료와 민선 4기부터 6기까지 의원입법활동자료를 토대로 매개효과분석을 시도했다.

매니페스토운동의 시작

제4회 전국동시지방선거를 앞두고 강지원(姜智遠) 변호사는 매니페스토운동을 시작했다. 이것은 선거에 나서는 후보자가 자신이 당선되면 어떠어떠한 정책과 프로그램을 실천할 것을 약속하는 행위를 말한다.

(1) 카나이 타츠키(金井辰樹), 『매니페스토』(도쿄: 고분샤[光文社], 2003)/이홍천(李洪千) · 김재용(金在容) 옮김, 『매니페스토의 탄생: 정치권력의 제3의 물결』(다산초당, 2003).

※ 카나이 타츠키(1963~현재)는 게이오대학 사학과를 졸업하고 『도쿄심분(東京新聞)』 정치부 기자로 여러 선거를 취재하면서 매니페스토운동에 착안했다.

※ 이홍천(1968~현재)은 게이오대학 대학원에서 「웹과 데이터베이스를 이용한 내용분석의 새로운 가능성에 관한 연구」(일본어)(2008년 9월)로 박사학위를 받았다. 현재 동국대학교 교수다.

※ 김재용(1969~현재)은 한양대학교 법정대학 정치외교학과를 졸업하고 게이오대학 대학원에서 석사학위를 받은 데 이어 한신대학교 대학원에서 「경제특구 성공요인 이론의 유효성 검증과 재구성: 인천경제자유구역과 중앙아시아 경제특구를 사례로」(2017년 2월)로 박사학위를 받았다. 현재 성공회대학교 민주주의연구소 연구교수다.

(2) 한국매니페스토실천본부 편, 『매니페스토 우수사례 경진대회 자료집』(한국매니페스토실천본부, 2007); ______, 『약속과 소통 通』(코리아매니페스토, 2009).

(3) 강지원(姜智遠), 『강지원 생각, 큰바위얼굴 어디 없나』(큰얼기획, 2008)______, 『강지원의 성찰:왜 사랑과 정의인가; '돈키호테형 사회운동가'의 '따뜻한 선(善)' 찾아가기』(명진씨앤피, 2022).

저자(1949년~현재)는 서울대학교 문리대 정치학과를 졸업하고 행정고시와 사법시험에 합격해, 사법연수원을 거쳐 검사로 출범했다. 국무총리 청소년보호위원회 위원장으로 활동했으며, 제18대 대통령선거에 입후보했다. 현재 재단법인 푸르메재단 이사장이다.

(4) 김영래(金永來) · 정형욱(丁炯旭) 편, 『매니페스토의 정책선거』(논형, 2008년 1월).

1부 한국의 사례

김영래(金永來), 「매니페스토와 정치선진화의 과제」, 15~44쪽.

김욱(金旭), 「매니페스토운동의 평가와 과제: 5 · 31 지방선거를 중심으로」, 45~65쪽.

이현출(李鉉出) 「대통령선거와 매니페스토운동 영향력 제고 방안」, 66~94

2부 외국의 사례

하동현(河東賢), 「일본의 매니페스토 등장: 문맥과 의미」, 95~118쪽.

마쓰자와 시게후미(松沢成文), 「일본의 매니페스토 개혁: 가나가와현의 실천」, 119~139쪽.

기타가와 마사야스(北川正恭), 「일본의 선거와 매니페스토의 영향: 부탁에서 약속으로」, 140~145쪽.

소네 야스노리(曾根泰教), 「매니페스토의 제도적 조건과 일본정치의 변화」, 146~164쪽.

고선규(高選圭), 「일본 매니페스토 선거의 쟁점과 도입 효과」, 165~193쪽.

신유섭(申有燮), 「미국 대통령선거에서의 유권자와 책임 있는 유권자론」 194~214쪽

신두철(申斗澈), 「독일의 선거와 정책공약: 발-오-마트를 중심으로」, 215~248쪽.

정형욱(丁炯旭), 「영국의 총선거와 매니페스토의 영향」, 249~267쪽.

스즈키 나오토(鈴木直人), 「일본과 영국의 매니페스토 비교: 내용과 위치 부여」, 268~285쪽.

(5) 안청시(安淸市) 편저, 『한국 지방선거에는 지방이 안 보인다: 2006년 제4회 전국동시지방선거 연구』(경기도 파주시: 집문당, 2008년 2월).

(6) 윤승모(尹承模), 『작은 개혁이 성공한다, 매니페스토 정치혁명의 길』(나남, 2008년 2월).

(7) 염홍철(廉弘喆), 『대전시민을 위한 염홍철의 약속』(애드포인트, 2010).

(8) 정창교(鄭彰教) · 김대호(金大鎬: 사회디자인연구소), 『새우가 고래를 이기는 매니페스토: '영혼이 있는 선거전략'』(경향애드컴, 2010).

(9) 조진만(趙眞晩), 「2010 시민매니페스토운동의 성과와 한계에 대한 탐색적 고찰」, 『한국정치학회보』제44집 제2호(2010년 여름), 113~134쪽.

(10) 이상인(李相寅), 「지방선거와 매니페스토: 제4대, 제5대 지방선거 비교를 중심으로」, 경남대학교 대학원 정치외교학과 정치학박사학위청구논문, 2012년 8월.

(11) 김재용(金在容) · 염동호(廉東浩) · 이홍천(李洪千), 『20대 총선 매니페스토 백

서』(코리아컨센서스연구원, 2016).

(12) 김재용(金在容), 『권력의 탄생과 성공의 법칙: 매니페스토에 길을 묻다』(메디치미디어, 2019).

제7항 제17대 대통령선거

2007년 12월 19일에 제17대 대통령선거가 실시됐다. 「한나라당」은 당내 경선에서 박근혜(朴槿惠) 의원을 물리친 이명박(李明博) 서울특별시장을, 「열린우리당」의 후신 「통합민주신당」은 정동영(鄭東泳) 의원을, 「민주노동당」은 권영길(權永吉) 의원을 각각 후보로 내세웠다. 1997년 15대 대선과 2002년 16대 대선에서 각각 차점을 기록했던 이회창(李會昌)은 무소속으로 입후보했다. 결과는 이명박 후보의 압승이었고, 이로써 보수·우익세력은 10년 만에 재집권에 성공했다. 중앙선거관리위원회는 이 대통령선거부터 본격적인 개표관리시스템을 추가했다.

(1) 박주현(朴炷玄), 「제17대 대통령 선거에서 나타난 인터넷 매체의 의제설정, 의제파급 및 게이트키핑에 관한 연구」, 전북대학교 대학원 신문방송학과 언론학박사학위청구논문, 2008년 2월.

※ 박주현(1962~현재)은 전북대학교 대학원 신문방송학과에서 석사학위를 받은 데이어 전북대학교 대학원 신문방송학과에서 박사학위를 받았다. 『이것이 미디어 정치다: 미디얼리티와 정치 프레임 완전 분석』(경기도 파주시: 한국학술정보, 2013), 『인터넷 저널리즘에서 의제의 문제』(커뮤니케이션북스, 2014), 『선거 보도의 열 가지 편향』(커뮤니케이션북스, 2015), 『기자 없는 저널리즘』(커뮤니케이션북스, 2017) 등을 저술했다. 현재 전북대학교 겸임교수다.

(2) 이동윤(李東潤), 「정당의 후보선출제도와 정당정치의 문제점: 제17대 대통령선거를 중심으로」, 『한국정당학회보』 제7권 제1호(2008년 2월), 5~38쪽.

(3) 윤종빈(尹鐘彬), 「17대 대선과 후보자 요인」, 『현대정치연구』 제1권 제1호(2008년 4월), 59~83쪽.

(4) 정진민(鄭鎭民), 「17대 대통령 선거와 정당 관련 제도」, 『의정연구』 제14권 제1호(2008년 6월), 59~82쪽;

(5) 김주환(金周煥), 김민규(연세대 연구원), 진영재(陳英宰), 「미디어 이용이 후보자 평가에 미치는 영향에 대한 종단연구: 잠재성장모형을 통한 17대선 패널 데이터 분석을 중심으로」, 『한국언론정보학보』, 제44호(2008년 11월), 76~107쪽.

(6) 최준영(崔峻榮), 「제17대 대통령선거와 지역균열」, 『21세기정치학회보』 제18권, 제3호(2008년 12월), 47~66쪽.

(7) 서현진(徐賢進), 「17대 대통령선거의 투표참여와 세대에 관한 연구」, 『의정연구』 제14권 제2호(2008년 12월), 117~142쪽.

(8) Woo-Jin Kang, "A Comprehensive Analysis of the Electoral Choices in New Democracies: The Case of Korea," unpub. Ph.D. diss., Florida State University, 2009.

※ 강우진(姜宇振, 1970~현재)은 고려대학교 정경대학 정치외교학과를 졸업하고 고려대학교 대학원 정치외교학과에서 석사학위를 받은 데 이어 미국 플로리다주립대학교 대학원 정치학과에서 석사→박사학위를 받았다. 현재 경북대학교 사회과학대학 정치외교학과 교수다. 한국 민주주의에 관한 권위있는 여러 저서를 출판했다. 거기에는 『박정희 노스탤지어와 한국민주주의』(고려대학교 아세아문제연구소 출판부, 2019: 2020년 한국정당학회 학술상), 『한국민주주의 역설: 제도 신뢰 결손』(경북대학교출판부, 2021: 2022년 세종도서 학술부문 우수도서), 『거대한 뿌리: 박정희 노스탤지어』(역락, 2022) 등이 포함됐다.

(9) 류석진(柳錫津) · 김용복(金容福), 「전자투표 논의의 쟁점과 현실: 한국과 일본의 비교」, 『한국정치연구』제18집 제2호(2009년 6월), 127~158쪽.

중앙선거관리위원회는 1994년 처음으로 선거관리 정보시스템을 구축한 이후 선거정보화의 지속적 보완 · 발전을 거듭한 끝에, 2002년 제17대 대통령선거부터 본격적인 개표관리시스템을 추가하여 방송사 등 언론사에 개표자료를 실시간으로 제공했다. 이 계제에 공저자들은 한국에서 전자투표가 실시된 과정을 일본의 경우와 비교해 분석했다.

(10) 임성학(林成學), 「17대 대선을 통해 본 정치자금제도의 문제점과 개선방안」, 『한국정치외교사논총』 제31집 제2호(2010년 2월), 325~351쪽.

(11) Ja Hyouk Koo, "A Facilitator of Civic Engagement in Online Group Contexts: The Role of Group Dimensions of Efficacy in Online Political Communities in the Presidential Elections of the United States and South Korea(2007-2008)," unpub. Ph.D. diss., University of Virginia, 2011.

※ 구자혁(具滋革, 1970~현재)은 서울대학교 법과대학을 졸업하고 서울대학교 대학원 사회학과에서 석사학위를 받은 데 이어 버지니아대학교 대학원 사회학과에서 정치사회학을 전공해 박사학위를 받았다. 성공회대학교 연구교수와 외래교수를 역임했다.

(12) Woo Chang Kang, "Local Economic Voting and Residence-Based Regionalism in South Korea: Evidence from the 2007 Presidential Election," *Jounal of East Asian Studies*, Vol. 16, No. 3(January 2016), pp.349-369.

(13) 김도균(경기연구원) · 최종호(민주연구원), 「주택소유와 자산기반 투표: 17대~19대 대통령선거 분석」, 『한국정치학회보』제52집 제5호(2018년 겨울), 57~86쪽.

제3절 대북정책 및 대외정책

제1항 개관 및 특수주제

노무현 대통령은 '자주국방과 균형외교를 통한 평화번영정책'이라는 이름 아래, 그리고 같은 맥락에서 '동북아시아에서의 균형자'론을 제시하며, 대북정책을 포함한 대외정책을 추진했다. 이 과정에서, 그의 보좌진은 한미동맹을 중시하는 '동맹노선' 그리고 민족공조를 통한 남북관계의 본질적 개선을 중시하는 '자주노선'으로 나뉘었다. 노 대통령은 대체로 '자주노선'을 지지했다.

(1) B.C. Koh, "Inter-Korean Relations under Roh Moo-hyun: An Assessment of 'Peace and Prosperity' Policy," *Korea and World Affairs*, Vol. 27, No. 1(Spring 2003), pp.5-17.

(2) 대통령비서실, 『평화번영과 국가안보』(대통령비서실, 2004년 3월).

노무현정부의 외교안보 비전과 전략을 담았다.

(3) 김근식(金根植), 「노무현정부의 평화번영정책: 구상과 현실 그리고 과제」, 『통일문제연구』41(2004년 상반기), 5~25쪽.

(4) 한국국방연구원 편,『주간 국방논단』전4권(한국국방연구원, 2004년 5월~2009년 3월).

국방부 산하 연구기관인 한국국방연구원이 정부의 국방정책 및 국방현안과 관련해 연구자들이 발표한 논문 또는 정책제안 등을 체계를 세워 네 권으로 출판했다.

(5) Yong-sup Han, *Peace and Arms Control on the Korean Peninsula*(Seoul: Kyungnam University Press, 2005).

이 책이 노무현정부의 대북정책 및 대외정책 하나만을 다루지는 않았다. 노무현정부를 포함한 역대 정권이 추구한 한반도에서의 평화와 군비통제를 심층적으로 분석했다.

(6) Hakjoon Kim, "South Korea's Relations with the United States and North Korea Since Roh Moo-hyun Was Elected the President of the Republic of Korea(December 2002~ May 2004), ______, *North and South Korea: Internal Politics and External Relations Since 1998*(Missussuaga, Ontario, Canada: Society for Korean and Related Studies, 2006) pp.281~333.

(7)『특집 참여정부의 외교안보정책: 평가와 과제』,『한국과 국제정치』제24권 제1호(2008년 봄).

김근식(金根植),「대북포용정책의 개념, 평가, 과제 포용의 진화 관점에서」, 1~34쪽
홍현익(洪鉉翼),「북핵문제와 6자회담 전개과정, 평가 및 과제」, 35~76쪽
김기정(金基正),「전환기의 한미동맹 이론과 현상」, 77~112쪽
백승주(白承周),「참여정부 국방정책 평가와 향후 과제」, 113~146쪽

※ 백승주(1961~현재)는 경북대학교 대학원 정치외교학과에서「등소평체제하 정치권력 변동에 관한 연구: 중국의 정치권력 변동양식을 중심으로」(1983년 8월)로 정치학박사학위를 받았다. 한국국방연구원 연구위원으로 출발해 제20대 국회의원을 거쳐 국방부 차관으로 봉직했으며, 현재 전쟁기념사업회 회장이다.

배기찬(裵紀燦),「동북아시대 구상의 현실과 과제」, 147~180쪽
박종철(朴鍾喆),「한반도평화체제 구축 현황과 과제」, 181~216쪽
이수형(李壽炯), 「중추적 중견국가론과 참여정부의 균형적 실용외교」, 217~249쪽

(8)『통일전략』제8권 제1호(2008년 4월).

「제1부 기획논문」에서 노무현정부의 대북정책에 관해 정경환(鄭京煥) · 조경근(曺暻根) · 박광득(朴光得) · 김창희(金昶熙) · 조찬래(趙燦來) 교수 등이 집필한 5편의 논문을

수록했다. 그 논문들 가운데 정경환, 「노무현정권 대북정책의 문제점과 개선방향」, 9~70쪽이 총론에 해당한다.

(9) Ki-Young Sung, "Security Crisis and Economic Interdependence: A Case Study of Inter-Korean Trade(2002-2006)," unpub. Ph.D. diss., University of Warwick. 2011.

통설에 따르면, 군사적 대결이 심해 불안정이 조성된 경우에는 쌍방 사이에 교역이 줄어든다. 필자는 2002~2006년의 한반도에서는 이 통설과는 달리 남북 경제교류가 여전히 활발했다고 논평했다.

※ 성기영(成耆英, 1968~현재)은 고려대학교 문과대학 사회학과를 졸업하고 영국 워릭대학교 대학원 정치학과에서 석사→박사학위를 받았다. 동아일보 출판국 출판위원을 거쳐 현재 국가안보전략연구원 연구위원이다.

(10) 신종대(辛鍾大), 「김대중 · 노무현 정부의 대북정책과 국내정치: 문제는 '밖'이 아니라 '안'이다」, 『한국과 국제정치』 제29권 제2호(2013년 6월), 1~35쪽.

※ 신종대(1962~현재)는 경남대학교 법정대학 정치외교학과를 졸업하고 경남대학교 대학원 정치외교학과에서 석사학위를 받은 데 이어 서강대학교 대학원 정치외교학과에서 「한국정치의 북한요인 연구: 1961-72년을 중심으로」(2003년 2월)로 박사학위를 받았다. 이 논문과 관련해, 필자는 다음의 논문을 발표했다. 신종대, 「북한요인과 국내정치: 1968년 북한요인의 영향을 중심으로」, 『한국과 국제정치』(경남대학교 극동문제연구소) 제20권 제3호(2004년 9월), 93~130쪽; ______, 「유신체제 수립원인에 관한 재조명; 북한요인의 영향과 동원을 중심으로」, 『사회과학연구』(서강대학교 사회과학연구소) 제13권 제1호(2005년 2월), 128~164쪽. 필자는 북한대학원대학교 부총장 겸 교학처장을 역임했으며, 현재 북한대학원대학교 교수다.

(11) 김만복(金萬福) · 백종천(白鍾天) · 이재정(李在禎), 『노무현의 한반도 평화구상: 10.4 남북정상선언』(통일, 2015).

균형자론

노무현 대통령은 2005년 2월 25일에 행한 국회연설에서 한국은 '동북아시아에서 균형자로서 적극적 역할'을 수행해야 한다고 말했다.

(1) 「특집: 신아세아 질서 속의 한국」, 『신아세아』제11권 제3호(2004년 가을).

이 특집이 노무현 대통령의 '균형자'론 그 자체를 다룬 것은 아니다. 그러나 노 대통령의 '균형자'론을 비롯해 노 대통령의 외교·통일정책 전반에 대한 철저한 분석을 통해 '균형자'론을 비판하고 한미동맹강화론을 전개했다는 점에서 반드시 읽을 필요가 있다.

이상우(李相禹), 「서문: 21세기 아시아 신질서와 한국」, 7~28쪽.

김태효(金泰孝), 「세계체제와 패권의 변동원리: 로마에서 미국까지」, 29~58쪽.

김성한(金聖翰), 「이라크전쟁 이후 미국의 세계구상」, 59~79쪽.

JaeWoo Choo, "Hu Jintao's Foreign Policy and Sino-U.S. Relations: From A Korean Perspective," pp.80~112.

한석희(韓碩熙), 「중국의 부상과 동아시아질서 변화: 중국 제4세대 지도부의 화평발전전략을 중심으로」, 113~134쪽.

김성철(金聖哲), 「일본의 대(對)북한정책」, 135~157쪽.

진창수(陳昌洙), 「9·11이후 북일관계」, 158~180쪽.

이동복(李東馥), 「북한의 대외정책」, 181~202쪽.

최용환(崔龍桓), 「북핵의 진실게임: 6자회담의 쟁점과 전망」, 203~226쪽.

Yongok Park, "The ROK's Foreign-Policy Issues: North Korea's Nuclear Ambitions and the Six-Party Talks," pp.227~246.

이상우(李相禹), 「21세기 한국의 선택: 이념이 안보환경을 결정한다」, 247~258쪽.

(2) 이남주(李南周)·배긍찬(裵肯燦)·박명림(朴明林)·임원혁(林源赫), 「좌담: 탈중심의 동북아와 한국의 '균형자' 역할」, 『창작과 비평』 제33권 제3호(2005년 가을), 16~50쪽.

(3) 김기정(金基正), 「21세기 한국외교의 좌표와 과제: 동북아 균형자론의 국제정치학적 의미를 중심으로 」, 『국가전략』 제11권 제4호(2005년 겨울), 149~174쪽.

(4) 장경룡(張慶龍), 「동북아 균형자론」, 『정치·정보연구』 제8권 제2호(2005년 12월), 62~84쪽.

(5) 박영준(朴榮濬), 「'동북아 균형자'론과 21세기 한국외교」, 『한국정치외교사논총』 제28권 제1호(2006년 1월), 1~32쪽.

(6) 신상진(申相振), 「21세기 중국의 대(對)동북아 외교안보전략: 한국의 '균형자 역할'론과 관련」, 『한일군사문화연구』4(2006년 4월), 139~162.

(7) 송백석(宋伯錫), 「동북아체제 구조 측면에서 본 한국의 '동북아중재자' 역할」, 『한국과 국제정치』 제22권 제2호(2006년 6월), 153~184.

(8) 황병덕(黃炳悳), 『동북아 정세 변화와 한국의 동북아 균형자 역할 연구』(통일연구원, 2006).

(9) 조경근(曺暻根), 「노무현정부의 '동북아 균형외교 정책'」, 『통일전략』 제8권 제1호(2008년 4월), 71~108쪽.

(10) 배종윤(裵鍾尹), 「동북아시아 지역질서의 변화와 한국의 전략적 선택」, 『국제정치논총』 제48권 제3호(2008년 9월), 93~118쪽.

한일관계

(1) Yul Sohn, "South Korea's Japan Policy under the New ROK Government," *Journal of East Asian Affairs,* Vol. 22 No. 1(Spring/Summer, 2008), pp.33~56.

(2) Cheol Hee Park, "Cooperation Coupled with Conflicts: Korea-Japan Relations in the Post-Cold War Era," *Asia-Pacific Review,* Vol. 15 No. 2(December, 2008), pp.13~35.

브릭스에 대한 관심

Wang Hwi Lee, Sang Yoon Ma and Kun Young Park, "Korean Foreign Policy and the Rise of the BRICS Countries," *Asian Perspective,* Vol. 31, No. 4,(January 2007), pp.205-224.

미국의 경제학자 제임스 오닐(James O'Neil)은 2001년에 브라질(Brazil)·러시아(Russia)·인도(India) ·중국(China) 등 네 나라(BRIC)가 2050년에 세계경제를 이끌어나갈 것이라는 관측을 제시했다. 이후 '브릭'이라는 용어가 쓰이기 시작했다. 이 네 나라는 2006년에 외무장관 회담을 열면서 공식관계를 출발시켰다. 이어 2009년에 정상회담을 러시아에서 열었다. 2010년에 남아프리카공화국(South Africa)이 참여해 '브릭스(BRICS)'라는 용어가 널리 쓰이기 시작했다. 위의 공저자들은 이 현상에 주목하고 한국외교가 어떻게 대응해야하는지 논의했다.

제2항 주한미군과 주한미군의 기지 이전(캠프 험프리스)

미군이 사용하는 용산기지를 이전해야 한다는 논의는 특히 노태우정부 출범 이후 활발해졌으며, 그 연장선 위에서 노무현 대통령 때인 2004년 8월에 용산기지이전협정(YRP)과 연합토지관리계획개정협정(LPP)이 대한민국과 미국 사이에 맺어졌고, 이에 따라 2006년 7월에 대한민국 국방부 산하에 주한미군기지이전사업단이 창설되었다. 용산기지를 경기도 평택시 팽성읍(彭城邑) 대추리(大秋里)와 도두리(棹頭里) 일대로 이전하는 것이 확정되면서 국내의 '반미운동' 단체들은 현지에서 반대시위를 벌였다. 그러나 이전은 2018년 6월 29일에 완료됐다.

개관

(1) 김일영(金一榮) · 조성렬(趙成烈) 공저, 『주한미군: 역사, 쟁점, 전망』(경기도 파주시: 한울, 2003).

노무현정부의 출범에 즈음해 한미관계를 주한미군을 중심으로 살폈다.

(1-A) 이상현(李相賢), 「종합서평: 한 · 미동맹관계와 주한미군; 재배치 전망과 과제; 김일영 · 조성렬 공저, 『주한미군』; Zalmay Khalilzad, ed., *The United States and Asia*」, 『전략연구』제10권 제2호(2003년 7월), 196~209쪽.

(2) 김현(金賢), 「미국과 우리 사회 한미동맹의 안보 딜레마: 노무현정부의 대미 갈등 사례의 분석」, 『사회이론』(한국사회이론학회) 31(2007년 5월), 37~72쪽.

※ 필자(1958~현재)는 경희대학교 정경대학 정치외교학과를 졸업하고 경희대학교 대학원 정치외교학과에서 석사학위를 받은 데 이어 뉴욕시립대학교 대학원 정치학과에서 박사학위를 받았다. 박사학위청구논문 서지사항은 다음과 같다. Hyun Kim, "Rationality, Bureaucratic Politics, and Cognitive Processes in Foreign Policy Decision-Making: An Analysis of United States Policy Decisions Towards Japan, 1948-1954," unpub. Ph.D. diss., City University of New York, 1996. 현재 경희대학교 정경대학 정치외교학과 교수다. 그는 한미관계와 남북관계를 비롯해 국제적 협정 및 레짐에 관한 여러 논문을 출판했다.

(3) 김희상(金熙相), 「노무현은 한미동맹을 이렇게 파탄냈다!: 1년간 말렸지만 노무현의 '자주'는 요지부동」, 『월간조선』(2008년 4월) 124~139쪽.

예비역육군중장으로 노무현 대통령의 국방보좌관으로 봉직한 필자의 회상이다.

(4) 최아진(崔雅進), 「한미동맹 정책의 굿 거버넌스: 주한미군기지 재배치 과정을 중심으로」, 『동서연구』(연세대학교 동서문제연구원) 제22권 제1호(2010년 6월), 115~143쪽.

※ 최아진(1966~현재)은 연세대학교 사회과학대학 정치외교학과를 졸업하고 연세대학교 대학원 정치외교학과에서 석사학위를 받은 데 이어 듀크대학교 대학원 정치학과에서 박사학위를 받았다. 박사학위청구논문 서지사항은 다음과 같다. Ajin Choi, "Cooperation for Victory: Democracy, International Partnerships and State War Performance, 1816~1992," unpub. Ph.D. diss., Duke University, 2001. 하버드대학교에서 박사후과정을 마쳤고, 한국정치학회 회장을 역임했으며, 현재 연세대학교 국제학대학원 교수다. 국제정치 그리고 한국의 외교·안보·통일정책에 관한 저술들에는 다음이 포함됐다. 최아진, 「핵비확산의 국제정치학과 정책대안」, 『국제문제연구』(국가안보전략연구소) 제12권 제1호(2012년 3월), 1~31쪽; Ajin Choi, "Going the American Way: The Surprising Case of Korean Pro-Americanism," *Pacific Review*, Vol. 25, No. 2(May 2012), pp.269~292; 「오바마 행정부의 핵비확산정책과 미국의회」, 『국제문제연구』(국가안보전략연구소), 제13권 제1호(2013년 3월), 1~33쪽; ______, 「신흥민주국가의 민주적 거버넌스 확립: 정치부패와 선거폭력의 개선방안 연구」, 『동서연구』(연세대학교 동서문제연구원),, 제27권 제3호(2015년 9월), 65~100쪽; Ajin Choi, "Why Do Territorial Disputes Escalate? A Domestic Political Explanation for the Senkaku/Diaoyu Islands Dispute," *Pacific Focus*, Vol. 31, No. 2(August, 2016), pp.254~282; 최아진, 「민주적 거버넌스의 확산 방법과 과정: 미국, 유럽연합, 일본의 공적 개발원조 사례를 중심으로」, 『동서연구』제29권 제1호(2017년 3월), 79~110쪽; ______, "Nationalism, Public Opinion, and Dispute Resolution: The Dokdo/Takeshima Dispute," *Journal of Asian Pacific Communication*, Vol. 27, No. 2(December 2017), pp.232~245; ______, 「비준의 정치학: 국가 간 합의 비준을 둘러싼 대통령과 국회의 선택」, 『국제정치논총』제59권 제2호(2019년 6월), 205~240쪽; ______, "Democracy and Territorial Change," *Korean Journal of International Studies,* Vol. 20, No. 1(April 2020), pp.1~19.

전시작전권 이전 문제 및 미군기지 이전

(1) Du-hyeon Cha, "Rok-U.S. Command Relations Adjustment: Issues and Prospects," *Korea and World Affairs*, Vol. 30, No. 4(Winter 2006), pp.483~495.

(2) 김영호(金泳昊), 「안보패러다임의 변화와 한미동맹 재조정」, 『세계정치』(서울대 국제문제연구소) 5(2006년 8월), 185~213쪽; ______, 「전작권 전환의 의미와 한국 안보정책 방향」, 『신아세아』, 제14권 제4호(2007년 12월), 22~42쪽.

그는 한국의 외교 · 안보 · 통일정책과 관련해 여러 논문을 발표했는데, 거기에는 다음이 포함됐다. Young Ho Kim, "The Emergence of the 'Post-Post-Cold War' Order and National Security Strategy of South Korea," *Korean Journal of Security Affairs*, Vol. 8, No. 1(June 2003), pp.109~133; ______, "The USFK Realignment and the Future of the ROK-US Alliance," *Korean Journal of Security Affairs*, Vol. 9, No. 2(December 2004), pp.33~48; ______, 「비전통적 안보위협과 군의 역할」, 『평화연구』, 제17권 제2호(2009년 10월), 157~187쪽; ______, 「스마트 파워 전략과 한국군의 국제평화활동」, 『국제정치연구』, 제12권 제2호(2009년 12월), 47~67쪽; ______, 「오바마 행정부의 핵군축 정책과 한국 안보」, 『국방연구』, 제53권 제1호(2010년 4월), 47~69쪽.

(3) Hee-jin Han and Yoo-il Bae, "Reality Revealed: US Military Bases, Environmental Impact, and Civil Society in South Korea," In Edwin A. Martini, ed., *Proving Grounds: Military Bases, Weapon Testing, and the Environmental Impact of American Empire*(Seattle, W.A.: University of Washington Press, 2015), pp.211~238.

(4) Mi-joo Shin and Hee-jin Han, "United We Stand, Divided We Fall: The Anti-US Base Movements in Okinawa and Pyeongtaek," *Korean Political Science Review*, Vol. 49, No. 3(Summer 2015), pp.5~42.

공동필자들은 '집단응집력(group cohesion)'의 개념을 사용해 대한민국의 평택시 미군기지 반대운동과 일본의 오키나와 미군기지 반대운동을 비교하여 기지반대운동 내부의 구성원의 응집력의 정도가 어떻게 두 차례에 있어 각기 다른 결과를 가져왔는지 설명했다.

※ Mi-joo Shin(신미주[辛美柱], 1991~현재)은 싱가포르국립대학교 정치학과를 졸업하고 런던경제정치대학교 대학원에서 석사학위를 받았다.

※ Hee-jin Han(한희진[韓姬珍], 1977~현재)은 강원대학교 사범대학 영어교육과를 졸

업하고 노던일리노이대학교 대학원 정치학과에서 석사→박사학위를 받았다. 박사학위 청구논문 서지사항은 다음과 같다. Hee-jin Han, "Between Development and Conservation: Politics of Coalitions Surrounding China's Hydropower Project," unpub. Ph.D. diss., Northern Illinois University, 2011. 싱가포르국립대학교 정치학과 교수(Lecturer)를 거쳐 현재 부경대학교 글로벌자율전공학부 교수다.

(5) 손효주(孫孝珠: 동아일보 기자), 「6·25 영웅 워커장군 동상 '굿바이 용산'」, 『동아일보』(2017년 4월 26일), A35쪽.

2017년 4월 25일에 주한미8군사령부는 6·25전쟁 당시 미8군사령관을 지낸 월턴 워커 장군 동상 이전 기념식을 열었다. 이 기념식을 시작으로 주한미8군사령부는 경기도 평택시에 위치한 미군기지 '캠프 험프리스(Camp Humphreys)'로 이전한다. '캠프 험프리스'는 1961년에 작전 도중에 사망한 미육군 기술장교 벤저민 험프리스를 기념해 명명한 것이다.

제3항 반미운동

한국에 반미운동의 흐름은 늘 있었지만 2002년 6월 13일에 일어난 「신효순 · 심미선 양 사건」 또는 「양주국도사건」은 반미운동을 크게 일으키고 전국적으로 확산시키는 중요한 계기가 됐다. 14세 동갑내기였던 여중생 신효순 양과 심미선 양은 그날 경기도 양주군 광적면 지방도로에서 미군 장갑차에 깔려 죽은 것이다. 이 사건이 보도되면서 두 여학생을 추모하는 촛불시위가 2002년 11월 3일에 광화문에서 시작되고 점차 반미운동의 모습을 띠면서 전국으로 확산됐다.

(1) Hakjoon Kim, "The U.S.-Korea Alliance: Past, Present and Future," *International Journal of Korean Studies*, Vol. 7, No. 1(Spring-Summer 2003), pp.1~38.

(2) 김태현(金泰炫), 「2002년형 반미: 그 정치심리학적 근원과 정치외교적 의의」, 『한국과 국제정치』(경남대학교 극동문제연구소) 제20권 제1호(2004년 봄), 29~61쪽.

(3) 심양섭(沈良燮), 『한국의 반미, 대안은 있는가』(삼성경제연구소, 2005); ______, 『미국은 남북화해를 방해했나?: 남북정상회담, 남북한관계, 그리고 미국』(오름, 2006); ______, 「민주화 이후 한국 반미주의의 정치적 · 이념적 성격 연구」, 성균관대학교 대학

원 정치외교학과 정치학박사학위청구논문, 2008년 8월; ______, 『한국의 반미: 원인 · 사례 · 대응』(경기도 파주시: 한울, 2008); ______, 「민주화 이후 한국 반미주의의 정치적 · 이념적 성격 연구」, 『통일정책연구』(통일연구원) 제19권 제1호(2010년 6월), 79~106쪽.

위의 세 번째 저술의 「제3장 신효순 · 심미선사망사건과 반미촛불시위」(155~224쪽)는 주제를 심층적으로 분석했다.

(4) David I. Steinberg, ed., *Korean Attitudes toward the United States: Changing Dynamics*(Armonk, N.Y.: M.E. Sharpe, 2005).

Robert L. Gallucci, "Foreword," vii~viii.

David I. Steinberg, "Introduction; Anti-American Sentiment in the Korean Context", ix~xxxiv.

Part I. Global, Regional, and Comparative Perspectives

G. John Ikenberry, "1. Anti-Americanism in the Age of American Unipolarity", pp.3~20.

Kent E. Calder, "2. Pacific Co-Prosperity? The San Francisco System and Its Implications in Comparative Perspective", pp.21~33.

Brad Glosserman, "3. Anti-Americanism in Japan", pp.34~45.

Yoichi Funabashi, 4. "A Japanese Perspective on Anti-Americanism", pp.46~55.

Meredith Woo-Cumings, "5. Unilateralism and Its Discontents: The Passing of the Cold War Alliance and Changing Public Opinion in the Republic of Korea", pp.56~79.

Ronald Meinardus, "6. Anti-Americanism in Korea and Germany: Comparative Perspectives," pp.80~90.

Part II. Structural and Strategic Phenomena

Bruce Cumings, "7. The Structural Basis of 'Anti-Americanism' in the Republic of Korea", pp.97~115.

Victor D. Cha, "8. Anti-Americanism and the United States Role in Inter-Korean Relations", pp.116~138.

Chung-in Moon, "9. Between *Banmi*(Anti-Americanism) and *Sungmi*(Worship of the U.S.): Dynamics of Changing U.S. Images in South Korea", pp.139~154

Part III. Alliance Perspectives

Chung Min Lee, "10. Revamping the Korean-American Alliance: New Political Forces, Paradigms, and Roles and Missions", pp.155~179.

Kim Sung-han, "11. Brothers vs. Friends: Inter-Korean Reconciliation and Emerging Anti-Americanism in South Korea", pp.180~195.

James V. Feinerman, "12. The U.S.-Korean Status of Forces Agreement as a Source of Continuing Korean Anti-American Attitudes", pp.196~219.

Hahm Chaibong, "13. Anti-Americanism, Korean Style", pp.220~231.

Ⅳ. Civil Society Perspectives

Katharine H.S. Moon, "14. Citizen Power in Korean-American Relations", 233~246.

Uichol Kim with Young-Shin Park, "15. Perception of American People, Society, and Influence: Psychological, Social, and Cultural Analysis of Anti-American Sentiments in South Korea", pp.247~265.

William Watts, "16. Changing Perceptions in U.S.-Korean Relations, and the Rise of Anti-Americanism", pp.266~279.

William M. Drennan, "17. The Tipping Point: Kwangju, May 1980", pp.280~306.

Brent(Won-ki) Choi, "18. Anti-Americanism or Anti-Baseism: U.S.-South Korean Relations Through Changing Generations", pp.307~315.

Dennis L. McNamara, "19. Industry and National Identity: Globalizing Korean Auto Manufacture", pp.316~327.

David I. Steinberg, "Conclusion: Anti-American Sentiment in Korea and Its Importance; A Guide for the Perplexed?", pp.329~340.

(4-A) Young-shik Bong, "Book Review: David I. Steinberg, ed., *Korean Attitudes toward the United States: Changing Dynamics,*" *Journal of Asian Studies*, Vol. 64, Issue.3(August 2005), pp.770~772.

(4-B) James I. Matray, "Book Review: David I. Steinberg, ed., *Korean Attitudes toward the United States: Changing Dynamics,*" *Pacific Affairs*, Vol. 78, No. 3(Fall 2005), pp.497~499.

(4-C) Adam Cathcart, "Book Review: David I. Steinberg, ed., *Korean Attitudes toward the United States: Changing Dynamics,*" *Acta Koreana*, Vol. 11, No. 1(January 2008), pp.150~154.

(5) 김경미(연세대 연구원), 「인터넷이 집합행동 참여에 미치는 영향: 2002 여중생

추모 촛불집회'를 중심으로」, 『한국사회학』(한국사회학회) 제40집 제1호(2006년 2월), 183~211쪽.

(6) 김대중(金大中), 『김대중 자서전』 전2권(삼인, 2011), 제2권, 470~472쪽.

「신효순 · 심미선양 사건」에 대해 회고했다. 부시 미국 대통령이 자신에게 전화를 걸고 유감의 뜻을 표시한 내용에 대해서도 설명했다.

제4항 이라크파병

미국 부시행정부는 이라크에 대량살상파괴무기(WMD)가 숨겨져 있는 의심이 든다면서 이것을 제거한다는 명분 아래 연방 상 · 하 양원의 동의를 받아 2003년 3월 20일에 이라크에 대한 무력침공을 개시했다. 여기에는 영국과 호주 등 미국의 우방국가들이 동참했다. 부시행정부는 노무현정부에 대해서도 파병을 강력히 요구했으며, 이에 따라 노무현정부는 국회의 동의를 받아 2003년 4월 중순에 파병했다. 그 부대의 이름을 「자이툰 부대」라고 불렀다. "자이툰"은 아랍어로 평화를 상징하는 "올리브"를 의미한다. 국내에서는, 심지어 노 대통령 지지자들 사이에서도, 파병에 반대하는 운동이 뒤따랐다.

(1) 강정구(姜禎求), 「이라크파병, 야만 미국과 노예 한국의 협주곡: '경제적 실리라는 허구성'」, 『오마이뉴스』(2003년 11월 13일); ______, 『미국을 알기나 하나요』(통일뉴스, 2006), 140~149쪽에 재수록; ______, 「이라크전쟁과 파병: 미국의 야만성과 한국의 자발적 노예주의」, 『경제와사회』(한국산업사회학회) 63(2004년 7월), 281~309쪽; ______, 『허물어진 냉전성역 드러난 진실: 고암(高巖)강정구정년퇴임기념문집 3』(선인, 2010), 373~404쪽에 재수록.

(2) 강인선(姜仁仙), 『사막의 전쟁터에도 장미꽃은 핀다』(조선일보사, 2003년 12월); ______, 『여기가 달이 아니라면: 이라크전쟁을 지나온 종군기자의 기록』(아웃사이트, 2021).

종군기자로 이 전쟁을 취재했던 책이다. 저자는 훗날 앞의 책을 개정 · 보완해 뒤의 책으로 펴냈다.

※ 강인선(1964~현재)은 서울대학교 사회과학대학 외교학과를 졸업하고 서울대학교

대학원 외교학과에서 석사학위를 받은 데 이어 하버드대학교 케네디스쿨에서 석사학위를 받았다. 조선일보 수습기자로 출발해, 논설위원→국제부장→워싱턴특파원 겸 지국장→편집부국장으로 봉직했으며, 그 과정에서 최은희여기자상과 최병우국제보도상을 받았다. 윤석열정부에서 대통령비서실 대변인에 이어 해외홍보비서관으로 활동하고 있다.

(3) 김관옥(金館沃), 「한국파병외교에 대한 양면게임 이론적 분석: 베트남파병과 이라크파병 사례비교」, 『대한정치학회보』제13집 제1호(2005년 6월), 357~385쪽.

※ 김관옥(1964~현재)은 인하대학교 사회과학대학 정치외교학과를 졸업하고 델라웨어대학교 대학원 정치학과에서 석사학위를 받은 데 이어 유타대학교 대학원 정치학과에서 박사학위를 받았다. 정치학박사학위청구논문 서지사항은 다음과 같다. Kwan-ok Kim, "Trade Talks: US-Japan Automobile Trade Negotiations from a Two-Level Analysis," unpub. Ph.D. diss., University of Utah, 1998. 현재 계명대학교 사회과학대학 정치외교학과 교수다.

(4) Kyu-dok Hong, "The Impact of NGOs on South Korea's Decision to Dispatch Troops to Iraq," *Journal of International and Area Studies*, Vol. 12, No. 2(December 2005), pp.31~46.

(5) 심양섭(沈良燮), 「제4장 이라크파병과 파병반대운동」, _____, 『한국의 반미: 원인 · 사례 · 대응』(경기도 파주시: 한울, 2008), 225~293쪽.

(6) 이근욱(李根旭), 『이라크전쟁: 부시의 침공에서 오바마의 철군까지』(경기도 파주시: 한울아카데미, 2011); _____, 「미국의 이라크전쟁 전략의 변화: 부시의 침공에서 오바마의 철군까지」, 『신아세아』제18권 제4호(2011년 겨울), 164~185쪽.

(7) 서보혁(徐輔赫), 「결정의 합리성: 노무현 정부의 이라크 파병정책 재검토」, 『국제정치논총』 제55권 제3호(2015년 9월), 235~270쪽.

이라크 파병을 포함한 한미관계의 여러 쟁점에 대한 미디어 보도

김용호(金用浩) · 김용순(연세대 대학원 정치외교학과 박사과정) · 한정택(연세대 대학원 정치외교학과 박사과정), 「한 · 미관계에 대한 미디어보도 분석: 조선일보, MBC, New York Times 보도에 대한 프레임 분석을 중심으로」, 『한국과 국제정치』제20권 제4호(2004년 가을), 67~106쪽.

제5항 FTA체결

노무현정부는 많은 논란 속에서도 FTA(Free Trade Agreement: 자유무역협정)를 체결했다. 특히 미국과는 2007년 4월 2일에 체결했으며 2012년 3월 15일에 발효했다. 이 주제에 관해서는 많은 저술이 출판됐다. 몇 가지 사례만 적시하기로 한다.

(1) 한미 FTA저지범국민운동본부, 「한미 FT국민보고서」,(그린비, 2006년 7월).

(2) 최병일(崔炳鎰), 「한미 FTA 역전 시나리오」,(랜덤하우스코리아, 2006년 10월) .

(3) 이근(李根), 「자유무역협정의 정치경제: 한미 FTA의 정치경제: 정부의 신뢰상실과 찬반의 이념화 과정」, 『세계정치』(서울대학교 국제문제연구소) 6(2006년 12월), 229~251쪽.

(4) 양기웅(梁基雄), 「자유무역협정의 정치경제: 협상이론 측면에서 본 한국의 FTA 협상분석」, 『세계정치』(서울대학교 국제문제연구소) 6(2006년 12월), 173~227쪽.

(5) 한국법제연구원 편집부, 「공정거래법 집행의 선진화: 한미 FTA체결에 즈음하여」(한국법제연구원, 2007).

(6) 정남구(鄭南求) 사회/이해영(李海榮) · 정인교(鄭仁敎) 토론, 「한미 FTA 하나의 협정, 엇갈린 진실」,(시대의 창, 2008년 1월).

(7) 문병철(국회도서관). 「FTA의 교역증진 효과에 관한 실증분석: 서비스교역을 중심으로」, 한양대학교 대학원 경제금융학과 경제학박사학위청구논문, 2008년 2월.

(8) 박인휘(朴仁輝) 편, 「한미 FTA와 한국의 외교전략」,(새사회전략정책연구원, 2008년 3월).

(9) Seung-Myung Lee, "Effects of Korea-US Free Trade Agreement on the Korean Financial Market and the Financial Hub Initiative," *Journal of East Asian Affairs*, Vol. 22, No. 1(Spring/Summer 2008), pp.57~77.

(10) 김형근(金亨根), 「한국-브릭스(BRICs) FTA 체결에 따른 항만물동량 영향분석 연구」(한국해양수산개발원, 2009).

(11) 윤성욱(尹成旭), 「한국의 자유무역협정(FTA) 협상파트너 선택의 정치경제학적 분석」, 『국제정치논총』(2009년 9월), 107~137쪽.

※ 윤성욱(1960~현재)은 한국외국어대학교 경제학과를 졸업하고 미주리대학교 콜럼비아 캠퍼스 대학원 경영학과에서 석사학위를 받은 데 이어 앨라배마대학교 대학원 경

영학과에서 박사학위를 받았다. 박사학위청구논문 서지사항은 다음과 같다. Sung-Wook Yoon, "Service Failure and Service Recovery: Impacts on New Customer Relationships," unpub. Ph.D. diss., University of Alabama, 1997. 현재 동아대학교 경영대학 교수다.

(12) 이주윤(李周胤), 「우리나라가 체결한 FTA 주요조문 비교 분석 및 평가」(한국법제연구원, 2012년 9월).

※ 이주윤(1974~현재)은 연세대학교 문과대학 노어노문학과를 졸업하고 연세대학교 대학원 법학과에서 석사학위를 받았으며 연세대학교 대학원 법학과에서 「유럽인권협약상 개인청원의 효율성 제고에 관한 연구」(2006년 8월)로 박사학위를 받았다. 이어 독일 자를란데스대학교(Universität des Saarlandes) 대학원 법학과에서 석사학위를 받았다. 현재 광운대학교 경영대학 국제통상학부 교수다.

(13) 이상모(한국법제연구원), 「중국이 체결한 FTA 주요조문 비교분석: 상품무역분야를 중심으로」(한국법제연구원, 2012년 12월).

(14) Jee Young Hahn and Byoung Kyu Lee, "Mainland Market in the Crosshairs: Korea-China FTA's Impact on the Korean Film Industry and 'Hanryu' Culture," *Korea Obsever*, Vol. 48, No. 1(Spring 2017), pp.1~24.

※ 한지영(韓志詠, 1971~현재)은 서울대학교 법과대학을 졸업하고 서울대학교 대학원 법학과에서 석사학위를 받았으며 뉴욕대학교 대학원 법학과에서 석사학위를 받고 뉴욕주 변호사자격을 얻었다. 이어 서울대학교 대학원 법학과에서 법학박사학위를 받았다. 현재 아주대학교 법학전문대학원 교수다.

※ 이병규(李炳奎, 1970~현재)는 서울대학교 법과대학을 졸업하고 뉴욕대학교 대학원 법학과에서 석사학위를 받았다. 사법시험에 합격해 변호사로도 활동하면서, 현재 명지대학교 법과대학 교수다.

유인태 교수의 연구

노무현정부의 FTA체결은 2000년대 이후 활발해진 국제적 특혜무역협정의 틀 속에서 이해되는 것이 바람직하다. 이 주제와 관련해, 유인태 교수는 여러 논문을 발표했는데 그것들 가운데 몇몇을 적시하면 다음과 같다.

(1) In Tae Yoo, "Power and International Economic Integration: Comparing

Institutions of Regional Economic Integration," unpub. Ph.D. diss., University of South Carolina, Columbia, 2015.

(2) ______ and Inkyoung Kim, "Free Trade Agreements for the Environment? Regional Economic Intergration and Environmental Cooperation in East Asia," *International Environmental Agreements-Politics Law and Economics*, 16(October 2016), pp.721~738.

(3) 유인태(庾仁泰), 「자유무역질서의 파편화인가 아니면 분화인가?: 복수국가 간 특혜무역협정을 통한 디지털 무역 레짐들의 경합」, 『한국국제정치학회』 제60권 제3호(2020년 9월), 49~84쪽.

※ 유인태(1978~현재) 연세대학교 사회과학대학 정치외교학과를 졸업하고 연세대학교 대학원 정치외교학과에서 석사학위를 받은 데 이어 사우스캐롤라이나대학교 콜럼비아 캠퍼스 대학원 정치학과에서 박사학위를 받았다. 현재 단국대학교 사회과학대학 정치외교학과 교수다.

FTA 비준동의를 비롯한 노무현 대통령 외교정책에 대한 정당의 태도

장훈(張勳), 「정당정치와 외교정책」, 『한국정치학회보』 제42집 제3호(2008년 가을), 267~285쪽.

노무현 대통령 때 있었던 한미FTA비준동의안, 이라크추가파병동의안, 남북총리회담합의서비준동의안 등 세 개의 사례 때 정부와 정당 사이의 관계를 분석했다.

제6항 동원호 피랍사건

동원수산 소속의 동원호가 2006년 4월 4일에 소말리아 인근 해역에서 무장단체에 납치됐다. 정부는 동원수산 측과 해적 사이의 협상을 지원해 피랍 117일만인 7월 30일에 석방을 성사시켰다.

(1) 김태준(金泰俊), 「초국가적 위협에 대한 한국의 대응방안: 소말리아 해적위협을 중심으로」, 『국방연구』(국방대학교 국가안전보장문제연구소) 제52권 제1호(2009년 4월), 51~74쪽.

(2) 조희용(曺喜庸), 『해적 협상 노트 2006: 동원호 피랍 사건 전모; 소말리아 해적과의 협상 117일, 무슨 일이 있었나』(조앤리, 2023).

第7항 북한 핵을 둘러싼 다자회담과 제2차 남북정상회담

4자회담과 6자회담

북핵문제를 해결하기 위해 4자회담(한국 · 북한 · 미국 · 중국) 그리고 6자회담(한국 · 북한 · 미국 · 중국 · 러시아 · 일본)이 여러 차례 열렸다. 이 주제에 관해서는 제13권 제3부 제3장 제1절 제3항과 연결해 읽어주기 바란다.

(1) *Strategy21*(한국해양전략연구소) Vol. 7, No. 2(Winter 2004).

북한은 2005년 2월에 자신이 핵보유국임을 선언했다. 이 논문집은 아래와 같은 특집을 마련했다.

「특집논문: 북한의 핵 보유 선언과 6자회담의 전망」

이춘근(李春根), 「북한 핵 보유 선언에 대한 미 · 일의 반응과 전략 전망」, 5~26쪽.

김태호(金泰虎), 「중 · 러의 반응과 향후 전망:한국의 중장기 전략을 중심으로」, 27~47쪽.

김태우(金泰宇), 「한국의 대응과 대북관계:처방과 전략」, 48~69쪽.

(2) Sang-Hyun Park, "Mediator Makes Difference: The Role of South Korea in Six Party Talks," *East Asian Review*, Vol. 17, No. 3(September 2005), pp.114~136.

※ 박상현(朴譎顯, 1966~현재)은 한국외국어대학교 서양어대학 스페인어과를 졸업하고 한국외국어대학교 지역연구대학원 중남미지역연구학과에서 석사학위를 받은 데 이어 테네시대학교 대학원 정치학과에서 박사학위를 받았다. 박사학위청구논문 서지사항은 다음과 같다. Sang-Hyun Park, "Cognitive Theory of War: Why Do Weak States Choose War against Stronger States?," unpub. Ph.D. diss., University of Tennessee, Knoxville, 2004. 현재 한국국방연구원 책임연구위원이다. 국제정치와 한국의 외교 · 안보 · 통일정책에 관한 그의 저술들에는 다음이 포함됐다. 박상현, 「국제 반테러 레짐의 현황과 전망」, 『국제문제연구』제8권 제3호(2008년 9월), 131~166쪽; ______, 「선호도

의 변화를 중심으로 살펴본 남북관계발전의 통사적 연구」, 『한국정치학회보』제43권 제4호(2009년 12월), 125~149쪽; ______, 「인지심리학과 협상론의 함의를 통한 영토분쟁의 해결가능성 연구」, 『국제정치논총』제52권 제1호(2012년 3월), 7~29쪽; ______, 「에너지안보의 국제정치: 국제협력과 한국의 전략」, 『정치·정보연구』제15권 제1호(2012년 7월), 329~348쪽; 「한미주둔군지위협정(SOFA) 환경관련협상 분석: 주요 행위자의 성향과 선호도를 중심으로」, 『정치·정보연구』제16권 제1호(2013년 6월), 59~83쪽; 「대북(對北) 환경협력 추진을 위한 남북한협력과 국제기구 활용」, 『국제지역연구』제18권 제5호(2015년 1월), 253~276쪽.

(3) Brendan M. Howe, "Strategic Implications of the 2004 U.S. North Korea Human Rights Act," *Asian Perspective*, Vol. 30, No. 1(Spring 2006), pp.191~219.

(4) Charles L. Pritchard, *Failed Diplomacy: The Tragic Story of How North Korea Got the Bomb*(Washington D.C.: Brookings Institntion Press, 2007); 김연철(金鍊鐵)·서보혁(徐輔赫) 옮김, 『실패한 외교: 부시·네오콘 그리고 북핵위기』(사계절, 2008).

저자는 클린턴정부에 이어 부시정부에서 대북문제를 다뤘다. 부시정부에서는 대북협상 대사와 특사로, 이어 KEDO 미국대표로 참여했다. 저자는 남북정상회담 그리고 4자회담과 6자회담 등을 통해 북한의 핵개발을 저지시키려는 노력이 결국 실패했다고 보았으며, 무엇보다 부시정부 8년의 대북정책을 '실패'로 단정했다.

(5) 심양섭(沈良燮), 「제5장 북한핵문제와 반미운동」, ______, 『한국의 반미: 원인·사례·대응』(경기도 파주시: 한울, 2008년 12월), 294~363쪽.

(6) *Asian Perspective*, Vol. 32, No. 4(December 2008).

Special issue on North Korea and Regional Security

Guest Editor: Mark J. Valencia

Mark J. Valencia, "Introduction to the Special Issue, North Korea and Regional Security," pp.5~8.

Gregory J. Moore, "America's Failed North Korea Nuclear Policy: A New Approach," pp.9~28.

The Six Party Talks: National Perspectives

Chu Shulong and Lin Xinzhu, "The Six Party Talks: A Chinese Perspective," pp.29~44.

Georgy Toloraya, "The Six Party Talks: A Russian Perspective," pp.45~70.

Chung-in Moon, "Diplomacy of Defiance and Facilitation: The Six Party Talks and the Roh Moo Hyun Government," pp.71~106.

Multilateral Regime Building

Peter Van Ness, "Designing a Mechanism for Multilateral Security Cooperation in Northeast Asia," pp.107~126.

Sung-han Kim, "Searching for a Northeast Asian Peace and Security Mechanism," pp.127~156.

Mark J. Valencia, "A Maritime Security Regime for Northeast Asia," pp.157~180.

Editorial

Melvin Gurtov, "China and the United States: Responsible Stakeholder or Emerging Threat?," pp.181~183.

(7) 박홍도(朴洪途), 「동북아 다자안보협력의 가능성 및 제약요인: 6자회담 사례를 중심으로」, 경남대학교 대학원 정치외교학과 박사학위청구논문, 2009년 2월.

(8) Il Su Kim and Jong Byeon Yun, "The Obama Administration's North Korea Policy and Prospects of Six-Party Talks,"『한국동북아논총』(한국동북아학회) 제57권 제4호(2010년 12월), 421~440쪽.

※ Jong Byeon Yun(윤종변[尹鐘弁], 1964~현재)은 충북대학교 대학원 정치외교학과에서 「중국의 영토분쟁에 대한 연구: 중화인민공화국 수립 이후의 사례를 중심으로」로 박사학위를 받았다. 현재 충북대학교 사회과학대학 정치외교학과 강사다.

6자회담에서의 2·13합의

베이징에서 열린 제5차 6자회담 3단계 회의는 2007년 2월 13일에 합의에 이르렀다. 북한이 60일 안에 핵 시설 폐쇄에 돌입할 경우 한국은 중유 5만 톤에 이르는 에너지를 우선 지원하고 북한이 추가로 모든 핵프로그램을 신고하고 불능화하는 조치를 취할 경우 나머지 5개국이 균등하게 중유 95만 톤에 이르는 에너지와 경제지원을 분담하기로 한다는 내용이었다.

김일수(金佚洙), 「2·13합의 이후의 북미관계 전망」, 『정치 · 정보연구』(한국정치정보학회) 제10권 제1호(2007년 6월), 149~165쪽; ______ · 정태일(鄭泰日), 「2·13합의와 북핵문제해결에 대한 전망」, 『국제정치연구』(동아시아국제정치학회) 제10권 제2호(2007

년 12월), 205~223쪽.

2차 남북정상회담

제2차 남북정상회담은 노무현 대통령과 김정일 국방위원장 사이에 2007년 10월 2~4일에 평양에서 열렸고, 10월 4일에 공동성명을 발표했다.

(1) 이동복(李東馥), 「'노무현 · 김정일 공조'와 한미동맹의 파탄: 젊은 표심을 농락할 '요술방망이'는 김정일 '김정일퍼주기기'가 현정권의 재집권 전략」, 『월간조선』(2006년 2월), 128~133쪽; ______, 「노무현 · 김정일 평양합의에 숨겨진 독소조항과 함정들: 10·4 평양선언은 한반도판 뮌헨합의다!」, 『월간조선』(2007년 11월), 62~75쪽.

(2) 박관용(朴寬用), 「넷째 이야기 통일의 노래를 멈춰라」, ______, 『통일은 산사태처럼 온다』(경덕출판사, 2006), 164~210쪽.

저자는 김대중정부에 이어 노무현정부가 '남북통일'을 마치 국정의 제1과제인 것처럼 강조하면서 대북정책을 추진하는 데 대해 신중할 것을 권고했다.

(3) 현무암(玄武岩), 『통일코리아: 동아시아의 신질서를 전망한다』(일본어)(도쿄: 고분샤[光文社], 2007년 9월).

※ 저자(1969~현재)는 도쿄대학 대학원 인문사회계 연구과 박사과정을 수료했다. 홋카이도대학 대학원 미디어 커뮤니케이션연구원 교수다. 노무현 대통령과 김정일 국방위원장 사이에 2007년 10월 2~4일에 평양에서 열릴 남북정상회담을 내다보면서 쓴 책이다.

(4) 조갑제(趙甲濟), 「북한 통일전선부 문서 입수: 노무현과 김정일이 합의한 '우리민족끼리'의 정체」, 『월간조선』(2007년 11월), 76~81쪽; ______, 「김정일 앞에서 노무현은 이렇게 말했다!: 읽은 이들 경악; '너무 창피하고 화가 나서 다 읽을 수가 없었다'」, 『월간조선』(2012년 12월), 62~73쪽; ______, 「노무현-김정일 대화록 밑줄 치며 읽기: "자꾸 너희들 뭐하냐, 이렇게만 보지 마시구요"」, 『월간조선』(2013년 8월), 109~123쪽.

(5) 「제1부 기획논문: 제2차 남북정상회담과 한반도 평화체제」, 『통일전략』 제7권 제3호(2007년 12월).

정천구(鄭千九), 「제2차 남북정상회담과 한반도 평화체제」, 7~48쪽.
김강녕(金江寧), 「제2차 남북정상회담과 남북한관계」, 49~96쪽.

전동진(全東震), 「제2차 남북정상회담의 평가와 전망」, 97~132쪽.
김주삼(金炷森), 「제2차 남북정상회담과 동북아질서」, 133~178쪽.
김인혁(金仁赫), 「제1 · 2차 남북정상회담의 비교분석」, 179~220쪽.
윤황(尹煌) · 김수민(선문대학교), 「제2차 남북정상회담의 성과와 과제」, 293~348쪽.

(5-A) 한국통일전략학회 편, 『제2차 남북정상회담과 한반도 평화체제』(부산광역시: 이경, 2008).

위의 논문들을 묶어 단행본으로 펴냈다.

(6) Chung-in Moon, "Comparing the 2000 and 2007 Inter-Korean Summits: From Symbols to Substance," *Global Asia*, Vol. 2, No. 3(Winter 2007).

(7) 송문홍(宋文弘), 「노무현-김정일 정상회담 북(北) 현금지원설」, 『신동아』(2008년 2월), 218~225쪽.

(8) 김형기(金炯基), 『남북관계변천사』(연세대학교출판부, 2010).

남북분단 이후 2008년까지 남북관계가 전개된 과정을 분석했다.

(9) 황준호(黃俊皓), 「서해 평화정착 구상과 공동어로구역 협상」, 북한대학원대학교 북한학박사학위청구논문, 2022년 2월; ______, 「미완의 서해평화, 노무현정부의 공동어로구역 협상」, 『현대북한연구』 제25권 제3호(2022년), 54~91쪽.

노무현 대통령과 김정일 국방위원장 사이의 남북정상회담은 「서해평화협력특별지대」 설치에 합의했다. 그러나 이 합의는 실현되지 못했다. 필자는 합의가 성립된 과정, 그러나 합의가 실현되지 못한 배경을 분석했다.

※ 황준호(1974~현재)는 경희대학교를 졸업하고 서울대학교 대학원 정치학과에서 석사학위를 받은 데 이어 북한대학원대학교에서 박사학위를 받았다. 현재 통일부에서 봉직하고 있다.

북방한계선 문제

김대중정부 이후, 그리고 노무현정부 때, 남북관계에서 제기되는 쟁점들 가운데 하나는 북방한계선(Northern Limit Line, NLL)문제였다. 한국정부는 이 선을 한국이 반드시 지켜야 할 '영토선(領土線)'이라고 본 데 대해, 북한은 이 선이 1953년의 휴전협정에 포함되어 있지 않은 만큼 인정할 수 없다고 반론했다.

(1) 리영희(李泳禧), 「북방한계선은 합법적 군사분계선인가?」, 『통일시론』(1999년 여름), 23~63쪽.

북방한계선은 휴전협정 체결 직후 유엔군사령부가 일방적으로 선언했다고 논평했다.

(2) 국방부, 『북방한계선(NLL)에 관한 우리의 입장』(국방부, 2007년 1월).

(3) 박경일, 「한국의 해상강압 대응전략에 관한 연구」, 경남대학교 대학원 정치외교학과 박사학위청구논문, 2010년 8월.

필자는 대한민국이 중국과 일본뿐 아니라 북한에 의해서도 '해상강압'을 당할 상황에 처해 있다고 보면서 그러한 상황에서 대한민국이 취할 전략을 제시했다.

(4) 해군본부, 『NLL, 우리가 피로써 지켜낸 해상경계선: 북한의 NLL해역도발사』(국군인쇄창, 2011).

(5) 조갑제(趙甲濟), 「6·15와 10·4 선언을 매개로 한 김정일-김대중-노무현의 '역모' 추적: 노 전 대통령의 NLL 발언 진위 확인하자!」, 『월간조선』(2012년 11월), 192~207쪽

(6) 이정현(李政炫), 「'NLL 무력화(無力化)' 발언 폭로를 둘러싼 정치권 공방」, 『월간조선』(2013년 2월), 76~78쪽.

(7) 이상철(李相喆), 『북방한계선: 기원 · 위기 · 사수』(선인, 2011); ______, 『NLL을 말하다』(경기도 파주시: 살림, 2013).

개성공업지구=개성공단

김대중 대통령과 김정일 국방위원장 사이의 제1차 남북정상회담은 남북 사이의 경제협력을 다짐했다. 이에 따라 북한 땅에 남북이 공업단지를 세우는 사업이 논의됐다. 노무현정부는 2003년 6월에 개성시 판문구역 봉동리(가동 중단 직전 황해북도 개성시 봉동리)에 개성공업지구를 조성하기 위한 착공식을 가졌고 2005년에 한국 기업들의 입주가 시작됐다. 박근혜정부 때인 2016년 2월 10일에 전면 폐쇄했다.

(1) 중소기업협동조합중앙회, 『개성공단 가는 길: 민족경제의 디딤돌』(중소기업협동조합중앙회, 2005).

(2) 개성공단5년 발간위원회 편, 『개성공단 5년: 개성에 가면 평화가 보인다』(개성공단5년 발간위원회 통일부 개성공단사업지원단, 2008).

(3) 박영환(朴英煥), 『개성공업지구와 북한선교: 개성공업지구 사례를 통한 북한선교의 이해와 전망』(바울, 2009).

(4) 박천조(朴天早), 「개성공단 노사관계 연구」, 북한대학원대학교 북한학박사학위청구논문, 2014년 8월; ______, 『개성공단 노사관계』(선인, 2018).

(5) 정은미(鄭銀美), 「개성공단 북한 근로자의 정체성 인식과 행동 양식의 메커니즘」『북한연구학회보』제18권 제2호(2014년 12월), 123~146쪽.

(6) 김진향(金鎭香) 기획 · 총괄/강승환 · 이용구 · 김세라 공동취재, 『개성공단 사람들: 날마다 작은 통일이 이루어지는 기적의 공간』(전라북도 장수군: 내일을여는책, 2015).

김진향(1969~현재)은 이 책의 출판 때 개성공업지구관리위원회 위원장이었다. 그는 경북대학교 사회과학대학 정치외교학과를 졸업하고 경북대학교 대학원 정치외교학과에서 석사학위를 받은 데 이어 경북대학교 대학원 정치외교학과에서 「한반도 통일에 관한 담론의 분석: 남한사회의 통일담론을 중심으로」(2000년 8월)로 박사학위를 받았다. 현재 카이스트 미래전략대학원 교수다.

(7) 이한평 · 임종수 · 윤경태 · 김승희 · 박은숙 · 박해동 · 김영남 · 조배겸 · 김경희 · 박명순 취재 및 집필, 『그린닥터스 개성 남북협력병원 백서: 인술로 이룬 작은 통일』(부산광역시: 그린닥터스 사무국, 2019).

(8) 백일순 · 정유석 · 박은주 · 홍승표 · 정현주(鄭玄珠) · 박소영 분담집필, 『한반도 평화와 개성공단의 미래』(엘피, 2021).

(9) 한기호(韓基鎬), 『분단의 힘: 경계가 지배하는 한반도』(선인, 2022년 8월).

저자는 통일부 재임 때 남북 최초의 공동연락협의기구인 개성 남북공동연락사무소인 운영과장으로 근무하던 경험을 바탕으로 쓴 논문 · 칼럼 · 에세이 등을 묶어 이 책을 펴냈다. 특히 주목되는 부분은 제2부이다. 저자는 '조선민주주의인민공화국'의 체제적 강고함과 시장화 현상에 주목했다.

(9-A) 한기호(韓基鎬), 「북한 개발협력의 제도적 개선에 관한 연구: 사회화 통합이론을 중심으로」, 연세대학교 대학원 통일학협동과정 통일학박사학위청구논문, 2019년 2월.

※ 한기호(1982~현재)는 경남대학교 법정대학 정치외교학과를 졸업하고 북한대학원대학교에서 석사학위를 받은 데 이어 연세대학교에서 박사학위를 받았다. 현재 아주대학교 아주통일연구소 연구교수다.

(10) 김동근(金東根), 『개성공단 초대 위원장 김동근이 전하는 개성 1,200일, 빛과 그

림자』(렛츠북, 2022년 11월).

제8항 중국의 동북공정과 한국정부의 대항

중국은 중국공산당 중앙위원회의 결정에 따라 중국사회과학원의 주관 아래 2002년 2월 이후 5년에 걸쳐 「동북공정(東北工程)」이라는 프로젝트 아래 고구려사와 발해사를 포함한 조선=한국의 고대사를 왜곡하는 일련의 저술을 출판했다. 여기에 맞서 노무현정부는 2004년 3월에 「고구려연구재단」을 세웠고, 2006년 9월 22일 그것을 확대해 「동북아역사재단」을 세우면서 이론적으로 대항하게 했다. 이 주제에 관해서는 우리가 이 총서 제1권의 여러 곳에서, 그리고 특히 제2권 「제9장 중국의 조선역사=한국역사 왜곡; 중국의 '동북공정'과 그것에 대한 비판」에서 다뤘기에 중복을 피하기로 하고, 거기서 다루지 않았던 몇몇 저술에 한정해 소개하기로 한다.

(1) Kwang-shik Choe, "China's Distortion of the History of the Ancient Kingdom of Koguryo," *Korea and World Affairs*, Vol. 28, No. 4(Winter 2004), pp.397~404.

(2) Quan Shang Zhao, "Moving toward a Co-Management Approval: China's Policy toward North Korea and Taiwan," *Asian Perspective*, Vol. 30. No. 1(Spring 2006), pp.39~78.

(3) 동북아역사재단 편, 『동북아역사재단 10년의 활동과 성과』(동북아역사재단, 2016); ______, 『동북아역사재단 15년의 활동과 성과』(동북아역사재단, 2022).

동북아역사재단의 창립 이후 중국의 「동북공정」에 맞서 싸운 기록 그리고 한국의 고유영토인 독도에 관한 일본의 '왜곡'에 맞서 싸운 기록을 담았다.

제4절 노무현정부 시기에 제기된 문제

제1항 친일잔재 청산과 한국사회 주류세력의 교체 시도

노무현정부는 일제패망 직후에 '친일파'를 숙청했어야 했는데 그렇게 하지 못해, 친일파가 살아남았을 뿐만 아니라 새로운 점령자 미국의 비호 아래 득세했으며 그리하여 '친일파'가 '친미파'가 되고 그들이 대한민국의 주류세력을 형성했다는 논리를 받아들였다. 노무현정부는 이러한 관점에서 '주류세력교체'론을 전개했다. 이러한 문제 제기는 문재인정부에서 되풀이된다.

(1) 한국신문방송편집인협회 편, 「제2장 편협과 언론자유」 가운데 「14. 노무현정권의 대(對)언론공격」, ______, 『한국신문방송편집인협회 50년사: 1957-2007』(한국신문방송편집인협회, 2007), 104~240쪽 가운데 237~240쪽.

노무현정부는 특히 『동아일보』·『조선일보』·『중앙일보』 등 주류 신문을 공격했다.

(2) 최진석(崔珍晳), 「특별기고: 친일과 대한민국」, 『철학과 현실』126(2020년 가을), 229~251쪽.

철학자인 최진석 서강대 명예교수는 '친일파 숙청'론에 대해 신중한 비판론을 제기했다.

친일반민족행위진상규명위원회 설립과 친일반민족행위진상규명에 관한 특별법 제정

노무현정부의 주도 아래 2005년 1월 27일에 「일제강점하 반민족행위 진상규명에 관한 특별법」을 제정·공포했으며, 이에 근거해 친일반민족행위의 진상을 규명하기 위한 위원회를 설립했다. 이에 관해서는 많은 저술이 출판됐다. 대표적인 사례를 예시하면 다음과 같다.

(1) 이재교(李在敎), 『친일청산법에 대한 헌법적 고찰: 친일진상규명법과 친일재산환수법의 헌법상 문제』(인천광역시: 인하대학교출판부, 2007).

(2) 친일반민족행위진상규명위원회 편, 『친일반민족행위진상규명 보고서』 전4권(현대문화사, 2009).

(3) 윤해동(尹海東), 「'협력'의 보편성과 근대국가: '친일반민족행위' 진상규명 작업의 성과와 과제」, 『한국민족운동사연구』71(2012년 6월), 295~326쪽.

(4) 이준식(李俊植), 「뒤늦은 국가차원의 친일청산: 친일반민족행위진상규명위원회의 활동을 중심으로」, 『법과 사회』(법과사회이론학회) 49(2015년 8월), 33~67쪽.

제2항 뉴 라이트 운동

노무현정부의, 그리고 '진보 · 좌파'의 역사인식을 비판하는 '뉴 라이트(new right) 운동'이 2004년 11월 23일에 「자유주의연대」가 출범하며 전개되기 시작했다. 이 운동은 일제강점기의 조선역사, 해방전후사, 6·25전쟁 그리고 제1공화정 이후의 한국사를 부정일변도(否定一邊倒)로만 볼 것이 아니라 긍정할 것은 긍정하면서 제대로 평가해야 한다고 주장했다. 자연히 이 운동에 대한 찬반논쟁이 뒤따랐다.

뉴 라이트 운동에 대한 종합적 접근

(1) 김호기(金晧起), 「2000년 이후의 보수세력: 수구적 보수와 뉴라이트 사이에서」, 『기억과 전망』(민주화운동기념사업회) 12(2005년 가을), 68~79쪽.

(2) 김일영(金一榮), 「한국정치의 새로운 이념적 좌표를 찾아서: '뉴라이트'와 '뉴레프트' 그리고 공통된 지평으로서의 자유주의」, 『한국정치외교사논총』 제27집 제2호(2006년 2월), 373~402쪽.

(3) 방인혁(房仁赫), 『한국의 변혁운동과 사상논쟁: 마르크시즘, 주체사상, NL, PD 그리고 뉴라이트까지』(소나무, 2009).

이 책이 '뉴 라이트 운동' 그 자체를 다룬 것은 결코 아니다. 마르크시즘으로부터 시작해 많은 정치사상을 다루며 마지막에서 '뉴 라이트 운동'의 이념을 다뤘다.

뉴 라이트 운동 지지

(1) 신일철(申一澈), 『뉴라이트와 시장의 철학』(전경련미디어, 2004).

(2) 신지호(申志鎬), 「뉴라이트운동의 전개와 사상적 특질」, 『시대정신』32(2006년 가을), 90~113쪽; ______, 『뉴라이트의 세상 읽기』(기파랑, 2006).

(3) 안세영(安世英) · 조성환(曺成煥) · 신지호(申志鎬) · 김종석(金鍾奭) · 조전혁(趙全赫) · 윤창현(尹暢賢) · 김영호(金暎浩) · 이성규(李城圭) · 이재교(李在敎) 분담집필, 『2008 뉴라이트 한국보고서: 부활하는 대한민국, 다시 뛰는 한국인을 위한 구상』(안민정책포럼, 2007; 말과창조사, 2008).

(4) 민병호 · 나기환 공저, 『뉴라이트가 세상을 바꾼다』(예아름미디어, 2007).

(5) 박태균(朴泰均), 「뉴라이트의 등장과 역사인식 논쟁」, 『황해문화』56(2007년 가을), 285~302쪽.

(6) 교과서포럼, 『대안교과서: 한국 근 · 현대사』(기파랑, 2008년 3월).

(6-A) 역사교육연대회의 기획/김종훈(강남중학교 교사) · 박귀미(수원외국어고등학교 교사) · 박찬승(朴贊勝) · 박한용(朴漢龍) · 오종록(吳宗祿) · 이신철(李信澈) · 주진오(朱鎭五) · 홍석률(洪錫律) · 홍윤기(洪潤基) 분담집필, 『뉴라이트 위험한 교과서, 바로 읽기』(경기도 파주시: 서해문집, 2009).

앞의 책을 거세게 비판했다.

(7) 최영재(崔寧宰), 「뉴라이트의 대부(大父) 안병직(安秉直) 뉴라이트재단 이사장: "지도자가 바쁘면 반드시 실패한다"」, 『월간조선』(2008년 6월), 184~189쪽.

(8) 정상호(鄭相鎬), 「미국의 네오콘과 한국의 뉴라이트에 대한 비교연구: 정책이념 · 네트워크 · 정책의 형성 및 발전과정을 중심으로」, 『한국정치학회보』제42집 제3호(2008년 가을), 167~189쪽.

(9) 『한국사』(교학사, 2013년 9월).

이 책은 대체로 '뉴 라이트 운동'의 시각에서 쓰였다. 그러나 교육부는 수정 · 보완을 지시했다.

(9-A) 2013 '뉴라이트' 교학사 『한국사』 검정통과 무효화 및 채택저지 편찬위원회 기획/한상권(韓相權) 편찬위원장 등, 『상식과 연대의 승리: 2013 '뉴라이트' 교학사 『한국사』 검정통과 무효화 및 채택저지 활동백서』 전3권(친일 · 독재미화 뉴라이트 한국사 교과서 검정무효화 국민네트워크: 민연, 2015).

위의 책을 매우 거세게 비판했다.

뉴 라이트 운동 비판

(1) 하종문(河棕文), 「반일민족주의와 뉴라이트」, 『역사비평』78(2007년 봄), 175~197쪽.

※ 하종문(1964~현재)은 서울대학교 사회과학대학 인류학과를 졸업하고 도쿄대학 대학원 일본사학과에서 석사학위를 받은 데 이어 도쿄대학 대학원 일본사학과에서 「전시 노동력정책의 전개」(1995년 3월)로 박사학위를 받았다. 현재 한신대학교 글로벌협력대학 일본학과 교수다.

(1-A) 최홍재(崔弘在), 「뉴라이트에게는 반제(反帝), 반(反)수령, 자유와 민주주의 원칙이 있을 뿐이다: 『역사비평』2007년 봄호의 '반일민족주의와 뉴라이트'에 대한 반론」, 『시대정신』35(2007년 여름), 114~128쪽.

(2) 주종환(朱宗桓), 『뉴라이트의 실체 그리고 한나라당: 식민지근대화론의 허구성』(일빛, 2008).

(3) 김기협(金基協), 『뉴라이트 비판: 김기협의 역사에세이』(경기도 파주시: 돌베개, 2008).

(4) 한윤형(미디어스 정치부기자), 『뉴라이트 사용후기: 상식인을 위한 역사전쟁 관전기』(개마고원, 2009).

(5) 노기원(상명고등학교 역사교사), 『나는 대한민국 역사교과서다: 뉴라이트에 가하는 따끔한 일침』(서해문집, 2013).

(6) 박찬수(朴贊洙), 『NL 현대사: 강철서신에서 뉴라이트까지』(인물과사상사, 2017).

(7) 이철우(李喆雨) · 박한용(朴漢龍) · 전재호(全宰鎬) · 홍종욱(洪宗郁) · 황상익(黃尙翼) · 강성은(康成銀) · 김창록(金昌祿) · 이송순(李松順) · 정태헌(鄭泰憲) · 박찬승(朴贊勝) · 김상규(金相奎) · 강성현(康誠賢) · 변은진(卞恩眞) · 조시현(趙時顯) · 허영란(許英蘭) · 김정인(金正仁) · 김헌주(金憲柱) · 서승(徐勝) 분담집필, 『누구를 위한 역사인가: '뉴라이트 역사학의 반일종족주의론』(푸른역사, 2020).

제3항 황우석 사태

당시 서울대학교 수의과대학 교수였던 황우석(黃禹錫, 1952~현재) 박사는 1999년에 복제젖소를 만드는 데 성공해 국내외에서 큰 관심을 받았다. 그러나 2004년과 2005년에 각각 사람의 체세포를 복제한 배아줄기세포 배양에 성공했다는 취지로 미국과학진흥회(American Association for the Advancement of Science)가 발행하는 세계적 과학

학술지 『사이언스(*Science*)』에 발표했는데, 이 논문의 골격을 이루는 자료들이 조작된 것이라는 판정이 내려지면서 많은 논란을 불러일으켰다. 이와 관련된 저술들 가운데 중요한 것은 다음과 같다.

단행본 등

(1) 매일경제신문사 과학기술부 편, 『세상을 바꾸는 과학자, 황우석』(매일경제신문사, 2005).

황우석을 '1조 원 외국 스카우트 제의 거절한 애국자'로 묘사하고 그가 노벨상을 받는 것은 시간문제라고까지 예측했다. 전반적으로 황우석을 지나치게 미화했던 이 책은 한동안 베스트셀러였다.

(2) 이충웅(과학저널리스트), 「제4부 과학은 열광이 아니라 성찰을 필요로 한다」, ______, 『과학은 열광이 아니라 성찰을 필요로 한다: "과학 시대"를 사는 독자의 주체적 과학 기사 읽기』(이제이북스, 2005), 207~261쪽.

황우석을 강하게 비판했다.

(3) 최성각(작가), 「'황우석신드롬'에 침묵한 환경단체들」, 『우리와 다음: 다음에게 물려줄 맑은 세상이야기』(환경정의시민연대) 34(2005년 7~8월호), 34~37쪽.

(4) 강양구(姜亮求) · 김병수(金炳秀) · 한재각(에너지기후정책연구소), 『침묵과 열광: 황우석사태 7년의 기록』(후마니타스, 2006).

이 책은 '황우석신드롬' 또는 '황우석사태'에 관한 전면적인 분석으로, 이 일이 벌어짐에 있어서 황우석과 그의 연구팀, 대통령, 유력정치인, 생명공학계 기업인, 그리고 언론이 어떻게 서로 결탁하고 각자의 목적을 위해 어떻게 서로를 이용했는가를 적나라하게 파헤쳤다. 이 과정에서 공저자는 '과학기술동맹'이라는 용어를 만들어냈다.

※ 강양구(1977~현재)는 연세대학교 자연과학대학 생물학과를 졸업하고 『프레시안』에서 과학전문기자로 봉직해 부국장으로 승진했다. 그 이후 코리아메디케어 부사장 겸 콘텐츠본부장을 역임하고 현재 TBS 과학전문기자다. 그가 황우석에 관련해 쓴 기사들은 *New York Times* 등에 보도돼 국제적 관심을 불러일으켰다. 그는 다음과 같은 책도 출판했다. 강양구, 『강양구의 강한 과학: 과학 고전 읽기』(문학과지성사, 2021).

(4-A) 조홍섭(趙弘燮: 한겨레신문사 편집부국장), 「'황우석신드롬'의 뒤안」, 『한겨레』(2005년 5월 25일), 12쪽; ______, 「서평: '황우석사태' 보도, 진보 · 보수 언론 똑같

다?; 강양구 · 김병수 · 한재각 공저, 『침묵과 열광』, 『녹색평론』(녹색평론사) 90(2006년 9~10월), 192~199쪽.

(5) 민주사회정책연구원 심포지엄, 『'황우석사태'로 보는 한국의 과학과 민주주의』(민주화운동기념사업회 교육장, 2006년 2월 2일).

홍성태(洪性泰), 「황우석사태와 한국사회: 정언학(政言學) 유착망과 박정희체제의 덫」을 포함해 모두 4편으로 구성됐다.

논문 또는 논평

(1) 강양구(姜亮求), 「반전에 반전… 10일간의 미로 속 진실 찾기: '황우석 파동' 미스터리 추적 … 젊은 과학자들 제보 확인하며 한 걸음씩, 폭로 · 역공에 진실은 묻히고 상처만」, 『주간동아』(2005년 12월 27일), 14~17쪽; ______, 「박기영(朴基榮) 보좌관은 왜 침묵하나: 황 박사의 후원자로 논문에도 공저자 이름 올라 … 정작 의혹 불거진 뒤엔 '묵묵'」, 『주간동아』(2005년 12월 27일), 18~19쪽.

(2) ______, 「맹목적인 '과학 전문성'보다 철저한 조사와 해석, 비판적 탐구정신 필요」, 『시민과 언론』(민주언론운동시민연합) 67(2006년 1~2월), 16~18쪽; ______, 「지금, 여기의 '과학기술 파시즘'」, 『녹색평론』86(2006년 1~2월), 141~147쪽; ______, 「'황우석사태'는 끝났는가」, 『녹색평론』89(2006년 7~8월), 60~69쪽.

(3) Shaoni Bhattacharya, "Hwang Faked All Research on Human Stem Cells," *New Scientist*(January 10, 2006).

(4) David Cyranoski, "Verdict: Hwang's Human Stem Cells Were All Fakes," *Nature*(January 11, 2006), p.122.

(5) 오철우(吳哲宇), 「황우석 사건을 다시 돌아보며」, 『인재니움』(한국공학교육학회), 제18권 제5호(2011), 62~66쪽.

(6) Myungsim Kim, Jongyoung Kim and Hee-Je Bak, "Between Fraud and Hope: Stem Cell Research in Korea after the Hwang Affair," *East Asian Science, Technology and Society: An International Journal*, Vol. 12, No. 2(June 2018), pp.143~164.

※ 김명심(金明心, 1976~현재)은 경희대학교 가정대학 의상학과를 졸업하고 경희대학교 대학원 의상학과에서 석사학위를 받은 데 이어 경희대학교 대학원 사회학과에서 「한국 대학과학자 사회의 계층화 요인 연구: 생산성과 임용률 차이를 중심으로」

(2008년 2월)로 박사학위를 받았다. 현재 경희대학교 정경대학 사회학과 강사다.

※ 김종영(金鍾泳, 1972~현재)은 서강대학교 사회학과를 졸업하고 일리노이대학교 어바나샴페인 캠퍼스 대학원 사회학과에서 석사→박사학위를 받았다. 박사학위청구논문 서지사항은 다음과 같다. Jongyoung Kim, "Hybrid Modernity: The Scientific Construction of Korean Medicine in a Global Age," unpub. Ph.D. diss., University of Illinois, Urbana – Champaign, 2005. 현재 경희대학교 정경대학 사회학과 교수다.

(7) 이인규(李仁圭), 「황우석가짜줄기세포사건」,______, 『나는 대한민국 검사였다: 누가 노무현을 죽였나』(조갑제닷컴, 2023), 264~272쪽.

황우석 사건을 직접 수사했던 저자의 회상이다.

제4항 송두율 논쟁

독일 뮌스터대학교 철학교수 송두율(宋斗律, 1944~현재) 박사는 서울의 민주화기념사업회의 초청으로 2003년 9월에 37년 만에 귀국했다. 서울대학교 문리대 철학과를 졸업하고 독일에 유학한 그는 위르겐 하버마스(Jürgen Habermas) 교수의 지도로 프랑크푸르트대학교에서 박사학위를 받은 데 이어 교수자격과정을 성공적으로 마쳤다. 독일에 머무는 동안 한국의 독재정권에 맞서 민주화운동에 참여하면서 동시에 북한의 조선로동당에 입당하고 '친북' 활동을 벌였다. 그와 그의 저서들에 관해서는 제13권 제2부 제8장 제1절 제1항에서 자세히 설명했기에 여기서는 되풀이하지 않겠다.

제5항 도롱뇽 사건

한국철도시설공단이 경부고속철도 대구·부산 구간 공사를 계획하고 있으며, 그 계획은 경상남도 양산시 하북면(下北面) 일대에 있는 천성산(千聖山)의 지하를 관통하는 터널을 굴착하는 공사를 포함하고 있음이 2002년에 공개됐다. 이에 대해, 천성산에 있는 내원사(內院寺)의 지율 스님을 비롯한 환경운동가들은 그 공사가 도롱뇽 서식지를 포함한 고층습지를 파괴한다고 주장하며 단식투쟁으로 맞섰고, 공사 착공 중단을 요구하는 소송을 도롱뇽의 이름으로 제기했다. 정부는 후퇴하지 않을 수 없었다. 대법원은 그 소송을 기각했다.

(1) 지율(知律) 스님, 『지율, 숲에서 나오다: 천성산 도롱뇽과 그 친구들의 이야기』(경기도 고양시: 숲, 2004).

(2) 윤종우(연세대 대학원생), 「자연의 권리와 생태학적 법학의 가능성: 도롱뇽 사건을 중심으로」, 『법학연구』(연세대학교 법학연구원) 제20권 제2호(2010년 6월), 138~171쪽.

(3) 조은수(趙恩秀), 「지율스님의 생태운동과 에코페미니즘」, 『철학사상』(서울대학교 철학사상연구소) 41(2011년 8월), 127~149쪽.

제6항 용산국제업무지구 프로젝트

김경민(金經民), 『도시개발, 길을 잃다: 대형 개발에 가려진 진실과 실패한 도시 성형의 책임을 묻다』(시공사, 2011).

노무현 대통령은 2006년 1월의 신년기자회견에서 용산국제업무지구 프로젝트에 대해 발표했다. 저자는 이 프로젝트가 파산할 것임을 예고했다.

※ 김경민(1972~현재)은 서울대학교 사회과학대학 지리학과를 졸업하고 캘리포니아대학교 버클리 캠퍼스 대학원에서 석사학위를 받은 데 이어 하버드대학교 대학원에서 박사학위를 받았다. 박사학위청구논문 서지사항은 다음과 같다. Kyung-min Kim, "Impacts of Urban Spatial Structure on Office Property Values and Office Workers' Commuting," unpub. Ph.D. diss., Harvard University, 2008. 현재 서울대학교 환경대학원 교수다. 그는 대한민국 집값의 대폭락을 예고한 『부동산 트렌드 2023: 하버드 박사 김경민 교수의 부동산 투자 리포트』(와이즈맵, 2022)로 명성을 재확인했다.

제7항 샘물교회 선교단 아프가니스탄 피랍 사건

경기도 성남시의 샘물교회 교역자와 신도 등 23명은 기독교를 선교한다는 사명감에서 정부의 경고를 무릅쓰고 2007년 7월 13일에 아프가니스탄에 입국했다가 기독교에 반대하는 탈레반의 납치됐다. 44일에 걸쳤던 정부의 협상을 통해 23명 전원은 여러 차례에 나뉘어 석방돼 귀국할 수 있었다.

(1) 김당(金鐺), 「제2장 국정원의 태동과 역사」 가운데 「아프간 인질 '몸값'과 2차 남북정상회담 '행사비용'」 ~「아프가니스탄 인질의 몸값은 "2000만 달러로 보고했다"」; ______, 『시크릿파일 국정원: 실패한 공작의 역사, 그리고 혁신』(메디치, 2016), 125~239쪽 가운데 174~188쪽.

(2) 임순례(林順禮) 감독, 「교섭」(2023년 1월 18일 개봉).

이 영화는 탈레반과의 협상을 주제로 삼았다.

※ 이 협상에서 주요한 역할을 맡았던 대한민국정부 요인들 가운데 한 사람이 2023년 6월 5일에 개청한 재외동포청 초대 청장으로 부임한 이기철(李基哲)이다. 이기철(1957~현재)은 서울대학교 법과대학을 졸업하고 위스콘신대학교 매디슨 캠퍼스 대학원에서 행정학석사학위를 받았다. 외무고시를 통해 외무부에 입부한 뒤 네덜란드대사와 로스앤젤레스총영사를 역임했다.

제8항 주수도 게이트와 조희팔 사건

주수도(朱水道, 1956~현재)는 다단계 마케팅 기업을 운영하면서 수 조(兆) 원에 이르는 사기를 저질렀다는 혐의를 받아 검찰의 구속수사를 거쳐 재판에서 유죄판결을 받았다. 조희팔(曹喜八, 1957~2011) 역시 다단계 마케팅 기업을 운영하면서 수 조(兆) 원에 이르는 사기를 저질러 수배를 받자 중국으로 도주했다.

(1) 정희상(丁喜相)·최빛, 『팩트와 권력: 탐사보도전문기자의 권력형사건 X파일』(은행나무, 2019).

위의 두 사건을 비롯해 한국사회에서 일어났던 여러 사건을 분석했다.

(1-A) 윤홍식, 「한국에서 탐사보도 전문기자로 산다는 것: 권력형 사건 X파일

〈팩트와 권력〉 펴낸 정희상」, *UPI news+*. 34(2019년 7월 8일), 26~27쪽.

제9항 신정아 사건

금호미술관에 이어 성곡미술관에서 큐레이터로 활동했던 신정아(申貞娥, 1972~현재) 동국대학교 교수의 학력과 경력 등을 둘러싸고 2007년에 큰 논란이 일어났으며, 신정아에 대해 결국 대법원에서 유죄가 확정됐다.

신정아, 『4001』(사월의책, 2011).

책 제목의 '4001'은 자신의 수인 번호다.

제5절 노무현 대통령 국정운영 5년에 대한 평가

제1항 각 분야에 대한 평가

정책결정과정

임도빈(서울대)ㆍ이시원(경상대)ㆍ김준기(서울대)ㆍ정준금(울산대), 「정책결정 소요시간에 관한 연구: 참여정부의 대통령 주요정책을 중심으로」, 『한국정치학회보』제42집 제3호(2008년 가을), 191~217쪽.

경제 전반

정규재(鄭奎載), 「'성장동력 상실 10년'의 회고: '위기주범' 관료에 칼자루 맡긴 것이 패착」, 『신동아』(2007년 1월), 318~327쪽.

김대중정부 5년과 노무현정부 5년을 합친 10년의 기간에 한국경제는 '성장동력'을 잃었다고 비판했다.

론스타사건

세칭 론스타사건은 그 배경이 복잡하고 여러 법적 문제가 개입되어 있어서 설명이 쉽지 않다. 그 기원을 김영삼정부 마지막 해에 일어난 외환위기 그리고 그 외환위기를 극복하려는 김대중정부의 외자유치 시도에서 찾을 수도 있다. 그러나 노무현정부 첫 해인 2003년 10월에 미국의 사모펀드 가운데 헤지펀드인 「론스타(Lone Star)」가 1조 3,834억 원을 지급하고 외환은행 지분 51%를 취득한 것으로부터 문제가 시작됐다고 보는 것이 일반적이다. 너무 싸게 팔아 국부를 손실시켰다는 의혹과 비난이 뒤따랐고 책임문제를 놓고 윤석열정부로까지 넘어와 있다.

(1) 이정환(미디어오늘 대표이사), 『투기자본의 천국 대한민국: 론스타와 그 파트너들의 국부 약탈작전 전모』(중심, 2006).

(2) 박항준(朴恒濬), 「외국계 펀드의 국내은행 적대적 M&A에 대한 연구: 론스타의 외환은행 인수사례를 중심으로」, 전북대학교 대학원 경영학과 경영학박사학위청구논문, 2007년 2월.

(3) 김준환(금융전문가), 『은행은 군대보다 무서운 무기다: 론스타게이트에 숨겨진 진실과 우리의 선택』(두리미디어, 2008).

재개발정책

박태견(朴太堅), 『참여정권, 건설족 덫에 걸리다』(에디터, 2005).

저자는 역대 한국의 건설정책은 '건설족의, 건설족에 의한, 건설족을 위한 정책'이라고 지적했다. 저자에 따르면, 여야를 구별할 것 없이 국회는 주로 건설업자 또는 토지소유자의 이해관계 아래에 있다는 것이다.

문화예술계 인사

백수진(조선일보 문화부 기자), 「"내 시(詩)에 나오는 '탐욕스런 돼지'는 노(盧) 정부 인사"」, 『조선일보』(2020년 2월 12일), A23쪽.

최영미(崔英美) 시인은 자신의 시집 『돼지들에게』 개정증보판을 출판했다. 이 계제에 그녀는 기자에게 '돼지들은 노무현정부에서 한 자리를 차지한 문화예술계인사'를 지칭한다고 말했다.

종합평가

김연광(金演光) · 김성동(金成東), 「격돌인터뷰 노무현 대통령의 정신적 지주 송기인(宋基寅) 신부: "참여정부가 국민들을 안아주지 못해 … 중국에 대한 저자세외교는 문제"」, 『월간조선』(2007년 12월), 226~241쪽.

『신동아』(2008년 2월)의 「특별기획 노무현 2003~2008, 빛과 그림자」

(1) 「정치」, 박효종(朴孝鍾), 「'이념의 원형경기장'에서 결투만 하다 끝난 '검투사 정치'」, 142~149쪽.

(2) 「경제」, 나성린(羅城麟), 「양극화 · 불평등 심화, 체감경기 최악 … 서민 울린 '서민 위한 정부'」, 150~159쪽.

(3) 「행정」, 한세억(韓世億), 「공무원 9만 7000명 늘어 사상 최대, '속 빈 강정' 정부에 불만 고조」, 160~169쪽.

(4) 「외교 · 안보」, 조성렬(趙成烈), 「낙관했던 북핵에 발목 잡혀 '우선순위 함정' 빠지다」, 170~179쪽.

(5) 「교육」, 정유성(鄭有盛), 「게도 구럭도 놓친 개혁 … 개천에서 용쓰다 미꾸라지 된다?」, 180~187쪽.

(6) 「복지」, 김연명(金淵明), 「'말의 성찬' 노무현 복지담론, 상처 얼룩진 '진보적 복지'」, 188~197쪽.

(7) 「언론」, 한균태(韓均泰), 「파수견을 애완견 만들려다 악수(惡手) 거듭」, 198~205쪽.

(8) 「지방분권」, 유재원(柳在源), 「'묻지마 분권'에 국가경쟁력 흔들, 강박적 균등주의로 제로섬 자초」, 206~217쪽.

제2항 노무현 전 대통령의 서거

노무현 전 대통령은 퇴임 후 재임 때 뇌물을 받았다는 혐의로 검찰 수사를 받다가 2009년 5월 23일 6시 40분경 집 근처인 경상남도 김해시 진영읍 본산리 봉화산 부엉이바위에서 떨어지는 극단적 선택을 했다. 양산부산대학교병원으로 옮겨졌으나 9시 30분경 서거했다.

노무현 전 대통령에 대한 검찰조사

(1) 김지혜, 「칼날 위에 선 '위기의 부부': 노 전 대통령 '뇌물죄', 권양숙 여사 '제3자 뇌물 제공죄' 적용 가능성…증거 유무가 관건」, 『시사저널』(2009년 4월 21일), 18~19쪽.

(2) 오홍택, 「헷갈리는 '노무현 돈거래 의혹' 종합사전: 4빚 4뇌물 노(盧)머니? No Money?」, 『월간중앙』(2009년 6월), 94~99쪽.

(3) 이인규(李仁圭), 『나는 대한민국 검사였다: 누가 노무현을 죽였나』(조갑제닷컴, 2023년 3월 24일).

'박연차 게이트'에 연루된 노무현 전 대통령을 수사했던 당시 대검찰청 중앙수사부장이 쓴 책이다. 이 책에서 저자는 노 전 대통령의 부인 권양숙 여사가 2006년에 박연차 전 태광실업 회장으로부터 시가 2억 5500만원에 해당하는 피아제 시계 2개 세트를 받은 것, 그리고 2007년에 아들 노건호 씨의 미국주택구입자금 명목으로 140만 달러를 받은 것 등에 대해서는 "[사실관계 인정에] 다툼이 없다"고 주장했다. 저자는 이어 노무현 대통령이 권양숙 여사가 박연차 회장으로부터 돈을 받은 사실을 모르고 있었다고 세상에는 알려졌지만 전혀 사실이 아니라고 반박했다. 노 대통령은 그 사실을 자세히 알고 있었다는 것이다. 당시 문재인 변호사는 노무현 전 대통령이 극단적 선택을 한 그날까지 1주일 동안 아무런 변호 활동을 하지 않았고 그의 곁을 지키지 않았다고 주장하면서, 저자는 "문재인 변호사는 변호인으로서 무능했다"라고 혹평했다. 저자는 노무현 대통령을 지지하는 쪽에서는 검찰이 노 전 대통령에 대해 지나치게 무례하게 수사를 해 그것이 노 전 대통령의 서거로 이어진 것처럼 말하지만 그것 역시 전혀 사실이 아니라고 말했다. 자신을 포함한 검찰 수사관들은 전 대통령에 대한 예의를 충분히 갖췄다고 주장했다. 저자는 자신의 이 책 끝에 「부록: 노무현 전 대통령 수사 개요」(489~529쪽)를 수록했다. 이 부록을 읽으면 노무현 전 대통령의 '수뢰' 사건을 제대로 읽게 된다.

자신은 이 사건을 계기로 검찰을 떠나 로펌에서 7년 동안 봉직했는데, 문재인이 대통령에 당선되자 로펌 대표는 자신에게 나가달라고 요청했다. 이에 자신이 미국으로 유학을 가자 '좌파 언론'은 자신이 '도망을 갔다'라고 보도했지만, 자신은 결코 도망갈 이유도 없었고 실제로 도망하지도 않았다고 주장했다. 그는 주미한국대사관이 자신의 주소지를 알고 있었고 자신이 쓰던 휴대전화도 그대로였지만 대한민국의 어떤 기관에서도 자신을 피의자로 입건한 사실도 없고 출석을 요구한 사실도 없다고 회상했다.

※ 이인규(1958~현재)는 서울대학교 법과대학 공법학과를 졸업하고 코넬대학교 법학전문대학원에서 법학석사학위를 받았다. 춘천지방검찰청 원주지청 청장→서울중앙지방검찰청 3차장검사→대전고등검찰청 차장검사→대검찰청 기획조정부 부장 등을 역임했다. 현재 변호사다.

(3-A) 김윤덕(金潤德), 「김윤덕이 만난 사람: 이인규 전 중수부장; "노(盧) 돕지 않던 문재인, 좌파언론… 서거 후 상주(喪主) 코스프레"」, 『조선일보』(2023년 4월 10일), A30쪽.

자신은 노무현 전 대통령의 죽음과 관련된 진실을 알리고, "더 이상 그분의 안타까운 죽음이 정치에 이용되지 않길 바란다. 역사의 법정에서는 신화가 아니라 사실이 더 중요하다"라는 믿음에서 이 책을 썼다고 강조했다.

노무현 전 대통령의 극단적 선택

천정환(千政煥), 「4 노무현 애도사: 한국정치의 감정구조에 대하여」, ______, 『숭배 애도 적대: 자살과 한국의 죽음정치에 대한 7편의 하드보일드 에세이』(서해문집, 2021).

저자는 근로기준법 준수를 외치며 자신을 불태운 전태일 열사를 시작으로, 이후 한국사회를 뒤흔들었던 '극단적 선택'의 사건들을 분류하고 분석했다. 거기에는 노무현 대통령의 사례가 포함됐다. '극단적 선택'은 시대, 특히 시대의 정치적 · 사회적 상황에 따라, 때로는 숭배로, 때로는 애도로, 때로는 적대로 해석됐다. 저자는 한 인간의 자살에 대해 그처럼 다양한 해석을 낳는 이유는 무엇인지를 구명했다. 저자에 따르면, 경제협력개발기구(OECD) 통계에서 최근 몇 해 동안 우리나라는 자살률 1위의 국가다. OECD 국가간 연령표준화자살률(표준인구 10만 명당) 우리나라는 23.5명으로, 2위 리투아니아의 21.6명보다 2명이 많다. 저자는 책의 마지막 장에서 자살 예방정책과 노력에 많은 지면을 할애했다.

※ 천정환(1969~현재)은 서울대학교 인문대학 국어국문학과를 졸업하고 서울대학교 대학원 국어국문학과에서 석사학위를 받은 데 이어 서울대학교 대학원 국어국문학과에서 「한국 근대 소설 독자와 소설 수용 양상에 대한 연구」(2002년 8월)로 문학박사학위를 받았다. 현재 성균관대학교 인문대학 국어국문학과 교수다.

제6항 부안사태

김성동(金成東), 「김종규(金宗奎) 전 부안군수 통한(痛恨)의 증언(2003년 7월~2004년 9월 전북 부안): '노무현 386' 등이 불러들인 미신과 광풍이 부안의 꿈을 빼앗아갔다」, 『월간조선』(2008년 3월), 108~119쪽.

전라북도 부안군은 2003년 7월 14일에 산업자원부에 방폐장유치신청서를 제출하며 본격적인 유치에 들어갔다. 2003년 7월부터 2004년 9월까지 문규현(文奎鉉)신부 등이 「핵폐기장 백지화범부안군민대책위원회」를 주도하며 반대운동을 벌여 부안군이 사실상 '치안부재상태'에 빠졌던 일을 당시 김종규 부안군수가 회상했다.

※ 부안군에서의 이 사태는 우리가 제1장 제5절 제4항에서 보았던 '안면도사태'의 후속이라고 할 수 있다.

제5장 이명박정부

제1절 개관

한나라당의 이명박(李明博) 대통령당선자는 2008년 2월 25일에 제17대 대통령에 취임하고 2013년 2월 24일에 퇴임했다. 김영삼 대통령과 김대중 대통령 및 노무현 대통령은 각각 자신이 이끄는 정부를 '문민정부' '국민의 정부' '참여정부'로 명명했다. 대조적으로, 이명박 대통령은 자신이 이끄는 정부를 '이명박정부'로 명명했다.

이명박 대통령은 '작은 정부'를 지향했다. 우선 종전의 대통령비서실과 대통령경호실을 대통령실로 통합하고 대통령경호실을 대통령실의 경호처로 격하시켰다. 내각에서 부총리제도를 폐지했으며, 취임 전에는 통일부의 폐지 또는 축소를 검토하다가 반대에 부딪혀 원형을 유지했지만 규모와 예산을 줄였다. 다른 한편으로, 비상설기구이던 「국가과학기술위원회」를 상설기구로 격상시켰다.

이명박 대통령은 김대중정부와 노무현정부 집권 기간 10년을 좌파이념의 노선에 따른 국정운영으로 경제를 침체에 빠트렸다고 비판했고, 그 10년을 '잃어버린 10년'으로 단정했다. 그러한 전제 아래, 자신은 '실용주의' 노선을 걸어 경제를 되살릴 것을 약속했다. 구체적으로 그는 "전 국민이 노력하면 7% 경제성장은 물론 10년 내 국민소득 4만 달러 도약과 세계경제 7위 강국이 가능하다"는 뜻을 담은 '747공약'을 실현할 것을 장담했다. 실제로 이명박정부가 그 공약을 실현한 것은 아니었으나 가장 빠른 성장회복을 과시했으며 2011년 12월에 무역 1조 원을 달성하면서 세계 7위 수출대국으로 일어섰던 것은 사실이다. 거기서 한 걸음 더 나아가, 대한민국은 2009년 11월 25일에 OECD의

DAC(Development Assistance Committee)에 가입하고 2010년 1월 1일부터 회원으로 활동을 개시함에 따라, 2차대전 종전 이후에 독립한 국가들 가운데 최초로 그리고 오늘날까지도 유일하게 '원조를 받던 나라에서 원조를 주는 나라'로 도약했다.

동시에 '기업친화적 정책'을 추진할 것을 약속하면서, 그 정책의 일환으로 찬반 격론 속에서도 저금리정책과 고환율정책을 썼다. 그의 '기업친화적 정책'에 대해 노동계는 크게 반발했다. 그는 또 자신의 공약인 '한반도대운하사업'을 추진할 것을 다짐했다. 이 사업에 대해 환경운동단체들이 거세게 반대하자, 그는 그것을 한강 · 낙동강 · 영산강 · 금강을 중심으로 하는 '4대강 살리기 사업'으로 이름을 바꿔 추진해 일정한 범위 안에서 마무리했다. 이 사업에 대해서도 환경운동단체들은 비판했다.

이명박 대통령은 서로 연결되는 외교 · 안보 · 통일정책에서도 좌파이념의 노선에서 벗어나 '실용주의'를 표방했다. 우선 자신의 공약에 충실해 한미동맹의 회복에 힘을 썼다. 공화당의 조지 부시(George W. Bush) 대통령과 네 차례, 그의 후임인 민주당의 버락 오바마(Barack Hussein Obama II) 대통령과 일곱 차례 회담하면서, 두 나라 사이의 우호와 친선 그리고 동맹을 거듭 강조했다. 대일관계에서도 실용주의 노선을 추구해, 한 · 미 · 일 3각협력관계의 증진에 힘을 썼다. 그러나 2012년 8월 10일에, 한국의 역대 대통령 가운데(오늘날의 대통령까지 포함해) 처음으로 독도를 직접 방문하면서 독도가 대한민국 영토임을 거듭 강조했을 뿐만 아니라 거기에 따른 논란 속에서 일본 천황을 비판하는 것으로 해석되는 발언을 함으로써 일본의 반발을 샀다.

이명박 대통령은 중국과 러시아도 방문했으며, 중국과 러시아에서도 답방이 뒤따랐다. 그는 중앙아시아와 동남아시아도 순방했으며 거기서도 답방이 뒤따랐다. 이러한 전방위 외교 속에서, 한국은 G20정상회담을 유치해 제5차 G20정상회담을 2010년 11월 11~12일에 서울 강남구 코엑스에서 개최할 수 있었다. 이어 2012년 3월 26~27일에 서울에서 53개국이 참가한 핵안보정상회의를 개최했다.

이명박 대통령은 남북정상회담 개최에 관심을 두어 북한의 밀사와 베이징과 싱가포르 등에서 세 차례에 걸쳐 비공개 협상을 벌였다. 그러나 김대중정부와 노무현정부에 비해 상대적 의미에서 덜 열성적이었다. 정상회담 성사와 관련해 북한이 습관적으로 요구하는 금전적 · 물질적 지원에 보수적으로 응대했고, 2011년 12월 17일의 북한 김정일 사망과 그의 젊은 아들 김정은의 등장이 북한정세의 불확실성을 높임에 따라 열의가 더 줄어들었다. 자연히 그의 임기 중에 남북정상회담은 열리지 않았다.

그는 북한의 핵 개발을 거듭 경고하면서도, '비핵 개방 3000 구상'을 발표했다. 북한이 핵을 포기하고 개방에 나서면 대북투자를 통해 북한의 1인당 국민소득을 10년 후 3000달러로 끌어올려주겠다는 뜻이었다. 그러나 북한은 이 제의에 크게 반발하면서 이명박정부에 대한 적의(敵意)를 강하게 드러냈다. 전반적으로, 이명박정부 시기에 남북관계는 경색됐으며 '진보 · 좌파' 세력은 이 점을 공격했다.

이명박정부는 자원외교를 활성화했다. 대통령의 친형 이상득(李相得) 의원을 대통령특사로 임명해 중남미와 중앙아시아 및 아프리카의 12개국을 순방하게 했다. 이러한 흐름 속에서, 한국은 2012년에 아랍에미레이트(UAE)에 원전을 수출할 수 있었고 이로써 한국은 미국 · 일본 · 프랑스에 이어 세계에서 네 번째로 원전수출국이 됐다.

이명박정부는 5년 임기 안에 네 차례의 전국적 선거를 치렀다. 제18대 국회총선, 제5회 전국동시지방선거, 제19대 국회총선, 제18대 대통령선거 등이 그것들이었다. 각 선거마다 차이는 있었지만 대체로 집권당인 한나라당이 승리를 거뒀다. 특히 대통령선거에서 한나라당은 박근혜후보를 당선시키는 데 성공했다.

이명박 대통령은 대통령선거 이전에, 재임 때 그리고 퇴임 이후에도 회사 BBK 및 다스(DAS) 그리고 서울내곡동사저매입 등을 둘러싸고 논란의 대상이 됐다. 결국 퇴임 이후 이 일련의 문제들에 다른 문제들이 얽혀 유죄판결을 받았고 투옥됐다.

제1항 이명박 대통령의 저서 및 전기

이명박 전 대통령이 기업인으로부터 정치인으로 성장하는 순서에 따라 소개하기로 한다.

경영인 이명박을 주제로 한 드라마

KBS2TV는 1990년 10월 20일~1991년 10월 20일에 주말 연속방송극으로 『야망의 세월』을 방영했다. '이명박'이라는 실명은 전혀 나오지 않지만, 시청자들은 이 드라마가 그를 주제로 삼았다는 사실을 곧바로 알 수 있었다. 이명박이 1992년 실시된 제14대 국회의원 총선에 입후보해 당선됨으로써 정계에 들어가기 이전 시기를 다뤘다. 극작가 나연숙(羅漣淑, 1944~2022)이 각본을 썼으며, 탤런트 유인촌(柳仁村)이 주역을 맡았다.

이 드라마는 이후 그의 15대 국회총선 당선과 32대 서울특별시장(2002~2006) 당선에 도움을 준 것으로 평가된다. 유인촌(1951~현재)은 중앙대학교 예술대학 연극영화학과를 졸업하고 중앙대학교 대학원 연극영화학과에서 석사학위를 받았으며 동아연극상과 이해랑연극상 등을 비롯해 여러 상을 받았다. 훗날 이명박정부에서 문화관광부장관에 이어 문화담당 대통령특별보좌관을 맡았으며 예술의전당 이사장을 맡았다.

청계천복원사업과 이명박

이명박 서울특별시장은 자신의 임기 안에 찬반 논란 속에서 청계천복원사업을 완료했다. 청계천이 화려하게 되살아나면서 그의 지도자 이미지는 크게 향상됐고 대통령으로 당선되는 데 있어 중요하게 기여했다.

(1) 서울특별시 홍보기획관 홍보담당관 편, 『청계천복원사업백서』전3권(서울특별시 홍보기획관 홍보담당관실, 2006).

(2) 박명현(朴命鉉), 「서울시 청계천복원사업의 갈등관리 과정에 관한 연구: 서울시와 상인집단 간의 협상을 중심으로」, 서울시립대학교 대학원 도시행정학과 행정학박사 학위청구논문, 2004년 8월; ______, 『청계천, 갈등과 협상의 법칙: 살아 숨쉬는 서울만들기』(환타지아, 2008).

※ 박명현(1951~현재)은 영남대학교 법정대학 법학과를 졸업하고 서울대학교 행정대학원에서 석사학위를 받았다. 행정고시를 통해 직업공무원의 길을 밟아 청계천복원추진본부 행정기획단장을 역임했다.

(3) Peter G. Rowe, ed., with Sae-hoon Kim and Sang-hoon Jung, *A City and Its Stream: An Appraisal of the Cheonggyecheon Restoration Project and Its Environs in Seoul, South Korea*(Seoul and Cambridge, M.A.: Seoul Development Institute and Harvard University Graduate School of Design, 2010).

(4) Joan Busquets, ed., *Deconstruction/Construction: The Cheonggyecheon Restoration Project in Seoul*(Cambridge, M.A.: Harvard University Graduate School of Design, 2011).

이명박 대통령 후보 저서

(1) 이명박(李明博), 『신화는 없다』(김영사, 1995)/히라이 히사시(平井久志)·전경(全

璟) 공역, 『이명박 자전(自伝)』(도쿄: 신초샤[新潮社], 2008)/ Myung-bak Lee, Ilbum Kim. trans., *The Uncharted Path: The Autobiography of Lee Myung-bak*(Seoul: Sourcebooks, 2011).

자신의 출생으로부터 현대의 최고경영자를 거쳐 국회의원이 됐을 때까지의 생애를 수필 형식으로 쓴 책이다. 저자는 사람들이 자신을 '신화의 주인공'이라고 부르지만, 자신이 살아온 나날은 '신화'가 아니었고 하루하루를 충실히 생활한 '인고(忍苦)의 과정'이었다고 썼다. 저자가 대통령으로 취임하자, 일본에서는 곧바로 이 책의 번역판을 출판했다.

(2) 이명박(李明博) 지음/ 김점선(金點善) 그림, 『어머니: 생각만 해도 가슴 저미는 이름』(랜덤하우스코리아, 2007); ______, 『이명박의 흔들리지 않는 약속』(랜덤하우스코리아, 2007년 3월); ______, 『청계천은 미래로 흐른다: 1%의 가능성을 100%로 바꾼 추진력』(랜덤하우스코리아, 2007); ______, 『온몸으로 부딪쳐라: 위기를 성공으로 이끄는 힘』(랜덤하우스코리아, 2007).

위의 네 책은 대통령선거를 앞두고 동시에 출판됐다.

(3) 마위(馬兪) · 김종성(金宗成) 공역, 『경영미래: 이명박 자전』(중국문)(베이징: 인민출판사, 2008).

이 대통령의 『신화는 없다』와 『온몸으로 부딪쳐라』를 재편집해, 가난한 집안에서 태어나 대기업 최고경영자를 거쳐 대통령에 당선되기까지의 삶을 소개했다.

이명박 전 대통령 전기

(1) 이정규 · 정진섭 공저, 『황소 이명박』(경기도 파주시: 밝은세상, 2005).

(2) 김대우(작가, 전 국회의원 보좌관), 『이명박: 대통령을 울린 시장』(태웅출판사, 2005); ______, 『불멸의 리더십 이명박: 이보다 이명박을 잘 표현할 수 있는 단어들이 있을까』(바이오프레스, 2005).

(3) 박경범(朴京範), 『이명박 대통령 전기』(유페이퍼, 2014).

『신화는 없다』 등 이명박 전 대통령의 알려진 일대기를 극본 형식으로 정리했다.

이명박 대통령이 애독하고 권장한 책

Cella Sandys and Jon Littman, *We Shall Not Fail: The Inspiring Leadership of Winston*

Churchill(New York: Portfolio, 2004)/박강순 옮김, 『우리는 결코 실패하지 않는다: 돌파의 CEO 윈스턴 처칠』(한스미디어, 2004).

윈스턴 처칠 전 영국총리의 외손녀 실리아 샌디스가 처칠의 메모와 편지, 연설문, 일화 등을 중심으로 썼다. 이명박 대통령이 자신의 임기 가운데 청와대 참모진에게 선물한 책이다.

대통령으로서의 연설

이명박(李明博), 『한국의 대통령 연설문 — 제17대 이명박 대통령』(씨익북스, 2020).

대통령 재임기에 대한 회상

이명박(李明博), 『대통령의 시간: 2008~2013』(알에치코리아, 2015).

이명박 대통령 재임 5년을 보여주는 방대한 이 책은 다음과 같은 내용을 담았다.

15. 북한의 정상회담 제안과 천안함 · 연평도 도발, 325~353쪽.
16. 통일은 도둑같이 온다, 354~371쪽.

6장 그래도 일본은 우방이다

17. 한걸음씩 미래로, 375~395쪽.
18. 우려스러운 일본의 우경화, 396~410쪽.
19. 정례화한 한 · 일 · 중 정상회의, 411~415쪽.

7장 외교의 새 지평을 열다

20. 러시아와 북방개척의 꿈, 419~426쪽.
21. 신아시아 외교 I: 중앙아시아, 427~439쪽.
22. 신아시아 외교 II: 동남아시아, 440~456쪽.

8장 더 큰 대한민국을 향하여

23. 세계를 경제영토로, 동시다발 FTA, 461~483쪽.
24. G20정상회의 참여와 서울유치, 484~507쪽.
25. 핵안보정상회의 유치, 508~512쪽.
26. 원전수출국 반열에 서다, 513~534쪽.
27. 작전명 '아덴만의 여명,' 535~546쪽.

9장 5년 대통령이 100년을 보다

28. '그린 뉴딜' 4대강 살리기, 549~583쪽.
29. 녹색성장, 세계 언어가 되다, 584~611쪽.
30. 안타까운 세종시, 612~645쪽.

10장 서민을 따뜻하게, 중산층을 두텁게

31. 친서민 중도실용을 다시 세우다, 649~670쪽.
32. 최고의 복지는 일자리, 671~685쪽.
33. 양날의 칼, 물가 · 환율 · 금리 · 감세정책, 686~702쪽.
34. 신고졸(新高卒)시대를 열다, 703~712쪽.

11장 문화·과학강국이 살 길이다

35. 삼수(三修) 만에 성공한 평창 동계올림픽 유치, 715~727쪽.
36. 선진 일류 국가는 문화국가, 728~746쪽.
37. 과학강국을 위한 새로운 도전, 747~752쪽.

12장 아쉬움을 뒤로하고

38. 한 일과 못다 한 일들, 755~774쪽.
39. 109번의 라디오 연설, 775~781쪽.

『대통령의 시간』을 둘러싼 논쟁

『대통령의 시간』에 언급된 인사들의 반론이 뒤따랐다.

(1) 강지남(姜知男), 「"MB측근들, 수정안 관철 의지 있었나": 세종시 수정안 주도, 정운찬 전 총리 토로」, 『신동아』(2015년 3월), 82~89쪽.

(2) 한상진(韓相眞), 「"핑계 댈 생각은 없지만…최경환 · 윤상직에게 물어보라"(김두우 전 청와대 홍보수석)」,(2015년 3월), 108~115쪽.; ______, 「"자원외교 비리? 솔직히 자신 없다" "MB 측근 비리? 그 정도면 양호": MB 회고록 총괄 집필 김두우(金斗宇) 전 청와대 홍보수석」. 『신동아(2015년 4월) 116~121쪽.

(3) 허만섭(許萬燮), 「"이상득, MB 대선자금 전담 다들 부의장실로 돈 받으러 갔다": 이명박정권 '개국공신' 정두언(鄭斗彦) 전격증언」, 『신동아』(2015년 3월), 116~125쪽.

(4) 구해우(具海祐) 대담/ 송홍근(宋泓根) 정리, 「"정치주체 '지적 능력' 부족해 '선언'만 있고 '처방' 안 나와: '공진국가(共進國家)' 구상하는 박형준(朴亨埈)」, 『신동아』(2015년 4월), 168~125쪽.

제2항 이명박 대통령 내각과 보좌진

국무총리

이명박정부에서는 한승수(韓昇洙, 1936~현재)와 정운찬(鄭,雲燦, 1947~현재) 및 김황식(金滉植, 1948~현재) 등이 차례로 국무총리를 맡았다. 그들 가운데 한승수에 대해서는 이 제14권의 제2부 제2장 제1절 제2항에서 자세히 살피기로 하고 여기서는 생략하기로 한다.

(1) 정운찬(鄭雲燦), 『한국경제 죽어야 산다: 정운찬 교수 경제 칼럼집』(나무와숲, 1998); ______, 『한국경제 아직도 멀었다』(나무와 숲, 1999); ______, 『한국경제 아직 늦지 않았다: 위기의 한국경제가 풀어야 할 과제와 해결 방안, 그리고 새로운 패러다임: 정운찬 평론집』(나무와숲, 2007).

정운찬 전 국무총리는 서울대학교 상과대학 경제학과를 졸업하고 한국은행에 근무한 뒤 미국으로 유학해 마이애미대학교 대학원 경제학과에서 석사학위를 받은 데 이어 프린스턴대학교 대학원 경제학과에서 박사학위를 받았다. 서울대학교 사회과학대학 경제학과 교수로 출발해 서울대학교 총장에 이어 국무총리로 봉직했다.

그는 경제학자로서 『거시경제론』(다산출판사, 1982)과 『경제통계학』(경문사, 1985) 등과 같은 경제학에 관한 많은 저서를 출판했다. 여기서는 그 저서들을 모두 소개하지 않고, 국가정책에 직결되는 사례 또는 국가정책에 관한 그의 생각을 이해하게 만들어주는 사례에 한정했다.

퇴임 이후의 저서

정운찬, 『동반성장과 한반도통일』(동반성장연구소, 2016); ______, 『우리가 가야할 나라 동반성장이 답이다』(희망사업단, 2016); ______, 『동반성장 국가로 가는 길』(희망사업단, 2017); ______, 『공동체와 동반성장』(동반성장연구소, 2018); ______, 『동반성장 원리와 자본주의 정신(동반성장 사회를 위한 정책과제)』(동반성장연구소, 2020); ______, 『한국경제, 동반성장, 자본주의 정신』(파람북, 2021); ______, 『한국경제의 동반성장을 위한 전략』(동반성장연구소, 2022).

이명박 대통령은 2010년 8월 15일의 광복절 경축사를 통해 동반성장론을 폈고, 2010년 9월 29일 비상경제대책회의에서 '대·중소기업동반성장추진대책'을 발표했으며 그해 12월에 동반성장위원회를 발족하고 정운찬 전 총리를 초대 위원장으로 선임했다. 정 전 총리는 여러 저서에서 동반성장론을 전개하면서, 그 이론의 뿌리를 '경제학의 아버지'로 불리는 영국의 애덤 스미스(Adam Smith, 1723~1790)에서 찾았다. 스미스는 1776년에 출판한 『국부론(*The Wealth of Nations*)』에서 '보이지 않는 손(invisible hands)'이라는 개념을 창안했다. 흔히 이기심에 가득 찬 인간들이 이익을 좇으며 자유롭게 경쟁하다 보면, '보이지 않는 손'이라는 시장원리가 작동해 번영을 불러온다고 이해한다. 하지만 정 전 총리는 그것은 편협한 해석이라고 논평했다. 스미스가 말한 자본주의 정신은 자유경쟁을 무작정 허용하는 것이 아니라 법과 페어플레이 규칙을 지켜야 한다는 것을 전제로 한다는 것이다.

정 전 총리는 스미스가 『국부론』에 17년 앞서 1759년에 출판한 『도덕감정론(*The Theory of Moral Sentiments*)』을 같이 읽어야 스미스의 자본주의 정신을 제대로 이해할 수 있다고 논평했다. 여기서 스미스는 인간에게는 이기심뿐 아니라 공감능력이 있다고 본 것이다. 정 전 총리는 '더불어 성장하고 함께 나누자'는 동반성장은 공감을 바탕으로 모두에게 정당한 몫이 돌아가는 협력적 경쟁을 추구하자는 논리라고 해석했다. 동반성장은 반(反)자본주의란 오해를 풀고, 오히려 자본주의 기본정신에 충실하다는 메시지를 던진 것이다. 저성장 · 양극화를 극복하는 최선의 방안으로 제시한 동반성장의 불씨를 되살리려는 노력이 엿보인다.

(1-A) 박규호(朴圭浩), 「혁신형 기업생태계 구축과 창조적 성장: 재벌개혁론 및 동반성장론에 대한 비판적 검토」, 『동향과 전망』86호(2012년 가을 · 겨울호), pp.134-163.

(2) 김황식(金滉植), 『연필로 쓴 페이스북 지산통신』(경기도 파주시: 나남출판, 2013); ______, 『소통, 공감 그리고 연대(총리실 880일의 기록)』(21세기북스, 2021); ______, 『독일의 힘, 독일의 총리들 1(독일의 통일과 번영을 이끈 정치 리더십)』(21세기북스, 2022).

저자는 서울대학교 법과대학 법학과를 졸업하고 사법시험에 합격해 광주지방법원장을 거쳐 대법관에 올랐으며 감사원장을 거쳐 국무총리로 봉직했다. 이후 삼성문화재단 이사장으로 활동하고 있다. 제목의 '지산'은 광주지방법원이 있는 광주광역시 광산구 지산동을 의미한다.

내각과 대통령 비서실 및 보좌진

(1) 이재오(李在五), 『백의에 흙을 묻히고 종군하라』(중앙books, 2008); ______, 『함박웃음: 우리 모두가 함께 꾸는 꿈을 위하여, 아직 아무도 꾸지 못한 꿈을 위하여』(생각나무, 2009); ______, 『정치성찰: 옷깃을 여미고 시대 앞에 서다』(중앙books, 2011); ______, 『이제는 개헌이다: 더 좋은 세상을 위하여』(포북, 2014).

※ 이재오(1945~현재)는 중앙대학교 정경대학 경제학과를 졸업하고 고려대학교 교육대학원에서 석사학위를 받았다. 대학 재학 때부터 반정부운동에 참여해 다섯 차례에 걸쳐 모두 10년 6개월 동안 투옥됐으며, 자신의 경험을 곁들여 『해방후 한국학생운동사』(형성사, 1984)와 『한국학생운동사(1945~1979)』(파라북스, 2011) 및 『한일회담과 반대운동(1951~1965)』(파라북스, 2011)을 저술했다. 한때 「전국민족민주운동연합, 약칭 전민련」의 조국통일위원장, 그리고 민중당 사무총장을 맡았다. 이러한 '좌파적' 경력을 가진 그가 이명박 후보의 대통령 당선을 위해 뛰었기에, 이명박의 대통령 당선에 기여했다는 평가를 받았다. 이미 한나라당에서 원내대표를 맡았던 그는 이명박정부에서 특임장관 등을 역임하며 '실세'로 꼽혔으며, 15대~19대 국회의원으로 활동했다. 이명박정부가 출범하기 직전에 모교인 중앙대학교로부터 명예경제학박사학위를 받았고, 이명

박정부가 물러난 뒤 건국대학교 석좌교수로 봉직했다.

(2) 김연광(金演光), 『선택: 오늘을 선하는 사람 내일을 택하는 사람』(실크로드, 2011).

「Ⅰ. MB정부의 정무팀장 2년」과 「Ⅱ. 편집장의 편지」로 구성됐다. 특히 앞 부분은 「세종시 추진의 전말」을 다뤘다.

※ 김연광(1962~현재)은 서울대학교 사회과학대학 정치학과를 졸업하고 서울대학교 대학원 정치학과에서 석사학위를 받았다. 조선일보 수습기자로 출발해 『월간조선』 편집장을 역임했다. 특임장관실 비서실장을 거쳐 대통령 정무비서관에 이어 국회부의장 비서실장을 역임했다. 현재 프리랜서 정치평론가로 활동하고 있다.

(3) 정두언(鄭斗彦), 『한국의 보수 비탈에 서다:희망의 비상구를 찾아서』(나비의활주로, 2011); ______, 『최고의 총리 최악의 총리:공직생활 20년의 정두언이 털어놓는 행정부 실태』(나비의활주로, 2011); ______, 『잃어버린 대한민국의 시간:MB부터 박근혜까지, 난세에 희망의 정치를 말하다』(21세기북스, 2017); ______, 『정두언, 못다 이룬 꿈: 상식과 실용의 정치를 꿈꾸다』(블루이북스미디어, 2021).

※ 정두언(1957~2019)은 서울대학교 사회과학대학 국제경제학과를 졸업하고 조지타운대학교 대학원에서 석사학위를 받았다. 행정고시를 통해 정부에 들어가 주로 국무총리실에서 봉직하다가 서울특별시장으로 입후보한 이명박캠프에서 활동했고 서울특별시 정무부시장으로 발탁됐다. 17대 국회의원에 당선됐고 이명박대통령후보 캠프에서 활동하다가 18대~19대 국회의원으로 당선됐다. 이명박 대통령 때 이명박의 형 이상득의 정계퇴진을 요구하는 운동에 앞장을 섰다가 여러 불이익을 당했다.

(4) 박형준(朴亨埈), 『한국사회 무엇을 어떻게 바꿀 것인가:공진국가(共進國家) 구상』(메디치미디어, 2014).

"다원적 이익과 다원적 요구 그리고 다원적 의견이 충돌하는 복합사회에서 30%와 40%의 득표로 승자독식하는 모순을 바로 잡으며, 복잡하고 다각적인 의견과 이해관계와 목소리를 합의를 통해 담아내는 정치체제를 개헌을 통해 지향해야 한다"고 제의하며, 그 체제를 '공진국가(co-evolutionary state)'로 명명했다.

※ 박형준(1960~현재)은 고려대학교 문과대학 사회학과를 졸업하고 고려대학교 대학원 사회학과에서 석사학위를 받은 데 이어 고려대학교 대학원 사회학과에서 「극소전자 자동화에 의한 노동과정의 변화」(1991년 8월)로 문학박사학위를 받았다. 동아대학교 사

회과학대학 사회학과 교수를 거쳐 17대 국회의원으로 당선됐으며 이명박정부에서 정무수석비서관과 사회특별보좌관을 역임한 뒤 국회 사무총장을 거쳐 현재 부산광역시 시장이다.

(5) 강만수(姜萬洙), 『현장에서 본 경제위기 대응실록: 아시아금융위기에서 글로벌경제위기까지』(삼성경제연구소, 2015년 1월).

우리가 이 제14권 제2장 제4절 제1항에서 보았듯, 저자는 경제관료로 1997년의 아시아금융위기를 맞아 거기에 대응했던 경험을 바탕으로 『현장에서 본 한국경제 30년: 부가세에서 IMF사태까지』(삼성경제연구소, 2005)를 출판했었다. 위에 적시한 책은 이 책의 후속이다.

이명박정부가 출범한 때로부터 7개월이 채 되지 않은 2008년 9월 15일에 세계 4위의 투자은행인 리먼 브라더스(Lehman Brothers)가 파산했다. 1850년에 유럽에서 미국으로 이주한 유대인 헨리 리먼(Henry Lehman), 이매뉴얼 리먼(Emanuel Lehman) 그리고 메이어 리먼(Mayer Lehman) 삼형제는 앨라배마주 수도 몽고메리에서 이 회사를 세웠다. 이후 우여곡절을 겪으며 뉴욕의 월스트리트에서 골드만삭스, 모건스탠리, 메릴린치에 이어 네 번째 투자은행으로 성장했다. 그러나 파산하게 되면서 미국경제는 물론 세계경제에 큰 영향을 미쳤고 그 영향은 한국으로도 미쳤다.

저자는 이명박정부에서 기획재정부장관으로 맞이했던 글로벌경제위기에 대응한 경험을 바탕으로 위의 책을 썼다. 이 책은 두 차례의 유례없는 세계사적 대위기를 겪으며 한국경제가 어떻게 부침하며 웅전해왔는지를 보여주었다.

(6) 이동관(李東官), 『도전의 날들: 성공한 대통령 만들기 2007~2013』(경기도 파주시: 나남출판사, 2015년 12월).

저자가 이명박 대통령후보 캠프에서, 이어 대통령비서실에서 일한 경험을 담은 책이다.

※ 이동관(1957~현재)은 서울대학교 사회과학대학 정치학과를 졸업하고 서울대학교 대학원 정치학과 석사과정을 수료했으며 하버드대학교 니먼언론재단 펠로로 연구생활을 이어갔다. 동아일보 수습기자로 출발해 도쿄특파원→정치부장→논설위원→편집부국장을 역임하고 이명박 대통령의 홍보수석비서관 및 특임대사로 봉직했다. 서울문화예술대학교 총장으로 봉직한 뒤 현재 윤석열 정부에서 대통령특별보좌역에 이어 방송통신위원회 위원장으로 봉직했다.

(7) 남주홍(南柱洪), 『선비는 시대가 부른다: 런던의 웨이터에서 대표 보수 논객으로』(북오션, 2017).

※ 남주홍(1952~현재)은 건국대학교 정치외교학과를 졸업하고 영국 애버딘대학교 대학원에서 전략학을 전공해 석사학위를 받았으며 런던경제정치대학교에서 정치학박사학위를 받았다. 건국대학교 정치외교학과 교수를 거쳐 국가안전기획부 보좌관과 민주평화통일자문회의 사무차장을 역임한 데 이어, 이명박정부에서 국제안보대사→캐나다대사→국가정보원 제1차장을 역임했다. 경기대학교 정치전문대학원 교수로 정년퇴임했다. 저자의 자전적 회고록인 이 책에서, 저자는 '선 안보 후 통일'이라는 전략현실주의적 안보통일론을 거듭 제시했다. 그는 같은 맥락에서, 『통일의 길 그 예고된 혼돈』(팔복원, 1995), 『한반도의 전쟁과 평화』(학문사, 1999), 『통일은 없다:바른 통일에 대한 생각과 담론』(랜덤하우스코리아, 2006), 『북한의 급변사태와 우리의 대응』(한울아카데미, 2007) 등을 출판했다.

(8) 최병선(崔炳善), 『규제 vs 시장: 시장을 알아야 규제가 보인다』(경기도 고양시: 가갸날, 2023).

이명박정부에서 규제개혁위원회 민간위원장을 맡았던 저자는 이 책에서 자유주의사상가 프리드리히 하이에크(Friedrich Hayek, 1899~1992)와 법경제학의 선구자 로널드 코스(Ronald Harry Coase, 1910~2013)의 이론과 사상을 분석하는 가운데 시장경제의 중요성을 강조했다.

제3항 이명박정부 출범 당시 언론과 학계의 기대와 평가

(1) 『신동아』(2008년 1월), 「총력특집: 이명박, 2008~2013」

(ⅰ) 허만섭(許萬燮), 「특종: 한나라당 '대선 후 전략" 문건; "3각파고(청문회 · 공천 · 특검), '노무현 악법' 개정으로 돌파" "해외거주민 300만표 규합해 임기 중 4대 선거 승리"」. 82~95쪽; ______, 「대통령직 인수위원장 후보 3인 내정: 정운찬(전 서울대 총장) · 박세일(서울대 교수) · 어윤대(전 고려대 총장)」, 114~115쪽.; ______, 「허만섭 기자 대선 막판 전력취재기: 'BBK 총책' 홍준표(洪準杓) MB에게 "형님이 자꾸 쓸데없는

말 해서…" 호통/ 최시중(崔時仲), 정몽준(鄭夢準)에게 "보수가 15년 집권한다, 입당하라"」, 116~125쪽.

※ 홍준표는 다음과 같은 책을 썼다. 홍준표, 『이 시대는 그렇게 흘러가는가: 홍준표 수상록』(문예당, 2000).

(ii) 송국건(宋國建), 「'이명박정권' 10개 그룹 파워 인맥 200인」, 96~113쪽.

(iii) 최호열(崔鎬烈), 「동지상고(同志商高) 은사 김진하 선생이 기억하는 '이명박 군': "명박이한테 당할까봐 교사들이 수업준비 열심히 했죠"」 126~131쪽.

제목의 '동지상고'는 경상북도 포항시에 있는 이명박 대통령의 모교다.

(iv) 김용진, 「서울 강북, 수도권 서북부 · 동부 '갬'/ 비수도권은 아산 · 평택 · 여수 · 포항 '쾌청'」 ,132~145쪽.

(v) 황일도(黃一道), 「'이명박 시대'의 군(軍): '왕형(王兄)' 이상득(李相得) 등에 업은 하나회 귀환? '경영혁식' 한국판 럼스펠드 등장」, 146~157쪽.

(vi) 최영철(崔榮哲), 「이명박 당선자 'IT 개혁안' 정통부+문광부+행자부+방송위+통신위 거대 공룡 '정보미디어부' 뜬다」, 158~163쪽.

(2) 『월간조선』(2008년 1월), 「2007년 대선 특집」

(i) 노태우(盧泰愚), 「두 전직 대통령의 특별기고: 이명박 대통령 당선자에게: 헌법 1 · 3 · 4조는 헌법의 심장이고 뇌수, 나라 수호의 무기이자 국민통합의 기준」, 78~84쪽.

(ii) 김영삼(金泳三), 「두 전직 대통령의 특별기고: 이명박 대통령 당선자에게: 안보와 헌법수호가 대통령의 제1책무 한미동맹 복원하고 일관된 대북정책 펴야」, 88~93쪽.

(iii) 김정렴(金正濂), 「최장수 대통령 비서실장의 조언: 성공한 대통령의 조건: 박정희 대통령이 결재한 서류 많지 않아 대통령은 사색할 시간을 많이 가져야」, 94~103쪽.

필자 김정렴(1924~2020)은 1969~1978년에 박정희 대통령의 비서실장으로 봉직했다.

(iv) 송승호(宋承鎬) · 백승구(白承俱), 「집중취재: '이명박 대통령'을 만든 사람들; 이상득(李相得)의 덕과 최시중(崔時仲)의 지략이 이명박 승리의 두 엔진」, 104~123쪽.

(v) 김태완(金泰完), 「현장취재: 10년 좌파정권 끌어내린 성난 민심; 대선 사상 최다 표차로 압승, 호남 제외 전국 석권; 국민 정권교체 욕구 대폭발」, 124~149쪽; ______, 「긴급점검: 이명박 당선자가 넘어야 할 고비들: 특검을 고리로 한 대선무효 공세 거셀

듯 … 특검서 '무혐의'면 대통합신당 몰락할 수도」, 150~152쪽.

(vi)『별책부록: 이명박시대; 지도자의 상상력이 나라를 바꾼다』

(3)『신동아』(2008년 2월)

(ⅰ) 허만섭(許萬燮), 「'인수위 실세' 김형오(金炯旿) 부위원장 3시간 단독인터뷰」, 82~97쪽.

(ⅱ) 송호근(宋虎根), 「송호근 교수의 '이명박 리더십 · 실용주의 대진단」, 114~139쪽.

(4)『신동아』(2008년 4월 및 5월)

(ⅰ)『별책부록(상) Who's Who 이명박 파워맨』(4월).

『별책부록(하) Who's Who 이명박 파워맨』(2008년 5월).

(ⅱ) 허만섭(許萬燮) · 구자홍(具滋洪), 「행정안부 '6개 정권 장관급 인사 현황: 이명박정권 '영남편중' 최고 … 전두환 · 노태우정권보다 높아」(5월), 96~107쪽.

(ⅲ)『별책부록(하) Who's Who 이명박 파워맨』(2008년 5월).

(5) 매일경제신문사 정치부, 『이명박 시대 파워엘리트: 새 정부, 새 시대를 이끌 236명 인물들에 대한 완전 분석』(매일경제신문사, 2008년 4월)

(6)『월간조선』(2008년 6월).

(ⅰ) 함성득(咸成得), 「이명박 150일의 이유 있는 혼란: 대통령학 전문가 함성득이 본 이명박 위기」, 92~106쪽.

(ⅱ) 황상민(黃相旻), 「심리학 전문가 황상민의 심층진단: "국민들이 지지했던 '이명박 이미지' 당선 이후 급속히 붕괴"」, 108~119쪽.

(ⅲ) 장성민(張誠珉), 「김대중정부 국정상황실장 장성민의 대통령에게 보내는 편지: "대통령님 사장 · 시장 시절의 성공신화는 빨리 잊어주십시오. CEO형 리더가 아니라 진정한 민주정부 건설에 나서길」, 120~133쪽.

(7) 중앙일보 정치부, 『이명박: 핵심인맥 핵심브레인』전2권(중앙북스, 2008).

(8) 고원(高源), 「이명박정부의 성격: 국가주의 · 개발주의로의 후퇴」, 『민주사회와 정책 연구』(한신대학교 민주사회정책연구원) 14(2008), 197~219쪽.

(9) 김인영(金仁寧), 「이명박정부의 본질에 관한 고찰: 신자유주의국가인가, 발전국가의 변환인가?」, 『비교민주주의 연구』(인제대학교 민주주의와자치연구소) 제7권 제2호(2011), 72~94쪽.

제2절 제18대 국회총선·제5회 전국동시지방선거·제19대 국회총선·제18대 대통령선거

이명박정부는 5년 임기 안에 네 차례의 전국 선거를 치렀다. 제18대 국회총선(2008), 제5회 전국동시지방선거(2010), 제19대 국회총선(2012), 그리고 제18대 대통령선거(2012) 등이 그것들이었다.

제1항 제18대 국회총선과 제18대 국회

지역구 245명, 비례대표 54명 등 모두 299명을 선출하는 제18대 국회총선은 2008년 4월 19일에 실시됐으며, 한나라당, 통합민주당, 자유선진당, 친박연대, 민주노동당, 창조한국당, 진보신당 등이 경쟁을 벌였다. 선거인수는 총 37,796,035명이었으며, 그 가운데 46.1%에 해당되는 17,415,920명이 투표했다. 그러나 무효표는 474,737으로, 결국 유효표는 21,332,061으로 집계됐다.

지역구선거의 경우, 한나라당이 131석, 통합민주당이 66석, 자유선진당이 14석, 친박연대가 6석, 민주노동당이 2석, 창조한국당이 1석, 무소속이 25석을 얻었으며, 비례대표선거의 경우, 한나라당이 22석, 통합민주당이 15석, 친박연대가 8석. 자유선진당이 4석,

민주노동당이 3석, 창조한국당이 2석을 얻었다. 지역구와 비례대표를 합친 전체 의석 수에서, 한나라당이 153석, 통합민주당이 81석, 자유선진당이 18석, 친박연대가 14석, 민주노동당이 5석, 창조한국당이 3석, 무소속이 25석을 얻었다. 진보신당은 1석도 얻지 못했다. 한나라당의 이명박정부가 출범한 때로부터 2개월이 채 되지 않은 시점에서 실시된 이 총선에서 한나라당이 과반수를 차지함으로써 여대야소로써 정국을 이끌게 됐다.

자유선진당은 제18대 국회총선을 앞두고 이회창을 중심으로 대전광역시와 충청남도 지역 인사들이 2008년 2월 4일에 급조했다. 대통령선거에서 세 차례 낙선한 이회창은 국회로 진출할 수 있었다. 그러나 자유선진당은 그 지역적 한계로 말미암아 소멸된다.

단행본

한국정당학회 기획/ 유재일(劉載一)·손병권(孫秉權)·임성학(林成學)·가상준(賈尙埈)·윤종빈(尹鍾彬)·서현진(徐賢進)·김욱(金旭: 배재대)·정연정(鄭演禎)·안용흔(대구가톨릭대)·김용복(金容福)·김영태(金榮泰)·정준표(鄭俊杓)·황아란(黃雅蘭)·강경태(姜景太)·박경미(朴京美)·고선규(高選圭)·조진만(趙眞晩)·최준영(崔峻榮) 분담집필, 『18대 총선 현장 리포트: 18인 정치학자의 참여관찰』(푸른길, 2009).

논문

(1) 정준표(鄭俊杓), 「사회경제적 지위와 투표: 제18대 총선과 제17대 총선의 비교」, 『현대정치연구』(서강대학교 현대정치연구소) 제1권 제2호(2008년 가을), 37~74쪽.

(2) 민영(閔瑛), 「온·오프라인 뉴스미디어 이용, 대인 커뮤니케이션, 그리고 정치 참여; 제18대 국회의원 총선거를 중심으로」, 『의정연구』 제14권 제2호(2008년 12월), 143~172쪽.

(3) 전진영(田眞英), 「제18대 국회 원구성과정의 특징」, 『의정연구』 제14권 제2호(2008년 12월), 173~184쪽.

(4) 박명호(朴明浩), 「2008 총선에서 나타난 세대 효과와 연령 효과에 관한 분석」, 『한국정당학회보』 제8권 제1호(2009년 2월), 65~86쪽; ______, 「대학생의 정당 인식과 정당 지지에 관한 시론」, 『현대정치연구』 제1권 제2호(2009년 4월), 151~174쪽.

(5) 가상준(賈尙埈), 「18대 국회 상임위원회 구성의 특징」, 『한국정당학회보』 제8권 제2호(2009년 8월), 67~95쪽; ______, 「18대 국회 이념적 변화의 특징」, 『한국정치연

구』 제19집 제1호(2010년 2월), 21~43쪽.

뒷 논문의 핵심 논지는 다음과 같다.

> 17대 국회는 진보적 색채를 띤 다수의 열린우리당 의원과 민주노동당 의원의 국회 진출로 인해 과거 어느 국회보다 진보적 성향을 보였다. 이에 비해 18대 국회는 보수 색채를 띤 의원들의 국회 입성이 특징으로 17대 국회에 비교해 매우 보수적 의회로 평가받고 있다.

(6) 박윤희(동국대), 「의원발의 법안의 가결 결정 요인에 관한 연구: 18대 국회 상임위원회를 중심으로」, 동국대학교 대학원 정치학과 정치학박사학위청구논문, 2014년 2월.

(7) Han Soo Lee, Hee Min and Jungkun Seo, "Legislative Response to Constituents' Interest in New Democracies: The 18th National Assembly and Income Inequality in Korea," *Government and Opposition*, Vol. 53, No. 2(April 2018), pp.312~334.

(8) 김한나, 「국회의원의 정치적 목표와 상임위원회 활동의 정치적 결과: 제18대, 제19대 국회를 중심으로」, 서울대학교 대학원 정치학과 박사학위청구논문, 2018년 8월.

※ 김한나(1984~현재)는 이화여자대학교 사회과학대학 정치외교학과를 졸업하고 이화여자대학교 대학원 정치외교학과에서 석사학위를 받은 데 이어 서울대학교 대학원 정치학과에서 박사학위를 받았다. 현재 서울대학교 사회과학대학 정치학과 강사다. 박사학위논문을 제출하기에 앞서 다음과 같은 논문을 발표했다. 김한나, 「정치참여의 다양성과 심리적 조건: 내적효능감과 정부신뢰를 중심으로」, 『한국정치연구』제25집 제1호(2016년 2월), 81~110쪽.

강소국 연방제

자유선진당 이회창 총재는 2008년 10월 30일 국회 교섭단체 대표연설에서 '강소국 연방제'를 제의했다. "중앙정부의 권한을 대폭 지방에 이행해 분권 국가구조로 바꿔야 한다"라는 전제 아래 "우리나라를 6~7개의 강소국으로 구성된 연방국가로 만들자"라고 부연했다.

공용득(孔榕得), 「북한의 '연방제' 연구: 중앙과 지방정부의 관계를 중심으로」, 한국외국어대학교 대학원 국제관계학과 박사학위청구논문, 2003년 8월; ______, 『북한연방

제연구: 중앙과 지방정부의 관계를 중심으로』(청목출판사, 2004); ______, 「북한의 연방제 연구: 중앙과 지방정부의 관계를 중심으로」, 『한국정치외교사논총』제31권 제1호(2009년 8월), 299~339쪽.

필자는 이 일련의 저술에서 이회창 총재의 '강소국 연방제'에 대한 분석을 시도했다.

※ 공용득(1963~현재)은 국민대학교 사회과학대학 정치외교학과를 졸업하고 한국외국어대학교 정치행정대학원 외교안보학과에서 석사학위를 받은 데 이어 한국외국어대학교 대학원 국제관계학과에서 박사학위를 받았다. 인천대학교에서 봉직했다.

국회선진화법

김준석(동국대), 「지역구 표심, 정당기율, 그리고 레임덕의회 하의 의원투표: 2012년 「국회선진화법」의 표결을 중심으로」, 『한국정치학회보』제48집 제4호(2014년 9월), 225~248쪽.

18대 국회의 회기 마지막 날인 2012년 5월 2일에 「국회법일부개정안」(약칭 국회선진화법 또는 선진화법)이 통과됐다. 필자는 이 법이 법제화된 배경을 여러 각도에서 분석했다.

제2항 제5회 전국동시지방선거

제5회 전국동시지방선거는 2010년 6월 2일에 실시됐다. 최초로 전국단위의 선거에 교육감직선제가 실시돼, 1일 8표로 치러진 첫 선거로 투표율은 54.5%를 기록했다. 광역단체장 선거의 경우, 여당인 한나라당이 부진했고 범야권이 선전했다.

(1) 중앙선거관리위원회, 『제5회 전국동시지방선거 정당 정책 · 공약 모음집』(중앙선거관리위원회, 2010).

방대한 분량의 자료집이다. 각 정당이 제시한 정책과 공약을 이해하는 데 필수적이다.

(2) 김진하(金鎭河), 「지방선거의 역사적 의미와 6 · 2 지방선거 분석: 서울시장 선거 사례 분석」, 『한국정당학회보』 제9권 제2호(2010), 5~32쪽.

※ 김진하(1964~현재)는 서강대학교 사회과학대학 정치외교학과를 졸업하고 서강대

학교 대학원 정치외교학과에서 석사학위를 받은 데 이어 로체스터대학교 대학원 정치학과에서 석사학위를 받고 노스웨스턴대학교 대학원 정치학과에서 박사학위를 받았다. 현재 계명대학교 국제관계학과 교수다.

(3) 안용흔, 「지방의회선거를 통해 본 정치의 전국화」, 『대한정치학회보』제21집 제1호(2013년 5월), 21~44쪽.

※ 안용흔(1963~현재)은 고려대학교 문과대학 심리학과를 졸업하고 고려대학교 대학원 정치외교학과에서 석사학위를 받은 데 이어 캘리포니아대학교 로스앤젤레스 캠퍼스 대학원 정치학과에서 박사학위를 받았다. 박사학위청구논문 서지사항은 다음과 같다. Yong Heun An, "Elections, Electoral Pressure, and Macroeconomic Policy: The Political Economy of Elections in Korea and Taiwan, "unpub. Ph.D. diss., University of California, Los Angeles, 2002. 현재 대구가톨릭대학교 법정대학 정치외교학과 교수다. 한국의 선거와 선거제도에 관해 여러 논문을 발표했다.

(4) 황아란(黃雅蘭), 「2000년대 지방선거의 변화와 지속성: 현직효과와 중앙정치의 영향」, 『한국정치학회보』 제47집 제5호(2013년 12월), 277~295쪽.

무상급식을 둘러싼 논쟁

2010년 6월 2일에 실시될 제5회 전국동시지방선거 때 서울특별시장 경선에서 한나라당의 오세훈 후보와 원희룡 후보 사이의 학생들을 상대로 한 무상급식문제를 둘러싸고 논쟁이 일어났다. 오세훈 후보가 당선됐으나 교육감에는 진보성향의 곽노현(郭魯炫)이 당선됐고, 서울특별시 의회는 야당인 민주당에 의해 장악됐다. 무상급식문제가 재론됐으며, 오세훈 시장은 2011년 8월 26일에 사퇴했다. 곧바로 보궐선거가 실시돼, 무소속의 박원순(朴元淳) 후보가 당선됐다.

임순미(신라대), 「무상급식논쟁을 통해 본 보수의 담론 · 진보의 담론: 신문 미디어의 프레이밍 분석을 중심으로」, 『한국정치학회보』제45집 제2호(2011년 여름), 251~280쪽.

지역주의 해소를 위한 선거제도 개선방안

강원택(康元澤) 연구책임자/가상준(賈尙埈) · 김영태(金榮泰) · 김용복(金容福) · 김욱(金旭: 배재대) · 윤종빈(尹鍾彬) 공동연구원, 『지역주의 해소를 위한 선거제도 등의 개선방안 연구』(대통령 소속 사회통합위원회, 2010년 4월).

제3항 제19대 국회총선과 제19대 국회

지역구 246명, 비례대표 54명 등 모두 300명을 선출하는 제19대 국회총선은 2012년 4월 11일에 실시됐으며, 새누리당, 민주통합당, 통합진보당, 자유선진당 등이 경쟁을 벌였다. 선거인 수는 총 40,205,055명이었으며, 그 가운데 54.2%에 해당되는 21,806,798명이 투표했다. 그러나 무효표는 474,737으로, 결국 유효표는 21,332,061으로 집계됐다.

지역구선거의 경우, 새누리당이 127석, 민주통합당이 106석, 통합진보당이 7석, 자유선진당이 3석, 무소속이 3석을 얻었으며, 비례대표선거의 경우, 새누리당이 25석, 민주통합당이 21석, 통합진보당이 6석, 자유선진당이 2석을 얻었다. 지역구와 비례대표를 합친 총 의석수에서, 새누리당이 152석, 민주통합당이 127석, 통합진보당이 13석, 자유선진당이 5석, 무소속이 3석을 얻었다.

단행본

한국정당학회 기획/ 이현출(李鉉出) · 박명호(朴明浩) · 유성진(兪成振) · 이동윤(신라대) · 고경민(高敬旼) · 가상준(賈尙埈) · 김용호(金容浩) · 지병근(池昞根) · 엄기홍(嚴基洪) · 전용주(全勇株) · 유진숙(柳珍淑) · 김재한(金哉翰) · 박경미(朴京美) · 김용복(金容福) · 조진만(趙眞晩) · 윤종빈(尹鍾彬) · 장우영(張又永) 분담집필, 『19대 총선 현장 리포트: 17인 정치학자들의 참여관찰』(푸른길, 2012).

제19대 국회총선

(1) 윤여준(尹汝雋) · 이해찬(李海瓚) 토론/ 백낙청(白樂晴) 사회, 「4·11총선 이후의 한국정치」, 『창작과 비평』 제40권 제2호(2012년 여름), 179~216쪽.

(2) 정준표(鄭俊杓), 「매표와 정치참여: 제19대 청도군. 경산시. 수성구 국회의원선거」, 『의정논총』8(2013년 6월), 123~152쪽.

국회의원선거에서 '매표(買票)'는 오랜 기간에 걸쳐 자행됐으나 이 문제를 학술논문에서 제목으로 등장시키며 정식으로 다룬 논문은 이 논문이 처음일 것으로 짐작된다. 필자는 자신의 초록에서 요지를 다음과 같이 소개했다.

"최근 한국 선거에서 매표는 얼마나 널리 퍼져 있는 현상인가? 후보자가 매표의 대상으로 생각하는 유권자는 어떤 특성을 가지고 있는가? 후보자는 과연 의도한 대로 유권자를 접촉하고 매표에 성공하는가? 매표는 투표참여를 증가시키는가? 이러한 의문에 답하기 위하여, 본 논문은 유권자의 솔직한 응답을 끌어내기 위한 다양한 간접질문이 포함된 설문조사 자료를 활용한다. 분석의 결과는 다음과 같다. 첫째, 최소한 2004년 공직선거법의 근본적 개혁 이전의 선거와 비교하면 매표는 확연히 감소하였다. 둘째, 후보자가 사회경제적 지위나 기타 기준에 근거한 특정한 매표 대상선정 전략이 있다고 하더라도, 현실적으로는 의도한 전략대로 이행하기가 어려우며 결국 접촉이 가능한 집단을 대상으로 매표노력이 이루어졌고, 또한 사회경제적 지위는 매표의 수준과 통계적으로 관련이 없는 것으로 나타났다. 셋째, 매표는 다른 합법적인 동원과 마찬가지로 투표참여에 정의 영향을 미친다. 넷째, 선거에 대한 관심이 클수록 매표수용의향이 줄어들고 매표의 목표도 달성하기 어렵고 정치인 및 선거에 대해서도 긍정적 평가를 하는 것으로 나타났다. 이러한 결과의 정책적 함의는 선거운동의 자유를 대폭 확대하는 방향으로 현재의 규제중심의 선거법이 바뀌어야 한다는 것이다."

(2-A) 정준표(鄭俊杓), 「사회경제적 지위가 정치적 선호 및 선택에 미치는 영향: 제19대 한국 국회의원선거를 중심으로」, 『아태연구』(경희대학교 아시아태평양지역연구원) 제23권 제2호(2016년 6월), 113~145쪽; 김정도(金呈道) · 정준표(鄭俊杓), 「선거자금과 지역주의: 제19대 국회의원 선거자금에 나타난 지역주의 정도의 측정」, 『국제정치연구』 제19권 제1호(2016년 6월), 23~48쪽.

(3) 김성연(金成淵), 「정책선호가 정당 지지에 미치는 영향: 제19대 총선을 중심으로」, 『한국정치학회보』 제48권 제1호(2014년 3월), 119~140쪽.

(4) Jinhee Jo, Jinyoung Lee, and YeaWon Kim, "Political Knowledge and Voter Turnout in South Korea," *Korea Observer*, Vol. 48, No. 1(Spring 2017), pp.135~156.

※ Jinhee Jo(1980~현재)는 고려대학교 정경대학 행정학과를 졸업하고 고려대학교 대학원 행정학과에서 석사학위를 받은 데 이어 로체스터대학교 대학원 정치학과에서 박사학위를 받았다. 박사학위청구논문 서지사항은 다음과 같다. Jinhee Jo, "The Politics of Presidential Appointments: Three Essays," unpub, Ph.D. diss., University of Rochester, 2012. 현재 경희대학교 정경대학 정치외교학과 교수다.

(5) 김도원(金度沅) · 김효원(金孝媛), 「19~20대 국회의원의 전략적인 정치자금 할당과 재선」, 『한국정치연구』제31집 제2호(2022년 6월), 57~91쪽.

第19대 국회 구성 및 법안

(1) 정준표(鄭俊杓), 「제19대 국회 전반기 상임위원회 구성의 특징: 후원금, 이념, 선수, 득표율차」, 『의정논총』 제9권 제1호(2014년 6월), 73~111쪽; ______, 「19대 국회 전반기 여성가족위원회와 여성 관련 법안의 입법화」, 『의정논총』 제11권 제1호(2016년 6월), 179~202쪽.

(2) 구본상(具本常), 「19대 국회의 레임덕 회기 하 본회의 표결 분석-국회의원 공천 및 재선 요인에 따른 참여와 투표행태의 차이」, 『미래정치연구』(미래정치연구소) 제10권 제1호(2020년 6월), 5~32쪽; ______, 「누가, 왜 국회법을 개정하려 하는가? 제19대 국회 국회법 개정안 발의 분석」, 『의정연구』 제24권 제2호(2018년 8월), 67~99쪽; ______, 「국회 절차적 규칙 개정의 유인: 제19대 국회 국회법 개정안 본회의 표결 분석」, 『한국정당학회보』 제17권 제2호(2018년 6월), 121~147쪽.

제4항 제18대 대통령선거

제18대 대통령선거는 2012년 12월 19일에 실시됐다. 정당 후보로는 「새누리당」 박근혜(朴槿惠) 후보, 「민주통합당」 문재인(文在寅) 후보, 「통합진보당」 이정희(李正姬) 후보가 등록을 마쳤으나 이정희 후보가 사퇴함에 따라 박근혜 후보와 문재인 후보 사이의 양강구도가 형성됐다. 예비후보 등록을 마쳤던 안철수 후보는 정식 등록에 앞서 문재인 후보를 지지한다고 발표하면서 정식 후보로 등록하지 않았다. 무소속 후보로는 강지원(姜智遠) 후보를 비롯해 모두 4명이 등록을 마쳤다. 선거인 수는 총 40,507,842명이었으며, 그 가운데 75.8%에 해당하는 30,721,459명이 투표했다. 그러나 무효표는 126,838으로, 결국 유효투표는 30,594,621으로 집계됐다. 이 가운데 박근혜 후보는 51.55%에 해당하는 15,773,128표를 얻었고, 문재인 후보는 48.02%에 해당되는 14,692,632표를 얻었다.

기대되는 대통령

김택환(金宅煥) · 전영기(全榮基) 공저, 『다음 대통령: 대한민국 국가리더십의 발견』(금요일, 2010).

제18대 대통령선거를 앞두고 학자들과 언론인들 및 정치인들이 다음 대통령이 가져야 할 리더십 특징을 토론했다.

제18대 대통령선거

(1) 박찬욱(朴贊郁) · 강원택(康元澤) 공편, 『2012년 대통령선거 분석』(경기도 파주시: 나남, 2013).

머리말, 7~16쪽.

박찬욱, 「2012년 대통령선거의 특징」, 17~50쪽.

박원호, 「정당일체감의 재구성」 51~74쪽.

윤광일, 「지역주의 투표」, 75~110쪽.

강원택, 「사회계층과 투표선택」, 111~138쪽.

노환희 · 송정민, 「세대균열에 대한 고찰: 세대효과인가, 연령효과인가」, 139~185쪽.

오현주 · 길정아, 「유권자의 이념과 투표선택: 보수의 결집과 진보의 분열」, 185~218쪽.

장승진, 「쟁점 투표와 정치지식: 경제민주화 이슈를 중심으로」, 219~246쪽.

한정훈, 「유권자의 정치사회화와 지지후보 결정의 안정성」, 247~282쪽.

※ 한정훈은 다음의 논문도 발표했다. 한정훈(韓定勳), 「한국 유권자의 이념성향: 통일의 필요성 인식에 미치는 효과에 관한 사례분석」, 『한국정치학회보』 제50집 제4호(2016년 9월), 105~126쪽.

류재성, 「안철수 지지자의 선택」, 283~306쪽.

강신구, 「투표할 것인가? 누구에게 투표할 것인가?」,307~344쪽.

이상신, 「정치적 소통은 분열을 심화시키는가?」, 345~374쪽.

김석호 · 박바름 · 하헌주, 「사회연결망 특성이 후보 선택시기와 투표참여에 미치는 영향」, 375~402쪽.

부록 - 정치와 민주주의에 관한 의식 조사, 403~428쪽.

(2) 박원호 · 안도경 · 한규섭, 「제18대 대통령 선거의 경제민주화 쟁점에 대한 실험설문: 프레이밍 효과를 중심으로」, 『한국정치연구』 제22집 제1호(2013년 2월), 1~28쪽.

(3) 장승진(張丞鎭), 「경제민주화와 제18대 대선: 쟁점 투표와 정치지식」, 『한국정당학회보』 제12권 제1호(2013년 3월), 87~112쪽.

(4) 임성학(林成學), 「18대 대선과 이념, 세대 이슈의 변화와 지속」, 『동서연구』 제25권 제2호(2013년 6월), 181~201쪽.

17대 대선과 18대 대선을 비교한 뒤, 18대 대선에서 '이념과 세대는 중요한 변수'가 됐으며, "이념과 세대의 상관관계가 매우 높은 것으로 보여 한국정치의 중심적 균열구조로 자리 잡을 가능성이 높아지고 있다"고 보았다.

(5) 이내영(李來榮) · 안종기, 「제18대 대통령선거와 회고적 투표: 왜 제18대 대통령선거에서 집권정부에 대한 회고적 평가가 중요한 영향을 미치지 못했나?」, 『한국정당학회보』 제12권 제2호(2013년 7월), 5~36쪽.

(6) 장승진(張丞鎭) · 길정아(吉貞兒), 「제18대 대선의 투표선택에 대한 방법론적 재검토: 한국 유권자는 정말로 전망적 투표를 했는가?」, 『한국과 국제정치』 제30권 제3호(2014년), 1~28쪽.

(7) 김성연(金成淵), 「한국 무당파(無黨波)의 이념, 정책 선호, 그리고 정치적 태도: 제18대 대통령선거를 중심으로」, 『국제지역연구』(한국외국어대학교 국제지역연구센터) 제19권 제3호(2015년 10월), 149~172쪽; ______, 「정치적 태도와 인식의 양극화, 당파적 편향, 그리고 민주주의: 2012년 대통령 선거 패널 데이터 분석」, 『민주주의와 인권』(5·18연구소) 제15권 제3호(2015년 12월), 459~491쪽; ______, 「정책선호, 정책인식, 그리고 정책투표의 영향: 18대 대통령선거를 중심으로」, 『의정연구』 제21권 제3호(2015년 12월), 69~100쪽; ______, 「한국 선거에서 경제투표의 영향: 제18대 대통령선거 패널 데이터 분석 결과」, 『한국정치학회보』 제50집 제5호(2016년 12월), 109~130쪽; ______, 「제18대 대통령선거에서 이념의 영향: 패널 데이터 분석 결과」, 『의정연구』 제23권 제2호(2017년 8월), 147~177쪽; ______, 「제18대 대통령선거에서 후보자 요인의 영향: 패널 데이터 분석 결과」, 『한국정치연구』(서울대학교 사회과학연구원 한국정치연구소) 제26권 제3호(2017년 10월), 175~204쪽.

※ 김성연(1967~현재)은 서울대학교 사회과학대학 정치학과를 졸업하고 텍사스대학교 오스틴 캠퍼스 대학원 정치학과에서 석사학위를 받은 데 이어 뉴욕주립대학교 스토니브룩 캠퍼스에서 정치학박사학위를 받았다. 정치학박사학위청구논문 서지사항은 다음과 같다. Sung-youn Kim, "A Model of Information Processing, Dynamics of Candidate Evaluation, and Dynamics of Cooperation in the Repeated Prisoner's Dilemma," unpub. Ph.D. diss., State University of New York, Stony Brook, 2005. 조지타운대학교 조교수를 거쳐 현재 건국대학교 정치대학 정치외교학과 교수다.

자신의 박사학위논문에 근거해 다음과 같은 저서 또는 논문을 출판했다.

(ⅰ) Sung-youn Kim, *A Model of Political Judgment: Political Information Processing, Candidate Evaluation, and Cooperation in the Prisoner's Dilemma*(Saarbrücken, Germany: VDM, 2009).

(ⅱ) ______, "Psychological Learning, Reinforcement Learning, and The Emergence of Cooperation in the Prisoner's Dilemma," 『한국정치학회보』 제43집 제5호(2009년 12월), 53~74쪽.

(ⅲ) ______, "Online Processing, Memory-based Processing, and an Integrated Model of Candidate Evaluation: A Simulation-Based Empirical Investigation," 『국제정치논총』 제49권 제6호(2009년 12월), 99~123쪽.

(ⅳ) ______, "A Computational Model of the Citizen as Motivated Reasoner: Modeling the Dynamics of the 2000 Presidential Election," *Political Behavior* Vol. 32, No. 1(March 2010), 1~28쪽.

(ⅴ) ______, "A Model of Political Judgment: An Agent-Based Simulation of Candidate Evaluation," *Journal of Artificial Societies and Social Simulation,* Vol. 14, No. 2(March 2011),

(ⅵ) ______, "A Model of Political Information-Processing and Learning Cooperation in the Repeated Prisoner's Dilemma," *Journal of Theoretical Politics,* Vol. 24, No. 1(January 2012), pp.46~65.

(8) 김성연(金成淵), 「한국 선거에서 투표 참여집단과 불참 집단의 정책선호와 사회경제적 배경: 2012년 양대 선거를 중심으로」, 『아태연구』(경희대학교 국제지역연구원) 제22권 제4호(2015년 12월), 41~67쪽.

제목에 나오는 '2012년 양대 선거'는 제19대 국회총선(2012년 4월 11일)과 제18대 대통령선거(2012년 12월 19일)를 말한다.

제5항 안철수 현상

대체로 제18대 대통령선거를 1년 앞둔 2011년부터 한국정치에는 '안철수현상'이라는 새로운 흐름이 나타났다. 안철수(安哲秀, 1962~현재)는 서울대학교 의과대학을 졸업하고 서울대학교 대학원 의학과에서 석사→박사학위를 받은 의사다. 단국대학교 의과대학 전임강사로 교직을 출발해 한국과학기술원(KAIST) 교수 및 서울대학교 공과대학 융합과학기술대학원 원장을 역임했다. 그 과정에서 그는 주식회사 안랩을 설립하고 컴퓨터 백신프로그램 V3를 개발해 명성을 얻었으며 특히 이 기업을 통해 얻은 수입을 모두 사회에 환원해 감동을 주었고 펜실베이니아대학교로 유학해 공학석사학위와 경영학석사학위를 받았다. 그는 2011년 10월에 실시된 서울특별시 시장 보궐선거에서 박원순(朴元淳, 1956~2020) 후보를 위해 출마하지 않을 뜻을 밝힘으로써 그때로서는 좋은 호응을 받았다. 이 일들을 계기로 그를 대통령선거에 내세우려는 운동이 일어났고, 이후 2016년 4월 13일에 실시된 제20대 국회의원에 당선됐으며, 「국민의 당」을 창당해 대표로 봉직했다. 2012년 12월 19일에 실시된 제18대 대통령선거에 예비등록을 마쳤으나 문재인 후보 지지를 선언하고 사퇴했다. 2017년 5월 19일 제19대 대통령선거에 당 후보로 입후보했으나 낙선했다.

안철수의 저서

(1) 안철수, 『별난 컴퓨터 의사 안철수』(비전, 1995); ______ · 이윤기(李潤基) · 최재천(崔在天) · 홍세화(洪世和) · 권삼윤(權三允) · 김선동(金聖東) · 이희수(李熙秀) · 최영순 · 강만길(姜萬吉) · 서중석(徐仲錫) · 이윤하 · 김풍기(金豊起) · 신명직 · 유영초 · 유창주 · 최열(崔洌) · 정호승(鄭浩承) 분담집필, 『당신에게 좋은 일이 나에게도 좋은 일입니다』(고즈윈, 2004); ______ · 박경철(朴慶哲), 『내 인생의 결정적 순간: 그 순간이 없었으면 지금의 나는 없다』(이미지박스, 2007); 안철수, 『안철수: 경영의 원칙』(서울대학교 출판문화원, 2011).

마지막 책은 저자가 서울대학교 교수로 교수 · 학생 · 시민을 대상으로 기획된 「관악초청강연」에서 행한 강연내용과 질문 · 답변을 담았다.

(2) 안철수 지음/제정임(諸貞任) 엮음 『안철수의 생각: 우리가 원하는 대한민국의 미래 지도』(경기도 파주시: 김영사, 2012).

안철수와 안철수 현상에 대한 분석

(1) 심지연(沈之淵), 『한국정당정치사: 위기와 통합의 정치』(백산서당, 2004; 2022년 제4차 개정판), 683~697쪽(제4차 개정판 기준).

(2) 김만흠(金萬欽), 「'안철수 돌풍'과 정당실패의 내막」, 『폴리뉴스』(2011년 9월 22일); ______, 『정당정치, 안철수 현상과 정당재편』(경기도 파주시: 한울, 2012).

앞의 논설은 뒤 책의 14~18쪽에 전재되어 있다. 필자는 '급작스럽게 등장한 비정치인 안철수에 대한 높은 정치적 지지현상'을 '안철수 현상'이라고 명명하고, 이러한 현상이 일어난 배경을 분석했다. 필자는 이어 '안철수 현상'을 계기로 한국의 정당정치사를 평이하게 설명했다.

(3) 정해구(丁海龜), 「안철수 현상, 시민정치의 부상, 정당정치 재편의 전망」, 『내일을 여는 역사』(서해문집) 45(2011년 겨울), 50~65쪽.

안철수 현상이 어떤 과정을 통해 부상했고, 그것이 부상한 원인은 무엇인가, 안철수 현상에 연결된 '시민정치'의 부상이라는 현상이 한국정치에서 갖는 의미는 무엇인가, 그리고 시민정치의 부상이 기성 정당정치의 재편에 미칠 영향은 무엇인가 등을 심층적으로 분석했다.

(4) 박명호(朴明浩), 「'안철수 현상', 2012년 총선 그리고 한국정치」, 『선거연구』(한국선거학회) 제2권 제1호(2012년 봄), 7~29쪽.

안철수 현상의 원인과 의미 그리고 2012년 제19대 총선의 특징과 승부처에 대한 검토를 통해 한국정치 균열구조의 변화를 전망했다. 필자의 전망 가운데 하나는 "정치충원 과정이 근본적으로 변화하여 정당의 영향력은 감소할 것이다"이다.

(5) 황경수(자치분권연구소), 『안철수 현상과 제3정당론: 제3공간의 시대와 한국정치론; 안철수 현상에 대한 새로운 분석론』(연인M&B, 2012).

(6) 프레시안 기획/전홍기혜(『프레시안』)·강양구(姜亮求) 엮음/ 강양구(姜亮求)·김기협(金基協)·김대호(金大鎬)·김영종(저술가)·김윤태(金侖兌)·김제완(『세계로신문』)·김종철(金鍾哲)·김헌태(金憲泰)·노정태(철학에세이스트)·박동천(朴東泉)·박성민(朴聖珉)·양지훈(梁智勳)·전홍기혜(『프레시안』)·정승일(『새로운 사회를 여는 연구원』)·정희준(鄭熙准)·한귀영(한겨레사회정책연구소) 분담집필, 『안철수를 생각한다: 프레시안 긴급 기획, '안철수 루트' 따라가보기』(알렙, 2012).

(7) 조기숙(趙己淑), 「안철수현상의 동인: 정당불신 혹은 정치냉소주의?」, 『한국정치연구』제24집 제3호(2015년 10월), 55~86쪽.

(8) 박상희(朴尙姬), 「안철수의 포스터에 드러난 "불-안감(sense of dis-ease: 不-安感)": 19대 대선 안철수 후보 포스터에 대한 시각정치적 언어 연구」, 『정치커뮤니케이션 연구』(한국정치커뮤니케이션학회) 57(2020년 6월), 51~88쪽.

제6항 국정원의 정치적 이용

김당(金鐺), 「제2장 국정원의 태동과 역사」 가운데 「국정원의 회귀 1, 이명박: 국정원 사병화와 댓글부대」, ______, 『시크릿파일 국정원: 실패한 공작의 역사, 그리고 혁신』(메디치, 2016), 125~239쪽 가운데 203~222쪽.

이명박정부의 원세훈(元世勳) 국정원장 때 국정원이 국내정치에 개입해 여러 공작을 벌인 사실을 자세히 기록했다.

제3절 경제·사회·교육·과학·기술

제1항 경제

(1) 김영규(金榮圭), 『이명박 정책 비판』(박종철출판사, 2008).

저자는 이명박 대통령이 표방한 '실용주의'는 '통속적 실리주의'라고 비판하면서, 경제·환경·사회복지·금융·노동·주택 등 9개 분야에서의 정책을 비판했다.

(2) 오홍근(吳弘根), 『그레샴 법칙의 나라: 빼앗긴 이명박 5년의 기록』(이담북스, 2012년 7월).

이명박정부의 경제정책은 물론 여러 분야에서의 정책과 시행을 통렬히 비판했다.

※ 오홍근(1942~2022)은 고려대학교 문과대학 국어국문학과를 졸업하고 중앙일보 편집국 사회부장과 논설위원을 거쳐 김대중정부에서 국정홍보처 처장에 이어 대통령 공보수석비서관 및 한국가스안전공사 사장을 역임했다. 중앙일보 사회부장 때 군부에 의해 테러를 당한 것으로 유명하다.

(3) 서울사회경제연구소 편, 『이명박정부 경제정책의 기조와 평가』(한울아카데미, 2012년 11월).

(4) 차병석(車炳錫)·이심기(李心氣)·서욱진(徐郁鎭)·류시훈, 『MB노믹스 숨겨진

진실: MB경제가 새 정부에 던지는 메시지』(한국경제신문사, 2012년 12월).

프롤로그, 4~12쪽.

1부 '대한민국 747'을 띄우다

01 오류 통계에서 비롯된 '747 공약', 13~22쪽.

02 불협화음의 '첫 경제팀', 23~31쪽.

03 고환율정책 논란, 32~44쪽.

04 금융권 인적 청산, 45~57쪽.

05 과연 비즈니스 프렌들리였나, 58~69쪽.

06 정부조직 개편, 마찰을 빚다, 70~82쪽.

2부 금융위기를 맞다

07 '리먼 파산' 폭풍 전야, 83~93쪽.

08 한미 통화스와프 막전막후(上), 94~107쪽.

09 한미 통화스와프 막전막후(下), 108~120쪽.

10 강만수 vs 이성태 금리전쟁, 121~134쪽.

11 산업은행, 리먼 인수의 꿈, 135~147쪽.

12 G13이냐, G20이냐. 148~162쪽.

3부 친서민·중도로 틀다

13 미국산 쇠고기 수입 반대 촛불시위, 163~176쪽.

14 무리한 종부세 폐지 추진, 177~188쪽.

15 토요일 '경연'에서 중도실용 방향 전환, 189~200쪽.

16 너무 나간 동반성장위원회, 201~213쪽.

17 재벌 빵집과의 전쟁, 214~226쪽.

4부 빛과 그림자

18 실패한 세종시 수정, 227~237쪽.

19 리무진에서 결정된 아랍에미리트 원전 수주, 238~248쪽.

20 물가와의 전쟁, 249~260쪽.

21 정권을 흔든 저축은행 폭탄, 261~272쪽.

에필로그 | 취재기자 방담, 273~278쪽.

부록 | 이명박 정부 5년 경제일지, 279~287쪽.

제2항 사회

한반도대운하사업 또는 4대강 사업

이명박정부는 한반도대운하 사업을 추진했다. 경부운하, 경인운하, 호남운하, 금강운하, 북한운하로 이뤄지는 한반도대운하를 이 대통령의 임기 가운데 4년 만에 건설하겠다고 다짐했다. 이 사업은 한강 · 낙동강 · 금강 · 영산강 등 4대 강 유역을 정비한다는 뜻에서 4대강 사업으로 불리기도 했다.

(1) 홍성태(洪性泰) 지음, 『생태문화도시 서울을 찾아서』(현실문화연구, 2005); ______, 엮음, 『개발공사와 토건국가: 개발공사의 생태민주적 개혁과 생태사회의 전망』(경기도 파주시: 한울, 2005); ______, 『토건국가를 개혁하라: 개발주의를 넘어 생태복지국가로』(경기도 파주시: 한울, 2011). ______, 『생명의 강을 위하여: 생태사회학자 홍성태 교수의 4대강 지키기 제안』(현실문화연구, 2010).

(2) 신현국(申鉉國), 『환경대통령: 그린 코리아를 위한 리더십』(다문, 2007).

저자(1952~현재)는 영남대학교 식품공학과를 졸업하고 태국 아시아공과대학에서 환경공학박사학위를 받았다. 이 책을 출판할 때 경상북도 문경시 시장으로, 이명박 대통령의 대운하 건설을 지지했다.

(3) 김성동(金成東), 「인터뷰: 장석효(張錫孝) 한나라당 선대위 한반도대운하 특별위원회 위원장: "대통령 취임즉시 한반도 대운하 사업 시작… 4년 안에 끝낸다"」, 『월간조선』(2008년 1월), 196~206쪽.

(4) 최영철(崔榮哲), 「건교부, 한반도대운하 반대론 전면 수정」, 『신동아』(2008년 2월), 244~253쪽.

(5) 홍욱희(洪旭憙), 「중간점검 한반도 대운하 논쟁」, 『월간조선』(2008년 3월), 280~287쪽.

※ 홍욱희는 미시간대학교에서 환경학박사학위를 받았다. 국무총리실 새만금환경대책 실무위원으로 활동했다. 『3조원의 환경논쟁 새만금』(지성사, 2004)을 출판했다.

(6) 서철인(徐喆仁), 「한반도 대운하 TF팀의 '한반도 대운하 Q&A' 자료: 이것이 '이명박 운하'의 모든 것」, 『월간조선』(2008년 6월), 154~165쪽.

(7) 김연광(金演光), 「인터뷰: 한나라당의 '미스터 쓴 소리' 이한구(李漢久) 정책위의장; "'747'은 대선공약이 아니라 비전, '대운하'는 해도 그만 안해도 그만"」, 『월간조

선』(2008년 6월), 176~182쪽.

(8) 허만섭(許萬燮) · 송국건(宋國建), 「"네까짓 것들이 어쩔 거냐 한다면 우리도 정면 대응":박근혜정부 이명박 때리기에 'MB 친위대' 이동관(李東官) 박재완(朴宰完)조해진(曺海珍) 대반격」, 『신동아』(2013년 8월), 82~91쪽.

박근혜정부의 감사원은 2013년 7월 10일에 이명박정부의 4대강추진사업을 비판하는 것으로 읽히는 감사결과를 발표했다. 이에 대해 이명박정부의 요인들이 반발했다.

(9) Heejin Han, "Authoritarian Environmentalism under Democracy: Korea's River Restoration Project," *Environmental Politics*, Vol. 24, No. 5(June 2015), pp.810~829.

(10) 김병기(金丙起), 『4대강 부역자와 저항자들: 탐사 취재 12년의 기록, 끝나지 않은 싸움』(오마이북, 2019년 5월); ______, 「삽질」(김병기 감독의 영화; 2019년 11월 14일 개봉); ______, 「4대강은 안녕한가」, 『황해문화』113(2021년 겨울), 206~221쪽.

※ 이명박정부의 4대강 사업을 이해하기 위한 자료들 가운데 하나는 박정희 대통령 때 교통부장관을 맡아 경부고속도로 기본계획을 세웠고 한국수자원공사 사장을 맡아 소양강댐 · 안동댐 · 대청다목적댐 등을 건설하는 일을 맡았던 안경모(安京模, 1917~2010)의 회고록 『지도를 바꾸고 역사를 만들며』(한국수자원공사, 2004)이다.

미국산 쇠고기 수입 반대운동(촛불집회)

이명박정부가 출범한 직후인 2008년 4월 18일에 '뼈와 내장을 포함한 30개월 이상, 대부분의 특정한 위험 부위를 포함한 30개월 미만'의 미국산 소고기를 수입하는 협상이 체결됐다. 이에 대해, 그것은 광우병(狂牛病)에 걸린 소의 고기를 수입하는 것이라는 논리로 미국산 쇠고기 수입을 반대하는 촛불집회가 2008년 5월 2일에 처음 열렸다. 이 촛불집회는 6월 10일에 절정에 도달했으며, 대체로 8월에 가라앉았다.

(1) 김성욱(金成昱), 「광우병 촛불집회 주도세력의 정체: "촛불문화제 통해 이명박정부 쓸어버리고 2012년 자주적 민주정부 건설에 나서자"(남북공동선언실천연대)」, 『월간조선』(2008년 6월), 250~261쪽.

필자는 광우병 촛불집회는 "좌파적 변혁을 주장해온 소위 진보단체의 연합체 「진보연대」가 「광우병위험 미국쇠고기 전면수입을 반대하는 국민긴급대책회의」(약칭 「광우병대책회의」)로 간판을 바꿔달고 '친북 · 반미 · 반정부 투쟁'을 선동하는 집회"라고 논평했다. 필자에 따르면, 이 집회는 사실상 '국가보안법 철폐, 주한미군 철수, 한미동맹 파기, 6·15공동선언 실천'이라는 '변란(變亂)'을 바탕에 깔고 있다.

(2) 송서순, 「'쇠고기 협정'의 위헌 여부에 대한 고찰」, 『유럽헌법연구』(유럽헌법학회) 제3호(2008년 6월), 287~304쪽.

(3) 남구현(南九鉉) · 이광일(李光日) · 박영균(진보평론) · 목수정(문화정책연구원) · 이철호(학벌없는사회) · 김동성(공공운수연맹) 분담집필, 『대한민국은 민주공화국이다?: 2008 촛불의 정치』(메이데이, 2008년 8월).

(4) 하승창, 「2008년 촛불집회와 사회운동」, 『노동사회』(한국노동사회연구소)(2008년 9월), 54~64쪽.

(5) 조희정(趙希庭) · 강장묵(姜壯默), 「네트워크 정치와 온라인 사회운동: 2008년 '미국산 쇠고기 수입 반대 촛불집회' 사례를 중심으로」, 『한국정치학회보』 제42권 제3호(2008년 9월 30일), 311~332쪽.

이 논문은 "'미국산 쇠고기 수입 반대 촛불집회'는 ICT(Information Communication Technology) 활용을 통한 민주주의의 변화 내지 진화 가능성을 보여준 대표적 사례가 되었다"라는 논지를 전개했다.

※ 조희정(1969~현재)은 성신여자대학교 사회과학대학 정치외교학과를 졸업하고 성신여자대학교 대학원 정치외교학과에서 석사학위를 받은 데 이어 서강대학교 대학원 정치외교학과에서 「미국의 전자투표와 기술수용정치: 브라질,에스토니아와 비교를 중심으로」(2007년 2월)로 박사학위를 받았다. 현재 서강대학교 사회과학연구소 책임연구원이다.

(5-A) 강장묵, 「네트워크와 정치의 관계: 네트워크 정치의 이론적 모색」, 『21세기정치학회보』, 제20집 제1호(2010년 5월), 27~46쪽.

※ 강장묵(1972~현재)은 국민대학교 경영학과를 졸업하고 고려대학교 대학원 경영학과에서 석사학위를 받았으며 고려대학교 대학원에서 정보보호를 전공해 박사학위를 받은 데 이어 경기대학교 대학원에서 법정치학을 전공해 「온라인 기술의 변화와 정치정보의 선순환 구조 분석」(2009년 2월)으로 박사학위를 받았다. 현재 극동대학교 해킹보안학과 교수다.

(5-B) 조희정(趙希庭) · 이진순(李鎭順) · 강준원(사회혁신 해봄 협동조합) · 민경인(연세대 행정대학원 석사과정) · 황수현(전남대 법학전문대학원 1학년), 「지역주민의 효율적 의견수렴을 위한 온라인정부서비스 연구: 광역지자체 정책제안서비스 분석을 중

심으로」, 『한국정치학회보』제54집 제2호(2020년 6월), 145~174쪽.

(6) 백욱인(白旭寅), 「촛불시위와 대중: 정보사회의 대중형성에 관하여」, 『동향과전망』(한국사회과학연구회) 74(2008년 10월), 159~188쪽.

(7) 이창호(한국청소년정책연구원) · 배애진(한국청소년정책연구원), 「뉴미디어를 활용한 다양한 사회운동방식에 대한 고찰: 2008년 촛불집회를 중심으로」, 『한국언론정보학보』(한국언론정보학회) 44(2008년 11월), 44~75쪽.

(8) 박형신 · 이진희, 「먹거리, 감정, 가족 동원: 미국산 쇠고기 수입 반대 촛불집회의 경우」, 『사회와이론』(한국이론사회학회) 13(2008년 11월), 147~183쪽.

(9) 김철규(金喆奎) · 김선업 · 이철, 「미국산 쇠고기 수입 반대 촛불집회 참여 10대의 사회적 특성」, 『경제와사회』(한울엠플러스) 제80호(2008년 12월), 40~67쪽; 김철규, 「2008촛불집회와 먹거리 정치=집회참여 10대를 중심으로」, 『농촌사회』(한국농촌사회학회) 제19권 제2호(2009년 12월), 37~61쪽; 김철규 · 이해진 · 김선업 · 이철, 「촛불집회 10대 참여자의 정체성과 사회의식의 변화」, 『경제와사회』(비판사회학회) 제85호(2010년 3월), 265~290쪽.

※ 김철규(1961~현재)는 고려대학교 문과대학 사회학과를 졸업하고 조지아대학교 대학원 사회학과에서 석사학위를 받은 데 이어 코넬대학교 대학원 사회학과에서 박사학위를 받았다. 박사학위청구논문 서지사항은 다음과 같다. Chul-Kyoo Kim, "Capitalist Development, the State, and Restructuring of Rural Social Relations in South Korea," unpub. Ph.D. diss., Cornell University, 1993. 현재 고려대학교 문과대학 사회학과 교수다.

(10) 신진욱(申晋旭), 「정치위기와 사회운동의 새로운 주기: 2008년 촛불시위 이후 한국 민주주의의 이중적 과제」, 『기억과 전망』(민주화운동기념사업회)(2008년 12월), 96~128쪽.

(11) 조기숙(趙己淑) · 박혜윤(朴惠胤), 「광장의 정치와 문화적 충돌: 2008촛불집회에 대한 경험적 분석」, 『한국정치학회』 제42권 제4호(2008년 12월 30일), 243~268쪽.

※ 박혜윤(1974~현재)은 이화여자대학교 사회과학대학 문헌정보학과를 졸업하고 이화여자대학교 대학원 정치외교학과에서 석사학위를 받았으며 인디애나대학교 블루밍턴 캠퍼스 대학원 정치학과에서 석사학위를 받은 데 이어 이화여자대학교 국제대학원 국제학과에서 박사학위를 받았다. 박사학위청구논문 서지사항은 다음과 같다. Hye Yun

Park, "A Neo-Institutional Approach to Aid Effectiveness: A Comparative Study of Swedish and Korean Aid," unpub. Ph.D. diss., 이화여자대학교, 2012년 8월. 현재 세종대학교 공공정책대학원 강사다.

(11-A) 조기숙, 「2008 촛불집회 참여자의 이념적 정향: 친북반미좌파 혹은 반신자유주의?」, 『한국정치학회보』 제43권 제3호(2009년 9월 30일), 125~148쪽.

(12) 채장수(蔡長秀), 「'촛불집회'에 대한 보수진영의 대응담론」, 『한국정치학회보』 제43집 제1호(2009년 3월), 129~150쪽.

(13) 홍성기(아주대학교 대우교수) · 이재교(인하대학교 법학전문대학원교수) · 홍진표(洪潪杓) · 최홍재(사단법인 시대정신이사) 공저, 『광우병 촛불시위 추적보고서 거짓과 광기의 100일』(시대정신, 2009년 4월).

(14) 김경모 · 황유선 · 오소현, 「위험사회와 언론 보도 프레임 분석: '미국산 쇠고기 수입 파동과 촛불집회' 내용분석」, 『한국방송학회 학술대회 논문집』(한국방송학회) (2009년 4월), 81쪽.

(15) 임양준, 「미국산 수입쇠고기와 촛불시위 보도에 나타난 뉴스 프레임 비교 연구」, 『한국언론정보학보』(한국언론정보학회) 제46권 제2호(2009년 5월), 108~147쪽.

(16) 조일동(趙一東), 「사회극으로서의 촛불: 경계의 역동성」, 『한국문화인류학』(한국문화인류학회) 제42권 제1호(2009년 5월 31일), 179~220쪽.

※ 조일동(1975~현재)은 한양대학교 국제문화대학 문화인류학과를 졸업하고 한양대학교 대학원 문화인류학과에서 석사학위를 받은 데 이어 한양대학교 대학원 문화인류학과에서 「사이버 공동체의 사회적 실천: 한 인터넷 음악 동호회의 호혜적 교환과 놀이의 사회극」(2013년 2월)으로 박사학위를 받았다. 현재 한국학중앙연구원 문화예술학부 교수다.

(17) 이철(李哲), 「현대 사회에서의 시민종교의 역할에 관한 종교사회학적 연구」, 『한국기독교신학논총』(한국기독교학회) 제64권 제1호(2009년 7월 30일), 189~210쪽.

※ 이철(1963~현재)은 서울대학교 사범대학 독일어교육과를 졸업하고 독일 빌레펠트대학교 대학원 사회학과에서 석사→박사학위를 받았다. 박사학위청구논문 서지사항은 다음과 같다. Chul Lee, "(Latente) soziale Probleme und Massenmedien: eine Untersuchung zu Problemdefinitionen und -interpretationen latenter sozialer Probleme in den Medien am Beispiel der Berichterstattung über die Kriminalität der

Mächtigen in Korea," unpub. Ph.D. diss., Universität Bielefeld, 2004. 현재 동양대학교 인문사회과학대학 경찰행정과 교수다.

(18) 박희봉(朴熙峯) · 이기중(李起仲) · 김명준(金明俊), 「퍼포먼스 이론에서 바라본 '2008년 촛불집회'의 과정과 파급효과」, 『한국정책연구』(한경대학교 행정학과) 제9권 제2호(2009년 9월), 93~114쪽.

(19) 김영옥(金英玉), 「여성주의 관점에서 본 촛불집회와 여성의 정치적 주체성」, 『아시아여성연구』(숙명여자대학교 아시아여성연구소) 제48권 제2호(2009년 11월), 7~34쪽; Young Ok Kim, "Understanding the Candlelight Demonstration and Women's Political Subjectivity through the Perspective of Changing Publicity," *Korea Journal*, Vol. 50, No. 3(September 2010), pp.38~70.

※ 김영옥(1958~현재)은 숙명여자대학교 문리대 독어독문학과를 졸업하고 서울대학교 대학원 독어독문학과에서 석사학위를 받은 데 이어 아헨공과대학(Rheinisch - Westfaelische Technische Hochschule Aachen: RWTH Aachen) 대학원에서 독일문예학을 전공해 박사학위를 받았다. 박사학위청구논문 서지사항은 다음과 같다. Young Ok Kim, "Selbstportraet im Text des Anderen. Walter Benjamins Kafka-Lektuere," unpub. Ph.D. diss., Rheinisch - Westfaelische Technische Hochschule Aachen (RWTH Aachen), 1993. 현재 연세대학교 인문대학 비교문학협동과정 강사다.

(20) 노진철(盧鎭澈), 「2008년 촛불집회를 통해 본 광우병 공포와 무지의 위험소통」, 『경제와사회』(비판사회학회) 제84호(2009년 12월 1일), 158~182쪽.

※ 노진철(1956~현재)은 성균관대학교 사회과학대학 사회학과를 졸업하고 독일 빌레펠트대학교 대학원 사회학과에서 석사→박사학위를 받았다. 박사학위청구논문 서지사항은 다음과 같다. Jin-Chul Rho, "Oekologische Problematik und Gesellschaftliche Anpassung: Aus der Sicht der Theorie selbstreferentieller Systeme," unpub. Ph.D. diss., Universität Bielefeld, 1991. 현재 경북대학교 사회과학대학 사회학과 교수다.

(21) 이수진, 「뉴라이트 운동의 대응사회운동적 성격 분석: 2008년 촛불집회 정세에서 뉴라이트의 활동을 중심으로」, 『한국사회학회 사회학대회 논문집』(2009년 12월), 1275~1287쪽.

(22) 박선미(朴宣彌), 「그람시의 '유기적 지식인'과 '정당' 기능의 재해석: 2008 촛불집회 관련 온라인 미디어 담론 분석」, 『사이버커뮤니케이션학보』(사이버커뮤니케이션학

회) 제26권 4호(2009년 12월), 51~93쪽.

(23) 정일준(鄭一畯)·김상돈(金相敦), 「인터넷 감성이 온라인 항의 참여와 오프라인 시위 참여에 미친 영향: 2008년 촛불집회 분석」, 『한국과 국제정치』제25권 제4호(2009년 12월 31일), 217~255쪽.

(24) 이갑윤(李甲允), 「촛불집회 참여자의 인구·사회학적 특성 및 정치적 정향과 태도」, 『한국정당학회보』제9권 제1호(2010년 2월), 95~120쪽.

(25) 이정기·정대철(鄭大澈), 「광우병 촛불집회에 나타난 '미디어 2.0' 현상에 관한 연구」, 『정치커뮤니케이션학보』(한국정치커뮤니케이션학회)(2010년 3월), 193~244쪽.

(26) 장정기·박수빈·우준희·김창윤, 「촛불집회 참가자들의 인간 광우병 발생 위험과 관련된 미국산 수입 쇠고기에 대한 태도 조사」, 『신경정신의학』(대한신경정신의학회) 제49권 제4호(2010년 7월 31일), 388~392쪽.

(27) 고경민(高敬旼)·송효진(성결대), 「인터넷 항의와 정치참여, 그리고 민주적 함의: 2008년 촛불시위 사례」, 『민주주의와 인권』제10권 제3호(2010년 12월), 233~269쪽.

(28) 강윤재(康允載), 「광우병 위험과 촛불집회」, 『경제와사회』(비판사회학회) 제89호(2011년 3월), 269~297쪽.

※ 강윤재(1963~현재)는 서울대학교 자연과학대학 화학과를 졸업하고 고려대학교 과학기술학협동과정에서 석사학위를 받은 데 이어 고려대학교 과학기술학협동과정에서 「위험에 대한 STS적 관점의 연구: 원자력발전소의 위험을 중심으로」(2008년 8월)로 박사학위를 받았다. 현재 동국대학교 교양학부 교수다.

(29) 이완범(李完範), 「'2008년 촛불시위'의 영향: 촛불 진화 후 '중도실용' 구호를 내건 정부에 대한 시민의 '종이 돌' 반격」, 『정신문화연구』제34권 제4호(2011년 12월), 63~98쪽.

(30) 안지은·조대엽, 「촛불집회의 프레임 변화 과정에 관한 연구: 2008년 미국산 쇠고기 수입반대 집회를 중심으로」, 『한국사회학회』(2012년 6월), 581~589쪽.

(31) 이철(李哲), 「'인간성의 종교'와 촛불 집회: 에밀 뒤르케임의 이론을 중심으로」, 『기독사회윤리』(한국기독사회윤리학회) 27(2013년 12월), 275~303쪽.

※ 이철(1959~현재)은 숭실대학교 전자공학과를 졸업하고 한신대학교 대학원 신학과에서 석사학위를 받았다. 프린스턴신학대학(Princeton Theological Seminary)에서 석사학위를 받은 데 이어 보스턴대학교 대학원 종교신학과에서 박사학위를 받았다. 박사학

위청구논문 서지사항은 다음과 같다. Chull Lee, "Social Sources of the Rapid Growth of the Christian Church in Northwest Korea: 1895-1910," unpub. Ph.D. diss., Boston University, 1997.

(32) 최재훈, 「온라인을 매개로 한 사회운동의 가능성과 한계: 촛불집회의 사회운동론적 의의에 대한 재고찰」, 『사회연구』(한국사회조사연구소) 제16권 제2호(2015년 12월), 69~114쪽.

(33) 한승대 · 권태상(權泰相) · 김경윤 · 김용현(金榕炫), 「북한의 남한 '촛불집회' 인식과 보도 연구: 2002년, 2008년 사례를 중심으로」, 『북한학연구』(동국대학교 북한학연구소) 제11권 제2호(2015년 12월), 5~32쪽.

※ 김경윤은 동국대학교 대학원 북한학과에서 「한국의 대북투자에 관한 연구」(2012년 2월)로 석사학위를 받았다.

(34) 강원돈(姜元敦), 「촛불집회와 민중정치」, 『기독사회윤리』제38집(2017년 8월), 7~47쪽.

※ 강원돈(1955~현재)은 한신대학교 신학과를 졸업하고 한신대학교 대학원 신학과에서 석사학위를 받은 데 이어 보훔대학교 대학원 신학과에서 박사학위를 받았다. 박사학위청구논문 서지사항은 다음과 같다. Won-don Kang, "Zum oekologischen Arbeitsbegiff im Rahmen einer Neubegruendung der Wirtschaftsethik," unpub. Ph.D. diss., Ruhr-Universität Bochum, 1998.

(35) 나효은, 「2008년 촛불시위와 10대 여성의 정치적 주체성: '촛불소녀'를 중심으로」, 『NGO연구』(한국NGO학회) 제15권 제3호(2020년 12월), 31~66쪽.

(36) 박은유, 「정부신뢰와 정치적 실패: 미국산 쇠고기 수입조건 완화는 왜 광우병 촛불집회를 야기하였는가?」, 『한국지방정부학회 학술대회 자료집』(2021년 8월), 903~918쪽.

쌍용자동차 사태

'쌍용자동차 사태'는 그 원인(遠因)을 1997년의 외환위기에서 찾을 수 있다. 그러나 가장 직접적으로 쌍용자동차의 노조원들을 상대로 하는 구조조정 단행 그리고 거기에 반발한 노조원들의 파업 시작에서 비롯됐다고 볼 수 있다. 파업은 2009년 5월 22일에 시작돼 같은 해 8월 6일까지 77일 동안 계속됐다.

(1) 경기지방경찰청 편, 『쌍용자동차 사태 백서』(경기지방경찰청, 2009).

(2) 홍새라 · 쌍용자동차가족대책위원회 공저, 『연두색 여름: 쌍용자동차가족대책위원 위야기』(한내, 2009).

(3) 정종남(노동운동가), 「쟁점: 쌍용차 대안과 공기업화 논쟁」, 『마르크스21』4(2009년 겨울), 136~156쪽.

(4) 금속노조 쌍용자동차지부 , 『해고는 살인이다: 금속노조 쌍용자동차지부 77일 옥쇄파업 투쟁백서』(한내, 2010).

(5) 공지영(孔枝泳), 『의자놀이: 공지영의 첫 르포르타주, 쌍용자동차 이야기』(휴머니스트, 2012년 8월).

(6) 서울지방변호사회, 『인간의 존엄성 회복을 위한 특별 보고서: 쌍용자동차 사태 특별조사단 보고서』(서울지방변호사회, 2012년 10월).

(7) 민주화를위한전국교수협의회, 『쌍용자동차 노동자복직지지 해외 지식인 선언』(민주화를위한전국교수협의회, 2012년 10월 29일)

(8) 최형묵(崔亨默), 「쌍용자동차 사태를 통해 본 노동권과 경영권의 문제」, 『신학사상』(한국신학연구소)(2014년 가을), 142~174쪽.

※ 최형묵(1961~현재)은 연세대학교 신과대학을 졸업하고 한신대학교 대학원에서 석사학위를 받은 데 이어 한신대학교 대학원에서 「한국 경제개발과 민주주의에 대한 기독교 윤리적 평가」(2012년 2월)로 박사학위를 받았다. 현재 천안살림교회 목사이다.

(9) 김인국(신부), 『2230자: 김인국 칼럼집』(철수와영희, 2019).

저자는 천주교정의구현전국사제단 대표로, 삼성비자금사건, 용산철거민참사, 쌍용차 노동자해고사태 등 노동운동에 앞장선 경험을 바탕으로 이 책을 썼다.

자동차산업에 대한 기업인의 회상과 학계의 분석

(1) 주무현(周武鉉), 「한국 자동차산업 생산체제의 '일본화'에 관한 연구」 경북대학교 대학원 경제학과 경제학박사학위청구논문, 1997년 8월.

※ 주무현(1962~현재)은 경북대학교 대학원 경제학과에서 박사학위를 받았으며 현재 한국고용정보원 선임연구위원이다.

(2) 김시윤(金時潤), 「한국 경제위기와 정부-기업관계: 자동차산업과 전자산업의 비교」, 『한국정치학회보』제36집 제2호(2002년 7월), 133~152쪽.

※ 김시윤(1957~현재)은 단국대학교 행정학과를 졸업하고 고려대학교 대학원 행정학과에서 석사학위를 받은 데 이어 고려대학교 대학원 행정학과에서 관료제 및 발전행정을 전공해 박사학위를 받았다. 그는 여러 논문을 발표했는데, 거기에는 다음이 포함됐다. 「전자산업의 발전과 메조 코프라티즘: 제3~5공화국을 중심으로」, 『한국정치학회보』제29집 제3호(1996년 1월), 123~140쪽; ______, 「산업정책과 기업이익연합체의 역할: 전자산업과 섬유산업의 비교」, 『한국행정학보』제31집 제3호(1997년 11월), 73~88쪽.

(3) 이충구(李忠九), 『이충구의 포니 오디세이』(스토리움, 2023).

※ 이충구(1945~현재)는 서울대학교 공과대학 공업교육과를 졸업하고 현대자동차에 입사해 한국 최초의 대량생산형 고유모델 '포니'를 개발했다. 포니부터 에쿠스까지 35종의 차량이 그의 손을 거쳤다. 위의 책은 그가 현대자동차 연구개발본부 사장에 오르기까지의 긴 과정을 회상했다.

용산참사

이명박정부 때인 2009년 1월 20일 오전 7시 10분경 서울특별시 용산구 한강로 2가 남일당 건물에서 방화가 일어나 6명이 사망하고 23명이 부상한 참사가 일어났다. 이 참사의 책임소재를 두고 법적 분쟁이 일어났다.

(1) 김석기(金碩基), 『김석기의 길: 경찰 인생 30년, 그리고 새로운 도전』(중앙m&b, 2011); ______, 『엘리트 경찰에서 1등 CEO로』(조선뉴스프레스, 2015).

뒤의 책은 앞의 책의 속편이다. 특히 뒤의 책에서 '용산참사'에 대해 회상했다.

※ 김석기(1954~현재)는 용산참사 때 서울경찰청장이었다. 그는 훗날 오사카주재총영사를 거쳐 20대 국회의원으로 당선됐으며 현재 21대 국회의원이다.

(2) 최예륜(崔藝倫), 「용산참사 10년, 여기 사람이 있다」, 『황해문화』102(2019년 봄), 235~257쪽.

빈곤사회연대 사무국장을 역임했으며 용산참사 때 상황 전반을 살폈던 저자는 참사의 책임을 경찰에 물었다.

제3항 교육과 과학기술정책

서정민 강사 자살 사건

2010년 5월 25일에 조선대학교 영어영문학과 강사인 서정민 박사가 대학교수 사회의 병폐를 고발하는 유서를 남기고 자살했다. 교육인적자원부는 곧바로 시간강사의 처우에 관한 대책을 발표했다. 필자는 이 사건을 계기로 대학에서의 시간강사에 관한 전반적인 분석을 시도했다.

임순광(林順光), 「개정 강사법은 신자유주의 대학에 변화를 가져올 것인가?」, 『황해문화』102(2019년 봄), 212~234쪽.

과학기술정책과 과학에 대한 사회의 관심

이명박 대통령은 기존의 「국가과학기술위원회」를 2011년 3월에 국가과학기술정책의 종합조정을 위해 대통령 직속의 상설 행정위원회로 격상시켰으며 독립적 사무처를 설치해 전문성과 독립성을 강화했다. 이 사실을 염두해두고, 한국 학계에서 과학기술정책과 관련해 발표된 저술들을 여기서 소개하기로 한다. 반드시 강조되야 할 점은 다음의 저술들이 이명박 대통령의 과학기술정책 그 자체를 분석한 것은 아니라는 사실이다.

(1) Youngja Bae, “Globalization, Institution, and Industry Development: A Case Study on PC Industry Development in Korea and Taiwan,” unpub. Ph.D. diss., University of North Carolina, Chapel Hill, 1998; 배영자(裵英子), 「정보산업의 세계화와 한국과 대만의 개인용 컴퓨터산업 발전: 초국적 생산 네트워크와 기업구조의 역할을 중심으로」, 『한국정치학회보』제36집 제2호(2002년 9월), 353~373쪽; ______, 「과학기술의 국제정치학을 위한 시론: 글로벌 거버넌스 개념을 중심으로」, 『한국정치학회보』제38집 제3호(2004년 9월), 235~254쪽.

※ 배영자(1964~현재)는 서울대학교 사회과학대학 외교학과를 졸업하고 서울대학교 대학원 외교학과에서 석사학위를 받은 데 이어 노스캐롤라이나대학교 채플힐 캠퍼스 대학원 정치학과에서 박사학위를 받았다. 현재 건국대학교 사회과학대학 정치외교학과 교수다.

(2) 홍성욱(洪性旭), 『생산력과 문화로서의 과학기술』(문학과지성사, 1999).

※ 홍성욱(1961~현재)은 서울대학교 자연과학대학에서 과학기술사를 전공하고 서울

대학교 대학원 과학사 및 과학철학 협동과정에서 석사→박사학위를 받았다. 현재 서울대학교 자연과학대학 과학학과 교수다.

(3) Hee-Je Bak, "Science in Public: Trends and Determinants of Public Attitudes Toward Science," unpub. Ph.D. diss., University of Wisconsin, Madison, 2001.

※ 박희제(朴喜濟, 1967~현재)는 서울대학교 사회과학대학 사회학과를 졸업하고 위스콘신대학교 매디슨 캠퍼스 대학원 사회학과에서 석사→박사학위를 받았다. 현재 경희대학교 정경대학 사회학과 교수다.

(4) 김상배(金湘培), 「정보화시대의 거버넌스: 탈집중 관리양식과 국가의 재조정」, 『한국정책학회보』 제35집 제4호(2002년 3월), 359~376쪽; ______, 「정보화시대의 지식구조: 수잔 스트레인지의 개념화를 넘어서」, 『한국정책학회보』 제38집 제3호(2004년 가을), 297~318쪽.

(5) 천세봉(한국과학기술기획평가원) · 하연섭(河連燮), 「과학기술정책 거버넌스 변동에 관한 신제도주의 분석: 노무현정부와 이명박정부를 중심으로」, 『한국정책학회보』 제22권 제4호(2013년 12월), 87~114쪽.

※ 하연섭(1963~현재)은 연세대학교 사회과학대학 행정학과를 졸업하고 미국 인디애나대학교 블루밍턴 캠퍼스 대학원 행정학과에서 석사→박사학위를 받았다. 박사학위청구논문 서지사항은 다음과 같다. Yeon seob Ha, "State Intervention and Industrialization: The Political Economy of Fiscal and Financial Policies in Korea," unpub. Ph.D. diss., Indiana University, Bloomington, 1992. 현재 연세대학교 사회과학대학 행정학과 교수다.

그는 국가재정과 재무행정 및 금융제도에 관해 여러 논문을 발표했다. 거기에는(ⅰ) 신가희(연세대) · 하연섭, 「예산심의과정에서 예비타당성조사제도의 정치적 수용성에 관한 연구: 예산결산특별위원회 회의록 분석을 중심으로」, 『한국정책학회보』 제24권 제2호(2015년 6월), 527~563쪽.(ⅱ) 하연섭, 「재정건전화의 정치경제: 비교제도분석」, 『한국정책학회보』 제25권 제1호(2016년 3월), 237~268쪽.(ⅲ) 강혜원(姜慧元) · 하연섭(河連燮), 「고등교육 예산에 대한 국회의 심의행태분석: 상임위원회와 예산결산특별위원회를 중심으로」, 『한국정책학회보』 제25권 제4호(2016년 12월), 59~90쪽.(ⅳ) 신가희(연세대) · 김영록(강원대) · 하연섭, 「재정제도가 재정건전성에 미치는 영향 분석: 정치제도와의 정합성을 중심으로」, 『한국정책학회보』 제25권 제4호(2016년 12월), 359~383

쪽.(ⅴ) 하연섭 · 신가희(연세대) · 유승원(兪承沅), 「재정준칙과 독립적 재정기구의 효과적 운영을 위한 제도적 조건 탐색: 퍼지셋 질적비교 분석을 중심으로」, 『한국정책학회보』 제27권 제2호(2018년 6월), 1~26쪽 등이 포함됐다.

우주항공시대의 전개: 그것이 한국, 그리고 남북한관계에 갖는 함의

이명박정부 때 한국은 최초의 우주발사인 나로호의 정상궤도 진입에 성공했다.

(1) 이명환 · 이성만 · 장은석 · 강창부 · 이종학 분담집필, 『항공우주시대 항공력 운용: 이론과 실제』(오름, 2010년 9월); 이성만(李 · 成晩) · 강창부(姜昌賦), 『항공우주시대 항공력 운용: 이론과 실제』(오름, 개정증보판 6쇄, 2021년 8월).

※ 이성만(1959~현재)은 공군사관학교를 졸업하고 서울대학교 사회과학대학 정치학과를 졸업했으며 서울대학교 대학원 정치학과에서 석사학위를 받은 데 이어 파리1대학교 대학원 정치학과에서 박사학위를 받았다. 박사학위청구논문 서지사항은 다음과 같다. Sungman Lee, "La securite de la Coree du Sud: la menace et les moyens d'une petite puissance," unpub. Ph.D. diss., L'Université Paris 1, 1996. 현재 공군사관학교 교수부장이다. 그는 엄정식 등과 함께 『국가안보의 이론과 실제』(오름, 개정판, 2018)를 출판했다. 엄정식(1974~현재)은 공군사관학교를 졸업하고 서울대학교 사회과학대학 외교학과에서 학사 → 석사학위를 받은 데 이어 「카터 행정부 시기 대한(對韓) 무기이전 정책의 변용: 백곰 미사일의 개발과 F-5E/F 공동생산의 합의」(2012년 2월)로 박사학위를 받았다. 현재 공군사관학교 교수다.

※ 강창부(1970~현재)는 공군사관학교를 졸업하고 서울대학교 인문대학 서양사학과를 졸업했으며 서울대학교 대학원 서양사학과에서 석사학위를 받은 데 이어 영국 버밍엄대학교 대학원 사학과에서 영국사를 전공해 박사학위를 받았다. 박사학위청구논문 서지사항은 다음과 같다. Changboo Kang, "The British Infantry Officer on the Western Front in the First World War," unpub. Ph.D. diss., University of Birmingham, 2007. 현재 공군사관학교 교수다.

(2) 강희종(姜熙鐘), 「우리나라의 우주기술 현황 및 혁신과제」, *SWEPI Insight*(과학기술정책연구원) 104(2012년 10월), 1~33쪽.

(3) 유준구, 『우주안보 국제규범 형성의 쟁점과 우리의 과제』(국립외교원 외교안보연구소, 2018).

(4) Hyoung Joon An, "South Korea's Space Program; Activities and Ambitions," *Asia Policy*, Vol. 15, No. 2(April 2020), pp.34~42.

※ 안형준(1978~현재)은 서울대학교 사범대학 물리교육과를 졸업하고 서울대학교 대학원에서 사회과학사를 전공해 석사학위를 받은 데 이어 조지아공과대학교 대학원에서 과학기술사를 전공해 박사학위를 받았다. 박사학위청구논문 서지사항은 다음과 같다. Hyoung Joon An, "National Aspirations, Imagined Futures, and Space Exploration: the Origin and Development of Korean Space Program 1958-2013," unpub. Ph.D. diss., Georgia Institute of Technology, 2015. 현재 과학기술정책연구원 연구위원이다.

(5) 조관행(趙寬行) · 김영수(金英修) · 서석민(徐錫敏) · 홍규덕(洪圭德), 「북한의 사이버와 무인기 위협에 대한 대응방안 연구: PMESII 체계분석과 DIME 능력을 중심으로」, 『신아세아』제27권 제2호(2020년 여름), 67~109쪽.

제목에 나오는 'PMESII'는 국가의 '정치 · 군사 · 경제 · 사회 · 정보 · 인프라(Political · Military · Economy · Social · Information · Infrastructure)'의 약칭이다. 또 'DIME'은 국력의 제(諸)요소인 '외교 · 정보 · 군사 · 경제(Diplomatic, Information, Military, Economic)'의 약칭이다. 이 논문과 관련해, 공저자들은 여러 저술을 소개했는데, 거기에는 다음이 포함됐다.

(i) 양욱(梁旭), 「북한 무인기에 대처하는 안보전략은?」, 『북한』(2014년 5월), 56~61쪽.

(ii) 김상배(金湘培), 『사이버 안보의 국가전략: 국제정치학의 시각』(사회평론아카데미, 2017년 5월).

(iii) 이정관, 「북한의 사이버심리전 위협과 대응방안에 관한 연구」, 용인대학교 통일대학원 국방군사학과 석사학위청구논문, 2017년 2월.

(iv) 김상배(金湘培) · 민병원(閔丙元) 엮음, 『사이버 안보의 국제정치학적 지평: 전략과 외교 및 규범』(사회평론아카데미, 2018년 6월).

※ 이 주제에 연결된 민병원의 논문에 다음이 있다. 「국가 간 지역적 클러스터의 불균형 패턴 연구: 네트워크 국제관계의 컴퓨터 시뮬레이션 」, 『한국정치학회보』제42집 제3호(2008년 가을), 287~309쪽.

(6) 김종하(金鍾夏) · 김재엽(金宰燁), 「아시아 · 태평양 지역의 우주 군사력: 한국 안보에 관한 시사점」, 『신아세아』제27권 제2호(2020년 여름), 110~139쪽.

※ 김종하(1964~현재)는 울산대학교 경제학과를 졸업하고 경희대학교 대학원에서 정

책학을 전공해 석사학위를 받은 데 이어 영국 브리스톨대학교 대학원에서 국방정책학을 전공해 박사학위를 받았다. 박사학위청구논문 서지사항은 다음과 같다. Jong-Ha Kim, "The Policy Process in Korea: Defense Policy and the Selection Process of the Korean Fighter Programme(KFP)," unpub. Ph.D. diss., University of Bristol, 1997. 현재 한남대학교 사회과학대학 정치 · 언론국제학과 교수다. 그의 저술들에는 『획득전략: 이론과 실제』(북코리아, 2006)와 『미래전, 국방개혁, 그리고 획득전략』(북코리아, 2008) 및 「한반도 비핵화를 위한 위기관리 및 협상전략에 관한 연구」, *Crisisonomy*(사단법인 위기관리이론과실천) Vol. 14, No. 8(2018) pp.1~13 등이 포함된다.

※ 김재엽(1979~현재)은 서강대학교 사회과학대학 정치외교학과를 졸업하고 연세대학교 대학원 정치외교학과에서 석사학위를 받은 데 이어 성균관대학교 대학원 정치외교학과에서 「중국 · 대만의 군사력 균형 평가와 전략적인 함의에 관한 연구」(2010년 8월)로 박사학위를 받았다. 현재 환태평양전략문제연구소 수석연구원으로, 「한국형 공세 방어전략의 모색」, 『국방연구』제56권 제2호(2013년 6월), 123~148쪽도 출판했다.

(7) 조광래(趙光來) · 고정환, 『우리는 로켓맨: 1988~2022 한국 우주로켓 개발 최전선에서 나로호와 누리호를 만든 우주 개척자들의 이야기』(경기도 파주시: 김영사, 2022년 9월).

1989년 한국항공우주연구원(약칭 항우연) 창립 멤버인 조광래 전 원장, 그리고 당시 연구원이었던 고정환 현 항우연 한국형발사체개발사업본부장이 함께 썼다. 1993년 한국 최초의 과학로켓 'KSR-Ⅰ'을 거쳐 나로호와 누리호 개발책임을 맡았던 공저자들의 회상을 담았다. 2009년 8월 25일 오후 5시 대한민국 최초의 우주발사인 나로호는 정상 궤도에 진입하지 못했고, 2010년 6월 10일의 2차 발사 때도 진입하지 못했다. [그러나 이 책이 출판된 뒤인 2013년 1월 13일의 3차 발사 때 마침내 진입에 성공한다.] 2022년 6월 21일에 대한민국은 드디어 독자적인 기술로 한국형발사체 누리호를 우주로 띄워 보내는 데 성공했다. 이 책은 대한민국 항공우주연구개발사 그 자체다.

제4절 대외정책

제1항 전반

(1) 김태우(金泰宇), 「이명박정부의 핵과제」, *Strategy 21* 20(2008년 2월), 5~42쪽.

(2) 서재진(徐載鎭), 「비핵 개방 3000 구상의 정책목표와 추진전략」, 『통일경제』(2008년 3월 3일), 10~16쪽.

(3) 이동복(李東馥), 「이명박정부의 대북정책」, 『신아세아』 제15권 제1호(2008년 3월 30일), 9~30쪽.

(4) 김성한(金聖翰), 「이명박정부의 실용외교 전망과 과제」, 『신아세아』제15권 제1호(2008년 3월 30일), 31~50쪽.

(5) 박용옥(朴庸玉), 「이명박정부의 안보정책:기본과제와 제언」, 『신아세아』 제15권 제1호(2008년 3월 30일), 51~67쪽.

(6) 박홍순(朴興淳), 「이명박정부의 대외정책(외교 · 안보):특징과 과제」, 『평화학연구』(한국평화연구학회) 제9권 제1호(2008년 4월 30일), 23~65쪽.

이명박정부가 출범하면서 지향한 '실용주의적 외교안보정책' 특징을 '현실주의적' '중상주의적' '국제주의적' 성격과 내용으로 규정하고, 그 목표를 달성하기 위한 구체적 방안들을 제시했다.

(7) 유석렬(柳錫烈), 「새 정부의 북핵해결과 대북정책」, 『외교』85(2008년 4월 30일), 52~62쪽.

(8) 박인휘(朴仁輝), 「이명박정부의 외교안보정책의 평가와 교훈」, 한국정치학회 기획/김호섭(金浩燮) 편, 『새로운 행정부의 대내외 과제와 전망: 변화와 지속』(푸른길, 2013), 45~76쪽.

(9) 손열(孫洌) · 김상배(金湘培) · 이승주(李昇柱) 편, 『한국의 중견국 외교: 역사 · 이론 · 실제』(명인문화사, 2016).

이 책이 반드시 이명박정부의 대외정책을 다룬 것은 아니다. 이 책은 '중견국 외교'라는 새로운 관점에서 제6공화정 이후 한국의 대외정책 전반을 다루었다. 다만 공저자들이 매우 조심스럽게 김대중정부의 대외정책과 노무현정부의 대외정책을 살핀 데 이어 이명박정부의 대외정책을 다루면서 '중견국 외교'라는 용어를 쓰지는 않았으나 대체로 그 개념에 가까운 대외정책을 추구한 것으로 해석한 데 주목해 여기에서 다루고자 한 것이다. 공저자들은 "2010년대 들면서 한국의 구조적 위치에 주안한 새로운 국제적 역할로서 가교외교, 연합외교, 의제설정외교 등이 중견국 외교란 이름으로 정의되기 시작했다"라고 주장했다. 공저자들은 이어 "박근혜정부는 출범과 함께 한국외교의 3대 비전 중 하나로 '세계평화 발전을 위한 책임있는 중견국 외교'를 내걸었다"라고 썼다. 이 책의 집필에는 편저자들 이외에 강선주(姜善珠) 국립외교원 교수, 송태은(宋兌殷) 서울대학교 사회과학대학 정치외교학부 교수, 이용욱(李容旭) 고려대학교 정경대학 정치외교학과 교수 등이 참여했다.

※ 송태은(1975~현재)은 서울대학교 대학원 외교학과에서 「한국 외교정책 온라인 여론과 시민의 정치참여: 2008-2013년 무역,안보,외교갈등 사례」(2016년 8월)로 박사학위를 받았다. 현재 서울대학교 사회과학대학 정치외교학부 교수다. 그는 자신의 박사학위 청구논문을 지도한 김상배 교수와 함께 『정보세계정치의 이해: 역사와 쟁점 및 전략의 탄생』(경기도 파주시: 한울아카데미. 2013) 등을 출판했다.

※ 이용욱(1969~현재)은 캔사스대학교 정치학과를 졸업하고 서던캘리포니아대학교 대학원 정치학과에서 박사학위를 받았다. 현재 고려대학교 정경대학 정치외교학과 교수다. 그의 대표적 저서는 다음과 같다. Yong Wook Lee, *The Japanese Challenge to the American Neoliberal World Order: Identity, Meaning, and Foreign Policy*(Stanford, C.A.: Stanford University Press, 2008).

제2항 대미관계

이명박정부의(그리고 박근혜정부의) 대미관계를 설명함에 있어서 당시 미국의 행정부를 이끌던 오바마 대통령의 국제정치관을 이해함이 필수적이다.

(1) Sang-Hyun Lee, "ROK-U.S. Relations in Lee Myung-bak Government: Toward a Vision of a '21st Century Strategic Alliance'," *Journal of East Asian Affairs*, Vol. 22, No. 1(Spring/Summer 2008), pp 1~32.

(2) 박건영(朴健榮), 「이명박정부의 대미정책과 대안:외교안보 문제를 중심으로」, 『국가전략』제14권 제4호(2008년 겨울), 91~119쪽.

(3) 이정철(李貞澈), 「오바마 독트린과 미국 대북정책 프레임: 지정학, 핵전략, 불량국가」, 『한국정치연구』제25집 제1호(2016년 2월), 221~245쪽.

이 논문을 따라 읽으면, 국제정치에 있어서 지정학의 중요성을 새삼 깨닫게 된다. 이 점과 관련해, 한국의 정치학자가 발표한 다음의 논문을 참조함이 좋다.

(4) 김명섭(金明燮), 「비교서평: 미국의 지위와 역할; 대서양과 태평양 사이에서」, 『국제정치논총』제49집 제4호(2009년 9월), 265~272쪽; ______, 「조선과 한국: 두 지정학적 관념의 연속과 분화」, 『한국정치연구』제25집 제1호(2016년 2월), 111~136쪽.

앞의 서평은 브레진스키(Zbigniew Brezezinski)를 비롯한 네 명의 국제적 정치학자들이 출판한 책들의 내용을 소개하면서 비평했다.

제3항 대일관계

유재광, 「한일관계에서 관심전환외교와 지연된 화해:이명박정부(2008~2013) 대일정책을 중심으로」, 『글로벌정치연구』(한국외국어대학교 글로벌정치연구소) 제15권 제1권(2022년 6월), 21~41쪽.

국제정치에서 분쟁의 국내정치적 원인을 연구하는 일군의 학자들은 '관심전환분쟁이론(theory of diversionary war)'을 개발했다. 필자는 이 이론을 '숙적국가(rival)' 사이의 외교에 적용하기 위해 '관심전환외교 이론(theory of diversionary diplomacy)'으로 변형했다. 필자는 "이 이론의 핵심 주장은 숙적국가 지도자들에게는 관심전환 유인이 전쟁이 아닌 외교를 중심으로 형성되며 그 원인은 지지율의 하락이다"라고 썼다.

※ 유재광(1971~현재)은 연세대학교 사회과학대학 정치외교학과를 졸업하고 뉴욕대학교 대학원 정치학과에서 석사학위를 받은 데 이어 오하이오주립대학교 대학원 정치학과에서 박사학위를 받았다. 박사학위청구논문 서지사항은 다음과 같다. Chaekwang You, "Perpetuated Hostilities in World Politics," unpub. Ph.D. diss,. Ohio State University, 2013. 현재 경기대학교 사회과학대학 공공인재학부 교수다. 그의 대표적 논

문들에는 다음이 포함됐다. (ⅰ) Chaewkang You, "Democratic Development and Increased Militarism in East and Sountheast Asian Rivalries: Perverse Political Accountability and Military Conflicts," *Asian Journal of Comparative Politics,* Vol. 3, No. 1.(March 2018), pp.25~45; (ⅱ) ______, 「기로에선 중견국: '능력-의지 연계모델'을 통해 본 터키 중견국 외교 부침(浮沈) 연구」, 『국제정치논총』 제 60집 1호(2020년 3월), 99~153쪽; (ⅲ) ______, 「복합적 위협인식과 유보된 수용: 한국의 대중 외교·안보 전략을 중심으로」, 『국제정치논총』 제61집 제2호(2021년 6월), 7~44쪽.

제4항 대중·대러시아관계

(1) Joon-Kyung Kim, Yangseon Kim and Chung H. Lee, "Trade and Investment between China and South Korea: Toward a Long-Term Partnership," *Journal of the Korean Economy*, Vol. 5, No. 1(March 2004), pp.97~124.

(2) 고재남(高在南), 「러시아의 재부상과 우리의 대응방안」, 『외교』84(2008년 1월), 38~48쪽.

※ 고재남(1954~현재)은 한양대학교 법정대학 정치외교학과를 졸업하고 한양대학교 대학원 정치외교학과에서 석사학위를 받은 데 이어 미주리대학교 콜럼비아 캠퍼스 대학원 정치학과에서 박사학위를 받았다. 정치학박사학위청구논문 서지사항은 다음과 같다. Jae-nam Ko, "How Does Reform Communism Become A Regime Commitment?: A Comaprision of the Soviet Union and China"(1954). 외무부 산하 외교안보연구원 교수로 출발해 한국슬라브학회 회장을 역임했으며, 현재 국립외교원 명예교수다.

(3) Suk-hee Han, "From Engagement to Hedging: South Korea's New China Policy," *Korean Journal of Defence Analysis*, Vol. 20, No. 4(Winter 2008), pp.335~351.

(4) 이영형(李永炯), 「이명박정부의 대(對)러시아 전략구상과 북한의 편승 가능성 모색」, 『한국시베리아연구』(배재대학교 한국·시베리아센터) 제12권 제1호(2008년 5월), 33~63쪽; ______, 「이명박정부의 러시아 외교정책 평가 및 한·러관계 발전 전략」, 『국제문제연구』(2009년 겨울), 96~138쪽.

※ 이영형(1963~현재)은 경남대학교 사회과학대학 정치외교학과를 졸업하고 경희대

학교 대학원 정치외교학과에서 석사학위를 받은 데 이어 모스크바국립대학교 대학원에서 「소련의 사회주의 개혁경험의 재특징: 비판적 고찰」(러시아어)(1996)로 정치학박사 학위를 받았다. 현재 경희대학교 연구교수다.

(5) 홍완석(洪完錫), 「이명박 대통령의 러시아방문:의미 · 평가 · 과제」, 『슬라브연구』제25권 제1호(2009), 1~41쪽.

※ 홍완석(1960~현재)은 한국외국어대학교를 졸업하고 한국외국어대학교 대학원 정치외교학과에서 석사학위를 받은 데 이어 모스크바국립국제관계대학원(Moscow State Institute of International Relations)에서 정치학박사학위를 받았다. 서지사항은 다음과 같다. Wan-Suk Hong, "The Change of Strategic Situation and Evolution of Russia's Foreign Policy in Northeast Asia after Fall of USSR," 1998. 한국외국어대학교 국제대학 학장을 역임했으며, 현재 한국외국어대학교 국제지역대학원 교수다.

(6) 김일수(金佚洙). 이동희(李東熙: 충북대), 「미 · 중관계의 변화와 동아시아 질서」, 『한국정치외교사논총』 제32권 제2호(2011년 2월), 257~283쪽.

(7) 양설, 「한국의 대(對)중국 외교정책의 변화 요인 분석:탈냉전 이후 중심으로」, 한양대학교 대학원 한국학과 국제학박사학위청구논문, 2017년 8월.

노태우정부에서 이명박정부까지 한국의 대중국 외교정책 변화를 분석했다.

제5항 G20 정상회의의 서울 개최

이명박정부는 G20 정상회의의 제5차 회의를 서울로 유치하는 데 성공했다. 1차 회의(2008년 11월 미국 워싱턴), 2차 회의(2009년 4월 영국 런던), 3차 회의(2009년 9월 미국 피츠버그), 4차 회의(2010년 6월 캐나다 토론토)에 이어 5차 회의는 2010년 11월 11~12일에 서울 강남구 코엑스에서 열렸다.

(1) 김기석, 『글로벌 경제질서 재편과 G20 정상회의』(서울: 부글북스, 2010년 4월).

(2) 최종영, 「G20과 글로벌 금융거버넌스 체제의 변화」, 『국제관계연구』(고려대학교 일민국제관계연구원) 제15집 제2호(2010년 9월), 193~220쪽.

(3) 이동휘, 「G20 서울 정상회의: 평가와 향후전망」, 『주요국제문제분석』(외보안보연구원) 2010-27호(2010년 12월).

(4) 문상복, 「G20 서울 정상회의에 대한 비판적 고찰」, 『국제정치논총』제51집 제1호(2011년 3월), 159~186쪽.

(5) 이상환(李相桓), 「스포츠 외교와 경성/연성 국력: G20국가를 중심으로」, 『한국정치외교사논총』제35집 제2호(2014년 2월), 307~326쪽.

(6) 김용호(金容浩), 「G20 정상회의: 국내 연구에 대한 비판적 검토와 향후 연구 과제」, 『국제정치논총』제51집 제1호(2011년 3월), 299~309쪽.

제6항 자원외교

(1) 이상득(李相得), 『자원외교특사 이상득의 자원을 경영하라』(김영사, 2011).

(2) 박영준(朴永俊), 『당신이 미스터 아프리카입니까?』(중앙북스, 2011).

박영준(1960~현재)은 고려대학교 법과대학 법학과를 졸업하고 고려대학교 정책대학원에서 석사학위를 받았다. 이상득 국회의원의 보좌관으로 출발해, 이명박 서울특별시장 때 정책보좌관으로 봉직했으며, 이명박 대통령 때 청와대 기획조정비서관으로 출발해 국무조정실 국무차장을 거쳐 지식경제부 제2차관으로 봉직했다. 그는 이상득 의원의 자원외교를 도왔다.

제7항 아덴만의 여명 작전

이명박정부는 2011년 1월에 상호해운 소속 화학물질운반선인 상호주얼리호가 인도양 북부 아라비아해 입구에서 소말리아 해적에게 피랍되자 해군을 중심으로 '아덴만의 여명' 작전을 수행해 해적들을 격퇴하면서 우리 선원들을 모두 구출했다.

(1) 석해균(石海均), 『그들은 나를 캡틴이라 불렀다: 석해균 선장의 297일간 못다 한 이야기』(플러스81스튜디오, 2012).

상호주얼리호의 선장으로 '아덴만의 여명' 작전 때 부상을 입었던 저자의 회상이다.

(2) 김정현, 『아덴 만의 여명: 아덴 만 여명작전과 소말리아 해적이야기』(다리미디어,

2014).

(3) 이국종(李國鍾), 『골든아워』 전2권(흐름출판, 2018).

'아덴만의 영웅'인 외과의사 저자가 2002~2013년 생과 사의 최전선이라고 할 중증외상센터에서 고군분투한 기록이다. 각종 진료 · 수술기록, 자신의 기억을 바탕으로 했다. 소말리아 아덴만에서 석해균 선장을 살려낸 이야기, 중증외상 치료 시스템 변화의 전기를 마련하고도 이를 제대로 살리지 못하는 우리 의료 현실 등을 소개했다.

(4) 조영주(예비역 해군준장), 『아덴만 여명작전 현장전투실화: 청해부대 최영함장의 고뇌와 결단』(익투스, 2022).

저자는 '아덴만의 여명' 작전 때 청해부대 최영함을 이끌었다.

제8항 2018평창동계올림픽 유치

남아프리카공화국의 더반에서 열린 국제올림픽위원회 총회는 2011년 7월 6일에 2018년의 동계올림픽을 강원도 평창에서 개최하기로 결정했다.

(1) 강원일보 편, 『2018평창동계올림픽 유치 기록집』 전2권(강원도 춘천시:강원일보사, 2012).

(2) 서세훈, 「평창동계올림픽 유치과정의 정책변동 분석」, 한양대학교 대학원 생활스포츠학과 체육학박사학위청구논문, 2012년 8월.

제5절 대북관계

제1항 개관

(1) 문정인(文正仁) · 이춘복(李春馥), 「이명박정부의 대북정책: 평가와 전망」, 『통일연구』(연세대학교 통일연구원) 제13권 제2호(2009년 11월), 5~34쪽.

※ 이춘복(1966~현재)은 중앙대학교 사학과를 졸업하고 북경사범대학 대학원에서 석사학위를 받은 데 이어 북경대학에서 「무술(戊戌) 전후시기 강유위(康有爲) 의회사상의 연구」(중국어)(2005년 1월)로 박사학위를 받았다.

(2) 김주환(金周煥: 경기대), 「이명박정부의 대북정책: 민족주의의 거세와 공세적 국가주의로의 전환」, 『동향과 전망』(한국사회과학연구소) 79(2010년 6월), 315~352쪽.

(3) 신율(申律), 「욕구이론을 통해서 본 남남갈등: 이명박정부의 중도실용정책과 남남갈등 해소 가능성」, 『한국정치학회보』제44집 제2호(2010년 6월), 69~92쪽.

(4) 서보혁(徐輔赫), 「이명박정부 후반기 대북통일 정책의 과제와 전망」, 『북한학연구』(북한학연구소) 제6권 제2호(2010년 12월), 5~26쪽.

(5) 송영훈(宋映勳), 「대북정책에 대한 개인선호 결정요인: 노무현정부와 이명박정부 비교」, 『아세아연구』(고려대학교 아세아문제연구소) 제56권 제1호(2013년 3월), 146~~177쪽.

(6) Jungkun Seo, "Who Takes North Korea Seriously?: U.S. Congress and Policy Toward Pyongyang, 2009-2012," *Korean Journal of Defense Analysis*, Vol. 25, No. 2(June 2013), pp.191~209.

미중 패권경쟁과 한국의 대처

(1) 박성우, 「현실주의 국제정치이론에서 "투키디데스 읽기"의 한계와 대안의 모색」, 『국제정치논총』제48집 제3호(2008년 9월), 7~34쪽.

(2) 김흥규(金興圭), 「21세기 변화 중의 미중관계와 북핵문제」, 『한국과 국제정치』제27권 제1호(2011), 213~245쪽; ______, 「시진핑 시기 중국의 대(對)한반도 전략사고의

변화와 함의」, 『신아세아』제22집 제4호(2015년 겨울), 36~59쪽; ______, 「미국의 대중 정책 변환과 새로운 냉전의 시작?」, 『국제정치논총』제58권 제3호(2018년 9월), 213~241쪽; ______, 「시진핑 3기 출범 이후 대외정책과 한 · 중관계」, 『외교』144(2023년 1월), 47~60쪽.

(3) 「특집 중국의 부상: 국내정치와 국제정치에 미칠 영향」, 『신아세아』 Vol. 19 No. 2(Summer 2012), 34~206쪽.

(i) Taeho Kim, "Sino-Rok Relations at a Crossroads: From Quitong cunyi(求同存異) to Yizhong quitong(異中求同)", pp.34~44.

(ii) Tsung-Chi Yu, "Impact of China's Growing Assertiveness on Asian Security", pp.45~53.

(iii) Yeh-chung Lu/Szu-hua Chen, "The Ties That Bind: The Emerging Asia-Pacific Regional Order and Taiwan-Korea Relaions", pp.54~70.

(iv) 이정남(李正男), 「중국의 정치변화: 공산당과 인민대표대회의 관계를 중심으로」, 71~93쪽.

(v) 김재관(金在寬), 「21세기 국가-사회관계에 관한 중국지식인의 인식」, 94~129쪽.

(vi) 이동영(李東映), 「선거민주주의에 대한 중국 지식인의 인식」, 130~154쪽.

(vii) 주장환(周長煥), 「경제성장과 정치발전에 대한 중국 엘리트의 인식」, 155~179쪽.

(viii) 유은하(柳銀河), 「유가사상(儒家思想)과 민주주의에 대한 중국 지식인의 인식」, 180~206쪽.

(4) 박휘락(朴輝洛), 「한중 '전략적 협력 동반자관계'의 기대와 현실 간 격차: 동맹이론과 최근 사례를 중심으로」, 『신아세아』제22권 제4호(2015년 겨울), 60~83쪽.

(5) 구본학(具本學), 「한 · 미동맹과 한 · 중전략적 동반자관계의 조화」, 『신아세아』제22권 제4호(2015년 겨울), 110~134쪽.

(6) 안인해(安仁海), 「제6장 비전 3000(이명박정부)」, ______, 『중국과 미국 그리고 한반도: 패권의 딜레마 II』(파나쥬books, 2021), 257~285쪽.

이명박정부의 대북정책 및 대북관계 전반을 설명했다. 이 책에서 저자는 '투키디데스 함정(Thucydides Trap: 修昔底德陷穽)'과 '킨들버거 함정(Kindleberger Trap: 金德伯格陷穽)'에 대해 설명했다. '투키디데스 함정'이란, 기원전 460~445년에 고대 그리스에서 기존 패권국가(ruling power) 스파르타가 주도하는 펠로폰네소스 동맹과 상승국가

(rising power) 아테네가 주도하는 델로스 동맹 사이에 일어났던 전쟁을 다룬 『펠로폰네소스전쟁사』의 저자 투키디데스의 이름을 염두에 두고 하버드대학교 그레이엄 앨리슨(Graham T. Allison) 교수가 자신의 저서 『예정된 전쟁(*Destined for War: Can America and China Escape Thucydides' Trap?*: Boston, M.A: Houghton Mifflin Harcount, 2017)』에서 명명했다. 패권국가인 스파르타는 상승국가인 아테네의 도전을 두려워하고 사전에 봉쇄하기 위해 전쟁을 일으켰고 결국 세 차례에 걸친 전쟁을 통해 델로스 동맹을 패배시켰다.

'킨들버거 함정'이란, 하버드대학교 조지프 나이(Joseph Samuel Nye, Jr.) 교수가 『워싱턴 포스트』(2017년 1월 9일)에 기고한 논설 「킨들버거의 함정(Kindleberger's Trap)」에서 나왔다. 제대로 준비가 되어 있지 않은 상황에서 패권국가가 됐을 때 글로벌 시스템의 붕괴가 발생하고 거기에 따라 불황 · 대학살 · 세계전쟁이 일어난 사례를 경고한 매사추세츠공과대학교(MIT) 찰스 킨들버거(Charles P. Kindleberger) 교수를 염두에 둔 것이다.

(7) 김열수(金烈洙), 「미국의 반중(反中) 봉쇄정책과 신냉전기 한국의 전략」, 『신아세아』제28권 제4호(2021년 겨울), 46~77쪽.

'투키디데스 함정'에 대조되는 '정점(頂點) 강대국 함정(Peaking Power Trap)'을 소개했다. 제1차 세계대전을 일으킨 독일과 태평양전쟁을 일으킨 일본의 사례를 상기하면서, 국력이 정점에 도달해 하강 국면으로 접어드는 상승국이 기회를 놓치지 않으려고 패권국과 일전을 벌일 유혹에 빠져 전쟁을 일으킬 수 있음을 경고한 것이다. 김 교수는 이 이론을 정립한 논문으로 다음을 지적했다. Hal Brands and Michael Beckley, "China Is a Declining Power and That's the Problem: The United States Needs to Prepare for a Major War, Not Because Its Rival Is Rival But Because of the Opposite," *Foreign Policy*(September 24, 2021).

※ 김열수는 다음과 같은 저술을 출판했다. 「북한의 대미 · 대남 핵전략 목표에 관한 분석과 평가」, 『신아세아』제27집 제1호(2020년 봄), 41~65쪽; 『국가안보론: 위협과 취약성의 딜레마』(법문사, 2010년 6월, 초판; 2022년 2월 7판); 『한미동맹 70년 한미역사 140년』(법문사, 2023).

(8) 김우상(金宇祥), 「미 · 중 패권경쟁 시기의 한미동맹」, 『신아세아』제30권 제2호(2023년 여름), 5~29쪽.

미 · 중 패권경쟁이 전쟁으로 이어질 것인가에 대한 물음과 관련해 국제정치학에서 제기된 여러 이론을 자세히 설명했다.

(i) 케네스 오르갠스키의 세력전이 이론

A. F. K. Organski, *World Politics*(New York: Alfred A. Knopf, 1958: 2nd ed., 1968), pp.338~376; ______ and Jacek Kugler, *The War Ledger*(Chicago, I. L, University of Chicago Press, 1980)., Ch. 1.

중국이 미국의 패권에 도전하는 국가로 급성장할 것임을 예측했다. 기존 국제질서에 불만족한 채 급성장한 강대국이 패권국의 국력을 추월하는 상황이 발생할 때, 양자 사이에 전쟁이 일어날 가능성이 아주 높다고 보았다.

(ii) 로버트 길핀의 패권전쟁 이론

Robert Gilpin, *War and Change in World Politics*(Cambridge: Cambridge University Press, 1981); 임상순 역, 『국제정치에서 전쟁과 평화』(선인, 2015).

오르갠스키의 이론과 유사한 패권전쟁 이론을 제시했다.

※ 임상순(1971~현재)은 한국교원대학교에서 사회교육학을 전공했으며, 서강대학교 대학원 정치외교학과에서 석사학위를 받은 데 이어 동국대학교 대학원 북한학과에서 박사학위를 받았다. 현재 평택대학교 교양학부 교수다.

(iii) 브랜즈-베클리의 절정기 국력 함정

Hal Brands and Michael Beckley, *Danger Zone: The Coming Conflict with China*(New Work: W. W. Norton and Campany, 2022).

기본 국제질서에 불만족한 강대국이 급성장하여 국력이 절정에 도달해서 이제 더 이상 국력증대가 쉽지 않을 것임을 예감할 때 가장 공세적이 될 가능성이 높다고 보았다.

(iv) 존 미어샤이머의 역외균형 이론

John J. Mearsheimer, *The Tragedy of Great Power Politics*(New York: W. W. Norton and Company, 2001); 이춘근(李春根) 역, 『강대국 국제정치의 비극』(경기도 파주시: 나남, 2001); John J. Mearsheimer and Stephen M. Walt, "The Case for Offshore Balancing: A Superior U. S. Grand Strategy," *Foreign Affairs*, Vol. 95, No. 4(July-August, 2016), pp.70~83.

패권안정론을 전개한 오르갠스키 및 길핀과 정반대로 필자들은 세력균형론을 전개했다.

※ 김우상(1958~현재)은 한국외국어대학교 서양어대학 독일어학과를 졸업하고 시라큐스대학교 대학원 정치학과에서 석사학위를 받은 데 이어 로체스터대학교 대학원 정치학과에서 박사학위를 받았다. 박사학위청구논문 서지사항은 다음과 같다. Woosang

Kim, "Power, Alliance, and Major Wars, 1816-1975," unpub. Ph.D. diss., University of Rochester, 1988. 텍사스농업공업대학교(Texas Agriculture and Mechanical University) 종신교수로 숙명여자대학교 사회과학대학 정치외교학과 교수를 거쳐 호주대사에 이어 한국국제교류재단 이사장을 역임했으며, 현재 연세대학교 사회과학대학 정치외교학과 교수다. 미중관계는 물론 국제정치 전반에 대해 그는 여러 저술을 출판했는데, 거기에는 다음이 포함됐다.

(i) Woosang Kim, "Alliance Transitions and Great Power War," *American Journal of Political Science,* Vol. 35, No. 4(November 1991), pp.933~850.

(ii) ______, "Power Transitions and Great Power War from Westphalia to Waterloo," *World Politics*, Vol. 45, No. 1(October 1992), pp.153~172.

(iii) ______, "Power Parity, Alliance, Dissatisfaction, and Wars in East Asia, 1860~1993," *Journal of Conflict Resolution*, Vol. 46, No. 5(October 2002), pp.654~671.

(iv) ______, "Rising China, Pivotal Middle Power South Korea, and Alliance Transition Theory," *International Area Studies Review*. Vol. 18, No. 3(September 2015), pp.251~265.

(v) 김우상, 『중견국 책략: 미 · 중 사이 한국의 스마트외교』(세창출판사, 2016년 10월); ______, 『신(新) 한국책략 4.0: 북한 핵위협과 한반도 안보』(세창출판사, 제3판 2021년 8월).

(9) 백승욱(白承旭), 『연결된 위기』(생각의힘, 2023).

저자는 최근의 국제정세를 '신냉전'으로 규정하는 시각을 비판했다. 저자는 작금의 세계질서를 신냉전구도로 바라보는 것은 적절하지도 바람직하지도 않다고 주장하며, 신냉전이 아니라 '얄타체제의 해체'라는 렌즈로 세계를 바라봐야 한다고 역설했다.

※ 백승욱(1966~현재)은 서울대학교 사회과학대학 사회학과를 졸업하고 서울대학교 대학원 사회학과에서 석사 → 박사학위를 받았다. 현재 중앙대학교 사회과학대학 사회학과 교수다.

제2항 남북 비밀접촉

(1) 송홍근(宋泓根), 「"북한은 모욕적 협상 응했다. 뒷돈 요구한 적도 없다":남북정상회담 비밀접촉 주역 임태희(任太熙) 전 대통령 실장」, 『신동아』(2013년 2월), 82~95쪽.

임태희는 노동부장관 자격으로 2009년 10월에 싱가포르에서 북한의 조선로동당 통일전선부장 김양건과 비밀접촉을 가졌다. 그는 2013년 1월 9일에 『신동아』와의 회견에서 이 비밀접촉을 포함해 이명박정부 때 있었던 북한과의 비밀협상에 대해 증언했다. 그는 이 회견에서 서독이 동독을 상대로 활용한 '프라이카우프(Freikauf:자유를 산다)' 프로젝트를 언급했다. 냉전시절에 서독은 33,755명의 동독 반체제인사를 석방시키고 서독으로 데려오는 대가로 34억 6,400만 마르크 상당의 현물을 동독에 건넸다. 임 장관은 "국군포로, 납북자, 이산가족 문제에 대한 북측의 인도적 조치에 상응해 우리가 식량이나 물품을 지원하는 방식에 대해 협의했다"라고 부연했다. 임 장관은 이 비밀접촉 이후 대통령실장으로 승진했다.

(2) 송홍근(宋泓根), "관료, 학자 출신의 공 세울 욕심에 남북정상회담 망쳐":임태희 전 대통령실장 『MB정부 국정백서』강력 반박」, 『신동아』(2013년 4월), 128~141쪽.

임태희 대통령실장 후임 하금열(河今烈) 대통령실장 때인 2013년 2월에 『이명박정부 국정백서』가 출판됐다. 이명박정부가 물러가기 직전이었다. 이 백서는 남북 비밀접촉에 대해 우리가 바로 앞에서 읽은 임태희 전 대통령실장의 증언과는 다르게 설명했다. 임태희 전 대통령실장은 이 증언에 대해 반론을 제기했다.

(3) 송홍근(宋泓根), 「'책임 있게 협력한다'가 '북(北) 100억 달러 요구'로 둔갑」, 『신동아』((2015년 3월), 100~107쪽.

이명박 전 대통령은 퇴임으로부터 2년 뒤인 2015년 2월에 회고록 『대통령의 시간:2008~2013』을 출판했다. 이 책의 「4장 진화하는 한·중관계」(259~300쪽) 그리고 「5장 원칙 있는 대북정책」(301~374쪽)은 남북 비밀협상에 대해 자세히 설명했다. 이 설명에 대한 반론이 뒤따랐다. 위의 글은 이 반론을 다뤘다.

제3항 천안함 피격사건

2010년 3월 26일에 대한민국 해군 초계함 PCC722 「천안」은 인천광영시 옹진군 백령도 근처 해상에서 격침됐고, 대한민국 해군 장병 40명이 전사하고 6명이 실종됐다. 사건 발생 직후 출동한 인천해양경찰서의 해안경비정에 의해 천안함에 탐승하고 있던 승조원 104명 가운데 58명이 구조됐다. 대한민국 정부는 천안함이 북한 해군 잠수함의 어뢰에 의해 격침됐다고 발표했고, 대한민국 · 호주 · 미국 · 스웨덴 · 영국 등 5개국의 전문가 24명으로 구성된 합동조사단은 5월 20일에 대한민국 정부의 발표를 뒷받침했다. 다만 스웨덴 전문가들은 자신들이 조사에 관여하지 않았다고 말했다. 이 사건에 관해 여러 해석이 제기됐다.

대한민국 정부의 공식 설명

대한민국 국방부, 『천안함 피격사건 합동조사결과 보고서』,(대한민국 국방부, 2010); ______, 『천안함 피격사건 백서』(대한민국 국방부, 2011).

뒤의 책은 천안함 피격사건 1주년을 맞이해 국방부가 이 사건 전말에 대해 자세하게 설명했다. 두 책 모두 북한에 의한 격침을 강조했다.

취재 및 연구

(1) 황일도(黃一道), 「천안함 사태 그 후: 이명박정부 위기대응능력 비판」, 『신동아』(2010년 5월), 108~117쪽.

(2) 김보근(金保根) · 이태호(李泰鎬) 공저 『봉인된 천안함의 진실: 20개의 키워드로 읽는 천안함 사건』(한겨레출판, 2010년 10월).

02 스크루 휨 현상: 폭발은 왼쪽인데 왜 오른쪽이 엿가락?, 46~55쪽.

03 흡착물: 그 모래와 소금, 폭발과 무관, 56~67쪽.

시간·장소 논란

04 시시티브이: 카메라는 왜 9시17분에 멈추었나, 68~75쪽.

05 엇갈리는 장소: 지진파, 초병 진술, KNTDS 항적은 다른 곳을 가리킨다, 76~85쪽.

북한 관련

06 연어급 잠수정: '깜짝' 등장했다 '슬그머니' 사라지다, 86~93쪽.

07 CHT-02D: 정보기관의 무능력, 북한의 '유령 군사력' 만들다, 94~103쪽.

08 '1번' 글씨: 유성펜의 미스터리, 과학자여 논쟁하자, 104~111쪽.

09 지진파: '폭발력 260kg'은 수심과 '따로' 놀아, 112~119쩍.

보고서 왜곡

10 왜곡된 보고서: 설계도 실수 숨기고 충격파는 교묘히 속이고, 120~129쪽.

여러 가지 가설들

11 어뢰설: 007 같은 인간 어뢰설까지 보수 언론, 청와대, 경호처 공명, 130~139쪽.

12 좌초설: "난 좌파가 아니지만 아무리 봐도 이건 좌초다," 140~149쪽.

13 기뢰설: 136개의 '서해 크라이시스'는 어디에, 150~157쪽.

천안함과 한반도

14 국제사회: 한 발 빼는 스웨덴, 미국 빼곤 구색 맞추기, 158~165쪽.

15 미국: 최대의 수혜자 또 어떤 청구서를?, 166~175쪽.

16 동북아: 신냉전 구도 '한 · 미 · 일' 대 '북 · 중 · 러,' 176~185쪽.

17 남북 경제관계: 정권이익을 위해 내팽개친 민족 미래의 비전, 186~193쪽.

천안함과 한국사회

18 정치: 정보 접근도, 과학자 조직도 못한 국회, 194~201쪽.

19 사회: "한 방에 갈 수 있어" 공포체제의 부활, 202~209쪽.

20 언론: 인터뷰 논객과 누리꾼에게 부끄럽다, 210~221쪽.

3부 천안함 취재기 및 사건 일지

〈한겨레21〉 취재기: 승조원들 표정이 단서, "혹시 사고가 아닐까?", 222~227쪽.

백령도 '침선' 취재기: 정체불명의 침몰 선박, 왜 군은 끝까지 은폐했나, 228~233쪽.

하니TV 다큐 제작기: 팩트 찾아 60일, 25분 영상에 담다, 234~241쪽.

러시아 천안함 보고서 요약본, 242~243쪽.

천안함 사건 일지, 244~252쪽.

(3) 이승헌, 『과학의 양심, 천안함을 추적하다: 물리학자 이승헌의 사건 리포트』(창

비, 2010년 11월): ______, 「천안함참사의 진짜 책임자는 누구?」, 『한겨레』(2018년 2월 27일), 25쪽.

합조단의 결론에 대해 '과학적 의문투성이'라고 판단하면서 재조사를 요구했다.

※ 이승현(1963~현재)은 고려대학교 물리학과를 졸업하고 고려대학교 대학원 물리학과에서 석사학위를 받은 데 이어 존스홉킨스대학교 대학원 물리학과에서 박사학위를 받았다. 미국 국립표준연구소 연구원을 거쳐 버지니아대학교 물리학과 교수로 봉직하고 있다.

(4) 윤종성(尹鍾聲), 『전 국방부 조사본부장 윤종성 장군이 들려주는 천안함 사건의 진실』(한국과미국, 2011년 1월).

※ 윤종성(1957~현재)은 육군사관학교를 졸업하고 동국대학교 대학원 행정학과에서 석사학위를 받은 데 이어 명지대학교 대학원 정치외교학과에서 「대통령 국정과제 수행 리더십 연구:박정희/김대중 리더십 비교를 중심으로」(2008년 2월)로 정치학박사학위를 받았다. 육군소장으로 예편한 뒤 성신여자대학교 교양교육대학 교수로 봉직했다. 가장 최근의 저서로 『박정희 리더십의 모든 것』(시아, 2023)이 있다.

(5) 서보혁(徐輔赫)·김종대·이대근·김창수·홍익표·박홍서(朴鴻緖) 공저, 『천안함 외교의 침몰』(풀빛, 2011년 3월).

(6) 김부찬(金富燦), 「천안함사건의 국제법적 의의 및 대응방안의 허실: 천안함사건 1주년에 즈음하여」, 『국제법평론』(국제법평론회) 33(2011년 4월), 1~32쪽.

(7) 국가정상화추진위원회, 『천안함 폭침의 진실과 망언들』(자유기업원, 2011).

(8) 박홍서(朴鴻緖), 「게임이론을 통해 본 중국의 대(對)한반도전략: 천안함·연평도 사건을 중심으로」, 『중국연구』(한국외국어대학교 중국연구소) 52(2011년 7월), 353~573쪽.

※ 박홍서(1969~현재)는 한국외국어대학교 글로벌 캠퍼스에서 중국어학을 전공하고 한국외국어대학교 대학원에서 중국학을 전공해 석사학위를 받은 데 이어 한국외국어대학교 대학원 국제관계학과에서 「중국의 대(對)한반도 군사개입의 논리: 세력변화, 위협인식, 그리고 합목적적 선택」(2005년 2월)으로 박사학위를 받았고, 「북핵위기시 중국의 대북 동맹안보딜레마 관리 연구: 대미관계 변화를 주요 동인으로」, 『국제정치논총』 제46집 제1호(2006년 4월), 103~122쪽을 발표했다. 현재 동서대학교 연구교수다.

(9) 오철우(吳哲宇), 『천안함의 과학 블랙박스를 열다: 분단체제 프레임 전쟁과 과학

논쟁』(Full Moon, 2011년 12월; 동아시아, 2016); ______, 「천안함 '과학논쟁'의 성격과 구조」, 서울대학교 대학원 과학사 및 과학철학 협동과정 박사학위 청구논문, 2016년 2월.

※ 오철우(1964~현재)는 서울대학교 인문대학 영어영문학과를 졸업하고 서울대학교 대학원 과학사 및 과학철학 협동과정에서 석사→박사학위를 받았다. 한겨레신문사 수습기자로 출발해 현재 선임기자다.

(10) Gillju Ban, "The Impact of North Korea's Asymmetric Attack on South Korea's Blue Water Navy Strategy: The Examination of the ROKN Cheonan Incident," *Korean Journal of Military Art and Science*, Vol. 68, No. 2(June 2012), pp.19~43.

(11) 이정훈(李政勳), 『천안함 정치학: 이명박식 보수는 왜 실패했는가』(글마당, 2012년 2월); ______, 『천안함 루머를 벗긴다』(글마당, 2014).

기자로 이 사건을 여러 각도에서 취재한 필자는 천안함이 북한 어뢰에 의해 격침됐다는 결론을 끌어냈다. 뒤의 책에서 저자는, 천안함이 북한의 어뢰를 맞아 격침된 것이 아니라 다른 이유로 침몰했다고 주장하는 다큐멘터리성 영화 「천안함 프로젝트」의 허점들을 짚어냈다.

※ 이정훈(1962~현재)은 연세대학교 문과대학 문헌정보학과를 졸업하고 연세대학교 대학원 정치외교학과에서 석사학위를 받은 데 이어 경기대학교 정치전문대학원에서 「'중국적 전통 국제질서론'의 비판적 재해석: 열국체제 · 제국체제 · 조공체제의 병존」(2019년 2월)으로 박사학위를 받았다. 동아일보 논설위원을 역임했으며, 현재 통일 · 안보문제 평론가로 활동하고 있다.

(12) 신상철, 『천안함은 좌초입니다: 오만가지 거짓말로 덮어버린 하나의 진실』(책보세, 2012년 12월).

저자는 선박전문가로 이 사건의 조사위원으로 참여했다.

(13) 김관호(金寬鎬), 「천안함 폭침 관련 남북한 주요 신문사설 논조 비교분석: "국내 보수, 진보성향 신문과 『로동신문』을 중심으로"」, 『국방연구』 제57권 제1호(2014), 81~114쪽.

(14) 조현호(미디어오늘 기자), 『천안함 7년, 의문의 기록: 사건의 재구성과 57명의 증언』(생각비행, 2017).

(15) Junghoon Lee, "The Sinking of the Cheonan: Remembering the Tragedy on

Its 10th Anniversary," *New Asia*, Vol. 27 No. 1(Spring 2020), pp.66~92.

연세대학교 국제대학원 교수인 필자는 천안함이 북한에 의해 격침됐다는 논지를 유지했다.

(16) 김승섭(金昇燮), 『미래의 피해자들은 이겼다: 한국사회는 이 비극을 어떻게 기억할 것인가』(난다, 2022).

천안함 폭침에서 살아남은 장병들이 이후 10년 동안 겪은 일들에 대한 이야기이자 한국사회가 이들의 상처를 어떻게 외면하고 덧나게 했는지 파헤친 기록이다.

※ 김승섭(1979~현재)은 연세대학교 의과대학을 졸업하고, 서울대학교 보건대학원에서 석사학위를 받은 데 이어 하버드대학교에서 산업보건학박사학위를 받았다. 고려대학교 의과대학 교수를 거쳐 2022년 3월 서울대학교 환경보건학과 교수로 부임했다.

음모론

전상진(田尙鎭), 『음모론의 시대』(문학과지성사, 2014).

사회학자인 저자는 천안함피격사건을 비롯해 중요한 사건이 일어날 때마다 음모론이 제기되고 전파되는 현상을 분석했다.

※ 전상진(1962~현재)은 서강대학교 사회과학대학 사회학과를 졸업하고 서강대학교 대학원 사회학과에서 석사학위를 받은 데 이어 독일 빌레펠트대학교 대학원 사회학과에서 박사학위를 받았다. 박사학위청구논문 서지사항은 다음과 같다. Sangchin Chun, "Bildungsungleichheit. Eine vergleichende Studie von Strukturen, Prozessen und Auswirkungen im Laendervergleich Suedkorea und Deutschland," unpub. Ph.D. diss., Universität Bielefeld, 2001. 현재 서강대학교 사회과학대학 사회학과 교수다.

제4항 연평도 포격 사태

북한은 2010년 11월 23일 오후 2시 30분경에 아무런 선전포고 없이 대한민국 인천광역시 옹진군 연평면의 대연평도를 향해 포격했다. 대연평도는 서해5도 가운데 하나다. 이 사건으로 한국에서는 군인은 물론 민간인 2명이 사망했는데, 휴전협정 이후 북한이 대한민국의 영토를 직접 타격해 민간인을 사망하게 한 최초의 사건이었다. 북한의 포격에 대해, 대한민국 해병대는 곧바로 북한을 향해 대응사격을 가했다.

(1) 이종연(John Y. Lee), 「북방한계선(NLL)의 국제법적 지위」, 『신아세아』제18권 제4호92011년 겨울), 7~16쪽.

예일대학교 법과대학 출신의 뉴욕주 변호사로 활동하는 필자는 북한의 연평도 포격은 천안함 포격과 마찬가지로 NLL을 침범한 사건으로, 그것은 정전협정위반일 뿐 아니라 유엔헌장이 규정한 전쟁범죄라고 단언했다.

(2) 황일도(黃一道), 「북한의 전략문화와 군사행태: 핵무기 개발, 재래식전력 배치, 연평도 포격 사례를 중심으로」, 연세대학교 대학원 정치외교학과 정치학박사학위청구논문, 2013년 2월.

※ 황일도(1974~현재)는 연세대학교 문과대학 노어노문학과를 졸업하고 북한대학원대학교에서 석사학위를 받은 데 이어 연세대학교 대학원 정치외교학과에서 정치학박사학위를 받았다. 동아일보 출판국 출판위원으로 봉직했으며, 현재 국립외교원 교수다. 최근의 논문으로 「동맹과 핵공유: NATO 사례와 한반도 전술핵 재배치에 대한 시사점」, 『국가전략』 제23권 제1호(2017년 1월), 5~34쪽이 있다.

(3) 김명기(金明基), 「북한군의 연평도 포격의 전쟁법상 위법성에 관한 연구」, 『인도법 논총』(대한적십자사 인도법연구소) 33(2013년 12월), 3~27쪽.

(4) 이선희(李善姬), 「스나이더의 '안정-불안정 역설' 재해석 및 변형된 사례연구: 카르길 전쟁과 연평도 포격전 사례를 중심으로」, 『국가와 정치』제28권 제1호(2022년), 39~79쪽.

제목의 「스나이더의 '안정-불안정 역설'」은 무슨 뜻인가. 미국의 저명한 국제정치학자 글렌 스나이더(Glenn Snyder,1924~현재)는 오리건대학교를 졸업하고 『월스트리트 저널』 기자로 봉직하다가 콜럼비아대학교 대학원 정치학과에서 석사→박사학위를 받았다. 프린스턴대학교, 덴버대학교, 캘리포니아대학교 버클리 캠퍼스, 뉴욕주립대학교 버팔로 캠퍼스, 노스캐롤라이나대학교 채플힐 캠퍼스 등에서 연구원 또는 교수로 봉직하는 가운데 억지이론(deterrence theory)을 포함한 핵전쟁 관련 이론들을 개발했다. 그의 대표작들에는 *Deterrence and Defense: Toward a Theory of National Security*(Princeton, N.J.: Princeton University Press, 1961)와 *Alliance Politics*(Ithaca, N.Y.:Cornell University Press, 1997) 등이 포함됐다. 그는 핵보유국가들 사이에서 핵보유국가가 갖는 안정-불안정 역설(stability-instability paradox)'을 설명했다.

제목의 '카르길 전쟁'은 1999년 5월~7월에 핵국가들인 파키스탄과 인도 사이에 일어난 전쟁이다. 파키스탄이 인도와의 국경선을 넘어 인도 영토인 카슈미르의 카르길(Kargil)을 점령함으로써 벌어졌다. 파키스탄은 인도가 응전하는 경우 두 나라 사이의 핵전쟁으로 발전할 것을 인도가 두려워할 것이며 자연히 응전을 자제할 것이라고 계산했으나 인도는 응전을 했고 국제사회가, 심지어 파키스탄을 지지해온 중국마저 파키스탄을 비난했다. 이러한 분위기에서 인도는 응전을 했고 결국 카르길을 되찾았다.

※ 이선희(1969~현재)는 경북대학교를 졸업하고 국방대학교에서 석사학위를 받은 데 이어 국방대학교에서 「안정-불안정 역설의 '변형된' 사례 연구: 분쟁개시 주체에 관한 논의를 중심으로」(2022년 2월)로 군사학박사학위를 받았다. 현재 국방대학교 안보정책학과 연구교수다.

(5) 김광현 · 김법헌(金法憲), 「연평도 포격전 전투사례를 통한 전장리더십에 관한 연구」, 『한국군사논집』(육군사관학교 화랑대연구소) 제78권 제2호(2022년 6월), 23~53쪽.

※ 김광현(1967~현재)은 육군사관학교를 졸업하고 국방대학교 대학원에서 석사학위를 받은 데 이어 조선대학교 대학원 군사학과에서 박사학위를 받았다. 특전사 11특전여단장을 역임하고 육군준장으로 예편했다. 현재 조선대학교 법사회대학 군사학과 교수다.

※ 김법헌(1962~현재)은 조선대학교 ROTC 출신으로 전남대학교에서 행정학석사학위를 받은 데 이어 한남대학교에서 「남 · 북한 군사통합 이후 이념교육에 관한 연구」(2017년 8월)로 행정학박사학위를 받았다. 항공작전사령부 부사령관을 역임하고 육군준장으로 예편했다. 현재 조선대학교 법사회대학 군사학과 교수다.

제6절 퇴임 전후 시기 이명박 대통령과 정부

(1) 김유찬(전 국회의원 보좌관), 『이명박 리포트: 이명박 전 비서관이 털어놓는 숨은 이야기』(한국의정발전연구소, 2007); ______, 『이명박 리포트 2: 잘못된 선택 역사는 보복한다』(한국의정발전연구소, 2013).

이명박 서울특별시장의 비서관이었던 저자가 이 시장의 '부적절한 과거행적'을 폭로했다.

(2) 이창희(李昶熙), 「이명박 정권의 보수주의: 시장주의와 국가주의를 중심으로」, 『대한정치학회보』(대한정치학회) 제20집 제1호(2012년 6월), 23~45쪽.

필자는 “이명박정부가 추구해온 보수주의적 가치들의 실체는 어떻게 나타났으며, 그 문제점은 무엇일까”라는 문제의식에서 출발해, 시장주의와 국가주의라는 정치학적 개념으로써 해답을 찾고자 했다. 필자는 “이명박정부가 표방한 보수주의가 일련의 현실정치적 한계를 드러냄으로써 보수세력 내부에서조차 부정적 평가를 받게 됐다”는 결론을 제시했다.

※ 이창희(1971~현재)는 경북대학교 대학원 정치외교학과에서 「자본주의국가에서 혁명운동 실패의 구조적 원인: 1980년대 후반의 한국 좌파와 1960년대 후반의 미국 신좌파」(2002년 8월)로 정치학박사학위를 받았다. 그는 자신의 이 학위논문을 바탕으로 『혁명운동의 실패: 혁명운동의 실패와 그 의미; 한국과 미국의 사례』(경기도 파주시: 한국학술정보, 2006)를 출판했다. 현재 안동대학교 사범대학 윤리교육과 교수다.

(3) 이상돈(李相敦: 중앙대 명예교수) · 이석우(李錫雨) 대담, 『대통령 선택의 조건』(뷰스, 2012년 8월).

이 책은 이명박정부의 여러 문제를 지적하고 박근혜 한나라당 비상대책위원장이 나아가야 할 방향을 제시했다.

(4) 이준구(李俊求), 「이명박정부 경제정책의 평가: 어느 케인즈주의자의 고백」, 『부스앤뉴스』(2012년 12월 3일).

경제이론을 미시경제이론과 거시경제이론의 두 범주로 나누는 경우, 거시경제이론은 케인즈학파의 이론과 시카고학파의 이론으로 대별할 수 있다. 필자는 자신이 케인즈학파의 영향을 강하게 받았다고 전제하면서도, “이명박정부가 지난 5년 동안 경제를 운영해온 모습을 보면서 정부의 불필요한 개입은 약이 아닌 독이라는 시카고학파의 가르침에 한 점 틀린 것이 없다는 사실을 뒤늦게나마 깨닫게 되었다”라고 썼다. 그의 결론은 다음과 같다.

> “이명박정부의 5년을 경험하면서 우리는 많은 것을 배웠다. 가장 중요한 교훈 중 하나는 이 세상에 경제를 기적처럼 되살리는 묘방은 존재하지 않는다는 사실이다. 사실 이것은 다른 나라에서의 실험에서도 이미 의심의 나위 없이 입증된 사실이다. 기적처럼 경제를 회생

시킬 수 있다며 팔을 걷어붙이고 등장한 레이거노믹스(Reaganomics)와 새처리즘(Thatcherism)의 귀결을 보면 그와 같은 약속은 애당초 믿을 만한 것이 되지 못했음을 새삼 깨닫게 된다. 이명박정부의 5년은 어느 누구가 얼마나 달콤한 목소리로 "나는 경제를 기적처럼 되살릴 비방이 있다"고 속삭여도 그 말을 절대로 믿어서는 안 된다는 소중한 교훈을 다시 한번 우리에게 일깨워 주었다.

실질적으로 정부개입으로 이룰 수 있는 일은 기껏해야 경기를 단기적으로 약간 끌어올리는 데 지나지 않는다. 욕심이 지나쳐 무리하게 경기를 너무 심하게 부추기려 들면 경제의 이곳저곳에 잘 보이지 않는 후유증을 숱하게 남기게 된다. 그 결과 경제의 전반적 체질이 약해져 오히려 장기적 성장이 둔화되는 역효과를 내고만다. 이명박정부가 지난 5년 동안 써온 정책을 보면 바로 이런 시나리오에 딱 들어맞는다는 느낌이다. 국민에게 한 약속을 의식해 경제성장률을 단 1%라도 끌어올리려고 많은 무리수를 동원한 나머지 경제의 이곳저곳에 시퍼런 멍이들게 만들었다는 말이다.

바로 이런 맥락에서 정부는 가능한 한 개입을 삼가고 시장기능을 최대한 활성화시키는 것이 바람직하다는 시카고학파의 가르침은 중요한 의미를 갖는다. 정부가 경제를 어떤 특정한 방향으로 몰아가려는 시도는 과욕의 소산인 경우가 많다. 그렇게 몰아가려고 해도 쉽게 몰아지지도 않을 뿐 아니라, 과욕 때문에 무리수를 두게 되면 경제에 더 큰 해를 입힐 수 있다. 그렇기 때문에 시카고학파는 정부의 개입에 대해 의심의 눈초리를 거두지 않는 것이다. 잠재성장률이 4%에서 5% 정도인 경제를 하루아침에 잠재성장률 7%대의 경제로 탈바꿈시키겠다는 것은 누가 봐도 허황된 과욕이 아닐 수 없다. 바로 이 과욕이 이명박정부 5년의 경제정책을 근본적으로 망가뜨린 주범이다. 도저히 이루어질 수 없는 목표를 세워놓았기 때문에 끊임없이 무리수를 둘 수밖에 없었던 것이다. 비록 화려하게 보이지는 않더라도 경제를 순리에 맞게 이끌어가는 것이 올바른 길임에도 불구하고, 과욕 때문에 흐려진 눈에는 그 분명한 답이 보일 리 없었던 것이다.

이명박정부는 자신에게 유리한 통계수치만을 인용해 자기네들의 경제정책이 성공적이었다는 홍보를 일삼는다. 다른 글에서 자세히 논의하겠지만, 그들이 제시한 통계수치 그 자체만으로도 이명박 정부의 경제정책이 그리 성공적이지 않았다는 반박이 충분히 가능하다. 그러나 무리하게 경제성장률을 끌어올리려고 시도하는 과정에서 생긴 부작용은 경제 이곳저곳에서 눈에 띄지 않은 채 우리 경제의 활력을 지속적으로 좀먹고 있다. 앞으로 긴 시간이 흐른 후에야 비로소 그 후유증의 전모가 우리에게 분명히 밝혀지리라고 생각한다."

※ 이준구(1949~현재)는 서울대학교 상과대학(경제학과)을 수석으로 졸업하고 프린스턴대학교 대학원 경제학과에서 석사→박사학위를 받았다. 뉴욕주립대학교 올버니 캠퍼스 경제학과 교수를 거쳐 서울대학교 사회과학대학 경제학부 교수로 취임했다. 서울

대학교에서 정년한 뒤, 현재 서울대학교 명예교수이면서 서울대학교 이사장으로 봉직하고 있다.

(5) 임경석(林京錫), 「이명박정부의 747공약과 그 결과」, 『역사와 현실』(한국역사연구회) 86(2012년 12월), 3~12쪽.

진보에 속하는 필자는 747 공약의 허구성을 구체적 통계로 비판하고, 다음과 같은 결론을 제시했다.

> "노동문제는 방관·방치되고 있다. 비정규직 노동자의 비중이 더 늘었고, 그 처우와 소득이 정규직에 비하여 현격히 차이가 난다. 2011년 현재 비정규직 노동자는 600만명에 가까우며, 임금 근로자 총수의 34.2%에 달한다. 정규직과 비정규직의 임금 격차는 개선될 조짐을 보이지 않으며 도리어 악화하는 경향이 있다. 정규직 대비 비정규직의 임금 비중은 2009년에 47.2%, 2010년에 46.9%였다. 사회보험의 적용 비율 격차도 개선되지 않고 있다. 정규직은 4대 보험 가운데 고용보험을 제외하고 3대 보험에 각각 33% 안팎 정도만 가입되어 있을 뿐이다.
>
> 대기업 위주의 성장전략은 심각한 후유증을 남겼다. 성장의 과실이 극소수 대기업에만 쏠리면서 양극화 현상이 더욱 심화되고 있다. 대기업과 중소기업 사이의 양극화, 수출기업과 내수기업 사이의 양극화, '승자 독식'이나 '부의 쏠림' 등으로 표현되는 사회 전반의 양극화 문제가 한국사회의 안정적인 존립을 위태롭게 할 만큼 격화되고 있다.
>
> 이명박정부의 경제정책은 상위 1%를 위한 정책이자, 가진 자만을 위한 정책이었다. 그 정책이 남긴 결과는 오늘날 한국사회의 안정과 발전에 심각한 장애를 조성하고 있다. 사회집단 상호간의 이질성과 적대성이 고조되고 있으며, 정서와 의사소통의 단절이 고착화되고 있다."

(6) 허만섭(許萬燮), 「한·미 대통령의 레토릭 비교: 이명박과 오바마 연설의 경우」, 고려대학교 대학원 언론학과 박사학위청구논문, 2013년 2월.

※ 허만섭(1970~현재)은 연세대학교 문과대학 철학과를 졸업하고 연세대학교 언론홍보대학원에서 석사학위를 받은 데 이어 고려대학교 대학원 언론학과에서 박사학위를 받았다. 동아일보 기자로 봉직했으며, 현재 강릉원주대학교 교수다.

(7) 유종일(柳鍾一) 외, 『MB의 비용』(알마, 2015).

유종일, 「들어가며: 다시, MB를 부른다」, 5~21쪽.

1부 탕진

고기영, 「자원외교의 겉과 속」, 22~105쪽

박창근, 「맨 얼굴의 4대강사업」, 106~155쪽.

김용진, 「기업비리와 특혜」, 156~199쪽.

김학진, 「무너진 원전 안전의 신화」, 200~215쪽.

이후천, 「한식세계화 사업과 영부인」, 216~234

2부 실정

김연철 · 정세현, 「Ⅰ. 남북관계, 잃어버린 5년 」, 235~258쪽.

박근용 · 박선아, 「Ⅱ. 비리는 MB의 힘」, 259~276쪽.

김용진 · 윤태범, 「Ⅲ. 부적격 인사의 후폭풍」, 277~296쪽.

강병구 · 유종일, 「Ⅳ. MB 부자 감세의 저주」, 297~316쪽.

김신동 · 최상재, 「Ⅴ. 보수 우위 언론 지형의 탄생」, 317~334쪽.

박동천 · 이철희, 「Ⅵ. 보수정부 10년, 야권의 대안은 무엇인가」, 335~348쪽.

유종일, 「나가며: MB의 시간은 거꾸로 간다」, 349~356쪽.

(8) 주진우(신문기자), 「'다스는 이명박회사' 문서들은 증언한다」, 『시사IN』523(2017년 9월 26일), 22~27쪽.

1987년에 자동차 시트와 시트 프레임 등을 만드는 회사로 설립된 다스는 사실상 이명박 전 대통령의 회사라고 주장했다.

(9) 유종일(柳鍾一), 『한국경제 4대 마약을 끊어라: 권태호 묻고 유종일 답하다』(페이퍼로드, 2018년 4월).

한겨레신문사 권태호(權泰浩) 논설위원이 질문하고 유종일 교수가 답하는 형식으로 한국경제의 문제들을 지적하며 그 해법을 논의했다. 이 책은 많은 논점을 제시했는데 그것들 가운데 하나는 한국경제가 자랑하는 '성공신화'가 이제는 족쇄가 되어 '승자의 저주'에 빠져있다는 것이다. 그 네 가지 대표적 사례로 저자는 (ⅰ) 투자를 통한 성장에 대한 맹신, (ⅱ) 수출주도 성장에 대한 맹신, (ⅲ) 모방형 추격형 성장과정에 긴요했던 단기 성과주의에 대한 맹신, (ⅳ) 소위 '선택과 집중'식의 주입식 교육과 입시제도 및 재벌 중심 성장체제에 대한 맹신 등을 지적했다.

(9-A) 김재훈(金載勳), 「서평: 삶이 가치 있는 사회를 향해 필요한 제도개혁」, 『황해문화』99(2018년 여름), 364~370쪽.

※ 김재훈(1959~현재)은 성균관대학교 경제학과를 졸업하고 성균관대학교 대학

원 경제학과에서 석사학위를 받은 데 이어 성균관대학교 대학원 경제학과에서 「한국자본주의에서의 '산업순환'과 국가개입에 관한 연구」(1992년 2월)로 박사학위를 받았다. 현재 대구대학교 교수다.

(10) 김동길(金東吉), 「김동길 인물 에세이: 100년의 사람들; 42 이명박(1941~); "좌도 아니고 우도 아니고 중도를 간 사람은 대개 우왕좌왕"」, 『조선일보』(2018년 9월 22~23일), B2쪽.

자신은 이명박이 한국의 링컨 대통령이 될 수 있다는 믿음에서 그의 대통령 당선을 위해 뛰었다고 시인한 뒤 그가 퇴임 후 부정축재로 감옥에 간 것을 보고 "그를 대통령으로 만드는 데 기여한 사실을 지금도 부끄럽게 여기고 있다"라고 썼다.

(11) 조성호(趙成豪), 「이명박(MB)전 대통령 법률대리인과의 '8시간 공방': "MB는 단순진술과 전문(傳聞) 증거만으로 극형 받았다"」, 『월간조선』(2021년 1월), 176~196쪽.

대법원은 이명박 전 대통령에게 징역 17년, 벌금 130억원, 추징금 57억여원을 선고한 원심을 확정했다. 『월간조선』 기자인 필자는 2020년 11월 27일에 이 전 대통령측 법률대리인 강훈(姜薰) 변호사를 만나 그의 입장을 들었다. 강 변호사는 "이 사건에서 물증은 존재하지 않습니다. 그나마 1% 있는 물증도 직접 물증이 아닌 간접 물증입니다. MB는 직접 증거가 아닌 단순 진술과 떠도는 전문만으로 극형을 받은 셈입니다"라고 주장했다.

제6장
박근혜정부

제1절 개관

「한나라당」의 후신인 「새누리당」 후보로 제18대 대통령에 당선된 박근혜(朴槿惠)는 2013년 2월 25일에 취임했다. 박근혜 대통령은 취임사에서 '경제부흥'과 '국민행복' 그리고 '문화융성'을 통해 '새로운 희망의 시대'를 열어갈 것을 다짐했다. '경제부흥'을 위해 '창조경제'와 '경제민주화'를 추진하겠다고 약속했고, '국민행복'을 위해 대한민국의 안전을 위협하는 그 어떤 행위도 용납하지 않을 것을 다짐하면서 특히 북한의 핵개발을 강하게 경고함과 아울러 2012년 8월~2014년 9월에 표면화한 미국정부의 주한미군 사드(THAAD: Terminal High Altitude Area Defense 고고도미사일방어체계) 배치계획을 받아들였다. 이어 2016년 2월 10일에 남북협력의 상징처럼 보이던 개성공단의 전면 폐쇄를 발표하고 그대로 강행했다. 이로써 이명박정부 이래 경색되어오던 남북관계는 풀리지 않았다. 김대중정부와 노무현정부에서 열렸던 남북정상회담도 이명박정부 때와 마찬가지로 열리지 않았다.

다른 한편으로, 박근혜 대통령은 2014년 1월 6일에 열린 신년기자회견에서 '통일대박'론을 편 데 이어 2014년 3월 28일에 독일 드레스덴공과대학에서의 연설을 통해 북한이 핵개발을 포기하면 대북지원을 강화하겠다고 약속했다. 이러한 흐름의 연장선 위에서, 2014년 7월 15일에 자신을 위원장으로 하는「통일준비위원회」를 발족시켰다.

박근혜 대통령은 교육부의 검·인정을 통과하면 각급 학교가 자율적으로 채택하던 종전의 한국사 교과서가 '좌편향' 됐다는 인식을 가졌다. 그래서 국정교과서로의 전환을 시도했다. 그러나 「전국역사교사모임」을 비롯한 학계와 교육계의 반대가 거세 관철하지는 못했다. 박근혜정부의 뒤를 이은 문재인정부는 출범 직후 국정교과서 폐기를 공식화한다.

박근혜 대통령은 미국 및 일본과의 우호·친선 유지 그리고 중국 및 러시아와의 관계 증진에 힘을 썼다. 그렇지만 북한이 제3차 핵실험을 성공시킨 2012년 8월~2013년 1월 이후 박근혜정부가 중국(그리고 러시아)의 거센 경고와 반발을 무릅쓰고 주한미군의 사드 배치를 받아들이자 한국과 4강 사이의 관계에서 심각한 쟁점으로 떠올랐고 국내에서도 찬반논쟁을 불러일으켰다. 이러한 소용돌이 속에서, 박근혜 대통령은 2015년 9월 3일에 베이징에서 열린 중국 전승절 70주년 기념 열병식 때 중국 국가주석이면서 중국공산당 중앙위원회 총서기인 시진핑, 그리고 러시아연방 대통령인 블라디미르 푸틴과 함께 톈안먼(천안문) 망루에 섰다. 이것은 중국과 러시아에게는 만족스러웠지만 서방세계에게는 좋지 않게 보였다.

국내적으로 매우 중요하게, 2014년 4월 16일에 대형참사였던 세월호사건이 일어났을 때 정부가 제대로 대응하지 못했다는 비판이 거세졌다. 2년 뒤인 2016년 9~10월에, 박근혜 대통령이 국정운영에 있어서 최태민(崔太敏) '목사'의 딸 최순실(崔順實)의 강력한 영향을 받고 있다는 의혹이 확산되면서 국민적 신뢰가 크게 떨어졌다. '박근혜·최순실 게이트' 또는 '최순실 국정농단 사건'에 대한 반감이 커지는 분위기 속에서, 2016년 12월 9일에 국회는 탄핵소추안을 가결해 대통령으로서의 직무를 정지시켰고 2017년 3월 10일에 헌법재판소는 파면 결정을 내렸다.

공식적인 재임 기간은 4년 14일이지만, 대통령 권한을 행사한 기간은 3년 9개월 15일이었다. 대한민국 헌정사에서 최초의 여성대통령이었던 그녀는 다른 한편으로 탄핵을 받은 최초의 대통령이 됐다. 파면된 뒤 국정농단사건 등으로 유죄판결을 받고 2017년 3월 31일에 서울구치소에 수감됐다. 수감된 때로부터 1737일 만인 2021년 12월 30일 밤 12시에 특별사면을 받고 석방됐다.

박근혜 대통령의 직무가 정지된 시점부터 파면되어 물러날 때까지 당시 황교안(黃敎安) 국무총리가 대통령직무를 대행했다. 이 시기이던 2017년 5월 9일에 제19대 대통령 선거가 실시됐고, 「더불어민주당」의 문재인(文在寅) 후보가 당선됐다.

제1항 박근혜의 저서

(1) 박근혜(朴槿惠), 『박근혜 인터뷰집: 10·26사태 이후 10년 만의 최초 육성증언』(육영재단, 1990).

(2) ______, 『평범한 가정에 태어났더라면』(남송문화사, 1993).

(3) ______, 『내 마음의 여정: 박근혜 심경 고백 에세이』(한솔미디어, 1995).

(4) ______, 『고난을 벗삼아 진실을 등대삼아: 박근혜 일기모음집』(부산일보 기획출판국, 1998년 10월 17일).

박근혜는 서강대학교 이공대학 전자공학과를 졸업한 직후인 1974년 3월에 프랑스 그르노블대학교 어학연수과정에 입학해 연수를 받던 때 어머니가 '서거'하자 귀국했다. 이 책은 프랑스 유학 때부터 쓴 박근혜의 일기 모음집이다.

(5) ______, 『결국 한줌, 결국 한점…그러므로 소중한 삶: 박근혜 에세이』(부산일보사 기획출판국, 1998년 10월 17일).

박근혜는 1997년 12월에 한나라당에 입당하고 1998년 3월에 대구광역시 달성구에서 실시된 재보궐선거에서 당선돼 15대 국회의원으로 정계에 첫 발을 디뎠다. 이 시점에서, 그녀는 위의 두 책을 출판됐다.

※ 부산일보의 대주주는 박근혜가 1995~2005년에 이사장이었던 정수장학회였다. 이 사실을 지적하며 사람들은 박근혜가 부산일보를 실질적으로 지배했다고 보았다. 그러한 배경에서, 위의 두 책이 부산일보에서 출판됐다.

(6) ______, 『나의 어머니 육영수』(사람과사람, 2000년 1월).

14대~15대 국회의원이던 박근혜는 2000년 5월에 실시되는 16대 국회의원 선거를 앞두고 이 책을 출판했다. 곧 한나라당 부총재→대표최고위원으로 당선됐고, 19대까지 5선 국회의원으로 활동했다.

(7) ______, 『절망은 나를 단련시키고 희망은 나를 움직인다: 박근혜 자서전』(위즈덤하우스, 2007년 7월).

한나라당은 2007년 8월 20일에 제17대 대통령 후보를 결정하는 경선을 실시했다. 이 경선을 앞두고 당시 한나라당 대표최고위원이었던 박근혜는 위의 책을 출판했다. 이 경선에서 이명박 후보에 이어 차점을 기록했으나 승복연설로써 호감을 샀다.

(8) ______ 씀/유영하(柳榮夏) 엮음, 『그리움은 아무에게나 생기지 않습니다.』(가로

세로연구소, 2021년 12월 31일).

서울구치소에서의 생활이 4년 9개월로 접어든 시점에서, 구치소 수감 동안 받은 편지에 대한 답장을 엮었다.

(9) ______, 『어둠을 지나 미래로: 박근혜 회고록』전2권(중앙books, 2024).

연설문집

(1) 『한국의 대통령 연설문: 제18대 박근혜 대통령』(씨익북스, 2020년 4월 1일).

(2) 밝은해광장, 『박근혜 대통령 연설문 61선』(혜세기획, 2020년 4월 10일).

제2항 내각 및 비서실 봉직자들의 증언 또는 기록

(1) 이정현(李貞鉉), 『진심이면 통합니다: 이정현의 자전적 에세이』(크리에이티브 창인, 2011).

이 책의 「제4장 박근혜 전 대표 그리고 나」 및 「제5장 여자대통령! 그 자체가 진보고 개혁: 멍청아! 문제는 실천이야!」는 아주 가까운 거리에서 관찰할 수 있었던 저자의 박근혜에 대한 자세한 회상이다.

※ 이정현(1958~현재)은 동국대학교 법정대학 정치외교학과를 졸업하고 박근혜 대통령 때 정무수석비서관에 이어 홍보수석비서관을 거쳐 18대~20대 국회의원으로 당선됐으며 새누리당 대표로 활동했다.

(2) 이근면(李根勉), 『대한민국에 인사는 없다: 미생의 혁신, 광화문 500일 이야기』(한국경제신문사, 2017).

저자는 37년 동안 삼성그룹에서 인사전문가로 일하다가 박근혜정부에서 초대 인사혁신처장으로 발탁됐다. 그는 500일 동안의 공직경험을 바탕으로 이 책을 썼다. 그는 순환보직관행을 혁파해 '전문가공무원'을 만들어내고, 시스템을 효율화해 의사결정의 속도를 더 높여야 한다고 제안했다.

※ 이근면(1952~현재)은 성균관대학교 이공대학 화학공업과를 졸업하고 아주대학교 경영대학원에서 석사학위를 받았으며 강원대학교에서 명예경영학박사학뒤를 받았다. 1976년에 삼성코닝에 입사해 삼성광통신 대표이사를 역임했다. 박근혜 대통령이 처음

으로 내각의 한 부서로 창설한 인사혁신처 초대 처장으로 봉직하며 공무원 조직에 새 바람을 불어넣기 위해 노력했다.

(2-A) 김승호(金勝鎬), 『나는 함께 일하고 싶은 사람인가』(한국경제매거진, 2023).

정부의 인사정책과 관련해 윤석열정부에서 인사혁신처장으로 봉직한 김승호(金勝鎬)가 썼다.

※ 김승호(1963~현재)는 한양대학교 행정학과를 졸업하고 서울대학교 행정대학원에서 석사학위를 받았으며 인디애나대학교 대학원에서 연수를 받았다. 행정고시를 통해 정부에 들어가 행정안전부 인사실장→대통령비서실 인사혁신비서관→소청심사위원장 등을 역임했다.

(3) 천영식(千榮植), 「'마지막 비서관' 천영식의 '대통령 박근혜 최후 140일' 〈1부〉 '폭풍'의 서막: "최순실에 이 정도로 배신당할 줄 몰랐습니다" "최가 진짜 그런 사람인가요, 세 비서관은 알려줬어야지"」, 『신동아』(2019년 6월), 60~87쪽.

제목의 '세 비서관'은 대통령 국정홍보비서관 안봉근, 대통령 총무비서관 이재만(李在萬), 대통령 제1부속비서관 정호성이었다. 박근혜 대통령을 최측근에서 모셨기에 흔히 '문고리 3인방'으로 불렸다. 어머니에 이어 아버지도 암살된 것을 본 박근혜 대통령은 심리적으로 대인기피증을 갖고 있어서 국무위원은 물론 수석비서관들 조차 만나기를 꺼려하고 이 세 사람을 통해 다른 사람들을 만났다는 증언이 많다.

(3-A) 정장열(鄭長烈), 「문고리 3인방 안 바꾸는 이유」, 『주간조선』(2015년 1월 12일), 24~26쪽.

(3-B) 고성표(중앙일보 콘텐츠제작에디터), 「"김기춘, 문고리 3인방 권력 나누고 적당히 덮었다": '십상시(十常侍)' 문건 사태 때 청와대에서 무슨 일이?」, 『월간중앙』(2016년 12월), 44~47쪽.

제목에 나오는 '십상시'는 중국의 후한 말기 영제(靈帝) 때 어리석은 황제를 속이며 국정을 농단했던 10명의 환관을 말한다. 그 환관들의 국정농단은 결국 그 유명한 황건적의 난을 불러일으키고 이 난을 수습하는 과정에 원소(袁紹)가 그들을 주살하지만 결국 정권은 동탁(董卓)을 거쳐 조조(曹操)에게 넘어갔다. 관찰자들은 '문고리 3인방'을 '십상시'에 비유한 것이다. 필자는 김기춘(金淇春) 대통령비서실장이 '문고리 3인방'의 실체를 파악하고도 적당히 덮었다고 주장했다.

(4) 천영식(千榮植), 「발굴특종 박근혜, 의무실장에게 "비아그라는 왜 샀나요" '마지막

비서관' 천영식의 '대통령 박근혜 최후 140일'(2부) 광야에서」, 『신동아』(2019년 7월), 60~87쪽; ______, 「탄핵 표결 직전 대통령의 절규 "차라리 탄핵 표결 수용하겠다": '마지막 비서관' 천영식의 '대통령 박근혜 최후 140일'(3부) 비극의 정치」, 『신동아』(2019년 8월), 88~113쪽; ______, 「 박(朴) "'삼성 합병 건'은 지시 아니다" 깨알메모…"누구를 봐줄 생각 없었다" [발굴특종] '마지막 비서관' 천영식의 '대통령 박근혜 최후 140일'(4부) 사투」, 『신동아』(2019년 9월), 172~192쪽; ______, 「박(朴), 탄핵 선고 직후 "일만 하다 날 돌아볼 시간 없었다" '마지막 비서관' 천영식 '대통령 박근혜 최후 140일'(5부) '회한'(마지막회)」, 『신동아』(2019년 10월), 212~229쪽; ______, 『증언: 박근혜시대 그리고 내일』(옴므리브르, 2019).

앞의 연재들을 바탕으로 쓴 책이다.

※ 천영식(1965~현재)은 서울대학교 인문대학 서양사학과를 졸업하고 한양대학교 언론정보대학원에서 석사학위를 받았다. 문화일보 수습기자로 출발해 문화일보 워싱턴특파원과 정치부장을 역임했다. 박근혜 대통령 때 홍보기획비서관으로 봉직했으며, 청와대를 떠난 뒤 계명대학교 초빙교수로 봉직했다. 그는 문화일보 정치부 기자 때 『고독의 리더십: 인간 박근혜의 60년』(학고재, 2013)을 출판했다.

(4-A) 배수강(裵秀剛), 「발굴특종: '마지막 비서관' 천영식의 대통령 박근혜 최후 140일」, 『신동아』(2019년 6월), 88~93쪽.

(5) 정홍원(鄭烘原), 『운명과 경주를 한 정홍원 스토리』(홍성사, 2020).

박근혜정부에서 초대 국무총리를 맡았던 저자의 회고록이다.

※ 정홍원(1944~현재)은 성균관대학교 법과대학을 졸업하고 사법시험에 합격해 검사의 길을 밟아 광주지방검찰청 검사장→부산지방검찰청 검사장→법무연수원 원장→대한법률구조공단 이사장→국무총리→국민의힘 제20대 대통령후보자 선거관리위원회 위원장 등을 역임했다.

(6) 안종범(安鍾範), 『안종범 수첩: 박근혜정부의 비망록』(조선뉴스프레스, 2022년 4월); ______, 『수첩 속의 정책: 포퓰리즘과의 전쟁』(조선뉴스프레스, 2022년 4월).

박근혜 대통령의 경제수석비서관을 거쳐 정책조정수석비서관으로 봉직하며 많은 정책을 입안하고 집행했다. 이 과정에서 63권의 수첩을 작성했다. 저자는 구치소에 수감된 상태에서 이 수첩을 근거로 위의 책을 썼다.

※ 안종범(1959~현재)은 성균관대학교 경상대학 경제학과를 졸업하고 성균관대학교

대학원 경제학과에서 석사학위를 받은 데 이어 위스콘신대학교 매디슨 캠퍼스 대학원 경제학과에서 박사학위를 받았다. 성균관대학교 경제학과 교수와 한국재정학회 회장으로 봉직했으며, 제19대 국회의원을 거쳐 박근혜 대통령의 경제수석비서관과 정책조정수석비서관을 역임했다. 그는 문재인정부 때 투옥됐고 석방된 이후 위의 책을 출판했다. 현재 정책평가연구원 원장이다.

(6-A) 안종범(安鍾範) · 박형수(朴炯秀) · 임병인(林炳仁) · 전병목(田炳睦) 공저, 『정치에 속고 세금에 울고: 세금 포퓰리즘 11가지 대책』(렛츠북, 2023년 1월).

박근혜 전 대통령에 대한 증언 또는 회상

(1) 김영종(金英宗), 「박근혜: 나의 신상, 나의 생활, 나의 미래」, 『여성중앙』(1990년 6월), 82~88쪽.

(2) 최경운(崔慶韻), 「인간 박근혜 정치인 박근혜: 아무도 모르는 박근혜 이야기」, 『월간조선』(2008년 6월), 134~153쪽.

(3) 최경호(월간중앙 기자), 「'DJ · 박근혜 비서실장' 한광옥(韓光玉)의 고언(苦言): "독주체제 문정권…폭주로 이어질까 두려워"」, 『월간중앙』(2020년 2월), 64~71쪽.

김대중 대통령의 비서실장을 역임한 한광옥은 박근혜 대통령이 탄핵위기에 몰리기 시작한 2016년 11월에 대통령비서실장으로 청와대에 들어갔다.

(4) 김종인(金鍾仁), 「내가 사람을 잘못 봤다: 18대 대선과 박근혜(1)」 및 「하루아침에 등장한 뚱딴지 창조경제: 18대 대선과 박근혜(2)」, ______, 『영원한 권력은 없다: 대통령들의 지략가 김종인 회고록』(시공사, 2020년 3월), 332~345쪽 및 346~358쪽.

제3항 박근혜 대통령에 대한 종합적 평가

(1) 송창달(宋彰達) · 김수철(정치학박사), 『박근혜 패러다임: 눈물과 환희의 대합창』(그린비전코리아, 2011).

※ 송창달(1942~현재)은 경희대학교 법과대학 학생 때 박정희 대통령이 추진하던 한일회담에 반대하는 투쟁에 참여해 투옥된 이후 오랜 기간에 걸쳐 반독재민주화운동에 전념했으며 김대중 대통령후보 비서로도 활동했다. 그는 훗날 박 대통령에 대한 자신의

기존 관념을 바꿔 『박정희 왜 위대한 대통령인가: 최고의 리더십 날카로운 통찰력으로 한국을 바꾼 대통령』(그린비전코리아, 2012)을 출판했다.

(2) Sung Deuk Hahm and Uk Heo, "The First Female President in South Korea: Park Geun-hye's Leadership and South Korean Democracy," *Journal of Asian and African Studies*, Vol. 53, No. 5(2018), pp.649~665.

※ Uk Heo(1962~현재)은 연세대학교 사회과학대학 정치외교학과를 졸업하고 와이오밍대학교 대학원 정치학과에서 석사학위를 받은 데 이어 텍사스농업공업대학교 대학원 정치학과에서 박사학위를 받았다. 박사학위청구논문 서지사항은 다음과 같다. Uk Heo, "Modeling the Security-Prosperity Dilemma around the Globe," unpub. Ph.D. diss., Texas A&M University, 1996. 그는 자신의 이 학위논문에 바탕을 두고 다음의 책을 출판했다. Uk Heo, *The Political Economy of Defense Spending around the World*(Lewiston, N.Y.: Edwin Mellen Press, 1999). 현재 위스콘신대학교 밀워키 캠퍼스 정치학과 교수다.

제2절 세월호참사

박근혜 대통령은 취임 다음 해인 2014년에 심각한 정치적 시련에 직면했다. 경기도 안산시(安山市) 단원구(檀園區) 고잔동(古棧洞)의 단원고등학교 교사 14명과 학생 325명이 제주도 수학여행을 위해 탑승한 청해진해운 소속의 인천발 제주행 여객선 세월호가 4월 16일 오전 8시 50분경 전라남도 진도군(珍島郡) 조도면(鳥島面) 병풍도(屛風島) 부근 맹골수도(孟骨水道)에서 전복되어 침몰한 것이다. 그 결과 교사 10명과 학생 248명을 비롯해 여타 승무원 및 승객 등 모두 304명이 사망했다. 전체 탑승자 476명 가운데 172명만이 생존한 이 참사는 신속히 대처하지 못한 박근혜 대통령에게 비난이 집중되게 만들었으며, 유가족들은 2014년 7월 14일부터 서울 광화문 광장에서 진상의 철저한 규명을 요구하는 '천막농성'을 개시했다.

이후 국회의 결의에 따라 2014년 11월 19일에 「세월호참사 진상규명 및 안전사회건설 등을 위한 특별법」이 제정되고 이 법에 근거한 「세월호특별조사위원회」가 2015년 1월 1일에 출범했으며, 다시 국회의 결의에 따라 2017년 3월 21일에 「세월호선체조사위원회특별법」이 제정되고 같은 날에 「세월호선체조사위원회」가 출범했다. 「세월호선체조사위원회」는 2018년 8월 6일에 종합보고서를 공개했다. 이 무렵, 그사이 부분적으로 논의되던 가습기살균제 피해 문제가 큰 사회적 쟁점으로 부각됐고, 피해자를 구제해야 한다는 논의가 활발해 졌다. 이러한 분위기 속에서, 국회는 2018년 3월에 「가습기살균제사건과 4·16세월호참사특별조사위원회」를 출범시켰고, 검찰은 2019년 11월 11일에 「검찰세월호참사특별수사단」을 출범시켰다.

제1항 희생자 유족의 기록

(1) 4·16가족협의회 기획/김기성(金基成) · 김일우(한겨레 기자) 엮음, 박재동(朴在東) 그림, 『잊지 않겠습니다』(한겨레출판, 2015년 4월 13일).

『한겨레』는 2014년 6월 15일부터 세월호 추모 기획 「잊지 않겠습니다」를 연재했다. 여기에는 세월호 참사로 희생된 단원고등학교 학생들의 얼굴 그림과 가족들의 절절한 심경이 담긴 편지글이 포함됐다. 『한겨레』는 이 연재를 바탕으로 하고 새로운 글들을 추가해 위의 책으로 펴냈다.

(2) 김영오 지음/박태옥 글꾸밈, 『못난 아빠: 이제야 철이 드는 못난 아비입니다』(부엔리브로, 2014년 11월).

저자는 세월호 참사로 큰 딸 유민이를 잃었다.

(3) 4·16세월호참사작가기록단 글/김보통 그림, 『금요일엔 돌아오렴: 240일간의 세월호 유가족 육성기록』(창비, 2015년 1월); 4·16세월호참사작가기록단, 『다시 봄이 올 거예요: 두 번째 금요일엔 돌아오렴』(경기도 파주시: 창비, 2016); ______, 『그날이 우리의 창을 두드렸다: 세월호의 시간을 건너는 가족들의 육성기록』(경기도 파주시: 창비, 2019).

앞의 책은 단원고 2학년 학생들 유가족 13명의 육성 등이 그대로 실렸다. 두 번째 책은 세월호사건 2주기를 맞아 생존학생 11명과 형제자매를 잃고 유가족이 된 15명의 구술을 담은 육성기록집이다.

(4) 곽수인 · 구태민, 『엄마. 나야.: 단원고 아이들의 시선으로 쓰인 육성 생일시 모음』(난다, 2015년 12월).

(5) Jae-Jung Suh, Mikyoung Kim, et al., *Challenges of Modernization and Governance in South Korea:The Sinking of the Sewol and Its Causes*(New York: Palgrave Macmillan, 2017).

(6) 이재열(李在烈) · 홍찬숙(洪燦淑) · 이현정(李炫姃) · 강원택(康元澤) 등 분담집필, 『세월호가 묻고 사회과학이 답하다』(오름, 2017년 4월).

(7) 서재정(徐載晶) · 김미경(세계정치학회) 공편, 『침몰한 세월호, 난파하는 대한민국: 압축적 근대화와 복합적 리스크』(경기도 파주시: 한울아카데미, 2017년 5월).

(8) 이경태 · 남소연 · 소중한 · 신나리 · 유성애 · 이희훈, 『세월호 마지막 네 가족: 1313일의 기다림』(북콤마, 2018).

(9) 4·16기억저장소 편, 『4·16구술증언록 그날을 말하다』전100권(경기도 파주시: 한울, 2019~2020).

세월호참사에 관한 기록을 모으고 관리하는 비영리기관인 「4·16기억저장소」 운영위원 이현정(李炫姃) 서울대학교 사회과학대학 인류학과 교수와 김익한(金翼漢) 명지대학교 기록과학전문대학원 교수가 다른 활동가들과 함께 6년에 걸쳐 협업한 결과물이다. 100권은 피해자가족 88권, 잠수사 4권, 진도군 조도면에 딸린 섬인 동거차도(東巨次島) 어민 2권, 유가족 공동체 단체 6권으로 이루어져 있다.

(9-A) 이현정(李炫姃) · 김익한(金翼漢), 『고잔동 일기』(문화제작소가능성들, 2022).

4·16기억저장소 운영위원인 저자들은 세월호 참사가 일어난 2014년 4월 16일부터 약 3년 동안 쓴 일기를 모았다.

(9-B) 김익한, 『거인의 노트: 인생에서 무엇을 보고 어떻게 기록할 것인가』(다산북스, 2023).

저자는 이 책을 통해 '기록과 민주주의의 성장'을 연결했다. 그는 개인들이 기록을 반복하고 지속하면서 민주주의에 다가설 수 있다는 믿음을 "민주주의의 가장 중요한 가치는 스스로가 주인이 되는 것인데, 기록을 통해 나의 삶에서 내가 주인이 되는 것 역시 민주주의가 아닐까"라는 맺음말로서 표현한 것이다.

(10) 박종대(세월호 희생자의 아버지), 『4·16 세월호사건 기록 연구: 의혹과 진실』(선인, 2020).

경기도 교육청의 출판물

경기도 교육청, 『4·16 단원고 약전: 짧은, 그리고 영원한』전12권(굿플러스북, 2016)

약전에는 세월호참사로 희생된 학생과 교사 등 245명의 못다한 이야기가 담겼다. 1~10권은 단원고 10개반 학생들의 꿈과 희망, 11권은 교사들의 삶, 12권은 아르바이트 청년 3명과 세월호참사를 기억하는 사람들의 기고 등으로 꾸며졌다. 약전은 경기도 교육청이 2015년 1월에 유시춘(柳時春) 작가를 위원장으로 하는「4·16세월호참사단원고희생자약전발간소위원회」를 구성하고 139명의 동화작가, 수필가, 소설가 등이 참여해 1년 남짓한 기간에 자료를 수집하고 가족들과 만나 나눈 이야기 등을 모은 것이다.

제2항 시민단체의 기록

(1) 4·16세월호참사작가기록단 재난참사기억프로젝트팀 지음, 『재난을 묻다: 반복된 참사 꺼내온 기억, 대한민국재난연대기』(경기도 파주시: 서해문집, 2017년 4월 10일).

참사작가기록단이 통해 피해자와 유족들의 생생한 목소리를 담고, 맥락이 왜곡되거나 축소되어 알려진 해당 사건의 전말과 처리 과정을 재구성한 책이다. 그리고 그 사건이 참사가 되고, 또 다른 참사로 이어지게 된 구조적 원인을 밝혀내고자 했다. 재난참사를 둘러싼 문제점은 우리 사회 거의 모든 영역과 맞닿아 있고, 그렇기 때문에 재난참사를 제대로 기억하고 기록하며, 재발방지를 위한 구조적 대안을 모색하는 일은 한국 사회를 근본적으로 바꾸어가는 일임을 생생하게 보여준다.

(2) 4·16세월호참사가족협의회. 4·16연대 기획/정원선 · 배영란 지음, 『잊지 않을게 절대로 잊지 않을게: 세월호참사 3년, 시민을 기록하다』(해토, 2017년 4월 16일).

(3) 세월호참사대구시민대책위원회 · 한유미 지음, 『잊지 않고 있어요, 그날의 약속: 세월호를 기억하는 대구사람들』(대구광역시: 한티재, 2017년 4월 16일).

(4) 김승주, 『세월호 참사, 자본주의와 국가를 묻다: 마르크스주의적 관점』(책갈피, 2018); ______ 등, 『그날을 쓰다: 침몰하지 않는 기억』(걷는사람, 2022).

(5) 이영하(심리상담사), 『밥은 먹었어요?』(걷는사람, 2022).

세월호 참사 8주기를 맞아 세월호 참사 피해자들과 연대해온 자원활동가들의 이야기를 기록했다.

제3항 특별조사위원회 및 재판 기록

(1) 민주사회를 위한 변호사모임 저, 『4·16 세월호 민변의 기록』(생각의길, 2014).

(2) 오준호(吳準鎬), 『세월호를 기록하다: 침몰 · 구조 · 출항 · 선원, 150일간의 세월호 재판기』(미지북스, 2015).

※ 저자(1975~현재)는 서울대학교 인문대학 국어국문학과를 졸업하고 여러 주제에 대해 책을 쓰고 번역했다. 안산에 살며 세월호참사를 겪었기에 당시의 분위기를 정확히 기록했다.

(3) 재단법인 진실의힘 세월호기록팀 지음, 『세월호, 그날의 기록』(진실의 힘, 2015년 3월 초판; 2016년 1월 초판10쇄)

진실의힘은 독재정권 아래 간첩으로 몰렸다가 재심에서 무죄를 받은 이들이 만든 단체다. 2015년 봄 참사의 진실을 밝히려는 박종대(고 박수현 학생 아버지)씨를 만나 '세월호 프로젝트'를 시작한 것이 계기가 됐다. 수사와 재판 기록을 비롯해 참사에 관련된 방대한 기록과 자료를 분석한 뒤, 2014년 4월 16일 오전 8시 49분 세월호가 기울어지기 시작해 10시 30분 침몰하기까지 101분의 시간을 퍼즐 맞추듯 생생하게 재현해 지금까지 제기된 의문을 밝히는 한편 새로운 질문을 던지기도 했다.

(4) 세월호특조위 조사관 모임 지음, 『외면하고 회피했다: 세월호 책임 주체들』(북콤마, 2017).

「세월호특별조사위원회」가 활동기간 1년 6개월을 채우지 못한 채 2016년 9월 30일 이후 종료되자, 진상규명활동을 지속할 의지가 있는 조사관 31명이 「세월호특조위 조사관 모임」을 만들고 2016년 11월~2017년 1월에 조사를 계속해 그 결과를 이 책에 담았다. 이 책은 "국민의 안전불감증이 재난을 부른 것이 아니라 참사 당일 정부기관과 관료의 책임감 부재가 참사를 불렀다"는 결론을 제시했다.

제4항 언론계의 기록

(1) 이동욱(李東昱), 『연속변침(連續變針): 거꾸로 쓴 세월호 전복 · 침몰 · 구조 보고서』(조갑제닷컴, 2015).

조선일보 월간조선부 기자인 저자는 다면적이면서 철저한 조사를 통해 이 사건의 진상을 밝히고자 했으며, 언론이 왜곡보도한 사례들을 지적하고, 특히 해경구조대원들의 활동을 높이 평가했다.

※ 이동욱(1959~현재)은 서강대학교 자연과학대학 물리학과를 졸업하고 서강대학교 대학원 정치학과를 수료했다. 육군에서 수색대대 · 특전사 · 미2사단 등에서 7년간 복무했다.

(2) 정양환(丁陽煥: 동아일보 문화부 기자), 「이정현 전 수석-KBS 전 보도국장 세월호 보도관련 녹취록 공개」, 『동아일보』(2016년 7월 1일), A 12쪽.

전국언론노동조합과 민주언론시민연합 등 7개 언론단체는 2016년 6월 30일 오후 서울 중구 한국프레스센터에서 기자회견을 열고 2014년 세월호 참사 직후인 2014년 4월 21일과 30일에 이정현 대통령홍보수석비서관이 김시곤(金時坤) KBS보도국장을 상대로 보도를 '통제'하는 전화를 한 사실을 공개했다. 이 사실은 김시곤 국장이 보관하던 통화 녹취록에 근거한 것이었다.

(3) 남지원(南芝原) · 유정인(柳靜仁: 경향신문사 정치부 기자), 「청와대 'KBS 세월호 보도' 통제했다: 언론노조 'KBS 보도통제' 녹취록 공개」, 『경향신문』(2016년 7월 1일), 1~4쪽.

제5항 인문·사회과학계 및 정신분석학계의 분석

(1) 인디고 서원 엮음, 『새로운 세대의 탄생: 세월호 참사에 대한 기억의 의무』(궁리, 2014년 8월).

세월호 참사 이후 청소년들의 분노 그리고 학자들의 참회와 재건의 목소리를 담았다.

(2) 우석훈(禹晳熏), 『내릴 수 없는 배: 세월호로 드러난 부끄러운 대한민국을 말하다』(웅진지식하우스, 2014년 10월).

(3) 지주형(池柱馨), 「세월호 참사의 정치사회학: 신자유주의의 환상과 현실」, 『경제와사회』(한울) 104(2014년 겨울), 14~55쪽.

※ 지주형(1972~현재)은 서강대학교 사회과학대학 사회학과를 졸업하고 영국 랭커스터대학교 대학원 사회학과에서 석사→박사학위를 받았다. 박사학위청구논문 서지사항

은 다음과 같다. Joo-hyoung Ji, "Learning from Crisis: Political Economy, Spatio-Temporality, and Crisis Management in South Korea, 1961-2002," unpub. Ph.D. diss., University of Lancaster, 2006. 현재 경남대학교 문과대학 사회학과 교수다.

(4) 송호근(宋虎根), 『나는 시민인가: 사회학자 송호근, 시민의 길을 묻다』(문학동네, 2015년 1월).

저자는 세월호 참사를 목도한 뒤 스스로에게 "나는 시민인가" 질문한 뒤, "시민, 더욱이 학식을 갖추고 공익에 긴장하는 '교양시민'이라고 응답할 엄두가 나지 않았다"고 고백했다. 한국사회가 사익과 공익의 균형적 결합체로서 공공성을 생산하지 못하고 있다고 개탄한 저자는 교양시민층이 제대로 형성되지 않은 상태에서 한국사회는 계층 상승을 위한 무한경쟁에만 열을 올리고 있을 뿐이라고 경고하면서 이제 국민에서 벗어나 진짜 시민으로 거듭나야 한다고 강조했다. 사익에 몰두하고 국가권력의 이익에 동원되는 국민이 아니라 타인을 배려하고 공동체에 헌신하는 시민으로 거듭나야 한다는 뜻이다.

(5) 한홍구(韓洪九), 『역사와 책임: 한홍구 역사 논설: 바로잡지 못한 역사는 반복된다』(한겨레출판, 2015년 4월 6일).

저자는 『한겨레』에 연재했던 글들을 묶어 이 책을 펴냈다. 저자는 세월호사태가 바로잡지 못한 역사에서 비롯됐다고 주장한다.

(6) 이충진(李忠進), 『세월호는 우리에게 무엇인가?: 철학의 물음』(이학사, 2015년 4월 10일).

세월호가 우리에게 던진 뼈아픈 물음들에 답하고자 하는 철학적 시도에서 나온 책이다. 세월호가 1980년 광주 이후 가장 중요한 시대적 사건이라고 단언하는 지은이가 우리 삶의 불합리함과 비윤리성, 세월호를 둘러싼 사람들의 모습, 세월호 전후 우리사회의 단면, 세월호 이후 모습까지 우리가 직면한 문제들을 성찰했다.

※ 이충진(1959~현재)은 성균관대학교 문과대학 철학과를 졸업하고 성균관대학교 대학원 철학과에서 헤겔 철학 연구로 석사학위를 받은 데 이어 독일 마르부르크대학교에서 칸트 법철학 연구로 박사학위를 받았다. 박사학위청구논문 서지사항은 다음과 같다. Choong-Jin Lee, "Gerechtigkeit bei Kant: Eine Untersuchung zum Begriff der Gerechtigkeit in der Kantischen Moral- und Rechtsphilosophie," unpub. Ph.D. diss., Philipps Universitat Marburg, 1997. 현재 한성대학교 교수다.

(7) 정혜신 · 진은영, 『천사들은 우리 옆집에 산다: 사회적 트라우마의 치유를 위하여』(창비, 2015년 4월 15일).

이 책은 세월호 이후 우리 사회를 지배하는 트라우마에 대한 시인 진은영과 정신과 의사 정혜신의 대담이다.

(8) 서울대학교 사회발전연구소 기획/장덕진(張德鎭) · 조병희(趙炳熙) · 이재열(李在烈) · 구혜란(丘惠蘭) · 김지영(金知榮) · 고동현(高東鉉) · 김주현(金珠賢) · 정병은(서울대 사회발전연구소) 분담집필, 『세월호가 우리에게 묻다: 재난과 공공성의 사회학』(경기도 파주시: 한울아카데미, 2015년 4월 16일).

(9) 인문학협동조합 기획/노명우(盧明愚) · 권명아(權明娥) · 이광호(李光鎬) · 이현정(李炫姃) · 진태원(陳泰元) 분담 집필, 『팽목항(彭木港)에서 불어오는 바람: 세월호 이후 인문학의 기록』(현실문화, 2015년 4월 16일).

세월호가 침몰하는 가운데 일부 승객과 승조원은 진도군 임회면(臨淮面) 팽목리(彭木里)에 있는 팽목항 쪽으로 탈출해 목숨을 건졌다. 인문학자 13인이 세월호 참사에 대해 토론했다.

(10) 김동춘(金東春), 『대한민국은 왜?: 1945~2015』(경기도 파주시: 사계절출판사, 2015년 10월); ______, 『사회학자 시대에 응답하다: 김동춘의 한국사회 비평』(경기도 파주시: 돌베개, 2017); ______, 『대한민국은 왜?: 1945~2020』(경기도 파주시: 사계절출판사, 2020).

(11) 박종희(朴種熙), 「세월호 참사 1년 동안의 언론보도를 통해 드러난 언론매체의 정치적 경도」, 『한국정치학회보』, 제50집 제1호(2016년 3월), 239~269쪽.

※ 박종희(1973~현재)는 서강대학교 사회과학대학 정치외교학과를 졸업하고 서울대학교 대학원 외교학과에서 석사학위를 받은 데 이어 세인트루이스의 워싱턴대학교 대학원 정치학과에서 박사학위를 받았다. 박사학위청구논문 서지사항은 다음과 같다. Jong Hee Park, "Analyzing the Nexus: Domestic Sources of International Conflicts," unpub. Ph.D. diss., Washington University, 2002. 현재 서울대학교 사회과학대학 정치학과 교수다.

(12) 김종엽(金鍾曄) · 김명희(金明姬) · 이영진(李榮眞) · 김종곤(金鍾坤) · 최원(崔元) · 김도민(金道珉) · 정용택(鄭龍澤) · 김환희(교사) · 강성현(康誠賢) · 김왕배(金王培) · 김서경(워싱턴대학교 박사과정) · 정정훈(성신여대 연구원) · 이재승(李在承) · 박명림(朴

明林) 공저, 『세월호 이후의 사회과학』(그린비, 2016년 4월 10일).

(13) 박상환 · 송주명(宋柱明) · 이도흠(李都欽) · 노진철(盧鎭澈) · 김서중(金瑞中) · 이종구 · 성열관 · 정수영 · 서영표 · 고희선 · 오동석 · 배병인(裵炳寅) · 박주민 · 윤영삼 분담집필/ 민교협 엮음, 『신자유주의와 세월호 이후 가야 할 나라』(앨피, 2016년 11월 10일).

(14) 정원옥(鄭源玉), 「4·16 이후, '애도의 정치'의 새로운 양상들: 누가 죽은 이들의 목소리를 대변하는가」, 『황해문화』93(2016년 겨울), 283~299쪽.

※ 정원옥(1971~현재)은 중앙대학교 대학원 문화연구학과간협동과정에서 「국가폭력에 의한 의문사 사건과 애도의 정치」(2014년 2월)로 박사학위를 받았다. 이 글의 집필 때 중앙대학교 강사였다.

(15) 백상현(白尙鉉), 『속지 않는 자들이 방황한다: 세월호에 대한 철학의 헌정』(위고, 2017년 4월 3일).

※ 백상현(1971~현재)은 파리8대학교에서 학사→석사→박사학위를 받은 정신분석학자이다. 프랑스의 세계적인 철학자인 리오타르(Jean-François Lyotard)와 라캉(Jacques Lacan)을 전공했다. 그의 철학박사학위청구논문 서지사항은 다음과 같다. Sanghyun Baek, "Le Differend, La Phrase Symptomatique: LYOTARD et LACAN," unpub. Ph.D. diss., Universite Paris 8, 2010. 수원대학교 강사를 역임했다.

(16) 강원택(康元澤) · 이재열(李在烈) · 홍찬숙(洪燦淑) · 이현정(李炫姃) · 박종회(朴種熙) · 신혜란(申惠蘭), 『세월호가 묻고 사회과학이 답하다』(오름, 2017년 4월 11일).

세월호와 국정농단 사태 등 한국사회의 혼란을 초래한 근본적인 문제로 '사회적 공통언어'와 '개념'의 부재를 꼽았다.

(17) 김상봉(金相奉), 『네가 나라다: 세월호 세대를 위한 정치철학』(길, 2017년 5월 20일).

※ 김상봉(1960~현재)은 연세대학교 문과대학 철학과를 졸업하고 연세대학교 대학원 철학과에서 석사학위를 받은 데 이어 독일 마인즈대학교 대학원 철학과에서 박사학위를 받았다. 박사학위청구논문 서지사항은 다음과 같다. Sang- bong Kim, "Das Problem des Dinges an sich im Opus postumum Kants: Versuch einer systematischen Darstellung der Selbstsetzungs- und Ding-an-sich-Lehre im spaeten Opus postumum," unpub. Ph.D. diss. Johannes Gutenberg Universitat. Mainz, 1992. 현재 전남대학교

인문대학 철학과 교수다.

(18) 고세훈(高世薰)·김동춘(金東春)·손호철(孫浩哲)·조명래(趙明來) 등 분담집필/진태원(陳泰元) 엮음, 『우리가 살고 싶은 나라』(그린비, 2017년 6월 14일).

고려대학교 민족문화연구원은 2015년에 세월호참사를 애도하면서 우리사회의 변화와 발전을 모색하기 위해 '우리가 살고 싶은 나라'라는 제목의 연구기획팀을 꾸렸는데, 이 팀이 2016년에 『한겨레』에 연재한 내용과 2017년에 열었던 좌담회 내용을 단행본으로 엮어 위의 책으로 펴냈다.

(19) 한승주(韓勝朱), 「사회재난 이후, 정부의 대응과 책임 변화」, 『정부학연구』 제24권 제1호(2018년 4월), 277~308쪽.

※ 한승주(1975~현재)는 한국외국어대학교 사회과학대학 행정학과를 졸업하고 한국외국어대학교 대학원 행정학과에서 석사학위를 받은 데 이어 고려대학교 대학원 행정학과에서 「성과급에 대한 공무원의 정서적 대응: 근거이론과 Q방법론의 적용」(2010년 2월)로 박사학위를 받았다. 현재 명지대학교 사회과학대학 행정학과 교수다.

(20) 박래군(朴來群), 「다르게 흐르는 시간들: 세월호 참사 현장」, ______, 『우리에겐 기억할 것이 있다: 인권운동가 박래군의 한국현대사 인권기행』(클, 2020).

(21) 이자연, 「국가재난과 대중가요의 사회적 기능에 관한 연구」, 건국대학교 정책학 박사학위청구논문, 2022년 2월.

이 논문이 세월호참사 그 자체를 다루지는 않았다. 6·25전쟁 이후 발생한 여러 국가재난 때 대중가요가 어떤 사회적 기능을 수행했는지 분석했다.

신학자를 포함한 기독교계의 분석

(1) 한국기독교협의회 세월호참사대책위원회 엮음, 『남겨진 자들의 신학』(동연, 2015년 4월 15일).

177명의 국내 신학자들이 '세월호 이후의 신학'을 구상했다. 과거 아우슈비츠의 비극이 전체주의 폭력에서 비롯되었다면 세월호 참사는 천민자본주의에서 비롯한 예고된 재난이었다며, 교회는 자본주의와 맞설 힘을 지녀야 한다고 설명한다.

(2) 박영식(서울신학대학교 교수), 『그날, 하나님은 어디 계셨는가: 세월호와 기독교 신앙의 과제』(새 물결플러스, 2015년 4월 16일).

※ 박영식(1970~현재)은 서울신학대학교를 졸업하고 연세대학교 대학원 신학과에서

석사학위를 받은 데 이어 독일 베텔신학대학원에서 박사학위를 받았다. 박사학위청구 논문 서지사항은 다음과 같다. Young-sik Park, "Eine religionstheologische Orientierung des christlichen Glaubens," unpub. Dr.theol., Kirchliche Hochschule Bethel, 2005.

제6항 문학작품

(1) 고은 · 유순예 · 최지인 저, 『우리 모두가 세월호였다: 세월호 추모시집』(실천문학사, 2014년 7월).

(2) 한뼘작가들, 『세월호 이야기:동시인, 동화작가, 그림작가 65명이 모여 쓰고 그린』(별숲, 2014년 9월).

(3) 김애란 · 김행숙 · 김연수 · 박민규 등 12명 공저, 『눈먼 자들의 국가』(문학동네, 2014년 10월).

이 책은 작가와 연구자 12명이 세월호와 관련해 『문학동네』 여름호와 가을호에 쓴 글들을 묶은 책이다. 책의 제목이 되기도 한 글에서 소설가 박민규는 '세월호'를 사고가 아닌 사건으로 보아야 하는 까닭을 조목조목 짚어 가면서 진상을 밝히고 책임자를 처벌할 것을 요구했다. 김연수는 소포클레스의 『오이디푸스왕』을 읽으며 진보의 가능성과 불가능성에 대해 고민했고, 김애란은 이해와 경청과 공감의 필요성을 힘주어 말했다. 이 책의 판매수익금은 세월호 관련 단체와 사업에 전액 기부하기로 해 10월 말쯤 1차분 1억원을 전달했다.

(4) 김탁환(金琸桓), 『목격자들』 전2권(민음사, 2015년 2월); ______, 『거짓말이다』(북스피어, 2016); ______, 『아름다운 그이는 사람이어라』(경기도 파주시: 돌베개, 2017); ______, 『그래서 그는 바다로 갔다』(북스피어, 2017).

세월호사태와 관련해 저자가 출판한 연작소설집들이다. 마지막 책은 희생자들의 시신을 수습하는 데 참여한 민간 잠수사 김관홍과의 대화도 참고했다.

(5) 심상대 외, 『우리는 행복할 수 있을까』(예옥, 2015년 4월).

15명의 작가가 세월호를 화두로 삼아 쓴 단편들을 모은 소설집이다.

(6) 조소희, 『봉선화 기도 304: 세월호의 아픔을 함께하는 304인의 기도』(컬처북스,

2017년 4월 5일).

(7) 교육문예창작회 지음, 『교육문회창작회 시집: 세월호는 아직도 항해 중이다』(도서출판 비, 2017년 4월 14일).

(8) 한국작가회의 자유실천위원회 지음, 『꽃으로 돌아오라: 세월호 3주기 추모 시집』(푸른사상, 2017년 4월 16일).

(9) 『릿터』(민음사) 5(2017년 4~5월).

문학잡지 『릿터』는 '4월 16일 그날 이후 우리에게 남은 일 그리고 문학이 해야 하는 일'이라는 제목으로 특집을 발행했다.

(10) 방현석, 『세월』(아시아, 2017년 10월).

(11) 신경림(申庚林) 외, 『언제까지고 우리는 너희를 멀리 보낼 수가 없다』(걷는사람, 2019).

세월호참사 5주기를 맞아 신경림 · 나희덕(羅喜德) · 함민복 등을 비롯한 시인들이 발표한 추모사를 모았다.

메르스 사태

세월호 사건이 박근혜정부의 신뢰에 큰 상처를 입힌 데 이어, 중동에서 발생한 '중동호흡기증후군(MERS: 메르스)' 환자가 2015년 5월 중순부터 한국에서도 나타남에 따라 정부의 신뢰에 부담을 주었다.

조영호(趙永浩), 「박근혜정부 시절 메르스(MERS) 사태와 정부신뢰 하락」, 『한국정치연구』제28집 제2호(2019년 6월) 167~193쪽.

제3절 최순실국정농단사건과 촛불집회 및 탄핵

2016년 9~10월에, 당시 박근혜 대통령의 비선실세인 최순실이 재단법인 미르 그리고 K스포츠재단이 설립되는 과정에 주도적으로 참여해 박근혜 대통령을 내세워 대기업들로부터 엄청난 규모의 출연을 받아냈다는 의혹이 제기됐다. 이어 최순실이 박 대통령의 연설문 작성을 비롯해 국정운영 여러 곳에서 관여한 것으로 해석될 수 있는 태블릿PC를 입수한 언론의 보도가 뒤따르고, 정윤회 · 최순실의 딸 정유라 양이 이화여자대학교 체육과학부에 입학할 때 부당한 특혜를 받았다는 사실이 폭로되자 여론은 아주 나빠졌다. 이러한 분위기 속에서, 박근혜 대통령을 탄핵해야 한다는 촛불집회가 확산됐고 국회는 탄핵소추결의안을 통과시킨 데 이어 헌법재판소는 파면을 결정했다.

제1항 언론보도의 시작과 여론의 악화

(1) 조갑제(趙甲濟) 외, 『언론의 난: 마녀사냥 · 인민재판 · 촛불 우상화 · 졸속 탄핵 · 오보와 왜곡』(조갑제닷컴, 2016년 12월); ______, 『대한민국 최후의 날: 판도라의 상자가 열렸다!』(조갑제닷컴, 2018년 6월).

앞 책의 경우, 주로 조갑제가 쓴 글들에 김평우 변호사 등이 쓴 글들을 모았다.

(2) 변희재(邊熙宰), 『손석희(孫石熙)의 저주: 태블릿 PC 조작보도에 무너져버린 대한민국』(미디어실크, 2017); ______, 『변희재의 태블릿 사용 설명서』(미디어실크, 2021).

박근혜 대통령의 탄핵을 요구하는 공세가 진행되던 때인 2016년 10월 24일에 JTBC는 손석희 앵커가 진행하는 「JTBC 뉴스룸」을 통해 최순실이 박 대통령의 배후에서 '국정농단'을 하고 있다는 의혹을 뒷받침하는 태블릿을 공개했다. 저자는 이 보도가 박 대통령에 대한 여론을 더욱 불리하게 만들었다고 주장하면서 그 태블릿은 '조작'된 것이었다고 주장했다. 저자는 박 대통령에 대해 불리하게 이용된 여러 다른 자료 역시 '거짓'이었다고 주장했다.

※ 변희재(1974~현재)는 서울대학교 인문대학 미학과를 졸업했으며, 『주간미디어워치』를 창간하는 등 언론매체를 중심으로 비평활동을 활발히 전개했다. 정당에도 관여했으며 투옥되기도 했다. 현재 유튜버로 활동하고 있다.

(3) 최영준 · 최일붕 엮음, 『박근혜퇴진 촛불운동: 현장 보고와 분석(책갈피, 2017).

(4) 손석희(孫石熙), 『장면들: 손석희의 저널리즘 에세이』(경기도 파주시: 창비, 2021).

손석희 앵커가 「JTBC 뉴스룸」의 앵커석에서 내려온 지 1년 반 만에 내놓은 저널리즘

에세이다. JTBC 보도부문 사장으로 자리를 옮긴 2013년 이후 겪은 큰 사건들의 뒷이야기를 담았다. 삼성노조와해문건보도와 태블릿PC보도 등 한국사회에 큰 영향을 미쳤던 보도과정을 자세히 설명했다.

(4-A) 김현정(작가) · 손석희(孫石熙), 『손석희의 앵커브리핑 1: 'L의 운동화'는 집으로 가는 중입니다.』전2권(역사비평사, 2022); 신성만 · 김현정(글작가), 『손석희의 앵커브리핑 2: 바람은 언제나 당신의 등 뒤에서 불고』(역사비평사, 2022).

뉴스를 인문학적으로 확장했다는 평가를 받았던 JTBC 『뉴스룸』 손석희의 앵커브리핑을 책으로 엮었다. 2014~2019년에 방송한 950편의 앵커브리핑 가운데 284편을 뽑아 정리했다.

(5) 이만열(李萬烈), 『역사의 길, 현실의 길』(푸른역사, 2021).

한반도 평화와 탄핵정국 등에 대한 자신의 견해를 정리했다. 신앙인으로서 한국교회에 대한 비판적 시각도 담았다.

여론을 악화시킨 가짜뉴스

서옥식(徐玉植), 『가짜뉴스의 세계: 그 거짓과 왜곡 조작 날조 선동의 장; 간추린 오보사전』(해맞이미디어, 2019).

미국을 비롯한 선진국에서, 그리고 한국에서 있었던 '가짜뉴스'의 사례들을 소개했다. 그 가운데 박근혜 대통령에 관한 매우 악의적이며 사실무근한 가짜뉴스를 소개했다.

제2항 박근혜 가족들의 의견과 박근혜에 대한 변호

(1) 허용범(許容範), 「인터뷰: 아버지의 고독, 그리고 나의 39년 방황을 말한다: 고(故) 박정희 대통령의 외아들 박지만(朴志晚)」, 『월간조선』(1997년 5월), 170~199쪽.

(2) 박송이, 「대권 최대 아킬레스건은 친인척 문제?: 두 동생 근령 · 지만, 올케 서향희(徐香姬) 변호사 지난 행적들 정치적 부담」, 『주간경향』(2012년 10월 9일), 54~56쪽.

(3) 김지영(金志榮) · 안성모 · 조해수, 「박지만 "정윤회가 나를 미행했다"」, 『시사저널』(2014년 3월 25일), 18~22쪽; ______, 「박지만 입에서 '미행사건' 처음 나왔다」, 『시사저널』(2014년 12월 23일), 16~21쪽.

(4) 황일도(黃一道), 「"박지만 회장, 국정원에 정윤회 조사 요구했었다": 전(前) 국정원 핵심 관계자 "정씨 국정 개입과 3인방 전횡 견제 원했지만 무시"」, 『주간동아』(2014년 12월 10일), 18~20쪽.

(5) 맹태균(孟泰均), 「'청(靑) 문건유출' 마무리, 의혹해소는 '아직': 박지만 미행보고서·'십상시' 모임 등 모두 허위 결론」, 『시사뉴스투데이』(2015년 1월), 18~21쪽.

(6) 박미정(朴美靜), 「무서운 '누나 대통령' 동생: 검찰출두 박지만 인생; 비선 정윤회와는 판이한 역정」, 『경제풍월』186(2015년 2월), 101~103쪽.

(7) 감명국·조해수, 「박지만 "정윤회라는 사람 확인해보라": 법정에서 미행설 관련, 조응천·박관천 등에 확인 요청 증언」, 『시사저널』(2015년 7월 28일), 12~13쪽.

(8) 박근령(朴槿令)/박희석(朴熙錫), 「"최태민 일가가 '인(人)의 장막' 치고 정보 차단 … 언니는 속은 죄밖에 없다!": 6년 전 박근령이 밝힌 박근혜와 최태민 일가의 관계」, 『월간조선』(2016년 12월), 226~234쪽.

박근혜 가족 외 관찰자들의 기록

(1) 심훈(沈薰), 「정윤회 문건과 오컴의 면도날, 그리고 언론의 속성」, 『관훈저널』134(2015년 3월), 67~73쪽.

제목의 '정윤회(鄭潤會)'는 최순실의 전 남편이다. 박근혜가 국회의원이던 때 보좌역으로 활동했으며 특히 박근혜가 일시적으로 한나라당을 탈당한 뒤 창당한「한국미래연합」대표운영위원이던 때 비서실장을 맡았다. 박근혜는 이후 한나라당으로 복귀해 일정한 단계를 거쳐 결국 대통령후보로, 이어 대통령으로 선출됐다. 그러나 정윤회는 박근혜가 대통령에 취임한 이후에는 어떠한 공직도 맡지 않았다. 박근혜 대통령 때 공직기강비서관의 행정관으로 봉직하던 박관천 경정은 2014년 1월에 「정윤회 문건」을 작성했는데, 2014년 11월에 유출된 이 문건에 따르면, 정윤회가 아무런 공직이 없음에도 불구하고 박근혜 대통령에 대해 막강한 영향력을 행사했다. 그래서 박관천 경장은 "우리나라의 권력서열 1위는 최순실이고, 2위는 정윤회이며, 3위는 박근혜이다"라고 말했다. 이 문건이 보도되면서 최순실은 정윤회와 이혼한 것으로 알려졌다. 필자 심훈 교수는 「정윤회 문건」이 갖는 의미에 대해 자세히 설명했다.

※ 심훈(1968~현재)은 연세대학교 사회과학대학 신문방송학과를 졸업하고 아이오와주립대학교 대학원 저널리즘학과에서 석사학위를 받은 데 이어 텍사스대학교 오스틴

캠퍼스 대학원에서 저널리즘을 전공해 박사학위를 받았다. 박사학위청구논문 서지사항은 다음과 같다. Hoon Shim, "The Professional Role of Journalism Reflected in U.S. Press Reportage from 1950 to 2000," unpub. Ph.D. diss., University of Texas, Austin, 2002. 현재 한림대학교 미디어스쿨 교수다.

(2) 전여옥(田麗玉), 『오만과 무능 굿바이, 박(朴)의 나라』(독서관, 2016년 12월 8일).

한나라당 대변인과 최고위원을 맡았던 저자는 이 책을 통해 박근혜를 통렬히 비판했다. 박근혜가 최순실의 아버지 최태민과 그리고 그 연장선 위에서 최순실과 얽히게 된 배경을 자세하게 추적했으며, 이미 국회의원 때부터 박근혜가 최순실과 그리고 그 남편 정윤회(鄭潤會)의 강력한 영향 아래 놓여 있었음을 폭로했다. 이 책에 담긴 내용이 사실 그대로라면 박근혜와 박근혜 청와대의 '비극'은 이미 예고되어 있었다.

※ 전여옥(1959~현재)은 이화여자대학교 사회과학대학 사회학과를 졸업하고 서강대학교 공공정책대학원에서 정치학석사학위를 받았다. KBS 도쿄특파원을 역임했으며, 그때의 경험을 바탕으로 『일본은 없다』전2권(지식공작소, 1994~1995)을 출판했다. 17~18대 국회의원을 역임했다.

(3) 김준형(金峻亨) · 정진백(鄭鎭伯) · 이장희(李長熙) · 정영일(鄭榮日) 분담집필, 『위대한 한국민, 전진하는 역사: 박근혜 최순실 세력 퇴진 시국선언문』(아시아문화커뮤니티, 2016년 12월 9일).

(4) 김수길(재미동포), 『최순실 언니 박근혜』(인천광역시: 간석출판사, 2016년 12월 16일).

(5) 정창수(나라살림연구소 소장), 『최순실과 예산 도둑들: 대한민국 건국이래, 최대의 국정농단 게이트 그 진실을 향한 첫 번째 기록』(답, 2016년 12월 25일).

(6) 안민석(安敏錫), 『끝나지 않은 전쟁: 최순실 국정농단 천 일의 추적기』(위즈덤하우스, 2017년 4월 10일).

(7) 한겨레 특별취재반, 『최순실 게이트: 기자들, 대통령을 끌어내리다』(돌베개, 2017년 4월 21일).

(8) 김지원, 『붉은 여왕과 최순실: 요한계시록 속』(지식과감성, 2017년 5월 3일).

(9) 조재형(홍보학박사), 『위험사회: 세월호, 가습기 살균제, 최순실 게이트까지 왜 대한민국의 위기는 반복되는가』(에이지21, 2017년 5월 16일).

(10) 김용출(세계일보 탐사보도전문기자) · 이천종 · 조병욱 · 박영준, 『비선권력: 박

근혜와 최태민의 만남부터 최순실 국정농단 사태까지』(한울, 2017년 6월 12일).

(11) 안원구(安元九) · 구영식(具永植), 『국세청은 정의로운가: 안원구의 국세청 대해부; 공익법인의 비밀 최순실 은닉재산 프로파일링』(이상미디어, 2017년 9월 11일).

(12) 이진동(李鎭東), 『이렇게 시작되었다: 박근혜-최순실, 스캔들에서 게이트까지』(개마고원, 2018년 2월 23일).

(13) 한상익(韓相益), 「박근혜탄핵 촛불집회의 정치참여 유형: 혁명인가, 정치적 항의인가?」, 『한국정치연구』(서울대학교 한국정치연구소) 제28권 제2호(2019년 6월), 117~141쪽.

(14) 최인호(유튜브 최인호TV 대표), 『김어준이 최순실보다 나쁘다: 깨시민의 일그러진 영웅 김어준; 그는 어떻게 촛불시민들을 우롱했나?』(이맛돌, 2021년 3월 19일).

제3항 정치적 시위와 항의: 비제도적 또는 비관습적 정치참여

이명박정부 때의 미국산쇠고기수입반대운동과 거기에 따른 촛불집회, 그리고 특히 박근혜정부 때의 촛불시위는 정치적 시위와 항의에 관한 기존 연구들을 되돌이켜 보도록 했다. 그 대표적 사례들로 다음이 있다.

(1) 안청시(安淸市), 「정치폭력의 개념화에 관한 실증적 연구」, 『한국정치학회보』11(1977년 12월), 218~238쪽.

(2) Myung-soon Shin, "The Impact of Political Protest on Governmental Decision-Making in Korea, "unpub. Ph. D. diss., Northwestern University, 1982; 신명순(申命淳), 「한국정치에 있어서 정치시위의 효율성: 정치시위의 주동세력, 요구내용, 방법, 규모 및 대상과 이에 대한 정부의 반응」, 『한국정치학회보』제16집(1982), 25~44쪽; Myung-soon Shin, "Political Protest and Government Decision Making: Korea, 1945~1972," *American Behavioral Scientist*, Vol. 26, No. 3(January-February, 1983), pp.395~416, 신명순, 「한국의 정치갈등사건에 나타난 제(諸) 특징」, 심촌(心村)추헌수(秋憲樹)교수회갑기념논문집간행위원회 편, 『한 · 중 정치의 전통과 전개: 심촌추헌수교수회갑기념논문집』(대왕사, 1984), 411~443쪽; ______, 「정치갈등행위의 규모와 대상이 정부의 정책결정에 미치는 영향」, 『성곡논총』15(1984년 6월),429~484쪽; ______,

「정치시위에서 사용되는 폭력과 정부의 대응 간의 관계 연구」, 『한국정치학회보』제19집(1985년 12월), 377~395쪽; ＿＿＿, 「한국에서 발생한 정치시위의 원인」, 『국제정치논총』제26집 제1호(1986년 8월), 121~146쪽; ＿＿＿, 「정치시위의 원인과 결과 간의 관계 연구」, 『연세행정논총』12(1987년 2월), 103~121쪽; ＿＿＿, 「1980년대 학생운동의 성격 분석: 대학생들의 학생운동에 대한 태도를 중심으로」, 『아세아연구』제30권 제1호 1987년 1월), 109~149쪽.

※ 신명순(1947~현재)은 연세대학교 정법대학 정치외교학과를 졸업하고 서울대학교 대학원 정치학과에서 석사학위를 받았으며, 노스웨스턴대학교 대학원 정치학과에서 박사학위를 받았다. 일리노이주 브래들리대학교(Bradley University) 정치학과 교수를 거쳐 연세대학교 사회과학대학 정치외교학과 교수로 정년퇴임했으며, 그 사이 한국정치학회 회장을 역임했다. 현재 연세대학교 명예교수이면서 대한민국학술원 회원이다.

(3) 강정인(姜正仁), 「한국에 있어서 민주화와 정치참여: 직접행동의 정치참여성, 폭력성 및 합리성에 관한 고찰」, 『한국과 국제정치』제5권 제1호(1989년 봄), 179~211쪽.

(4) 박종민(朴鍾旻), 「정치항의의 사회심리적 조건」, 『한국정치학회보』 제29집 제1호(1995년 10월), 377~396쪽.

(5) 황영배(黃榮培), 「폭력적 정치저항과 정부의 강압」, 『국제정치논총』 제36권 제2호(1996년 12월), 25~42쪽.

※ 황영배(1961~현재)는 한국외국어대학교 사회과학대학 정치외교학과를 졸업하고 한국외국어대학교 대학원 정치외교학과에서 석사학위를 받은 데 이어 밴더빌트대학교 대학원 정치학과에서 박사학위를 받았다. 박사학위청구논문 서지사항은 다음과 같다. Young-Bae Hwang, "The Search for Alliance Stability: The Effects of Alliance Size and Type on its Duration," unpub. Ph.D. diss., Vanderbilt University, 1993. 현재 호남대학교 사회과학대학 정치외교학과 교수다. 그는 동맹이론에 관해 「군사동맹의 지속성: 세력균형과 세력전이론」, 『한국정치학회보』 제29집 제3호(1995년 12월), 333~358쪽 및 「군사동맹의 지속성: 세력균형과 세력전이론」, 『한국정치학회보』 제29집 제3호(1995년 12월), 333~358쪽 및 "Alliance as Oligopoly: An Alternative Approach," 『인문사회과학연구』(호남대학교 인문사회과학연구소) 4(1997년 12월), 515~541쪽 등을 발표했다.

그는 한반도에서의 전쟁가능성 등을 포함한 한국정치에 관해 다음과 같은 논문을 발표했다. 「정치적 경기변동과 집권당의 상대적 정치능력」, 『한국정치학회보』 제30집 제3호(1996년 12월), 123~142쪽; Young-Bae Hwang, "The Likelihood of Major War in East Asia and the Transition on the Korean Peninsula," *Asian Perspective*, Vol. 21, No. 3(December, 1997), pp.41~62; 황영배, 「정치능력의 패러독스: 정치적 리더쉽과 상대적 정치능력과의 관계」, 『한국정치학회보』 제32집 제1호(1998년 12월); Young-Bae Hwang and Jacek Kugler, "The Likelihood of Major Conflict in East Asia and the Korean Peninsula: A Power Parity Perspective," *World Affairs*, Vol. 161, No. 2(Fall 1998), pp.99-111.

(6) 김선혁(金璇赫) · 김병국(金炳局) · 제고르즈 에키트, 「한국의 민주주의 공고화와 시민사회: 항의의 정치를 중심으로」, 『아세아연구』 제50권 제3호(2007), 128~148쪽.

(7) 지병근(池昞根) · 박종민(朴鍾旻), 「한국에서의 정치참여: 접촉 및 항의 활동」, 『국가전략』제14권 제4호(2008), 121~146쪽.

※ 지병근(1969~현재)은 고려대학교 문과대학 중어중문학과를 졸업하고 고려대학교 대학원 정치외교학과에서 석사학위를 받은 데 이어 미주리대학교 콜럼비아 캠퍼스 대학원 정치학과에서 박사학위를 받았다. 박사학위청구논문 서지사항은 다음과 같다. Byong-Kuen Jhee, "Economic Voting in New Democracies," unpub. Ph.D. diss., University of Missouri, Columbia, 2006. 현재 조선대학교 법사회대학 정치외교학과 교수다.

(8) 이준한(李俊漢), 「촛불, 매스 미디어, 그리고 민주주의」, 『사회과학연구』(서강대학교 사회과학연구소) 제17권 제1호(2009년 1월), 264~290쪽.

(9) 송경재(宋璟載), 「사회적 자본과 한국의 시민참여: 관습적 · 비관습적 참여와 사회적 자본」, 『한국정당학회보』 제12권 제2호(2013년 7월), 221~244쪽.

※ 송경재(1968~현재)는 경기대학교 경상대학 경제학과를 졸업하고 경기대학교 대학원 경제학과에서 석사학위를 받은 데 이어 경희대학교 대학원 정치외교학과에서 「한국의 사이버 공동체와 정치참여에 관한 연구」(2004년 2월)로 정치학박사학위를 받았다. 현재 상지대학교 평생교육융합대학 사회적경제학과 교수다. 정치참여에 관한 그의 논문으로 다음이 있다. 송경재, 「소셜 네트워크 세대의 정치참여」, 『한국과 국제정치』27집 2호(2011년 6월), 57~88쪽; ______, 「이슈형 사이버 커뮤니티 네트워크의 시민참여: 2008년 촛불시위를 중심으로」, 『국가전략』 제17권 제2호(2011년 6월), 91~121쪽; 「네

트워크 사회, 소셜 시티즌의 사회적 자본」, 『한국정당학회보』 제14권 제2호(2015년 7월), 167~194쪽; 「세대의 사회적 자본과 정치참여: 비관습 참여적인 소셜 정치세대의 등장」, 『한국정치연구』 제27권 제2호(2018년 6월), 115~141쪽; ______, 「정보네트워크 사회, 한국과 일본의 사회적 자본과 시민참여 연구: 밀레니얼 소셜세대를 중심으로」, 『한국정치연구』 제28권 3호(2019년 10월), 85~111쪽.

(10) 김기동(金基東)·이재묵(李哉默)·이지영(李知映), 「비관습적 정치참여는 투표참여를 대체하는가, 보완하는가?」, 『한국정당학회보』 제18권 제1호(2019년 3월), 29~64쪽.

※ 이재묵(1978~현재)은 연세대학교 사회과학대학 정치외교학과를 졸업하고 연세대학교 대학원 정치외교학과에서 석사학위를 받은 데 이어 아이오와대학교 대학원 정치학과에서 석사→박사학위를 받았다. 박사학위청구논문 서지사항은 다음과 같다. Jae Mook Lee, "Elite and Mass Polarization and Its Political Consequences," unpub. Ph.D. diss., University of Iowa, 2012. 현재 한국외국어대학교 사회과학대학 정치외교학과 교수다. 그는 2023년에 사단법인 민주주의학술연구원으로부터 제3회 민주주의학술상을 받았다.

(10-A) 김기동(金基東)·이재묵(李哉默), 「한국 유권자의 건강상태, 소득, 그리고 투표참여」, 『한국정치학회보』제 56집 제 5호(2022년 12월), 111~+7140쪽.

(11) Nayun Kim and Jai Kwan Jung, "Unintended Outcome? The Effect of Protest on Voter Turnout," *Korean Political Science Review*, Vol. 54, No. 3(Summer 2020), pp.33~53.

(12) 류태건(柳泰建)·차재권(車載權), 「40년간 한국의 정치항의의 사회적·집단적 변화추이와 그 영향요인에 대한 분석」, 『한국정치학회보』 제55집 제5~6호(2021년 12월), 35~68쪽.

※ 류태건(1951~현재)은 고려대학교 정경대학 정치외교학과를 졸업하고 프랑스의 그로노블정치연구소(Institut d'Etudes Politiques de Grenoble)에서 한국정치사상과 동양정치사상을 전공해 석사→박사학위를 받았다. 박사학위청구논문 서지사항은 다음과 같다. Taegun Yoo, "L'ideologie confucianiste en Coree"(1989). 그는 귀국한 뒤 부경대학교 대학원에서 다시 학위과정을 밟아 석사학위를 받은 데 이어 「사회자본의 구성요소와 효과에 관한 연구」(2015년 8월)로 박사학위를 받았다. 부경대학교 인문사회과학대학 학

장과 국제대학원 원장 그리고 21세기정치학회 회장을 역임했다. 현재 부경대학교 명예교수다.

※ 차재권(1964~현재)은 연세대학교 사회과학대학 정치외교학과를 졸업하고 연세대학교 대학원 정치외교학과에서 석사학위를 받은 데 이어 캔자스대학교 대학원 정치학과에서 석사→박사학위를 받았다. 박사학위청구논문 서지사항은 다음과 같다. Jaekwon Cha, "Government's Credible Commitment in Korean Industrial Development: Information-telecommunications, Agriculture, Shipbuilding, Finance, Textiles," unpub. Ph.D. diss., University of Kansas, 2004. 이 논문은 다음과 같이 출판됐다. *Correction to: Challenging the East Asian Development Model: Evidence from South Korea*(London and New York: Palgrave Macmillan Ltd, 2020). 저자는 현재 부경대학교 인문사회과학대학 정치외교학과 교수다.

제4항 촛불집회 = 촛불항쟁 = 촛불혁명

(1) 정철운(미디어오늘), 『박근혜 무너지다: 한국 명예혁명을 이끈 기자와 시민들의 이야기』(메디치미디어, 2016).

(2) 하승우(河昇佑) 외 지음, 『11월: 모든 권력은 국민으로부터 나온다』(삶창, 2017년 1월 2일).

촛불집회에 참여한 사람들의 글을 모았다.

(3) 경향신문창간70주년특별취재팀 편, 『대한민국은 민주공화국인가: 시민과 지식인에게 길을 묻다』(책세상, 2017년 1월 20일).

(4) 송호근(宋虎根), 『촛불의 시간: 군주국가의 시간에서 시민의 시간으로』(북극성, 2017년 1월 25일).

(5) 유성진(兪成振), 「촛불의 정치적 효과: 정치적 불만과 참여의 활성화」, 『한국과 국제정치』제33권 제4호(2017년 1월), 1~25쪽.

※ 유성진(1973~현재)은 서울대학교 사회과학대학 외교학과를 졸업하고 서울대학교 대학원 외교학과에서 석사학위를 받은 데 이어 뉴욕주립대학교 스토니브룩 캠퍼스 대학원 정치학과에서 박사학위를 받았다. 박사학위청구논문 서지사항은 다음과 같다.

Sung-jin Yoo, "Ambivalent Voters: Political Participation and Third-party Support in Presidential Elections," unpub. Ph.D. diss., State University of New York, Stony Brook, 2006.

(6) 서영표(徐榮杓), 「변화를 향한 열망, 하지만 여전히 규율되고 있는 의식: 2016년 촛불시위에 대한 하나의 해석」, 『마르크스주의연구』(경상대학교 사회과학연구원) 제14권 제1호(2017년 2월), 65~90쪽.

※ 서영표(1970~현재)는 서울대학교 인문대학 국사학과를 졸업하고 영국 에섹스대학교(University of Essex) 대학원 사회학과에서 환경사회학을 전공해 석사→박사학위를 받았다. 현재 제주대학교 인문대학 사회학과 교수다.

(7) 최한빛 사진 · 글, 『촛불, 어둠은 빛을 이길 수 없다』(와이겔리, 2017년 3월).

(8) 손호철(孫浩哲), 『촛불혁명과 2017년 체제』(서강대학교 출판부, 2017년 3월); ______, 「6월항쟁과 '11월촛불혁명': 반복과 차이」, 『현대정치연구』(서당대학교 현대정치연구소) 제10권 제2호(2017년 8월), 77~97쪽; ______, 『유신공주와 촛불: 정치평론으로 읽는 박근혜 시대』(이매진, 2018년 2월).

이 책 끝에는 저자의 2018년 2월 서강대학교 정년퇴임기념 강연 「마르크스주의, 한국예외주의, 시대의 유물론」이 실려있다.

(9) 김성일(경희대학교 후마니타스칼리지), 「광장정치의 동학: 6월항쟁에서 박근혜탄핵 촛불집회까지」, 『문화과학』() 89(2017년 3월), 146~168쪽.

(10) 유승무(柳承武) · 신종화(辛鍾和) · 박수호(朴秀浩), 「민심의 동원과 마음의 정치: 동양적 사회운동 이론과 도덕정치의 가능성」, 『사회사상과 문화』(동양사회사상학회) 제20권 제1호(2017년 3월), 77~110쪽.

(11) 이상호 · 임재근 사진, 『대전대전(大田大戰) 봄으로 간 촛불: 대전 퇴진 행동 61차, 131일간의 기록사진집』(대장간, 2017년 4월).

(12) 정승안(鄭勝安), 「촛불시민의 민주주의혁명에 대한 정치사회학적 의미를 중심으로」, 『법과 사회』(법과사회이론학회) 54(2017년 4월), 111~138쪽.

(13) 이관후(李官厚), 「비폭력 시민 저항의 이해: 촛불시위의 사상적 배경 연구」, 『시민사회와 NGO』(한양대학교 출판부) 제15권 제1호(2017년 5월), 39~77쪽

(14) 노형일 · 양은경(梁銀京), 「비폭력 저항 주체의 형성: 박근혜 대통령 탄핵 촛불집회에 대한 통치 분석 」, 『한국방송학보』(한국방송학회) 제31-3호(2017년 5월), 5~41쪽.

(15) 강우진(姜宇振), 「87년 체제와 촛불시민혁명: 한국 민주주의의 전환」, 『정치비평』(한국정치연구회) 제10권 제1호(2017년 6월), 48~86쪽.

(16) 김만권(金萬權), 「초일상(超日常)의 정치와 정체의 재구성: 2016년 촛불은 혁명인가?」, 『시민과 세계』(참여연대 참여사회연구소) 30(2017년 6월), 35~62쪽.

(17) 전상훈(全相勳), 『촛불시민혁명 승리의 기록: 2016.9.25. 백남기 농민 사망부터 2017.5.10 문재인 대통령 당선까지』(깊은샘, 2017년 6월).

※ 전상훈(1967~현재)은 서울대학교 사회과학대학 정치학과를 졸업했다. 제5공화정 때부터 반독재민주화운동에 참여해 세 차례에 걸쳐 구속됐으나 굽히지 않고 시민운동에 참여했다. 2004년부터 연탄은행전국협의회 이사로 활동하고 있다.

(18) 이지호(李至鎬), 「'박근혜 촛불', 누가 왜 참여했나: 참여행동 모형과 참여태도 모형의 비교」, 『한국정치연구』(한국정치연구소) 제26집 제2호(2017년 6월), 75~104쪽.

(19) 이지호(李至鎬) · 이현우(李賢雨) · 서복경(徐福卿) 공동집필, 『탄핵 광장의 안과 밖: 촛불민심 경험분석: 133일간의 촛불시민을 가장 객관적으로 분석한 민심 보고서』(한솔수복, 2017년 7월); ______, 「'촛불' · '맞불'집회에 대한 태도와 19대 대선: 일관적 유권자와 상충적 유권자」, 『현대정치연구』제10권 제2호(2017년 8월), 43~75쪽.

※ 서복경(1970~현재)은 고려대학교 문과대학 사회학과를 졸업하고 고려대학교 대학원 정치외교학과에서 석사학위를 받은 데 이어 고려대학교 대학원 정치외교학과에서 「한국정당체제의 기원과 변화에 관한 연구」(2003년 2월)로 박사학위를 받았다. 현재 서강대학교 현대정치연구소 책임연구원이다.

(20) 강명세(姜明世), 「'촛불혁명'의 희망은 무엇이었으며 그것은 어떻게 실현할 수 있는가?」, 『의정연구』(한국의회발전연구회) 제22권 제2호(2017년 8월), 6~36쪽.

(21) 도묘연(都妙年), 「2016년-2017년 박근혜 퇴진 촛불집회 참여의 결정요인」, 『의정연구』(한국의회발전연구회) 제23권 제2호(2017년 8월), 109~146쪽; ______, 「결사체 활동, 시민성 그리고 촛불집회 참여의 경로구조」, 『현대정치연구』(서강대학교 현대정치연구소) 제10권 제2호(2017년 8월), 5~41쪽; ______, 「2016년-2017년 촛불집회 참여가 시민성에 미친 영향력 분석」, 『한국지방자치연구』(대한지방자치학회) 제19권 제2호(2017년 8월), 25~52쪽.

(22) 이윤정 · 엄경영, 「21세기 참여민주주의 모색에 관한 연구: 2016년 촛불집회를 중심으로」, 『인문사회』(아시아문화학술원) 제8권 제4호(2017년 8월), 1269~1284쪽.

(23) 임영태(林永泰) · 정창현(鄭昌鉉), 「35 촛불항쟁: 거짓은 참을 이길 수 없다」, ______, 『새로 쓴 한국현대사: 해방부터 촛불항쟁까지 35 장면』(경기도 파주시: 역사인, 2017년 10월), 432~438쪽.

(24) 김종철(金鍾澈), 『촛불혁명의 뿌리를 찾아서: 1980년대 민주민족민중운동사』(썰물과밀물, 2017년 11월).

이 책은 박근혜 대통령 때 일어난 촛불혁명을 다루지는 않았다. 그러나 그 이전 시기에 한국사회에서 일어났던 '민주민족민중운동'을 자세히 소개함으로써 박근혜 대통령 때 일어난 촛불혁명을 이해하는 데 도움을 준다.

(25) 「특집II: 촛불 1주년을 돌아본다」, 『관훈저널』145(2017년 겨울).

이정훈(李政勳), 「촛불 그 후, 한국 언론 어떻게 변했나」, 45~51쪽.
오현철(吳泫哲), 「촛불의 제도화가 대의민주주의 대안」, 52~58쪽.

(26) 조진만(趙眞晩), 「투표와 촛불집회: 참여 요인 비교와 관계 분석」, 『의정논총』(한국의정연구회) 제12권 제2호(2017년 12월), 117~136쪽.

※ 조진만(1970~현재)은 인하대학교 사회과학대학 정치외교학과를 졸업하고 연세대학교 대학원 정치외교학과에서 석사학위를 받은 데 이어 연세대학교 대학원 정치외교학과에서 「'정치체계'의 특성과 의회 입법수행능력: 55개국 교차국가분석」(2004년 2월)으로 박사학위를 받았다. 현재 덕성여자대학교 글로벌융합대학 정치학전공 교수다.

(27) 이재철(동국대), 「2016년~2017년 촛불집회의 정치적 함의」, 『사회과학연구』(동국대학교 사회과학연구원) 제24권 제4호(2017년 12월), 61~82쪽; ______, 「정치참여의 유형 비교: 수도권 시민의 관습적 정치참여와 비관습적 정치참여 분석」, 『현대정치연구』(서강대학교 현대정치연구소) 제12권 제3호(2019년 12월), 35~67쪽.

(28) 강신복(민주신문 편집위원) · 이경희(법학박사) 공저, 『6월항쟁.촛불혁명 통일의 그 날까지: 1987~2017년, 30년 민주화 역사 담다; 6월민주항쟁 30주년 기념출판』(예지커뮤니케이션, 2018년 3월).

(29) 홍성구(洪性九), 「박근혜 탄핵 촛불집회의 민주적 함의: 숙의 민주주의와 파수꾼 민주주의를 중심으로」, 『한국언론정보학보』(한국언론정보학회) 89(2018년 6월), 149~178쪽.

※ 홍성구(1967~현재)는 강원대학교를 졸업하고 강원대학교 대학원에서 언론·매스컴사회학을 전공해 석사학위를 받은 데 이어 고려대학교 대학원 신문방송학과에서 「인터넷과 정치적 공론영역의 복원: 숙의 민주주의를 중심으로」(2001년 8월)로 박사학위를 받았다. 현재 강원대학교 사회과학대학 미디어커뮤니케이션학과 교수다.

(30) 김윤철, 「2016-2017년 촛불집회의 역사적 맥락과 '마지노선 민주주의'」, 『21세기정치학회보』(21세기정치학회) 제28집 제1호(2018년 3월), 1~19쪽.

※ 김윤철(1971~현재)은 인하대학교를 졸업하고 서강대학교 대학원 정치외교학과에서 석사학위를 받은 데 이어 서강대학교 대학원 정치외교학과에서 「민주노동당 침체의 동학:리더십 제약에 따른 당혁신과 갈등관리의 실패」(2010년 2월)로 박사학위를 받았다. 현재 경희대학교 후마니타스칼리지 교수다.

(31) 권영숙, 「촛불의 운동정치와 87년체제의 '이중 전환': 2016년 촛불은 87년체제의 완성인가? 87년체제 전환의 시작인가?」, 『경제와 사회』(한울엠플러스) 117(2018년 봄), 62~103쪽.

※ 권영숙(1965~현재)은 콜럼비아대학교 대학원 사회학과에서 박사학위를 받았다. 박사학위청구논문 서지사항은 다음과 같다. Youngsook Kweon, "Liberal Democracy without a Working Class?: Democratization, Coalition Politics and the Labor Movement in South Korea, 1987-2006," unpub. Ph.D. diss., Columbia University, 2008. 현재 서울대학교 사회과학대학 사회학과 전임연구원이다.

(32) 김재홍(金在洪), 「2016 촛불집회와 민주주의: 1979 부마민주항쟁과의 정치사적 동질성」, 『정치와 평론』(한국정치평론학회) 제22집(2018년 6월), 71~123쪽.

(33) 최장집(崔章集), 「특별기고 논문: 개헌문제와 민주주의의 규범; 대통령의 개헌발의를 중심으로」, 『한국정치연구』 제27집 제2호(2018년 6월), 1~28쪽.

필자는 "촛불시위를 '촛불혁명'으로 볼 수 있는가"라는 문제를 제기하고, 이어 촛불시위가 한국정치사에서 갖는 의미를 분석했으며 촛불시위에 힘입어 집권한 문재인정부가 개헌을 시도하는 데 대해 여러 측면에서 검토할 점들을 제시했다.

(34) 김성재(金成在), 「오락 커뮤니케이션: '촛불혁명', 분노에서 유희로」, 『현대유럽철학연구』(현대유럽철학학회) 제50집(2018년 7월), 167~205쪽.

※ 김성재(1957~현재)는 연세대학교 문과대학을 졸업하고 독일 뮌스터대학교 대학원에서 언론학을 전공해 석사→박사학위를 받았다. 박사학위청구논문 서지사항은 다음과

같다. Seongjae Kim, "Mode und Gegenmode: Sozialwissenschaftliche Ansatze zu einer Kommunikationstheorie der Mode," unpub. Ph.D. diss., Westfälische Wilhelms-Universität Münster, 1992. 현재 조선대학교 법사회대학 신문방송학과 교수다.

(35) 황진태(黃鎭台)·박배균(朴培均), 「2016년 촛불집회시위의 공간성에 관한 고찰」, 『공간과사회』(한국공간환경학회) 제65권 제3호(2018년 9월), 166~200쪽.

※ 황진태(1982~현재)는 동국대학교 사범대학 지리교육과를 졸업하고 서울대학교 대학원 지리학과에서 석사학위를 받은 데 이어 독일 본대학교 대학원 지리학과에서 박사학위를 받았다. 박사학위청구논문 서지사항은 다음과 같다. Jin-Tae Hwang, "A Study of the State-Nature Relations in a Developmental State: The Case of South Korea's Water Resource Policy, 1961-2015," unpub. Ph.D. diss., Rheinische Friedrich-Wilhelms-Universität Bonn, 2015. 현재 통일연구원 연구위원이다.

(36) 장우영(張又永), 「촛불집회의 지속과 변화: 역사적 제도주의의 시각에서」, 『한국정치연구』제27집 제3호(2018년 10월), 109~144쪽; 장우영·조인호, 「정치커뮤니케이션 채널과 촛불집회: 담론과 정책이슈 차별성의 빅데이터 분석」, 『한국정치학회보』제52집 제4호(2018년 가을), 33~60쪽.

※ 장우영(1968~현재)은 광운대학교를 졸업하고 건국대학교 대학원 정치외교학과에서 석사학위를 받은 데 이어 건국대학교 대학원 정치외교학과에서 「인터넷 거버넌스의 정치」(2003년 8월)로 박사학위를 받았다. 현재 대구가톨릭대학교 글로벌비즈니스대학 정치외교학과 교수다.

(37) 정병기(鄭柄基), 「2016~2017년 촛불집회의 성격: 1987년 6월 항쟁 및 2008년 촛불집회와의 비교」, 『동향과 전망』(한국사회과학연구회) 104(2018년 10월), 374~399쪽.

(38) 민희(閔姬), 「감정으로 정치보기: 2016-17 촛불집회」, 『세계정치』29(2018년 10월), 203~238쪽.

(39) 장우영(張又永)·김범수(金範洙)·도묘연(都妙年)·변창구(邊昌九)·송경재(宋璟載)·이현출(李鉉出)·임혁백(任爀伯)·조희정(趙希庭)·차재권(車載權), 『촛불집회와 다중운동』(경기도 파주시: 한국학술정보, 2019년 1월).

(40) 배병인(裵炳寅), 「촛불과 문재인정부: 자유주의와 민주주의의 탈구」, 『마르크스주의연구』(경상대학교 사회과학연구원) 제16권 제1호(2019년 봄), 12~38쪽.

※ 배병인(1969~현재)은 서울대학교 사회과학대학 정치학과를 졸업하고 서울대학교 대학원 정치학과에서 석사학위를 받은 데 이어 워싱턴대학교 대학원 정치학과에서 박사학위를 받았다. 박사학위청구논문 서지사항은 다음과 같다. Byoung-Inn Bai, "Locating Authority: Domestic Politics and Delegation to Supranational Institutions." unpub. Ph. D. diss., University of Washington. 2007. 유럽통합을 비롯한 국제정치 분야의 주요한 쟁점을 다룬 여러 논문을 발표했다.

(41) 김윤태(金侖兌), 『정치사회학: 국가, 권력, 정치갈등의 사회학적 이해』(세창출판사, 2019년 3월).

저자는 촛불집회 또는 '촛불혁명' 그 자체를 다루지는 않았다. 다만 172~174쪽에서 '촛불시민혁명'이라는 표현 아래 이 사건을 다뤘다.

(42) 최종렬(崔鍾烈), 『공연의 사회학: 한국사회는 어떻게 자아성찰을 하는가』(오월의날, 2019년 6월).

사회학자인 저자는 19~20세기 프랑스의 사회학자 에밀 뒤르캠(Emile Durkheim)이 제기한 '사회적 공연론(公演論)'의 이론을 원용해 한국사회가 지난 10여년 동안 집합적 의례(儀禮)들을 통해 수행한 네 가지 자아성찰(自我省察)을 다뤘다. 민주주의, 성장주의, 민족주의, 젠더주의가 그것들이다. 이 과정에서 저자는 2016년의 촛불집회를 민주주의 담론과 유교주의 담론이 함께 펼친 사회적 공연이었다고 평가했다.

※ 최종렬(1965~현재)은 연세대학교 문과대학 사회학과를 졸업하고 한국정신문화연구원 한국학대학원에서 석사학위를 받았으며, 네바다대학교 라스베이거스 캠퍼스에서 석사학위를 받은 데 이어 네바다대학교 라스베이거스 캠퍼스 대학원에서 박사학위를 받았다. 서지사항은 다음과 같다. Jong-ryul Choi, "Postmodern American Sociology: A Response to the Aesthetic Challenge," unpub. Ph.D. diss., University of Nevada, Las Vegas, 2002. 현재 계명대학교 사회과학대학 사회학과 교수다.

(43) 강원택(康元澤), 「4부 민주화, 일상에서 '촛불'을 만나다」, ______, 『한국정치의 결정적 순간들: 독재부터 촛불까지, 대한민국은 어떻게 만들어졌는가』(경기도 파주시: 21세기북스, 2019년 11월), 259~317쪽.

(44) 천정환(千政煥), 『촛불 이후, K-민주주의와 문화정치』(역사비평사, 2020년 6월).

저자가 2015년 이후 『역사비평』 및 『문화과학』 등에 발표한 글을 묶었다. 저자는 한국 문화정치를 'K-민주주의'라 부르며 한국사회 변화의 변곡점이 된 2016년 '촛불혁명'

의 맥락을 살피고 있다.

(45) 한국복지국가연구회 기획/은민수(殷珉洙)·양재진(梁在振)·유종성(柳鍾星)·윤홍식(尹洪植)·정세은(鄭世恩)·김태일(金台鎰)·강병익(姜秉益)·권순미(權純美)·김현경(金賢慶)·김영순(金榮順)·노정호(魯政昊)·최유석(崔有晳)·최창용(가천대), 『촛불 이후, 한국 복지국가의 길을 묻다』(경기도 파주시: 한울아카데미, 2020년 7월).

※ 노정호(1977~2019)는 연세대학교 사회과학대학 정치외교학과를 졸업하고 연세대학교 대학원 정치외교학과에서 석사학위를 받은 데 이어 매사추세츠공과대학 대학원 정치학과에서 박사학위를 받았다. 박사학위청구논문 서지사항은 다음과 같다. Jungho Roh, "Essays on the Political Economy of Welfare and Redistribution," unpub. Ph.D. diss., Massachusetts Institute of Technology(MIT), 2011. 국민대학교 사회과학대학 정치외교학과 교수 때 별세했다.

※ 최창용(~현재)은 서울대학교 사회과학대학 사회복지학과를 졸업하고 서울대학교 대학원 사회복지학과에서 석사학위를 받은 데 이어 서울대학교 대학원 사회복지학과에서 「영유아기 양육환경이 초등학교 전환기 아동의 공격성과 사회적 위축에 미치는 영향」(2019년 2월)으로 박사학위를 받았다. 현재 가천대학교 사회과학대학 사회복지학과 교수다.

(46) Chae-Han Kim, ed., *The New Dynamics of Democracy in South Korea*(New York: Routledge, 2021).

한국은 1980년대 이후 민주화운동을 진전시켜왔다는 전제 아래, 특히 2016년의 촛불집회가 박근혜 대통령의 퇴진을 가져오고 문재인의 대통령 당선을 가져왔음에 주목하면서 이러한 변화를 끌어낸 한국정치의 특성과 문제점을 분석했다.

(47) 조영호(趙永浩), 「참여자들의 특성을 통해 본 2016~2017년 촛불항쟁 성격의 재검토: 세계가치관조사 분석 결과」, 『한국정치연구』제31집 제2호(2022년 6월), 93~118쪽.

박근혜 대통령을 지지하는 '태극기 부대' 집회

(1) 김진호(제3시대그리스도교연구소 연구기획위원장), 「'태극기집회'와 개신교 우파: 또 다시 꿈틀대는 극우주의적 기획」, 『황해문화』95(2017년 여름), 76~93쪽; ______, 「전광훈과 그 지지자들: 부흥사 전광훈은 어떻게 극우의 상징이 되었나」, 『한겨레』

(2020년 8월 22일), 9쪽.

(2) 김현준, 「개신교 우익대중청년운동의 형성: 극우정치에서 개신교의 효용과 문화 구조」, 『문화과학』91(2017년 9월), 60~83쪽.

(3) 장우영(張又永), 「정보/미디어 선택과 편향 동원: 태극기집회를 사례로」, 『한국정치학회보』제52집 제5호(2018년 겨울), 87~114쪽.

제5항 탄핵과 재판

(1) 한국자유회의, 「한국자유회의 선언문」(2017년 1월 23일).

'보수우파' 원로 130명은 이날 한국자유회의를 출범시키면서 선언문을 발표했다. 이 선언문에서 그들은 박근혜 대통령에게 잘못이 있는 것은 사실이지만 대중집회를 통해 분위기를 조성한 다음에 탄핵으로 몰고가는 것은 자유민주주의의 정신과 원칙에 어긋난다고 주장했다. 이 회의에는 노재봉 전 국무총리, 이동복 전 국회의원, 송복 연세대학교 명예교수, 이영훈 서울대학교 교수, 김영호 성신여자대학교 교수, 조성환 경기대학교 교수, 조갑제 전 『월간조선』 사장 등이 발기인으로 참여했다.

(2) 김평우(金平祐), 『한국의 법치주의는 죽었다: 역사에 남을 '순수법치주의자' 김평우 변호사의 탄핵재판 변론기』(조갑제닷컴, 2017년 3월).

(3) 김동춘(金東春), 「촛불시위, 대통령 탄핵과 한국정치의 새 국면」, 『황해문화』94(2017년 봄), 202~220쪽.

(4) 김병관(시민운동가), 『탄핵사기 운명이고 기적이다.』(애국청년포럼, 2017).

김병관(1952~현재)은 동국대학교에서 불교철학을 전공한 해군 병장 출신이다. 그는 김정일과 북핵에 반대하는 반김반핵운동을 이끌었으며 그 연장선 위에서 박근혜 탄핵운동에 반대하는 군중집회를 이끌었다.

(5) 장혜진(세계일보 사회부 기자), 「박근혜 전 대통령 재판 현장」, 『관훈저널』144(2017년 가을), 217~224쪽.

(6) 헌법재판소, 『대한민국헌법: 대한민국은 민주공화국이다 / 대한민국 지음. 대통령 박근혜 탄핵 사건 선고 결정문』(더휴먼, 2017).

(6) 채명성(蔡明星), 『탄핵 인사이드 아웃: 탄핵심판 · 형사재판 변호사의 1년간의 기

록』(기파랑, 2019년 1월); ______, 『지나간 탄핵, 다가올 탄핵: 탄핵 인사이드 아웃 2』(기파랑, 2019년 11월); 박영실(朴玲実) 역, 『탄핵 크라이시스: 민주주의가 붕괴된 순간』(일본어)(도쿄: 반세이샤[晩聲社], 2019).

※ 채명성(1978~현재)은 서울대학교 법과대학 법학과를 졸업하고 서울대학교 대학원 법학과에서 석사학위를 받은 데 이어 미국 산타클라라법과대학교 대학원에서 법학석사 학위를 받았다. 사법시험을 거쳐 검사로 출발해 현재 변호사다.

(6-A) 박희석(朴熙錫), 「인터뷰: "국회의 '박근혜 탄핵 소추'는 대(對)국민 사기 … 헌재는 사기 공범!": 탄핵 2년 뒤, '박근혜 변호인' 채명성이 얘기하는 '탄핵의 내막'」, 『월간조선』(2019년 4월), 256~274쪽.

(7) 김영호(金暎浩), 「제1부 위기에 처한 대한민국」 가운데 「제1장 박근혜 대통령 탄핵은 대한민국 탄핵의 시작이다」, ______, 『미중 패권전쟁과 위기의 대한민국』(북앤피플, 2019년 4월), 12~56쪽 가운데 14~18쪽.

(8) 우종창(禹鍾昌), 『대통령을 묻어버린 거짓의 산: 우종창 기자가 말하는 박근혜 대통령 탄핵의 진실, 그리고 재판』전2권(거짓과진실, 2019~2020); ______, 『어둠과 위선의 기록: 박근혜 탄핵백서; 우종창 기자가 말하는 대한민국 제18대 대통령 박근혜의 탄핵 · 수사 · 재판 정리』(거짓과진실, 2021).

(9) 이경재(李炅在), 『417호 대법정: 국정농단의혹사건 재판현장』(실크로드, 2019). '최순실 국정농단의혹사건'의 1심 재판은 서울중앙지방법원 안의 417호 대법정에서 진행됐다. 구속된 최순실을 변호한 이경재 변호사가 자신의 변호활동을 통해 파악한 이 사건의 전모를 자신의 시각에서 설명했다. 이 책의 구성은 다음과 같다.

Part 1 논쟁적 인물들과의 만남, 16~65쪽.
Part 2 2014년 세월호사건과 청와대 비선 의혹 문건 유출사건, 66~125쪽.
Part 3 사태의 전주곡들, 126~227쪽.
Part 4 게이트 주역의 입국과 국가공권력의 합동공세, 228~315쪽.
Part 5 417호 대법정(형사재판), 316~451쪽.
Part 6 여록, 452~463쪽.
부록 464~531쪽.

※ 이경재(1949~현재)는 서울대학교 법과대학 법학과를 졸업하고 사법시험을 거쳐

검사로 출발해 현재 변호사다.

(10) 박성현(朴誠賢), 『탄핵 다이제스트』(역사문화센터, 2020).

저자의 주지는 다음과 같이 요약될 수 있다.

> "박근혜 탄핵 그리고 문재인 · 586집권은 북한, 중국, 미국무부PC좌파, 미본토PC좌파흑막세력, 국내 친북좌파, 국내 보수 상류층 음모집단으로 이루어진 여섯 세력의 합작품이었다. 탄핵과정은 '21세기 삼국지'라고 부를 수 있는 다이내믹한 상호작용이었다. 이를 읽어내지 못하면 우리가 얼마나 위험하면서도 역동적인 운명을 가지고 있는지 알지 못하는 가련한 존재가 될 뿐이다."

(11) 한석훈(韓晳薰), 『박근혜 대통령 탄핵과 재판 공정했는가』(기파랑, 2021).

※ 한석훈(1957~현재)은 성균관대학교 법과대학을 졸업하고 성균관대학교 대학원에서 상사법을 전공해 「증권관련집단소송법안의 평가: 남소(濫訴) 방지대책을 중심으로」(2003년 8월)로 법학박사학위를 받았다. 사법시험을 걸쳐 검사에 이어 성균관대학교 법학전문대학원 교수로 봉직했다.

박근혜 전 대통령의 사과

김정하 논설위원, 유성운 · 손국희 기자 등 중앙일보 특별취재팀, 「"탄핵, 모든 게 제 불찰 국민께 진심으로 사과": 박근혜 전 대통령 본지 단독 인터뷰」, 『중앙일보』(2023년 9월 26일), 1쪽, 4~6쪽. 영문은 다음에서 읽을 수 있다. Joung-Ha Kim, Seong-Un You, and Kook-Hee Son,"'Glad I Finished Thaad, Gsomia, before Going to Prison," *Korea Joong-Ang Daily*, September 27, 2023, p.3.

제6항 태극기 집회와 박정희 재평가

박근혜대통령탄핵운동이 전개되자, 그 운동에 반대하는 국민은 2016년 10월 31일부터 광화문 일대를 중심으로 태극기 집회를 열었다. 박근혜 대통령에 대한 찬반운동은 결국 박근혜 대통령의 아버지인 박정희 대통령에 대한 재평가 논쟁을 유발했다.

태극기 집회에 관한 정치학적 분석

양승석(梁雄錫) · 황선영(黃善漢) · 강성식(姜成植) · 강원택(康元澤), 「'태극기 집회,' 박정희와 한국 보수주의」, 『한국과 국제정치』 제34권 제3호(2018년 가을), 1~32쪽.

박정희 대통령에 대한 긍정적 평가

(1) 이경준(李景俊) · 김의철(金義哲), 『민둥산을 금수강산으로: 박정희가 이룬 기적』(기파랑, 2010).

※ 이경준(1945~현재)은 서울대학교 농과대학 임학과를 졸업하고 위스콘신대학교 대학원에서 석사학위를 받은 데 이어 플로리다대학교 대학원에서 박사학위를 받았다. 서울대학교 농과대학 교수로 정년퇴임했으며, 현재 서울대학교 명예교수다. 일본 규슈대학에서 임학박사학위를 받은 서울대학교 농과대학 임학과 교수 향산(香山) 현신규(玄信圭, 1911~1986) 박사의 생애를 다룬 『산에 미래를 심다』(서울대학교출판부, 2006)를 출판했다. 김의철은 서울대학교 농업생명과학대학을 졸업하고 광고업계에 투신했으며, 상지대학교 겸임교수로 활동했다.

(2) 안병훈(安秉勳) 엮음, 『사진과 함께 읽는 대통령 박정희』(기파랑, 2012).

(3) 김동길(金東吉), 「김동길 인물 에세이: 100년의 사람들; 46 박정희(1917~1979); 나를 감옥에 넣었지만 … 보릿고개 시대로 돌아갈 수는 없다」, 『조선일보』(2018년 10월 27~28일), B2쪽.

박정희에 대해 비판할 점은 비판하면서 그가 한국이 가난을 극복하는 데 '큰 공'을 세웠다고 인정했다.

(4) 김준봉(金俊逢), 『나의 길: 한국의 격동기를 살아온 한 군인의 인생 역정』(시와에세이, 2023).

1977년 7월에 주한미군철수문제가 제기되자 박정희대통령은 대비책을 마련하라는 지시를 국방부에 내렸다. 당시 전략기획국 주무과장이던 저자는 540여 쪽에 이르는 보고서를 작성했다. 그 과정에서, 저자는 박 대통령의 통치 스타일은 "국가를 장악하여 경영하는 것은 '확인'이었다. 꼭 필요한 지시를 하고, 반드시 확인하는 것이었다."라고 회상했다.

※ 김준봉(1935~현재)은 육군사관학교를 졸업하고 연세대학교 교육심리학과를 졸업한 데 이어 서울대학교 행정대학원에서 석사학위를 받고 경남대학교 대학원 행정학과

에서 박사학위를 받았다. 육군대학 총장과 한국공항공단 이사장을 역임했으며 광운대학교 인문사회과학대학 학장과 대학원 원장을 역임했다.

박정희 대통령에 대한 비판

박유리(한겨레 기자) · 노현웅(한겨레 기자) · 정은주(한겨레 기자), 「1987~2017 광장의 노래: 2부 우리안의 박정희들; 1. 박정희 체제의 일몰」, 「1987~2017 광장의 노래: 2부 우리안의 박정희들; 2. 아파트 새마을운동」, 「1987~2017 광장의 노래: 2부 우리안의 박정희들; 3. 대구 이데올로기의 탄생」, 「1987~2017 광장의 노래: 2부 우리안의 박정희들; 4. 강요된 낙오의 이름, 배제」, 「1987~2017 광장의 노래: 2부 우리안의 박정희들; 5. 무너지는 박정희 천국」 『한겨레』(2017년 1월 1일~1월 18일 연재).

제4절 제6회 동시지방선거·제20대 국회총선·제19대 대통령선거

박근혜정부 때는 두 차례의 전국 선거가 있었다. 제6회 동시지방선거(2014년 6월 4일)와 제20대 국회총선(2016년 4월 13일)이 그것이었다. 2013년 4월 24일에는 재 · 보궐선거가 있었는데, 한국 선거에서 처음으로 사전투표제가 도입됐다. 박근혜 대통령이 2017년 3월 10일에 파면됨에 따라 황교안 국무총리가 대통령권한대행이던 때인 2017년 5월 9일에 제19대 대통령선거가 실시됐다.

박근혜정부 때는 경제 · 교육 · 사회에서 여러 쟁점이 제기됐다. 그 쟁점들이 반드시 박근혜정부에서 발생했다고는 보기 어려우며 기존 정부로부터 계승된 측면이 적지 않다. 그러나 특히 이 시기에 와서 불거진 쟁점들을 살피기로 하겠다.

제1항 제6회 동시지방선거

(1) 중앙선거관리위원회 인터넷선거보도심의위원회, 『2014 제6회 전국동시지방선거

인터넷 선거보도 심의백서』(서울: 중앙선거관리위원회 인터넷선거보도심의위원회, 2014).

(2) 중앙선거관리위원회 선거1과, 『제6회 전국동시지방선거총람: 2014.6.4.시행』(경기도 과천시: 중앙선거관리위원회, 2014).

(3) 허열(許烈), 「정당 내 역학관계와 선거: 제6회 전국동시지방선거의 부산 새누리당 후보를 중심으로」, 『한국시민윤리학회보』제27집 2호(2014년 12월), 53~98쪽; ______, 「제6회 전국동시지방선거 결과에 따른 제20대 국회의원 선거전망: 새정치민주연합 부산지역후보에 배분된 지원금을 중심으로」, 『한국시민윤리학회보』제28집 제1, 2호(합본)(2015년 12월), 127~174쪽.

(4) 이현우(李賢雨), 「2014년 지방선거에 세월호사건이 미친 영향: 정부책임과 정당대응 평가를 중심으로」, 『한국정치학회보』 제49집 제1호(2015년 3월), 247~268쪽; ______, 『지방선거와 지방정부: 2014년 제6회 전국동시지방선거를 중심으로』(오름, 2015년 6월).

이 연구가 제시한 결론들 가운데 하나는 세월호사건의 영향을 받았다는 유권자의 60%는 지지하던 정당을 더 강하게 지지했다는 논점이다.

(5) 송광태(宋光泰), 「지방선거 결과의 비교분석: 제4회 · 5회 · 6회 동시지방선거의 지방의원선거를 중심으로」, 『한국지방자치연구』제17권 제1호(2015년 5월), 155~184쪽.

제2항 제20대 국회총선과 제20대 국회

지역구 253명, 비례대표 47명 등 모두 300명을 선출하는 제20대 국회총선은 2016년 4월 13일에 실시됐으며, 새누리당, 더불어민주당, 국민의당, 정의당 등이 경쟁을 벌였다. 국민의당은 안철수가 2016년에 20대 총선을 앞두고 창당한 정당이다. 선거인수는 총 42,100,398명이었으며, 그 가운데 58.0%에 해당되는 24,430,746명이 투표했다. 그러나 무효표는 669,769에 이르러, 결국 유효표는 23,760,977으로 집계됐다.

지역구선거의 경우, 더불어민주당이 110석, 새누리당이 105석, 국민의당이 25석. 정의당이 2석, 무소속이 11석을 얻었으며, 비례대표선거의 경우, 새누리당이 17석, 더불어민주당이 13석, 국민의당이 13석, 정의당이 4석을 얻었다. 지역구와 비례대표를 합친

총 의석수에서, 더불어민주당이 123석, 새누리당이 122석, 국민의당이 38석, 정의당이 6석, 무소속이 11석을 얻었다.

(1) 장승진(張丞鎭), 「제20대 총선의 투표선택: 회고적 투표와 세 가지 심판론」, 『한국정치학회보』 제50집 제4호(2016년 가을), 151~169쪽.

(2) 강원택(康元澤), 「쟁점 부재의 선거에서의 투표 선택: 2016년 국회의원 선거를 중심으로」, 『한국정치연구』 제25집 제3호(2016년 10월), 109~133쪽.

(3) 강신구(姜信球), 「사전투표제도와 투표율: '제20대 국회의원선거 유권자 조사'」, 『한국정치연구』 제25집 제3호(2016년 10월), 225~251쪽.

(4) 박윤희(동국대)·김민수(동국대)·박원호(朴元浩)·강신구(姜信球)·구본상(具本常), 「제20대 국회의원선거 당선자 및 후보자의 이념성향과 정책태도」, 『의정연구』 제22권 제3호(2016년 12월), 117~158쪽.

(5) 김성연(金成淵), 「20대 총선에서 정책 투표의 영향: 안보와 복지 이슈를 중심으로」, 『한국정당학회보』(한국정당학회) 제16권 제3호(2017년 11월), 47~78쪽.

(6) 김기석(金基石), 「20대 총선거: 강원도 정치지형 변화와 표심의 향방」, 『사회과학연구』(강원대학교 사회과학연구소) 제56권 제2호(2017년 12월), 3~36쪽.

※ 김기석(1960~현재)은 한국외국어대학교 사회과학대학 정치외교학과를 졸업하고 한국외국어대학교 대학원 정치외교학과에서 석사학위를 받은 데 이어 캘리포니아대학교 어바인 캠퍼스 대학원 정치학과에서 박사학위를 받았다. 박사학위청구논문 서지사항은 다음과 같다. Kee Seok Kim, "Neo-Institutionalism and Japanese Public Policy: Electoral Politics and Tax Policy Making," unpub. Ph.D. diss., University of California, Irvine, 1997. 현재 강원대학교 사회과학대학 정치외교학과 교수다.

(7) 금태섭, 「금태섭의 국회의원이 사는 법」, 『한겨레』(2019년 1월 12~2019년 12월 28일 24회 격주 연재).

금태섭(1967~현재)은 서울대학교 법과대학 법학과를 졸업하고 코넬대학교 대학원에서 법학석사학위를 받았다. 사법시험에 합격해 검사로 봉직하다가 제20대 국회의원(더불어민주당)을 역임했다. 제20대 대통령 선거 때는 「국민의힘」의 윤석열후보를 지지하는 중앙선거대책위원회 전략기획실장을 맡았다. 그의 여러 저서에는 『확신의 함정: 금태섭 변호사의 딜레마에 빠진 법과 정의 이야기』(한겨레출판사, 2011)과 『이기는 야당

을 갖고 싶다: 고백한다, 우리의 실패를 생각한다. 이기는 방법을』(푸른숲, 2015) 등이 포함됐다.

(8) 이언주(李彦周), 『나는 왜 싸우는가』(씽크스마트, 2019)

※ 이언주(1972~현재)는 서울대학교 인문대학 불어불문학과를 졸업하고 사법시험에 합격해 변호사자격을 얻었다. 연세대학교 법무대학원에서 석사학위를 받았으며, 제19대 국회의원선거에서 민주통합당으로 당선됐고 제20대 국회의원선거에서 더불어민주당으로 당선됐다. 제21대 국회의원선거에서는 미래통합당으로 입후보했으나 차점을 기록했다. 미래전진당 대표를 역임했다. 현재 제22대 국회의원이다.

(9) 장성철, 「최초 공개: 2016년 '새누리당 막장 공천' 목격자 장성철; "'박근혜 뜻'이라며 비례대표 6인 명단 하달됐다"」, 『신동아』(2020년 1월), 184~193쪽.

(10) 김종인(金鍾仁), 「망한다던 정당을 제1당으로: 20대 총선과 민주당(1)」 및 「근본을 바꾸지 못한 역사적 책임: 20대 총선과 민주당(2)」, ______, 『영원한 권력은 없다: 대통령들의 지략가 김종인 회고록』(시공사, 2020), 359~370쪽 및 371~385쪽.

(11) 정민석(鄭敏錫)·이현우(李賢雨), 「유권자의 정당에 대한 상충적 감정이 분할투표에 미치는 영향: 제20대 국회의원 총선거 사례 분석」, 『한국정치연구』제31집 제2호(2022년 6월), 151~182쪽.

(12) 서휘원(경제정의실천시민연합), 「종부세법을 통해 본 국회의원의 입법행태 분석: 소속 정당, 이념, 지역구민과 입법자의 이해관계를 중심으로」, 『한국정치연구』제31집 제2호(2022년 6월), 210~242쪽.

20대 국회에서 발의된 종부세법 개정안 총 22건 가운데 종부세완화법안 총 8건, 종부세강화법안 총 5건, 본회의통과법안 총 1건을 분석대상으로 하여 국회의원의 입법행태에 영향을 준 요인을 분석했다.

제3항 국정원의 국내정치 개입

김당(金鐺), 「제2장 국정원의 태동과 역사」 가운데 「국정원의 회귀 2, 박근혜: 노무현 NLL 대화록과 간첩조작사건」, ______, 『시크릿파일 국정원: 실패한 공작의 역사, 그리고 혁신』(메디치, 2016), 125~239쪽 가운데 224~241쪽.

제4항 제19대 대통령선거

박근혜 대통령은 2017년 3월 10일에 헌법재판소의 파면 결정에 따라 그 날짜로 퇴임했으며 자연히 대통령직은 궐위가 됐다. 대한민국 헌법 71조는 대통령이 사고나 궐위가 됐을 경우 60일 이내에 대통령 후임자가 선출돼야 한다고 규정했다. 이에 따라 제19대 대통령선거가 2017년 5월 9일에 실시됐다.

정당 후보로는 「더불어민주당」 문재인(文在寅) 후보, 「자유한국당」 홍준표(洪準杓) 후보, 「국민의당」 안철수(安哲秀) 후보, 「정의당」 심상정(沈相奵) 후보, 「바른정당」 유승민(劉承旼) 후보로 '1대 2중 2소' 구도를 형성했다. 이외에도 「새누리당」의 조원진 후보(趙源震)까지 모두 6명이 등록을 마쳤다. 선거인 수는 총 42,479,710명이었으며, 그 가운데 77.2%에 해당되는 32,808,577명이 투표했다. 그러나 무효표는 10,391,133에 이르러, 결국 유효투표는 22,417,444으로 집계됐다. 이 가운데 문재인 후보는 41.1%에 해당하는 13,423,800표를 얻었고, 홍준표 후보는 24.0%에 해당하는 7,852,849표, 안철수 후보는 21.4%에 해당하는 6,998,342표를 얻었다. 문재인 당선자는 2017년 5월 10일에 취임했다.

중앙선거관리위원회 공식 자료

중앙선거관리위원회, 『대통령선거총람. 제19대』전2권(경기도 과천시: 중앙선거관리위원회, 2017).

연구저술

(1) 장승진(張丞鎭), 「제19대 총선의 투표선택: 정권심판론, 이념 투표, 정서적 태도」, 『한국정치학회보』 제46집 제5호(2012년 12월), 99~120쪽.

(2) Jungkun Seo and Jin Min Chung, "Independent Voters in Political Contexts: A Comparative Study of the Presidential Elections in South Korea and the United States," 『미국학』(서울대학교 미국학연구소) 제39권 제2호(2016년 12월), 175~210쪽.

(3) 배철호 · 김봉신 지음, 『네거티브 아나토미: 피할 수도 피해서도 안 되는 선거 캠페인』(2017년 4월).

공저자들은 오랜 기간 정치컨설턴트와 여론조사전문가로 일했다. 그 경험을 살려 네거티브 선거운동전략을 다뤘다.

(4) 윤보선민주주의연구원 편, 『2017 대선과 새 정부의 과제: 윤보선민주주의연구원 5주년 학술회의』(2017년 5월 25일).

윤영오(尹泳五) · 박원호(朴元浩) · 이현출(李鉉出) · 박명호(朴明浩) · 김왕식(金旺植) · 윤성이(尹聖理) · 정준표(鄭俊杓) · 김호기(金晧起) · 김용호(金容浩) · 양승함(梁勝咸) · 임혁백(任爀伯) · 이정희(李政熙) · 김영명(金永明) · 최준영(崔峻榮) · 김재한(金哉翰) · 김용복(金容福) · 가상준(賈尙埈) · 서경교(徐敬敎) · 김민전(金玟甸) · 송지우(宋知佑) 교수 등이 발표와 토론에 참여했다.

(5) 이한수(李漢洙), 「정책선호가 후보자 선택에 미치는 영향력의 변화: 제19대 대통령 선거를 중심으로」, 『사회과학연구』(동국대학교 부설 사회과학연구소) 제24권 제3호(2017년 9월), 221~246쪽; ______, 「선거와 선거관리에 대한 유권자 의식 분석: 제19대 대통령 선거를 중심으로」, 『연구방법논총』(경북대학교 사회과학기초자료연구소) 제2권 제2호(2017년 가을), 1~26쪽.

※ 이한수(1974~현재)는 숭실대학교 사회과학대학 정치외교학과를 졸업하고 숭실대학교 대학원 정치외교학과에서 석사학위를 받은 데 이어 캔자스주립대학교(Kansas State University) 대학원 정치학과에서 석사학위를 받았으며, 텍사스농업 · 공업대학교 대학원 정치학과에서 박사학위를 받았다. 박사학위청구논문 서지사항은 다음과 같다. Han-soo Lee, "Three Way Information Flow between the President, News Media, and the Public," unpub. Ph.D. diss., Texas A & M University, 2009. 현재 아주대학교 사회과학대학 정치외교학과 교수다.

(6) 송건섭(宋建燮) · 박동춘(朴東春), 「제19대 대통령선거와 세대별 투표행태: TK지역 유권자를 중심으로」, 『행정논총』(서울대학교 한국행정연구소) 제55권 제3호(2017년 9월), 39~64쪽.

※ 송건섭(1965~현재)은 대구대학교 행정대학 행정학과를 졸업하고 경북대학교 대학원 행정학과에서 석사학위를 받은 데 이어 경북대학교 대학원 행정학과에서 「감사원 감사판단기준의 변화과정과 방향」(1997년 8월)으로 행정학박사학위를 받았다. 현재 대구대학교 법 · 행정대학 행정학과 교수다.

※ 박동춘(1959~현재)은 영남대학교를 졸업하고 경북대학교 대학원에서 석사학위를 받은 데 이어 대구대학교 대학원에서 「지방선거의 투표행태와 후보자 결정요인」(2019

년 2월)으로 행정학박사학위를 받았다. 현재 대구대학교 법 · 행정대학 행정학과 겸임교수다.

(7) 노성종(싱가포르경영대학) · 최지향(崔志向) · 민영(閔瑛), 「'가짜뉴스효과'의 조건: 2017년 대통령선거에서 나타난 '가짜뉴스효과'의 견인 및 견제 요인」, 『한국방송학회 학술대회 논문집』(2017년 11월), 189~193쪽.

※ 최지향(1977~현재)은 연세대학교 문과대학 사학과를 졸업하고 인디애나대학교 블루밍턴 캠퍼스 대학원에서 저널리즘 및 커뮤니케이션을 전공해 석사→박사학위를 받았다. 박사학위청구논문 서지사항은 다음과 같다. Jihyang Choi, "The Emergence of Socially Oriented News Consumption: The Nature, Predictors and Consequences of News Sharing on Online Social Networking Sites," unpub. Ph.D. diss., Indiana University, Bloomington, 2014. 현재 이화여자대학교 사회과학대학 커뮤니케이션.미디어학부 교수다.

※ 민영(1970~현재)은 서울대학교 사범대학 지구과학교육학과를 졸업하고 서울대학교 대학원 언론정보학과에서 석사학위를 받은 데 이어 텍사스대학교 오스틴 캠퍼스 대학원 커뮤니케이션학과에서 박사학위를 받았다. 박사학위청구논문 서지사항은 다음과 같다. Young Min, "Media Agenda Setting and Its Electoral Consequences: Political Advertising, the News Media, and the Public Opinion in the 2002 Gubernatorial Election in Texas," unpub. Ph.D. diss., University of Texas, Austin, 2003. 현재 고려대학교 미디어학부 교수다.

(8) 윤광일(尹光一), 「제19대 대통령선거에서 나타난 유권자 기본 심리특성의 영향: 가치와 정치이데올로기를 중심으로」, 『선거연구』(중앙선거관리위원회) 8(2017년 12월), 5~35쪽.

※ 윤광일(1969~현재)은 서울대학교 사회과학대학 정치학과를 졸업하고 서울대학교 대학원 정치학과에서 석사학위를 받은 데 이어 미시간대학교 대학원 통계학과에서 석사학위를 받았으며 미시간대학교 대학원 정치학과에서 박사학위를 받았다. 박사학위청구논문 서지사항은 다음과 같다. Kwang-il Yoon, "Political Culture of Individualism and Collectivism," unpub. Ph.D. diss., Universiy of Michigan, 2010. 현재 숙명여자대학교 사회과학대학 정치외교학과 교수다.

(9) 이재철(동국대), 「제19대 대통령선거에서 유권자의 투표참여: 당일투표와 사전투

표의 결정요인 비교분석」, 『정치 · 정보연구』(한국정치 · 정보학회) 제21권 제1호(2018년 2월), 187~214쪽.

※ 이재철(1967~현재)은 서강대학교 사회과학대학 정치외교학과를 졸업하고 오하이오대학교 대학원 정치학과에서 석사학위를 받은 데 이어 미주리대학교 콜럼비아 캠퍼스 대학원 정치학과에서 박사학위를 받았다. 박사학위청구논문 서지사항은 다음과 같다. Jae-chul Lee, "Deepening and Improving Democracy: Association in South Korea," unpub. Ph.D. diss., University of Missouri, Columbia, 2005. 현재 동국대학교 사회과학대학 정치외교학과 교수다.

(10) Woo Chang Kang and Han-Wool Jeong, "The Corruption Scandal and Vote Switching in South Korea's 19th Presidental Election," *Korea Journal*, Vol. 59, No. 1(March 2019), pp.79~105.

(11) 강신구(姜信球), 「정치자금제도의 문제와 개선방안: 제19대 대선 선거비용 분석을 중심으로」, 『지역과 세계』 제43집 제1호(2019년 4월), 143~177쪽.

(12) 송병권(宋炳權), 「여론조사 보도에서 나타난 언론매체의 정치적 편향: 제19대 대통령 선거를 중심으로」, 『한국정당학회보』(한국정당학회) 제18권 제4호(2019년 12월), 69~93쪽.

※ 송병권(1981~현재)은 서울대학교 사회과학대학 정치학과를 졸업하고 서울대학교 대학원 정치학과에서 석사학위를 받은 데 이어 하버드대학교 대학원 정치학과에서 박사학위를 받았다. 박사학위청구논문 서지사항은 다음과 같다. Byung-kwon Song, "Three Essays on Political Economy of Media," unpub. Ph.D. diss., Harvard University, 2015. 현재 서강대학교 사회과학대학 정치외교학과 교수다.

(13) 한국선거학회 편, 『한국의 선거. 8: 제19대 대통령선거와 제7회 동시지방선거』(오름, 2020).

(14) 황두영(黃斗煐), 『후보단일화 게임: 대통령이 되기 위한 절체절명의 협상 테이블』(클, 2021).

저자는 1987년 12월에 실시된 제13대 대통령선거로부터 2017년에 실시된 제19대 대통령선거에 이르기까지 후보단일화 운동이 어떻게 시작됐으며 어떻게 매듭지어졌는가를 분석했다. 제19대 대통령선거의 경우, 안철수와 홍준표 사이의 단일화 운동에 관해 설명했다.

※ 황두영(1984~현재)은 서울대학교 사회과학대학 정치학과를 졸업하고 서울대학교 대학원 정치학과에서 석사학위를 받았다. 국회의원 보좌관으로 봉직하며 국회와 정당을 중심으로 하는 정치현장을 관찰한 가운데 『외롭지 않을 권리: 혼자도 결혼도 아닌 생활동반자』(시사IN북, 2020)도 출판했다.

(15) 구본상(具本常), 「성차별 인식은 대선 후보 선택에 영향을 주는가? 제19대 대통령선거 분석」, 『한국정당학회보』제20권 제2호(2021년 6월), 39~72쪽.

배제의 정치

김정한(金廷翰), 「박근혜정부의 통치전략: 헤게모니 없는 배제의 정치」, 『문화과학』77(2014년 3월), 63~76쪽.

※ 김정한(1970~현재)은 서강대학교 문과대학 철학과를 졸업하고 서강대학교 대학원 정치외교학과에서 석사학위를 받은 데 이어 서강대학교 대학원 정치외교학과에서 「대중운동의 이데올로기 연구: 5.18 광주항쟁과 6.4 천안문운동의 비교」(2010년 2월)로 박사학위를 받았다. 현재 서강대학교 트랜스내셔널인문학연구소 연구교수다. 필자는 5·18 광주민주화운동과 관련해 다음과 같은 논문들을 발표했다.

김정한, 「5·18광주항쟁 이후 사회운동의 이데올로기 변화」, 『민주주의와 인권』제10권 2호(2010년 8월), 161~190쪽; ______, 「5·18무장투쟁과 1980년대 사회운동: 대항폭력의 과잉과 반폭력의 소실」, 『역사문제연구』제28권(2012년 10월), 111~133쪽; ______, 「5·18항쟁 시기에 일어난 일가족 살인사건: 전쟁, 학살, 기억」, 『역사비평』102(2013년 2월), 363~401쪽; ______, 「1980년대 운동사회의 감성: 애도의 정치와 멜랑콜리 주체」, 『한국학연구』33(2014년 5월), 9~103쪽; ______, 「소설로 읽는 5·18, 그 언어의 세계」, 『실천문학』117(2015년 3월), 154~173쪽; ______, 「5·18학살 이후의 미사(未死): 아직 죽지 못한 삶들」, 『상허학보』47(2016년 6월), 161~187쪽; ______, 「5·18의 법적 재현에서 나타난 대중봉기와 헌정」, 『서강인문논총』57(2020년 4월), 75~95쪽; ______, 「광주학살의 내재성:쿠데타, 베트남전쟁, 내전」, 『역사비평』131(2020년 5월), 63~85쪽.

대통령에 대한 기대

(1) 이숙종(李淑鍾) · 강원택(康元澤) 공편, 『2013 대통령의 성공조건』(동아시아연구

원, 2013).

(2) 이숙종(李淑鍾) · 박형준(朴亨埈) 공편, 『2017 대통령의 성공조건』(동아시아연구원, 2017).

(3) 손열(孫洌) · 강원택(康元澤) 공편, 『2022 대통령의 성공조건: 분권 · 통합 · 공생을 위한 지침서』(동아시아연구원, 2021).

제5항 경제

(1) 장원석(이코노미스트 기자), 「박근혜 경제 브레인: 대우경제연(硏) · 위스콘신대 · 서강학파 '근혜노믹스' 5년 이끈다」, 『이코노미스트』(2012년 12월 31일), 22~23쪽.

(2) 정혜연(鄭蕙然), 「박근혜정부가 양성화하겠다는 지하경제의 세계: 정부가 파면 더 숨는 습성을 없앨 수 있을까」, 『월간조선』(2013년 3월), 62~77쪽; ______, 「박근혜정부 100일 안에 꼭 해야 할 일: 경제 "환율 관리부터 하라"」, 『월간조선』(2013년 3월), 99~104쪽.

(3) 유철규(劉哲奎), 「경제와 관료: 박근혜정부의 경제성장정책, 다시 국가주도인가」, 『황해문화』(2013년 여름), 50~65쪽; ______, 「경제민주화 공약과 박근혜정부: 중간평가와 대안적 과제」, 『동향과 전망』(2013년 가을 · 겨울호), 71~106쪽.

대우조선분식회계 사태

신광식(申光湜), 『나는 대우조선 사외이사였다』(경상북도 포항시: 나루, 2022).

대우조선 사외이사였던 저자가 2015~2016년에 폭로된 대우조선분식회계 사태로 2200억 원대 손해배상청구 소송을 당한 후 면책판결을 받은 과정을 정리했다. 산업은행이 대우조선 민영화를 추진하며 단기에 과도한 실적 목표를 부과해 회계부정을 촉발시켰다고 지적하면서, 사외이사는 자신의 책임을 분명히 인식하고, 경영진의 보고와 외부감사인의 감사 의견을 무조건 믿어서는 안 된다고 강조했다.

제6항 국정교과서 문제

한국사의 내용에 관해서는 오랜 기간에 걸쳐 논쟁이 진행됐다. 이 논쟁을 단순화시켜 말한다면, '좌파' 쪽에서는 '민중'을 중시하는 역사인식 아래서 서술했고, '우파' 쪽에서는 '민중사관'을 배척하며 '국가발전사관'에서 서술했다. 한 사례로, 다시 단순화시켜 말한다면, 1961년 5월 16일의 군사정변은 '좌파'의 시각에서는 반민주주의적 군부의 집권이었고, '우파'의 시각에서는 '국가발전'이 새롭게 시작된 역사적 사변이었다. 박근혜정부 때인 2015년 10월부터 2016년 9월까지 이 논쟁이 재연했으며, 박근혜 대통령은 '우파'적 시각에서의 한국사 교과서를 국정으로 만들어 가르쳐야 한다고 결정했다. 그렇지만 반론이 매우 거셌다.

(1) 전국역사교사모임 저, 『살아있는 한국사 교과서』 전2권(휴머니스트, 2014).

제6공화정의 노태우정부가 출범한 직후인 1988년 7월 16일에 「서울지역역사교사모임」이 출범했다. 이 단체는 1991년 1월에 전국적 수준에서 「전국역사교사모임」으로 확대됐다. 전국역사교사모임은 2002년에 『살아있는 한국사 교과서』(휴머니스트)를 출판한 이후 계속해서 이 책을 출판했다.

(2) 김한종(金漢宗), 「14. 지배층의 역사에서 민중의 역사로: 민중사학의 대두와 역사교과서비판」, 「15. '살아 있는 삶을 위한 역사교육': 전국역사교사모임의 역사교육운동」, 「23. 정권이 바뀌면 교과서 내용도 달라져야 하나: 『한국근현대사』 교과서 파동」, ______, 『역사교육으로 읽는 한국현대사: 초등학교에서 역사교과서 파동까지』(책과함께, 2013), 274~292쪽, 293~320쪽, 455~478쪽.

(3) 장윤혜, 「박근혜정부 국정 역사교과서의 현대사 서술 분석」, 충북대학교 교육대학원 석사학위청구논문, 2018년 2월.

(4) 신주백(辛珠柏), 「5장 민족사 서술을 둘러싼 기억갈등과 민주주의」, 서종진(徐鍾珍) 편, 『세계의 역사교육 어디로 가고 있는가』(동북아역사재단, 2019), 141~191쪽.

2010년대에 역사교과서를 둘러싸고 간헐적으로 발생한 갈등의 핵심논점을 분석했다.

(5) 홍택정(문명중·고등학교 이사장)·권희영(權熙英)·김용삼(金容三)·김태동(문명중·고등학교 교장)·이주천(李柱天)·정경희(丁慶姬) 등 16인 분담집필, 『문명고 역사지키기 77일 백서: 광란의 현장』(글마당, 2020).

경상북도 경산시 백천동에 있는 문명중·고등학교는 박근혜정부의 국정역사교과서

편찬결정에 호응했고 국정역사교과서가 발행되자 채택했다. 이 결정에 대해 일부 교사 · 학생 · 학부모는 강하게 반발했고 심지어 그 지역의 민노총 · 전교조 · 농민회까지 가세했으며 외부세력까지 개입해 학교는 '불법 · 폭력으로 광란의 현장'으로 바뀌었다. 박근혜 대통령이 탄핵되고 그 후임으로 출범한 문재인정부는 국정역사교과서를 백지화했다. 이 책은 그 과정을 상세히 기록했다.

(6) 만인만색연구자네트워크 미디어팀 편, 『만인만색역사공작단: '역알못'부터 '역덕'까지, 만인을 위한 고퀄리티 한국사』(경기도 파주시: 서해문집, 2021).

역사교과서 국정화에 대응하기 위해 신진역사연구자들은 2016년에 '만인만색역사공작단'을 결성했다. 이 조직의 미디어팀이 지난 4년 동안 350회 가량의 방송을 통해 대중에게 전달한 내용을 중심으로 이 책을 펴냈다.

제7항 사회

복지정책

양재진(梁在振), 「박근혜정부 복지정책의 평가와 과제: 보육, 기초연금, 의료분야를 중심으로」, 『민주사회와 정책연구』(한신대학교 민주사회정책연구원) 24(2013년 6월), 46~72쪽.

※ 『민주사회와 정책연구』24(2013년 6월)는 박근혜정부와 관련해 다음과 같은 특집을 마련했다.

(ⅰ) 안병진(安秉鎭), 「박근혜정부: 닉슨 스타일 국정운영의 특징과 한계」, 15~45쪽.

(ⅱ) 김경환(金京煥), 「박근혜정부 출범과 방송통신 관련 정부부처 개편 진단」, 73~103쪽.

(ⅲ) 박상호, 「제18대 대통령선거 후보자 TV토론의 문제점 및 제도적 개선 방향」, 104~136쪽.

(ⅳ) 조희연(曺喜昖), 「"수동혁명적 민주화 체제"로서의 87년 체제, 복합적 모순, 균열, 전환에 대하여 87년 체제, 97년 체제, 포스트민주화체제」, 137~171쪽.

(ⅴ) 황규성(黃圭成), 「독일 메르켈 정부 가족정책 개혁의 정치과정」, 172~200쪽.

가습기살균제사망사건

「가습기살균제사망사건」은 한국에서의 기원을 1994년, 특히 1995년으로까지 거슬러 올라갈 수 있다. 그때로부터 2011년까지 특히 의사들에 의해 간헐적으로 제기되곤 했다. 그러나 이 사건은 박근혜정부에 와서 전국적 관심의 대상으로 떠올랐고, 박근혜 대통령이 철저한 조사와 대비책을 세우라고 지시하면서 비로소 문제의 심각성이 일반 국민에게도 각인됐다.

(1) 안종주(安鐘周), 『빼앗긴 숨: 최악의 환경 비극, 가습기살균제 재앙의 진실』(한울, 2016년 8월).

※ 안종주(1957~현재)는 서울대학교 자연과학대학 미생물학과를 졸업하고 서울대학교 보건대학원에서 석사학위를 받은 데 이어 서울대학교 보건대학원에서 「여론주도집단의 환경보건 위해물질에 대한 인식도와 그 관리정책에 관한 연구: GMOs와 내분비계 장애물질을 중심으로」(2004년 2월)로 산업보건학박사학위를 받았으며 한겨레신문에서 보건복지전문기자로 활동했다. 현재 한국산업안전보건공단 이사장이다.

(2) 이규연(李圭淵) · 김명환 · 허진 · 라정주 · 박지윤, 『가습기 살균제 리포트: 위험사회 한국, 지금 내 가족은 안전한가』(중앙북스, 2016년 9월).

(3) 서울교육방송, 『공정위, 가습기 살균제 사건 결과발표』(미디어북, 2017).

(4) 임기홍(林奇鴻), 「재난 거버넌스의 정치적 동학: 가습기살균제 참사를 중심으로」, 서울대학교 대학원 정치학과 정치학박사학위청구논문, 2020년 2월; ______, 「전문성의 정치가 재난 복구에 미치는 영향: 가습기살균제 참사를 중심으로」, 『한국정치연구』제30집 제1호(2019), 127~157쪽.

※ 임기홍(1980~현재)은 서울대학교 사회과학대학 정치학과를 졸업하고 서울대학교 대학원 정치학과에서 석사→박사학위를 받았다. 현재 재단법인 경남연구원 연구위원이다.

(5) 가습기살균제피해자들, 『내 몸이 증거다』(스토리플래너, 2021).

물대포에 의한 백남기(白南基) 농민의 죽음

(1) 정은정(鄭銀貞), 『아스팔트 위에 씨앗을 뿌리다: 백남기 농민 투쟁 기록』(따비, 2018).

※ 정은정(1977~현재)은 성공회대학교 사회과학대학 사회학과를 졸업하고 경북대학

교 대학원 사회학과에서 석사학위를 받은 데 이어 경북대학교 대학원 사회학과에서 박사과정을 수료했다.

(2) 생명평화일꾼백남기농민기념사업회 편, 『한 농민의 삶과 죽음: 생명과 평화의 일꾼 백남기 농민 추모집』(오월의봄, 2021).

학생 때부터 민주화운동에 참여해 투옥된 경력이 있는 백남기 농민(1947~2016)은 2015년 11월 14일에 열린 1차 민중총궐기투쟁대회에 참석해 시위를 벌이던 가운데 경찰이 쏜 물대포에 맞아 쓰러졌다. 이후 서울대학교병원에서 수술을 받았으나 결국 2016년 9월 25일에 향년 68세로 별세했다. 광주광역시 망월묘지공원에 안장됐다.

제5절 대외관계 및 대북관계: 국방정책을 포함해

제1항 개관

(1) 김호섭(金浩燮)·최진욱(崔鎭旭)·이정훈(李政勳)·한용섭(韓庸燮)·황재호(黃載皓) 분담집필, 『박근혜정부의 통일외교안보 비전과 추진과제』(통일연구원, 2013년 7월).

(2) 엄태암(嚴泰岩), 「한미동맹 60년, 성과와 미래 발전방향」, 『국방정책연구』(한국국방연구원) 100(2013년 7월), 49~87쪽.

(3) 김창수(金昌秀), 『한미동맹 60주년, 평가와 전망』(국방연구원, 2013).

※ 김창수(1955~현재)는 한국외국어대학교 사회과학대학 정치외교학과를 졸업하고 신시내티대학교 대학원 정치학과에서 석사→박사학위를 받았다. 박사학위청구논문 서지사항은 다음과 같다. Changsu Kim, " The Influence of the Religious Factor on Political Interest, 1960~1984," unpub. Ph.D. diss., University of Cincinnati, 1985. 한국국방연구원 안보전략연구센터장으로 봉직했다.

(4) 박형중(朴泂重)·전성훈(全星勳)·박영호(朴英鎬)·윤은기(尹恩基)·김영호(金暎

浩)·전재성(全在晟), 『박근혜정부의 국가안보전략: 이론과 실제 탐색 연구』(통일연구원, 2013년 11월).

(5) 김일수(金佚洙), 「미중의 패권경쟁과 박근혜정부의 대외정책」, 『대한정치학회보』 제22집 제4호(2014년 11월), 79~100쪽.

(6) 김열수(金烈洙)·김경규(金京圭), 「박근혜정부의 국방정책 평가: 한·미 쟁점을 중심으로」, 『신아세아』 제22집 제4호(2015년 겨울), 84~110쪽.

(7) 송영훈(宋映勳), 「박근혜정부 대내적 통일정책의 평가와 인식론적 성찰」, 『통일정책연구』(통일연구원) 제26권 제1호(2017년 6월), 51~75쪽.

제2항 주한미군의 사드배치

(1) Hillary Clinton, "America's Pacific Century: The Future of Geopolitics Will Be Decided in Asia, Not in Afghanistan or Iraq and the United States Should Be Right at the Center of the Action," *Foreign Policy*, Vol. 133, No. 5(October-November 2011), pp.56~63.

오바마 대통령이 이끈 민주당 행정부에서 국무장관을 맡은 힐러리 클린턴은 위의 논문에서 "미국은 앞으로 외교·군사정책의 중심을 아시아로 옮기겠다"라는 취지를 밝혔다.

(2) Kenneth G. Liberthal, "The American Pivot to Asia: Why President Obama's Turn to the East in Earrier Said than Done," December 21, 2011.(https://www.brookings.edu/articles/the-american-pivot-to-asia/).

클린턴 국무장관의 위의 발언을 '피봇 투 아시아,' 쉽게 말해, '아시아로의 이동'으로 해석했다. 미국이 중국을 염두에 두고 중국에 대항하기 위해 자신의 외교·군사정책의 중심을 아시아에 두겠다는 정책적 전환을 의미했다는 뜻이다. 바로 이러한 배경에서 주한미군에 대한 사드배치가 논의되기 시작했다.

(3) 홍규덕(洪圭德), 「사드(THAAD) 배치에 관한 주요쟁점과 미사일방어(MD)전략」, 『신아세아』제22권 제4호(2015년 겨울), 110~134쪽.

(4) 홍관희(洪官憙), 『THAAD와 한반도: 왜 지금 사드인가?』(자유민주, 2016년 9월

6일).

(5) 비피기술거래, 『사드배치가 한반도에 미치는 경제분석보고서: G2, 미국과 중국이라는 양 대국사이에 우리 대한민국 선택은?』(비티타임즈, 2017년 2월 6일).

(6) 정욱식(鄭旭湜), 『사드의 모든 것』(유리창, 2017년 2월 10일).

(7) 고영대(평화통일연구원), 『사드 배치 거짓과 진실: 사드 제대로 알기』(나무와숲, 2017년 4월).

※ 고영대는 「민족화해자주통일협의회」 집행위원장, 「매향리미군국제폭격장폐쇄범국민대책위원회」 공동집행위원장, 「미군장갑차여중생살인사건범국민대책위원회」 진상조사위원장, 「MD저지와평화실현공동대책위원회」 공동집행위원장 등을 지냈다. 『전환기 한미관계의 새판 짜기』전2권(한울, 2005~2007)과 『전쟁과 분단을 끝내는 한반도 평화협정』(한울아카데미, 2010)을 공동집필했다.

(8) 남광규(南光圭), 「사드 논쟁의 국내정치와 북한의 압박」, 『통일전략』(한국통일전략학회), 제17권 제2호(2017년 4월), 73~107쪽.

※ 남광규(1964~현재)는 고려대학교 정경대학 정치외교학과를 졸업하고 고려대학교 대학원 정치외교학과에서 석사학위를 받은 데 이어 고려대학교 대학원 정치외교학과에서 「해방초기 중간파 약화와 좌우대결의 격화(1945.08-1946.02)」(2002년 2월)로 박사학위를 받았다. 미국의 한반도정책과 남북한관계에 관해 여러 논문을 발표했다. 현재 고려대학교 아세아문제연구원 선임연구위원이다.

(9) 김덕중(한양대 체육학박사), 『한류 정치경제론: 사드, 그 이후의 한류: 한류 정치경제론』(KOFICE, 2017년 5월).

(10) 이경행(李景行)·최현수(崔賢洙)·최진환(해군), 『북한 미사일: 한반도에 사드 THAAD를 끌어들인』(경당, 2017년 7월).

※ 이경행(1975~현재)은 서울대학교 자연과학대학 수학과를 졸업하고 국방대학교 대학원에서 석사학위를 받은 데 이어 국방대학교 대학원에서 「한국적 해상기반 탄도미사일 방어체계의 요구능력 도출에 관한 연구」(2015년 2월)로 박사학위를 받았다. 그는 임경한(林景漢) 박사와 함께 「북한 잠수함발사탄도미사일(SLBM)의 실증적 위협 분석과 한국 안보에의 함의」, 『국가안보와 전략』(국가안보전략연구원) 제15권 제3호(2015년 1월), 107~139쪽을 발표했다. 현재 중원대학교 사회문화대학 군사학과 교수다.

(11) 김충환(金忠煥), 『성주촛불일기: 사드배치 철회 성주투쟁 365일의 기록』(문예미

학사, 2017년 8월).

※ 김충환(1961~현재)은 성주 출생으로 영남대학교 대학원 문화인류학과를 졸업하고 노무현정부에서 대통령비서실 업무혁신비서관을 맡았다. 노무현정부가 임기를 마친 뒤 친(親)노무현 인사들이 주축이 되어 2010년 1월 17일에 창당하고 2011년 12월 4일에 해산한 「국민참여당」 사무총장을 역임했다. 현재 「사드배치철회성주투쟁위원회」 공동위원장이다.

(12) 주재우(朱宰佑), 『한국인을 위한 미중관계사: 6.25 한국전쟁에서 사드 갈등까지』(경기도 파주시: 경인문화사, 2017년 9월); _____, 『팩트로 읽는 미중의 한반도 전략: 북핵, 사드보복, 그리고 미중전쟁 시나리오』(종이와나무, 2018년 1월 29일); _____, 『북미 관계, 그 숙명의 역사: 주재우의 지략지계』(경계, 2022).

※ 주재우(1967~현재)는 웨슬리언대학교(Wesleyan University)를 졸업하고 북경대학 대학원에서 석사학위를 받은 데 이어 북경대학 대학원에서 「동북아에서 다변합작안전기제를 세우는 사업에 관한 중국의 기본 입장 연구」(중국문)(1997)로 박사학위를 받았다. 현재 경희대학교 외국어대학 중국어학과 교수다.

(13) 임재현(연세대 대학원 정치외교학과 박사과정) · 배종윤(裵鍾尹), 「다중적 딜레마에 직면한 상대적 약소국의 외교정책 공표 요인에 대한 연구: 한국의 사례를 중심으로」, 『한국정치학회보』제56권 제5호(2022년 12월), 201~223쪽.

사드 배치 문제 그리고 아시아인프라투자은행(AIIB: Asian Infrastructure Investment Bank) 가입 문제 등을 포함한 민감한 문제들은 한국외교정책을 서로 복합적으로 연계된 '다중적 딜레마(multi-layered policy dilemma)'에 직면하게 했다. 이러한 경우 '상대적 약소국'이 취해야 할 정책적 방향에 관해 논의했다.

제3항 박근혜 한국미래연합 창당준비위원장의 방북과 김정일과의 면담

박근혜 한국미래연합 창당준비위원장은 주한EU상공회의소 산하 재단인 유럽-코리아 재단 이사로 활동하고 있었다. 북한은 박근혜를 포함한 이 재단의 이사진을 초청했다. 박 위원장은 2002년 5월 10일 인천국제공항에서 중국 베이징으로 출발했다. 5월 11일에 박 위원장은 북한이 급히 보낸 김정일의 특별기를 타고 평양에 도착했다. 박 위원장은 5월 13일 저녁에 북한의 김정일 국방위원장과 면담했으며, 14일에 육로로 판문점을 거쳐 서울로 돌아왔다. 이것은 박근혜의 첫 번째이면서 마지막 방북이었다.

(1) 김기영(金起榮), 「인터뷰: 박근혜 한국미래연합 대표; "김정일, 경의선보다 동해선에 관심 많다"」, 『신동아』(2002년 7월), 174~188쪽.

(2) 김연광(金演光) · 오동룡(吳東龍), 「인터뷰: 박근혜 한나라당 의원; "김정일과 2세끼리 잘해 보자고 했다. 6·15 선언은 평화정착에 기여했다. 보안법은 고칠 데가 있다"」, 『월간조선』(2004년 8월), 180~189쪽.

(3) 박근혜, 「북한에서 날아든 초청장」, ______, 『절망은 나를 단련시키고 희망은 나를 움직인다: 박근혜 자서전』(위즈덤하우스, 2007), 194~203쪽.

자신의 방북과 김정일과의 면담에 대해 회고했다.

제4항 대북정책과 통일준비위원회의 발족과 활동

박근혜 대통령은 2014년 1월 6일에 청와대 춘추관에서 가진 연두기자회견을 통해 '통일대박'론을 전개했다. "한반도 통일은 우리 경제가 대(大) 도약할 기회라고 생각합니다. 그러니까 한마디로 통일은 대박이다, 이렇게 생각을 합니다."라고 발언한 것이다. 이 발언을 계기로 한국사회에서는 '통일대박'론이 빠르게 전파됐다.

(1) 신창민(申昌旻), 『통일은 대박이다』(한우리통일출판, 2012년 7월).

출판물만을 놓고 볼 때, 이 책이 '통일대박'론을 최초로 정립하고 전개했다. 박근혜 대통령은 이 책으로부터 영향을 받은 것으로 보인다.

※ 신창민(1941~현재)은 서울대학교 법과대학을 졸업하고 서던캘리포니아대학교 대학원 경제학과에서 석사학위를 받은 데 이어 클레어몬트대학교 대학원 경제학과에서 석사→박사학위를 받았다. 중앙대학교 경영대학 학장을 역임했으며, 현재 중앙대학교 명예교수다.

(2) 오보람 · 장광선 · 김상일 · 리홍노 · 정연진, 『《통일대박론》 무엇이 문제인가』(평양: 평양출판사, 2014).

박근혜 대통령의 '통일대박'론에 대해 북한의 대외(對外) 주간지 『통일신보』(2014년 1월 18일) 그리고 조선로동당 일간지 『로동신문』(2014년 1월 22일)은 거세게 비난했다.

이 논설들에 이어 위의 책이 출판된 것이다. 북한은 박 대통령의 '통일대박'론이 북한을 붕괴시키고 흡수하겠다는 뜻을 내포한 것으로 해석했다.

(3) 김병연(金炳椽), 「신정부의 대북경제정책 방향에 대한 10가진 제언」, 『KDI북한경제리뷰』(한국개발연구원) 제14권 제12호(2012년 12월), 3~7쪽.

(4) 대통령직속 통일준비위원회 편, 『통일준비백서』(대통령직속 통일준비위원회, 2017); ______ 편, 『활동자료집』(대통령직속 통일준비위원회, 2017).

제5항 개성공단 폐쇄

개성공단은 2004년 12월에 본격 가동된 뒤 북한의 근로자 철수 조치로 2013년 4월 8일부터 9월 15일까지 가동이 중단됐다. 2016년 2월 10일에 박근혜정부는 북한의 장거리미사일 발사에 대한 대북압박 움직임의 하나로 개성공단 폐쇄를 선언했다.

(1) 문순보(文淳寶), 「박근혜 대통령의 대북정책: 2013년 전반기 평가」, 『정세와 정책』(세종연구소)(2013년 7월), 1~4쪽.

(2) 이성우(李成宇), 「관심분산이론의 적용을 통해 본 2013 개성공단사태에 관한 연구」, 『세계지역연구논총』 제33집 제1호(2015년 1월), 59~85쪽.

※ 이성우(1968~현재)는 단국대학교 정경대학 정치외교학과를 졸업하고 단국대학교 대학원 정치외교학과에서 석사학위를 받은 데 이어 노스텍사스대학교 대학원 정치학과에서 박사학위를 받았다. 박사학위 청구논문 서지사항은 다음과 같다. Seong-Woo Yi, "Domestic Influence for Interstate Cooperation: Do Domestic Conditions Affect the Occurrence of Cooperative Events in Democratic Regimes?," unpub. Ph.D. diss., University of North Texas, 2004. 이 논문의 발표 때 재단법인 경기연구원 연구위원이었다.

(3) 김승재, 「북한, 여차하면 개성공단 폐쇄한다?」, 『한중관계간보(韓中關係簡報)』(원광대학교 한중관계연구원)(2016년 2월), 38~41쪽.

(4) 강수돌(姜守乭), 「개성공단 폐쇄의 정치경제학 비판」, 『인물과 사상』(2016년 4월), 85~105쪽.

(5) 이일영(李日榮), 「개성공단 폐쇄 이후의 한반도경제」, 『민주사회와 정책연구』(민

주사회정책연구원)(2016년 하반기), 49~73쪽.

(6) 평화통일시민행동 기획/임기홍(林奇鴻) 지음, 『위기의 남북관계: 6·15공동선언에서 개성공단 폐쇄까지』(역사인, 2016년 6월).

(7) 백낙청(白樂晴), 「'촛불'의 새 세상 만들기와 남북관계」, 『창작과 비평』(2017년 봄), 17~34쪽; ______, 「어떤 남북연합을 만들 것인가: 촛불혁명 시대의 한반도」, 『창작과 비평』 제46권 제3호(2018년 가을), 17~34쪽; Nak-chung Paik, "South Korea's Candlelight Revolution and the Future of the Korean Peninsula," *The Asia-Pacific Journal*, Vol. 16, No. 3(December 2018), pp.1~12.

제6항 박근혜 대통령 시기의 한국과 북한에 관한 *Asian Survey*의 논문

South Korea

(1) Yul Sohn and Won-Taek Kang, "South Korea in 2012: An Election Year under Rebalancing Challenges," *Asian Survey*, Vol. 53, No. 1(February 2013), pp.198~205.

(2) Jeonghun Min, "The Influence of Scandal on Vote Intention during Korean Presidential Campaigns: Why Do Voters Support the "Corrupt" Candidate?," *Asian Survey*, Vol. 53, No. 2(April 2013), pp.393~422.

(3) Yusin Lee, "Potential Risks of the Russia-North Korea-South Korea Gas Pipeline: Is There Any Lesson Seoul Can Learn from the Russia-Ukraine Gas Disputes?," *Asian Survey*, Vol. 53, No. 3(June 2013), pp.584~606

(4) Ji-Whan Yun, "Why Did the Self-employed Distrust the Democratic Party in South Korea's 2012 Presidential Election?: Beyond Modernization Theory," *Asian Survey*, Vol. 53, No. 6(December 2013), pp.1087~1111.

(5) Yul Sohn and Won-Taek Kang, "South Korea in 2013: Meeting New Challenges with the Old Guard," *Asian Survey*, Vol. 54, No. 1(February 2014), pp.138~144.

(6) Uk Heo and Sung Deuk Hahm, "Political Culture and Democratic Consolidation in South Korea," *Asian Survey*, Vol. 54, No. 5(October 2014),

pp.918~940.

(7) O. Fiona Yap, "South Korea in 2014: A Tragedy Reveals the Country's Weaknesses," *Asian Survey*, Vol. 55, No. 1(February 2015), pp.132~141.

(8) Junhan Lee and Wonjae Hwang, "External Crisis, Information Cues, and Presidential Popularity in Korea, 1993–2008," *Asian Survey*, Vol. 55, No. 4(August 2015), pp.665~690.

(9) C. Kenneth Quinones, "Korea's New Leaders and Prospects for Reconciliation," *Asian Survey*, Vol. 55, No. 4(August 2015), pp.691~714.

(10) Audrye Y. Wong, "Comparing Japanese and South Korean Strategies toward China and the United States: All Politics Is Local," *Asian Survey,* Vol. 55, No. 6(December 2015), pp.1241~1269.

(11) O. Fiona Yap, "South Korea in 2015: Battling to Set the Stage for Elections," *Asian Survey*, Vol. 56, No. 1(February 2016), pp.78~86.

(12) Min-hyung Kim, "South Korea's Strategy toward a Rising China, Security Dynamics in East Asia, and International Relations Theory," *Asian Survey*, Vol. 56, No. 4(August 2016), pp.707~730.

(13) Seong-O Bae and John Lie, "The Coming Crisis of Scientific and Technological Expertise in South Korea: Science and Technology Policy and Trends in the Supply of Scientists and Engineers," *Asian Survey*, Vol. 56, No. 4(August 2016), pp.676~706.

(14) Chika Yamamoto Rosenbaum and Jonathan Krieckhaus, "What Explains South Korean Interest in FTA Partners?: An Empirical Analysis," *Asian Survey*, Vol. 56, No. 5(October 2016), pp.982~1004.

(15) Gi-Wook Shin and Rennie J. Moon, "South Korea in 2016: Political Leadership in Crisis," *Asian Survey*, Vol. 57, No. 1(February 2017), pp.103~110.

(16) Joonmo Cho and Sang-Hee Lee, "Conflicting Interpretation of the Court and Government, and Uncertainty of the Wage System in Korea: Comparison with Japan," *Asian Survey*, Vol. 57, No. 2(April 2017), pp.323~342.

North Korea

(1) Hong Yung Lee, "North Korea in 2012: Kim Jong Un's Succession," *Asian Survey*, Vol. 53, No. 1(February 2013), pp.176~183.

(2) Balázs Szalontai and Changyong Choi, "China's Controversial Role in North Korea's Economic Transformation: The Dilemmas of Dependency," *Asian Survey*, Vol. 53, No. 2(April 2013), pp.269~291.

(3) Se Hyun Ahn, "North Korea's Energy Conundrum: Is Natural Gas the Remedy?," *Asian Survey*, Vol. 53, No. 6(December 2013), pp.1037~1062.

(4) Hong Yung Lee, "North Korea in 2013: Economy, Executions, and Nuclear Brinksmanship," *Asian Survey*, Vol. 54, No. 1(February 2014), pp.89~100.

(5) Stephan Haggard, Luke Herman and Jaesung Ryu, "Political Change in North Korea: Mapping the Succession," *Asian Survey*, Vol. 54, No. 4(August 2014), pp.773~800.

(6) James Reilly, "China's Market Influence in North Korea," *Asian Survey*, Vol. 54, No. 5(October 2014), pp.894~917.

(7) James Reilly, "The Curious Case of China's Aid to North Korea," *Asian Survey*, Vol. 54, No. 6(December 2014), pp.1158~1183.

(8) Peter Hayes and Roger Cavazos, "North Korea in 2014: A Fresh Leap Forward into Thin Air?," *Asian Survey*, Vol. 55, No. 1(February 2015), pp.119~131.

(9) Peter Hayes and Roger Cavazos, "North Korea in 2015: "Yes I Can!" Byungjin and Kim Jong Un's Strategic Patience," *Asian Survey*, Vol. 56, No. 1(February 2016), pp.68~77.

(10) Victor D. Cha, "The North Korea Question," *Asian Survey*, Vol. 56, No. 2(April 2016), pp.243~269.

(11) Charles K. Armstrong, "North Korea in 2016: Much More of the Same," *Asian Survey*, Vol. 57, No. 1(February 2017), pp.119~127.

제7장
문재인정부

제1절 개관

19대 대통령선거에 당선된 문재인(文在寅) 더불어민주당 후보는 당선이 확정된 다음 날인 2017년 5월 10일에 취임했다. 당선으로부터 취임까지의 기간이 하루도 되지 않았기에 전임자들과는 달리 '대통령직인수위원회'를 구성하지 않았다. 그 대신에 취임 직후인 2017년 5월 22일에 '국정기획자문위원회'를 출범시켰다. 경제부총리와 교육부총리를 각각 역임한 김진표(金振杓) 4선 국회의원이 위원장을 맡은 이 기구는 '20대 국정전략'과 '100대 국정과제'를 담은 「국정운영5개년계획」을 확정짓고 2017년 7월 14일에 해산했다.

남북관계에서의 외형적 화해 분위기 조성

문재인정부의 5년에, 한반도상황에는 세계적 관심까지 불러일으킨 극적인 일들이 몇 차례 벌어졌다. 우선 문재인 대통령은 2018년 2월 9~25일에 강원도 평창에서 열린 제23회 동계올림픽에 북한선수단이 참가하고 이것을 계기로 남북대화가 재개됨으로써 빚어진 '화해'의 분위기를 활용해 2018년 4월 27일에 북한의 김정은(金正恩) 국무위원장과 판문점에서 남북정상회담을 열고 「한[조선]반도의 평화와 번영, 통일을 위한 판문점선언」을 채택한 데 이어, 5월 26일에 판문점에서 두 번째 남북정상회담을 열었다. 이 두 번째 회담도 화기애애한 분위기 속에 진행됐으나, 어떤 문서를 채택하거나 발표하지는 않았다.

비슷한 시점인 2018년 6월 12일에, 미국의 도널드 트럼프(Donald John Trump) 대통령은 싱가포르에서 북한의 김정은을 상대로 역사상 최초의 미북정상회담을 열고 '한[조선]반도의 완전한 비핵화'와 '한[조선]반도의 항구적이고 안정적 평화체제 구축'을 다짐하는 합의문을 발표해 한반도에서 새로운 희망적 상황이 전개될 것이라는 기대를 높였다. 트럼프 대통령은 2019년 2월 27~28일에 베트남 하노이에서 김정은을 상대로 두 번째 미북정상회담을 열었다. 첫 번째 회담과는 달리 두 번째 회담은 결렬됐다.

세 차례의 전국적 선거와 정권교체

문재인정부의 5년에, 세 차례의 전국적 선거가 있었다. 2018년 6월 13일에 제7회 전국동시지방선거가, 2020년 4월 15일에 제21대 국회의원총선이, 그리고 2022년 3월 9일에 제20대 대통령선거가 실시된 것이다. 박근혜 대통령의 불명예스러운 퇴진의 여파 그리고 제1차 미북정상회담과 제1차 및 제2차 남북정상회담이 외형적으로 보여준 남북관계의 '진전'은 문재인정부에 대한 호감을 높여 제7회 전국동시지방선거와 제21대 국회의원총선에서는 더불어민주당이 압승했다. 한나라당→새누리당→자유한국당을 계승하며 2020년 2월에 보건복지부장관 출신의 김종인(金鍾仁) 4선 국회의원을 비상대책위원장으로 하는 「미래통합당」으로 새롭게 출발한 당시의 대표적 보수정당은 그 분위기에 눌려 참패했다. 그렇지만 그 이후에 나타난 문재인정부의 여러 정책 부진과 불미스러운 일들이 큰 영향을 미친 제20대 대통령선거에서는 2020년 9월 20일에 미래통합당에서 변신한 「국민의힘」의 윤석열(尹錫悅) 후보가 당선돼 정권교체가 이뤄졌다.

국내의 사회심리적 분위기 반전에 결정적 영향을 미친 일로는 경제와 관련해 최소한 세 가지를 지적할 수 있겠다. 첫째, 문재인정부가 표방한 '소득주도성장'정책(약칭 '소주성')이 중소기업과 특히 자영업 단위에서 일하는 근로자들의 최저임금을 상승시켜 경영에 부담을 주었을 뿐, 그 정책이 기대한 경제성장에는 도움을 주지 못했다는 평가가 확산됐다. 둘째, 문재인정부가 지향한 '탈원전정책'은 한국이 세계적으로 공인을 받는 원자력발전소를 무용지물(無用之物)로 만드는 것으로 귀결됐으며, '탈원전정책'이 '태양광발전정책'으로 바뀌면서 에너지 확보정책으로 효과를 내지 못했고 정권에 가까운 몇몇 사람들에게 부당한 이익을 주었을 뿐이라는 의혹이 확산됐다. 셋째, 문재인정부가 여러 차례 발표한 부동산대책이 오히려 부동산 가격만 상승 또는 폭등시켰다는 비판이 확산됐다. 그렇지만 2019년 11월 이후 중국 후베이성(湖北省) 우한시(武漢市)에서 시작돼 한국으로도 유입된 '코로나19 사태'에 대해서는, 비록 문재인정부가 그것을 사회통제의

한 수단으로 활용했다는 비판이 따르기는 했으나, 상대적 의미에서 효율적으로 대처했다는 평을 받았다.

민주주의 후퇴론과 위기론의 확산

문재인 대통령은 취임사에서 "지금 제 가슴은 한 번도 경험하지 못한 나라를 만들겠다는 열정으로 뜨겁습니다."라고 말했다. 그의 5년은 역설적인 의미에서 '한 번도 경험하지 못한 나라' 만들기의 세월이었다. 대한민국정부가 수립된 이후 여러 고비를 거치며 쌓아올린 대내외적 실적을 무너뜨리는 것으로 의심되는 정책과 관행이 계속됐고, 이 점은 특히 민주주의의 공고화(鞏固化)라는 과제와 관련해 뚜렷했다. 민주주의가 공고해지기 보다는 "민주주의가 후퇴하고 있다"는 '민주주의 후퇴'론, 그리하여 "민주주의가 위기에 빠졌다"는 '민주주의 위기'론이 확산된 사실이, 더구나 거기서 한 걸음 더 나아가 "유사(類似) 전체주의로 흘러가고 있다"는 경고마저 등장한 사실이 그러한 관찰을 뒷받침했다. 19대 대통령선거에서 문재인 후보와 더불어민주당에 유리하도록 여론을 조작한 드루킹사건은 민주주의를 유린했다는 혹평을 받았다.

거기에 더해, 북한에서 자신을 '대한민국 대통령'이 아니라 '남쪽 대통령'이라고 공언하고, 국민의 생명을 희생시키면서까지 김정은정권에 지나치게 접근하며 역시 지나치게 중국에 접근하는 것으로 비치는 문재인 대통령의 대북 자세 그리고 그것에 대비되는 한미동맹 및 한일관계 경시 또는 '파괴'는 그의 속마음과 정체성(正體性)을 의심하게 했다. 여기서 일부 보수세력은 문재인정부의 퇴진을 요구하는 시민운동을 벌였다.

사법부 길들이기 그리고 드러난 위선

문재인 대통령은 취임사에서 "제 머리는 통합과 공존의 새로운 세상을 열어갈 청사진으로 가득 차 있습니다"라고 말했다. 그렇지만 '적폐청산'이라는 구호 아래 정적 또는 반대세력 제거에 치중한 것으로 비친 그의 검찰·사법운용은 통합과 공존이 아니라 분열과 그것에 따른 대립과 갈등을 심화시켰다는 비판을 받았다. 여기서 부수적으로 문재인 대통령이 임명한 김명수(金命洙) 대법원장 아래서의 사법부가 사법부로서의 독립성을 잃고 정권의 도구로 전락했다는 비판이 뒤따랐다. 2019년 7월에 취임한 윤석열 검찰총장은 "나는 사람에게 충성하지 않고 법에 충성하겠다"고 선언하며, 법의 엄정한 집행을 약속했다. 이것은 문재인정부가 검찰권을 정권의 의도에 맞게 변칙적으로 운영해왔다고 의심한 국민에게 신선한 인상을 주었다. 문재인정부가 그를 여러 차례 무리하게 견제하며 길들이려고 했으나 그는 굽히지 않았고, 이것은 그의 정치적 무게와 신뢰를 빠르게 가중해 결국 대통령 당선에 이르게 했다.

문재인 대통령은 취임사에서 대통령선거 때의 구호를 되풀이하면서 "문재인과 더불어민주당 정부에서 기회는 평등할 것입니다. 과정은 공정할 것입니다. 결과는 정의로울 것입니다"라고 다짐했다. 특권과 반칙은 없을 것이라고 다짐했다. 그러나 그의 5년에 그와의 연관 속에 나타난 여러 사건은 그 다짐을 무색하게 만들었다. 특히 2019년에 시작된 '조국(曺國) 사태'와 2020년에 일어난 박원순(朴元淳) 서울특별시장의 여비서추행에 따른 자살사건 등은 집권세력이, 또는 다른 말로 표현해 '진보'세력이, 모두 그러한 것은 결코 아니지만, 겉으로는 좋은 수식어로써 자신들을 포장했으나 속으로는 위선으로 가득 차 있었다는 평가를 확산시켰다.

제1항 문재인정부에 대한 기초자료

문재인 대통령의 저서

2011년 제18대 대통령선거 전후

문재인은 2011년에 실시된 제18대 대통령선거를 전후해 국민에게 자신을 알리는 책들을 출판했다.

(1) 문재인, 『문재인의 운명』(가교출판, 2011년 6월); ______, 『명운: 문재인 자전』(중국문)(장쑤성[江蘇省] 난징[南京]: 장쑤봉황문예출판사, 2017년 12월)/______, 『운명: 문재인 자전』(도쿄: 이와나미쇼텐[岩波書店], 2018).

(2) ______, 『문재인, 김인회의 검찰을 생각한다: 무소불위의 권력 검찰의 본질을 비판하다』(오월의봄, 2011년 11월).

문재인 후보가 인하대학교 법학전문대학원 교수인 김인회(金仁會) 변호사와 검찰개혁에 대해 토론했다.

※ 김인회(1964~현재)는 서울대학교 법과대학 공법학과를 졸업하고 한국해양대학교 대학원에서 해사법학을 전공해 석사학위를 받았다. 이어 서울대학교 대학원 법학과 박

사과정을 수료했다. 사법시험을 거쳐 변호사로 활동하며 노무현정부에서 시민사회비서관으로, 문재인정부에서 감사원 감사위원으로 봉직했다.

(3) ______, 『단숨에 읽는 문재인의 운명』(가교, 2012년 7월); ______, 『사람이 먼저다: 문재인의 힘』(퍼플카우, 2012년 8월 6일); ______, 『문재인이 드립니다: 꿈을 놓아버린 이 땅의 청춘들을 위한 포토에세이』(리더스북, 2012년 8월 13일); ______, 『그 남자 문재인: 함께 만드는 세상』(리얼텍스트, 2012년 9월); ______, 『만화 문재인: 운명을 바꾼 남자』(마이디팟, 2012년 10월); ______, 『그 남자 문재인: 문재인과 그의 싱크탱크가 그리는 진보개혁진영의 집권청사진』(리얼텍스트, 2012년 11월); ______, 『1219 끝이 시작이다』(바다출판사, 2013년 12월).

(4) 이인규(李仁圭), 『나는 대한민국 검사였다: 누가 노무현을 죽였나』(조갑제닷컴, 2023년 3월 24일).

당시 대검찰청 중앙수사부장으로 노무현 전 대통령을 수사했던 저자는 문재인의 『운명』을, 이 책의 여러 곳에서, 특히 456~466쪽에서 철저히 비판했다. 저자는 "[문재인이] 자신의 정치적 목적을 위해 동지요 친구인 노무현의 안타까운 죽음을 이용하고 있는 것이다"라고 혹평했다.

(4-A) 김윤덕(金潤德), 「성찰하지 않는 권력, '노무현 신화'는 어떻게 무너졌나」, 『조선일보』(2023년 5월 2일), A34쪽.

2017년 제19대 대통령 선거 전후

(1) 문재인 말함/문형렬(文亨列) 엮음, 『대한민국이 묻는다: 완전히 새로운 나라, 문재인이 답하다』(21세기북스, 2017년 1월).

(2) ______, 『문재인의 운명: 특별판』(북팔, 2017년 3월 22일); ______ · 이나미, 『운명에서 희망으로: 문재인이 말하고, 심리학자 이나미가 분석하다』(다산북스, 2017년 3월 23일); ______, 『문재인의 운명』(북팔, 2017년 5월).

2022년 퇴임을 앞둔 시점

문재인, 『문재인의 위로: 제19대 대통령에서 '깨어 있는 시민'으로 되돌아가며 드립니다』(더휴먼, 2022년 5월).

문재인 대통령의 연설문

대통령비서실 편집·발행

대통령비서실, 『문재인 대통령 연설문집 제1권: 2017.5.10.~2018.5.9.』(대통령비서실, 2018년 7월 31일); ______, 『문재인 대통령 연설문집 제2권: 2018.5.10.~2019~5.9』(대통령비서실, 2019년 7월 1일); ______, 『문재인 대통령 연설문집 제3권: 2019.5.10.~2020.5.9.』(대통령비서실, 2020년 6월 5일); ______, 『문재인 대통령 연설문집 제4권: 2020.5.10.~2021.5.9.』(대통령비서실, 2021년 6월 18일.); ______, 『문재인 대통령 연설문집 제5권: 2021.5.10.~2022.5.9.』(대통령비서실, 2022년 5월 13일); ______, 『함께 잘 사는 대한민국: 문재인 대통령 말글집』전2권』(대통령비서실, 2019).

출판사의 편집·발행

(1) 정현규(鄭玄奎), 『대한민국 대통령 취임사(史): 초대 이승만 대통령부터 19대 문재인 대통령까지』(현대의전연구소, 2022년 1월).

제목 그대로, 초대 이승만 대통령부터 19대 문재인 대통령까지 역대 대통령들의 취임사 그리고 취임행사 등을 자료와 함께 상세하게 기록했다.

※ 정현규(1953~현재)는 한국방송통신대학교 행정학과를 졸업하고 연세대학교 행정대학원에서 석사학위를 받았다. 1981년에 총무처에서 공무원생활을 시작해 행정안전부 의정담당관을 거쳤다.

(2) 문재인, 『아무도 흔들 수 없는 나라: 한 권에 담은 문재인 대통령 주요 연설문집』(경기도 파주시: 김영사, 2022년 3월 28일); ______, 『한국의 대통령 연설문: 제19대 문재인 대통령: 정치인의 말하기와 글쓰기』(씨익북스, 2020년 4월 1일).

(3) 차광주(작가), 『대통령 연설문: 문재인 대통령 연설문으로 정리한 '공적 글쓰기의 기준'』(이상북스, 2022년 5월 9일).

(4) 더휴먼 편집부, 『대통령 문재인 명연설 100: 새로운 100년의 여정을 담은 100개의 명연설』(더휴먼, 2022년 5월 13일).

(5) 42미디어콘텐츠 편집부, 『대통령의 말: 대한민국 리더의 명연설 김대중, 노무현, 문재인』(42미디어콘텐츠, 2022년 6월 15일).

(6) 하은(작가) 엮음, 『문재인, 대한민국을 말하다!: 나라다운 나라: 문재인 대통령 연설문 모음집』(해든아침, 2017년 9월 22일).

전기

강민석(康珉碩), 『승부사 문재인: 국난 극복을 위한 대통령의 집념과 결단』(메디치미디어, 2021).

※ 강민석(1966~현재)은 중앙일보 정치부장과 논설위원을 거쳐 문재인 대통령 때 청와대 대변인으로 봉직했으며, 이후 국회의장 특별보좌관에 이어 서울특별시 교육청 대변인으로 활동했다.

김정숙 여사

김정숙(金正淑, 1954~현재) 여사는 문재인 대통령의 부인이다.

(1) 김정숙, 『정숙씨 세상과 바람나다: 어쩌면 퍼스트레이디』(미래를소유한사람들, 2012년 8월).

남편 문재인 변호사가 2012년 12월 19일에 실시될 예정인 제18대 대통령선거에 입후보할 것을 예상하고 출판한 책이다.

(2) 박지현, 「유쾌한 정숙씨 vs 너무 튀는 정숙씨: 김정숙 여사는 어떤 영부인으로 기억될까」, 『월간조선』(2019년 8월), 154~165쪽.

(3) 남정호(南禎鎬), 『김정숙 버킷리스트의 진실: 의혹만 무성했던 김정숙 여사 외유의 실체를 파헤치다!』(진명출판사, 2022).

제목의 '버킷리스트'는 영어의 'bucket list'로, '죽기 전에 꼭 해야 할 일의 목록' 또는 '죽기 전에 꼭 하고 싶은 일의 목록'이라는 뜻이다. 중앙일보 논설위원인 저자는 2019년 6월 11일자 『중앙일보』에 「김정숙 여사의 버킷리스트?」라는 칼럼을 기고했다. 이 칼럼에서 필자는 문재인 대통령의 잦았던 해외순방을 하나하나 점검한 뒤, 거기에 유별나게 세계적 관광지가 많았음을 상기시키면서, 문재인 대통령의 해외순방 때 동행하게 되는 김정숙 여사가 공적인 목적과는 달리 개인적인 관심에서 순방지를 골랐다고 보여주는 사례들을 자세히 소개했으며, 2018년 11월에는 혼자 대통령 전용기를 타고 무굴제국 5대 황제 샤 자한(Shāh Jahān, 1592~ 1666)이 죽은 황후를 기념하기 위해 지은 타지마할(Taj Mahal)과 무굴제국 2대 황제 후마윤(Humayun, 1555~1556)의 묘지(Humayun's Tomb)를 다녀온 사실을 비판했다. 쉽게 말해, 김 여사가 남편의 지위를 사적으로 이용한 데 대해 비판했다. 청와대는 반론을 폈으며, 소송을 제기했다. 그러나 2년 정도 계속된 소송에서 필자의 논지를 뒷받침하는 사례가 더 많이 확인됐으며, 결국 필자의 승소로 끝났다. 저자는 이 과정도 포함해 이 책을 썼다.

다른 대통령과의 비교

신재민(전 기획재정부 사무관), 『왜 정권이 바뀌어도 세상은 바뀌지 않는가: 신재민 전 사무관이 말하는 박근혜와 문재인의 행정부 이야기』(유씨북스, 2020).

고려대학교 정경대학 행정학과를 졸업하고 행정고시를 통해 기획재정부에서 사무관으로 봉직하던 저자는 2018년~2019년에 두 차례에 걸쳐 기획재정부의 '과오'를 폭로했다. 기획재정부가 고소·고발했으나 검찰은 무혐의 불기소 처분했다. 그는 자신의 자리를 걸고 '부정'과 싸우고자 했던 것이다.

제2항 문재인정부의 공약과 정책

(1) 임종석(任鍾晳), 『장산곶매 평화로 날다: 현장기록-통일정책론』(범우사, 2008).

※ 임종석(1966~현재)은 한양대학교 공과대학 무기재료공학과 학생으로 「전국대학생대표자협의회 약칭 전대협」 3기 의장으로 활동했다. 전대협은 주한미군 철수와 국가보안법 폐지 등에 기초한 남북관계의 본질적 개선을 제의했으며, 자신의 대표로 당시 한국외국어대학교 학생이던 임수경 양을 평양으로 파견하기도 했다. 그는 16대~17대 국회의원을 거친 뒤 문재인 대통령 때 대통령비서실장에 이어 대통령외교안보특별보좌관 등을 역임하며 문재인정부의 대북·통일정책에 중요한 영향을 미쳤다. 위의 책은 대북·통일문제에 관한 그의 시각을 그대로 보여준다.

(2) 김준형(金峻亨), 「동맹이론을 통한 한미전략동맹의 함의 분석」, 『국제정치연구』(동아시아국제정치학회), 제12집 제2호(2009년 12월), 101~125쪽; ______, 『영원한 동맹이라는 역설: 새로 읽는 한미관계사』(경기도 파주시: 창비, 2021년 3월); ______, 『대전환의 시대, 새로운 대한민국이 온다: 김준형의 외교혁명 제안』(크레타, 2022년 3월).

저자는 문재인정부에서 외교부 혁신이행외부자문위원회 위원장 그리고 국립외교원 원장으로 봉직하며 문재인정부의 대외·대북·통일정책 결정과정에 일정하게 영향을 미쳤다. 저자는 일극체제가 붕괴하고 다극체제가 시작되는 지점에서, 요동치는 미중경쟁 사이에서, 한반도의 선택기준은 남북한의 평화구축이어야 한다고 주장한다.

※ 김준형(1963~현재)은 연세대학교 사회과학대학 정치외교학과를 졸업하고 조지워싱턴대학교 대학원 정치학과에서 석사→박사학위를 받았다. 박사학위청구논문 서지사항은 다음과 같다. Joonhyung Kim, "Economic Policymaking in Korea: Policy Change in Turbulent Times," unpub. Ph.D. diss., George Washington University, 1997. 한동대학교 국제어문학부 교수→국립외교원 원장으로 봉직했으며, 현재 제22대 국회의원으로 활동하고 있다.

(3) 매일경제 경제부, 『문재인노믹스: 나라다운 나라를 위한 문재인정부 5년의 약속』(매일경제신문사, 2017년 5월 25일).

(4) 함성득(咸成得), 「[문재인 대통령 시대] '성공한 대통령'을 소망하며: 돌출 · 코드 · 촛불 · 반쪽 지지자만 믿다간 망한다」, 『월간조선』(2017년 6월), 62~73쪽.

※ 함성득 교수는 『제왕적 대통령의 종언: 한국의 대통령 왜 계속 실패하는가, 대통령 성공의 다섯 가지 조건』(섬앤섬, 2017년 3월)을 출판했다.

(5) 정대화(鄭大和) 엮음, 『문재인정부와 사학개혁: 대한민국 사학문제의 현황을 정리하고 사학개혁의 방향을 제시하는 정책제안서』(경상북도 경산시: 대구대학교출판부, 2017년 11월).

분쟁에 빠져있는 국내 여러 사학의 현황을 밝히면서, 상지대학교의 '정상화'를 위해 투쟁했던 정대화 교수를 비롯해 조승래(趙承來) 교수, 노중기(盧重琦) 교수, 송상교(宋尙敎) 변호사 등이 주제를 나눠 집필했다.

(6) 임동욱(林東郁), 「문재인정부 출범의 의미와 대통령의 입법 리더십」, 『한국교통대학교 논문집』,52(2017년 12월), 355~367쪽; ______, 「대통령의 성격과 입법 리더십의 강화: 문재인 정부 100대 국정과제의 실천을 중심으로」, 『한국교통대학교 논문집』54(2019년 12월), 257~266쪽.

필자는 문재인 대통령이 취임 100일을 맞이한 시점에서 그의 '100대 국정과제'를 중심으로 여러 정책을 평가했다.

※ 임동욱(1962~현재)은 서울대학교 사회과학대학 경제학과를 졸업하고 서울대학교 행정대학원에서 석사→박사학위를 받았다. 한국교통대학교 교수를 거쳐 현재 차의과대학교 행정대외부총장이다.

(7) 송영무(宋永武), 『선진 민주국군을 향해: 문재인정부의 국방정책』(박영사, 2020년 1월 10일).

당시 국방장관이던 저자가 문재인정부의 국방정책을 설명했다.

(8) 김정완(金政完), 『대입정책과 국가균형발전: 문재인정부를 넘어서』(윤성사, 2021년 10월).

대학입학시험 정책에 문제가 있으며 현행대로 추진한다면 국가균형발전을 가져올 수 없다고 주장하면서 대학입학시험 정책의 변화를 건의했다.

※ 김정완(1960~현재)은 전남대학교 사회과학대학 행정학과를 졸업하고 전남대학교 대학원 행정학과에서 석사→박사학위를 받았다. 현재 대진대학교 공공인재대학 행정학과 교수다.

문재인 대통령과 신영복 교수

문재인 대통령은 자신이 신영복(申榮福) 교수를 존경한다고 말했다. 신영복 교수(1941~2016)는 서울대학교 상과대학 경제학과를 졸업하고 서울대학교 대학원 경제학과에서 석사학위를 받은 뒤 육군사관학교 교관으로 복무했다. 그는 1968년 8월에 중앙정보부가 발표한 「통일혁명당」사건에 연루되어 대법원에서 무기징역을 선고받고 복역하다가 노태우 대통령 때인 1988년 8월 15일에 특별가석방으로 석방됐다. 이후 문필활동을 활발히 벌였으며 특히 감옥에서 연마한 서예로 일가를 이루었다는 호평을 받았다. 만년에 성공회대학교 사회과학부 교수에 이어 성공회대학교 교육대학원 원장으로 봉직했다. '쇠귀'라고 자호한 그는 우리나라의 대표적 '진보지식인'들 가운데 한 사람으로 꼽힌다.

(1) 신영복, 『감옥으로부터의 사색: 통혁당 사건 무기수 신영복 편지』(햇빛출판사, 1990); ______, 『나무야 나무야』(돌베개, 1997); ______, 『강의: 나의 동양고전 독법』(돌베개, 2004); ______, 『청구회 추억』(돌베개, 2008: *Memories of Chung-GU Hoe* 조병은 영역); ______ · 김창남 외 분담집필, 『느티아래 강의실』(경기도 파주시: 한울, 2009); ______, 『변방을 찾아서』(경기도 파주시: 돌베개, 2012); ______, 『담론: 신영복의 마지막 강의』(경기도 파주시: 돌베개, 2015년 4월); ______, 『더불어 숲: 새로운 세상, 신영복교수가 보내온 삶과 사색의 엽서』(돌베개, 2015년 12월) 등이 있다.

(2) 최영묵(崔榮默) · 김창남(金昌南) 공저, 『신영복 평전: 더불어 숲으로 가는 길』(돌베개, 2019).

※ 최영묵(1963~현재)은 한양대학교 신문학과를 졸업하고 한양대학교 대학원 신문방

송학과에서 석사학위를 받은 데 이어 한양대학교 대학원 신문방송학과에서 「방송공익성과 심의제도에 관한 연구」(1996년 8월)로 박사학위를 받았다. 현재 성공회대학교 신문방송학과 교수다.

※ 김창남(1960~현재)은 서울대학교 경영대학 경영학과를 졸업하고 서울대학교 대학원 신문학과에서 석사학위를 받은 데 이어 서울대학교 대학원 신문학과에서 「하위문화집단의 대중문화실천에 대한 일(一) 연구: 대중음악을 중심으로」(1994년 2월)로 박사학위를 받았다. 현재 성공회대학교 신문방송학과 교수다.

(2-A) 김명환(金明煥), 「쇠귀 신영복의 사상적 모험」, 『황해문화』107(2020년 여름), 366~373쪽.

제2절 대북·대외관계: 미·중 경쟁 심화와 남·북·미정상회담

제1항 개관

21세기에 들어와 미국과 중국 사이의 경쟁관계는 점점 뜨거워지면서 마침내 신냉전시대에 접어들었다는 관측이 널리 제기됐다. 이러한 상황에서, 북한과 중국의 관계는 표면적으로는 밀착되는 모습을 보였고, 한국이 나아가야 할 길에 관한 토론이 활발해졌다.

(1) 최평길(崔平吉), 『21세기 동북아 정세예측과 한국의 전략적 대응방안』(집문당, 1996).

(2) 복거일(卜鉅一), 『한반도에 드리운 중국의 그림자』(문학과지성사, 2009; 2017년 개정증보판).

(3) 최지영(崔志暎), 「재한(在韓) 중국유학생의 한국에 대한 인식과 민족주의 성향 연구: 한·중관계에서 함의를 중심으로」, 『국제정치논총』제51집 제1호(2010년 3월), 217~240쪽.

※ 최지영(1971~현재)은 성균관대학교를 졸업하고 한국외국어대학교 통번역대학원에서 석사학위를 받은 데 이어 한양대학교 대학원 국제학과에서 석사학위를 받았으며 베이징대학 대학원에서 「중국의 주권관념: 인권과 세계화 담론에 대한 인식을 중심으로」(2004년 6월)로 박사학위를 받았다. 현재 단국대학교 대학원 중국어통번역학과 교수다.

(4) 정재호(鄭在浩), 『중국의 부상과 한반도의 미래』(서울대학교출판문화원, 2011); ______, 『생존의 기로: 21세기 미 · 중관계와 한국』(서울대학교출판문화원, 2021년 10월 20일).

※ 정재호(1960~현재)는 서울대학교 사범대학 국어교육학과를 졸업하고 브라운대학교 대학원 사학과에서 석사학위를 받은 데 이어 미시간대학교 대학원 정치외교학과에서 박사학위를 받았다. 박사학위청구논문 서지사항은 다음과 같다. Jae Ho Chung, "The Politics of Policy Implementation in Post-Mao China: Central Control and Provincial Autonomy Under Decentralization," unpub. Ph.D. diss., University of Michigan, 1993. 서울대학교 사회과학대학 외교학과 교수→서울대학교 국제문제연구소 소장→서울대학교 중국연구소 소장 등을 역임했으며 그 과정에서 한국국제정치학회 학술상을 받았다. 윤석열정부에서 주중대사로 기용됐다.

(5) 이남주(李南周), 「G2시대와 한반도」, 『황해문화』(2011년 여름), 122~138쪽.

(6) 이춘근(李春根), 『미중 패권경쟁과 한국의 전략 미중 충돌과 한국의 지정학적 위험 그리고 통일』(김앤김북스, 2016).

(7) 이상환(李相桓), 「한반도 주변 국제질서의 불안정성과 한국의 외교전략」, 『한국정치외교사논총』제37집 제2호(2016년 2월), 245~263쪽.

(8) 청와대 국가안보실, 『문재인정부의 국가안보전략』(청와대 국가안보실, 2018).

(9) 리소데쓰(李相鐵), 『북조선이 만든 한국대통령: 문재인정권 실록』(일본어)(도쿄: 산케이신문출판; 일본공업신문사, 2018) /김응수 · 전혜리 옮김, 『김정은이 만든 한국대통령: 문재인 정권 실록』(글마당, 2019).

(10) 구해우(具海祐), 『미중 패권전쟁과 문재인의 운명: 미중 신냉전시대와 한반도 자유통일국가 전략』(글마당, 2019년 12월 3일).

(11) 서승(徐勝), 『평화로 가는 한국, 제국으로 가는 일본: 동아시아의 과거와 미래를 생각한다』(경향신문사, 2019년 12월 23일).

저자인 서승 교수(우석대 석좌교수)가 지난 수년간 경향신문에 쓴 칼럼과 각종 포럼이나 세미나에서 발표한 평화에 대한 글들을 한데 모았다.

(12) 「특집: '중국'이라는 현상」, 『철학과 현실』125(2020년 여름).

편집인의 말

엄정식(嚴廷植), 「'중국'이라는 현상」, 6~33쪽.

특집

(i) 김익기(金益基), 「코로나19와 중국의 사회보장체제」, 34~49쪽.

※ 김익기(1950~현재)는 서울대학교 사회과학대학 사회학과를 졸업하고 사우스캐롤라이나대학교 콜럼비아 캠퍼스 대학원 사회학과에서 석사학위를 받은 데 이어 미시간대학교 대학원 사회학과에서 박사학위를 받았다. 박사학위청구논문 서지사항은 다음과 같다. Ik-ki Kim, "Socioeconomic Determinants of the Fertility Behavior in Korea: A Multi-Level Analysis," unpub. Ph.D. diss., University of Michigan, 1984. 현재 중국인민대학교 겸임교수다.

(ii) 이춘근(李春根), 「전염병과 국제정치」, 50~71쪽.

(iii) 조평규(曺坪圭), 「중국의 꽌시(Guanxi, 關係)」, 72~101쪽.

(iv) 유회준(柳會峻), 「중국의 반도체 연구와 산업」, 102~117쪽.

(v) 조경란(趙京蘭), 「지식인과 국가(1895~2020)」, 118~141쪽.

(vi) 장윤미(張允美), 「신시대 중국정치의 전변(轉變)」, 142~167쪽.

(vii) 안유화(성균관대 교수), 「중국과 미국, 패권싸움의 승자는?」, 168~181쪽.

특별기고

박성현(朴聖炫), 「중국 과학기술의 과거, 현재, 그리고 미래」, 219~253쪽.

(13) 박영규(대중역사저술가), 『트럼프 아베 문재인: 터놓고 풀어낸 한미일 게임 체인저의 속내』(경기도 파주시: 김영사, 2020).

(14) 김동원(金東源), 「미·중의 전략경쟁과 한국의 대응전략: 무역·기술 전략경쟁을 중심으로」, 『외교』139(2021년 10월), 127~153쪽.

※ 김동원(1953~현재)은 고려대학교 정경대학 경제학과를 졸업하고 고려대학교 대학원 경제학과에서 석사학위를 받은 데 이어 고려대학교 대학원 경제학과에서 「80년대 금융제도 개혁의 요인과 성격」(1987년 8월)으로 경제학박사학위를 받았다. KB국민은행 부행장→금융감독원 부행장보→연세대학교 경영대학 객원교수→고려대학교 정경대학

초빙교수 등을 역임했다. 대표적인 저서로 『대불황의 시대, 한국경제 어디로 가고 있는가』(미래의창, 2016), 『한국경제, 반전의 조건: 대전환기의 위험과 대응』(매일경제신문사, 2018), 『혼돈의 시대: 거대한 전환점이 될 팬데믹 이후 10년을 통찰하다』(매일경제신문사, 2021) 등이 있다.

(15) 김상배(金湘培) 엮음, 『디지털안보의 세계정치: 미중 패권경쟁 사이의 한국』(한울아카데미, 2021년 10월 28일); ______, 『미중 디지털 패권경쟁: 기술 · 안보 · 권력의 복합지정학』(한울아카데미, 2022).

(16) 유용원(庾龍源), 『미중 패권경쟁과 한국의 생존전략: '유용원의 군사세계' 개설 20주년 기념 칼럼 · 대담집』(플래닛미디어, 2021년 12월 15일).

저자는 대한민국 국방부 최장수(28년) 출입기자이자 누적방문자 4억 명을 돌파한 커뮤니티 「유용원의 군사세계」 운영자다.

(17) 정재환(鄭在桓), 「미중 패권경쟁과 달러 패권의 미래」, 『중국사회과학논총』 제4권 제1호(2022년 2월), 57~79쪽.

(18) 이승주(李昇炷) · 전재성(全在晟) · 김상배(金湘培) · 유인태(庾仁泰) · 김연규(金淵奎) · 김용신(金容信), 『패권의 미래: 미중 전략경쟁과 새로운 국제질서』(21세기북스, 2022년 7월).

(19) 부승찬(夫勝粲), 『권력과 안보:문재인정부 국방비사와 천공의혹』(해요미디어, 2023).

※ 부승찬(1970~현재)은 공군사관학교를 졸업하고 연세대학교 대학원 정치외교학과에서 주로 국제관계와 통일문제 및 안보정책을 전공해 석사→박사학위를 받았다. 박사학위청구논문은 「북한과 이스라엘의 생존전략: 포위심성의 적용」(2016년 2월)이다. 그는 이 논문에 요지를 「이스라엘의 핵개발 결정과 핵전략: 포위심성(siege mentality)의 적용」, 『국가전략』(세종연구소) 제23권 제2호(2017년 5월), 91~116쪽.에 발표했다. 국회의원 보좌관과 국방부장관 정책보좌관을 거쳐 문재인정부에서 국방부 대변인으로 기용됐다. 그는 자신의 일기를 근거로 이 책을 썼다고 주장했다. 국군방첩사령부는 그가 재직 중의 기밀을 노출시켰다는 이유로 고소했다. 제22대 국회의원이다.

제2항 남북관계

(1) 김연철(金鍊鐵), 『70년의 대화: 새로 읽는 남북관계사』(경기도 파주시: 창비, 2018년 1월).

휴전의 성립으로부터 북핵위기가 제기된 상태에서 두 차례에 걸친 남북정상회담이 개최되고 그러나 남북관계가 다시 경색된 시점에까지의 남북관계를 살폈다.

(2) 「특집: 통일과 평화 사이, '황해'에서 말한다」, 『황해문화』100(2018년 가을)

권두언

김명인(金明仁), 「혼돈의 세계를 비추는 한 줄기 불빛의 마음으로」, 2~111쪽,

특집서문

강성현(康誠賢), 「통일과 평화 사이, '황해'에서 말한다」, 12~17쪽.

특집1: 통일과 평화 '사이'의 사상들을 잇다

왕후이(王暉), 「기조강연 1: 동북아 평화의 계기로서의 한반도 평화 프로세스」, 20~42쪽.

마크 셀던(Mark Selden), 「전쟁에서 평화로 - 한번도와 아시아 · 태평양 지역의 사례를 국가, 지역, 그리고 지구적 시각으로 보다」, 43~59쪽.

박태균(朴泰均), 「한반도 중립국 통일론과 주한미군」, 60~80쪽.

백원담(白元淡), 「아시아가 만드는 세계 - 38미터의 관계학에서 신시대 평화연대로」, 81~114쪽.

백원담; 김동춘; 마크 셀던; 왕후이, 「좌담 1: 전후체제를 극복하는 한반도 평화 프로세스는 가능한가?」 115~139쪽.

특집2: 분단 경계에서 통일과 평화를 잇다

이종석(李鍾奭), 「기조강연 2: 분단의 바다가 협력의 가교가 되는 날」, 142~152쪽.

정근식(鄭根埴), 「냉전 · 분단 경관과 평화 - 군사분계선 표지판과 철책을 중심으로」, 153~182쪽.

한모니까, 「'수복지구'와 '신해방지구', 분단의 경계지역에서 통일 · 평화의 시험지역으로」, 183~202쪽.

김진향, 「개성공단 - 날마다 평화와 통일이 만들어지던 기적의 공간」, 203~223쪽.

강주원, 「망각되는 10여 년과 잃어버린 10여 년이 얽히고설킨, 또 하나의 국경 - 남북교류의 중심축이자 거울인 중국 단둥(丹東)」, 224~247쪽.

특집3: 섬, 갈등적 변경에서 평화 교류의 관문으로

개번 매코맥, 「동아시아의 '일본 문제' - 속국주의(Clientelism)와 아베 정부」, 250~269쪽.

가와미쓰 신이치, 「대리전쟁의 위기 회피를 - 「황해문화」 통권 100호를 맞이하며, 오키나와에서」, 270~289쪽.

이시하라 슌, 「태평양세계 · 일본 · 미국과 오가사와라 제도 - 제국, 총력전, 냉전을 살아남은 도민들」, 290~308쪽.

장보웨이, 「평화와 화해 - 진먼과 마쭈의 전쟁지역 역사 및 문화경관 보존이 지니는 핵심 가치」, 309~337쪽.

이지원; 정영신; 가와미쓰 신이치; 이시하라 슌, 「좌담 2: 냉전의 갈라파고스에서 평화의 오아시스로」, 338~369쪽.

하남석, 「심포지엄 지상중계 | 황해문화 통권 100호 발간기념 국제심포지엄: 황해에서 꽃피운 평화의 만남」, 370~391쪽.

이상엽, 「포토에세이: 우리를 갈라놓은 선(線)들」, 392~405쪽.

김남일, 「스토리텔링 아시아: 세 작가의 도쿄, 세 개의 근대 - 도쿄①」, 406~430쪽.

선즈화 · 조청봉, 「특별기고: 중국의 개혁개방 이후 북중동맹의 본질(1977~1992)」, 431~362쪽.

박권일, 「『황해문화』100호를 말하다: 『황해문화』, 그 100번의 전력투구」, 463~474쪽.

(3) 김진향(金鎭香), 「남북합의의 가장 확실한 실천은 종전이다」, 『민족화해』110 (2021년 5~6월), 14~17쪽.

(4) 정정화(鄭貞和), 『사용 후 핵연료 갈등: 불편한 진실과 해법』(파람북, 2021년 11월).

저자는 사용 후 핵연료 문제에 정부와 원자력계가 침묵하고 있다고 비판했다.

※ 정정화(1961~현재)는 한국외국어대학교 사회과학대학 법학과를 졸업하고 서울대학교 행정대학원에서 석사학위를 받은 데 이어 서울대학교 행정대학원에서 「입지정책 결정요인과 과정에 관한 연구: 첨단산업단지를 중심으로」(1998년 8월)로 행정학박사학위를 받았다. 한국지방자치학회 회장을 역임했으며, 문재인정부에서 사용후핵연료관리정책 재검토위원장으로 봉직했다. 현재 강원대학교 글로벌인재학부 교수다.

(5) 정욱식(鄭旭湜), 「북한이 크게 달라졌다. 어떻게 상대할 것인가?」, 『황해문화』(2022년 겨울), 241~258쪽.

문재인정부 출범 이후 열렸던 남북정상회담과 미 · 북정상회담을 거치면서, 특히 2019년 6월 30일에 있었던 "남북미 정상들의 '판문점 번개팅'이 안 하니만 못한 결과를 낳은 것을 계기로, 김정은정권은 대미 · 대남 관계에서 '새로운 길'을 걷기 시작했다고 주장했다. 필자는 "김정은 집권 이후 이전보다 북한의 경제사정이 좋아졌을 가능성이 높다"고 진단했다.

(6) 강인덕(康仁德), 「제7부 2000년 이후 지금도 여전히 그때 모습을 간직한 나」「'민족중심 대북관' 비판」, ______, 『한 중앙정보 분석관의 삶: 편조백방(遍照百邦), 투시백년(透視百年)의 기세로』 전2권(경기도 파주시: 경인문화사, 2022년 12월), 제2권, 347~352쪽.

문재인정부가 '민족중심 대북관'으로 대북 · 통일정책을 추진하는 자세를 비판했다.

(7) 홍영식(한국경제 논설위원), 「홍영식 칼럼: '9 · 19 합의,' 시작부터 사기극이었다」, 『한국경제』(2023년 1월 5일), A30쪽.

2018년 9월 19일에 문재인 대통령은 김정은과의 평양회담을 계기로 「판문점 선언 군사분야 이행합의서(9 · 19 합의)」를 채택했다. 필자는 "9 · 19 합의가 북한의 사기극임은 잉크도 마르기 전에 드러났다"라고 단언했다.

월북몰이 사건

이래진, 『서해일기: 누가 서해 공무원을 죽였나』(글통, 2023년 9월).

서해 공무원 이대진 씨는 2020년 9월 21일에 북한군에게 피살됐다. 그러나 국방부는 그가 '월북'을 시도하다가 죽었다고 단정했다. 그의 형 이래진 씨는 이 책에서 문재인정부가 북한을 자극하지 않으려고 그렇게 했다고 주장하면서, 문재인정부를 비난했다.

대북전단살포금지법

한국의 북한인권증진운동가들이 판문점 일대에서 북한지역을 상대로 김정은정권의 폭압적 성격을 규탄하는 전단을 살포하자 북한 김정은의 여동생 김여정은 문재인 대통령을 향해 "원래 못된 짓을 하는 놈보다 그걸 못 본 척하는 놈이 더 밉다"고 비난했다. 문재인정부는 곧바로 전단살포를 금지하는 법안, 세칭 「대북전단금지법」을 2020년 12월 14일에 국회에서 통과시키고 2021년 3월 30일부터 시행했다. 「남북관계 발전에 관한 법률, 약칭 남북관계발전법」 가운데 몇 개 조항을 고친 것이다. 이에 대해, 국내의 보수세력 그리고 미국을 비롯한 서구의 인권운동단체들은 그 법을 '김여정 하명법'이라고 조롱하면서 강력히 비판했다. 대법원은 사실상 대북전단살포가 불법이라고 판결했으나, 헌법재판소는 2023년 9월 26일에, 대북전단살포를 처벌하는 조항이 표현의 자유를 지나치게 제한한다는 점에서 위헌이라며 낸 헌법소원에 대해 위헌이라고 결정했다.

(1) 이희훈(李熈勳), 「대북전단 살포 금지와 표현의 자유」, 『관훈저널』156(2020년 가을), 27~35쪽.

※ 이희훈(1974~현재)은 연세대학교 대학원 법학과에서 「집회의 자유의 보호와 제한에 관한 연구」(2006년 8월) 로 법학박사학위를 받았다. 현재 선문대학교 인문사회대학 법·경찰학과 교수다.

(2) 천영우(千英宇), 「'대북전단금지법'은 김정은 폭압체제수호법」, 『조선일보』(2020년 12월 15일), A38쪽.

직업외교관 출신의 필자는 대북전단금지법을 통렬하게 비판했다.

(3) 이승현, 「대북전단살포금지법의 입법과정에 관한 연구: 과정추적법을 활용한 인과 메커니즘 분석」, 숭실대학교 대학원 기독교통일지도자학과 석사학위청구논문, 2022년 8월.

(4) 송평인(宋平仁), 「'위헌 결정' 대북전단금지법 만든 책임자들」, 『동아일보』(2023년 9월 28일), 26쪽.

대북전단금지법 제정을 '주도'한 송영길(宋永吉) 당시 국회 외교통일위원장 그리고 문재인 대통령의 책임을 물었다.

제3항 한미관계

트럼프행정부 출범 이후 북한과의 비핵화협상: 미국정부의 설명

(1) 김영익·김하영(노동자연대) 외 지음, 『제국주의론으로 본 트럼프 등장 이후의 동아시아와 한반도』(책갈피, 2017년 7월).

(2) 트럼프 대통령의 제72회 유엔총회 연설(2017년 9월 17일).

이 연설에서 트럼프는 미국이 '미국 우선주의'에 서서 대외정책을 추구할 것을 선언하고, 특히 북한에 관해 김정은을 '로켓 맨(Rocket Man)'이라고 부르면서 미국은 북한을 '완전히 파괴'할 힘을 갖고 있다고 역설했다.

(3) Bruce W. Bennett and Boo-seung Chang, *Strengthening U.S.-ROK Relations in the New Administrations of the United States and South Korea*(Santa Monica, C.A.: RAND, 2018).

(4) Bob Woodward, *Fear: Trump in the White House*(New York: Simon & Schuster, 2018)/ 장경덕(張曝德) 옮김, 『공포: 백악관의 트럼프, 워터게이트 특종기자 '밥 우드워드의 폭로』(딥인사이드, 2019).

※ Bob Woodward(1943~현재)는 예일대학교 학부를 졸업하고 『워싱턴포스트』 기자로 출발해 1972년에 닉슨 대통령의 저 악명높은 워터게이트 사건을 특종보도해 명성을 얻었다. 퓰리처상을 두 차례에 걸쳐 받았으며, 현재 『워싱턴포스트』 부편집인이다. '탐사보도'의 영역을 개척했다는 평가를 받았다. 그는 트럼프 대통령의 정책결정과정을 치밀하게 분석한 다음의 책으로도 명성을 높였다. Bob Woodward, *Rage*(New York: Simon & Schuster, 2020)/ 이재학(李在鶴), 『분노: 트럼프와 김정은이 주고 받은 편지 27통』(가로세로연구소, 2020).

(4-A) 김영호(金暎浩), 「제2부 격동의 한반도와 국제정치」 가운데 「제4장 미중냉전 2.0과 대한민국」 가운데 「제38강 우드워드 책 『공포』 해설: 김정은 제거 검토하는 미국」, ______, 『미중 패권전쟁과 위기의 대한민국』(북앤피플, 2019), 109~335쪽 가운데 165~216쪽 가운데 208~211쪽.

(ⅰ) 밥 우드워드 기자는 신간 『공포: 백악관의 트럼프』에서 트럼프 대통령의 정책결정과정을 현미경 렌즈를 비추어 분석하고 있다. 이 책은 트럼프 정책결정의 즉흥성과 독특함을 보여주는 센세이셔널한 측면을 많이 담고 있다.

(ⅱ) 이 책은 트럼프가 취임한지 한 달도 채 되지 않은 2017년 2월말 조지프 던포드(Joseph Dunford) 합참의장에게 북한에 대한 선제타격계획을 마련하도록 지시한 부분이 나온다. 그 지시 이후 미 합참은 몇 가지 군사공격 시나리오를 만들어 두었을 것이다.

6·25전쟁과 관련하여 공개된 비밀문서들을 보면 북한남침 직후 트루먼 대통령은 국가안보회의에서 미 합참에게 교두보를 확보할 수 있는지 검토할 것을 지시하고 있다. 미 합참은 네 개 미군사단들을 투입하면 부산방어선을 확보할 수 있다는 보고서를 트루먼에게 올리고 있고, 그 이후 전쟁 상황은 미 합참의 예상대로 진행되었다.

이런 사례를 보면 트럼프의 합참에 대한 지시사항도 그대로 이행되어 북한 선제타격에 대한 몇 가지 시나리오들이 이미 마련되어 있다는 것은 충분히 예상해 볼 수 있다. 김정은이 싱가포르회담에 나오게 된 것은 바로 미국의 선제군사공격 가능성 때문이었다는 점을 잊어서는 안 된다.

(5) 박행웅(전문번역가) 편역/박동철 해제, 『트럼프의 미국우선주의』(경기도 파주시:

한울아카데미, 2018년 11월).

트럼프의 대통령당선 전후에 발표된 미국정부의 공식문서들을 번역하고 해설한 책이다. 편역자는『미 중 분쟁의 실상: 미국의회 미중경제안보검토위원회』(경기도 파주시: 한울아카데미, 2020)도 출판했다.

(6) Jim Mattis and Bing West, *Call Sign Chaos: Learning to Lead*(New York: Random House, 2019년 9월).

트럼프 대통령의 국방장관으로 북한무력공격 계획을 세웠던 데 대해 회상했다.

※ James Norman Mattis(1950~현재)는 워싱턴주의 센트럴워싱턴대학교(Central Washington University)를 졸업하고 국방대학교에서 석사학위를 받았다. 센트럴워싱턴대학교에서 ROTC 훈련을 받아 졸업과 동시에 해병 소위로 임관됐으며, 해병대 대장으로 승진하고 미 합동군사령부 사령관과 미 중부사령부 사령관을 역임했다.

(7) Nikki Haley, *With All Due Respect: Defending America with Grit and Grace*(New York: St. Martin's Press, 2019년 11월).

트럼프 행정부에서 유엔대사를 역임하며 대북 강경정책을 옹호했던 저자의 회고록이다. 여러 곳에서 김정은과 북한의 본질, 그리고 북핵에 대해 언급했다.

※ Nikki Haley(1972~현재)는 사우스캐롤라이나주의 클렘슨대학교(Clemson University)를 졸업하고 사우스캐롤라이나주에서 연방하원의원을 거쳐 주지사로 봉직했다.

(8) John Bolton, *The Room Where It Happened: A White House Memoir*(New York: Simon & Schuster, June 2020)/박산호(전문번역가) · 김동규(전문번역가) · 황선영(전문번역가) 공동번역,『그 일이 일어난 방: 존 볼턴의 백악관 회고록』(시사저널사, 2020).

※ John Bolton(1948~현재)은 예일대학교 학부에 이어 예일대학교 법학전문대학원을 졸업한 변호사로, 법무부차관보→국무부차관→유엔주재미국대사→대통령외교안보보좌관을 역임했다. 트럼프 대통령 때도 대통령외교안보보좌관으로 기용됐다.

(8-A) 김영호(金暎浩),「제2부 격동의 한반도와 국제정치」 가운데「제6장 제2차 미북정상회담 결렬 이후 북핵해결방안」 가운데「제54강 볼턴, 하노이에서 트럼프 도와 대한민국 살렸다」, ______,『미중 패권전쟁과 위기의 대한민국』(북앤피플, 2019), 109~335쪽 가운데 273~335쪽 가운데 292~297쪽.

(ⅰ) "2019년 2월 27일과 28일 진행된 하노이 제2차 미북정상회담에서 존 볼턴 백악관

대통령 국가안보보좌관의 활약이 매우 컸다. 회담결렬 이후 첫 번째 일요일인 3월 3일 그는 미국 방송대담프로그램에 출연하여 회담내용을 구체적으로 설명하면서 트럼프 대통령이 김정은에게 한글과 영문으로 된 '빅딜문서'를 전달했다는 사실을 공개했다."

(ii) "이번 회담에서 북한 전체주의정권의 독재자 김정은은 독단적으로 협상에 임했다가 트럼프가 회담을 중단시킴으로써 엄청난 수모를 겪었다. 이렇게 보면 자유민주주의 국가가 보장하는 언론의 자유가 얼마나 정책결정과정과 외교협상에서 중요한 것인지를 알 수 있다."

(iii) "볼턴은 방송에서 트럼프가 건넨 '빅딜문서'에는 비핵화대상으로서 북한 핵무기, 미사일, 핵물질, 생화학무기 등이 포괄적으로 들어가 있었다고 소개했다. 트럼프는 이와 관련된 모든 시설에 대한 사찰과 검증을 요구하고 궁극적으로 완전한 폐기를 요구했다. 이런 과정의 검증을 위해서 북한은 2003년 탈퇴한 핵확산방지조약(NPT)에 복귀하고 국제원자력기구(IAEA) 사찰을 받아야 할 것이다.

김정은이 완전한 핵포기 결정을 내리면 그에 대한 대응조치로서 미국은 김정은에게 북한 경제발전의 거대한 미래상을 제시하고 북한의 개혁과 개방을 적극 돕겠다는 입장을 분명히 했다. 그러나 회담에서 김정은은 노후화된 영변 핵원자로와 일부 우라늄 농축시설에 폐기를 제시하고 그 대가로서 유엔 핵심 제재 5개 해제를 요구함으로써 회담은 파국을 맞고 말았다.

하노이회담 직전까지 볼턴 보좌관은 전면에 나서지 않았다. '리비아 모델'을 주장한 강경파 볼턴과 협상파 폼페이오(Michael Richard "Mike" Pompeo) 국무장관-비건(Stephen Biegun) 국무부장관 사이에 북핵문제 해결방식을 두고 의견대립과 갈등이 있었던 것으로 알려졌다. 이번 하노이회담에서 트럼프는 볼턴의 손을 들어주고 완전 북핵폐기를 거부한 김정은과 회담을 중단시키고 말았다."

(8-B) Michelle Goldberg, "Don't Buy John Bolton's Book. But Don't Ignore Its Revelations," *New York Times*(June 20~21, 2020), p.11.

(9) Michael S. Schmidt, *Donald Trump v. the United States: Inside the Struggle to Stop a President*(New York: Random House, September 2020; paperback edition, 2023).

페이퍼백 판에서, 뉴욕타임스 기자인 저자는 트럼프 대통령이 집권 첫 해인 2017년에 당시 존 켈리 백악관 비서실장에게 북한에 대한 핵 선제타격을 제의했으나 켈리 실장이 반대함으로써 좌절시켰다고 주장했다.

(10) Mark T. Esper, *A Sacred Oath: Memoirs of a Secretary of Defense During Extraordinary Times*(New York: William Morrow & Company, May 2022).

트럼프 대통령의 국방장관이었던 저자의 회고록이다. 여기서 저자는 미국의 북한 무력공격 계획 및 주한미군철수 계획에 대해 자세히 회고했다.

※ Mark T. Esper(1964~현재)는 육군사관학교(웨스트포인트)를 졸업하고 하버드대학교 케네디스쿨에서 석사학위를 받은 데 이어 조지워싱턴대학교에서 박사학위를 받았다. 육군장관에 이어 국방장관 서리를 거쳐 국방장관으로 봉직했다.

(11) Mike Pence, *So Help Me God*(New York: Simon and Schuster, 2022년 11월).

트럼프 대통령 아래 부통령이었던 저자의 회고록이다. 제24장 「은둔의 왕국(The Hermit Kingdom)」(223~226쪽)과 제25장 「최대한의 압박(Maximum Pressure)」(278~284쪽) 등이 북한을 다루고 있다.

※ Mike Pence(1959~현재)는 인디애나주 하노버에 있는 하노버칼리지(Hanover College)를 졸업하고 인디애나대학교 법과대학을 졸업한 변호사로, 연방하원 의원을 거쳐 인디애나주 지사로 봉직했다.

(12) Mike Pompeo, *Never Give an Inch: Fighting For the America I Love*(New York: Broadside Books, HarperColling, 2023).

트럼프 대통령의 국무장관(2018년 4월 26일~2021년 1월 20일)으로 봉직한 저자의 회고록이다. 그는 중앙정보부장으로 싱가포르에서 열릴 미북정상회담을 조율하기 위해 2018년 3월에 극비리에 평양을 방문했고. 첫 방북 40여 일 뒤 국무장관으로 다시 평양을 방문했다. 이후 두 차례 더 방북해 북핵 문제를 해결하고자 했다.

※ Mike Pompeo(1963~현재)는 미국 육군사관학교(웨스트포인트)를 수석으로 졸업하고 하버드대학교 법과대학을 졸업했다. 연방하원 의원으로 봉직했으며, 트럼프행정부에서 중앙정보부장→국무장관으로 봉직했다.

싱가포르 북미정상회담

미국의 트럼프 대통령과 북한의 김정은 국무위원장 사이의 회담이 2018년 6월 12일에 싱가포르 센토사 섬 카펠라 호텔에서 열렸다. 이것은 미국과 북한 사이의 관계에서 처음 열린 정상회담이었다. 회담 직후에 두 정상 사이의 합의문이 발표됐다.

(1) 박태균(朴泰均), 「시론: 정전협정과 종전선언」, 『역사비평』123(2018년 5월), 171~198쪽.

(2) 신석호(申錫昊), 『오바마는 왜 트럼프처럼 김정은을 다루지 않았을까: 북미정상

회담 그 후, 꼭 읽어야 할 오바마 대북정책의 교훈』(린쓰, 2018년 6월).

(3) 이정철(李貞澈), 「흔들리는 판문점 그리고 평화로의 병진」, 『창작과비평』180(2018년 6월), 247~262쪽.

필자는 북・미 비핵화 협상의 역사를 되짚어보면서 이번 협상 낙관론의 근거를 소개했다. 그는 "비핵화-평화협정 병행론은 미국이 과거 북한과 협상하고자 했던 안이며, 중국의 중재안이고, 한국 정부가 동의하는 안"이라며 "북한이 비핵화보다 평화협정이 먼저라는 지난 주장을 포기하고 병행론을 수용한 이상 남북미중 4개국이 모두 '호랑이 등에 올라탄 모양새'"라고 밝혔다. '호랑이 등(협상)에서 내리는 나라는 실패의 모든 책임을 짊어져야 한다는 것이다.

(4) 유기홍(柳基洪), 「김정은의 정상회담 전략 연구」, 『현대북한연구』 제22권 제2호(2019년 8월), 158~189쪽.

※ 유기홍(1958~현재)은 서울대학교 인문대학 국사학과를 졸업하고 경남대학교 북한학대학원에서 석사학위를 받은 데 이어 북한대학원대학교에서 「김구의 남북협상과 민족자주통일론 연구」(2017년 2월)로 북한학박사학위를 받았다. 그는 자신의 이 연구를 바탕으로 『38선 위의 김구: 김구의 남북협상과 민족자주통일론 연구』(유기홍미래앤, 2017)와 『다시 김구를 부르다: 통일은 우리에게 어떤 의미이며 어떻게 준비할 것인가?』(와이즈베리, 2018) 등을 출판했다. 경남대학교 극동문제연구소 조교수를 역임했으며, 제17대와 제19대 및 제21대 국회의원을 거쳐 현재 22대 국회의원이다.

한국측 분석

(1) 서정건(徐正健)・차태서(車兌西), 「트럼프 행정부와 미국외교의 잭슨주의 전환」, 『한국과 국제정치』(극동문제연구소) 제33권 제1호(2017년 3월). 63~91쪽; 서정건(徐正健)・최민진(경희대), 「트럼프 시대 한미FTA 변화와 미국의회」, 『한국정당학회보』(한국정당학회) 제16권 제3호(2017년 11월), 175~205쪽; Taesuh Cha and JungKun Seo, "Trump by Nixon: Maverick Presidents in the Years of U.S. Relative Decline," *Korean Journal of Defense Analysis*, Vol. 30, No. 1(March 2018), pp.79~86.

※ 차태서(1982~현재)는 서울대학교 사회과학대학 외교학과를 졸업하고 서울대학교 대학원 외교학과에서 석사학위를 받은 데 이어 존스홉킨스대학교 대학원 정치학과에서 박사학위를 받았다. 박사학위청구논문 서지사항은 다음과 같다. TaeSuh Cha, "The

Construction of the American Standard of Civilization," unpub. Ph.D. diss., Johns Hopkins University, 2016. 현재 성균관대학교 사회과학대학 정치외교학과 교수다.

(2) 박휘락(朴輝洛), 「북핵의 군사적 활용 시 예상되는 북한의 핵전략 분석: '전략=목표+방법+수단'의 방정식 활용」, 『국방연구』 제60권 제4호(2017년 12월), 29~52쪽; ______, 「전술핵 배치의 필요성과 실현 가능성 평가」, 『군사발전연구』 제11권 제2호(2017년 12월), 1~24쪽; ______, 「협상이론에 의한 미북 하노이 회담의 분석과 함의」, 『아태연구』(경희대학교 국제지역연구원) 제26권 제3호(2019년 9월), 103~132쪽; ______, 「남북 핵균형을 위한 미 핵무기 전진배치 방안 분석」, 『정치정보연구』(한국정치정보학회) 제22권 제3호(2019년 10월), 123~148쪽; ______, 「북한의 대(對)미국 핵전략 분석: 최소억제전략을 중심으로」, 『신아세아』 제27권 제2호(2020년 여름), 42~66쪽; ______, 「북한 '비핵화' 협상에서 노출된 '오인식(誤認識)'과 '집단사고' 분석」, 『신아세아』 제27권 제4호(2020년 겨울), 19~44쪽; ______, 「나토 핵 공유(nuclear sharing) 체제의 현황과 동북아시아 도입에 관한 시론적 분석」, 『국가전략』 제27권 제1호(2021년 1월), 103~128쪽; ______, 『북핵 외통수: 비핵화에서 핵균형으로』(경기도 성남시: 북코리아, 2021년 5월); ______, 「미북 비핵화 협상에서 개인수준 영향과 정도 분석: 트럼프 대통령의 영향을 중심으로」, 『아시아연구』(한국아시아학회) 제24권 제3호(2021년 8월), 183~200쪽; ______, 「북한의 핵무력 법령화와 우리의 대응」, 『외교』(2023년 1월), 76~88쪽.

(3) 이범찬(李範贊), 「탈냉전기 미국의 대북정책 변동요인에 관한 연구: 북핵문제를 중심으로」, 가천대학교 대학원 행정학과 박사학위청구논문, 2018년 2월.

※ 이범찬(1958~현재)은 서울대학교 사회과학대학 경제학과를 졸업하고 가천대학교 대학원 행정학과에서 박사학위를 받았다. 유엔공사 및 영국공사를 역임했으며, 국가정보원 해외 및 북한담당 차장보로 봉직했다. 현재 강원대학교 행정 · 심리학부 교수다.

(4) 정종관, 「트럼프 행정부의 대북 강압전략 연구와 한국의 대응전략」, 『한국동북아논총』 제23권 제1호(2018년 3월), 99~121쪽.

※ 이 논문은 제13권에서 이미 소개된 필자의 다음 논문과 연결해 읽어주기 바란다. 정종관, 「강대국에 대한 약소국의 역강압 전략에 관한 연구: 북핵 문제를 중심으로」, 조선대학교 대학원 정치외교학과 박사학위청구논문, 2016년 8월.

(5) 이상우(李相禹), 「한 · 미동맹은 꼭 지켜야 한다: 걱정되는 미 · 북관계」, 『신아세

아』 제25권 제2호(2018년 여름), 10~15쪽.

(6) 이동복(李東馥), 「싱가포르 회담의 Post-Mortem: '홍정꾼'과 '사기꾼'의 한판 대결인가」, 『신아세아』 제25권 제2호(2018년 여름), 17~21쪽; ______, 「핵을 보유한 북한을 어떻게 다룰 것인가」, 『신아세아』 제27권 제1호(2020년 봄), 19~40쪽.

필자는 임진왜란 때 왜를 상대로 사기 강화를 시도하다가 실패했던 명(明)의 심유경(沈惟敬)의 사례를 상기시키면서, 문재인 대통령이 심유경의 행각과 닮은 꼴을 보이고 있다고 비판했다.

(7) 구본학(具本學), 「싱가포르 미·북 정상회담 의미와 한국의 안보」, 『신아세아』 제25권 제2호(2018년 여름), 24~38쪽.

(8) 안병진(安秉鎭) 지음, 『예정된 위기: 북한은 제2의 쿠바가 될 것인가?』(모던아카이브, 2018년 12월).

문재인정부 출범 이후 남북정상회담이 열렸고 미북정상회담이 열림에 따라 한반도의 평화에 대한 기대가 커졌다. 그러나 미국정치를 전공한 안병진 경희대 교수는 이 책에서 한반도에는 위기가 발생할 수 있다고 경고하고, 미국과 쿠바 및 소련 사이에서 1962년 10월에 일어났던 '쿠바 미사일 위기'를 상기했다.

※ 안병진(1967~현재)은 서강대학교 사회과학대학 사회학과를 졸업하고 서울대학교 대학원 정치학과에서 석사학위를 받은 데 이어 뉴욕시 「사회연구를 위한 뉴스쿨」 대학원에서 박사학위를 받았다. 박사학위청구논문 서지사항은 다음과 같다. Byong-jin Ahn, "Learning to Speak American: The Use of 'Values Appeals' in the 1984 and 1996 Presidential Elections," unpub. Ph.D. diss., New School for Social Research, New York City, 2003. 현재 경희대학교 미래문명원 교수다.

(8-A) Serhii Plokhy, *Nuclear Folly: A History of the Cuban Missile Crisis*(New York: W. W. Norton & Company, 2021); 허승철(許勝澈) 옮김, 『핵전쟁 위기: 쿠바 미사일 위기의 교훈』(삼인, 2022).

※ 세르히 플로히(1957~현재)는 소련시대에 우크라이나공화국의 수도에 있는 키예프국립대학교에서 국가학박사학위를 받았으며 드니프로페트롭스크대학교 교수로 봉직했다. 소련이 해체되기 직전에 캐나다로 이주해 앨버타대학교 사학과 교수로 봉직했으며, 현재 하버드대학교 교수로 봉직하는 가운데 우크라이나에 관련된 저술들을 출판하고 있다.

※ 허승철(1959~현재)은 고려대학교 문과대학 노어노문학과를 졸업하고 브라운대학교 대학원에서 슬라브어학을 전공해 석사→박사학위를 받았다. 박사학위청구논문 서지사항은 다음과 같다. Seung-Chul Hur, "Language Shift and Bilingualism in the Soviet Union: Language Aspects of Ethnic Relations," unpub. Ph.D, diss., Brown University, 1988. 하버드대학교 러시아연구소 연구원을 거쳐 현재 고려대학교 문과대학 노어노문학과 교수다. 2006~2008년에 우크라이나주재대사로 봉직했으며, 우크라이나를 포함해 러시아에 관해 여러 저술을 출판했다.

(8-A-a) 이수훈(李秀勳), 「서평: 세르히 플로히의 『핵전쟁 위기: 쿠바 미사일 위기의 교훈』」, 『신아세아』제30권 제2호(2023년 여름), 86~89쪽.

※ 이수훈(1982~현재)은 미국 리하이대학교(Lehigh University)를 졸업하고 고려대학교 대학원 글로벌MBA학과에서 석사학위를 받은 데 이어 고려대학교 대학원에서 국제관계학을 전공해 박사학위를 받았다. 박사학위청구논문 서지사항은 다음과 같다. Alex Soohoon Lee, "Is Neoconservatism Dead? Evolution of Neoconservatism as an Intellectual Ideology," unpub. Ph.D. diss., Korea University, 2015. 현재 한국국방연구원 안보전략연구센터 선임연구원이다.

(9) 윤태영(尹泰詠), 「북한 핵 · 미사일 위협에 대한 트럼프 행정부의 최대압박 · 관여전략과 한국의 대응방향」, 『사회융합연구』(대구과학대학교 국방안보연구소) 제3집 제4호(2019년 1월), 41~53쪽.

※ 윤태영(1964~현재)은 한국외국어대학교 사회과학대학 정치외교학과를 졸업하고 영국 뉴캐슬대학교(어펀타인) 대학원 정치학과에서 석사학위를 받은 데 이어 맨체스터시립대학교 대학원 정치학과에서 박사학위를 받았다. 박사학위청구논문 서지사항은 다음과 같다. Taeyoung Yoon, "Crisis Management on the Korean Peninsula: South Korea's Crisis Management towards North Korea within the Context of the South Korea-U.S. Alliance, 1968-1983," unpub. Ph.D. diss., Manchester Metropolitan University, 1998. 현재 경남대학교 공공인재대학 경호보안학과 교수다.

(10) 손병권(孫秉權), 「미국 국내정치의 상황에서 본 트럼프 대통령의 리더십 유형에 대한 소고」, 『국제정치논총』제59집 제1호(2019년 3월), 167~198쪽.

(11) 이주희(李周熹), 「경제제재가 비핵화에 미치는 영향에 관한 연구: 미국의 대(對)북한, 대(對)이란 사례 중심으로」, 고려대학교 대학원 정치외교학과 정치학박사학위청

구논문, 2021년 8월.

※ 이주희(1981~현재)는 동국대학교에서 독일어를 전공했으며 고려대학교 대학원 정치외교학과에서 석사→박사학위를 받았다. 현재 고려대학교 박사후과정에 있다.

(12) 안정은(통일연구원), 「트럼프 행정부 시기 신의성실원칙의 이행문제(commitment problem)에 따른 북핵협상 국면전환 연구」, 『한국정치연구』(서울대학교 한국정치연구소) 제30권 제3호(2021년 10월), 199~223쪽.

(13) 이영종(李永鐘), 「김정은, 자신과 트럼프 사이 끼어들려는 문 대통령 성가시게 생각」, 『시사저널』1694(2022년 4월 4일).

김정은과 트럼프 사이에 2018년 4월 1일~2019년 8월 5일에 오간 친서 27통을 입수해 분석했다. 이 분석에 따르면, 김정은은 트럼프에 대해서는 언제나 경의를 표시하면서 그와의 관계를 계속해서 유지하려고 했지만 문재인이 끼어드는 것에 대해서는 노골적으로 싫어했다.

(14) 장기영(張起榮), 「'신(新)고전현실주의 이론'을 통해서 본 문재인정부의 중재외교: 싱가포르와 하노이 북미 비핵화 협상 과정을 중심으로」, 『의정연구』 제28권 제1호(2022년 4월), 41~68쪽.

북핵 군비통제 담론

문재인정부 이후 남북정상회담이 다시 열리고 미북정상회담이 열림에 따라 한반도에 데탕트 분위기가 조성되면서 북핵문제 해결방안으로 군비통제에 대한 담론이 활발해졌다. 이 주제에 관한 저술들에는 다음이 포함됐다.

(1) 신명순(申命淳)·이춘근(李春根), 「군비통제의 이론적 접근경향」, 『사회과학논집』(연세대학교 사회과학연구소) 22(1991년 12월), 72~104쪽.

(2) 권효림(연세대)·김용호(金用浩), 「북한 핵실험에 대한 최고지도자의 인지적 접근: 제1차 핵실험을 중심으로」, 『국제정치논총』제54집 제1호(2014년 3월), 99~132쪽.

(3) 김법헌(金法憲), 「북한의 비핵화와 한반도 평화구축 과정의 전망: 낙관과 낙관, 그리고 대응전략」, 『한국동북아논총』제23권 제3호(2018년 9월), 137~160쪽.

(4) 박용한(朴用韓), 「통일한국 적정 군사력 추계와 남북한 군비통제 함의」, 『북한연구학회보』제22권 제2호(2018년 12월), 87~116쪽.

(5) 한용섭(韓庸燮), 「군비통제 관점에서 본 9.19 남북군사합의의 의의와 전망」, 『국

가전략』제25권 제2호(2019년 1월), 5~31쪽.

(6) 반길주(潘吉周), 「북핵위협과 관심전환 이론: 트럼프 행정부 시대 미국의 국가안보와 정권안보의 충돌」, 『신아세아』제24권 제2호(2020년 6월), 10~41쪽; ______, 「동북아 국가의 한국에 대한 회색지대전략과 한국의 대응방안」, 『한국군사』7(2020년 6월), 35~69쪽; ______, 「게임체인저로서 북한 SLBM 위협고도화와 한국의 대응방안: 변화되는 게임진단과 SLBM 상쇄전략」, 『국가전략』제26권 제3호(2020년 8월), 119~150쪽; KilJoo Ban, "Maritime CBMs as Soft Deterrence in Northeast Asia: A Sea of Paradox and Its Remedies," *Pacific Focus*, Vol. 35, No. 3(December 2020), pp.463~490; ______, "Two-Level Silence and Nuclearization of Small Powers: The Logic of Rendering North Korea Nuclear-Armed," *Korea Observer*, Vol. 52, No. 1(February 2021), pp.51~82; ______, 「북핵 군비통제 카드의 위험성 추적: 북핵 거부와 군비통제 담론 비교」, 『신아세아』제28권 제4호(2021년 12월), 107~136쪽.

※ 반길주(1972~현재)는 국방대학교에서 석사학위를 받은 데 이어 2011년에 애리조나주립대학교 대학원에서 박사학위를 받았다. 인하대학교 국제관계연구소 안보연구센터장을 거쳐 현재 한국해양전략연구소 선임연구위원이다. 그의 대표적 저서들에는 『국제현실정치의 바다전략: 해양접근전략과 균형적 해양투사』(한국해양전략연구소, 2011)와 『작은 거인: 중견국가 한국의 안정화 작전 성공 메커니즘』(북코리아, 2017) 등이 있다.

(7) 김법헌(金法憲) · 문성준(文晟準), 「핵비확산레짐에 의한 북한 핵검증에 관한 연구」, 『대한정치학회보』제29집 제1호(2021년 1월), 167~188쪽.

(8) Toby Dalton and Youngjun Kim, "Negotiating Nuclear Arms Control with North Korea: Why and How?" *Korean Journal of Defense Analysis*, Vol. 33, No. 1(March 2021), pp.1~21.

바이든 행정부 출범을 계기로 살핀 미국의 대외정책: 한국의 기대와 평가

『외교』(한국외교협회) 136(2021년 1월).

윤덕민(尹德敏), 「미국 신행정부에 거는 기대- 신행정부 출범과 한 · 미관계 증진을 위한 제언」, 17~28쪽.

김성한(金聖翰), 「도널드 트럼프 행정부의 외교정책 평가」, 29~42쪽.
이상현(李相賢), 「글로벌 패권경쟁과 미국의 신외교정책」, 43~56쪽.
김진하(金鎭河: 통일연구원), 「미국 신정부의 대북한 비핵화정책」, 57~70쪽.
최석영(崔晳泳), 「미 신행정부의 국제통상 정책」, 71~84쪽.
최원기(崔源起), 「미 바이든 행정부의 다자외교 전망」, 85~100쪽.

관심전환이론=관심분산이론

정성철(丁成澈), 「관심전환전쟁이론: 논리와 증거」, 『한국정치학회보』제47집 제5호(2013년 12월), 389~405쪽; Sung Chul Jung, "Foreign Targets and Diversionary Conflict," *International Studies Quarterly*, Vol. 58, No. 3(September, 2014), pp.566~578; ______, "More Unstable Internally, More Reliable Externally: South Korea's Participation in the Vietnam War," *Korean Journal of International Studies*, Vol. 14, No. 1(April 2016), pp.31~52.

북한이 제기하는 핵 위협과 관련해 국제정치학계에서는 '관심전환이론'과 '관심무마이론'으로 해석하는 경향이 있다. 단순화시켜 말해, '관심전환이론'은 국내적 불안정에 직면한 정치지도자가 국내에서의 세력결집을 위해 국외에서 군사적 충돌을 일으키거나 외부로부터의 군사적 위협을 과장한다. 대조적으로, '관심무마이론'은 역시 국내적 불안정에 직면한 정치지도자가 외부로부터의 군사적 위협을 축소함으로써 자신의 능력을 과시하려는 경향을 말한다.

※ 정성철(1977~현재)은 서울대학교 인문대학 서양사학과를 졸업하고 서울대학교 대학원 외교학과에서 석사학위를 받은 데 이어 럿거스대학교(뉴저지주립대학교) 대학원 정치학과에서 박사학위를 받았다. 박사학위청구논문 서지사항은 다음과 같다. SungChul Jung, "Fear and Greed: Domestic Unrest, Foreign Target, and Interstate Conflict," unpub. Ph.D. diss., Rutgers, The State University of New Jersey, New Brunswick, 2012. 현재 명지대학교 사회과학대학 정치외교학과 교수다.

제4항 한일관계와 북일관계

다음에서 문재인정부 때의 한일관계 그리고 북일관계를 분석한 저술들을 다루되, 문재인정부 이전에 발생한 주제들과 쟁점들을 분석한 저술들도 다루기로 한다. 문재인정부 때 일어난 일이라고 해도 그 뿌리는 지난날로 거슬러 올라갈 수 있기 때문이다.

(1) 이종석(李鍾奭), 「북에서 본 한일협정과 조일회담」, 『역사비평』30(1995년 2월), 57~69쪽.

(2) 노다 마사아키(野田正彰), 『전쟁과 죄책』(도쿄: 이와나미쇼텐, 1998)/ 서혜영(전문번역가) 옮김, 『전쟁과 인간: 군국주의 일본의 정신분석』(길, 2000); 노다 마사아키, 『전쟁과 죄책』(도쿄: 이와나미현대문고, 2022)/ 서혜영(전문번역가), 『전쟁과 죄책: 일본 군국주의 전범들을 분석한 정신과 의사의 심층 보고서』(또다른우주, 2023).

※ 노다 마사아키(1944~현재)는 홋카이도대학 의학부를 졸업한 정신과의사로 고베시립외국어대학 교수에 이어 간사이가쿠인대학 교수 등을 역임했다. 그는 이 책을 통해 "인간은 과연 어디까지 잔인해질 수 있는지"를 보여주었다. 그는 동시에 전쟁범죄를 죄악으로 인정하지 않고 부인하며 망각하기를 강요하는 일본의 극우적 분위기가 어떻게 사회를 빈곤하게 만들어왔는가를 치밀하고 솔직하게 분석했다.

(3) 신정화(辛貞和), 「일본의 대북한정책(1945~1992년): 국내정치역학의 관점에서」(일본어), 게이오대학 대학원 법학연구과 법학박사학위청구논문, 2000년 9월; ______, 『일본의 대북정책, 1945~1992』(오름, 2004).

※ 신정화(1962~현재)는 가톨릭대학교를 졸업하고 이화여자대학교 대학원에서 북한을 전공해 석사학위를 받은 데 이어 게이오대학 대학원에서 지역정치를 전공해 박사학위를 받았다. 현재 동서대학교 아시아학과 교수다.

(4) '한일, 연대21' 엮음, 『한일 역사인식 논쟁의 메타히스토리: '한일, 연대21'의 시도』(뿌리와이파리, 2008년 2월).

서문

최원식(崔元植), 「한일관계의 상호진화를 위하여」, 5~8쪽.

고모리 요이치(小森陽一), 「'한일, 연대 21'의 역할과 과제: 발안자의 한 사람으로서」, 9~13쪽.

제1부 한일의 새로운 미래 구상을 위하여

최원식(崔元植), 「포스트 '65년을 점검하는 메모」, 19~29쪽,

시마무라 데루(島村輝), 「'불편함'에 직면한다는 것: '일중, 지(知)의 공동체' 프로젝트의 경험으로부터」, 30~51쪽.

김철(金哲), 「저항과 절망」, 52~67쪽.

박유하(朴裕河), 「한일 간의 과거 극복은 어떻게 가능한가」, 68~83쪽.

제2부 교과서 문제 재론

다와라 요시후미(俵義文), 「'새로운 역사 교과서를 만드는 모임'의 최근 동향」, 87~98쪽.

이영훈(李榮薰), 「국사 교과서에 그려진 일제의 수탈상과 그 신화성」, 99~129쪽.

고모리 요이치(小森陽一), 「일본 헌법 · 교육기본법 개악의 현 단계: 자폐적 내셔널리즘과 언론의 벽」, 130~140쪽.

나리타 류이치(成田龍一), 「'동아시아사'의 가능성: 한중일3국공동역사편찬위원회 『미래를 여는 역사』에 대하여」, 141~160쪽.

제3부 위안부 문제, 어떻게 볼 것인가

와다 하루키(和田春樹), 「아시아여성기금 문제와 지식인의 책임」, 163~182쪽.

우에노 지즈코(上野千鶴子), 「아시아여성기금의 역사적 총괄」, 183~191쪽.

강가람, 「한일 사회 내 일본군 '위안부' 문제와 초국적 여성연대의 가능성: '2000년 여성국제법정'을 중심으로」, 192~210쪽.

제4부 야스쿠니를 다시 묻는다

다카하시 데쓰야(高橋哲哉), 「천황과 야스쿠니」, 213~227쪽.

김종엽(金鍾曄), 「기념의 정치학: 동작동 국립묘지의 형성과 그 문화 · 정치적 의미」, 228~257쪽.

황종연(黃鍾淵), 「조선 청년 엘리트의 황국신민 아이덴티티 수행: 아시아태평양전쟁기 조선인 학병에 관한 노트」, 258~268쪽.

제5부 가해와 피해의 기억을 넘어서 - 『요코 이야기』 파문을 계기로

한석정(韓錫政), 「만주의 기억」, 271~289쪽.

신형기(辛炯基), 「귀환 이야기를 다시 읽다: 집단적 기억을 넘어서」, 290~309쪽.

가노 미키요(加納實紀代), 「'일본인 처'라는 문제: 한국 가부장제와 관련해서」, 310~321쪽.

요네야마 리사(米山リサ), 「일본 식민지주의의 역사기억과 아시아계 미국인: 『요코 이야기』를 둘러싸고」, 322~344쪽.

김철(金哲 ·)박유하(朴裕河), 「후기」, 345~351쪽.

(5) 이면우(李勉雨), 『현대 일본외교의 변용과 한일협력』(한울, 2011).

저자가 일본의 외교정책과 한일관계에 대해 발표한 논문들을 체계를 세워 단해온으로 출판했다.

※ 이면우(190~현재)는 서울대학교 사회과학대학 무역학과를 졸업하고 오하이오주립대학교 대학원 정치학과에서 석사→박사학위를 받았다. 박사학위청구논문 서지사항

은 다음과 같다. Myon Woo Lee, "Policy Change and Political Leadership in Japan," unpub. Ph.D. diss., Ohio State University, 1994. 세종연구소 수석연구원으로 봉직했다.

(6) 박창건(朴昶建) · 김용민(金龍珉), 「일본의 TPP 참가 논의에 대한 정치경제적 함의: 어쩔 수 없는 찬성」, 『신아시아』, 제19권, 제2호(2012년 여름), 264~287쪽.

제목에 나오는 TPP는 'Trans-Pacific Partnership'을 의미한다. 우리말로 '환태평양경제동반자협정'이라고 부른다. 미국의 오바마 행정부가 주도한 아시아태평양지역의 다자간 무역협정이다.

※ 박창건(1968~현재)은 경남대학교를 졸업하고 히로시마대학 대학원에서 동아시아 국제관계를 전공해 석사학위를 받은 데 이어 영국 셰필드대학교 대학원에서 동아시아 국제관계를 연구해 박사학위를 받았다. 박사학위청구논문 서지사항은 다음과 같다. Chang-Gun Park, "The Significance of Japan's Leadership Role in Promoting Regional Integration in East Asia: Towards an East Asian Integration Regime," unpub. Ph. D. diss., University of Sheffield, 2005. 그는 다음의 논문도 발표했다. 박창건, 「국제해양레짐의 변화에서 한일대륙붕협정의 재조명: 동(북)아시아의 미시-지역주의 관점으로」, 『한국정치학회보』제45집 제1호(2011년 봄), 165~186쪽.

(7) Boo-seung Chang, "The Sources of Japanese Conduct: Asymmetric Security Dependence, Role Conceptions, and the Reactive Behavior in Reponse to U.S. Demands," unpub. Ph.D. diss., Johns Hopkins University, 2014.

필자는 자신의 박사학위논문 지도교수인 켄트 콜더 박사가 일본의 대외정책을 설명하는 명제(命題)인 'reactive state thesis(RST)'를 활용해 일본의 대미정책을 설명했다. 콜더 교수의 명제는 그의 다음 책에서 제시됐다. Kent E. Calder, *Crisis and Compensation: Public Policy and Political Stability in Japan, 1949~1986*(Princeton, N.J.: Princeton University Press, 1988).

※ Boo-seung Chang(張富丞, 1975~현재)은 서울대학교 사회과학대학 정치학과를 졸업하고 외무고시를 거쳐 외교관으로 15년 동안 활동하다가 존스홉킨스대학교 대학원에서 석사→박사학위를 받았다. 현재 일본 오사카부(大阪府) 히타카타시(枚方市)에 있는 간사이외국어대학(關西外國語大學) 교수다.

(8) 유의상(劉義相), 「한일 청구권협정과 과거사현안의 해결에 대한 고찰」, 『한국정치외교사논총』제37집 제2호(2016년 2월), 207~243쪽; ______, 『한일 과거사 문제의 어

제와 오늘: 식민지배와 전쟁동원에 대한 일본의 책임』(동북아역사재단, 2022년 12월).

(9) 이원덕(李元德) · 장박진(張博珍) · 이성(李誠) · 현대송(玄大松) · 류미나(柳美那) · 안소영(安昭榮) · 이기태(李奇泰) · 박창건(朴昶建) · 유지아(柳芝娥) · 이현진(李賢珍) 분담 집필, 『한일국교정상화 연구』(국민대학교 일본학연구소, 2016년 6월).

총론: 이원덕, 한일국교 정상화 재조명의 현재적 의미, 7~42쪽.

I. 장박진, 「한일청구권협정 제2조의 형성 과정(1965.3-6) 분석: 개인청구권 문제를 중심으로」, 45~97쪽.

II. 이성, 「재일한국인의 법적 지위 협정과 재류자격의 분열: 영주권 일괄부여론의 부상과 좌절」, 99~145쪽.

III. 현대송, 「한일회담의 정치학: 선박 반환 교섭과 어업 · 평화선 · 독도 문제」, 147~191쪽.

IV. 류미나, 「문화재 반환 교섭으로 본 한일회담의 한계: 일본의 한국 문화재 반환 절차를 중심으로」, 193~219쪽.

제2부 한일회담의 국내-국제정치 및 국제비교 연구

V. 안소영, 「한일회담 청구권 문제의 구조와 기원」 , 223~255쪽.

VI. 이기태, 「한일회담과 일본의 동남아시아 전후처리 비교연구: 일본의 배상 외교를 중심으로」, 257~289쪽.

VII. 박창건, 「한일국교정상화 이후 북일관계의 변화: '상황적 경직화'에서 '전략적 유연화'로 전이된 교섭외교」, 291~315쪽.

VIII. 유지아, 「동아시아 국계관계와 일본내 한일회담 반대운동」, 317~353쪽.

IX. 이현진, 「한일회담 반대여론과 정부의 대응논리 」, 355~386쪽.

(10) 국중호(鞠重鎬), 『흐름의 한국 축적의 일본: 한 · 일간 차이를 만드는 세 가지 축』(한국경제신문사, 2018).

※ 국중호(1962~현재)는 서강대학교 경영학과를 졸업하고 고려대학교 대학원 경제학과에서 석사학위를 받았으며 고려대학교 대학원 경제학과에서 「한국과 일본의 조세체계의 특성에 관한 비교연구」(1995년 8월)로 박사학위를 받은 데 이어 일본 히토츠바시대학 대학원 경제학과에서 「인적 자본투자와 조세정책의 경제효과」(일본어)(1997년 9월)로 박사학위를 받았다. 한국조세재정연구원 연구위원→캘리포니아대학교 버클리 캠퍼스 방문학자→서울대학교 경제연구소 객원연구원을 역임했으며, 현재 요코하마시립대학 국제종합과학부 교수다.

(11) 「특집: 한일갈등; 구조와 역사 그리고 책임」, 『황해문화』105(2019년 겨울).

(ⅰ) 김흥구(金興求), 「포토에세이: 우리는 무엇을 기억해야 하는가」, 20~52쪽.

(ⅱ) 김창록(金昌祿), 「대법원 강제동원 판결의 위상」, 53~74쪽.

※ 김창록(1961~현재)은 서울대학교 법과대학 법학과를 졸업하고 서울대학교 대학원 법학과에서 석사학위를 받았으며, 도쿄대학 대학원 법학정치학연구과에서 수학한 데 이어 서울대학교 대학원 법학과에서 「일본에서의 서양헌법사상의 수용에 관한 연구: '대일본제국헌법'의 제정에서 '일본국헌법'의 출현까지」(1994년 8월)로 법학박사학위를 받았다. 하버드대학교 옌칭연구소에서 방문학자와 리츠메이칸대학(立命館大學) 법학부 객원교수를 역임했고, 현재 경북대학교 법학전문대학원 교수이면서 「일본군 '위안부' 연구회」 회장으로 활동하고 있다.

(ⅲ) 김득중(金得中), 「전후 한일 갈등의 구조와 역사, 그리고 2019년」, 75~97쪽.

(ⅳ) 조경희(趙慶喜), 「일본의 역사수정주의 · 국가주의 · 백래시의 연동: '새역모'와 '일본회의'를 중심으로」, 98~119쪽.

※ 조경희(1973~현재)는 도쿄외국어대학 대학원에서 「제국일본/식민지조선의 사회사업과 민중통치: '구제'와 '치안'의 패러독스」(일본어)(2020년 9월)로 박사학위를 받았다. 현재 성공회대학교 대학원 교수다.

(ⅴ) 강성현(康誠賢), 「한국 역사수정주의의 현실과 논리: '반일 종족주의 현상'을 중심으로」, 120~143쪽.

(ⅵ) 한승동(韓承東), 「한일관계 구조의 형성, 균열, 봉합, 해체」, 144~162쪽.

(12) 박철희(朴喆熙) 엮음/ 한일비전포럼 지음, 『갈등에 휩싸인 한일관계: 현안, 리스크, 대응』(중앙일보, 2020년 8월).

한일비전포럼이 2019년 초부터 2020년 전반기까지 17차례에 걸쳐 개최한 논의 내용을 담았다. 홍규덕(洪圭德) · 박태호(朴泰鎬) · 윤창현(尹暢賢) · 정재정(鄭在貞) · 신각수(申珏秀) 등이 참여했다.

(13) 이명찬(李明贊), 『일본인들이 증언하는 한일역전(韓日逆轉)』(서울셀렉션, 2021년 1월).

이 책에서 저자는 많은 관찰을 제시하고 자기 나름의 논지를 제시했는데 그것들 가운데 몇몇은 다음과 같다.

(ⅰ) 지난날 일본은 특히 경제와 첨단기술에 있어서 한국을 앞섰다. 그때 일본사회는

한국에 대해 관심을 거의 보이지 않았다. 오늘날의 시점에서 볼 때 한일관계는 역전됐다. 한국은 경제와 첨단기술에 있어서 일본을 앞섰다. 일본의 객관적 평론가들은 이 사실을 인정한다.

(ⅱ) 일본인들 가운데 '극우민족주의자들' 그리고 일본의 역사를 객관적으로 보려고 하지 않고 미화해서 보려고 하는 '역사수정주의자들'은 "일본은 언제나 옳고 우월하다"고 믿는다. 그들은 한국이 잘나가는 것을 사실로 인정하지 않고 깎아내리려고 한다. 오늘날 일본사회 일각에 만연된 '혐한'은 그들이 조성한 것이다.

(ⅲ) 일본국민이 공유하는 "일본이 최고다"라는 의식은 '허위의식'이다. 일본국민이 이 허위의식을 버리지 않는 한 일본의 침체는 계속될 것이다.

※ 이명찬(1960~현재)은 고려대학교 문과대학 중어중문학과를 졸업하고 고려대학교 대학원 정치외교학과에서 국제정치학을 전공해 석사학위를 받은 데 이어 게이오대학 대학원 국제정치학과에서 「일본 외교안전보장정책에 있어서 네 가지 노선: '의도'와 '능력'의 양 요소를 중심으로」(일본어)(2006년 9월)로 박사학위를 받았다. 동북아역사재단 연구위원으로 정년퇴임했으며, 현재 동북아역사재단 명예연구위원이다.

(13-A) 배성홍, 『일본경제부활의 충격: 한국을 생각하다』(매일경제신문사, 2006). 저자는 한국산업은행 동경지점 부지점장과 지점장을 역임했다.

(13-B) 정영효, 『일본이 흔들린다: 경제, 정책, 산업, 인구로 살펴본 일본의 현재와 미래』(한국경제신문, 2022).

※ 정영효는 연세대학교 문과대학 사회학과를 졸업하고 게이오대학 방문연구원으로 일본사회를 심층적으로 관찰했다. 한국경제신문사 도쿄특파원으로 근무하며 일본경제를 깊이 취재해 위의 책을 출판했다.

(14) 김기석(金基石), 「한반도 평화프로세스와 북일관계: 재팬패싱의 분석」, 『일본연구논총』(현대일본학회), 53(2021년 6월), 38~62쪽.

(15) 정승연(鄭升硯), 『일본 동행과 극복』(지식공감, 2021년 7월).

저자가 10년 넘게 일본에서 산 경험을 바탕으로 한일관계의 과거와 현재를 조명한다. 경제와 안보의 측면에서 한일 양국이 동행해야 한다는 사실을 강조한다.

※ 정승연(1966~현재)은 연세대학교 상경대학 경제학과를 졸업하고 교토대학 대학원 경제학과에서 석사학위를 받은 데 이어 교토대학 대학원 경제학과에서 「기술진화와 국제무역: 일본과 한국의 반도체산업과 공장기계산업을 중심으로」(1999년 3월)로 박사학

위를 받았다. 가나자와대학 교수와 부경대학교 교수를 거쳐 현재 인하대학교 경영대학 국제통상학과 교수다. 정승연(鄭升硯), 『일본 동행과 극복』(지식공감, 2021년 7월).

저자가 10년 넘게 일본에서 산 경험을 바탕으로 한일관계의 과거와 현재를 조명한다. 경제와 안보의 측면에서 한일 양국이 동행해야 한다는 사실을 강조한다.

※ 정승연(1966~현재)은 연세대학교 상경대학 경제학과를 졸업하고 교토대학 대학원 경제학과에서 석사학위를 받은 데 이어 교토대학 대학원 경제학과에서 「기술진화와 국제무역: 일본과 한국의 반도체산업과 공장기계산업을 중심으로」(1999년 3월)로 박사학위를 받았다. 가나자와대학 교수와 부경대학교 교수를 거쳐 현재 인하대학교 경영대학 국제통상학과 교수다.

(16) 신각수(申珏秀) 엮음/ 한일비전포럼 지음, 『복합대전환기: 새로운 한일 파트너십을 찾아서』(늘품플러스, 2021년 12월).

정재정(鄭在貞)·진창수(陳昌洙)·정구종(鄭求宗)·이신화(李信和)·윤태성(尹泰聖)·최희식(崔喜植)·이창민(李昌玟)·권태환·김현욱(金顯彧)·박영준(朴榮濬) 등이 참여했다. 이들 가운데 이 총서의 앞부분에서 소개되지 않은 필자에 대해 소개하면 다음과 같다.

※ 윤태성(1961~현재)은 도쿄대학 대학원에서 「제조지향 CAD에서 설계대안의 생성과 평가」(일본어)(1997년 3월)로 공학박사학위를 받았으며, 현재 카이스트 기술경영전문대학원 초빙교수다.

※ 최희식(1971~현재)은 서울대학교 사회과학대학 정치학과를 졸업하고 서울대학교 대학원 정치학과에서 석사학위를 받았으며 게이오대학 대학원 정치학과에서 「아시아태평양지역협력을 둘러싼 일한관계: 일한 파트너십 형성 과정」(일본어)(2008년 6월)으로 법학박사학위를 받았다. 현재 국민대학교 사회과학대학 일본학과 교수다. 그의 대표적 저술에는 「일본의 정치변동과 대북정책」, 『한국정치연구』제19권 제1호(2010년 1월), 139~159쪽 및 『전후 한일관계 70년: 우리는 어떻게 갈등을 극복해왔나?』(서울: 선인, 2016) 등이 있다.

※ 이창민(1978~현재)은 고려대학교 정경대학 경제학과를 졸업하고 고려대학교 대학원 경제학과에서 석사학위를 받았으며 도쿄대학 대학원 경제학과에서 「저개발 지역의 정보화와 시장경제의 발전: 한국과 대만의 역사적 경험」(일본어)(2012년 3월)으로 박사학위를 받았다. 현재 한국외국어대학교 융합일본지역학부 교수다.

※ 권태환은 육군사관학교를 졸업하고 육군준장으로 예편했다. 주일한국대사관 국방무관 등으로 봉직했으며, 도쿄의 다쿠쇼쿠대학(拓殖大学) 안전보장학과 박사과정을 수료했다. 국방대학교 연구교수를 역임했으며 현재 한국국방외교협회 회장이다.

※ 박영준(1963~현재)은 연세대학교 사회과학대학 정치외교학과를 졸업하고 서울대학교 대학원 정치학과에서 석사학위를 받은 데 이어 도쿄대학 대학원 총합문화연구과에서 「해군의 탄생과 근대 일본: 동아시아에 있어 근대국가변용의 군사적 기초에 관한 일(一) 연구」(일본어)(2002년 9월)로 박사학위를 받았다. 현재 국방대학교 안보전략학과 교수다.

(17) 한민(韓民), 『선을 넘는 한국인 선을 긋는 일본인: 심리학의 눈으로 보는 두 나라 이야기』(부키, 2022년 1월).

※ 한민(1975~현재)은 고려대학교 문과대학 심리학과를 졸업하고 고려대학교 대학원 심리학과에서 석사학위를 받은 데 이어 고려대학교 대학원 심리학과에서 「신명(神明)의 심리학적 개념화 및 타당화에 관한 연구」(2007년 8월)로 박사학위를 받았다. 현재 우송대학교 교양교육대학 초빙교수다.

(18) 김영호(金泳鎬) · 이태진(李泰鎭) · 와다 하루키(和田春樹) 외 지음, 『샌프란시스코 체제를 넘어서: 동아시아 냉전과 식민지 · 전쟁범죄의 청산』(메디치미디어, 2022년 4월).

이 책은 문재인정부 때의 한일관계를 다룬 것은 아니다. 이 책은 2차대전이 끝난 이후의 한일관계를 일제의 조선식민지배 때부터 동서냉전이 전개된 때에 이르기까지 훨씬 더 넓은 역사적 시야에서 바라보았다. 공저자들은 1951년에 성립된 샌프란시스코 체제의 해체를 주장하고 있다.

(19) 이창위(李昌偉), 『토착왜구와 죽창부대의 사이에서: 국제법과 국제정치로 본 한일관계사』(박영사, 2023).

저자는 한일 양국 갈등과 관련된 현안을 국제법과 국제정치적 관점에서 분석했다.

한일군사정보보호협정(GSOMIA)에 관한 논쟁

박근혜 대통령은 일본 정부의 요청을 받아들여 2016년 11월 23일에 일본 정부와 「한일군사정보보호협정(일본어로는 일한비밀군사정보보호협정; 영어로는 General Security of Military Information Agreement, GSOMIA)」을 체결했다. 이 협정은 국회비준이 필요한 정식 조약은 아니고 행정협정이다. 문재인정부는 2019년 8월 22일에 이 협정을 연장하지 않고 종료하기로 결정했으며 8월 23일에 그 뜻을 주한일본대사에게 전달했다. 미국과 일본은 문재인정부의 결정을 비판했으며 국내에서도 비판의 목소리가 컸다. 결국 한일정상의 '환담'에 따라 연장됐다. 이 논쟁과 관련해 출판된 저술들 가운데 몇몇을 소개하면 다음과 같다.

(1) 양기호(梁起豪), 「문재인정부 한일갈등의 기원: 한일간 한반도 비핵화와 동북아 외교 격차를 중심으로」, 『일본학보』119(2019), 209~228쪽.

(2) 정기웅(鄭起雄), 「한국의 대(對)일본외교 갈등요인 고찰: GSOMIA 사례와 투-페이스 게임」, 『정치 · 정보연구』제23권 제1호(2020년 2월), 113~140쪽.

※ 정기웅(1967~현재)은 한국외국어대학교 사회과학대학 정치외교학과를 졸업하고 한국외국어대학교 대학원 정치외교학과에서 석사학위를 받은 데 이어 한국외국어대학교 대학원 정치외고학과에서 「투-레벨 게임에 대한 새로운 모색: 1993-1994년 미-북 핵협상 과정을 중심으로」(2002년 2월)로 박사학위를 받았다. 서울평화연구소 수석연구위원을 거쳐 현재 한국외국어대학교 국제지역연구센터 HK교수다.

(3) 신욱희(申旭熙), 『한미일 삼각안보체제: 형성 영향 전환』(사회평론아카데미, 2019).

저자는 한미일 안보협력관계를 한국 국가전략 · 외교정책의 중심적 요인이라고 여기면서, 한미일 안보협력관계가 전개된 역사적 과정을 살핀 데 이어 그것의 정치경제적 영향을 여러 각도에서 분석했다. 그 과정에, 한 · 일군사정보보호협정(GSOMIA · 지소미아)의 '종료'를 둘러싼 세 나라 사이의 관계에 대해서도 분석했다.

(4) 박철희(朴喆熙), 「미국의 동맹 네트워크와 한일갈등: 미국은 방관자로 남을 수 있는가?」, 『한국국가전략』(한국국가전략연구원) 제5권 제1호(2020년 3월), 55~84쪽.

(5) 박휘락(朴輝洛), 「한일 지소미아 논란 분석: 국제적 요소와 국내적 요소의 충돌」, 『의정논총』제15권 제1호(2020년 6월), 293~315쪽.

(6) 이성일(Li Chengri, 李成日) · 김영호(金永皓), 「한일관계 딜레마의 근원, 구조 및 전망」, 『일본학보』, 19(2020년 12월), 33~47쪽.

제1저자는 중국사회과학원 아태 · 전구(全球)전략연구원 연구위원이며, 제2저자는 제1저자의 지도를 받으며 박사학위논문을 준비하고 있다. 이 논문은 한일관계를 오랜 기간 지탱시켜준 '65년 체제'의 근저가 흔들리기 시작했다고 보았다.

(7) 아베 신조(安倍晋三) 저, 하시모토 고로(橋本五郎) 듣는 사람, 오야마 히로시(尾山宏) 청취자 · 구성, 키타무라 시게루(北村滋) 감수, 『아베신조 회고록: 고독 · 결단 · 암투』(도쿄: 주오고론신샤 [中央公論新社], 2023).

지소미아 문제를 비롯해 한일간의 여러 쟁점에 대해 회고하면서, 문재인정부는 '반일'을 정권부양에 쓰고 싶었을 것이라고 주장했다.

제5항 러시아·우크라이나전쟁

2014년 러시아의 크림반도 합병과 돈바스 전쟁으로 러시아와 우크라이나 사이에는 긴장이 고조됐다. 러시아는 2022년 2월 24일에 우크라이나에 대한 침공을 개시해 우크라이나전쟁이 일어났다. 한국 학계는 이 전쟁이 한반도에 주는 영향에 관심을 보였다.

(1) 강봉구(姜鳳求), 「우크라이나 위기와 미국.러시아 관계: 대외정체성 대립의 장기화」, 『슬라브학보』 제30권 제3호(2015년 9월), 1~42쪽.

(2) 『철학과 현실』(2022년 여름).

편집인의 말

이진우(李鎭雨), 「우크라이나 전쟁에서 무엇을 배워야 하는가?」, 6~13쪽.

특별좌담

김현섭(金炫燮) · 신범식(辛範植) · 임지현(林志弦), 「전쟁을 다시 생각한다」, 14~63쪽.

칼럼

(ⅰ) 윤영관(尹永寬), 「우크라이나 전쟁과 국제질서의 미래」, 64~81쪽.

(ⅱ) 윤평중(尹平重), 「우크라이나 전쟁의 철학적 성찰」, 82~97쪽.

(ⅲ) 류한수(柳翰秀), 「우크라이나 · 러시아 전쟁의 이면, 역사 해석의 전투」, 98~113쪽.

(3) 권기창(權奇昌), 「우크라이나전쟁 현황과 전망: 중 · 러관계, 중 · 대만 양안 관계, 한국에 주는 시사점」, 『외교』142(2022년 7월), 151~163쪽.

(4) 김선명, 『세계의 석학들, 우크라이나 사태를 말하다: 촘스키 편』(뿌쉬낀하우스, 2022년 9월); ______, 『헨리 키신저, 우크라이나 사태를 말하다』(뿌쉬낀하우스, 2023년 5월).

(5) 『황해문화』(2022년 겨울)

권두언

강성현(康誠賢), 「우크라이나전쟁과 대량폭력 이후의 세계는」,2~14쪽.

특집: 21세기 인간의 조건을 묻는다 4-전쟁, 폭력, 평화

(i) 진태원(陳泰元), 「전쟁, 폭력, 반폭력에 관한 몇 가지 성찰」, 18~45쪽.

(ii) 김정한(金廷翰), 「정의로운 폭력은 가능한가?」, 46~59쪽.

(iii) 한상원(韓相元), 「우크라이나전쟁과 글로벌 반전운동의 난제들」, 60~81쪽.

(iv) 공진성(孔眞聖), 「우크라이나전쟁을 통해 우리가 알게 되는 것들」, 82~99쪽.

(v) 강혁민(姜爀珉), 「평화의 정치적 문법」, 100~115쪽.

(6) Ha-eun Choi, Ji-hwan Jeong, Byung-won Woo and Hyun-jin Yim, "Who Supports Russia in the Russo-Ukrainian War?: An Empirical Analysis of Voting on the United Nations General Assembly Resolution to Suspend Russia's Membership in the Human Rights Council," *Korean Political Science Review*, Vol. 56, No. 6(Winter 2022), pp.41~69.

(7) 이해영(李海榮), 『우크라이나 전쟁과 신세계 질서』(사계절, 2023).

미국 중심의 시각에서 벗어나 우크라이나 전쟁에 관해 새로운 시각을 보여주었다.

(8) 한용섭(韓庸燮), 「러시아의 우크라이나 침공 이후 국제질서의 향방: 한국외교가 주는 함의」, 『외교』(2023년 1월), 17~32쪽.

(9) 박병환(朴丙煥), 『우크라이나 전쟁, 이렇게 봐야 한다』(뿌쉬낀하우스. 2023년 2월).

러시아의 이르쿠츠크총영사관 총영사 등을 포함해 러시아에서 외교관으로 11년 동안 근무한 저자가 이 전쟁을 분석하는 가운데 대한민국이 견지해야 할 태도에 대해 제의했다.

(10) 한용섭(韓庸燮), 「러시아의 우크라이나 침공 이후 국제질서의 향방: 한국외교에 주는 함의」, 『외교』144(2023년 1월), 17~32쪽.

(11) 오강돈(吳剛敦), 『꿰어보는 러시아와 중국: 중 · 러의 코드를 이해하면 세계가 보인다』(산지니, 2023년 2월).

우크라이나 전쟁을 바라보면서, "우리는 어떻게 대응해야 할까"라는 문제의식에서 이 책을 썼다. 저자는 우리가 기존의 미국과 유럽 위주였던 제일세계 중심의 시각을 러시아와 중국으로 넓힐 것을 제의했다.

제3절 제19대 대통령선거·제7회 전국동시지방선거·제21대 국회총선·제20대 대통령선거

제1항 역대 국회의장들의 증언

국회기록보존소는 역대 국회의장과의 면담록을 남겼다. 문재인정부 때까지의 증언록을 살피면 다음과 같다.

(1) 국회기록보존소 편, 『대한민국 국회를 말하다: 김수한(金守漢)』(국회도서관, 2018).

김수한은 15대 국회 전반기 국회의장(1996.7.4.~1998.5,29)을 역임했다.

(2) ______, 『대한민국 국회를 말하다: 이만섭(李萬燮)』(국회도서관, 2017).

이만섭은 16대 국회 전반기 국회의장(2000.6.5.~2002.5.29.)을 역임했다.

(3) ______, 『대한민국 국회를 말하다: 박관용(朴寬用)』(국회도서관, 2019).

박관용은 16대 국회 후반기 국회의장(2002.7.8.~2004.5.29.)을 역임했다.

(4) ______, 『대한민국 국회를 말하다: 김원기(金元基)』(국회도서관, 2020).

김원기는 17대 국회 전반기 국회의장(2004.6.5.~2006.5.29.)을 역임했다.

(5) ______, 『대한민국 국회를 말하다: 임채정(林采正)』(국회도서관, 2021).

임채정은 17대 국회 후반기 국회의장(2006.6.19.~2008.5.29.)을 역임했다.

(6) ______, 『대한민국 국회를 말하다: 김형오(金炯旿)』(국회도서관, 2022).

김형오는 18대 국회 전반기 국회의장(2008.7.10.~2010.5.29.)을 역임했다.

(6-A) 김형오, 『누구를 위한 나라인가: 갈 곳 잃은 민심 표류 중인 국가에 던지는 통렬한 메시지』(21세기북스, 2016).

(7) ______, 『대한민국 국회를 말하다: 강창희(姜昌熙)』(국회도서관, 2021).

강창희는 19대 국회 전반기 국회의장(2012.7.1.~2014.5.29.)을 역임했다.

(8) ______, 『대한민국 국회를 말하다: 정의화(鄭義和)』(국회도서관, 2017).

정의화는 19대 국회 후반기 국회의장(2014.5.30.~2016.5.29.)을 역임했다.

(8-A) 정의화, 『정의화의 아름다운 복수』(도요, 2017).

(9) ______, 『대한민국 국회를 말하다: 정세균(丁世均)』(국회도서관, 2021).

정세균은 20대 국회 전반기 국회의장(2016.6.9.~2018.5.29.)을 역임했다.

(9-A) 정세균, 『정치에너지 2.0: 국민시대의 정치철학』(후마니타스, 2011).

(10) ______, 『대한민국 국회를 말하다: 문희상(文喜相)』(국회도서관, 2020).

문희상은 20대 국회 후반기 국회의장(2018.7.13.~2020.5.29.)을 역임했다.

(10-A) 문희상, 『대통령: 우리가 알아야 할 대통령의 모든 것』(경계, 2017).

국회의장의 리더십

최준영(崔峻榮) · 신택수, 「민주화 이후 역대 국회의장의 리더십 스타일」, 『한국정치연구』제24집 제3호(2015년 10월), 29~54쪽.

제2항 제19대 대통령선거

박근혜 대통령이 탄핵되고 파면됨에 따라 제19대 대통령선거가 2017년 5월 9일에 실시됐다. 「더불어민주당」의 문재인(文在寅) 후보, 「자유한국당」의 홍준표(洪準杓) 후보, 「국민의당」의 안철수(安哲秀) 후보, 「바른정당」의 유승민(劉承旼) 후보, 「정의당」의 심상정(沈相奵) 후보 등이 경쟁한 이 선거에서, 유권자의 77.23%가 투표에 참여했다. '진보-좌파'에서는 문재인 후보와 심상정 후보가 나섰으나, '보수-우파'에서는 홍준표 후보와 안철수 후보 및 유승민 후보가 나섰기 때문에, 처음부터 '보수-우파'의 패배가 예견됐다. 결과적으로, 문재인 후보가 13,423,800 표(41.08%), 홍준표 후보가 7,852,849 표(24.03%), 안철수 후보가 6,998,342 표(21.41%), 유승민 후보가 2,208,771 표(6.76%)를 얻어 문 후보의 당선이 확정됐다.

(1) 「특집 I : 2017년 대선 보도」, 『관훈저널』143(2017년 여름)

(i) 윤희웅(오피니언라이브), 「대선 여론조사와 여론조사 보도의 문제점」, 11~18쪽.
(ii) 정은령(鄭恩玲), 「팩트체킹 뉴스 의미와 한계」, 19~25쪽.
(iii) 서정건(徐正健), 「대선 후보 TV토론회 검증 효과와 개선점」, 26~32쪽.
(iv) 이준웅(李準雄), 「가짜뉴스와 사실확인 보도」, 33~41쪽.

(2) 송건섭(宋建燮) · 박동춘(朴東春), 「제19대 대통령선거와 세대별 투표행태: TK지역 유권자를 중심으로」, 『행정논총』제55권 제3호(2017년 9월), 39~64쪽.

(3) 이지선(서강대) · 이현우(李賢雨), 「19대 대통령선거에서 안철수 후보의 지지도 변화요인 분석: TV토론의 효과인가 지지회귀인가」, 『한국정치학회보』제52집 제1호(2018년 3월), 101~123쪽.

(4) 차영란(車英蘭), 「제19대 대통령선거의 유권자 투표행태와 정치캠페인 및 정치광고에 대한 수용자 분석: 심층인터뷰를 중심으로」, 『한국콘텐츠학회논문지』제18권 제6호(2018년 6월), 385~398쪽.

(5) 김연숙(金蓮淑), 「부정적 정당 감정과 후보자 선택: 2017년 대통령 선거 결과 분석」, 『한국정치학회보』제52집 제4호(2018년 가을), 5~32쪽.

※ 김연숙(1970~현재)은 숙명여자대학교 정치외교학과를 졸업하고 숙명여자대학교 대학원 정치외교학과에서 석사학위를 받은 데 이어 숙명여자대학교 대학원 정치외교학과에서 「한국 유권자의 상충적(ambivalent)태도와 투표선택경로에 관한 연구」(2014년 2월)로 박사학위를 받았다. 현재 서울대학교 한국정치연구소 연구원이다.

제3항 권력의 검찰권 남용 및 사법부 장악

문재인정부는 검찰권을 '남용'하고 사법부를 정권도구로 활용했다는 비판을 받았다.

검찰

단행본

(1) 문재인(文在寅) · 김인회(金仁會: 변호사) 공저, 『문재인, 김인회의 검찰을 생각한

다: 무소불위의 권력 검찰의 본질을 비판하다』(오월의봄, 2011).

(2) 이연주(李連柱), 『내가 검찰을 떠난 이유: 검찰 부패를 국민에게 고발하다』(포르체, 2020년 11월).

검사 출신의 변호사가 검찰권력의 맨얼굴을 폭로했다. 검찰의 부패와 비리 그리고 구조적 문제를 들춰낸 생생한 사례 연구다.

(3) 정경진(鄭景진), 『나는 롱테일 검사입니다: 어느 형사부 검사의 단상』(마인드큐브, 2020년 12월).

경제학에는 "80%의 '사소한 다수'가 20%의 '핵심 소수'보다 뛰어난 가치를 창출한다"는 '롱테일 법칙(The Long Tail)'과 "사회현상의 80%는 20%로 말미암아 발생한다"는 '파레토 법칙(Pareto principle)'이 있다. 저자는 언론에 보도되는 검찰의 모습은 80% 형사부 검사들이 아닌 20% 특검 또는 상당한 위치에 있는 검사들이었다고 설명하고, 자신은 80%에 해당하는 형사부 검사였다고 말하며 자신의 검사생활을 회상했다.

문재인정부의 '검찰개혁'과 그것에 대한 비판

(1) 최재혁(崔宰赫), 「최재혁이 만난 사람: '적폐수사'로 승승장구하다 '조국수사'로 좌천된 한동훈(韓東勳) 검사장; "검찰개혁 반대로 가고 있어 권력비리수사의 양과 질 드라마틱하게 쪼그라들 것"」, 『조선일보』(2020년 2월 15일), A27쪽.

한동훈(1973~현재) 검사장은 서울대학교 법과대학을 졸업하고 사법시험에 합격해 사법연수원을 수료한 뒤 콜럼비아대학교 법과대학 대학원에서 석사학위를 받았다. 검사로 임용된 뒤 정계 · 관계 · 재계의 '거물들'이 개입된 중요한 사건들을 법에 따라 공정하게 다루면서 명성을 쌓았다. 그러나 문재인정부에 와서 조국 전 법무부 장관과 그의 가족에 대한 일련의 사건들을 비롯해 권력의 '비리'를 역시 법에 따라 공정하게 다루다가 권력의 눈에 벗어나 좌천과 좌천을 거듭했다. 그는 이 회견에서 문재인정부가 내세우는 '검찰개혁'의 허상을 적나라하게 지적했다.

(2) 이진구(李鎭求), 「이진구 논설위원의 대화: 문(文) 대선캠프 공익제보위원장 지낸 신평 변호사; "썩은 내 나는 검찰개혁 … 그렇게 장기집권하면 역사가 침 뱉을 것"」, 『동아일보』(2020년 8월 11일), A27쪽.

신평(申平, 1956~현재) 변호사는 서울대학교 법과대학을 졸업하고 사법시험을 거쳐 판사로 활동하다가 경북대학교 법학전문대학원 교수로 봉직했다. 그는 추미애 법무부 장관을 겨냥해 "깜이 안 되는 사람이 장관을 하고 있다"라는 취지로 공개 비판해 큰 파장을 일으켰다. 그는 이 회견을 통해 검찰개혁의 방향을 제시했다.

(3) 양은경(梁銀京), 「양은경이 만난 사람: '김학의 불법출금' 공익신고한 뒤 좌천된 장준희 부장검사; "청(靑).법무부의 김학의 불법출금은 무소불위의 권력남용, 아내가 신고 반대했지만 부끄럽지 않은 아빠 되려 했다"」, 『조선일보』(2021년 7월 19일), A30쪽.

'김학의 불법출금 사건'은 청와대 이광철 민정비서관, 차규근 전 법무부 출입국.외국인정책본부장, 대검찰청 과거사진상조사단 소송 이규원 검사 등이 '가짜 출금요청서'로 2019년 3월에 김학의 전 법무차관의 출국을 불법적으로 금지하고, 석 달 뒤 이성윤 당시 대검찰청 반부패부장이 이를 수사하려던 안양지청에 외압을 가해 중단시켰다는 내용이다. 현직 부장검사의 '공익 신고'로 검찰이 '내부 비위 의혹' 수사를 진행하고, 청와대.검찰.법무부 실세들의 기소에까지 이르게 된 것은 전례가 없다.

양은경은 서울대학교 사회과학대학 정치학과를 졸업한 변호사이면서 조선일보 편집국 사회부 차장이다. 양 기자는 김학의 출국을 불법적으로 금지하고 이 불법적 금지를 수사하려는 안양지청에 압력을 가해 수사를 무마하려고 한 청와대와 법무부 고위관리들의 권력남용을 공익신고한 당시 의정부지방검찰청 장준희(張準熙) 부장검사를 회견했다.

(4) 김종민(金鍾旻), 『법치는 어떻게 붕괴하는가: 평범한 사람들의 억울함만 쌓이는 기만적인 검찰개혁을 고발한다』(천년의상상, 2022).

※ 김종민(1966~현재)은 고려대학교 법과대학을 졸업하고 사법시험에 합격해 검사의 길을 걸어 대전지방검찰청 홍성지청장에 이어 광주지방검찰청 순천지청장을 역임했다. 현재 변호사다.

(5) 이춘재(李春宰), 『검찰국가의 탄생: 검찰 개혁은 왜 실패했는가?』(서해문집, 2023).

(5-A) 한상희(韓尙熙), 「서평: 검찰개혁, 그 실패에의 의지; 이춘재, 『검찰국가의 탄생』」, 『황해문화』119(2023년 여름), 424~431쪽.

노무현정부에서 실패했던 검찰개혁의 역사가 문재인정부에서 재현했다는 논지를 전개했다.

기자의 취재현장에서 관찰한 검찰개혁

「특집II 검찰개혁이 바뀌놓은 취재현장」, 『관훈저널』154(2020년 봄)

(i) 최우리(한겨레신문), 「검찰 취재현장 이렇게 달라졌다」, 37~44쪽.
(ii) 전웅빈(국민일보), 「위상과 권한 커진 경찰…취재 · 감시 제대로 하려면」, 45~51쪽.
(iii) 임장혁(중앙일보; 변호사), 「공수처, 어떤 모습으로 등장할까」, 52~59쪽.

채널A사건: 정권의 조작

「사설: 온통 거짓 조작인 '채널A사건', 정권.사기꾼.어용방송 엄벌해야」, 『조선일보』(2020년 1월 29일), A31쪽.

이 사설은 다음으로 시작했다.

> "최강욱 열린민주당 대표가 '채널A사건' 관련 허위사실을 유포한 혐의로 검찰에 의해 불구속기소됐다. 채널A사건은 정권불법을 수사하는 윤석열 검찰총장과 한동훈 검사장을 몰아내기 위해 정권과 사기꾼, 어용방송이 억지로 만든 사건이라는 사실이 다시 확인되고 있다."

이 사설은 다음으로 끝냈다.

> "채널A사건의 전모는 아직 밝혀지지 않았다. 검찰은 최 대표와 함께 '작전에 들어간다'고 한 같은 당 최고위원과 MBC제보자를 기소하지 않았다. 검찰 핵심간부가 KBS에 허위녹취록을 흘렸다는 의혹도 규명되지 않았다. 수사팀이 한 검사장 무혐의결론을 내렸지만 이성윤 검사장이 몇 달째 결재를 미루고 있다. 한 검사장은 좌천됐고, 그를 폭행한 검사는 영전했다. 채널A사건은 철저한 수사로 책임 있는 사람들을 모두 엄벌해야 한다. 정권이 자신의 불법을 덮기 위해 사기꾼과 손잡고 어용방송을 동원하는 공작은 다시는 없어야 한다."

사법부

개관(우리법연구회 포함)

(1) 참여연대 사법감시센터 지음, 『공평한가? 그리고 법리는 무엇인가: 판결비평 2005~2014』(북콤마, 2015); ______, 『현재의 판결, 판결의 현재: 판결비평 2015~2019』(북콤마, 2019).

(2) 조백건(曺栢乾: 조선일보 사회부 법조팀장), 「기자의 시각: 바람보다 먼저 눕는 판사들」, 『조선일보』(2020년 9월 11일), A30쪽.

문재인정권의 출범과 더불어 법원이 '정권의 보루'가 된 과정을 실감있게 설명했다.

(3) 조선일보, 「사설: '우리법' 판사의 조국 동생 판결, 조국 재판 안 봐도 될 듯」, 『조선일보』(2020년 9월 19일), A31쪽.

(4) 최연혁(崔淵赫), 「최연혁의 퍼스펙티브: 위기에 처한 한국의 민주주의; 여당의 사법부 장악 시도, 대의민주주의에 대한 도전」, 『중앙일보』(2021년 2월 9일), 26~27쪽.

(5) 이정민(李貞旼: 중앙일보 논설실장), 「중앙시평: '부끄러움 DNA'가 없는 정권」, 『중앙일보』(2021년 2월 11일), 31쪽.

(i) "조국 · 윤미향 · 추미애 사태의 어두운 터널을 지나니 이번엔 김명수 사태다. 부끄러움을 모른다는 게 공통점이다. 온 국민이 지켜보는 가운데 천연덕스럽게 거짓말을 하고, 실체가 탄로나자 발뺌하기 급급하다. 그땐 몰랐다, 기억이 불분명했다, 내가 시킨 게 아니다. 도돌이표처럼 되풀이되는 너절한 해명은 지루하기만 하다."

(ii) "체면과 부끄러움을 아는 마음이 있어야 신뢰가 싹튼다. 신뢰가 있어야 큰 일을 도모할 수 있다. 나랏일도 마찬가지다. 그런데 지금 이 나라는 지도층이라 할 집권세력이 앞장서 신뢰를 무너뜨리고 있다. 법을 어기고 거짓말을 하고도 수치심을 느끼지 못한다. 되레 장관 · 국회의원 같은 고위직에 오른다. 현란한 레토릭과 화장술로 대중의 눈을 속여 권력을 얻을 수 있을지 모른다. 그러나 국민의 마음을 얻진 못한다. 신뢰가 없으면 나라는 한발짝도 미래로 나아가지 못한다. 그게 관중의 경고다."

(6) 이기홍(李基洪: 동아일보 논설실장), 「이기홍 칼럼: 총칼 대신 휘두르는 인사권, 입법권」, 『동아일보』(2021년 2월 19일), A34쪽.

이 칼럼은 다음으로 시작했다.

"초유의 일들이 이어진다. 조국과 추미애의 위선 · 독선 퍼레이드에 이어 대법원장이 '한번도 경험해보지 못한' 새로운 사례를 추가했다. 건국 이래 대법원장의 권위와 신뢰가 지금처럼 바닥에 떨어진 때는 없었다. 인사권자의 선구안(選球眼) 부족, 검증 부족 차원만으로는 왜 유독 이 정부 들어 이런 일이 잇따르는지 다 설명할 수 없다.

본질적 원인은 집권세력이 인사권을 권력 영속화를 위한 수단으로 악용한 데서 찾아야 한다. 권력도구로서의 활용가능성을 척도로 발탁하고, 그렇게 발탁된 이들은 충실한 조직책이 되어 견마지로(犬馬之勞)하는 악순환 고리의 부작용이 종기처럼 곳곳에서 곪아 터지는 현상이다.

물론 내 편 발탁은 어느 정권이나 있었다. 대법원장도 거짓말을 할 수 있다. 정작 더 심각한 문제는 인사를 통한 재판 개입 징후다. 정권에 불리한 판결을 한 재판부는 전보시키고, 우호적이라 여겨지는 재판부는 이례적으로 잔류시킨다. 정권의 역린을 건드린 사건들을 잠재적 우리 편으로 여겨지는 판사에게 맡기려는 의도로 의심받는 최근 법원 인사는, 해당 판사들이 실제로 정권에 우호적 판결을 할 가능성이 조금이라도 있는지 여부와는 완전히 별개로, 그런 의심을 받을 소지가 있는 인사를 했다는 사실 자체만으로도 사법부의 근간을 무너뜨리는 행위다."

이 칼럼은 다음으로 마쳤다.

"인사권을 휘둘러 선수(選手)를 쫓아내고 심판구성을 유리하게 하고, 권력수사기능을 완전히 말살시켜도, 헌법에 관련된 명문조항이 없으니 위헌이 아니라고 주장할 것이다. 하지만 헌법은 활자화된 문구 그 이상의 정신이다. 인사농단과 입법폭주는 국민 상식의 법정에서는 모두 위헌이다."

재판지연론

재판지연이 '심각한 수준'이라는 우려가 법조계를 중심으로 제기됐다.

(1) 권오혁(權五赫)・김태성(金泰成: 동아일보 기자), 「"소장 1장짜리, 9개월 만에야 첫 재판"…판사증원법은 국회서 공전」, 『동아일보』(2022년 9월 13일), A31쪽.

(2) 김대중(金大中: 조선일보 칼럼니스트), 「김대중칼럼: "야당님, 어디에 계십니까?"」, 『조선일보』(2020년 9월 29일), A30쪽.

적폐청산의 정치

문재인정부는 이명박정부와 박근혜정부를 '적폐청산'이라는 명분 아래 많은 과오가 있었던 것처럼 비난하고 그 요인들을 사법처리했다. 그 대표적인 사례들 가운데 하나가 박근혜정부의 기무사령부 계엄문건파동이었다.

(1) 강찬호(姜贊昊), 「강찬호 논설위원이 간다: '맹탕'으로 막내리는 기무사 계엄문건 파동의 전말」, 『중앙일보』(2022년 7월 27일), 24쪽.

2018년 7월 20일에 문재인 대통령의 김의겸(金宜謙) 대변인은 박근혜정부 때 국군기무사령부가 '계엄령' 선포를 검토했다는 취지로 발표했다. 이것은 박근혜정부가 사실상 '쿠데타'를 모의했다는 뜻으로 읽히면서 국민을 놀라게 했다. 실제로 문 대통령은 이것은 '국기문란사건'이라고 단정하면서 민군합동수사단 구성을 지시했다. 강찬호 논설위원은 이 사건의 전말을 여러 자료에 바탕을 두고 검토한 뒤 문재인정부의 '쿠데타몰이'

는 사실상 근거가 없었다는 취지로 장문의 기사를 썼다.

(2) 원선우(조선일보), 「"계엄문건 문제없다던 송(宋) 말 바뀌…옷 벗을 각오로 폭로": 2018년 기무부대장이었던 민병삼 예비역 대령 인터뷰」, 『조선일보』(2023년 5월 20일), A6쪽.

2018년 국방부 100기무부대장이었던 민병삼 당시 육군대령은 이 인터뷰에서 문재인 정부가 '내란음모 문건'이라고 내세운 '계엄문건'은 "국가안전보장이 최우선 임무인 군이 마땅히 수립했어야 할 아주 기초적인 대비 계획일 뿐이었다"라고 주장하면서, 자신은 그것을 '계엄문건'인 것처럼 호도해 기무사령부 해체를 이끌어내는 데 항의해 군복을 벗을 각오로 진실되게 발언했다고 회상했다.

공수처법(「고위공직자범죄수사처 설치 및 운영에 관한 법률」)

문재인정부는 2019년 12월 30일에 국회에서 공수처법을 통과시키고 2020년 1월 7일에 공포했다. 이후 2020년 12월 10일에 법 개정안을 국회에서 통과시키고 12월 15일에 공포·시행에 들어갔으며, 2021년 1월 21일에 초대 공수처장을 임명함으로써 출범시켰다. 이 법은 일정하게 법적 근거를 가졌다고 볼 수 있으나 문재인정부 요인들의 '범죄'를 별도로 다룸으로써 사실상 은폐하기 위해 만들었다는 의심을 받았다.

(1) 하주희(주간조선 기자), 「공수처법 뒤에는 조국의 참여연대가 있다」, 『주간조선』(2019년 5월 13일), 32~34쪽.

(2) 한국학술정보 기획편집팀 엮음, 『공수처법 필리버스터: 국회 무제한토론; 고위공직자범죄수사처 여야 무제한토론』(경기도 파주시: 한국학술정보, 2020년 3월).

(3) 김태훈(金泰勳: 한반도인권통일변호사모임 상임대표), 「공수처법, 민주공화정 위협」, 『미래한국』(2020년 4월 22일), 48~51쪽; ______, 「공수처법 이래서 위헌이다」, 『미래한국』(2020년 5월 27일), 12~15쪽.

(4) 조재현(趙在炫), 「고위공직자범죄수사처, 일명 공수처법의 위헌 여부에 관한 검토」, 『한국부패학보』(한국부패학회) 제25권 제2호(2020년 6월), 85~105쪽.

(5) 고시면(高時冕), 「문재인 대통령 '제1호 공약'인 고위공직자범죄수사처설치및운영에관한법률(약칭: 공수처법)에 관한 위헌론과 합헌론 등에 관한 연구」, 『사법행정』(한국사법행정학회) 제61권 제8호(2020년 8월), 2~43쪽.

(6) 이훈범(李勳範: 중앙일보 칼럼니스트), 「조폭정치에 짓밟힌 민주주의」, 『중앙

SUNDAY』(2020년 12월 19~20일), 31쪽.

집권당이 5·18왜곡처벌법을 비롯해 공수처법 등을 마구 처리하는 것을 비판했다.

(7) 김현미(金賢美), 「인터뷰: “정권 바뀌면 공수처 이용한 탄압 유혹 느낄 것”: 공수처법 헌법소원 유상범(劉相凡) 국민의힘 의원」, 『신동아』(2021년 2월), 184~189쪽.

제3항 문재인정권의 성격

2017년 5월 10일에 제19대 대통령으로 취임한 이후 문재인정부의 지향점을 둘러싸고 논란이 일어나기 시작했으며 마침내 문재인정부가 ‘유사 전체주의’의 성격을 드러내고 그리하여 민주주의가 위기에 빠졌다는 비판이 강하게 제기됐다. 이 비판의 대상에는 ‘조국 사태’와 ‘추미애 사태’ 및 ‘윤미향 사태’ 그리고 ‘5·18민주화운동역사왜곡처벌법’ 등이 포함됐다.

단행본

(1) Monica Brito Vieira and David Runciman, *Representation*(New York: Polity Press, 2008)/노시내 옮김, 『대표: 역사, 논리, 정치』(후마니타스, 2020).

※ Monica Brito Vieira는 케임브리지대학교 대학원에서 정치사상을 전공해 석사학위를 받은 데 이어 2005년에 케임브리지대학교에서 정치사상을 전공해 박사학위를 받았고, 포르투갈의 리스본대학교 연구조교수를 거쳐 영국의 요크대학교 교수로 봉직하고 있다. 대표적 저서는 자신의 박사학위청구논문을 바탕으로 출판한 *The Elements of Representation in Hobbes: Aesthetics, Theatre, Law and Theology in the Construction of Hobbes's Theory of the State*(Leiden: Brill, 2009)이다.

※ David Runciman(1967~현재)은 케임브리지대학교에서 Monica Brito Vieira의 지도를 받아 박사학위를 받았다. 이후 케임브리지대학교 교수로 봉직하는 가운데 특히 민주주의에 관한 이론을 발전시켰다.

※ 노시내(1971~현재)는 연세대학교에서 법학을 전공한 뒤 미국 펜실베이니아주립대학교 대학원에서 석사학위를 받은 데 이어 조지워싱턴대학교 대학원에서 정책학석사학위를 받았고 조지워싱턴대학교 대학원에서 “Changes in Public Pension Policy in South

Korea, 1986-1998: Applying Two Theories of Policy Change"(2004)로 정책학박사학위를 받았다.

(2) 양승태(梁承兌), 『대한민국이란 무엇인가: 국가정체성 문제에 대한 정치철학적 성찰』(이화여자대학교출판부, 2010); ______, 「대한민국, 무엇이 위기인가?: 정치적 아마추어리즘과 반지성주의적 피로감의 극복을 위한 정치철학적 성찰」, 『철학과 현실』111(2016년 12월), 82~109쪽; ______, 『대한민국 무엇이 위기인가: 이 시대의 국가적 상황에 대한 정치철학적 성찰』(철학과현실사, 2020).

이 서로 연결된 저술들은 단순히 문재인정부를 대상으로 하지 않고 대한민국의 국가정체성을 조선왕조 이후의 역사적 맥락 그리고 정치사상사적 맥락 속에서 파악하고자 한 매우 형이상학적인 시도이다. 정치철학자인 저자는 '국가정체성의 위기' 그리고 '정당정치의 위기'를 지적함과 아울러 '대중영합주의'와 '민주주의의 위기'에 대해 경고했다. 그는 또 '국가생활 전반을 지배하는 정치적 아마추어리즘과 반(反)지성주의'를 개탄하면서 '공인정신의 함양과 새로운 교양시민계층의 형성' 그리고 '한국정치학의 재정립'을 제의했다.

(3) 노재봉(盧在鳳) · 김영호(金暎浩) · 서명구(徐明九) · 유광호(柳光浩) · 조성환(曺成煥) 공저, 『한국 자유민주주의와 그 적들』(북앤피플, 2018).

공저자들은 박근혜 대통령을 탄핵으로 이끌어간 '촛불혁명'을 비판하고 이어 문재인정권이 한국의 자유민주주의를, 더 나아가 대한민국을 파괴하고 있다고 비판했다.

(4) 강양구(姜亮求) · 권경애(權京愛) · 김경율(金經律) · 서민(徐民) · 진중권(陳重權), 『한 번도 경험해보지 못한 나라: "민주주의는 어떻게 끝장나는가"』(천년의상상, 2020년 8월).

문재인정부가 "무능할 뿐만 아니라 도덕적으로도 타락했다"는 논지를 유지하면서, 문재인정부 아래 집권세력과 그 지지세력이 선전과 선동 및 날조'로 정치를 이끌어나가는 가운데 민주주의는 위기에 직면했다고 비판했다. 이 책을 흔히 '조국(曺國) 흑서'라고 부른다.

(5) 강준만(康俊晩), 『권력은 사람의 뇌를 바꾼다: 권력자는 민주주의를 어떻게 파괴하는가?』(인물과사상사, 2020년 10월); ______, 『싸가지 없는 정치: 진보는 어떻게 독선과 오만에 빠졌는가?』(인물과사상사, 2020년 12월).

저자는 문재인정권이 스스로 '선한 권력'임을 내세우고 '아예 DNA가 다르다'고 주장하지만 그렇지 않다고 반박했다. 저자는 진보세력이 권력에 취해 갈 길을 잃었다고 비판하면서, 문재인정권의 기본적인 국정운영과 정치프레임을 '적대적 공생'으로 설명했다. "강경한 독선과 오만을 저지름으로써 반대편의 강경한 극우보수세력을 키워주고, 이러한 구도 아래서 다수 대중이 문재인정권의 '독선과 오만' 행태를 낡아빠진 극우보수 행태에 비해 사소한 것으로 보이게끔 해 다수의 지지를 얻어내는 셈법"이라는 것이다. 저자는 "문재인정권의 '내로남불' 사례들을 일일이 정리하다가 중도에 그만두고 말았다. 거의 모든 게 '내로남불'이었기 때문이다"라고 부연했다.

(6) 진중권(陳重權), 『진보는 어떻게 몰락하는가?: 저들은 대체 왜 저러는가?』(천년의 상상, 2020년 11월).

저자는 권력을 잡은 진보가 독선에 빠진 채 특권을 누리고 반칙도 버젓이 저지르고 있다고 날카롭게 비판했다.

(6-A) ______, 『이것이 우리가 원했던 나라인가: 진중권이 파헤친 위선적인 정권의 민낯』(21세기북스, 2021).

저자가 언론에 기고했던 칼럼 등을 묶은 책이다. 대부분이 문재인정부를 비롯해 더불어민주당과 진보 진영에 대한 비판과 쓴소리로 채워져 있다.

(7) 김광일(金侊日), 『김광일의 입: 당신의 대한민국이 무너지고 있다』(문이당, 2020년 12월).

저자는 문재인정부가 대한민국을 무너뜨리고 있다고 신랄한 어조로 비판했다.

※ 김광일(1958~현재)은 서울대학교 사범대학 불어교육과를 졸업하고 『조선일보』 파리특파원→문화부장→편집부국장을 역임했다. 현재 『조선일보』 논설위원이면서 유튜버로 활약하고 있다.

(8) Anne Applebaum, *Twilight of Democracy: The Seductive Lure of Authoritarianism* (New York: Penguin Random House, 2020)/ 이혜경(李惠京) 옮김 『꺼져가는 민주주의 유혹하는 권위주의』(빛소굴, 2021).

(9) 신기욱(申起旭), 『민주주의의 모험: 대립과 분열의 시대를 건너는 법』(인물과사상사, 2023).

저자는 '민주주의의 위기'를 우려한다. 미국 민주주의가 트럼프 대통령 시절을 거치며 퇴보했듯, 한국의 민주주의 역시 문재인정권을 거치며 퇴보했다고 본다.

논문 및 강연

(1) 조성대(趙誠帶), 「역(逆)민주주의: 이명박정부와 민주주의의 퇴행」, 『사람과정책』(민주정책연구원) 4(2012년 겨울), 56~67쪽.

(2) 『철학과 현실』123(2019년 겨울).

편집인의 말

엄정식(嚴廷植), 「현대 민주주의의 위기와 과학기술」, 6~16쪽.

특별좌담

박상훈(朴常勳) · 박명림(朴明林) · 이진우(李鎭雨) · 임지현(林志弦), 「현대 민주주의의 위기」, 18~75쪽.

칼럼

(i) 강원택(康元澤), 「민주주의의 위기와 한국정치」, 78~90쪽.

(ii) 문성훈(文聖薰), 「민주주의의 위기와 새로운 사회적 자유주의」, 92~121쪽.

(iii) 이중원(李中遠), 「인공지능과 민주주의」, 124~136쪽.

(iv) 정성훈(鄭聖勳), 「민주의 과잉과 민주의 과소: 이른바 '조국 대전'을 통해 드러난 한국 민주주의의 현재에 대한 진단」, 138~151쪽.

(v) 김기봉(金基鳳), 「'조국 사태'와 '조국 현상': 비트겐슈타인과 후설에게 묻는다」, 153~164쪽.

(3) 최장집(崔章集), 「"민주주의의 가장 위험한 적, 민주 위해 투쟁한다는 사람들": 최장집 'DJ노벨상 학술회의' 강연」, 『중앙일보』(2019년 12월 10일), 10쪽; ______, 「다시 한국 민주주의를 생각한다: 위기와 대안」, 『한국정치연구』(서울대학교 한국정치연구소) 제29권 제2호(2020년 6월), 1~26쪽.

"민주주의의 가장 위험한 적대자는 스스로 민주주의자라고 생각하면서,(민주주의를 위해 본인이) 투쟁한다고 확신하는 이들이다"라는 정치학자 후안 린츠(Juan Linz)의 경구(警句)를 인용했다.

(4) 『신동아』(2021년 3월) 특집: 가짜 민주주의와 '연성독재'

윤평중(尹平重), 「'부드럽게' 민주주의 침식, 문(文)정권의 연성 파시즘」, 36~45쪽.

한상진(韓相震), 「집권 여당 행태는 민주주의 해치는 병리적 현상: 진보 사회학자 한상진 서울대 명예교수 인터뷰」, 46~53쪽.

신평(申平), 「'언론개혁' 가면 쓰고 '언론 힘 빼기' 나선 문(文)정부: 다수의석으로 국가제도 변개하려는 탐욕: 신평의 '뿔피리'」, 62~69쪽.

고재석(高在石), 「거여(巨與)의 입법폭주, 법치 무너뜨리다: 장영수 교수 "국회의 '탈법치', 문재인판 유정회"」, 70~75쪽.

김태규(金泰圭), 「"대통령이 판사 앞에서 '촛불정신' 말하던 날, 난 사표를 썼다": 갓 법복 벗은 부장판사가 대법원장에 보낸 편지」, 76~83쪽.

구자홍(具滋洪), 「추천 따로, 임명 따로 '법원장 추천제'의 민낯: 김명수 대법원장, 의정부·광주지법 비추천 인사 임명」, 76~83쪽.

이상돈(李相敦: 중앙대 명예교수), 「"김명수 임명표결 때 조국, '잘 부탁드린다' 문자": 진영 넘나든 정객 이상돈의 직격 토로 인터뷰」, 54~61쪽.

(5) 권혁용(權赫勇), 「한국의 민주주의 퇴행」, 『한국정치학회보』제57집 제1호(2023년 3월), 33~58쪽.

필자는 '민주주의의 퇴행(democratic backsliding)'이라는 개념으로 한국에서 민주주의의 가치와 원칙이 잠식되는 현상을 분석했다.

사회단체성명서

「정교모 "문정권 유사전체주의 독재에 맞설 것"」, 『문화일보』(2020년 8월 13일), 9쪽.

「사회정의를 바라는 전국교수모임」(약칭 정교모)는 2020년 8월 13일에 국회정론관과 국회정문 앞에서 문재인정부의 국정운영에 관한 제3차 시국선언을 발표했다. 이 발표문에서 전·현직 대학교수 약 6200명이 참여하고 있는 정교모는 문정권의 성격을 '유사전체주의'로 단정하면서, "문재인정권 아래에서 대한민국은 한 번도 경험하지 못한 거짓과 선동·독재와 무능·부패의 나라, 비정상·반문명의 문(文)디스토피아로 전락하고 있다"고 비판했다.

인터뷰

(1) 최보식(崔普植), 「최보식이 만난 사람: 노재봉(盧在鳳) 전 국무총리; "문(文)은 자신을 대통령 아닌 민족통일국가 세우려는 '남쪽 리더'로 자부"」, 『조선일보』(2020년 8월 24일), A27쪽.

(2) 김기철(金基哲: 조선일보 학술전문기자), 「김기철의 시대탐문 15: 정치학자 서병훈(徐炳勳) 숭실대 교수; 우린 민주주의로 포장한 독재시대에 살고 있다」, 『조선일

보』(2020년 11월 16일), A20쪽.

(3) 봉달호, 「오용된 민주, 어용된 진보: 세상에 어떤 리버럴이 5·18왜곡처벌법 같은 해괴한 법을 만드나」, 『신동아』(2020년 12월), 152~159쪽.

(4) 이진구(李鎭求), 「이진구 논설위원의 대화: 민경우(閔庚宇) 전 범민련 남측본부 사무처장; "민주화운동정권 손에 민주주의가 파괴될 줄이야 …"」, 『동아일보』(2020년 12월 15일), A31쪽.

이 기사는 다음과 같은 문단으로 시작했다.

> 민 · 주 · 화.
>
> 목이 터져라 외쳤던 그 이름을 30여 년이 지나 다시 외칠 줄 누가 알았을까. 다른 의견을 말하면 처벌하고(5·18민주화운동역사왜곡처벌법), 북한 인권을 위해 전단을 날리면 잡아가는(대북전단금지법) 세상. 자신들은 우상화(민주유공자예우법)하고, 미운 놈은 출마도 막으려는(윤석열출마금지법) 정권. 민경우 전 조국통일범민족연합(범민련) 남측본부 사무처장(55)은 9일 '민주화운동 출신 정권에서 민주주의가 파괴되는 모습을 보게 될 줄은 정말 몰랐다'고 말했다.
>
> ※ 열혈운동가였던 그는 2023년 8월 15일에 서울 성공회성당 앞에서 역시 열혈운동가였던 함운경(咸雲炅) 및 주대환(周大煥) 등 588명과 함께 「민주화운동동지회」를 출범시켰다. 이들은 '586운동권' 세력 가운데 일부가 자신들의 운동권 경력을 내세워 정계와 관계에 진출하면서 위선과 부패의 타락을 보이며 '쓰레기'가 됐다고 비판하고, 이 '쓰레기'를 치워 운동권이 원래 추구했던 가치를 보전 · 유지하고자 한다고 다짐했다.

(5) ______, 「최보식이 만난 사람: '나는 5·18을 왜곡한다' 최진석 서강대 명예교수; "내 젊은 날 5·18 잃고 싶지 않아 … '표현의 자유' 제약이 독재의 첫걸음"」, 『조선일보』(2021년 1월 4일), A28쪽;

(6) 고정애(高貞愛), 「고정애의 직격인터뷰: 5·18왜곡시 쓴 철학자 최진석; 민주화세력의 자아도취가 나라 멈추게 했다」, 『중앙일보』(2021년 1월 15일), 26~27쪽.

칼럼

(1) 이기홍(李基洪: 동아일보 논설실장), 「이기홍 칼럼: 정권실세들의 '의리와 보복' … 망가지는 국가시스템」, 『동아일보』(2019년 12월 13일), A34쪽; ______, 「이기홍 칼럼: 추(秋) 감싸려고 진보 먹칠하는 좌파 패거리즘」, 『동아일보』(2020년 9월 18일), A34

쪽; ______, 「이기홍 칼럼: 온 나라 드리운 '문재인 선글라스'」, 『동아일보』(2020년 10월 16일), A34쪽.

(2) 윤평중(尹平重), 「윤평중 칼럼: 한국 진보, 양심의 절대화가 악(惡)을 부른다」. 『조선일보』(2020년 6월 12일), A30쪽; ______, 「윤평중칼럼: 문재인정권의 연성(軟性) 파시즘」, 『조선일보』(2020년 8월 14일), A34쪽; ______, 「윤평중 칼럼: 반일 · 종북 민족주의, 대한민국을 위협하다」, 『조선일보』(2020년 10월 16일), A34쪽.

(3) 박제균(朴濟均), 「박제균 칼럼: 한없이 너그럽고 한없이 독한 불공정 문(文)정권」, 『동아일보』(2020년 6월 15일), A30쪽; ______, 「너무 창피한 '문(文) 파라다이스'」, 『동아일보』(2020년 9월 21일), A34쪽; ______, 「박제균 칼럼: 수치심 모르는 운동권 독재」, 『동아일보』(2020년 11월 30일), A34쪽; ______, 「박제균 칼럼: 평화롭고 행복한 문재인 나라」, 『동아일보』(2020년 12월 14일), A34쪽.

마지막 칼럼은 반어법 형식으로 문재인 대통령을 신랄하게 비판했다.

(4) 류근일(柳根一), 「류근일 칼럼: 신(新)적폐 · 신(新)독재 · 신(新)농단」, 『조선일보』(2020년 6월 30일), A34쪽; ______, 「류근일 칼럼: 안중근 의사가 벌떡 일어날 세상」, 『조선일보』(2020년 9월 19일), A30쪽; ______, 「류근일 칼럼: 좌파 파시즘에 반대하는 게 이 시대의 중도」, 『조선일보』(2020년 12월 12일), A30쪽.

(5) 이종화(李鍾和), 「제이노믹스(문재인정부경제정책)의 추락과 한국판 뉴딜의 미래」, 『중앙일보』(2020년 7월 23일), 31쪽.

(6) 김창균(金昌均), 「김창균 칼럼: 대통령의 '퇴임안전보장' 위해 나라를 허무는 정권」, 『조선일보』(2020년 8월 13일), A30쪽.

(7) "South Korea's Liberal Rulers Unleash Their Inner Authoritarians," *The Economist*(Asia)(August 20, 2020), p.34.

문재인정부가 자기들이 야당시절에 그렇게 비판했던 권위주의 통치로 돌아가고 있다고 비판했다.

(8) 한경환(韓敬煥: 중앙일보 중앙SUNDAY 총괄에디터), 「한경환 왈: 민주라는 이름의 '가면무도회'」, 『중앙SUNDAY』(2020년 8월 29~30일), 30쪽.

(9) 강준만(康俊晩), 「강준만 칼럼: 민주주의는 겸손을 먹고 산다」, 『한겨레』(2020년 8월 31일), 26쪽.

문재인정권을 간접적으로 비판했다.

※ 이 칼럼에 나오는 존 킨의 저서는 다음과 같다. John Keane, *Life and Death of Democracy*(New York: Pocket Books, 2010). 이 책에서 저자는 2차대전의 종결과 동시에 전통적 '대의제 민주주의(representative democracy)'의 시대는 끝났으며, '소수자 민주주의(minority democracy)'의 시대가 전개됐다는 이론을 제시했다.

※ John Keane(1949~현재)은 호주의 아델라이드대학교(University of Adelaide)를 졸업하고 캐나다의 토론토대학교(University of Toronto)에서 석사→박사학위를 받았다. 서지사항은 다음과 같다. John Keane, "The Problem of Technical and Moral-Practical Progress in Modernity: A Critique of Jürgen Habermas," unpub. Ph.D. diss., University of Toronto, 1977. 그는 1989년에 런던에 「민주주의연구원(Centre for the Study of Democracy, CSD)」를 세웠으며, 현재 시드니대학교 정치학과 교수다.

(10) 진중권(陳重權), 「진중권의 퍼스펙티브: 촛불정권, 연성 독재로 전락했다」, 『중앙일보』(2020년 9월 2일), 24~25쪽; ______, 「진중권의 퍼스펙티브: '평등' 이념으로 '공정' 진압하니 평등도 공정도 없는 세상 돼버려」, 『중앙일보』(2020년 9월 23일), 28쪽; ______, 「진중권의 퍼스펙티브: 망상과 공작으로 통치되는 나라」, 『중앙일보』(2020년 12월 23일), 28~29쪽; ______, 「진중권의 퍼스펙티브: '우리 편'들의 국정농단」, 『중앙일보』(2021년 2월 24일), 26~27쪽.

(11) 김진국(金鎭國: 중앙일보 대기자 칼럼니스트), 「민주주의 위기의 신호: 민주화운동권정부에서 왜 민주주의 위기가 거론되나」, 『중앙일보』(2020년 9월 3일), 23~24쪽; Jin-kook Kim, "What is Democracy?," *Korea JoongAng Daily*(December 16, 2020), p.8.

서울대학교 사회과학대학 정치학과를 졸업하고 1984년에 중앙일보 수습기자로 언론인 생활을 시작해 중앙일보 편집국장대리와 논설주간을 역임했으며 관훈클럽 총무를 맡았던 필자는 자신의 40년 가까운 언론인 경험에 바탕을 두고 정론직설(正論直說)의 여러 칼럼을 썼는데, 이 칼럼에서 필자가 인용한 저서들의 서지사항은 다음과 같다.

(i) Larry J. Diamond, *In Search of Democracy*(London: Routledge, 2015).

※ Larry J. Diamond(1951~현재)는 스탠퍼드대학교 정치학과에서 학사→석사→박사학위를 받았다. 밴더빌트대학교 교수를 거쳐 현재 스탠퍼드대학교 교수다. 그는 "2005년 이후 민주주의와 자유의 후퇴가 심화되고 있다"라고 경고했다.

(ii) Steven Levitsky and Daniel Ziblatt, *How Democracies Die*(New York: Crown Publishing Group, 2018)/박세연('번역인' 공동대표) 옮김, 『어떻게 민주주의는 무너지는가:

우리가 놓치는 민주주의 위기 신호』(어크로스, 2018).

※ Steven Levitsky(1968~현재)는 스탠퍼드대학교를 졸업하고 캘리포니아대학교 버클리 캠퍼스 대학원 정치학과에서 박사학위를 받았다. 하버드대학교 교수로 봉직하고 있다. Daniel Ziblatt(1972~현재)은 클레어몬트대학교 포모나칼리지를 졸업하고 캘리포니아대학교 버클리 캠퍼스 대학원 정치학과에서 박사학위를 받았다. 하버드대학교 교수로 봉직하고 있다.

(12) 염재호(廉載鎬), 「염재호 칼럼: 국가의 품격과 성숙한 민주주의」, 『중앙일보』(2020년 9월 9일), 31쪽.

고려대학교 총장을 역임한 필자는 이 칼럼에서 '문재인'이라는 고유명사는 전혀 쓰지 않았으면서, 은유적으로 문재인정부 아래서의 정치를 비판했다.

(13) Hyung-a Kim, "Moon's Remaking of South Koreea," *Korea JoongAng Daily* (September 10, 2020), p.6.

문재인정부를 비판적인 시각에서 접근했다.

(14) 박정훈(朴正薰), 「박정훈 칼럼: "우리가 분노 안 하면 그들이 우릴 개돼지로 볼 것"」, 『조선일보』(2020년 9월 11일), A30쪽; ______, 「박정훈 칼럼: "'민주건달'이 연대해 나라 뜯어먹는 세상"」, 『조선일보』(2020년 12월 25일), A26쪽.

조국(曺國)을 비롯한 운동권 출신 인사들을 비판했다.

(15) 임혁백(任爀伯), 「임혁백의 퍼스펙티브: 세계적 민주주의 위기, 한국도 예외 아니다」, 『중앙일보』(2020년 9월 14일), 22쪽.

(16) 정연욱(鄭然旭), 「오늘과 내일: 법치(法治) 허물고 인치(人治)가 득세한 세상」, 『동아일보』(2020년 9월 15일), A35쪽.

(17) 최상연(崔相淵), 「최상연의 시시각각(時視各角): 지금까지 이런 정부는 없었다」, 『중앙일보』(2020년 9월 18일), 34쪽.

조국사건, 윤미향사건, 추미애사건 등을 바라보면서, 중앙일보 논설위원인 필자는 문재인정권에 대해 "특권층 비리와 특혜 자체보다 더 심각한 게 똘똘 뭉쳐 궤변과 억지로 싸고도는 정권의 불통과 오만이다. 이 정부의 가장 큰 특징이다"라고 비판했다.

(18) 박명림(朴明林), 「중앙시평: 나라가 거꾸로 가고 있다」, 『중앙일보』(2020년 9월 23일), 35쪽.

(19) 박보균(朴普均), 「박보균 단문세상: '문재인권력'의 결정적 욕망」, 『중앙일

보』(2020년 9월 24일), 35쪽.

(20) 박찬수(朴贊洙), 「박찬수 칼럼: 2012년 정치인 문재인이 주목한 '공평과 정의'」, 『한겨레』(2020년 9월 24일), 26쪽,

(21) 이상돈(李相敦: 중앙대 명예교수), 「이상돈의 퍼스펙티브: 분열된 한국사회, 그 종착역은; 막말 · 궤변의 양극화 정치 … 제3지대 조성 절실」, 『중앙일보』(2020년 10월 5일), 20쪽.

(22) 전영기(全榮基: 중앙일보 칼럼니스트), 「전영기의 시시각각(時視各角): "국민 위해 목숨 건 대통령은 없다"」, 『중앙일보』(2020년 10월 5일), 30쪽.

필자는 이 칼럼을 다음과 같은 문단으로 끝을 맺었다.

> "가수 나훈아가 '대통령이 국민 때문에 목숨을 걸었다는 사람을 한 번도 본 적이 없다. 이 나라를 누가 지켰냐 하면 모두 보통 국민이 지켰다'고 한 말을 문 대통령은 자신과는 관계없다고 생각할 것이다. 그러나 문 대통령은 제 나라 국민이 영문도 모르고 총살당해 불에 태워졌거나 물새의 먹잇밥이 됐는데도 살해책임자에 대해 항의 한마디 하지 않았다. 오히려 살해책임자를 각별하게 받아들였다. 이 정권의 사람들은 대통령의 처신을 '통 큰 포용'이라고 하는데 제 자식을 죽인 옆집 사람한테도 그럴 수 있겠는지 묻고 싶다. 대한국민은 앞으로 목숨을 스스로 챙겨야 할 때가 올지 모른다. 정부가 자국민 보호를 포기하는 나라가 되면 그렇게 될 것이다. 이 나라를 지킨 것은 대통령이 아니라 보통 국민이었다는 나훈아의 인식은 슬플 정도로 통렬하다."

(23) 손영준(孫榮俊), 「손영준의 퍼스펙티브: 민주주의 힘들게 하는 정부의 선택적 소통; 문재인정부의 '진영논리소통'…국민공감 얻기 어려워」, 『중앙일보』(2020년 9월 21일), 22쪽.

문재인정부의 '소통'은 '형식적 대화'에 머물고 있다고 비판하면서, "소통없이 '그래도 가겠다'는 입장이라면 우리의 민주주의는 힘들어진다"고 지적했다. 필자는 "막힌 소통구조와 언로를 정상화해야 한다"라고 제의했다.

※ 손영준(1965~현재)은 서울대학교 사회과학대학 외교학과를 졸업하고 서울대학교 행정대학원에서 석사학위를 받았으며, 인디애나대학교 블루밍턴 캠퍼스 대학원에서 언론정보학을 전공해 박사학위를 받았다. 박사학위청구논문 서지사항은 다음과 같다. Young-jun Son, "Campaign Coverage, Opinion and Media: The Influences of the

News Media and the Perspections of Political Journalists in the 2000 U.S. Presidentaial Election," unpub. Ph.D. diss., Indiana University, Bloomington, 2003. 현재 국민대학교 사회과학대학 교수다.

(24) 강원택(康元澤), 「조선칼럼: 돌격대 아니면 나팔수만 보이는 여당」, 『조선일보』(2020년 10월 5일), A30쪽.

(ⅰ) "'제왕적 당 총재'라는 비판을 받아왔던 김영삼, 김대중 정부 때에도 아들 문제로 인한 잡음이 끊이지 않자, 자식 문제라는 사안의 예민함에도 불구하고, 이에 대한 우려를 대통령에게 제기한 건 여당 의원들이었다. 심지어 전두환 정권하에서도 여당은 지금과 같은 모습이 아니었다. 1985년 전두환정권이 학원 소요 관련 학생들을 격리 수용해서 '선도교육'을 하겠다는 학원안정법을 추진했을 때 여당인 민정당 내에서도 이에 대한 비판이 제기되었고, 반대 입장을 천명한 원내총무 이종찬은 이로 인해 경질되었다. 딴소리를 할 수 없는 지금의 여당은 김영삼, 김대중 정부 때는 말할 것도 없고, 전두환 시절의 여당만큼도 제 역할을 못 하고 있는 것이다."

(ⅱ) "지금의 여당은 정치적 소통의 매개체이거나 하의상달(下意上達)의 통로라기보다는, 대통령과 청와대를 홍보하고 수호하며 그 반대의견을 억압하고 비판하는 전위대로 기능하고 있다. 현 정권의 편협함에는 이처럼 제 목소리를 내지 못하는 여당의 무능함도 한몫을 하고 있다. 정치의 세계에서 언로(言路)는 인체의 혈관과 같은 것이다. 혈관이 막혀 피가 제대로 돌지 않으면 건강에 치명적 위험이 오는 것처럼 언로가 막히면 권력은 추락할 수밖에 없다. 여당이 입을 다물면 권력 집단 내부의 조기 정보 시스템은 작동하지 않는다. 결국 호미로 막을 수 있는 일을 가래로도 막기 어려운 상황에 직면하게 되는 것이다."

(24-A) ______, 「조선칼럼: 대통령이 민주주의의 적(敵)일 수 있다는 교훈」, 『조선일보』(2020년 11월 9일), A30쪽; ______, 「나라 맡기면 안 되는 사람들을 알게 됐다」, 『조선일보』(2020년 12월 21일), A34쪽.

(25) 윤석만(尹晳鏋: 중앙일보 논설위원), 「인간의 삶을 묻다: 반자유주의적 민주주의: 그렉시트 조장한 포퓰리즘, 상대편 억압하는 대중독자」, 『중앙일보』(2020년 10월 9일), 20쪽.

(26) 이관후(李官厚), 「'똘마니'와 위기의 민주주의」, 『경향신문』(2020년 10월 12일), 27쪽.

필자는 자신의 이 칼럼을 다음과 같은 문단으로 매듭을 지었다.

"정치학자 야스차 뭉크는 『위험한 민주주의』에서 지금이 '전 세계적으로 민주주의에 대한 혐오가 유례없이 극심한 시기'라는 사실을 통계적으로 입증했다. 그 이유는 정치가 소수 엘리트 정치인, 관료, 자본, 사법권력 등에 포섭되면서, 민주주의가 포퓰리즘을 이용한 '경쟁적 권위주의'로 전락했기 때문이다. 그는 위기에 빠진 민주주의를 구출하기 위한 대안을 한 캐나다 정치인의 말을 인용해 이렇게 제시한다.

'정치적 반대자들을 공격하겠다고 공언하지 말아야 한다. 민주주의가 제대로 작동하려면 정치인들이 적수(adversary)와 적(enemy)의 차이를 구별할 필요가 있다. 적수는 꺾고 싶은 상대이며, 적은 말살해야 할 상대다. 정치를 적수와의 관계가 아니라 적과의 대립관계로 보면 민주정치는 작동하지 않는다.'"

※ 본문에 나오는 야스차 뭉크와 그의 『위험한 민주주의』에 관해서는 「문재인정부에 관한 논평 또는 비판」 아래 소개된 필자의 「문재인정부에 대한 토크빌의 조언」에서 다시 살피기로 한다.

※ 이관후(1976~현재)는 서강대학교 사회과학대학 정치외교학과를 졸업하고 서강대학교 대학원 정치외교학과에서 석사학위를 받은 데 이어 유니버시티칼리지런던 대학원에서 정치학박사학위를 받았다. 서지사항은 다음과 같다. Kwan-hu Lee, "Political Legitimacy, Representation and Confucian Virtue," unpub. Ph.D. diss., University College London, 2014. 서강대학교 현대정치연구소 전임연구원과 경남연구원 연구위원을 거쳐 현재 건국대학교 상허교양대학 교수다.

(27) 이준웅(李準雄), 「징벌을 더하는 방식으로 민주주의를 강화할 수 없다」, 『경향신문』(2020년 10월 12일), 27쪽.

※ 이준웅(1965~현재)은 서울대학교 사회과학대학 언론정보학과를 졸업하고 서울대학교 대학원 언론정보학과에서 석사학위를 받은 데 이어 펜실베이니아대학교에서 언론정보학을 전공해 박사학위를 받았다. 서지사항은 다음과 같다. June-woong Rhee, "Framing the Health Care Reform Campaign of 1993~94: News Frame, Interpretation, and Public Opinion Change," unpub. Ph.D. diss., University of Pennsylvania, 1997. 현재 서울대학교 사회과학대학 언론정보학과 교수다.

(28) 최진석(崔珍晳), 「특별기고: 거짓말에 흔들리는 대한민국」, 『한국경제』(2020년 10월 15일), A34쪽.

(29) 이하경(李夏慶: 중앙일보 주필), 「이하경 칼럼: 대통령직에 스스로 침을 뱉은 문재인정권」, 『중앙일보』(2020년 10월 5일), 31쪽; ______, 「이하경 칼럼: '민주화' 완장

찬 사람들이 민주주의를 멸시한다」, 『중앙일보』(2020년 11월 2일), 31쪽.

(30) 이정민(李貞旼: 중앙일보 논설위원), 「이정민의 시선: 민주화세력의 도박에 저당 잡힌 미래」, 『중앙일보』(2020년 11월 5일), 30쪽.

(31) 나경원(羅卿瑗), 『나경원의 증언: 처절한 저항과 끈질긴 협상 그 생생한 기록, 헌정질서 위기 앞에서 야당 원내대표가 느낀 고뇌』(백년동안, 2020년 11월).

※ 나경원(1963~현재)은 서울대학교 법과대학을 졸업하고 서울대학교 대학원 법학과에서 석사학위를 받은 데 이어 박사과정을 마쳤다. 사법시험을 거쳐 판사로 봉직했으며, 17대 및 19대 국회의원을 거쳐 20대 국회의원으로 자유한국당 원내대표를 역임했고 숙명여자대학교 석좌교수로도 활동했다.『세심: 나와 세상을 바꾸는 마음의 힘』(중앙북스, 2010), 『무릎을 굽히면 사랑이 보인다』(샘터, 2013) 등을 저술했다. 현재 제22대 국회의원다.

(31-A) 최보식(崔普植), 「최보식이 만난 사람: 『나경원의 증언』 출간한 나경원 전 의원: "우파는 지금껏 비겁했다 … 부당한 공격에 함께 맞서지 않아 벼랑까지 밀려"」, 『조선일보』(2020년 12월 7일), A30쪽.

(32) 홍세화(洪世和), 「홍세화 칼럼: 우리 대통령은 착한 임금님」, 『한겨레』(2020년 11월 20일), 22쪽.

점잖은 비유법을 통해 문재인 대통령을 비판했다.

(32-A) 김현미(金賢美: 동아일보 출판부국장), 「인터뷰: 진보논객 홍세화; "문(文), 임금님 그만두고 대통령으로 돌아가라"」, 『신동아』(2021년 1월), 138~145쪽.

이 인터뷰에서 홍세화 씨는 자신의 칼럼이 불러일으킨 후폭풍에 대해 다음과 같이 말했다.

> "평생 먹을 욕 다 먹었습니다. 나이 칠십이 넘은 내게 '헛소리 그만두고(파리로) 가서 택시운전이나 하라'더군요. 자신들의 생각과 조금만 달라도 바로 튀어나오는 말이니까 이젠 신경 안 씁니다. 다만 그 글을 쓴 의도가 편한 임금님 노릇 그만하고 대통령이라는 엄중한 자리로 돌아가라는 바람이었는데 지금 대통령을 보면 제 뜻이 잘 전달되지 않은 것 같네요."

이 인터뷰에서 홍세화 씨는 문재인정권의 중심축을 형성하고 있는 '586운동권'을 향해 "제대로 공부를 한 것도 아니고 돈버는 게 얼마나 어려운지도 모르는 민주건달이다"라고 비판했다.

(33) 송평인(宋平仁), 「송평인 칼럼: 문재인 정권 하는 짓, 레닌 때와 닮았다」, 『동아일보』(2020년 12월 2일), A34쪽.

(34) 전상인(全相仁), 「조선칼럼: '양계장 대학'과 586민주독재」, 『조선일보』(2020년 12월 7일), A34쪽.

(35) 김순덕(金順德: 동아일보 대기자), 「김순덕 칼럼: 문(文), 잊혀진 대통령으로 남을 것 같은가」, 『동아일보』(2020년 12월 10일), A34쪽.

(36) 김형준(金亨俊), 「무소불위 공수처, 위협받는 민주주의」, 『동아일보』(2020년 12월 17일), A34쪽.

(37) 강천석(姜天錫), 「강천석 칼럼: '대통령의 상식'이 유고(有故) 상태다」, 『조선일보』(2020년 12월 19일), A26쪽.

필자는 문 대통령을 사실상 '사이비 대통령'이라고 보면서, 통렬하게 비판했다.

(38) 김병연(金炳椽), 「중앙시평: 죄인의 민주주의」, 『중앙일보』(2021년 1월 6일), 31쪽.

스스로를 '의인(義人)'이 아니라 '죄인(罪人)'이라고 생각할 때 '겸손과 절제, 그리고 비판을 기꺼이 수용하는 마음'을 갖게 된다고 지적하면서, 문재인정권 주도세력은 의인 집단이 아닌데도 스스로를 '의인'이라고 착각하는 아집(我執) 속에서 국정을 무리하게 이끌고 있으며 여기서 '민주주의의 근간'이 허물어지고 있다고 경고했다.

(39) 「사설: 한국은 지금 민주주의 허울 쓴 권력이 법치 파괴하는 나라」, 『조선일보』(2021년 3월 3일), A35쪽.

(40) 박성희(朴晟希: 이화여자대학교 커뮤니케이션미디어학부 교수), 「납치당한 민주주의부터 되찾아야 한다」, 『조선일보』(2022년 7월 29일), A28쪽.

(41) 김학준(金學俊), 「종합서평: '위기론'과 '후퇴론' 속의 한국민주주의: 한국 정치학자들의 저서들을 중심으로」, 『철학과현실』(2021년 겨울), 255~273쪽.

최장집, 『민주화 이후의 민주주의: 한국 민주주의의 보수적 기원과 위기』(후마니타스, 2002, 2005년 개정판)』 그리고 임혁백, 『세계화시대의 민주주의』(나남, 2000) 및 『1987년 이후의 민주주의』(고려대학교출판부, 2011) 등 이 주제에 관한 저술들을 서평했다.

(42) 김형석(金亨錫), 「김형석 칼럼: 민주당, 더는 국민을 실망시키지 말아야 한다」, 『동아일보』(2023년 5월 5일), 26쪽.

"김대중정부의 대북원조는 역효과를 만들었고, 노무현정부 기간에는 친북반정부운동을 앞세우는 대학중심의 운동권이 정치세력화하기 시작했다. 문재인정부가 그 운동권 출신의 정치이념과 경제방향을 같이하면서 중도좌파의 노선을 택한 것이 현재의 결과를 만들었다. 문재인정권은 출발할 때부터 상반되는 이중성을 안고 태어났다. 밖으로는 인권과 민주정치를 지향하면서 국내정치의 방향과 경제정책은 좌파이념을 도입했다. 그 이중성은 김정은정권을 위해서 북한동포를 위한 인권을 멀리했고 국제적으로는 휴머니즘과 상반되는 방향을 택했다. 자유세계와 유엔의 기대와 신뢰까지 약화시켰다. 국격은 추락하고 민생은 퇴락하는 결과가 되었다. 잘못된 친북정책이 예상 못 했던 국가적 손실을 남겼다. 그 결과는 문정권에서 버림받은 윤석열 대통령이 정부를 탄생시키는 아이러니 현상을 창출했다.

그러나 나라를 위하는 국민들이 크게 실망한 것은 문재인정부보다 더불어민주당에 대한 허탈감이다. 지도자들의 가장 큰 불행은 자신의 잘못을 깨닫지 못하는 것보다 사실을 은폐하고 더 큰 과오를 범하는 데 있다. 지난 1년 동안 우리는 국민의당과 윤석열정부에 대한 민주당의 자세와 태도를 보면서 놀라울 정도의 회의를 느꼈다. 신생 정부는 물론 국민은 안중에도 없는 자세였다. 수준 이하의 부끄러움을 모르는 사태들을 감행했다. 정부 탄생 초창기부터 계속되는 탄핵정치를 들고나왔다. 아무것도 아닌 사소한 사건을 문제 삼고 떠드는가 하면, 없는 사실을 꾸며 가면서 국민을 선동하는 모습들이다. 마치 윤석열정부가 무너지거나 가능하다면 추방하고 다시 집권해야 한다는 마음보 같았다. 국가와 국민을 위하는 자세와 책임은 보여주지 못했다."

포퓰리즘에 관한 담론

한국정치에 있어서 '포퓰리즘'의 문제는 대체로 김대중정부 때부터, 또는 노무현정부 때부터 제기됐다고 할 수 있다. 그러나, '민주주의 위기'론 또는 '민주주의 후퇴'론이 제기된 문재인정부에 이르러 매우 활발히 제기됐기에, 여기서 종합적으로 다루기로 하겠다.

(1) 서병훈(徐炳勳), 「포퓰리즘의 이념적 위상: 참여와 개혁의 문제를 중심으로」, 『한국정치학회보』 제22권 제2호(1998), 49~65쪽; ______, 「'포퓰리즘 구하기': 개념 규정을 위한 시도」, 『철학연구』72(2006), 203~223쪽; ______, 『포퓰리즘: 현대 민주주의의 위기와 선택』(서울: 책세상, 2008)

(2) 홍윤기(洪潤基), 「포퓰리즘과 민주주의: 한국사회의 포퓰리즘 담론과 민주주의 내실화과정을 중심으로」, 철학연구회 편, 『디지털 시대의 민주주의와 포퓰리즘』(철학과 현실사, 2004), 284~338쪽.

(3) 주정립(朱晶立), 「포퓰리즘의 개념적 규정을 위한 시도」, 『대한정치학회보』 제13집 제1호(2005년 6월), 245~270쪽; ______, 「포퓰리즘과 위기」, 『대한정치학회보』 제14집 제1호(2006년 6월), 351~378쪽; _____, 「포퓰리즘에 대한 이론적 검토」, 『시민사회와 NGO』제4권 제1호(2006년 5월), 43~79쪽.

※ 주정립(1960~현재)은 서울대학교 인문대학 독어독문학과를 졸업하고 독일 프랑크푸르트대학교 대학원 철학과에서 박사학위를 받았다. 박사학위청구논문 서지사항은 다음과 같다. Choeng-Lip Chu, “Ideologie und Kritik,” unpub. Ph.D. diss., Johann Wolfgang Goethe-Universität Frankfurt, Main 1997. 현재 성공회대학교 민주자료관 연구교수다.

(4) 정병기(鄭柄基), 「서유럽 포퓰리즘의 성격과 특징: 프랑스, 이탈리아, 오스트리아, 벨기에, 노르웨이의 네오포퓰리즘 정당을 중심으로」, 『대한정치학회보』제20권 제2호(2012년 10월), 139~164쪽; _____, 「민주화 이후 그리스의 균열 구조 변화와 포퓰리즘 균열」, 『지중해지역연구』제20권 제4호(2018년 11월), 51~73쪽; _____, 「한국정치: 신자유주의 포퓰리즘인가 신자유주의 대의정치 · 포스트포퓰리즘 균열인가」, 맑스코뮤날레 편, 『전환기의 한국사회: 성장과 정체성의 정치를 넘어』(서울: 갈무리, 2019년 5월), 278~303쪽; _____, 「오성운동(M5S)의 직접 의회주의와 사이버크래틱 집중주의: 포스트포퓰리즘 정치운동의 성공과 한계」, 『한국정치연구』제29집 제2호(2020년 1월), 91~116쪽; _____, 「포퓰리즘의 개념과 유형 및 역사적 변화: 고전 포퓰리즘에서 포스트포퓰리즘까지」, 『한국정치학회보』제54집 제1호(2020년 봄), 91~110쪽.

※ 정병기(1966~현재)는 서울대학교 사회과학대학 정치학과를 졸업하고 베를린 자유대학교 대학원 정치학과에서 석사→박사학위를 받았다. 박사학위청구논문 서지사항은 다음과 같다. Byungkee Jung, “Norditalienischer Leghismo als politischer Regionalismus: Lega Nord im politischen und soziookonomischen Wandel Italiens,” unpub. Ph.D. diss., Freie Universität Berlin, 1999. 현재 영남대학교 사회과학대학 정치외교학과 교수다.

(5) 이성규(李城圭), 「포퓰리즘의 불완전한 이해와 모순성」, 『제도와 경제』(한국제도경제학회) 제7권 제2호(2013년 8월), 149~177쪽.

※ 이성규(1962~현재)는 안동대학교 무역학과를 졸업하고 한국외국어대학교 무역학과에서 석사학위를 받은 데 이어 영국 사우스햄튼대학교 대학원 경제학과에서 경제학

박사학위를 받았다. 박사학위청구논문 서지사항은 다음과 같다. Sung-Kyu Lee, "Essays on Voting, Policy and Campaigning," unpub. Ph.D. diss., University of Southampton, 2004. 현재 안동대학교 사회과학대학 무역학과 교수다.

(6) 진태원(陳泰元), 「포퓰리즘, 민주주의, 민중」, 『역사비평』105호(2013년 11월), 182~217쪽; 진태원 편, 『포퓰리즘과 민주주의』(서울: 소명출판, 2017), 19~54쪽.

※ 진태원(1966~현재)은 연세대학교 문과대학 철학과를 졸업하고 연세대학교 대학원 철학과에서 석사학위를 받은 데 이어 서울대학교 대학원 철학과에서 「스피노자 철학에 대한 관계론적 해석」(2006년 2월)으로 박사학위를 받았다. 현재 성공회대학교 연구교수다.

(7) 김정한(고려대 민족문화연구원), 「좌파 포퓰리즘의 가능성과 난점」, 『월간좌파』26(2015), 125~139쪽.

(8) 조기숙(趙己淑), 『포퓰리즘의 정치학: 안철수와 로스 페로의 부상과 추락』(경기도 고양시: 인간사랑, 2016년 4월).

(9) 미즈시마 지로(水島治郎), 『포퓰리즘이란 무엇인가: 민주주의의 적인가, 개혁의 희망인가』(일본어)(도쿄: 주오고론샤, 2016년 12월)/이종국(李鍾國) 역(경기도 고양시: 연암서가, 2019)

(10) 김현준(金鉉俊) · 서정민(徐禎敏), 「포퓰리즘 정치개념 고찰: 문화적 접근의 관점에서」, 『한국정치학회보』 제51집 제4호(2017년 가을), 49~74쪽.

(11) 하상응(河尙應), 「한국 유권자의 포퓰리즘 성향이 정치행태에 미치는 영향」, 『의정연구』제24권 제1호(2018년 1월), 135~170쪽.

※ 하상응(1972~현재)은 서울대학교 사회과학대학 외교학과를 졸업하고 서울대학교 대학원 외교학과에서 석사학위를 받은 데 이어 시카고대학교 대학원 정치학과에서 석사→박사학위를 받았다. 박사학위청구논문 서지사항은 다음과 같다. Shang E. Ha, "Backlash: Public Attitudes Toward Immigration in Multiracial America,", unpub, Ph.D, diss., University of Chicago, 2007. 현재 서강대학교 사회과학대학 정치외교학과 교수다.

(12) 홍태영(洪泰永), 「주권자(sovereign)의 귀환과 민주주의적 정치?: 포퓰리즘과 근대정치의 위기 그리고 새로운 가능성」, 『아세아연구』제61집 제2호(2018년 6월), 43~75쪽.

(13) 정진영(鄭璡永), 「세계화와 자유민주주의 위기의 두 얼굴: 신자유주의와 포퓰리

즘의 정치적 동학」, 『한국정치학회보』제52집 제4호(2018년 9월), 81~102쪽.

(14) 설한(薛漢), 「'이데올로기로서의 포퓰리즘'에 대한 비판적 고찰」, 『한국정치연구』제28집 제3호(2019년 10월), 57~83쪽.

(15) 강명세(姜明世), 『불평등민주주의와 포퓰리즘』(바오출판사, 2019년 12월).

(16) 김주형(金周亨), 김도형(서울대학교 정치외교학부 석사과정), 「포퓰리즘과 민주주의: 인민의 민주적 정치 주체화」, 『한국정치연구』제29집 제2호(2020년), 57~90쪽.

(17) 도묘연(都妙年) · 진희원, 「한국 포퓰리즘 공방 네트워크의 구조적 특성」, 『한국정치연구』 제29집 제2호(2020년 1월), 117~151쪽; 도묘연(都妙年), 「한국 대중의 포퓰리즘 성향이 시위 참가에 미치는 영향」, 『한국정치연구』제30집 제1호(2021년 2월), 93~125쪽.

※ 도묘연(1975~현재)은 영남대학교 정치행정대학 정치외교학과를 졸업하고 영남대학교 대학원 정치외교학과에서 석사학위를 받은 데 이어 영남대학교 대학원 정치외교학과에서 「이익집단의 활동조건과 이익표출활동: 대구광역시 이익집단을 사례로」(2007년 2월)로 박사학위를 받았다. 현재 계명대학교 국제학연구소 연구교수다.

(18) 「특집: 포퓰리즘과 한국정치」, 『황해문화』113(2021년 겨울).

권두언

김명인(인하대), 「참을 수 없는 정치의 빈곤함」, 2~14쪽.

논문

서영표(徐榮杓), 「원한과 혐오의 정치를 넘어 저항과 연대의 정치로: 포퓰리즘 현상으로 읽는 오늘의 사회와 정치」, 18~35쪽.

이광일(李光日), 「보수 · 수구 독점의 한국적 정치구조와 포퓰리즘」, 36~54쪽.

김만권(金萬權), 「'우파 포퓰리즘'의 부상으로서의 '이준석 현상'」, 55~73쪽.

이동연(李東淵), 「뉴미디어와 포퓰리즘은 어떻게 공존하는가」, 74~90쪽.

이승원(李勝源), 「포퓰리즘의 발흥과 민주적 포퓰리즘의 가능성」, 91~105쪽.

(19) 윤준식(尹俊植), 「한국 포퓰리즘에 대한 이념적 접근: 헌정주의에 대한 민족주의적 포퓰리즘의 위협」, 『한국정치연구』 제31집 제1호(2022년 2월), 85~116쪽.

필자는 포퓰리즘에 대한 이념적 접근을 통해 한국 특유의 민족주의적 포퓰리즘을 대한민국 헌법개정논의와 관련해 살펴보았다.

(20) 현재호(玄宰昊), 「'집단적 아이덴티티'를 건설하는 하나의 방식」, 『한국정치학회보』제56집 제5호(2022년 12월), 27~56쪽.

※ 현재호(1964~현재)는 단국대학교 사회과학대학 정치외교학과를 졸업하고 고려대학교 대학원 정치외교학과에서 석사학위를 받은 데 이어 고려대학교 대학원 정치외교학과에서 「선거강령 분석을 통한 한국정당간 경쟁연구: 1952-2000」(2003년 2월)로 박사학위를 받았다. 현재 고려대학교 정경대학 정치외교학과 강사다.

(21) 장승진(張丞鎭) · 장한일(張한일), 「당파적 양극화와 포퓰리즘, 그리고 당내 민주주의: 정당 지지자의 당내 이견에 대한 관용성 연구」, 『한국정치학회보』제56집 제5호(2022년 12월), 87~110쪽.

정치적 리더십에 관한 논쟁의 재연: 팬덤정치론을 포함해

문재인정부의 허점이 계속 드러나면서 비판적 지식인사회에서는 리더십에 대한 논쟁이 재연됐다. 그 대표적 사례는 다음이다.

(1) 조기숙(趙己淑), 『대통령의 협상: 노무현과 문재인, 무엇으로 마음을 움직이는가』(위즈덤하우스, 2019).

(2) 김성준(기업연구자), 『탁월한 리더는 무엇이 다른가: 혼돈의 시대, 압도적인 성과를 내는 리더를 찾아서』(더블북, 2021년 4월).

(3) 『철학과 현실』131(2021년 겨울).

편집인의 말

엄정식(嚴廷植), 「시대정신과 계몽의 리더십」, 5~25쪽.

특별좌담

김도연(金道然) · 김태유(金泰由) · 윤평중(尹平重) · 최진석(崔珍晳), 「시대정신과 리더십」, 28~81쪽.

칼럼

(i) 김경동(金璟東), 「군자다운 현능(賢能)을 애타게 기다리는 시대」, 84~109쪽.

(ii) 임혁백(任爀伯), 「대전환기의 시대정신」, 110~127쪽.

(iii) 임현진(林玄鎭), 「공정과 통합, 스마트한 리더십이다」, 128~145쪽.

(iv) 정운찬(鄭雲燦), 「동반성장은 시대정신이다」, 146~170쪽.

(4) 조은혜(趙恩慧), 『'팬덤정치'라는 낙인: 문재인 지지자, 그들은 누구인가』(오월의

봄, 2023).

(4-A) 김내훈(金來薰), 「서평: 팬덤보다 더 위험한 '팬덤'이라는 낙인; 조은혜, 『'팬덤정치'라는 낙인』」, 『황해문화』119(2023년 여름), 432~448쪽.

(5) 강준만(康俊晩), 「'큰 무당' 김어준은 증오 · 혐오 본능에 불붙인 방화범인가」, 『신동아』(2022년 9월), 200~211쪽; ______, 「'큰 무당' 김어준은 증오·혐오 본능에 불붙인 방화범인가. 2, 나는 김어준 옹호자들이 역겹다」, 『신동아』(2022년 10월), 74~85쪽; ______, 『정치무당 김어준: 그 빛과 그림자』(인물과사상사, 2023).

저자는 김어준 씨에 대해 "부정확한 사실과 무리한 해석 등으로 사실상 친문지지자들의 피를 끓어오르게 만드는 선동에 충실했다"라고 단언했다.

(5-A) 지승호(전문인터뷰어) 물음/김어준(金於俊) 대답, 『닥치고 정치: 김어준의 명랑시민 정치교본』(푸른숲, 2011).

(5-A-a) 김보협(金補協), 「서평: 놀라운 통찰과 예지의 정치구라, 김어준, 『닥치고 정치』」, 『창작과비평』154(2011년 겨울), 466~470쪽.

한국정치에 있어서 민주주의 위기론 일반 그리고 정치의 복원론 일반

(1) 다음은 문재인정부의 성격을 구명하면서 '민주주의 위기론'을 제기한 것이 아니라 한국정치에 있어서 민주주의 위기론 일반을 분석했다.

「특집: 선출되지 않은 권력의 감시와 통제」, 『황해문화』99(2018년 여름)

이희환(李羲煥), 「권두언: 선출되지 않은 권력들, 적폐의 거대한 뿌리」, 2~12쪽.
김동춘(金東春), 「선출되지 않은 권력: 한국 지배질서와 민주주의」, 14~30쪽.
서기호(徐基鎬), 「사법행정권력과 법원 내부의 민주화」, 31~48쪽.
이진구(李進龜), 「종교권력으로서의 개신교」, 49~68쪽.
박주현(朴炷玄), 「선출되지 않은 기업권력과 언론권력의 밀월」, 69~83쪽.
이종보(李鍾普), 「삼성독재로 나타난 한국 민주주의 체제의 한계」, 84~99쪽.

※ 이종보(1973~현재)는 성공회대학교 대학원 사회학과에서 「민주주의체제 하 '자본의 국가 지배'에 관한 연구: 삼성그룹을 중심으로」(2010년 2월)로 박사학위를 받았다. 필자는 이 논문에 바탕을 두고 「'민주정부'에서의 삼성의 지배전략과 민주주의」, 『진보평론』44(2010년 여름), 166~182쪽 그리고 『삼성 독재: 삼성권력 80년, 민주주의를 지배

하다』(빨간소금, 2017)를 출판했다.

(2) 다음은 정치부재의 시대에 정치를 복원해야 한다는 일반론에 관련된 저술들이다.

Kwangmin Pyo, "Politik als Erscheinen Zur Wiederherstellung der Politik," unpub. Ph.D. diss., Freie Universität Berlin, 2017; 표광민(表光民), 「주권의 정치와 대화의 정치: 슈미트와 아렌트의 정치사상적 비교를 중심으로」, 『현상학과 현대철학』(한국현상학회) 78(2018년 9월), 43~72쪽; ______, 「'정치의 귀환'의 구조: 세계와 국가 사이의 대립에 관하여」, 『국제정치논총』제59권 제3호(2019년 9월), 55~88쪽; ______, 「정치기획으로서의 미래: 기대지평들의 융합을 통한 미래의 도출」, 『한국정치학회보』제56권 제5호(2022년 12월), 5~26쪽.

※ 표광민(1980~현재)은 서울대학교 사회과학대학 외교학과를 졸업하고 프랑스의 파리고등사회과학원에서 서양정치사상을 전공해 석사학위를 받은 데 이어 독일의 베를린자유대학교 대학원에서 서양정치사상을 전공해 박사학위를 받았다. 그의 여러 논문들에 해나 아렌트(Hannah Arendt, 1906~1975), 칼 슈미트(Carl Schmitt, 1888~1985), 라인하르트 코젤렉(Reinhart Koselleck, 1923~2006), 한스 게오르크 가다머(Hans-Georg Gadamer, 1900~2002) 등 독일이 낳은 세계적 철학자들이 자주 등장하는 까닭이다. 현재 경북대학교 사범대학 일반사회교육과 교수다.

제4항 제7회 전국동시지방선거

(1) 조성대(趙誠帶), 「스윙 투표자의 특징과 투표 행태에 관한 연구: 2018년 6.13 지방선거 사례」, 『한국정치학회보』제52집 제5호(2018년 겨울), 31~56쪽.

(2) 구세진(丘世眞) · 김유진, 「정치이념이 투표와 선거운동 참여에 미치는 영향: 제7회 전국동시지방선거를 중심으로」, 『한국정치연구』(서울대학교 한국정치연구소), 제28권 제1호(2019년 2월 28일), 217~245쪽.

(3) 문우진(文宇振), 「소득기반 투표의 비활성화 원인: 제7회 전국동시지방선거 분석」, 『고려대학교 평화연구논집』(고려대학교 평화와 민주주의연구소) 제27권 제1호(2019년 4월 30일), 131~168쪽.

(4) 이재묵(李哉默) · 김기동(金基東) · 차보경, 「선거관리위원회의 관리활동과 유권

자 만족도: 제7회 전국동시지방선거를 중심으로」, 『사회과학연구』(동국대학교 사회과학연구원), 제26권 제2호(2019년 6월 20일), 7~31쪽.

(5) 김기석(金基石), 「제7회 전국동시지방선거: 춘천의 지방권력 교체는 어떻게 가능하였는가?」, 『사회과학연구』(강원대학교 사회과학연구원) 제58집 제2호(2019년 12월), 25~55쪽.

(6) 박병석(朴炳錫), 「노동, 정치: 박병석 자서전」(글통출판사, 2021).

※ 박병석(1966~현재)은 자신의 표현으로 '강원도 촌놈'으로 태어나 울산에서 '기계공' 으로 성장했으며 노동운동에 뛰어들어 투옥되기도 했다. 그 과정에서 한국방송통신대학교 농학과를 졸업했고, 제7회 전국동시지방선거 때 울산광역시 북구 제1선거구에서 시의원으로 당선됐으며 후반기 의장을 지냈다.

울산시장선거를 둘러싼 격론

2018년 6월 13일에 실시된 제7회 전국동시지방선거 때 울산광역시장 선거의 경우 문재인 대통령이 가까운 친구 송철호(宋哲鎬) 후보의 당선을 위해 개입했으며 당시 울산지방경찰청 황운하(黃雲夏) 청장이 협조했다는 의혹이 제기됐다.

(1) 배수강(裵秀剛), 「인터뷰: "무혐의 나오니 '무혐의 밝히는 게 경찰 의무' 라더라" "황운하는 현대판 궁예? 관심법 쓰듯 유 · 무죄 판단": 김기현(金起炫) 전 울산시장의 '격정토로'」, 『신동아』(2020년 1월), 206~217쪽.

※ 김기현(1959~현재)은 서울대학교 법과대학을 졸업하고 사법시험에 합격해 판사로 봉직하다가 변호사로 전환했으며, 17대 · 18대 · 19대 국회의원을 거쳐 울산광역시 시장으로 봉직했으며 21대 국회의원으로 선출돼 현재 국민의힘 당대표로 활동하고 있다.

(2) 배진영(裵振榮), 「정부와 선거캠프의 공모, 경찰 동원 등에서 흡사: 판결문으로 다시 보는 3 · 15부정선거와 울산시장 선거개입」, 『월간조선』(2020년 2월), 296~307쪽.

(3) 「사설: '울산 선거 공작' 기소 1년, 정권의 총력 저지에 멈춰 선 수사 · 재판」, 『조선일보』(2021년 1월 23일), A27쪽.

(i) "청와대의 '울산시장 선거공작'은 작년 1월 29일 검찰이 기소한 후 1년이 다 돼 가는데 추가수사와 재판이 한 치도 앞으로 못 나가고 있다. 정권의 총력저지에 꽉 막힌 것이다."

(ii) "정권이 총동원돼 불법을 저지르더니 이 불법을 덮는 데도 정권 전체가 달라붙었다. 지난 한 해 권력 수사를 막기 위해 법과 규정을 짓밟은 법무장관, 그를 둘러싼 한 줌 충견 검사들, 그리고 정권과 코드를 맞춘 법원이 함께 손을 잡았다. 이 저지 작전을 지휘하는 사령탑이 누구인지는 물어볼 것도 없다."

(4) 조성호(趙成豪), 「총리실 공무원은 '근무 중'으로 파악, 울산시 공무원들은 '징계 의결 보류': '울산시장 부정선거 의혹 사건' 관련 공무원들의 현주소」, 『월간조선』(2021년 2월), 110~118쪽.

※ 재판이 지연되고 있던 이 사건에 대해 서울지방검찰청은 2023년 9월 11일에 송철호와 황운하에게 각각 징역6년과 징역5년형을 구형했다. 두 사람은 혐의를 전면 부인했다.

제5항 제21대 국회총선 그리고 제21대 국회

지역구 253명, 비례대표 47명 등 모두 300명을 선출하는 제21대 국회총선은 2020년 4월 15일에 실시됐으며, 더불어민주당, 미래통합당, 정의당 등이 경쟁을 벌였다. 선거인 수는 총 43,961,157명이었으며, 그 가운데 66.24%에 해당하는 29,121,467명이 투표했다. 그러나 무효표는 380,059으로, 결국 유효표는 28,741,408으로 집계됐다. 지역구선거의 경우, 더불어민주당이 110석, 새누리당이 105석, 국민의당이 25석. 정의당이 2석, 무소속이 11석을 얻었으며, 비례대표선거의 경우, 새누리당이 17석, 더불어민주당이 13석, 국민의당이 13석, 정의당이 4석을 얻었다. 지역구와 비례대표를 합친 총 의석수에서, 더불어민주당이 123석, 새누리당이 122석, 국민의당이 38석, 정의당이 6석, 무소속이 11석을 얻었다.

(1) 「특집 I 4·15 총선 보도」, 『관훈저널』154(2020년 봄).

(i) 이승준(KBS), 「출구조사의 무덤 총선, 연동형 선거제 영향은?」, 11~20쪽.

(ii) 현경보(玄景普), 「총선 민심읽기 바로미터, 여론조사의 허와 실」, 21~28쪽.

※ 현경보(1960~현재)는 연세대학교 신문방송학과를 졸업하고 연세대학교 대학원 신문방송학과에서 석사학위를 받은 데 이어 연세대학교 대학원 신문방송학과에서 「방송내용규제와 시청자 참여」(1999년 2월)로 박사학위를 받았다. 현재 주식회사 빅디퍼연구소 소장이

다. 대표적인 저서는 『여론전쟁』(상상, 2019)이다.

(iii) 이준웅(李準雄), 「언론사 또는 언론인의 정당투표 독려 허용해야」, 29~36쪽.

※ 이준웅(1965~현재)은 서울대학교 사회과학대학 언론정보학과를 졸업하고 서울대학교 대학원 언론정보학과에서 석사학위를 받은 데 이어 펜실베이니아대학교 대학원에서 커뮤니케이션학박사학위를 받았다. 박사학위청구논문 서지사항은 다음과 같다. June Woong Rhee, "Framing the Health Care Reform Campaign of 1993-94: News Frames, Interpretation, and Public Opinion Change," unpub. Ph.D. diss., University of Pennsylvania, 1997. 현재 서울대학교 사회과학대학 언론정보학과 교수다.

(2) 「특집 II 4·15 총선 보도」, 『관훈저널』155(2020년 여름).

(i) 오남석(문화일보) · 김형구(중앙일보) · 이세영(한겨레신문) · 정광재(MBN), 「국회 반장들이 본 4·15 총선」, 43~60쪽.

(ii) 원성훈(코리아리서치), 「21대 총선 여론조사, 실제 표심 잘 반영했다」, 61~71쪽.

(3) 윤보선민주주의연구원 편, 『4·15 총선 결과와 향후 정치전망: 윤보선민주주의연구원 전기 학술회의』(윤보선민주주의연구원, 2020년 5월 6일).

(i) 조진만(趙眞晩), 「선거제도의 변화, 후보자 공천과 총선 과정」, 9~18쪽

(ii) 강원택(康元澤), 「코로나 바이러스 사태와 2020년 총선」, 21~35쪽

(iii) 손병권(孫秉權), 「21대 국회의 인적 충원의 특징, 그리고 과제와 전망」, 39~51쪽

(iv) 김용호(金容浩), 「2020년 총선결과의 정치적 의미와 한국 민주주의의 과제」, 55~80쪽

(4) 이광일(李光日), 「애도하지 못하는 자들의 부상과 몰락: 21대 총선 관전기」, 『황해문화』107(2020년 여름), 218~238쪽.

(5) 이희환(李羲煥), 「이제는 지역당연합 건설을 논의하자!: 21대 총선이 남긴 지역정치의 과제」, 『황해문화』107(2020년 여름), 330~338쪽.

(6) 이영풍(李永豊), 『공감으로 집권하라: 자유, 헌신, 그리고 혁신』(글통, 2020년 9월). 21대 총선에서 보수진영이 참패한 원인을 분석한 뒤 보수 재집권의 키워드는 공감이라고 제시했다.

※ 이영풍(1970~현재)은 부산대학교 경제학과를 졸업하고 한국해양대학교 대학원에

서 해운경영학을 전공해 석사학위를 받은 데 이어 영국 카디프대학교 대학원에서 해양정책을 전공해 석사학위를 받았다. KBS 보도본부 기자로, 2001년의 9·11테러 직후 아프가니스탄전쟁에 종군했으며 때때로 한국 선박들을 납치한 소말리아의 해적들을 한국 해군이 소탕하는 작전을 취재하기도 했다. 보도 분야에서 여러 상을 받았으며, 현재 KBS 보도본부 라디오뉴스팀 기자다.

(7) Bon Sang Koo, "Predicting the 21st General Election Results Through Polling-Based Methods," *Korea Observer*, Vol. 51, No. 2(June 2020), pp.205~228.

※ 구본상(1972~현재)은 연세대학교 사회과학대학 정치외교학과를 졸업하고 뉴욕대학교 대학원 정치학과에서 석사학위를 받았으며 캘리포니아대학교 로스앤젤레스 캠퍼스 대학원 정치학과에서 석사→박사학위를 받았다. 박사학위청구논문 서지사항은 다음과 같다. Bon Sang Koo, "Three Essays: Elections, Legislatures, and Ideal Principles," unpub, Ph.D, diss., University. of California, Los Angeles, 2014. 현재 충북대학교 사회과학대학 정치외교학과 교수다. 그는 한국의 선거와 정당을 비롯한 한국의 정치에 관해 여러 논문을 발표했는데, 거기에는 다음이 포함됐다.

(i) 구본상(具本常), 「서베이 기반 정치 엘리트 이념 측정방식에 대한 비판적 고찰: 국회의원 이념지수 측정 사례」, 『한국정치학회보』제50집 제4호(2016년 겨울), 127~150쪽.

(ii) _____, 「정당정치의 공고화와 정치적 부패: 혼합형 선거제 채택 국가 사례 연구」, 『동서연구』제30권 제3호(2018년 9월), 5~32쪽.

(iii) _____, 「정당 중심의 국회 상임위원회: 상임위 구성 이론의 비판적 검토와 경험적 증거」, 『한국정당학회보』제17권 제4호(2018년 12월), 69~98쪽.

(iv) _____, "Military Rule in South Korea Revisited: Different Survival Strategies and Different Pathways," *Journal of Asian and African Studies*, Vol. 54, No. 3(May 2019), pp.409~429.

(v) _____, 「비준의 정치학: 국가 간 합의 비준을 둘러싼 대통령과 국회의 선택」, 『국제정치논총』제59권 제2호(2019년 6월), 205~140쪽.

(vi) _____, 「반드시 이겨라 그러나 싸우지는 마라: 대의민주주의에 대한 한국 유권자의 이중적 속성」, 『한국정치학회보』제53권 제2호(2019년 6월), 53~80쪽.

(vii) _____, 「한국인의 통일의식에서의 성차 검증: 여성평화가설의 적용」, 『연구방법논총』(사회과학기초자료연구소) 제6권 제3호(2021년 11월), 309~338쪽.

(viii) _____, 「유권자의 투표 참여와 투표방식의 선택: 사전투표제도에 대한 신뢰와 사

전투표의 선택을 중심으로」, 『한국정치학회보』제54권 제5호(2020년 12월), 99~124쪽.

(ix) ______, 「성차별주의(Sexism) 중심의 2021년 서울시장 보궐선거 분석」, 『동서연구』제34권 제1호(2022년 3월), 39~66쪽.

(8) 강우창(姜佑昌) · 구본상(具本常) · 이재묵(李哉默) · 정진웅(鄭珍雄), 「제21대 국회의원 이념성향과 정책 태도」, 『의정연구』 제26권 제3호(2020년 12월), 37~83쪽.

※ 강우창(1977~현재)은 고려대학교 문과대학 영어영문학과를 졸업하고 고려대학교 대학원 정치외교학과에서 석사학위를 받은 데 이어 뉴욕대학교 대학원 정치외교학과에서 박사학위를 받았다. 박사학위청구논문 서지사항은 다음과 같다. Woo Chang Kang, "Who Gets What When: Electoral Cycles in Pork Barrel Politics," unpub, Ph.D, diss., New York University, 2015. 현재 고려대학교 정경대학 정치외교학과 교수다. 그는 한국의 선거와 정당을 비롯해 한국의 정치에 관한 여러 논문을 출판했는데, 거기에는 다음이 포함됐다.

강우창(姜佑昌), 「선거 당일 날씨와 정당 투표」, 『한국정당학회보』제15권 제1호(2016년 3월), 107~130쪽; Woo Chang Kang, "Unexplored Consequences of Violence Against Civilians during the Korean War," *Journal of East Asian Studies*, Vol. 17, No. 3(January 2017), pp.259~283; ______, "Trauma and Stigma: the Long-Term Effects of Wartime Violence on Political Attitudes," *Conflict Management and Peace Science*, Vol. 34, No. 3(May 2017), pp.264~286; ______, "Liberals Should Pray for Rain: Weather, Opportunity Costs of Voting and Electoral Outcomes in South Korea," *Political Science,* Vol. 71, No. 1(June 2019), pp.61~78; 강우창(姜佑昌), 「후보자 성별이 대학생 유권자의 선택에 미치는 영향: 컨조인트 실험」, 『한국정치학회보』제56권 제1호(2022년 3월), 161~185쪽.

※ 정진웅(1976~현재)은 연세대학교 대학원 정치외교학과에서 석사학위를 받은 데 이어 연세대학교 대학원 정치외교학과에서 「한국 '정당위기론' 비판」(2015년 8월)으로 박사학위를 받았다. 현재 단국대학교 사회과학대학 정치외교학과 초빙교수다.

(9) 가상준(賈尙埈) · 강신재(姜信宰) · 박민규(단국대학교 정치외교학과 박사과정), 「가덕도신공항 건설을 위한 특별법 본회의 표결 분석: 의원의 투표결정과 와플링(waffling)」, 『의정연구』 제27권 제2호(2021년 8월), 71~109쪽.

의원들의 본회의 투표결정에 영향을 주는 요인이 무엇인지 알아보고자 했다. 제목에 나오는 '와플링'은 본회의 표결에서 반대의견을 표출하는 행위를 말한다.

(10) 김도훈(金道勳) · 강원택(康元澤), 「2020년 국회의원선거 분석: 누가 왜 국민의당에 투표했는가?」, 『한국정치연구』 제31집 제1호(2022년 2월), 59~84쪽.

2020년 국회의원선거에서 안철수와 국민의당에 대한 지지를 기존 양당구도를 깨는 확고한 제3의 정치적 공간이 마련된 것으로 파악하는 것은 부적절하다는 분석을 제시했다.

총선에 부정이 있었다는 주장과 반론

(1) 최보식(崔普植), 「최보식이 만난 사람: 김태년(金太年) 전 중앙선관위 사무총장; "개표과정 모두 한통속 돼야 조작 가능…선관위, '음모론' 확산될 여지를 줘"」, 『조선일보』(2020년 5월 11일), A27쪽.

2020년 4월 15일에 실시된 제21대 국회총선에 조직적 부정이 있었다는 일부 시민단체의 주장을 분석했다.

(2) 조원룡(趙元龍: 변호사) · 한성천(전 중앙선거관리위원회 노조위원장), 『왜 사전투표가 승부를 갈랐나?』(광화, 2020년 6월).

(3) 공병호(孔柄淏), 『도둑놈들 1: 선거 어떻게 훔쳤나』(공병호연구소, 2023년 1월); ______, 『도둑놈들 2: 2022 대선, 어떻게 훔쳤나』(공병호연구소, 2023년 2월); ______, 『도둑놈들 3: 2022 대선, 무슨 짓 했나?』(공병호연구소, 2023년 2월); ______, 『도둑놈들 4: 2020 4·15총선 어떻게 훔쳤나?』(공병호연구소, 2023년 3월).

저자는 이 일련의 저서를 통해 집권세력이 제21대 국회총선과 제20대 대통령선거에서 '조작과 사기'를 서슴지 않았다고 주장했다.

※ 공병호(1960~현재)는 고려대학교 정경대학 경제학과를 졸업하고 미국 라이스대학교 대학원 경제학과에서 석사→박사학위를 받았다. 귀국한 이후 자유기업센터 소장→자유기업원 원장→공병호연구소 소장 등을 역임했으며, 21대 국회총선 때 미래한국당 공천관리위원장을 맡았다. 현재 공병호TV 대표로 활동하고 있다.

제6항 제20대 대통령선거

2022년 3월 9일에 실시된 제20대 대통령선거는 「더불어민주당」의 이재명 후보와 「국민의힘」의 윤석열 후보 사이의 대결이었다. 결국 윤 후보가 0.73%라는 간발의 차이로 당선됐다. 3위는「정의당」의 심상정 후보였다. 2017년 5월 9일에 실시된 제19대 대통령선거에서 「정의당」후보로 5위를 기록했던 심 후보는 제20대 대통령선거에서는 3위를 기록했으나 득표율은 제19대 때보다 내려갔다.

개관

(1) Victor Cha, "Why South Korea's Presidential Election Matters to the U.S.: It's the First in Recent Memory to Feature Substantive Foreign-Policy Differences between the Ruling and Opposition Camps," *Foreign Policy*(Jaunary 26, 2022).

(2) 강준만(康俊晩), 『정치전쟁: 2022년 대선과 진보의 자해극』(인물과사상사, 2022년 4월).

저자는 제20대 대통령선거가 비난과 마타도어가 난무하는 '정치전쟁'이 된 이유를 분석했다. 소통과 타협을 거부하는 '승자독식'의 국정운영 방식이 바뀌지 않는 한 '편 가르기 부족정치'에서 비롯한 정치전쟁은 지속될 수밖에 없다고 비판했다.

(3) 김준석 · 구본상(具本常) · 최준영(崔峻榮), 「사전투표, 당일투표, 그리고 유권자의 투표신임: 제20대 대통령선거를 중심으로」, 『선거연구』 제1권 제17호(2022년 11월), 5~32쪽.

(4) 구본상(具本常) · 김준석 · 최준영(崔峻榮), 「정서적 양극화, 사회적 압력, 그리고 지지 후보 변경: 제20대 대선 패널데이터 분석」, 『한국정치학회보』 제57권 제2호(2023년 6월), 87~109쪽.

윤석열 vs 이재명

(1) 송동윤(宋東允), 『영웅의 부활: 윤석열 vs 이재명, 누가 이길까?』(스타북스, 2021년 6월).

※ 송동윤(1961~현재)은 경기대학교 독어독문학과를 졸업하고 독일 보훔대학교(Ruhr-Universität Bochum)에서 연극영화학을 전공해 학사→석사→박사학위를 받았다. 한일

장신대학교 연극영화학과에서 교수로 봉직했으며, 현재 영화감독이다.

(2) 윤평중(尹平重), 「윤평중칼럼: 권력자의 정신병리는 검증대상이다」, 『조선일보』(2021년 10월 29일) A30쪽.

이재명 대선후보가 "소시오패스(sociopath: 반사회적 성격장애) 경향이 있다"는 항정신과의사의 발언을 소개한 뒤, 이재명 후보의 공약은 "절대권력이 정의와 상식을 지워버린 병든 사회의 민낯을 보여주고 있다"라고 지적한 데 이어 "총체적 재앙을 부를 수 있는 권력자의 정신병리는 사회적 검증대상이다. 이재명 후보나 윤석열 후보 등 그 누구도 예외가 될 수 없다"고 주장했다.

(3) 구본학(具本學), 「한국 국내정치가 한 · 미/한 · 중관계에 미치는 영향: 20대 대선과 한국의 안보여론」, 『신아세아』제28권 제4호(2021년 12월), 10~26쪽.

이 논문은 한국의 안보문제에 대한 윤석열 후보와 이재명 후보의 인식을 비교한 부분을 포함했다.

(4) 구본상(具本常), 「정서적 양극화, 사회적 압력, 그리고 지지후보 변경: 제20대 대선 패널데이터 분석」, 『한국정치학회보』 제57집 제2호(2023년 6월), 87~109쪽.

윤석열 후보

(1) 지식공작소 정세분석팀 편, 『윤석열 국민청문회』(지식공작소, 2021년 2월).

(2) 김연우(방송작가), 『구수한 윤석열: 원칙을 중시하는 강골검사, 9수의 사나이』(리딩라이프북스, 2021년 4월 12일).

(3) 이경욱(李京旭), 『윤석열의 진심』(체리M&B, 2021년 4월 13일).

(4) 장승진(張丞鎭), 「당파적 양극화 속 새로운 정치적 대상에 대한 이념적 인식: 윤석열 현상을 사례로」, 『한국정치학회보』제55집 제4호(2021년 가을), 71~90쪽.

이 논문은 정계에서는 사실상 완전한 신인인 윤석열에 대한 국민적 지지의 원인을 분석하는 데 초점을 맞추었다. 폭넓게 보아, 기존 정치인이 아니라 새로운 정치인 또는 '제3후보'에 대한 유권자의 지지를 분석했다. 이러한 맥락에서, 이 논문은 다음의 논문들과 대조하며 읽는 것이 좋다. 필자 스스로 이 주제에 관한 저술들을 다음과 같이 소개했다.

(ⅰ) 강원택(康元澤), 「한국 대통령선거에서 제3후보에 대한 지지 분석: 정주영과 이인

제의 비교연구」, 『한국과 국제정치』 제19권 제1호(2003년 겨울), 157~180쪽.

(ii) 유성진(兪成振), 「상충적 태도의 유권자(Ambivalent Voters): 미국 대통령선거에서 제3후보에 대한 지지를 중심으로」, 『한국정치학회보』 제41집, 제4호(2007년 12월), 215~242쪽.

(iii) 이내영(李來榮) · 허석재(국회입법조사처), 「합리적 유권자인가 합리화하는 유권자인가? 17대 대선에서 나타난 유권자의 이념과 후보 선택」, 『한국정치학회보』 제44집 제2호(2010년 6월), 45~67쪽.

(iv) 김성연(金成淵) · 김형국(金炯局) · 이상신(李相信), 「한국 유권자들은 후보자들의 정책을 어떻게 판단하는가? 최근 설문조사 자료에서 나타난 경험적 증거」, 『한국정치연구』 제21권 제3호(2012년 1월), 제21권 제3호, 99~126쪽.

(v) 정동준(鄭東俊), 「2016년 국회의원선거 이후 시민들의 통일의식 변화: 이념적 양극화인가, 당파적 편향인가」, 『한국정치학회보』 제50집 제5호(2016년 12월), 143~180쪽; ______, 「2018년 지방선거 이후 유권자들의 정치양극화: 당파적 배열과 부정적 당파성을 중심으로」, 『OUGHTOPIA』 제33권 제3호(2018년 11월), 143~180쪽.

(vi) 장기영(張起榮) · 박지영(朴芝英), 「한국 정당지지자는 대통령선거 후보자와의 '이념거리'를 어떻게 인식하는가? 한국 정당지지자의 '투사효과' 비교분석」, 『한국정당학회보』 제17권 제1호(2018년 3월), 77~102쪽.

※ 장기영(1974~현재)은 서울대학교 인문대학 동양사학과를 졸업하고 서울대학교 대학원 외교학과에서 석사학위를 받았으며 노스캐롤라이나대학교 채플힐 캠퍼스 대학원 정치학과에서 석사학위를 받은 데 이어 메릴랜드대학교 칼리지파크 캠퍼스 대학원 정치학과에서 박사학위를 받았다. 박사학위청구논문 서지사항은 다음과 같다. Ki Young Chang, "Civil War Settlements and Combatants' Behaviors: Strategy, Perception, and Reputation," unpub. Ph.D. diss., University of Maryland, College Park, 2016. 현재 경기대학교 사회과학대학 공공인재학부 교수다.

※ 박지영(1977~현재)은 중앙대학교 사회과학대학 정치외교학과를 졸업하고 서울대학교 대학원 외교학과에서 석사학위를 받았으며 듀크대학교 대학원에서 자원 · 환경경제를 전공해 석사학위를 받은 데 이어 뉴욕주립대학교 스토니브룩 캠퍼스 대학원 정치학과에서 박사학위를 받았다. 박사학위청구논문 서지사항은 다음과 같다. Jeeyoung Park, "Partisanship, Political Information, and Money," unpub, Ph.D. diss., State University of New York, Stony Brook, 2016. 현재 성신여자대학교 사회과학대학 정치외교학과 교수다.

(vii) 길정아(吉貞兒) · 하상응(河尙應), 「당파적 편향에 따른 책임 귀속: 여야간 갈등인식과 정당 호감도를 중심으로」, 『의정연구』제25권 제1호(2019년 1월), 46~78쪽; 길정아(吉貞兒), 「정부 신뢰, 회고적 투표, 그리고 당파적 편향: 2014년과 2018년 지방선거를 중심으로」, 『한국정당학회보』제18권 제3호(2019년 9월), 31~69쪽; 하상응 · 길정아, 「유권자의 정

치 관심은 언제나 바람직한가?: 정부 신뢰의 이념 편향을 중심으로」, 『한국정치학회보』제54집 제2호,(2020년 6월), 31~58쪽.

※ 길정아(1983~현재)는 이화여자대학교 사회과학대학 정치외교학과를 졸업하고 서울대학교 대학원 정치학과에서 석사학위를 서울대학교 대학원 정치학과에서 「한국 유권자의 당파적 편향: 양극화의 미시적 토대」(2019년 8월)로 정치학박사학위를 받았다. 현재 고려대학교 비교거버넌스연구소 연구교수다.

(viii) 장승진(張丞鎭) · 서정규(徐政揆), 「당파적 양극화의 이원적 구조: 정치적 정체성, 정책선호, 그리고 정치적 세련도」, 『한국정당학회보』 제18권 제3호(2019년 9월), 5~29쪽; 장승진(張丞鎭) · 장한일, 「당파적 양극화의 비정치적 효과」, 『한국정치학회보』 제54집 제5호(2020년 12월), 153~175쪽.

※ 장승진(1975~현재)은 서울대학교 사회과학대학 외교학과를 졸업하고 서울대학교 대학원 외교학과에서 석사학위를 받았으며 콜럼비아대학교 대학원 정치학과에서 석사→박사학위를 받았다. 박사학위청구논문 서지사항은 다음과 같다. Seung Jin Jang, "Get Out on Behalf of Your Group: Political Participation of Latinos and Asian Americans in American Politics, " unpub. Ph.D. diss., Columbia University, 2009. 현재 국민대학교 사회과학대학 정치외교학과 교수다.

※ 장한일(1977~현재)은 고려대학교 정경대학 정치외교학과를 졸업하고 고려대학교 대학원 정치외교학과에서 석사학위를 받았으며 뉴욕대학교 대학원 정치학과에서 석사→박사학위를 받았다. 박사학위청구논문 서지사항은 다음과 같다. Han Il Chang, "Three Essays about the Influences of Group Identity on Group Members' Attitudes," unpub. Ph.D. diss., New York University, 2014. 현재 국민대학교 사회과학대학 정치외교학과 교수다.

(5) 김성연(金成淵), 「정치 신인 윤석열 대통령은 어떻게 당선되었는가?: 20대 대선 패널데이터 분석 결과」, 『한국정치연구』제32집 제2호(2023년 6월), 65~89쪽.

이재명 후보

(1) 백승대(白承大), 『이재명, 한다면 한다: 디테일에 강한 유능한 진보』(매직하우스, 2021).

(2) 김태형(심리학박사) · 박사랑(아나운서), 『이재명의 스피치: 심리학자 김태형과 스피치 전문가 박사랑이 분석한』(서해문집, 2022).

(2-A) 김태형 · 박사랑, 『부록: 윤석열의 말과 심리』(서해문집, 2022).

앞의 책의 부록이다.

(3) 강준만(康俊晩), 『퇴마정치: 윤석열 악마화에 올인한 민주당』(인물과사상사, 2022).

이재명을 대통령 후보로 내세운 더불어민주당은 윤석열 후보를 '악마화'했지만, "윤석열 악마화는 문재인정권과 민주당의 내로남불과 후안무취를 폭로하는 부메랑이 되고 말았다. 2022년 대선결과는 오랫동안 지속된 윤석열 악마화의 결과였다고 해도 과언이 아니다" 라고 단언했다.

윤석열 이재명 이외의 후보들: 경선후보 포함

(1) 심상정(沈相奵), 『당당한 아름다움』(레디앙, 2008); ______, 『심상정 길: 국회의원심상정 사진 · 연설문집』(엘리북, 2020).

(2) 김동연(金東兗), 『있는 자리 흩트리기: 나와 세상의 벽을 넘는 유쾌한 반란』(경기도 파주시: 쌤앤파커스, 2017); ______, 『대한민국 금기 깨기: 미래로 가는 길에는 금기가 없다』(쌤앤파커스, 2021).

(3) 정세균(丁世均), 『수상록: 정세균 에세이』(이소노미아, 2021년 4월 16일).

6선 국회의원으로 국회의장에 이어 국무총리를 역임한 저자의 수상록이다.

(4) 박용진(朴用鎭), 『박용진의 정치혁명: 대한민국을 바꾸려는 도전과 용기』(오픈하우스, 2021년 4월 23일).

(5) 이낙연(李洛淵) 말함/문형렬(文亨列) 엮음, 『이낙연의 약속: 내 삶을 지켜주는 나라』(경기도 파주시: 21세기북스, 2021년 5월); ______, 『대한민국 생존전략: 이낙연의 구상』(경기도 파주시: 21세기북스, 2023년 5월).

(6) 김두관(金斗官), 『꽃길은 없었다: 보통사람의 특별한 정치역정』(북팔, 2021년 6월).

언론보도

「특집II 2022 대선 보도 리뷰」, 『관훈저널』162(2022년 봄)

(i) 허민(許敏), 「미시공약이 낳은 미시보도…비호감의 '뿌리'는 정치」, 49~55쪽.

(ii) 유용민(柳龍珉), 「20대 대선 선거방송토론이 남긴 숙제」, 56~63쪽.

※ 유용민은 한양대학교 신문방송학과를 졸업하고 연세대학교 대학원 신문방송학과에서 석사학위를 받은 데 이어 연세대학교 커뮤니케이션대학원에서 언론학을 전공해 「사법보도의 뉴스 특성에 관한 연구」(2017년 2월)라는 논문으로 언론학박사학위를 받았다. 현재

인제대학교 미디어커뮤니케이션학과 교수다.

(iii) 송수경(연합뉴스) · 김준영(중앙일보) · 김현빈(한국일보) · 이현영(SBS), 「대통령선거 취재기자 방담: 역대급 네거티브 선거…'상대방 죽이기' 집중」, 64~85쪽.

제4절 법제·경제·사회·교육·문화 등

문재인정부는 출범 때부터 몇 가지 중요한 논쟁을 불러일으켰다. 다른 한편으로, 문재인정부가 불러일으키지는 않았으나 문재인정부 시기에 여러 논쟁이 일어났다. 이 제4절은 제5절과 무관하지 않지만, 독자의 편의를 위해 나누기로 한다. 주로 어떤 특정 사건을 중심으로 살피도록 하겠다.

제1항 주민자치기본법

이희천(李熙天), 『주민자치기본법 공산화의 길목』(인천광역시: 대추나무, 2021). 더불어민주당의 김영배(金永培) 의원 등 19인은 '풀뿌리자치'를 활성화하기 위한 목적으로 2021년 1월 29일에 주민자치기본법안을 발의했다. 이 법안이 시행된다면, 읍 · 면 · 동에 주민자치회를 설치 · 운여아게 된다. 이 법안에 대해, 저자는 "대한민국 전역에 퍼져있는 지방말단조직인 읍 · 면 · 동 전체가 사회주의 성향의 세력들에게 장악당하고 만약 민중(인민)민주주의체제를 거쳐 사회주의체제로 급진적 변혁이 일어난다면, 대한민국의 자유민주주의체제는 사라진다"라는 논리로 거세게 반대했다.

제2항 징벌적 손해배상제

문재인정부의 법무부는 2020년 9월에 '징벌적 손해배상제'를 확대도입하는 상법개정안을 입법예고했다. 한국기자협회 등 주요 언론단체는 이 제도를 '언론자유와 국민알권리를 침해하는 악법'으로 규정하고 전면 백지화를 요구했으며, 문재인정부는 결국 물러섰다.

(1) 장영수(張永洙), 「언론사에 대한 징벌적 손해배상은 언론자유 침해인가?」, 『관훈저널』156(2020년 가을), 11~17쪽.

(2) 「특집 I 권력기관의 언론 소송」, 『관훈저널』157(2020년 겨울).

(i) 문재완(文在完), 「공직자, 언론상대 소송과 언론중재 신청 문제없나」, 11~17쪽.

(ii) 이인호(李仁皓), 「대통령의 명예훼손 소송 어떻게 볼 것인가」, 18~26쪽.

(iii) 이정구(李貞九), 「징벌적 손해배상제, 언론보도 '봉쇄소송화' 우려」, 27~35쪽.

※ 이정구는 서울대학교 사회과학대학 정치학과를 졸업하고 조선일보에서 언론인의 길을 걷기 시작해 현재 조선일보 산업부 기자다.

제3항 5·18 역사왜곡처벌법

우리가 이 제14권의 제2장 제2절 제3항에서 보았듯, 김영삼정부는 1995년 12월 21일에 「5·18민주화운동 등에 관한 특별법」을 제정하고 이 법에 의거해 1979년 12월 12일의 군사반란 주모자들과 관련자들을 처벌했다. 문재인정부는 2020년 12월 9일에 이 법에 '5·18에 관한 허위사실을 유포한 자를 형사처벌'한다는 제8조를 신설한 「5·18 역사왜곡처벌법」을 제정하고 2021년 1월 5일부터 시행했다. 이 법에 따르면, 5·18민주화운동에 관해 기존의 정부해석에 어긋나는 발언을 하는 경우 형사처벌할 수 있다. 5·18민주화운동에 관해 '북한군 개입'을 공개적으로 제기하고 반복한 예비역 육군대령 지만원(池萬元) 박사는 이 법에 의해 2023년 1월 12일에 대법원으로부터 유죄판결을 받았다. 이 법에 관한 논문들 가운데 다음을 소개하기로 한다.

(1) 신수연(전남대), 「5·18역사왜곡의 법적 대응 논의에 대한 제언」, 『인권법평론』(전남대학교 공익인권법센터) 제20집 제11호(2013년 8월), 97~111쪽.

(2) 김정호(전남대), 「5·18진상규명특별법 제정의 의의와 향후 과제」, 『인권법평론』21(2018), 130~160쪽.

(3) 문현철(文絃喆), 「UNHRC의 관점에서 본 5·18왜곡현상에 대한 연구」, 『민주평화연구』(민주평화연구원) 제2권 제1호(2019년 6월), 43~63쪽.

(4) 이소영(李昭永), 「역사부정 규제를 둘러싼 기억의 정치: 5·18 왜곡처벌 법안 관련 논의를 중심으로」, 『법과사회』(법과사회이론학회) 61(2019년 8월), 157~184쪽.

(5) 최정기(崔晶基), 「'5·18' 왜곡과 '김대중 내란음모' 조작사건」, 『민주주의와 인권』(전남대학교 5·18연구소) 제20권 제1호(2020년 3월), 53~85쪽.

(6) 한은영(전남대), 「'5·18' 왜곡의 극단주의적 특성: 유튜브 5·18 왜곡 동영상을 중심으로」, 『민주주의와 인권』제20권 제1호(2020년 3월), 87~135쪽.

(7) 김남진(전남대), 「5·18왜곡행위에 대한 법적 대응」, 『민주주의와 인권』 제20집 제3호(2020년 9월), 5~44쪽.

(8) 조소영(曺小永), 「5·18역사왜곡처벌법과 표현의 자유」, 『관훈저널』156(2020년 가을), 18~35쪽.

※ 조소영(1969~현재)은 연세대학교 법과대학을 졸업하고 연세대학교 대학원 법학과에서 헌법을 전공해 석사→박사학위를 받았다. 한국비교공법학회 회장을 역임했으며, 현재 부산대학교 법학전문대학원 교수다.

(9) 김헌주(金憲柱), 「5·18역사왜곡처벌법'과 역사의 사법화」, 『역사와 현실』(한국역사연구회) 119(2021년 3월), 3~15쪽.

(10) 임지봉(林智奉), 「'5·18민주화운동 등에 관한 특별법'에 대한 입법평론」, 『입법학연구』(한국입법학회) 제20집 제1호(2023년 2월), 207~230쪽.

제4항 경제

개관

김인호(金仁浩), 『김인호의 대통령 경제론』(디지털타임스, 2023).

저자는 「서문」에서 다음과 같이 논평했다.

"문재인 대통령 정부는 집권기간 중 대통령을 비롯한 집권층의 잘못된 이념과 사상, 경제의 기본원리에 대한 무지에서 비롯된 말도 안 되는 경제정책과 제도의 채택, 집행으로 한국경제의 기반이 그 뿌리로부터 흔들리고 있었다. '대통령 리스크'의 극치였다. 20대 대통령선거를 통해 이러한 리스크로부터 자유로운 대통령이 선출되고 나아가 선출될 새 대통령이 이끄는 정부가 한국경제를 이 잘못된 궤도로부터 발전 궤도로 조속히 되돌려 놓지 않으면 한국경제의 장래가 지극히 암담하다는 위기의식을 갖고 필자는 이 글의 집필을 시작했다."

소득주도성장론

(1) 홍장표(洪長杓), 「소득주도성장 2년: 평가와 과제」, 『시민과세계』34(2019년 6월), 291~307쪽.

(2) 대통령직속정책기획위원회 산하 소득주도성장특별위원회 기획/김유선(金裕善)·홍장표(洪長杓)·나원준(羅元浚)·황덕순(黃悳淳)·채이배(蔡利培) 등 17명 분담집필, 『소득주도성장, 끝나지 않은 여정: 문재인정부 5년의 평가와 과제』(메디치미디어, 2022년 3월 25일).

(3) 최병천(崔炳天), 『좋은 불평등: 글로벌 자본주의 변동으로 보는 한국 불평등 30년』(메디치미디어, 2022).

진보정당에서 활동하던 저자는 박원순 시장의 정책보좌관, 민주당 민주연구원 부원장, 한국사회여론연구소(KSOI) 부소장을 역임했다. 현재 신(新)성장경제연구소 소장을 맡고 있다. 문재인정부가 추진했던 '소득주도성장'론을 철저히 배격했다.

※ 감사원은 2023년 9월 15일에 문재인정부가 소득주도성장론을 뒷받침하기 위해, 그리고 자신의 부동산정책을 뒷받침하기 위해 통계를 조작했다는 혐의로 문재인정부의 고위급 인사 22명을 검찰에 고발했다. 그들은 조작한 일이 없다고 전면 부인했다.

부동산정책

(1) 유은혜(작가), 『살고 싶은 집 단독주택: 집구하기부터 집짓기 집고치기 오래오래 살기까지』(동아일보사, 2012)

(2) 박배균(朴培均)·황진태(黃鎭台) 엮음, 『강남만들기, 강남따라하기: 투기 지향 도시민과 투기성 도시개발의 탄생』(동녘, 2017년 6월).

(3) 김민규(경제 칼럼니스트), 『돈이 없을수록 서울의 아파트를 사라』(위즈덤하우스, 2017년 7월); ______, 『모두가 기분나쁜 부동산의 시대』(빅피시, 2021).

(4) 이주왕·유영선, 『문재인시대, 부동산 트렌드: 향후 5년 부동산 정책 핵심 공

략』(매일경제신문사, 2017년 8월 18일).

(5) 전강수(田剛秀), 『부동산공화국 경제사』(여문책, 2019년 1월).

※ 전강수(1959~현재)는 서울대학교 사회과학대학 경제학과를 졸업하고 서울대학교 대학원 경제학과에서 석사학위를 받은 데 이어 서울대학교 대학원 경제학과에서 「식민지 조선의 미곡정책에 관한 연구」(1993년 8월)로 박사학위를 받았다. 현재 대구가톨릭대학교 경제통상학부 교수다.

(5-A) 조석곤(趙錫坤), 「서평: 전강수 저, 『부동산공화국 경제사』」, 『경제사학』(경제사학회)70(2019년 8월), 348~353쪽.

(6) 「특집: 부동산 문제, 어떻게 어디서부터?」, 『황해문화』102(2019년 봄)

(ⅰ) 전강수(田剛秀), 「부동산 불로소득, 어떻게 차단할 수 있을까?」, 12~29쪽.

(ⅱ) 김윤상(金潤相), 「부동산정책과 특권 없는 세상」, 30~45쪽.

※ 김윤상(1949~현재)은 서울대학교 법과대학을 졸업하고 서울대학교 환경대학원에서 석사학위를 받은 데 이어 펜실베이니아대학교 대학원에서 도시계획학을 전공해 박사학위를 받았다. 경북대학교 행정학부 교수 및 석좌교수로 봉직했으며, 현재 경북대학교 명예교수다.

(ⅲ) 변창흠(卞彰欽), 「주택공급정책은 만병통치약인가?」. 46~66쪽.

※ 변창흠(1965~현재)은 서울대학교 사회과학대학 경제학과를 졸업하고 서울대학교 환경계획학과에서 석사→박사학위를 받았다. 현재 세종대학교 공공정책대학원장이다.

(ⅳ) 최은영(崔銀瑛), 「어긋난 정책, 표류하는 주거권, 절망하는 미래세대」, 67~86쪽.

※ 최은영(1970~현재)은 서울대학교 대학원 지리교육과에서 「서울의 거주지 분리심화와 교육환경의 차별화」(2004년 2월)로 박사학위를 받았다. 통계청 통계개발원 사무관을 거쳐 현재 한국도시연구소 소장이다.

(ⅴ) 김태동(金泰東), 「부동산개혁으로 건강한 자본주의를」, 87~105쪽.

※ 김태동(1947~현재)은 서울대학교 상과대학 경제학과를 졸업하고 뉴욕대학교 대학원 경제학과에서 석사학위를 받은 데 이어 예일대학교 대학원 경제학과에서 박사학위를 받았다. 대통령 경제수석비서관을 거쳐 대통령 정책기획수석비서관으로, 한국은행 금융통화위원회 위원으로 봉직했다. 성균관대학교 경상대학 경제학과 교수로 정년퇴임했으며, 현재 성균관대학교 명예교수다. 한국금융학회 회장을 역임했다. 대표적인 저서에는 『6공 경제학: 돈·집·땅 그리고 투기의 거품』(푸른산, 1991)이 있다.

(7) 강준만(康俊晩), 『부동산 약탈국가: 아파트는 어떻게 피도 눈물도 없는 괴물이

되었는가?』(인물과사상사, 2020).

1960년대 후반 이후 한국사회에서 부동산문제는 언제나 큰 논란의 대상이었다. 특히 2020년에 정치적 · 경제적 · 사회적 쟁점으로 다시 떠오르자 저자는 이 문제를 심층적으로 분석하고 이 책을 썼다. 그는 여러 견해를 제시했는데, 그것들 가운데 몇몇을 선택적으로 적시하면 다음과 같다.

(ⅰ) "생산적 투자에는 관심 없이 비업무용 땅 사재기에 열을 올리는 기업, 대출받아서 갭투자를 하는 데 관심과 정력을 쏟는 회사원, 부동산특강강사를 따라 '아파트 사냥' 투어에 나서는 주부, 건물주가 꿈인 중학생… 이처럼 모든 국민이 부동산으로 '대박'을 노리는 사회가 우리 사회의 현주소다"

(ⅱ) 사실 주거공간인 '집'이 경제적 거래대상인 '부동산'으로 불릴 때부터 문제는 잉태된다. 집이 곧 재테크 수단이 되면서 바보들이나 '살기 좋은 집'을 사고, 현명한 사람들은 '팔기 좋은 집'을 사게 되는 것이다. "전체 인구의 19%가 해마다 이사를 다닌다. 다섯 명에 한 명꼴, 1년에 약870만 명이 이삿짐을 싸고 푼다는 얘기다. 4.3%인 일본의 네 배가 넘는다."

(ⅲ) 아파트를 튼튼하게 지으면 좋을 것 같지만 그렇지 않다. 긴 수명은 상품회전을 빨리하는 데 방해가 될 뿐이다. 아파트 평균수명이 영국은 140년, 미국은 103년인데 우리는 고작 22.6년인 이유다.

(ⅳ) 부동산문제는 보수나 진보로 정권이 바뀐다 해도 달라질 게 없다. "한국의 정치판과 고위공직은 주로 이런 약탈체계의 수혜자들로 구성되기 때문에 피해자들에 대한 문제의식조차 없다." 초등학생들이 운동선수가 아닌 건물주로서의 서장훈(徐章勳)을 롤모델로 삼는, 부동산약탈이 코리언 드림이 되고 있는 상황에서도 말이다. "전 국민 투기꾼" 운운하면서 자기들은 '똘똘한 한 채'를 챙기는 현실에서 한 발짝도 벗어나지 않는 기회주의자들과 결별하지 않으면 문제해결은 없다. "맹목적이고 무지막지한 진영논리를 앞세워 권력에 맹종하면서 권력의 단물에 기생하려는 기회주의자"들 말이다.

(8) 조장훈(피디 겸 작가), 『대치동: 학벌주의와 부동산 신화가 만나는 곳』(사계절, 2021)

서울특별시 강남구 대치동(大峙洞)에는 이른바 명문 고등학교와 학원이 많아 '교육 1번지'로 불린다. 이곳 학원장 출신의 입시전문가가 명문대 진학을 위해 대치동에 몰려드는 이들과 그 속에서 자신의 이익을 추구하는 이들의 복잡한 먹이사슬을 파헤쳤다.

(9) 엄재웅(부동산 컨설턴트), 「강남되는 강북 부동산은 정해져 있다: 부자들이 개발

계획에 투자하는 이유』(위즈덤하우스, 2022년 2월 20일).

(10) 심교언(沈敎彦), 『광기의 실험, 시장의 반격 1: 비정상의 정상화』(무블출판사, 2022년 2월 28일); ______, 『광기의 실험, 시장의 반격: 문(文)정부 부동산 정책 5년, 두 번째 이야기. 2, 경제원론과의 전쟁』(무블출판사, 2023).

※ 심교언(1969~현재)은 서울대학교 공과대학 건설환경공학부 도시공학과를 졸업하고 서울대학교 대학원 도시공학과에서 석사학위를 받은 데 이어 서울대학교 대학원 도시공학과에서 「도시의 규모 및 밀도와 중심지 분포패턴이 교통에너지 소비에 미치는 영향 연구」(2001년 2월)로 박사학위를 받았다. 현재 건국대학교 정치대학 부동산학과 교수다. 위의 책을 통해 문재인정부의 부동산정책을 통렬하게 비판했다.

(10-A) 김우정, 「서평: 인수위 부동산TF 팀장이 쓴 '문(文) 정부 집값 폭등 징비록'」, 『주간동아』1334(2022년 4월 8일), 64쪽.

(11) 바보아저씨, 『바보아저씨의 부동산 이야기: 문재인정부 부동산정책은 왜 모두 실패했을까…? 새 정부는 과연 잘할까…?』(바른북스, 2022년 5월 30일).

(12) 생각그레이드. 『문재인정부 부동산정책』(부크크, 2022년 8월 15일).

(13) 김정일(金貞壹), 『강남은 거대한 정신병동이다』(지식공작소, 2023).

고려대학교 대학원 정신신경과에서 박사학위를 받고 1995년에 강남에서 「김정일정신과의원」을 연 저자(1958~현재)는 "과도한 경쟁에 따른 열등감, 배금주의, 계급의식, 비정상적 교육열 등 한국사회의 문제가 가장 극명히 드러나는 곳이 강남이다" 라고 말했다.

국민연금 개혁

(1) Jae-jin Yang, "The 1999 Pension Reform and a New Social Contract in South Korea," unpub. Ph.D. diss., Rutgers: the State University of New Jersey, 2000.

국민연금을 비롯한 사회복지제도에 관한 필자의 논문들에는 다음이 포함됐다.

(1-A) Margarita Estévez-Abe, Jae-jin Yang and Young Jun Choi, "Beyond Familialism: Recalibrating Family, State and Market in Southern Europe and East Asia," *Journal of European Social Policy*, Vol. 26, No. 4(September 2016), pp.301~313.

(1-B) 양재진 · 이호영 · 이정주, 「한국 노년층의 삶의 만족과 행복 기회불평등」, 『한국정책학회 하계학술발표논문집』1(2016년 11월), 632~654쪽.

(1-C) 양재진, 「퇴직연금의 준공적연금화 필요성과 방안에 관한 연구」, 『한국정책학회보』 제31권 제1호(2022년 3월), 51~76쪽.

(2) 박세준(朴世俊), 「인터뷰: "연금개혁, 골든타임은 이미 지났다": 윤석명(尹錫明) 한국연금학회장」, 『신동아』(2021년 2월), 240~247쪽.

※ 윤석명(1961~현재)은 고려대학교 문과대학 영어영문학과를 졸업하고 고려대학교 대학원 경제학과에서 석사학위를 받은 데 이어 미국 텍사스A&M대학교 대학원에서 미국사회보장제도에 관한 연구로 박사학위를 받았다. 국민연금연구원 연구조정실장을 거쳐 한국보건사회연구원에서 연구위원으로 봉직하고 있다. 현재 한국연금학회 회장이다.

(2-A) 선정민(宣政敏), 「선정민이 만난 사람: 연금개혁연구 25년, 윤석명 한국보건사회연구원 연구위원; "문(文) 정부 국민연금 개편시도는 국민 호도하고 끝낸 사기극, 연금개혁 제대로 하지 않으면 MZ세대에 '연금고려장' 당할 수도"」, 『조선일보』(2022년 6월 6일), A24쪽.

노동정책

엄진령(嚴瑨鈴), 「노동존중에서 노동정책 후퇴로: 문재인정부 노동정책 비판」, 『황해문화』102(2019년 봄), 199~211쪽.

필자(1977~현재)는 공인노무사이면서 전국불안정노동철폐연대 상임집행위원이다. 전국불안정노동철폐연대 편, 『비정규직 없는 세상: 비정규직 철폐 운동의 전망』(메이데이, 2009)에 기고했다.

제5항 조국 사태

문재인정부가 일으킨 논쟁들 가운데 출발점으로 간주될 수 있는 논쟁은 문재인 대통령의 민정수석비서관(2017년 5월 11일~2019년 7월 26일)이었다가 곧 66대 법무부장관(2019년 9월 9일~2019년 10월 14일)으로 기용된 조국(曺國) 서울대학교 법학전문대학원 교수를 둘러싼 논쟁이었다.

조국의 저서로 본 조국 논쟁

조국(曺國), 『조국의 시간: 아픔과 진실 말하지 못한 생각』(경기도 파주시: 한길사, 2021); ______, 『조국의 법고전 산책: 열다섯 권의 고전, 그 사상가들을 만나다』(오마이북, 2022).

첫 번째 책은 저자 자신에 대한 '변호'다. 두 번째 책은 10개의 장으로 구성됐다. 장 자크 루소(Jean Jacques Rousseau)의 『사회계약론』, 몽테스키외(Charles De Montesquieu)의 『법의 정신』, 존 로크(John Locke)의 『통치론』, 체사레 베카리아(Cesare Beccaria)의 『범죄와 형벌』, 토머스 페인(Thomas Paine)의 『상식』 및 『인권』그리고 제임스 매디슨(James Madison)과 알렉산더 해밀턴(Alexander Hamilton) 및 존 제이(John Jay)의 『페더랄리스트 페이퍼』, 존 스튜어트 밀(John Stuart Mill)의 『자유론』, 루돌프 폰 예링(Rudolf von Jhering)의 『권리를 위한 투쟁』, 플라톤(Plato)의 『소크라테스의 변명』 및 『크리톤』, 소포클레스(Sophocles)의 『안티고네』 그리고 헨리 데이비드 소로(Henry David Thoreau)의 『시민불복종』, 임마누엘 칸트(Immanuel Kant)의 『영구평화론』 등, 서양의 정치·법률 사상가 15인의 저서와 사상을 다뤘다.

조국 옹호

조국백서추진위원회, 『검찰개혁과 촛불시민: 조국 사태로 본 정치검찰과 언론』(오마이북, 2020).

조국사태 이후에 대한 대안

(1) 김명인(金明仁), 「'조국 사태' 그리고 그 이후: 과연 한국사회는 새로운 계급투쟁을 시작할 준비가 되어 있는가?」, 『황해문화』105(2019년 겨울), 264~281쪽.

(2) 김서중(金瑞中), 「조국과 언론개혁」, 『황해문화』105(2019년 겨울), 389~296쪽.

(3) 강준만(康俊晚), 『쇼핑은 투표보다 중요하다: 정치적 소비자 운동을 위하여』(인물과사상사, 2020년 4월).

조국 사태를 중심으로 문 대통령 그리고 유시민을 거세게 비판했다.

(4) 강양구(姜亮求)·권경애(權京愛)·김경율(金經律)·서민(徐民)·진중권(陳重權), 『한 번도 경험해보지 못한 나라: "민주주의는 어떻게 끝장나는가"』(천년의상상, 2020년

8월).

문재인정권 지지자였던 공동필자들은 '조국사태'를 보면서 문재인정권에 반기를 들고, 흔히 『조국백서』라고 불리는 앞의 책을 정면으로 반박했다. 『조국백서』와 대비된다는 의미에서 『조국흑서』로 불리고 있다. 이 책은 출판 당일에 5000부가 매진됐으며, 그 때로부터 3개월 만에 16쇄를 찍었다. 모두 10만 부 이상이 팔린 셈이다.

※ 김경율(1969~현재)은 연세대학교 문과대학 철학과를 졸업한 공인회계사로, 현재 「경제민주주의21」 공동대표다. 최근 저서로 『회계사 김경율의 '노빠꾸' 인생』(트라이온, 2022)이 있다.

(4-A) 김기철(金基哲), 「김기철의 시대탐문 14: '조국흑서' 베스트셀러 만든 건 문(文) … 정의로운 척하며 나쁜 짓 하니 더 화나」, 『조선일보』(2020년 8월 31일), A18쪽.

(5) 「사설: '우리법' 판사의 조국 동생 판결, 조국 재판 안 봐도 알 듯」, 『조선일보』(2020년 9월 19일), A27쪽.

(6) 권경애(權京愛), 『무법의 시간: 조국의 시간은 무법의 시간이었다』(천년의상상, 2021).

저자 권경애(1956~현재)는 연세대학교 문과대학 국어국문학과 학생 때 반정부민주화운동에 참여해 제적당했다가 훗날 복적되어 졸업할 수 있었다. 사법시험에 합격한 후 「민주사회를위한변호사모임, 민변」에서 활동했다.

(6-A) 남정미(조선일보 주말뉴스부 기자), 「남정미 기자의 정말: 『조국흑서』 이어 『무법의 시간』 쓴 권경애 법무법인 해미르 변호사; "'문(文) 파시즘' 이기는 길? 기죽지 않고 열심히 떠드는 것!"」, 『조선일보』(조선일보 주말섹션)(2021년 7월 17일), B1~B2.

권 변호사는 "문 정권은 파시즘의 길을 걷고 있다"라고 단언했다.

(7) 임병식(林炳植), 『국민을 이기는 정치는 없다: 진성 민주당원이 쓴 진상 쓴소리』(비바체, 2022년 1월).

진성 민주당원 출신으로 국회 부대변인을 지낸 저자가 진영 대결과 패거리 정치를 비판한다. 조국 사태, 대장동 사태 등에서 '내 편'에게도 "아니요"라고 지적하는 모습이 신뢰를 더한다.

(8) 백대우(白岱右), 『청와대 출입기자가 본 조국의 시간, 윤석열의 시간』(글마당, 2022년 7월).

문재인정부 때 청와대를 출입했던 저자는 20대 대통령선거 후보가 결정된 시점이 윤석열 서울중앙지검장을 검찰총장에 지명한 때로 본다. 기자로서 대선 등을 취재하며 보고 느낀 점을 담았다.

(8-A) ______, 『선거 이기는 인사, 정권 내주는 망사』(글마당, 2023년 7월).

여러 대통령에 대한 언급이 보이지만, 특히 문재인 대통령에 대한 언급이 많다. 문 대통령에 대해 대체로 비판적인 시각을 보였다.

(9) 조기숙(趙己淑), 『어떻게 민주당은 무너지는가: 상식과 염치, 그리고 젊은 세대마저 잃은 정당은 미래가 없다!』(테라코타, 2023).

저자가 전적으로 '조국 사태' 하나만을 다룬 것은 아니다. 저자는 문재인정부 5년 그리고 문재인정부를 뒷받침한 민주당 전반을 다뤘다. 이 과정에서, 저자는 "나는 문재인 대통령이 대선 패배에 직접적 책임은 없지만, 세 가지 정무적 결정이 민주당을 무너뜨리는 데 기여함으로써 간접 책임이 있다고 주장했다. 그중 가장 중요한 정무적 결정은 조국 임명이다"라고 보았다.

(9-A) 「김윤덕이 만난 사람: 『어떻게 민주당은 무너지는가』 펴낸 조기숙 이화여대 교수; 3연패 하고도 언론탓 검찰탓…민주당, 개딸과 절연해야 총선 이긴다」, 『조선일보』(2023년 6월 12일), A27쪽.

(10) 조명현, 『한 번도 경험해보지 못한 법카: 이재명 부부의 법인카드 미스터리를 풀다』(천년의상상, 2023년)

경기도청 7급 공무원이던 저자가 이재명 경기도지사와 그의 부인 김혜경이 공적으로 써야 할 법인카드를 사적으로 쓰면서 엄청나게 큰 액수를 사실상 횡령한 사실을 고발했다.

(11) 이준우(李俊雨), 『그는 그날 머리를 쓸어넘기지 않았다』(기파랑, 2024)

자녀입시 비리 등의 혐의로 1심과 2심 모두에서 유죄 판결을 받고도 제22대 국회총선 출마를 선언한 조국을 비판했다. 국회의원 보좌관 출신인 저자는 '조국 사태'의 전말을 자세히 소개한 뒤, "자기들끼리 이익도 챙기면서 공정한 사회도 만들 수 있다는 좌파의 세상은 허상이다." 라는 결론을 제시했다.

제6항 추미애 사태

조국 법무부장관이 많은 논란 속에 사퇴함에 따라 판사 출신이면서 5선 국회의원 출신인 추미애(秋美愛) 전 더불어민주당 대표가 후임으로 임명됐다. 그 역시 많은 논쟁을 불러일으켜 언론매체들은 그것을 '추미애 사태'라고 불렀다. 조국 사태와 추미애 사태를 함께 다룬 대표적 신문칼럼들 가운데 하나는 다음이다.

(1) 이완규(李完揆), 「인사권으로 검찰장악한 '추미애 검찰개혁'은 가짜다」, 『중앙일보』(2020년 9월 9일), 29쪽.

※ 이완규(1961~현재)는 서울대학교 법과대학 법학과를 졸업하고 서울대학교 대학원 법학과에서 석사학위를 받은 데 이어 서울대학교 대학원 법학과에서 「검사의 지위에 관한 연구: 형사사법체계와의 관련성을 중심으로」(2005년 2월)로 법학박사학위를 받았다. 청주지방검찰청 제천지청장→대전지방검찰청 서산지청장→인천지방검찰청 부천지청장을 거쳐 대검찰청 검찰연구관을 역임했다. 현재 변호사다.

(2) 정원수(鄭元洙), 「오늘과 내일: "당신들을 검사로 생각하지 않습니다"」, 『동아일보』(2020년 9월 16일), A35쪽.

동아일보 편집국 사회부장인 필자는 문재인정부의 검찰을 여러 각도에서 비판했다.

(3) 진중권(陳重權), 「진중권의 퍼스펙티브: 사기꾼과 법무부의 협업; 권력형 비리를 검사게이트로 뒤바꾼 추악한 거래」, 『중앙일보』(2020년 10월 28일), 28~29쪽.

(4) 윤평중(尹平重), 「윤평중 칼럼: 문재인과 추미애의 도둑정치」, 『조선일보』(2020년 11월 27일), A34쪽.

필자는 이 칼럼의 전반부에서 다음과 같이 썼다.

> "자칭 '촛불정권'이 촛불정신을 짓밟고 파시즘으로 폭주하고 있다. 추미애 법무부장관의 법치파괴가 헌정질서를 뿌리째 뒤흔든다. 법무장관이 황당한 이유로 검찰총장의 직무를 정지시킨 민주주의의 파국을 구중궁궐에 숨은 문재인 대통령은 침묵으로 승인한다. 민생엔 한없이 무능한 정권이 절대권력 구축엔 거침이 없다. 대중독재의 망령이 대한민국을 강타했다.
>
> 윤석열 검찰총장이 문정권의 적이 된 이유는 명확하다. 권력의 충견이기를 거부하고 정권비리를 공격한 맹견이 됐기 때문이다. 살아있는 권력인 조국 전 법무장관을 낙마시킨 게 결정적이다. 문 대통령이 적폐청산의 맹장이라고 칭찬한 '우리 윤 총장'은 정권의 공적(公

敵)으로 급전직하했다. 대통령의 친구를 당선시키려고 청와대가 총동원된 '울산시장 부정선거'와 대선공약인 탈원전정책을 수사한 게 문 대통령의 역린을 건드렸다.

'황태자 조국'을 퇴장시켜 정권재창출 계획을 날려버린 검찰총장은 대통령에겐 대역죄인(大逆罪人)이다. '사람에게 충성하지 않는' 검찰주의자 윤석열은 비리 있는 곳에 칼날을 들이대는 직진형(直進型) 검사다. '단군 이래 최대 금융 스캔들' 라임 · 옵티머스 사태에 연루된 정권 핵심인사들에겐 한없이 두려운 존재다. 법 앞에 만인이 평등한 '법의 지배'가 아니라 자신들이 법 위에 군림하는 '법에 의한 지배'를 꾀하는 친문집단에는 깐깐한 법치주의자 검찰총장은 숙청 대상 1호다.

추 장관이 물불을 가리지 않고 '윤석열 죽이기'에 앞장선 진짜 이유는 문재인정권의 '도둑정치(kleptocracy)'를 제도화하려는 것이다. 원래 도둑정치는 아프리카나 중남미 같은 정치 후진국 독재자가 부정축재하는 현상을 가리킨다. 국가의 중대 현안은 제쳐두고 사적 이해관계에 복무하는 자가 도둑정치인(kleptocrat)이다. 문정권의 도둑정치는 권력비리를 포함해 친문집단에 의한 국가시스템의 식민화를 노리는 단계까지 치고 나간다. 친문권력 카르텔이 공적 권력을 사유화해 국가기구 전체를 영구통치하는 지배체제 수립이 궁극 목표다. 1980년대에 1조 원에 이른 전두환 · 노태우 전 대통령의 부정축재는 원시적 형태의 도둑정치였다. 권력이 국가기구를 특정 패거리에 종속시켜 나라를 사유화하는 도둑정치의 위험성은 문정권의 연성 파시즘에서 절정에 이르렀다."

필자는 이 칼럼의 마지막 부분에서 다음과 같이 썼다.

"권력이 국민재산을 약탈하는 도둑정치는 개탄스럽다. 하지만 정권이 정의를 사칭하고 법치주의와 민주주의를 도둑질해 국민을 속이고 나라의 영혼을 훼손하는 것은 훨씬 무서운 일이다. 실물자산은 복원할 수 있어도 국가를 이끄는 근본 가치와 규범은 회복하기 어렵기 때문이다. 문재인정권은 천하의 공물(公物)인 대한민국을 친문도당의 사유물로 포획해 독점하려 한다. 정의를 참칭해 나라를 통째로 훔치는 도둑정치다. 작은 도둑은 처벌받는데 큰 도둑은 활개치는 세상이 우릴 경악하게 한다. 도둑정치는 민주공화국의 적이다. 도둑정치 아래서 인간의 자유와 존엄은 불가능하다. 촛불을 들었던 한국시민들은 개돼지가 아니다."

제7항 윤미향 사태

이 항은 제7권 제2부 제6장과 연결해 읽기 바란다.

(1) 「특집: 기로에 선 위안부 운동」, 『신동아』(2020년 7월).

(ⅰ) 허문명(許文明), 「허문명의 SOUL: 『제국의 위안부』 박유하 "고(故) 배춘희 등 할머니들 정대협 두려워 대놓고 비판 못해"」, 74~85쪽.

(ⅱ) 김건희(『신동아』 객원기자), 「윤미향이 '안성 쉼터' 매각 의뢰한 중개인: "7억 5000만원 말도 안 돼 … 매입 적정가는 4억 초반"」, 86~89쪽.

(ⅲ) 봉달호(편의점 주인), 「봉달호 편의점 칼럼: 전 NGO 활동가의 회고와 반성, 나는 왜 윤미향 씨처럼 저축하지 못했을까」, 90~97쪽.

(ⅳ) 민경우(閔庚宇), 「주사파 출신 민경우가 본 '정의연 논란': 반일, 권력쟁취 위한 판타지 … '토착왜구', 반대파 경멸 · 조소 도구」, 98~105쪽.

(ⅴ) 나연준(『제3의길』 편집위원), 「위안부 비극을 돈과 권력으로 맞바꾼 정의연 파탄기: 서사의 주체로 군림하면서 현실의 화폐 벌어들여」, 106~109쪽.

(ⅵ) 노정태(철학에세이스트), 「사바나: 조국 · 윤미향 · 최강욱 공통 QR코드 마오쩌둥 '모순론': 우리 편은 무슨 짓해도 '쟤들'보단 낫다?」, 110~117쪽.

(ⅶ) 김우정(金佑政), 「윤정옥 정대협 초대 대표 "정의연 회계부정 의혹 부끄럽다" "윤미향 두둔 입장문, 연락받은 적 없다"」, 118~123쪽.

(ⅷ) 김건희(『신동아』 객원기자), 「김건희 기자의 '윤미향 사태' 취재기: 이 할머니, 정의연 비리 폭로 1년 전부터 고민」, 124~135쪽.

(ⅸ) 최진렬(崔珍烈), 「사바나: 청년 페미니스트 정치인들이 본 이용수 기자회견, "'할머니' 아닌 피해생존자이자 여성인권운동가"」, 136~141쪽.

(ⅹ) 나연준(『제3의길』 편집위원), 「'성(聖)스러운 위안부 마케팅' 좌판 걷어치우라: 수많은 위안부 실존을 민족주의 서사에 포획」, 142~151쪽.

(2) 최성용(崔成龍), 「'정의연 사태'의 중층적 성격과 운동의 질문들」, 『황해문화』109 (2020년 겨울), 193~218쪽.

(3) 심규선(沈揆先), 『위안부운동, 성역에서 광장으로』(경기도 파주시: 나남, 2021년 2월).

저자는 한국사회에서 '위안부운동'이 어떤 식으로 소비됐는지 그리고 어떻게 '주류'로 자리를 잡게 됐는지를 집중적으로 조명했다. 저자는 지난 30년 동안 국내에서 '위안부운동'을 이끌어온 「정의기억연대」를 철저히 분석한 뒤 이 단체가 '피해자생활지원단체'라는 본질에서 한참 벗어났다고 비판했다.

(3-A) 하코다 데스야(箱田哲也), 「서평: "한국 내부서 냉철하게 '위안부운동' 분석"; 심규선 저, 『위안부운동, 성역에서 광장으로』」, 『동우회보』(2021년 3월 22일), 12쪽.

※ 심규선(1956~현재)은 서울대학교 사범대학 국어교육과를 졸업하고 동아일보에서

도쿄특파원→정치부장→편집국장→논설위원→상무 등으로 활동했다. 그는『재팬 워처: 누가 일본을 보고 있는가』 전3권(월인, 2021년 11월)도 출판했다. 이 책은 자료집 두 권과 인명색인집 한 권 등 세 권으로 구성됐다. 일본연구와 관련된 국내 연구소, 협회, 기금, 재단 등과 소속인사 8천여 명의 활동상을 소개했다. 대표적 서평은 이원덕(李元德),「서평: '한일관계 데이터뱅크' 집대성; 심규선 펴냄,『재팬 워처』」,『동우회보』82(2022년 1월 17일), 4쪽이다.

(4) Chae-Han Kim and Youn Soo Cho, "Japanese Authorities, the 'Comfort Project', and Tacit Contracts under Militaristic Rule during the Pacific War," *Asian Studies Review*(2023), pp.1~20.

신문칼럼

(1) 윤평중(尹平重),「윤평중칼럼: 한국시민사회는 죽었는가」,『조선일보』(2020년 5월 22일), A30쪽.

필자는「정의기억연대(정의연)」의 윤미향(尹美香) 전 이사장을 둘러싼 '추문' 또는 '의혹'을 날카롭게 비판하면서, 다음과 같은 결론을 제시했다.

> "정의연 사태에서 문 정권은 친여 언론과 시민단체를 총동원해 탈진실(Post-truth)을 양산하는 진지전(陣地戰)에 나섰다. 대대적인 여론조작으로 공론장을 교란하는 게 조국(曺國) 사태와 똑같다. 하지만 민심의 공분(公憤)은 정권과 어용 시민단체들의 공동전선을 일거에 무너뜨린다. 강대한 국가가 민심의 역린을 건드릴 때 국가라는 배를 뒤집어버리는 게 한국인이다. 한국 시민사회는 결정적 순간에 결정적 행동으로 역사의 물길을 바꾼다. 윤미향 사건이 우리 모두에게 생사(生死)의 물음을 던진다. 한국 시민사회는 죽었는가."

※ 윤평중(1956~현재)은 고려대학교 문과대학 철학과를 졸업하고 서던일리노이대학교 카본데일 캠퍼스 대학원 철학과에서 서양정치철학을 전공해 석사→박사학위를 받았다. 박사학위청구논문 서지사항은 다음과 같다. Pyung-joong Yoon, "Rationality and Social Criticism: Habermas, Foucault, and Beyond," unpub. Ph.D. diss., Southern Illinois University, Carbondale, 1988. 한신대학교 인문대학 인문콘텐츠학부 교수로 정년퇴임했으며, 현재 한신대학교 명예교수다. 저서에는『윤평중 사회평론집: 이성(理性)만이 우리를 구원한다』(생각의나무, 2004) 및『한국에서 공정이란 무엇인가』(동아일보

사, 2012) 등이 있다.

(2) 고대훈(高大勳), 「어용권력이 된 시민단체」, 『중앙일보』(2020년 5월 26일), 31쪽.

(3) 안혜리(安惠利: 중앙일보 논설위원), 「안혜리의 직격 인터뷰: 윤미향 사퇴 촉구한 참여연대 출신 김경율(金經律) 회계사: "정권과 시민단체의 권력 · 이권 나눠먹기가 윤미향 사태"」, 『중앙일보』(2020년 5월 29일), 28쪽.

(4) 한영익(韓永益) · 박혜리 · 김기정(金淇正), 「후원금 · 일감 주고받는 그들만의 경제공동체」, 『중앙일보』(2020년 6월 10일), 1쪽 및 3쪽; 위문희(魏文姬) · 김지아(金智雅), 「31쪽 vs 1줄: 미(美) 월드비전 기부금 사용처 253곳 다 적어 공개, 정대협은 4억 뭉뚱그려 '할머니 1명에 지출' 공시」, 『중앙일보』(2020년 6월 11일), 1쪽, 4쪽, 5쪽.

제8항 금융증권부정 사태

문재인정부 때 여러 금융범죄사건이 일어났다. 대표적인 사례는 라임자산운용과 옵티머스자산운용 및 디스커버리자산운용 등 당시 대표적인 사모펀드운용회사들이 대형 사기를 저질러 많은 무고한 서민들에게 손해를 끼쳤다. 이 사건들은 집권세력과 연결된 커다란 정경유착사건들로 비쳤다. 정권은 이러한 사건들을 수사하기 위해 수립된 금융증권범죄합동수사단을 폐지함으로써 사건들의 발생을 방조했다는 비난을 받았다. 윤석열정부가 들어서면서 한동훈 법무장관은 곧바로 이 합동수사단을 부활시켰으며, 이에 따라 문재인정부 때 감춰졌던 범죄들이 드러나기 시작했다.

(1) 임혜란(林惠蘭) · 이하나, 「한국 금융감독체계 개혁의 정치경제」, 『한국정치연구』제18집 제1호(2009년 2월), 119~146쪽.

이 논문이 문재인정부 때 발생한 금융증권부정을 다룬 것은 아니다. 그러나 금융감독체계가 어떤 배경에서 어떻게 세워졌는지를 자세하게 분석했다.

(2) 박세준(朴世俊), 「관리 · 감독 역량 있는데도 사모펀드 부정 놓쳐: 제2의 라임 · 옵티머스 될 사모펀드 줄줄이 대기 중」, 『신동아』(2020년 12월), 178~181쪽.

(3) 나원식(羅元植), 「'금융권 화약고'… 끝나지 않은 라임 · 옵티머스 사태: 금감원 '경고' 받은 손태승, 정영채, 조용병, 진옥동의 운명」, 『신동아』(2021년 5월), 336~339쪽.

(4) 조자운(趙慈雲: 변호사), 「최근 사모펀드 환매중단 사태의 법적 쟁점과 개정 자본

시장법에 대한 평가: 라임자산운용/옵티머스자산운용 사례분석을 중심으로」, 『금융법연구』(한국금융법학회) 제18권 제2호(2021년 8월), 191~233쪽.

(5) 정민희(鄭愍熙: 변호사), 「사모펀드 사태에서 펀드 운용구조상 문제점 및 개선방안」, 『명지법학』(명지대학교 법학연구소) 제21권 제2호(2023년 1월), 35~60쪽.

제9항 문재인정권의 진보주의에 대한 비판

(1) 양승태(梁承兌), 「한국의 진보, 허구와 위선의 역사의식부터 청산해야」, 『철학과 현실』121(2019년 여름), 157~185쪽.

필자는 이 글의 184쪽에서 다음과 같이 썼다.

> "현재의 문재인정권은 그 허구와 위선의 역사의식에서 벗어나는 것이 아니라 더욱 깊이 사로잡혀 있다. 쇠망한 조선조 통치체제의 정신적 퇴물인 위정척사 이념의 교조적인 도덕주의와 편협한 민족주의에 사로잡힌 역사의식이 진보라는 이름으로 끊임없이 수구적인 정책들을 양산하고, 불필요한 대내외적 마찰과 혼란을 초래하여 국가이익을 저해하며, 그나마 확고한 국가의 국제적 및 경제적 위상을 추락시키려 하고, 국가정체성의 위기를 조장하며, 급기야는 민주주의마저 퇴행시키려 하고 있다."

(2) 나연준(제3의 길 편집위원), 「주류가 된 좌파의 서사와 상징 그리고 도덕: 좌파에게 도덕은 목적이 아닌 정치투쟁 도구」, 『신동아』(2020년 9월), 86~97쪽.

(3) 노정태(철학에세이스트), 「386이 민주주화세대? 현대사 최고의 '상징조작': 주류 1960년대생의 동북공정 빰치는 '민주공정'」, 『신동아』(2020년 9월), 98~107쪽.

(4) 배수강(裵秀剛), 「정치평론가 김형준 교수가 본 주류세력교체론: 문(文) 출범 후 '5대 신주류'가 90% 이상 장악…'친미 · 친일 · 보수 · 대기업 · 기독교=기득권세력' 인식」, 『신동아』(2020년 9월), 108~117쪽.

586세대

(1) 진중권(陳重權), 「진중권의 퍼스펙티브: 민족해방이라는 상상계(想像界), 민주당 586의 세계관」, 『중앙일보』(2020년 2월 10일), 26~27쪽.

문재인정권의 핵심부를 혁성하고 있는 '586'의 본질을 직설적으로 또는 해학적으로 설명한 이 긴 글에는 다음과 같은 내용이 포함됐다.

(i) "독립운동가 후손들은 고생해도 친일파의 후손들은 국회의원이 되어 다들 잘먹고 잘살았다. 민주당의 신기남 · 이미경 전 의원의 아버지는 일본 헌병이었다. 김희선 전 의원의 아버지 가네야마 상은 특무경찰로 이재오 전 의원 아버지를 체포한 인물. 홍영표 의원의 조부는 일제강점기에 고위직을 지냈다.

한편, 친일파라는 이승만은 독도를 빼앗았다고 해서 일본에선 외려 반일인사로 간주된다. 독립기념관을 지은 것은 친일파의 후예라는 민정당 정권이었고, '역사 바로 세우기'를 한다며 조선총독부 건물을 철거한 것은 김영삼 정권이었다. 반면 광복회 회장인 김원웅(金元雄) 씨는 친일 후예 정당인 공화당·민정당·한나라당을 두루 거쳤다."

(ii) "소설 『태백산맥』은 NL 상상계의 중요한 일부를 이룬다. 한 세대가 이 소설로 현대사 공부를 대체했기 때문이다. 그 책도 한때는 반공의 터부를 깨는 진보적 역할을 했을 게다. 하지만 그 저자가 '반민특위를 부활시켜 150만에 이르는 친일파를 단죄해야 한다'고 말함으로써 그 이면의 반동성을 적나라하게 드러내고 말았다."

(2) 김은희(金恩喜), 『신(新)양반사회: 586, 그들이 말하는 정의란 무엇인가』(생각의 힘, 2022).

조국과 윤미향 지지자들은 왜 끝까지 팩트를 인정하지 못할까. "그들이 양보할 수 없고 타협할 수 없는 최후의 보루는 자신들의 도덕적 우월성이기 때문"이라고 쓰면서 저자는 그들은 도덕적 우월성에서 통치의 정당성을 찾는다고 덧붙였다. 저자는 "운동가(586 운동권)들이 말하는 정의로운 사회는 도덕적으로 우월한 사람들에 의한 통치, 즉 덕치(德治)를 지향하는 양반사회이지 법치(法治)에 기반한 근대적 자유민주주의 사회가 아니다"라고 논평하면서, 이들의 정의(유교적 덕치)와 자유민주주의 사회에서의 정의(법치)는 동음이의어(同音異義語)라고 주장한다.

신(新)양반사회에서 양반과 군자는 민주화투사와 독립운동가 등 사회운동가다. 자기 일을 열심히 한, 그러므로 유교적 관점에서 사리사욕을 추구한 사람은 소인배다. "친일 청산을 강조하는 정권에서 독립운동가의 후손에 대한 예우를 강화한 것은 도덕적으로 훌륭한 군자의 후손을 대대손손 예우해줘야 한다는 양반의식의 발로"라고 부연했다. 정부주도의 '역사바로세우기'는 조정에서 역사기록권을 독점했던 조선시대와 닮았다. 종합적으로, 좌우가 아니라 전근대와 근대가 대립하고 있다는 통찰을 제시했다.

※ 김은희(1956~현재)는 서울대학교 생활과학대학 의류학과를 졸업하고 애리조나주립대학교 대학원 인류학과에서 석사학위를 받은 데 이어 시카고대학교 대학원 인류학과에서 박사학위를 받았다. 박사학위청구논문 서지사항은 다음과 같다. Eunhee Kim Yi, "From Gentry to the Middle Class: The Transformation of Family, Community, and Gender in Korea," unpub. Ph.D. diss., University of Chicago, 1993. 서울대학교 비교문화연구소 특별연구원→하버드대학교 옌칭연구소 연구원→한국학중앙연구원 책임연구원 등을 역임했다.

(3) 선우정(鮮于鉦), 「선우정칼럼: 86운동권이 만든 황금송아지」, 『조선일보』(2022년 6월 1일), A26쪽.

노무현 전 대통령과 문재인 대통령을 뒷받침한 운동권을 신랄하게 비판했다.

강남좌파

'강남좌파'라는 말은 강준만(康俊晩) 교수가 제시한 개념으로 진보적 이념이나 생각을 가진 고학력·고소득 계층을 지칭하는 표현이다. 강남좌파에 대한 논쟁은 문재인정부 이전부터 이어졌으나 문재인정부 이후 심화되었기에 이곳에서 다루기로 한다.

(1) 강준만, 「강준만의 인간학 사전」 가운데 「강남좌파: 엘리트 순환의 수호신인가」, 『인물과사상』(2006년 5월), 79~126쪽 가운데 80~92쪽; ______, 『강남좌파: 민주화 이후의 엘리트주의』(인물과사상사, 2011); 『싸가지 없는 진보: 진보의 최후 집권전략』(인물과사상사, 2014); ______, 『강남좌파 2: 왜 정치는 불평등을 악화시킬까?』(인물과사상사, 2019); ______, 『싸가지 없는 정치: 진보는 어떻게 독선과 오만에 빠졌는가?』(인물과사상사, 2020); ______, 『부족국가 대한민국: 부족주의의 노예가 된 정치』(인물과사상사, 2021).

(2) 조형근(趙亨根), 『나는 글을 쓸 때만 정의롭다』(경기도 파주시: 창비, 2022).

저자는 '한때 세상을 바꾸려 했으나 기득권이 되어버린 진보 지식인 엘리트'로서의 자신에 대하여 반성하며, '86세대'로 불리는 진보진영의 주역들은 20대 시절 독재와 자본에 맞서 세상을 바꾸려고 투쟁했지만, 민주화가 정착해가는 과정에서 투쟁을 경쟁으로 대체하며 불평등을 재생산하는 데 앞장섰다고 주장했다.

제9항 사회

박원순 시장 성추행 및 자살 사건

(1) 송경화(한겨레 기자), 「오늘/박원순 서울시장 사망: 시대의 '소셜 디자이너' … 희망설계, 비극으로 멈추다」, 『한겨레』(2020년 7월 11일), 3쪽.

한 면 전체를 「박원순이 걸어온 길」이라는 작은 제목 아래 바쳤다. 박원순의 삶을 매우 긍정적으로 평가했다.

(2) 손병관 편, 『비극의 탄생: 50인의 증언으로 새롭게 밝히는 박원순 사건의 진상』(왕의서재, 2021년 3월).

박 전 시장 재임 때 서울시청을 출입한 『오마이뉴스』 기자가 전 · 현직 서울시청 공무원과 피해자측 인사들을 인터뷰해 쓴 책이다. 전반적으로 박 전 시장을 옹호했다.

(3) 강다은 · 허유진, 「"가해자 · 피해자가 바뀌어…피해는 온전히 제 몫이 됐다" 울먹: 박원순 성추행 피해자 첫 공식회견」, 『조선일보』(2021년 3월 18일), A5쪽.

앞의 책이 출판되자 피해자 A씨가 반박하는 회견을 자세히 보도했다.

(4) 김잔디(가명), 『나는 피해호소인이 아닙니다: 박원순 성폭력 사건 피해자가 살아낸, 끝날 수 없는 생존의 기록』(천년의상상, 2022).

(5) 김재련(金在蓮), 『완벽한 피해자: 이 여성을 위한 변론을 시작합니다』(천년의상상, 2023).

※ 김재련(1972~현재)은 이화여자대학교 법과대학을 졸업하고 명지대학교 산업대학원에서 이민학석사학위를 받았다. 변호사로, 박원순 전 서울시장의 위력에 의한 성폭력 피해자를 대리한 것으로 유명하다.

노회찬 의원의 별세

고려대학교 정경대학 정치외교학과를 졸업하고 노동운동계에 뛰어들어 민주노동당 부대표로 출발해 통합진보당 공동대변인→진보정의당 공동대표→정의당 원내대표 등을 역임한 대표적 진보세력의 정치인으로 17대 · 19대 국회의원을 역임한 노회찬(魯會燦, 1956~2018) 20대 국회의원은 2018년 7월 23일에 극단적 선택을 했다. 그에 대해서는 긍정적 평가가 뒤따랐다.

(1) 이인우(전 한겨레신문 기자), 『음식천국 노회찬: 맛집에서 나눈 '노회찬의 삶과

꿈'』(일빛, 2021).

(2) 박찬구(朴贊玖), 「주체의 철학에서 타자의 철학으로: 노회찬의 죽음을 애도함」, 『철학과 현실』118(2018년 가을), 149~159쪽.

(3) 평등하고 공정한 나라 노회찬재단 기획/이광호(작가) 지음, 『노회찬 평전』(사회평론, 2023).

이 책은 표지에 "타인의 존엄성을 지키고자 불평등에 맞서 싸운 정의로운 정신 '함께 사는 세상'을 향한 노회찬의 삶과 꿈"이라는 설명을 붙인 데 나타났듯, 노회찬을 높게 평가했다.

시민운동단체에 대한 비판: 특히 2020년 이후

시민운동단체에 대한 비판은 1990년대 이후 특히 2000년대 이후 등장했으나 문재인정부 출범 이후 더욱 거세졌다. 윤미향(尹美香)이 이끌던 「정의기억연대」가 일본군에 '위안부'로 끌려갔던 이용수(李容洙) 할머니의 기자회견을 계기로 비리혐의에 휘말리면서 비난의 강도는 더욱 거세졌다. '윤미향 사태'에 대해서는 이 14권에서 따로 다루기로 한다.

(1) 안준용(安俊勇) · 김은중(金隱仲) · 노석조(盧錫祚), 「소금 맛 잃은 시민단체」, 『조선일보』(2020년 6월 2일), 1쪽 및 4쪽; 신정민(宣政敏) · 원우식(元禹植), 「정부지원 NGO 60%, 친여 위주 물갈이」, 『조선일보』(2020년 6월 8일), 1쪽 및 5쪽.

(2) 정덕구(鄭德龜), 「정덕구의 퍼스펙티브: 박정희 · 노무현식 넘어서 국가지배구조 재건축해야: 시민사회는 민주화 · 운동권세력과 결별하고 탈정치화를」, 『중앙일보』(2020년 6월 9일), 23쪽.

(3) 최장집(崔章集), 「다시 한국 민주주의를 생각한다: 위기와 대안」, 『한국정치연구』(서울대학교 한국정치연구소) 제29권 제2호(2020년 6월), 1~26쪽.

필자는 21대 국회총선과 시민운동단체와의 관계를 비판적으로 보았다.

(4) 김영민(金英敏), 「시민사회란 무엇인가」, 『중앙일보』(2020년 7월 23일), 23쪽.

필자는 시민운동 또는 시민단체의 본질이 무엇인가를 설명한 데 이어 한국에서 시민운동 또는 시민단체가 제 궤도를 벗어난 사례들을 비판했다.

(5) 「특집: 시민단체 부실회계 검증」, 『신동아』(2020년 8월).

동아일보 『신동아』부의 기자 세 명은 민족문제연구소 · 한국성폭력상담소 · 한국여성민우회 · 한국여성의전화를 비롯한 국내의 대표적 시민단체들의 회계문제를 심층적으로 분석했다. 이 특집의 구성은 다음과 같다.

(ⅰ) 고재석(高在石) · 김우정(金佑政) · 최진렬(崔珍烈), 「NGO회계검증 1: 4곳 '음식점 외'에 1억 2700만 원 지출 민족문제연구소」, 216~225쪽.

(ⅱ) 김우정(金佑政) · 고재석(高在石) · 최진렬(崔珍烈), 「NGO회계검증 2: 억대 지출 하나로 퉁치고 지급처는 공란 … 3개 여성단체들」, 226~233쪽.

(6) 「사설: '1조 시민단체 현금지급기' 된 서울시, 무섭게 커진 운동권 생태계」, 『조선일보』(2021년 9월 14일), A39쪽.

좌파언론과의 관계

조기숙(趙己淑), 『왕따의 정치학: 왜 진보언론조차 노무현 문재인을 공격하는가?』(위즈덤하우스, 2017).

사회적 논쟁

김계동(金啓東) · 박선영(朴先英) 엮음, 『한국사회논쟁: 민주사회 발전을 위한 찬성과 반대 논리』(명인문화사, 2019).

1. 권력구조: 한국의 권력구조로 대통령제를 유지하되 분권형 제도를 택해야 한다
   그렇다: 박명호(동국대 정치외교학과)
   아니다: 김계동(건국대 안보 · 재난관리학과)
2. 국가보안법: 남북한 화해와 협력을 효율적으로 추진하기 위해서 국가보안법을 폐지해야 한다
   그렇다: 박성철(법무법인 지평 변호사)
   아니다: 제성호(중앙대 법학전문대학원)
3. 탈원전: 안전과 경제, 환경보호를 위해 원자력발전소의 건설과 작동을 점차 줄여야 한다
   그렇다: 윤순진(서울대 환경대학원)
   아니다: 장문희(포항공대 첨단원자력공학부)
4. 핵무장: 북한 비핵화의 지연 또는 실패시 한국의 핵무장화가 필요하다

그렇다: 김태우(건양대 군사학과)

아니다: 정욱식(평화네트워크 대표)

「5. 국정원 수사권: 정보업무의 효율화를 위해서 국정원에서 수사권을 분리해야 한다」

그렇다: 김 당(UPI뉴스 정치 에디터)

아니다: 허태회(선문대 국제관계학과)

「6. 모병제: 인구감소를 감안하고 군 현대화를 위해서 궁극적으로 모병제를 채택해야 한다」

그렇다: 정욱식(평화네트워크 대표)

아니다: 송승종(대전대 군사학과)

「7. 사형제: 인권의 차원에서 사형제도는 폐지되어야 한다」

그렇다: 임지봉(서강대 법학전문대학원)

아니다: 김상겸(동국대 법학과)

「8. 낙태: 여성의 권리를 보장하기 위해 낙태죄를 폐지하고 낙태시술을 허용해야 한다」

그렇다: 김동식(한국여성정책연구원)

아니다: 구인회(가톨릭대 생명대학원)

「9. 특목자사고: 고교 서열화 방지와 학교 선택권 보장의 논란에 있는 특목고, 자사고를 폐지해야 한다」

그렇다: 한만중(서울시교육청 비서실장)

아니다: 김경회(성신여대 교육학과)

「10. 대안미디어: 기성 언론의 한계를 극복하고, 정보제공 다양성을 위해 대안미디어의 확대가 필요하다」

그렇다: 최은경(전남과학대 e스포츠과 미디어 전공)

아니다: 황 근(선문대 미디어커뮤니케이션학과)

「11. 난민: 인류애와 국제규범의 차원에서 난민을 적극적으로 수용해야 한다」

그렇다: 박경태(성공회대 사회과학부)

아니다: 이만종(호원대 법경찰학과)

「12. 한미동맹: 한반도 평화와 통일 이후에도 한미동맹을 현재와 같이 유지해야 한다」

그렇다: 이상현(세종연구소)

아니다: 김계동(건국대 안보 · 재난관리학과)

※ 이 책의 공편자인 박선영(1977~현재)은 고려대학교 대학원 정치외교학과에서 석사학위를 받은 데 이어 이화여자대학교 대학원 정치외교학과에서 「미국의 유럽안보협력회의(CSCE) 참여정책에 관한 연구: 헨리 키신저 안보보좌관의 역할을 중심으로」

(2016년 8월)로 박사학위를 받았다. 폭넓은 의미에서 정치외교학에 관한 책을 전문출판하는 명인문화사를 세워 활동하고 있다.

제5절 문재인정부에 대한 종합적 평가

제1항 문재인정부 자체 평가

(1) 조대엽(趙大燁) · 정상호(鄭相鎬) · 윤태범(尹泰範), 『촛불시민혁명과 문재인정부』(대통령직속정책기획위원회, 2022년 3월 30일).

(2) 김순은(金順殷) · 정순관(鄭淳官) · 곽현근(郭賢根) · 주희진 · 임현(林賢) · 최우용(崔祐溶) · 배정아(裵貞兒) · 라휘문(羅輝紋) · 황문규(중부대) · 하봉운(河奉韻) · 유태현(柳泰鉉) · 최근열(崔根烈) · 장인봉(張仁鳳) · 김태영 · 김상미(지방의회발전연구원) · 이향수(李享修) · 김남철(金南澈) · 홍준현(洪準賢), 『문재인정부의 자치분권: 성과와 의의』(대통령직속정책기획위원회, 2022년 3월 31일).

(3) 임현(林賢) · 정순관(鄭淳官) · 양영철(한국지방자치학회) · 황문규(중부대) · 이상훈(李相勳), 『문재인정부의 자치경찰: 이해와 적용』(대통령직속정책기획위원회, 2022년 3월 31일).

(4) 대통령비서실, 『위대한 국민의 나라: 문재인정부 5년의 기록』(한스미디어, 2022년 4월 13일).

(5) ______, 『선도국가를 향한 위대한 여정: 인포그래픽으로 보는 문재인정부 5년』(경기도 파주시: 김영사, 2022년 5월 6일).

(6) 더휴먼 편집부, 『대통령 문재인의 5년: 대한민국 100년의 미래를 다지다』(더휴먼, 2022년 5월 31일).

제2항 야당의 평가

자유한국당 편, 『국정감사백서, 2018』(자유한국당 정책위원회, 2018); ______, 『2018 국정감사로 본 문재인정부 112대 실정』(자유한국당 정책위원회, 2018); ______, 『문 정권 경제실정백서 징비록(懲毖錄)』(자유한국당, 2019).

제3항 문재인정부 바깥의 평가

문재인 대통령 비판

(1) 조갑제(趙甲濟) · 고영주(高永宙) · 김송(金松) · 조성호(趙成豪) · 김영남(金永男) · 김필재(金泌材) 등, 『문재인의 정체: 대한민국이 문재인에게 묻는다!: "나라의 근본을 확 바꾸겠다"는 사람의 위험성』(조갑제닷컴, 2007).

이 책은 문재인 대통령이 대통령에 취임하기 이전과 이후의 발언을 매우 치밀하게 살핀 뒤 그의 사상적 성향에 대해 깊은 의문을 제기했다. 특히 조갑제의 경우 문재인이 국체의 변경을 시도하고 있다고 비난하면서, "문재인은 노무현보다 더 좌경했다"라고 단언했다.

(2) 무토 마사토시(武藤正敏), 『문재인(文在寅)이라는 재액(災厄)』(일본어)(도쿄: 오쿠슈판[悟空出版], 2019년 7월).

※ 무토 마사토시(1948~현재)는 요코하마국립대학 경제학부를 졸업하고 외무성에 입성해 주한일본공사와 주쿠웨이트일본대사를 거쳐 문재인정부 때 주한일본대사로 봉직했다. 그는 이 책 이외에도 『일한대립의 진상』(도쿄: 오쿠슈판, 2015년 5월)과 『한국의 대(大)오산』(도쿄: 오쿠슈판, 2016년 4월)을 출판했다.

(3) 전성철(全聖喆), 「전성철의 글로벌 인사이트: 대한민국 역대 대통령 감상법」, 『조선일보』(2023년 3월 3일), A34쪽; ______, 「전성철의 글로벌 인사이트: 역사의 수레바퀴를 거꾸로 돌리고 있는 DJ의 후예들」, 『조선일보』(2023년 4월 7일), A28쪽.

필자는 역대 대통령 가운데 '최악'은 전두환이며 그에 못지않은 '최악의 대통령'은 문재인이었다고 논평했다.

문재인정부에 관한 논평 또는 비판

(1) 하석태(유튜브채널 하석태TV), 『하석태의 촌철일기: '촛불혁명부터 문재인 정부 초기까지'』(서운디지털프린팅, 2018년 2월 9일).

교사 출신으로 문재인대통령후보 정무특보를 역임한 저자가 자신의 관찰을 담았다.

(2) 이관후(李官厚), 「문재인정부에 대한 토크빌의 조언: '적폐청산 없는 포용국가'?」, 『시민과세계』(서강대학교 참여연대 참여사회연구소) 33(2018년 12월), 263~278쪽.

이 논문은 다음 두 책에 대한 종합서평이다.(ⅰ) Yascha Mounk, *The People vs. Democracy: Why Our Freedom Is in Danger and How to Save It*(Cambridge,M.A.: Harvard University Press, 2018)/함규진(咸圭鎭) 번역, 『위험한 민주주의: 새로운 위기, 무엇이 민주주의를 파괴하는가』(와이즈베리, 2018):(ⅱ) David Runciman, *The Confidence Trap: A History of Democracy in Crisis from World War I to the Present: A History of Democracy in Crisis from World War I to the Present*(Princeton,N.J.: Princeton University Press, 2017)/ 박광호(전문번역가) 번역, 『자만의 덫에 빠진 민주주의: 제1차 세계대전부터 트럼프까지』(후마니타스, 2018).

(3) 이동호(李東湖), 「민족해방민주주의혁명론으로 본 문재인정권: 문재인정권은 북(北)의 남조선혁명론상 민주연립정부 단계 해당」, 『월간조선』(2019년 1월), 250~263쪽.

연세대 학생 때 주사파에 가담했으나 이후 주체사상을 버리고 대한민국 수호에 나선 필자는 문재인정권을 철저히 비판했다.

(4) 이동관(李東官) 등, 『평등의 역습: 좌파의 역주행, 뒤로 가는 대한민국』(기파랑, 2019년 3월).

문재인정부 2주년에 문재인정부를 비판했다.

(5) 김문성 · 김영익 · 김하영 · 최일붕, 『문재인정부, 촛불염원을 저버리다』(책갈피, 2019년 5월 10일).

※ 공저자들은 『노동자 연대』의 운영위원 또는 기자다. 『노동자 연대』는 유대계 영국인으로 신(新)트로츠키주의를 표방하며 「사회주의노동자당(Socialist Workers Party)」를 이끌었던 토니 클리프(Tony Cliff, 1917~2000)의 노선을 지지한다. 이 노선은 소련 · 중국 · 북한 · 쿠바 등 스탈린주의적 공산체제를 비판하며 북한의 주체사상도 비판한다.

(6) 한반도선진화재단, 『국민이 걱정하는 나라: 문재인정부 중간평가』(한반도선진화재단, 2019년 9월 6일).

(7) 강만길 · 강상중 · 김성수 · 김원기 · 남재희 · 박관용 · 박승 · 박찬종 · 백기완 · 손봉호 외 인터뷰/시사저널 엮음, 『어느 편이냐고 묻는 이들에게: 시대의 지성들이 답한다』(시사저널사, 2019년 11월 19일).

강만길(姜萬吉), 「01 친일쿠데타 정권이 한일협정 맺은 것 우리 현대사의 아주 큰 불행」, 12~25쪽.

강상중(姜尙中), 「02 일본, 문(文)정권에 '반일정부'란 잘못된 딱지 붙이고 있다」, 26~37쪽.

김성수(金成洙: 전 성공회대 총장), 「03 예수도 하느님을 '내 아버지' 아닌 '우리 아버지'라 했다」, 38~49쪽.

※ 김성수(1930~현재)는 단국대학 정치학과를 졸업하고 성공회 신부가 됐으며 1984~1995년에 대한성공회 서울교구장으로 사역했다. 현재 인천광역시 강화군에서 자신이 세운 자선단체 「우리마을」 촌장으로 봉사하고 있다. 인촌상을 받았다. 그에 관한 저서로, 김성수주교기념사업회 편, 『우리 마음의 촌장님: 김성수 시몬 주교 헌정문집』(성공회출판사, 2022)이 있다.

김원기(金元基), 「04 여야, 협치 통해 정치불신의 벽 허물어야」, 50~61쪽.

남재희(南載熙), 「05 문(文)정부, 차기정권이 북핵협상 과실 따 먹게 해 줘야」, 62~73쪽.

박관용(朴寬用), 「06 문 대통령, 보수세력과 대화하는 포용력 보여야」, 74~85쪽.

박승(朴昇), 「07 수출성장에서 내수성장으로 정책기조 바꿔야」, 86~97쪽.

박찬종(朴燦鍾), 「08 박근혜 '다 내 잘못, 나를 잊으라' 말해야」, 98~109쪽.

백기완(白基玩), 「09 제발 잘못된 세상에 빌붙지 말고 바로 잡아라」, 110~121쪽.

손봉호(孫鳳鎬), 「10 시민운동은 민주주의 꽃…시민의 힘으로 권력 견제해야」, 122~133쪽.

손숙(孫淑), 「11 장관 일찍 내려놓은 것은 축복…요즘 여성정치인들 모습 절망스럽다」, 134~147쪽.

송기인(宋基寅), 「12 문재인 대통령 원칙을 지키고 있다. 인사에선 실패하는 것 같다」, 148~159쪽.

송두율(宋斗律), 「13 젊음과 지성이 반항하지 않으면 그 사회는 죽는다」, 160~171쪽.

송월주(宋月珠), 「14 시민운동 경력 정계 진출 발판 삼아선 안 된다」, 172~183쪽.

예춘호(芮春浩), 「15 사실은 사실대로 승복하고 바른 것은 바르다고 말하는 용기 필요」, 184~195쪽.

윤후정(尹厚淨), 「16 '여성은 원래 그래야만 한다'는 건 없다」, 196~207쪽.

이문열(李文烈), 「17 황교안 최선 다하고 있지만 대선 얘기는 아직 일러」, 208~221쪽.

이어령(李御寧), 「18 정보화 이후 생명화 시대 온다」, 220~231쪽.

이이화(李離和), 「19 재벌을 잡을 게 아니라 재벌 비리를 잡아야 한다」, 232~243쪽.

이인호(李仁浩), 「20 문재인 대통령과 주변 386세대들 역사관 위험하다」, 244~255쪽.

이종찬(李鍾贊), 「21 좌우 모두 아우른 임시정부가 국론 통합 모델」, 256~267쪽.

이헌재(李憲宰), 「22 한국경제에 전환기적 고통의 시대 온다」, 268~279쪽.

임권택(林權澤), 「23 '흥'으로 가득 찼던 영화 인생 행복했다」, 280~291쪽.

조순(趙淳), 「24 소득주도성장 정책 고용 줄이고 중소기업 어렵게 만든다」, 292~303쪽.

조정래(趙廷來), 「25 대통령은 5년 계약직, 영원한 권력이란 없다」, 304~317쪽.

차일석(車一錫), 「26 이대로 가면 10년 뒤 지방도시 소멸, 서울 주변 신도시 건설은 해법 아냐」, 318~329쪽.

한승주(韓昇洲), 「27 트럼프가 있는 한 한·미 동맹 균열 불가피」, 330~341쪽.

한승헌(韓勝憲), 「28 법은 피지배자의 지배자 견제 수단이 돼야 한다」, 342~353쪽.

허영(許營), 「29 문재인 대통령, 분열의 정치하고 있다」, 354~360쪽.

(8) 유종일(柳鍾一), 주상영, 박규호, 박상인, 이선화 저, 『문재인정부의 경제정책 전환과 과제』(경기도 파주시 한울아카데미, 2019년 12월).

(9) Sung Deuk Hahm and Uk Heo, "President Moon Jae-in at Midterm: What Affects Public Support for Moon Jae-in?," *Journal of Asian and African Studies*, Vol. 55, No. 8(March 2020), pp.1~15.

(10) 오화석, 『무너진 정의: 문재인 대통령과 민주당이 내팽개친 공정과 민주주의』(맑은샘, 2021년 7월).

문재인 대통령과 더불어민주당이 추구한 가치를 믿었던 저자가 문 정부의 불공정, 불의, 반민주주의적 행태를 비판했다.

※ 오화석(1959~현재)은 한국외국어대학교 스페인어과를 졸업하고 한국외국어대학교 대학원 국제관계학과에서 석사학위를 받은 데 이어 하와이대학교 마노아 캠퍼스 대학원 경제학과에서 석사→박사학위를 받았다. 한국일보 기자와 매일경제신문 기자로 활동했으며, 배재대학교 글로벌교육부 교수로 봉직했다.

(11) 윤소영(尹邵榮)·박상현·송인주·이태훈·유주형, 『문재인 정부 비판』(공감, 2020년 12월 31일); 윤소영(尹邵榮)·박상현·송인주·이태훈·유주형·김태훈, 『재론 문재인 정부 비판』(공감, 2021년 10월 29일).

(12) 송호근(宋虎根), 『정의보다 더 소중한 것: 송호근의 시대진단』(경기도 파주시: 나남, 2021년 2월).

문재인정부 4년을 평가했다. 그의 주장은 다음과 같이 요약될 수 있다.

> (i) 문재인정부는 진정한 좌파가 아닌 1980년대 운동권정치다. "본인만 정의롭다"는 인식 아래서 '편 가르기 정치'에 매몰됐다. 이러한 정치세태가 한국경제를 위협한다.
> (ii) "진보든 보수든 '정의'를 실행한다고 사람의 삶을 힘들게 하면 곤란하다. 정의는 사람의 삶을 편안하게 해주는 수단의 개념인데, 이것을 목적의 개념으로 설정하다보니 가장 중요한 가치인 생활안정과 생계유지 등이 희생되고 있다. 문재인정부는 정의라는 목적에 매몰돼 혜택을 받아야 할 사람이 혜택 범위에서 벗어났다."

(12-A) ______, 『21세기 한국지성의 몰락: 미네르바 부엉이는 날지 않는다』(경기도 파주시: 나남출판사, 2023).

(13) 김종혁(金鍾赫: JTBC), 『두 번 다시, 경험하고 싶지 않은 나라: 기대할 것 없는 정권, 기댈 곳 없는 국민』(백년동안, 2021년 3월 5일).

이른바 진보좌파에 대해, "공산주의 붕괴 후 스스로의 이름에 좌파 대신 개혁을 갖다 붙인 뒤 '진보개혁'이라며 국민을 현혹하고 있다"라고 비판하고, "한 번도 경험해보지 못한 나라를 만들겠다"는 문재인 대통령의 정책을 팩트를 무기로 조목조목 비판했다.

※ 김종혁(1962~현재)은 고려대학교를 졸업하고 중앙일보에서 언론인의 길을 걸어 워싱턴특파원과 편집국장 그리고 JTBC미디어텍 보도제작부문 대표를 역임했다. 「국민의힘」 비상대책위원회 위원을 역임했으며 현재 한국정치평론가협회 상임부회장이다.

(14) 정성구(서울대 보건학 석사), 『보통사람이 본 대한민국: 우리나라의 정치, 사회의 문제점, 원인 그리고 해결 방안을 제시한다』(북랩, 2021년 3월 10일); ______, 『풍전등화 위기의 대한민국』(북랩, 2022).

(15) 신평(申平), 『공정사회를 향하여: 문재인정권의 실패와 새로운 희망』(수류화개, 2021년 6월).

(16) 이범찬(李範贊)/파랑새 포럼 편, 『정권탈환론: 위기의 대한민국 어디로 가야 하나』(광화, 2021년 8월).

(17) 임찬용, 『정권교체: 문재인정부의 헌법파괴』(LPN로컬파워뉴스, 2021년 9월 30일).

※ 저자는 한국방송통신대학교 사회과학대학 행정학과를 졸업하고 경희대학교 행정대학원에서 석사학위를 받았다.

(18) 방석남(기업컨설턴트), 『문재인정부의 실책과 대한민국의 미래』(메이킹북스,

2021년 11월 16일).

(19) 이종훈(李鍾勳), 『진보정권 왜 또 실패했나?: 문재인 정권 5년 평가』(정치경영컨설팅, 2021년 12월 1일).

※ 이종훈은 「신도시 개발전략과 모형정립에 관한 고찰」로 성균관대학교 대학원에서 1984년에 박사학위를 받았다. 『인생은 정치다 = Life is politics!: 가정, 학교, 직장에서 꼭 알아야 할 생활 속 정치』(한스미디어, 2014)를 출판했다. 정치평론가로 활동하고 있다.

(20) 김대환 외, 『대한민국 판이 바뀐다: 전문가 13인 국가혁신 방향 제시』(미래사, 2022년 1월).

여러 부문에서의 문재인정부의 실책을 지적하고 대안을 제시했다. 구성은 다음과 같다.

김대환(金大煥: 전 노동부 장관), 「Chapter 01 치명적 유혹 떨치고 혁신성장」, 20~45쪽.

한삼희(韓三熙), 「Chapter 02 탈탈원전 정책으로 탄소중립」, 46~71쪽.

정수연(鄭守娟), 「Chapter 03 정책 일관성으로 집값 잡기」, 72~97쪽.

최준선(崔埈璿), 「Chapter 04 규제 혁파해야 경제 산다」, 98~125쪽.

전삼현(全三鉉), 「Chapter 05 무원칙 수사 · 판결에 추락한 신뢰의 회복」, 126~145쪽.

조영기(趙寧基), 「Chapter 06 산으로 간 대북통일정책, 제자리로」, 146~165쪽.

김대호(金大鎬: 사회디자인연구소), 「Chapter 07 현대판 양반제, 공공개혁 없이 대한민국 미래 없다」, 166~193쪽.

김원식(金元植), 「Chapter 08 다음 세대에 복지비전을 넘겨주자」, 194~219쪽.

김은경(金恩慶), 「Chapter 09 기본소득 넘어 기본서비스 복지로」, 220~241쪽.

임무송(林茂松), 「Chapter 10 노동개혁으로 일자리 희망 만들자」, 242~269쪽.

김대호(金大鎬: 사회디자인연구소), 「Chapter 11 위기에 처한 민주공화국 구하기」, 270~297쪽.

윤기설(尹基卨), 「Chapter 12 나라 존립 위협하는 포퓰리즘 탈피」, 298~321쪽.

김원식(金元植), 「Chapter 13 눈덩이처럼 불어나는 국가부채 해결」, 322~341쪽.

김성식(金聖植), 「Chapter 14 교육개혁 통한 미래인재 양성」, 342~365쪽.

손기섭(孫基燮), 「Chapter 15 한 · 일 관계, 협력 통한 해법찾기」, 366~386쪽.

※ 손기섭(1959~현재)은 성균관대학교 사회과학대학 정치외교학과를 졸업하고 서울대학교 대학원 윤리교육과에서 석사학위를 받았으며 도쿄대학 대학원에서 국제정치학을 전공해 석사학위를 받은 데 이어 도쿄대학 대학원에서 「일본의 대중국 엔차관협력 외교: 정책결정과 제도적 다이너미즘」(일본어)(2000년 4월)으로 박사학위를 받았다. 현재 부산외국어대학교 인문사회대학 외교학과 교수다. 그는 「80년대 일본의 한국과 중국에 대한 원조외

敎: '정치원조'의 공여내용과 정책결정」, 『한국정치외교사논총』제35집 제2호(2014년 2월), 245~274쪽을 발표했다.

(21) 박영범(朴英凡) · 김세직(金世稙) · 김용하(金龍夏) · 김정식(金正湜) · 김진일(金鎭一) · 박재윤(朴在潤) · 옥동석(玉東錫) · 이경태(李景台) · 성상현(成尙峴) · 손재영(孫在英) · 안동현(서울대) · 주한규(朱漢奎) · 최병일(崔炳鎰) 외, 『혼돈의 시대, 명쾌한 이코노믹스』(박영사, 2022년 3월).

최저임금을 비롯해 비정규직부터 재정과 국가채무까지 궤도를 이탈한 문재인정부의 정책실험을 통렬하게 비판함과 아울러 하나씩 대안을 제시했다.

(21-A) 김동호(金東鎬: 중앙일보 논설위원), 「문재인정부 경제정책 5년의 징비록: 박영범 외 24인, 『혼돈의 시대, 명쾌한 이코노믹스』」, 『중앙SUNDAY』(2022년 4월 9~10일), 21쪽.

경영학박사인 필자는 긴 이 서평에서 문재인정부의 경제정책을 비판했다.

(22) 한지원(韓智源), 『대통령의 숙제: 앞으로 나아갈 대한민국을 위한 경제학자의 제언』(한빛비즈, 2022년 3월).

문재인정부 5년을 통해 한국정치시스템의 문제를 신랄하게 파헤친다. 저자는 제왕적 대통령제를 개혁하고 대기업 및 공공부문의 제도적 기득권을 대폭 줄여야 한다고 제안한다. 재야 사회경제학자인 저자는 노중기(盧重琦) 교수 등과 함께 『노동, 운동, 미래, 전략: 다시 새롭고 어려운 길을 출발하려는 우리 동지들에게』(이매진, 2020년 8월)를 출판했으며, 단독으로 『자본주의는 왜 멈추는가: 자본론으로 21세기 경제를 해설하다』(한빛비즈, 2021년 1월)를 출판했다.

(22-A) ______, 「정치판으로 다시 소환된 '난쏘공' 어떻게 읽을 것인가: 윤 대통령에 책 선물한 이정미(李貞味), 1970년대에 갇힌 386 세계관」, 『조선일보』(2023년 1월 7일), B4쪽.

운동권에서 활동하다가 거기서 벗어난 뒤 정치 · 경제 평론가로 활동하고 있는 필자는 작가 조세희가 1978년에 출판한 『난장이가 쏘아 올린 작은 공』(약칭 '난쏘공')의 시대적 의미와 가치를 충분히 인정하면서도, 오늘날에는 경제적 · 사회적 상황이 많이 달라졌음을 상기시키면서 "386운동권의 세계관은 지금까지도 1970년대 난쏘공에서 빠져나오지 못하고 있다"고 비판했다. 필자는 오늘날에는 노동조합이 '귀족노조'라는 비아냥을 들을 정도로 고통받는 계층과 괴리돼 있다고 비판했다.

(23) 이석우(자유민주아카데미 원장) 편저/고영주(高永宙) 감수, 『대한민국 파괴자 문재인정권 실체: 2017.5.10.~2022.5.9.』(자유민주아카데미, 2022년 12월)

(24) 장삼, 『문재인의 정체: 촛불혁명과 문재인 정권의 실체를 밝힌다』(자유민주아카데미, 2022년 12월).

(25) 이기홍(李基洪), 「이기홍칼럼: 나라 기둥 흔들고 '먹튀'한 문재인정권… 통치행위 면피 안 된다」, 『동아일보』(2023년 7월 7일), A30쪽.

다음의 구절이 포함됐다.

> "결과적으로 문 정권의 다른 나라 만들기는 실패했다. 다만 하나 성공한 것은 자기 진영에 황금 밥그릇 챙겨주기였다. 요즘 연일 공개되는 문 정권하의 보조금 비리, 태양광, 전력 보조금, 각종 연구기금 비리 등은 기득권 타파라는 슬로건 아래 '우리끼리 다 먹어치우는 나라'를 만들려 했고 상당 부분 성공했음을 드러내 준다. 패밀리비즈니스를 벌인 뒤 튀어버린 셈이다. 그래놓고 총책임자는 진영의 상왕 행세를 하고 있다.
>
> 문제는 이렇게 먹고 튀어도 정의의 실현을 못하고 있는 현실이다. 국가적 손실을 끼친 정책이 의도되고 기획된 것이었는데도 최종 결정권자에 대해서는 통치행위를 한 것이니 책임을 묻지 말아야 한다는 국민적 합의가 이뤄진 적이 있는지에 대해 많은 국민은 회의적이다."

(26) 이진구(李鎭求), 『여의도에는 왜? 정신병원이 없을까』(북트리, 2023).

동아일보에서 정치부에 이어 사회부 기자를 거쳐 논설위원으로 활동한 저자가 국회·국무총리실·행정부처를 취재한 경험을 담았다. 이 책이 문재인정부 하나만을 대상으로 하지는 않았다. 이해하기 힘든 권력기관의 행태와 비정상적 한국정치를 날카롭게 비판했다.

제4항 문재인 대통령 시기의 한국과 북한에 관한 *Asian Survey*의 논문

South Korea

(1) Yong Jae Kim, "Unsung Religious Politics after Korea's Democratization: Analysis of Empirical Evidence," *Asian Survey*, Vol. 57, No. 6(December 2017), pp.1159~179.

(2) Uk Heo and Seongyi Yun, "South Korea in 2017: Presidential Impeachment and Security Volatility," *Asian Survey*, Vol, 58, No. 1(February 2018), pp.65~72.

(3) Myung-Koo Kang, "Financial Transformation in South Korea: The Role of US-Trained Technocrats," *Asian Survey*, Vol. 58, No. 4(August 2018), pp.635~659.

(4) Mark Turner, Seung-Ho Kwon and Michael O'Donnell, "Making Integrity Institutions Work in South Korea: The Role of People Power in the Impeachment of President Park in 2016," *Asian Survey*, Vol. 58, No. 5(October 2018), pp.898~919.

(5) Uk Heo and Seongyi Yun, "South Korea in 2018: Summit Meetings for the Denuclearization of North Korea," *Asian Survey*, Vol. 59, No. 1(February 2019), pp.54~62.

(6) Youngho Cho, Mi-son Kim and Yong Cheol Kim, "Cultural Foundations of Contentious Democracy in South Korea: What Type of Democracy Do Korean Citizens Prefer?," *Asian Survey*, Vol. 59, No. 2(April 2019), pp.272~294.

(7) Gi-Wook Shin, Joon Nak Choi and Rennie J. Moon, "Skilled Migrants as Human and Social Capital in Korea," *Asian Survey*, Vol. 59, No. 4(August 2019), pp.673~692.

(8) Rennie J. Moon, "International Students as Skilled Labor Migrants for Korean SMEs," *Asian Survey*, Vol. 59, No. 4(August 2019), pp.607~629.

(9) Jane Yeonjae Lee, "The Peripheral Experiences and Positionalities of Korean New Zealander Returnees: Skilled Return Migrants and Knowledge Transfer," *Asian Survey*, Vol. 59, No. 4(August 2019), pp.653~672.

(10) Sarah A. Son, "National Identity and Social Integration in International Marriages between Anglophone Women and Korean Men: When Love and Culture

Clash," *Asian Survey*, Vol. 59, No. 4(August 2019), pp.630~652.

(11) Gi-Wook Shin and Rennie J. Moon, "Korea's Migrants: From Homogeneity to Diversity: An Asian Survey Special Section," *Asian Survey*, Vol. 59, No. 4(August 2019), pp.595~606.

(12) Ji-Whan Yun, "Conservative Politics and Compassionate Paternalism in Korea and Japan: No Way Out?," *Asian Survey* Vol. 59, No. 5(October 2019), pp.911~936.

(13) Dylan Stent, "A Century of Contention in South Korea: The Evolution of Contentious Politics against Political Elites," *Asian Survey*, Vol. 59, No. 5(October 2019), pp.889~910.

(14) Sookyung Kim, "The Devolution of Multiculturalism in South Korea: Media Discourse on Migrant Workers, 1990–2015," *Asian Survey*, Vol. 59, No. 6(December 2019), pp.1070~1093.

(15) Sung Deuk Hahm, "South Korea in 2019: Little Progress in Denuclearization of North Korea and Poor Macroeconomic Performance," *Asian Survey*, Vol. 60, No. 1(February 2020), pp.61~68.

(16) Hoyong Jung, "Examining Politicians' Wealth Accumulation in South Korea," *Asian Survey*, Vol. 60, No. 2(April 2020), pp.290~322.

(17) Christina Lai, "South Korea's and Taiwan's Territorial Disputes with Japan, 1990s to 2018," *Asian Survey*, Vol. 60, No. 3(June 2020), pp.583~606.

(18) Hyun-Chool Lee and Alexandre Repkine, "Changes in and Continuity of Regionalism in South Korea: A Spatial Analysis of the 2017 Presidential Election," *Asian Survey*, Vol. 60, No. 3(June 2020), pp.417~440.

(19) Dong-Jin Lim, "Stakeholder Attitudes and Factors Affecting Multiculturalism and Immigrant Integration Policy in South Korea," *Asian Survey*, Vol. 60, No. 4(August 2020), pp.710~732.

(20) Hoyong Jung, "The Korean National Pension Service: Stewardship Code, Active Shareholder Engagement, and the Stock Market," *Asian Survey*, Vol. 60, No. 6(December 2020), pp.1116~1141.

(21) Jonathan Ring and Wonjae Hwang, "Military and Economic Power Networks,

Hedging, and Cooperation on the Korean Peninsula," *Asian Survey*, Vol. 60, No. 6(December 2020), pp.1960~1115.

(22) Sung Deuk Hahm, "South Korea in 2020: Successful Response to the Coronavirus Crisis; No Progress in Denuclearization of North Korea," *Asian Survey*, Vol, 61, No. 1(February 2021), pp.65~73.

(23) Sung Deuk Hahm and Sooho Song, "The Impact of the Korean Wave on South Korea-Taiwan Relations: The Importance of Soft Power," *Asian Survey*, Vol. 61, No. 2(April 2021), pp.217~240.

(24) Sunkyoung Park and Ji Yeon Hong, "Fake Spies, Democratization, and Transitional Justice in South Korea: Retrial Acquittals following Fabricated Espionage Charges," *Asian Survey*, Vol. 61, No. 2(April 2021), pp.356~386.

(25) See-Won Byun, "Interdependence, Identity, and China-South Korea Political Relations: Asia's Paradox," *Asian Survey*, Vol. 61, No. 3(June 2021), pp.473~499.

(26) Ji Young Kim, Wenxin Li and Seunghee Lee, "Making Sense of Japan's Export Restrictions against South Korea: Domestic Symbolism, Empowered Premiership, and Anti-Korean Sentiment," *Asian Survey*, Vol. 61, No. 4(August 2021), pp.683~710.

(27) Byunghwan Son, "Presidential Approval Ratings and the Foreign Exchange Market: The Korean Won under the Park Guen Hye Government," *Asian Survey*, Vol. 61, No. 5(August 2021), pp.767~796.

(28) Eunsook Jung, "Bringing Social Movements into the Inclusion-Moderation Thesis: The Influence of Religious Fundamentalism in Indonesia and South Korea," *Asian Survey*, Vol. 61, No. 5(August 2021), pp.797~824.

(29) Sangyong Son and Man-Sung Yim, "Correlates of South Korean Public Opinion on Nuclear Proliferation," *Asian Survey*, Vol. 61, No. 6(September 2021), pp.1028~1057.

(30) Jae Hyeok Shin, Hojun Lee and Suk Jae Hur, "Electoral Continuity and Change in South Korea since Democratization: The Effects of Region, Ideology, and Generation on Voting Behavior," *Asian Survey*, Vol. 62, No. 2(December 2021), pp.269~301.

(31) Woo-young Chang and Seongyi Yun, "South Korea in 2021: A Noisy and Murky Presidential Race, Unstoppable COVID-19, and the Ongoing Globalization of Hallyu," *Asian Survey*, Vol. 62, No. 1(February 2022), pp.43~52.

(32) Mi Yung Yoon and Chungshik Moon, "Lessons from the Past and Sectoral Priorities in Bilateral Official Development Assistance: The Case of the Republic of Korea," *Asian Survey*, Vol. 62, No. 2(March 2022), pp.330~360.

(33) Terence Roehrig, "Becoming an "Unfriendly" State: South Korea-Russia Relations and the Invasion of Ukraine," *Asian Survey*, Vol. 62, No. 5(October 2022), pp.566~892.

(34) Jaeyoung Hur and Hyun Jin Choi, "The Conditional Effects of Natural Disasters on Public Approval of the President: Evidence from South Korea, 2013-2022," *Asian Survey*, Vol. 63, No. 2(March 2023), pp.1~32.

North Korea

(1) Justin V. Hastings and Yaohui Wang, "Chinese Firms' Troubled Relationship with Market Transformation in North Korea," *Asian Survey*, Vol. 57, No. 4(August 2017), pp.618~640.

(2) Gi-Wook Shin and Rennie J. Moon, "North Korea in 2017: Closer to Being a Nuclear State," *Asian Survey*, Vol. 58, No. 1(February 2018), pp.33~42.

(3) Pyungse Cho and Jae-Cheon Lim, "North Korea's Foreign Policymaking and Nuclear Weapons," *Asian Survey*, Vol. 58, No. 2(April 2018), pp.320~340.

(4) Gi-Wook Shin and Rennie J. Moon, "North Korea in 2018: Kim's Summit Diplomacy," *Asian Survey*, Vol. 59, No. 1(February 2019), pp.35~43.

(5) John Delury, "North Korea in 2019: A Year of Strategic Adjustment," *Asian Survey*, Vol. 60, No. 1(February 2020), pp.69~78.

(6) Uk Heo, "Asia in 2019: RCEP, the US-China Trade War, Protests in Hong Kong, and the North Korean Nuclear Crisis," *Asian Survey*, Vol. 60, No. 1(February 2020), pp.1~7.

(7) Terence Roehrig, "North Korea and Reunification: The Limits of Nuclear

Coercion," *Asian Survey* Vol. 60, No. 5(October 2020), pp.859~881.

(8) John Delury, North Korea in 2020: "In Search of Health and Power," *Asian Survey*, Vol. 61, No. 1(February 2021), pp.74~82.

(9) Kil Joo Ban, "Lopsided Security on the Korean Peninsula: North Korea's Gray Zone Evolution from Balance of Insecurity to Imbalance of Terror," *Asian Survey*, Vol. 62, No. 3(December 2021), pp.441~466.

(10) Sukhee Han and Dongchan Kim, "North Korea in 2021: Pyongyang's Double Game," *Asian Survey*, Vol. 62, No. 1(February 2022), pp.53~61.

(11) Sheena Chestnut Greitens and Benjamin Katzeff Silberstein, "Toward Market Leninism in North Korea: Assessing Kim Jong Un's First Decade," *Asian Survey*, Vol. 62, No. 2(March 2022), pp.211~239.

(12) Suehyun Jung, "Elite-Middle Class Competition for Rent-Seeking in North Korea and Kim Jong Un's Anti-Corruption Movement," *Asian Survey*, Vol. 62, No. 3(March 2022), pp.467~496.

(13) Yong-Chool Ha and Beom-Shik Shin, "The Impact of the Ukraine War on Russian-North Korean Relations," *Asian Survey,* Vol. 62, No. 5(October 2022), pp.893~919.

(14) Ramon Pacheco Pardo and Yeong Ik Kim, "Russia's Invasion of Ukraine and China-North Korea Relations: Stronger Weak-Great Power Alignment," *Asian Survey*, Vol. 62, No. 5~6(October 2022), pp.920~944.

(15) Joe Pateman, "North Korea: The Last Remaining Bastion of Communist Anti-revisionism," *Asian Survey*, Vol. 64, No. 1(January 2023), pp.1~29.

제2부 세계화시대의 대한민국: 당면한 문제와 해법

제1장
한국이 직면한 문제와 해법

지난 날에도 그러했지만, 21세기에 들어오면서 한국사회는 여러 문제에 직면했으며, 이에 따라 그 문제들을 분석하고 해법들을 제시하는 저술들이 활발하게 출판됐다. 이 총서는 특히 제10권 이후, 그리고 제13권과 이 제14권의 앞부분에서 이러한 저술들을 간헐적으로 소개했다. 다음에서는 소개되지 않은 저술들에 한정해 살피기로 한다.

제1절 교육계를 포함한 한국사회에 대한 분석

제1항 한국의 파워엘리트

이규연(李圭淵) 외 공동집필, 『대한민국 파워엘리트: 한국을 움직이는 엘리트 그들은 누구』(황금나침반, 2006).

미국의 사회학자 찰스 라이트 밀스(Charles Wright Mills, 1916~1962)는 콜럼비아대학교 사회학과 교수이던 때인 1956년에『권력 엘리트(*The Power Elite*)』를 출판했다. 중앙일보의 이규연 기자를 비롯한 8명의 기자는 이 책을 모델로 삼아 2005년 9월에「한국사회 파워엘리트 대해부」라는 기획물을 연재했다. 그들은 이 기획물을 바탕으로 위의 책을 출판했다. 정계와 관계뿐만 아니라 재계·법조계·학계·언론계·문화예술계를 비롯한 한국사회 각 분야에서의 엘리트들을 분석한 책이다.

제2항 교육

실력주의 및 교육불평등에 대한 논쟁

(1) 천보선 · 김학한 공저, 『신자유주의와 한국교육의 진로』(한울, 1998).

(1-A) 박거용, 「서평: 민간정부의 신자유주의적 교육구조 개편을 극복하기 위하여:『신자유주의와 한국교육의 진로』, 천보성 · 김학한 공저」, 『진보평론』2(1999년 겨울), 393~399쪽.

(2) Baeg-beom Park, "Faculty Trust in Higher Education: Effects of Personality, Interpersonal, and System-Level Faculty Trust on Commitment to the Institution," unpub. Ph.D. diss., University of Iowa, 2001.

※ 박백범(朴栢範, 1958~현재)은 서울특별시 교육청 부교육감을 거쳐 교육부 차관으로 봉직했다.

(3) Sangchin Chun, "Bildungsungleichheit. Eine vergleichende Studie von Strukturen, Prozessen und Auswirkungen im Laendervergleich Suedkorea und Deutschland," unpub. Ph.D. diss., Universität Bielefeld, 2001.

※ 전상진(田尙鎭, 1962~현재)은 서강대학교 사회학과를 졸업하고 서강대학교 대학원 사회학과에서 석사학위를 받은 데 이어 독일 빌레펠트대학교 대학원 사회학과에서 박사학위를 받았다. 자신의 박사학위논문 제목을 「한국과 독일의 교육불평등의 구조, 과정 그리고 영향에 관한 비교연구」로 옮겼다. 현재 서강대학교 사회과학대학 사회학과 교수다.

(4) 김인회(金仁會), 『한국교육의 위기와 진로』(문음사, 2002).

(5) 엄대용(전 부천송내고 교장), 『옐로카드 받는 학교』(경기도 파주시: 한국학술정보, 2010); ______, 『교육강국 그 길에는』(경기도 파주시: 한국학술정보, 2019).

(6) 이원희(李元熙), 『교육이 희망이다: 이원희의 교육노트』(높은오름, 2010).

※ 이원희(1952~현재)는 한국교원단체총연합회 회장과 한국사학진흥재단 이사장 등을 역임했다.

(7) 곽노현(郭魯炫), 『나비: 곽노현 에세이, 곽노현 트위터 글과 옥중편지 모음』(메디치미디어, 2012); ______, 『징검다리 교육감: 곽노현의 교육혁신 701일』(메디치미디어, 2014); ______, 『혁신교육 내비게이터 곽노현입니다: 교육전문 팟캐스트 '나비 프로젝

트'와 그 뒷이야기』(맘에드림, 2015).

※ 곽노현(1954~현재)은 서울대학교 법과대학을 졸업하고 펜실베이니아대학교 법과대학 대학원에서 법학석사학위를 받았다. 한국방송통신대학교 법학과 교수로 재직하다 서울특별시 교육감에 당선됐으나 선거법을 위반한 혐의로 구속됐고 교육감에서 물러났다.

(8) 박남기(朴南基), 『실력의 배신』(쌤앤파커스, 2018).

저자는 입시지옥을 비롯해 공교육붕괴와 부의 대물림 등 한국사회의 고질적인 문제들이 실력주의를 당연하게 여기는 잘못된 풍토에서 비롯됐다는 명제를 제시했다. 저자에 따르면, 예컨대, 학벌사회는 실력주의의 결과물이라는 것이다. 저자는 실력주의사회의 강점은 살리되 단점은 보완하는 구체적인 제도 그리고 그 이론적 근거 등을 살폈다. 서울대학교 사범대학 국어교육과(교육학 복수전공)를 졸업하고 미국 피츠버그대학교 대학원 교육행정학과에서 박사학위를 받았다.

(9) 이범, 『문재인 이후의 교육: 교육평론가 이범의 솔직하고 대담한 한국교육 쾌도난마』(메디치미디어, 2020).

입시교육의 거의 모든 문제를 다룬 책으로, 우리 교육을 OECD 선진국의 교육과 비교했다. 에듀폴리틱스(edu-politics), 곧 교육정책이 교육적 가치보다 정치적 이해관계에 따라 휘둘리는 현상이 2010년대 이후 부쩍 늘어났다고 주장했다.

※ 이범(1969~현재)은 서울대학교 자연과학대학 분자생물학과를 졸업하고 서울대학교 대학원 분자생물학과에서 석사학위를 받은 데 이어 서울대학교 대학원 분자생물학과에서 박사학위과정을 수료했다. 메가스터디 창립멤버로, 2008년 총선에서 심상정캠프의 교육담당으로 참여했으며, 이어 2017년 대선에서는 문재인캠프에서 교육공약을 만들었다. 경기도교육청 공무원 출신으로, 현재 교육평론가다.

(10) 이경태(李景台) · 박영범(朴英凡) 편저, 『한국교육의 진로』(박영사, 2021년 7월).

자율형사립고교(자사고)와 특수목적고교(특목고) 폐지가 '개천용'에게 도움이 되지 않는다고 지적했다.

(11) 이영달(대구경북과학원 이사), 『메리토크라시』전2권(행복한북클럽, 2021년 8월).

저자는 '메리토크라시'는 단순히 능력주의로 표현돼서는 안 되며 지능과 노력만이 아니라 배경과 기초환경까지 고려한 '업적주의' 또는 '공로주의'가 진정한 의미의 메리토크라시라고 말한다. 기회의 평등과 과정의 공정성을 함께 고려해 업적에 대한 보상을 해야 하며, 이러한 사회가 되려면 교육을 바꿔야 한다고 주장한다.

(12) 김누리, 『우리에겐 절망할 권리가 없다: 김누리 교수의 한국사회 탐험기』(해냄출판사, 2021년 10월 18일).

이 책은 꼭 이 항에서만 읽힐 책은 아니며 한국사회 전반을 이해하고자 하는 경우 읽힐 책이다. 중앙대학교 김누리 교수는 이 책을 통해 "능력주의 숭배가 빚어낸 무한경쟁과 극단으로 치닫는 불평등 그리고 끝없는 생존절벽과 정치사회 혼란까지, 지난 7년간 한국사회의 적나라한 실상을 복기하며 오랜 절망과 무기력과 타성을 깨부수고 새로운 패러다임을 모색한다."

(13) 「교육의봄」 외 17인, 『채용이 바뀐다 교육이 바뀐다』(우리학교, 2021년 10월 27일).

이 책에는 IT기업, 대기업, 공기업, 금융업, 외국계 기업 등 5개 기업군별로 채용 상황을 자세히 소개했다. 「교육의봄」은 "학벌 중심의 채용에 변화를 만들어 내고 그 변화로 교육도 바꾸자"는 모토를 내걸고 2000년에 출범했다.

(14) 교육트렌드2022집필팀 편, 『대한민국 교육트렌드 2022: 한국 교육을 움직이는 20가지 키워드』(에듀니티, 2021년 11월 22일).

(15) 김정호(金正浩: 전 자유기업원 원장), 『맘이 선택케 하라: 내 아이 첫 유치원 선택을 명쾌하게 도와주는 유치원 맘 교재』(비비트리북스, 2021년 11월 26일).

경제학자인 저자는 "지금이라도 교육정책에서 공무원들이 손을 떼고 학교에 자율성을 부여해 다양한 교육실험을 해야 한다"라고 역설했다.

(16) 박융수(朴隆洙), 『교육감 선거: 교육이 망가지는 이유』,(도서출판 선, 2021년 12월).

※ 박융수(1965~현재)는 서울대학교 인문대학 철학과를 졸업하고 행정고시를 통해 교육부에 입부한 뒤 인천광역시 부교육감에 이어 서울대학교 사무국장을 역임했다. 그는 "지금의 교육감직선제는 전문성과는 상관없이 선거공학에 능한 조직을 갖춘 진영의 단일후보에게 절대적으로 유리한 제도"라고 비판했다.

(17) 가경신(천안교육지원청 교육장), 「학교장 변화 · 성장 리더십: 포스트 펜데믹 에듀케이션』(내안의거인, 2022년 1월).

(18) 송주명(宋柱明), 『대전환시대 공교육대혁명』(진인진, 2022년 2월).

※ 송주명(1964~현재)은 서울대학교 사회과학대학 정치학과를 졸업하고 서울대학교 대학원 정치학과에서 석사학위를 받았으며 서울대학교 대학원 정치학과에서 「일본의 확장적 신중상주의 전략과 해외투자정책: 1980년대 산업구조전환과 ASEAN 지역투자를

중심으로」(1996년 8월)로 박사학위를 받았다. 현재 한신대학교 글로벌협력대학 일본학과 교수다.

(19) 이종승(李鍾承: 동아일보 콘텐츠기획본부 부국장), 『교육소비』(다산글방, 2023).

교육의 본질을 외면하고 사익을 추구해 교육을 이용하는 행위를 '교육소비' 라고 명명했다. 교육해법을 찾으려 10여 년 동안 백팩을 메고 전국 고교와 대학을 돌아다니며 교사 · 교장 · 교직원 · 교수 · 총장 등을 만난 저자는 "한국의 초중고 12년은 세계에서 가장 위험하고 긴 지뢰밭" 이라고 전제한 뒤, 입시 위주의 교육현장을 개혁하는 대안을 제시했다.

고등교육기관

(1) Quee-young Kim, "Academic Discipline and Ideological Spectrum: The Korean Professoriate," *Asian Survey*, Vol. 18, No. 11(November 1978), pp.1152~1167.

(2) 안재욱(安在旭), 『한국의 사립대학교』(자유기업센터, 1997).

(3) 정지선(丁智善), 「고등교육의 학문적 연구 동향 분석: 연구주제에 대한 분석을 중심으로」, 『한국교육』(한국교육개발원) 제35권 제3호(2008년 10월), 167~193쪽.

(4) Keuntae Kim, Jong-Kil Kim, Chang-Qing Gao, "Trends in Determinants of Entry into the Academic Career: The Case of South Korea, 1980-2010," *PLOS ONE*(Public Library Science) 10(October 2015).

공동필자들 가운데 김종길(金鍾吉, 1962~현재)은 고려대학교 문과대학 사회학과를 졸업하고 독일 괴팅겐대학교 대학원 사회학과에서 석사→박사학위를 받았다. 박사학위 청구논문 서지사항은 다음과 같다. Jongkil Kim, "Eine Untersuchung zur Problematik der Moderne in soziologischen Modernisierungstheorien: unter besonderer Beruecksichtigung des soziologischen," unpub. Ph.D. diss., Georg-August-Universität Göttingen, 1993. 현재 덕성여자대학교 글로벌융합대학 사회학과 교수다.

(5) 채효정(蔡孝姃), 『대학은 누구의 것인가: 빼앗긴 자들을 위한 탈환의 정치학』(교육공동체벗, 2017).

※ 채효정(1970~현재)은 경희대학교 후마니타스칼리지 강사에서 '해고'된 뒤 위 책을 썼다. 그녀는 「노동은 사라지는 것이 아니라 부서지는 것이다: '노동 소멸'이라는 신화에 대한 반론」, 『황해문화』119(2023년 여름), 60~82쪽도 출판했다.

(6) Jisun Jung(홍콩대학교), “Domestic and Overseas Doctorates and Their Academic Entry-Level Jobs in South Korea,” *Asian Education and Development Studies*, Vol. 7 No. 2(April 2018), pp.205~222.

(7) 김도연(金道然)·김중수(金仲秀)·송호근(宋虎根)·신일희(申一熙)·오연천(吳然天)·유병진(兪炳辰)·이길여(李吉女)·장순흥(張舜興)·장호성(張淏星) [가나다 순] 외 공저, 『총장의 고뇌: 대학의 혁신을 말하다』(경기도 파주시: 나남, 2019).

전현직 사립대학교 총장 12명의 글을 모았다.

(7-A) 오연천, 『국정 리더의 길: 대통령과의 만남과 지도자의 자세』(울산광역시: 울산대학교출판부, 2023).

40년에 걸쳐 교직에 있으면서 만났던 공직자들 그리고 ‘만남’ 또는 ‘조우’ 또는 ‘스침’이라고 표현한 인연을 통해 김영삼 등 여섯 대통령을 만난 저자가 대통령 등 선출직 공무원들의 자세를 비롯해 국정 리더가 주력해야 할 과업 등을 정리했다.

(8) 신현석(申鉉奭)·김상철(金相徹)·장아름 공저, 『한국의 대학평가: 대학평가의 의미와 동향부터 한국 대학평가의 미래까지』(학지사, 2020).

(9) 김종영(경희대학교 사회학과 교수), 『서울대 10개 만들기: 한국 교육의 근본을 바꾸다』(살림터, 2021).

대안학교

(1) 김민섭, 『훈의 시대: 일, 사람, 언어의 기록: 나쁜 훈·이상한 훈·우아한 훈』(와이즈베리, 2018).

(2) 감경철(甘炅徹), 『숲을 꿈꾸며 밀알을 심다: 대안학교 이야기』(예영커뮤니케이션, 2020); ______, 『숲을 꿈꾸며 밀알을 심다 2: 대안학교 이야기』(예영커뮤니케이션, 2022).

(3) 김창수(경남 함양 온배움터 교수), 『선생님, 당신은 어디 계십니까?: 어느 대안교육운동가의 자전적 교육에세이』(내일을여는책, 2021).

서울대학교 인문대학 서양사학과를 졸업하고 서울 중앙고등학교에서 교사로 봉직하다가 대안교육운동에 헌신한 ‘대안교육 1세대 운동가’의 수상록이다.

(4) 옥효진(부산 송수초등학교 교사), 『세금 내는 아이들』(한국경제신문사, 2021); ______, 『법 만드는 아이들』(한국경제신문사).

(5) 김경회(金京會), 『4.0시대 교육정책 어젠다: 자유·공정·다양성』(박영스토리, 2022).

※ 김경회(1955~현재)는 서울대학교 사범대학 사회교육과를 졸업하고 경북대학교 경영대학원에서 회계학을 전공해 석사학위를 받았으며 미국 아이오와대학교 대학원 교육학과에서 박사학위를 받았다. 박사학위청구논문 서지사항은 다음과 같다. Kyung-hwoi Kim, "Subjective and Objective Measures of Quality for Selected Doctroal Departments in Korea," unpub. Ph.D. diss., University of Iowa, 1993. 행정고시를 통해 행정부에 들어가 교육부 정책홍보관리실장에 이어 서울특별시 부교육감으로 봉직했다. 현재 명지대학교 석좌교수다.

(6) 신현석(申鉉奭) 외, 『한국교육정책의 패러독스: 연구와 실제』(박영스토리, 2023).

교육학 전문가 27인이 한국의 교육정책을 비판적으로 분석했다. 한국의 교육 현실을 고려하지 않은 톱다운 방식의 교육정책은 애초 의도와 달리 사교육을 부추기는 역설적인 현상을 낳을 수 있다고 지적했다.

평생교육

(1) 강신웅(姜信雄), 『평생교육』(대한교육연합회, 1974).

(2) 김도수(金道洙), 『평생교육』(양서원, 1994).

(3) 권이종 · 이상오, 『평생교육: 이론편』(교육과학사, 2001); ______, 『평생교육: 실제편』(교육과학사, 2001).

(4) 고병헌, 「평생교육: 불평등의 확대인가, 사회적 통합의 기제인가」, 『성공회대학 논총』(성공회대학교 신학연구소) 17(2003), 119~162쪽.

(5) 유범상 · 유해숙, 『선배시민: 시민으로 당당하게 늙어가기』(마북, 2022).

이 책은 '실천하는 교육자' 유범상 유해숙 남매가 일상적인 토론과 현장에서 만난 노인들 그리고 학교 동료들과 사회복지사들과 함께 한 노인교육의 결과물이다.

(6) 황유진, 「리빙랩 활동 참여를 통한 평생학습 경험에 관한 질적 사례연구」, 전주대학교 대학원 교육학과 박사학위청구논문, 2022년 8월.

(7) 차이숙, 「평생교육 프로그램이 노인의 자아존중감과 삶의 만족에 미치는 영향」, 배재대학교 대학원 박사학위청구논문, 2023년 2월.

(8) 공경배, 「베이비부머 세대의 평생교육 참여동기가 성공적 노화에 미치는 영향:

학습몰입과 자기효능감의 매개효과」, 공주대학교 대학원 사회복지학과 박사학위청구논문, 2023년 2월.

디지털시대의 인재경영

윤동열 · 민경찬(閔庚燦) · 곽원준 · 전승환 · 장상수 · 김성국 · 이근주 · 이근면(李根勉) · 안중태 · 김택동, 『대전환의 시대 국가인재경영: 디지털 전환과 포스트 코로나 시대 인재경영』(초아출판사, 2021년 6월).

학교폭력

(1) Trent Bax, *Bullying and Violence in South Korea: From Home to School and Beyond*(London: Palgrave Macmillan, 2016)/이은구 · 심은지 · 양성은 옮김, 『K폭력: 외국인 사회학자가 본 한국의 집단따돌림』(경기도 파주시: 한울엠플러스, 2021).

홍콩대학교에서 사회학 석 · 박사학위를 받은 뉴질랜드 출신 이화여대 사회학과 부교수인 저자가 학교폭력 등 한국사회의 어두운 측면을 들여다봤다. 소년원에서 만난 학생들의 사례 등 다양한 방법으로 학교뿐 아니라 군대 · 대학원 · 기업 등에서 따돌림과 폭력이 만연하고 대물림되는 구조를 추적했다.

(2) 이보경, 『트라이앵글의 심리』(양철북, 2018).

23년 동안 초등학교에서 학생들을 지도한 수석교사이자 상담심리를 전공한 저자는 학생들을 직접 면담한 내용과 심리학 이론을 적절히 교차해 현재 교실에서 벌어지는 폭력의 양상과 해결방향을 생생하게 소개했다.

(3) 정지선(부산대학교), 「한국판 따돌림 가해/피해 유형척도(The Forms of Bullying Scale) 타당화」, 『청소년문화포럼』(한국청소년문화연구소) 66(2021년 4월), 63~82쪽; ______, 「과거 다중폭력 피해 경험, 청소년기 학교폭력 가해, 성인기 사이버 폭력 가해/피해 경험의 관계: 심리사회적 변인 비교를 중심으로」, 『한국심리치료학회지』(한국심리치료학회) 제13권 제1호(2021년 4월), 117~135쪽.

※ 정지선(1982~현재)은 덕성여자대학교 심리학과를 졸업하고 이화여자대학교 대학원 심리학과에서 석사학위를 받은 데 이어 테네시대학교 녹스빌 캠퍼스 대학원 심리학과에서 석사 → 박사학위를 받았다. 박사학위청구논문 서지사항은 다음과 같다. Jisun Jeong, "A Korean Version of the Experiences in Close Relationships Scale Using

Quantitative Methods for Verifying Semantic Equivalence of Translated Research Instruments," unpub. Ph.D. diss., University of Tennessee, Knoxville, 2017. 현재 부산대학교 사범대학 교육학과 교수다.

(4) 이수정(李水晶) · 박정현(朴正賢: 인천 만수북중 교사) 저/최우성(崔宇成: 장학사) 감수, 『학교폭력 해부노트: 아이들을 둘러싼 폭력은 왜 끊이지 않는 걸까?』(테크빌교육, 2021년 12월).

(5) 멘탈헬스코리아 피어 스페셜리스트, 『우리의 상처는 솔직하다』(마음의숲, 2021년 9월).

학교폭력과 따돌림, 이것으로 말미암은 자해와 자살 시도까지, 터놓기 쉽지 않은 상처와 치유 과정을 살핀다. 저자들은 "같은 아픔을 겪는 이들에게 살아갈 용기를 주고 싶었다"라고 말했다.

(6) 이은혜(학교폭력피해자) 등 6명 지음, 『여섯 개의 폭력』(경기도 파주시: 글항아리, 2021년 5월).

10대 시절에 겪었던 학교폭력을 회상했다.

(7) 장석문(경찰) · 최우성(장학사), 『올 어바웃 학폭』(가치창조, 2022).

학교폭력사건을 가장 가까이에서 경험한 현직 장학사 최우성과 학교전담경찰관 장석문이 함께 썼다.

제2항 교회

(1) 한완상(韓完相), 『한국교회 이대로 좋은가?』(대한기독교서회, 1981).

서울대학교 사회과학대학 사회학과 교수로 유신체제에 저항하다가 해직된 저자는 독실한 기독교인으로 한국의 교회에 대해 비판적인 위의 책을 출판했다.

(2) Bong-rin Ro and Marlin L. Nelson, eds., *Korean Church Growth Explosion*(Seoul: World of Life Press: Asia Theological Association, 1985).

(3) 이진구(李進龜), 「종교자유에 대한 한국 개신교의 이해에 관한 연구: 일제시대를 중심으로」, 서울대학교 대학원 종교학과 박사학위청구논문, 1996년 2월.

※ 이진구(1961~현재)는 서울대학교 인문대학 종교학과를 졸업하고 서울대학교 대학

원 종교학과에서 석사→박사학위를 받았다. 서울대학교 강사이면서 한국종교문화연구소 소장이다. 그의 저술들에는 「최근 한국 불교와 보수 개신교의 갈등: 종교차별, 정교분리, 종교자유 개념을 중심으로」, 『종교문화비평』28(2015년 9월), 183~214쪽; ______, 『한국 개신교의 타자인식』(모시는사람들, 2018) 등이 포함됐다.

(4) 김기석(서울 청파감리교회 목사), 『흔들리며 걷는 길』(포이에마, 2014); _____, 『말씀 등불 밝히고: 창세기에서 요한계시록』(꽃자리, 2023).

(5) 설훈(한신대학교), 「한국 개신교회의 종교권력과 교회세습에 대한 비판적 고찰」, 성공회대학교 신학전문대학원 박사학위청구논문, 2017년 2월.

(6) 제3시대그리스도교연구소, 『당신들의 신국: 한국사회의 보수주의와 그리스도교』(경기도 파주시: 돌베개, 2017년 10월).

조민아 수녀와 이진구 박사를 비롯한 여러 연구자가 분담집필한 글들을 모은 이 책은 필자들 사이에 편차가 있음은 분명하나 전반적으로 한국사회의 기존 개신교에 대해 매우 비판적인 시각을 보였다.

※ 조민아(1973~현재)는 협성대학교를 졸업하고 감리교신학대학교 대학원에서 석사학위를 받았으며 듀크대학교 대학원에서 기독교윤리를 전공해 석사학위를 받은 데 이어 에모리대학교 대학원에서 기독교윤리를 전공해 박사학위를 받았다. 박사학위청구논문 서지사항은 다음과 같다. Min Ah Cho, "Corpus Christi, to Be Eaten and to Be Written: Questioning the Act of Writing in Hadewijch of Antwerp and Theresa Hak Kyung Cha," unpub. Ph.D. diss., Emory University, 2011. 현재 성신수녀회 수녀다.

(7) K Kale Yu, "Noxious Weed': Persecution in the Developement of Korean Christianity," *International Review of Mission,* Vol. 106, No. 2(December 2017) pp.400~422.

(8) 김요한 목사, 『파이 굽는 엄마: 무한한 기쁨을 주는 인생 레시피』(바이북스, 2018).

김요한 목사는 국제적으로 저명한 한국의 침례교 지도자인 김장환(金章煥)목사의 2남 1녀 중 막내다. 형 김요섭 목사와 3부자 목회자로 알려졌다.

(9) 박정호(朴正虎: 중앙일보 논설위원), 「박정호의 문화난장: 교회가 무너지고 있다」, 『중앙일보』(2020년 9월 3일), 27쪽.

오늘날 한국종교인 2150만명 가운데 절반 가까운 967만명이 개신교인이다. 필자는 이러한 교세를 확보하고 있는 개신교의 문제들을 지적했다.

(10) 손인웅(孫寅雄), 『집중 손인웅의 신학이 있는 목회 여정』 전3권(대한기독교서회, 2021).

서울 덕수교회 원로목사인 저자가 80세를 맞아 펴낸 회고록이다. 저자는 한국교회의 위기를 '겸손한 성품과 올곧은 자세에서 뿜어나는 개혁·청빈사상'을 뜻하는 '기독선비정신'으로 극복해야 한다고 강조했다.

신천지예수교회

신천지예수교회는 1984년 3월 14일에 경기도 시흥군 과천면에서 처음 세워졌다.

(1) 정윤석, 『신천지, 왜 종교 사기인가; 이단 추수꾼 대책 종합 매뉴얼 A to Z』(기독교포털뉴스, 2019).

(2) Esther Chung and Alannah Hill, "What Is the Shincheonji Church of Jesus and Who Are Its Members?: And More Importantly, What Are Its Links to the Coronavirus?," *Korea JoongAng Daily*(March 18, 2020), p.12.

제3항 역사적 인물에 대한 재평가

개관

한국학중앙연구원 기획, 『한국의 70년』 전6권(경기도 성남시: 한국학중앙연구원 출판부, 2015).

개별적 시각

(1) Olwyn Green, *The Name's Still Charlie: A Remarkable Story of Courage and Love*(Queensland, Australia: University of Queensland Press, 1993).

저자의 남편 찰리 그린 중령은 한국전에 참전했다가 1950년 10월에 전사했다. 당시 결혼 7년차로 딸 하나를 키우고 있던 저자는 이후 전사한 남편을 그리워하며 살았다. 만 100세가 되었을 때 남편이 묻혀있는 부산 유엔군묘지에 안장됐다.

(2) 인요한, 『내 고향은 전라도 내 영혼은 한국인: 푸른 눈의 전라도 토박이 의사가

쓴 사대(四代)를 이어가는 한국 사랑 이야기』(생각의나무, 2006).

인요한(1959~현재)은 4대째 한국에서 선교 · 의료 봉사를 해온 미국 린턴(Linton)가 자손이다. 연세대학교 의과대학을 졸업하고 연세대학교 대학원에서 의학박사학위를 받은 의사다. 2012년에 특별귀화자로 선정됐으나 미국국적은 그대로 지니고 있다.

(3) 김명수(金明洙) 역, 『한상룡을 말한다』(혜안, 2007).

이완용의 조카로 일제강점기에 적극적 친일행위를 해 조선총독부 중추원 참의를 비롯해 동양척식회사 이사와 한성은행 전무이사 등을 역임한 한상룡(韓相龍, 1880~1947)의 환갑을 맞아 1940년에 「한상룡씨환력기념회」가 결성됐으며 이 단체의 이름으로 『한상룡을 말한다』(일본어)가 출판됐다. 집필자는 한익교로 표기되어 있다. 일제강점기의 조선경제사를 전공한 김명수 교수가 이 책을 우리말로 옮겼다.

※ 김명수(1970~현재)는 연세대학교 상경대학 경제학과를 졸업하고 연세대학교 대학원 경제학과에서 석사→박사학위를 받은 데 이어 게이오대학 대학원에서 「근대일본의 조선지배와 조선인기업가 · 조선재계: 한상룡의 기업활동과 조선실업구락부를 중심으로」(2010년 9월)로 박사학위를 받았다. 현재 계명대학교 인문국제대학 일본어일본학과 교수다.

(4) 김수행(金秀行) · 박승호(朴承鎬), 『박정희체제의 성립과 전개 및 몰락: 국제적 · 국내적 · 계급관계의 관점』(서울대학교출판문화원, 2007).

박정희체제가 한국에서 '불평등한 자본주의적 계급사회'를 만들어냈다고 비판했다. 전반적으로 박정희 대통령과 그가 이끌었던 체제에 대해 매우 비판적인 시각을 보여주었다.

※ 박승호(1958~현재)는 서울대학교 자연과학대학을 졸업하고 서울대학교 대학원 경제학과에서 석사학위를 받은 데 이어 서울대학교 대학원 경제학과에서 김수행 교수의 지도 아래「좌파 현대자본주의론의 비판적 재구성」(2004년 2월)으로 박사학위를 받았다. 이 논문은『좌파 현대자본주의론의 비판적 재구성』(한울, 2004)으로 출판되었다. 노동운동을 포함한 민주화운동에 헌신해 투옥도 되었었고 험난한 길을 걸었던 그는 이후 성공회대학교 강사로 봉직했다.

(5) 이주영(李柱郢), 『우남 이승만 그는 누구인가?』(김&정, 2008).

(5-A) 이주천(李柱天), 「서평: 이승만은 해방정국의 군계일학이었다: 이주영, 『우남 이승만 그는 누구인가?』」, 『시대정신』42(2009년 봄), 424~431쪽.

(6) 이상우(李相禹), 『새로 쓴 우리들의 대한민국: 밝은 내일을 위한 제언』(기파랑, 2012); ______, 『살며 지켜본 대한민국 70년사: 반산일기(盤山日記) 1945~2015』(기파랑, 2017); ______, 『자유 민주 지키기: 21세기 평화질서』(기파랑, 2018); ______, 『21세기 민주평화질서』(기파랑, 2021); ______, 『대한민국을 만들고 지켜온 분들: 뜻을 세워 길을 열다』(기파랑, 2022년 초판; 2023년 증보판); ______, 『만남과 배움: 마음가짐 다듬기 80년』(기파랑, 2023).

1938년에 북한에서 태어나 소련점령군 통치와 김일성정권 통치를 경험한 뒤 월남해 서울에서 6·25전쟁을 겪은 저자는 "사람은 공산치하에서는 살 수 없다"라는 믿음을 내면화하고 비록 흠이 있다고 해도 자유민주주의와 시장경제를 지향하는 대한민국을 지키며 개선할 부분은 개선해 나가는 것이 바람직하다는 소망을 담았다. '정통 보수 우익'인 저자는 대한민국을 부인하며 북한의 주체사상을 추종하던 세력이 대한민국을 흔들고 있다고 경고하면서, 자유와 민주주의의 가치를 지켜나가야 한다고 호소했다.

『대한민국을 만들고 지켜온 분들』의 증보판을 기준으로 설명하면, 이 책은 「제1부 대한민국을 만든 분들」과 「제2부 자유민주공화국을 키운 사람들」로 구성됐다. 조선왕조 후기부터 조선을 '민주공화국'으로 키우려고 한 선각자들로부터 시작해 일제강점기에 국권회복운동을 이끌었던 지도자들 그리고 대한민국을 '건국'한 지도자들과 이후 6·25전쟁에서 대한민국을 지켜내고 전후에 대한민국을 '부국강병'의 길로 이끌었던 지도자들을 자세히 설명했다.

※ 이상우 교수가 창립하고 이끈 신아시아연구소의 활동은 다음에 잘 정리됐다. 신아시아연구소 편, 『신아연(新亞硏) 30년사, 1993~2023』(신아시아연구소, 2023).

(7) 안병훈(安秉勳), 『건국대통령 이승만의 생애: 젊은 세대를 위한 바른 역사서』(기파랑, 2015).

이승만 전 대통령의 생애를 많은 사진자료와 함께 엮었다. 저자는 이승만이 6.25전쟁에서 한미군사동맹을 이끌어내며 나라를 지켜낸 '호국의 영웅'으로 평가받아야 한다고 주장했다.

(8) 김인섭(金仁燮), 『기적은 끝나지 않았다: 민주시민을 위한 대한민국현대사』(영림카디널, 2016).

변호사인 저자는 극단적 민족주의사관이나 민중사관의 잣대만으로 대한민국의 건국사와 발전사를 폄하하고 왜곡하는 현상을 문제로 지목하면서, '국가발전사관'이라는 대안을 제시했다. 민족·민중사관에 의한 '한민족수난사'만 그려낼 것이 아니라 세계에서 가장 가난했던 민족이 나라를 새로 구성하고 압축적으로 발전시켜온 과정의 명암을 제대로 조명해보자는 제안이다.

(9) 전상인(全相仁), 『공간 디자이너 박정희: 박정희 탄생 100돌(1917~2017)』(기파랑, 2019년 1월).

사회학자인 저자는 (ⅰ) 『아파트에 미치다: 현대한국의 주거사회학』(이숲, 2009), (ⅱ) 『편의점사회학』(민음사, 2014), (ⅲ) 『공간으로 세상읽기: 집·터·길의 인문사회학』(세창출판사, 2017)도 출판했다.

(10) 김영모, 『임을 위한 행진곡을 그만 부르자: 도서와 문서로 보는 김영모의 현대사』(광화, 2019년 9월).

5·18광주민주화운동 때 계엄군에게 희생된 시민군 대변인 윤상원 그리고 1978년 말 노동현장에서 「들불야학」을 운영하다가 별세한 노동운동가 박기순의 영혼결혼식을 위해 1981년에 소설가 황석영과 전남대학교 학생인 김종률 등 광주지역 노래패 15명이 공동으로 만든 노래극 「넋풀이: 빛의 결혼식」에 삽입됐다. 가사의 원작자는 백기완이고 작곡자는 김종률이다. 대한민국의 대표적 민중가요다. 1980년대의 민주화운동과 관련해 해직·투옥됐던 저자는 이 행진곡을 그만 부르자고 제의했다.

(11) 죽산조봉암선생기념사업회 기획·출판/인천광역시 후원/오유석(吳有錫)·윤충로(尹忠老)·박경태, 『죽산 조봉암 어록 1948~1954』(2019년 12월); 『죽산 조봉암 기록 1899~1950』(2020); 『죽산 조봉암 기록 1950~2011』(2022).

(12) 김덕영(金德榮), 『에리식톤 콤플렉스: 한국 자본주의의 정신』(길, 2019년 11월).

제목의 '에리식톤'은 그리스신화에 나오는 오만하고 불경스러운 부자 에리식톤(Erysichthon)을 말한다. 신화에 따르면, 그는 아무리 먹어도 허기를 느끼는 저주를 받아 끊임없이 먹어야 한다. 저자는 한국에서 자본주의가 성장한 배경과 과정을 면밀히 분석한 뒤, 한국의 자본주의는 서구의 자본주의와 달리 한국의 독특한 역사적 체험에서 발생했다고 보면서, 워낙 가난하게 살았기 때문에 돈과 물질적 재화에 대한 무한한 욕망을 가진 한국인들에 의해 자본주의가 성장했다고 보았다.

※ 김덕영(1958~현재)은 연세대학교 문과대학 사회학과를 졸업하고 독일 괴팅겐대학교 대학원 사회학과에서 석사 → 박사학위를 받았다. 박사학위청구논문 서지사항은 다음과 같다. Duk-Yung Kim, "Der Weg zum sozialen Handeln. Eine Studie zur

Entwicklungsgeschichte der Soziologie bei Max Weber. Werk- und ideengeschichtlich betrachtet," unpub. Ph.D. diss., Georg-August-Universität Göttingen, 1993. 현재 독일 카셀대학교(Universität Kassel) 강의교수다.

(13) 박석흥(朴錫興), 『역사전쟁: 대한민국 폄훼와 싸운 100년; 역사학은 무엇을 하였는가』(기파랑, 2021년 4월).

한국사회에서는 특히 민주화가 진전되는 상황 속에서 대한민국의 역사에 대한 논쟁이 깊어졌다. 우파·보수 쪽에서 볼 때는 좌파·진보 쪽이 대한민국의 역사를 지나치게 부정적으로 해석하는 반면에 북한의 역사를 지나치게 긍정적으로 해석하는 경향을 보인다. 오랜 기간에 걸쳐 신문계에서 활동한 저자는 이 상황을 자세히 묘사했다.

(14) 이택선(李宅善), 『우남 이승만 평전: 카리스마의 탄생』(이조, 2021년 5월).

(15) 최대집(崔大集), 『나는 최대집』(지우출판, 2021년 10월).

저자는 국가보안법 폐지와 주한미군 철수를 주장하는 사람들을 '국가의 근간을 흔드는 불온한 세력'이라고 단정하고 거기에 맞서 '전쟁을 방불하게 했던 목숨을 건 투쟁'을 이끌었다. 의사인 저자는 "현재 우리가 처한 국가적 위기의 정도를 암이라는 질병에 비유해 표현한다면 악성종양 3기, 아니 어쩌면 회생불가능한 악성종양 4기에 이르렀을지도 모른다"라고 진단하면서, "근본적으로 치료할 수 있는 주어진 시간은 그리 많지 않다"라고 부연했다.

※ 최대집(1972~현재)은 서울대학교 의과대학을 졸업하고 대한의사협회 회장을 역임했다.

(16) 이승렬(李承烈), 『근대 시민의 형성과 대한민국』(그물, 2021년 12월).

구한말에서 1948년에 대한민국이 수립될 때까지의 한국사를 거시적 안목에서 분석한 저자는 이 험난한 역사적 과정에서 결정적 역할을 한 것은 온건세력이었다고 파악하고, 온건파의 중심은 호남의 진취적 지주들이었다고 설명했다. 이러한 관점에서 호남 지주를 대표한 인물로 인촌(仁村) 김성수(金性洙)를 긍정적으로 평가했다. 저자는 오늘날의 한국에도 온건주의가 필요하다고 강조하면서, "통합은 전체주의화가 아니라 다양한 이념을 가진 세력들이 경쟁하면서 서로 존중하는 자연스러운 상태를 의미한다. '2보 전진'의 원동력은 통합의 길을 연 온건주의자였고, 그 온건주의의 사회적 기반은 상층 지주세력에서 출현한 독립적 자유주의 세력이었다"라고 논평했다.

(17) 이영일(李榮一), 『건국사 재인식: 대한민국 건국과 제헌국회』(동문선, 2022). 대

한민국이 민주절차를 걸쳐 탄생했다는 점을 강조함과 아울러 초대 이승만 대통령을 민족분열의 원흉으로 매도한 것은 소련의 대남 심리전 공작이라고 주장했다.

(18) 이혜민 글 · 사진, 『아무도 데리러 오지 않았다: 6·25전쟁 귀환 국군포로 9인이 들려주는 이야기』(경기도 하남시: 깊은바다돌고래, 2023년 5월).

동아일보 출판국 기자 출신인 저자는 6·25전쟁 귀환 국군포로 9인을 만나 그들의 이야기를 기록으로 남겼다. 저자는『기록되지 않은 기억 군함도』(선인, 2018)도 썼다.

(19) 한인섭(Han In Sop), 『두만강에도 봄이 오는가: 미국의 소리(VOA) 듣고 달려온 격동의 40년』(대동field, 2023년 7월 20일).

서울대학교 문리대 정치학과를 졸업한 저자는 VOA 기자이며 한국어방송 책임자로 냉전시기 뿐만 아니라 냉전 이후의 새로운 시대가 도래하는 과정을 처음부터 끝까지 지켜보았다. VOA에 근무하며 만 41년 동안 겪은 수많은 사건을 생생한 기록으로 남겼다.

(20) 김준엽(金俊燁) 저/ 김현경 편, 『장정: 나의 광복군 시절』(고려대학교 아연출판부, 2023년 8월 1일); 윤영수, 『김준엽의 길 3,200km: 다시 걸은 전 고려대 총장 김준엽의 독립투쟁길』(맥스미디어, 2023년 9월).

전 고려대학교 총장 김준엽(1920~2011)은 일제강점기에 학병으로 끌려가 중국에 배치되자 탈영해 중경에 있던 대한민국임시정부에 합류했다. 그는 이 과정을 『장정제1권(나의 광복군 시절(상))』(나남, 2017)과 『장정 제2권(나의 광복군 시절(하))』(나남, 2017)로 출판했다. 그는 일제가 패망하면서 중화민국정부를 따라 대만으로 옮겨가 중국사와 동아시아사를 깊이 공부하고, 1949년에 귀국해 고려대학교 문과대학 사학과 교수로 출발해 고려대학교 안에 아세아문제연구소를 세웠고 훗날 총장으로 봉직하다가 전두환정권에 맞서 퇴임했다. 앞의 책은 '김준엽선생탄생 100주년'을 맞이해 손녀인 김현경이 제1권과 제2권을 단권으로 구성한 책이며, 뒤의 책은 고려대학교 문과대학 국어국문학과를 졸업한 소설가인 저자가 자신의 모교 총장이었던 김준엽의 독립투쟁을 되새기며 쓴 책이다.

(21) 김일영(金一榮), 『건국과 부국: 이승만 · 박정희 시대의 재조명』(키파랑, 2023년 8월 15일).

저자가 같은 제목으로 2004년에 출판한 책을 수정 · 보완했다.

(22) 국립인천대학교 인천학연구원 독립운동사연구소 주최, 『민족대표 연당(硏堂) 이

갑성(李甲成) 지사 추모 학술회의』(2023월 8월 22일).

3·1 독립운동선언서에 서명한 민족지도자 33인 가운데 한 사람인 이갑성의 생애와 독립운동을 다뤘다.

(23) 황대일(黃大一), 『붉은 항일: 독립과 건국의 적』(기파랑, 2023).

"남한은 친일파에 관대했고, 항일독립투쟁을 주도했던 좌파의 북한은 친일청산에 성공했다"라는 일부 좌파역사학자의 주장이 '괴담'에 가깝다고 비판하는 등, 대한민국의 역사와 북한의 역사를 새로운 시각에서 접근했다.

※ 황대일(1966~현재)은 고려대학교 정경대학 행정학과를 졸업하고 연합뉴스에서 기자생활을 시작해 상록수부대의 동티모르 평화유지군 활동을 종군 취재했고, 인도네시아 특파원을 역임했다. 현재 연합뉴스 선임기자다.

(24) 김준철(김오랑중령추모회 회장), 『김오랑: 역사의 하늘에 뜬 별』(책으로보는세상, 2023).

김오랑(金五郞)은 육사25기로 육군소령이던 때인 1979년 12월 12일에 신군부가 군사정변을 일으켰을 때 여기에 저항한 정병주(鄭柄宙) 특전사령관 비서실장으로 함께 저항하다가 전사했다. 그에게는 훗날 중령으로 추서됐으며 보국훈장이 주어졌다.

(25) 안영배(풍수학 박사), 『안영배의 수토기행: 나를 충전하는 명당을 찾아서』(덕주, 2023).

(26) 구자룡(具滋龍), 『끝나지 않은 전쟁 6·25: 정전 70년의 현장』(동아일보 부설 화정평화재단, 2023).

두 차례에 걸쳐 동아일보 베이징 특파원을 역임했으며, 경남대학교 대학원 정치외교학과에서「탈냉전 이후 중국과 러시아의 전략적 동반자 관계의 한계에 대한 연구」(2020)로 정치학박사학위를 받은 저자가 넓은 시야로 6·25전쟁의 의미를 분석했다.

(27) 사무엘 소, 『한국형 위기관리 커뮤니케이션: 한국형 매스미디어 위기 및 해결방안』(샘소북스, 2022년 12월 8일).

주간지 기자와 기업의 홍보 임원을 거친 저자가 언론과 소통하는 노하우를 제시했다.

(28) 최중경(崔重卿), 『잘못 쓰인 한국사의 결정적 순간들』(믹스커피, 2023).

지식경제부 장관을 역임한 저자가 우리 역사의 변곡점에서 펼쳐진 은폐 · 왜곡 · 과장 · 편견을 재구성했다.

(29) 이승현(李昇炫), 『'최강 소니TV' 꺾은 집념의 샐러리맨: 이승현의 세상도발』(꿍

치북스, 2023).

(30) 김용출, 『청화 전기: 위대한 스승』(경기도 파주시: 한울, 2023).

2023년에 탄생100주년과 열반 20주년을 맞이한 무주당(無住堂) 청화(淸華)(1923~2003) 대종사의 전기다.

(31) 조강환(曺康煥), 『80대 청년 90대 장년 100세 초로(初老)의 지혜: 조강환의 건강 100세』(J.M미디어, 2023).

(32) 이태호(전 동아일보 기자), 『비: 장한 불꽃 전태일 평전』(인간과자연사, 2023).

'비장한'을 저자는 의도적으로 '비: 장한'으로 표기했다. 저자는 전태일의 삶과 죽음을 높이 평가했다.

(33) 이권효(李權孝), 『뉴스의 비유 왜곡: 매스미디어의 상투적 비유 표현에 대한 철학적 성찰』(북랩, 2023).

(34) 박재역(전 동아일보 기자), 『박재역의 맛있는 우리말 200: 다양한 예문과 함께 떠나는 우리말 맛집 탐방』(글로벌콘텐츠, 2023).

(35) 조성식(전 동아일보 기자), 『참을 수 없는 존재의 무거움: 시대의 기후를 읽는 조성식의 통찰』(해요미디어, 2023).

(36) 「Note on an Aspect of U.S. - Korean Collaborative Activities during World War II: The Eagle Project」.

제2차 세계대전이 끝나가는 시점에 미국의 전략사무국(OSS) 중국 전구(戰區) 비밀첩보과 소속인 클라이드 서전트(Clyde. B. Sargent) 대위는 1949년 1월에 한국광복군 제2지대장 이범석을 처음 만나 한반도에 대한 공동진공작전 수립에 합의했다. 이 작전 계획이 '독수리계획' 이다. 위의 글은 서전트 대위가 작성했다. OSS 중국본부는 1945년 3월 3일에 독수리작전 훈련계획을 승인했고 대한민국임시정부 김구 주석은 1945년 4월 3일에 이 계획을 승인했다. 그러나 1945년 8월 15일에 일본이 항복하면서 이 작전은 미완으로 남았다.

(36-A) 이소연(동아일보 기자), 「"1945년 한미(韓美), 하나의 군단 됐다" '항일 독수리작전' 미군 회고록」, 『동아일보』2023, 1쪽 및 3쪽.

(37) Sheila Miyoshi Jager, *The Other Great Game: The Opening of Korea and the Birth of Modern East Asia*(Cambridge, M,A.: The Belknap Press of Harvard University Press, 2023).

미국 오벌린칼리지 동아시아학부 교수인 저자의 이 책은 19세기에 '은둔의 왕국'으로 불리던 조선의 운명에 대해서 자세히 썼다.

(38) 공석기 · 정수복 · 임현진 공저, 『시민사회운동의 미래는 있는가: 성찰적 비판과 실천적 과제』(진인진, 2023년 12월 20일)

(39) 류삼영(柳三榮), 『나는 대한민국 경찰입니다: 윤석열 정부와의 한판승부』(메디치미디어, 2023).

(40) 김성근(야구감독), 『인생은 순간이다: 삶이라는 타석에서 평생 지켜온 철학』(다산북스, 2023)

(41) 구지은(具智恩), 『최초는 두렵지 않다: 구지은, 아버지 구자학을 기록하다』(아워홈, 2023).

(42) 백경권 엮음, 『작곡가 백영호: 동백아가씨의 영원한 연인』(윤진, 2024).

백영호 작곡, 한산도 작사, 이미자 노래의 「동백아가씨」는 1964년에 개봉한 같은 이름의 영화(감독: 김기)의 주제가였다.

(43) 이소희(세종시의회 의원), 『걷지 못해도 나는 날마다 일어선다: 휠체어를 탄 변호사 이소희의 단단한 마음의 기술』(예문, 2024).

장애인 변호사인 저자가 자신의 생애를 회고했다.

(44) 김충근(金忠根), 「복합 지경학 시대의 한반도 국제정치」, 동국대학교대학원 북한학박사학위청구논문, 2024년 2월.

(45) 이세형(동아일보 기자), 『중동 인사이트: 세계의 판도가 바뀐다』(들녘, 2024).

동아일보사 카이로 특파원과 카타르의 싱크탱크 아랍조사정책연구원 방문연구원을 역임한 저자가 중동을 이해하는 데 필요한 정보를 담았다.

(46) 이타가기 류타(板垣竜太), 『북으로 건너간 언어학자 김수경 1918-2000』(일본어)(인문서원, 2021)/ 고영진 · 임경화 옮김, 『북으로 간 언어학자 김수경』(푸른역사, 2024).

해방 직후부터 1960년대 중반까지 북한 언어학의 모든 분야를 주도한 언어학자이자 언어정책의 선구자인 김수경(金壽卿, 1918~2000)의 생애를 조명했다.

(47) 장태완(張泰玩) 지음/ 이원복 엮음, 『12·12 쿠데타와 나』(이콘, 2024)

1979년 12월 12일 당시 수도경비사령관이었던 장태완 장군의 회고록이다. 저자가 1993년에 처음 출판했으나 절판된 책을 다시 펴내면서 맞춤법 등 일부를 고쳤다.

(48) 김성우(金星佑), 『아직은 가족, 끝까지 가족: 김성우 변호사의 상속, 성년후견, 이별 이야기』(동아시아, 2024).

(49) 한기호(한국출판마케팅연구소 소장), 『잡지, 기록전쟁』(한국출판마케팅연구소, 2024).

지난 4반세기에 걸친 한국에서의 잡지 생존 기록이다.

(50) 윤범모(尹範模), 『현대미술관장의 수첩: 미술한류에서 이건희컬렉션까지』(예술시대, 2024).

한국정치학의 역사

(1) 한국정치학회 편, 『한국정치학 50년: 정치사상과 최근 연구 분야를 중심으로』(한울, 2001).

(2) 한국정치학회 편, 『한국정치학회 50년사』(한국정치학회, 2003).

한배호(韓培浩) 교수, 김달중(金達中) 교수, 김용구(金容九) 교수, 백완기(白完基) 교수, 정희채(鄭熙彩) 교수 등이 한국에서 정치학이 성장·발전한 과정을 설명했다.

(3) Chung Hee Lee and Kee-Seok Kim, "The Study of Political Science in Korea: Challenges, Responses and Tasks," *Korean Journal of Area Studies*, Vol. 28, No. 2(August 2010), pp.121~138.

국립외교원 외교안보연구소 외교사연구센터: 한국외교협상사례 총서

(1) 정병준(鄭秉峻), 『샌프란시스코평화조약의 한반도관련 조항과 한국정부의 대응』(2022).

(2) 김계동(金啓東), 『정전협정 전후 한미상호방위조약 체결협상』(2022).

(3) 류미나(柳美那), 『한일회담 중 문화재 반환 협상』(2022).

(4) 박노형(朴魯馨) · 정명현(鄭明賢), 『한국의 1967년 GATT 가입 협상』(2022).

(5) 홍석률(洪錫律), 『1970년대 UN에서의 UNCURK 해체 문제』(2020).

(6) 임혜란(林惠蘭), 『1980년대 한미 통상협상-1985년 301조 사례를 중심으로』(2020).

(7) 조성렬(趙成烈), 『닉슨 행정부 시기 주한미군 감축 협상』(2020).

(8) 이완범(李完範), 『카터 시기의 주한미군 철수 협상』(2022).

(9) 김태현(金泰炫), 『제1차 북핵 위기 협상(1993~1994)』(2022).

(10) 엄정식(嚴正植), 『한미 주둔군지위협정(SOFA) 협상』(2022).

(11) 우승지(禹承芝), 『데탕트 시기 유엔군사령부 문제와 한국의 대응』(2023).

(12) 이동률(李東律), 『1980년대 한중 외교협상 사례연구: 중국 민항기(1983년) 및 어뢰정(1985년) 사건 협상을 중심으로』(2023).

(13) 이재민(서울대학교 법학전문대학원 교수), 『우루과이 라운드 협상과 한국의 대응: 새로운 국제 규범 도입 어떻게 다루었나?』(2023).

(14) 신종대(辛鍾大), 『7·4공동성명 및 남북대화: 한국의 대북협상과 외교』(2023).

(15) 정성윤(鄭盛允), 『푸에블로호 피납사건과 한국의 대응』(2023).

(16) 전진호(全鎭浩), 『1970년대 한미 원자력 협정: 1972년 체결 신협정(74년 개정)을 중심으로』(2023).

(17) 박정진(朴正鎭), 『재일한인 북송문제(1959): 국제인권규범 vs 국민주권수호』(2023).

(18) 손기섭(孫基燮), 『전두환 정부의 대일경협차관 교섭 연구』(2023).

(19) 김지영(金志寧), 『한국-헝가리 수교협상』(2023).

(20) 엄구호(嚴久鎬), 『한국-러시아 수교협상(1990)』(2023).

(21) 김도민(金道珉), 『1970년대 박정희 정부의 비동맹 외교: 한국의 가입신청 문제를 중심으로』(2023).

(22) 마상윤(馬相潤), 『한국 문제에 대한 제네바회의(1954. 4. 26 - 6. 15)』(2024).

(23) 이원덕(李元德), 『대일 청구권협정 및 기본관계조약』(2024).

국립외교원은 자신의 역사에 대해 다음과 같은 책을 출판했다.

국립외교원 편, 『국립외교원 60년사(1963~2023)』(국립외교원, 2023).

제2절 서민생활·기후변화·저출산

1960~1970년대에 공업화가 진전되면서 공업화가 낳은 빈부격차의 문제와 공해 등을 중심으로 이미 제기됐던 환경문제는 1980년대 이후, 특히 21세기에 들어선 이후 지구온난화와 기후변화에 대한 우려가 커지면서 국제적 관심의 대상이 됐다. 동시에 저출산과 초고령사회의 도래 그리고 인구절벽의 문제가 제기됐다.

제1항 개관

(1) Jae-hyun Joo, "Policy Dynamics in South Korea: State Responses to Low Wage Levels and Compensation for Pollution Victims, 1961~1988," unpub. Ph.D. diss., London School of Economics and Political Science, University of London, 1997; 주재현(朱宰賢), 「정책변화의 유형에 관한 연구: 저임금과 공해피해보상 문제에 대한 정책대응의 변화」, 『한국정책학회보』 제12권 제1호(2003년 3월), 273~298쪽.

※ 주재현(1961~현재)는 연세대학교 사회과학대학 행정학과를 졸업하고 연세대학교 대학원 행정학과에서 석사학위를 받은 데 이어 런던경제정치대학교 대학원에서 정치학 박사학위를 받았다. 현재 명지대학교 사회과학대학 행정학과 교수다. 그의 논문들 가운데 「권위주의 체제하 한국 국가엘리트의 정책추진 동기와 학습효과에 관한 연구」, 『한국정책학회보』 제7권 제2호(1998년 7월), 289~310쪽이 있다.

(2) 제정구(諸廷坵), 『생명정치의 길』(제정구기념사업회, 2008).

※ 제정구(1944~1999)는 서울대학교 문리대 정치학과를 졸업했다. 학생 때부터 반독재민주화운동에 참여한 그는 이후 일관되게 민주화운동에 헌신했으며, 14대~15대 국회의원을 역임했다. 환경운동에 관심을 쏟아 위의 책을 펴냈다. 빈민운동에도 헌신한 공로를 인정받아, 필리핀 대통령 라몬 막사이사이(Ramón Magsaysay)를 기념하는 라몬 막사이사이상을 받았다.

(3) Yong Moon Jung, "Study of Ideas of Poverty and Inequality in South Korea,"

unpub. Ph.D. diss., University of Sydney, 2012; ______, "'Let the King Save the Poor': The Discursive Mechanism Underlying the Under-exercise of Social Rights in South Korea," *Social Policy and Administration*, Vol. 52, No. 3(May 2018), pp.578~592.

※ 정용문(1973~현재)은 서울대학교 사회과학대학 사회복지학과를 졸업하고 서울대학교 대학원 사회복지학과에서 석사학위를 받은 데 이어 시드니대학교 대학원 사회복지학과에서 박사학위를 받았다. 현재 경남대학교 사회복지학과 교수다.

(4) 『철학과 현실』(2019년 여름).

편집인의 말

엄정식(嚴廷植), 「미세먼지와 환경철학」, 4~16쪽.

특별좌담

박록진(서울대) · 이덕환(李悳煥) · 이진우(李鎭雨) · 조천호(曺千鎬), 「미세먼지와 환경철학」, 18~80쪽.

칼럼

(i) 김완구(金完求), 「미세먼지의 환경철학과 윤리」, 82~99쪽.

(ii) 이태동(李泰東), 「미세먼지 국제협력의 현황과 지향점」, 100~113쪽.

(iii) 안상진(安相珍), 「미세먼지, 지속가능발전으로 전환을 촉구하는 경고」, 114~127쪽.

(iv) 이미경(李美景), 「기후재난의 전령 미세먼지」, 128~136쪽.

(5) 이찬희(李贊熙), 『플라스틱 시대: 플라스틱의 역습, 어떻게 대처할 것인가?』(서울대학교출판문화원, 2022년 4월 5일).

※ 이찬희(1961~현재)는 영남대학교 행정학과를 졸업하고 위스콘신대학교 매디슨캠퍼스 대학원에서 정책학석사학위를 받았으며 한양대학교 대학원에서 환경공학박사학위를 받았다. 행정고시를 통해 정부에 들어가 환경부 환경보존국장을 거쳐 대통령 기후환경비서관에 이어 서울대학교 그린에코공학연구소 교수로 봉직했다.

(6) 박진영 · 신하나, 『지구를 살리는 옷장: 지속가능한 패션을 위한 고민』(경기도 파주시: 창비, 2022년 4월 25일).

(7) 최성각, 『나무가 있던 하늘: 최성각 산문집』(오월의봄, 2022년 4월 27일).

생태주의 작가가 환경운동가로 살아온 삶을 회고했다.

제2항 서민생활

(1) 한국도시연구소 기획/장세훈(張世薰) · 조명래(趙明來) · 노대명(한국보건사회연구원 연구위원) · 남원석(南垣碩) · 강영호(울산대 교수) · 신명호(申明浩) · 석재은(石才恩) · 최현수(崔賢壽) · 이선우(李善雨) · 설동훈(薛東勳) · 윤인진(尹麟鎭) · 류정순(한국빈곤문제연구소 소장) · 이인재(李寅載) 분담집필, 『한국사회의 신빈곤』(경기도 파주시: 한울아카데미, 2006).

(2) 신명호(申明浩), 『빈곤을 보는 눈: 한국 사회 빈곤에 대한 편견을 깨자』(개마고원. 2013); ______, 『빈곤이 오고 있다』(개마고원, 2020).

※ 신명호(申明浩, 1956~현재)는 서울대학교 대학원 사회복지학과에서 「왜 잘사는 집 아이들이 공부를 더 잘하나: 사회계층 간 학업성적의 격차와 양육관행」(2010년 2월)으로 박사학위를 받았다. 이 논문은 『왜 잘사는 집 아이들이 공부를 더 잘하나: 사회계층 간 학업성적의 격차와 양육관행』(경기도 파주시: 한울아카데미, 2011)으로 출판됐다. 현재 한신대학교 초빙교수다.

(3) 재영 책수선 지음, 『어느 책 수선가의 기록: 망가진 책에 담긴 기억을 되살리는』(위즈덤하우스, 2021년 11월 24일).

(4) 은종복, 『책방 풀무질: 동네서점 아저씨 은종복의 25년 분투기』(한티재, 2021년 11월 25일).

(5) 윤성근, 『헌 책방 기담 수집가』(프시케의숲, 2021년 12월).

헌 책방 주인이자 절판된 책을 찾아주는 대신에 책방을 찾는 이들의 사연을 수집해 온 지은이가 이 책에 29권의 책과 그 책을 찾는 사람들의 이야기를 담았다.

농촌의 서민생활

(1) 정진오, 『세월을 이기는 힘 오래된 가게』(한겨레출판사, 2015).

(2) 박혜진 · 심우장(沈愚章), 『구멍가게 이야기: 마트와 편의점에는 없는, 우리의 추억과 마을의 이야기가 모여 있는 곳 구멍가게 이야기 새창이동』(책과함께, 2021).

이 책은 구멍가게들이 사라지는 데 아쉬움을 품은 두 명의 저자가 작성한 농촌르포르타주다. 2년에 걸쳐 매주 전남의 농촌지역을 돌며 상회 · 점빵 · 구판장 · 담배집 등의 이름으로 명맥을 이어가고 있는 100여 곳의 구멍가게를 방문했다. 저자들은 이 들 가운데 50여 곳의 구멍가게 주인들과 단골손님들을 인터뷰해 책에 담았다. 구멍가게를 매개로 농촌의 사회 · 문화적 변화과정을 담아낸 사회문화사 성격의 책으로, 저자들은 달라지는 구멍가게 모습을 통해 사회의 변화를 그려냈다.

쪽방촌 생활

「홈리스행동 생애사」 기록팀(최현숙, 홍혜은, 박내현) 지음, 『힐튼호텔 옆 쪽방촌 이야기: 우리는 양동에 삽니다』(후마니타스, 2021).

서울 남대문경찰서와 밀레니엄힐튼호텔 사이에는 양동(陽洞) 쪽방촌이 있다. 여기에는 6.25전쟁 직후의 피란민들로부터 시작해 극빈자들이 모여 살았다. 서울특별시는 2019년 재개발계획을 세우면서 이들을 이주시키기 시작했다. 「홈리스행동 생애사」 기록팀은 2020년 10월부터 약 1년에 걸쳐 양동 쪽방촌 사람들을 만나 그들의 이야기를 기록으로 남겼다.

※ 김종성 · 안창모 · 전이서 · 정인하 · 지정우 저 외 3명, 『힐튼이 말하다: 기억을 위한 힐튼 기록집』(램프북스, 2024).

서울 한복판을 40년 동안 지키다가 2022년 12월 31일에 영업을 끝낸 힐튼호텔에 대한 기록집이다.

도시 달동네의 서민생활

(1) 인천문화재단 기획/김은형(한겨레), 『끈질긴 삶터 달동네』(한겨레출판, 2015).

(2) 「'집 아닌 집'에 사는 사람들」, 『한겨레』(2018년 11월 20일~23일).

황금비 기자, 「1: 비주택 대물림 모녀 이야기」(2018년 11월 20일),

황금비 기자, 「2: 밀어버린 달동네, 밀려나 20년째 '비닐집' 사는 할머니」(2018년 11월 20일),

임재우 · 황금비 기자, 「3; 다중이용시설에 사는 사람들」(2018년 11월 23일), 1쪽, 8쪽.

섬과 어촌의 서민생활

(1) 인천문화재단 기획/강제윤, 『바다의 황금시대 파시』(한겨레출판, 2012).

태생적 섬사람이며 섬 활동가인 저자는 어류를 거래하기 위해 열리던 해상시장인 바다 위의 시장, 파시(波市)를 분석했다.

(2) 인천문화재단 기획/이세기, 『흔들리는 생명의 땅 섬』(한겨레출판, 2015).

저자가 보는 인천 섬들은 아름답고 슬프다. 원시의 숨결을 간직한 자연경관은 아름답고, 그 속에서 살아가는 사람들의 성정 또한 아름답다. 그러나 그 삶은 슬프다. 자립기반이 약하기에 생활환경은 척박하고, 나날의 삶은 고군분투의 연속일 수밖에 없다. 게다가 접경지역이라는 특성으로 인해 분단의 아픔이 더해지고, 최근에는 개발 열풍이 불면서 섬이 팔리고 자연환경마저 파괴될 위험에 처해 있다. 섬의 이 두 가지 모습은 육지와 한 몸이면서 바다를 사이에 두고 육지와 떨어져 있다는 섬의 존재 조건을 떠올리게 한다. 둘의 관계 맺음이 어떠하냐에 따라 자립성이 약한 섬의 운명은 크게 요동칠 수밖에 없다. 섬의 아름다움을 살리고 슬픔은 줄이는, 그리고 그것이 육지의 이해에도 부응하는 '상생의 길'은 무엇인가? 저자는 그 해답을 찾고자 했다.

제3항 기후변화=기후위기

(1) 김영호(金泳昊), 「인간안보와 기후변화」, 『국제평화』(서울평화상문화재단), 제5권 제1호(2008년 6월), 67~100쪽.

(2) Victor D. Cha, Michael J. Green, Charles W. Freeman, III, Robert S. Wang and Jeffrey D. Bean, *Asia's Response to Climate Change and Natural Disasters: Implications for an Evolving Regional Architecture*(Washington, D.C.: Center for Strategic and International Studies, July 2010).

(3) Taedong Lee, "Global Cities and Climate Change," unpub. Ph.D. diss., University of Washington, August 2010; ______, *Global Cities and Climate Change: The Translocal Relations of Environmental Governance*(New York: Routledge, Taylor & Francis Group, 2015); 이태동(李泰東), 『에너지 전환의 정치』(사회평론아카데미, 2021); ______, 『기후변화와 도시』(명인문화사, 2023).

※ 이태동(1975~현재)은 연세대학교 사회과학대학 정치외교학과를 졸업하고 서울대학교 환경대학원에서 석사학위를 받은 데 이어 워싱턴대학교 대학원 정치학과에서 박사학위를 받았다. 현재 연세대학교 사회과학대학 정치외교학과 교수다.

(4) 신범식(辛範植), 「기후변화의 국제정치와 미-중관계」, 『국제정치논총』제51집 제1호(2011년 3월), 127~158쪽.

(5) 김종철(金鍾哲: 녹색평론), 『발언: 김종철 칼럼집』 전3권(녹색평론사, 제1권 2016; 제2권 2016; 제3권 2022).

『녹색평론』 발행인이었던 저자가 여러 매체에 발표했던 칼럼을 모은 책으로, 자본주의사회가 닥친 위기를 생태적 관점에서 접근했다. 예컨대, 코로나19 상황도 "인류의 환경파괴로 인한 기후변화로 서식지를 잃은 야생동물과 인간의 접점은 더욱 가까워지고 그로 인한 미지의 바이러스가 문명사회로 건너오는 일이 빈번해짐에 따라 발생한 것"이라고 해석했다.

(5-A) 박혜영(朴惠英), 「우정의 세계 안에서 사는 삶: 『녹색평론』발행인 김종철 선생님을 기리며」, 『황해문화』108(2020년 가을), 262~276쪽.

※ 박혜영(1964~현재)은 이화여자대학교 사범대학 영어교육학과를 졸업하고 서울대학교 대학원 영어영문학과에서 석사학위를 받았으며 영국 글래스고대학교 대학원 영문학과에서 박사학위를 받았다. 박사학위청구논문 서지사항은 다음과 같다. Hye Young Park, "Keats: Women, Readers and Revision," unpub. Ph.D. diss., University of Glasgow, 2000. 현재 인하대학교 문과대학 영어영문학과 교수다.

(6) Heejin Han, "Korea's Pursuit of Low Carbon Green Growth: A Middle Power State's Dream of Becoming a Green Pioneer," *The Pacific Review*, Vol. 28, No. 5(March 2015) pp.731~754; 한희진(韓姬珍), 「기후변화와 북한: 레짐참여의 의의 및 전망」(서울대학교 국제문제연구소 편/ 이태동(李泰東) 책임편집, 『기후변화와 세계정치』(사회평론아카데미, 2019), 147~190쪽; Heejin Han, "Climate Hypocrisy? A Case of Korea's Involvement in Coal Capacity Expansion in Southeast Asia," *Korean Journal of International Studies*, Vol. 20, No. 2(August 2022), pp.275~299; 한희진, 『기후변화와 국제정치』(부산대학교출판문화원, 2023).

(7) 김병권(정의당 부설 정의정책연구소 소장), 『기후위기와 불평등에 맞선 그린뉴딜』(책숲, 2020년 3월).

(8) Michael Shellenberger, *Apocalypse Never: Why Environmental Alarmism Hurts Us All*(New York: Harper, June 2020) / 노정태 번역. 『지구를 위한다는 착각: 종말론적 환경주의는 어떻게 지구를 망치는가』(부키, 2021).

저자는 기후변화, 삼림파괴, 플라스틱 쓰레기, 멸종 등을 근본적으로 우리의 탐욕과 오만이 초래한 결과가 아니며, 우리 인류가 더 나은 삶을 추구하기 위해 경제를 발전시키는 가운데 발생하는 부작용일 따름이라고 보았다.

※ Michael Shellenberger(1971~현재)는 인디애나주 얼햄칼리지(Earlham College)를 졸업하고 캘리포니아대학교 산타크루즈 캠퍼스에서 석사학위를 받았다. 이후 환겨운동가로 전념했다.

(9) 「특집: 가후변화」, 『철학과 현실』127(2020년 겨울), 4~114쪽.

편집인의 말

엄정식(嚴廷植), 「기후변화와 탄소문화의 창달」, 3~22쪽.

특별좌담

장회익(張會翼)·최재천(崔在天)·신범식(辛範植), 「기후변화와 환경문제」, 23~60쪽.

칼럼

(i) 이덕환(李悳煥), 「기후변화로 무너지는 탄소문화」, 61~76쪽.

(ii) 홍윤철(洪潤哲), 「기후변화와 코로나」, 77~91쪽.

(iii) 김명식(金明軾), 「기후변화와 세 개의 도덕적 폭풍」, 93~108쪽.

(iv) 박혜정(연세대), 「기후와 인간의 끝나지 않을 동행」, 109~125쪽.

(v) 신상범(연세대), 「기후위기와 도시의 대응: 리빙랩 사례」, 127~143쪽.

(10) Thomas Kalinowski, "The Politics of Climate Change in a Neo-Development State: The Case of South Korea," *International Political Science Review*, Vol. 42, No. 1(January 2021). pp.48~63.

(11) 정태용(丁太庸) 엮음/강성진(姜晟振)·김용건(한국환경정책·평가연구원)·김이현(그린기자단)·김현제(에너지경제연구원)·김형주(녹색기술센터)·박주영(朴柱映)·박찬(朴燦)·유연철(劉然哲)·이동근(李東根)·차현진(車顯辰)·하지원(河智媛)·홍일표(한국건설기술연구원) 공저, 『기후위기시대, 12가지 쟁점』(박영스토리, 2021년 10월).

해당 분야의 전문가들이 에너지, 경제, 금융, 기후외교, 건설, 기술, 도시, 물, 지속가능한 소비 등 분야별로 기후변화를 어떻게 이해하고 대응해야 하는지를 설명했다.

※ 정태용(1962~현재)은 서울대학교 사회과학대학 국제경제학과를 졸업하고 럿거스대학교 대학원 경제학과에서 석사학위를 받은 데 이어 럿거스대학교 대학원 경제학과

에서 1991년에 박사학위를 받았다. 현재 연세대학교 국제학대학원 교수다.

(12) 「특집: 21세기 인간의 조건을 묻는다 3; 기후위기 시대, 정의로운 전환은 가능한가」, 『황해문화』114(2022년 봄), 2~112쪽.

(i) 김선철(金善哲), 「기후위기의 현실과 도전」, 14~37쪽.
(ii) 김현우(金賢雨), 「'정의로운 전환'의 전환」, 38~53쪽.
(iii) 정록(政綠), 「기후위기, 불평등의 위기」, 54~72쪽.
(iv) 이창근(李昌根), 「기후위기, 노동의 위기」, 73~91쪽.
(v) 이근행(李謹行), 「기후위기 시대의 농업과 먹거리 체계」, 92~112쪽.

(13) 남재작(南在綽), 『식량위기 대한민국: 유엔 기후변화 전문가가 들려주는 기후파국의 서막』(웨일북, 2022년 6월).

경북대학교에서 박사학위를 받았고, 농업진흥청 농업과학연구원, 농업기술실용화재단, 한국국제협력단(KOICA) 라오스사무소 등에서 일했다. 현재 한국정밀농업연구소 소장이다.

(14) Ben Rawlence, *The Treeline: The Last Forest and the Future of Life on Earth* (London: Macmillan, 2022)/노승영(전문번역가) 옮김, 『지구의 마지막 숲을 걷다: 수목한계선과 지구 생명의 미래』(엘리, 2023년 6월).

(15) 홍종호(洪鍾豪), 『기후위기 부(富)의 대전환: 기후변화 10년 후 한국의 미래와 생존전략』(다산북스, 2023년 1월 26일).

(16) 이재형, 『기후피해 세대를 넘어 기후기회 세대로』(퍼블리온, 2023년 1월 30일).

※ 이재형은 고려대학교에서 환경생태공학 학사→기후변화과학 석사→자원경제학 박사학위를 받았다. 한국환경경제학회 최우수 논문상(2019년)을 받았다.

(17) 송찬영(宋燦永) · 김정환, 『일하는 사람들의 기후변화』(크레파스북, 2023년 3월).

기후위기 시대에서 기후변화와 탄소중립을 위해 일하는 12명의 전문가에게 2050년 탄소중립의 가능성과 우리가 지금 해야 할 일과 미래세대에 대한 조언을 담았다.

※ 송찬영(1967~현재)은 세종대학교 대학원에서 「전과정평가기법과 에코효율성을 이용한 저탄소농법의 기후환경 및 경제성 분석 연구」(2020년 8월)로 박사학위를 받았다. 현재 한국기후변화학회 연구원이다.

(18) 박재용(과학전문 저술가), 『녹색성장 말고 기후정의: 기후 불평등에서 정의로운

전환으로』(뿌리와이파리, 2023년 4월)

(19) 전의찬(全儀燦), 『전의찬의 탄소중립 특강』(지오북, 2023년 5월).

저자는 나무가 환경오염을 해결해줄 것으로 믿고 숲이 지구를 뒤덮으면 더욱 건강한 삶을 살아갈 수 있을 것으로 생각하지만 그러한 의식은 틀렸다고 말한다.

※ 전의찬(1955~현재)은 서울대학교 공과대학 기계공학과를 졸업하고 서울대학교 환경대학원에서 석사학위를 받은 데 이어 서울대학교 환경대학원에서 「광화학 산화제의 단기예측모형 개발: 서울시를 중심으로」(1996년 2월)로 박사학위를 받았다. 세종대학교 대학원장을 역임하고 세종대학교 공과대학 환경에너지공간융합학과 교수로 정년퇴임했으며, 현재 세종대학교 명예교수다.

(20) 정은정(鄭銀貞), 「기후위기의 북극곰과 농촌의 할머니」, 『황해문화』119(2023년 여름), 98~113쪽.

(21) 정록(政綠), 「기후정의동맹을 통해 돌아본 한국 기후정의운동」, 『황해문화』119 (2023년 여름), 273~288쪽.

핵폐기물과 재처리

Eunjung Lim, "Democracy and Energy Policy Formation: Nuclear Waste Disposal and Reprocessing in South Korea and Japan," unpub. Ph. D. diss., School of Advanced International Studies, Johns Hopkins University, 2002.

※ 임은정(林恩廷, 1978~현재)은 도쿄대학 국제관계학과를 졸업하고 콜럼비아대학교 국제・공공문제대학원에서 석사학위를 받았으며 존스홉킨스대학교 고등국제학대학원에서 박사학위를 받았다. 교토의 리츠메이칸대학(立命館大學) 국제관계학부 교수를 거쳐 현재 국립공주대학교 국제학부 교수다.

제3항 저출산·초고령사회·인구절벽(=인구소멸)·지방소멸

한국은 2000년에 65세 이상인 인구 비중이 7%를 넘어선 이후 2018년에는 14.3%까지 높아져 고령사회에 들어섰고, 2025년에는 65세 이상인 인구 비중이 20.6%를 차지해 초고령사회에 진입할 것으로 내다보인다. 이에 따라, 저출산의 문제를 비롯해 인구절벽 또는 지방소멸 문제들이 뒤따라 제기됐다.

(1) 전광희(全廣熙)·김태헌(金泰憲)·조영태(曺永台) 공저/한구인구학회 공편, 『장래인구 추계를 위한 출산·사망 예측모형의 개발에 관한 연구』(전자자료)(대전광역시: 통계청, 2005).

(2) Ki-Soo Eun, "Lowest-Low Fertility in the Republic of Korea: Causes, Consequences and Policy Responses," *Asia-Pacific Population Journal*, Vol. 22, No. 2(August 2005), pp.51~72; ______, "Population Aging and Social Strategies for Aging Problems in Korea," *Korea Journal*, Vol. 48, No. 4(December 2008), pp.5~34.

※ 은기수(殷棋洙, 1962~현재)는 서울대학교 사회과학대학 사회학과를 졸업하고 서울대학교 대학원 사회학과에서 석사학위를 받았으며 펜실베이니아대학교 대학원 사회학과에서 석사→박사학위를 받았다. 박사학위청구논문 서지사항은 다음과 같다. Ki-Soo Eun, "The Transition to Adulthood in Korea," unpub. Ph.D. diss., University of Pennsylvania, 1994. 현재 서울대학교 국제대학원 국제학과 교수다.

(3) 이상림(李常林)·조영태(曺永台)·김지연(한국보건사회연구원)·신상수, 『남북한 통합시 인구이동 전망과 대응과제』(한국보건사회연구원[KiHASA], 2012).

(4) 전영수(田英洙), 『인구충격의 미래한국: 인구감소가 불러올 10가지 트렌드』(프롬북스, 2014); ______, 『한국이 소멸한다: 인구충격에 내몰린 한국경제의 미래 시나리오』(비즈니스북스, 2018); ______, 『대한민국 인구 트렌드 2022~2027: 인구 절벽 위기를 기회로 맞바꿀 새로운 미래 지도』(블랙피쉬, 2022년 2월).

※ 전영수(1972~현재)는 한국외국어대학교 일본어과를 졸업하고 한양대학교 국제학대학원 경제학과에서 석사학위를 받은 데 이어 한양대학교 대학원 경제학과에서 「한일 가계의 노후대비 관련 자산운용 환경 및 전략 비교」로 박사학위를 받았다. 현재 한양대학교 국제학대학원 교수다.

(5) 조한승(曺漢承)·김도희(金度希)·조영태(曺永台)·김동식(한국여성정책연구원) 공저, 『국제기구와 보건·인구·여성·아동』(오름, 2015).

한국에 대해서도 부분적으로 언급했다.

(6) 이순희(李順熙), 「출산장려정책의 정책논리 타당성 평가」, 광운대학교 대학원 행정학과 행정학박사학위청구논문, 2016년 2월.

※ 이순희(1960~현재)는 더불어민주당 부대변인을 거쳐 현재 서울특별시 강북구청장

이다.

(7) 조영태(曺永台), 『정해진 미래: 인구학이 말하는 10년 후 한국 그리고 생존전략』(북스톤, 2016년 9월); ______, 「대한민국은 소멸할 것인가」, JTBC 「차이나는 클라스」 제작팀 지음, 『차이나는 클라스: 불통의 시대, 교양을 넘어 생존을 위한 질문을 던져라. 국가 · 법 · 리더 · 역사 편』(중앙books, 2018); 조영태, 『인구 미래 공존: 인구학의 눈으로 기획하는 미래』(북스톤, 2021).

(8) 정재훈(鄭宰薰), 『저출산 · 고령사회와 그 적들』(EM실천, 2017년 4월).

※ 정재훈(1963~현재)은 서울대학교 사회과학대학 사회복지학과를 졸업하고 서울대학교 대학원 사회복지학과에서 석사학위를 받은 데 이어 독일 트리어대학교(Karl-Marx-Universität Trier) 대학원에서 사회정책학을 전공하고 「여성의 이익 관점에서 본 독일연방공화국 사회정책 발달」(독일어)(1999)이라는 논문으로 박사학위를 받았다. 현재 서울여자대학교 사회과학대학 사회복지학과 교수다.

(9) Danny Dorling and Stuart Gietel-Basten, *Why Demography Matters*(Cambridge, U.K.: Polity, December 2017).

공저자는 옥스퍼드대학교 인구학 교수다. "인구는 사회의 다른 모든 것들의 변화를 반영하고 추동한다. 그러한 맥락에서, 인구를 '인구와 사회적 과정들의 상호작용'으로 이해하는 것이 필요하다"고 강조했다.

(10) 이현출(李鉉出), 「지역사회 인구구조 변화의 정치학」, 『한국정당학회보』 제17권 제1호(2018년 3월), 103~133쪽; ______, 「인구의 정치학: 실버민주주의의 도래와 세대 간 정의」, 『한국정치연구』 제27집 제2호(2018년 6월), 85~114쪽.

(11) 조영태(曺永台) · 장대익(張大翼) · 장구(張龜) · 서은국(연세대) · 허지원(許智元) · 송길영(고려대) · 주경철(朱京哲), 『아이가 사라지는 세상: 출산율 제로 시대를 바라보는 7가지 새로운 시선』(경기도 파주시: 김영사, 2019).

(12) 양승조(梁承晁), 『위기 속 대한민국, 미래를 말하다: 사회양극화/저출산』(젤리판다, 2020).

※ 양승조(1959~현재)는 단국대학교 정책경영대학원에서 법학석사학위를 받았으며 제20대 국회의원과 충청남도 지사를 역임했다. 현재 변호사다.

(13) 박희준(사단법인 한국출산장려협회), 『출산장려 성공시크릿: 다산코리아 행복코리아를 꿈꾸며』(행복에너지, 2021년 4월 5일).

(14) 이수영(李秀英) · 신재욱(에프엠어소시에이츠) · 전용일(田庸一) · 오영수(吳英秀), 『국가와 기업의 초고령사회 성공전략』(박영사, 2021년 5월 3일).

(15) 『철학과 현실』129(2021년 여름).

편집인의 말

엄정식(嚴廷植), 「인구의 생태철학」, 6~17쪽.

특별좌담

김영미(金永美: 연세대) · 이진우(李鎭雨) · 이현출(李鉉出) · 조영태(曺永台), 「인구문제: 그 도전과 응전」, 20~74쪽.

칼럼

(i) 이재경(李在京), 「인구와 페미니즘」, 76~89쪽.

(ii) 전영수(田英洙), 「인구문제를 둘러싼 시선과 해석, 그리고 대안」, 90~117쪽.

(iii) 최종렬(崔鍾烈), 「불멸성과 무세상적 사랑」, 118~132쪽.

「편집인의 말」에서 인구에 관한 기존의 학설들을 자세히 설명했다. 맬서스(Thomas Malthus)의 인구론("An Essay on the Principle of Population," 1798), 거기에 영향을 받은 찰스 다윈(Charles Robert Darwin)의 이론과 알프레드 월리스(Alfred Russel Wallace)의 이론, 그리고 맬서스에 대해 비판적이었던 칼 마르크스(Karl Heinrich Marx)의 이론을 분석했으며, '인구절벽'이라는 말을 만들어낸 미국의 경제학자 해리 덴트 2세(Harry S. Dent Jr.)의 저서 『인구절벽: 다가오는 대(大) 디플레이션 기간에 생존 · 번영하는 방법(*The Demographic Cliff: How to Survive and Prosper During the Great Deflation Ahead,* Portfolio, 2015)』을 분석해 소개했다.

(16) 정현숙(鄭賢淑), 『인구위기국가 일본: 저출산, 고령화, 인구감소의 위기를 극복하는 방법』(에피스테메, 2021년 11월 17일).

일본이 직면한 인구문제를 150년 동안의 방대한 데이터를 바탕으로 분석했다. 오늘날 일본은 세계에서 가장 빠른 속도로, 가장 늙은 나라가 되어 '노인대국'으로 불린다. 급격한 저출산 고령화로 인구감소의 위기를 맞은 첫 국가가 일본이라면 한국은 그 길을 가는 두 번째 국가로 꼽힌다.

※ 정현숙(1965~현재)은 연세대학교 사회과학대학 사회학과를 졸업하고, 도쿄대학 대학원 인문사회계연구과에서 석사학위를 받은 데 이어 도쿄대학 대학원 인문사회계연

구과에서 「자영업층의 계층적 독자성에 관한 연구: 그 형성과 변용」(일본어)으로 사회학박사학위를 받았다. 현재 한국방송통신대학교 일본학과 교수다.

(16-A) 노구치 유키오(野口悠紀雄), 『일본이 선진국에서 탈락하는 날: '엔저라는 마약'이 일본을 가난하게 했다!』(일본어)(도쿄: 프레지던트사, 2022)/박세미(전문번역가) 역, 『일본이 선진국에서 탈락하는 날: '마약 같은 엔저 효과'에 의존한 탓에 가난해진 일본을 파헤친다』(랩콘스튜디오, 2022).

※ 노구치 유키오(1940~현재)는 도쿄대학 공학부를 졸업하고 대장성에서 공무원 생활을 시작했다. 예일대학교에서 경제학박사학위를 받은 뒤 히토츠바시대학과 도쿄대학에서 교수로 봉직했다.

(17) 정성호(鄭成浩), 『인구소멸, 한국은 대비하고 있는가?』(해남, 2021년 12월 10일).

※ 정성호(1956~현재)는 연세대학교 사회과학대학 사회학과를 졸업하고 뉴욕주립대학교 올바니 캠퍼스 대학원 사회학과에서 석사→박사학위를 받았다. 박사학위청구논문 서지사항은 다음과 같다. SungHo Chung, "Socioeconomic Determinants of Fertility Behavior in Korea: A Synthetic Approach," unpub. Ph.D. diss., State University of New York, Albany, 1989. 현재 강원대학교 사회과학대학 사회학과 교수다.

(18) 코나아이주식회사 시스템다이내믹스팀 지음, 『대한민국의 붕괴』(양서원, 2022년 10월).

이 책에 따르면, 한국의 총인구는 2020년 현재의 5100만 명에서 2060년에는 3500만 명으로, 그리고 2100년에는 1300만 명으로 줄어든다.

(19) 송지향(연세대 대학원 정치외교학과 박사과정) · 조화순(曺和淳), 「담론제도주의를 통해 본 2000년대 한 · 일 저출산 대응 정책」, 『한국정치학회보』제56집 제5호(2022년 12월), 173~200쪽.

(20) 박혜경(朴惠暻), 「숫자이자 삶으로서 인구」, 『황해문화』119(2023년 6월), 20~38쪽.

※ 박혜경(1963~현재)은 이화여자대학교 사범대학 사회생활학과를 졸업하고 이화여자대학교 대학원 여성학과에서 석사학위를 받은 데 이어 이화여자대학교 대학원 여성학과에서 「신자유주의적 주부 주체의 담론적 구성과 한국 중산층 가족의 성격: 미디어 담론 분석 및 면접조사를 바탕으로」(2008년 8월)로 문학박사학위를 받았다. 현재 이화여자대학교 한국여성연구원 연구교수이면서 인천연구원 산하 인천여성정책센터장이다.

인구절벽에서 지방소멸로

(1) 마강래(馬康莱), 『지방도시 살생부: '압축도시'만이 살 길이다』(개마고원, 2017).

(2) 지주형(池柱馨), 「지방의 위기와 지방대학의 위기」, 『황해문화』112(2021년 가을), 261~275쪽.

(3) 이희환(李羲煥), 「다시 지방분권 개헌을 기획하자: 문재인정부 4년 지방정책을 되돌아보며」, 『황해문화』112(2021년 가을), 276~284쪽.

(4) 오영환(吳榮煥), 『지방이 시작이다』(경상북도 경산시: 영남대학교출판부, 2021년 12월 23일).

저자는 세계 최저수준의 출산율과 세계 최고속도의 고령화로 압축되는 한국의 인구동태를 바탕으로 수도권집중과 지방소멸 문제를 조명했다.

(5) 선지현(宣智炫), 「파괴와 착취의 종착지, 지역소멸」, 『황해문화』119(2023년 여름), 83~97쪽.

고령화사회

(1) 박영범(朴英凡), 『중고령근로자 노동시장』(집문당, 2002).

※ 박영범(朴英凡, 1956~현재)은 한국외국어대학교를 졸업하고 한국외국어대학교 대학원에서 석사학위를 받은 데 이어 코넬대학교 대학원 경제학과에서 석사→박사학위를 받았다. 박사학위청구논문 서지사항은 다음과 같다. Young-bum Park, "Economic Effects of Size of Employer in South Korea," unpub. Ph.D. diss., Cornell University, 1976. 한성대학교 사회과학부 경제학과 교수로 정년퇴임했으며, 현재 한성대학교 명예교수다. 한국의 노사관계에 대해 여러 책을 썼으며, 한국고용노사관계학회 회장을 역임했다.

(2) 장지연, 『고령화시대의 노동시장과 고용정책』(한국노동연구원, 2003).

※ 장지연(1965~현재)은 연세대학교 문과대학 영어영문학과를 졸업하고 서울대학교 대학원 사회학과에서 석사학위를 받은 데 이어 위스콘신대학교 매디슨 캠퍼스 대학원 사회학과에서 박사학위를 받았다. 박사학위청구논문 서지사항은 다음과 같다. Jiyeun Chang, "Labor Force Withdrawal and Entry Surrounding First Childbirth of Married Women," unpub. Ph.D. diss., University of Wisconsin, Madison, 1997. 현재 한국노동연구원 선임연구위원이다.

(3) Hyun-chool Lee, "Silver Generation's Counter-Movement in the Information Age: Korea's Pro-Park Rallies," *Korea Observer,* Vol. 49, No. 3(Autumn 2018), pp.465~491; ______, "Older Voter's Policy Preferences in the Korean General Elections," *Korea Journal*, Vol. 61, No. 2(June 2021), pp.87~117.

(4) 유영규(서울신문) · 임주형(서울신문) · 이성원(서울신문) · 신융아(서울신문) · 이혜리(서울신문) 지음, 『간병살인, 154인의 고백: 우리 사회가 보듬어야 할 간병 가족들의 이야기』(경기도 김포시: 루아크, 2019).

'초고령화' 시대가 도래한 한국사회에서 아픈 이들을 돌보는 간병가족들의 '암울한 현실'을 보여준다.

출생신고가 되지 않은 아이들

김희진(변호사) · 강정은(변호사) · 마한얼 · 이제호 · 이진혜, 『생일 없는 아이들: 뿌리를 찾는 존재』(틈새의시간, 2022).

은퇴 후의 삶

(1) 바호(이형욱), 『대한민국 파이어족 시나리오』(한국경제신문, 2021).

파이어족이란 경제적 자유(Financial Independence)와 조기 은퇴(Retire Early)의 앞글자를 딴 '파이어 운동(Fire Movement)'을 실천하는 사람들을 뜻한다. 월급에 매여 살지 않을 만큼의 경제적 독립을 이룬 뒤 직장에서 일찌감치 은퇴해 제2의 삶을 산다는 아이디어다. 삼성전자를 거쳐 구글에 다니는 저자가 파이어족에 대해 썼다.

(2) 강기태, 『서른살, 비트코인으로 퇴사합니다』(국일증권경제연구소, 2021).

1993년생인 저자는 2019년에 2000만원을 들고 암호화폐 시장에 뛰어들어 2년 만에 투자금 대비 250배인 50억 원의 수익을 내고 '파이어족' 대열에 합류했다.

(3) 강성민, 『연금부자 습관: 100세까지 부자로! 은퇴중산층이 되는 법』(좋은습관연구소, 2022).

KBS라디오 PD로 재직하며 공인회계사와 은퇴설계전문가 자격증을 얻은 저자가 재태크 노하우를 담았다. 은퇴 후가 두려운 100세시대에 맞춘 연금활용법을 적었다.

귀농과 귀촌

(1) 박계해 지음/최현실 그림, 『나의, 카페 버스정류장』(버스정류장, 2015).

(2) 정청라 지음/ 임종진 사진, 『할머니 탐구 생활: '할머니'라는 지혜의 창고에서 발견한 삶의 보물들』(샨티, 2015).

(3) 노석미, 『매우 초록: 어쩌면 나의 40대에 대한 이야기』(난다. 2019).

(4) 이보현, 『귀촌하는법: 도시에 없는 여유와 나다움을 찾아서』(유유, 2021).

(5) 천규석(千圭奭), 『망쪼 든 세상 그래도 기리버서: 농부 할배 천규석의 편지』(신생, 2021).

서울대학교 문리대 미학과를 졸업한 뒤 1965년에 귀향해 평생을 소농으로 살아온 '농부철학자' 천규석의 생태에세이다. 저자는 이 책을 통해 생태관광을 내세우며 실제로는 생태를 파괴하는 경상남도 창녕군 일대에 위치한 대한민국 최대의 내륙 습지인 우포늪의 운영실태를 비판하고 전통을 내세운 민중문화들의 반민중적 성격을 지적하며 소농자급자치두레의 복원을 희구했다.

(6) 진남현, 『나는 너멍굴을 선택했다』(시대의창, 2021).

1990년생 저자가 전 재산 100만 원을 들고 깡촌으로 들어가 생활한 기록이다.

제3절 세대를 중심으로 한 정치적·사회적 갈등

제1항 세대갈등

(1) 한국사회학회 기획/안계춘(安啓春) · 김문조(金文朝) · 정성호(鄭成鎬: 강원대) · 조성남(趙成南) · 유홍준(劉泓埈) · 송호근(宋虎根), 『한국사회의 세대문제』(나남, 1990).

(2) 최평길(崔平吉), 『P세대(대학생 진화론, 실용파 세대의 코드를 읽는다)』(연세대학교출판부, 2006).

(3) 우석훈(禹晳熏) · 박권일(동아대) 공저, 『88만원 세대: 절망의 시대에 쓰는 희망의

경제학』(레디앙, 2007).

우리나라 비정규직 20대의 월 평균 급여가 '88만원'이라며 청년세대를 향해 "짱돌을 들라"고 주문했다.

(4) 중앙일보 청춘리포트팀 지음, 『청춘리포트』(맥스미디어, 2016).

(5) 전상진(田尙鎭), 『세대 게임: 세대 프레임을 넘어서』(문학과지성사, 2018).

(6) 김선기(金宣基), 『청년팔이 사회: 세대론이 지배하는 일상 뒤집기』(오월의봄, 2019).

10년 이상 청년단체에서 활동하며 청년담론과 세대담론을 탐구한 저자가 이 주제에 관해 발표했던 글들을 보완 · 수정해 펴낸 이 책은 한국의 청년세대담론이 차지하는 독특한 위상에 주목했다. 한국의 청년담론이 오히려 청년들의 가능성을 막고, 그들을 유별난 존재로 분리시킨다고 진단하며, 근거 없는 편견으로 가득 찬 청년담론에 공모하고, 그 억압의 메커니즘을 강화하는 다양한 주체들을 보여주었다.

(7) 이철승(李哲承), 『불평등의 세대: 누가 한국 사회를 불평등하게 만들었는가』(문학과지성사, 2019).

※ 이철승(1970~현재)은 노스캐롤라이나대학교 채플힐 캠퍼스 대학원 사회학과에서 복지국가와 불평등에 관한 논문으로 박사학위를 받았다. 유타대학교 교수와 시카고대학교 교수를 거쳐 현재 서강대학교 사회과학대학 사회학과 교수다. 국내외의 정상급 학술지에 여러 논문을 발표했으며 2011년과 2012년에 각각 미국사회학회가 수여하는 불평등과 사회이동 등의 분야의 최우수논문상을 받았다. 대표적인 저서로는 다음이 꼽힌다. Chol Seung Lee, *When Solidarity Works: Labor-Civic Networks and Welfare States in the Market Reform Era*(New York: Cambridge University Press, 2016)/박광호 옮김, 『노동-시민 연대는 언제 작동하는가: 배태된 응집성과 복지국가의 정치사회학』(후마니타스, 2019).

(7-A) 김민수, 「서평: 노동-시민은 어떤 사회를 원하는가?」, 『복음과상황』387(2023년 2월), 60~67쪽.

(8) 김정훈 · 심나리 · 김향기 · 우석훈(禹晳熏), 『386세대 유감: 386세대에게 헬조선의 미필적고의를 묻다』(웅진지식하우스, 2019).

(9) 김기동(金基東) · 이재묵(李哉默), 「세대 균열의 이면: 세대 내 이질성에 대한 연구」, 『한국정치학회보』제54집 제4호(2020년 가을), 135~166쪽.

(10) 연지영(延知映)·이훈(李勳: 경희대 언론정보학과 교수), 「혐오가 유머를 만날 때: 타인 혐오를 증폭시키는 유머와 한국사회의 젠더갈등에 대한 함의」, 『한국정치학회보』제54집 제4호(2020년 가을), 219~249쪽.

(11) 이한솔, 『허락되지 않은 내일: 불안과 희망의 교차점에 선 청년들』(경기도 파주시: 돌베개, 2021).

고(故) 이한빛 PD는 방송업계의 열악한 근무 환경 속에서 지난 2016년 스스로 생을 마감했다. 그의 동생이 형의 지인을 비롯한 2030세대 청년 35명과 문답을 주고받으며 젊은 세대가 처한 현실과 상황을 비판적으로 분석했다.

(12) 임명묵, 『K를 생각한다: 90년대생은 대한민국을 어떻게 바라보는가』(사이드웨이, 2021).

(13) 김용섭(날카로운상상력연구소 소장), 『결국 Z세대가 세상을 지배한다: Z세대, 그들이 바꿀 미래의 단서들』(퍼블리온, 2021).

저자는 "새로운 문명의 주인공은 누가 뭐래도 10~20대인 Z세대다. 기성세대가 아무리 인정하기 싫더라도 한국의 미래는 Z세대 몫이다. 어느 시대건 세대 간의 밀고당기는 것은 있기 마련이지만 옳고 그름을 떠나 기성세대는 그들을 믿고 미래를 맡겨야 할 때가 오고 있음을 직시해야 한다"라고 주장했다.

(14) 신재용(申在鎔), 『공정한 보상』(홍문사, 2021).

서울대학교 경영대학 교수인 저자는 MZ세대가 요구하는 공정한 성과평가와 보상이란 무엇인지를 집중적으로 탐색했다.

(15) Bobby Duffy, *Generations: Does When You're Born Shape Who You Are?*(London: Atlantic Books, 2021)/이영래(전문번역가) 옮김, 『세대 감각: 시대의 변화를 직시하는 법』(어크로스, 2022).

런던대학교의 킹스칼리지 정책연구소 소장이자 공공정책학과 교수인 저자는 여러 나라에서 모두 300만 명을 인터뷰한 데이터를 바탕으로 MZ세대에 대해 연구했다.

(16) 『철학과 현실』(2022년 봄).

편집인의 말

이진우(李鎭雨), 「변한 것은 '세대'가 아니라 '시대'다」, 6~13쪽.

특별좌담

강양구(姜亮求) · 서동욱(徐東煜) · 전상진(田尙鎭) · 최종렬(崔鍾烈), 「청년, 사회를 비추는 무서운 거울」, 14~63쪽.

칼럼

(ⅰ) 박혜진(민음사 편집부장), 「방향이 사라진 후에」, 64~77쪽.

(ⅱ) 양승훈(梁承勳), 「'MZ세대'는 한국사회에서 어떤 역할을 할 수 있는가?」, 78~95쪽.

(ⅲ) 조귀동(조선비즈 기자), 「MZ, '초격차'와 '공정을 위한 투쟁'의 세대」, 96~111쪽.

(ⅳ) 조원빈(趙元斌), 「한국사회 'MZ세대'와 정치 참여」, 112~121쪽.

(17) 박영범(朴英凡), 「세대간 일자리 갈등 어떻게 푸나: 좋은 일자리 늘어야 MZ세대 · 고령층 공존 가능해져」, 『중앙일보』(2022년 7월 19일), 26쪽.

(18) 유환기, 『서른, 덜컥 집을 사버렸습니다: 입사 6년 차 90년생의 좌충우돌 내 집 마련기』(애플북스, 2022).

입사 6년차의 평범한 1990년생 직장인이 생애 첫 집을 마련하기 위해 고군분투한 여정을 담았다.

(19) 김내훈(연세대 박사과정), 『급진의 20대: K-포퓰리즘, 가장 위태로운 세대의』(경기도 파주시: 서해문집, 2022).

저자는 자신이 속한 세대인 한국사회 20대를 향한 안팎의 시선을 '20대 현상'이라고 부르며 이를 포퓰리즘이라는 틀을 통해 분석했다.

(20) 윤석만(尹晳鏋: 중앙일보 논설위원) · 천하람(변호사), 『낀대 패싱: 튀고 싶지만 튀지 못하는 소심한 반항아들』(가디언, 2022).

한국에서 1970년 중반부터 1980년대 후반에 태어난 3040세대를 윗 세대에게 치이고 아랫세대에 밀리는 세대인 '낀 세대(낀대)'라고 부른다. 공저자에 따르면, 이 세대는 고속성장의 수혜는 586세대에 빼앗기고 사회트렌드는 1990년대생에 밀려 정치 · 사회적 아웃사이더가 돼버렸다. '낀대'는 개인주의적 성향과 조직에 대한 충성심을 동시에 지닌 세대로, 인터넷 없는 유년기와 스마트폰 없는 학창시절을 보낸 마지막 세대다. 공저자에 따르면, 이를 통해 5060과 20대를 연결하는 다리역할이 될 잠재력이 있지만 동시에 어디에도 속하지 못한 고달픈 세대이기도 하다.

(21) 고재석(高在石), 『세습 자본주의 세대: 88만원 세대는 어쩌다 영끌 세대가 되었는가?』(인물과사상사, 2023).

1986년생으로 현재 동아일보 출판국 기자인 저자는 1980년대생들이 경험한 '한국 자본주의의 축복과 고통' 과정을 심층적으로 분석했다.

새 세대에 대한 선배경영인들의 권고

(1) 전옥표, 『리부팅 = Re-booting: 지친 '나'를 채우는 재충전의 기술』(중앙books, 2019).

※ 전옥표(1957~현재)는 연세대학교 경영대학원에서 석사학위를 받은 데 이어 성균관대학교 경영대학원에서 박사학위를 받고 백석대학교 신학대학원에서 목회학석사학위를 받았다. 삼성전자 상무이사와 숭실대학교 경영대학 교수를 거쳐 현재 위닝경영연구소 소장이다.

(2) 폴 김, 『다시, 배우다 = Re:learn: 인생 리부팅을 위한 27가지 배움의 질문들』(한빛비즈, 2021).

제2항 공정의 문제

(1) 김미덕(성신여자대학교), 「정치학과 젠더: 사회분석 범주로서 젠더에 대한 이해」, 『한국정치학회보』제45집 제2호(2011년 여름), 31~49쪽.

(2) 정현영(한경닷컴 기자), 『벌어야 사는 사람들: 30·40대 13인이 말하는 지극히 현실적인 돈 이야기』(티핑포인트, 2016).

(3) 임홍택, 『간단함, 병맛, 솔직함으로 기업의 흥망성쇠를 좌우하는 90년생이 온다』(웨일북, 2018); ______, 『그건 부당합니다: Z세대 공정의 기준에 대한 탐구』(와이즈베리, 2022).

(4) 이준석(李俊錫) 지음/강희진 엮음, 『공정한 경쟁: 대한민국 보수의 가치와 미래를 묻다』(나무옆의자, 2019).

「국민의힘」대표였던 저자(1985~현재)가 젠더 · 세대 · 청년정치 · 북한 · 경제 등 한국사회가 직면한 여러 논쟁의 대상에 대해 자신의 의견을 개진했다.

(5) 조귀동, 『세습 중산층 사회: 90년대생이 경험하는 불평등은 어떻게 다른가』(생각의힘, 2020년 1월).

2019년은 90년대생에 관한 사회차원의 관심과 탐구가 끊이지 않는 해였다. '조국 대전'을 거친 2020년 이후의 한국사회를 준비하는 이 책은 '90년대생의 불평등 문제'를 제대로 진단했다. 20대의 불평등은 30대와 어떻게 다른가? 2019년의 20대는 1999년, 2009년의 20대와는 또 어떻게 다른가? 구체적이면서도 방대한 데이터와 그 속에서 건져낸 명확하고도 통렬한 분석은 기존의 프레임에서 벗어난 새로운 시각으로 20대를 바라보게 한다.

(6) 최종숙(민주화운동기념사업회), 「'20대 남성 현상' 다시 보기: 20대와 3040세대의 이념성향과 젠더의식 비교를 중심으로」, 『경제와 사회』(비판사회학회) 125(2020년 3월), 189~224쪽.

저자는 2018년 겨울 이후 나타난 '20대 남성 현상'이 가진 보수적 이념과 젠더의식에 대하여 시민의식조사자료를 바탕으로 분석했다.

(7) 김병권(정의당 부설 정의정책연구소 소장), 『사회적 상속: 세습사회를 뛰어넘는 더 공정한 계획』(이음, 2020년 3월).

(8) 배윤슬, 『청년도배사 이야기: 까마득한 벽 앞에서 버티며 성장한 시간들』(궁리, 2021).

연세대학교 사회복지학과를 졸업하고 노인복지관에서 사회복지사로 일하다가 2년 만에 그만두고 도배학원을 다닌 뒤 2019년 가을부터 도배사로 활동하고 있는 저자의 기록인 이 책은 세대문제를 새삼 느끼게 한다.

(9) 김민하(진보신당 정책위원), 『저쪽이 싫어서 투표하는 민주주의』(이데아, 2022년 1월 10일).

이 책에 대해 신새벽(민음사 편집부 인문사회팀장)은 『동아일보』(2022년 1월 29일) 18쪽에 자세히 소개했는데, 그 중요한 부분은 다음과 같다.

> 청년세대의 사회비평서 『추월의 시대』와 『K를 생각한다』에 비해, 한국정치를 미국과 일본에 비교하면서 긴 호흡으로 보았다. 세상이 왜 나아지지 않느냐는 물음에 그동안 주류 정치는 이쪽이 더 많은 권력을 가져야 한다거나 저쪽 세력을 뿌리 뽑아야 한다는 이분법을 내놓았다. 반대를 동력으로 움직이는 민주주의다. 대의제 민주주의가 거대양당 사이를 오가는 진자운동(振子運動)으로 수렴된다는 지적은 처음이 아니다. 김민하의 특별한 점은 20대 남자 대 여자, 밀레니얼세대 대 민주화세대, 보수 대 진보라는 대립이 우리의 문제는 아니라는 사실을 새삼 정직하게 대한다는 것이다.
>
> [⋯] 반대를 통해 자신의 이해를 정당화하는 현실정치에서 각자도생 원리는 민주주의의

합의 절차에 비해 우세를 점해왔다. 개혁세력은 기존 기득권층에 반대하면서 통치체제로 들어오지만 밖에서 비판했던 '적폐'를 제거할 수단은 그 안에 없다. 개혁에 실패한 집권세력에 대해 여전히 '의지'를 믿는 팬덤정치도, 무능력자 · 거짓말쟁이라는 비난도 반대의 정치라는 소용돌이로 휘말릴 뿐이다. 이런 구조적 난점 앞에서 저자는 통치를 다시 정의해야 한다고 주장한다. 통치는 유능한 대리자에게 요구하는 일이 아니라, 내가 참여하고 책임지는 일이다. 그러려면 서로가 서로를 설득해야 한다.

(10) 라종일(羅鍾一) · 현종희(작가) · 라경수(대한럭비협회) · 이나미(李娜美) · 이상호(李相昊) · 이현출(李鉉出) · 허태회(許太會) · 황인수(국가안보전략연구원) 분담집필, 『청년을 위한 정치는 없다: 청년 정치의 오늘을 말하다』(루아크, 2022년 1월 20일).

이 책은 "한국에서는 왜 40대 대통령이 나오지 않는가? 청년 정치의 기반은 왜 이다지도 취약할까?"라는 질문에서 시작했다.

(11) 신진욱(申晋旭), 『그런 세대는 없다: 불평등시대의 세대와 정치 이야기』(개마고원, 2022년 2월).

우리는 '이대남' '이대녀' 'MZ' '586' 등의 '이름붙이기'에 익숙해 있다. 저자는 이러한 이름붙이기를 비판한다. 동시대를 사는 시민들이 구조적 환경의 영향을 받는 것은 자연스럽지만, 그렇다고 이들을 동질한 집단이라고 보기 어렵다는 것이다. "586은 기득권이다" "MZ세대는 경쟁을 당연시한다" "2030은 불평등구조의 피해자다"라는 세대론은 현실에 부합하지 않으며, 오히려 "한국의 불평등사회에서 모든 세대 내에 깊은 경제적 계층 격차와 그에 따른 정신세계의 괴리가 발생했다"는 결론을 내린다.

(12) 라파엘 라시드(Raphael Rashid) 지음/허원민 옮김, 『우리가 보지 못한 대한민국』(민음사, 2022년 7월).

저자는 방글라데시인 아버지와 프랑스인 어머니 사이에서 태어나 영국 국적과 프랑스 국적을 갖고 있다. 런던대학교를 구성하는 동양 · 아프리카연구대학교(SOAS)에서 일본학과 한국학을 전공해 학사학위를 받았으며, 고려대학교 국제대학원에서 한국학을 전공해 석사학위를 받았다. 한국에서 10여 년 동안 살아온 저자는 홍보대행사를 거쳐 프리랜서 저널리스트로 일하고 있다. 한국행을 결심한 배경부터 그가 보고 듣고 겪은 것을 바탕으로 한국사회 전반에 대한, 특히 젊은 세대가 단계마다 치열한 생존경쟁을 겪는 현실에 대한 쓴소리를 칼럼으로 담았다. 역자는 이 칼럼들을 번역해 한권의 책으로 펴냈다. 저자는 한국은 '정상성(正常性)이 중독이 된 나라'라고 보았다.

(13) 조종식(전 롯데호텔 총지배인), 『꿈을 이룬 꼰대가 MZ에게 전하고 싶은 이야기』(한국표준협회미디어, 2023).

제4절 국제질서의 변화와 한반도

앞으로 제5절에서 세계질서가 어떻게 변화할 것이며 그러한 변화 속에서 한반도 분단상황이 어떻게 바뀌고 경우에 따라 통일이 이루어질 것인가에 관한 저술들을 살필 예정이다. 이에 앞서 이 제4절에서는 세계적 학자들이 미래를 어떻게 전망하고 있는지 살피기로 한다.

제1항 피터 자이한의 관찰과 예언

(1) Peter Zeihan, *The Accidental Superpower: The Next Generation of American Preeminence and the Coming Global Disorder*(New York: Hachette Book Group, 2014)/홍지수(전문번역가) · 정훈(전문번역가), 『21세기 미국의 패권과 지정학』(김앤김북스, 2018).

저자의 핵심적 논지는 다음과 같이 요약될 수 있다.

> 미국의 국제관계를 바라보는 인식과 전략에 큰 변화가 일어나고 있다. 미국은 '미국우선주의'로 회귀하고 있으며 그에 따라 기존의 동맹관계 그리고 자유무역질서를 재조정 하려고 한다. 결국 제2차 세계대전이 끝나면서 미국 주도 아래 편성된 국제질서에는 큰 변화가 일어날 것이다. 세계 곳곳에서 지정학이 부활하고, 인구구조의 위기가 닥치면서 세계는 예측하기 어려운 격변 속으로 빠져들 것이다.

※ Peter Zeihan(1973~현재)은 미국인으로 미주리주의 노스이스턴미주리주립대학교(현재 트루먼주립대학교)를 졸업하고 뉴질랜드에서 가장 오래된 대학인 오타고대학교

(University of Otago)에서 "From Tiger to Dragon, the Korean Reunification: Prospects and Process"(1996)으로 석사학위를 받았으며, 켄터키대학교 안의 패터슨외교·국제통상대학(Patterson School of Diplomacy and International Commerce)에서 박사학위를 받았다. 지정학을 중심으로 국제관계를 파악하는 접근방법을 활용해 세계정치와 세계경제를 분석하는 책들을 출판해 명성을 얻었다.

(1-A) G. John Ikenberry, "Book Review: *The Accidental Superpower* by Peter Zeihan," *Foreign Affairs*, Vol. 94, No. 2(March, 2015). p.182.

※ 서평자(1954~현재)는 미국 인디애나주 맨체스터대학교를 졸업하고 시카고대학교 대학원 정치학과에서 박사학위를 받았으며, 프린스턴대학교 정치학과 교수로 출발했다. 이후 펜실베이니아대학교 교수와 조지타운대학교 교수를 역임한 뒤 다시 프린스턴대학교로 돌아왔다. '자유로운 국제질서'를 옹호하는 국제정치학자로, *After Victory: Institutions, Strategic Restraint, and the Rebuilding of Order after Major Wars*,(Princeton, N.J.: Princeton University Press, 2001)를 출판했다.

(1-B) Laina Farhat-Holzman, "Book Review: *The Accidental Superpower* by Peter Zeihan," *Comparative Civilizations Review*, 76(May 2017), pp 171~172.

(2) Peter Zeihan, *The Absent Superpower: The Shale Revolution and a World Without America*(Zeihan on Geopolitics, 2017)/홍지수(전문번역가). 『셰일혁명과 미국 없는 세계: 세계질서의 붕괴와 다가올 3개의 전쟁』(김앤김북스, 2019).

(2-A) 배진영(裵振榮), 「서평: 미국은 분명히 세계에서 손을 뗀다!」, 피터 자이한 지음/ 홍지수 옮김, 『셰일혁명과 미국 없는 세계』, 『월간조선』(2019년 3월), 215쪽.

(2-B) 박종선, 「서평: '미국 없는' 세계에서 대한민국은 살아남을 수 있을까」, 피터 자이한 지음/ 홍지수 옮김, 『셰일혁명과 미국 없는 세계』, 『주간조선』(2019년 7월), 62~63쪽.

(2-C) 홍지수, 「서평: 미국이 세계질서 유지 역할 계속할지 모른다는 헛된 생각을 버려라」, 피터 자이한 지음/ 홍지수 옮김, 『셰일혁명과 미국 없는 세계』, 『월간조선』(2019년 9월), 295~302쪽.

(3) Peter Zeihan, *Disunited Nations: The Scramble for Power in an Ungoverned World*(New York: Harper Business, 2020)/ 홍지수, 『각자도생(各自圖生)의 세계와 지정학: 미국 없는 세계에서 어떤 국가가 부상하고 어떤 국가가 몰락하는가』(김앤김북스,

2021).

저자는 아시아뿐 아니라 세계 거의 모든 지역에서의 '체스판 변화'를 예상했다. 실패한 초강대국 러시아, 역풍을 맞는 독일, 맹주가 되려는 프랑스, 그리고 이란과 사우디아라비아 및 터키 사이의 중동패권다툼 등에 대해서도 깊이 있게 분석했다. 그의 주장들 가운데 대표적인 것은 다음과 같이 요약될 수 있다.

> (i) 미국은 고립주의 분위기 속에서 기존의 동맹관계를 재조정할 것이다. 한국에서도 철수할 것으로 예상된다. 미국은 비공식적으로 미국을 대신할 아시아지역 맹주로 일본을 낙점했다. 미국은 일본이 직접 중국을 상대할 수 있도록 일본정부에 군사행동을 제한하는 헌법조항을 재해석하라고 공식적으로 촉구했다. 또한 미국은 정보공유와 군사기술이전을 통해 일본을 가능한 한 가공할 존재로 만들고 있다.
>
> (ii) 어떤 전문가들은 중국이 미국을 따라잡을 것이라고 예언하지만, 그러한 일은 절대로 일어나지 않을 것이다. 오히려 중국은 앞으로 10년 이내에 쇠락할 것이다.
>
> (iii) 아시아에서 갈등이 마무리되면 일본이 우위를 차지하는 근본적으로 새로운 질서가 태동하게 된다. 그럴 경우 가장 극단적인 상황변화는 한국과 북한이 겪게 된다. 러시아가 쇠퇴하고, 미국이 손을 떼고 중국이 붕괴냐 후퇴냐의 갈림길에 서게 되면 선택지는 대부분 사라지게 된다. 다시 부상하는 일본과 사실상 경제적으로 융합하는 길을 모색하는 것이 가장 현명한 선택일 것이다. 일본은 한국이 구조적인 경제문제들을 해결하는 데 도움을 줄 수 있는 유일한 나라다. 해외시장에 계속 접근하도록 도와줄 수 있는 유일한 나라일 것이다.

(4) Peter Zeihan, *The End of the World Is Just the Beginning: Mapping the Collapse of Globalization*(New York: Harper Business, an imprint of HarperCollinsPublishers, 2022)/홍지수 옮김, 『붕괴하는 세계와 인구학』(김앤김북스, 2023).

저자는 "동아시아의 종말이 오고, 새로운 미국의 세기가 시작될 것"이라는 전망을 제시했다. 그러나 한국에 관해서는 「한국어판 서문」을 통해 희망적인 견해를 제시했다. 그는 "75년간 한국이 망한다는 데 내기를 건 이들은 모두 졌다. 창의력과 불굴의 의지로 탈세계화의 난관을 헤쳐 나갈 국민이 있다면 그는 바로 한국인일 것이다"라고 말한 것이다.

(4-A) Daron Acemoglu and James A. Robinson, *Why Nations Fail: The Origins of Power, Prosperity, and Poverty*(New York: Crown Business, 2012)/최완규(전문번역가) 역/장경덕(매일경제신문 논설위원실장) 감수, 『국가는 왜 실패하는가』(시공사, 2012).

이 책은 한국의 장래를 연구할 때 여러 가르침을 준다.

제2항 전문가의 관찰과 예언

엔리코 펠스

(1) Enrico Fels, *Assessing Eurasia's Powerhouse: An Inquiry into the Nature of the Shanghai Cooperation Organisation*(Bochum: Winkler, 2009).

※ Enrico Fels는 독일 보훔대학교(Ruhr-Universität Bochum)에서 정치학 · 사회학 · 경제학 등을 전공해 학사학위를 받은 데 이어 호주국립대학교 대학원에서 전략학을 전공해 석사학위를 받았으며 독일 본대학교(Universität Bonn) 대학원 정치학과에서 아시아 · 태평양에서의 전략적 변화에 관한 논문으로 2016년에 정치학박사학위를 받았다. 현재 본대학교 안의 국제전략문제연구소 운영실장이다.

(2) Enrico Fels, Jan-Frederik Kremer, Katharina Kronenberg, *Power in the 21st Century: International Security and International Political Economy in a Changing World*(Berlin: Springer, 2014).

(3) Enrico Fels, *Shifting Power in Asia-Pacific?: The Rise of China, Sino-US Competition and Regional Middle Power Allegiance*(New York: Springer Publishing Company, 2016).

아시아 · 태평양지역에서의 '힘의 이동'을 다루는 가운데 미 · 중경쟁에 초점을 맞추었다. 한국을 비롯한 '중견국가'에 대해서도 관심을 쏟았는데, 이 책의 567~635쪽에서 "The Republic of Korea: No Longer a Small 'Shrimp Among Whales'"라는 명제를 제시했다. 대한민국은 호주와 마찬가지로 '중견국가'의 지위에 올랐다는 것이다.

(3-A) Richard Q. Turcsanyi, "Book Review: *Shifting Power in Asia-Pacific?* by Enrico Fels," *International Affairs*, Vol. 94, No. 1(January 2018). pp.220~221.

이승주 교수 등

(1) William Strauss and Neil Howe, *The Fourth Turning: An American Prophecy*(New York: Broadway Books, 1998); Neil Howe, *The Fourth Turning Is Here: What the Seasons of History Tell Us about How and When This Crisis Will End*(New York: Simon

and Schuster, 2023).

하우(1951~현재)는 캘리포니아대학교 버클리 캠퍼스에서 학부를 졸업하고 예일대학교 대학원에서 경제학석사학위와 역사학석사학위를 받았다. 미래예측에 관한 연구소를 세우고 이 주제에 관한 여러 책들을 출판했다.

(2) Seung-joo Lee, "Technological Change, Sectoral Institutions, and Policymaking: Japanese Responses to U.S. Pressure in High Technology Industries," unpub. Ph.D. diss., University of California, Berkeley, 2000; 이승주(李昇柱), 「21세기 일본 외교전략의 변화: 보통국가의 변환과 다차원 외교의 대두」, 『한국정치외교사논총』 제35집 제2호(2014년 2월), 275~306쪽; ______, 「아시아 패러독스(Asia Paradox)를 넘어서: 경제적 상호의존과 제도화의 관계에 대한 비판적 검토」, 『한국정치외교사논총』(한국정치외교사학회) 제36집 제2호(2015년 2월), 167~198쪽.

※ 이승주(1966~현재)는 연세대학교 사회과학대학 정치외교학과를 졸업하고 연세대학교 대학원 정치외교학과에서 석사학위를 받은 데 이어 캘리포니아대학교 버클리 캠퍼스 대학원 정치학과에서 박사학위를 받았다. 현재 중앙대학교 사회과학대학 정치국제학과 교수다.

(3) Chandra Chari, ed., *War, Peace and Hegemony in a Globalized World: The Changing Balance of Power in the 21st Century*(London and New York: Routledge, Taylor and Francis Group, 2007): ______, ed., *Superpower Rivalry and Conflict: The Long Shadow of the Cold War on the 21st Century*(London and New York: Routledge, Taylor and Francis Group, 2010).

※ Chandra Chari는 인도의 국제적 서평전문지인 *The Book Review*를 발행하는 The Book Review Literary Trust의 회장이다.

(4) Mark Beeson, *Issues in 21st Century World Politics*(New York, Palgrave, 2013).

(5) Robbin F Laird, Edward Timperlake, and Richard Weitz, *Rebuilding, American Military Power in the Pacific: A 21st-Century Strategy*(Santa Barbara, C.A.: Praeger, 2014).

(6) Mikael Wigell, Sören Scholvin, and Mika Aaltola, *Geo-economics and Power Politics in the 21st Century: The Revival of Economic Statecraft*(London and New York: Routledge, Taylor and Francis Group, 2019).

(7) Maria Adele Carrai, Jennifer Rudolph, and Michael Szonyi, *The China Questions.*

2: Critical Insights into US-China Relations(Cambridge, M.A.: Harvard University Press, 2022)/함규진(咸圭鎭) 옮김, 『하버드대학 미 · 중특강』(미래의창, 2023).

중국이 경제적으로 성장하고 부유해지면 자연스럽게 민주적인 국가로 변모할 것이라는 기대는 시진핑체제의 등장 이후 무너졌다고 진단했다.

(8) Peter Turchin, *End Times: Elites, Counter-elites, and the Path of Political Disintegration* (New York: Penguin Press, 2023)

러시아계 미국인으로 뉴욕대학교를 졸업하고 듀크대학교에서 동물학을 전공해 박사학위를 받은 저자(1957~현재)는 미래예측에 관한 많은 저술로 널리 알려졌다. 이 책에서 그는 "고학력 엘리트의 과잉공급과 대중의 궁핍한 삶은 미국을 붕괴 직전까지 몰아넣을 것"이라고 경고했다.

(9) 정원교(鄭沅敎), 『시진핑의 중국몽(中國夢)과 미디어전략』(경기도 파주시: 나남, 2023).

신문사 베이징특파원 출신이면서 중국어 『아주경제』총편집인인 저자가 '중국몽'의 실현을 위한 시진핑의 전략을 분석했다.

제5절 한반도의 평화와 통일

제1항 한국인의 트렌드 분석

우리는 앞의 제4절에서 외국의 학자들이 국제관계의 미래를 어떻게 예측했는가를 살폈다. 이제 국내의 학자들이 한국의 미래를 어떻게 예측했는가를 살피기로 한다.

(1) 서울대학교 생활과학연구소 소비트렌드분석센터/김난도(金蘭都) 대표집필, 『트렌드 코리아 2009』(미래의창, 2008); ______, 『트렌드 코리아 2010』(미래의창, 2009); ______, 『트렌드 코리아 2010』(미래의창, 2009); ______, 『트렌드 코리아 2011』(미래의창, 2010); ______, 『트렌드 코리아 2012』(미래의창, 2011); ______, 『트렌드 코리아 2013』(미래의창, 2012); ______, 『트렌드 코리아 2014』(미래의창, 2013); ______, 『트

렌드 코리아 2015』(미래의창, 2014); ______, 『트렌드 코리아 2016』(미래의창, 2015); ______, 『트렌드 코리아 2017』(미래의창, 2016); ______, 『트렌드 코리아 2018』(미래의창, 2017); ______, 『트렌드 코리아 2019』(미래의창, 2018); ______, 『트렌드 코리아 2020』(미래의창, 2019); ______, 『트렌드 코리아 2021』(미래의창, 2020); ______, 『트렌드 코리아 2022』(미래의창, 2021); ______, 『트렌드 코리아 2023』(미래의창, 2022), ______, 『트렌드 코리아 2024』(미래의창, 2023).

김난도 서울대학교 생활과학대학 소비자학과 교수를 비롯한 서울대학교 생활과학연구소 소비트렌드분석센터 연구원들이 공저한 책이다. 2008년부터 출판된 이 책은 당해년도의 트렌드에 대한 분석과 그 이듬해의 트렌드에 대한 분석을 제시한다.

(2) 최인수(崔仁銖) · 윤덕환(심리학박사) · 채선애(문학석사) · 송으뜸 · 이진아(인류학자), 『2019 대한민국 트렌드: 1인 체제가 불러온 소비 축소』(한국경제신문사, 2018); ______, 『2020 트렌드 모니터: 대중을 읽고 기획하는 힘』(시크릿하우스, 2019); ______, 『2021 트렌드 모니터: 대중을 읽고 기획하는 힘』(시크릿하우스, 2020); ______, 『2022 트렌드 모니터』(시크릿하우스, 2021).

(3) 배영(裵泳: 포항공대), 『지금, 한국을 읽다: 빅데이터로 본 우리 마음의 궤적』(아날로그, 2018).

저자는 다양한 SNS 채널과 포털사이트의 검색량, 그리고 언론보도량 등 데이터를 추출해 산출된 '결과 값'을 토대로 한국의 이슈 20개를 살폈다.

(4) 김용섭(트렌드분석가), 『라이프 트렌드 2022: Better Normal Life』(부키, 2021).

저자는 '뉴 노멀'이 아니라 '배터 노멀'을 추구하는 사람들이 가드닝과 반려식물에 대해 몰두하는 현상을 2022년의 큰 물결로 감지했다.

(5) 이노션인사이트그룹 공동집필, 『친절한 트렌드 뒷담화 2022 마케팅 전문가들이 주목한 라이프스타일 인사이트』(싱긋, 2021).

(6) 고려대학교 고령사회연구센터, 『2022 대한민국이 열광할 시니어 트렌드』(비즈니스북스, 2021).

어느덧 주변에서 깊숙하게 진행된 고령화사회에 어떻게 대응할 것인지를 조언했다.

(7) 이영한 외 31인 지음, 『2024 대한민국 대전망』(지식의날개, 2023).

경제와 문화 등 각 분야를 아우르는 중도성향 지식인 32인이 2024년의 대한민국을 전망했다.

제2항 한국의 논점

한국이 직면한 문제분석과 미래전망에 관해서 한국의 학계는 활발한 토론을 벌였다. 그 사례는 다음과 같다.

(i) 강만길(姜萬吉) 외, 『한국의 논점 1996』(문화일보, 1996).

(ii) 강명규 외, 『한국의 논점 1997』(문화일보, 1997).

(iii) 김승열(변호사) 외, 『한국의 논점: 2014, 한 권으로 꿰뚫어보는 정치 경제 사회 문화 핫이슈 53』(동아일보, 2014).

(iv) 윤태곤 · 서용석 외, 『한국의 논점 2017』(북바이북, 2016).

(v) 강양구(姜亮求)·고상만 외, 『한국의 논점 2018: 키워드로 읽는 한국의 쟁점 41』(북바이북, 2017).

(vi) 고한석(민주연구원 부원장) 외, 『한국의 논점 2019: 현재와 미래를 바꾸기 위한 42가지 제언』(북바이북, 2018).

(vii) 남기정(南基正) · 안병진(安秉鎭) 외, 『2020 한국의 논점』(북바이북, 2019).

(viii) 홍기빈·강양구(姜亮求) 외, 『한국의 논점 2021: 미증유의 코로나 시대, 극복을 위한 43가지 제언』(북바이북, 2020).

(ix) 채진원 · 조성실 외, 『한국의 논점 2022』(북바이북, 2021).

제3항 국내정책 및 국내기업에 대한 건의

미래준비론: 거버넌스, 국민기본소득, 국가예산 그리고 선진국으로의 도약 등

(1) 지만원(地萬元), 『한국호의 침몰: 이대로 가면 진짜 망한다』(현암사, 2000).

(2) 송호근(宋虎根), 『한국, 어떤 미래를 선택할 것인가: 이념갈등과 정책빈곤의 진보정치』(경기도 파주시: 21세기북스, 2005).

(3) 『월간조선』편집부 기획 및 편집, 『GDP 4만 달러 '선진선진국(先進善進國)' 대작전: 대한민국 최고전문가 60명이 제안하는 일류국가 청사진』(2010년 1월 『월간조선』

부록).

(4) 한성안(韓聖安), 『진보집권경제학: 살아 있는 진보경제학 지침서』(생각의길, 2011년 12월 10일).

※ 한성안(1958~현재)은 독일 브레멘대학교 대학원 경제학과에서 박사학위를 받았다. 박사학위청구논문 서지사항은 다음과 같다. Seong An Han, "Die Bedeutung des Technologieimportes im kapitalistischen Entwicklungsprozess," unpub. Ph.D. diss., Universität Bremen, 1993. 영산대학교 법경대학 경영학부 교수로 봉직했다.

(5) 안병진(安秉鎭) · 백희원 외 지음, 『기본소득 시대: 생존 이상의 가치를 꿈꾸다』(경기도 파주시: 아르테, 2011년 12월 10일).

(6) 김상하(특허법인), 『일자리가 사라진 세계: 일자리가 사라진 세상을 살아갈 당신과 당신의 아이들을 위해』(바른북스, 2017년 8월).

(7) NEAR재단, 『한국의 경제생태계: 생성-성장-소멸-재생성 순환체계 단절로 침하되고 있는』(21세기북스, 2017년 11월).

(8) 염재호(廉載鎬), 『개척하는 지성: 21세기 뉴노멀 사회의 도전』(경기도 파주시: 나남출판사, 2018년 11월).

고려대학교 총장인 저자는 젊은 세대들에게 다가오는 미래의 모습은 어떤 것이며 거기에 맞춰 어떻게 대처해야 할 것인가를 말했다.

(9) 김광웅(金光雄), 『좋은 정부: 철학과 과학으로 풀어 쓴 미래정부 이야기』(21세기북스, 2018년 12월).

(10) 하승수(河昇秀), 『배를 돌려라: 대한민국 대전환(공생 공유 공정사회를 위한 밑그림)』(한티재, 2019).

※ 하승수(1968~현재)는 서울대학교 법과대학을 졸업하고 변호사 및 공인회계사 자격을 얻었다. 현재 제주대학교 법학전문대학원 교수다. 그는 『개방명부비례대표제를 제안한다: 위성정당 없는 진짜 비례대표제를 위하여』(한티재, 2020년 9월) 및 「선거제도 개혁, 어떻게 할 것인가: 지혜로운 추진전략과 실현 가능한 대안」, 『창작과비평』 제50권 제4호(2022년 겨울), 357~368쪽도 출판했다.

(11) 윤희숙(尹喜淑), 『정책의 배신: 좌파 기득권 수호에 매몰된 대한민국 경제 사회 정책의 비밀』(21세기북스, 2020); ______, 『정치의 배신: 혐오의 정치, 그 너머로 건너가기 위해 지금 우리가 이야기해야 할 것들』(쌤앤파커스, 2021).

※ 윤희숙(1970~현재)은 서울대학교 사회과학대학 경제학과를 졸업하고 서울대학교 대학원 경제학과에서 석사학위를 받은 데 이어 콜럼비아대학교 대학원 경제학과에서 박사학위를 받았다. 한국개발연구원(KDI) 연구위원에 이어 KDI국제정책대학원 교수를 역임하고 제21대 국회의원에 당선됐다. 아버지의 땅투기 의혹이 제기되자 과감히 의원직을 사퇴하는 용기를 보여주었다.

(12) 강국진(서울신문사 기자), 『세금폭탄, 부자감세, 서민증세: 조세담론의 정치학』(후마니타스, 2019).

(13) 장제우, 『장제우의 세금수업: 당신의 세금이 우리 모두의 삶을 책임진다면』(사이드웨이, 2020).

한국이 국제통화기금(IMF) 구제금융을 신청한 시기인 1990년대 후반 대학을 중퇴한 저자는 여러 공장에서 일하며 실물경제 현장을 체험한 경제 칼럼니스트다. 그는 책에 '당신의 세금이 우리 모두의 삶을 책임진다면'이란 긴 부제를 붙였다.

(14) 우석훈(禹晳熏) · 박용진(朴用鎭) · 김세연(金世淵) 공저/공희준(정치사회칼럼니스트) 편, 『리셋 대한민국: 우석훈 · 박용진 · 김세연의 대한민국 미래대담』(오픈하우스, 2021년 2월).

(15) 조병선, 『가족기업의 성공승계전략』(피앤씨미디어, 2021년 8월).

※ 저자는 독일 쾰른대학교 대학원에서 법학박사학위를 받았으며, 숭실대학교 벤처중소기업학과 교수를 거쳐 기업은행 초대 IBK경제연구소 소장을 역임했다. 현재 중견기업연합회 산하 중견기업연구원장이다.

(16) 현진권(玄鎭權), 『도서관 민주주의』(산림출판사, 2021년 9월).

"도서관이 민주주의이고, 민주주의가 도서관이다"라는 명제를 제시했다.

※ 현진권(1959~현재)은 연세대학교 공과대학 건축공학과를 졸업하고 노스캐롤라이나대학교(University of North Carolina) 채플힐 캠퍼스 대학원에서 석사학위를 받은 데 이어 카네기멜론대학교 대학원에서 정책학을 전공해 박사학위를 받았다. 박사학위논문 서지사항은 다음과 같다. Jin Kwon Hyun, "Tax Policies, Capital-Use Decisions, and Economic Depreciation: A Theoretical and Empirical Analysis," unpub. Ph.D. diss., Carnegie Mellon University, 1989. 자유경제연구원 원장을 역임하고 현재 국회도서관 관장이다.

(17) 박광무(朴光武), 『대한민국 거버넌스 솔루션: MZ세대가 꼭 알아야 할 참여정

책』(한마당서림, 2021년 10월).

저자는 한국이 선진국으로 도약하기 위해서 '거버넌스'가 필요하다고 역설한다. 올바른 거버넌스란 정부의 공론장에서 시민사회와 기업 등 민간 관계자들이 토론과 숙의를 거쳐 정책을 도출하는 방식이다.

※ 박광무(1954~현재)는 성균관대학교 국정관리대학원에서 「한국 문화정책의 변동에 관한 연구: 정책기조와 핵심정책을 중심으로」(2009년 8월)로 행정학박사학위를 받았다. 문화체육관광부 문화예술국장 및 한국문화관광연구원장을 역임했다.

(18) 이영환(동국대) · 이기동(李基東: 성균관대) · 최수(崔洙), 『대한민국, 변방에서 중심으로: 대전환의 시대를 위한 경제학자 · 유학자 · 기업인의 8가지 파격 제언』(앵글북스, 2021년 11월 10일).

경제학자, 동양철학자, 경영학자가 모여 대한민국의 미래를 그렸다. 물질중심의 서양 시스템을 모방할 것이 아니라 공동체 정신, 문화적 우수성 등 정신적 자산에 바탕을 둔 한국 정체성을 살려야 한다고 말한다.

(19) 최익용(전문저술가), 『대한민국 운명: 국민이 나서서 세계의 등불 코리아 G3 만들기』(행복에너지, 2021년 11월 11일).

(20) 신해룡(辛海龍), 『예산을 철학하다』(세명서관, 2021년 11월 21일).

저자는 초대 국회예산정책국장과 3대 국회예산정책처장을 지내며 '미스터 예산'으로 불렸다. 그가 그동안 펴낸 11권의 저작에서 머리말과 주요 내용을 발췌했다.

※ 신해룡(1952~현재)은 건국대학교 대학원 경제학과에서 경제학박사학위를 받았다. 입법고시를 거쳐 국회사무처의 여러 부서에서 봉직했으며, 퇴임 이후 호서대학교 벤처대학원 교수와 중앙대학교 행정대학원 교수로 봉직했다.

(21) 임명현, 『대한민국 공공재정론』(나녹, 2022년 4월).

국회 예산정책처 기획관리관이 올바른 정책결정과 재정관리방안을 제시했다.

(22) 김세형(전 매일경제 편집국장) · 김성수(과학기술정보통신부 연구개발투자심의국장) · 김용하(金龍夏) · 송성훈(매일경제 금융부장) · 신현규(매일경제 실리콘밸리 특파원), 『대한민국, 선진국의 조건: 소득 10만달러를 향한 도전, 세계 5대 강국으로 도약하기 위한 마스터플랜』(시공사, 2023년 2월).

(23) 엄한진(嚴漢振), 『증오를 품은 이를 위한 변명: 증오의 사회학, 그 첫 번째』(성균관대학교 출판부, 2023년 2월)

※ 엄한진(1964~현재)은 서울대학교 사회과학대학 사회학과를 졸업하고 파리3대학교 대학원 사회학과에서 석사학위를 받은 데 이어 파리8대학교 대학원 사회학과에서 박사학위를 받았다. 박사학위청구논문 서지사항은 다음과 같다. Hanjin Eom, "Neo-liberal Transformation and Islam in North Africa," unpub. Ph.D. diss., Université Paris-VIII/Université de Vincennes à Saint-Denis, 2001. 현재 한림대학교 사회과학대학 사회학과 교수다.

(24) 안종범(安鍾範), 『G3 대한민국: K-국부론에서 길을 찾다』(렛츠북, 2023년 7월).

대통령 정책조정실장을 역임한 경제학자인 저자는, 한민족 역사에 내재한 승부근성을 통해 한국이 미국 및 중국과 더불어 3대 경제강국으로 도약할 잠재력이 있다고 역설했다. 그러나 여전히 극복해야 할 문제도 있다고 지적하면서, 분열과 갈등, 팬덤정치, 재정포퓰리즘 등을 넘어서야 'G3'로 거듭날 수 있다고 주장한다.

제4차 산업혁명 대비론

(1) 『철학과 현실』119(2018년 겨울).

편집인의 말

엄정식(嚴廷植), 「4차 산업혁명의 문화철학」, 6~16쪽.

특별좌담

박영준(朴榮俊) · 오세정(吳世正) · 김도식(金度植) · 유기윤(柳冀潤), 「4차 산업혁명과 대한민국의 현주소」, 18~98쪽.

칼럼

(i) 김태유(金泰由), 「4차 산업혁명에 관한 올바른 이해」, 100~127쪽.

(ii) 황농문(黃農文), 「4차 산업혁명과 창의성 교육」, 128~144쪽.

(2) 김상배(金湘培) · 이중구(李重九) · 윤정현(尹晶鉉) · 송태은(宋兌殷) · 설인효(薛仁曉) · 차정미(車正美) · 이장욱(李章旭) · 윤민우(가천대학교 경찰안보학과) · 최정훈(서울대학교 외교학과 조교) · 장기영(張起榮) · 이원경(李苑暻) · 조은정(국가안보전략연구원) 등, 『4차 산업혁명과 신흥군사안보: 미래전의 진화와 국제정치의 변환』(경기도 파주시: 한울, 2020).

(3) 박태웅(한빛비즈이사회 의장), 『눈 떠보니 선진국: 앞으로 나아갈 대한민국을 위

한 제헌』(한빛비즈, 2021년 8월).

한국은 정말 선진국이 된 것일까. 비판적인 시선으로 이를 면밀히 들여다본다.

(4) 육근효(陸根孝), 『하이브리드 사회책임회계: 회계와 공학의 만남』(한국학술정보, 2021년 10월).

동아대학교에서 경영학박사학위를 받은 부산외국어대학교 경영학부 교수인 저자는 우리가 맞이하고 있는 제4차 산업혁명시대에는 정보기술과 공학기법을 회계시스템과 융합해 '지속가능한 회계'를 지향해야 한다고 제의했다.

(5) 최형렬(기업인), 『일을 지배하는 기술』(21세기북스, 2022년 7월).

무신사의 29CM 신사업기획실장인 저자는 "우리가 현재 직면한 4차 산업혁명 시대는 '지식과 정보'가 노동력의 실체가 되었으며, 변화에 빠르고 민감하게 대처해야 한다"라고 주장했다.

경제와 경영 그리고 기업

(1) 전철환(全哲煥), 『한국경제에 고함: 대한민국의 미래를 말한다』(아라크네, 2005).

한국은행 총재를 역임한 경제학자인 저자의 유고를 묶었다.

(2) 카이스트 문술미래전략대학원 미래전략연구센터, 『Re-Build 코리아: 대한민국 모두가 행복할 수 있는 정책대안 2017』(MID, 2017); ______ 편, 『카이스트 미래전략 2022: X이벤트, 위기와 기회의 시대』(김영사, 2021).

뒤의 책 제목의 'X이벤트'는 'Extreme Event'의 줄임말로, 후쿠시마원전사고와 코로나팬데믹 등 발생가능성은 낮지만 그 여파가 엄청난 미지의 재앙을 뜻한다. 인간이 초래한 재앙이라는 점에서 천재지변과는 차이가 있다. 77개 분야, 50개 이슈를 중심으로 대한민국의 미래를 전망했다.

(3) 홍성국(洪性國), 『수축사회: 성장신화를 버려야 미래가 보인다』(메디치미디어, 2018).

※ 홍성국(1963~현재)은 서강대학교 사회과학대학 정치외교학과를 졸업하고 동국대학교 행정대학원에서 석사학위를 받았다. 미래에셋대우 사장을 역임하고 현재 21대 국회의원(더불어민주당)이다.

(4) 이인실(李仁實), 『2030 한국경제론: 10년 후 한국경제, 방심할 수 없다』(프리이코노미북스, 2019).

※ 이인실(1956~현재)은 연세대학교 상경대학 경제학과를 졸업하고 연세대학교 대학원 경제학과에서 석사학위를 받은 데 이어 미네소타대학교 대학원 경제학과에서 박사학위를 받았다. 박사학위청구논문 서지사항은 다음과 같다. Insill Yi, "Tax Analysis in an Intertemporal General Equilibrium Model," unpub. Ph.D. diss., University of Minnesota, 1990. 서강대학교 경제대학원 교수로 정년퇴임했으며, 현재 서강대학교 명예교수다.

(5) 김병규(金秉奎), 『노 브랜드 시대의 브랜드 전략: 플랫폼이 당신의 브랜드를 먹어치우기 전에 알아야 할 것들』(미래의창, 2020년 7월); ______, 『플라스틱은 어떻게 브랜드의 무기가 되는가: 파타고니아에서 이케아까지, 그린슈머를 사로잡은 브랜드의 플라스틱 인사이트를 배운다』(미래의창, 2021); ______, 『플랫폼 제국의 탄생과 브랜드의 미래: 쿠팡, 네이버, 배민보다 먼저 찾는 브랜드는 무엇이 다른가』(미래의창, 2021).

※ 김병규(1975~현재)는 서울대학교 사회과학대학 심리학과를 졸업하고 서울대학교 대학원 경영학과에서 석사학위를 받은 데 이어 미국 펜실베이니아대학교 워튼스쿨에서 경영학을 전공해 박사학위를 받았다. 현재 연세대학교 경영학과 교수다.

(6) 김낙회(金樂會) · 변양호(邊陽浩) · 이석준(李錫駿) · 임종룡(任鍾龍) · 최상목(崔相穆), 『경제정책 어젠다 2022: 자유, 평등 그리고 공정』(경기도 파주시: 21세기북스, 2021년 4월).

이 책은 경제시스템 재구축을 위한 세 가지 정책과제와 하나의 실천전략을 제시했다. 30년간 치열한 경제정책 현장의 최전선에서 활동한 저자들은 '자유롭고 평등하며 공정한 경제'의 비전을 바탕으로 대한민국 경제정책의 미래를 제시했다.

(7) 문주현(文詿鉉) · 윤종일(KAIST 원자력및양자공학과) · 이정익(KAIST 원자력및양자공학과) · 이현철(李炫撤) · 정범진(경희대학교 원자력공학과) · 정용훈(KAIST 원자력및양자공학과) · 정재준(鄭載駿) · 주한규(朱漢奎) · 최성민(KAIST 원자력및양자공학과) · 황주호(黃柱鎬), 『대통령을 위한 에너지정책 길라잡이』(핵공감클라쓰, 2021년 8월).

(8) 한국공학한림원 · 산업미래전략위원회, 『담대한 전환 대한민국 산업미래전략 2030』(잇플, 2021년 10월).

(9) 이선(李烍) · 박권(朴權), 『신국부론: AI시대의 특이점 경제학』(생각나눔, 2021년 10월).

(10) 이영하, 『세계 1등은 다르게 일한다: LG전자, 생활 가전 세계 넘버원의 비

밀』(서울문화사, 2021년 11월).

(11) 윤성혁(전 삼성아프리카총괄), 『위기인가? 삼성하라!: 32년 삼성전자 영업맨의 생생한 글로벌 현장 스토리』(봄빛서원, 2021년 12월).

(12) 김용범(金容範) 저/권순우(權純宇) 정리, 『격변과 균형: 한국경제의 새로운 30년을 향하여』(경기도 파주시: 창비, 2022).

※ 김용범(1962~현재)은 서울대학교 사회과학대학 경제학과를 졸업하고 서울대학교 행정대학원에서 석사학위를 받았으며 조지워싱턴대학교 대학원에서 경제학박사학위를 받았다. 행시를 통해 관계에 입문한 뒤 금융위원회 부위원장과 기획재정부 제1차관을 역임했다. 전 머니투데이방송기자인 편자가 그의 원고를 정리했다.

(13) 김효신(金孝信), 『R의 공포가 온다: 기회를 동반한 또 다른 경제위기의 시작』(트러스트북스, 2022).

제목의 R은 '경기침체' 또는 '불황'을 뜻하는 'Recession'의 첫 글자다. 저자는 한국에 당장 닥칠 수 있는 미래의 시나리오로,(ⅰ) 심각한 경제위기,(ⅱ) 인플레이션이 쉽게 잡히지 않으면서 저성장이 지속되고,(ⅲ) 인플레이션이 안정화되며 경제가 서서히 회복된다는 세 가지를 제시했다.

(14) 이관휘(李官徽), 『이관휘의 자본시장 이야기: 위기의 시대를 돌파하기 위한 한국 경제 뒤집어 읽기』(어크로스, 2023).

※ 이관휘(1970~현재)는 서울대학교 경영대학을 졸업하고 서울대학교 대학원 경영학과에서 석사학위를 받은 데 이어 노스캐롤라이나대학교 대학원 채플힐 캠퍼스 대학원 경제학과에서 석사학위를 받고 오하이오주립대학교 대학원 경제학과에서 박사학위를 받았다. 박사학위청구논문 서지사항은 다음과 같다. Kuan-Hui Lee, "Liquidity Risk and Asset Pricing," unpub. Ph.D. diss., Ohio State University, 2006. 현재 서울대학교 경영대학원 교수다.

철도의 미래

전현우(全賢祐), 『거대도시 서울 철도: 기후위기 시대의 미래 환승법』(워크룸프레스, 2020).

저자는 「제2부 서울의 철도, 현 망부터 미래 계획까지」를 통해 한국의 철도기술을 통한 미래발전에 대해 썼다. 이 책은 제61회 한국출판문화상 저술상 학술부문상을 수상했다.

※ 전현우(1986~현재)는 서강대학교 철학과를 졸업하고 서강대학교 대학원 철학과에서 석사학위를 받았다. 현재 서울시립대학교 자연과학연구소 연구원으로, 다음의 책을 출판했다.『오송역: 이상한 분기역의 비밀과 오차 수정의 길』(이김, 2023). 충청북도 청주시 오송읍(五松邑)의 오송역은 세종시의 관문이자 경부선과 호남선이 나뉘는 교통의 요지다. 저자는 오송역 입지선정과정의 정치적 흐름을 추적했다.

과학기술: 디지털과 IT 그리고 인공지능(AI)을 포함해

(1) Kwang-suk Lee, *IT Development in Korea: A Broadband Nirvana?*(New York: Routledge, August 2015); 이광석(李光錫),『디지털 폭식 사회: 기술은 어떻게 우리 사회를 잠식하는가?』(인물과사상사, 2022년 11월).

※ 이광석(1968~현재)은 중앙대학교 회계학과를 졸업하고 중앙대학교 대학원 언론정보학과에서 석사학위를 받았으며 텍사스대학교 오스틴 캠퍼스 대학원에서 언론정보학을 전공해 박사학위를 받았다. 현재 서울과학기술대학교 IT정책대학원 교수다.

(2) 이정동(李正東),『축적의 시간: 서울공대 26명의 석학이 던지는 한국 산업의 미래를 위한 제언』(지식노마드, 2015년 9월); ______,『축적의 길: 축적의 시간 두 번째 이야기』(지식노마드, 2017); ______,『최초의 질문: 기술 선진국의 조건』(민음사, 2022).

(3) 박정일,『AI 한국경영: 지도자편』(경기도 파주시: 휴먼필드, 2020).

삼성SDS 도쿄소장을 역임한 저자가 코로나 충격을 극복하고 인공지능(AI)강국으로 도약하는 방법을 제안했다. AI 일자리 빅뱅을 위해 정부 내 일자리 관련 조직을 개편하고 노조도 투쟁 일변도에서 벗어나 정책노조로 거듭나야 한다고 주문했다.

(4) 홍진표(洪溍杓),『철학이 묻고 과학이 답하다: AI 시대에 돌아보는 서양 근대철학, 데카르트에서 마르크스까지』(글통, 2021년 3월).

(5) 김동철,『뉴스를 전합니다 빅데이터와 인공지능』(영진닷컴, 2021년 11월).

다수의 정보기술(IT) 기업에서 경력을 쌓으며 최고경영자까지 지낸 저자가 첨단 디지털 기술의 실제와 기술적 한계를 짚어보았다.

(6) 이상직(李象稙),『나는 인공지능을 변호한다: 메타버스를 건너 디지털 대전환까지』(이다북스, 2022년 3월).

변호사인 저자가 인공지능으로 말미암아 벌어지는 차별과 불평등을 비롯해 변화의 방향을 분석했다.

(7) 배순훈(裵洵勳), 『디지털 일자리: 선진 한국에 던지는 탱크주의 선언』(시그마북스, 2022년 4월).

※ 배순훈(1943~현재)은 서울대학교 공과대학 기계공학과를 졸업하고 매사추세츠공과대학교(MIT) 대학원에서 석사→박사학위를 받았다. 대우전자 회장→정보통신부 장관→한국과학기술원 부총장→국립현대미술관 관장 등을 역임했으며, 현재 S&T 중공업 회장이다.

(8) 김명주(서울여자대학교 정보보호학과 교수), 『AI는 양심이 없다: 인간의 죽음, 존재, 신뢰를 흔드는 인공지능 바로 보기』(헤이북스, 2022년 5월).

(9) 김용학(金用學), 『경계 넘어 네트워킹하기: 인텔리전스에서 엑스텔리전스로』(경기도 파주시: 나남출판, 2022년 6월 5일).

AI시대의 새로운 학습법을 제안했다. 저자는 "인텔리전스가 지식을 넣어 획득한 똑똑함이라면 엑스텔리전스는 기존 아이디어를 뒤집고 조합해 새로운 아이디어로 만들어내는 총명함"이라고 정의하면서, 엑스텔리전스는 지식 주입과 획득에 기울어진 한국교육이 나아가야 할 방향이라고 역설했다.

※ 김용학(1953~현재)은 연세대학교 사회과학대학 사회학과를 졸업하고 시카고대학교 대학원 사회학과에서 석사→박사학위를 받았다. 박사학위청구논문 서지사항은 다음과 같다. Yong-hak Kim, "Resource Mobilization and Deployment in National Policy Domains," unpub. Ph.D. diss., University of Chicago, 1986. 연세대학교 총장을 역임했으며, 현재 연세대학교 명예교수다.

(10) 소이경제사회연구소 AI연구회 지음, 『AI와 사회 변화: 지금 우리는 무엇을 준비해야 하는가』(MID, 2022년 6월 24일).

(11) 이준기(李準基: 연세대), 『AI로 경영하라: 국내 최고 디지털 전략 전문가가 제안하는 인공지능 활용법』(인플루엔셜, 2022년 8월).

저자는 인공지능을 통한 경영전략을 제시한다. 그가 이상적으로 생각하는 모델은 '인간+AI 하이브리드' 방식이다. AI에 모든 것을 맡겨두는 것보다 인간과 AI가 협업할 때 최상의 결과가 나온다는 것이다.

※ 이준기(1962~현재)는 서울대학교 자연과학대학 계산통계학과를 졸업하고 미시간대학교 대학원 통계학과에서 석사학위를 받았으며 카네기멜론대학교 대학원 사회심리

학과에서 석사학위를 받은 데 이어 서던캘리포니아대학교 대학원 경영학과에서 박사학위를 받았다. 박사학위청구논문 서지사항은 다음과 같다. Zoonky Lee, "Knowledge Creation Innovation and Information Technology: Revitalizing Roles of Middle Managers in Large Hierarchical Organizations," unpub. Ph.D. diss., University of Southern California, 1999. 현재 연세대학교 정보대학원 교수다.

(12) 최재윤(崔再阭), 『디지털 권리장전: 디지털제국에 보내는 32가지 항소이유서』(어바웃어북, 2022년 8월).

변호사인 저자는 빠르게 변화하고 있는 디지털 시대에 맞춰 디지털 주권을 확보하고 지키는 방법을 소개했다.

제4항 강대국 관계와 외교에 대한 예견 또는 건의

(1) Ross A. Miller, Randall G. Bowdish and Gang-Hoon Kim, "Dancing with the Stars: China, the United States, and North-South Korean Relations, 1991-2004," *Korean Political Science Review*, Vol 45, No. 6(December, 2011), pp.69~88.

※ 김강훈(1971~현재)은 원광대학교 사회과학대학 정치외교학과를 졸업하고 웨스턴미시간대학교 대학원 정치학과에서 석사학위를 받은 데 이어 네브라스카대학교 대학원 정치학과에서 박사학위를 받았다. 박사학위청구논문 서지사항은 다음과 같다. Gang-Hoon Kim, "An Empirical Study of What Governmental Processes Ordinary People Really Want in South Korea," unpub. Ph.D. diss., University of Nebraska, 2009. 현재 전주비전대학교 보건행정학과 교수다.

(2) 조영태(曺永泰), 『베트남에서 기회를 잡아라: 동남아시아의 넥스트 코리아』(매일경제신문사, 2012).

※ 조영태(1965~현재)는 서울대학교 경영대학 경영학과를 졸업하고 서울대학교 행정대학원에서 석사학위를 받은 데 이어 서울벤처정보대학원에서 박사학위를 받았다. 행정고시를 거쳐 주베트남대사관 상무관으로 봉직했다.

(3) 이상현(李相賢), 「한반도 평화를 위한 한국의 외교전략」, 『국가전략』(세종연구소), 제19권 제2호(2013년 5월), 5~57쪽.

※ 이상현(1960~현재)은 서울대학교 사회과학대학 외교학과를 졸업하고 서울대학교 대학원 외교학과에서 석사학위를 받은 데 이어 일리노이대학교 어바나샴페인 캠퍼스 정치학과에서 석사→박사학위를 받았다. 박사학위청구논문 서지사항은 다음과 같다. Sang Hyun Lee, "Signaling, Extended Deterrence, and Regional Conflict Escalation," unpub. Ph.D. diss., University of Illinois, Urbana - Champaign, 1999. 현재 세종연구소 소장이다.

(4) 박홍서(朴鴻緖), 『동아시아 질서 변화와 한반도 미래』(선인, 2015년 9월); ______, 『미중 카르텔: 갈등적 상호 의존의 역사』(선인, 2021); ______, 「포획당한 미중관계: 자본주의와 미중경쟁」, 『황해문화』111(2021년 여름), 101~117쪽.

※ 박홍서(1969~현재)는 한국외국어대학교 중국어통번역학과를 졸업하고 한국외국어대학교 대학원 아시아지역학과에서 석사학위를 받은 데 이어 한국외국어대학교 대학원 국제관계학과에서 「중국의 대한반도 군사개입의 논리: 세력변화, 위협인식, 그리고 합목적적 선택」(2005년 2월)으로 정치학박사학위를 받았다. 현재 한국외국어대학교 국제지역연구센터 HK연구교수다.

(5) 윤영관(尹永寬), 『외교의 시대: 한반도의 길을 묻다』(미지북스, 2015년 10월); ______, 「외교의 시대, 한반도의 길을 묻다」, 『좋은 교사』(좋은교사운동 출판부) 190(2016년 6월), 52~58쪽,

(6) 공민석(孔敏碩), 「미국 헤게모니의 역사적 동학(動學)과 2007~08년 금융위기 이후 미국의 동아시아 전략」, 서울대학교 대학원 정치학과 박사학위청구논문 2017년 8월; ______, 「미국 헤게모니의 변화와 2007~08년 금융위기」, 『한국정치학회보』 제52권 제4호(2018년 9월), 131~156쪽; _____, 「오바마 행정부와 트럼프 행정부의 동아시아 전략」, 『사회과학연구』(경성대학교 사회과학연구소) 제34권 제4호(2018년 11월), 249~273쪽; ______, 「미국 헤게모니와 동아시아 지역체계의 공진화(co-evolution: 共進化)」, 『한국정치연구』제28집 제3호, 2019년 10월), 139~175쪽; ______, 「1970~80년대 미국의 대외경제전략과 헤게모니 불안정」, 『국방연구』(국방대학교 안보문제연구소) 제63권 제1호(2020년 3월), 140~170쪽; ______, 「미국패권 변화의 동학과 세계체계분석의 경계들: 이론적 대안 모색을 위한 시론」, 『한국과 국제정치』 제37권 2호(2021년 6월), 1~45쪽.

※ 공민석(1980~현재)은 서울대학교 사회과학대학 정치학과를 졸업하고 서울대학교 대학원 정치학과에서 석사→박사학위를 받았다. 현재 제주대학교 사회과학대학 정치외

교학과 교수다.

(7) 김성해(金成海), 『지식패권 1: 보이지 않는 족쇄와 달콤한 복종』(민음사, 2019년 6월); ______, 『지식패권 2: 약소국의 눈물과 잿더미 위에 피운 꽃』(민음사, 2019).

이 책이 대한민국의 미래나 전망 그 자체를 다룬 것은 아니다. 그러나 대한민국의 모순이 어디에서 발생하고 그 해법은 무엇인가라는 문제의식을 갖고 세계정치를 바라보며 특히 미국 중심의 패권시대를 분석했다는 점에서 의미가 있다.

※ 김성해(1968~현재)는 연세대학교 사회과학대학 신문방송학과를 졸업하고 조지아대학교 대학원 저널리즘학과에서 석사학위를 받은 데 이어 펜실베이니아주립대학교 대학원 매스커뮤니케이션학과에서 박사학위를 받았다. 현재 대구대학교 사회과학대학 미디어커뮤니케이션학과 교수다.

(8) 김태효(金泰孝), 『그들은 왜 정답이 있어도 논쟁하는가』(성균관대학교출판부, 2019년 12월).

2002~2017년 동안의 한국외교정책의 쟁점과 전개과정을 정리했다.

(9) 현인택(玄仁澤), 『헤게모니의 미래』(고려대학교출판문화원, 2020).

(10) 문정인(文正仁), 『문정인의 미래 시나리오: 코로나19, 미 · 중 신냉전, 한국의 선택』(청림출판, 2021년 3월).

저자는 "국가단위의 군사안보에 치중하던 종래의 안보개념에서 지구촌 수준의 인간안보가 새로운 화두로 대두하고 […] 코로나사태가 일으킨 경제적 공황사태가 1930년대처럼 세계대전으로 이어지지 않을까하는 우려가 커졌다"라고 진단하고, "1990년대 초반 이후 국제사회의 지배담론으로 군림해왔던 세계화 패러다임의 종언을 시사하고 있다"고 지적했다. 이러한 전제 아래, 저자는 국제질서의 다섯 가지 미래 시나리오를 제시한 데 이어 각 상황에서 한국이 취할 전략적 선택을 다섯 가지로 나누어 살폈다.

(11) 정덕구(鄭德龜) 등 저/ NEAR재단 편, 『극중지계(克中之計) 1: 정치 · 외교 · 안보편』(경기도 파주시: 김영사, 2021년 8월); ______, 『극중지계 2: 경제편』(경기도 파주시: 김영사, 2021년 8월); 정덕구(鄭德龜) 등 저/ NEAR재단 편저, 『외교의 부활: 미중 충돌 속 흔들리는 체스판, 한국은 어떤 수를 둘 것인가?』(중앙북스, 2021년 11월).

국내의 저명한 외교 · 안보전문가들이 1년여 동안 여러 차례의 발표와 토론을 벌인 결과물이다. 북핵문제, 쿼드(미국 · 일본 · 호주 · 인도 사이의 안보협의체), 글로벌첨단기술공급망, 북한의 도발대응, 미국의 미사일방어체제와 한미상호운용성, 한미동맹의 대중국견제역할, 한미연합훈련의 복원, 중국인권문제, 미국중거리미사일배치, 유엔군사령부의 개편 등 주요 10개 과제를 '복합과제'로 명령하면서 이 과제에 대한 대안을 제시했다.

(12) 김태유(金泰由) · 이대식(러시아문학박사) 엮음, 『한국의 선택: 한미동맹의 새로운 동반자, 러시아』(서울대학교출판문화원, 2021년 10월).

(13) 진창수(陳昌洙) · 조윤영(趙允英) · 강준영(康埈榮) · 공유식(孔裕植) · 김민석(金珉奭) · 박원곤(朴元坤) · 박홍도(朴洪途) · 이상준(李尙俊) · 차두현(車斗鉉) · 홍석훈(洪碩君), 『미 · 중경쟁시대와 한국의 대응: 국격 있는 외교안보전략』(윤성사, 2021년 10월).

미 · 중갈등의 본질에서부터 동아시아해양안보, 양안관계, 인권, 한 · 미동맹과 한 · 중 한 · 일 한 · 러 관계, 북핵과 남북관계 등 전반에 걸쳐 한국외교의 문제점을 지적하고 한국외교가 나아가야 할 올바른 방향을 제시했다. 문재인정부가 남북관계에만 몰입해, 중국을 북한문제를 해결하는 데 필요한 '협력자'로만 인식하면서 중국의 위험을 관리하는 데 실패하고 있다고 논평했다.

※ 조윤영(1979~현재)은 와세다대학에서 「남북한협상의 정치: 갈등해소론과 국제협상론 관점에서 본 남북한 협상」(일본어, 2021년 3월)으로 박사학위를 받았다.

(14) 하영선(河英善) · 손열(孫洌) 공편, 『2022 신정부 외교정책 제언: 신정부의 공생외교 재건축』(동아시아연구원, 2021년 11월).

(15) 박승찬(朴勝贊), 『국익의 길: 미중 패권경쟁에 맞서는 대한민국의 미래 지도』(체인지업, 2022).

※ 박승찬(1971~현재)은 한서대학교 중국학과를 졸업하고 중국 대외경제무역대학 대학원 국제무역학과에서 석사학위를 받은 데 이어 중국 청화대학(清華大學) 대학원 국제경영학과에서 「한중 하이테크 기업간 기술이전 경로의 실증연구」(2003년 8월)로 경영학박사학위를 받았다. 주중대한민국대사관 경제통상관을 역임했으며, 현재 용인대학교 산업정보대학 중국학과 교수다.

(16) 한반도평화만들기·한반도포럼 기획/ 백영철(白榮哲) 외 공동집필, 『한반도 평화와 통일: 남남갈등을 넘어 비핵평화와 통일을 향해』전2권(연세대학교 출판문화원, 2023).

1995년 제1차 남북해외학자 학술회의를 계기로 창립된 한반도포럼은 2017년에 재단법인 한반도평화만들기로 확대됐다. 여기에 연관된 한반도문제 전문가들이 펴냈다.

지정학의 중요성

(1) 김동기(金東基), 『지정학의 힘: 시 파워와 랜드 파워의 세계사』(아카넷, 2020).

대한민국은 자신이 가진 지정학의 힘을 제대로 발휘해야 급변하는 세계정세 속에서 살아남을 수 있다고 강조했다.

※ 김동기(1960~현재)는 서울대학교 법과대학을 졸업하고 사법시험에 합격해 변호사로 활동했다. 코넬대학교 로스쿨에서 석사학위를 받은 뒤 뉴욕주 변호사자격을 얻었다. 한국IT벤처투자 미국지사장을 역임했다.

(2) 고정휴(高珽休), 『태평양의 발견 대한민국의 탄생』(새미, 2021).

포스텍 인문사회학부 교수를 역임한 한국사학자인 저자는 조선=한국의 근대사를 바다의 관점에서 바라보고 해석했다. 저자는 "대한민국은 대륙과 해양의 가교 역할을 하면서 독자적 발전을 도모할 수 있어야 한다"라고 주장했다.

제5항 남북관계와 통일과제에 대한 해법

한국의 핵무장론을 둘러싼 논쟁: 핵무장을 지지하거나 핵무장의 불가피성을 인정하는 시각 또는 핵무장에 반대하는 시각

(1) 하영선(河英善), 『한반도의 전쟁과 평화: 군사적 긴장의 구조』(청계연구소, 1989).

저자가 대한민국의 핵무장에 관한 논쟁을 중심으로 이 책을 쓴 것은 아니다. 저자는 미국 · 소련 · 중국 · 일본 등 한반도 주변 4강의 대외 · 군사정책을 분석하고 그 기초 위에서 동북아군사체제를 분석했으며, 특히 핵확산 현실을 분석했다. 이러한 기초 위에서, '한반도의 군사균형'을 점검한 뒤 한반도에서의 평화를 위한 여러 이론과 제도적 장치를 설명했다. 그는 『한국 외교사 바로보기: 전통과 근대』(경기도 파주시: 한울아카데미, 2019)와 『사랑의 세계정치: 전쟁과 평화』(경기도 파주시: 한울아카데미, 2019)도 출판했다.

(2) 김진명(金辰明), 『무궁화 꽃이 피었습니다』(해냄, 1994).

(2-A) 김진국(金鎭國), 「김진국이 만난 사람: 『무궁화 꽃이 피었습니다』 김진명 작가; 북한핵은 없애야 … 통일하면 우리 거란 생각은 잘못」, 『중앙일보』(2019년 11월 23~24일), 27쪽.

(3) 이병철(극동문제연구소), 「한국 핵무장 담론의 새로운 방향 모색」, 『국방연구』(국방대학교 국가안전보장문제연구소), 제63권 제2호(2020년 6월), 27~58쪽.

(4) 송대성(宋大晟), 『한반도 평화확보: 경험, 방안, 그리고 선택』(경기도 파주시: 한울, 2005); ______, 『우리도 핵을 갖자: 핵 없는 대한민국, 북한의 인질 된다!』(기파랑, 2016).

(5) East Asia Foundation, "Should Japan and South Korea Declare a Nuclear Weapon-Free Zone?," *Global Asia*, Vol. 5, No. 3(Fall 2010), pp.48~57.

(6) MunSuk Ahn and Young Chul Cho, "A Nuclear South Korea?," *International Journal*, Vol. 69, No. 1(March 2014), pp.26~34.

(7) 하경석(河璟奭) · 정성윤(鄭盛允), 「핵확산 논쟁과 북핵문제: 다차원적 분석」, 『한국정치연구』제24집 제1호(2015년 2월), 140~167쪽.

※ 정성윤(1971~현재)은 고려대학교 정경대학 정치외교학과를 졸업하고 고려대학교 대학원 정치외교학과에서 석사학위를 받은 데 이어 고려대학교 대학원 정치외교학과에서 「북한의 푸에블로호 나포사건과 미국의 위기정책결정」(2008년 2월)으로 박사학위를 받았다. 현재 통일연구원 연구위원이다.

(8) 김재엽(金宰燁), 『한국의 핵무장』(경기도 파주시: 살림출판사, 2017).

(9) 손상용(孫相瑢) · 박종희(朴種熙), 「한국의 유권자들은 정말 핵무장을 원하는가? 실험 설문을 이용한 핵무장 여론 분석」, 『한국정치학회보』제54집 제2호(2020년 6월), 175~204쪽.

(10) 이상우(李相禹), 『21세기 국제환경과 대한민국의 생존전략』(기파랑, 2020년 7월).

이상우 교수는 한반도를 둘러싼 21세기 국제환경을 철저히 분석하는 가운데 북한의 핵무장 그리고 핵공격 가능성에 대해서도 여러 각도에서 분석한 뒤, 대한민국의 생존전략을 구명했다. 이 과정에서 그는 "대한민국도 핵무장을 해야 하는가" 라는 물음에 대한 해답을 시도했다. 이 물음과 관련해, 그는 우리가 NPT에 가입하고 있는 이상, 그리고 한국의 독자적 핵무장을 반대하는 미국과의 관계를 고려할 때, 핵무장으로 가기는 어려운 만큼 신중하게 대응하되 결정적인 시점에 핵무장을 할 수 있는 준비는 충분히 갖추어야 한다는 입장을 여러 논문을 통해 조심스럽게 밝혔다. 이 책에서도 부분적으로 그러한 입장을 밝히고 있다.

(11) Jennifer Lind and Daryl Press, "Should South Korea Build Its Own Nuclear

Bomb?: The Once-Strong Alliance between South Korea and the U.S. Is Weakening," *Washington Post*(October 7th 2021).

다트머스칼리지(Dartmouth College) 국제학센터의 부부교수인 공저자들은 오늘날과 같은 상황에서 한국은 독자적 핵무장을 고려할 수 있다고 제의했다. 이들은 북한의 핵위협에 직면한 대한민국이 절차에 따라 합법적으로 핵개발에 나설 수 있다고 부연했다.

(12) 복거일(卜鉅一), 「'신냉전시대' 전쟁 위험 커진 동북아 … 한국 핵무장 불가피하다」, 『한국경제』(2023년 1월 4일), A29쪽.

필자는 이 논설의 끝에서 다음과 같이 강조했다.

> "한국이 자유롭고 자주적인 나라로 존속하려면, 핵무기를 갖추는 것이 필수적이다. 그러나 우리 동맹국들은 우리가 핵무기를 제대로 관리하고 사용할 것을 믿지 못한다. 그래서 동맹국들의 신뢰를 얻는 것이 우리가 핵무기를 갖추는 일의 선결문제다. 그것은 참으로 힘든 과제지만, 그것을 건너뛸 수는 없다. 생각해보면, 그것은 대한민국이 자유롭고 번영하는 사회로 존속하는 문제의 선결문제기도 하다."

(13) Vladislav Chernavskikh and Anton Khlopkov, "A Russian Perspective on South Korea's Risky Nuclear Ambitions," *Global Asia*, Vol. 18, No. 1(March 2023), pp.56~61.

(14) David von Hippel and Eva Lisowski, "The Human Horror of a Nuclear Conflict in Northeast Asia," *Global Asia,* Vol. 18, No. 1(March 2023), pp.45~49.

(15) 이우탁(李宇卓), 『긴급 프로젝트 한반도 핵균형론: 북한의 핵보유국화와 미중패권경쟁』(경기도 파주시: 역사인, 2023년 7월).

※ 이우탁(1965~현재)은 서울대학교 인문대학 동양사학과를 졸업하고 워싱턴대학교 잭슨국제대학원에서 국제관계학을 전공해 석사학위를 받았으며 동국대학교 대학원 북한학과에서 박사학위를 받았다. 연합뉴스사 상하이특파원과 워싱턴특파원에 이어 정치부장을 거쳐 콘텐츠책무실 실장을 역임했으며, 30년에 걸쳐 북핵문제를 연구해왔다. 현재 연합뉴스사 선임기자다.

(16) 정성장(鄭成長), 『왜 우리는 핵보유국이 되어야 하는가: 패권경쟁시대 전쟁을 막을 최선의 안보전략』(메디치미디어, 2023년 8월).

북한 급변사태 때 한국의 대응

북한에서 '쿠데타'가 발생한다든지 또는 '아래로부터의 혁명'이 일어난다든지 또는 최고권력자의 변고가 발생한다든지 등 '급변사태'가 일어나는 경우 한국정부가 취해야 할 조치를 둘러싸고 여러 논의가 활발히 진행되어 왔다.

(1) 소치형(蘇致馨), 「북한 급변사태와 중국의 개입유형」, 『중국연구』(건국대학교 중국문제연구소) 20(2001년 12월), 59~81쪽.

(2) Jaeho Hwang, Heungkyu Kim, Byung-kon Jun, and Myung-Chul Cho, "Possible Scenarios for China's Future Relations with North Korea: South Korean Perspective," *Korean Journal of Defense Analysis,* Vol. 18, No. 3.(Fall 2006), pp.121~141.

(3) 김연수(金蓮洙), 「북한의 급변사태와 남한의 관할권 확보방안」, 『신아세아』제13권 제4호(2006년 12월), 66~96쪽; 김연수(金蓮洙) · 김경규, 「북한 붕괴 시(時) 한국의 선택과 대응책」, 『전략연구』46(2009년 7월), 147~186쪽.

(4) 김근식(金根植), 「북한 급변사태와 남북연합: 통일과정적 접근」, 『북한연구학회보』제13권 제2호(2009), 57~75쪽.

(5) 고재홍(국가안보전략연구소), 「북한의 위기전망과 대응방안」, 『전략연구』47(2009년 11월), 7~36쪽.

(6) 김병기(중앙대), 「북한 급변사태 시(時) 대한민국의 관할권 주장을 위한 법 정책적 대응 방안과 법적 근거」, 『중앙법학』제12집 제4호(2010년 12월), 199~241쪽.

※ 김병기(1964~현재)는 서울대학교 법과대학을 졸업하고 서울대학교 대학원 법학과에서 석사학위를 받은 데 이어 독일 뷔르츠부르크대학교(Julius-Maximilians-Universität Würzburg) 대학원에서 법학박사학위를 받았다. 현재 중앙대학교 법학전문대학원 교수다.

(7) 이종철(李鍾喆), 「북한 급변사태 시(時) 미국의 개입전략 고찰: 개입 유인과 한미연합사 계획을 중심으로」, 『신아세아』제18권 제1호(2011), 137~160쪽.

(8) 김성한(金聖翰), 「북한 급변사태 시(時) 한미공조 방향」, 『신아세아』제18권 제4호(2011년 겨울), 19~44쪽.

(9) 김열수(金烈洙), 「북한 급변사태 시(時) 중국의 군사개입: 목적 · 양상 · 형태를 중심으로」, 『신아세아』제19권 제2호(2012년 여름), 207~231쪽.

(10) 박휘락(朴輝洛), 「북한 급변사태 시(時) 한국 군사적 개입의 명분과 과제」, 『국제관계연구』제20권 제3호(2015년 4월), 37~69쪽.

(11) 박용한(朴用韓), 「북한의 급변사태와 한국의 안정화전략에 관한 연구: 남북한 통합의 함의」, 고려대학교 대학원 북한학과 박사학위청구논문, 2016년 8월.

※ 박용한(1982~현재)은 명지대학교 북한학과를 졸업하고 고려대학교 대학원 북한학과에서 석사→박사학위를 받았다. 중앙일보 기자로 활동했다.

(12) 이주인 아쓰시(伊集院敦), 『북조선 리스크와 일한협력』(강연록, 일본어)/김민 옮김, 『북한 리스크와 한일협력』(제이앤씨, 2016년 12월).

북한에서 급변사태가 발생할 경우 한일협력의 방향성을 제시했다. 저자는 일본경제신문사 정치부기자로 출발해 서울지국장에 이어 중국총국장을 역임했다.

(13) 나영주(羅榮柱) · 이동민(李東民), 「대량 탈북 난민의 발생과 중국의 군사적 개입 가능성」, 『통일정책연구』제26권 제2호(2017년 12월), 235~265쪽.

탈분단시대를 지향하면서 한반도의 평화와 통일을 추구하는 방향

(1) 김명호(金明浩), 「한국에서의 변화와 한국의 재결합의 관점」(러시아어), 모스크바국립대학교 대학원 박사학위청구논문, 1998.

(2) 조한혜정(趙韓惠貞) · 이우영(李宇榮) · 정진경 · 송도영(宋道永) · 권혁범(權赫範) 분담집필, 『탈분단 시대를 열며: 남과 북, 문화공존을 위한 모색』(삼인, 2000).

(3) 이병천(李炳天) · 이광일(李光日) 엮음/ 강창일(姜昌一) · 오유석(吳有錫) · 정순훈(鄭淳勳) · 지수걸(池秀傑) · 허만호(許萬鎬) 등 분담집필, 『20세기 한국의 야만: 평화와 인권의 21세기를 위하여』(일빛 ,2001).

한반도의 평화와 통일에 관한 의견이 여러 곳에서 보인다.

(4) Charles Wolf, Jr. and Kamiljon T. Akramov, *North Korean Paradoxes: Circumstance, Costs, and Consequence of Korean Unification*(Santa Monica, C.A: RAND Corporation, 2005), pp.22~25.

한반도의 통일방식이 (i) 연방주의 방식의 통일, (ii) 남한에 의한 북한 흡수통일, (iii) 무력통일 등 셋 가운데 어느 하나의 방식으로 전개될 것으로 전망했다.

(5) 임현진(林玄鎭) · 정영철(鄭英喆), 『21세기 통일한국을 향한 모색: 분단과 통일의 변증법』(서울대학교출판부, 2005).

(6) 강동원(姜東遠), 「연해주에서의 남 · 북 · 러 농업협력방안 연구」, 경기대학교 정치전문대학원 정치학박사학위청구논문, 2011년 2월.

※ 강동원(1953~현재)은 19대 국회의원을 역임했다.

(7) 민경태(閔庚台), 「서울-평양 네트워크 경제권 구축을 통한 한반도 성장전략 구상」, 북한대학원대학교 북한학박사학위청구논문, 2013년 2월; ______, 『서울 평양 스마트시티: 도시 네트워크로 연결되는 한반도 경제통합의 길』(미래의창, 2018).

※ 민경태(1969~현재)는 연세대학교 공과대학 건축공학과를 졸업하고 연세대학교 대학원 건축공학과에서 석사학위를 받았으며 옥스퍼드대학교 대학원에서 석사학위를 받았고, 북한대학원대학교에서 박사학위를 받았다. 현재 국립통일교육원 교수다.

(8) Man Kwon Kim, "Politics of Constitution-Building for Reconciliation between Political Enemies: A Political Justification for the Peaceful and Gradual Unification of Korea," unpub. Ph.D. diss., New School for Social Research, 2013.

※ 김만권(1971~현재)은 연세대학교 사회과학대학 정치외교학과를 졸업하고 연세대학교 대학원 정치외교학과에서 석사학위를 받은 데 이어 「사회연구를 위한 뉴 스쿨」에서 박사학위를 받았다. 현재 경희대학교 비교문화연구소 교수다.

(9) 이상환(李相桓), 「한반도 주변 국제질서의 불안정성과 한국의 외교전략」, 『한국정치외교사논총』제37집 제2호(2016년 2월), 245~263쪽.

(10) 주동진(朱東辰) · 김성주(金成柱), 「한국외교정책의 과제와 NGO를 통한 대안적 외교패러다임」, 『한국정치외교사논총』제37집 제2호(2016년 2월), 265~302쪽.

※ 주동진(1983~현재)은 일본 난잔대학(南山大學)을 졸업하고 성균관대학교 대학원 정치외교학과에서 석사학위를 받은 데 이어 성균관대학교 대학원 정치외교학과에서 「국제비정부기구(INGO)에 관한 연구: CSO행위자와 글로벌 거버넌스를 중심으로」(2016년 8월)로 박사학위를 받았다. 현재 성균관대학교 사회과학대학 정치외교학과 강사다.

(11) 고성준(高性俊) · 강동완(姜東完), 『통일의 눈으로 제주를 다시보다』(너나드리, 2018년 12월).

(12) 김현철(金顯哲), 「통일한국의 초중등교원 수요예측과 공급방안」, 북한대학원대학교 북한학박사학위청구논문, 2019년 2월; ______, Hyunchul Kim and Woo Young Lee, "Forecasting the Demand for Primary and Secondary School Teachers in a Unified Korea,"『현대북한연구』 제23권 제3호(2020년 12월), 103~137쪽.

(13) 정욱식(鄭旭湜), 『한반도 평화, 새로운 시작을 위한 조건』(경기도 파주시: 유리

창, 2021년 5월).

(14) 박영준(朴榮濬) 엮음/김준석(金俊奭) · 홍태영(洪泰永) · 이동선(李東銑) · 팡중잉(龐中英) · 요코야마 마사키(横山正樹) 등, 『21세기 한반도 평화연구의 쟁점과 전망』(경기도 파주시: 한울아카데미, 2021년 7월).

한국평화학회 회원 15명의 교수가 각자의 의견을 제시했다.

(15) Col. Michael Edmonston, "The Potential of a Unified Korean Armed Forces: A Cultural Interpretation," *Journal of Indo-Pacific Affairs*(June 1, 2022).

저자는 "남북분단이 장기화할 가능성이 높지만, 통일은 미래 어느 시점에 일어날 수 있다"라며, 점진적 평화통일, 무력통일, 북한붕괴 등 세 가지 시나리오를 제시했다. 그러면서 "첫째 시나리오가 가장 바람직하지만, 어떤 시나리오든 통일과정은 결국 한국이 지배할 것으로 본다"라고 단언했다.

(16) 강장석(姜長錫), 『통일한국의 선택: 생존과 번영으로 가는 새로운 길』(선인, 2022년 4월).

※ 강장석(1953~현재)은 연세대학교 정법대학 행정학과를 졸업하고 서울대학교 행정대학원에서 석사학위를 받은 데 이어 하와이대학교 마노아 캠퍼스 대학원 정치학과에서 박사학위를 받았다. 박사학위청구논문 서지사항은 다음과 같다. Jang Seok Kang, "Conflict Management in Divisive Legislatures: A Theory and Its Application to the Korean Legislative Conflicts," unpub. Ph.D. diss., University of Hawaii, Manoa, 1988. 국민대학교 정치대학원 교수로 봉직했다.

(17) 심용식(沈湧植), 『평화로 포장된 침묵의 전쟁: 4세대 전쟁으로 한반도 통일을 보다』(홍익문화, 2022년 5월).

저자는 한반도통일에 대한 해결책을 4세대 전쟁에서 찾는다. 4세대 전쟁은 외교·정보·경제 등 네트워크를 이용해 적의 심리를 공격하는 새로운 형태의 전쟁으로, 이를 어떻게 활용해야 하는지 분석했다.

※ 심용식(1955~현재)은 경기대학교 정치전문대학원에서 박사학위를 받았다. 국방부 군구조 · 국방운영개혁추진실 실장으로 봉직했다.

(18) 양필승(梁必承), 「'AI G3', 미중 AI패권과 대한민국 AI」, 『한중저널』12(2022년 6월), 43~46쪽.

※ 양필승(1957~현재)은 고려대학교 문과대학 중어중문학과를 졸업하고 캘리포니아

대학교 로스앤젤레스 캠퍼스 대학원 사학과에서 석사→박사학위를 받았다. 박사학위청구논문 서지사항은 다음과 같다. Pil-Seung Yang, "The Peasants of Suzhou,1863-1945: Family Farms in Agrarian China," unpub. Ph.D. diss., University of California, Los Angeles, 1988. 건국대학교 문과대학 교수로 봉직했다.

(19) 이우영 · 김성희 · 김태경 · 송영훈 · 양계민 · 유혜림 · 장윤미 · 장희경 · 조나단 머서, 『세계의 분단된 마음들』(사회평론아카데미, 2022년 9월).

제2장
한국의 국제적 위상 제고와 세계화에 따른 변화

한국의 국제적 위상이 높아지고 국제사회와의 연관성이 깊어짐에 따라, 또는 세계화의 물결이 한반도에도 미쳐옴에 따라, 한국사회는 새로운 변화와 도전에 직면하게 됐다. 이러한 상황에서, 한국에서는 '세계적 지도자(global leader)'들이 여러 부문에서 등장했다.

제1절 세계화에 따른 세계적 지도자들의 등장

제1항 개관

'세계적 지도자'에 관해, 한국인으로 외국에 귀화한 경우에는 제외하기로 한다.

(1) 월간조선 편, 『세계적 한국인: 정상에 선 야성과 오기의 한국인 73명의 인간 탐험』(조선일보, 1994).

노벨화학상 수상에 근접했다는 평을 듣는 캘리포니아대학교 버클리 캠퍼스 화학과의 김성호(金聖浩) 교수, 철강왕 박태준(朴泰俊) 포항제철 회장, 국제원자력기구(IAEA) 의장에 선출된 정근모(鄭根謨) 박사, 노벨의학상 수상 후보에 오른 이호왕(李鎬汪) 교수, 비디오아티스트 백남준(白南準), 참치회사인 동원그룹을 세계적 기업으로 키운 김재철(金在哲) 회장, 대우그룹 김우중(金宇中) 회장, '신화적 샐러리맨'으로 알려진 이명박(李

明博) 현대건설 회장, 한국에서 정보통신혁명을 일으킨 오명(吳明) 동아일보 사장 등을 소개했다.

(2) 이호왕, 『한탄강의 기적』(시공사, 1999).

※ 이호왕(1928~2023)은 서울대학교 의과대학을 졸업하고 미네소타대학교 대학원에서 미생물학박사학위를 받았으며 고려대학교 의과대학 교수로 정년퇴임했다. 한탄강에서 쥐의 고질병인 '신증후군출혈열'의 병원체를 찾아내 한탄바이러스 또는 서울바이러스라고 명명하고 백신을 발명하는 데 성공했고, 이 공로가 인정돼 그는 노벨의학상 후보로 여러 차례 올랐다. 그는 자신의 자서전으로 앞의 책을 남겼다.

(3) 정근모(鄭根謨), 『기적을 만든 나라의 과학자: 대한민국 1세대 과학자 정근모 박사가 전하는 과학기술입국의 생생한 역사』(코리아닷컴, 2020).

※ 정근모(1939~현재)는 서울대학교 문리대 물리학과를 졸업하고 미시간주립대학교 대학원에서 응용물리학박사학위를 받은 뒤 프린스턴대학교를 비롯해 미국의 저명한 여러 대학교에서 교수 또는 연구원으로 봉직했다. 귀국한 이후 한국기술연구원(KIST)과 한국과학기술연구원(KAIST) 등에서 교수로, 이어 호서대학교 총장과 명지대학교 총장으로 봉직했다. 과학기술처 장관 그리고 국제원자력기구(IAEA)주재 대사로도 봉직했다.

제2항 국제기구에서의 지도자들

송상현

국제형사재판소(영어: International Criminal Court, 약칭, ICC; 프랑스어: Cour pénale internationale, 약칭, CPI)는 1998년 7월 18일에 유엔전권외교사절회의에서 채택되고 2002년 7월 1일에 국제형사재판소에 관한 로마규정에 근거해 네덜란드 헤이그에 설치됐다. 이 기구는 유엔 산하의 국제사법재판소(International Court of Justice, 약칭, ICJ)와 구별되며, 국제법학자들의 통설에 따르면, 이 기구의 수장은 의전서열에 있어서 유엔 사무총장보다 위에 있다.

(1) 송홍근(宋泓根: 신동아 기자) 취재/ 송상현(宋相現) 인터뷰, 「송상현 회고록」, 『신동아』(2018년 1월~2018년 11월).

(i)「"인류의 확장된 형사정의(刑事正義) 나는 그곳에 있었다"」(2018년 1월), 482~491쪽.

(ii)「염천(炎天)에 악취 풍기던 시체 … [6. 25]전쟁이 나를 법으로 이끌어」(2018년 2월), 422~435쪽.

(iii)「장인인 남재(南齋) 김상협(金相浹)의 조언 … "대한민국은 바다로 나가야"; 미 · 영 · 불에서의 악전고투 1963~1972」(2018년 3월), 394~407쪽.

(iv)「"국무총리 제의 거절한 건 안분지족(安分知足)할 나이였기 때문": '내 마음의 영원한 등대' 서울법대에서의 35년」(2018년 4월), 442~457쪽.

(v)「"이준(李儁) 열사 넋 서린 곳에서 선서 … 96년 만에 통한 풀었다"」(2018년 5월), 440~453쪽.

(vi)「반(半)나체 우간다 여인의 무언극 … "반군이 우리를 약탈 · 강간했다"」(2018년 6월), 468~481쪽.

(vii)「나라 수준이 국민소득에 비례하는 까닭」(2018년 7월), 432~447쪽.

(viii)「리비아 억류 4인 구출해 헤이그로!」(2018년 8월), 438~453쪽.

※ 국제형사재판소는 자신이 리비아에 파견한 직원 4인을 리비아정부가 2012년 6월에 구금하자 외교경로를 통해 석방시켰다. 이 경위를 회고했다.

(ix)「현직 국가원수도 면책특권은 없다」(2018년 9월), 434~449쪽.

(x)「내전에 아동 내보낸 루방가에 14년형 선고」(2018년 10월), 456~471쪽.

※ 제목에 나오는 '루방가'는 콩고민주공화국 민병대 지도자 토마스 루방가(Thomas Lubanga Dyilo)를 말한다. 그는 2002~2003년에 15세 이하 소년병을 유인 · 납치해 전쟁에 투입한 혐의로 국제형사재판소에 기소됐으며, 2012년 3월 14일에 14년형을 선고받았다. 이 판결은 국제형사재판소의 첫 판결이었다.

(xi)「"엄정한 재판관, 능란한 외교관, 현실적 국제정치가로 살았다"」(2018년 11월), 506~517쪽.

(2) 송상현(宋相現), 『송상현 회고록: 고독한 도전, 정의의 길을 열다』(경기도 파주시: 나남, 2020).

저자는 서울대학교 법과대학→법학전문대학원에서 35년에 걸쳐 후학을 지도하는 과정에서 쓴 일기 그리고 국제형사재판소에서 봉직하며 남긴 비망록 등을 근거로 (1)의 회고록을 썼었다. 저자는 이 회고록에 담긴 내용을 포함해 자신의 일생에 대해 상세히 회고했다. 이 책은 한국에서의 법학교육을 돌이켜 보게 하는 책으로도 읽힐 수 있으며, 특히 공직자는 어떠한 인품과 사명감을 가져야 하는가를 생각해보게 하는 책으로도 읽힐 수 있다.

※ 송상현(宋相現, 1941~현재)은 서울대학교 법과대학 법학과를 졸업하고 고등고시 행정과와 사법과 모두에 합격한 뒤 미국 루이지애나주 뉴올리언스에 있는 튤레인대학교(Tulane University) 법과대학 대학원에서 석사학위를 받았다. 미국은 영국과 마찬가지로 흔히 '영미법 체계'라고 불리는 'Common Law System'을 채택하고 있다. 이 법체계에 대조되는 법체계가 흔히 '대륙법 체계'라고 불리는 'Continental Law System'이다. 루이지애나주는 프랑스의 식민지였기 때문에 '대륙법 체계'의 전통이 강하며, 루이지애나주의 대표적 법과대학으로 꼽히는 튤레인대학교 법과대학은 미국의 다른 법과대학과 달리 '대륙법 체계'에 관한 교육과 훈련이 강하다.

송상현은 튤레인대학교 대학원에서 법학석사학위를 받은 뒤 케임브리지대학교 법과대학 대학원에서 디플로마를 받았으며 코넬대학교 법과대학 대학원에서 법률과학박사학위를 받았다. 박사학위청구논문 서지사항은 다음과 같다. Sang-hyun Song, "A Comparative Study on Maritime Cargo Carrier's Liability in Anglo-American and French Laws," unpub. S.J.D. diss., Cornell University, 1970. 서울대학교 법과대학 교수로 부임한 뒤 하버드대학교 법과대학과 콜럼비아대학교 법과대학 및 플로리다대학교 법과대학 교수, 호주 멜버른대학교 법과대학 교수 그리고 뉴질랜드 웰링턴대학교 법과대학 교수 등을 역임하는 등 국제법학계에서 명성을 쌓았다. 서울대학교 법과대학 학장을 역임했으며 산업자원부 산하 무역위원회 위원장으로도 봉직했다. 2003년 3월에 국제형사재판소 재판관으로 선출됐으며 2006년 3월에 재선됐고 2009년 3월에 국제형사재판소 제2대 소장으로 선출됐으며 2012년에 재선됐고 2015년 3월에 임기를 마쳤다. 현재 서울대학교 법학전문대학원 명예교수다. 법학과 관련해, 『민사소송법』 및 『해상법』 등을 비롯한 많은 저술을 출판했는데, 교과서 또는 수험서를 제외하고 대표적인 것을 소개하면 다음과 같다.

(i) Sang-hyun Song, ed., *Introduction to the Law and Legal System of Korea*(Seoul: Kyungmunsa, 1983).

(ii) Sang-hyun Song, *Korean Law in the Global Economy*(Seoul: Bakyoungsa, 1996).

(iii) 송상현, 『심당(心堂) 법학논집』 전3권(박영사, 2007).

(3) 심당송상현선생화갑기념논문집간행위원회 편, 『21세기 한국 민사법학의 과제와

전망: 심당송상현선생화갑기념논문집』(박영사, 2002).

(4) 조유빈(시사저널 기자), 「한비야(韓飛野) · 안진걸(安辰傑) · 송상현(宋相現) TOP 3: 매년 상위권 NGO 지도자들, 지속적으로 자리 지켜」, 『시사저널』(2018년 9월 25일), 39쪽.

※ 안진걸(1972~현재)'은 '진보성향 시민사회운동가'이다. 그는 자신의 경험에 바탕을 두고 다음의 책을 출판했다. 『되돌아보고 쓰다: 가난한 이들을 위한 민주주의』(북콤마, 2018).

반기문

반기문(潘基文, 1944~현재)은 서울대학교 문리대 외교학과를 졸업하고 하버드대학교 케네디스쿨에서 석사학위를 받았다. 외무고시를 거쳐 외무부에 입부해 외무부 미주국장→외교정책실장, 대통령 외교안보수석비서관, 오스트리아대사, 외교통상부 차관→장관을 역임했다. 2006년 10월 13일에 유엔총회에서 제8대 사무총장으로 선출됐으며 2011년 6월에 재선됐고 2016년 12월에 임기를 마쳤다. 그는 2017년 5월에 실시된 제19대 대통령선거에 입후보할 뜻을 표명하고 선거전에 나섰다가 곧 사퇴했다. 모스크바국립국제관계대학교와 케임브리지대학교를 비롯한 국내외 7개 대학교로부터 명예박사를 받았다.

(1) 이하원(李河遠) · 안용균(조선일보) 공저, 『조용한 열정, 반기문: 외교관을 꿈꾸던 소년에서 UN 사무총장까지』(기파랑, 2007).

(2) 정가절(鄭佳節: 중국어발음 쟁지아지), 『반기문: 연합국장문인(聯合國掌門人)』(중국문)(북경: 중앙편역출판사, 2007).

(3) 전영숙(전업주부), 『반기문 유엔 사무총장처럼 키워라』(여성신문사, 2007).

(4) 김의식(인천대학교 경영학박사), 『세계를 가슴에 품어라: 반기문 총장이 대한민국 청소년에게 전하는 파워 멘토링』(명진출판사, 2008).

(5) 최형두(崔炯斗) · 최민경(崔玟敬) · 하정숙(河貞淑) 편저, 『반기문 영어 연설문』(경기도 고양시: 위즈덤하우스, 2012)/ 진흔(陳欣) · 길미란(吉美蘭) · 이추월(李秋月) · 장옥진(張玉珍) 공역, 『반기문영문연설집』(북경: 세계도서출판공사북경공사, 2012).

(6) Tom Plate, *Conversations with Ban Ki-moon: What the United Nations Is Really Like: The View From the Top*(Singapore: Marshall Cavendish International, 2012)/ 이은진(전

문번역가) 옮김, 『반기문과의 대화: 세계 정상의 조직에서 코리안 스타일로 일한다는 것에 대하여』(서울: 알에이치코리아, 2013).

(7) 남정호(南禎鎬), 『반기문 나는 일하는 사무총장입니다: 아시아적 가치로 세계를 움직이다!』(경기도 파주시: 김영사, 2014); ______, 『반기문의 도전: 세계의 대통령 10년』(경기도 파주시: 김영사, 개정증보판 2017).

※ 남정호(1962~현재)는 서울대학교 사회과학대학 경제학과를 졸업하고 영국 런던경제정치대학교에서 국제관계학을 전공해 석사학위를 받은 데 이어 고려대학교 국제대학원에서 박사학위를 받았다. 서지사항은 다음과 같다. Jeong-ho Nam, "U.S. Policy on the UN Command(1969~1978): Analysis on the UNC Dismantlement Decision and Its Reversal," unpub. Ph.D. diss., Korea University, 2021. 이 논문의 핵심적 논지는 「미국의 유엔군사령부 정책: 해체 결정 및 번복 배경(1969~1978)」, 『국제관계연구』(고려대학교 일민국제관계연구원), 제26권 제1호(2021), 43~76쪽으로 출판됐다. 중앙일보 정치부 기자로 출발해 뉴욕특파원→런던특파원→브뤼셀특파원을 거쳐 논설위원을 역임했다. 현재 한국언론진흥재단 미디어본부장이면서 이화여자대학교 정책과학대학원 겸임교수이다.

(8) 정준(문화운동가), 『열정이 없으면 꿈도 없다: 반기문 UN사무총장에서 강석진 GE코리아 회장까지 12인의 열정 아이콘이 만드는 마법 같은 성공 신화』(경기도 파주시: 청동거울, 2014).

(9) 이성민(李聖珉), 『반기문 대망론』(강원도 춘천시: 강단, 2014).

(10) 박종열(朴鍾悅), 『99% 반기문 대통령』(사닥다리, 2015).

(11) 김성진(프리랜서), 『반기문: 지구촌을 이끌어가는 유엔 사무총장; 스스로 변화하는 사람이 큰 인물 된다』(경기도 고양시: 씨앤북스, 2015).

(12) 시대정신연구소 엮음, 『반기문은 없다: 최초의 대통령선거 전문 무크지』(시대정신연구소, 2016).

(13) Vijay Nambiar, *Furthering the Work of the United Nations: Highlights of the Tenure of Secretary-General Ban Ki-moon, 2007~2016*(New York: United Nations, 2016)/ 김태훈(전문번역가) · 이영래(전문번역가) · 김은경(전문번역가) 옮김, 『더 나은 유엔을 위하여: 반기문 사무총장 10년의 기록』(서울: 생각정거장[매경출판] 2017).

Vijay Nambiar(1943~현재)는 인도 출신의 외교관으로 반기문 유엔사무총장의 비서실장으로 봉직했다.

(14) Niklas Ekdal with Inga-Britt Ahlenius, *Mr Chance: FN:S Förfall Under Ban Ki-Moon*(Stockholm, Sweden: Brombergs, 2017).

스웨덴 기자 니클라스 에크달과 스웨덴 출신의 잉아브리트 알레니우스 전 유엔감찰실장의 공저다. 이 책은 반기문 사무총장을 비판적 시각에서 접근했다.

(15) 이종은(정치마케팅 전문가), 『국민에게 대통령의 길을 묻다』(호영, 2017년 1월); ______, 『왜 반기문인가』(호영, 2017).

(16) Ki-moon Ban, *Resolved: Uniting Nations in a Divided World*(New York: Columbia University Press, 2021/ 박상은(전문번역가) 옮김, 『반기문 결단의 시간들: 세계를 하나로』(경기도 파주시: 김영사, 2021).

반기문 총장이 직접 쓴 유엔 사무총장 재임 10년의 기록이다. 반 총장은 출판을 맡았던 콜럼비아대학교에 양해를 얻은 뒤 한국판에 「제5부: 나의 정치참여」를 추가했다.

이종욱

이종욱(李鍾郁, 1945~2006)은 대한민국 최초의 국제기구 수장이었다. 한양대학교 공업대학 산업공학과를 졸업한 그는 서울대학교 의과대학을 졸업해 의사가 됐으며 이어 서울대학교 대학원 산업공학과에서 석사학위를 받았고 미국 하와이대학교 보건대학원에서 석사학위를 받았으며 서울대학교에서 명예의학박사학위를 받았다. 부인 카부라키 레이코(鏑木玲子) 여사와 함께 남미의 페루 그리고 남태평양의 미국령 사모아 등에서 한센병환자들과 가난한 사람들을 위해 의료봉사를 했으며, 세계보건기구(WHO) 직원으로 일하기 시작해 사무총장에 올랐다. 2006년 5월 22일에 세계보건기구 총회를 준비하다가 쓰러져 별세했고 세계보건기구장(葬)으로 장례식이 치러졌으며, 국립대전현충원에 안장됐다.

(1) Desmond Avery, *Lee Jong-wook: A Life in Health and Politics*(Hyderabad, India: Orient Blackswan, 2012)/이한중 옮김, 『이종욱 평전: WHO 사무총장, 백신의 황제』(나무와숲, 2013).

한국어번역본에서는 원서에 있는 '유신독재'라는 표현이 삭제됐다.

(2) 엄상현(嚴相炫), 『영원한 WHO사무총장 이종욱평전』(동아일보, 2021).

※ 엄상현(1967~현재)은 연세대학교 언론홍보대학원에서 석사학위를 받은 데 이어

경희대학교 법학전문대학원 박사과정에서 저작권법을 전공했다. 동아일보 및 채널A에서 정당과 국회를 출입했으며 현재 동아일보 출판국 차장이다.

한승수

한승수(韓昇洙, 1936~현재)는 연세대학교 정법대학 정치외교학과를 졸업하고 서울대학교 행정대학원에서 석사학위를 받은 데 이어 영국 요크대학교(University of York)에서 재정학박사학위를 받았고 케임브리지대학교 경제학과에서 교수로 봉직했다. 서울대학교 국제경제학과 교수 → 국회의원→상공부장관→주미대사→대통령비서실장→재정경제원장관 겸 부총리→외교통상부장관→국무총리 등을 역임했고 유엔총회 의장으로도 활동했다.

(1) 최광(崔洸) 편, 『정부와 경제: 한승수박사화갑기념논문집』(시사영어사, 1996).

(2) 신봉호(申鳳浩) 외 분담집필, 『멀티플레이어 경제학자 한승수(韓昇洙): 정치 · 경제 · 외교 · 행정 정책 사례』(YBM시사, 2005).

한승수 교수의 고희를 맞아 제자들이 기고한 논문들을 모았다. 기고자들에는 김재준(金在駿) · 김종석(金鍾奭) · 김진영(金辰永) · 김택권(金澤權) · 김흥종(金興鍾) · 나성린(羅城麟) · 민선식(閔善植) · 송의영(宋毅英) · 신욱희(申旭熙) · 오필환(吳弼煥)윤건영(尹建永) · 이상승(李相承) · 이창용(李昌鏞) · 이혜훈(李惠焄) · 왕상한(王相漢) · 조동준(趙東濬) · 조성욱(趙成旭) · 한순구(韓淳九) · 황성현(黃晟鉉) 등이 포함됐다.

※ 편저자 신봉호(1954~현재)는 서울대학교 사회과학대학 경제학과를 졸업하고 영국 뉴캐슬대학교(어펀타인) 대학원 경제학과에서 석사학위를 받은 데 이어 미국 워싱턴주립대학교 대학원 경제학과에서 박사학위를 받았다. 박사학위청구논문 서지사항은 다음과 같다. Bong-Ho Shin, "A Theory of Regulation under Political-Rent Seeking," unpub. Ph.D. diss., Washington State University, 1990. 대통령 정책기획수석비서관 등을 역임했으며, 서울시립대학교 경상대학 경제학부 교수로 정년퇴임했다. 현재 서울시립대학교 명예교수다.

(3) Seung-soo Han, *Here for Global Good: Collected Speeches of Han Seung-soo*(Seoul: YBM, 2015).

이 책의 중국어 대역본은 2016년에 출판됐다.

제3항 국제사회 각 분야의 정상급 인사로 공인된 한국인들

국제사회에서 그 분야의 정상급 인사로 공인된 한국인들은 많다. 다음에서는 그들 가운데 일부를 소개하기로 한다. 순서는 각 분야의 가나다 순으로, 그리고 같은 분야에서는 성명의 가나다 순으로 한다.

과학계

이광형(李光炯, 1954~현재)은 서울대학교 공과대학 산업공학과를 졸업하고 한국과학기술연구원(KAIST) 대학원 산업공학과에서 석사학위를 받은 데 이어 프랑스 리옹대학교 국립응용과학원(Lyon-INSA)에서 컴퓨터공학을 전공해 석사→박사학위를 받았다. 카이스트 교수로 출발해 부총장을 거쳐 총장으로 봉직하고 있다. 국가교육회의 위원에 이어 대통령직속 국가과학기술자문회의 위원으로 활동했으며, 프랑스정부로부터 훈장을 받았다.

심재율(沈載律), 『이광형(李光炯), 카이스트의 시간: 천재 창업가들의 멘토에서 한국 미래학의 선구자가 되기까지』(경기도 파주시: 김영사, 2020년 4월).

카이스트의 이광형 교수는 성공적인 벤처창업가를 많이 배출하는 것으로 유명하다. 김정주(金正宙) 넥슨 회장과 김영달(金永達) 아이디스홀딩스 대표 등 국내 벤처 1세대들이 모두 그의 지도를 받았다. 과학전문기자인 저자는 이 교수가 카이스트의 혁신과 변화를 이룬 여정을 되짚었다.

※ 심재율(1957~현재)은 한국외국어대학교 서양어대학 불어과를 졸업하고 프랑스 리용국립응용대학교에서 연수를 받았다. 『조선일보』 과학부 기자로 시작해 카이스트 문술미래전략대학원 책임연구원을 역임하는 가운데 『2031 카이스트 미래보고서: 카이스트가 내다본 미래세계 · 미래교육』(경기도 파주시: 김영사, 2018) 그리고 2019년 이후 매년 출판되는 『카이스트 미래전략』(경기도 파주시: 김영사) 집필에 참여했다. '초고령화 · 초연결 시대, 세대와 직업을 뛰어넘는 연결'을 목적으로 사단법인 한나본을 설립했으며, 문자가 없는 전 세계의 소수민족에게 한글을 보급하는 국제교류에 참여하고 있다.

대중문화계

7명의 한국청년들로 구성된 방탄소년단(BTS)은 국제사회를, 특히 미국을 휩쓴 음악

공연을 이끌었다. 골든디스크 어워즈 음반부문 대상, 아시아 아티스트 어워즈 가수부문 대상, 빌보드 뮤직 어워드 톱 소셜 아티스트상, 한국가수로서 최초로 빌보드 핫 100 1위, 빌보드 뮤직 어워드 톱 듀오 그룹상 등을 받았다. 바이든 미국 대통령은 2022년 5월 31일에 그들을 접견하고 칭찬했다.

(1) 서일호, 「스타 속성이 스타와 팬 커뮤니티 동일시와 팬 자발적 행동에 미치는 영향: 방탄소년단을 중심으로」, 경기대학교 대학원 언론미디어학과 박사학위청구논문, 2018년 8월.

(2) "Entertainer of the Year: BTS", *Time*(December 10, 2020).

미국의 세계적 시사주간지 『타임』은 표지에 방탄소년단 7명의 사진을 게재하면서 방탄소년단을 '올해의 연예인'으로 선정했다고 발표했다.

(3) *Beyond The Story: 10-Year Record of BTS*(New York: Flatiron, 2023; Seoul: Big Hit Music, 2023).

이 책은 2013년 6월 13일에 데뷔한 BTS의 지난 10년 활동을 기념하기 위한 것으로 출판일 7월 9일은 이들의 팬클럽 아미(Army)가 2013년에 처음 공식출범한 날짜다.

(4) 「사설: 한국 문화영토 넓혀온 BTS 10년」, 『동아일보』(2023년 6월 14일), A31쪽.

"BTS는 K팝 영토를 확장한 광개토대왕 같은 존재인 것이다. BTS의 '소프트파워'가 유발한 국내경제효과는 10년간 42조원으로 추산된다. 구글검색량으로 측정한 BTS인지도가 1%포인트 올라갈 때마다 외국인관광객 수와 옷, 화장품, 음식 수출액이 0.18~0.72%포인트 증가한다는 분석도 있다. [···] 지난해 음원과 영상 등으로 벌어들인 수입과 지출을 비교한 이른바 '한류 수지'는 12억3천5백만 달러(약 1조5천7백억원) 흑자로 역대 최대치를 기록했다."

미술계

백남준(Nam June Paik, 白南準, 1932~2006)은 서울에서 태어나 도쿄대학 문학부에서 미술사학을 전공해 학사학위를 받았으며 이후 주로 미국에서 활동한 세계적 설치미술가다. 뉴욕의 프랫 인스티튜트(Pratt Institute)에서 명예미술박사학위를 받았다. 그에 관해서는 박사학위논문만 여러 편이 제출됐는데, 다음에서는 몇 가지만 소개하기로 한다. 그의 아내인 구보타 시게코(久保田成子, 1937~2015)는 비디오 작가다.

(1) 이광수, 「하이브리디제이션의 양식적 특성에 관한 연구: 백남준과 게르하르트 리히터를 중심으로」, 대구대학교 대학원 조형예술학박사학위청구논문, 2008년 2월.

(2) 구보타 시게코 · 남정호(南禎鎬), 「나의 사랑, 백남준: 아내 구보타 시게코가 말하는 백남준과 함께한 삶, 사랑, 그리고 예술」(웅진씽크빅 2010: 아르테 2016).

(3) 손형우(孫彤優), 「노장(老莊)을 통해 본 백남준의 Media art 연구: 개방성과 무규정성을 중심으로」, 성균관대학교 대학원 동양철학과 박사학위청구논문, 2014년 2월.

(4) 김소영, 「백남준 미디어아트의 문화콘텐츠적 특성 연구: 라캉의 '범주'와 키틀러의 '기록체계'를 중심으로」, 한국외국어대학교 대학원 글로벌문화콘텐츠학과 박사학위청구논문, 2016년 2월.

(5) 김금미, 「백남준의 해체론적 읽기: '사이-공간'으로서의 예술」, 홍익대학교 대학원 미술학과 예술학전공 박사학위청구논문, 2020년 8월.

(6) 이수영, 「백남준의 초기 아날로그 미디어 작업에 대한 미디어 고고학적 연구」, 서울과학기술대학교 IT정책전문대학원 디지털문화정책전공, 2021년 8월.

발레계

강수진(姜秀珍, 1967~현재)은 모나코왕립발레학교를 졸업하고 숙명여자대학교에서 명예박사학위를 받았다. 독일 슈투트가르트 발레단에 아시아인으로 처음 입단해 수석 발레리나에 올랐으며, 한국인 최초로 무용계의 아카데미상이라 불리는 브누아 드 라 당스(Benois de la Danse) 상을 받았다. 이후 여러 국제적 상을 받았으며, 세 차례에 걸쳐 대한민국 국립발레단 단장으로 봉직하고 있다.

(1) 장광열(무용평론가), 『당신의 발에 입맞추고 싶습니다: 세기의 발레리나 강수진 라이프 스토리』(동아일보, 2004).

(2) 강수진(姜秀珍), 『나는 내일을 기다리지 않는다: 잠자는 열정을 깨우는 강수진의 열정수업』(인플루엔셜, 2013), ______, 『한 걸음을 걸어도 나답게: 오로지 자기만의 것을 만들어낸 강수진의 인생 수업』(인플루엔셜, 2017).

발레계

김기민(1992~현재)은 한국예술종합학교를 졸업하고 모스크바의 마린스키발레단의 수석무용수로 활동하고 있다.

박세은(1989~현재)은 1669년에 설립된 세계 최고(最古) 발레단인 프랑스 파리오페라 발레단의 '에투왈(Étoile: 수석무용수)'로 2021년 6월에 지명됐다.

안주원(1993~현재)은 미국 아메리칸발레시어터(ABT)의 수석무용수로 활동하고 있다.

서희(1986~현재)는 워싱턴 키로프 발레스쿨과 존 크랭코 발레스쿨을 졸업했으며 안주원에 앞서 아메리칸발레씨어터의 수석무용수로 활동하고 있다.

최맹호(崔孟浩), 「파리의 샛별이 된 발레리나 박세은」, 『철학과현실』131(2021년 겨울), 219~229쪽.

※ 최맹호(1948~현재)는 한국외국어대학교 노어노문학과를 졸업하고 동아일보에서 언론인의 길을 걸어 비엔나특파원과 베를린특파원을 역임했으며 특히 공산권 붕괴시기에 현지에서 여러 특종기사를 썼다. 동아일보 대표이사 부사장으로 퇴임했으며, 현재 한국외국어대학교 이사이다.

음악계

바이올리니스트 강동석(姜東錫, 1954~현재)은 미국 커티스음악대학을 졸업하고 연세대학교 음악대학 기악과 교수로 봉직했다. 퀸 엘리자베스 국제 콩쿠르에서 3위로 입상한 것을 비롯해 여러 국제적 콩쿠르에서 입상했으며, 런던과 라이프치히의 오케스트라와 협연했다.

바리톤 김태한(2000~현재)은 2023년 6월 1~3일에 벨기에 브뤼셀에서 열린 퀸 엘리자베스 콩쿠르 성악에서 우승했다.

피아니스트 손열음(孫烈音, 1986~현재)은 한국예술종합학교 음악원을 졸업한 데 이어 하노버 음악대학교 대학원에서 석사학위를 받았다. 차이콥스키 콩쿠르 피아노 2위 입상을 비롯해 여러 국제적 음악대회에서 명성을 쌓았다.

베이스 연광철(延侊哲, 1965~현재)은 독일 베를린 국립예술대학을 졸업하고 서울대학교 음악대학 성악과 교수를 역임했는데, '살아있는 세계 최고의 베이스' 또는 '세계 최고의 바그너 가수'라는 칭송을 받고 있다.

피아니스트 임윤찬(任奫燦, 2004~현재)은 한국예술종합학교 학생으로 2022년 6월에 미국 텍사스주 포트워스에서 열린 밴 클라이번(Van Cliburn) 콩쿠르에서 우승했다.

팝페라 테너인 임형주(林亨柱, 1986~현재)는 데뷔 25주년을 맞은 2024년에 영국왕립예술학회(Royal Society of Arts: RSA) 종신 석학 회원으로 선정되었다.

피아니스트 조성진(趙成珍, 1994~현재)은 파리국립고등음악원에서 석사학위를 받았으며 쇼팽 국제 피아노 콩쿠르에서 1위로 입상했다.

(1) 유윤종(劉潤鍾), 「세계콩쿠르계 한국인 열풍 왜?: 영재 많은 K클래식…'조기발굴→다양한 경연' 시스템의 힘」, 『동아일보』(2022년 6월 21일), A27쪽.

한국은 김기훈(성악), 김도현(피아노), 김동현(바이올린), 김범진(성악), 김선욱(피아노), 김수연(피아노), 문지영(피아노), 박재홍(피아노), 박종민(성악), 서선영(성악), 서형민(피아노), 서혜경(피아노), 선우예권(피아노), 손열음(피아노), 신창용(피아노), 양인모(바이올린), 이동하(피아노), 이혁(피아노), 임동민·임동혁 형제(피아노), 임지영(바이올린), 조성진(피아노), 최하영(첼로), 클라라 주미 강(바이올린), 한동일(피아노), 한지호(피아노) 등 세계정상급 음악인들을 배출했다. 유윤종 동아일보 문화전문기자는 한국이 이처럼 세계정상급 음악인들을 배출한 배경을 상세히 분석했다.

(2) 김성윤 기자의 공복, 「가슴에 30년 품은 우리 노래, 세계인에 들려드립니다: 세계 최정상의 성악가 연광철 데뷔 30년에 첫 한국 가곡 음반」, 『조선일보』(2023년 10월 7일), B1~B2쪽.

음악계

정명훈(鄭明勳, 1953~현재)은 서울에서 태어나 뉴욕 매네스음악원을 졸업한 데 이어 줄리어드스쿨 음악학교를 졸업했다. 동양인으로 36세의 나이에 파리 바스티유 오페라극장(현 파리 국립오페라)의 음악감독에 취임했으며, 프랑스 클래식음악승리상 및 호암상 예술상을 비롯해 국내외에서 여러 국제적 음악상을 받았고, 서울시립교향악단 상임지휘자를 비롯해 라디오프랑스필하모닉오케스트라 명예음악감독에 이어 도쿄필하모닉오케스트라 명예음악감독 등을 역임했다. 그는 역시 세계적 첼리스트인 정명화 그리고 세계적 바이올리니스트인 정경화 등 누나들과 함께 무대에 서면서 명성을 떨쳤다.

정명화(鄭明和, 1944~현재)는 현재 한국예술종합학교 명예교수이며, 정경화(鄭京和, 1948~현재)는 줄리어드스쿨 음악학교 교수이다.

(1) 신주영, 「마에스트로 정명훈의 당당한 귀향」, 『월간 샘터』(2005년 9월), 20~21쪽.

(2) 류태형(음악 칼럼니스트), 『한국인의 열정으로 세계를 지휘하라: 세계인의 마에스트로 정명훈이 전하는 희망의 초대장』(명진출판, 2012).

음악계

조수미(曺秀美: 본명 조수경[曺秀敬], 1962~현재)는 서울대학교 음악대학 성악과를 다니다가 이탈리아 산타 체칠리아 국립음악원 성악과를 졸업했다. 성악과로서의 명성은 영미권보다 유럽에서 훨씬 높았으며, 20세기 클래식 음악의 황제로 불리는 헤르베르트 폰 카라얀(Herbert von Karajan)으로부터 격찬을 받았다. 여러 세계적 오페라에서 주연을 맡았는데, 특히 뉴욕 메트로폴리탄 오페라하우스에서 15년에 걸쳐 주세페 베르디(Giuseppe Verdi)의 오페라 「리골레토(Rigoletto)」에서 질다(Gilda) 역을 맡았다.

조수미, 『노래에 살고 사랑에 살고: 프리마돈나 조수미』(제일미디어, 1994; 창해, 1997); ______, 『조수미의 아름다운 도전』(창해, 2007).

골프

박세리, 『세리, 인생은 리치하게』(위즈덤하우스, 2021).

숙명여자대학교 정치행정학부를 졸업한 박세리(1977~현재)는 세계 프로골프계에서 여러 차례 전설적 기록을 수립하면서 남다르게 통 큰 선물 등으로 '리치 언니'라는 별명을 얻었다. 저자는 이 책을 통해 은퇴 후의 삶에 대해 썼다.

수영

박태환(朴泰桓, 1989~현재)은 단국대학교 사범대학 체육교육학과를 졸업했다. 그는 어린 시절부터 수영에 특기를 발휘해 세계적인 수영대회에서 여러 차례 입상했다. 그 대표적인 사례는 제29회 베이징 올림픽 수영 남자 400m 자유형 금메달 수상이다.

(1) 손현석(스포츠전문기자) · 김대환(전문번역가), 『실패를 두려워 말고 1등에 도전하라: 김연아, 박태환 등 스포츠 스타 9인의 도전과 열정의 메시지』(메가트렌드, 2007).

(2) 박태환, 『프리스타일 히어로: 도전을 두려워하지 않는 아름다운 승부사 박태환』(중앙books, 2012).

야구

이대호(李大浩, 1982~현재)는 타자(打者)로 여러 세계대회에서 자신이 속한 야구선수단을 승리로 이끌었다. 2008년 8월 8일에 개막된 베이징올림픽 대회에서 한국야구선수단이 우승해 금메달을 받은 것이 대표적인 사례다. 2015년에는 한국인 최초로 일본시리즈 MVP에 선정됐고, 한때 미국 메이저리그에도 진출했다. 세계 최초로 한 · 미 · 일 프로야구 1군에서 활약한 선수다.

이대호, 『이대호, 도전은 끝나지 않았다』(현대지성, 2023).

피겨스케이트

김연아(金姸兒, Yuna Kim; 1990~현재)는 고려대학교 사범대학 체육교육과를 졸업하고, 국내외의 여러 피겨스케이팅 대회에서 우승했다. 대표적인 사례는 제21회 밴쿠버 동계올림픽 피겨스케이팅 여자 싱글 금메달 그리고 제22회 소치 동계올림픽 피겨스케이팅 여자 싱글 은메달 등인데, 현역 활동 당시 데뷔부터 은퇴까지 최정점에 있었던 선수로 세계신기록만 11회 경신한 압도적인 스케이터다.

(1) 박미희, 『아이의 재능에 꿈의 날개를 달아라: 피겨여왕 김연아 엄마 박미희가 들려주는 꿈과 희망의 메시지!』(서울: 폴라북스, 2008).

(2) 김연아(金姸兒), 『김연아의 7분 드라마: 스무 살 김연아, 그 열정과 도전의 기록』(JDM중앙출판사, 2010).

(3) 최형철(崔瀅喆), 『한국을 빛낸 스포츠 영웅들: 손기정부터 김연아까지』(미다스북스, 2013).

(4) 신혜숙, 『피겨 왕으로 가는 길: 피겨 퀸 김연아의 코치가 일러 주는 드림로드; 신혜숙 피겨 에세이』(형설라이프, 2014).

영화계

봉준호(奉俊昊, 1969~현재)는 연세대학교 문과대학 사회학과를 졸업했으며, 특히 2019년에 감독한 영화 「기생충」으로 국제적 명성을 얻었다. 이 영화로 그는 2019년 5월에 제72회 칸 영화제에서 황금종려상을 받은 데 이어 2020년 2월에 제92회 아카데미영화제에서 감독상을 받았다.

(1) 황영미 · 김시무, 『봉준호를 읽다』(솔, 2020).

(2) 이용철 · 이현경 · 정민아 지음, 『봉준호코드: 12개의 테마로 읽는 봉준호 영화의 세계』(미다스북스, 2022).

영화평론가들이 봉 감독의 영화적 특징을 열두 가지 키워드로 분석했다.

제2절 세계화시대의 대한민국 외교관들

대한민국이 국제사회에서 지도적 국가로 도약하고 세계화시대에 상응하는 국제적 역할을 수행함에 있어서, 대한민국 외교관들의 노력이 컸다.

외교관과 외교관 부인의 회고록과 외교관의 저·역서(출판년도 순서)

(1) Henry A. Kissinger, *Diplomacy*(New York; Simon & Schuster, 1994)/ 김성훈(유엔대표부 참사관) 옮김, 『헨리 키신저의 외교』(김앤김북스, 2023).

(2) 박수길(朴銖吉), 『21세기 유엔과 한국: 새로운 도전과 과제』(오름, 2002); ______, 『유엔외교 최전선에서: 박수길 대사, 외교관 36년의 기록』(오름, 2014); ______, 『그동안 우리가 몰랐던 대한민국 외교 이야기: 박수길 대사의 외교관 36년, 한국 외교의 회고와 전망』(비전코리아, 2014).

※ 박수길(1933~현재)은 고려대학교 법과대학 법학과를 졸업하고 외무고시를 거쳐 주미공사→모로코대사→캐나다대사→제네바대사→유엔대사를 역임했다.

(3) 권순대(權純大), 『한국과 인도의 수교 30년』(신구문화사, 2003); ______, 『한 외교관의 도전』(기파랑, 2015); ______, 『INDIA, 강대국으로 부상하는 인도: 뛰기 시작한 코끼리』(바른북스, 2021년 6월).

※ 저자(1942~ 현재)는 서울대학교 법과대학을 졸업하고 외무고시를 통해 외무부에 입부한 뒤 케냐대사→스위스대사→인도대사를 역임했다.

(4) 김석규(金奭圭), 『코리아게이트의 현장에서: 숨겨진 이야기, 잊을 수 없는 사람들』(예지, 2005); ______, 『파킨슨병 아내 곁에서: 투병 10년의 고통 간병 10년의 고뇌』(마음풍경, 2013년 9월).

※ 김석규(1936~현재)는 서울대학교 문리대 정치학과를 졸업하고 고등고시를 통해 외무부에 입부한 뒤 스웨덴공사→파라과이대사→이탈리아대사→러시아대사→일본대사 등을 역임했고 본부에서는 외교안보연구원장과 제1차관보를 역임했다. 첫 번째 책은 주미대사관 참사관으로 봉직할 때 겪었던 코리아게이트에 관한 회상이며, 두 번째 책은 파킨슨병에 걸린 아내를 간병한 매우 감동적인 기록이다.

(5) 김찬우(金澯又), 『21세기 환경외교』(상상커뮤니케이션, 2006); ______, 『기후변

화협상(포스트 2012): 발리에서 코펜하겐까지』(에코리브르, 2010); ______, 『사례를 통해 살펴본 한국의 환경외교』(박영사, 2021년 7월 20일).

※ 김찬우(1960~현재)는 한국외국어대학교 영어과를 졸업하고 케임브리지대학교 대학원에서 정치학석사학위를 받았다. 외무고시를 거쳐 외교통상부에 입부한 뒤, 덴마크대사관 서기관→필리핀대사관 서기관→OECE대사관 참사관→케냐대사관 대사→기후변화대사→브라질대사관 대사 등을 역임했다. 본부에서는 환경협력과장을 역임하며 환경외교에 관한 여러 국제회의에 참석했다.

(6) 조윤수(趙允秀), 『세상 밖으로 시간 속으로 1: 한 외교관의 역사기행과 세계 에세이』(대부등, 2008); ______, 『세상 밖으로 시간 속으로 2: 한 외교관의 역사기행과 세계 에세이 그 두 번째 이야기』(렛츠북, 2019); ______, 『대사와 함께 떠나는 소아시아 역사문화산책: 터키에서 본 문명, 전쟁 그리고 역사 이야기』(렛츠북, 2019); ______, 『오스만제국의 영광과 쇠락, 튀르키예공화국의 자화상』(대부동, 2022).

※ 조윤수(1957~현재)는 성균관대학교 경제학과를 졸업하고 미국 로체스터대학교 대학원에서 경영학석사학위를 받은 데 이어 경기대학교 대학원 경제학과에서 「통일독일의 경제통합정책과 남북한경제통합: 생산성연계 임금지급 및 지분배분 등 실효적 통합방안」(2013년 8월)으로 경제학박사학위를 받았다. 외무고시를 거쳐 독일참사관과 휴스턴총영사 및 터키대사를 역임했다.

(6-A) 홍나미, 『대사관저의 담장 너머』(렛츠북, 2018).

조윤수(趙允秀) 전 터키대사의 부인으로, 독일과 러시아를 포함한 임지 7개국에서 생활한 저자가 테러의 공포와 이방인으로서의 외로움을 딛고자 틈틈이 기록한 글에 대사관저의 일상을 담았다.

(7) 라종일(羅鍾一), 『세계의 발견: 라종일이 보고 겪은 한국현대사』(경희대학교출판국, 2009); 라종일(羅鍾一) · 김현진(작가) · 현종희(작가), 『한국의 발견: 한국인은 스스로를 어떻게 발견하고 있는가』(루아크, 2021).

(8) 김하중(金夏中), 『하나님의 대사』(규장, 2010).

이 책은 예수님을 믿고 기도로써 삶을 이끌어 온 저자의 기록이다.

※ 김하중(1947~현재)은 서울대학교 문리대 중어중문학과를 졸업하고 외무고시를 통해 외무부에 입부한 뒤 주중대사와 통일부장관을 역임했다.

(9) 이재춘(李在春), 『외교관으로 산다는 것: 온 몸으로 부딪힌 격동의 세월 36년』(기

파랑, 2011).

※ 이재춘(1940~현재)은 서울대학교 법과대학 법학과 재학 때 외무고시에 합격해 외교관의 길을 걸어 방글라데시대사 → 주일공사 → 유럽연합대사 겸 벨기에대사 → 러시아대사 등을 역임하고 한나라당 국제위원장으로 활동했다.

(10) 송영오(宋永吾), 『사랑과 명예: 한 외교관의 삶과 정치에세이』(해누리, 2012); ____, 『대사의 정치: 국민의 대사 새로운 길을 가다』(해누리, 2014); ____, 『당신은 교양인입니까: 포스트 코로나 세계시대의 교양 수업』(교학사, 2022).

※ 송영오(1948~현재)는 서울대학교 문리대 독어독문학과를 졸업하고 외무고시로 외무부에 입부한 이후 스리랑카대사와 이탈리아대사를 역임했다. 외무부를 떠난 뒤 정계에 입문해 창조한국당 대표와 더불어민주당 상임고문을 역임했다.

(10) 임갑수(林甲守) · 문덕호(文德浩), 『유엔 안보리 제재의 국제정치학』(경기도 파주시: 한울아카데미, 2013년 2월); 임갑수(林甲守), 『제재의 국제정치학』(경기도 파주시: 한울아카데미, 2023).

※ 임갑수(1969~현재)는 서울대학교 사회과학대학 정치학과를 졸업하고 옥스퍼드대학교 외교관 과정을 수료했으며 런던경제정치대학교 대학원에서 국제정치학을 전공하고 석사학위를 받았다. 직업외교관으로 오스트리아대사관 → 요르단대사관 → 유엔대표부 → 예멘대사관 → 국제원자력기구대표부 등을 거쳐 루마니아대사로 봉직하고 있다. 방대하고 복잡한 미국의 제재를 비롯해 다양한 독자 제재체제를 집대성했다.

※ 문덕호(1960~현재)는 한국외국어대학교 불어과를 졸업하고 파리정치대학 국제과정을 수료했다. 베트남대사관 → 프랑스대사관 → 뉴욕총영사관 → 이라크대사관 등을 거쳐 외교부 아프리카중동국장을 역임했으며 핀란드 대사를 마지막으로 외무부를 떠났다.

(11) 이선진(李先鎭) · 신정승(辛正承) · 임홍재(任洪宰) · 양봉렬(梁峰烈) · 조병제(趙炳珶), 『대사들, 아시아전략을 말하다』(늘품플러스, 2013년 3월).

(12) 최석영(崔晳泳), 『최석영의 FTA 협상노트』(박영사, 2016); _____, 『최석영의 국제협상 현장노트』(박영사, 2022).

※ 최석영(1955~현재)은 서울대학교 인문대학 독어독문학과를 졸업하고 KDI 국제정책대학원에서 석사학위를 받았다. 외무고시를 거쳐 주미공사와 주제네바대사를 역임했다.

(13) 조광제(趙光濟), 『한 직업외교관의 회상록: 나라를 생각하고 나를 돌아보다』(경기도 파주시: 나남, 2016).

※ 조광제(1931~2017)는 서울대학교 법과대학을 졸업하고 고등고시 행정과와 사법과에 합격해 공직생활을 시작했으며, 칠레대사→베네수엘라대사→포르투갈대사→스페인대사 등을 역임하며 10개국에서 외교관으로 생활했다.

(14) 송승엽(宋承燁), 『답방』(해드림출판사, 2018).

저자(1948~현재)는 중국과의 수교 이전에 베이징주재 한국무역공사(KOTRA)에서 봉직하다가 중국과의 수교가 이뤄진 뒤 주중한국대사관에서 정무공사로 봉직했다. 남북관계를 염두에 두고 '통일되고 부강한 나라'를 꿈꾸며 이 소설을 썼다.

(15) 조현(趙顯), 『한국대사의 인도 리포트: 너무나 멋진 인도 Incredible India』(공감, 2020년 5월).

※ 조현(1957~현재)은 연세대학교 사회과학대학 정치외교학과를 졸업하고 외무고시를 거쳐 외무부에 들어간 이후 오스트리아대사→인도대사→제2차관→제1차관→유엔대사 등을 역임했다. 콜럼비아대학교 대학원 정치학과에서 석사학위를, 파리정치대학 대학원에서 정치학석사학위를, 툴르즈1대학 대학원에서 정치학박사학위를 받았다.

(16) 손상하(孫相賀), 『무슨 사연이 있어 왔는지 들어나 봅시다: 한 외교관의 독백; 그 시절, 그 날의 이야기』(행복에너지, 2020년 6월).

※ 손상하(1946~현재)는 서울대학교를 졸업하고 외무고시를 통해 외무부에 입부해 독일참사관 → 사우디아라비아공사 → 상하이총영사 → 필리핀대사 → 말레이시아대사 등을 역임했따. 현재 주한명예영사단 고문이다.

(17) 김완중(金完重), 『나성에 가면: 한국 밖의 한국』(컬처플러스, 2021년 2월).

제목에 나오는 '나성'은 한문으로 '羅城'이라고 쓰며 '로스앤젤레스'를 말한다. 직업외교관인 저자가 로스앤젤레스 총영사로 재임하며 관찰한 80만 명 규모의 한인사회에 대해 설명했다. 일제강점기에 로스앤젤레스에서 항일독립운동에 종사했던 도산(島山) 안창호(安昌浩)와 그의 유족에 대한 설명이 포함됐다.

(18) 라울 루이스, 마르타 림 킴 저, 조갑동(趙甲東) 역, 『쿠바의 한인들』(자유미디어, 2021년 3월).

1033명의 한인들이 1905년 4월 15일에 4년의 노동계약을 맺고 멕시코 유카탄반도에 도착했다. 그들 가운데 약 300명이 쿠바로 이주했으며 많은 어려움을 겪는 가운데에도 항일독립운동을 지원했고 현지에 정착할 수 있었다. 이 책은 1100여 명의 한인 후손이 쿠바에서 생활하는 현실을 자세히 설명했다.

※ 라울 루이스는 작가이다. 마르타 림 킴은 1938년에 쿠바에서 한인의 후예로 태어나 사범학교를 졸업하고 교사 또는 작가로 활동했다.

※ 조갑동(1936~현재)은 한국외국어대학 스페인어과를 졸업하고 마드리드대학교 대학원에서 문학박사학위를 받았다. 외무부에 입부해 볼리비아 대사→바르셀로나 총영사 → 콜롬비아 대사 등을 역임했으며, 한서대학교 교수로 봉직했다.

(19) 최병구(崔炳九), 『외교언어: 말이 무기인 외교관에게 꼭 필요한 대화의 기술』(렛츠북, 2021년 6월 14일).

※ 최병구(1954~현재)는 국제대학교 영어영문학과를 졸업하고 외무부에 입부해 유고슬라비아대사관 참사관→주미대사관 참사관→이스라엘대사관 참사관→동티모르대표부 대표→베트남대사관 공사→노르웨이대사관 대사→브루나이대사관 대사 등을 역임했다.

(20) 정범구(鄭範九), 『정범구 전 주독일대사의 대사관 이야기: 가까워지며 변화하기』(태희, 2021년 6월 29일).

※ 정범구(1954~현재)는 경희대학교 정경대학 정치외교학과를 졸업하고 독일 마르부르크 대학교 대학원에서 석사→박사학위를 받았다. 제16대, 제18대 국회의원을 역임하고, 주독일대사로 발탁됐다. 현재 재단법인 청년재단 이사장이다.

(21) 서현섭(徐賢燮), 『구례에서, 세계로: 전직 외교관의 분투기』(보고사, 2021년 7월 30일).

※ 서현섭(1944~현재)은 전라남도 구례에서 태어나 건국대학교 정치외교학과를 졸업하고 외무고시를 거쳐 파푸아뉴기니 대사→후쿠오카 총영사→요코하마 총영사→교황청 대사 등을 역임했다. 그 과정에서 메이지대학 대학원에서 석사학위를 받고 메이지대학 대학원에서 「근대 한일관계와 국제법 수용」(1988)으로 법학박사학위를 받았으며, 규슈대학에서 명예박사학위를 받았다. 외교관에서 은퇴한 뒤 일본 나가사키현립대학 교수로 봉직했다. 외교관 생활 가운데 세 차례 일본에서 봉직했으며, 『일본인과 천황』(고려원, 1997), 『지금도 일본은 있다』(고려원북스, 2004), 『일본 극우의 탄생: 메이지 유신 이야기; 요시다 쇼인부터 아베 신조까지』(라의눈, 2019), 『한중일의 갈림길, 나가사키』(보고사, 2020) 등 일본에 관한 여러 책을 출판했다.

(22) 정태인(鄭泰仁), 『외교적 상상력: 5대양 6대주의 재발견』(페스트북, 2022년 1월).

※ 정태인(1961~현재)은 서울대학교 사회과학대학 인류학과를 졸업하고 서울대학교 행정대학원에서 석사학위를 받은 데 이어 미시간대학교 대학원 경제학과에서 박사학위

를 받았다. 외무고시를 거쳐 인도공사와 투르크메니스탄대사, 그리고 토론토총영사를 역임했다.

(23) 조희용(曺喜庸), 『중화민국 리포트 1990~1993: 대만단교 회고』(선인, 2022년 3월).

이 책에 대해서는 제14권 제1부 제1장 제7절 제4항에서 이미 살폈다.

(24) 정규섭(鄭奎燮), 『저 높은 곳을 향하여』(서울문화, 2022년 5월).

※ 정규섭(1925~미확인)은 해군사관학교를 1기생으로 졸업하고 해군본부 관리부장(해군준장)을 역임한 뒤 뉴욕총영사→외무부차관보→튀니지대사 등을 역임했다. 은퇴한 뒤 미국에 정착했다.

(25) 금창록(琴昌祿), 『라인강이 내게 말하는 것: 자전거와 함께한 독일 인문역사 기행』(미다스북스, 2022년 6월).

※ 금창록(1965~현재)은 서울대학교 문리대 독어독문학과를 졸업하고 외무부에 입부해 프랑크푸르트총영사와 스위스대사를 역임했다.

(26) 정내권(鄭來權), 『기후 담판: 기후변화대사 정내권의 대한민국 탈탄소 미래전략』(메디치미디어, 2022년 7월).

외교부 초대 과학환경과장을 거쳐 환경심의관, 유엔 아시아태평양경제사회위원회 환경개발국장, 유엔사무총장 기후변화수석자문관 등을 거쳐 초대 기후변화대사에 올랐던 저자의 회고록이다.

(27) 권태균(權泰鈞), 『아부다비 외교현장에서 일하고 배우다』(비엠케이, 2022년 8월 15일).

중동의 아랍에미리트(UAE)주재대사로 봉직했던 저자의 회고록이다. 제목에 나오는 '아부다비'는 아랍에미리트를 구성하는 토후국들 가운데 하나이면서 아랍에미리트의 수도다.

※ 권태균(1955~현재)은 서울대학교 경영대학을 졸업하고 서울대학교 대학원 경영학과에서 석사학위를 받은 데 이어 중앙대학교 국제대학원에서 「한국의 외환시장정책: 구조와 발전방향을 중심으로」로 2007년 8월에 박사학위를 받았다. 행정고시를 거쳐 주로 기획재정부와 산업통상자원부에서 봉직했으며, 조달청장을 역임했다. 한국이 아랍에미리트에 원전을 지어주게 되면서 이 나라 대사로 봉직하게 됐다.

(28) 윤여철(尹汝哲), 『다자외교의 재발견』(박영스토리, 2022년 8월 30일).

※ 윤여철(1963~현재)은 미국 플레처국제법·외교대학원에서 석사학위를 받았다. 외

무고시를 통해 외무부에 입부한 뒤 외교부 의전장을 거쳐 이집트대사에 이어 영국대사로 봉직했다.

(29) 이상화(李相和), 『롤러코스터를 탄 미얀마』(박영사, 2022년 9월).

※ 이상화(1968~현재)는 고려대학교 문과대학 서어서문학과를 졸업하고 외무고시를 통해 외무부에 입부해 콜롬비아대사관 참사관을 거쳐 미얀마대사에 이어 공공외교대사를 역임했으며, 현재 필리핀대사다.

(30) 전홍조(田弘祚), 『전홍조 대사의 스페인 일기』(시간의물레, 2022년 10월).

※ 전홍조(1961~현재)는 한국외국어대학교 영어과를 졸업하고 외무고시를 통해 외무부에 입부한 뒤 코스타리카대사에 이어 스페인대사를 역임했다. 현재 국립외교원 명예교수다.

(31) 김선흥(金善興), 『1402 강리도: 아프리카를 최초로 그린 세계지도의 탄생』(네잎클로바, 2022년 11월 9일).

※ 김선흥(1952~현재)은 전남대학교 문리대 영어영문학과를 졸업했다. 칭다오 총영사를 역임한 그는 자신이 2005년에 상하이에서 본 「혼일강리역대국도지도(混一疆理歷代國都之圖)」(약칭 강리도)에 큰 관심을 갖게 됐고 이 지도를 연구해 위의 책을 출판했다.

(32) 양동칠(梁東七), 『현대 외교 비사: 내가 사랑한 역사와 문화 이야기』(생각나눔, 2022년 11월 30일).

※ 양동칠(1941~현재)은 서울대학교 문리대 불어불문학과를 졸업하고 프랑스 스트라스부르제1대학교 대학원에서 정치학박사학위를 받았다. 유네스코대사에 이어 핀란드대사를 역임했다.

(33) 신효헌(申孝憲), 『다리 건너 저편: 신효헌 회고록; 기독교 신앙을 기반으로 살아온 외교관의 인생여정』(교음사, 2023년 2월).

※ 신효헌(1941~현재)은 서울대학교 법과대학 행정학과를 졸업하고 외무고시를 거쳐 가나대사→사우디아라비아대사→호주대사→아르헨티나대사를 역임했다.

(34) 신봉길(申鳳吉), 『어쩌다 외교관: 끊임없이 낯섦을 마주하는 직업, 외교관』(렛츠북, 2023년 5월).

※ 신봉길(1955~현재)은 서울대학교 사회과학대학 외교학과를 졸업하고 외무고시를 거쳐 중국공사→요르단대사→인도대사 등을 역임했으며, 현재 한국외교협회 회장이다.

그 과정에서 북한대학원대학교로부터 「2002년 대북 중유공급 중단결정에 관한 연구」(2012년 8월)로 석사학위를, 「한중일 3국협력의 제도화 연구」(2015년 2월)로 박사학위를 받았다.

제3절 세계화 속의 한국 문화예술과 세계적 역병의 한국 유입

제1항 K-POP과 한류 그리고 영화

(1) Sung-kyung Kim, "Globalisation, Film and Authenticity: The Renaissance of Korean National Cinema," unpub. Ph.D. diss., University of Essex, 2006.

※ Sung-kyung Kim(김성경[金聖敬], 1977~현재)은 경희대학교 사회과학대학 사회학과를 졸업하고 에섹스대학교 대학원 사회학과에서 문화사회학을 전공해 석사→박사학위를 받았다. 현재 북한대학원대학교 교수다. 필자는 분단체제와 관련해 『갈라진 마음들: 분단의 사회심리학』(경기도 파주시: 창비, 2020)을 출판했다.

(2) 강동완(姜東完), 『한류, 북한을 흔들다: 남한영상매체의 북한 유통경로와 주민의식 변화』(늘품플러스, 2011년 2월); ______ · 박정란(朴貞蘭), 『한류 통일의 바람: 남조선 날라리풍(風)』(명인문화사, 2012).

(3) Do-kyun Kim and Min-sun Kim, *Hallyu: Influence of Korean Culture in Asia and Beyond*(Seoul: Seoul National University Press, October 2011).

(4) Kyung-hyun Kim and Young-min Choe, eds., *The Korean Popular Culture Reader*(Durham, N.C.: Duke University Press, 2014).

(5) 『철학과 현실』110(2016년 가을), 6~171쪽.

엄정식(嚴廷植), 「편집인의 말: 한국문화의 세계화와 '한류'의 문화철학」, 5~18쪽.

특별좌담: 「한류, 한국문화의 세계화인가?」, 20~84쪽.

참석자: 곽영훈(郭英薰) · 이건용(李建鏞) · 김성곤(金聖坤) · 이진우(李鎭雨) · 이철구(이철구여행 대표이사)

칼럼

(i) 곽영진(郭瀯鎭), 「한류의 진화와 전망」, 86~112쪽.

(ii) 주성혜(朱成惠), 「한류, 우리 문화는 세계를 어떻게 만나야 할까?」, 113~126쪽.

(iii) 오인규(吳寅圭), 「한류현상을 왜 학문적으로 연구하는 것이 중요한가?」, 127~150쪽.

※ 오인규(1962~현재)는 루스벨트대학교를 졸업하고 오하이오주립대학교 대학원 정치학과에서 석사학위를 받은 데 이어 오리건대학교 대학원 사회학과에서 박사학위를 받았다. 박사학위청구논문 서지사항은 다음과 같다. Ingyu Oh, "Making an Octopus: The Rise and Development of the Korean Chaebol and the Japanese Keiretsu," unpub. Ph.D. diss., University of Oregon, 1996. 현재 일본 오사카부에 있는 칸사이외국어대학(關西外國語大學) 외국어학과 교수다. 그는 한류에 관해 다음과 같은 논문들을 발표했다.

• Ingyu Oh, "The Globalization of K-pop: Korea's Place in the Global Music Industry," *Korea Observer*, Vol. 44, No. 3(September 2013), pp.389~409.

• Andrew Kim, Fitria Mayasari and Ingyu Oh, "When Tourist Audiences Encounter Each Other: Diverging Learning Behaviors of K-pop Fans from Japan and Indonesia," *Korea Journal,* Vol. 53, No. 4(December 2013), pp.59~82.

• 오인규 · 김인숙(金仁淑), 「민족감정의 극복과 한류 소비현상: 한류 드라마의 반일 · 반중묘사와 일본 · 중국 관객의 반응」, 『한일경상논집』(한일경상학회) 71(2016년 5월), 71~93쪽.

• Ingyu Oh and Kyeong-Jun Kim, "Gendered Melancholia as Cultural Branding: Fandom Participation in the K-pop Community," *Asia Pacific Business Review*,(December 2022), pp.1~24.

(iv) 박장순(朴章淳), 「K-pop은 우리에게 무엇인가?」, 151~164쪽.

(v) 이리나 코르군(Irina Korgun), 「한류: 미래를 향한 길을 찾으면서」, 165~171쪽.

(6) Hwa-kyung Kim, Andrew Eungi Kim and Daniel Connolly, "Catching Up to Hallyu?: The Japanese and Chinese Response to South Korean Soft Power," *Korea Observer*, Vol. 47, No. 3(Autumn 2016), pp.527~558.

(7) 김정하, 「한류 콘텐츠 유형이 한국 이미지와 한국어 학습 만족도에 미치는 영향」, 『관광진흥연구』제5권 제1호(2017년 12월), 51~68쪽.

(8) 한국방송학회 엮음/김낙호 · 김수이 등 지음, 『문화연구의 렌즈로 대중문화를 읽

다: 급변하는 한국대중문화지형도』(컬처룩, 2018).

(8-A) 최석호(崔碩浩), 「한국사회의 여가변동에 관한 연구: 대중여가의 형성과 문명화과정을 중심으로」, 고려대학교 대학원 사회학과 사회학박사학위청구논문, 2004년 2월.

※ 최석호(1964~현재)는 고려대학교 문과대학 사회학과를 졸업하고 성균관대학교 대학원 사회학과에서 석사학위를 받은 데 이어 고려대학교 대학원 사회학과에서 박사학위를 받았다. 영국 노팅엄트렌트대학교(Nottingham Trent University) 대학원에서 박사후기과정을 마쳤다. 서울과학종합대학원대학교 레저경영전문대학원 원장을 역임하고 현재 서울신학대학교 교수다.

(9) 「특집: 한류, 어떻게 보아야 하나」, 『황해문화』104(2019년 가을), 278~299쪽.

(i) 서정민갑, 「K-POP 한류 현대사: 싸이부터 방탄소년단 직전까지」, 278~285쪽.
(ii) 김학선, 「지금, 왜 방탄소년단인가?」, 286~292쪽.
(iii) 나도원, 「버닝썬 그리고 한류의 그늘: The Winner Takes it All?」, 293~299쪽.

(10) 이장우(李章雨), 『K-POP 이노베이션: 세상을 흔든 한국형 혁신의 미래』(21세기북스, 2020년 9월).

(11) 정호재(鄭浩載), 『아시아 시대는 케이팝처럼 온다: 아시아적 관점에서 보면 한국이 다르게 보이고 동남아가 다르게 보인다』(눌민, 2020년 11월); ______, 『다시 K를 보다: 한류는 어떻게 국경을 넘어 문명이 되었는가』(메디치미디어, 2021년 12월).

※ 정호재(1974~현재)는 고려대학교 경영대학을 졸업하고 경희대학교 경영대학원에서 석사학위를 받았으며 싱가포르국립대학교에서 박사학위를 받았다. 박사학위청구논문 서지사항은 다음과 같다. Ho Jai Jung, "A Discourse of Disaster and Asian State Media: Disaster News Coverage under the Military Regimes of Myanmar and South Korea," unpub. Ph.D. diss., National University of Singapore, 2023. 동아일보 출판국 기자를 거쳐 현재 서울대학교 아시아연구원 방문학자다.

(12) 김철우(KBS 기자), 『K-POP 성공방정식: 그들은 어떻게 한국의 미래가 되었나?』(21세기북스, 2021년 3월).

(13) 강일권(음악평론가), 『K-POP 신화의 그림자: 투올더뮤직키즈』(안나푸르나, 2021년 8월).

K-POP에 대해 비판적인 시각을 보였다.

(14) 노성호(盧聖鎬), 『BTS는 어떻게 세계를 품었나: 명품 한류를 만든 열두 가지, K팝을 중심으로』(뿌브아르, 2021년 10월).

이 책은 한마디로 '한류의 뿌리'에 대한 책이다.

(15) 박소정(朴昭貞) 지음, 『미백(美白): 피부색의 문화정치』(컬처룩, 2022년 1월).

이 책이 K-Pop 그 자체를 다루지는 않았다. 그러나 K-Pop과 K-뷰티 등 전 세계로 콘텐츠를 발신하는 한국에서의 미백은 다른 의미로 해석된다고 주장하면서, 부분적으로 K-Pop을 다뤘다.

※ 박소정(1990~현재)은 서울대학교 사회과학대학 외교학과를 졸업하고 서울대학교 대학원 언론정보학과에서 석사학위를 받은 데 이어 서울대학교 대학원 언론정보학과에서 「피부색을 탈식민화하기: 포스트식민시대의 미백 배치에 대한 연구」(2020년 8월)로 박사학위를 받았다. 현재 서울대학교 사회과학대학 언론정보학과에서 박사후기과정을 밟고 있다.

(16) 정길화 · 서정민 · 홍경수 · 임종수 · 이성민 · 김윤지 · 유건식 등, 『오징어게임과 콘텐츠혁명: 세계를 열광시킨 K-콘텐츠의 비밀』(인물과사상사, 2022년 2월).

(17) Jean-François Marmion, *La Psychologie Selon Squid Game*(Les Éditions de l'Opportun, March 2022)/박효은(불어전문 번역가) 역, 『오징어게임 심리학』(오렌지디, 2022).

(18) Ramon Pacheco Pardo, *Shrimp to Whale: South Korea from the Forgotten War to K-Pop*(London: C Hurst & Co Publishers Ltd, May 2022).

※ Ramon Pacheco Pardo는 런던경제정치대학교에서 국제관계학을 전공해 박사학위를 받았으며 런던의 킹스칼리지 교수로 브뤼셀의 브리웨대학교 한국학 석좌교수로 봉직하고 있다. 한국에 대해서 뿐 아니라 북한에 대해서도 여러 책을 썼다.

(19) 김남주(서울대총동창신문 기자), 「동문을 찾아서: AI 탑재한 아바타, 가상공간에서 최강국되는 지름길; 이수만(李秀滿, 농공학71-78) SM엔터테인먼트 총괄 프로듀서」, 『서울대총동창신문』(2022년 6월), 8쪽.

이수만은 국내외에서 '한류의 개척자' 또는 '한류의 창시자'로 불린다.

(20) 「특집: 포스트 지구화시대, 한류로 대면하기」, 『황해문화』115(2022년 여름), 2~135쪽.

(ⅰ) 백원담(白元淡), 「한류, 신자유주의적 문화신체 그리고 정동연대」, 2~17쪽
(ⅱ) 조영한(曺永翰), 「한류와 팝 글로벌리즘: 한류를 통해 새로운 글로벌리티 상상하기」, 20~38쪽.
(ⅲ) 진달용(陳達鏞), 「글로벌 미디어 플랫폼과 한류의 문화콘텐츠산업」, 39~55쪽.
(ⅳ) 이동연(李東淵), 「한류는 문화민족주의의 산물인가?」, 56~75쪽.
(ⅴ) 김예란(金乂瓓), 「K라는 끔찍한 동형성」, 76~94쪽.
(ⅵ) 이기웅(李起雄), 「포스트 지구화와 한류 어셈블리지」, 95~113쪽.
(ⅶ) 이은정(李恩政), 「오리엔탈리즘의 긴 그림자: 코로나시기 독일 언론의 한국문화담론」, 114~135쪽.

(21) 육은주, 『한류의 탄생』(부크크, 2023).
※ 육은주는 연세대학교 문과대학 영어영문학과를 졸업하고 조선일보 문화부 기자로 활동했으며 콜럼비아대학교 방문연구원으로 연구활동을 계속하는 가운데 대중문화와 지정학을 결합한 '문화지정학'의 중요성을 인식하고 그러한 관점에서 한류가 급부상한 배경을 추적했다.
(22) 심두보(沈斗輔), 『한류가 뭐길래: 글로벌 문화변동과 K-컬처의 진화』(어나더북스, 2024).
'한류(Hallyu)'에 관해 여러 논문을 발표해온 저자가 이 주제에 관해 체계를 세워 서술했다. 저자는 자신의 이 책에 대해 「책을 펴내며: 한류, 글로벌 문화의 새로운 실천인가 '국뽕'의 신기루인가」에서 다음과 같이 썼다.

> 이 책은 한류라는 특정 현상이 문화에 관해, 국제관계에 관해, 그리고 인문지리적 상상과 관련해 우리의 사고를 자극하는 '방법론' 이자 '생각의 곳간' 이라는 관점을 지닌다. 이에 따라 이 책은 오늘날 한국사회의 주요 담론인 한류를 인문주의의 태도로 고찰하고, 문화연구와 미디어연구의 관점에서 사유하고 응시한다.

※ 심두보(1966~현재)는 고려대학교 문과대학 사학과를 졸업하고 미국 위스콘신 대학교 매디슨 캠퍼스 대학원에서 매스커뮤니케이션을 전공해 석사→박사학위를 받았다. 박사학위청구논문 서지사항은 다음과 같다. Doobo Shim, "Media Globalization and Korean Big Business," unpub. Ph.D. diss., University of Wisconsin, Madison, 2000.

싱가포르국립대학교 조교수를 거쳐 성신여자대학교 사회과학대학 학장을 역임했다. 현재 성신여자대학교 사회과학대학 미디어커뮤니케이션학과 교수다.

(23) 송진호(동아일보 기자), 「"한국 라면에 세계가 빠졌다": 국민 야식에서 대표 K푸드로」, 『동아일보』2024년 2월 3일, 10쪽.

현재 라면은 132개국에 수출되고 있다. 수출액 기준으로 2023년 현재 9억 5243만 달러로, 4년 전인 2019년 4억 6700만 달러보다 104% 증가했다. 중국(2억 1545만 달러), 미국(1억 2659만 달러), 네덜란드(6067만 달러), 일본(5797만 달러), 말레이시아(4470만 달러), 호주(3567만 달러) 순서다.

(24) 이청아(동아일보 기자), 「영(英) 옥스퍼드대에 10주 과정 '한류아카데미,' 한국존댓말도 배워」, 『동아일보』2024년 2월 6일, A25쪽.

옥스퍼드 대학교는 2024년 2월 4일에 제1회 「영국 한류아카데미」프로그램의 입학식을 열었다.

사물놀이(난타)

북 · 장구 · 꽹과리 · 징으로 구성된 한국의 사물놀이는 우리나라를 대표하는 비언어(非言語) 공연인 「난타」로 이어졌다. 1997년에 첫 무대를 선보인 뒤 국내에서 큰 인기를 끈 데 이어 국제적으로도 큰 주목을 받았다.

(1) 현택수(玄宅洙), 「문화의 세계화와 한국문화의 정체성: 비언어극 「난타」의 사례 연구를 중심으로」, 『한국학연구』(고려대학교 한국학연구소) 20(2004년 상반기), 175~199쪽.

(2) 이원현(李元鉉), 「한국 넌버벌 퍼포먼스에 나타난 마당극의 실험극적 전략: 「난타」와 「UFO」를 중심으로」, 『한국연극학』(한국연극학회) 27(2005년 12월), 143~174쪽.

(3) 장혜원(張惠援) · 김형길(金炯吉) · 오상훈(吳相勳), 「관광객의 공연체험 특성: 문화콘텐츠 「난타」를 중심으로」, 『한국콘텐츠학회논문지』 제11권 제7호(2011년 7월), 458~466쪽.

일본에의 영향

(1) 최원국(崔源國), 「'아랏소데스' '좃토 메푸타'…일(日) 1020 절반이 한일믹스어 사용」, 『조선일보』(2022년 7월 28일), A1 및 A14쪽.

필자는 조선일보 도쿄 특파원이다. 내용은 다음과 같이 요약할 수 있다.

> 한류 콘텐츠가 일본에 유행하면서 10 · 20대를 중심으로 '한일 믹스어'가 확산되고 있다. '한일 믹스어'는 일본어와 한국어를 섞어서 사용하는 신조어로, '아랏소데스(알았어요)' '마지 고마워(정말 고마워)' '진차 소레나(진짜 그럼)' 등이 있다. […] 데즈카야마가쿠인대학(帝山學院大學) 이나가와 유우키(稲川右樹) 교수는 『겐다이비지니스(現代ビジネス)』에 "한일 믹스어의 확산은 일본에서 한국어라는 언어가 이미 대중화됐다는 의미"라며 "지금 일본의 Z세대는 드라마, 영화, 케이팝 가수의 인터뷰 등을 보며 일상의 한국어 속에서 자라고 있다"고 말했다.

(2) ______, 「신오쿠보 뜨고, 하라주쿠 지고…한류가 바꾼 일(日) 번화가」, 『조선일보』(2022년 9월 3일), A14쪽.

도쿄의 하라주쿠(原宿) 지역은 오랜 기간에 걸쳐 '도쿄의 유행이 시작되는 거리'라고 불렸다. 그런데 최근에 이 지역은 쇠퇴했다. 대조적으로, 도쿄 최대의 한인타운인 신오쿠보(新大久保) 지역은 골목 구석구석을 둘러봐도 빈 가게는 찾아볼 수 없을 정도로 인산인해를 이루고 있다. 『마이니치신문』은 "최근 K-Pop 등의 영향으로 젊은이들의 발길이 하라주쿠에서 신오쿠보로 옮겨졌다"고 보도했다. 2019년 말부터 「사랑의 불시착」 「오징어게임」 「이태원 클라스」 등 한국드라마와 K-Pop 가수들이 일본에서 큰 인기를 끌면서 젊은이들이 신오쿠보로 모이기 시작한 것이다. 예전엔 주로 한인교포나 일부 일본인들이 찾는 곳이었는데, 지금은 도쿄의 최대번화가 가운데 하나로 떠올랐다.

제2항 코로나사태와 한국의 대내외 상황과의 관계

2019년 12월 중순에 중국 후베이성(湖北省)의 성도(省都) 우한시(武漢市)에서 이름 모를 호흡기질환이 발생했다. 중화인민공화국 정부는 2020년 1월 13일에 이 질병을 '신종코로나바이러스 감염 폐렴'이라고 명명했으며, 2020년 2월 12일에 세계보건기구(WHO)는 이 질병을 'COVID-19'라고 명명했다. 대한민국 정부는 같은 날 세계보건기구의 명명을 존중하면서 '코로나19'로 명명했다. 이후 한국에서도 환자가 급증했다.

우한사태에 대한 기록

방방(方方: 중국어발음 팡팡; 본명: 왕방[王方]), 『우한봉쇄일기(武漢封鎖日記)』(중국문)(도쿄: 우시호슈판샤[潮出版社])/ 조유리(중국어 전문번역가) 역, 『우한일기: 코로나19로 봉쇄된 도시의 기록』(경기도 파주시: 문학동네, 2020).

저자는 루쉰문학상을 받은 중국소설가로 위의 책으로 한국의 정은경(鄭銀敬) 질병관리청장과 함께 영국 BBC방송사의 「올해의 여성」에 선정됐다. 이 책은 우한통제 사흘 뒤인 2020년 1월 25일부터 봉쇄해제가 선포된 2020년 3월 24일까지 자신이 쓴 일기 60편을 묶었다. 이 책을 통해 저자는 "20일의 은폐가 76일의 도시 봉쇄를 불렀다"라고 고발했다.

팬데믹에 대한 일반적 경고와 대비책 제안

(1) Nathan Wolfe, *The Viral Storm: The Dawn of a New Pandemic Age*(New York: St. Martin's Griffin, 2012)/ 강주헌(전문번역가), 『바이러스 폭풍의 시대』(경기도 파주시: 김영사, 2015).

(2) Jonathan D. Quick, *The End of Epidemics: The Looming Threat to Humanity and How to Stop It*(New York: St. Martin's Press, 2018)/ 김한영(전문번역가) 역, 『이것이 우리의 마지막 팬데믹이 되려면: 바이러스의 위협에서 인류를 구할 전염병 대응 시스템』(동녘사이언스, 2020).

(3) Martha C. Nussbaum, *The Cosmopolitan Tradition: A Noble but Flawed Ideal* (Cambridge, M.A.: Harvard University Press, 2019)/ 강동혁(전문번역가) 옮김, 『세계시민주의 전통: 고귀하지만 결함 있는 이상』(뿌리와이파리, 2020).

(4) 박세길(『대한민국현대사』 저자), 『대전환기 프레임혁명: 포스트 코로나, 사람 중심 경제로의 전환』(북바이북, 2020년 7월).

(5) 서상목(徐相穆), 『균형의 시대: 포스트 코로나19 시대의 새로운 경제 · 복지 패러다임』(이담북스, 2020년 8월).

저자는 '지속가능한 경제 · 복지 패러다임'을 제시하면서, 구체적으로 '사회안전망을 기본소득제를 중심으로 설계하자'고 제안했다.

※ 서상목(1947~현재)은 미국 애머스트칼리지를 졸업하고 스탠퍼드대학교 대학원 경제학과에서 경제학박사학위를 받았다. 서지사항은 다음과 같다. Sang-mok Suh, "The

Determinants of Personal Income Distribution and Its Relationship to Aggregate Saving and Employment with an Application to the Korean Economy," unpub. Ph.D. diss., Stanford University, 1974. 국회의원과 초대 보건복지부장관을 역임했으며, 명지대학교 교수로 봉직했다. 현재 한국사회복지협의회 회장이다.

(6) 최남수(崔南洙), 『양손잡이 경제: 코로나 팬데믹 이후 한국경제의 미래』(새빛, 2020년 8월).

※ 최남수(1961~현재)는 서울대학교 사회과학대학 경제학과를 졸업하고 워싱턴대학교(시애틀) 대학원 경제학과에서 석사학위를 받은 데 이어 캘리포니아대학교 버클리 캠퍼스 경영대학원에서 석사학위를 받았다. 한국경제신문사 외신부 기자로 출발해 YTN 사장으로 봉직했다. 현재 서정대학교 교수다.

(7) 조동준(趙東濬), 「코로나-19와 지구화의 변화」, 『국제정치논총』(한국국제정치학회) 제60집 제3호(2020년 9월), 125~167쪽.

※ 조동준(1968~현재)은 서울대학교 사회과학대학 외교학과를 졸업하고 서울대학교 대학원 외교학과에서 석사학위를 받은 데 이어 펜실베이니아주립대학교 대학원 정치학과에서 박사학위를 받았다. 박사학위청구논문 서지사항은 다음과 같다. Dong-Joon Jo, "Power Resources, Preferences, and Influence at the UN General Assembly," unpub. Ph.D. diss., Pennsylvania State University, 2003. 현재 서울대학교 사회과학대학 외교학과 교수다.

(8) 김태효(金泰孝), 「COVID-19 시대 미·중 신냉전 질서와 한국」, 『신아세아』 제27권 제3호(2020년 가을), 31~48쪽.

(9) 김성한(金聖翰), 「코로나 사태 이후 미국의 아시아전략: 21세기형 봉쇄전략의 태동」, 『신아세아』 제27권 제3호(2020년 가을), 78~97쪽.

(10) 이영한(李榮漢)·이규원(서울대 의과대학)·양명수(梁明洙)·한상진(韓相震)·표학길(表鶴吉)·김태종(KDI 국제대학원)·강건욱(姜建旭)·강은정(姜銀貞)·장은진(한국침례신학대)·김규원(한국문화관광연구원)·김소임(金素任)·이혜주(李惠柱)·홍미화(춘천교육대)·김명중(金明中)·지재식(주식회사 한국전자투표)·심선영(沈仙英)·서진석(徐辰錫)·이상훈(李相勳)·고문현(高文炫)·김성엽(金星燁)·김수욱(金秀旭)·문형남(文炯南)·김연규(金淵奎)·김홍광(NK지식인연대)·함인희(咸仁姬)·두주연(주식회사 밸류랩어소시에이츠)·김우진(金宇鎭) 분담집필, 『포스트코로나 대한민국: 집단

지성 27인의 성찰과 전망』(경기도 파주시: 한울아카데미, 2020년 10월).

코로나19 이후를 조명하고자 한국의 대표 학자 27인이 팬데믹이 바꾼 현실을 짚고 앞날을 전망했다. 인류가 극복해 낸 역경을 돌아보며 앞으로도 이를 극복할 수 있다는 확신도 전한다.

(11) 안재원(安在源), 『아테네 팬데믹: 역병은 어떤 정치를 요구하는가』(이른비, 2020년 12월).

저자는 고대그리스 때 출판된 역사·문학·철학 분야의 고전을 통해 '코로나 대유행'이라는 세계사적 재앙을 들여다보면서, 자연적 재앙이 사회적 재앙으로 번져나가는 것을 막으려면 어떠한 정치가 필요한가를 깊이 성찰했다. 그 성찰에 바탕을 두고 저자는 우리 시대가 극복해야 할 네 가지 정치현상으로 반공주의 · 지역주의 · 성장주의 · 사대주의를 꼽았다.

※ 안재원(1968~현재)은 서울대학교 인문대학 언어학과를 졸업하고 서울대학교 대학원에서 서양고전학을 전공해 석사학위를 받은 데 이어 독일 괴팅겐대학교 서양고전문헌학과에서 철학박사학위를 받았다. 현재 서울대학교 인문학연구원 교수다.

(12) 육동일(陸東一), 『위드코로나시대, 국가와 지역발전의 비전과 전략』(충남대학교 출판문화원, 2021).

코로나19 이후 국가와 지자체에서 제기한 현안해결을 위한 국가비전과 정책 · 전략을 내놨다. 현장에서 본 지방자치의 문제점을 진단했다.

(13) 박명호(朴命鎬), 『경영의 창으로 본 세상』(K-Books, 2022년 3월).

코로나19가 전세계를 강타하는 시대에 우리 사회가 어떤 생활의 자세와 정서적 현명함을 유지해야 하는지의 문제를 다뤘다.

※ 박명호(1950~현재)는 앨라바마대학교 대학원에서 경영학박사학위를 받았으며, 계명대학교 경영부총장을 역임하고 계명문화대학교 총장을 역임했다.

(14) 신동엽(申東燁) · 정대훈(鄭大勳) 지음, 『초연결 패러독스: 팬데믹 이후의 새로운 질서와 전략』(클라우드나인, 2022년 3월).

※ 신동엽(1960~현재)은 연세대학교 경영학과를 졸업하고 연세대학교 대학원 경영학과에서 석사학위를 받은 뒤 예일대학교 대학원 경영학과에서 박사학위를 받았다.

※ 정대훈(1987~현재)은 연세대학교 경영학과를 졸업하고 연세대학교 대학원 경영학과에서 석사→박사학위를 받았다.

(15) 정재환(鄭在桓), 「코로나19와 세계화에 대한 한국사회의 인식」, 『신아세아』 제29권 제2호(2022년 여름), 88~117쪽.

※ 정재환(1978~현재)은 서강대학교 사회과학대학 정치외교학과를 졸업하고 서강대학교 대학원 정치외교학과에서 석사학위를 받았으며 캐나다 워털루대학교(University of Waterloo) 대학원 정치학과에서 석사학위를 받은 데 이어 영국 케임브리지대학교 대학원 정치학과에서 박사학위를 받았다. 박사학위청구논문 서지사항은 다음과 같다. Jaehwan Jung, "Political Legitimacy and Economic Institutional Change: A Constructivist Approach to the Transformation of the South Korean Economy," unpub. Ph.D. diss., University of Cambridge, 2014. 현재 울산대학교 사회과학대학 국제관계학과 교수다.

코로나 속에서의 삶

(1) Byung-chul Han, *Palliativgesellschaft: Schmerz heute*(Berlin: Matthes and Seitz Berlin 2020)/이재영(독일어 전문번역가), 『고통 없는 사회: 펜데믹시대에 읽는 고통의 철학』(경기도 파주시: 김영사, 2021).

(2) 안드레스 솔라노(Andres Solano) 지음/이수정(공연기획자) 옮김, 『열병의 나날들: 이방인의 시선으로 본 코로나시대의 한국』(시공사, 2020).

현재 서울에서 살고 있는 저자가 코로나 사태 속에서의 서울 일상을 기록했다.

※ 안드레스 솔라노(1977~현재)는 콜롬비아의 수도 보고타에서 태어났으며 보고타에 위치한 로스안데스대학교(Universidad de Los Andes)에서 문학을 전공했다. 2007년에 첫 장편소설 『나를 구해줘, 조 루이스』를 발표한 이후 『쿠에르보 형제들』, 한국전쟁 콜롬비아 참전용사를 다룬 『네온사인 공동묘지』, 콜롬비아 메데진의 공장에서 6개월 동안 일한 경험을 담은 르포르타주 『최저임금』을 출간했다. 이방인의 시선으로 한국에서의 삶을 그린 소설 『한국에 삽시다(*Corea: apuntes desde la cuerda floja*)』를 출판했으며, 이 소설로 그는 2016년에 콜롬비아도서관 소설문학상을 받았다. 현재 한국문학번역원 번역아카데미 교수다.

(3) 김어제, 『쿼런틴: 코로나19와의 사투와 생존 과정을 새긴 40일간의 기록』(마음의숲, 2020년 9월).

바이러스 검사조차 받을 수 없던 뉴욕에서 해열제만으로 40일간 생존했던 한 부부의 이야기를 담았다.

(4) 박길성(朴吉聲), 『한 사회학자의 어떤 처음: 코로나 시대의 뉴노멀 대학 강의』(경기도 파주시: 나남, 2020년 10월).

고려대학교 교육부총장을 역임한 박길성 고려대학교 사회학과 교수가 자신의 투병기를 출판한 책이다.

(5) 박현, 『삶이 있는 한 희망은 있다: 코로나19 후유증, 그 230일간의 기록』(부크럼, 2020년 12월).

부산대학교 기계공학부 겸임교수인 저자가 코로나19 확진판정을 받은 뒤 자신의 경험담을 펴냈다.

(6) 김홍중(金洪中), 『은둔기계』(경기도 파주시: 문학동네, 2020년 12월).

코로나사태 이후의 삶에서는 은둔이 단순한 개인주의가 아니라 자발적 고독과 침잠의 선택일 수 있다고 보았다.

※ 김홍중(1971~현재)은 서울대학교 사회과학대학 사회학과를 졸업하고 서울대학교 대학원 사회학과에서 석사학위를 받은 데 이어 파리고등사회과학원에서 「모더니티의 동굴탐사학: 근대적 사유와 상상력의 토포스에 대한 일(一) 연구」(불어)(2005)로 사회학 박사학위를 받았다. 현재 서울대학교 사회과학대학 사회학과 교수다.

(7) 이보경(李保京), 『코로나시대 교사 분투기』(양철북, 2020년 12월).

※ 이보경(1972~현재)은 경인교육대학교를 졸업하고 연세대학교 교육대학원에서 석사학위를 받은 데 이어 홍익대학교 교육대학원에서 상담심리를 전공해 「청소년의 정서지능 및 스트레스 대처 유형이 우울 및 비행에 미치는 영향」(2005년 2월)로 박사학위를 받았다. 현재 경기도 고양시에 있는 풍산초등학교 수석교사이며, 이화여자대학교 교육대학원 겸임교수다.

(8) 서창록(徐昌祿), 『나는 감염되었다: UN 인권위원의 코로나 확진일기』(경기도 파주시: 문학동네, 2021년 3월).

※ 서창록(1961~현재)은 서울대학교 사회과학대학 외교학과를 졸업하고 터프츠대학교 플레처법률외교대학원에서 석사→박사학위를 받았다. 박사학위청구논문 서지사항은 다음과 같다. Chang-rok Soh, "The State, Technology, and International Competitiveness," unpub. Ph.D. diss., Fletcher School of Law and Diplomacy, Tufts University, 1992. 현재 고려대학교 국제대학원 교수로 유엔 시민적 · 정치적권리위원회(자유권위원회) 위원이다. 『그래도 나아간다는 믿음: UN인권위원의 새로운 인권이야기』(북스톤, 2022)을

출판했다.

(9) 이희경(문탁네트워크), 『이반 일리치의 강의: 팬데믹 이후의 학교와 병원을 생각한다』(북튜브, 2021).

오스트리아 태생의 사상가 이반 일리치(Ivan Illich, 1926~2002)는 천주교 신부로 잘츠부르크대학교 대학원에서 역사학박사학위를 받았다. 푸에토리코대학교 부총장으로 봉직하며 교회의 세속화와 관료제를 비판하다가 교황청에 의해 파문당했다. 이후 멕시코에서 대안대학을 만들고, 공동체를 기반으로 하는 대안적 삶을 고민했다. 『학교 없는 사회』(1971)와 『병원이 병을 만든다』(1975) 등의 책을 출판했다. 문탁네트워크 대표인 저자는 학교와 병원에 대한 일리치의 비판적 사유를 쉽게 설명했다.

(10) 한기호(韓淇皓), 『새로 쓰는 출판창업: 1인출판, 1인크리에이터로 성공하기 위한 A to Z』(한국출판마케팅연구소, 2021).

출판평론가인 저자가 자신의 출판창업의 노하우를 담아 펴낸 출판 안내서다. 저자는 코로나19로 많은 사업이 어려움에 처했지만 출판계는 오히려 기회를 맞았다고 말한다.

(11) 우석훈(禹晳熏), 『팬데믹 제2국면』(문예출판사, 2021).

코로나19의 충격 이후 백신이 보급되고 팬데믹 제2국면을 맞은 상황에서 우리 일상의 산업과 경제가 어떻게 변화했는지를 분석했다.

논문 및 저술

(1) 「특집: 코로나19(COVID-19) 대유행 이후 세계질서 변화」, 『외교』134(2020년 7월).

(i) 정재호(鄭在浩), 「코로나19 이후의 세계변화 전망」, 14~22쪽.
(ii) 임혁백(任爀伯), 「코로나 팬데믹에 따른 정치사회변동과 각국의 대응」, 23~36쪽.
(iii) 이신화(李信和), 「코로나19와 인간안보위협」, 37~45쪽.
(iv) 이윤영(李允榮: 전 네덜란드대사), 「코로나19 이후 세계경제 전망」, 46~57쪽.
(v) 오영주(吳姈姝), 「코로나19 이후 국제협력의 방향과 한국 외교」, 58~71쪽.
(vi) 김성원(金成源), 「코로나19 관련 국제법상 국제책임」, 72~85쪽.
(vii) 주재우(朱宰佑), 「코로나19와 미·중관계」, 86~101쪽.
(viii) 양무진(梁茂進), 「코로나19와 한반도」, 102~111쪽.

외교칼럼

이태호(李泰鎬: 외교부 제2차관), 「코로나19 위기 속 한국의 '선진' 재외국민 보호」, 183~193쪽.

(2) 『녹색평론』174(2020년 9~10월호)

이 가운데 '코로나'에 대한 저술은 다음과 같다.

(i) 정형철(더불어가는배움터길 교사), 「코로나 시대에 교육을 생각한다」, 186~197쪽.

(ii) 그레인(Grain), 「코로나 시대의 농(農)제국주의」, 198~204쪽.

(iii) 리처드 하인버그(Richard Heinberg), 「코로나 대응은 탈성장 사고를 요구한다」, 205~216쪽.

(3) 「특집 Ⅰ: 코로나19 보도」, 『관훈저널』155(2020년 여름).

(i) 문소현(MBC), 「어느 코로나19 확진 환자의 하소연」, 11~17쪽.

(ii) 김철중(金哲中), 「미디어-전문가 그룹 협업체계 구축 시급」, 18~24쪽.

(iii) 박기수(朴起秀), 「해외 언론 자성 목소리…감염병 보도 새 이정표」, 25~31쪽.

(iv) 김주성(연합뉴스), 「사진기자 대구에 가다」, 32~39쪽.

(4) 김상배(金湘培), 「코로나19와 신흥안보의 복합지정학: 팬데믹의 창발과 세계정치의 변환」, 『한국정치학회보』 제54집 제4호(2020년 가을), 53~82쪽.

필자는 자신이 작성한 「논문요약」에 다음과 같은 구절을 포함시켰다.

(i) "2020년 상반기를 강타한 코로나19 팬데믹(pandemic) 사태는 세계정치의 변환(transformation)을 야기한 획기적인 사건 중의 하나로 기록될 것이다."

(ii) "코로나19는 '신흥안보'(emerging security)의 대표적 사례이다. 신흥안보로 보는 코로나19사태는 '양질전화(量質轉化)'와 '이슈연계'의 과정을 거쳐서 '지정학의 임계점'을 넘어서 창발하는 복잡계의 위험이다."

(iii) "이 글은 최근 코로나19 사태를 계기로 가속화되고 있는 미중 패권경쟁의 사례에 대한 검토를 통해서 코로나19의 세계정치가 지니는 복합지정학(complex geopolitics)적 동학을 분석하였다."

(5) 「특집: 코로나 프리즘; 코로나19가 드러낸 세상의 민낯」, 『황해문화』108(2020년

가을).

조문영, 「한국사회 코로나 불평등의 위계」, 16~34쪽.

※ 조문영(1975~현재)은 스탠퍼드대학교 대학원 인류학과에서 박사학위를 받았다. 박사학위청구논문 서지사항은 다음과 같다. Mun Young Cho, "The Specter of 'The People', Managing Urban Poverty in Northeast China," unpub. Ph.D. diss., Stanford University, 2010. 현재 연세대학교 사회과학대학 문화인류학과 교수다.

이은정(李恩政), 「코로나와 아시아의 타자화」, 35~53쪽.

박홍서(朴鴻緖), 「코로나 사태는 미중관계의 변곡점이 될 것인가」, 54~71쪽.

김병수(金炳秀), 「코로나 위기, 기술적 해결책의 한계」, 72~86쪽.

김용규(金容圭), 「코로나 이후의 세계를 맞이하는 방법」, 87~113쪽.

(6) 「특집: 포스트 코로나 시대 진단」, 『철학과 현실』126(2020년 가을).

(i) 김명자(金明子), 「기후변화와 팬데믹의 복합위기, 돌파구는 있는가?」, 29~50쪽.

(ii) 최낙균(崔洛均), 「포스트 코로나 시대의 세계 경제 변화와 대응 방향」, 51~66쪽.

(iii) 이진우(李鎭雨), 「코로나의 철학적 도전: 안전인가 아니면 자유인가?」, 67~85쪽.

(iv) 임성호(林成浩), 「코로나 사태로 급해진 민주주의 패러다임의 변화: 자유주의와 공동체주의의 조화를 향해」, 87~104쪽.

(v) 김기봉(金基鳳), 「포스트 코로나 뉴노멀과 신문명 패러다임」, 105~130쪽.

(vi) 이주향(李柱香), 「페스트, 그 부조리의 강」, 131~146쪽.

(vii) 전재성(全在晟), 「코로나 사태 이후의 국제정치 변화」, 147~162쪽.

(viii) 임동균(任東均), 「코로나 시대의 시민사회」, 163~180쪽.

※ 임동균(1979~현재)은 서울대학교 사회과학대학 사회학과를 졸업하고 서울대학교 대학원 사회학과에서 석사학위를 받은 데 이어 하버드대학교 대학원 사회학과에서 박사학위를 받았다. 박사학위청구논문 서지사항은 다음과 같다. Dong-Kyun Im, "Attitudes and Beliefs about Distributive Justice in China," unpub. Ph.D. diss., Harvard University, 2014. 현재 서울대학교 사회과학대학 사회학과 교수다.

논단

이덕환(李悳煥), 「코로나19의 과학과 '인포데믹'」, 181~194쪽.

서평

박상욱(서울대 교수), 「인류와 자연의 관계사(史), 그리고 미래: 자연과 괴리된 문명에 대한 경고, 지속가능한 인류 문명을 위한 패러다임 전환이 필요하다. 김명자 저, 『팬데믹과 문명』(까치, 2020)」, 263~273쪽.

(7) 윤평중(尹平重), 「윤평중 칼럼: 코로나 파시즘」, 『조선일보』(2020년 9월 4일), A30쪽.

필자는 다음과 같은 문단으로 이 칼럼을 마쳤다.

> "국민생명보다 권력을 중시한 코로나 파시즘이야말로 의료사태의 주범이다. 문정권은 현대문명의 터전인 시민사회의 독립성을 유린하고 그 최후 보루인 의료계를 협박한다. 의료전문가들을 권력에 종속시키려는 파시즘에 대한 민간저항이 의료사태의 본질이다. 의료계가 무너지면 대학과 공론장도 무너진다. 문정권은 '정의는 강자의 이익이다'라는 절대권력의 궤변으로 국민을 겁박한다. 코로나 파시즘은 '예종에의 길'이며 '자유는 공짜가 아니다.' 시민의 자유에 대한 국가개입의 정당한 한계는 어디인가? 코로나 정치학이 한국인에게 처절한 질문을 던진다."

(8) 최보식(崔普植), 「최보식이 만난 사람: '진보성향 사회학자' 한상진(韓相震) 서울대 명예교수; "우리는 매우 위험한 순간에 직면 … 국가명령통제체제에 길들여지고 있어"」, 『조선일보』(2020년 9월 14일), A27쪽.

한상진 교수는 "지금까지 '코로나 방역' 성적이 좋은 편이다. 하지만 우리나라는 매우 위험한 순간에 놓여있다. 국가명령통제체제에 길들여지고 있는 것이다. 최고권력자의 나쁜 의도만으로 이렇게 된 건 아니다. 이를 받아들이겠다는 시민들의 요구로 권위주의 흐름이 정당화되고 있다"라고 말했다.

(8-A) 최보식(崔普植), 「최보식 칼럼: 역대 어느 정권도 이런 재미를 보지 못했을 것이다」, 『조선일보』(2020년 9월 18일), A34쪽; ______, 「최보식 칼럼: 소위 '민주화운동'했다는 이들의 착각과 오만」, 『조선일보』(2020년 10월 30일), A38쪽.

조선일보 편집국 선임기자인 필자는 이 칼럼을 다음과 같이 매듭지었다.

> "세상에는 방역문제와 함께 고려해야 할 개인의 자유 · 기본권 · 경제 · 교육 · 문화, 그리고 삶의 가치 등 숱한 영역이 있다. 지금은 방역을 앞세워 모든 것을 묻어버리고 있다. 정부가 어떻게 하겠다고 하면 국민은 찍소리 못하고 끌려가는 중이다. 역대 어느 정권도 이렇

게 재미를 보지 못했을 것이다."

(9) Mauro F. Guillen, *2030: How Today's Biggest Trends Will Collide and Reshape the Future of Everything*(New York: St. Martin's Press, August 2020)/ 우진하(전문번역가) 역, 『2030 축의 전환: 새로운 부와 힘을 탄생시킬 8가지 거대한 물결』(리더스북, 2020).

이 책은 이 항에서만 읽힐 것은 아니다. 코로나사태를 비롯해 최근에 발생한 또는 발견된 새로운 조류가 세계를 변화시킬 것임을 예고했다.

(10) 이형기 · 권인호 · 박승민 · 배훈천 · 서민(徐民) · 신평(申平) · 원정현 · 유영찬 · 윤영호 · 윤주홍 · 이덕희 · 이재태 · 임무영 · 장부승(張富承) · 정기석 · 홍예솔, 『K방역은 없다: 코로나 징비록』(골든타임, 2021).

문재인정부가 자랑한 'K방역'은 실패한 것이라고 주장했다.

(11) 이윤호(李潤鎬) · 박경배(경찰관), 『코로나 팬데믹 30개월의 범죄기록: 범죄학자와 현직 경찰의 대담한 범죄 이야기』(도도, 2022).

제3항 세계화가 낳은 문제와 한국의 국내정치·경제

(1) 송호근(宋虎根), 『시장과 복지정치: 의료의 사회학』(나남, 1997); ______, 『정치 없는 정치시대: 한국의 민주화와 이해충돌』(나남, 1999); ______, 『세계화와 복지국가: 사회정책의 대전환』(나남, 2001); ______, 『한국, 무슨 일이 일어나고 있나: 세대, 그 갈등과 조화의 미학』(삼성경제연구소, 2003).

(2) 송호근(宋虎根) · 강원택(康元澤) · 최샛별(이화여대) · 김은경(金恩景) · 문상현(文相現) · 배영(裵泳) · 이연호(李年鎬) · 장덕진(張德鎭) · 조화순(曺和淳) 분담집필, 『위기의 청년세대: 출구를 찾다』(경기도 파주시: 나남, 2010).

저자들은 청년세대의 위기를 치열한 경쟁과 신자유주의로 요약되는 이 시대의 세계화추세에서 비롯된 것이라고 본다.

※ 배영(1968~현재)은 연세대학교 사회과학대학 사회학과를 졸업하고 연세대학교 대학원 사회학과에서 석사학위를 받은 데 이어 연세대학교 대학원 사회학과에서 「사이버 공간의 사회자본: I사 포럼 분석을 중심으로」(2003년 2월)로 박사학위를 받았다. 현재

포항공과대학교 인문사회학부 교수다.

(3) 이현출(李鉉出), 『세계화시대의 한국 정치과정』(건국대학교출판부, 2016).

(4) 이동수(李東秀: 경희대) 편, 『지구촌과 세계시민 · 세계시민되기』(경기도 고양시: 인간사랑, 2017년 2월); ______ 편, 『생활세계와 시민 · 시민되기』(경기도 고양시: 인간사랑, 2017년 5월).

(5) 권형기(權熒基), 『세계화와 국민경제의 재구성: 미국 · 일본 · 독일 비교 연구』(사회평론아카데미, 2022).

저자는 '한국형국가주도경제성장모델'이 '재벌 몰아주기' 등의 비판을 받고 있다고 주장한다. 저자는 그 대안으로 단순히 국가개입의 폐기가 아니라 무엇이 유효하고 타당한 국가의 역할이고 고정인가를 다시 생각할 것을 제의한다. 미국 · 일본 · 독일의 정치경제체제를 비교 · 분석하면서 한국 경제생태계를 재편할 방안을 제언한다.

※ 권형기(權熒基, 1966~현재)는 서울대학교 사회과학대학 정치학과를 졸업하고 서울대학교 대학원 정치학과에서 석사학위를 받은 데 이어 시카고대학교 대학원 정치학과에서 박사학위를 받았다. 서지사항은 다음과 같다. HyeongKi Kwon, "Fairness and Division of Labor in Market Society: A Comparison of U.S. and German Automotive Parts Markets," unpub. Ph.D. diss., University of Chicago, 2002. 현재 서울대학교 사회과학대학 정치외교학부 정치학과 교수다.

국수주의는 안 된다

탁석산(卓石山: 철학박사), 『한국적인 것은 없다: 국뽕 시대를 넘어서』(열린책들, 2021).

제4절 세계화시대 해외 한인사회의 확장과 한국학의 확산

대한민국 국민은 이미 1950년대부터, 특히 1960년대 이후 해외로 활발히 진출했다. 자연히 해외의 한인사회는 확장됐다. 미국의 경우, 미국으로 이주한 한국계 미국인 1.5

세대 또는 2세대 가운데 연방하원에 의원으로 진출하기도 하고 법원의 판사와 검찰청의 검사로 진출하기도 했으며, 몇몇 시(市)에서는 시장으로 진출하기도 했다. 주요 대학교의 교수로도 진출했다. 이 주제에 관한 저술들 가운데, 해외이주가 활발해지기 시작한 1970년대 이후의 저술들을 중심으로 선택적으로 소개하면 다음과 같다. 1992년의 로스앤젤레스 한인타운 피습사건에 관한 저술들은 제14권 제1장 제6절 제2항에서 소개했기에 여기서는 제외했다.

제1항 전 세계의 한인사회

(1) 윤인진(尹麟鎭) · 김광정 · 민병갑(閔甁甲) · 신지연(申知娟) · 임영상(林永尙) · 임영언(林永彦) · 이윤경 · 최금좌 · 한길수, 『세계의 코리아타운과 한인 커뮤니티』(경기도 성남시: 북코리아, 2019).

(2) 윤인진(尹麟鎭) · 최우길 · 성동기 · 심헌용 · 임영언, 『재외한인 연구의 동향과 과제』(경기도 성남시: 북코리아, 2011); ______, 『세계의 한인이주사』(나남, 2013); ______, 『재외동포 차세대와 주류화』(경기도 성남시: 북코리아, 2019).

(3) 임채완(林采完) · 선봉규(宣奉奎) · 지충남(池忠楠) · 전형권(田亨權), 『코리안 디아스포라의 초국가적 성격』(경기도 성남시: 북코리아, 2021).

재외한인의 참정권

Konrad Kalicki, "Ethnic Nationalism and Political Community: The Overseas Suffrage Debates in Japan and South Korea," *Asian Studies Review*, Vol. 33, No. 2(2009), pp.175~195.

해외 무역의 확대

김기완(金基完), 『나의 꿈에 국경은 없다: 김기완 전 LG전자 부사장의 글로벌 분투기』(한스컨텐츠, 2021년 10월).

제2항 미국의 한인사회

구한말 미국 이주로부터 100주년까지

(1) Hyung Chan Kim and Wayne Patterson, *The Koreans in America, 1882~1974*(Dobbs Ferry, N.Y.: Oceana Publications, 1974).

(2) Wayne Patterson, "The Korean Frontier in America: Immigration to Hawaii, 1896~1910," unpub. Ph.D. diss., University of Pennsylvania, 1977; ______, "Upward Social Mobility of the Koreans in Hawaii," *Korean Studies*, Vol. 3, No. 1(1979), pp.81~92.

(3) Hyung-chan Kim, ed., *The Korean Diaspora: Historical and Sociological Studies of Korean Immigration and Assimilation in North America*(Santa Barbara, C.A.: ABC-Clio, 1977).

(4) Bong-Youn Choy, *Koreans in America*(Chicago: Nelson-Hall, 1979); 최봉윤(崔鳳潤), 『미국 속의 한국인』(종로서적, 1983); ______, 『민족통일운동사: 민중적 통일운동의 전개를 위하여』(한백사, 1988).

(5) 민병용(閔丙用), 『미주 이민 100년: 초기 인맥을 캔다』(한국일보사출판국, 1986).

(6) Peter Hyun, *Man Sei!: The Making of a Korean American*(Honolulu, H.I.: University of Hawaii Press, 1986).

(7) Mary Paik Lee, *Quiet Odyssey: A Pioneer Korean Woman in America*(Seattle, W.A.:University of Washington Press, 2019).

저자(1900~1995)는 부모와 함께 1905년에 하와이로 이주했다가 1906년에 캘리포니아로 이주했다. 백인들에게 차별대우를 받으며 가난을 이겨낸 역정을 그렸다.

대한민국 정부수립 이후의 미국 이주

(1) 김용태(金瑢泰), 『코메리칸의 낮과 밤』(한진출판사, 1976).

(2) Ilsoo Kim, "Immigrants to Urban America: The Korean Community in the New York Metropolitan Area," unpub. Ph.D. diss., City University of New York, 1979; ______, *New Urban Immigrants: The Korean Community in New York*(Princeton, N.J. Princeton University Press, 1981).

(3) Pyong Gap Min, "Minority Business Enterprise: A Case Study of Korean Small Business in Atlanta," unpub. Ph.D. diss., Georgia State University, 1983.

필자(1942~현재)는 이후 재미한인에 관한 저술을 잇달아 출판했다. 현재 뉴욕 퀸스 칼리지(Queens College) 석좌교수다.

(3-A) Pyong Gap Min, *Ethnic Business Enterprise: Korean Small Business in Atlanta*(New York, N.Y.: Center for Migration Studies, 1988).

(3-A-a) J.A. Cobas, and Edna Bonacich, "Book Review: *Ethnic Business Enterprise* and *Korean Small Business in Atlanta* by Pyong Gap Min/*Immigrant Entrepreneurs* by Edna Banacich and Ivan H. Light," *Social Forces*, Vol. 68, No. 3(1990), pp.993~995.

(3-B) Pyong Gap Min and Charles Jaret, *Ethnic Business Success: The Case of Korean Small Business in Atlanta*(Chicago, I.L.: University of Chicago Press, 1995).

(3-C) Pyong Gap Min, *Caught in the Middle: Korean Communities in New York and Los Angeles*(Berkeley, C.A.: University of California Press, 1996).

(3-D) Pyong Gap Min, "Filipino and Korean Immigrants in Small Business: A Comparative Analysis," *Amerasia Journal*, Vol. 13, No. 1(2019), pp.53~71.

(4) Won Moo Hurh and Kwang Chung Kim, *Korean Immigrants in America: A Structural Analysis of Ethnic Confinement and Adhesive Adaption*(Cranbury, N.J.: Associated University Press, 1984).

(4-A) Herbert Barringer, "Book Review: *Labor Immigration Under Capitalism: Asian Workers in the United States Before World War II* by Lucie Cheng and Edna Bonacich/ *Korean Immigrants in America* by Won Moo Hurh and Kwang Chung Kim/*New Urban Immigrants* by Illsoo Kim," *Korean Studies* 9(1985), pp.94~97.

※ 허원무는 독일 하이델베르크대학교에서 박사학위를 받았다. 박사학위청구논문 서지사항은 다음과 같다. Won Moo Hurh, "Über die Grenzen der Imitation der abendländischen Kultur und ihre Problematik in Prozess der Kulturdiffusion in Korea," unpub. Ph.D. diss., Universität Heidelberg, 1965.

※ 김광정은 미국 인디애나대학교에서 박사학위를 받았다. 박사학위청구논문 서지사항은 다음과 같다. Kwang Chung Kim, "Variation in Students' Role Expectation of

Their Instructor: An Exploration in the Systematic Study of Role Consensus," unpub. Ph.D. diss., Indiana University, 1972.

(5) 이신행(李信行), 「미주의 한인사회를 통해서 본 공동체화(共同體化)와 자율성」, 『연세논총: 사회과학편』21(1985년 5월), 321~337쪽; Shin Heang Lee, "Korean Community Building through the Korean Churches in America," *Journal of American Studies*, 16(1985), pp.147~169.

(6) 한준상(韓駿相), 『한인교포사회와 교육문제』(삼성출판사, 1987).

※ 한준상(1948~현재)는 연세대학교 교육과학대학 교육학부를 졸업하고 서던캘리포니아대학교 대학원 교육학과에서 석사→박사학위를 받았다. 박사학위청구논문 서지사항은 다음과 같다. Zun Sang Han, "Nonschool Influences on Korean Students' Acquisition of Identity with Korean Culture," unpub. Ph.D. diss., University of Southern California, 1980. 연세대학교 교수로 정년퇴임했으며, 현재 연세대학교 명예교수다.

(7) 조종무(趙鍾武), 『아메리카 대륙의 한인 풍운아들』(조선일보사출판국, 1988).

(8) Seong Hyong Lee and Tae-Hwan Kwak, eds., *Koreans in North America: New Perspectives*(Kyungham University Press, 1988).

Part Ⅰ. Koreans in North America: Historical Perspective and Future Prospects

Chapter 1. Bong-youn Choy, "The History of Early Koreans in America,1883-1941," pp.9~34.

Chapter 2. Hyung-chan Kim, "Identity, Language Education and Community : The Korean American Experience in Critical Perspective," pp.35~50.

Chapter 3. Won Moo Hurh, "The Korean Community in America : Future Prospects and Issues," pp.51~82.

Part Ⅱ. Socialization of Korean-Americans in the U.S.

Chapter 4. Kwang Chung Kim, " Americanization of Korean Immigrants," pp.83~104.

Chapter 5. Seong Hyong Lee, "The Role of Korean Language Newspapers in the Korean-American Community," pp.105~116.

Chapter 6. Jin Keon Kim, "Changing Information Preference Patterns and

Institutional Responses in the Acculturation Process : The Case of Korean Ethnic Newspaper Readers in Chicago," pp.117~138.

Chapter 7. Marn J. Cha, "Dimensions of Political Participation : A Focus on American Minority Politics," pp.139~152.

Part Ⅲ. Korean-Americans' Business and Management Systems

Chapter 8. Pyong Gap Min, "Korean Immigrant Entrepreneurship : A Comprehensive Explanation," pp.153~176.

Chapter 9. Moonsong David Oh, "A Survey of Korean Business in the Los Angeles Area," pp.177~198.

Chapter 10. Chan Sup Chang, "A Comparative Study of South Korea and U. S. Management Systems," pp.199~214.

Part Ⅳ. Korean-American Churches in the U.S.

Chapter 11. Yong Choon Kim, "The Nature and Destiny of Korean Churches in the United States," pp.215~230.

Chapter 12. Eui Hang Shin and Hyung Park, "An Analysis of Causes of Schisms in Ethnic Churches : The Case of Korean-American Churches," pp.231~254.

Part Ⅴ. Political and Legal Issues in the Korean-American Community

Chapter 13. Tae-Hwan Kwak, "South-North Korean Unification Dialogue and Negotiations," pp.255~272.

Chapter 14. Young Whan Kihl, "Participatory Roles of Korean-Americans in United States Politics : Limits and Possibilities," pp.273~290.

Chapter 15. Jay K. Yoo, "Dual Nationality," pp.291~306.

Chapter 16. Jay Jung Heum Kim, " Restrictions on Foreign Investment in Real Estate in the United States and Korea : A Comparative Study," pp.307~318.

(8-A) Tae-hwan Kwak and Seong-hyong Lee, *The Korean-American Community: Present and Future*(Seoul: Kyungnam University Press, 1991).

(9) 문일석(文日錫), 『미국귀신 한국귀신: 미국을 점령한 억척 한국인 이야기』(오늘, 1989).

(10) *Korea Observer*, Vol. 20, No. 3(Fall 1989).

(ⅰ) Eui Young Yu, "Korean American Community in 1989: Issues and Prospects," pp.275~301.

(ii) Young In Song, "The Silent Suffering of Abused Korean Immigrant Women," pp.303~320.

(iii) Daniel Booduck Lee, "Marital Adjustment Between Korean Women and American Servicemen," pp.321~351.

(iv) Edward Taehan Chang, "Korean-Black Conflict in Los Angeles: Perceptions and Realities," pp.353~378.

(v) Hyung Chan Kim, "Korean Christian Churches in the Pacific Northwest: Resources for Korean Ethnic Identity?," pp.379~394.

(11) In-jin Yun, "Self-Employment in Business: Chinese-, Japanese-, Korean-Americans, Blacks, and Whites," unpub. Ph.D. diss., University of Chicago, 1991; ______, *On My Own: Korean Businesses and Race Relations in America*(Chicago, I.L.: University of Chicago Press, 1997).

※ In-jin Yun(윤인진[尹麟鎭], 1963~현재)은 고려대학교 문과대학 사회학과를 졸업하고 시카고대학교 신학대학원에서 사회학을 전공해 석사학위를 받았으며 시카고대학교 대학원 사회학과에서 박사학위를 받았다. 현재 고려대학교 문과대학 사회학과 교수다.

(12) 민병갑(閔甁甲), 최봉윤(崔鳳潤), 하동수, 김광정, 차종환, 장원호(張元鎬), 이성형(李成炯), 이부덕, 김유미, 최인달, 『미국 속의 한국인: 교포들의 이민생활 및 사회적응 분석』(유림문화사, 1991).

※ Seong Hyong Lee, "Comparative Study of Certain Korean and American Newspapers Early in the Korean War," unpub. M.A. thesis, Kent State University, 1971; ______, "A Factor Analytic Study of the Credibility of Newspaper and TV News," unpub. Ph.D. diss., Kent State University, 1986.

(13) Edna Bonacich and Ivan H. Light, *Immigrant Entrepreneurs: Koreans in Los Angeles, 1965-1982*(Berkeley, C.A.: University of California Press, 1991).

(14) Elaine H. Kim, "Men's Talk: A Korean American View of South Korean Constructions of Women, Gender, and Masculinity," In Elaine H. Kim and Chungmoo Choi, eds., *Dangerous Women: Gender and Korean Nationalism*(New York: Routledge, 1997), pp.67~118.

(15) Young In Song and Ailee Moon, *Korean American Women: From Tradition to Modern Feminism*(New York: Praeger, 1998).

(16) Robert Mark Silverman, *Doing Business in Minority Markets: Black and Korean Entrepreneurs in Chicago's Ethnic Beauty Aids Industry*(New York: Routledge, 2000).

(17) Christine Myunghee Ahn, "Interpersonal Perception and Adolescent Emotional Adjustment: Nature and Implications of Discrepancy in Perceptions between Mothers and Adolescents and Adolescent Emotional Adjustment," unpub. Ph.D. diss., Columbia University, 2002.

※ 안명희(安明姬, 1961~현재)는 보스턴칼리지를 졸업하고 콜럼비아대학교 대학원 심리학과에서 석사→박사학위를 받았다. 현재 서강대학교 문과대학 심리학과 교수다.

(18) Hye-young Lee, "A Practical Theological Study on the Anger of Korean Immigrant Mothers with Young Children," Doctor of Ministry, Claremont School of Theology, 2013.

(19) 정기용(鄭基用), 『그 시절 그 사건 그 사람들: 격동의 한국정치사를 정밀하게 타진했던 미국 극비문서 긴급입수』(학영사, 2005); ______, 『영원한 사랑 대한민국: 한민신보 발행인 정기용의 해외민주화운동 비망록』(정음서원, 2023).

※ 정기용(1940~현재)은 동국대학교 정치외교학과 학생 때 박정희 대통령이 추진한 '한일국교정상화'에 반대하는 1964년의 6·3투쟁에 참여했다가 1965년에 도미해 1971년에 샌프란시스코에서 『한민신보』를 창간했으며 곧 워싱턴D.C.로 옮겨 계속해서 이 신문을 중심으로 반독재민주화운동을 이끌었다. 저자는 이 책을 통해 "해외동포들이 조국의 민주화를 위해 어떻게 투쟁했는지, 그 실체를 기록해 놓았다." 김영삼·김대중·김형욱 등의 실명이 자주 등장한다.

(19-A) 이동훈(李東勳), 「정기용 전 한민신보 발행인 "북, 운동권에 총기 전달 제의"」, 『주간조선』2759(2023년 5월 20일), 36~40쪽.

정기용 『한민신보』 초대 발행인은 자신이 워싱턴D.C.에서 활동하던 때 북한 공작원의 제의에 따라 스웨덴에서 '밀봉교육'을 받았는데, 그 내용은 재미동포 출신의 주한미군 병사를 포섭해 총기를 입수한 뒤 서울대학교 운동권 학생지도부에 전달해 유혈 사태를 일으키라는 취지였다고 회상했다. 그는 이 제의에 전혀 동의할 수가 없어서 미국으로 돌아온 즉시 FBI에 그대로 알렸다고 부연했다.

(20) Euny Hong, *The Birth of Korean Cool: How One Nation is Conquer the World Through Pop Culture*(Picador USA, August 2014); ______, *The Power of Nunchi: The Korean Secret to Happiness and Success*(New York: Hutchinson Radius, September 2019: Penguin Life, November 2019).

※ 저자는 어린 시절부터 시카고에서 생활했으며 예일대학교에서 철학을 전공했다. 이후 『뉴욕타임스』와 『워싱턴포스트』를 비롯한 미국의 유력지에 기고했다. 현재 파리에서 살고 있다.

(21) 김석휘, 『가족의 온도』(청동거울, 2014년 11월); Mark S. Kim, *Who Made Mom Cry*(Tallahassee, F.L.: Father and Son, 2022).

저자(1949~현재)는 국립항공대학을 졸업하고 공군에서 제대한 뒤 도미해 일리노이공과대학교(IIT)에서 석사학위를 받았다. 시카고 일대에서 온 가족과 함께 살아온 경험을 바탕으로 쓴 위의 두 책은 미국 이민가족의 애환을 잘 보여주었다.

(22) Jong-hyun Lee, Anna Martin Jearld, Kate Robinson, Susan Price, “Hwabyung Experiences Among Korean Immigrant Women in the United States,” *Fudan Journal of the Humanities and Social Sciences,* Vol. 9, No. 2(June, 2016), pp.325~349.

(23) 「관훈간담회: 코리안 아메리칸 정치세력화 서둘러야」, 『관훈저널』149(2018년 겨울), 230~261쪽.

관훈클럽은 2018년 10월 29일에 김동석 미국한인시민참여센터 이사장을 초청하고 간담회를 열었다. 이 간담회는 재미한인의 정치참여에 대해 자세히 논의했다.

(24) 오정은(吳靜恩), 「재미동포사회의 선천적 복수국적제도 개선 요구 분석」, 『다문화와 평화』(성결대학교 다문화평화연구소) 제13권 제2호(2019년 8월), 147~171쪽.

※ 오정은(1974~현재)은 서강대학교 사회과학대학 정치외교학과를 졸업하고 서강대학교 대학원 정치외교학과에서 석사학위를 받은 데 이어 덕성여자대학교 대학원 외국어교육학과에서 석사학위를 받았다. 벨기에의 루벵가톨릭대학교 대학원에서 국제정치학을 전공해 석사→박사학위를 받았다. 박사학위청구논문 서지사항은 다음과 같다. Jung-Eun Oh, “Le lien du processus de Bologne avec la politique de la recherche de l'Union européenne,” unpub. Ph.D. diss., Universite Catholique de Louvain, 2007. 한국인의 해외진출과 이민 연구에 집중해온 필자는 「법제적 측면에서 고찰한 중남미동포의 교육이주와 모국수학 경험」, 『다문화와 평화』(성결대학교 다문화평화연구

소) 제12권 제2호(2018년 8월), 75~98쪽도 출판했다. 현재 한성대학교 인문교양학부 교수다.

(25) 영화 「Minari: 미나리」(미국에서 2020년 12월 11일 개봉: 한국에서 2021년 3월 3일 개봉).

리 아이작 정(정이삭)이 감독하고, 스티븐 연 · 한예리 · 앨런 김 · 노엘 케이트 조 · 윤여정(尹汝貞) 등이 출연한 이 영화는 1980년대에 미국 아칸소주로 이주한 가정을 주제로 삼았다. 윤여정은 아카데미 여우조연상을 받았다.

(26) Grace M. Cho, *Tastes Like War: A Memoir*(New York: The Feminist Press at CUNY, May 2021))/주해연 역, 『전쟁 같은 맛』(경기도 파주시: 글항아리, 2023).

저자가 자신의 어머니를 회상한 책이다. 어머니는 강제징용으로 일본 오사카로 끌려온 자신의 아버지와 어머니 사이에서 1941년에 오사카에서 태어났다. 일제가 패망한 뒤 온 가족은 귀국했으나 가난하게 살 수밖에 없었다. 어머니는 부산의 미해군기지촌 클럽에서 일하다가 상선의 선원이었던 백인 남성과 결혼해 1970년대 초 워싱턴주의 한 시골마을로 이주했다. 백인들은 자신들을 '가난한 중국인'으로 취급하며 괄시했다. 저자는 어려서부터 겪은 생활을 회상하며 어머니에 대한 그리움을 나타냈다. '양공주 자식'이라고 놀림을 받을까봐 미국으로 건너왔던 어머니의 염려를 뛰어넘어, 저자는 브라운대학교를 졸업하고 하버드대학교에서 박사학위를 받았으며 뉴욕시립 스태튼아일랜드대학교(College of Staten Island, City University of New York) 사회학 · 인류학과 교수로 봉직하고 있다.

(27) 박혜윤(朴惠胤), 『숲속의 자본주의자: 자본주의의 변두리에서 발견한 단순하고 완전한 삶』(다산초당, 2021년 6월); ______, 『도시인의 월든: 부족하고 아름답게 살아가는 태도에 대하여』(다산북스, 2022).

저자는 동아일보 기자 시절에 만난 김선우(金善宇) 동아일보 기자와 결혼한 뒤 미국으로 건너가 워싱턴대학교에서 교육심리학박사학위를 받은 뒤 워싱턴주 시애틀 교외의 알링턴의 '숲속'에서 산다. 빵도 사 먹지 않고 통밀을 빻아 스스로 구워 먹는다. 위의 두 책은 그 기록을 담았다. 제목의 '월든'은 미국의 헨리 데이비드 소로(Henry David Thoreau, 1817~1862)가 쓴 책 *Walden or, Life in the Woods*(Boston, M. A.: Ticknor & Fields, 1854)을 의미한다. 널리 알려졌듯, 소로는 하버드대학교를 졸업한 뒤 인근 매사추세츠주 콩코드(Concord) 교외에 있는 월든 호숫가에서 집을 짓고 자연과 어울려 단순하게 생활했다. 이 생활을 소로는 이 책에 담았다.

(28) 유미 호건, 『우리가 서로에게 선물이 된다면 = If we can be gifts to each other: 미국 메릴랜드주 퍼스트레이디 유미 호건 자전 에세이』(봄이아트북스, 2021년 9월).

박유미(朴有美, 1959~현재)는 미국으로 이주해 공화당 소속 정치인으로 활동하던 로렌스 조지프 호건 2세(Lawrence Joseph Hogan Jr.: 애칭 Larry Hogan, 1956~현재)와 결혼했다. 호건은 2015년에 메릴랜드 주지사로 취임했으며 8년 동안 재임했다. 유미 호건은 한국인으로 미국에서 주지사의 부인이 된 첫 사례다.

(29) 이가영(조선일보 기자), 「'미(美) 김밥 열풍' 일으킨 한인 모녀… "다섯 살 땐 먹으면 따돌림당했는데"」, 『조선일보』(2023년 9월 8일), A21쪽.

로스앤젤레스에 사는 한인 모녀가 미국 전역에 '냉동김밥' 판매를 성공시켰다.

(30) 박진배(뉴욕 FIT 교수), 「유럽 출신 뉴요커들이 한인 빵집에 엄지 척… "파리 골목빵집 생각나요」, 『조선일보』(2023년 9월 13일), A37쪽.

원정훈 셰프는 뉴저지 주에서 베이커리 「라 타바티에」를 성공시킨 데 이어 뉴욕시 맨해튼 중심가에서 뉴요커들에게 인기 있는 베이커리 카페 「파베」를 열었다.

(31) 이명선(기업인), 『성실: 이명선 회고록』(선우미디어, 2023).

저자는 서울대학교 상과대학을 졸업하고 1966년에 미국으로 유학해 서던캘리포니아 대학교에서 경영학 석사학위를 받은 뒤 마이크로필름을 현상하는 기계제작회사 「휴스턴 피어리스」를 세웠다. 저자는 미국에서는 거짓말을 하면 안 된다고 강조하면서 '성실'과 '진실'을 지키며 생활해야 한다고 가르쳤다.

(32) 이호재(동아일보 기자) · 최지선(동아일보 기자), 「인사이드 앤드 인사이트: 한(韓) 이민자 작품 인기 요인 분석: "한국인처럼 그리워하라" … '코리안 디아스포라' 콘텐츠 열풍」, 『동아일보』2024년 2월 6일, A27쪽.

한국에 관련된 콘텐츠인 이민 1.5세대 또는 2세대가 미국을 중심으로 해외에서 인정을 받고 있다. 이 내용을 자세히 분석했다.

제3항 미국 이외 지역으로의 이주

재일교포

(1) 김덕룡(金德龍: 오사카경제법과대학 아세아태평양연구센터), 『바람의 추억: 재일조선인 1세가 창조한 민족교육의 역사(1945~1972)』(선인, 2009).

(2) Min Jin Lee, *Pachinco*(New York: Grand Central Publishing, 2017)/ 이미정 번역, 『파친코』전 2권(문학사상, 2018)/ 신승미 번역, 『파친코』전 2권(인플루엔셜, 2022).

한국계 미국인 작가 이민진(Min Jin Lee)이 4대에 걸친 재일교포의 삶을 그렸다. 'Pachinco'는 일본에서는 흔히 '빠칭코' 또는 '빠찡꼬'로 발음된다. 경품이 따라 붙는 도박・오락기구를 말하는데, 일정한 수의 재일교포는 빠칭코를 생계의 수단으로 삼았다.

(3) 양영희(재일조선인 2세) 지음 / 인예니 옮김, 『도쿄 조선대학교 이야기: 양영희 장편소설』(서울: 마음산책, 2023)

도쿄 조선대학교 문학부를 졸업한 저자는 2018년에 일본어로 도쿄에서 이 책을 출판했다. 영화감독으로도 활동하는 저자는 모든 것이 금지됐던 조선대학교 학생시절을 이 소설에 담았다.

중국교포

이윤경・윤인진(尹麟鎭), 「왕징 코리아타운 내 조선족과 한국인 간의 상호인식과 사회관계: 다자적 동족집단 모델의 도입」, 『한국학연구』(고려대학교 한국학연구소) 47(2013년 12월), 321~345쪽; 이윤경・윤인진(尹麟鎭), 「중국 내 한인의 초국가적 이주와 종족공동체의 형성 및 변화: 베이징 왕징 코리아타운 사례연구」, 『중국학논총』(한국중국문화학회) 47(2015년 3월); Yoon Kyoung Lee, "National Heterogeneity and Transnational Linkage to Homeland: The Care of Korean Migrants in China," Korea Observer, Vol. 48, No. 1(Spring 2017), pp.157~181.

※ 이윤경(1974~현재)은 성균관대학교 문과대학 영어영문학과를 졸업하고 고려대학교 대학원 사회학과에서 중국 베이징의 왕징(望京) 지역의 한인타운을 중심으로 재중한국인의 초국가주의 의식을 분석한 논문으로 2014년 2월에 박사학위를 받았다. 현재 독일 튀빙겐대학교 아시아・동양연구소 중국・한국학과 객원교수다.

중남미 교포: 주로 쿠바와 멕시코를 중심으로

김동우(다큐멘터리 사진가), 『국외독립운동 이야기: 인도 · 멕시코 · 쿠바 · 미국편』(수오서재, 2021).

여타 지역으로의 이주

(1) 김병철 · 안선희, 『그래서 나는 한국을 떠났다: 새로운 삶을 선택한 한국인 이민자 11팀과의 인터뷰』(경기도 고양시: 위즈덤하우스, 2018).

남편 김병철과 아내 안선희는 2017년 여름 세계여행을 떠나 31개국을 돌았다. 이 부부는 여행하는 가운데 세계 곳곳에서 사는 젊은 한인 이민자들을 만나 30여 차례 이상 인터뷰를 했다. 그 결과가 이 책이다.

(2) 홍호표(洪昊杓), 『제가 스리랑카에서 살아봤는데요: 홍호표 로컬 인터뷰집』(책과 이음, 2019년 10월).

(3) 김용민, 『땜장이 의사의 국경 없는 도전: 소록도에서 팔레스타인까지』(오르골, 2019년 12월).

(4) 박숭현(서울대 박사), 『남극이 부른다: 해양과학자의 남극 해저 탐사기』(동아시아, 2020).

한국해양과학기술원 부설 극지연구소 책임연구원인 저자는 25년 동안 25회에 걸쳐 해양탐사를 진행했다.

(5) 김용수(부산 외과전문의), 『남극일기: 얼어붙은 백색대륙, 남극에서의 1년』(미다스북스, 2021).

2015년 11월~2016년 11월에 남극 장보고 과학기지 월동대원 의사로 일한 기록이다.

(6) 김지훈(金知勳) · 김홍구(金洪九: 부산외대) · 채수홍(蔡秀洪) · 홍석준(洪錫俊) · 엄은희(嚴銀姬) · 김동엽(金東燁) · 이요한(부산외대) · 김희숙(金熙淑) 분담집필, 『동남아시아 한인: 도전과 정착 그리고 미래』(눌민, 2022).

아세안 9개국 한인사회를 연구자 8인이 3년 동안 취재하고 4년에 걸쳐 정리했다.

(7) 이세형(李世亨), 『중동 라이벌리즘』(스리체어스, 2020); ______, 『있는 그대로 카타르』(초록비책공방, 2022).

저자(1978~현재)는 한양대학교 신문방송학과를 졸업하고 핀랜드 헬싱키 알토대학교 대학원에서 경영학석사학위를 받았다. 동아일보 수습기자로 출발해 카이로 특파원을 역임한 중동전문기자인 저자가 자신의 현지생활과 취재기록을 바탕으로 위의 두 책을 썼다. 현재 동아일보 경영전략실 채널A정책기획팀장이다.

제4항 국제구호기구와 아프리카에서 봉사한 한국인들

이태석 신부

이태석(李泰錫, 1962~2010)은 인제대학교 의과대학을 졸업하고 의사가 된 뒤 광주가톨릭대학교 신학과를 졸업해 신부가 된 데 이어 이탈리아 로마 살레시오대학교를 졸업했으며 2001년에 아프리카 수단의 남부(이후 수단이 남과 북으로 분단되면서 이곳은 남수단이라고 불린다.)에 있는 오지 톤즈(Tonj)에 파송됐다. 그는 의사로서 신부로서 주민을 위해 글자 그대로 헌신적으로 봉사하다가 암으로 별세했다.

(1) 다큐멘터리 영화『울지마 톤즈』(2010년 9월 개봉).

(2) 이충렬(李忠烈: 소설가),『신부 이태석: 톤즈에서 빛으로』(경기도 파주시: 김영사, 2021).

김청자

김청자(金淸子),『김청자의 아프리카 사랑』(바오로딸, 2014).

김청자(1944~현재)는 1963년에 간호조무사로 독일에 가 독일 아우크스부르크 레오폴트 모차르트 음악원을 졸업한 데 이어 오스트리아 빈국립음악원을 졸업했으며, 귀국한 뒤 중앙대학교 교수와 연세대학교 교수를 거쳐 한국예술종합학교 음악원 성악과 교수로 활동했다. 국제적 메조소프라노 가수인 그녀는 이후 아프리카의 최빈국들 가운데 하나로 말라위(Malawi)에서 봉사활동을 하고 있다.

한비야

한비야(韓飛野) · 안토니우스 반 주트펀(Antonius van Zutphen),『함께 걸어갈 사람이 생겼습니다: 비야 · 안톤의 실험적 생활 에세이』(푸른숲, 2020).

국제구호전문가이자 작가인 한비야는 아프가니스탄 긴급구호 현장에서 만난 동료 네덜란드인 안토니우스 반 주트펀과 2017년에 결혼했다. 이 책은 두 사람의 결혼일기다.

한상기

(1) 석진희(石陳喜), 「인터뷰: 식물 유전 · 육종학자 한상기 박사; 아프리카의 한국인 추장 "식량위기, 다양성이 인류 구할 것"」, 『한겨레』(2020년 9월 5일), 11쪽.

(2) 김성윤(金成潤: 『조선일보』 음식전문기자), 「아프리카 농민의 왕 20년, 치매 아내 간병인 10년: 90평생 결근은 없다」, 『조선일보』(2020년 10월 17일), B1쪽 및 4쪽.

(3) 한상기, 『작물보다 귀한 유산이 어디 있겠는가: 아프리카 농민의 왕 식물유전육종학자 한상기의 90년』(지식의날개, 2023).

한상기(韓相麒, 1933~현재)는 서울대학교 농과대학을 졸업하고 서울대학교 대학원 농학과에서 석사학위를 받았으며 미시간주립대학교 대학원에서 농학박사학위를 받았다. 서울대학교 농과대학 교수 때인 1971년에 서울대학교 농과대학 교수직을 버리고 아프리카 나이지리아에 있는 국제열대농학연구소(IITA) 연구원으로 자리를 옮겨 23년에 걸쳐 봉직하는 가운데 아프리카사람들의 주식인 카사바 품종개량을 주도해 '수퍼카사바(super-cassava)'를 만들어내는 데 성공했고, 나이지리아를 포함해 아프리카 41개국에 보급했다. 이 공로가 인정돼 1983년에 주민들의 강력한 요청을 받아들인 요르바족의 '대왕'에 의해 수만 명을 통치하는 추장으로 추대됐다. 이어 조지아대학교 원예학과 명예교수로 추대됐다.

백영심

남정미(조선일보 기자), 「케냐 · 말라위 30년 백영심(白英心) 간호사: "상금 4억원은 아프리카에 … 내 옷값은 1달러"」, 『조선일보』(2020년 9월 12일), B9쪽.

케냐와 말라위에서 모두 30년에 걸쳐 간호사로 봉사한 백영심 간호사의 현지 활동을 읽을 수 있다. '말라위의 나이팅게일'로 불리고 있으며, 이태석상 · 호암상 · 성천상 등을 받았다.

여혜화 베네딕다 수녀

황수연(중앙일보 기자), 「"처음부터 돌아갈 생각 없었다" 우간다서 27년 헌신한 수녀님」, 『중앙일보』(2020년 10월 20일), 14쪽.

여혜화 베네딕다 수녀는 독실한 가톨릭 가정에서 태어났다. 친가와 외가 가족 가운데 신부 6명, 수녀 14명이 있을 정도다. 1993년에 아프리카 우간다의 작은 도시 진자로 간 이후 27년에 걸쳐 가난하고 병든 이들을 보살핀 공로로 아산상 대상을 받은 그녀의 삶을 그렸다.

임형준

임형준은 하버드대학교 케네디스쿨에서 석사학위를 받았다. 2002년에 유엔 세계식량계획(WFP)에 입사해 곧바로 중미(中美)의 온두라스에서 근무를 시작했으며 세계식량계획 한국사무소 소장을 역임했다. 2021년 현재 아프리카 기니공화국에서 근무하고 있다. 20년 넘은 자신의 경험을 회상했다.

(1) 임형준, 『난 지구를 콱 삼켜버렸다』(느낌이있는나무, 1999).

(2) 신지인, 「대기업 첫 출근날 사표 쓰고 유엔으로 날아간 남자: 20년째 굶주림과 싸우는 세계식량계획 임형준 소장」, 『조선일보』주말판(2021년 11월 27일), B8쪽.

김혜심

양종훈(梁淙勛), 『블랙 마더 김혜심: 양종훈 사진집』(윤진, 2021).

원불교 교무인 김혜심(金慧心, 1946~현재)은 약 20년에 걸쳐 아프리카에서 에이즈환자를 위한 봉사활동을 펼쳤다. 한국사진학회 회장인 양종훈 상명대학교 교수는 자신이 촬영한 사진 116점을 중심으로 이 책을 펴냈다.

임연심

서영은(徐永恩: 소설가), 『삶이 말하게 하라: 투르카나 임연심 선교사와의 대화』(열림원, 2016).

임연심(1951~2012)은 여의도순복음교회 1호 아프리카선교사로 1987년에 케냐 북부의 오지 투르카나로 파송돼 「킹스키즈(King's Kids)」라는 이름의 보육원과 유치원을 열어 아이들을 가르쳤다. 이 책은 소설가인 저자가 자신과 임연심이 나누는 가상의 대담 형식으로 그녀의 삶과 봉사를 그려냈다.

강원희

김경은(조선일보 기자), 「89세 강원희 의료선교사 별세: 자기 피 뽑아 수혈…40년 헌신 '히말라야의 슈바이처'」, 『조선일보』(2023년 5월 29일), A12쪽.

연세대학교 의과대학 출신의 의사 강원희(姜元熙, 1934~2023)는 1982년에 간호사 출신의 아내 최화순과 함께 네팔로 떠나 네팔·방글라데시·스리랑카 등에서 의료선교사로 봉사활동을 이어갔다. 현지인들은 그를 '히말라야의 슈바이처'라고 불렀다.

아프리카에 대한 관심의 증대와 한국학의 성장

(1) 인하대학교 한국학연구소 엮음, 『해외 한국학의 형성과 확산』(소명출판, 2021).

1930~1950년대 러시아 상트페테르부르크대학의 한국어문학 연구, 모스크바의 한국사연구 등 영국, 러시아, 일본, 대만 등에서 이뤄진 한국학연구의 역사와 앞으로의 전망을 정리했다. 교류와 소통을 통한 '복수의 한국학'을 도모한다.

(2) 김명섭(金明燮)·양준석(梁俊錫), 「한국외교사에서 아프리카와 중동: 인식의 변화와 담당 외교조직의 변천을 중심으로」, 『한국정치학회보』제46집 제5호(2012년 겨울), 267~295쪽.

제5절 세계화시대 속의 외국인의 한국이주와 한국사회의 변화

제1항 다문화주의에 관한 자료

2021년 현재 한국에 거주하는 이주민은 213만 명으로 총인구의 4.1%에 이른다. 그들 가운데 아동·청소년은 2022년 현재 16만8000 명에 이른다. 2024년에는 국내 외국인 비중이 인구의 5%를 넘어서며 경제협력개발기구(OECD) 기준 '다인종·다문화'국가에 들어선다.

다문화주의에 관한 한국정부의 출판물

(1) 국가인권위원회 기획/박경태·장수현 연구, 『국내 거주 화교 인권실태조사』(국가인권위원회, 2003년 1월).

(2) 국가인권위원회 기획/설동훈(薛東勳) · 한건수(韓健洙) · 이란주 연구, 『국내 거주 외국인노동자 아동의 인권실태조사』(국가인권위원회, 2003년 11월).

(3) 법무부 외국인정책본부, 『출입국 · 외국인정책 통계월보』(2018년 12월).

이주노동자에 관한 국제앰네스티의 연구

국제앰네스티 한국지부, 『대한민국 이주노동자 권리보고서』(국제앰네스티 한국지부, 2009년 10월).

이 보고서는 부제 '1회용 노동자'가 말하듯, 한국사회가 이주노동자들을 '인간'이 아니라 쓰고 버려지는 '노동력'으로만 대우하고 있다고 비판했다.

한국이주민건강협회의 연구

한국이주민건강협회 엮음, 『외국인노동자 의료백서』(청년의사, 2001); ______, 『한국사회와 이주민 건강: 외국인노동자 의료백서 2』(청년의사, 2009).

제2항 다문화주의 또는 다문화에 관한 연구

다문화주의에 관한 공동연구

(1) 오경석 · 김희정 · 이선옥 · 박흥순 · 정혜실 · 양영자 · 오현선 · 류성환 · 이희수 · 강희복, 『한국에서의 다문화주의: 현실과 쟁점』(한울아카데미, 2007).

(2) 문화콘텐츠기술연구원 다문화콘텐츠연구사업단, 『다문화의 이해: 주체와 타자의 존재방식과 재현양상』(경진문화, 2009).

(3) 윤인진(尹麟鎭), 『한국 다문화주의의 성찰과 전망』(고려대학교 아연출판부, 2014).

(4) 김희강(金希剛) · 이용승(李容承) · 김현미(金賢美) · 윤석민(건국대) · 구본규(인류학박사), 『한국 다문화주의 비판』(앨피, 2016).

※ 김희강(1974~현재)은 이화여자대학교 사회과학대학 정치외교학과를 졸업하고 시카고대학교 대학원 정치학과에서 석사→박사학위를 받았다. 박사학위청구논문 서지사항은 다음과 같다. Hee-Kang Kim, "Women's Luck? Women's Choice? Toward a Feminist Theory of Equality," unpub. Ph.D. diss., University of Chicago, 2005. 현재 고려대학교 정경대학 행정학과 교수다.

※ 이용승(1973~현재)은 고려대학교 정경대학 정치외교학과를 졸업하고 고려대학교 대학원 정치외교학과에서 석사학위를 받은 데 이어 고려대학교 대학원 정치외교학과에서 「다문화주의 정책유형 결정요인 분석: 미국과 캐나다를 중심으로」(2010년 2월)로 박사학위를 받았다. 현재 대구대학교 성산교양대학 교수다.

다문화주의에 관한 역서

(1) Will Kymlicka, *Multicultural Citizenship; A Liberal Theory of Minority Rights* (Oxford: Clarendon Press, 1996)/ 장동진 · 황민혁 · 송경호 · 변영환 역, 『다문화주의 시민권』(동명사, 2010); ______, *Multicultural Odysseys; Navigating the New International Politics of Diversity*(Oxford; Oxford University Press, 2009)/ 이유혁 · 진주영 역, 『다문화 오디세이』(소명출판, 2017).

(2) Marco Martiniello, *Sortir des ghettos culturels*(Paris: Presses de Sciences po, 1997)/ 윤진 역, 『현대사회와 다문화주의: 다르게, 평등하게 살기』(한울, 2002).

(3) Anne Phillips, *Multiculturalism Without Culture*(Princeton, N. J.: Princeton University Press, 2009)/ 부산대학교 사회과학연구소 역, 『문화 없는 다문화주의』(박영사, 2011).

다문화주의에 관한 저술

(1) 설동훈(薛東勳), 「한국사회의 외국인노동자에 대한 사회학적 연구: 외국인노동자의 유입과 적응을 중심으로」, 서울대학교 대학원 사회학과 사회학박사학위청구논문, 1996년 8월.

※ 설동훈(1964~현재)은 서울대학교 사회과학대학 사회학과를 졸업하고 서울대학교 대학원 사회학과에서 석사→박사학위를 받았다. 현재 전북대학교 사회과학대학 사회학과 교수다. 산업사회학을 전공했으며, 특히 노동자와 노동의 문제에 대해 학문적 관심이 컸던 그는 이 주제와 관련해 여러 논문을 발표했는데, 그것들 가운데 대표적인 것은 다음과 같다. 설동훈(薛東勳), 「한국의 공장자동화 및 사무자동화 현황과 노동의 성격 변화」, 『사회와 역사』22(1990년 7월), 234~310쪽; ______, 「한국의 노동시장과 외국인

노동자」, 『경제와 사회』15(1992년 7월), 113~144쪽; _____, 「국제노동력이동과 한국내 외국인노동자」, 『사회와 역사』37(1992년 7월), 231~325쪽; ______, 「한국의 이농과 도시 노동시장의 변화, 1960-1990년」, 『농촌사회』(한국농촌사회학회) 2(1992년 7월), 145~190쪽.

(2) 최홍엽(崔弘曄), 「외국인근로자의 노동법상 지위에 관한 연구」, 서울대학교 대학원 법학과 박사학위청구논문, 1997년 2월.

※ 최홍엽(1964~현재)은 서울대학교 법과대학을 졸업하고 서울대학교 대학원 법학과에서 석사→박사학위를 받았다. 현재 조선대학교 법·사회대학 법학과 교수다.

(3) JaeHoon Choi, "Social Movements for Foreign Workers in South Korea: A Perspective on the State for Transnational Social Movements," unpub. Ph.D. diss., University of Chicago, 2008.

※ 최재훈(崔在勳, 1968~현재)은 연세대학교 사회과학대학 사회학과를 졸업하고 연세대학교 대학원 사회학과에서 석사학위를 받은 데 이어 시카고대학교 대학원 사회학과에서 박사학위를 받았다. 현재 연세대학교 과학기술융합대학 교수다.

(4) Julia Jiwon Shin, "Unpacking the Gendered Process of International Migration: The Case of Migrant Women in South Korea," unpub. Ph.D. diss., University of Warwick, 2008; ______, 「'이주-비호의 연계성' 담론과 난민보호 위기에 관한 정책적 고찰」, 『민주주의와 인권』(전남대학교 5·18연구소) 제15권 제3호(2015년 12월), 417~457쪽.

※ 신지원(申智媛, 1976~현재)은 워릭대학교 국제정치경제학과를 졸업하고 맨체스터대학교 대학원 사회학과에서 석사학위를 받은 데 이어 워릭대학교 대학원 사회학과에서 박사학위를 받았다. 현재 전남대학교 사회과학대학 사회학과 교수다.

(5) Nam-kook Kim, "Deliberative Multiculturalism in New Labour's Britain," *Citizenship Studies*, Vol. 15, No. 1(February 2011), pp.125~144; ______, "Multicultural Challenges and the Recession of the Welfare State: The British Case in the 1940s-1960s," *Journal of European Studies*, Vol. 29, No. 1(April 2011), pp.65~108; ______, "The Migrant Workers' Movement in the Democratic Consolidation of Korea," *Journal of Contemporary Asia,* Vol. 42, No. 4(November 2012), pp.676~696; ______, "Multicultural Challenges in Korea: the Current Stage and a Prospect,"

International Migration, Vol. 52(April. 2014), pp.100~121; ______, "Justifying Grounds for Multicultural Policies in Korea: Universal Human Rights versus Benefits of Diversity," *Citizenship Studies*, Vol. 18(August 2014), pp.724~740; 김남국(金南局), 「다문화사회에서 표현의 자유의 범위와 한계」, 『국제지역연구』제26권 제4호(2017년 12월), 89~124쪽.

※ 김남국(1964~현재)은 서울대학교 사회과학대학 정치학과를 졸업하고 서울대학교 대학원 정치학과에서 석사학위를 받은 데 이어 시카고대학교 대학원 정치학과에서 박사학위를 받았다. 박사학위청구논문서지사항은 다음과 같다. Nam-kook Kim, "Deliberative Multiculturalism in Britain," unpub. Ph.D. diss., University of Chicago, 2002. 한국정치학회 학술상과 한국유럽학회 학술상을 받았으며, 현재 고려대학교 정경대학 정치외교학과 교수다. 한국정치학회 회장을 역임했다.

(6) 조정인(숙명여자대학교), 「누가 왜 여성결혼이민자들과 생산기능직 근로자들의 유입 증가를 반대하는가: 문화적 위협변인과 경제적 위협변인의 영향력 분석을 중심으로」『한국정치학회보』제45집 제2호(2011년 6월), 281~305쪽.

※ 조정인(1974~현재)은 숙명여자대학교 정치외교학과를 졸업하고 숙명여자대학교 대학원 정치외교학과에서 석사학위를 받은 데 이어 미시간주립대학교 대학원 정치학과에서 박사학위를 받았다. 박사학위청구논문 서지사항은 다음과 같다. Jungin Jo, "The Link Between Domestic Political Institutions and Commitments to International Trade Agreements," unpub. Ph.D. diss., Michigan State University, 2004. 현재 숙명여자대학교 사회과학대학 글로벌학부 교수다.

(7) 이태정(李泰貞), 「한국 이주노동자의 이주과정과 변형 아이덴티티」, 한양대학교 대학원 사회학과 박사학위청구논문, 2012년 2월; ______, 「안산시 이주노동자의 문화생산활동과 문화적 공유지의 가능성」, 『IDI 도시연구』(인천연구원) 16(2019년 12월), 211~227쪽.

한국에서 가장 잘 알려진 '다문화 도시' 경기도 안산시는 전체 인구가 해마다 감소하고 있는 반면에 외국인주민의 수는 해마다 증가하고 있다. 2019년 10월 현재 안산시의 외국인주민의 수는 87,618명으로 안산시 전체 인구(710,132명) 대비 약 12.3%를 차지하고 있다. 필자는 안산시를 '이주민의 변화를 가장 빨리 경험하는 장(場)'이라고 부르면서, '문화적 공유지(cultural commons)'의 관점에서 이주노동자들의 문화생산활동의 실천양식과 그 의미를 설명하고자 했다.

※ 이태정(1974~현재)은 현재 성공회대학교 노동사연구소 연구위원이다.

(8) Sookyung Kim, "Racism in the Global Era: Analysis of Korean Media Discourse around Migrants, 1990-2009," *Discourse & Society*, Vol. 23, No. 6(November 2012), pp.657~678; ______, "Soft Talk, Hard Realities: Multiculturalism as the South Korean Government's Decoupled Response to International Migration," *Asian and Pacific Migraion Journal*, Vol. 24, No. 1(March 2015), pp.51~78; ______, "The Devolution of Multiculturalism in Sounth Korea: Media Discourse on Migrant Workers, 1990-2015," *Asian Survey*, Vol. 59, No. 6(November-December 2019); pp.1070~1093.

※ 김수경(金秀卿, 1976~현재)은 서울대학교 인문대학 언어학과를 졸업하고 스탠퍼드대학교 대학원 사회학과에서 의료 · 복지 · 사회정책을 전공해 2013년에 "Renationalizing the Nation: Securing Korean National Identity in the Era of Global Migration" 이라는 논문으로 박사학위를 받았다. 동아일보 문화부 및 국제부 기자를 역임했으며, 고려대학교 연구교수를 거쳐 한신대학교 휴먼서비스대학 사회복지학과 교수로 봉직했다. 대통령 통일비서관을 거쳐 현재 대통령 대변인이다.

(9) 김현미(金賢美), 『우리는 모두 집을 떠난다: 한국에서 이주자로 살아가기』(경기도 파주시: 돌베개, 2014년 2월).

(10) 정지실(국민대), 「외국인 근로자의 복지를 위한 다문화 공간 계획: 안산시 반월 시화공단 폐 산업시설을 중심으로」, 『디지털예술공학멀티미디어논문지』 제1권 제1호(2014년 6월), 1~12쪽.

(11) 한준성(韓準成), 「민주화 이후의 이주노동정치사: 초기(1987~1993)」, 『한국정치연구』제23집 제2호(2014년 6월), 53~76쪽; ______, 「한국의 이주노동정치: 이주노동레짐의 형성과 이주노동자 편입과정 분석」, 서울대학교 대학원 정치학과 정치학박사학위 청구논문, 2017년 2월; ______, 『이주와 정치: 다문화사회의 이민정치와 이주평화학의 모색』(당대, 2022년 1월).

※ 한준성(1979~현재)은 한국외국어대학교 영어과를 졸업하고 서울대학교 대학원 정치학과에서 석사→박사학위를 받았다. 현재 강릉원주대학교 보건복지대학 다문화학과 교수다.

(11-A) 정진헌(鄭塡憲), 「서평: 평화의 관점으로 바라본 초국적 이주 · 난민; 한준

성 저, 『이주와 정치』, 『도시연구』(인천연구원) 21(2022년 6월), 393~402쪽.

> "저자의 시선은 우리 사회에서 어쩌면 가장 소외된 사람들의 변방을 주시하면서도 동시에 그들의 눈높이에서 다시 한번 제도와 정책의 성격들을 성찰적으로 검토하고 있음을 알 수 있다. 그래서 저자는 '이주평화학'의 관점이라는 표현을 제안하고 있다."

(12) 김지혜(金知慧), 「외국인근로자의 사업장 변경제한과 강제노동금지의 원칙」, 『공법연구』 제44집 제3호(2016년 2월), 189~210쪽; ______, 「이주민의 기본권: 불평등과 '윤리적 영토권'」, 『헌법학연구』 제22권 제3호(2016년 9월), 223~251쪽; ______, 『선량한 차별주의자』(경기도 파주시: 창비, 2019); ______, 「다문화사회의 '미풍양속' 조항, 그 모순과 부정의」, 『법과사회』64(2020년 6월), 75~101쪽; ______, 「외국인근로자에 대한 재판의 공정성: 사업장 변경제한에 대한 헌법재판소 2021. 12. 23. 2020헌마395 결정 비판」, 『사회법연구』46(2022년 4월), 555~587쪽.

저자는 『선량한 차별주의자』에서 "이주민들은 한국인이 '다 되었다'는 말에, 자신이 아무리 한국에서 오래 살아도 '우리는 당신을 온전히 한국인으로 생각하지 않는다'는 전제가 깔려있기 때문에 모욕적으로 들린다고 했다"고 말한다.

※ 김지혜(1973~현재)는 서울대학교 자연과학대학 계산통계학과를 졸업하고 이화여자대학교 대학원 사회복지학과에서 석사학위를 받은 데 이어 서울대학교 대학원 사회복지학과에서 「가출 청소년의 비행화 과정 연구」(2005년 8월)로 박사학위를 받았다. 이후 워싱턴대학교 법과대학을 졸업하고 법무박사(J.D.)학위를 받았다. 현재 강릉원주대학교 보건복지대학 다문화학과 교수다.

(13) Woo Chang Kang, "Trust, Economic Development and Attitudes toward Immigration," *Canadian Journal of Political Science-Revue Canadienne de Science Politique*, Vol. 51, No. 2(January 2018), pp.357~378; 강우창(姜佑昌), 「이주민 증가에 따른 이민자에 대한 인식 변화: 경제적 불평등과의 상호작용을 중심으로」, 『한국정치학회보』제55권 제2호(2021년 6월), 33~55쪽.

(14) 조경희(趙慶喜), 「다문화주의의 배반: 난민혐오의 근과거(近過去)」, 『황해문화』101(2018년 겨울), 229~243쪽.

※ 조경희(1973~현재)는 도쿄외국어대학 대학원에서 「제국일본/식민지조선의 사회

사업과 민중통치: '구제'와 '치안'의 패러독스」(일본어)(2020년 9월)로 박사학위를 받았다. 현재 성공회대학교 열린교양대학 동아시아연구소 교수다.

(15) 윤경훈, 「한국 다문화주의 연구의 다문화 정책 인식에 대한 비판적 검토: 맥락 없는 다문화주의?」, 서강대학교 대학원 정치외교학과 석사학위청구논문, 2019년 8월; 윤경훈 · 강정인(姜正仁), 「한국 다문화주의 연구의 다문화 정책 인식에 대한 비판적 검토: 맥락 없는 다문화주의?」, 『한국정치연구』 제28집 제2호(2019), 89~116쪽.

(16) 홍태영(洪泰永), 「국가주의적 민족주의에서 자유주의적 민족주의로? 혹은 민족적 경계를 넘어서」, 『철학과현실』122(2019년 가을), 95~108쪽.

> "최근 신자유주의적 세계화가 확대되고 노동력의 이주가 급격히 증가하면서 근대 민주주의와 자본주의 발전의 틀이었던 국민국가의 경계가 흐릿해졌다. 그래서 민주주의는 그 전환을 위한 새로운 틀을 필요로 한다. 민족적 경계 내에서 민주주의의 발전의 한계가 온 것이다."

(17) Kwen Fee Lian, *International Migration and the Politics of Multiculturalism in Japan, South Korea and Singapore*(Singapore: Spring, 2019).

(18) 이란주(아시아인권문화연대), 「이란주의 할 말 많은 눈동자」, 『한겨레』 월간 연재(2020년 1월 11일 ~ 2020년 9월 5일).

(19) 이문영(李炆瑩: 한겨레 기자), 「기획연재: 호준과 호이준 사이에서」

이 기획연재는 한국으로 이주한 외국인이 체류와 관련해 겪어야 하는 법적 문제 그리고 그것에 따른 고뇌를 담았다.

(20) ______, 「커버스토리: 시(詩) 쓰는 이주노동자; 기계가 되어 '기계도시' 돌리면서도 시 짓고 낭송하며 한국의 이면 비춰」, 『한겨레』(2020년 9월 5일), 1쪽 및 3~4쪽.

대우조선해양 옥포조선소에서 용접공으로 일하는 네팔인 수레스싱 썸바항페(33)는 시인이기도 하다. 그의 한국에서의 삶을 묘사했다.

(21) 이남철(李南哲), 『국제이주와 외국인노동정책』(넥센미디어, 2020년 9월 20일).

이주노동자 유입이 국가경제에 미치는 영향을 다각적으로 분석했다. 저자는 이 책에서 이주노동자 시장의 양극화를 큰 문제로 삼으면서, 농촌의 이주노동자 문제는 더 심각하다고 보았다.

※ 이남철(1957~현재)은 단국대학교를 졸업하고 단국대학교 대학원 경영학과에서 석사학위를 받은 데 이어 미국 오클라호마대학교에서 노동경제학을 전공해 박사학위를 받았다. 서지사항은 다음과 같다. Nam-chul Lee, "Education and Economic Growth with Special Reference to Korea," unpub. Ph.D. diss., University of Oklahoma, 1996.

(22) 서울역사편찬원 편, 『서울 내 외국인 집단활동지의 역사』(서울역사편찬원, 2022년 3월).

(23) 김기화(인하대학교 초빙교수), 「결혼이주여성의 공동체 활동 경험 연구: 상호문화실천과 임파워먼트를 중심으로」, 『도시연구』(인천연구원) 21(2022년 6월), 45~89쪽.

(24) 이기병(李記秉), 『연결된 고통: 현대 의학의 그릇에 담기지 않는 고유하고 다양한 아픈 몸들의 인류학』(아몬드, 2023년 2월).

내과전문의이자 의료인류학자인 저자는 서울 구로구 가리봉동에 있는 외국인노동자전용의원(약칭 의노의원)에서 2011년부터 공중보건의로 3년 동안 일했다. 저자는 이 경험을 바탕으로 다수의 이주노동자가 겪는 불안과 고통을 이 책에 담았다.

※ 이기병(1979~현재)은 연세대학교 의과대학을 졸업하고 서울대학교 대학원 인류학과에서 석사학위를 받았다. 현재 고려대학교 대학원에서 의학교육학 박사과정을 밟고 있다.

(25) 김아람, 「한국의 난민 발생과 농촌 정착사업(1945~1960년대)」, 연세대학교 대학원 사학과 박사학위청구논문, 2017년 2월; _____, 『난민, 경계의 삶: 1945~60년대 농촌 정착사업으로 본 한국사회』(역사비평사, 2023).

제목이 말하는 '난민'은 외국인이 아니라 국내인이다. 1945년 해방 이후 한국사회 안에서 발생한 난민을 6.25전쟁기에 시작하는 '난민정착사업'을 통해 분석했다.

※ 김아람(1984~현재)은 이화여자대학교 사범대학 역사교육과를 졸업하고 이화여자대학교 대학원 사학과에서 석사학위를 받은 데 이어 연세대학교 대학원 사학과에서 박사학위를 받았다. 현재 한림대학교 인문대학 교수다.

(25-A) 황병주(黃秉周), 「서평: 난민(難民)과 국민 그리고 난민(亂民); 김아람, 『난민, 경계의 삶』」, 『황해문화』119(2023년 여름), 414~423쪽.

제3항 다문화사회에 관한 쟁점

다문화사회 및 다문화정책

(1) 정건화(鄭建和) · 정준호(鄭埈豪) · 이미홍(李美泓) · 박배균(朴培均) · 오경석(한신대) · 이태정(李泰貞) · 이인재(李寅載) · 정원오(성공회대) · 박선권(朴善權) · 김항섭(金沆燮) 분담집필, 『근대 안산의 형성과 발전』(경기도 파주시: 한울아카데미, 2005).

(2) 김희순(고려대) · 정희선(鄭喜先), 「커뮤니티 아트를 통한 다문화주의의 실천: 안산시 원곡동 '리트머스'의 사례」, 『국토지리학회지』 제45권 제1호(2011년 3월), 93~106쪽.

(3) 박옥진 · 육동일(陸東一), 「다문화가정을 위한 교육지원 제도 개선 방안에 관한 연구: 대전광역시 결혼이주여성 교육지원 만족도 조사를 중심으로」, 『사회과학연구』(충남대학교 사회과학연구소), 제23권 제3호(2012), 227~255쪽; 박옥진, 「지역사회 통합지향 다문화정책 개선에 관한 연구:대전광역시 결혼이주여성의 인식을 중심으로」, 충남대학교 대학원 자치행정학과 행정학박사학위청구논문, 2014년 2월.

(4) 김윤경(광주대), 「농촌여성노인의 베트남며느리 뒷바라지 체험」, 이화여자대학교 대학원 간호과학과 박사학위청구논문, 2019년 2월.

(5) 김승일(金勝一), 「다문화가족 서비스전달체계에 관한 연구: 다문화가족지원센터를 중심으로」, 인하대학교 대학원 다문화학과 박사학위청구논문, 2019년 8월.

인종주의 또는 인종차별

(1) 박경태(朴經泰), 『소수자와 한국사회』(후마니타스, 2008); ______, 『인종주의』(책세상, 2009).

(2) 정회옥(鄭會玉), 『한 번은 불러보았다: 짱깨부터 똥남아까지, 근대 한국인의 인종차별과 멸칭의 역사』(위즈덤하우스, 2022).

2022년 현재 한국 인구에서 국내 거주 외국인이 차지하는 비율은 약 4%이며, 초 · 중 · 고 다문화가정 학생 수는 16만 명 수준이다. 저자는 "지금의 인구추세를 봤을 때 앞으로 더욱 다양한 인종과 함께 생활해야 하는 시점이 온다"라고 보면서, 우리 안에 있는 인종주의를 버려야 한다고 주장했다.

※ 정회옥(1976~현재)은 이화여자대학교 사회과학대학 정치외교학과를 졸업하고 이

화여자대학교 대학원 정치외교학과에서 석사학위를 받은 데 이어 아이오와대학교 대학원 정치학과에서 박사학위를 받았다. 박사학위청구논문 서지사항은 다음과 같다. Hoi Ok Jeong, "The Nurturing Hypothesis: Residence in a Progressive Environment and Its Impact on Political Engagement among Latinos and Asian Americans in the United States," unpub. Ph.D. diss., University of Iowa, 2009. 현재 명지대학교 사회과학대학 정치외교학과 교수다.

조선족

(1) 최승현(崔承現), 「한국화교사 연구: 상국국민의 신분에서 다층적 정체성의 획득까지」, 북경대학 대학원 사학과 박사학위청구논문, 2000.

※ 최승현(1968~현재)은 조선대학교 인문과학대학 사학과를 졸업하고 북경대학 대학원 사학과에서 석사→박사학위를 받았다. 현재 전남대학교 문화사회과학대학 국제학부 교수다.

(2) 임계순(任桂淳), 『우리에게 다가온 조선족은 누구인가』(현암사, 2003년).

중국사 전문가인 저자가 중국의 조선족을 그 뿌리로부터 추적해나갔다.

※ 임계순(1944~현재)은 이화여자대학교 문리대 사학과를 졸업하고 이화여자대학교 대학원 사학과에서 석사학위를 받은 데 이어 일리노이대학교 어바나샴페인 캠퍼스 대학원 사학과에서 중국사를 전공해 석사→박사학위를 받았다. 박사학위청구논문 서지사항은 다음과 같다. Kaye Soon Im, "The Rise and Decline of the Eight Banner Garrisons in the Ch'ing Period(1644-1911): A Study of the Kuang-Chou, Hang-Chou, and Ching-Chou Garrisons", unpub. Ph.D. diss., University of Illinois, Urbana-Champaign, 1981. 한양대학교 인문과학대학 사학과 교수로 정년퇴임했으며, 현재 한양대학교 명예교수다.

(3) Chae-wan Lim, "Features and Transnational Roles of Chinese Community in Korea," *Korean Journal of Area Studies*, Vol. 28, No. 2(August 2010), pp.139~158.

※ 이 논문은 필자가 공동저자로 참여한 다음 책의 맥락 속에서 읽어주기 바란다. 임채완(林采完) · 김혜련(金惠連) · 리단(李丹) · 최승현(崔承現), 『화인(華人) 디아스포라의 초국가적 성격』(경기도 성남시: 북코리아, 2021).

(4) 김혜련(金惠連), 「한국형 이주민 사회통합정책 모형 모색: 재한 중국인의 사례를

중심으로」, 전남대학교 대학원 정치외교학과 박사학위청구논문, 2014년 2월.

※ 김혜련(1983~현재)은 선양공업대학(瀋陽工業大學)을 졸업하고 전남대학교 대학원 정치외교학과에서 석사→박사학위를 받았다. 현재 한성대학교 상상력교양대학 교수다.

(5) 임광순(任光淳), 「국내 조선족 범죄의 실제와 방향성」, 『역사비평』(2015년 여름), 358~384쪽.

(6) 정리량(한국학중앙연구원 책임연구원: 박사), 『발로 찾아 쓴 조선족 근현대교육사』(살림터, 2016).

(7) Eunbong Choi, "The Chosonjok as a Maginalized Diaspora in South Korea," *Taiwanese Political Science Review,* Vol. 23, No. 3(December 2019), pp.197~237.

(8) 손인서(孫寅瑞), 「중국동포 돌봄노동자의 경력이동: 연령화·인종화된 인식과 이주민 불평등」, 『경제와 사회』(2020년 겨울), 312~344쪽.

※ 손인서(1972~현재)는 한국외국어대학교 인문대학 사학과를 졸업하고 서강대학교 대학원 사회학과에서 석사학위를 받은 데 이어 미국 듀크대학교 대학원 사회학과에서 박사학위를 받았다. 박사학위청구논문 서지사항은 다음과 같다. Inseo Son, "Yellow in White Suits: Race, Mobility, and Identity among Grown Children of Korean Immigrants," unpub. Ph.D. diss., Duke University, 2014. 현재 고려대학교 아세아문제연구원 연구교수이다.

(9) 박준영(서울대학교 지리학과 박사과정), 「국제이주자 경제활동의 관계적 스케일: 다단계 판매업에 참여하는 중국계 이주자를 중심으로」, 『도시연구』(인천연구원) 21 (2022년 6월), 11~44쪽.

(10) 곽재석(한국이주동포정책연구원 원장), 곽승지(郭承志: 동국대학교 북한학박사), 김부용(중국이름 진푸롱), 김용필(동포세계신문 대표), 김정룡(중국동포사회문제연구소 회장), 정인갑(칭화대학 교수), 『한중수교 30년의 조선족』(경기도 파주시: 한국학술정보, 2022년 9월).

한국에서의 중국인 관광객

한국관광학회 편/최석호(레저경영연구소장) 편집책임, 『중국인이 몰려온다!: 천만 관광객 시대의 한국관광』(백산출판사, 2012).

국제입양

(1) 이경은(李京垠), 「국제입양에 있어서 아동권리의 국제법적 보호」, 서울대학교 대학원 법학과 법학박사학위청구논문, 2017년 2월.

※ 이경은(1968~현재)은 서울대학교 사범대학 불어교육과를 졸업하고 서울대학교 대학원 법학과에서 국제법을 전공해 석사→박사학위를 받았다. 행정고시로 공직에 입문해 보건복지부 사회복지정책실 기초의료보장과 과장과 대통령 비서실 행정관으로 봉직했다. 현재 국제입양인 권리를 옹호하는 비정부기구 「국경너머 인권」의 대표로 활동하고 있다.

(2) 마야 리 랑그바드(Majia Lee Langvad)/손화수 옮김, 『그 여자는 화가 난다: 국가 간 입양에 관한 고백』(난다, 2022).

1980년에 한국에서 태어나 곧바로 덴마크로 입양됐고 덴마크에서 시인으로 성공한 저자가 시(詩)의 형태로 쓴 회고록이다. *Hun er vred* 라는 제목으로 2014년에 덴마크에서 출판됐다.

이방인적 존재

김광기(金光基), 『내 편이 없는 자, 이방인을 위한 사회학: 익숙한 세계에서 낯선 존재로 살아가기』(경기도 파주시: 김영사, 2022).

저자에 따르면, '이방인'은 구성원을 포섭하려는 사회와 이에 저항하는 개인의 탈주를 보여주는 상징이다. 저자는 "정주하는 삶이 없는 이산의 시대에 이방인을 통해 세계와 개인의 관계를" 에세이의 형식을 통해 분석하고자 했다.

※ 김광기(Kwang-Ki Kim; 1963~현재)는 성균관대학교 사회과학대학 사회학과를 졸업하고 성균관대학교 대학원 사회학과에서 석사학위를 받은 데 이어 보스턴대학교에서 사회학을 전공해 "Modernity and Modern Sociological Theory: An Analysis of Modernity in the Writings of Talcott Parsons, Erving Goffman, and Harold Garfinkel"로 1999년에 박사학위를 받았다. 현재 경북대학교 사범대학 일반사회교육과 교수다.

제3부 조선민주주의인민공화국의 국내외 상황전개

第1장
김일성의 사망과 김정일시대의 개막

조선=한국이 일제로부터 해방된 1945년 8월 15일 이후 때로는 '연합체제의 독재자'로, 그러나 6·25전쟁 휴전 이후 '1인 독재자'로 북한을 지배하던 김일성은 1994년 7월 8일에 만 82세의 나이로 사망했다. 이로써 북한에서는 김일성시대가 끝을 맺었으며, 그의 생존 말기에 후계자로 선정되어 김일성과 사실상 공동정권을 이끌던 그의 장남 김정일이 북한의 새로운 유일 지배자로 등장했다.

第1절 김일성의 사망과 김정일의 권력장악

第1항 자료와 개관

자료

(1) 조선로동당출판사 편, 『대중정치용어사전』(평양: 조선로동당출판사, 1964).

이 책은 여기에서만 읽힐 책이 아니다. 북한에서 널리 쓰이는 정치용어들을 북한식으로 설명한 이 사전은 북한을 정확히 이해하기 위해 기본적으로 읽힐 책이다.

(2) 동국대학교 북한연구소 편, 『북한의 학문세계』 전2권(선인, 2009), 하(『자료편』).

북한당국이 출판한 『김일성종합대학학보』를 비롯해 『경제연구』·『철학연구』·『조선어문』·『력사과학』·『사회과학』 등 주요 논문집들을 원문 그대로 수록했다. 매우 중요한 자료집이다.

(2-A) 김용현(金榕炫), 「북한 력사과학(1955~2013)의 구성과 특징 연구」, 『평화학연구』(한국평화연구학회) 第16권 第4호(2015년 9월), 165~186쪽.

북한총서

김일성의 사망과 김정일의 권력계승 등 북한에서의 정치적 변동을 비롯한 여러 소식은 북한에 관한 종합적 관찰의 중요성을 새삼 일깨웠다. 이에 따라 을유문화사는 김일성 사망 직전의 시점에서 다음과 같은 총서를 출판했다.

(1) 책임편집 최명(崔明), 『북한 개론』(을유문화사, 1990).

(2) 책임편집 전인영(全寅永), 『북한의 정치』(을유문화사, 1990).

(3) 책임편집 이태욱(李泰旭), 『북한의 경제』(을유문화사, 1990).

(4) 책임편집 강정구(姜禎求), 『북한의 사회』(을유문화사, 1990).

(5) 책임편집 김정배(金貞培), 『북한이 보는 우리 역사』(을유문화사, 1990).

(6) 책임편집 유재천(劉載天), 『북한의 언론』(을유문화사, 1990).

(7) 책임편집 고영근(高永根). 『북한의 말과 글』(을유문화사, 1990).

(8) 책임편집 권영민(權寧珉), 『북한의 문학』(을유문화사, 1990).

(9) 책임편집 김문환(金文煥), 『북한의 예술』(을유문화사, 1990).

(10) 책임편집 김형찬(金炯燦), 『북한의 교육』(을유문화사, 1990).

※ 김형찬은 자신의 『북한교육발달사』(한백사, 1988)와 『북한의 주체교육사상』(한백사, 1990)을 바탕으로 위의 책을 썼다. 다른 한편으로, 고려대학교 김동규(金東圭)교수는 『북한의 교육학』(문맥사, 1990)을 출판했는데, 두 사람은 다음과 같은 책을 출판했다. Hyung-chan Kim with Dong-kyu Kim, *Human Remolding in North Korea: A Social History of Education*(New York: University Press of America, 2005). 북한의 교육과 관련해, 한만길(韓萬桔) 박사는 『북한교육의 현실과 변화』(한국교육개발원, 2001)과 『통일시대 북한교육론』(교육과학사, 2001) 등을 출판했다.

(11) 책임편집 신정현(申正鉉). 『북한의 통일정책』(을유문화사, 1990).

(12) 책임편집 김철범(金徹凡), 『한국전쟁을 보는 시각』(을유문화사, 1990).

을유문화사 총서는 김일성 사망 이후 다음의 책들을 출판했다.

(1) 안찬일(安燦一), 『주체사상의 종언』(을유문화사, 1997).

(2) 오일환(吳日煥) · 정순원(鄭淳元), 『김정일 시대의 북한 정치 경제』(을유문화사, 1999).

북한학개론

(1) 최성(崔星), 『북한학개론: 김정일과 북한의 정치체제』(풀빛, 1997); ______, 『북한정치사: 김정일과 북한의 권력엘리트』(풀빛, 1997); ______, 『김정일과 현대북한정치사』(한국방송출판, 2001).

(2) 강신창(姜信昌), 『북한학 원론』(을유문화사, 1998년 5월).

(3) 김경웅(金京雄) 외, 『신북한 개론』(을유문화사, 1998년 8월).

(4) 오일환(吳日煥) · 유호열(柳浩烈) · 이종국(李鍾國) · 정성장(鄭成長) · 최대석(崔大錫) 공편, 『현대 북한체제론』(을유문화사, 2000).

(5) 김용현(金榕炫) 책임편집, 『북한학 박사가 쓴 북한학 개론』(동국대학교 출판부, 2022).

※ 김용현(1967~현재)은 동국대학교 법정대학 정치외교학과를 졸업하고 동국대학교 대학원 정치외교학과에서 석사학위를 받은 데 이어 동국대학교 대학원 정치외교학과에서 「북한의 군사국가화에 관한 연구: 1950-60년대를 중심으로」(2002년 2월)로 박사학위를 받았다. 현재 동국대학교 사회과학대학 북한학과 교수다.

북한 연구를 위한 자료와 방법: 언론 매체의 북한 관련 보도 포함

(1) 정은미(鄭銀美), 「북한연구방법으로서 탈북자 조사의 활용과 연구 동향」, 『현대북한연구』제8권 제3호(2005년 12월), 139~176쪽.

(2) 오대영(吳大泳), 「국제 뉴스통신사의 북한 관련 의제설정 연구」, 한양대학교 대학원 신문방송학과 박사학위청구논문, 2010년 8월.

※ 오대영(1961~현재)은 서울대학교 사회과학대학 외교학과를 졸업하고 아주대학교 대학원 경영학과에서 석사학위를 받은 데 이어 한양대학교 대학원 신문방송학과에서 박사학위를 받았다. 중앙일보 도쿄특파원 → 논설위원 → 국제부장을 역임한 뒤, 현재 가천대학교 사회과학대학 미디어커뮤니케이션학과 교수다.

(3) 이헌경(李憲京), 「북한연구 현황과 접근 방향」, 『평화학연구』 제11권 제4호(2010

년 12월), 83~104쪽.

(4) 윤철기(尹鐵基) · 양문수(梁文秀), 「북한 연구의 미시적 접근과 남북 접촉지대 연구: 마음체계 통합 연구를 위한 시론」, 『현대북한연구』 제16권 제2호(2013년 8월), 251~271쪽.

(5) 이관세(李寬世) · 김동엽(金東葉) · 이우영(李宇榮) · 이형종(李炯宗) · 임을출(林乙出) · 박서화 · 장철운(張哲運)/ 경남대학교 극동문제연구소 엮음, 『북한 허위정보에 대한 다층적 분석과 이해』(늘품플러스, 2020년 6월).

(6) 양무진(梁茂進), 「북한 관련 가짜뉴스: 유형, 유통과 대응 방안」, 『현대북한연구』 제38권 제2호(2020년 8월), 90~122쪽.

한국사회에 유포되는 '북한 관련 가짜뉴스'의 사례들을 지적하며, 그 유형과 유통과정을 분석했다.

북한의 정치문화(정치이념 포함)

(1) 김영수(金英秀), 「북한의 정치문화: '주체문화'와 전통정치문화」, 『한국정치학회보』 제26집 제2호(1992년 1월), 113~135쪽; ______, 「북한의 정치문화: '주체문화'와 전통정치문화」, 서강대학교 대학원 정치외교학과 정치학박사학위청구논문, 1992년 8월.

※ 김영수(1957~현재)는 서강대학교 사회과학대학 정치외교학과를 졸업하고 서강대학교 대학원 정치외교학과에서 석사→박사학위를 받았다. 서강대학교 사회과학대학 정치외교학과 교수로 정년퇴임하고, 현재 서강대학교 명예교수이면서 사단법인 북한연구소 소장이다.

(2) Seok Hyang Kim, "The Juche Ideology of North Korea: Socio-Political Roots of Ideological Changes," unpub. Ph.D. diss., University of Georgia, 1993.

※ 김석향(1959~현재)은 이화여자대학교 사회과학대학 사회학과를 졸업하고 이화여자대학교 대학원 사회학과에서 석사학위를 받았으며 조지아대학교 대학원 사회학과에서 석사 → 박사학위를 받았다. 현재 이화여자대학교 사회과학대학 북한학과 교수다.

(3) 안찬일(安燦一), 「북한의 통치이념에 관한 연구: 전통사상의 수용을 중심으로」, 건국대학교 대학원 정치외교학과 박사학위청구논문, 1997년 8월.

※ 안찬일(1954~현재)은 탈북한 뒤 한국으로 들어와 고려대학교 정경대학 정치외교학과를 졸업하고 고려대학교 대학원 정치외교학과에서 석사학위를 받은 데 이어 건국

대학교 대학원 정치외교학과에서 박사학위를 받았다. 현재 세계북한연구센터 센터장이다.

(4) 박상익(朴祥翼), 「북한의 관료문화에 관한 연구」동국대학교 대학원 북한학과 박사학위청구논문, 2008년 8월.

※ 박상익(1962~현재)은 현재 경인교육대학교 강사다.

(5) 이재승, 「북한 주체사상의 형성과 변화과정에 대한 연구: 주체사상 총서를 중심으로」, 경남대학교 대학원 정치외교학과 박사학위청구논문, 2021년 8월.

북한의 정치사회화

(1) 김창희(金昶熙), 「북한의 정치사회화에 관한 연구」, 전북대학교 대학원 정치외교학과 정치학박사학위청구논문, 1988년 8월.

※ 김창희(1955~현재)는 전북대학교 사회과학대학 정치외교학과를 졸업하고 전북대학교 대학원 정치외교학과에서 석사→박사학위를 받았다. 전북대학교 사회과학대학 정치외교학과 교수로 정년퇴임하고, 현재 전북대학교 명예교수다.

(2) 박문갑(朴文甲), 「북한 정치사회화에 관한 연구: 특히 청소년을 중심으로」, 건국대학교 대학원 정치외교학과 정치학박사학위청구논문, 1989년 2월.

(3) 김경웅(金京雄), 『북한의 정치사회화 과정』(통일연수원, 1993); ______, 『북한정치사회화론』(박영사, 1995).

김일성 사망에 즈음한 시점에서의 김정일과 북한에 관한 저술

북한 내부

(1) 박기찬, 「항일유격대원들의 백두산밀영건설」. 『력사과학』(1992년 제3호), 62~64쪽.

김정일이 '백두산밀영'에서 태어났다는 주장을 뒷받침함으로써 그의 '신화화(神話化)'에 기여했다. 이 글에는 인명(人名)으로는 김일성, 김일성의 첫 아내이면서 김정일의 생모인 김정숙, 그리고 김정일만이 등장했다.

(2) 김정일, 『김정일 선집』전15권(평양: 조선로동당출판사, 1992~현재).

(3) 김영성(金永成), 『오, 수령님 해도 너무합니다: 북한탈출 김영성의 고백』(조선일보사, 1995년 4월).

김영성(1934~미확인)은 평양에서 태어나 6·25전쟁을 겪고 1959년에 체코로 유학해 프라하공대 건축학부를 수석으로 졸업했다. 그 동기생들에는 훗날 북한에서 총리를 지내는 강성산과 연형묵이 포함됐다. 귀국 후 '국가 재건'을 위해 나름대로 열심히 일했지만 1974년경 성분조사 때 첫째 형이 종파분자로 몰려 옥사하고 다른 두 명의 형이 월남했다는 이유로 '성분불량자'로 분류돼 낙후한 지역인 함경북도 무산군에서도 산간오지에 속하는 곳으로 추방됐다. 다행히도 1989년경 함경북도 당 비서인 강성산의 신원보증으로 당원이 될 수 있었고 동독의 라이네펠데 건설회사 설계원으로 파견됐다. 그러나 동독에 도착한 지 보름 만에 베를린장벽이 무너지면서 동독으로 파견된 북한 연수생 등은 국내로 소환됐다. 그는 소환되진 않았지만 자신의 장래를 생각하고 결국 1992년 6월에 한국으로 귀순했다. 이 책은 김일성 1인 지배체제 아래 북한인들이 철저한 감시와 빈곤 속에서 생활한 모습을 실감 있게 설명했다.

(4) 김정은, 『위대한 김정일동지를 우리 당의 영원한 총비서로 높이 모시고 주체혁명위업을 빛나게 완성해나가자: 조선로동당 중앙위원회 책임일군들과 한 담화』,(평양: 조선로동당출판사, 2013).

북한 외부

(1) Kong-dan Oh, *Leadership Change in North Korean Politics: The Succession to Kim Il Sung*(Santa Monica, C.A.: RAND, 1988).

(2) Hyuk-bom Kwon, "The Politics of Transition to Socialism in Cuba and North Korea," unpub. Ph.D. diss., University of Massachusetts, Amherst, 1990; 권혁범(權赫範), 「사회주의의 역사적 제약과 사회주의의 위기: 쿠바와 북한의 사회주의 성격에 관한 시론」, 『통일문제연구』(평화문제연구소) 제7권 제2호(1995년 12월), 31~62쪽.

※ Hyuk-bom Kwon(1957~현재)은 고려대학교 정경대학 정치외교학과를 졸업하고 매사추세츠대학교 애머스트 캠퍼스 대학원 정치학과에서 석사→박사학위를 받았다. 대전대학교 혜화리버럴아츠칼리지(H-LAC) 정치외교학과 교수로 정년퇴임했으며, 현재 대전대학교 명예교수다.

(3) 주봉호(朱鳳浩), 「북한의 사회주의 건설노선에 관한 연구」, 부산대학교 대학원 정치외교학과 정치학박사학위청구논문, 1993년 2월; ______, 「북한의 사회주의 건설에 관한 비교연구」, 『21세기정치학회보』 제8권 제2호(1998년 6월), 247~269쪽.

이 논문이 사회주의의 국제적 퇴조에 대한 북한의 대응 그 자체를 다루지는 않았다. 그렇지만 북한이 추구하는 사회주의 건설노선의 내용과 실체를 분석함으로써 앞의 주제에 대한 이해를 높여준다.

※ 주봉호(1954~현재)는 부산대학교 사회과학대학 정치외교학과를 졸업하고 부산대학교 대학원 정치외교학과에서 석사→박사학위를 받았다. 동의대학교 인문사회과학대학 행정정책학과 교수로 정년퇴임했으며, 현재 동의대학교 명예교수다.

(4) 허문영(許文寧)·정규섭(鄭圭燮)·전현준(全賢俊), 「김정일정권의 등장과 정책 전망」, 『통일정세분석』 제94권 제15호(1994년 7월), 1~26쪽.

(5) Adian Foster-Carter, *North Korea after Kim Il Sung: Controlled Collapse?*(London: The Economist Intelligence Unit, 1994).

매우 짧은 글이다. 저자는 김일성 사후 북한의 공산체제는 붕괴할 것 같다는 전망을 제시했다.

(6) Hazel Smith, ed,. *North Korea in the New World Order*(New York: Macmillan Press, 1996).

Callum MacDonald, "1. The Democratic People's Republic of Korea: An Historical Survey," pp.1~16.

David Satterwhite, "2. A Half-Century of US-Korea Policy: Inching Toward US—DPRK Rapprochement," pp.17~52.

Stephen Kirby, "3. The Effects of Regional Power Factors on Inter-Korean Relations and Implications of the Nuclear Issue for the Northeast Asian Security Order," pp.53~73.

Michael Hindley and James Bridges, "4. Europe and North Korea," pp.74~85.

Warwick Morris, "5. UK Policy Towards North Korea," pp.86~92.

Hazel Smith, "6. North Korean Foreign Policy in the 1990s: The Realist Approach," pp.93~113.

Ian Roxborough, "7. Recent Transitional Experiences and their Relevance for North Korea," pp.114~134.

Chris Rhodes, "8. The Juche Idea and Its Role in the North Korean Political Economy," pp.135~153.

Frederick Nixson and Paul Collins, "9. Economic Reform in North Korea," pp.154~168.

Keith Howard, "10. Juche and Culture: What's New?," pp.169~195.

Peter Atkins, "11. A Seance with the Living: The Intelligibility of the North Korean Landscape," pp.196~210.

(7) Thomas H. Heriksen and Jongryn Mo, *North Korea after Kim Il Sung: Continuity or Change?*(Stanford, C.A.: Hoover Institution Press, 1997).

※ Thomas H. Heriksen(1939~현재)은 미시간주립대학교 대학원 사학과에서 "The British Press and Italian Fascism, 1922-1932"이라는 논문으로 1969년에 박사학위를 받았다. 그는 후버연구소 부소장 겸 연구원으로 많은 저술을 남겼다. 북한 또는 한반도가 분석의 대상으로 포함된 저서들은 다음과 같다.

Thomas H. Henrickson and Warren Weinstein, *Soviet and Chinese Aid to African Nations*(Westport, C.T.: Praeger, 1980); Thomas H. Heriksen, *The New World Order: War, Peace, and Military Preparedness*(Stanford, C.A.: Hoover Institution Press, 1992); Thomas H. Heriksen and Kyongsoo Lho, *One Korea?: Challenges and Prospects for Reunification*(Stanford, C.A.: Hoover Institution Press, 1994); Thomas H. Henrickson, *American Power after the Berlin Wall*(London: Palgrave Macmillan, 2007); ______, *America and the Rogue States*(London: Palgrave Macmillan, 2012); ______, *Eyes, Ears & Daggers: Special Operations Forces and the Central Intelligence Agency in America's Evolving Struggle against Terrorism*(Stanford, C.A.: Hoover Institution Press, 2016); ______, *Cycles in U.S. Foreign Policy since the Cold War*(London: Palgrave Macmillan, 2017); ______, *America's Wars: Interventions, Regime Change, and Insurgencies after the Cold War*(New York: Cambridge University Press, 2022).

(8) 이재승(李在承), 『북한을 움직이는 테크노크라트: 북한권력의 실세 과학자들을 알면 북한이 보인다』(일빛, 1998).

(9) Chung-in Moon, ed., *Understanding Regime Dynamics in North Korea*(Seoul: Yonsei University Press, 1998).

(9-A) 김연각(金淵珏), 「서평: 북한 '변화' 연구: 과학성과 통찰력 사이에서; 문정인 편저, 『북한체제 동학(動學) 이해하기』」, 『현대북한연구』 제2권 제1호(1999년 6월), 367~389쪽.

(10) 황장엽(黃長燁), 「8. 갈등과 망명」 가운데 「동유럽의 몰락과 '우리식대로'」~「김일성의 죽음」 ______, 『나는 역사의 진리를 보았다: 황장엽회고록』(한울, 1999), 229~300쪽 가운데 229~265쪽.

1989년에 베를린장벽이 무너지면서 동유럽의 공산정권이 붕괴하기 시작하고 마침내 1990년에 독일통일이 이루어지는 일련의 상황전개에 북한지도부가 당황해하는 모습을 회상했다. 특히 1994년에 김일성이 사망한 이후 북한이 내부적으로 동요하는 가운데 김정일이 후계자로 표면에 나선 과정에 대해서도 상세히 회상했다.

(11) 신석호(申錫昊), 「북한과 쿠바의 경제위기와 개혁」, 북한대학원대학교 북한학박사학위청구논문, 2008년 2월.

※ 신석호(1970~현재)는 고려대학교 정경대학 정치외교학과를 졸업하고 고려대학교 대학원 정치외교학과 석사과정을 수료한 데 이어 경남대학교 북한대학원에서 석사학위를 받고 북한대학원대학교에서 북한학박사학위를 받았다. 동아일보 정치부 기자 → 워싱턴특파원 → 편집국 부국장 등을 역임했으며 현재 동아닷컴 상무이다. 아홉 차례에 걸쳐 방북한 경험을 바탕으로 『분단 저널리즘 뛰어넘기: 남북관계 현장을 발로 뛴 북한학박사 기자의 분단 저널리즘 극복 10가지 노하우』(리북, 2012)를 출판했다.

(12) 이정훈(민주노동당 중앙위원), 『87, 6월 세대의 '주체사상 에세이': 북한(조선) 바로 알기 1번 주체사상을 논하다』(사람과사상, 2018).

※ 이정훈은 고려대학교 학생 때 삼민투위원장으로 활동하며 서울의 미문화원 점거에 참여했으며 이러한 활동으로 1980년대~2000년대에 두 차례에 걸쳐 투옥됐다. 전형적인 '386세대'에 속했으며, '주체사상'을 받아들였다. 이 책은 김일성과 김일성 시대에 관한 책은 아니지만, 김일성의 이름으로 제시된 주체사상의 내용은 무엇이며 그것이 왜 한국의 '반정부민주화운동가'들 일부로부터 일정하게 호응을 받았는가를 보여준다.

(13) 김석향(金石香) · 박민주, 「『조선녀성』기사제목에 등장하는 "김정숙" 호칭의 의미구조 분석」, 『현대북한연구』제22권 제3호(2019년 12월), 131~173쪽.

(14) Frank Dikötter, *How to Be a Dictator: The Cult of Personality in the Twentieth Century*(London: Bloomsbury Publishing, 2019)/고기탁(전문번역가) 역, 『독재자가 되는 법: 히틀러부터 김일성까지, 20세기의 개인숭배』(열린책들, 2021).

다시 검토된 김일성의 과거(정권수립기, 1950~1980년대의 북한, 수령체제 등)

김일성의 사망이 예견된 시점부터 김일성시대의 여러 정책과 사건이 다시 검토됐으며, 이에 따라 이 주제와 관련한 저술들이 출판됐다. 다음은 그 재검토를 반영했으며, 때로는 북한의 미래에 대한 전망 역시 반영했다.

(1) S. Kim, "Recent Economic Policies of North Korea: Analysis and Recommendations," *Asian Survey*, Vol. 33, No. 9(September 1993), pp.864~878.

(2) 김광용(金光庸), 「북한수령제 정치체제의 구조와 특성에 관한 연구」, 한양대학교 대학원 정치외교학과 정치학박사학위청구논문, 1995년 8월.

※ 김광용(1956~현재)은 한양대학교 법정대학 정치외교학과를 졸업하고 한양대학교 대학원 정치외교학과에서 석사→박사학위를 받았다. 한양대학교 정치외교학과 교수로 정년퇴임했다.

(3) 조갑제(趙甲濟), 「비밀자료 공개 동독공산당 정치국 서기장실 북한 관련 비밀문서와 김일성-호네커 정상회담 대화록 김일성의 충격고백」, 『월간조선』(1995년 11월), 96~13쪽.

김일성은 자신과 동갑이면서 자신처럼 오랜 기간에 걸쳐 '반(反)파시즘 · 반(反)제국주의 운동'에 참여했으며 1976년 이후 동독의 최고 권력자가 된 에리히 호네커(Erich Honecker)에 강한 친근감을 가졌다. 김일성은 1977년 12월에 평양을 방문한 호네커와 1차 회담을, 동독을 방문한 1984년 5월에 호네커와 2차 회담을, 1986년 10월에 평양을 방문한 호네커와 3차 회담을 가졌다. 호네커는 동독이 붕괴한 뒤 투옥됐다가 병보석을 받자 딸이 살던 칠레로 망명했다가 김일성보다 40일 앞서 죽었다. 김일성은 호네커에게 "팀 스피릿과 남조선 군사력에 대응하느라 노동력이 부족하다"라고 말했다.

(4) 김근식(金根植), 「북한 발전전략의 형성과 변화에 관한 연구: 1950년대와 1990년대를 중심으로」, 서울대학교 대학원 정치학과 박사학위청구논문, 1999년 2월.

※ 김근식(1965~현재)은 서울대학교 사회과학대학 정치학과를 졸업하고 서울대학교 대학원 정치학과에서 석사→박사학위를 받았다. 현재 경남대학교 법정대학 정치외교학과 교수다. 북한의 정치와 외교 그리고 남북한의 통일과 한반도 평화체제 등에 관해 여러 저술을 출판했다. 대표적인 단독저서는 『대북포용정책의 진화를 위하여』(경기도 파주시: 한울, 2011)이다.

(5) Soo-min Kim, "Political Legitimization in North Korea: 1945-1950," unpub. Ph.D. diss., Univeristy of Hawaii, Manoa, 1999.

※ 김수민(1954~현재)은 동국대학교 사회과학대학 정치외교학과를 졸업하고 동국대학교 대학원 정치외교학과에서 석사학위를 받은 데 이어 하와이대학교 마노아 캠퍼스 대학원 정치학과에서 박사학위를 받았다. 현재 선문대학교 국제평화대학 동북아학과

교수다.

(6) 전미영(全美永), 「김일성의 담화분석을 통해본 북한체제의 정당화전략」, 한국학중앙연구원 한국학과 박사학위청구논문, 2000년 8월.

※ 전미영(1964~현재)은 고려대학교 문과대학 불어불문학과를 졸업하고 한국학중앙연구원에서 석사→박사학위를 받았다. 현재 이화여자대학교 사회과학대학 북한학과 연구위원이다.

(7) 헝가리 출신으로 옛 소련문서를 분석할 수 있었던 발라즈 살론타이 교수는 다음과 같은 여러 논문을 발표했다.

(i) Balázs Szalontai, "You Have No Political Line of Your Own.' Kim Il-sung and the Soviets, 1953-1964," *Cold War International History Project Bulletin* 14/15(Winter 2003-Spring 2004), pp.87-137.

(ii) Balázs Szalontai, "Expulsion for a Mistranslated Poem: The Diplomatic Aspects of North Korean Cultural Policies," In Vu Tuong and Wasana Wongsurawat, eds., *Dynamics of the Cold War in Asia: Ideology, Identity, and Culture*(New York: Palgrave Macmillan, 2009), pp.145~164.

(iii) Balázs Szalontai and Changyong Choi, "The Prospects of Economic Reform in North Korea: Comparisons with China, Vietnam, and Yugoslavia," Europe-Asia Studies, Vol. 64, Issue 2(2012), pp.227~246.

(iv) Balázs Szalontai and Changyong Choi, "In the Shadow of Vietnam: A New Look at North Korea's Militant Strategy, 1962-1970," Journal of Cold War Studies, Vol. 14, Issue.4(Fall 2012), pp.122~166.

(v) Balázs Szalontai, "Hub or Backwater? North Korea between Alternative Conceptions of Northeast Asian Regional Economic Cooperation," *Korea Review*, Vol. 2, Issue 2(November 2012), pp.83-104.

(vi) Balázs Szalontai and Changyong Choi, "The Dilemmas of Dependency: China's Controversial Role in North Korea's Economic Transformation," Asian Survey, Vol. 53, Issue 2(March/April 2013), pp.269~291.

(vii) Balázs Szalontai, "Political and Economic Relations between Communist States," In Stephen Anthony Smith, ed., *Oxford Handbook in the History of Communism*(Oxford: Oxford University Press, 2014), pp.305-321.

(viii) Balázs Szalontai and Changyong Choi, "Immunity to Resistance?: State-Society

Relations and Political Stability in North Korea in a Comparative Perspective", North Korean Review, Vol. 10, Issue 1(Spring 2014), pp.55~70.

(8) 이승열(李承烈), 「북한 '수령체제'의 변화와 '수령승계방식'의 한계에 관한 연구」, 북한대학원대학교 박사학위청구논문, 2009년 2월.

※ 이승열(1970~현재)은 한국외국어대학교 영어영문학과를 졸업하고 한국외국어대학교 대학원 정치외교학과에서 석사학위를 받은 데 이어 북한대학원대학교에서 박사학위를 받았다. 현재 국회입법조사처 선임연구원이다.

(9) 김선호(金宣浩), 「해방직후 북한 무력양성기관의 조직과 운영」, 『군사』82(2012년 3월), 179~210쪽; ______, 「조선인민군 연구」, 경희대학교 대학원 사학과 박사학위청구논문, 2016년 8월; ______, 「북한의 통일전선 변화와 북조선인민집단군사총사령부의 간부정책」, 『정신문화연구』153(2018), 301~326쪽; ______, 「북한의 당군관계 출현과 통일전선의 군대」, 『현대북한연구』제21권 제2호(2018년 8월), 7~47쪽; ______, 「조선인민군의 창설과 유일지도체제의 기원」, 『현대북한연구』제22권 제3호(2019년 12월), 48~87쪽.

(10) 김보미(金甫美), 「북한 '자주로선'의 형성(1953-1966): 비대칭 동맹의 특수사례」, 북한대학원대학교 박사학위청구논문, 2013년 8월.

※ 김보미(1982~현재)는 미시간대학교 정치학과를 졸업하고 뉴욕대학교 대학원 정치학과에서 석사학위를 받은 데 이어 북한대학원대학교에서 박사학위를 받았다. 현재 국가안보전략연구원 연구위원이다.

(11) Suzy Kim, *Everyday Life in the North Korean Revolution, 1945-1950*(Ithaca, N.Y.: Cornell University Press, 2013); 김수지 지음/ 윤철기(尹鐵基) · 안중철 옮김, 『혁명과 일상: 해방 후 북조선, 1945~50년』(후마니타스, 2023년 8월).

일제로부터 해방된 1945년 8월 15일부터 한반도에서 전쟁이 일어난 1950년 6월 25일까지의 5년 동안 북한에서 전개된 혁명의 기간에 일반인들의 생활이 어떠했는가를 평범한 농민 · 노동자 · 여성이 남긴 기록을 바탕으로 분석했다.

※ Suzy Kim은 캘리포니아대학교 로스앤젤레스 캠퍼스에서 학부과정을 마치고 시카고대학교 대학원 사학과에서 한국사를 전공해 석사→박사학위를 받았다. 특히 북한에 관해, *Among Women across Worlds: North Korea in the Global Cold War*(Ithaca, N.Y.:

Cornell University Press, 2023) 등을 출판했으며, 국제적으로 권위 있는 여러 학술지에 논문을 발표했다. 오벌린칼리지 교수를 거쳐 현재 럿거스(뉴저지주립대학교) 문리대 아시아언어 · 문화학과 교수다.

(11-A) Glennys Young, "Book Review: *Everyday Life in the North Korean Revolution, 1945–1950* by Suzy Kim," *Journal of Korean Studies* 19(2014), p.457.

(11-B) Benjamin Young, "Book Review: *Everyday Life in the North Korean Revolution, 1945-1950* by Suzy Kim," *International Journal of Korean History* 20(August 2015), p.199.

(11-C) HyungGu Lynn, "Book Review: *Everyday Life in the North Korean Revolution, 1945-1950* by Suzy Kim," *American Historical Review* 119(October 2014), p.1239.

(11-D) Elisabeth Armstrong, "Book Review: *Among Women, Across Worlds: North Korea in the Global Cold War* by Suzy Kim," *Journal of Social History* 34(July 2023).

(12) 정일영(丁一榮), 「공장관리체제를 통해 본 북한사회의 변화: 당비서-지배인-노동자 삼각관계의 변화를 중심으로」, 『통일연구』(연세대학교 북한연구원)제17권 제1호(2013년 5월), 5~36쪽; ______, 「북한의 사회통제체제 형성, 1945-1961: 규범, 동의, 재사회화」, 성균관대학교 대학원 정치외교학과 박사학위청구논문, 2014년 8월.

※ 정일영(1975~현재)은 배재대학교 공과대학을 졸업하고 충북대학교 사회과학대학 정치외교학과를 졸업했으며 서강대학교 대학원 정치외교학과에서 석사학위를 받은 데 이어 성균관대학교 대학원 정치외교학과에서 박사학위를 받았다. 현재 서강대학교 사회과학연구소 연구교수다.

(13) 변학문(卞學文), 「북한의 기술혁명론: 1960-70년대 사상혁명과 기술혁명의 병행」, 서울대학교 대학원 과학사 및 과학철학 협동과정, 박사학위청구논문, 2015년 2월.

※ 변학문(1972~현재)은 서울대학교 자연과학대학을 졸업하고 서울대학교 대학원 과학사 및 과학철학 협동과정에서 북한과학기술사를 전공해 박사학위를 받았다. 현재 사단법인 겨레하나에서 봉직하고 있다.

(14) Jein Do, "The Fall of Ideology in Fraternal Socialism: Sino-North Korean Divergence over the American Threat, 1965-1966," *Korea Journal*, Vol. 55 No. 2,(June 2015), pp.88~112.

※ 도지인(都智仁, 1977~현재)은 고려대학교 정경대학 정치외교학과를 졸업하고 하버드대학교 대학원 동아시아학과에서 석사학위를 받은 데 이어 북한대학원대학교에서 박사학위를 받았다. 건국대학교 통일인문학연구단 HK교수로 봉직했다.

(15) 고명균(高明均), 「1960년대 후반 북한의 군사모험주의와 당·군관계 변화」, 『현대북한연구』제18권 제3호(2015년 12월), 7~58쪽.

(16) 김옥자(서울 압구정초등학교), 「북한 교육 패러다임 전환: 1960년대 후반 기술교육 중심에서 유일사상교육으로」, 『현대북한연구』제18권 제3호(2015년 12월), 59~86쪽.

※ 김옥자는 「만경대혁명학원 연구」로 북한대학원대학교에서 2013년 8월에 박사학위를 받았다. 이 학위논문을 바탕으로 「만경대혁명학원 창립과 핵심인재양성에 관한 연구」, 『북한연구학회보』제18권 제1호(2014년 여름), 115~136쪽을 발표했다.

(17) Blaine Harden, *The Great Leader and the Fighter Pilot: A True Story About the Birth of Tyranny in North Korea*(New York: Penguin Books, 2015)/홍희범(전문번역가) 옮김, 『위대한 독재자와 전투기 조종사』(마르코폴로, 2022).

이 책은 휴전 직후인 1953년 9월에 당시 최신 비행기인 소련제 '미그-15'를 몰고 김포공항에 도착한 노금석(盧今錫) 상위(대한민국의 대위: 1932~2022)로부터 시작한다. 그는 김일성이 미국과의 전쟁을 시작할 때부터 '아메리칸 드림'을 꿈꿨으며, 파일럿이 됐을 때 자유세계로의 귀순을 결행한 것이다. '미그-15'를 손에 넣은 미국은 그에게 10만 달러의 포상금을 주고 미국으로의 귀화를 받아들였다. 이에 분노해 김일성은 북한 군지휘관들에 대한 숙청을 개시했으며 끝내 유일단독의 독재자가 되었다.

(18) 정현숙(鄭現淑), 「1950년대 북한의 핵전략 연구」, 『현대정치연구』 제11권 1호(2018년 4월), 129~164쪽; ______, 「1950~1960년대 북한의 '핵잠재력 확보전략'에 관한 연구: 원자력의 평화적 이용정책의 지속과 변화를 중심으로」, 『현대북한연구』제21권 2호(2018년 8월), 48~93쪽; ______, 「북한 핵정책의 기원에 관한 연구: 핵 잠재력 확보전략을 중심으로」, 동국대학교 대학원 북한학과 박사학위청구논문, 2019년 2월; _____, 「김정은 시대 '핵무력건설'의 기원에 관한 연구: 김일성 시대 '국방건설' 중심으로」, 『한국정치연구』 제28집 제3호(2019년 10월), 113~138쪽.

※ 정현숙(1971~현재)은 한국방송통신대학교 문화교양학과를 졸업하고 북한대학원대학교에서 석사학위를 받은 데 이어 동국대학교 대학원에서 박사학위를 받았다. 현재 동국대학교 북한학과 강사다. 2022년에 정태연(鄭太娫)으로 개명했다.

(19) 조수룡(曺水龍), 「전후 북한의 사회주의 이행과 '자력갱생' 경제의 형성」, 경희대학교 대학원 사학과 박사학위청구논문, 2018년 8월.

※ 조수룡(1980~현재)은 경희대학교 사학과를 졸업하고 북한대학원대학교에서 석사학위를 받은 데 이어 경희대학교 대학원 사학과에서 박사학위를 받았다. 현재 국사편찬위원회 편사관이다.

(20) 김규범(베이징대 박사과정), 「1956년 "8월전원회의 사건" 재론: 김일성의 인사정책과 '이이제이(以夷制夷)'식 용인술」, 『현대북한연구』제22권 제3호(2019년 12월), 7~47쪽.

(21) 박승준(朴勝俊), 『김일성 1925~1945 중국과 소련에서 무엇을 했나: 이정식(李庭植), 서대숙(徐大肅), 주보중(周保中) 기록과 김일성회고록 비교』(유나미디어, 2020년 12월).

(22) 윤철기(尹鐵基), 「김일성의 '가치법칙의 형태적 작용' 태제의 스탈린주의적 기원과 정치경제학적 성격」, 『현대북한연구』제23권 제3호(2020년 12월), 61~102쪽.

(23) Eun-Sung Cho, "The Thread of Juche: Vinalon and Materially-Embodied Inter-Dependencies in North Korea, 1930-2018," unpub. Ph.D, diss., Columbia University, 2020.

※ 조은성(趙恩成, 1980~현재)은 연세대학교를 졸업하고 북한대학원대학교에서 석사학위를 받았으며 텍사스대학교 오스틴 캠퍼스 대학원 사학과에서 석사학위를 받은 데 이어 콜럼비아대학교 대학원 사학과에서 박사학위를 받았다. 현재 서강대학교 문과대학 사학과 교수다.

(24) 강응천(姜應天), 「북한 인민회의·인민위원회 연구: 주권기관의 수립과 변천 과정(1945~1972)」, 북한대학원대학교 박사학위청구논문, 2021년 2월.

※ 강응천(1963~현재)은 서울대학교 인문대학 국사학과를 졸업하고 북한대학원대학교에서 석사→박사학위를 받았다. 현재 인문기획집단 문사철 대표다.

(25) 표도르 째르치즈스키(이휘성), 『김일성 전기』(한울아카데미, 2022).

1994년 김일성 사망 이후에도 북한 주민들은 여전히 그가 만든 사회 제도에 의해서 살아간다. 북한 연구자인 저자는 김일성의 일생을 추적하며 북한이 어떻게 현대사에서 가장 안정된 독재사회가 되었는지 살폈다.

(26) 이주호(李柱澔), 「북한의 공업화 구상과 북소경제협력(1953~1970년)」, 고려대학

교 대학원 한국사학과 박사학위청구논문, 2022년 8월.

※ 이주호(1981~현재)는 고려대학교 문과대학 한국사학과를 졸업하고 고려대학교 대학원 한국사학과에서 석사→박사학위를 받았다. 현재 국사편찬위원회 편사관이다.

(27) 장초(張超: 중국어발음: 장차오; 서울대학교 대학원 국사학과 박사과정), 「북한의 '자립적 중공업화' 선택과 발전 토대 준비(1945~1956)」, 『현대북한연구』제25권 제3호(2022년 12월), 136~180쪽.

(28) 한병진(韓炳震), 『수령, 독재의 정석: 비교정치로 알아채는 수령제의 내구성』(곰출판, 2023).

저자는 기존의 북한연구가 북한이라는 정치체제를 단일 행위자로 간주한 사실을 지적하면서, '비교정치학'의 방법론을 활용해 북한을 바라보는 새로운 접근법을 제시했다. 북한을 '수령'과 '엘리트'로 구분해 바라보는 것이다. 저자는 "북한을 이해하려면 체제의 변동성에 주목할 것이 아니라 변하지 않는 것, 즉 북한 특유의 '수령체제'에 주목해야 한다"라고 강조한다. 저자는 북한에서 시민혁명이 일어나지 않는 이유를 '조정의 법칙'으로 설명했다. 수령에 대한 엘리트의 충성 메커니즘은 '죄수의 딜레마'와 닮았다는 것이다. 저자는 탈북민에 대해서도 새로운 관점을 제시했다. 흔히 탈북민이 늘어나는 것이 북한의 체제가 불안정하다는 증거이며, 체제에 위협이 될 것이라고 말하지만, 저자는 북한만큼은 전혀 그렇지 않다고 단언했다. 탈북민은 개인적인 반항아에 지나지 않으며, 이들이 북한을 떠남으로써 혁명의 연쇄 또한 사라졌다고 해석했다.

(29) 최승일(崔承一) 편저, 『최승희(崔承喜) 자서전』(소명출판, 2023).

일제강점기에 국제적 무용가로 명성을 떨친 최승희(1911~1969)의 큰오빠 최승일은 여동생의 전기를 1937년 7월에 서울의 이문당에서 출판했다. 최승희는 일제 패망 직후 남편 안막(安漠)과 함께 월북해 북한에서 김일성의 비호를 받으며 활동했다. 소명출판사는 이 초판본을 그대로 살려냈다.

북한의 해양법

(1) 박춘호(朴椿浩), 「북한의 해양법 문제」, 『북한법령행정논총』(고려대학교 법학연구소)6(1984년 12월), 83~124쪽.

(1-A) ______, 『지리산골에서 세계의 바다에서: 박춘호 자전적 에세이』(문학사상사, 1998).

국제적 해양법 전문가인 저자는 북한의 해양법 연구를 선도했다. 그의 뒤를 이어 *Morse H. Tan, North Korea, International Law and the Dual Crises: Narrative and Constructive Engagement*(London: Routledge, Taylor & Francis Group, 2015)가 출판됐다. 노던일리노이대학교 법과대학 교수인 저자는 '단현명'이라는 한국명도 사용한다.

체제전환론에서 접근한 북한

김일성이 죽고 김정일이 후계자로 등장한 이후 학계에서는 북한에서 어떠한 형태이든 '체제전환'이 이루어지지 않겠느냐는 기대가 성장했다. 그러한 분위기 속에서, 경남대학교 극동문제연구소는 '체제전환론'의 시각에서 북한을 분석한 일련의 책들을 출판했다. 이 프로젝트에는 김근식(金根植) 교수와 류길재(柳吉在) 교수 및 신종대(辛鍾大) 교수를 비롯한 경남대학교 교수들이 참여했다.

(1) 윤대규(尹大奎) 편, 『사회주의 체제전환에 대한 법제도적 비교연구』(한울아카데미, 2008); ______, 『북한의 체제전환과 법제도』(한울아카데미, 2008); ______, 『북한 체제전환의 전개과정과 발전조건』(한울아카데미, 2008); ______, 『북한의 체제전환과 국제협력』(한울아카데미, 2009); ______, 『북한의 체제전환과 국제협력에 관한 법제도』(한울아카데미, 2010); ______, 『글로벌 거버넌스와 북한의 정치 경제』(한울아카데미, 2016); ______, 『글로벌 거버넌스와 북한의 법제도』(한울아카데미, 2016); ______, 『글로벌 거버넌스와 북한의 법 체제전환 전망』(한울아카데미. 2016).

(2) 이수훈(李洙勳) 편, 『동북아 질서 재편과 북한의 정치경제적 변화』(한울아카데미, 2010); ______, 『동북아 질서 재편과 북한의 법제도적 변화』(한울아카데미, 2010); ______, 『동북아 질서에 대한 북한의 법제도적 시각』(한울아카데미, 2011); ______, 『북한의 국제관과 동북아 질서』(한울아카데미, 2011); ______, 『동북아 법제협렵과 북한의 체제전환 과제와 전망』(한울아카데미, 2012); ______, 『사회주의 정치 경제 체제전환과 글로벌 거버넌스』(한울아카데미, 2014); ______, 『사회주의 법 체제 전환과 글로벌 거버넌스』(한울아카데미, 2015).

※ 마지막 책에는 최은석(崔恩碩, 1968~현재)이 참여했다. 그는 국민대학교 법과대학을 졸업하고 국민대학교 대학원 법학과에서 석사학위를 받은 데 이어 연세대학교 대학원 법학과에서 「남북한 통일을 대비한 저작권법의 기여에 관한 연구」(2011년 8월)로 법학박사학위를 받았다. 현재 공군사관학교 교수다.

(3) 구갑우(具甲祐), 『동북아 지역협력과 북한의 체제전환 시나리오를 통해 본 동북아 미래구도』(한울아카데미, 2012).

(4) 경남대학교 극동문제연구소 편, 『북한 청년들은 새세대 인간: 김정은 정권과 청년 세대의 다중적 정체성』(경남대학교출판부, 2015).

(5) 이우영(李宇榮), 「한국의 체제전환 연구의 비판적 검토: 남북한 사회문화적 갈등과 통합 연구를 위한 제언」, 『현대북한연구』 제25권 제3호(2022년 12월), 269~301쪽.

제2항 조선민족제일주의와 김일성민족을 공식화

1989년 11월 9일에 베를린장벽이 무너지고 1989년 12월에 루마니아에서 반공혁명이 일어나 독재자 니콜라에 차우셰스쿠(Nicolae Ceausescu) 부부를 처형한 데 이어 1990년 10월에 동독이 서독으로 흡수통일됐다. 이 역사적 사변을 전후해 동유럽의 공산독재 정권들이 줄줄이 모두 무너졌으며, 1991년 12월 31일에는 소련이 해체됐다. 이러한 세계사적 전환기에 북한은 자신을 지키기 위해 사회주의의 '불패성(不敗性)'을 강조함과 아울러 그사이 실존을 부정해왔던 단군을 새롭게 포장해 내놓으면서 주민의 정신적 기둥으로 삼으려는 상징조작을 시작했다. 물론 수십 년 동안 내세웠던 김일성 '주체사상'에 대한 선전을 강화하면서 김일성숭배를 더욱 고양했다. 그러한 맥락에서, 북한은 '조선민족제일주의'론을 정립하고 우리민족을 '김일성민족'이라고 부름과 동시에 우리말을 '김일성민족어'라고 명명했다.

북한의 공식 해설

북한은 조선민족이 세계에서 제일이므로 국제사회의 변화에 민감하게 대응할 필요가 없다는 취지로 '우리민족제일주의'론 또는 '조선민족제일주의'론을 전개했다.

(1) 김정일, 『주체사상 교양에서 제기되는 몇 가지 문제에 대하여: 조선로동당 중앙위원회 책임일군들과 한 담화 1986년 7월 15일』(평양: 조선로동당출판사, 1987).

이 아주 작은 책자에서 김정일은 주체사상을 옹호함과 동시에 '조선민족제일주의'를 제창했다. 제목 가운데 '일군'은 우리 식 표기로는 '일꾼'이다.

(1-A) ______, 『조선민족주의제일주의정신을 높이 발양시키자』(평양: 조선로동

당출판사, 1992).

이것 역시 아주 작은 책자다.

(2) 고영환, 『우리민족제일주의론』(평양: 평양출판사, 1989).

김정일이 제시한 '조선민족제일주의'를 이론화했다.

※ 이 '고영환'은, 북한외교관으로 대한민국으로 귀순한 '고영환'과는 다른 사람이다.

(3) 김현환, 『김정일장군 조선민족제일주의론』(평양: 평양출판사, 2003).

(4) 송승환, 『우리민족제일주의와 조국통일』(평양: 평양출판사, 2004).

한국의 해석

북한의 민족주의라는 틀 안에서

(1) 서재진(徐載鎭), 「북한의 민족주의: 주체사상의 이론적 변용을 중심으로」, 『통일연구논총』제2권 제1호(1993년 7월), 71~96쪽.

(2) 이종석(李鍾奭), 「주체사상과 민족주의: 그 연관성에 관한 연구」, 『통일문제연구』제6권 제1호(1994년 5월), 65~96쪽.

(3) 김연각(金淵珏), 「7 북한정권과 민족주의」, 유병용(兪炳勇) 등 분담집필, 『한국현대사와 민족주의』(서울: 집문당, 1996).

(4) 서동만(徐東晩), 「북한체제와 민족주의」, 『역시문제연구』4(2000년 4월), 169~190쪽.

(5) 정영철(鄭英喆), 「북한 민족주의의 전개와 그 특징: 1980년대와 1990년대를 중심으로」, 『현대북한연구』제4권 제2호(2001년 12월), 225~265쪽; ______, 「북한의 민족·민족주의」, 『문학과 사회』제16권 제4호(2003년 ~월), 1668~1690; ______, 「북한의 민족주의와 문화적 변용: 김정은 시대 북한 문화의 변화」, 『문화정책논총』(한국문화관광여구원) 제31권 제2호(2017년 8월), 289~305쪽; ______, 「우리 국가제일주의: 국가의 재등장과 체제 재건설의 이데올로기」, 『현대북한연구』제23권 제1호(2020년 4월), 8~38쪽.

(6) 김태우(金泰宇), 「북한의 스탈린 민족이론 수용과 이탈과정」, 『역사와현실』 44(2002년 6월), 256~285쪽.

(7) 전미영(全美永), 「김정은시대 북한 민족주의: 담론, 문화, 정책」, 『북한학보』제43집 제1호(2018년 8월), 218~249쪽.

(8) 김창근(金彰瑾), 「북한지도부의 민족·민족주의 담론: 특징과 의미」, 『북한연구학회보』제7권 제2호(2003년 12월), 33~57쪽.

(9) 박영자(朴英子), 「북한의 민족주의와 여성: 민족주의 담론과 여성정책 변화를 중심으로」, 『국제정치논총』제45권 제1호(2005년 4월), 83~106쪽

(10) 홍민(洪珉), 「북한의 인구정치의 기원과 식량체제」, 『통일정책연구』제22권 제1호(2013년 6월), 297~334쪽.

※ 홍민(1971~현재)은 동국대학교 대학원 북한학과에서 「북한의 사회주의 도덕경제와 마을체제」(2006년 8월)로 박사학위를 받았다. 현재 통일부 산하 통일연구원 북한연구실장이다.

(11) 최선경(성균관대) · 이우영(李宇榮), 「'조선민족' 개념의 형성과 변화」, 『북한연구학회보』제21권 제1호(2017년 6월), 1~24쪽.

(12) 강혜석(姜惠錫), 「북한 민족주의 연구: 적응적 국가민족주의와 정당성의 정치」, 서울대학교 대학원 정치학과 박사학위청구논문, 2017년 8월; ______, 「북한의 민족건설과 두 개의 민족론: 통일론과의 긴장을 중심으로」, 『한국정치학회보』제53집 제1호(2019년 3월), 127~155쪽; ______, 「김정은시대 통치담론 변화와 '국가'의 부상: 〈김정일애국주의〉와 〈우리국가제일주의〉를 중심으로」, 『국제정치논총』제59집 제3호(2019년 9월), 309~345쪽; ______, 「북한 민족주의와 젠더: 민족 재생산의 주체로서의 여성」, 『한국정치연구』제30집 제1호(2021년 1월), 187~216쪽.

마지막 논문에서, 필자는 북한 민족주의의 부상 과정에서 여성이 민족의 재생산자로서 가졌던 역할과 기능을 밝히고자 했다. 필자는 이 논문에서 우선 '민족'과 '녀성'에 관한 북한의 1차자료를 광범위하게 소개했으며, 이어 이 주제에 관한 기존의 연구 역시 광범위하게 소개했다.

※ 강혜석(1982~현재)은 이화여자대학교 사회과학대학 정치외교학과를 졸업하고 이화여자대학교 대학원 정치외교학과에서 석사학위를 받았으며 서울대학교 대학원 정치학과에서 박사학위를 받았다. 현재 서울대학교 사회과학연구원 연구교수다.

특히 조선민족제일주의와 김일성민족에 관해

(1) 우정(禹晶), 「'조선민족제일주의'의 비(非)정합성과 사회변동: 마지막 종자적 이념의 은폐놀이와 그 편재성」, 『북한학보』16(1992년 12월), 69~105쪽.

(2) 전상인(全相仁: 민족통일연구원 책임연구위원), 「김정일체제의 지배이념; '우리식 사회주의'의 민족주의적 성격을 중심으로」, 『통일연구논총』 제3권 제2호(1994년 12월), 1~29쪽.

(3) 김광철(金光哲), 「'김일성민족주의'와 '우리민족끼리' 정치전략의 비판적 분석」, 경기대학교 정치전문대학원 정치학박사학위청구논문, 2014년 2월.

※ 김광철(1957~현재)은 동국대학교 법정대학 경찰행정학과를 졸업하고 연세대학교 행정대학원에서 석사학위를 받은 데 이어 경기대학교 정치전문대학원에서 박사학위를 받았다. 현재 동국대학교 강사다.

(4) 김보민(金保珉), 「북한 민족제일주의 담론의 변화」, 이화여자대학교 대학원 북한학과 석사학위청구논문, 2021년 2월; ______, 「북한 민족제일주의 담론의 변화: 조선민족제일주의에서 우리 국가 제일주의로」, 『현대북한연구』 제24권 제1호(2021년 4월), 139~177쪽.

(5) 이제훈(李制勳), 「이제훈의 1991~2021(4): 평양시간과 우리 국가제일주의, 영구분단을 꿈꾸나」, 『한겨레』(2021년 6월 1일), 24쪽.

(i) 광복 · 해방 70돌인 2015년 8월15일 조선민주주의인민공화국(북한)은 표준시간을 30분 늦추고 "평양시간"이라 불렀다. 두 세기에 걸친 분단에도 '같은 시간'을 살던 남과 북의 시공간이 갈라졌다.

(ii) 평양시간은 993일 만에 역사 속으로 사라졌다. 2018년 4월27일 판문점 정상회담 때 김정은 국무위원장이 평양시간을 애초 표준시로 돌려놓겠다고 약속한 뒤, "평양시간을 현재의 시간보다 30분 앞선 시간"으로 고쳐 "주체107(2018)년 5월5일부터 적용"한다는 '최고인민회의 상임위 정령 2232호'(2018년 4월30일)가 발표됐다.

(iii) 993일간의 "평양시간"과 "우리 국가제일주의" 담론의 위상 강화 추세를 겹쳐보면 김정은 위원장이 꿈꾸는 미래 한반도의 밑그림이 어슴푸레하게 드러난다. 김일성 주석이 오랜 세월 적대시해온 "투 코리아" 지향이다. 이는 남북공존의 국제적 기반인 유엔 가입 취지를 따른 긍정적 변화이자, "통일지향 특수관계"를 다짐한 남북기본합의서 정신에 비춰 '분단 영구화'를 가리키는 위태로운 방향등이다.

※ 이 글을 읽으면서 다음의 글을 떠올렸다. 성격과 방향은 서로 다르지만, 깊이 생각할 만하다. 정병기(鄭柄基), 「남북의 표준 및 표준화의 차이가 표준 협력 과정 및 표준 통합의 방향과 전망」, 『한국정치연구』제25집 제1호(2016년 2월), 1~22쪽.

제3항 사회주의 재수립

(1) 김정일, 『주체사상교양 에서 제기되는 몇 가지 문제에 대하여: 조선로동당 중앙위원회 책임일군들과 한 담화 1986년 7월 15일』(평양: 조선로동당출판사, 1987)총 29쪽; ______, 「주체사상교양에서 제기되는 몇 가지 문제에 대하여」, 『근로자』(평양: 근로자사, 1987년 7월); ______, 「주체사상교양에서 제기되는 몇 가지 문제에 대하여」, 『조선중앙년감』(평양: 조선중앙통신사, 1987); ______, 「주체사상교양에서 제기되는 몇 가지 문제에 대하여」, 『김정일 선집 8』(평양: 조선로동당출판사, 1998).

(2) 김정일, 「인민대중중심의 우리식 사회주의는 필승불패이다: 조선로동당중앙위원회 책임일군들과 한 담화(1991년5월5일)」, 『근로자』(평양: 근로자사, 1991), 3~25쪽; ______, 『인민대중중심의 우리식 사회주의는 필승불패이다』(평양: 조선로동당출판사, 1991); ______, 『김정일선집11(1991.1-1991.7)』(평양:조선로동당출판사, 1997), 40~80쪽.

(3) ______, 「사회주의는 과학이다」, 『로동신문』(1994년 11월 1일); ______, 『사회주의는 과학이다』(평양: 조선로동당출판사, 1994).

이 논문은 김일성이 죽은 뒤에 발표한 것이다. 김정일은 다음과 같은 문장으로 이 논설을 시작했다.

> "사회주의는 과학이다. 여러 나라에서 사회주의가 좌절당하였지만 과학으로서의 사회주의는 의연히 인민들의 마음속에 살아있다. 제국주의자들과 반동들은 사회주의를 건설하던 일부 나라들에서 일어난 사태를 놓고 '사회주의의 종말'에 대하여 떠들고있다. 사회주의배신자들은 사회주의리념 자체가 잘못된것이라고 하면서 저들의 추악한 배신행위를 변호하려 하고있다. 그러나 진리는 가리울수 없고 말살할수 없는것이다. 여러 나라에서 사회주의가 무너진것은 과학으로서의 사회주의의 실패가 아니라 사회주의를 변질시킨 기회주의의 파산을 의미한다. 사회주의는 기회주의에 의하여 일시 가슴아픈 곡절을 겪고 있지만 그 과학성, 진리성으로 하여 반드시 재생되고 종국적승리를 이룩하게 될 것이다."

김정일은 매우 긴 이 논설을 다음과 같은 문장으로 매듭지었다.

> "사람위주의 사회주의, 인민대중중심의 사회주의는 가장 과학적이고 가장 우월하며 가

장 위력한 사회주의이다. 사회주의는 그 과학성과 진리성으로 하여 반드시 승리한다."

(4) 김정일, 「혁명과 건설에서 주체성과 민족성을 고수할 데 대하여(1997년 6월 19일)」, 『로동신문』(1997년 6월 21일).

(5) 조성철, 『김정일장군의 사회주의재생재건전략: 사회주의는 과학이다』(평양: 평양출판사, 2001).

(6) Kim Jong-Il, *On the Juche Philosophy*(Pyongyang: Foreign Languages Publishing House, 2002).

한국학자의 해석

Young-soon Chung, "Chuch'e-Ideen und konfuzianismus / Neokonfuzianismus in Nordkorea," unpub. Ph.D. diss., Humboldt Universität zu Berlin, 1996.

※ 정영순(鄭永順, 1964~현재)은 성균관대학교 사범대학 역사교육과를 졸업하고 성균관대학교 대학원 사학과에서 석사학위를 받은 데 이어 베를린의 훔볼트대학교 대학원에서 박사학위를 받았다. 현재 한국학중앙연구원 인문학부 교수다.

제4항 단군의 실체 인정과 단군릉 개건

북한의 공식 해설

(1) 사회과학출판사 편, 『단군과 고조선에 관한 연구론문집』(평양: 사회과학출판사, 1994).

(2) 『민족의원시조단군』(평양: 평양출판사, 1994).

우리 민족의 '원시조(原始祖)'는 단군임을 내세웠으며 특히 단군이 평양에서 나라를 세웠다는 해석을 덧붙여 평양을 수도로 삼은 북한이 단군의 직계 후손임을 암시했다.

(3) 강인숙(박사 부교수), 「단군은 고조선의 건국시조」, 『력사과학』(1994년 1호), 53~60쪽.

(4) 박진욱(박사 부교수), 「평양은 고조선의 수도」, 『력사과학』(1994년 2호), 58~60쪽.

(5) 손영종(박사 교수), 「조선민족은 단군을 원시조로 하는 단일민족」, 『력사과학』

(1994년 3호), 51~55쪽.

(6) 문화보존사 편, 『단군릉』(평양: 문화보존사, 1995).

(7) 로철수, 『단군릉과 고대성곽 및 제단』(평양: 사회과학원고고학연구소; 사회과학원사회과학정보쎈터, 2009).

한국의 해설

(1) 오강원(吳江原), 「최근 제기된 북한학계의 고조선=평양설에 관하여: 북한의 단군릉 발굴과 그에 관한 남북한학계의 논고들을 중심으로」, 『백산학보』(백산학회) 46(1996년 6월), 459~495쪽.

(2) 이선복(李鮮馥), 「최근의 '단군릉' 문제」, 『한국사시민강좌』(일조각) 21(1997년 8월), 43~57쪽.

(3) 노태돈(盧泰敦), 「북한학계의 고조선사 연구동향」, 『한국사론』(서울대학교 인문대학 국사학회) 42(1999년 12월), 895~923쪽.

(4) 박광용(朴光用), 「북한학계의 단군인식과 '단군릉'발굴」, 『역사비평』52(2000년 8월), 158~198쪽.

(5) 도면회(都冕會) 외 저/ 한국역사연구회 북한사학사연구반 편, 『북한의 역사 만들기: 북한역사학50년』(푸른역사, 2003).

(6) 하문식(河文植), 「북한학계의 고조선연구 경향」, 『백산학보』74(2006년 4월), 53~81쪽.

(7) 조원진(趙院珍), 「북한의 단군민족주의에 대한 검토」, 『단군학연구』(고조선단군학회)40(2019년 6월), 183~215쪽.

※ 조원진(1980~현재)은 건국대학교 글로컬캠퍼스를 졸업하고 단국대학교 대학원사학과에서 석사학위를 받은 데 이어 세종대학교 대학원 사학과에서 「고조선의 발전과 대외관계 연구」(2017년 8월)로 박사학위를 받았다. 현재 한양대학교(ERICA캠퍼스) 문화재연구소 연구교수다.

제5항 대동강문화론

북한의 공식 해설

(1) 전룡호(사회과학원), 「대동강 문화」, 『통일신보』(2001년 10월 20일).

'평양을 중심으로 한 대동강 유역은 인류문화 발상지의 하나'라고 강조하고 그 근거로 '이곳에서 조선사람의 선조로 되는 원인(猿人),고인(古人),신인(新人), 그리고 조선옛 유형사람들의 뼈 화석들과 그들이 남겨놓은 유물들이 많이 드러난 것'을 제시했다.

※ 북한이 언제부터 대동강문화론을 공식적으로 정립했는지는 확실하지 않다. 그러나 김일성이 죽은 1994년 7월 8일 직후의 어느 시점인 것으로 추정된다.

(2) 리순진(李淳鎭) 외 저/최오성(崔午成)·김시습(金時習) 역, 『대동강문화』(평양: 외국문출판사, 2001).

리순진과 김재용 등이 조선어로 쓴 논문들을 북한의 최오성과 김시습이 중국어로 번역해 묶어서 출판한 책이다.

(3) 서국태·지화산, 『대동강문화』(평양: 사회과학원고고학연구소; 사회과학원사회과학정보쎈터, 2009)/사회과학원 고고학연구소 지음, 『대동강문화』(과천: 진인진, 2009).

한국의 해설

(1) 임채욱(林采郁), 「대동강 문화의 허구」, 『극동문제』(2001년 5월), 79~90쪽.

(2) 하문식(河文植), 「대동강문화론에서 본 북한학계의 연구 경향」, 『단군학연구』(단군학회)14(2006년 6월), 5~33쪽. 단군학회

(3) 조법종(趙法鍾), 「북한의 '대동강문화론'과 고조선인식 검토」, 『선사와 고대』(한국고대학회) 43(2015년 3월), 39~70쪽.

제6항 북한의 국가적 성격 재론

당국가

Chae-wan Lim, "Le Regime Politique du Parti-Etat en Coree du Nord,", Université de Paris X(Nanterre), 1990.

※ 임채완(林采完, 1951~현재)은 공주대학교를 졸업하고 서울대학교 대학원 국민윤리학과에서 석사학위를 받은 데 이어 파리10대학교 대학원에서 박사학위를 받았다. 전남대학교 사회과학대학 정치외교학과 교수로 정년퇴임했으며, 현재 전남대학교 명예교수다.

전체주의국가

(1) 박형중(朴泂重) · 이교덕(李敎悳) · 정창현(鄭昌鉉) · 이기동(李基東: 건국대), 『김정일 시대 북한의 정치체제』(통일연구원, 2004).

(1-A) 박형중, 「북한에서 1990년대 정치체제 변화: 전체주의 겸 술탄주의로부터 탈전체주의적 술탄주의 폭정으로」, 『신안보연구』(국가안보전략연구원) 168(2011년 1월), 103~130쪽.

필자는 1980년대 말까지 북한의 정치체제는 '극도의 개인독재와 결합한 전체주의(totalitarianism cum sultanism)'로 정의했다. 그는 1990년대 이후 북한의 정치체제를 '탈전체주의와 극도의 개인독재 하에서의 폭정(post-totalitarian sultanistic tyranny)'이라고 정의했다.

(1-B) 박영자(朴英子), 「체제변동기 북한의 계층 · 세대 · 지역 균열: 행위자 모형에 기반한 상황과 구조」, 『한국정치학회보』제46집 제5호(2012년 12월), 169~205쪽.

바로 위에서 소개한 박형중의 정의를 비롯해 북한의 국가적 성격에 관한 국내외의 정의들을 논의했다.

(2) Patrick McEachern, "Inside the Red Box: North Korea's Post-Totalitarian Politcs," unpub. Ph.D. diss., Louisiana State University, 2009; ______, *Inside the Red Box: North Korea's Post-Totalitarian Political*(New York: Columbia University Press, 2010).

※ 저자는 루이지애나주립대학교 대학원 정치학과에서 박사학위를 받았으며, 미 국무부에서 북한담당관으로 봉직했고, 주한미국대사관과 주일미국대사관 및 주슬로바키아미국대사관 등에서 봉직했다. 그는 재클린 맥이천(Jaclyn McEachern)과 함께 *North Korea, Iran and the Challenge to International Order*(London: Routledge, 2017)를 출판했고, 이어 단독으로 *North Korea: What Everyone Needs to Know*(New York: Oxford University Press, 2019)를 출판했다.

신가산제(新家産制) 사인독재정권(私人獨裁政權)

최봉대(崔奉大), 「북한의 지역협력 접근방식의 특징: 신가산제적 사인독재정권의 '혁명자금 관리제도'와 대외경제협력의 제약」, 『현대북한연구』제14권 제1호(2011년 4월), 188~248쪽.

> "북한 정치체제는 '사인독재 신가산제(Personal Dictatorship with neopatrimonical characteristics)' 이다. 독재자는 산하 특권기관에게 무역특권, 다시 말해, 지대를 자의적으로 할당할 수 있는 배타적이고 독점적인 시스템을 구축하여, 산하 특권기관과 주요 엘리트에 대한 지배력을 유지한다. 이를 위해서는 사인독재의 경제적 토대가 되는 지대 추출 원천에 대한 배타적이고 독점적인 통제권의 확보가 핵심적이다."

극장국가

(1) Heonik Kwon and Byung-ho Chung, *North Korea: Beyond Charismatic Politics* (Lanham, M.D.: Rowman & Littlefield, 2012)/권헌익(權憲益) · 정병호(丁炳浩), 『극장국가 북한: 카리스마 권력은 어떻게 세습되는가』(경기도 파주시: 창비, 2013).

문화인류학자들이 5년에 걸쳐 함께 연구한 뒤 출판한 이 책은 북한연구에 새로운 시각과 해석을 제시했다. 모두 6장으로 구성된 이 책의 출발점은 인류학자 클리퍼드 기어츠(Clifford James Geertz)가 인도네시아 발리 네가라(Negara)의 사례를 통해 제시한 '극장국가' 개념이다. 기어츠에 따르면, '극장국가'란 "물리적 강제가 아닌 과시의 정치(화려한 의례와 공연)로 통치되는 국가이다." 이 개념을 활용하면서, 공저자들은 북한에서의 권력세습을 봉건왕조의 연장이 아니라 현대적 카리스마 정치의 발현으로 보아야 한다고 제의했다. 공저자들은 김성모 · 탁성일 · 김철만, 『조선의 집단체조』(평양: 외국문출판사, 2002)와 외국문출판사 엮음, 『빛나는 조국: 조선민주주의인민공화국창건 70돐경축 대집단체제와 예술공연』(평양: 외국문출판사, 2018) 등도 활용했다.

(1-A) Keith Howard, "Book Review: *North Korea: Beyond Charismatic Politics* by Heonik Kwon and Byung-ho Chung," *Bulletin of the School of Oriental and African Studies, University of London*, Vol. 76, No. 2(June 2013), pp.348~350.

(1-B) Clifford Geertz, *Negrara: The Theatre State in Nineteenth-century Bali* (Princeton, N.J.: Princeton University Press, 1980)/김용진 옮김(金容振), 「극장국가 느가라: 19세기 발리의 정치체제를 통해서 본 권력의 본질」(눌민, 2017).

(2) 김석원(金錫原) · 민경현(閔庚鉉), 「그로테스크로 바라본 극장국가 북한연구: 〈태양 아래, 2016〉를 중심으로」, 『현대사진영상학회 논문집』 제24권 제1호(2021년 4월), 5~25쪽.

러시아 영화감독 비탈리 만스키(Vitaly Mansky)가 2016년에 만든 〈태양 아래, 2016〉를 분석했다. 이 영화는 김일성을 '태양'으로 설정하고 김정일 및 김정은으로의 권력세습을 미화했다.

※ 김석원(1966~현재)은 중앙대학교 사진학과를 졸업하고 중앙대학교 대학원 사진학과에서 석사학위를 받았으며 숭실대학교에서 「언캐니 이론으로 바라본 라제떼의 정신분석학적 연구」(2011년 2월)로 박사학위를 받은 데 이어 고려대학교에서 「공정 이미지에 내재한 고통과 폭력의 관계연구: 영화 〈지옥의 지배자〉, 〈액트 오브 킬링〉, 〈침묵의 시선〉을 중심으로」(2019년 8월)로 다시 박사학위를 받았다. 현재 고려대학교 강사다.

※ 민경현(1963~현재)은 고려대학교 문과대학 사학과를 졸업하고 파리1대학교(판테온 소르본) 대학원에서 석사→박사학위를 받았다. 박사학위청구논문 서지사항은 다음과 같다. Kyoung hyoun Min, "A Study on the Debates about the Development of the Russia in the NEP," unpub. Ph.D. diss., University of Paris I Pantheon-Sorbonne, 1994. 현재 고려대학교 문과대학 사학과 교수다.

제7항 이 시기의 북한에 관한 *Asian Survey*의 논문

(1) Nicholas Eberstadt, "North Korea's Interlocked Economic Crises: Some Indications from 'Mirror Statistics'," *Asian Survey*, Vol. 38, No. 3(March 1998), pp.203~230.

(2) David G. Brown, "North Korea in 1998: A Year of Foreboding Developments," *Asian Survey*, Vol. 39, No. 1(January 1999), pp.125~132.

(3) Kongdan Oh and Ralph Hassig, "North Korea between Collapse and Reform," *Asian Survey*, Vol. 39, No. 2(March 1999), pp.287~309.

(4) Victor D. Cha, "The Rationale for 'Enhanced' Engagement of North Korea: After the Perry Policy Review," *Asian Survey*, Vol. 39, No. 6(November 1999),

pp.845~866; ______, "Japan's Engagement Dilemmas with North Korea," *Asian Survey*, Vol. 41, No. 4(August 2001), pp.549~563.

(5) Samuel S. Kim, "North Korea in 1999: Bringing the Grand Chollima March Back In," *Asian Survey*, Vol. 40, No. 1(January 2000), pp.151~163; ______, "North Korea in 2000: Surviving through High Hopes of Summit Diplomacy," *Asian Survey*, Vol. 41, No. 1(February 2001), pp.12~29.

(6) Yinhay Ahn, "North Korea in 2001: At a Crossroads," *Asian Survey*, Vol. 42, No. 1(February 2002), pp.46~55; ______, "North Korea in 2002: A Survival Game," *Asian Survey*, Vol. 43, No. 1(February 2003), pp.49~63.

(7) Mel Gurtov, "Common Security in North Korea: Quest for a New Paradigm in Inter-Korean Relations," *Asian Survey*, Vol. 42, No. 3(June 2002), pp.397~418.

(8) Mark J. Valencia and Ji Guoxing, "The 'North Korean' Ship and U.S. Spy Plane Incidents: Similarities, Differences, and Lessons Learned," *Asian Survey*, Vol. 42, No. 5(October 2002), pp.723~732.

(9) Sebastian Harnisch, "U.S.-North Korean Relations under the Bush Administration: From 'Slow Go' to 'No Go'," *Asian Survey*, Vol. 42, No. 6(December 2002), pp.856~882.

제2절 김정일시대 개관

김일성이 사망하면서 그동안 김일성을 앞세운 채 김일성과 함께 공동통치체제를 유지했던 김정일이 통치의 전면에 나서게 됐다.

제1항 김정일의 저서와 전기

북한과 일본 조총련계의 김정일에 관한 논설 및 전기

(1) 최인수(崔仁秀) 편, 『인민의 지도자 김정일 서기』 전 2권(도쿄: 오야마가쿠[雄山閣], 1983, 1984); In Su Choe, ed., *Kim Jong Il: The People's Leader*(Pyongyang: Foreign Languages Publishing House, 1985).

(2) 탁진 · 김강일 · 박홍제, 『김정일지도자』 전 2권(도쿄: 동방사, 1984).

(3) L.Tapani Keskinen, *Kim Jong Il: The Genuine People's Leader*(Pyongyang: Kum Song Youth Publishing House, 1987).

(4) Ishikawa Sho, *Secretary Kim Jong Il: His Person and Achievements*(Pyongyang: Foreign Languages Publishing House, 1988).

(5) Kum Song Youth Publishing House, ed., *Kim Jong Il: The Leader of Youth Movement* 1~2(Pyongyang: Kum Song Youth Publishing House, 1988, 1990).

(6) Il Bok Li, *The Great Man Kim Jong Il*(Pyongyang: Foreign Languages Publishing House, 1989).

(7) Sang Gyun Sin, *A Great Mind*(Pyongyang: Foreign Languages Publishing House, 1989).

(8) 량용규(준박사), 「친애하는 지도자 김정일동지께서 밝히신 혁명의 대를 이어나갈 수 있는 당의 조직사상적기초와 령도체계를 마련할 데 대한 독창적인 사상」, 『철학연구』52(1993년 제1호).

(9) 평양출판사 편, 『위인의 초상』(평양출판사, 1994).

(10) 정기홍, 『광명성 찬가』(평양출판사, 1994).

북한에서는 김정일을 '광명성(光明星)'이라고도 부른다.

(11) 재일본조선인총연합회 중앙상임위원회 편, 『김정일 약전』(도쿄: 오야마가쿠[雄山閣], 1995).

(12) Foreign Languages Publishing House, *Kim Jong Il Short Biography*(Pyongyang: Foreign Languages Publishing House, 2001).

(13) 『철학연구』100(평양: 2005년 제1호).

이 호는 김정일이 제시한 '선군정치' 특집이다. 여기에는 최성욱(교수, 박사), 「선군정치는 철학적사색으로 정화된 정치」가 포함됐다. 북한에서 '선군정치'라는 용어가 처음 등장한 것은 『로동신문』(1997년 12월 12일) 논설인 것으로 이해되고 있다.

(14) Foreign Languages Publishing House, *Kim Jong Il Biography* 1~4(Pyongyang: Foreign Languages Publishing House, 2005, 2006, 2008, 2017).

(15) Charles River Editors, *Kim Jong-Il: The Controversial Life and Legacy of North Koreas Second Supreme Leader*(Charles River Editors, 2017).

한국에서의 출판물

(1) 고영환(高英煥), 『북한 외교관 고영환이 밝히는 평양25시』(고려원, 1992)/이케다 기쿠사토시(池田菊敏) 옮김, 『망명 고관(高官)이 본 김정일』(도쿄: 도쿠마 쇼텐[德間書店], 1995).

※ 고영환(1953~현재)은 평양외국어대학 불어과를 졸업하고 외교부에 들어가 아프리카 자이르(현재 콩고민주공화국) 주재 3등서기관으로 시작해 참사관으로 올랐다. 본인의 주장에 따르면, 김정일의 프랑스어 통역을 맡은 경우도 있었다. 1991년에 한국대사관으로 망명하고 그해 5월에 한국으로 들어왔다. 이후 국가안보전략연구원 등에서 봉직했다. 그의 저서로 『김일성의 꿈, 서울에서 이루어지다』(조선일보사, 2000)가 있다.

(2) 이기봉(李基奉), 『김정일 그는 어떤 인물인가』(남북문제연구소, 1993).

(3) 경남대학교 극동문제연구소 편, 『북한자료집 김정일 저작선』(경남대학교 극동문제연구소, 1994).

(4) 이종석(李鍾奭), 「참고문헌」, ______, 『새로 쓴 현대북한의 이해』(역사비평사, 2000), 604~606쪽.

김정일에 관한 문헌을 자세히 소개했다.

(ⅰ) 김정일, 『주체혁명위업의 완성을 위하여』 전5권(평양: 조선로동당출판사, 1987).
(ⅱ) 『김정일 선집』 전13권(평양: 조선로동당출판사, 1992~1998).
(ⅲ) 『친애하는 지도자 김정일 동지의 문헌집』(평양: 조선로동당출판사, 1992).

(4-A) 이종석(李鍾奭), 「제4부 북한의 지도자 김일성 · 김정일」 가운데 「제2장 김정일 연구」, ______, 『새로 쓴 현대북한의 이해』(역사비평사, 2000), 395~532쪽 가운데

490~532쪽.

김정일 연구에 필요한 김정일의 저작들과 김정일 전기들을 적절히 소개했다.

(5) 정창현(鄭昌鉉), 『곁에서 본 김정일』(김영사, 2000).

(6) 곽대중(통일아카데미 이사) · 신주현(Daily NK 기자) 지음, 『웃기는 김정일』(시대정신, 2002).

(7) 송봉선(宋鳳善), 『사생활로 본 김정일』(정성, 2004)/ 최우근(崔宇根) 역, 『김정일 철저연구』(일본어)(도쿄: 사쿠신샤[作品社], 2005); 송봉선, 『북한은 왜 멸망하지 않는가』(학문사, 2007); ______, 『김정일과 후계』(한국교육문화원, 2008).

김정일 선집 및 사진 분석

(1) 변영욱(邊映昱), 「북한 '1호 사진'의 변화」, 북한대학원대학교 북한학석사학위청구논문, 2007년 8월; ______, 「북한의 이미지 전략 2: 김정일 건강이상설과 김정은 등장 이후 북한 '1호 사진'의 변화」, 『북한』(2011년 4월), 103~109쪽; ______, 「김정일 건강이상설 이후 북한 '1호 사진'의 변화」, 『현대북한연구』 제14권 제2호(2011년 8월), 130~166쪽; ______, 『김정은.jpg: 북한 이미지 정치 엿보기』(한울아카데미, 2015).

※ 변영욱은 성균관대학교 중어중문학과를 졸업하고 북한대학원대학교에서 석사학위를 받은 데 이어 성균관대학교 대학원 신문방송학과에서 박사과정을 수료했다. 현재 동아일보 편집국 사진부 부장이다.

(2) 김엘렌, 「김정일 리더십 이미지 연구: 김정일선집에 나타난 동기이미지 분석을 중심으로」, 이화여자대학교 대학원 북한학과 박사학위청구논문, 2013년 8월.

※ 김엘렌(1972~현재)은 이화여자대학교 대학원에서 석사→박사학위를 받았다. 현재 이화여자대학교 대학원 북한학과 강사다.

제2항 김일성·김정일을 만난 사람들의 기록

(1) 이한영 지음, 『대동강 로열패밀리 서울잠행 14년』(동아일보사, 1996); ______, 『김정일 로열패밀리: 김정일 처조카 이한영이 밝힌 충격 스토리』(시대정신, 2004).

저자 이한영(1960~1997)은 김정일의 내연의 처 성혜림의 친언니 성혜랑과 이태순 사이에 1960년에 평양에서 태어나 만경대혁명학원을 거쳐 모스크바대학교 외국어대학에서 수학했으며 스위스 제네바에서 어학연수를 받다가 1982년 9월 28일에 서울로 망명했다. 김정일과 성혜림 사이의 아들인 김정남의 이종 4촌으로 김정남에 대해서는 물론 김정일에 대해서도 잘 알았던 그는 첫 책에서 한국사회에서는 가려져 있던 김정일 · 김정남에 관해 자세히 썼다. 결국 그는 1997년 2월 25일 성남시 분당구 서현동에서 총에 맞아 죽었는데, 한국의 공안당국은 북한의 대남공작조가 암살한 것으로 해석했다. 뒤의 책은 그가 죽은 뒤 앞의 책을 다시 펴낸 것이다.

(1-A) 우종창(禹鍾昌), 「세계를 뒤흔든 대특종의 막전 · 막후: '대탈출의 주역' 성혜랑의 육성 고백」, 『월간조선』(1996년 4월), 140~161쪽.

우종창 기자는『조선일보』1996년 2월 13일 1면 머리기사로 김정일의 처(妻) 성혜림이 서방세계로 망명했다고 보도했다. 이 기사는 국내에서는 물론 해외에서도 큰 뉴스로 받아들여졌다. 그러나 성혜림은 김정일의 내연의 여성이었고 자신과 김정일 사이의 아들 김정남의 안전을 고려해 마지막 단계에서 망명을 단념했다. 그렇지만 성혜림의 언니 성혜랑은 미국으로의 망명에 성공했다. 성혜랑에 앞서 성혜랑의 아들 이한영은 한국으로의 망명에 성공했으며, 성혜랑의 딸 이남옥 역시 성혜랑에 앞서 영국으로의 망명에 성공했다.

(2) Billy Graham, *Just As I Am: The Autobiography of Billy Graham*(New York: Harper Collins Publishers, 1997)/ 윤종석(기독교인) 옮김, 『빌리 그레이엄 자서전』(두란노, 2001).

한국어번역판을 기준으로 「34 뜻밖에 열린 문으로」(694~710쪽)에, 1992년 3월 31일에, 북경을 거쳐 처음으로 평양을 방문하고 김일성을 만났던 일에 대해 회고했다. 이 회고는 우리가 이 제14권 이전에 소개했어야 하는데, 빠졌기에 여기서 소개하기로 한다. 그의 회고 가운데 일부는 다음과 같다.

(ⅰ) 나의 장인 넬슨 벨 박사는 중국에서 시무한 의료선교사였다. 당시 중국의 국내사정이 혼란스러웠기에 처가 식구들은 어렵게 생활했다. 나의 장인은 1933년에 딸 루스를 평양의 기독교국제고등학교로 전학시켰다. 루스는 이미 평양에서 학교를 다니던 언니 로자와 합류했으며 루스에 뒤따라 버지니아도 평양으로 갔다. 미국이 일본과 전쟁에 들어가면서 이 가족은 미국으로 돌아갔다. 루스는 나의 아내가 됐다. 이러한 인연으로 나는 북한에 대한 관심을 갖고 살아왔다.

(ii) "북한방문이 여느 때와 다르며 사실상 까다로운 일일 수밖에 없는 또 한 가지 이유는 김일성 주석의 독특한 지위였다. 모든 북한인민에게 '위대한 영도자'로 불린 그는 역사상 그 나라의 유일한 수반이었다. 국민들이 그를 향해 품고 있는 신비할 정도의 깊은 숭배의식은 다른 나라에서 경험하던 것들과는 차원이 달랐다. 눈에 띄는 곳에 그의 사진이 걸려 있었고 그 옆으로는 그의 아들이자 후계자로 알려진 '친애하는 지도자' 김정일의 사진이 있었다."

(iii) "평양을 보고는 깜짝 놀라지 않을 수 없었다. 지금까지 내가 해외에서 본 가장 아름다운 도시 중 하나였다. 평양은 한국전쟁 때 연합군의 폭격으로 사실상 잿더미가 되었다. 도시 전체가 무(無)에서 다시 시작해야 했기에 모든 건물이 비교적 새것이었다. 우리가 방문한 다른 공산국가들의 많은 도시들과는 달리 평양은 창의적 건축, 시원한 거리, 아늑한 공원에 세심한 주의를 기울이고 관리도 최고수준이었다."

(iv) "김일성 주석은 총기가 뛰어났고 목소리가 근엄하고 그윽했으며 성품에서 카리스마가 느껴졌다. 특히 그는 조선민주주의인민공화국에 온 나를 따뜻이 환영한다는 말을 잊지 않았다. 이어 그는 바깥에 느껴지는 초봄의 기운을 언급하며, 북미관계에도 새봄이 오기를 바란다는 희망을 표현했다. 기자단이 아직 방 안에 있을 때 그 이야기를 한 것을 보면 그 발언이 공적으로 알려지기를 원하는 것이 분명했다. 몇 분 후 기자들을 내보낸 뒤, 우리는 좀 더 구체적인 차원에서 대화를 계속해 나갔다.

나는 며칠 남지 않은 김 주석의 80회 생일을 축하했다. 우리는 평양 어디에서나 성대한 생일축전을 준비하는 모습을 볼 수 있었다. 그는 내게 고맙다고 말한 뒤 통역관만 대동한 채 단둘이 이야기하고 싶다고 말했다. 나는 우리 방문을 사전에 부시 대통령에게 알렸는데 그는 김일성 주석에게 간단한 구두인사를 전해달라고 출발 직전 내게 부탁했다. 나는 기꺼이 인사를 전했다. 그런 부탁을 받았다는 사실을 우리는 관계자들에게 이미 알려 두었었다. 비록 깊은 내용의 메시지는 아니었지만 미국 대통령이 엄격한 의미에서 아직 전쟁 중인 나라의 수반에게 인사를 전한다는 사실 자체가 양국관계에 상징적으로 깊은 의미가 있었다. 김 주석도 응답으로 비슷한 구두 메시지를 전해 달라고 내게 부탁했다."

(v) "회의 후 김 주석은 우리 팀 전체에게 한식으로 성대한 점심식사를 베풀었다. 우리는 숲이 우거진 산자락이 내다보이는 커다란 방에서 거대한 원탁에 둘러앉았다. 후식은 한국산 수박이었다. 온실에서 재배한 것으로 보이는 달기가 아주 그만인 수박이었다. 나는 여태 먹어 본 중 가장 맛있는 과일이었다고 가볍게 한 마디했다. 이튿날 귀국할 때 가지고 가라며 수박 한 상자가 우리 영빈관 앞에 도착했다!"

그레이엄 목사는 1994년 1월에 다시 평양을 방문했으며 김일성을 만날 수 있었다.

(i) "1994년 1월 29일 토요일 이른 아침, 나는 김일성 주석이 오전 중에 우리를 영접할 것이라는 전갈을 받았다. 우리는 1992년에 영접을 받은 바로 그 집으로 이제는 낯익은 시골길을 따라 달렸다. 그는 여전히 총기가 밝았고 친절했다. 그는 나를 포옹한 뒤 기자단이 있는 자리에서 내게 이런 인사말을 건넸다. '미국에 목사님 같은 친우가 있다는 것을 큰 영광으로 생각합니다. 이제 목사님은 우리 가족과 같습니다.' 특히 우리의 견해 차이를 감안할 때 그 말은 내게 큰 감동을 주었다."

(ii) "우리는 통역관만 배석한 1대1 만남으로 자리를 옮겼다. 나는 김 주석에게 클린턴 대통령이 부탁한 메시지를 전했다. 답으로 그는 클린턴 대통령에게 전할 비밀메시지를 내게 들려주었다. […] 메시지에는 핵 협상의 난항과 교착상태를 해결할 수 있는 김 주석의 특별한 제안이 들어있었다."

(3) Madeleine Korbel Albright with Bill Woodward, *Madam Secretary: A Memoir*(New York: Harper Collins, 2003; paperback, 2005)/백영미 · 김승욱 · 이원경, 공역, 『매들린 올브라이트』전2권(황금가지, 2003).

저자는 클린턴 행정부의 국무장관으로 북한을 방문하고 김정일과 회담했다. 원서 기준으로 "Part Four: Waging War, Pursuing Peace"(pp.361~514) 가운데 "Chapter 27: "Inside the Hermit Kingdom"(pp.458~475), 번역판 기준으로「제4부 평화의 추구」(193~450쪽) 가운데「은둔의 왕국, 북한」(354~381쪽)은 올브라이트 장관이 북한을 방문한 과정, 그녀가 김정일과 나눈 회담 그리고 북한에서 목격한 것들을 상세히 담았다.

(4) 콘스탄틴 보리소비치 풀리코프스키(Konstantin Borisovich Pulikovski) 저/성종환 역,『동방특급열차: 김정일과 함께한 24일간의 러시아 여행』(중심, 2003).

김정일은 푸틴 대통령의 초청으로 2001년 7월에 24일 동안 러시아를 방문했다. 푸틴 대통령의 '전권특사'로 임명을 받고 김정일을 수행한 저자의 기록이다.

(4-A) 올가 말리체바(Olga P. Malytseva) 저/박정민 · 임을출(林乙出) 역,『김정일과 왈츠를: 러시아 여기자의 김정일 극동방문 동행 취재기』(한울, 2004년 8월 23일).

연해주에서 사진기자로 활동한 저자는 2002년 2월에 평양을 방문하고 김정일을 만났으며 2002년 8월에 극동 러시아를 방문한 김정일을 만났다. 그녀는 방북 때 김정일의 제의에 따라 월츠를 함께 추었다고 회상하면서 김정일의 매너와 성품 그리고 기억력을 높이 평가했다.

(5) 박근혜(朴槿惠),「북한에서 날아든 초청장」, _____,『절망은 나를 단련시키고

희망은 나를 움직인다: 박근혜 자서전』(위즈덤하우스, 2007), 194~203쪽.

자신의 방북과 김정일과의 면담에 대해 회고했다. 그녀는 김정일에 대해 "솔직하고 거침없는 사람이었다. [⋯] 김정일 위원장의 화법과 태도는 인상적이었다"라고 썼다.

(6) 임동원(林東源), 『피스 메이커: 남북관계와 북핵문제 20년; 임동원 회고록』(중앙books, 2008); ______, 『다시, 평화: 임동원 자서전』(메디치미디어 폴리티쿠스, 2022).

앞의 책 「I 세계가 놀란 남북정상의 극적인 만남」 가운데 「1장 김정일 위원장과의 첫 만남」(16~74쪽)은 저자가 국가정보원장 때 대통령의 특사로 평양에 가서 김정일을 만났던 일을 상세히 회고했다. 이 회고에 따르면, 임 특사는 2000년 6월 3일 저녁에 평양에서 김정일을 처음 만났다. 임 원장은 이 면담에 관해 자세히 회고했는데, "김 위원장의 말투는 정중하면서도 화끈했다. '음습하고 괴팍한 성격파탄자'라는 세간의 이미지와는 전혀 다른 모습이었다"라는 것과 "김 위원장의 '솔직하고 허심탄회한 태도' 그리고 '유머감각이 풍부하다'는 것 등이 포함됐다."

(7) 김대중(金大中), 『김대중 자서전』 전2권(삼인, 2011), 제2권.

저자는 대통령이던 때인 2000년 6월 13~15일에 평양을 방문하고 김정일과 최초의 남북정상회담을 가졌다. 이 책의 3부 전체는 이 과정을 자세히 회고했다.

(8) Jimmy Carter, *A Full Life*(New York: Simon & Schuster, 2015)/최광민(재미과학자) 옮김, 『지미 카터: 구순기념회고록』(한국방송통신대학교출판문화원, 2018).

카터 대통령은 자신이 재임 때 남북한에 대해 가졌던 인식을 상세히 회상했다. 매우 중요하다고 생각되기에 비록 길다고 해도 여기에 전재하기로 한다.

(i) 북한은 더 비극적이다. 미국은 한국전쟁이 발발한 65년 전부터 북한에 엄격한 경제제재조치를 취해 왔다. 이 조치를 통해 북한경제에 최대한 타격을 가하고 붕괴시키기 위한 모든 노력을 다했다. 평양을 방문하는 동안, 북한 관리뿐 아니라 기아로 인한 피폐한 생활을 놀랄 정도로 솔직하게 강조하던 북한여성과도 긴 대화를 나누었다. UN세계식량계획(UN World Food Program)과 함께 점검해보니, '생존을 위한 배급량'으로는 하루 약 600그램의 곡물이 필수적인 것으로 추산되었는데, 북한에서는 종종 하루 128그램씩만 배급되곤 했다. 1998년 북한을 방문한 의회 직원들은 '매년 30만 명에서 80만 명이 굶주림으로 죽어가고 있다'고 보고했다. 카터센터는 북한의 농업지도자들을 2002년 멕시코로 보내서 북한 토종작물의 생산을 증진하는 방안을 연구하도록 했다. 내가 1994년 북한을 방문한 후로 미국의 식량지원은 58만 9천톤까지 늘어났고, 양국관계는 클린턴 대통령 시절 합의 이후

개선되었다. 그러나 미국의 식량원조는 조지 W. 부시 대통령 시절에 급감했고, 오바마 대통령 시절인 2010년에는 완전히 중단되었다.

당시 국무부를 방문했는데, 북한정부가 식량분배절차에 대한 어떤 감시도 허락하지 않을 것이란 말을 들었다. 이것은 중대한 문제였다. 2011년 4월, 마르티 아티사리(Martti Ahtisaari) 전 핀란드 대통령, 전 노르웨이 외무장관이자 내과의사로 세계보건기구(WHO)의 사무총장이던 그로 브룬틀란(Gro Brundtland)과 함께 다시 북한을 찾았다. 우선 베이징에서 세계식량계획 측으로부터 요약보고를 받았는데, 식량이 각 가정에 배급되는 과정을 감시하는 데엔 어떤 제약도 없다는 답을 들었다. 그들은 우리와 함께 평양으로 갔고, 지방으로 내려가 거기서 어떻게 식량이 배급되는지 살펴보았다. 북한정부는 공식적으로 미국과 다른 공여국들이 식량배급과정을 감시할 수 있도록 허용하겠다는 답변을 보내왔다, 워싱턴에 북한어린이 3분의 1이 영양실조 상태에 빠져 성장미숙을 겪고 있으며, 일일 음식섭취량은 300~1400칼로리에 불과하다고 보고했다. 미국인은 하루 약 2000~2500칼로리의 음식을 섭취한다. 그러나 미국정부는 아무런 조치도 취하지 않았다.

폭압적인 북한의 독재정권에 대해서는 변명의 여지가 없지만, 가혹한 제재로 시민들만 볼모로 잡고 있는 듯하다. 굶주린 사람들은 곤궁한 처지에서 벗어날 궁리를 하는 법이고, 그래서 투옥되거나 처형될 확률이 높다. 쿠바에서처럼 북한의 정치엘리트는 경제제재로 어려움을 겪는 법이 없고, 오히려 북한지도자들은 북한 도처에서 발견되는 선전물을 통해 이 모든 것을 자신들이 아니라 미국의 책임으로 돌리고 있다.

독재자의 최우선 목표는 정권유지다. 우리는 이미 그들에게 고통당하고 있는 국민들에게 또다시 고통을 주고 있을 뿐이며, 독재정권이 국민을 억압하는 자들이 아니라 오히려 구원자로 자처할 변명거리를 만들어 줌으로써 그들의 목표를 성취시켜 주고 있다. 비군사적 압박이 필수적이라고 간주될 경우, 억압받는 국민들의 삶과 밀접한 국가경제를 붕괴시킬 것이 아니라, 결정권을 가진 해당국 관리들의 여행제한, 해외계좌동결, 그리고 기타 특권을 겨냥하여 경제제재를 가하는 데 초점을 맞춰야 한다."

(9) 태영호(太永浩), 『3층 서기실의 암호: 태영호 증언』(기파랑, 2018).

저자는 북한의 특권층에 속했으나 주영공사 때인 2016년 8월에 한국으로 망명하는 데 성공했다. 김일성과 김정일을 모두 가까이에서 볼 수 있었던 그의 이 회고록은 김일성시대와 김정일시대는 물론 김정은시대에 관한 북한의 많은 비밀을 털어놓았다. 김일성으로부터 김정은의 이르기까지 북한정권의 실체를 이해하는 데 결정적인 도움을 준다. 이 책의 구성은 다음과 같다.

1부 평양심장부

※ 태영호(1962~현재)는 북경외국어대학 부속고등학교와 북경외국어대학 영문과를 졸업해 중국어와 영어에 능통하다. 주영공사 때 북한체제에 염증을 느끼고 전 가족이 한국으로 망명하는 데 성공했다. 2020년에 국민대학교 법무대학원에서 법무석사학위를 받았다. 2020년 4월 15일에 실시된 21대 국회 총선에서 서울 강남 갑구에서 국민의힘 공천으로 입후보해 당선됐다. 이후 국민의힘 최고위원으로도 선출됐다.

(9-A) 태영호, 『태영호의 서울생활』(기파랑, 2020).

(9-B) 오혜선, 『런던에서 온 평양여자』(더미라클, 2023).

저자(1966~현재)는 태영호의 부인이다. 그녀는 김일성의 빨치산 동료이면서 조선로동당 군사부장을 지낸 오백룡(吳白龍)의 아들이면서 조선인민군 총참모부 부총참모장을 맡았던 오금철(吳金哲)의 일가로, 고위정치장교를 양성하는 김일성정치대학 총장의 딸이다. 평양외국어대학을 졸업하고 대외경제성에서 영어통역으로 일했다. 한국으로 망명한 뒤 위의 책을 출판했다. 이화여자대학교 대학원 북한학과에서 「북한의 대남 비난 보도 분석: 한국의 보수정부와 진보정부 시기 비교」(2021년 8월)라는 논문으로 석사학위를 받았다. 이 논문의 경우, '오송주'라는 이름을 썼다.

(9-C) 김명성, 「김명성이 만난 사람: 태영호 의원 아내 오혜선, 탈북 후 첫 인터뷰; "영국서 몰래 빌려본 「별 그대」 어찌나 재미있던지…노예의 삶 물려주기 싫어 망명, 북 정권과 주민은 구분해야"」, 『조선일보』(2021년 9월 27일), A30쪽.

(10) 김진현(金鎭炫), 「10장 문화일보 사장 · 회장 시절」 가운데 「김정일 초청에 의한 북한방문(2000.8.5.~12)」, ______, 『김진현 회고: 대한민국 성찰의 기록』(경기도 파주

시: 나남출판사, 2022), 441~467쪽 가운데 456~463쪽.

저자는 여러 관찰을 남겼는데 그것들 가운데 일부는 다음과 같다.

(ⅰ) "이번 방북에서 확인한 것은 북한의 모든 시설에는 김일성 부자를 찬양하는 구호가 어김없이 적혀 있다는 점이다. 어떤 시설이든 입구나 마당, 방마다 아래위로 옆으로 김정일 장군 만세, 김일성 수령 만세 등으로 가득해 사람을 압도했다. 모든 시설에는 '위대한 수령 김일성 동지는 우리와 함께 하신다'라는 주표어가 쓰여 있고 그밖에 '위대한 김정일 장군 없으면 우리도 없고 사회주의도 없다', '주체 77년 8월 11일 현지말씀 철저히 관철하자', '일심단결 자력갱생', '어떠한 고난도 웃음으로 넘기자' 등의 구호를 볼 수 있었다."

(ⅱ) "결국 이번 방북에서 느낀 것은 북한이 획일의 나라, 한 사람의 나라, 한 태양의 나라, 교(巧)와 술(術)의 나라, 적막한 나라였다는 것이다. 단군릉을 방문했을 때 안내원이 5011년이 된 뼈라고 설명하는 모습을 보고 교와 술이 대단한 나라임을 실감했다. 아마 북한에서 가장 부가가치가 높은 사람은 선전선동에 종사하는 사람일 것이다.

마지막으로 순안공항을 떠나올 때 동원된 군중들을 보면서 인간적으로 불쌍하다는 생각이 들어 눈물이 났다. 그들은 땡볕에 2시간 40분 동안 서서 우리 출발을 기다렸다. 특히 여섯 살 꽃다발 소녀가 '조국통일' 외치며 눈물을 흘리는 모습을 보면서 어떻게 인간을 이렇게 만들어놨나 북녘 내 동포가 너무 불쌍했다."

제3항 김정일이 제시한 선군정치

김정일이 단독 집권자로 등장했을 때 국내외 상황은 매우 어려웠으며 그의 앞에는 여러 '위기'가 쌓여 있었다. 그는 이 어려움과 '위기'를 돌파하는 수단의 하나로 "국정운영에 있어서 어느 무엇보다 군(軍)을 앞세운다"라는 뜻이 담긴 '선군정치'라는 구호를 만들었다. 이것은 자신의 권력유지에 있어서 핵심적 요소인 군부의 지지를 확보하기 위한 정치적 계산에서 나온 것으로 보인다.

『로동신문』에서의 표현

(1) 『로동신문』, 「정론: "우리는 백배로 강해졌다"」(1997년 12월 12일, 3쪽).

"우리 장군님의 실력 중의 특출한 실력은 선군정치의 실력, 군대를 혁명의 기둥으로 만들어 적들에게 련속 통장훈을 부르며 주체위업을 견결히 수호해 나가시는 실력이다.”

(2) 『로동신문』(1998년 4월 25일).

‘선군혁명령도’란 단어가 한 번 등장했다.

(3) 『로동신문』(1998년 5월 26일).

‘선군정치’가 한 번 등장했다.

(4) 『로동신문』, 「공동논설: “우리 당의 선군정치는 필승불패이다”」(1999년 6월 16일).

이 논설에서 ‘선군정치’에 관해 처음, 본격적으로 상세히 설명했다.

북한의 공식출판물

(1) 김철우, 『김정일장군의 선군정치』(평양: 평양출판사, 2000).

(2) 김인옥, 『김정일장군 선군정치리론』(평양: 평양출판사, 2003).

한국에서의 해석

(1) 정영철(鄭英喆), 「김정일체제 형성의 사회정치적 기원: 1967-1982」, 서울대학교 대학원 사회학과 박사학위청구논문, 2001년 8월.

※ 정영철(1969~현재)은 서울대학교 공과대학 섬유공학과를 졸업하고 서울대학교 대학원 사회학과에서 석사학위를 받은 데 이어 서울대학교 대학원 사회학과에서 박사학위를 받았다. 현재 서강대학교 경영전문대학원 교수다. 그는「구조적 종속과 자율성의 한계: 남북관계에 대한 고찰」, 『현대북한연구』제25권 제1호(2022년 4월), 127~163쪽도 발표했다.

(2) 이대근(李大根), 「조선인민군의 정치적 역할과 한계-김정일 시대의 당군관계를 중심으로」, 고려대학교 대학원 정치외교학과 정치학박사학위청구논문, 2001년 8월; ______, 『북한 군부는 왜 쿠데타를 하지 않나: 김정일 시대 선군정치와 군부의 정치적 역할』(한울, 2009년 5월 30일).

※ 이대근(1960~현재)은 고려대학교 정경대학 정치외교학과를 졸업하고 고려대학교 대학원 정치외교학과에서 석사→박사학위를 받았다. 경향신문사 편집국 기자로 출발해 현재 경향신문사 정치 · 국제담당 부국장으로 「이대근 칼럼」을 집필하고 있다.

(3) 김근식(金根植), 「김정일시대 북한의 당·정·군 관계 변화: 수령제 변화의 함의를 중심으로」, 『한국정치학회보』 제36권 제2호(2002년 여름), 349~365쪽.

(4) 배성인(裵晟仁), 「김정일정권의 위기극복을 위한 정치담론과 담론의 정치」, 『통일정책연구』 제12권 제2호(2003년 겨울), 185~216쪽.

김정일이 '선군정치'와 '강성대국'을 비롯한 여러 담론을 제시하면서 위기를 극복하는 과정을 분석했다.

(5) 방정배(方貞培), 「북한 선군정치 하의 당·군관계」, 영남대학교 대학원 정치외교학과 박사학위청구논문, 2005년 2월.

※ 방정배(1967~현재)는 육군사관학교를 졸업하고 국방대학교 대학원에서 석사학위를 받은 데 이어 영남대학교 대학원 정치외교학과에서 박사학위를 받았다. 현재 한국열린사이버대학교 상담리더십학과 강사다.

(6) 김용현(金榕炫), 「선군정치와 김정일 국방위원장 체제의 정치변화」, 『현대북한연구』제8권 제3호.(2005년 12월), 111~ 138쪽.

(7) 서옥식(徐玉植), 「김정일체제의 지배이데올로기 연구: '선군정치'를 중심으로」, 경기대학교 정치전문대학원 정치학박사학위청구논문, 2006년 2월.

※ 서옥식(1944~현재)은 서울대학교 문리대 사학과를 졸업하고 경기대학교 정치전문대학원에서 석사→박사학위를 받았다. 연합뉴스사 방콕특파원→편집국 부국장→편집국장 등을 역임했으며, 숭실대학교 인문대학 언론홍보학부 강의교수→성결대학교 사회과학대학 행정학부 외래교수로 봉직했다.

(8) 차두현(車斗鉉), 「북한 당·군관계의 변화과정: 변화의 동인과 그 의미」, 연세대학교 대학원 정치외교학과 정치학박사학위청구논문, 2006년 8월.

※ 차두현(1962~현재)은 연세대학교 대학원 정치외교학과에서 석사→박사학위를 받았다. 한국국방연구원 선임연구위원으로 봉직했으며 대통령 위기정보상황팀장을 역임하고 국제교류재단 교류협력이사로 활동했다. 현재 아산정책연구원 수석연구위원이다.

(9) 전영호, 『북한의 경제발전 전략: 선군정치와 북한경제』(615, 2006년 6월 15일).

김대중 대통령과 김정일 국방위원장 사이에 2000년 6월 15일 평양에서 성립된 「6·15 남북공동선언」의 의미를 높이 평가하는 뜻에서, 출판사 이름을 615로 지었다.

(10) 김진환(金鎭煥), 「북한의 체제위기와 대응전략: 개혁과 선군의 병행」, 동국대학교 대학원 사회학과 박사학위청구논문, 2008년 2월.

※ 김진환(1973~현재)은 동국대학교 대학원 사회학과에서 박사학위를 받은 뒤 건국대학교 통일인문학연구단 HK연구교수를 거쳐 국립통일교육원 교수로 봉직했다.

(11) 진희관(秦熙官), 「북한에서 '선군'의 등장과 선군사상이 갖는 함의에 관한 연구」, 『국제정치논총』제48권 제1호(2008년 3월), 375~403쪽.

(12) 이영일(李榮一), 『햇볕정책의 종언: 선군정치의 끝이 보인다』(경기도 용인시: 전예원, 2008년 6월 초판: 2008년 11월 증보판); ______, 『한국 통일문제의 현주소』(늘품플러스, 2009).

(13) 오경섭(吳庚燮), 「북한의 위기관리 동학에 관한 연구: 선군정치를 중심으로」, 고려대학교 대학원 북한학과 박사학위청구논문, 2009년 2월; ______, 『북한의 위기와 선군정치』(시대정신, 2015).

※ 오경섭(1970~현재)은 「북한의 신경제관리체계 평가와 전망」, 『정세와 정책』(세종연구소)(2012년 9월), 18~21쪽을 발표했다. 현재 통일연구원 연구위원이다.

(14) 정성임(鄭聖姙), 「1998~2007년 로동신문 분석을 통해 본 북한의 '선군정치' 논리」, 『통일문제연구』52(2009년 11월), 245~290쪽.

(15) 황지환(黃智煥), 「선군정치와 북한 군사부문의 변환전략」, 『국제관계연구』(고려대학교 일민국제관계연구원) 29(2010년 가을), 105~134쪽.

(16) 부승찬(夫勝粲), 「주체사상과 선군사상의 상관관계」, 『사회과학연구』(서강대학교 사회과학연구소) 제19권 제2호(2011년 2월), 108~137쪽.

필자의 논지 가운데 핵심적 부분은 다음이다.

"선군사상이 선군이라는 단순한 용어에서 출발하여 '선군혁명령도'(1999), '선군정치'(2000), '선군사상'(2003), 그리고 '선군사상교양'(2004~)으로 심화·발전됨으로써 사상적 이론화가 시도되고는 있지만, 주체사상처럼 전일적 체계화를 이루지도, 독립적이고 배타적인 통치이데올로기로서 존재하지는 않는 듯하다."

(17) 박용환(朴龍煥), 「북한의 선군군사전략에 관한 연구」, 동국대학교 대학원 북한학과 박사학위청구논문, 2012년 2월.

(18) 김광수(金光秀), 「북한의 선군사상에 관한 연구:주체사상과의 비교를 중심으로」, 경남대학교 대학원 정치외교학과 정치학박사학위청구논문, 2012년 8월;

______, 『사상강국: 북한의 선군사상』(선인, 2012년 11월); ______, 『수령국가: 대한민국에서 북한의 수령체제 이해하기』(선인, 2015); ______, 『통일로 평화를 노래하라: 김광수의 통일담론』(우리겨레, 2021).

※ 김광수(1966~현재)는 인제대학교 통일학부 겸임교수를 역임했으며, 현재 부경대학교 기초교양교육원 외래교수다.

(19) 김동엽(金東葉), 「선군시대 북한의 군사지도 · 지휘체계: 당 · 국가 · 군 관계를 중심으로」, 북한대학원대학교 군사안보학과 박사학위청구논문, 2013년 2월.

※ 김동엽(1963~현재)은 해군사관학교를 졸업하고 국방대학교 대학원 국제관계학과에서 석사학위를 받은 데 이어 북한대학원대학교 군사안보학과에서 박사학위를 받았다. 현재 경남대학교 극동문제연구소 교수다.

(20) 안경모(安京模), 「북한의 선군노선과 권위구축동학: 정치적 계승의 위기를 중심으로」, 서울대학교 대학원 정치학과 박사학위청구논문, 2013년 8월.

※ 안경모(1977~현재)는 서울대학교 사회과학대학 정치학과를 졸업하고 서울대학교 대학원 정치학과에서 석사→박사학위를 받았다. 그는 다음과 같은 논문을 공저했다. 조영임 · 안경모(安京模), 「김정은 시대 북한 핵 개발의 국내정치동학: '정당성의 정치'와 '핵 민족주의'」, 『한국과 국제정치』제35권 제2호(2019년 6월 30일), 149~182쪽. 현재 국방대학교 안보정책학과 교수다.

(21) Hazel Smith, *North Korea: Markets and Military Rule*(New York: Cambridge University Press, 2015)/김재오(金載五) 역, 『장마당과 선군정치: '미지의 나라 북한'이라는 신화에 도전한다』(경기도 파주시: 창비, 2017).

※ Hazel Smith(1954~현재)는 런던경제정치대학교에서 국제관계학을 전공해 박사학위를 받았다. 박사학위청구논문 서지사항은 다음과 같다. Hazel Smith, "European Community Policy towards Central America in the 1980s," unpub. Ph.D. diss., London School of Economics and Political Science, 1993. 현재 런던대학교를 구성하는 동양 · 아프리카연구대학교(SOAS) 교수다.

※ 김재오(1969~현재)는 서울대학교 인문대학 영어영문학과를 졸업하고 서울대학교 대학원 영어영문학과에서 석사→박사학위를 받았다. 영남대학교 문과대학 영어영문학과 교수로 봉직했다.

(22) 강채연(姜采延), 「북한 선군정치와 시장경제의 모순적 융합: '관료적 시장경

제' 메커니즘을 중심으로」, 성균관대학교 대학원 정치외교학과 정치학박사학위청구논문, 2018년 8월; ______, 「북한 경제체제 속성의 재조명: '관료적 시장경제'」, 『한국정치학회보』제52집 제5호(2018년 겨울), 141~170쪽; ______, 『북한 선군정치와 '관료적 시장경제'』(선인, 2019년 6월).

※ 강채연(1970~현재)은 평양이과대학을 졸업하고 성균관대학교 대학원 정치외교학과에서 석사→박사학위를 받았다. 현재 성균관대학교 강사다.

(23) 이상숙(李相淑) 엮음/김일한 · 김진환 · 이중구 · 임상순 · 장철운 · 신대진 · 이창희 · 이지순 · 함규진 분담집필, 『북한의 선군정치: 김정은의 선택은?』(선인, 2019년 12월).

일본에서의 해석

와다 하루키(和田春樹), 『북조선: 유격대국가의 현재』(일본문)(도쿄: 이와나미쇼텐, 1998)/김용현(金榕炫), 『북조선: 유격대국가에서 정규군국가로』(돌베개, 2002).

김정일의 '선군정치'에 따라 북한이 '유격대국가'에서 '정규군국가'로 바뀌었다는 논지를 전개했다.

제4항 김정일이 제시한 강성대국

북한의 『로동신문』은 1998년 8월 22일의 「정론」을 통해 '강성대국'론을 제시했다. 이 정론은 "사상의 강국을 만드는 것부터 시작하여 군대를 혁명의 기둥으로 튼튼히 세우고 그 위력으로 경제건설의 눈부신 비약을 일으키는 것이 주체적인 강성대국 건설방식"이라고 설명했다. 한문을 쓰지 않고 한글만을 쓰는 북한의 '강성대국'에 관해 한국에서 처음에는 '强性大國'으로 이해했으나 곧 '强盛大國'으로 받아들였다.

(1) 정영태(鄭永泰), 「북한 '강성대국'론의 군사적 의미: 김정일의 군사정책을 중심으로」, 『통일연구논총』 제7권 제2호(1998년 12월), 65~89쪽.

(2) 강성종(康聖鐘), 「북한의 '강성대국' 건설전략에 관한 연구: 경제강국 건설을 중심으로」, 경남대학교 대학원 정치외교학과 정치학박사학위청구논문, 2004년 8월; ______, 『북한의 강성대국 건설 전략』(한울, 2004).

김정일체제가 '강성대국'론을 제기한 배경과 의도를 치밀하게 분석했다.

※ 강성종(1966~현재)은 미국 브리지포트대학교(University of Bridgeport) 경영학과에서 학사→석사→박사학위를 받았다. 귀국한 뒤 경남대학교 북한대학원에서 석사학위를 받은 데 이어 경남대학교 대학원 정치외교학과에서 박사학위를 받았다. 17대~18대 국회의원을 역임하고, 경기도 의정부시에 있는 4년제 종합대학교인 신한대학교의 이사장을 거쳐 현재 총장이다.

(3) 정우곤(鄭祐坤), 「김정일정권의 국가발전전략: '강성대국'을 중심으로」, 『한국과 국제정치』(경남대학교 극동문제연구소) 제20권 제4호(2004년 12월), 35~66쪽.

(4) 한승호(韓承昊), 「북한의 통치담론 작동 메커니즘에 관한 연구: 『강성대국건설』 담론을 중심으로」, 동국대학교 대학원 북한학과 박사학위청구논문, 2012년 2월; ______, 『김정은 시대의 북한: 정치사상 · 경제 · 문학예술 · 대남전략』(경진출판, 2022).

(5) 정병화(鄭炳和), 「강성대국 건설, 체제전환을 위한 체제개혁의 시도인가? 체제유지를 위한 또 다른 이데올로기인가?: 선군정치를 중심으로」, 『시민사회와 NGO』(한양대학교 제3섹터연구소) 제10권 제1호(2012년 5월), 149~178쪽.

제5항 김정일시대에 대한 분석

(1) 최성(崔星), 「수령체계의 형성과정과 구조적 작동 메카니즘에 관한 연구」, 고려대학교 대학원 정치외교학과 정치학박사학위청구논문, 1994년 2월.

※ 최성(1963~현재)은 고려대학교 정경대학 정치외교학과를 졸업하고 고려대학교 대학원 정치외교학과에서 석사→박사학위를 받았다. 김대중정부 때 대통령비서실 행정관으로 출발해 경기도 고양시에서 국회의원에 당선됐고 이어 경기도 고양시 시장으로 재선했다. 그는 「스마트 국가위기관리시스템의 도입 및 정착방안: 4차 산업혁명의 성과를 중심으로」라는 논문으로 한양대학교 대학원 행정학과에서 2019년 8월에 행정학박사학위를 받았다.

(2) Byung-joon Ahn, "The Man Who Would Be Kim," *Foreign Affairs*, Vol. 73, No. 6(November-December 1994), pp.94~108.

(3) Bong-uk Chung, ed., *North Korea: Uneasy, Shaky Kim Jong-il Regime*(Seoul:

Naewoe Press, 1997).

(4) 오코노기 마사오(小此木政夫) 편저, 『김정일시대의 북조선』(일본어)(도쿄: 일본국제문제연구소, 1999)/강성윤(姜聲允) · 이종국(李鍾國) · 조진구(趙眞九) 옮김, 『김정일과 현대북한: 일본인이 본 김정일시대의 북한』(을유문화사, 2000).

※ 조진구(1967~현재)는 고려대학교를 졸업하고 시즈오카현립대학 대학원에서 국제관계학을 전공해 석사학위를 받은 데 이어 도쿄대학 대학원에서 국제정치학을 전공해 「박정희정권의 등장과 60년대 한미관계: 국가적 자립추구와 구조적 취약성」(2002년 9월)으로 박사학위를 받았다. 현재 경남대학교 극동문제연구소 교수다.

(5) Erik Cornell, *North Korea Under Communism*(Hoboken, N.J.: RoutledgeCurzon, 2002).

(6) 사사카와평화재단(笹川平和財团) 편집, 『기로에 선 북조선: 변혁의 길과 국제협력』(일본어)(도쿄: 사사카와평화재단(笹川平和財团), 2003).

(7) 전현준(全賢俊), 『북한 사회통제기구 고찰: 인민보안성을 중심으로』(통일연구원, 2003).

(8) 이즈미 하지메(伊豆見元) · 장달중(張達重) 편, 『김정일체제의 북조선: 정치. 외교. 경제. 사상』(일본어)(도쿄; 게이오기주쿠대학출판회, 2004)

(9) Sung-chull Kim, *North Korea under Kim Jong Il: From Consolidation to Systemic Dissonance*(Albany, N.Y.: State University of New York Press, November 2006).

(9-A) Patrick McEachern and Molly Boyd, "Book Review: *North Korea under Kim Jong Il* by Sung-chull Kim," *Journal of Asian Studies*, Vol. 67, No. 4(November 2008), pp.1475~1476.

(10) 김종욱(金鐘旭), 「북한의 관료체제와 지배구조의 변동에 관한 연구」, 동국대학교 대학원 정치학과 정치학박사학위청구논문, 2007년 2월.

필자는 북한에서 수령체제가 주체사상을 내세우는 가운데 정권을 장기적으로 유지하는 요인들을 심층적으로 분석했다. 북한체제의 내구성을 이해하기 위해 반드시 읽어야 할 논문이다.

※ 김종욱(1969~현재)은 동국대학교 사회과학대학 정치외교학과를 졸업하고 동국대학교 대학원 정치외교학과에서 석사→박사학위를 받았다. 현재 경희대학교 후마니타스학부 강사다.

(11) Jae-cheon Lim, "Kim Jong Il and His Leadership," unpub. Ph.D. diss., University of Hawaii, Manoa, May 2007; ______, *Kim Jong-il's Leadership of North Korea*(London: Routledge, 2009); ______, *Leader Symbols and Personality Cult in North Korea*(London: Routledge, 2015); 임재천(林在天),『북한에 대한 제도주의적 이해』(매봉, 2018).

※ 임재천(1970~현재)은 연세대학교 사회과학대학 행정학과를 졸업하고 경희대학교 평화복지대학원에서 석사학위를 받은 데 이어 하와이대학교 마노아 캠퍼스 대학원 정치학과에서 석사→박사학위를 받았다. 현재 고려대학교 공공정책대학 북한학과 교수다.

(12) 현성일(국가안보통일정책연구소),『북한의 국가전략과 파워엘리트: 간부정책을 중심으로』(선인, 2007년 8월).

(13) 김광진(金光進),「김정일의 궁정경제와 인민경제의 파괴」,『시대정신』39(2008년 여름), 229~249쪽.

(14) 윤철기(尹鐵基),「북한지배체제의 성격과 해석: 계획과 '사회적 종합'을 중심으로(1953~69년)」, 성균관대학교 대학원 정치외교학과 정치학박사학위청구논문, 2009년 8월; ______, 「북한체제에서 계획과 '사회적 종합'(1953~1969년)」,『한국정치학회보』제45집 제1호(2011년 3월), 235~264쪽; ______, 북한체제 위기관리의 동학(動學): 김정일시대, 체제위기의 양상과 수준에 관한 평가」,『한국정치외교사논총』제36집 제2호(2015년 2월), 95~135쪽.

저자는 "북한체제는 영속적인 체제위기 상태에 있다"는 명제를 제시했다.

※ 윤철기(1976~현재)는 성균관대학교 사회과학대학 정치외교학과를 졸업하고 성균관대학교 대학원 정치외교학과에서 석사→박사학위를 받았다. 현재 서울교육대학교 초등교육과 교수다.

(15) Kyung-min Ko, Hee-jin Lee and Seung-kwon Jang, "The Internet Dilemma and Control Policy: Political and Economic Implications of the Internet in North Korea," *Korean Journal of Defense Analysis*, Vol. 21, No. 3(September 2009), pp.279~295.

(16) 차승주(車承柱),「북한 조선소년단에 관한 연구: 사회통합기제로서의 역할을 중심으로」, 서울대학교 대학원 윤리교육과 박사학위청구논문, 2010년 2월.

※ 차승주(1978~현재)는 성신여자대학교 사범대학 사회교육과를 졸업하고 고려대학

교 대학원 북한학과에서 석사학위를 받은 데 이어 서울대학교 대학원 윤리교육과에서 박사학위를 받았다. 현재 공주교육대학교 윤리교육과 강사이다.

(17) 한승대, 「김정일의 통치방식에 관한 연구: 음악정치를 중심으로」, 동국대학교 대학원 북한학과 석사학위청구논문, 2010년 2월; ______, 「북한의 정치적 의례에 관한 연구: 지도자 기념일을 중심으로」, 동국대학교 대학원 북한학과 박사학위청구논문, 2017년 2월.

김정일은 음악에 탁월한 재능을 갖고 있었으며 음악 · 영화 · 연극 등을 이용한 상징 조작의 기술에 아주 밝았다. 그의 통치는 이러한 측면에서 이해될 수 있다. 필자는 이 점을 분석했다.

(18) 강성윤(姜聲允) 엮음, 『김정일과 북한의 정치: 어제 오늘 그리고 내일; 강성윤교수퇴임기념논총』(선인, 2010년 11월).

(19) Jin-woong Kang, "Understanding the Dynamics of State Power in North Korea: Militant Nationalism and People's Everyday Lives," unpub. Ph.D. diss., University of Minnesota, 2011.

※ 강진웅은 현재 경기대학교 교수다.

(20) 안희창(安熙昌), 「김정일시대 북한의 사회통제 연구」, 동국대학교 대학원 북한학과 박사학위청구논문, 2014년 2월; ______, 『북한의 통치체제: 지배구조와 사회통제』(명인문화사, 2016); ______, 『북한 왜 이럴까?: 도표로 정리한 북한 이슈』(경기도 파주시: 나남, 2023).

※ 안희창(1955~현재)은 연세대학교 사회과학대학 정치외교학과를 졸업하고 한양대학교 대학원 정치외교학과에서 석사학위를 받은 데 이어 동국대학교 대학원 북한학과에서 박사학위를 받았다. 중앙일보 정치부 기자로 오랜 기간에 걸쳐 외무부와 통일부를 출입했으며, 논설위원과 심의실 부국장을 역임했다.

(21) 성준혁, 「북한 인민보안부에 관한 연구: 북한경찰의 통제 유형을 중심으로」 경남대학교 대학원 정치외교학과 박사학위청구논문, 2015년 8월.

(22) 임재천(林在天), 「김정은시대 조선노동당의 당원 통제 변화: 강화되는 당 조직 및 당원 통제」, 『평화학연구』(한국평화연구학회) 제18권 제4호(2017년 12월), 253~276쪽.

(23) 박상희(朴尙姬), 「북한의 시각정치적 언어에 대한 비판적 연구 김일성-김정일,

그리고 인민의 신체 도상들을 중심으로」, 인하대학교 대학원 정치외교학과 박사학위청구논문, 2019년 2월; ______, 「인민의 두 신체: 북한 인민의 환영적 신체 도상을 중심으로」, 『문화와 정치』(한양대학교 평화연구소) 제6권 제1호(2019년 3월), 123~152쪽; ______, 「북한의 지도자와 인민의 시각정치적 재현에 관한 연구: "수령형상창조원칙"을 중심으로」, 『통일인문학』(건국대학교 인문학연구원) 78(2019년 6월), 61~98쪽; ______, 「얼굴의 권력론: 북한 김일성 초상화의 시각정치적 언어」, 『한국정치학회보』(한국정치학회) 제53권 제2호(2019년 6월), 105~127쪽; ______, 「김일성-김정일의 정통성 유지와 이미지 차별화 전략: 북한 지도자의 시각정치적 도상을 중심으로」, 『북한학연구』(북한학연구소) 제15권 제1호(2019년 6월), 5~32쪽; ______, 「북한의 시각정치적 언어에 나타난 신화적-초현실주의적 리얼리즘 연구」, 『북한연구학회보』(북한연구학회) 제24권 제2호(2020년 12월), 169~200쪽; ______, 「북한의 "정치적 풍경화" 연구: 기억과 망각의 정치적 장치」, 『통일인문학』(건국대학교 인문학연구원) 88(2021년 12월), 223~261쪽.

※ 박상희(1975~현재)는 인하대학교 법정대학 정치외교학과를 졸업하고 인하대학교 대학원 정치외교학과에서 석사→박사학위를 받았다. 현재 인하대학교 사회과학대학 정치외교학과 강사다.

(24) 송현진(宋衒璡), 「북한의 영웅정치 연구」, 이화여자대학교 대학원 북한학과 박사학위청구논문, 2019년 2월; ______, 「북한 영웅정치의 변화와 그 요인 연구: 역사적 제도주의 분석」, 『현대북한연구』제25권 제1호(2022년 4월), 89~126쪽.

(25) 김재엽, 「북한의 언론과 문화예술분야 선전선동 실태 연구」, 대진대학교 대학원 북한학과 박사학위청구논문, 2019년 2월.

(26) 김재한(金哉翰) 편저, 『통일 · 북한의 공간적 이해: 로컬 공간으로 조망하는 새로운 통일 담론』(카오스북, 2019년 9월); ______, 『통일 · 북한의 문화적 이해: 문화 콘텐츠로 조망하는 새로운 통일 담론』(카오스북, 2020).

통일과 북한에 관해서는 국제관계 · 외교 · 협상 · 군사 등의 시각에서 접근하는 것이 일반적이었다. 위의 두 책은 그러한 전통적 접근방법에서 벗어나 북한이 활용하는 여러 형태의 선전술 등을 중심으로 주제에 접근했다.

(27) 신동훈(申東勳), 「김정은 시대 북한의 사회통제 연구: 정책의 지속과 변화를 중심으로」, 고려대학교 대학원 북한학과 박사학위청구논문, 2020년 2월.

(28) 우평균(禹坪均) · 이지수(李志樹) · 이수석 · 임재천(林在天) · 박성진(朴城進) 분

담집필, 『조선노동당의 당원통제』(경기도 성남시: 한국학중앙연구원출판부, 2020년 11월).

(29) Dean J. Ouellette, "Survivalist North Korea's Selective Tourism Development: Kim Jong Un's Leadership Legitimacy," 『현대북한연구』제25권 제1호(2022년 4월), 240~297쪽.

필자는 현재 경남대학교 법정대학 정치외교학과 교수다. 그는 북한 그리고 남북한 관계에 대해 다음과 같은 논문을 출판했다.(i) "The Tourism of North Korea in the Kim Jong-un Era: Propaganda, Profitmaking, and Possibilities for Engagement," *Pacific Focus*, 31(2016 December), pp 421~451,(ii) "A Role for India in the Korean Peace Process: Contemplating Non-Realist Approaches to Broaden Relations with the Korean Peninsula," *Pacific Focus*, 34(2019 December), pp.408~446,(iii) "Understanding the "Socialist Tourism" of North Korea Under Kim Jong Un: An Analysis of North Korean Discourse," *North Korean Review,* 16(April, 2020), pp.55~81.

(30) 정원희(鄭元熙), 「북한의 선전선동 연구」, 고려대학교 대학원 북한학과 박사학위청구논문, 2023년 2월.

※ 정원희(1989~현재)는 숭실대학교 인문대학 철학과를 졸업하고 고려대학교 대학원 북한학과에서 석사학위를 받은 데 이어 고려대학교 대학원 북한학과에서 박사학위를 받았다. 현재 강원대학교 통일강원연구원 선임연구원이다.

제3절 김정일시대 대내문제

제1항 조선로동당 및 내각 등: 권력구조와 인사를 중심으로

(1) *Socialist Constitution of the Democratic People's Republic of Korea*(Pyongyang: Foreign Languages Publishing House, 1998).

북한은 김정일이 공식적으로 김일성을 승계한 뒤인 1998년 9월 5일에 최고인민회의 제10기 제1차 회의를 열고 기존의 헌법을 '수정 · 보충'했다. 위의 작은 책은 그 헌법의 전문을 소개했다.

(1-A) 북한 최고인민회의, 『사회주의헌법』(국가정보원, 2005).

대한민국의 국가정보원이 위의 헌법을 분석하고 해설했다.

(2) 정창현(鄭昌鉉), 『CEO 김정일: CEO Of DPRK, 때를 기다려 올인하는 전략, 그 모든 것을 밝힌다』(중앙books,2007).

(3) 박선영(朴宣映), 「조선민주주의인민공화국 헌법의 제정과 개정 과정을 통해 본 북한 헌법에 관한 연구」, 『공법학연구』(한국비교공법학회) 제16권 제4호(2015년 11월), 27~67쪽.

(4) 김정완, 「북한의 기본권에 관한 비교헌법적 연구」, 숭실대학교 대학원 법학과 박사학위청구논문, 2020년 2월.

(5) 김상범, 「김정일의 권력 승계 과정에 대한 연구: 1972년 12월 최고인민회의 대의원 선거의 정치적 의미를 중심으로」, 『현대북한연구』 제24권 제2호(2021년 8월), 6~44쪽.

※ 김상범(1976~현재)은 동국대학교 사회과학대학 북한학과를 졸업하고 동국대학교 대학원 북한학과에서 석사학위를 받은 데 이어 동국대학교 대학원 북한학과에서 「냉전기 북한의 자주연대 외교 연구: 북한-베트남-쿠바 연대 외교를 중심으로」(2020년 8월)로 박사학위를 받았다. 이 논문의 논지는 그가 쓴 「북한 자주연대 외교 연구: 1960년대를 중심으로」, 『북한학연구』 제17권 제1호(2021), 217~276쪽에서 읽을 수 있다. 현재 경남대학교 극동문제연구소 조교수이다.

김정일정권의 불안정: 와병과 그에 따른 김정일정권의 장래

(1) 최영재(崔寧宰), 「북한 용천역 폭발 7가지 궁금증」, 『월간중앙』(2004년 6월), 87~94쪽; 북한연구소 편집부, 「북한연구소가 선정한 2004년 북한 10대 뉴스」, 『북한』(2005년 1월), 78~91쪽; 하주희(河周希) 정리, 「선군체제를 지키려는 김정일의 몸부림」, 『월간조선』(2014년 10월), 238~245쪽; 송홍근(宋泓根), 「용천역 김정일 암살 시도 "폭발 때 맹원 8명 사망"」, 『신동아』(2015년 12월), 310~315쪽.

2014년 4월 22일 오후 1시경에, 김정일이 방중을 끝내고 귀국하는 열차가 평안북도 룡천역을 통과한 직후 폭발했다. 김정일은 무사했지만 그 주변은 광범위하게 파괴됐으며 인구 13만 명의 도시에서 54~150명의 사람이 죽었고, 1249명이 부상했다. 외부세계는 이 사고가 김정일을 암살하려는 내부 음모자들의 시도이거나 이스라엘 정보부 모사드의 작전으로 보았다.

(2) 시게무라 도시미쓰(重村智計), 『김정일의 정체』(일본어)(도쿄: 고단샤[講談社], 2008년 8월).

"김정일은 2003년에 이미 사망했고 그의 대역이 공무를 수행하고 있으며 4인집단지도체제로 운영되고 있다"라는 추정을 제시했다.

(3) Seong-chang Cheong, "Kim Jong Il's Illness and Prospects for Post-Kim Leadership," *East Asian Review,* Vol. 20, No. 4(Winter 2008), pp.19~20.

(4) 김연수(金蓮洙), 「북한의 대내 대남정책평가: 후계계승의 정치와 정통성문제를 중심으로」, 『신아세아』제17권 제2호(2010년 1월), 96~129쪽; ______, 「북한의 대내외 정세평가: 2011년 신년공동사설 분석」, 『신아세아』제18권 제4호(2011년 12월), 102~136쪽; ______, 「김정일 사후 남북관계 전망과 우리의 대북정책 방향」, 『신아세아』제19권 제2호(2012년 여름), 232~263쪽.

(5) Victor Cha, *The Impossible State: North Korea, Past and Future*(New York: HarperCollins, 2012: Ecco, reprint ed., 2013: Ecco, updated ed., 2018).

(6) 정만수, 『평양의 먹구름: 김정일 없는 북한 어디로 갈 것인가』(부산광역시: 이경, 2013).

제2항 경제

개관

(1) 북한경제포럼 편, 『북한의 경제운영과 특성』(학문사, 2002); ______, 『현대 북한 경제론』(오름, 2005).

(2) 정재정(鄭在貞) · 기무라 미츠히코(木村光彦) 공편, 『북조선경제자료집성』 전17권 기무라 미츠히코(木村光彦) · 아베 게이지(安部桂司) 공저, 『북조선의 군사공업화』(일본어)(도쿄: 지센쇼칸[知泉書館], 2003)/차문석(車文碩) · 박정진(朴正鎭) 공역,

『전쟁이 만든 나라, 북한의 군사공업화』(미지북스, 2009).

※ 차문석(1965~현재)은 국민대학교 정치외교학과를 졸업하고 성균관대학교 대학원 정치외교학과에서 석사학위를 받은 데 이어 성균관대학교 대학원 정치외교학과에서 「사회주의 국가의 노동정책: 소련, 중국, 북한의 생산성의 정치」(1999년 8월)로 박사학위를 받았다. 현재 국립통일교육원 교수다.

※ 박정진(1972~현재)은 동국대학교 정치외교학과를 졸업하고 동국대학교 대학원 정치외교학과에서 석사학위를 받은 데 이어 도쿄대학 대학원에서 「냉전기 조일관계의 형성(1945~1965)」(2002년 3월)으로 박사학위를 받았다. 현재 쓰다주쿠대학 교수다.

(3) 하기와라 료(萩原遼), 『김정일: 은밀한 전쟁, 김일성의 죽음과 대량 아사(餓死)의 수수께끼를 푼다』(일본어)(도쿄: 분케이슌슈[文藝春秋], 2004, 2006); ______, 『북조선 김왕조의 진실』(일본어)(도쿄: 쇼덴샤신서[祥伝社新書], 2012).

(4) Un-chul Yang, "Downfall of the North Korean State Economy: Losing Political Authority and Gaining Military Frailty," *International Journal of Korean Studies*, Vol. 16, No. 1(Spring/Summer 2012), pp.209~231.

제목이 말하듯, 필자는 북한의 국가경제가 파산했다고 보았다. 필자는 정치적 권위가 실추하고 있으며 군부의 취약성이 두드러지고 있다고 평가했다.

※ 양운철(梁雲哲, 1956~현재)은 숭실대학교 경제통상대학 경제학과를 졸업하고 노스캐롤라이나대학교(University of North Carolina) 그린스보로(Greensboro) 캠퍼스 대학원에서 석사학의를 받은 데 이어 앨라배마대학교 대학원 경제학과에서 경제학박사학위를 받았다. 서지사항은 다음과 같다. Un-chul Yang, "Essays on the Determination of Optimal Inventory Decision Making," unpub. Ph.D. diss., University of Alabama, 1990. 세종연구소 수석연구위원에 이어 북한연구소 이사장을 역임했다.

북한의 외자 유치 또는 북한에 대한 투자 유치

북한과 북한에 우호적인 중국 및 일본의 해설

북한은 특히 1980년대 이후 계속해서 침체·하강하는 자신의 경제를 되살리기 위해 외부로부터의 외자 또는 투자를 유치하고자 했다. 그 대표적 사례가 1991년 12월 28일의 「정무원결정 74호」였다. 이 결정은 함경북도 라진시의 14개 동·리와 선봉군의 10개 리를 포함하는 621㎢의 지역을 '자유경제무역지대'로, 그리고 라진항·선봉항·청진항을 '자유무역항'으로 지정했다. 이후 1998년에 이 지대의 명칭을 '라진 · 선봉자유경제무역지대'로 바꿨다.

(1) 이창락(李昌洛), 「제일동포의 마음이 낳은 애국공장」(일본어), 『조선화보사』(도쿄, 1987년 2월).

(2) 조선민주주의인민공화국 대외경제협력추진위원회, 「조선민주주의인민공화국 라진, 선봉지구 자유경제무역지대의 현 실태와 전망에 대하여」, 『동북아경제포럼발표논문』(평양)(1992년 5월).

(3) 조선민주주의인민공화국 대외경제협력추진위원회, 『황금의 삼각주: 라진 선봉』(1993).

(4) 조선민주주의인민공화국 대외경제협력추진위원회, 『황금의 삼각주 라진 선봉 법규집』1, 2, 3(1993).

(5) 진길상(陳吉相), 「외국투자에 관한 조선민주주의인민공화국 헌법」(일본어), 『월간조선자료』(도쿄, 1993년 8월).

(6) 김정우, 『조선민주주의인민공화국 정부의 라진 선봉 자유경제무역지대 개발정책에 대하여』,(일본 동경 투자촉진 세미나 연설문 7월 15일)(1996년 7월).

(7) 김철(金哲: 중국어발음 진제), 『조선투자지남(朝鲜投资指南)』(중국문)(요녕성 대련시: 대련출판사[大連出版社], 2005).

중국 요녕성 사회과학원 조선반도연구중심 비서장인 저자가 연구원 3명과 함께 쓴 책이다. 중국 기업을 상대로 북한투자의 가이드라인을 제시했다.

(8) 『조선민주주의인민공화국 법규집』(대외경제부문)(2014).

(9) 『조선민주주의인민공화국 투자안내』(조선대외경제투자협력위원회, 2016).

한국의 해설

(1) 배종렬(裵鍾烈), 「북한외자정책과 대북투자 활성화 방안」, 통일경제연구협회 주최, 『남북 경제협력시대 어떻게 열어갈 것인가?』(1994년 3월 15일 전경련회관에서 열린 세미나에서 발표).

※ 배종렬(1957~현재)은 서울대학교 경영대학을 졸업하고 서울대학교 대학원 경영학과에서 석사학위를 받은 데 이어 서울대학교 대학원 경영학과에서 「외국인 직접투자 유형에 따른 경제적 효과의 차이에 관한 실증적 연구」(1991년 2월)로 경영학박사학위를 받았다. 수출입은행에 근무하며 「두만강유역개발사업」에 참여했다. 현재 통일경제연구

협회 회장이다.

(2) Young Namkoong, "An Analysis of North Korea's Policy to Attract Foreign Capital: Management and Achivement," *Korea and World Affairs*, Vol. 19, No. 3(September 1995), pp.459~481.; 남궁영, 「북한의 외자유치정책과 남북한 경제협력」, 『한국정치학회보』 제32집 제2호(1998년 여름), 279~304쪽.

(3) 정해훈(丁海勳), 「북한의 대외개방화정책에 관한 연구: 나진·선봉자유경제무역지대를 중심으로」, 경남대학교 행정대학원 석사학위청구논문, 1996년 8월.
필자는 이 논문에서 「두만강유역개발사업(TRADP: Tumen River Area Development Programme)」에 대해서도 분석했다.

※ 두만강 일대의 개발을 중심으로 동북아지역의 경제협력을 확대하기 위한 시도로 유엔개발계획(UNDP)은 1992년에 남한·북한·중국·러시아·몽골 등 5개국이 참여한 「두만강유역개발사업」을 출범시켰다. 그러나 동아시아에서 외환위기가 발생하면서 이 사업에 대한 투자가 저하됐고 북한이 탈퇴했다. 그렇지만 한국·중국·러시아·몽골 등 4개국 정부는 「광역두만강개발계획(GTI: Greater Tumen Initiative)」를 출범시켰다.

(3) 한세정책연구원, 「나진·선봉 자유무역지대에 관한 문답집」, 『북한경제』(1996년 10월).

(4) Jae-ho Hwang, "The Significance of Regionalism as an Element of China's Security and Foreign Policy: The Case of the Tumen River Area Development Project(TRADP)," unpub. Ph.D. diss., London School of Economics and Political Science, 2002.

두만강유역개발사업에 참여한 중국의 동기를 분석했다.

※ 황재호(黃載皓, 1968~현재)는 중국문화대학을 졸업하고 런던경제정치대학교 대학원에서 석사→박사학위를 받았다. 현재 한국외국어대학교 국제대학원 교수다.

(5) 이철수(李哲守), 「북한경제특구의 노동복지법제 비교분석: 외국인투자기업 로동규정과 개성공업지구 로동규정을 중심으로」, 『부동산법학』(한국부동산법학회) 제22권 제2호(2018년 7월), 167~196쪽; ______, 「금강산국제관광특구와 라선경제무역지대 노동복지 비교: 노동규정을 중심으로」, 『법과정책연구』(한국법정책학회) 제21집 제1호(2021년 3월), 91~119쪽.

(6) 최천운(한국고등교육재단 연구위원, 부동산학박사)·정태용(연세대학교 국제대

학원 교수 · 경제학박사) · 김동훈(연세대학교 국제대학원 교수 · 경제학박사), 「북한지역 경제특구의 입지분석 연구」, 『국가전략』(세종연구소) 제24권 제3호(2018년 가을), 61~85쪽.

(7) 최재웅(崔在雄), 『북한투자법제해설』(박영사, 2018년 11월).

최재웅 변호사를 비롯한 서울의 법무법인 바른 소속 변호사 5명이 썼다.

경제위기를 극복하기 위한 개혁의 시도

(1) 정세진(丁世鎭), 「북한의 2차경제와 지배구조의 변화에 관한 연구」, 중앙대학교 대학원 정치외교학과 박사학위청구논문, 1999년 8월.

※ 정세진(1965~현재)은 중앙대학교 정경대학 정치외교학과를 졸업하고 한국외국어대학교 대학원 정치외교학과에서 석사학위를 받은 데 이어 중앙대학교 대학원 정치외교학과에서 박사학위를 받았다. 중앙대학교 민족발전연구원 연구교수를 역임했다. 그의 논문에는 다음이 포함됐다. 정세진, 「미군재편과 자주국방론 분석: 한국안보정책에 대한 함의」, 『한국과 국제정치』제20권 제4호(2004년 겨울), 1~33쪽.

(2) 양문수(梁文秀), 「북한의 경제개발: 경제침체 메커니즘의 형성과 전개」(일본어), 도쿄대학 대학원 경제학과 박사학위청구논문, 2000년 4월; ______, 『북한경제의 시장화: 양태 · 성격 · 메커니즘 · 함의』(경기도 파주시: 한울, 2010).

(3) 박형중(朴炯重), 『북한의 개혁 · 개방과 체제변화: 비교사회주의를 통해 본 북한의 현재와 미래』(해남, 2004).

(4) 박진환(朴振煥), 『장마당에 밀려나고 있는 북한의 계획경제』(국제농업개발원, 2005년 3월).

(5) 홍성국(洪性國: 통일부), 『자력갱생의 기로: 북한경제 이론과 실제』(비씨라인, 2005년 6월).

북한이 2002년 7월 1일에 발표한 「7 · 1 경제관리 개선조치」 그 자체를 분석하고 이후 불어닥친 변화의 바람을 분석했다. 네 차례의 방북경험과 비공개 자료 등을 바탕으로 이 책을 썼다.

※ 홍성국(1956~2012)은 성균관대학교 경제학과를 졸업하고, 러시아 사회과학아카데미에서 경제학박사학위를 받았다. 이 책의 집필 때 통일부 사회문화심의관이었다.

(6) 조명철(趙明哲) · 양문수(梁文秀) · 정승호(鄭勝鎬) · 박순찬(朴淳讚) 공동집필, 『보

고서: 북한경제의 대(對)중국의존도 심화와 한국의 대응방안』(대외경제정책연구원, 2005년 12월).

(7) 이영배, 「북한경제의 시장경제 전환에 관한 연구」, 단국대학교 대학원 무역학과 박사학위청구논문, 2006년 8월.

(8) 정은미(鄭銀美), 「북한의 국가중심적 집단농업과 농민 사경제의 관계에 관한 연구」, 서울대학교 대학원 사회학과 박사학위청구논문, 2007년 2월.

※ 정은미(1973~현재)는 숙명여자대학교 문과대학 영어영문학과를 졸업하고 서울대학교 대학원 사회학과에서 석사→박사학위를 받았다. 서울대학교 통일평화연구원에서 선임연구원에 이어 HK연구교수로 봉직하며 『남북통합지수 1987~2007』 및 『북한주민의 삶의 질: 실태와 인식』등의 연구와 출판에 참여했다.

(9) 정은이(鄭恩伊), 「북조선경제의 현황과 개혁의 가능성」(일본어), 도호쿠대학 대학원 경제학과 박사학위청구논문, 2007년 4월; ______, 「북한의 자생적 시장발전 연구: 1990년대 '고난의 행군' 이후를 중심으로」, 『통일문제연구』 제21권 제2호(2009년 하반기), 157~200쪽.

※ 정은이(1975~현재)는 전북대학교 인문사회과학대학 사학과를 졸업하고 도호쿠대학 대학원 경제학과에서 석사→박사학위를 받았다. 현재 경상국립대학교 사회과학대학 경제학과 연구교수다.

(10) 임수호(林秀虎), 『계획과 시장의 공존: 북한의 경제개혁과 체제변화 전망』(삼성경제연구소, 2008).

(11) 장용석(張容碩), 「북한의 국가계급 균열과 갈등구조: 1990년대 경제위기 이후 변화를 중심으로」성균관대학교 대학원 정치외교학과 박사학위청구논문, 2009년 2월.

※ 장용석(1967~현재)은 성균관대학교 사회과학대학 정치외교학과를 졸업하고 성균관대학교 대학원 정치외교학과에서 석사→박사학위를 받았다. 현재 서울대학교 통일평화연구원 위촉연구원이다.

(12) 이태섭(李泰燮), 『북한의 경제위기와 체제변화』(선인, 2009년 7월).

(13) 한기범, 「북한 정책결정과정의 조직행태와 관료정치: 경제개혁 확대 및 후퇴를 중심으로(2000~09)」, 경남대학교 대학원 정치외교학과 박사학위청구논문, 2010년 2월.

(14) 최지영(崔志英), 「다부문 모형을 이용한 북한 경제구조 분석」, 고려대학교 대학원 경제학과 박사학위청구논문, 2011년 2월.

※ 최지영(1978~현재)은 고려대학교 정경대학 경제학과를 졸업하고 고려대학교 대학원 경제학과에서 석사→박사학위를 받았다. 현재 통일연구원 연구위원이다.

(15) 허인혜(許仁惠), 「북한 경제개방의 사상적 딜레마」, 『한국정치학회보』제45집 제2호(2011년 6월), 201~227쪽.

북한이 추구하는 경제개방이 주체사상과 갈등을 일으킬 수 있음을 지적하면서 그 갈등을 이론적으로 어떻게 해소하려고 하였는지에 주목했다.

(16) 윤철기(尹鐵基), 「북한체제에서 인플레이션 관리의 정치: 2009년 11월 화폐개혁을 중심으로」, 『현대북한연구』 제14권 제2호(2011년 8월), 35~78쪽.

김정일정권은 장마당 활성화로 주민에게 돌아간 돈을 당으로 회수하기 위해 2009년 11월 30일~12월 6일에 구권 100원을 신권 1원으로 교환해주는 화폐개혁을 단행했다. 이것은 북한의 역사에서 다섯 번째 화폐개혁이었다. 결과적으로 이 개혁은 주민들에게 엄청난 불만을 불러일으켰으며 경제를 파탄시켰다. 다급해진 김정일은 모든 책임을 국가계획위원장이면서 당 계획경제부장인 박남기(朴南基)에게 물어 그를 '만고역적'으로 단정해 공개처형했으며, 총리 김영일(金英日)을 퇴진시키면서 공개적으로 대중 앞에 사과하게 했다. 그 대신에 박봉주(朴奉珠)를 다시 총리에 복귀시켰다.

(16-A) ______, 「북한체제의 주변부로의 귀환: 김정일 시대 '정치적 렌트수취국가'으로의 이행과 '과도기 사회'적 특성」, 『한국정치학회보』 제47집 제1호(2013년 3월), 47~73쪽.

필자는 자신의 초록에서 자신의 논지를 다음과 같이 설명했다.

> 북한체제는 '주변부'로 귀환하고 있다. 1990년대 경제난과 식량난이 심각해지면서 북한체제의 변화가 시작된다. 현상적으로 북한체제의 변화는 '부분적' 인 것이지만, 변화된 부분은 '전체' 의 성격을 변화시킬 만큼 중요한 것들이었다. 그 결과 북한지배체제는 저발전 사회, 특히 외연적 렌트(external rent)에 의존하는 정치적 렌트수취국가(political rentier-state)로 이행하는 모습을 보이게 되었다. 그래서 현재 북한지배체제는 현존 사회주의의 구조적 특성과 정치적 렌트수취국가의 구조적 특성이 병존하는'과도기 사회(transitional-society)'적 모습을 보이게 된다. 첫째, 경제잉여의 유형과 성격이 달라진다. 경제난과 식량난이 심각해지면서 국가의 자원동원 능력이 약화되었으며, 그 결과 해외원조, 수출소득, 경제협력 등과 같은 외연적 렌트에 의존하는 모습을 보이게 된다. 둘째, 계획메커니즘이 정상적으로 작동하지 못하게 되면서 시장화(marketization) 가 확산된다. 시장

은 새로운 지배수단으로서 역할을 하게 된다. 하지만 시장이 계획을 대체할 수는 없다. 대신에 정치권력은 계획과 시장 모두를'사회적 종합(social synthesis)'의 수단으로 이용한다. 셋째, 관료-노동의 계급적 성격 역시 변화된다. 관료계급은 계획과 시장에서 자기특권화를 강화하여 비생산적 특권계급인 '렌트수취계급(rentier-class)' 과 유사한 특성을 가지게 된다. 노동계급은 경제위기가 오랫동안 지속되면서 최저생계 소득이하로 살아가는 주변계층(marginality)이 되었다. 넷째, 정치우위의 성격이 변화된다. 과거에 계획이 정치우위의 상징이었다면, 오늘날에는 그럴 수 없다. 물론 시장화 과정에서도 정치우위는 지속된다. 이는 시장화 과정에서도 당과 국가는 여전히 잉여의 수취와 배분에 대한 권한을 가지고 있기 때문이다.

(16-B) ______, 「북한 '달러라이제이션'의 정치학: 5차 화폐개혁 이후 국가사회관계의 변화를 중심으로」, 『현대북한연구』 제24집 제3호(2021년 12월), 183~227쪽.

필자는 "북한 시장화(市場化)의 중요한 현상의 하나는, 실물교환과 금융교환이 실제로 국내화폐가 아니라 달러로 행해지는 것을 의미하는 '달러라이제이션(dollarization)'이다"라는 명제를 제시했다.

(17) Hanhee Lee, "Three Essays on FDI Determinants of the Transition Economies in Eastern Europe and Implications to North Korea," unpub. Ph.D. diss., University of North Korean Studies, 2012.

(18) 정현숙(鄭現淑), 「'사회주의 완전승리' 태제와 북한의 경제노선 변화 연구: 공격적 발전전략에서 수세적 방어전략으로의 전환」, 『현대북한연구』제18권 제3호(2015년 12월), 87~153쪽.

김일성이 추구했던 '공격적 발전전략'이 김정일 때에는 국내외의 어려운 여건으로 말미암아 '수세적 방어전략'으로 바뀌었다고 보았다.

(19) 김한규(한국관광공사), 「북한 외래관광 조직의 구조와 특성에 관한 연구: 경제구조 변화의 반영을 중심으로」, 『북한학연구』(동국대학교 북한학연구소) 제11권 제2호(2015년 12월), 33~78쪽; ______, 「북한 외래관광 연구: 담당조직과 유치 구조 및 전략을 중심으로」, 북한대학원대학교 박사학위청구논문, 2016년 2월; ______, 「평양 관광자원의 변화에 관한 연구: 북한 사회 변화와의 관계를 중심으로」, 『현대북한연구』 제20권 제1호(2017년 4월), 46~95쪽.

(20) Tatiana Gabroussenko, "The Potato Revolution in the DPRK: A Novel Type

of Political Campaign," *Korea Journal*, Vol. 56, No. 1(Spring 2016), pp.116~139.

심각한 '식량난'에 직면한 김정일은 1998년 10월에 량강도 대홍단군에서 '감자혁명'을 일으키자고 제의했다. 이제까지 주식으로 여겼던 옥수수 대신에 감자를 더 많이 생산하자는 취지였다.

(21) 최민혁(崔民赫), 「북한 장마당이 경제와 체제에 미친 영향에 대한 실증분석 연구」, 가천대학교 대학원 무역학과 박사학위청구논문, 2016년 8월.

(22) 장소영(張少英), 「북한의 경제개발구법에 관한 연구: 체제전환 국가의 법제전환과의 비교를 중심으로」, 서울대학교 대학원 법학과 박사학위청구논문, 2017년 2월.

※ 장소영(1969~현재)은 법무부 통일법무과 검사→대전지방검찰청 공판부 부장검사→법무부 통일법무과 과장을 거쳐 현재 서울서부지방검찰청 형사제2부 부장검사로 봉직하고 있다.

(23) 문성희(文聖姬), 「북조선에서의 경제개혁·개방정책과 시장화」(일본어), 도쿄대학 대학원 문학박사학위청구논문, 2017년 9월; ______, 『맥주와 대포동: 경제로 풀어보는 북한』(일본어)(도쿄: 헤이본샤[平凡社], 2018)/이용화(서울전문학교) 역, 『맥주와 대포동: 경제로 읽어낸 북한』(논형, 2019).

※ 문성희는 총련에서 활동하던 아버지의 영향으로 고등학교까지 조선학교를 다녔고 총련기관지 『조선신보』에서 평양특파원을 두 차례 지냈다. 2002년 9월에 김정일 국방위원장이 일본인납치를 공식 인정하면서 『조선신보』를 사직했다. "중학생인 요코타 메구미까지 납치했다는 사실은 충격이었다. 그동안 북한말을 믿고 납치는 없었다고 기사를 써왔던 사실이 부끄럽게 느껴졌다"라고 그녀는 말했다. 곧바로 도쿄대학에 입학해 북한경제를 연구해 박사학위를 받았다. 일본의 진보잡지 『슈칸긴요비(週刊金曜日)』 편집장으로 봉직하고 있다.

(24) 이종태(연세대학교 경제학석사), 『햇볕 장마당 법치: 북한을 바꾸는 법』(개마고원, 2017).

(25) Travis Jeppesen, *See You Again in Pyongyang: A Journey into Kim Jong Un's North Korea*(Hachette Books Scotland, 2018)/ 트레바스 제퍼슨 지음/최은경 옮김, 『시 유 어게인 in 평양: 나는 북한 최초의 미국인 유학생입니다』(메디치, 2019년 5월).

저자는 2012년 이후 여러 차례 북한을 방문했다. 평양의「김형직사범대학」에서 1개월 동안 조선어어학연수를 받기도 했다.

(26) 송홍근(宋泓根), 「쵸콜레트단설기 밀쌀튀기…북(北)마트에 '짝퉁 한국 과자' 가득」, 『신동아』(2020년 1월), 278~281쪽.

(27) 정호근(鄭豪根), 「'고난의 행군' 이후 북한 권력의 담론 분석」, 『현대북한연구』 제23권 제3호(2020년 12월), 140~173쪽.

※ 정호근(1961~현재)은 명지대학교 공과대학 화학공학과를 졸업하고 국방대학교 안보정책과에서 「북한의 핵 협상전략에 관한 연구: 제1차 및 제2차 핵 위기를 중심으로」(2011년 2월)로 석사학위를 받은 데 이어 동국대학교 대학원 북한학과에서 「북한의 체제공고화와 중국의 영향」(2022년 2월)으로 박사학위를 받았다. 현재 동국대학교 행정대학원 대우교수다.

(28) 최선경, 「북한 주민의 휴대폰 사용과 시장 활동에서의 '신뢰' 네트워크」, 『현대북한연구』제24권 제1호(2021년 4월), 7~40쪽.

(29) 이주희(李周熹), 「경제제재가 비핵화에 미치는 영향에 관한 연구: 미국의 대(對)북한, 대(對)이란 사례 중심으로」, 고려대학교 대학원 정치외교학과 박사학위청구논문, 2021년 8월.

※ 이주희(1981~현재)는 동국대학교 독일학과를 졸업하고 고려대학교 대학원 정치외교학과에서 석사→박사학위를 받았다. 현재 창원대학교 국제관계학과 강사다.

(30) 김명신(金命信), 「북한의 국제보호지역 정책 동향 연구」, 『현대북한연구』 제24권 제3호(2021년 12월), 7~41쪽.

김정일시대까지 북한은 국제보호지역을 민족유산에 대한 대내외선전과 생물다양성 보전을 위한 수단으로 활용했다. 그러나 김정은 집권 이후에는 국제보호지역을 관광상품으로 활용하려는 경향을 보이고 있다고 필자는 주장했다.

(31) 이명훈(동국대학교 대학원 박사과정), 「북한의 경제개혁 동학(動學)에 관한 연구: 박봉주 1기 내각(2003~2007년)과 2기 내각(2013~2020년)을 중심으로」, 『현대북한연구』제25권 제1호(2022년 4월), 7~48쪽.

(32) 임사라(북한대학원대학교 박사과정) · 양문수(梁文秀), 「김정일시대와 김정은시대의 경제개혁 조치 비교 연구」, 『현대북한연구』제25권 제1호(2022년 4월), 49~88쪽.

(33) 전병길(경제 · 경영 평론가), 『북한에 부는 마케팅 바람』(몽소, 2022년 11월).

미래전략연구가인 저자는 가장 폐쇄적인 국가인 북한에도 상품을 팔기 위한 마케팅 전략 바람이 불고 있다고 진단했다.

제4절 대남·대외관계

자료정리의 편의를 위해 대남관계, 대미관계, 대일관계, 대러관계, 대중관계 등으로 나누었으나 사실상 이 모든 것은 하나로 연결됐다고 볼 수 있다. 그리고 우리가 제11권 제1부 제2장에서 다룬 북한핵개발문제 그리고 이 문제에 연결된 국제회담 등도 여기에 연결된 것이다. 그러나 앞에서 다룬 것은 여기서 되풀이하지 않도록 하겠다.

제1항 개관: 북한의 대응과 정책(핵개발)을 포함해

(1) Noh-Soon Chang, "Bargaining Behavior during Interstate Wars: A Game-Theoretic Approach toward War Termination," unpub. Ph.D. diss., Florida State University, 1994; _____, 장노순(張爐淳), 「약소국의 갈등적 편승외교정책: 북한의 통미봉남(通美封南) 정책」, 『한국정치학회보』제33집 제1호(1999년 7월), 379~397쪽.

※ 장노순(1962~현재)은 한국외국어대학교 영어학과를 졸업하고 플로리다주립대학교 대학원 정치학과에서 석사→박사학위를 받았다. 현재 한라대학교 경영사회대학 경찰행정학과 교수다.

(2) 정규섭(鄭圭燮), 『북한외교의 어제와 오늘』(일신사, 1995).

(3) 박재규(朴在圭) 편, 『북한의 신(新) 외교와 생존전략』(나남출판사, 1997).

제7장 신(新)외교와 남북한관계, 193~216쪽.

제4부 결론: 한국정부의 대응방안

제8장 결론: 대북정책의 검토와 인식의 전환을 위한 제언, 217~237쪽.

※ 박재규(1944~현재)는 미국 페어레이디킨슨대학교(Fairleigh Dickinson University) 정치학과를 졸업하고 뉴욕시립대학교 대학원 정치학과에서 석사학위를 받은 데 이어 경희대학교 대학원 정치학과에서 「미국의 대(對) 아세아정책, 1941~45」(1974년 2월)로 정치학박사학위를 받았다. 경남대학교 법정대학 정치외교학과 교수로 출발해 부총장과 총장을 역임하고 통일부 장관(1999~2001)으로 봉직했으며 경남대학교 총장으로 복귀했다. 그 사이 한국사립대총학장협의회 회장을 역임했다. 그는 경남대학교에 1972년에 극동문제연구소를 개설하고 북한과 남북한관계를 포함해 한반도의 국제상황을 연구하는 학문적 작업을 시작했으며, 1977년에 학술지 *Asian Perspective*를 창간하고 1985년에 학술지『한국과 국제정치』를 창간했으며, 2005년에 북한대학원대학교를 설립하고 학술지『현대북한연구』를 창간했다.

(4) Young-Taek Park, "North Korea's Insecurity and Its Struggle for Survival in the Post-Cold War Period: The Role of South Korea and the Neighbouring Countries," unpub. Ph.D. diss., Lancaster University, 2001.

※ 박영택(朴映宅, 1960~현재)은 해군사관학교를 졸업하고 영국 랭커스터대학교 대학원 정치학과에서 석사→박사학위를 받았다. 현재 대진대학교 스마트국방경영학과 교수다.

(5) Jinseog Yu, "Between Carrot and Stick: Convergence and Divergence of U.S. and South Korean Strategies toward North Korea's Nuclear Program," unpub. Ph.D. diss., Duke University, 2005; 유진석(柳振錫), 「케네스 월츠의 핵확산 낙관론과 북한 핵문제」, 『한국과 국제정치』제34권 제2호(2018년 6월), 37~65쪽.

※ 유진석(1967~현재)은 연세대학교 사회과학대학 정치외교학과를 졸업하고 연세대학교 대학원 정치외교학과에서 석사학위를 받았으며 캐나다 앨버타대학교(University of Alberta) 대학원 정치학과에서 석사학위를 받은 데 이어 듀크대학교 대학원 정치학과에서 박사학위를 받았다. 현재 숙명여자대학교 사회과학대학 정치외교학과 교수다.

(6) 박헌옥(북한연구소), 「북한 김정일 체제의 군사정책 연구: 1995~2005 군사정책

결정요인과 집행수단 분석」, 경기대학교 정치전문대학원 북한학과 박사학위청구논문, 2006년 2월.

(7) Hazel Smith, ed., *Reconstituting Korean Security*(New York: United Nations University Press, 2007).

Hazel Smith, "Reconstituting Korean Security Dilemmas," pp.1~20.

Bruce Cumings, "Creating Korean Insecurity: the US Role," pp.21~42.

Gary Samore and Adam Ward, "Living with Ambiguity: North Korea's Strategic Weapons Programmes," pp.43~64.

Bradley Babson, "Economic Security in the DPRK," pp.65~81.

Hazel Smith, "Food Security: the Case for Multisectoral and Multilateral Cooperation," pp.82~102.

Selig S. Harrison, "The Preconditions for Korean Security: US Policy and the Legacy of 1945," pp.103~123.

Suk Lee, "The DPRK Economic Crisis and the ROK Security Dilemma," pp.124~144.

Ren Xiao, "Korean Security Dilemmas: Chinese Policies," pp.145~161.

Gavan McCormack, "Japan and North Korea: The Quest for Normalcy," pp.162~181.

Georgy Bulychev, "Korean Security Dilemmas: A Russian Perspective," pp.182~212.

Maria Castillo-Fernandez, "Korean Security Dilemmas: European Union Policies," pp.213~229.

John D. Ciorciari, "Korean Security Dilemmas: ASEAN Policies and Perspective," pp.230~252.

Hazel Smith, "Reconstituting Korean Security: A Policy Primer," pp.253~268.

(8) 고봉준(高鳳峻), 「군사력 증강의 정치학: 북한 탄도미사일에 대한 한일 양국 대응의 공격현실주의적 해석」, 『한국정치학회보』제42집 제3호(2008년 가을), 389~414쪽.

※ 고봉준(1966~현재)은 서울대학교 사회과학대학 외교학과를 졸업하고 서울대학교 대학원 외교학과에서 석사학위를 받았으며 켄트주립대학교 대학원 정치학과에서 석사학위를 받은 데 이어 노터데임대학교 대학원 정치학과에서 박사학위를 받았다. 박사학위청구논문 서지사항은 다음과 같다. Bong-Jun Ko, "International Opportunity and Domestic Policy Consensus: The Case of U.S. Missile Defense," unpun. Ph.D. diss.,

University of Notre Dame, 2007. 이 논문의 핵심적 부분은 다음에서 읽을 수 있다. 고봉준, 「공세적 방어: 냉전기 미국 미사일방어체제와 핵전략」, 『한국정치연구』제16권 제2호(2007년 10월), 191~227쪽. 현재 충남대학교 사회과학대학 정치외교학과 교수다.

(9) Tae Hwan Kwak and Seung Ho Joo, eds., *North Korea's Foreign Policy Under Kim Jong Il: New Perspectives*(Burlington, V.T.: Ashgate Publishing Company, 2009).

(9-A) Brian Donovan, "Book Review: *North Korea's Foreign Policy Under Kim Jong Il* by Tae-Hwan Kwak, Seung-Ho Joo," *North Korean Review*, Vol. 10, No. 2(Fall 2014), pp.101~103.

(10) Yonghwan Choi, "North Korea's New Leadership and Diplomacy: Legacy and Challenges of the Kim Jung Il Era," *Journal of Peace and Unification*(Ewha Institute of Unification Studies) Vol. 2, No. 1(Spring 2012), pp.29~57.

※ 최용환(1968~현재)은 서강대학교 사회과학대학 정치외교학과를 졸업하고 서강대학교 대학원 정치외교학과에서 석사→박사학위를 받았다. 서강대학교 사회과학연구소 전임연구원 → 존스홉킨스대학교 고등국제학대학원 산하 한미연구소 방문학자를 거쳐 현재 국가안보전략연구원 연구위원이다. 그는 북한과 관련해 다음과 같은 논문을 발표했다. 최용환(崔龍桓), 「남북교류, Track II는 없는가?」, 『수은(水銀) 북한경제』(한국수출입은행 북한동북아연구센터),(2014년 11월), 20~42쪽; ______, 「북한의 시장화와 국가성격 변화」, 『현대북한연구』제20권 제3호(2017년 12월), 7~52쪽.

(11) 손용우(한남대학교), 「신현실주의 관점에서 본 북한의 핵정책 고찰(1945~2009): 생존과 안보를 위한 핵무장 추구」, 『국제정치논총』제52집 제3호(2012년 9월), 257~286쪽.

(12) Suk-hoon Hong, "Explaining the Pattern of the DPRK's Foreign Policy toward Major States: An Analysis of Domestic Policy Priorities of North Korea on Foreign Policy," unpub. Ph.D. diss., University of Georgia, 2013.

※ 홍석훈(洪碩焄, 1972~현재)은 성균관대학교 사회과학대학 정치외교학과를 졸업하고 고려대학교 대학원 정치외교학과에서 석사학위를 받은 데 이어 조지아대학교 대학원 정치학과에서 박사학위를 받았다. 현재 창원대학교 사회과학대학 국제관계학과 교수다.

(13) Balazs Szalontai, "*North Korea Between China, Japan and the* ROK, 2012-2016,"

Korea Journal, Vol. 58, No. 3(Autumn 2018), pp.156~183.

한국의 박근혜정부 시기인 2012~2016년에 중국 · 일본 · 한국 사이에서의 북한의 상황을 분석했다.

제2항 한국과의 관계

(1) 이성구, 「김정일정권의 대남정책: 1994-2005」, 숭실대학교 대학원 정치외교학과 박사학위청구논문, 2006년 2월.

(2) 차주완, 「북한의 통일전선전술 변화 연구」, 경남대학교 대학원 정치외교학과 박사학위청구논문, 2011년 2월.

(3) 서우진(徐于鎭), 「북한의 대남도발 양상과 정전체제의 유용성 연구」, 고려대학교 대학원 북한학과 박사학위청구논문, 2020년 2월.

제3항 미국과의 관계

(1) 최용환(崔龍桓), 「북한의 대미 비대칭 억지 · 강제전략: 핵과 미사일 사례를 중심으로」, 서강대학교 대학원 정치외교학과 박사학위청구논문, 2003년 8월.

(2) Il-su Kim, "Kim Jong Il and North Korea's Policy toward the U.S.," 『세계지역연구논총』(한국세계지역학회) 제26권 제2호(2008년 8월), 119~140쪽; 김일수(金佚洙), 「북한의 대미정책과 핵협상: 김정일의 인식을 중심으로」, 『한국동북아논총』(한국동북아학회)제13권 제3호(2008년 9월), 193~212쪽.

(3) 이우탁(李宇卓), 『오바마와 김정일의 생존게임: 북핵 6자회담 현장의 기록』(창해, 2009).

(4) Kuyoun Chung, "Geopolitics and A Realist Turn of US Foreign Policy Toward North Korea," *Korea Observer*, Vol. 48, No. 4(December 2017), pp.765~790.

※ 정구연(鄭求娟, 1980~현재)은 고려대학교 문과대학 노어노문학과를 졸업하고 고려대학교 대학원 정치외교학과에서 석사학위를 받은 데 이어 캘리포니아대학교 로스엔

젤레스 캠퍼스 대학원 정치학과에서 박사학위를 받았다. 박사학위청구논문 서지사항은 다음과 같다. Kuyoun Chung, "Selective Humanitarian Intervention after the End of the Cold War," unpub. Ph.D. diss., University of California, Los Angeles, 2011. 현재 강원대학교 사회과학대학 정치외교학과 교수다.

(4-A) 정구연, 「미중 세력전이와 미국 해양전략의 변화: 회색지대갈등을 중심으로」, 『국가전략』(세종연구소) 제24권 제3호(2018년 가을), 87~112쪽.

(5) 조병제(趙炳珶), 「북한 - 미국 - 중국의 전략적 삼각관계 형성과정; 1989~1994년 간 북한의 대중 및 대미 정책 변화를 중심으로」, 북한대학원대학교 박사학위청구논문, 2019년 2월.

(6) Seong-yeol Kim, "North Korea's Policy Toward the United States: Rapprochement to Confrontational Diplomacy in the 1970s and the 1990s," unpub. Ph.D.diss., Syracuse University, 2021.

김성렬(1985~현재)은 함경북도 청진에서 태어나 중학교를 중퇴하고 1997년부터 두만강을 건너 탈북을 시도했지만 세 번이나 실패했다. 중국에서 북한으로 강제송환되어 옥고를 치르기도 했다. 2004년에 탈북에 성공해 가족과 함께 한국에 정착했다. 한국에서 검정고시로 1년 3개월 만에 초중고교 과정을 마치고 한동대학교 국제학부에 진학해 2015년에 학사학위를 받았으며, 연세대학교 대학원에 진학해 2018년에 석사학위를 받았다. 사회복지법인 「따뜻한 동행」에서 지원을 받고 또 풀브라이트 장학생으로 시라큐스대학교 맥스웰스쿨에서 국제관계학 전공으로 박사학위를 받았다. 2023년에 부산외국어대학교 국제학부 정교수로 임용됐다. 탈북민이 국내대학에서 정교수가 된 첫 사례다.

(6-A) 이새샘(동아일보 기자), 「미국에서 국제관계학 박사학위 딴 탈북민」, 『동아일보』(2022년 2월 18일), A25쪽.

탈북민으로 미국에서 박사학위를 처음 받은 사람은 한국에서 대학을 졸업한 뒤 미국으로 건너가 텍사스A&M대학교에서 핵물리학박사학위를 받은 조지프 한(한경철)이다. 김성열은 탈북민으로 미국에서 박사학위를 받은 두 번째 사람이다.

제4항 일본과의 관계

고이즈미 총리의 제1차 방북

(1) 시게무라 도시미쓰(重村智計), 「DIPLOMACY: 북일정상회담 "결렬을 두려워하지 마라" 북한에게 생명을 맡긴 고이즈미 총리」(일본어), 『Jiji top confidential』(지지츄진샤[時事通信社])(2002년 9월 10일), 5~9쪽.

(2) 「특집: 까불지 마라 북한; 돈만 주고 온 문서 고이즈미 김정일에게 완전 패배」(일본어), 『주간 겐다이(週刊現代)』(2002년 10월 5일), 44~47쪽; 「특집: 「까불지 마라 북한, 어리석은 고이즈미의 비극은 끝나지 않았다!」(일본어), 『주간 겐다이』(2002년 10월 12일), 30~49쪽.

(3) 히카와 세이타로(氷川清太郎), 「정치권: 고이즈미와 북한을 가로막는 경기(景氣)의 벽」(일본어), 『자이카이(財界)』 제50권 제24호(2002년 10월 22일), 126~129쪽.

(4) 연현식(延賢植), 「고이즈미 방북의 의미와 영향」, 『국제문제』 제33권 제11호(2002년 11월), 68~76쪽.

※ 연현식(1953~현재)은 연세대학교 사회과학대학 정치외교학과를 졸업하고 일본 오사카시립대학 대학원에서 석사학위를 받은 데 이어 오사카시립대학 대학원에서 「데탕트 성립기 미·소관계사 연구: 미·소·중 3각관계의 시점으로부터」(일본어)(1991년 4월)로 박사학위를 받았다. 국가정보대학원 교수로 봉직했다.

(5) 강상중(姜尙中), 미즈노 나오키(水野直樹), 이종원(李鍾元) 편, 『일조교섭(日朝交涉): 과제와 전망』(일본어)(도쿄: 이와나미쇼텐[岩波書店], 2003).

고이즈미 준이치로(小泉純一郞) 일본 총리는 2002년 9월 17일에 평양을 방문하고 북한의 김정일 국방위원장과 오전 오후에 각각 한 차례씩 회담한 뒤 두 나라 사이의 국교수립을 지향하는 「평양선언」을 발표했다. 그의 방북은 일본 총리로서는 처음이었다. 일본과 한국의 한반도전문가들은 이것을 계기로 일조관계의 현안과 미래에 대해 분석했다.

(5-A) 강상중, 『조선반도와 일본의 미래』(일본어)(도쿄: 슈에이샤[集英社], 2020)/노수경(일본어 전문번역가) 옮김, 『한반도와 일본의 미래』(경기도 파주시: 사계절출판사, 2021).

(6) 하기와라 료(萩原遼), 『납치와 핵과 아사(餓死)의 나라 북조선』(일본어)(도쿄: 분

케이슌슈[文藝春秋], 2003).

고이즈미 총리의 방북을 계기로 북한의 일본인 납치가 공식적으로 인정됐다. 이 계제에 저자는 북한의 상황을 있는 그대로 묘사했다.

(7) 다나카 준(田中均), 「고이즈미 첫 방북10년: 나의 신념(김정은체제의 북한)」, 『와이자오(外交)』14(2012년 7월), 120~126쪽.

(8) 임상순(평택대), 「납치문제에 대한 일본의 전략과 북한의 대응: 제1차 북·일 정상회담 이후를 중심으로」, 『현대북한연구』제16권 제2호(2013년 8월), 41~85쪽.

(9) 와다 하루키(和田春樹), 『일조교섭 30년사』(도쿄:츠쿠마쇼보[筑摩書房],2022)/길윤형(吉倫亨) 옮김, 『북일교섭 30년』(서해문집, 2023).

도쿄대학 명예교수이면서, 북한과 일본의 국교정상화를 위해 활동한 「일조국교촉진국민협회」의 사무국장을 맡았던 저자는 북일국교정상화를 위해 벌였던 지난날의 활동을 '패배'로 규정했다. 특히 고이즈미 총리가 평양을 방문해 김정일과 회담했을 때 김정일이 일본인 납치를 시인하고 사과하자 한반도에 대한 일본인의 정서에는 기존의 '가해자'를 벗어난 '피해자'라는 의식이 생겼고, 이후 일본정부는 "납치문제의 해결 없이 국교정상화는 없다"고 선을 그었다는 것이다.

고이즈미 총리의 제2차 방북

(1) 다케사다 히데시(武貞秀士), 「고이즈미 재방북, 용천역(竜川駅)사고, 김정일 방북을 통한 북조선의 목적 읽기」(일본어), *Jiji Top Confidential*(일본어)(2004년 5월 21일), 2~6쪽.

(2) 코모리 요시히사(古森義久), 「Simulation Report 실추된 일본의 외교력!: 워싱턴, 고이즈미 총리는 '낙관적' '환멸' '실망'이라는 북한의 협상사이클에 탑승됐다」(일본어), *Sapio*(일본어) 제16권 제11호(2004년 6월), 11~13쪽.

(3) 「특집: 이것으로 좋은가: 북한 · 연금 문제 고이즈미 독주의 위험한 행적; 5 · 22재방북」(일본어), 『중앙공론』(일본어) 제119권 제7호(2004년 7월), 50~69쪽.

이 특집의 구성은 다음과 같다.

이즈미 하지메(伊豆見元), 「납치의 주박은 풀렸지만 핵은 아직 남아있다」, 50~55쪽.
카와카미 카즈히사(川上 和久), 「북한 외교: '관성'은 극복했는지, 반복되는 '큰 요구 · 작은 타협」, 56~63쪽.

_____, 「우리는 왜 총리 방북을 '최악의 결과'라고 받아들인 것인가」, 64~69쪽.

(4) 타다오 카노(仮野忠男), 「북한외교: 누가 어떻게 말하든 고이즈미 재방북은 실패였다: 본받기를 바랐던 다나카 가쿠에이(田中角栄)의 끈질김」(일본어), 『월간관계(月刊官界)』(일본어) 제30권 제7호(2004년 7월), 132~140쪽.

(5) 가와다 타카시(河田卓司), 「김정일은 고이즈미 재방북 때 무엇을 노렸나: 교묘히 장치된 북한의 책략」(일본어), 『개혁자』(일본어)(2004년 7월), 22~25쪽.

(6) 김기범, 「고이즈미 재방북의 배경과 의미」, 『아태지역동향』(한양대학교 아태지역연구센터) 150(2004년 7월), 20~25쪽.

(7) 칸지 니시오(西尾幹二) 저/김남룡(金南龍) 역, 「국가전략 도외시한 고이즈미의 재방북: 금후 100년의 한반도 정책 부재를 우려한다」, 『북한』(2004년 7월), 194~197쪽.

(8) 국제문제연구소 편, 「고이즈미 일본수상의 방북과 북·일 국교정상화 교섭의 향배」(일본어), 『국제문제』(일본어) 제35권 8호(2004년 8월), 44~51쪽.

(9) 신정화(辛貞和), 「고이즈미 수상의 2차 방북」(일본어), 『정세와 정책』(일본어) 95(2004년 6월), 13~16쪽.

(10) 호사카 유지, 『아베, 그는 왜 한국을 무너뜨리려 하는가?』(경기도 파주시: 넥서스, 2019)

아베 신조(安倍晋三, 1954~2022)는 고이즈미 준이치로(小泉純一郎, 1942~현재)총리의 뒤를 이어 2006~2007년에 총리로 선출됐다. 그는 후쿠다 야스오(福田康夫)→ 아소다로(麻生太郎)→하토야마 유키오(鳩山由紀夫)→간 나오토(菅直人)→노다 요시히코(野田佳彦)의 뒤를 이어 2012년에 다시 총리로 선출돼 2020년까지 봉직했다. 그는 중의원의원으로 선거유세를 지원하다가 2022년에 암살됐다. 저자는 아베 총리의 한반도정책을 비판적으로 보았다.

제5항 러시아와의 관계

(1) 여인곤(余仁坤), 『러북관계 변화추이와 푸틴의 대북정책 전망』(통일연구원,

2000).

(2) 신상진(申相振), 「김정일, 부시와 '힘겨루기' 나서나: 북 · 중 · 러 북방3각관계 강화와 미국: 대미 대결보다 타협으로」, 『통일한국』(평화문제연구소) 213(2001년 9월), 24~27쪽.

(3) 강원식(姜元植), 「러시아 푸틴정권의 국제정세관과 한반도 정책」, 『북한연구학회보』(북한연구학회) 제5권 제2호(2001년 12월), 303~328쪽.

(4) 한종만(韓鐘萬), 「김정일의 러시아 방문 의미와 북 · 러 및 한 · 러 간 협력 관계」, 『한국시베리아연구』(배재대학교 한국시베리아센터) 5(2002년 6월), 1~12쪽.

※ 한종만(1954~현재)은 경희대학교 정경대학 경제학과를 졸업하고 뮌헨대학교 대학원 경제학과에서 석사 → 박사학위를 받았다. 배재대학교 경제학과 교수로 정년퇴임했으며, 현재 배재대학교 명예교수다.

(5) 이동형(李東炯), 「북 · 러 관계발전의 성격 고찰: 2000~2002년 김정일 · 푸틴 정상회담을 중심으로」, 『통일정책연구』(통일연구원) 제11권 제2호(2002년 12월), 147~178쪽.

※ 이동형(1966~현재)은 인하대학교 사회과학대학 정치외교학과를 졸업하고 인하대학교 대학원 정치외교학과에서 석사학위를 받았으며 모스크바국립국제관계대학원에서 박사학위를 받았다. 박사학위청구논문 서지사항은 다음과 같다. Dong Hyung Lee, "Comparative Analysis of USSR and RF Foreign Policy towards the North-Eastern Asia and Two Korean States," unpub. Ph.D. diss., Moscow State Institute of International Relations, 1999. 현재 재단법인 경북연구원 책임연구원이다.

(6) 김경수, 「김정일시대 이후 북한의 대외정책: 중국, 러시아와의 관계를 중심으로」, 『한국정치외교사논총』 제25권 제2호(2004년 2월), 87~123쪽.

(7) 윤재문, 「북한 김정일체제의 외교정책에 관한 연구」, 『정치 · 정보 연구』(한국정치정보학회) 제7권 제1호(2004년 6월), 233~251쪽.

(8) 박정민(朴廷敏) · A.스타리치코프, 『러시아 극동을 주목하라』(한울, 2005년 6월 30일).

※ 박정민(1977~현재)은 블라디보스토크의 극동주립대학교(Far Eastern State University)에서 학사→석사학위를 받았다. 극동주립대학교가 극동국립대학교(Far Eastern National University)로 승격된 이후 이 대학교에서 Jeong Min Park, "The

Economic Impact of Connecting the Inter-Korean Railway with the Trans-Siberian Railway"로 2006년에 박사학위를 받았다. 현재 북한대학원대학교 교수다.

※ A. 스타리치코프는 극동국립대학교 한국경제학과를 졸업하고 모스크바의 재정아카데미(Financial Academy)에서 국제경제학박사학위를 받았으며 현재 극동국립대학교 한국학대학 학장이다.

(9) 김진환, 「반(反)패권연대 성장의 최대수혜자는 북의 김정일 위원장이었다」, 『민족21』146(2013년 5월 1일), 88~95쪽.

(10) 안성규(安成奎), 「러시아의 탈냉전기(1992년-2016년) 군사적 공세성 연구: 능력이 불완전한 지역 패권국의 딜레마」, 성균관대학교 대학원 정치외교학과 박사학위청구논문, 2020년 2월; 「불완전 지역패권국 러시아의 탈냉전기 군사적 공세와 그 한계」, 『신아세아』 제27집 제1호(2020년 봄), 93~124쪽.

※ 안성규(1959~현재)는 성균관대학교 행정학과를 졸업하고 서울대학교 행정대학원에서 석사학위를 받은 데 이어 성균관대학교 대학원 정치외교학과에서 박사학위를 받았다. 중앙일보 모스크바특파원을 역임했으며, 벨기에 자유대학교 산하 유럽정책연구소에서 방문연구원으로 북대서양조약기구(NATO)의 변화를 연구했다.

그때의 연구를 바탕으로, 그는 「나토의 레벨 -1 교리 표준화 문서에 나타난 지휘관계 검토: 한국의 전작권 전환과 미래 한미 연합사 지휘관계에 대한 함의」, 『신아세아』제29권 제2호(2022년 여름), 31~60쪽을 발표했으며, 남정호(南禎鎬) 박사와 함께 「나토의 핵 공유가 갖는 한국의 전술핵 배치에 대한 함의」, 『신아세아』제30권 제2호(2023년 여름), 58~85쪽을 발표했다. 현재 성균관대학교 글로벌미래정책연구소 책임연구원이다.

제6항 중국과의 관계

북한의 설명

박태호, 『조선민주주의인민공화국 대외관계사 2』(평양: 사회과학출판사, 1987).

중국인(조선족)의 관점

리단(李丹), 「북·중 관계의 변화와 지속성에 관한 연구」, 전남대학교 대학원 정치외교학과 박사학위청구논문, 2003년 8월.

※ 리단(1967~현재)은 연변대학 사범대학 정치학과를 졸업하고 연변대학 대학원 정치학과에서 석사학위를 받은 데 이어 전남대학교 대학원 정치외교학과에서 박사학위를 받았다. 현재 부경대학교 인문사회과학대학 중국학과 교수다.

일본인의 관점

히라이와 슌지[平岩俊司], 「북조선·중국관계의 역사적 변천과 구조: '순치(脣齒)의 관계'의 사적 전개와 변용」(일본어), 게이오대학 대학원 법학연구과 법학박사학위청구논문, 2001년 4월; 「히라이와 슌지 군(君)의 학위청구논문심사보고」, 『법학연구: 법률·정치·사회』 제74권 제4호(2001년 4월), 135~148쪽; 히라이와 슌지, 『조선민주주의인민공화국과 중화인민공화국』(일본어)(요코하마: 세오리쇼보[世織書房], 2010); 히라이와 슌지 저/이종국(李鍾國) 역, 『북한 중국관계 60년: 순치관계의 구조와 변용』(선인, 2013).

※ 히라이와 슌지(1960~현재)는 도쿄외국어대학 외국어학부 조선어학과를 졸업하고 게이오대학 대학원 법학연구과에서 박사학위를 받았다. 주중일본대사관에서 전문조사원으로 봉직하며 확보한 자료들을 활용했다. 시즈오카현립대학(静岡県立大學) 대학원 국제관계학과 교수를 거쳐 칸세이카쿠인대학(關西學院大學) 국제학부 교수로 봉직하고 있다.

한국인의 관점

(1) 김용호(金用浩), 「비대칭동맹에 있어 동맹신뢰성과 후기동맹딜레마: 북·중동맹과 북한의 대미접근을 중심으로」, 『통일문제연구』 통권 제36호(2001년 하반기), 5~36쪽.

(2) 박선영(朴宣怜), 「북한과 중국의 비밀 국경조약」, 『중국사연구』 제34집(2005), 389~410쪽.

(3) 박창희(朴昌熙), 「지정학적 이익 변화와 북중동맹관계: 기원, 발전, 그리고 전망」, 『중소연구』 제31권 제1호(2007년 5월), 27~55쪽.

(4) 김예경(金禮慶), 「중국의 부상과 북한의 대응전략: 편승전략과 동맹, 유화 그리고 현안별 지지정책」, 『국제정치논총』 제47집 제2호(2007년 6월), 75~96쪽.

※ 김예경(1971~현재)은 이화여자대학교 인문과학대학 중어중문학과를 졸업하고 북경대학 대학원에서 석사학위를 받은 데 이어 북경대학 대학원에서 「중국 현대화 건설 신시기의 민족관계와 민족정책 연구」(2001년 7월)로 박사학위를 받았다. 현재 국회입법조사처 연구관이다.

(5) 이상숙(李相淑), 「1960년대 중반 북한-중국의 갈등과 북한의 자주노선」, 『북한학연구』 제3권 제2호(2007년 12월), 151~172쪽; ______, 「북한 · 중국의 비대칭관계에 대한 연구: 베트남 · 중국의 관계와의 비교」(2008년 2월), 동국대학교 대학원 북한학과 박사학위청구논문; ______, 「데탕트 시기 북중관계의 비대칭갈등과 그 영향」, 『한국정치학회보』 제42집 제3호(2008년 9월), 439~456쪽; ______, 「북-미-중 전략적 삼각관계와 제2차 북핵위기: 북한의 위기조성전략을 중심으로」, 『국제정치논총』제49권 제5호(2009년 12월), 129~148쪽; ______, 「김정일-후진타오 시대의 북중관계: 불안정한 북한과 부강한 중국의 비대칭 협력강화」, 『한국과 국제정치』제26권 제4호(2010년 12월), 119~144쪽.

※ 이상숙(1974~현재)은 이화여자대학교 인문과학대학 중어중문학과를 졸업하고 동국대학교 대학원 북한학과에서 석사→박사학위를 받았다. 현재 외교안보연구원 연구교수다.

(6) 최명해(崔明海), 「중국 북한 동맹 연구: 양국 동맹의 기원과 역동적 전개과정」, 고려대학교 대학원 정치외교학과 정치학박사학위청구논문, 2008년 2월; ______, 『중국-북한 동맹관계: 불편한 동거의 역사』(오름, 2009).

※ 최명해(1969~현재)는 중화민국의 국립정치대학 대학원에서 석사학위를 받은 데 이어 고려대학교 대학원에서 박사학위를 받았다. 외교안보연구원 객원교수를 역임했다. 그의 주요한 논문들에는 다음이 포함됐다.

(ⅰ) 김흥규(金興圭) · 최명해(崔明海), 「양빈(楊斌) 사건과 북한-중국 관계」, 『한국정치학회보』 제39권 제1호(2005년 3월), 325~346쪽.

북한은 2002년 9월에 북한의 신의주특별행정구 초대 행정장관으로 네덜란드 국적의 화교 양빈(1963~현재)을 임명했으나 중국당국은 그를 체포했다.

(ⅱ) 최명해, 「1960년대 북한의 대중국 동맹딜레마와 '계산된 모험주의'」, 『국제정치논총』 제48권 제3호(2008년 9월), 119~148쪽.

(ⅲ) ______, 「중국의 대미 데탕트 시도와 북·중 동맹관계의 재조명」, 『아세아연구』 제51권 제3호(2008년 9월), 230~264쪽.

(ⅳ) ______, 「북·중 동맹조약 체결에 관한 소고」, 『한국정치학회보』 제42권 제4호(2008년 12월), 315~338쪽.

(7) 고수석(高壽錫), 「북한·중국 동맹의 변천과 위기의 동학: 동맹이론의 적용과 평가」, 고려대학교 대학원 북한학과 박사학위청구논문, 2008년 2월.

※ 고수석은 1994년에 중앙일보 수습기자로 입사한 뒤 약 20년에 걸쳐 북한과 통일문제를 집중적으로 취재했으며 그 과정에서 평양은 물론 베이징·선양·단둥 등을 수십 차례 방문했다. 현재 JTBC 남북교류추진단 부단장이면서 국민대학교 겸임교수다.

(8) 강주원, 「중조 국경도시 단동에 대한 민족지적 연구」, 서울대학교 대학원 인류학과 박사학위청구논문, 2012년 8월; ______, 『압록강은 휴전선 너머 흐른다』(눌민, 2019); ______, 『휴전선엔 철조망이 없다: 평화와 공존의 공간 되찾기, 인류학자의 제언』(늘봄, 2022년 8월).

주 3회, 오후 5시 반 인천항을 출발하는 단둥페리는 다음 날 오전 9시 중국 단둥항에 도착한다. 1998년 취항한 이 노선을 이용하는 사람들은 한국과 중국 사이에서 경제활동을 벌이는 이들뿐이 아니었다. 저자는 이 노선이 21년 동안 남북 물류의 복판에 있었다고 말한다.

배에 실린 물건 가운데 일부는 단둥 세관을 거쳐 압록강의 중조우의교(中朝友誼橋), 곧 중국과 북한의 국경을 넘어 들어갔고, 신의주에서 북한사람이 받았다. 반대 경로도 마찬가지다. 북한 평양과 신의주에서 출발한 물건 역시 단둥항에서 인천항으로 향했다. 2000년부터 단둥을 연구하고 있는 인류학자가 쓴 현장의 민간 남북 교류사다. 저자는 "휴전선을 넘나들던 금강산 관광과 개성공단은 중단과 재개를 반복하다가 마침내 폐쇄의 길로 들어섰지만, 중조 국경을 통해 남북을 연결한 길은 생겨난 뒤로 끊긴 적이 한 번도 없다"고 썼다. 저자는 현재 서울대학교 사회과학연구원 선임연구원이다.

(9) 신상진(申相振), 「중국의 대북한 위기관리정책: 김일성 사후 대북한 조문외교 분석」, 『한국정치외교사논총』 제35권 제1호(2013년 8월), 71~97쪽.

※ 신상진(1959~현재)은 전북대학교 사범대학 영어교육과를 졸업하고 중화민국의 국

립정치대학 대학원에서 석사학위를 받은 데 이어 국립정치대학 대학원에서「국제조약을 통해서 본 중국의 외교관계, 1977-1986」(중국문)(1989년 6월)로 박사학위를 받았다. 현재 광운대학교 정책법학대학 국제학부 교수다.

(10) 김백주(金伯柱),「조선반도 현상유지와 다국간관계: 분단국가 데탕트의 정치학」(일본어) 도쿄대학 대학원 공공정책교육학과 박사학위청구논문, 2014년 9월; ______, 『조선반도냉전과 국제정치역학: 대립에서 데탕트로의 길』(일본어)(도쿄: 아카시쇼텐[明石書店], 2015); ______,「북중동맹은 변화했는가? 동맹의 형성과 유지 동인을 중심으로」,『국가전략』(세종연구소) 제24권 제3호(2018년 가을), 31~59쪽.

※ 김백주(1974~현재)는 서강대학교 사회과학대학 정치외교학과를 졸업하고 도쿄대학 대학원 공공정책교육학과에서 석사→박사학위를 받았다. 현재 도쿄대학 대학원 총합문화연구과 교수다.

(11) Donggil Kim and Seong-hyun Lee, "Historical Perspective on China's 'Tipping Point' with North Korea," *Asian Perspective*, Vol. 42, No. 1(January-March 2018), pp.33~60.

제7항 세계 각국의 체제변화 또는 체제유지가 북한에 주는 함의

(1) Hajime Izumi, "North Korea and the Changes in Eastern Europe," *Korean Studies*, Vol. 16, No. 1(1992), pp.1~13.

(2) 백학순(白鶴淳),『베트남의 개혁 · 개방 경험과 북한의 선택』(세종연구소, 2003).

(3) 이정철(李貞澈),「북한의 경제법제와 거시경제정책의 이중성: 중국과 베트남 경제법과의 비교를 중심으로」,『한국정치연구』제19집 제1호(2010년 2월), 173~204쪽.

(4) MunSuk Ahn, "The North Korea-Myanmar Relationship: A Historical Perspective," *Bulletin of the Atomic Scientists*(May-June 2010).

(5) 권영승(權寧昇),「중동의 민주화와 북한에 대한 시사점: 비판적 재고」,『현대북한연구』제16권 제2호(2013년 8월), 133~176쪽.

※ 권영승(1983~현재)은 한국외국어대학교 아랍어과를 졸업하고 북한대학원대학교에서 석사학위를 받은 데 이어 성균관대학교 대학원 정치외교학과에서「아프리카의 신

가산제(新家産制) 유형과 경제발전」(2019년 2월)으로 박사학위를 받았다. 현재 한양대학교 유럽-아프리카연구소 연구교수다.

(6) 이경화(李敬和), 「미얀마의 개혁개방과 북한에 대한 시사점: 군사주의, 고립, 경제제재의 동학」, 『북한학연구』(동국대학교 북한학연구소) 제9권 제2호(2013년 12월), 191~221쪽.

※ 이경화(1981~현재)는 고려대학교 대학원 북한학과에서 「북한과 쿠바의 혁명군부에 대한 비교연구: 체제유지에 있어서 군의 역할을 중심으로」(2015년 8월)로 박사학위를 받았다. 현재 통일연구원 연구위원이다.

(7) Andray Abrahamian, "North Korea and Transitioning Myanmar in Comparative Perspective," *Asian Perspective*, Vol. 41, No. 4(December, 2017). pp.619~644.

(8) 이종철(李鍾喆), 「독재정권의 체제이행 조건과 상이성에 관한 연구: 북한, 동독, 이집트, 시리아 사례의 비교를 중심으로」, 고려대학교 대학원 정치외교학과 박사학위청구논문, 2018년 8월.

※ 이종철(1972~현재)은 고려대학교 정경대학 정치외교학과를 졸업하고 고려대학교 대학원 정치외교학과에서 석사→박사학위를 받았다. 현재 고려대학교 교양교육원 강사다.

(9) 장준영(張准榮), 「체제변동국가의 경험과 북한의 변화: '미얀마 모델'의 적용 가능성」, 『국제지역연구』(한국외국어대학교 국제지역연구센터) 제22권 제2호(2018년 7월), 305~330쪽.

※ 장준영(1975~현재)은 서강대학교 대학원 정치외교학과에서 석사학위를 받은 데 이어 한국외국어대학교 대학원 국제관계학과에서 「미얀마 신군부와 정치변동: 군부의 정치권력과 민주화 전망」(2009년 2월)으로 박사학위를 받았다. 현재 한국외국어대학교 동남아연구소 연구교수다.

(10) 최진우, 『김정은 시대, 유럽연합과 북한』(박영사, 2019년 12월 25일).

(11) Douglas A. Yates, "Dynastic Rule in Syria and North Korea: Nepotism, Succession, and Sibling Rivalry," *International Political Science Review*, Vol. 43, No. 3(June 2022), pp.450~463.

(12) 이정규, 「스웨덴의 대북한 외교정책 연구: 규범적 관여 외교와 평화 중개외교」, 북한대학원대학교 북한학박사학위청구논문, 2023년 2월.

스웨덴에서 국무총리를 세 차례에 걸쳐 역임하고 유럽이사회 의장을 역임한 요란 페르손(Hans Goran Persson)의 '평화 중개외교'를 중심으로 스웨덴의 북한에 대한 외교정책을 분석했다.

제2장
김정은시대

제1절 개관: 김정일까지의 북한의 역사와 김정은에 관한 설명

제1항 김정일까지의 북한역사와 북한학

(1) 강정구(姜禎求), 『통일시대의 북한학: 민족중심적 이해를 위하여』(당대, 1996).

(2) Sonia Ryang, *Reading North Korea: An Ethnological Inquiry*(Cambridge, M.A.: Harvard University Asia Center, 2012).

(3) Hakjoon Kim, *Dynasty: The Hereditary Succession Politics of North Korea*(Stanford, C.A.: Shorenstein Asia-Pacific Research Center, 2015).

1 Introduction, pp.1~24.

2 The Rise of Kim Il Sung: 1931~67: From Cuerrilla Leader to the DPRK's "Unitary Leader," pp.25~62.

3 Kim Jong Il's Rise to Succession, 1967~80, pp.63~88.

4 Joint Regime of the Two Kims, 1981~94, pp.89~112.

5 Kim Jong Il's Unitary Leadership from His Father's Death to the Initial Decision to Designate a Successor, 1994~2002, pp.113~148.

6 Kim Jong Il's Designation of Kim Joun Un As His Successor, 2002~11, pp.149~186.

7 The Death of Kim Jong Il and Advent of Kim Jong Un's Leadership, 2011~14, pp.187~220.

8 What Does the Future Hold for Kim Jong Un?, pp.221~232.

(4) 안문석(安文錫), 『북한현대사 산책』 전5권(인물과사상사, 2016).

(5) Pascal Dayez-Burgeon, *La dynastie rouge: Corée du Nord, 1945-2015(*2016)/김주노 · 원용옥 옮김, 『프랑스인이 본 북한의 겉과 속: 붉은 왕조』(중민출판사, 2019).

파리고등사범학교 출신의 외교관으로 주한프랑스대사관에서도 근무했던 저자는 한국의 역사와 언어에 대한 깊은 연구를 바탕으로 3대에 걸친 북한의 세습정치를 한국의 역사적 · 문화적 맥락 속에서 파헤쳤다.

(6) 김보미(金甫美) · 이승열(李承烈) · 신석호(申錫昊) · 도지인(都智仁) 공저, 『북한학의 새로운 시각: 열 가지 질문과 대답』(경기도 파주시: 역사인, 2018년 3월).

(7) 추영현, 『조선민주주의인민공화국: 역사와 진실을 찾아서』(동아세계대백과사, 2018년 8월 15일).

(8) 고수석(高壽錫), 『북한을 움직인 30인: 김씨 3부자를 도운 조연들의 이야기』(늘품플러스, 2018년 8월 30일).

(9) 구본권(具本權), 『북한뉴스 바로보기: 인포데믹 시대에 북한뉴스 읽기』(열린책들, 2020).

(9-A) 조윤아(한겨레 기자), 「가짜뉴스, 여행, 예술, 역사로 본 친근한 통일; 구본권 저, 『북한뉴스 바로보기』; 최동군 저, 『아빠와 딸, DMZ를 걷다』; 김춘석 · 이태호 · 임헌조 · 정한울 저, 『통일을 어떻게 생각하세요?』; 박계리 저, 『그림으로 떠나는 금강산 여행』」, 『한겨레』(2021년 1월 8일).

제2항 김정은, 그는 누구인가?

(1) 후지모토 겐지(藤本健二), 『북의 후계자 김정은』(일본어)(도쿄: 주오고론신샤[中央公論新社], 2010)/한유희(일본어 전문번역가) 옮김, 『북한의 후계자, 왜 김정은인가?』(맥스미디어, 2010).

(2) 강동완(姜東完), 『모란봉악단, 김정은을 말하다』(선인, 2014년 8월 30일)

(3) Anna Fifield, *The Great Successor: The Divinely Perfect Destiny of Brilliant Comrade Kim Jong Un(*New York: PublicAffairs, June 2019) /이기동 역, 『마지막 계승자: 김정은 평전』(프리뷰, 2019년 6월).

※ 애나 파이필드는 하버드대학교 니먼언론재단 펠로 출신으로『파이낸셜 타임스』서울특파원에 이어『워싱턴 포스트』베이징 지국장으로 활동하며 북한을 10여 회 이상 방문했다. 20년이 넘는 아시아에서의 취재가 인정돼 스탠퍼드대학교 쇼렌슈타인 동아시아연구소로부터 우수언론상을 받았다.

(4) 평양출판사 편,『위인과 강국시대』(평양: 평양출판사, 2020년 12월).

621쪽의 큰 책이다. 김정은의 집권 10년을 맞아 그를 칭송하는 일종의 '김정은 위인전'이다. 2018년 싱가포르북미정상회담과 남북판문점정상회담을 '지구를 뒤흔든 세기적 만남'이라고 평가했다.

김정은시대 북한 지배층 인물들

(1) 전정환 · 송봉선 · 이영진 · 서유석,『김정은시대의 북한인물 따라가 보기』(선인, 2018년 5월 14일).

(2) KBS「누가 북한을 움직이는가」 제작팀 편/류종훈(KBS PD) 저,『누가 북한을 움직이는가: 한국 KBS, 영국 BBC, 독일 ZDF 방영 다큐멘터리』(가나출판사, 2018년 6월)/오사나이 소노코(小山内園子) · 문성희(文聖姫) 공역,『북조선의 놀라운 대전환』(일본어)(도쿄: 가와데쇼보우신샤[河出書房新社], 2018).

제3항 김정은체제 개관

(1) Han S. Park with Regan Damron and Jonathan Polk, eds., *North Korea Demystified*(Amherst, N.Y.: Cambria Press, 2012).

Han S. Park with Regan Damron and Jonathan Polk, "Introduction: Establishing a Theoretical Lens," pp.1~12.

Han S. Park, "Chapter 1: The Culture and Ideology of the DPRK," pp.13~36.

Rudiger Frank, "Chapter 2: Fundamental Characteristics of the North Korean Economy," pp.37~80.

______, "Chapter 3: Reforming the North Korean Economy," pp.81~106.

Hazel Smith, "Chapter 4: The Marketization of North Korea," pp.107~124.

Alexander Zhebin, "Chapter 5: The Army as a Main Pillar of Revolution," pp.125~142.

Geir Helgesen, "Chapter 6: North Korea and Good Governance," pp.143~164.
Bruce Cumings, "Chapter 7: North Korea: Dealing with Irrationality," pp.165~182.
Alexander Zhebin, "Chapter 8: The Foreign Policy of the DPRK," pp.183~230.
Geir Helgesen, "Chapter 9: North Korea and the Western World," pp.231~250.
Alexander Zhebin, "Chapter 10: Power Succession: So Far, So Good," pp.251~270.
Han S. Park, "Looking Ahead: The Dawn of the Kim Jong Un Era," pp.271~286.

(2) 김창희(金昶熙), 『북한정치와 김정은』(법문사, 2012년 2월 15일).

(3) 김웅수, 『김정은 시대 북한의 이해』(아이, 2012년 9월 5일).

(4) 정창현(鄭昌鉉), 『키워드로 본 김정은시대의 북한』(선인, 2014년 4월).

(5) Rudiger Frank, *Nordkorea: Innenansichten eines totalen Staates*(München: DVA, 2014)/안인희(安仁嬉) 옮김, 『북한: 전체주의 국가의 내부관점』(한겨레출판, 2020).

1. 전통과 기원, 26~60쪽.
2. 이념과 지도자: 가장 깊숙이에서 나라를 지탱하는 요소, 62~116쪽.
3. 정치체제: 권력의 세 기둥, 118~147쪽.
4. 경제: 연마하지 않은 금강석, 149~187쪽.
5. 개혁: 한 걸음 전진, 두 걸음 후퇴, 189~235쪽.
6. 경제특구: 수익창출원이자 위험요인, 237~268쪽.
7. 김정은 치하의 북조선: 아직 이용되지 않은 잠재력, 270~307쪽.
8. 대형 구경거리 아리랑: 90분 만에 보는 북조선, 309~344쪽.
9. 통일: 미래 전망, 346~382쪽.

※ Rudiger Frank(1969~현재)는 동독 라이프치히에서 태어났으며 소련에서 5년에 걸쳐 생활했다. 지난날에는 동베를린에 속했지만 통독 이후에는 베를린에 위치한 훔볼트대학교(Humboldt Universität)에서 한국학 · 경제학 · 국제관계학을 전공해 "Die DDR und Nordkorea der Wiederaufbau der Stadt Hamhùng von 1954~1962"(1996)로 석사학위를, 뒤스부르크대학교(Universität Duisburg)에서 "Regulierung in der Republik Korea Kennzeichen und Reformen am Beispiel des Telekommunikationssektors"(2001)로 박

사학위를 받았다. 1991~1992년에 김일성대학교에서 한 학기 동안 한국어와 한국사 등을 공부했다. 동독 · 소련 · 북한 등 세 개의 공산국가에서 생활한 특이한 경험은 그에게 공산체제를 실증적으로 연구할 수 있는 독특한 기회를 주었다. 미국 콜럼비아대학교 국제관계대학원에서 초빙교수로 봉직하다가 빈대학교 동아시아학과로 옮겨 현재 종신교수로 봉직하고 있다. 북한을 자주 정기적으로 방문하면서 현지에 대한 많은 정보를 얻을 수 있었다. 그는 다음과 같은 저술도 출판했다. Rudiger Frank, *Wettbewerb in Südkorea: Institutionen und rechtliche Rahmenbedingungen*(Korea: Politik, Wirtschaft, Gesellschaft, 2001), pp.79~110.

※ 안인희(1953~현재)는 한국외국어대학교 서양어대학 독일어학과를 졸업하고 한국외국어대학교 대학원 독일어학과에서 석사학위를 받은 데 이어 한국외국어대학교 대학원 독일어학과에서 「쉴러 드라마 연구: 부자갈등을 통해 본 신구대립」(1990년 2월)으로 문학박사학위를 받았다. 현재 한국외국어대학교 교양과정부 연구원이다.

(6) 체제통합연구회 기획/ 김계동(金啓東), 김근식(金根植), 남근우(南根祐), 박영자(朴英子), 서주석(徐柱錫), 신효숙(申孝淑), 이석(李碩), 이우영(李宇榮), 이춘근(李春根), 최진욱(崔鎭旭) 분담집필, 『북한의 체제와 정책: 김정은시대의 변화와 지속』(명인문화사, 2014년 12월)

(7) 민족화해협력범국민협의회 정책위원회 엮음, 『김정은체제 5년, 북한을 진단한다』(늘품플러스, 2016).

홍사덕(洪思德), 「발간사」, 5~6쪽.
임강택(林崗澤), 「서문: 한반도의 미래와 도전」, 11~17

1부 김정은 체제 5년의 북한정치와 남북관계

이정철(李貞澈), 「제1장. 김정은체제 5년의 북한정치」, 19~34
김동엽(金東葉), 「제2장. 김정은시대 병진노선(竝進路線)과 군사분야 변화」, 35~60
이상현(李相賢), 「제3장. 북한 김정은정권의 대외 · 대남정책」, 61~87쪽.

2부 김정은 체제 5년의 북한경제 현황과 시사점

조봉현(曺奉鉉), 「제1장. 김정은체제의 북한경제 평가와 과제」, 89~116쪽.
양문수(梁文秀), 「제2장. 시장화 측면에서의 김정은체제 5년」, 117~136쪽.
김석진(金昔珍), 「제3장. 북한 대외경제 실태와 전망」, 137~157쪽.

3부 김정은 체제 5년의 북한사회 변화와 주민생활

전영선(全永善), 「제1장. 김정은체제의 사회문화 정책」, 159~180쪽.
정은미(鄭銀美), 「제2장. 북한주민의 생활과 의식 변화 」, 181~202쪽.
강호제(북한과학기술연구센터), 「제3장. 북한 과학기술 정책 분석」, 203~220쪽.
김정원(金貞苑), 「제4장. 김정은체제 북한교육제도 변화」, 221~252쪽.
임강택(林崗澤), 「맺는글: 김정은체제 5년의 북한 진단과 과제」, 253~272쪽.

(8) 정성장(鄭成長) · 백학순(白鶴淳) · 임을출(林乙出) · 전영선(全永善), 『김정은 리더십 연구』(세종연구소, 2017년 2월).

정성장, 「서장 김정은 리더십 연구」, 1~14쪽.
정성장, 「제1장 김정은의 정치리더십」, 15~50쪽.
백학순, 「제2장 김정은의 외교 · 안보 · 통일리더십」, 51~166쪽.
임을출, 「제3장 김정은의 경제리더십」, 167~240쪽.
전영선, 「제4장 김정은의 사회문화리더십」, 241~285쪽.

(9) 박영택(朴映宅), 『북한 김정은체제 이해』(북코리아, 2017년 3월).

(10) 유호열(柳浩烈), 남광규(南光圭), 홍은정, 임재천(林在天), Andrei Lankov, Balazs Szalontai, 김지영, 권수현(權修賢), 박은주, Peter Ward, 『김정은 패러독스』(매봉, 2017년 8월 28일).

(11) 박한식(朴漢植) · 강국진(康國進) 공저, 『선을 넘어 생각한다: 남과 북을 갈라놓는 12가지 편견에 관하여』(부키, 2018년 4월).

강국진이 묻고 박한식이 답한 것을 묶었다.

첫 번째, 북한은 과연 붕괴할 것인가, 20~39쪽.
두 번째, 미치광이 혼자 북한을 지배한다는 착각, 40~58쪽.
세 번째, 선군정치는 군부독재와 같은 말이 아니다, 59~81쪽.
네 번째, 북한인권을 정치적으로 이용하는 사람들, 82~102쪽.
다섯 번째, 북한은 외국인 억류로 무엇을 얻고자 하는가, 103~117쪽.
여섯 번째, 대북지원이 핵 개발을 도왔나, 118~137쪽.
일곱 번째, 중국과 북한, 혈맹과 밀당 사이, 138~161쪽.
여덟 번째, 진보와 보수를 넘어서 보는 남북관계, 162~194쪽.
아홉 번째, 북한 비핵화는 현실적으로 가능한가, 195~233쪽.

열 번째, 분단의 비극, 안보의 함정, 234~252쪽.
열한 번째, 통일은 곧 손해라는 생각에 관하여, 253~278쪽.
열두 번째, 남북이 하나가 되는 길은 저 멀리에 있지 않다, 279~300쪽.
에필로그: 만주에서 미국까지, 다시 평양으로, 301~314쪽.

(12) 이화여자대학교 북한연구회 엮음/ 김엘렌 · 박정란(朴貞蘭) · 이해정(李海晶) · 조영주 등 분담집필, 『김정은 체제: 변한 것과 변하지 않은 것』(경기도 파주시: 한울아카데미, 2018년 11월).

(13) 북대북한연구회 기획/ 이종주 씀, 『김정은시대 북한을 보는 10가지 시각: 지속과 변화』(경기도 파주시: 역사인, 2019); ______, 『북한특강 2020: 과거와 미래』(경기도 파주시: 역사인, 2020).

(14) Jung H. Pak, *Becoming Kim Jung Un: A Former CIA Officer's Insights into North Korea's Enigmatic Young Dictator*(New York: BallantineBooks, 2020)/*Kim Jong-Un: eine CIA-Analystin über sein Leben, seine Ziele, seine Politik*(Köln: DuMont, 2020); ______, *Becoming Kim Jong Un: Understanding North Korea's Young Dictator*(New York: Oneworld, 2021)/ 박정현 지음/손용수 옮김, 『비커밍 김정은: CIA가 심층 분석한 북한 젊은 독재자 김정은의 삶과 야망』(다산북스, 2021).

바이든 미국 행정부에서 첫 동아시아태평양 부차관보로 발탁된 전 CIA 동아시아태평양미션센터 국장이 북한의 김정은을 심층 분석했다.

(15) 진희관(秦熙官) · 진희권 · 탁용달 · 김일한 · 이춘근, 『우리시대를 위한 통일과 평화 1: 김정은시대 북한의 이해』(늘품플러스, 2022년 10월 20일); ______, 『우리시대를 위한 통일과 평화 2: 남북관계와 통일 그리고 평화』(늘품플러스, 2022년 10월 20일).

(16) 강혜석(姜惠錫) · 김차준(조선대학교) · 박아름(朴雅凜) · 임수진(任秀珍) · 정수현(鄭秀賢) · 허정필(許丁必) · 허지영(許智詠) 분담집필, 『신진연구자가 본 김정은 체제』(경남대학교 극동문제연구소, 2023).

※ 박아름(朴雅凜, 1983~현재)은 동국대학교 사회과학대학 북한학과를 졸업하고 동국대학교 대학원 북한학과에서 석사학위를 받은 데 이어 동국대학교 대학원 북한학과에서 「냉전기 북한의 진영외교 전환에 관한 연구」(2020년 8월)로 박사학위를 받았다. 현재 통일강원연구원 선임연구원이다.

※ 임수진(1984~현재)은 고려대학교 문과대학 중어중문학과를 졸업하고 셰필드대학교 대학원에서 석사학위를 받은 데 이어 서울대학교 대학원 사회학과에서 「북한사회의 집단적 자기화-타자화 담론 연구: 『로동신문』을 중심으로」(2021년 2월)로 박사학위를 받았다. 현재 서울대학교 아시아연구소 동북아시아센터 연구원이다.

※ 허정필(1980~현재)은 용인대학교 사회체육학과를 졸업하고 한국외국어대학교 대학원 외교안보학과에서 석사학위를 받은 데 이어 동국대학교 대학원 북한학과에서 「북한 '체육정치'의 전개 과정 연구」(2017년 2월)로 박사학위를 받았다. 현재 동국대학교 북한학연구소 연구교수다.

※ 허지영(1976~현재)은 연세대학교 문과대학 영어영문학과를 졸업하고 아일랜드 더블린대학교 트리니티칼리지 대학원에서 석사학위를 받은 데 이어 독일 베를린 자유대학교 대학원 정치학과에서 박사학위를 받았다. 박사학위청구논문 서지사항은 다음과 같다. Ji-young Heo, "Contentious Narratives on National Identity of South Korea: How to Understand the Self and the Significant Others, North Korea and the United States," unpub. Ph.D. diss., Freie Universität Berlin, 2020. 현재 인하대학교 국제관계연구소 연구교수다.

제4항 김정은정권의 노선 및 정책 그리고 장래에 대한 전망

(1) 서재진(徐載鎭) · 이수훈(李洙勳) · 신상진(申相振) · 조한범(趙漢凡) · 양문수(梁文秀), 『세계체제이론으로 본 북한의 미래』(황금알, 2004).

(2) 주성하(周成河), 『김정은의 북한 어디로 가나: 김일성대학 출신 탈북기자 주성하 심층분석』(기파랑, 2012년 4월 11일).

(3) BonHak Koo, "North Korea after Kim Jong-il," *New Asia*, Vol. 19, No. 2(Summer 2012), pp.15~32.

(4) 박상익(朴祥翼), 「김정은체제 출범 이후의 과제와 전망」, 『북한학보』 제37권 제1호(2012년 8월), 117~150쪽.

(5) 임을출(林乙出) 엮음, 『한반도 전문가 30인에게 김정은 체제의 미래를 묻다』(경기도 파주시: 한울, 2012년 9월).

(6) 김홍광 · 송현욱 · 안찬일(安燦一) · 이영훈 · 채경희, 『김정은의 북한은 어디로? 탈북지식인들의 실증진단』(늘품플러스, 2012년 12월 31일).

(7) 홍권희(洪權熹), 「북한의 '경제 · 국방 병진노선' 연구」, 경남대학교 대학원 정치외교학과 정치학박사학위청구논문, 2014년 2월.

김정은 집권 2차년도인 2013년 3월 31일에 열린 조선로동당 중앙위원회 전원회의는 「경제건설 및 핵무력 건설 병진노선」을 채택했다. 필자는 이 노선의 기원을 김일성이 1962년에 선언한 「경제 · 국방 병진노선」 그리고 김일성의 이 노선을 계승한 김정일의 선군정치노선에서 찾았다.

※ 홍권희(1959~현재)는 서울대학교 사회과학대학 경제학과를 졸업하고 연세대학교 언론홍보대학원에서 석사학위를 받은 데 이어 경남대학교 대학원 정치외교학과에서 박사학위를 받았다. 동아일보 뉴욕특파원과 논설위원을 역임하고 국무총리실 공보실장을 역임했다. 현재 『한국아파트신문』 사장이다.

(8) 서보혁(徐輔赫) · 김일한 · 이지순 엮음, 『김정은에게 북한의 미래를 묻다: 북한 문화예술에 대한 이해』(선인, 2014년 5월).

(8-A) 이무철(李武喆), 「서평: 김정은의 '북한호'는 어디로?: 임을출 엮음, 『한반도 전문가 30인에게 김정은 체제의 미래를 묻다』; 서보혁(徐輔赫) · 김일한 · 이지순 엮음, 『김정은에게 북한의 미래를 묻다: 북한 문화예술에 대한 이해』」, 『통일과 평화』(서울대학교 통일평화연구원), 제7집 제1호(2015년 6월), 253~270쪽.

(9) 김성욱(金成昱), 『김정은 이렇게 망한다』(경기도 파주시: 백년동안, 2014년 6월).

(10) 전지명(全芝命), 『세습 3대 김정은 시대 북한의 미래』(삼영사, 2015년 12월 28일).

※ 전지명(1953~현재)은 동국대학교 대학원 북한학과에서 「북한과 몽골의 외국인투자제도에 관한 비교연구」(2011년 2월)로 박사학위를 받았다. 현재 칼빈대학교 부총장이다.

(11) 송봉선(宋鳳善), 『김정은 체제 장기화는 지속될 것인가?』(선인, 2017).

(12) 전정환 · 송봉선(宋鳳善) · 이영진 · 서유석, 『김정은시대의 북한 인물 따라 가보기』(선인, 2018년 5월).

(13) 주성하(周成河), 『조선 레벌루션: 북한 2029 4차 산업혁명 시대의 통일』(서울셀렉션, 2018년 11월).

기반산업조차 피폐한 북한이 10년 뒤 세계 4차 산업혁명의 선두에 설 수도 있다는 주장을 펼쳤다. 저자는 김일성종합대학 영어문학과를 졸업했지만, 1990년대 중반 '고난의 행군' 시절에 인민이 굶주려 죽는 북한상황에 절망해 목숨을 걸고 탈북해 2002년에 한국에 온 뒤 동아일보 기자가 됐다. 북한은 백지와 같은 상태인만큼 첨단사회를 실험해 보기 가장 좋은 곳으로, 통일 후 도로와 철도를 건설할 때부터 최첨단 시스템을 건설해볼 수 있으며 정보기술을 가장 선진적으로 적용해 초고도화 사회를 심어볼 수 있다는 것이다. 통일이 된다면 평양을 스마트 메가시티로 개발해볼 수 있다는 꿈을 담았다.

(14) 정해영(연세대학교 통일학협동과정 박사후보), 「북한의 대집단체조와 예술공연에 나타난 사회문화적 변화 연구: 〈아리랑〉(2005)과 〈빛나는 조국〉(2018)을 중심으로」『현대북한연구』제23권 제2호(2020년 8월), 123~163쪽.

김정일이 죽은 직후 『로동신문』2012년 신년공동사설은 북한이 '사회주의문명국'을 지향할 것임을 선언했다.

(15) 박형식(朴亨植), 『TEN: 북한사람 정치의식 북한내부 체제붕괴』(경기도 하남시: 청미디어, 2021년 2월).

저자는 "거품으로 거들먹거리는 북한 내부 체제 붕괴 카운트다운이 시작됐다"라는 명제를 제시했다. 정부의 안보기관에서 북한문제 전문분석관으로 30년 동안 봉직했다. 그는 「기독교 조직신학의 유추를 통한 북한 김일성 주체사상의 비판적 분석」(경기대학교 정치전문대학원, 2016년 2월)으로 정치학박사학위를 받았다.

(16) 남성욱(南成旭), 『4차 산업혁명 시대 북한의 ICT 발전과 강성대국』(경기도 파주시: 한울아카데미, 2021년 11월).

(17) Robert D. Kaplan, *The Tragic Mind: Fear, Fate, and the Burden of Power*(New Haven, C.T.: Yale University Press, 2023)/유강은(전문번역가) 옮김, 『카플란의 현명한 정치가: 비극으로부터 배우는 정치의 본질』(미지북스, 2023).

저자는 "무정부상태 1년이 폭정 100년보다 더 나쁘다. […] 아무리 잔인한 정권이라도 무질서보다 낫다"라는 명제를 제시한다. 그러한 시각에서, 저자는 「한국어판 서문」에서 "김정은정권이 아무리 야만적이라도 함부로 체제전복을 시도하지 말 것"을 권고하며, 질서가 유지되는 가운데 점진적인 상황변화를 시도해야 한다고 조언한다.

※ Robert D. Kaplan(1952~현재)은 코네티컷대학교를 졸업하고 이후 이라크-이란전

쟁과 아프가니스탄전쟁을 비롯한 분쟁지역에서 40년 동안 저널리스트로 활동하며 국제적으로 많은 영향력을 끼친 저술들을 출판했다. 대표적인 저술이 "The Coming Anarchy"(*The Atlantic*, February 1994)와 *The Revenge of Geography: What the Map Tells Us About Coming Conflicts and the Battle Against Fate*(Old Saybrook, C.T.: Tantor Audio, 2012) 등이다.

제2절 대내문제: 정치·경제·사회·문화 등

제1항 정치

개관

(1) 박정진(朴廷鎭), 「'유훈'과 변화 사이의 의사결정: 북한 김정은 체제 후계 권력구도의 행보와 특징」, 『한국정치학회보』제48집 제4호(2014년 9월), 97~115쪽.

필자는 '선택권 이론'과 게임 이론의 '조정 게임' 개입을 통해 김정은 정권의 후계 구도를 분석했다.

(2) 북한연구학회 기획/ 우승지(禹承芝) 편저, 『김정은시대의 정치와 외교: 선군인가, 선경인가』(한울아카데미, 2014년 12월).

(3) 정유석(鄭裕錫) · 곽은경(郭銀敬), 「김정은 현지지도에 나타난 북한의 상징정치」, 『현대북한연구』제18권 제3호(2015년 12월), 156~224쪽.

(4) 김성경(金聖敬), 「북한정치체제와 마음의 습속: 주체사상과 신소(伸訴) 제도의 작동을 중심으로」, 『현대북한연구』 제21권 제2호(2018년 8월), 191~231쪽; ______, 「북한 정치체제와 마음의 습속」, 『세계정치』29(2018년 10월), 275~315쪽.

북한정권은 주체사상을 앞세워 주민을 통치하면서도 주민의 '억울함'을 호소하게 하는 '신소 제도'를 활용해 불만을 무마하면서 지지를 유지한다는 판단 아래 양자를 적절히 연결하면서 논지를 전개했다. 김정은정권이 출범하면서 이 양자의 결합이 김정은정권의 '안정'을 뒷받침한다고 보았다.

(5) 곽길섭, 「김정은 권력 공고화 과정에 관한 연구: 제도 · 상징 · 정책을 중심으로」, 건국대학교 대학원 안보재난관리학과 박사학위청구논문, 2019년 2월.

(6) 이영종(李永鐘), 「김정은 통치리더십의 기원과 동학, 지속가능성에 관한 연구: 북한 '수령론'과 서구 리더십이론의 교차적용 및 델파이 분석」, 고려대학교 대학원 북한학과 박사학위청구논문 2021년 2월.

※ 이영종(1966~현재)은 경희대학교 정경대학 신문방송학과를 졸업하고 한국외국어대학교 정치행정언론대학원에서 석사학위를 받은 뒤 고려대학교 대학원에서 박사학위를 받았다. 중앙일보 편집전문기자로 정년퇴임하고 현재 한국국가전략연구원 북한연구센터장이다.

(7) 마키노 요시히로(牧野愛博), 『김정은(金正恩)과 김여정(金与正)』(일본어)(도쿄: 분케이슌슈샤, 2021)/한기홍 옮김, 『김정은과 김여정: 북한 권력의 전면에 나선 김여정은 김정은의 후계자인가 Top 스페어인가?』(글통, 2022)

1965년에 『아사히심분사(朝日新聞社)』에 입사한 저자는 편집국 정치부 기자를 거쳐 서울지국장으로 봉직하며 북한을 날카롭게 관찰했다. 그는 김여정의 지휘, 김정남의 죽음, 핵과 미사일 등 겉으로 드러난 내용뿐만 아니라, 김정은 일가가 드러내고 싶어 하지 않는 북한의 속내를 자세히 설명했다. 특히 그는 건강이 좋지 않은 김정은이 김여정을 '스페어'로 보존해 두고 있다고 설명했다.

(8) Gyeong-Seob Oh and Jin-Ha Kim, "Sectoral Assessment of Kim Jong-Un's Decade in Power: The Creation and Stabilization of the Kim Jong-Un Regime's Monolithic Rule," *International Journal of Korean Unification Studies*, Vol. 30, No. 2(December, 2021). pp.119-150; 김진하(金鎭河: 통일연구원), 「김정은정권의 권력엘리트 통제 및 유일적 영도체계 재구축 전략 분석」, 『전략연구』(한국전략문제연구소) 제29권 제3호(2022년 11월), 223~255쪽.

장성택 처형

김정은은 2013년 12월 12일에 국가안전보위부 특별군사재판을 열고 김일성의 딸 김경희의 남편이면서 자신의 고모부인 장성택(張成澤, 1946~2013) 조선로동당 행정부 부장을 사형에 처했다.

(1) 양무진(梁茂進), 「장성택 처형 과정에 비추어 본 북한의 형사법제」, 『북한연구학회보』제18권 제1호(2014년 여름), 29~54쪽.

(2) 최기식(대검찰청), 「장성택 처형 과정에 비추어 본 북한의 형사법제」, 『통일과 법률』(법무부) 27(2016년 8월), 1~30쪽.

(3) 라종일(羅鍾一), 『장성택의 길: 신정(神政)의 불온한 경계인』(알마출판사, 2016)/김무기(ムーギー・キム) 번역, 『숙청의 왕조 북조선: 김정은은 무엇을 두려워하는가?』(일본어)(도쿄: 동양경제신보사, 2017).

김정남 독살

김정은은 자신의 하수인을 시켜 자신의 이복형인 김정남(1971~2017)을 2017년 2월 13일에 말레이시아 쿠알라룸푸르 공항에서 VX 용액으로 암살했다.

박희석(朴熙錫), 「"전 세계가 내 동생 혹평하는데 가슴 아프다"고 한 형 김정남을 죽인 김정은: 수차례 암살 위기 모면했지만 끝내 동생에게 '독살'당한 김정남」, 『월간조선』444(2017년 3월), 393~396쪽.

제2항 경제

(1) 조봉현(曺奉鉉), 「김정은체제의 경제 분야 과제와 전망」, 『통일정책연구』(통일연구원) 제21권 제1호(2012년 6월), 25~67쪽.

(2) 정성장(鄭成長), 「김정은 체제의 경제 개혁 · 개방 전망과 과제」, 『국가전략』(세종연구소) 제18권 제4호(2012년 겨울), 55~89쪽.

(3) 배종렬(裵鍾烈), 「김정은시대의 경제특구와 대외개방: 평가와 전망」, 『북한연구학회보』 제18권 제2호(2014년 겨울), 27~57쪽.

(4) 양문수(梁文秀), 「김정은시대 경제관리 개선조치의 실태와 평가: 2012~2014년」, 『북한연구학회보』 제18권 제2호(2014년 겨울), 59~94쪽; ______, 『김정은 시대 북한의 산업 및 산업정책: 연구자료 2018-39』(산업연구원, 2018년 6월 29일).

※ 양문수(1963~현재)는 서울대학교 사회과학대학 경제학과를 졸업하고 일본 도쿄대

학 대학원 경제연구과에서 석사학위를 받은 데 이어 도쿄대학 대학원 경제연구과에서 「북한의 경제개발: 경제침체 메커니즘의 형성과 전개」(일본어)(1997년 3월)로 박사학위를 받았다. 현재 북한대학원대학교 북한학과 교수다.

(5) 채규철(蔡奎哲), 「김정은체제의 생존전략: 변화와 지속성」, 『한국정치외교사논총』 제37집 제1호(2015년 8월), 269~302쪽.

(6) 탁용달(한국자산관리공사), 「1990년대 이후 북한 무역의 비교우위에 관한 연구」, 동국대학교 대학원 북한학과 북한학박사학위청구논문, 2014년 2월; ______, 「김정은시대 북한의 대외경제: 인식 · 정책 그리고 전망」, 『북한연구학보』제24권 제1호(2020년 6월), 121~152쪽.

(7) 임을출(林乙出), 『김정은 시대의 북한경제: 사금융과 돈주』(경기도 파주시: 한울아카데미, 2016년 8월 8일).

(8) 정욱식(鄭旭湜), 「5부 한반도, 제2의 핵 시대로」 가운데 「6 김정은의 등장」, _____, 『핵과 인간: 아인슈타인에서 김정은·트럼프·문재인까지』(경기도 파주시: 서해문집, 2018), 544~558쪽 가운데 558쪽.

저자는 김정은 시대를 상대적 의미에서 긍정적으로 평가하는 가운데, 우선 다음과 같은 사실을 상기시켰다.

> "북한을 여러 차례 방문한 러시아의 북한전문가 그리고리 톨로라야(Georgy Toloraya)의 관찰은 주목할 만하다. 그에 따르면, 북한의 1인당 실질 GNP는 1980년대 이후 처음으로 1000달러를 넘어섰고, 평양 등 도시 중산층뿐만 아니라 농촌 주민들의 생활수준도 크게 개선되었다고 한다. 또한 '식량사정도 눈에 띄게 개선되었고, 화폐가치도 안정화되었으며, 건설붐도 곳곳에서 일어나고 있다'고 덧붙였다. 그가 가장 주목한 부분은 에너지 수급체계였다. 도시는 물론이고 농촌 곳곳에도 태양광발전이 부쩍 늘었다고 했는데, 이는 다른 방북자들이 이구동성으로 강조한 부분이기도 하다."

저자는 다음과 같은 결론을 제시했다.

> "결론적으로, 김정은 정권초기 5년 동안 병진노선은 비교적 성공적이었다고 해도 과언이 아니다. '핵무력 건설'은 비약적으로 이뤄냈고 '경제건설'도 부분적으로는 성공했다고 평가할 수 있기 때문이다. 이런 맥락에서 볼 때, 김정은에게 병진노선은 '긍정을 통한 부정'이

라고 할 수 있다. 아버지가 물려준 핵과 미사일을 극찬하고 또한 완성을 추구했다는 점에서는 '긍정'이었다. 하지만 이를 통해 아버지 시대의 국가정체성이었던 '선군'시대에 종지부를 찍고 정상국가화와 더불어 '선경정치'로의 방향전환은 '부정'이라고 할 수 있다. 그리고 '국가핵무력'을 앞세워 할아버지와 아버지가 이루지 못한 숙원에 도전장을 내밀었다."

(9) 홍제환(洪制煥), 『김정은정권 5년의 북한경제: 경제정책을 중심으로』(통일연구원, 2017); 홍제환 · 김석진(金昔珍), 『김정은시대 북한경제: 경제정책 · 대외무역 · 주민생활』(통일연구원, 2021).

※ 홍제환(1980~현재)은 서울대학교 사회과학대학 경제학과를 졸업하고 서울대학교 대학원 경제학과에서 석사학위를 받은 데 이어 서울대학교 대학원 경제학과에서 「한국근대의 회사제도 활용에 관한 연구」(2014년 2월)로 박사학위를 받았다. 현재 통일연구원 연구위원이다.

※ 김석진(1968~현재)은 서울대학교 사회과학대학 경제학과를 졸업하고 서울대학교 대학원 경제학과에서 석사학위를 받은 데 이어 서울대학교 대학원 경제학과에서 「북한경제의 성장과 위기: 실적과 전망」(2002년 8월)으로 박사학위를 받았다. 현재 통일연구원 연구위원이다.

(10) 박후건, 「북한 사회주의경제체제의 진화과정에 대한 고찰: 중앙집권적 계획경제에서 사회주의기업책임관리제까지」, 『현대북한연구』제21권 제2호(2018년 8월) 94~127쪽.

※ 박후건(Phillip Park, 1968~현재)은 캘리포니아대학교 버클리 캠퍼스 경제학과를 졸업하고 캘리포니아대학교 리버사이드 캠퍼스 대학원 경제학과에서 "The Development Strategy of Juche(Self-Reliance) and Rural Development in the DPRK"(1997)로 박사학위를 받았다. 현재 경남대학교 정치외교학과 교수다. 대표적 저서는 『북한경제의 재구성: 「근로자」와 「경제연구」 등 북한 문헌들을 중심으로』(선인, 2015)이다.

(11) 양문수(梁文秀) · 권태진 · 민병기 · 이동현, 『김정은 시대 북한 경제개혁 연구: 우리식 경제관리방법을 중심으로』(산업연구원, 2018년 8월 14일).

(12) 산업연구원, 『김정은 시대 북한의 산업 및 산업정책』(휴먼컬처아리랑, 2018년 10월 10일).

(13) 강성진 · 정태용, 『가보지 않은 길, 가야 할 길: 김정은 북한 경제』(해남, 2019).

(14) 정태인(鄭太仁), 「사회주의경제에 관한 논쟁 재검토: 북한경제의 개혁방향 탐

색」, 북한대학원대학교 북한학박사학위청구논문, 2020년 8월.

※ 정태인(1960~2022)은 서울대학교 사회과학대학 경제학과를 졸업하고 서울대학교 대학원 경제학과에서 석사학위를 받은 데 이어 북한대학원대학교에서 박사학위를 받았다. 미국식 경제학을 비판하며, 민주노동당을 거쳐 진보신당과 정의당의 경제이론가로 활동했다.

(15) 이우균(李佑均), 「이우균의 한반도 평화워치: 북한 산림 복구가 필요한 이유…황폐화된 북한 산림, 한국이 국제협력 통해 복구 주도해야」, 『중앙일보』(2020년 10월 13일), 23쪽.

(i) "북한은 최근 다양한 경로를 통해 160만ha의 산림이 복구될 필요가 있다고 발표했다. 한국 산림청은 위성영상분석을 통해 북한산림의 28%인 262만ha가 황폐화한 것으로 보고하고 있다. 자료에 따라 차이가 있지만, 북한의 산림 황폐지는 적게는 160만ha, 많게는 300만ha로 볼 수 있다. 이는 남한면적의 16~30%에 해당한다."

(ii) "남한은 과거 산림복구를 성공적으로 수행한 기술 · 인력 · 정책 · 국제협력 등의 경험을 충분히 갖추고 있다. 이러한 남한의 경험과 북한의 요구, 국제기구의 이해 등이 잘 반영돼 북한[의] 산림황폐지[가 성공적으로] 복구되는 방향으로 남북한 주도의 국제협력사업이 이루어져야 할 것이다."

※ 이우균(1961~현재)은 고려대학교 농과대학을 졸업하고 고려대학교 대학원 임학과에서 석사학위를 받은 데 이어 독일 괴팅겐대학교 대학원에서 산림경영학을 전공해 박사학위를 받았다. 박사학위청구논문 서지사항은 다음과 같다. Woo-Kyun Lee, "Growth and Yield Model for Pinus Densiflora in Kangwon Province, Korea," unpub. Ph.D. diss., Georg-August-Universität Göttingen, 1993. 현재 고려대학교 생명과학대학 환경생태공학부 교수다.

(16) 유영구(兪英九), 『김정은의 경제발전전략』 전2권(경인문화사, 2020년 12월).

(17) 최현아(崔賢兒) · 임철희(林哲熙), 「북한 산림 학술지에 나타난 산림연구 특성 분석과 이를 기초한 산림 협력 방안」, 『현대북한연구』제24권 제1호(2021년 4월), 88~111쪽.

※ 최현아(1979~현재)는 전북대학교 농과대학 산림과학부를 졸업하고 고려대학교 생명과학대학 대학원에서 석사학위를 받은 데 이어 고려대학교 생명과학대학 대학원에서 박사학위를 받았다. 박사학위청구논문 서지사항은 다음과 같다. Hyun-Ah Choi,

"Applicability Analysis on Quantification Models of Ecosystem Services: Case Study of Forest Ecosystem in South Korea," unpub. Ph.D. diss., Korea University, 2016. 현재 한스자이델재단 한국사무소 수석연구원이면서 고려대학교 오정리질리언스연구원 연구교수다. 「김정은시대 환경관련 활동과 협력 방안: 습지 생물다양성 보전 대내외 활동변화를 중심으로」, 『통일정책연구』(통일연구원)제28권 제2호(2019년 2월), 63~81쪽 등을 발표했다.

※ 임철희(1988~현재)는 세종대학교 대학원에서 한경자원정책을 전공해 석사학위를 받은 데 이어 고려대학교 대학원 환경계획학과에서 「기후변화에 대응한 물-식량-생태계 결합과 부문 간 교차 접근: 한반도를 대상으로」(2017년 8월)로 박사학위를 받았다. 현재 국민대학교 교양대학 교수다.

(18) 최현아(崔賢兒) · 김관호(공학박사), 「김정은시대 북한 농업정책과 교류협력 방향」, 『현대북한연구』 제24권 제2호(2021년 8월), 132~161쪽.

※ 김관호(1969~현재)는 강원대학교 대학원에서 「철근보강 고강도 폴리머 콘크리트 보의 휨특성」(2000년 2월)로 공학박사학위를 받았다. 현재 한국농어촌공사 농어촌연구원 초빙교수다. 그는 북한의 농업과 관련해 다음과 같은 논문을 발표했다.

(i) 「2000년대 이후 북한의 농업수리시설 현황 분석」, 『한국농공학회 학술발표회』(2017).

(ii) 「한반도 신경제 구상을 고려한 남북농업개발 협력 방안」, 『한국농공학회 학술대회초록집 2018』(한국농공학회)(2018년 11월), 159~160쪽.

(iii) 「기후변화와 북한의 가뭄」, 『한국농공학회 학술대회초록집 2019』(한국농공학회)(2019년 10월), 133쪽.

(iv) 김관호 · 박상률 · 이승원 · 남기원, 「북한의 농업정책과 간석지」, 『한국농공학회 학술대회초록집 2020』(한국농공학회)(2020년 10월), 145쪽.

(19) 리춘르 저/성균관대학교 성균중국연구소 역, 『김정은 시대 북한경제』(선인, 2022년 8월 10일).

※ 저자는 연변대학을 졸업하고 북경대학에서 경영학석사학위를 받은 데 이어 김일성종합대학에서 경제학박사학위를 받았다. 현재 중국아주경제발전협회(中國亞洲經濟發展協會, CAEDA) 부회장으로 연변대학 조선한국연구센터 겸직교수다. 저서로는 『북한

경제특구 법규 해독』과 『북한 선군시기 경제건설 노선과 실천』 등이 있다.

(20) 이해정(李海晶), 「주요 담화 · 연설을 통해 본 김정은 10년의 대외경제정책 분석과 전망」, 『신아세아』(신아시아연구소) 제29권 제3호(2022년 9월), 9~36쪽.

※ 이해정(1981~현재))은 이화여자대학교 법과대학을 졸업하고 이화여자대학교 대학원 북한학과에서 석사학위를 받은 데 이어 이화여자대학교 대학원 북한학과에서 「북한 지역의 토지 · 주택 · 기업 사유화에 관한 연구」(2015년 2월)로 박사학위를 받았다. 현재 현대경제연구원 통일경제센터장이다.

(21) 최지영(崔志英) · 양문수(梁文秀) · 이혜진, 『김정은 집권 이후 북한의 재정금융 제도 변화』(통일연구원, 2022년 12월 30일).

(22) 박수진(朴秀璉), 「"북한 농업증진에 바친 30여 년, 이젠 여러분이…"」, 『서울대 총동창신문』(2023년 7월 15일), 10쪽.

김필주(Pearl Kim Joo, 1937~현재)는 북한에서 태어나 6·25전쟁 때 가족과 함께 월남했으며, 서울대학교 농과대학 농학과를 졸업하고 미시시피주립대학교 대학원에서 석사학위를 받은 데 이어 코넬대학교 대학원에서 종자학 박사학위를 받았다. 이후 세계적인 옥수수 종자기업 「파이어니어 하이브레드 인터내셔널」에서 일하다가 재미목사로부터 "북한의 종자보급을 도와달라"라는 제안을 받고 회사에서도 흔쾌히 지원해 1989년에 북한을 처음으로 방문했다. 동물학을 전공한 남편과 함께 북한에 들어가 축산과 종자생산을 도왔다. 1989년부터 100회 넘게 북한을 방문해 이모작을 전파하고 목화재배를 진작시키며 북한의 농업생산력을 비약적으로 끌어올렸다. 「지구촌농업협력및식량나누기운동본부(ASii: Agglobe Services Inernational)」를 설립하고 평양과학기술대학 농대 학장을 맡아 북한의 농업인재 양성에 기여했다. 그 공로로 그녀는 모교인 서울대학교로부터 '대북농업지원의 대모'로 불린다.

제3항 사회·사회복지·문학·문화·여성·종교 등

1990년대 이후 인구 변화

Thomas Spoorenberg and Daniel Schwekendiek, "Demographic Changes in North Korea: 1993~2008," *Population and Development Review*, Vol. 38, No. 1(March 2012), pp.133~158.

북한사람의 일상생활과 부분적 변화

(1) 이진희(李進熙), 『북한, 북한 사람 모르면 다친다』(책섬, 1999).

한국외국어대학교 러시아어학과를 졸업하고, 1995년 10월~1998년 2월에 한국일보 모스크바특파원으로 활동했던 저자가 러시아에서 목격한 북한인들에 대한 관찰을 담았다.

(2) 박순성(朴淳成), 『북한의 권력과 일상생활: 지배와 저항 사이에서』(한울아카데미, 2013).

(3) 정창현(鄭昌鉉), 『평양의 일상: 사진으로 북녘 생활을 엿보다』(경기도 파주시: 역사인, 2013).

(4) 김승재, 『인도에 등장한 김정은, 그 후의 북한 풍경: 남한 기자가 탐사한 북한과 북한 사람들』(선인, 2015년 4월).

(5) 강동완(姜東完) · 박정란(朴貞蘭), 『사람과 사람: 김정은 시대 '북조선 인민'을 만나다』(너나드리, 2015년 10월).

(6) 하츠자와 아리(初澤亞利), 『이웃 사람, 38도선의 북』/ 김승복, 이은주, 한상범 번역『이웃 사람: 38선 북쪽의 어제와 오늘: 하츠자와 아리 사진집』(눈빛출판사, 2018년 7월).

공원에서 술자리를 갖는 남자들, 맥주를 마시며 정담을 나누는 연인, 미장원에서 파마를 하며 신문을 보는 중년 여성…. 여느 범인(凡人)의 휴대전화에나 있을 법한 일상적인 사진들이 책으로 엮였다. 사진의 배경이 북한이기에 가능한 것이다.

일본 사진가가 2011~2012년 네 차례 북한을 방문하며 찍은 사진이다. 각 체류 기간은 약 한 달. 첫 방문에선 아예 카메라를 가져갈 수 없었다. 두 번째 방문부터 평양을 제한적으로 촬영하다가 마지막엔 신의주 · 함흥 · 원산 · 남포 등 지방 도시에 가서도 사진을 찍을 수 있었다. 자동차를 타고 가다가 불쑥 내려서 셔터를 누르기도 했다. 늘 따라다니는 일명 '안내원'들과 밤마다 '대동강맥주' '평양소주'를 마시며 얻어낸 성과다.

(7) 주성하(周成河), 『평양 자본주의 백과전서: 주성하 기자가 전하는 진짜 북한 이야기』(북돋움, 2018년 9월); ______, 「주성하 기자의 서울과 평양 사이: 국영은행 눌러버린 북한 개인은행들」, 『동아일보』(2018년 11월 21일), A33쪽.

" 북한도 사람이 사는 곳이니 돈이 유통되지 않을 수가 없는데, 이 돈을 전달하는 곳은 은행이 아닌 '이관집'이라고 불리는 송금전문 개인은행이다. [...] 요즘 몸집을 키운 이관집들은 대부업까지 진출하고 있다. 북한에서 월 이자는 5~10%에 이른다. 돈을 빌려주면서 사람이나 부동산 담보를 받는 개념도 이관집이 처음 도입했다. 북한의 개인금융이 앞으로 얼마나 더 비대해질지, 국영은행이 개인금융과의 경쟁에서 이길 수 있을지 지켜보는 것도 흥미로운 일이다. "

(8) 강동완(姜東完), 『평양 밖 북조선: 999장의 사진에 담은 북쪽의 북한』(너나드리, 2018년 9월); ______, 『서해5도에서 북한쓰레기를 줍다: 브랜드와 디자인으로 북한 읽기』(너나드리, 2021년 11월).

저자는 서해5도 가운데 하나인 백령도에서 파도를 타고 흘러들어온 북한의 쓰레기를 주운 뒤 그 쓰레기들의 브랜드와 디자인을 통해 북한 사회와 주민의 생활모습을 읽을 수 있었다.

(9) 이기범, 『남과 북 아이들에겐 철조망이 없다: 이기범 교수의 마흔아홉 번 방북기』(보리, 2018년 9월).

저자는 북한의 어린이들을 돕는 한국의 「어린이어깨동무」 이사장으로 1998~2020년에 49회 방북했으며 「어린이어깨동무」는 135회 방북했다. 이 경험을 바탕으로 출판한 책이다.

(10) 경화, 『나의 살던 북한은』(미디어일다, 2019).

30여 년을 북한에서 살았던 여성이 들려주는 평범한 북한사람들에 대한 책이다.

(11) 김명성(조선일보 기자), 「북(北) 내부문건 "청년들 그냥 두면 큰일 터진다"」, 『조선일보』(2020년 2월 12일), A10쪽.

평안북도 청년동맹위원장 백봉룡이 『근로자』(2019년 2월)에 기고한 글을 바탕으로 위의 기사를 썼다.

(12) 조진수, 「북한에서 학교체육을 통한 몸의 통제」, 연세대학교 대학원 통일학협동과정 통일학전공 박사학위청구논문, 2020년 2월.

(13) 최은경, 「분단 이후 북한 식생활의 시기별 변화 연구」, 이화여자대학교 대학원 식품영양학과 박사학위청구논문, 2020년 2월.

(14) 정병호(鄭炳浩), 『고난과 웃음의 나라: 문화인류학자의 북한 이야기』(경기도 파주시: 창비, 2020년 2월).

문화인류학자이자 구호활동가로 북한을 열 차례 이상 다녀온 저자(한양대학교 문화인류학과 교수)가 북한의 삶과 문화에 대해 자신의 현장체험을 근거로 썼다. 특히 김정은 시대를 많이 다뤘다. 저자가 소개한 내용들 가운데 하나는 평양과 지방의 차별과 차이는 서울과 지방의 차이 그 이상이라는 관찰이다. 저자에 따르면, 지방에서 산다는 것은 신분과 처우 그 자체의 추락을 의미하는 것으로, 지방발령은 그야말로 '죽으라는 소리'와 마찬가지다.

(15) 구자룡(具滋龍), 『중국에서 못다 한 북한이야기: 베이징 전 특파원 눈에 비친 북중 변경』(동아일보 부설 화정평화재단, 2020년 7월).

(16) Lindsey Miller, *North Korea: Like Nowhere Else: Two Years of Living in the World's Most Secretive State*(Tewkesbury: September Publishing, June 2021) / 송은혜 옮김, 『비슷한 곳조차 없는』(인간희극, 2021).

저자는 영국 출신의 뮤지컬 감독이자 작곡가다. 평양주재 영국 외교관인 남편과 함께 북한에서 2017년부터 2019년까지 생활하는 가운데 관찰한 평양의 여러 모습을 200여 장의 사진과 함께 소개했다. 그녀는 "북한은 세계 어느 나라와도 비교조차 할 수 없는 곳"이라고 단언하며, "북한정권이 보여주고 싶은 장면들이 아니라 실제 내가 보고 느낀 북한을 이 책 안에 담았다. 북한에 살면서 늘 누군가가 지켜보고 있다는 생각이 들었고 실제로도 그랬다. 공원에 가더라도 늘 누군가 나무 뒤에 서 있었다"라고 회상했다. 그녀에 따르면, "북한 여성들은 남존여비사상을 답답해했고 외부의 현대여성을 동경하고 있었으며, 아이를 낳는 것보다 직업을 갖고 사회적으로 성공하는 것을 원했다."

(17) 김영희, 『당신의 꽃은 어데서 피었습니까: 북한 청춘남녀의 대학 로맨스』(한울, 2021).

북한에서 경제학을 전공했던 저자는 탈북한 뒤 한국으로 입국해 북한대학원대학교에서 북한학박사학위를 받았다. 이 책을 통해 자신의 대학시절 얘기를 전달했다.

(18) 권혁희(權爀熙), 「북한 전통문화의 문화유산화 과정과 주민 일상의 변화: 비물질문화유산 지정과 주민 생활문화의 변화를 중심으로」, 『현대북한연구』제24권 제3호, 2021년 12월, 70~106쪽.

※ 권혁희(1976~현재)는 고려대학교 문과대학 한국사학과를 졸업하고 서울대학교 대학원 인류학과에서 석사학위를 받은 데 이어 서울대학교 대학원 인류학과에서 「밤섬마을의 역사적 민족지와 주민집단의 문화적 실천」(2012년 8월)으로 박사학위를 받았다.

현재 강원대학교 사회과학대학 문화인류학과 교수다.

서울대학교 통일평화연구원의 사회변동 조사

서울대학교 통일평화연구원은 탈북민을 상대로 북한의 사회변동에 대한 조사를 실시했다.

(1) 장용석(張容碩) · 정은미 · 정근식 · 김경민, 『북한사회변동 2016: 시장화, 정보화, 사회분화, 사회보장』(서울대학교 통일평화연구원, 2017).

(2) 정근식 · 조성은 · 천자현 · 황정미 · 조용신, 『북한사회변동 2017: 시장화, 정보화, 사회분화, 사회보장』(서울대학교 통일평화연구원, 2018).

(3) 천경효 · 김일한 · 조성은 · 최경희 · 임경훈 · 조용신, 『북한사회변동 2018: 시장화, 정보화, 사회분화, 사회보장』(서울대학교 통일평화연구원, 2019).

(4) 천경효 · 강채연 · 박상민 · 이혜원 · 정은미 · 임경훈 · 조용신, 『북한사회변동 2019: 시장화, 정보화, 사회분화, 보건』(서울대학교 통일평화연구원, 2020).

(5) 김희재 · 정은미 · 이종민 · 박상민 · 이혜원 · 김유연 · 최은정 · 임경훈 · 최현정, 『북한사회변동 2020: 시장화, 정보화, 사회분화, 사회보장』(서울대학교 통일평화연구원, 2021).

언어

(1) 서민정(徐旻廷), 「사회언어학적 시점에서 본 북조선의 언어: 신문 · 잡지 · 드라마의 언어를 중심으로」, 히토츠바시대학 대학원 박사학위청구논문, 2020년 3월; ______, 「언어순화의 관점에서 본 북한의 지명: '문화어학습' 내용을 중심으로」, 『현대북한연구』제25권 제1호(2022년 4월), 200~239쪽.

(2) 한성우(韓成愚) · 설송아(본명 崔雪) 공저, 『문화어 수업: 다음 세대를 위한 요즘 북한 말, 북한 삶 안내서』(어크로스, 2019년 8월).

최근의 북한 말과 북한 삶을 소설적 기법으로 분석했다.

※ 한성우(1968~현재)는 서울대학교 인문대학 국어국문학과를 졸업하고 서울대학교 대학원 국어국문학과에서 석사학위를 받은 데 이어 서울대학교 대학원 국어국문학과에서 「의주방언의 음운론적 연구」(2003년 8월)로 박사학위를 받았다. 현재 인하대학교 문과대학 국어국문학과 교수다.

※ 최설(1969~현재)은 평안남도 출신으로 탈북한 뒤 2011년에 한국에 입국해 북한대학원대학교에서 「경제난 이후 북한 순천 지역경제의 발전에 관한 연구」(2022년 2월)로 박사학위를 받았다. 현재 코너스톤 국제대학교 초빙교수다.

문학

이 항은 제7권 제3장 제6절과 연결해 읽기 바란다. 거기에서 우리는 이미 이기영(李箕永)·박태원(朴泰遠)·이태준(李泰俊) 등에 관한 저술을 살폈다. 거기에서 살피지 않은 저술을 소개하면 다음과 같다.

(1) 김재용(金在湧) 편, 『백석 전집』(실천문학, 1997; 2003개정증보판).

(1-A) 김재용(金在湧), 「백석문학연구: 1959~1962년 삼수시절을 중심으로」, 『현대북한연구』 제14권 제1호(2011년 4월), 118~143쪽.

평양에서 량강도(兩江道) 삼수군(三水郡)으로 내려가 문학활동을 한 백석의 마지막 문필시기를 추적했다. 당의 정책에 부합하는 작품을 창작하면서도 자발적인 작품을 동시에 발표한 이 시기 백석문학의 양면성을 통해 북한문학에서 작가의 자율성이라는 문제를 살폈다.

(1-B) ______, 「남북의 문학적 통합과 북한문학으로서의 재월북 작가 연구」, 『국어국문학』(국어국문학회) 168(2014년 9월), 75~92쪽.

(2) 안도현(安度眩), 『외롭고 높고 쓸쓸한』(문학동네, 2004).

시집의 양식을 통해 백석의 삶과 문학을 살폈다. 흔히 『백석 평전』이라고 불린다.

(2-A) ______, 『백석 평전』(경기도 파주시: 다산책방, 2015).

※ 안도현(1961~현재)은 원광대학교 인문대학 국어국문학과를 졸업하고 단국대학교 대학원 문예창작학과에서 석사학위를 받은 데 이어 단국대학교 대학원 문예창작학과에서 「서정의 갱신과 창작 실제: 창작시 「국화꽃 그늘과 쥐수염붓」 외 67편을 중심으로」(2011년 2월)로 문학박사학위를 받았다. 현재 단국대학교 예술대학 문예창작학과 교수이며 시인이다.

(3) 홍혜미, 「북한의 전후소설 연구」, 창원대학교 대학원 국어국문학과 문학박사학위 청구논문, 2004년 2월.

(4) Tatiana Gabroussenko, "The Implantation of Socialist Realism in the DPRK and North Korean Literary Politics 1945-1960," unpub. Ph.D. diss., Australian National

University, 2004.

※ Tatiana Gabroussenko는 러시아 블라디보스토크의 극동국립대학교 동양학부를 졸업하고 극동국립대학교 대학원 한국학과에서 석사학위를 받은 데 이어 서울대학교와 연세대학교에서 각각 한국어 및 한국문학을 전공했고, 호주국립대학교 대학원 동아시아학과에서 북한문학을 전공해 박사학위를 받았다. 현재 고려대학교 공공정책학부 북한학과 교수다.

(5) 임옥규, 「북한 역사소설 연구」, 홍익대학교 대학원 국어국문학과 문학박사학위청구논문, 2005년 8월; 『북한역사소설의 재인식』(역락, 2008); ______, 「2000년대 북한 문학 감성과 새 세대의 감수성」, 『현대북한연구』제17권 제2호(2014년 8월), 163~199쪽.

※ 임옥규(1969~현재)는 단국대학교 한국문화기술연구소 연구교수를 역임했다.

(6) 경남대학교 북한대학원 엮음, 『북한문화, 둘이면서 하나인 문화』(한울아카데미, 2006년 8월).

(7) 김영진(金永進), 『백석 평전: 외롭고 孤 · 높고 高 · 쓸쓸한 寒』(미다스북스, 2011년 1월).

※ 김영진(1963~현재)은 우석대학교 대학원 국어국문학과에서 「해방기의 문학비평 연구」(1994년 8월)로 박사학위를 받았다. 현재 목포과학대학교 교수다.

(8) 원종찬(元鍾讃), 『북한의 아동문학: 주체문학에 이르는 도정』(경기도 파주시: 청동거울, 2012).

(9) 남북문학예술연구회, 『3대 세습과 청년지도자의 발걸음: 김정은 시대의 북한 문학예술』(경진, 2014).

(10) 전미영(全美永), 『김정은시대의 문화: 전환기 북한의 문화현실과 문화기획』(한울아카미, 2015)

(11) 마성은(马圣恩), 「선군시대 북한아동문학 연구」, 인하대학교 대학원 한국학과 박사학위청구논문, 2018년 2월; ______, 「'주자학적 접근법' 시론: 북한 아동문학 연구방법론」『현대북한연구』제23권 제2호(2020년 8월), 45~89쪽.

※ 마성은(1984~현재)은 인하대학교 인문대학 한국어문학과를 졸업하고 인하대학교 대학원 한국학과에서 석사→박사학위를 받았다. 현재 중국 저장대학 사범대학 인문학부 교수다.

(12) 서동수(徐東秀), 『북한 과학환상문학과 유토피아』(소명출판, 2018년 4월).

※ 서동수(1970~현재)는 건국대학교 국어국문학과를 졸업하고 건국대학교 대학원 국어국문학과에서 석사학위를 받은 데 이어 건국대학교 대학원 국어국문학과에서 「1950년대 소설에 나타난 죽음의식 연구」(2004년 8월)로 박사학위를 받았다. 현재 신한대학교 리나시타교양대학 교수다.

(13) 이승민, 「연분희 애정사」, 성석제(成碩濟) 등, 『안녕, 평양』(엉터리북스, 2018), 155~194쪽.

남북정상회담과 북미정상회담 등이 개최되며 한반도의 평화체제에 대한 기대감이 높았던 2018년을 배경으로 북쪽 예술단원 연분희의 낭만적 로맨스를 남한의 작가가 반전 서사로 형상화한 작품이다.

(13-A) 오태호(경희대 후마니타스 교수), 「반전 서사로 상상하는 북한 연애담의 양면적 진실: 이승민의 「연분희 애정사」론」, 『민족화해』113(2021년 11~12월), 46~49쪽.

(14) 백남룡(북한작가), 『벗』(1988)/Nam-nyong Paek/Immanuel Kim, trans., *Friend: A Novel from North Korea*(New York: Columbia University Press, 2020).

이 책은 1960년대 이후 북한에서 처음으로 이혼을 다룬 소설이라는 평을 들었다. 북한예술단에서 성악가로 활동하는 젊은 여성이 남편을 상대로 법원에 이혼소송을 제기하면서 벌어지는 여러 사연 그리고 밖으로 알려지지 않은 북한사회의 내밀한 모습들을 묘사했다. 작가 백남룡은 1949년생으로 2019년에는 김정은의 업적을 다룬 장편소설 『부흥』도 발표했다.

(15) 김연수(金衍洙), 『일곱 해의 마지막』(문학동네, 2020년 7월).

장편소설의 양식을 통해 1956년부터 1962년까지 백석의 문학적 생애의 마지막 7년을 다뤘다. 1962년은 백석이 마지막 작품을 내놓은 해이다.

(16) 오창은(吳昶銀), 『친애하는, 인민들의 문학생활: 북한의 페미니즘 소설부터 반체제 지하문학까지』(경기도 파주시: 서해문집, 2020년 9월).

저자는 2018년과 2019년 여름방학과 겨울방학 때마다 연변대학에 머무르며 그곳 도서관에서 북한 신문과 잡지를 읽은 뒤 이 책을 썼다. 저자는 최신에 출판된 소설 36권으로 북한사람들의 생활을 그리고자 했다. 동시대 북한소설을 대상으로 한 남한 최초의 평론집으로 평가될 수 있다.

※ 오창은(1970~현재)은 중앙대학교 인문대학 국어국문학과를 졸업하고 중앙대학교

대학원 국어국문학과에서 석사→박사학위를 받았다. 2002년『경향신문』신춘문예에 당선된 이후 문학평론가로 활동하고 있다.

(17) 익명의 작가 '반디'의 반체제소설집『고발』(다산책방 2014: 조갑제닷컴 2014: 리베르타스 2022).

「조선작가동맹」중앙위원회 소속인 저자는 1980년대 말에서 1990년대에 이르는 시기에 북한주민이 겪는 처참한 생활의 모습을 묘사해 해외로 밀반출했다.

음악

(1) 전영선(全永善),『NK POP 북한의 전자음악과 대중음악』(글누림, 2018).

(2) 하승희(河承希),「북한의 악단 변화 연구(1945~2018)」, 북한대학원대학교 박사학위청구논문, 2019년 2월; _____,「북·일 관계와 전자악단의 활용」,『현대북한연구』제23권 제2호(2020년 8월) 164~206쪽.

※ 하승희(1988~현재)는 중앙대학교 음악대학을 졸업하고 중앙대학교 대학원 언론정보학과에서 석사학위를 받은 데 이어 북한대학원대학교에서 박사학위를 받았다. 현재 동국대학교 북한학연구소 교수다. 최근에 동국대학교 사회과학대학 정치행정학부 북한학전공 학생들과 함께 탈북어린이를 주인공으로 한 그림동화책『소심이의 용기』를 출판했다.

(3) 배인교(裵仁敎),「김정은시대 당정책 구호와 중학교 민족음악 교육」,『현대북한연구』제23권 제3호(2020년 12월), 174~211쪽.

미술

(1) 이구열(李龜烈),『북한미술 50년: 작품으로 만나는 주체미술』(돌베개, 2001).

(2) 홍지석(洪志碩),「북한미술의 기원: 카프미술, 항일혁명미술, 그리고 조선화」,『한민족문화연구』34(2010년 8월), 281~312쪽; ______,「북한 회화에서 아동 이미지의 양태와 이데올로기적 함의: 화집『오늘의 조선화』(1980)를 중심으로」,『미학예술학연구』32(2010년 12월), 373~402쪽; ______,「북한미술연구사: 1979~2010」,『현대북한연구』제14권 제1호(2011년 4월), 7~39쪽.

필자는 한국에서 북한미술연구의 출발점은 이일(李逸) 홍익대학교 교수의「북한미술」(국토통일원 용역보고서, 1979)이라고 보면서, 이후 30년에 걸쳐 진행된 북한미술연구를 대략 10년 주기로 나누어 설명했다.

※ 홍지석(1975~현재)은 홍익대학교 대학원에서 「기호학사에서 시각기호의 차별성과 자율성」(2009년 2월)으로 박사학위를 받았다. 현재 단국대학교 예술대학 미술학부 교수다.

(3) 최희선(崔喜宣), 「남북한 통일과정에서 필요한 디자인정책 연구」, 서울대학교 대학원 디자인학과 박사학위청구논문, 2015년 2월; ______, 「북한 산업미술의 전개과정 고찰: 1994~2015」, *Jounrnal of Integrated Design,* Vol. 14, No. 4(December 2015), 57~70쪽; Heesun Choi, "Designing for People's Pleasure: Amusement Parks in North Korea," *Advances in Affective and Pleasurable Design*, 483(December 2017), pp.615~624.; 최희선, 「북한 산업미술사 연구방법 모색: 70년사 선행연구 사례 중심으로」, 『디자인사연구』1(2020년 8월), 102~120쪽; ______, 『북한에도 디자인이 있을까: 북한산업미술 70년(2000~2018)』(담디, 2020년 9월).

(4) 박계리(朴桂利), 『북한미술과 분단미술: 작품으로 본 북한과 우리 안의 분단 트라우마』(아트북스, 2019년 6월).

※ 박계리(1968~현재)는 이화여자대학교 가정과학대학 가정관리학과를 졸업하고 홍익대학교 대학원 미술사학과를 졸업한 데 이어 이화여자대학교 대학원 미술사학과에서 「20세기 한국회화에서의 전통론」(2006년 8월)으로 박사학위를 받았다. 현재 국립통일교육원 교수다.

영화

(1) 정영권, 「영화 〈복무의 길〉에 나타난 선군시대 북한의 여성과 가부장적 온정주의」, 『현대북한연구』제17권 제2호(2014년 8월), 127~162쪽.

※ 정영권(1974~현재)은 한국외국어대학교 서양학대학 불어과를 졸업하고 동국대학교 대학원 연극영화학과에서 석사학위를 받은 데 이어 동국대학교 대학원 연극영화학과에서 「한국 반공영화의 제도화 연구: 1949~1968 전쟁영화와의 접합과정을 중심으로」(2011년 2월)로 박사학위를 받았다. 현재 부산대학교 영화연구 연구교수다.

(2) 김명신(金命信), 「북한 예술영화에 나타난 분단 감정 구조의 변화와 지속」, 북한대학원대학교 북한학과 박사학위청구논문, 2018년 8월.

※ 김명신(1981~현재)은 아주대학교 경영대학을 졸업하고 서울대학교 대학원 경영학

과에서 석사학위를 받은 데 이어 북한대학원대학교에서 박사학위를 받았다. 유네스코 한국위원회 과학문화본부 선임전문관을 거쳐 현재 LG경제연구원 책임연구원이다.

(3) 한승호(韓承昊), 『북한의 조선예술영화』(커뮤니케이션북스, 2018년 11월).

노동

(1) 남궁영, 『북한의 노동정책과 노동력평가』(통일연구원, 1996년).

(2) 조동호(曺東昊), 『북한의 노동제도와 노동력실태』(한국개발연구원, 2000년).

※ 조동호(1960~현재)는 서울대학교 사회과학대학 경제학과를 졸업하고 서울대학교 대학원 경제학과에서 석사학위를 받았으며 펜실베이니아대학교 대학원 경제학과에서 박사학위를 받았다. 박사학위청구논문 서지사항은 다음과 같다. Dongho Jo, "The Reputation Effects of Workers in the Labor Market," unpub. Ph.D. diss., University of Pennsylvania, 1991. 현재 이화여자대학교 사회과학대학 북한학과 교수다.

(3) 선한승(宣翰承), 『북한의 노동제도와 노동력에 관한 국제비교 연구』(한국노동연구원, 2000년).

※ 선한승(1952~현재)은 고려대학교 문과대학 사회학과를 졸업하고 연세대학교 대학원 사회학과에서 석사학위를 받은 데 이어 독일 빌레펠트대학교 대학원 사회학과에서 박사학위를 받았다. 숭실대학교 사회과학대학 겸임교수로 봉직했다.

(4) 김강식(金康植), 『북한의 노동: 제도 및 인적자원』(집문당, 2003년 9월).

※ 김강식(1958~현재)은 독일 만하인대학교에서 노사관계를 전공해 박사학위를 받았다. 박사학위청구논문 서지사항은 다음과 같다. Kang-Sik Kim, "Quality Circles in Korea und in der BRD," unpub. Ph.D. diss., Universität Mannheim, 1990.

(5) 조정아(曺淨雅), 『북한의 노동인력 개발체계: 형성과 변화』(경기도 파주시: 통일연구원, 2005년).

※ 조정아(1966~현재)는 서울대학교 사범대학 교육학과를 졸업하고 서울대학교 대학원에서 교육사회학을 전공해 석사학위를 받은 데 이어 서울대학교 대학원에서 「산업화 시기 북한의 노동교육」(2003년 2월)으로 박사학위를 받았다. 현재 통일연구원 연구위원이다.

(6) 양문수(梁文秀), 박정호, 구길우, 정건희, 이동영, 조정아(曺淨雅), 『북한의 노동』(한울아카데미, 2007년 1월).

(7) 차문석(車文碩), 김지형(金志炯), 『북한의 공장 및 노동 실태 분석』(한국노총중앙연구원, 2008년 12월).

(8) 이규창, 『2009년 헌법 개정 이후 북한 노동 법제 동향: 제정 노동 보호법 및 노도 정량법의 분석과 평가』(통일연구원, 2011년).

(9) 오상봉, 『북한 노동시장의 현황』(한국노동연구원, 2018년 12월).

(10) 이철수, 『북한을 파견하다: 북한 해외 노동자의 삶과 노동』(서울대학교출판문화원, 2019년 9월).

(11) 김은숙(金銀淑), 「북한 신세대의 노동환경과 노동의식」, 이화여자대학교 대학원 북한학과 박사학위청구논문, 2019년 2월.

※ 김은숙(1963~현재)은 이화여자대학교를 졸업하고 이화여자대학교 대학원 북한학과에서 석사 → 박사학위를 받았다. 현재 이화여자대학교 이화사회과학원 북한학과 연구원이다.

도시

(1) 최완규(崔完圭) 편저, 『북한 도시의 형성과 발전: 청진, 신의주, 혜산』(한울아카데미, 2004년 4월); 최완규(崔完圭) 편저, 『북한 '도시정치'의 발전과 체제 변화: 2000년대 청진, 신의주, 혜산』(한울아카데미, 2007년 6월)

(2) 최봉대(崔奉大) · 구갑우(具甲祐), 「북한의 도시 '장마당' 활성화의 동학(動學): 1990년대 신의주, 청진, 혜산을 중심으로」, 『현대북한연구』,제8권 제3호(2005년 8월), 72~110쪽.

(3) 이종겸 · 정현주(鄭玄珠) · 김희정, 「평양시 도시미화 담론과 북한의 권력에 관한 연구」, 『현대북한연구』,제24권 제2호(2021년 8월), 45~85쪽.

의료와 사회복지 그리고 범죄

(1) 엄주현(嚴柱賢), 「북한 보건의료체계 구축과정 연구」, 동국대학교 대학원 북한학과 북한학박사학위청구논문, 2020년 8월; ______, 『북조선 보건의료체계 구축사 Ⅰ: 1945~1970』(선인, 2021).

(2) 이철수(李哲守), 「2000년대 북한사회복지 동향에 대한 소고」, 『동서연구』(연세대학교 동서문제연구원) 제20권 제1호(2008년 6월), 89~115쪽; ______, 「북한 '년로자보

호법'의 의의와 한계: 타법령과의 비교를 중심으로」, 『북한연구학회보』제19권 제1호(2015년 6월), 57~91쪽; ______, 「북한 사회보장법 법적 분석: 기존 사회복지 관련 법령과의 비교를 중심으로」, 『통일정책연구』제24권 제1호(2015년 6월), 177~207쪽; ______, 「2000년 이후 북한 사회복지법제 동향」, 『현대북한연구』제19권 제2호(2016년 8월), 7~37쪽; ______, 「북한 사회복지의 법제적 고찰: 체제·범위·개입」, 『법학연구』(충북대학교 법학연구소) 제27권 제2호(2016년 12월), 503~532쪽; ______, 「북한 장애인복지정책 분석」, 『한국장애인복지학』제34권 제34호(2016년 12월), 155~194쪽; ______, 「북한의 경제개발구 노동복지 법제분석: 경제개발구 로동규정을 중심으로」, 『동서연구』제29권 제3호(2017년 9월), 27~53쪽; ______, 「북한의 노동복지법제 비교분석: 노동법과 외국인투자기업노동법을 중심으로」, 『통일과평화』(서울대학교 통일평화연구원) 제10권 제1호(2018년 6월), 277~315쪽; ______, 「북한의 '장애인권리협약 국가이행보고서' 분석」, 『북한연구학회보』제23권 제1호(2019년 6월), 105~156쪽; ______, 「북한의 외국인투자기업 노동복지 법제 분석」, 『부동산법학』제23권 제2호(2019년 7월), 163~196쪽; ______, 「북한 장애인복지 법제의 지속성과 변화 고찰: 장애자보호법의 개정 내용 비교를 중심으로」, 『동북아연구』제34권 제1호(2019년 8월), 215~243쪽; ______, 「북한 '아동권리보장법' 분석: 교육, 보건, 가정 관련 조항을 중심으로」, 『통일과 법률』(법무부) 40(2019년 11월), 59~93쪽; ______, 「북한의 '아동권리협약 국가이행보고서' 분석: 제5·6차 통합보고서 보건조항을 중심으로」, 『현대사회와 다문화』제10권 제1호(2020년 2월), 127~163쪽; ______, 「북한의 사회보장 정의에 대한 추적: 북한의 공식사전을 중심으로」, 『한국과 국제사회』제4권 제1호(2020년 2월), 161~194쪽; ______, 「남북한 사회복지 용어 비교: 소득과 복지를 중심으로」, 『국제지역연구』제24권 제2호(2020년 4월), 261~296쪽; ______, 김정은시대 북한사회복지 동학에 대한 일고(一考)」, 『통일문제연구』제32집 제1호(2020년 5월), 109~157쪽; ______, 「북한의 군인연금에 대한 일고(一考): 통합 쟁점을 중심으로」, 『북한법연구』23(2020년 6월), 125~151쪽; ______, 「북한의 '아동권리협약 국가이행보고서'분석: 제5·6차 통합보고서 복지조항을 중심으로」, 『한국과 국제사회』제4집 제5호(2020년 10월), 95~143쪽; ______, 「북한의 사회보험 정의 추적: 북한의 공식사전을 중심으로」, 『북한법연구』25(2021년 6월), 7~46쪽.

(3) 백범석(白凡錫)·이윤제(李潤劑), 「북한인권침해 가해자의 형사책임규명」, 『국제

법학회논총』144(2017년 3월), 63~95쪽.

(4) 이관형(李冠亨), 「북한 마약문제 연구: 국가주도형 초국가적 조직범죄 특성을 중심으로」, 고려대학교 대학원 북한학과 박사학위청구논문, 2021년 8월.

※ 이관형(1979~현재)은 조선대학교 사회과학대학 정치외교학과를 졸업하고 북한대학원대학교에서 석사학위를 받은 데 이어 고려대학교 대학원에서 박사학위를 받았다. 현재 사단법인 엔케이워치에서 봉직하고 있다.

여성

(1) 박영자(朴英子), 「북한의 근대화과정과 여성의 역할(1945-80년대): 공장과 가정의 정치사회와 여성노동을 중심으로」, 성균관대학교 대학원 정치외교학과 박사학위청구논문, 2004년 8월; ______, 「북한의 남녀평등 정책의 형성과 굴절(1945~70)」, 『아시아여성연구』제43권 제2호(2004년 11월), 297~330쪽.

(2) 김석향(金石香), 「'남녀평등'과 '여성의 권리'에 대한 북한당국의 공식담론 변화: 1950년 이전과 1979년 이후 『조선녀성』기사를 중심으로」, 『북한연구학회보』제10권 제1호(2006년 8월), 25~50쪽.

(3) 박경숙(서울대), 「북한 사회의 국가, 가부장제, 여성의 관계에 대한 시론」, 『사회와 이론』(한국이론사학회)제21-1집(2012년 11월), 327~375쪽.

(4) 조영주, 「북한 여성의 실천과 젠더레짐의 동학」, 이화여자대학교 대학원 북한학 협동과정 북한학박사학위청구논문, 2013년 2월.

※ 조영주(1975~현재)는 경희대학교를 졸업하고 이화여자대학교 대학원 북한학 협동과정에서 석사→박사학위를 받았다. 현재 한국여성정책연구원 연구위원이다.

(5) 남성욱 · 채수란 · 이가영, 『북한 여성과 코스메틱』(경기도 파주시: 한울아카데미, 2017).

(6) 이철수(李哲守), 「북한의 '녀성권리보장법'에 대한 탐색적 분석」, 『통일과 평화』제11집 제1호(2019년 6월 30일), 227~259쪽; ______, 「북한의 '여성차별철폐협약 국가이행보고서'분석: 제2 · 3 · 4차 통합보고서 고용복지조항을 중심으로」, 『한국과 국제사회』제4권 제2호(2020년 3월), 261~308쪽; ______, 「북한의 '여성차별철폐협약 국가이행보고서'분석: 제2 · 3 · 4차 통합보고서 보건인프라를 중심으로」, 『한국과 국제사회』제5권 제4호(2021년 8월), 127~150쪽.

※ 이철수(1970~현재)는 서울장신대학교를 졸업하고 한국외국어대학교 대학원 정치외교학과에서 석사학위를 받은 데 이어 한국외국어대학교 대학원 정치외교학과에서 「통일한국 사회복지통합에 대한 연구」(1998년 8월)로 박사학위를 받았다. 현재 신한대학교 임상사회복지학과 교수다.

(7) 박민주(이화여대 북한학연구소), 「김정은시기 '조선옷 전통'의 재구성: 한복정책을 중심으로」, 『현대북한연구』제23권 제1호(2020년 4월), 220~258쪽.

※ 박민주(1986~현재)는 한국항공대학교에서 항공재료공학을 전공하면서 과학기술과 젠더에 관심을 갖기 시작했다. 이화여자대학교 대학원 여성학과에서 석사학위를 받은 데 이어 이화여자대학교 대학원에서 「북한 과학기술 분야 지식구성 과정에 나타난 성불평등 현상 연구」(2019년 8월)로 북한학박사학위를 받았다. 현재 숙명여자대학교 학술연구교수다. 최근의 논문으로 「북한 여성 과학기술인의 지위: 북한 과학기술 부문 여성 과소대표성의 구조적 요인」, 『여성학논집』(이화여자대학교 한국여성연구원) 제36권 제2호(2019), 153~186쪽과 「북한 내 의학지식의 구성과 젠더」, 『과학기술학연구』(한국과학기술학회) 제20권 제2호(2020년 7월), 17~52쪽이 있으며, 공저로는 지도교수인 김석향 박사와 함께 쓴 『북조선 여성: 장마당 뷰티로 잠자던 욕망을 분출하다』(선인, 2021)가 있다.

(8) 강혜석(姜惠錫) · 곽연실 · 김미주 · 김엘렌 · 김정수 · 송현진(宋衒璡) · 전정희 · 조영주 분담집필/이화여자대학교 북한연구회 엮음, 『북한여성, 변화를 이끌다』(선인, 2021년 3월).

(9) 전영선(全永善) · 한승호(韓承昊), 『공화국의 립스틱: 김정은시대의 뷰티와 화장품』(종이와나무, 2021년 6월 30일).

김정은시대를 중심으로 북한의 뷰티와 화장품을 사회문화적으로 분석했다.

종교

(1) 조혜인(趙惠仁), 「북한의 종교: 유교적 유산을 통하여」, 『동아연구』(서강대학교 동아연구소) 25(1992년 12월), 99~118쪽.

※ 조혜인(1953~현재)은 서울대학교 문리대 사회학과를 졸업하고 서울대학교 대학원 사회학과에서 석사학위를 받은 데 이어 펜실베이니아대학교 대학원 사회학과에서 종교사회학을 전공해 박사학위를 받았다. 박사학위청구논문 서지사항은 다음과 같다. Hein

Cho, "Secularization of Neo-Confucianism and Industrialization of Korea," unpub. Ph.D. diss., University of Pennsylvania, 1989. 서강대학교 사회과학대학 사회학과 교수로 정년퇴임했으며, 현재 서강대학교 명예교수다.

(2) 박완신(朴完信), 『북한종교와 선교통일론』(지구문화사, 1994).

(3) 하종필, 『북한의 종교문화』(선인, 2003).

(4) 북한인권정보센터 편, 『북한 종교자유 백서』(북한인권정보센터, 2008); ______, 『북한 종교자유 백서』(북한인권정보센터, 2009); ______, 『북한 종교자유 백서』(북한인권정보센터, 2010); ______, 『북한 종교자유 백서』(북한인권정보센터, 2011); ______, 『북한 종교자유 백서』(북한인권정보센터, 2012); ______, 『북한 종교자유 백서』(북한인권정보센터, 2013); ______, 『북한 종교자유 백서』(북한인권정보센터, 2014); ______, 『북한 종교자유 백서』(북한인권정보센터, 2015); ______, 『북한 종교자유 백서』(북한인권정보센터, 2016년 11월); ______『북한 종교자유 백서』(북한인권정보센터, 2017); ______, 『북한 종교자유 백서』(북한인권정보센터, 2018); ______, 『북한 종교자유 백서』(북한인권정보센터, 2019); ______『북한 종교자유 백서』(북한인권정보센터, 2020).

(5) 송원근, 「북한의 종교지형 변화 요인에 관한 연구」, 명지대학교 대학원 북한학과 박사학위청구논문, 2012년 2월.

(6) ACTS(아세아연합신학대학원) 선교대학원 북한연구원, 『북한의 종교』(청미디어, 2016년 2월).

(7) 최재영, 『북녘의 교회를 가다』(동연, 2019); ______, 『북녘의 종교를 찾아가다: 최재영 목사의 이북 종교 제대로 보기』(동연, 2019).

불교사찰들, 평양에 설립된 가톨릭교회와 러시아정교회를 비롯해 통일교, 몰몬교, 안식교 등을 사실에 바탕을 두고 심층적으로 다룬 탐방기다.

(8) 함제도(Gerard E. Hammond) 구술/ 이향규(李向圭) · 고민정(高旼廷) · 김혜인(金慧仁) 기록 · 정리, 『선교사의 여행: 남북한을 사랑한 메리놀회 함제도 신부 이야기』(가톨릭동북아평화연구소, 2020).

「메리놀외방전교회(약칭 메리놀회)」는 가톨릭선교회의 하나로 아시아지역을 상대로 1911년에 미국 뉴욕주에서 창설됐다. 조선에서는 주로 평안도를 중심으로 1922년에 포교를 시작했으며, 태평양전쟁으로 선교사 전원이 추방되기까지 20년 동안 21개의 본당을 설립하는 등 큰 성과를 거두었다. 해방 이후 한반도에 재진출했으나 남북분단으로 인해 남한에 자리를 잡고 활동했다. 구술인 함제도 메리놀회 신부는 아일랜드 이민의 후예로 1933년에 미국 펜실베이니아주 필라델피아시에서 태어났으며 메리놀회의 소신학교(중고등학교과정)와 대신학교를 마친 뒤 신부가 됐다. 이어 메리놀신학교에서 교육학석사학위를 받았다. 1960년 4월혁명 직후에 한국으로 왔으며 주로 청주교구에서 사목했고 1989년 이후 메리놀회 한국지부장으로 활동했다. 1990년에 북한을 처음 방문했으며 그 이후 인도적 목적의 대북사업에 적극적으로 참여했다. 평양을 방문했을 때는 북한에 있는 유일한 성당으로 1988년에 평양에 세워진 장충성당에서 미사를 집전했다. 그는 "북한에 진짜 신자가 있는지 없는지 저는 아직도 잘 모르겠어요. 당시 장충성당에서 미사를 했던 사람들이나 조선카톨릭협회 사람들은 당원이었던 것 같아요. 그들이 진짜 신자인지는 의심스러워요. 그러나 어쩌면 우리가 모르는 곳에서 몰래 기도를 생활화하는 진짜 신자가 있을지도 모르겠다는 생각이 들어요"라고 회상했다. 이 책은 한국사회를 이해하기 위해서는 물론이고 특히 북한사회를 이해하기 위해 꼭 읽혀야 할 책이다.

인터넷

고경민(高敬旼), 「북한의 IT 딜레마와 이중전략: 인터넷 정책과 소프트웨어 산업정책을 중심으로」, 『정보화정책』제14권 제4호(2007년 12월), 139~158쪽; ______, 「북한의 국가 도메인(.kp) 승인과 인터넷 정책변화: 배경과 전망」, 『정책연구』156(2008년 3월), 129~168쪽; ______, 「'독재자의 딜레마'인가 권위주의적 '사이버체제'인가? 비민주주의 체제에서 인터넷의 정치적 영향과 통제 메커니즘」, 『국제지역연구』제12권 제3호(2008년 10월), 31~56쪽; ______, 「발전지향적 권위주의 체제의 인터넷 발전 모델? 중국과 베트남의 인터넷 확산과 정보 통제」, 『한국정치학회보』제43권 제2호(2009년 6월), 169~191쪽; ______, 「정보기술과 민주화의 패러독스?: 미국의 정보기술 수출통제정책 변화와 중국의 인터넷 발전」, 『평화학연구』제13권 제3호(2012년 9월), 25~50쪽; ______, 「북한의 인터넷 개방: 쿠바 사례를 통해 본 함의와 전망」, 『국가전략』제20권 제1호(2014년 3월), 61~94쪽; ______, 「북한 인터넷 개방의 정치적 영향: 선험적 사례를 통한 분석과 전망」, 『국가전략』제21권 제4호(2015년 겨울), 79~104쪽.

※ 고경민(1968~현재)은 건국대학교 사회과학대학 정치외교학과를 졸업하고 건국대학교 대학원 정치외교학과에서 석사학위를 받은 데 이어 건국대학교 대학원 정치외교

학과에서 「한국의 산업정책 변화과정: 정보통신산업의 '자유화' 사례」(2001년 2월)로 박사학위를 받았다. 현재 국제평화재단에서 봉직하고 있다.

언론

(1) 김수한(金洙漢), 「김정은 권력승계시기 로동신문의 변화 연구: 편집국 인적 구성과 기사내용 특징을 중심으로」, 동국대학교 대학원 북한학과 박사학위청구논문, 2019년 8월; ______, 『북한 로동신문 기자들 실체 분석: 김정은 시대 북한 언론 어떻게 변했나』(선인, 2020년 5월 29일).

※ 김수한은 고려대학교 문과대학 노어노문학과를 졸업하고 경희대학교 평화복지대학원에서 석사학위를 받은 데 이어 동국대학교 대학원에서 박사학위를 받았다. 『코리아 헤럴드』기자로 활동했다.

(2) 박순화(방송통신심의위원회 전문위원), 「북한 방송광고 유형 변화에 관한 연구: 김정은 시기 조선중앙TV를 중심으로」, 북한대학원대학교 북한학과 석사학위청구논문, 2021년 8월; ______, 「김정은 시기 방송광고 유형 변화 및 특징: 조선중앙 TV를 중심으로」, 『현대북한연구』 제24권 제3호(2021년 12월), 42~69쪽.

제3절 대외관계

제1항 대외관계 개관 및 외교방식

(1) 구해우(具海祐), 『김정은 체제와 북한의 개혁개방』(나남, 2012년 7월 20일).

(2) 이상우(李翔宇), 「김정은의 '축전외교' 연구」, 『현대북한연구』제25권 제3호(2022년 12월), 92~135쪽.

(3) 최장호 · 김다울 · 이정균 · 최유정, 『김정은 시대 북한의 대외관계 10년: 평가와 전망』(대외경제정책연구원, 2022년 12월 30일).

제2항 미사일과 잠수함 및 핵 개발: 대미·대남전략 포함

북한에게, 특히 김정일체제와 김정은체제에게 가장 중요한 것은 어느 무엇보다도 대량살상무기의 개발이었다.

(1) 이정우(李政宇), 「북한의 군사위협과 한미동맹의 효용 변화에 관한 연구」, 성균관대학교 대학원 정치외교학과 박사학위청구논문, 2010년 8월; _____, 「북한의 국력과 군사력에 대한 평가」, 『현대북한연구』제15권 제3호(2012년 12월), 100~145쪽; _____, 「북한의 재래식 군사력 평가와 대남 군사위협의 변화」, 『현대북한연구』제17권 제2호(2014년 8월), 296~331쪽.

※ 이정우(1968~현재)는 성균관대학교 대학원 정치외교학과에서 석사학위를 받고 클레어몬트대학교 대학원에서 박사과정을 마친 뒤, 성균관대학교 대학원 정치외교학과에서 박사학위를 받았다. 이 논문들의 발표 때 경남대학교 극동문제연구소 연구교수였다.

(2) 박용환(朴龍煥), 『김정은체제의 북한 전쟁전략: 선군시대 북한 군사전략』(선인, 2012년 12월 12일).

(3) 유용원(庾龍源), 『북한군 시크릿 리포트: 김정은의 북한 군부와 무기체계 공개』(플래닛미디어, 2013년 8월 30일); _____「북한 핵 · 미사일 위협실태 분석: 지금 이 순간에도 북한 핵무기와 미사일은 늘고 있다」, 『신아세아』제27권 제1호(2020년 봄), 11~18쪽.

(4) 한국안보문제연구소 기획/ 권태영(權泰榮), 노훈(盧勳), 박휘락(朴輝洛), 문장렬(文章烈) 분담집필, 『북한 핵·미사일 위협과 대응』(북코리아, 2014년 2월).

※ 필자들은 육군사관학교 졸업생이거나 또는 국방부에서 봉직한 경력을 공통적으로 갖고 있다. 따라서 이론적이기도 하지만 핵무기의 현실에 밝아 설득력이 높다.

(4-A) 문장렬, 「한반도 핵전쟁, 가능한 상상과 불가능한 대책」, 『창작과비평』 제50권 제4호(2022년 겨울), 341~356쪽.

(5) 안문석(安文錫), 「김정은시대 북한의 핵 · 미사일 전략」, 『한국동북아논총』82(2017년 3월), 173~190쪽.

(6) 정영진(鄭永珍), 「국제우주법상 북한 광명성 발사의 적법성」, 『국제법학회논총』144(2017년 3월), 131~145쪽.

"결론적으로 북한의 발사는 안전보장이사회 결의를 준수하지 않음으로써 국제우주법의 대원칙인 '평화적 목적'을 위반하였다. 그리고 북한이 국제전기통신연합(ITU)과 국제민간항공기구(ICAO)의 절차를 따르지 않은 것 그 자체가 '평화적 목적'의 위반을 보여주는 증거를 구성한다고 할 수 있다."

(7) 이종주, 「북한 핵정책의 변동성 연구(1991~2016): '제한적 편승'에서 '전면적 내부균형'으로」, 북한대학원대학교 박사학위청구논문, 2018년 2월; ______, 「김정은의 핵강압외교 연구」, 『현대북한연구』제22권 제3호(2019년 12월) 88~130쪽.

필자는 위의 논문을 발전시켜 뒤의 논문을 출판했다. 뒤의 논문의 역점을 두어 설명한다면, 필자는 토머스 셸링(Thomas Schelling)과 알렉산더 조지(Alexander George) 그리고 피터 야콥센(Peter Jakobsen)의 강압외교이론으로 김정은외교를 분석했다.

※ 필자는 고려대학교 문과대학 사회학과를 졸업하고 하버드대학교 캐네디스쿨에서 석사학위를 받은 데 이어 북한대학원대학교에서 박사학위를 받았다.

(8) 장광열(張光烈), 「김정은정권의 정치적 상징전략에 관한 연구: '핵무력 완성' 선언을 중심으로」『한국군사학논집』제74권 제3호(2018년 10월), 215~244쪽.

※ 장광열(1964~현재)은 육군사관학교를 졸업하고 연세대학교 대학원 생물학과에서 석사학위를 받은 데 이어 숭실대학교 대학원 정치외교학과에서 「비대칭동맹의 변환과 약소국요인: 미국의 전쟁기 한미동맹 변화요인을 중심으로」(2017년 8월)로 박사학위를 받았다. 현재 국방대학교 국가안전보장문제연구소 책임연구원이다.

(9) Glyn Ford, *Talking to North Korea: Ending the Nuclear Standoff*(London, Pluto Press, October, 2018)/글린 포드 지음/고현석 옮김, 『토킹 투 노스 코리아: 우리는 북한을 정말 제대로 이해하고 있는가』(생각의날개, 2018년 11월).

(10) 홍우택(洪宇澤) · 박창권(朴昌權), 『북한의 핵전략 분석』(통일연구원, 2018년 12월).

※ 홍우택(1967~현재)은 미국 클레어몬트대학교에서 박사학위를 받았다. 박사학위청구논문 서지사항은 다음과 같다. WooTaek Hong, "Emgerging Cooperation under Power, Preference, and Region," unpub. Ph.D. diss., Claremont Graduate School, 2006. 이 보고서의 집필 당시 통일연구원 선임연구위원이었다. 현재 한국국방연구원 연구위원이다.

※ 박창권(1958~현재)은 미국 미주리대학교 콜럼비아 캠퍼스 대학원 정치학과에서 박사학위를 받았다. 박사학위청구논문 서지사항은 다음과 같다. Chang Kwoun Park,

“Consequences of U.S. Naval Shows of Force, 1946-1989,” unpub. Ph.D. diss., University of Missouri, Columbia, 1995. 한국국방연구원 연구위원으로 봉직했으며, 현재 한국국방연구원 명예연구위원이다.

(11) 손문수(孫文壽), 「북한 핵정책의 지속성과 변화에 대한 연구(1991~2018): 실존적 억지에서 최소억지로」, 영남대학교 대학원 정치외교학과 박사학위청구논문, 2019년 2월.

(12) 북대북한연구회 기획/ 이종주, 『김정은시대 북한을 보는 10가지 시각: 지속과 변화』(경기도 파주시; 역사인, 2019년 8월).

(13) 고미 요지 저/배성인 역, 『지금, 김정은과 북한: 한반도 역사를 어떻게 바꿀 것인가?』(지식의숲, 2019년 7월 15일).

(14) 권세중, 『북한에너지, 미래를 위한 협력과 도전』(선인, 2020년 1월).

북한의 에너지 수급 · 산업 · 정책을 1990년대 초반 ‘고난의 행군’부터 현재까지 통시적으로 고찰하고, 지속가능한 협력을 위한 방안을 제시했다. 저자는 대북한 에너지협력이 중장기적으로 통일 기반을 조성해 나가는 하위개념이자 비핵화 해결의 입구(入口)적인 구상이라고 역설한다.

(15) 김동욱 · 박용한(朴用韓) 저, 『북핵 포커게임: 한반도 판을 흔들다』(늘품플러스, 2020).

※ 김동욱은 서울대학교 사회과학대학 외교학과를 졸업하고 방송기자로 정주영회장의 소떼 방북을 비롯해 세 차례의 남북정상회담 등을 취재했다. 고려대학교 대학원에서 북한 핵문제를 다룬 연구로 박사학위를 받았다.

(16) 유재동(兪載東: 『동아일보』 뉴욕특파원), 「파워인터뷰: 한반도 군사안보전문가 브루스 베넷 미 랜드연구소 선임연구원: “김정은, 북한 내 입지 흔들리면 핵무기로 한국 침공나설 가능성”」, 『동아일보』(2020년 10월 13일), A31쪽.

베넷 박사의 발언 가운데 핵심적인 부분은 “북한이 핵을 가지게 된 후 한반도의 핵전쟁 가능성이 높아졌다. 김정은 북한 국무위원장이 입지가 흔들린다고 판단하면 체제 결속을 위해 한국침공을 단행할 가능성이 있다” 이다.

※ 브루스 베넷(Bruce W. Bennett, 1952~현재)은 캘리포니아공과대학(칼텍) 경제학과를 졸업하고 파디랜드대학원(Pardee RAND Graduate School)에서 “Uncertainty in ICBM Survivability”(1979)라는 논문으로 정책분석학 박사학위를 받았다. 현재 파디랜드

대학원 교수이면서 랜드연구소 선임연구원이다.

(17) 윤대엽(尹大燁), 「남북일 트릴레마: 체제경쟁, 안전보장, 역사문제의 상호모순과 타협」, 『한국정치연구』제30집 제1호(2021년 1월), 159~186쪽.

필자는 트릴레마(trilemma) 개념을 통해 안전보장, 체제경쟁, 역사문제를 둘러싼 남북일 삼각관계의 상호모순과 타협과정을 역사적 시각에서 분석했다.

(18) 서울대학교 국제문제연구소, 『김정은의 전략과 북한』(사회평론아카데미, 2021년 4월 30일).

(19) 김경희(金京熙), 「고슴도치 이론(porcupine theory)과 북한 김정은정권의 한반도 통일전략」, 『신아세아』 제28권 제3호(2021년 가을), 9~41쪽.

필자는 "북한이 대륙간탄도미사일과 잠수함발사탄도미사일 등으로 확실히 무장할 경우, '한반도 적화통일'은 현실화 개연성이 있다"고 분석했다.

(20) 백장현(白章玄), 『북핵 해법: 30개 현안으로 묻고 답하다!』(가톨릭동북아평화연구소 2021년 10월).

※ 백장현(1974~현재)은 춘천교육대학교 대학원에서 「재량활동에서의 통일교육 운영 실태 조사 연구」(2003년 2월)로 석사학위를 받았다.

(21) 조성렬(趙成烈), 『김정은 시대 북한의 국가전략: DIME 분석과 삼벌 구상』(백산서당, 2022년 1월).

제목의 'DIME'은 '외교(Diplomacy), 정보(Intelligence), 군사(Military), 경제(Economy)'이며, '삼벌(三伐)'은 '벌모(伐謀)'와 '벌교(伐交)' 그리고 '벌병(伐兵)'을 말한다. 저자는 이 책을 '집권 10년차를 맞이한 김정은 체제와 북한 국가전략의 전면 해부'이면서 '김정은 정권의 새로운 도전에 대응한 우리의 전략지침서'라고 설명했다.

(22) 최일(해군사관학교), 『잠수함 리얼리티: 전직 함장이 들려주는 진짜 잠수함 이야기』(행복, 2022년 4월).

저자는 2007년에 실전배치된 1800톤급 잠수함 중 1번함 손원일함 초대 함장을 역임한 예비역해군대령이다. 경남대학교 대학원에서 6·25전쟁 연구로 정치학박사학위를 받았으며, 현재 해군사관학교에서 '잠수함공학' 초빙교수로 봉직하고 있다. 잠수함에 관한 다양한 정보를 제공하고 있으며, 특히 북한이 시험발사를 진행하는 잠수함발사탄도미사일(SLBM)과 북한이 개발하고 있는 3000톤급 신형 잠수함의 실체 등을 분석했다. 북한은 2023년 9월 6일에 전술핵공격잠수함을 진수했다고 『조선중앙통신』이 2023년 9월 6

일에 보도했다.

(23) 남성욱(南成旭), 「남한과는 기 싸움, 미국과는 비핵화 협상 노린 강온 포석: 핵 실험 카드 넣고 외교라인 교체한 북한의 대외전략」, 『월간중앙』(2022년 8월), 98~103쪽.

(24) 이종철(李鍾喆), 「북한 대내외 전략 모형화 연구」, 『신아세아』(신아시아연구소) 제29권 제3호(2022년 9월), 37~73쪽.

(25) 서보혁(徐輔赫) · 안소연, 「김정은정권의 핵정책 10년의 패턴과 특징: 남북미 전략적 삼각관계를 중심으로」, 『담론201』(한국사회역사학회), 제25권 제3호(2022년 10월), 73~102쪽.

(26) 박휘락(朴輝洛), 「북한의 핵무력 법령화와 우리의 대응」, 『외교』144(2023년 1월), 76~88쪽.

김정은정권은 2022년 9월 8일에 그들의 핵무기정책을 법으로 제정하고 공포하면서 통일이 그들 핵무장의 목적임을 노골화했고 어떠한 경우에도 핵무기를 포기하지 않겠다는 것을 명문화했다. 필자는 김정은 정권의 이러한 결정에 대해 한국정부가 어떻게 대응해야 할 것인가를 논의했다.

(27) 임성재(동국대학교 북한연구소 객원연구원), 『김정은 시대 북한의 벼랑 끝 전략』(박영사, 2023년 3월 2일).

(28) 김정호, 『김정은 정권 10년의 북한: 최악의 독재국 '김일성 조선'의 권력장악 과정과 핵무기를 앞세운 정권 생존 시나리오』(퍼플, 2023년 4월 15일).

제3항 미국에 대한 전략

(1) 김일수(金佚洙) · 정태일(鄭泰日), 「김정은시대 북한의 대외정책과 한국의 대응」, 『군사발전연구』(조선대학교 군사발전연구소) 제6권 제1호(2012년 12월), 229~245쪽.

(2) 박원곤(朴元坤), 「연속된 '균형(balancing)': 김정은시기 대미전략 10년」, 『한국국가전략』(한국국가전략연구원), 제7권 제2호(2022년 7월), 153~191쪽.

제4항 러시아와의 관계

(1) 박종수, 『21세기의 북한과 러시아: 신화(神話), 비화(秘話) 그리고 진화(進化)』(오름, 2011).

(2) 장덕준(張悳俊), 「최근 북러관계의 변화: 현황, 동인, 전망 및 한국의 대응」, 『러시아연구(서울대학교 러시아연구소)』제24권 제2호(2014년 11월), 271~303쪽.

(3) 박정민(朴廷敏), 「김정은시대 북·러 경제협력」, 『현대북한연구』제18권 제3호(2015년 12월), 225~259쪽.

김정은정권 출범 이후 북한의 러시아와의 관계는 북한의 중국과의 관계가 냉각된 상황을 틈타 '신(新)밀월관계'로 불릴 만큼 밀착관계가 뚜렷해졌다고 보았다.

제4절 북한의 기근과 탈북 그리고 북한에 대한 지원

북한은 특히 김일성이 죽고 김정일의 권력을 승계한 1994년 7월 이후 일정한 기간(1995~1999)에 걸쳐 '대기근' 또는 극심한 식량부족에 시달렸다. 대한민국 통계청에 따르면, 이 시기에 약 33만 명이 굶어죽었다. 이 시기에 김정일정권은 김일성이 1938년 말부터 1939년 초까지 약 100일에 걸쳐 식량부족을 포함한 악조건 속에서 일본의 토벌군에 쫓기면서 마침내 탈출구를 찾았던 '고난의 행군'을 상기시키면서 북한주민을 달래고자 했다. 2000년대에 들어와 식량사정이 어느 정도 완화됐다고는 하지만 북한주민은 여전히 굶주림에 시달리고 있으며, 그들 가운데 일부는 먹을 것을 찾아 목숨을 건 탈북을 감행하고 있다. 이러한 비극적 상황을 바라보면서, 국제사회에서는, 북한에 대한 식량지원과 북한주민의 인권이 큰 쟁점으로 떠올랐다. 탈북을 시도하다가 북한당국에 붙잡힌 사람들은 감옥으로 끌려가거나 심한 경우에는 정치범수용소로 끌려가 가혹한 대우를 받는다.

제1항 개관

(1) 손주환(孫柱煥), 「북한 이탈주민 문제에 관한 연구」, 경남대학교 대학원 정치외교학과 박사학위청구논문, 1999년 2월.

※ 손주환(1939~2022)은 고려대학교 법과대학을 졸업하고 경남대학교 대학원 정치외교학과에서 석사→박사학위를 받았다. 경향신문사 수습기자로 출발해 베트남 특파원을 역임했으며 중앙일보로 옮겨 편집부국장을 역임했다. 제13대 국회의원에 이어 노태우 대통령 때 정무수석비서관으로 봉직했고, 공보처장관을 역임했다. 이후 서울신문사 사장과 한국국제교류재단 이사장을 역임했다.

(2) Suk Lee, "Food Shortages and Economic Institutions in the DPRK," unpub. Ph.D. diss., University of Warwick, 2003; 이석(李碩), 『1994~2000년 북한기근: 발생, 충격, 그리고 특징』(통일연구원, 2004).

※ 이석(1963~현재)은 서울대학교 사회과학대학 경제학과를 졸업하고 서울대학교 대학원 경제학과에서 석사학위를 받은 데 이어 영국 워릭대학교 대학원 경제학과에서 석사→박사학위를 받았다. 현재 통일연구원 연구위원이다.

(3) 김일수(金佚洙), 「탈북자 문제에 대한 한국의 입장과 대응」, 『세계지역연구논총』(한국세계지역학회) 제22권 제2호(2004년 12월), 329~357쪽.

(4) Hazel Smith, *Hungry for Peace: International Security, Humanitarian Assistance, and Social Change in North Korea*(Washington D.C.: United States Institute of Peace, 2005).

(5) Ralph Hassig and Kongdan Oh, *The Hidden People of North Korea: Everyday Life in the Hermit Kingdom*(Lanham, M.D.: Rowman & Littlefield, 2009; 2nd ed., 2015).

부부인 공저자는 탈북자 수백 명을 심층 인터뷰하고 이 책을 썼다. 2011년 12월에 김정일이 죽고 김정은이 권력을 승계하자 제2판 개정판을 출판했다.

(6) 배종렬(裵鍾烈), 「북한의 최근 식량 및 경제위기와 체제변화 가능성: 1990년대 중반 식량 및 경제위기와의 비교를 중심으로」, 『통일연구』제13권 제1호(2009년 5월), 31~62쪽.

(7) Jin-Heon Jung, "Free to Be: North Korean Migrants and the South Korean Evangelical Church," unpub. Ph.D. diss., University of Illinois, Urbana-Champaign, 2010; ______, *Migration and Religion in East Asia: North Korean Migrants; Evangelical*

Encounters(London and New York: Palagrave Macmillan, 2015); 정진헌(鄭塡憲), 『베를린에서 만난 서울과 평양:(탈)분단 도시의 열망이야기』(통일부 국립통일교육원, 2021).

※ 정진헌(1969~현재)은 한양대학교 국어국문학과를 졸업하고 한양대학교 대학원 인류학과에서 석사학위를 받은 데 이어 일리노이대학교 어바나샴페인 캠퍼스 대학원 문화인류학과에서 박사학위를 받았다. 현재 국립통일교육원 교수다.

(8) 권수현(權修賢) · 송영훈(宋映勳), 「피를 나눈 형제, 이웃보다 못한 친척? 북한이탈주민에 대한 남한주민의 사회적 거리감과 결정요인, 2007-2014」, 『오토피아』(경희대학교 인류사회재건연구원) 제30권 제2호(2015년 11월), 123~160쪽.

(9) Hazel Smith, "Nutrition and Health in North Korea: What's New, What's Changed and Why It Matters," *North Korean Review*(Institute for North Korean Studies, University of Detroit Mercy), Vol. 12, No. 1(Spring 2016), pp.7~34.

※ *North Korean Review*는 2년에 1회 출판되는 북한전문 논문집이다. 이 연구소의 소장인 Suk Hi Kim 교수가 편집인을 맡고 있다. 그는 미주리주 세인트루이스대학교(St. Louis University) 대학원에서 재정학을 전공해 박사학위를 받았다.

(10) 송영훈(宋映勳), 「해외체류 탈북자와 북한인권 개념의 복합구조: 국민, 난민, 이주민」, 『다문화사회연구』(다문화통합연구소) 제9권 제2호(2016년 8월), 69~94쪽; Young-Hoon Song, "Living on the Border? Human Rights and Selection Process in the Forced Migration of North Korean Defectors," *Korea Journal*, Vol. 62, No. 1(March 2022), pp.107~128.

※ 송영훈(1972~현재)은 서울대학교 사범대학 국민윤리교육과를 졸업하고 서울대학교 대학원 국민윤리교육과에서 석사학위를 받은 데 이어 사우스캐롤라이나대학교 콜럼비아 캠퍼스 대학원 정치학과에서 박사학위를 받았다. 박사학위청구논문 서지사항은 다음과 같다. Young-Hoon Song, "Between and Beyond Borders: Conflict, International Response, and Forced Migration," unpub. Ph.D. diss., University of South Carolina, Columbia, 2011. 현재 강원대학교 사회과학대학 정치외교학과 교수다. 난민에 관한 그의 논문에 다음이 있다. 「테러리즘과 난민문제의 안보화: 케냐의 난민정책을 중심으로」, 『국제정치논총』제54권 제1호(2014년 3월), 195~230쪽; ______, 「장기화된 난민위기와 국제개발협력」, 『담론 21』(한국사회역사학회)제20권 제3호(2017년 1월), 7~36쪽.

(11) Jean Ziegler, *Retournez les fusils ! : choisir son camp*(Paris: Ed. du Seuilm, 2017)/장 지글러 저, 모명숙 역, 『인간의 길을 가다: 실천적 사회학자 장 지글러의 인문학적 자서전』(갈라파고스, 2016).

제7장에 한국 얘기가 많이 나온다. 기아로 국경을 탈출하는 북한사람들에 대한 얘기도 나온다.

(12) 이영주, 『김정은도 꼭 알아야 할 진짜 북한의 속살: 두 번의 북송과 세 번의 탈북에 얽힌 한 여인의 리얼리티 증언록』(포앤북스, 2018년 8월).

(13) 문인철(文仁喆) · 송영훈(宋映勳), 「교통안전에 대한 북한주민의 인식과 태도」, 『통일과평화』(서울대학교 통일평화연구원) 제10권 제2호(2018년 12월), 157~192쪽.

※ 문인철(1979~현재)은 성균관대학교 대학원 정치외교학과에서 「북한의 손실 인식과 대남 적대적 군사행동 연구: 숙적관계와 전망이론을 중심으로」(2016년 2월)로 정치학박사학위를 받았다. 현재 서울연구원 연구위원이다.

(14) 송영훈(宋映勳) · 문인철(文仁喆) · 박길수(도로교통공단) · 정금숙(鄭錦淑: 도로교통공단), 「통일대비 교통안전정책 연구: 북한이탈주민의 교통안전인식 인터뷰를 중심으로」, *Journal of North Korea Studies*(고려대학교 세종캠퍼스 공공정책연구소) 제4권 제2호(2018년 12월), 233~259쪽.

(15) Monica Hahn and Young-Hoon Song, "Division, the Formation of Cold War Borders, and Border-Crossing," *Korea Journal*, Vol. 62, No. 1(March 2022), pp.5~20.

(16) 이지성, 『이지성의 1만 킬로미터: 그들은 왜 목숨을 건 여정을 떠나는가?』(차이정원, 2023).

이 책의 표지에는 "북한과 중국, 동남아를 거쳐 한국까지 나는 무엇을 보았는가?: '북한의 쉰들러' 수퍼맨 목사와 '든든한 후원자' 이지성 작가의 탈북로드 5년의 기록"이 쓰였다. 이 책은 "모두가 안다고 말하지만, 누구도 알 수 없는 3만 3천 탈북인의 자유를 향한 행진과 숨겨진 진실들!"을 전하고 있다.

제2항 만성적인 식량부족과 굶주림에 대한 탈북자의 증언

(1) 최순호(崔淳湖), 『탈북자 그들의 이야기』(시공사, 2008).

조선일보 사진부 기자에 이어 조선일보 연수특파원으로 중국 길림성 연변조선족자치주 연길시에서 관찰한 탈북 소년소녀들의 실태를 글과 사진으로 자세히 묘사했다. 국경지역에서 목숨을 걸고 탈출하는 사람들, 중국의 산속에 숨어사는 탈북자들, 때로는 중국과 동남아시아는 물론 한국과 미국 등 각지에 정착해 새로운 삶을 살아가는 탈북자들의 이야기를 담았다. 이 책에는 중국과 한국의 국경에서 바라본 북한의 풍경과 헐벗은 산야의 모습, 체포돼 북송될까 두려워 산속에 토굴을 파고 사는 사람들의 힘든 생활의 모습, 고문을 받다 두 다리가 절단된 채로 기다시피 다시 탈북에 성공한 사람의 이야기, 불안한 하루하루를 보내며 한국으로 보내지기를 기다리는 동남아국경의 탈북자들, 한국에 정착해 사는 사람들의 모습과 이야기가 가슴저리게 녹아있다.

※ 최순호(1968~현재)는 서강대학교 문과대학 정치외교학과를 졸업하고 한양대학교 언론정보대학원 뉴미디어영상학과에서 석사학위를 받았다. 「중국조선족의 어제와 오늘, 핑구어리」(금호아트갤러리, 2004) 개인전을 열었다. '핑구어리'는 북한의 사과와 중국의 돌배나무를 접목해 만든 사과배의 이름이다. 그는 이어 『조선족 이야기: 사진집』(민음사, 2004)을 출판했다.

6·25전쟁에 대해서도 관심을 갖고 다음과 같은 책을 출판했다. 『가재 상흔: 1950. 11. 20, 남원시 주천면 고기리 · 덕치리 한국전쟁 전후 민간인 희생자 보고서』(남원미디어공방, 2022). '가재'는 전라북도 남원시 주천면 덕치리 노치마을의 순우리말이다. 1950년 11월에 국군 제11사단 전차부대가 들어와 빨치산 거점 제거 등을 명분으로 민간인을 집단학살했다. 저자는 경찰기록 그리고 그때 사건을 경험한 주민들에게 들은 증언 등을 토대로 사건을 재구성했다.

(2) Blaine Harden, *Escape from Camp 14: One Man's Remarkable Odyssey from North Korea to Freedom in the West*(New York: Penguin Books, 2012)/신동숙 번역, 『14호 수용소 탈출: 자유를 찾아 북한에서 서방까지 한 남자의 놀랍도록 긴 여정』(아산정책연구원, 2013).

(3) Joseph Kim and Stephan Talty, *Under the Same Sky: From Starvation in North Korea to Salvation in America*(Boston, M.A.: Houghton Mifflin Harcourt, 2015).

이 책은 탈북자 Joseph Kim의 회고 그리고 Stephan Talty의 논평을 묶은 것이다. Joseph Kim은 북한에서 태어나 성장하다가 부모가 정치범으로 몰려 온갖 고초를 겪게 되고 여동생은 몇 푼 안 되는 돈에 중국인에게 팔려가는 아픔을 겪었다. 게다가 1990년대에 극심한 기근이 닥치면서 거지생활을 하다가 탈북에 성공했고 결국 미국으로 입국할 수 있었다. 이 책은 특히 1990년대의 북한 사회와 인민의 삶이 얼마나 극심한 고통 속에 빠졌던가를 잘 보여주었다.

(3-A) Sarah Stanley, "Book Review: *Under the Same Sky* by Joseph Kim and Stephan Talty," *Acton Institute Powerblog*(July 16, 2015).

(4) Yeon-mi Park/Eji Kim(Narrator), *In Order to Live: A North Korean Girl's Journey to Freedom*(New York: Penguin Books, 2015); 정지현 역, 『내가 본 것을 당신이 알게 됐으면』(21세기북스, 2015); Yeon-mi Park/Jordan B. Peterson(Foreword), *While Time Remains: A North Korean Defector's Search for Freedom in America*(New York: Threshold Editions, Simon & Schuster, 2023) /정시행(조선일보 뉴욕특파원) · 정지섭(조선일보 국제부 기자), 「2007년 탈북 뒤 미국으로 유학, 2021년 미 시민권 얻은 박연미 씨: "'북 인권유린 고발' 유튜버서 '미 우파의 스타'된 탈북자"」, 『조선일보』(2023년 6월 24일), A25쪽.

박연미는 13세였던 2007년에 아버지가 정치범수용소에 끌려가자 어머니와 함께 북한을 탈출해 몽골을 거쳐 한국에 정착했다. 동국대학교 경찰행정학과를 거쳐 2015년에 미국 콜럼비아대학교로 유학한 뒤 현지에 정착해 2021년에 미국시민권을 얻었다. 그녀는 현재 「박연미의 북한의 목소리(Voice of North Korea by Yeon-mi Park)」라는 이름의 유튜브 채널을 운영하고 있다. 구독자 수는 111만명이다.

(5) 주성하(周成河), 「주성하 기자의 서울과 평양 사이: 북한 매춘과 마약의 충격 실태」, 『동아일보』(2016년 7월 7일), A29쪽.

북한에서의 식량부족은 여성의 매춘으로 이어졌다. 필자는 다음과 같이 썼다.

> 북한 제2의 도시 함경북도 청진시에서 2015년 여름에 탈북해 남한으로 온 A씨에 따르면, 청진시에는 매춘하는 여자들이 나타났으며 그들은 대부분 마약을 한다. 다른 탈북자들의 이야기를 들어보면, 신의주나 원산 등 북한의 다른 주요 도시들도 사정은 비슷하다.

(5-A) ______, 「주성하 기자의 서울과 평양 사이: 탈북해 한국에서 20년을 살아보니」, 『동아일보』(2022년 3월 17일), A29쪽.

※ 주성하(1975~현재)는 북한의 동북지방에서 태어나 김일성종합대학 어문학부에서

영문학을 전공했다. 김일성종합대학 졸업생이라는 사회적 지위를 갖고 있었지만 북한 체제에 불만을 갖고 몇 차례 탈북을 시도하다가 투옥되기도 했으나 마침내 2002년 3월 16일에 한국에 들어오는 데 성공했다. 2003년에 동아일보에 기자로 입사해 북한에 관한 소식을 알리는 「주성하 기자의 서울과 평양 사이」라는 고정칼럼을 담당하고 있다. 위의 칼럼은 자신이 탈북을 결심한 배경, 한국에 들어온 과정, 한국에서의 생활 등을 진솔하고 담았다.

(6) 유석재(兪碩在), 「"꽃제비는 단순한 방랑자가 아니라 북(北) 통제서 벗어나려는 저항집단": 자신의 경험담은 꽃제비 연구로 박사학위 받은 탈북자 김혁 씨」, 『조선일보』(2019년 6월 7일), A25쪽.

이 기사의 핵심적 부분은 다음과 같다.

> "북한의 '꽃제비'를 단순히 방랑자나 걸인 정도로 이해해서는 안 됩니다. 꽃제비는 북한 국가권력의 통제에서 끊임없이 이탈하려고 하는 정치·경제적 저항집단입니다" […] 김혁은 일곱 살 때 집을 뛰쳐나와 꽃제비가 됐다. 구걸하고 훔치면서 정처 없이 떠도는 신세였다. 1990년대로 접어들자 그런 아이들이 급속히 늘어났다. 배급이 끊기며 굶어 죽는 사람이 속출하고 곳곳에서 가정이 해체됐다. 이런 상황에서 꽃제비 생활이 순탄했을 리 없다. "굶어 죽고, 얼어 죽고, 매 맞아 죽는 '3대 죽을 각오'를 하지 않으면 버틸 수 없는 생활이었습니다" 쓰레기더미를 뒤져 먹을 것을 찾고, 온기가 남아있는 제철소 석탄재 옆에서 잠을 자고 일어나 보니 옆자리 친구가 죽어 있는 일은 예사였다.
>
> 기술이 발전한 꽃제비들은 장사꾼의 물건을 날쌔게 덮쳐 훔치는 '덮치개,' 물건을 통째로 바닥에 내동댕이치는 '파장꾼,' 면도날로 가방을 찢는 '데시꾸,' 남의 집에 들어가 훔치는 '문차기'로 연명했다. "몰래 월경했다는 이유로 한 번 들어가면 아무도 살아 나올 수 없다는 회령 전거리 제12교화소에 끌려갔습니다." 간신히 그곳에서 나왔을 때 몸무게가 35kg, 이제 목숨을 건 탈북을 감행해야 했다.
>
> [김혁은] 꽃제비에 대해 "갑자기 나타난 게 아니라 북한정권 수립 이전부터 '부랑자'라 불렸던 반(反)체제적 존재"라고 말하면서, "결국 집단주의와 전체주의로 유지되는 거대한 통제사회에 균열을 만들어내는 조직이 될 겁니다"라고 전망했다. 그는 남한에서 유행하고 있는 '헬조선'이란 말에 대해 한마디 했다. "자기가 하고 싶은 걸 할 수 있는 선택의 기회가 있다는 것이 얼마나 행복한지 알아야 합니다. 여기선 끝없이 도망 다니고 숨어야 할 필요도 없잖아요?"

(6-A) 김혁(金革), 「북한의 꽃제비 연구: 발생·유형·변화」, 가톨릭대학교 대학

원 사학과 석사학위청구논문, 2012년 8월; ______, 『소년, 자유를 훔치다: 퍼플맨 김혁이 들려주는 꽃제비에 관한 진실』(늘품플러스, 2013); ______, 「북한 꽃제비의 형성과정과 국가통제로부터의 이탈」, 한국학중앙연구원 한국학대학원 정치학박사학위청구논문, 2019년 2월.

저자는 함경북도 청진에서 태어났다. 2000년 탈북하여 2001년 9월에 한국에 입국한 저자는 자신의 경험을 근거로 '꽃제비' 연구로 석사→박사학위를 받았다. 논문을 지도한 이완범 교수는 저자의 논문을 "꽃제비 출신이 쓴 최초의 꽃제비 연구 박사논문"이라고 평가했다.

※ 김혁(1982~현재)은 가톨릭대학교를 졸업하고 서강대학교 대학원 정치외교학과에서 석사학위를 받은 데 이어 한국학중앙연구원에서 박사학위를 받았다.

(7) Il Im(author), Adam Zulawnik(editor), *Interviews with North Korean Defectors: From Kim Shin-jo to Thae Yong-ho*(Abingdon, Oxfordshire: Routledge/ Taylor & Francis Group, 2022).

(8) 김중근, 『가면을 벗긴다: 어느 탈북 외교관의 끝 모를 여정』(기파랑, 2023). 저자는 북한의 외교관으로, 김정은이 고모부 장성택을 처형하는 것을 보고 탈북을 결심한 베이징 주재 북한대사관 대사와 함께 탈북을 결행한다. 그는 곧 미국으로 망명하고 가족을 구출하기 위해 북한으로 잠입하며 이후 대한민국에 정착한다.

탈북자 대우 그리고 한국에서의 삶

(1) 박치영(朴稚榮), 「제17장 북한난민의 법적 지위 문제」, ______, 『유엔정치와 한국문제』(서울대학교출판부, 1995), 351~374쪽.

(2) 이재곤(李載坤), 「대규모 탈북자 문제에 대한 국제법적 대응」, 『법학연구』(충남대학교 법학연구소) 제12권 제1호(2001년 12월), 73~110쪽; ______, 「탈북자 문제와 국제법」, 『한국통일연구』(충남대학교 통일문제연구소) 제8권 제1호(2003년 봄), 49~76쪽.

(3) 김화순(金禾淳), 「북한이탈주민의 고용에 미치는 요인 연구: 인적자본 및 노동시장구조 요인을 중심으로」, 한국기술교육대학교 대학원 박사학위청구논문, 2009년 8월.

※ 김화순(1958~현재)은 이화여자대학교 사범대학 사회생활학과를 졸업하고 한국기술교육대학교 대학원에서 석사→박사학위를 받았다. 현재 성공회대학교 민주자료관 연구교수다. 그녀는 최봉대와 함께 「1980년대 북한 정치신분제에서 세대 간 지위세습과

성취기제」,『현대북한연구』제25권 제3호(2022년 12월), 8~53쪽을 발표했다.

(4) Hee-young Yi, "New Citizens' Participation and 'Struggles for Recognition': An Oral Case Study of Identity Construction of North Korean Defector-Residents," *Korean Social Sciences Review*, Vol. 1, No. 1(2011), pp.143~184.

(5) 최대석(崔大錫)·박영자(朴英子),「북한이탈주민 정책연구의 동향과 과제」,『국제정치논총』제51집 제1호(2011년 3월), 187~216쪽.

(6) Eunsun Kim and Sébastien Falletti, *Corée du nord. 9 ans pour fuir l'enfer*,(Paris: Michel Lafon, 2012)/ 문은실 옮김,『열한 살의 유서: 함경북도 은덕에서 서울까지 희망과 자유를 찾아 생사를 넘나드는 9년간의 탈북스토리』(씨앤아이북스, 2013).

책에서는 '김은선'이라는 이름을 썼으나 한국어판에서는 본명인 '김은주'를 썼다.

(7) 한인영(韓仁永)·구혜완(具惠婉),『북한이탈주민 여성의 성인식 관련 기초조사』(집문당, 2014).

(8) Min Young Lee, "North Korean Migrants in South Korea: Policy, Services and Social Work Practice," unpub, Ph.D. diss., University of Bristol, 2015.

※ 이민영(李民榮, 1973~현재)은 이화여자대학교를 졸업하고 이화여자대학교 대학원 사회복지학과에서 석사학위를 받은 데 이어 이화여자대학교 대학원 사회복지학과에서「남북한 이문화 부부의 가족과정 경험에 관한 질적 연구: 내러티브 탐구방법을 활용하여」(2005년 2월)로 박사학위를 받았으며, 영국 브리스톨대학교 대학원에서 다시 박사학위를 받았다. 현재 고려사이버대학교 사회복지학과 교수다.

(9) 김윤경,「북한이탈주민의 탈북과정 경험이 근로희망에 미치는 영향: 외상 후 스트레스와 우울감의 매개효과 분석」, 연세대학교 대학원 사회복지학과 박사학위청구논문, 2016년 2월.

(10) 연규호(延圭昊),『두만강 다리』(문학나무, 2017).

※ 연규호는 연세대학교 의과대학을 졸업한 의사로 여러 소설을 출판했다. 이 소설은 탈북자의 심리와 한국생활에서의 느낌을 묘사했다.

(11) 이형종(李炯宗),「북한이탈주민의 공감 능력과 경험 연구: 사회통합의 관점으로」, 북한대학원대학교 박사학위청구논문, 2018년 8월.

※ 이형종(1980~현재)은 고려대학교 문과대학 심리학과를 졸업하고 고려대학교 대학원 심리학과에서 석사학위를 받은 데 이어 북한대학원대학교에서 박사학위를 받았다.

현재 경남대학교 극동문제연구소 교수다. 그는 「북한 주체심리학의 요구와 변천과정 연구」, 『현대북한연구』제25권 제1호(2022년 4월), 164~199쪽을 발표했다.

(12) 김양희, 『평양랭면, 멀리서 왔다고 하면 안 되갔구나: 통일을 기대하게 하는 북한 음식 이야기』(폭스코너, 2019).

평양냉면, 대동강숭어국, 대동강맥주, 언감자국수 등 북한의 21가지 대표음식을 소개했다. 북한음식문화의 변화도 담았다.

(13) 하주희(河周希), 「중국 내 탈북여성 60% 성노예 전락: 탈북여성들 영국의회 증언대에 서다; 영국 탈북자 인권단체 KFI '중국 내 탈북여성의 성노예 문제' 보고서」, 『주간조선』(2019년 5월 27일), 12~16쪽.

영국의 탈북자 인권단체인 「코리아미래전략(Korea Future Initiative: KFI)」은 2019년 5월 20일에 런던의 웨스트민스터궁에서 중국 내 탈북여성의 성노예문제를 다룬 *Sex Slaves: The Prostitution, Cybersex and Forced Marriage of North Korean Women and Girls in China*라는 제목의 보고서를 공개했다, 곧이어 세 명의 탈북여성이 직접 자신의 경험을 증언했다.

(14) 정다운(세례명 요한 바오로) 신부, 「국제법에 따른 한국에서의 탈북자의 지위와 정착」, 교황청 산하 로마 라테라노대학교 국제법박사학위청구논문, 2019.

(15) 한원채, 『노예공화국 북조선 탈출: 1급 설계원 보위부 비밀요원의 자유 · 인권 · 민주주의 향한 여정』(행복에너지, 2019).

저자는 북한에서 훈장은 여러 개 받고 정치보위부 비밀공작원을 지냈으나 북한상황에 분노를 느껴 세 차례 탈출했지만 강제송환돼 고문을 받다가 끝내 사망한 것으로 알려졌다. 북송 직전 자신이 쓴 원고를 함께 탈북한 딸에게 주었고, 이 원고는 2002년 일본에서 먼저 출간됐다. 세 자녀는 이 원고를 담보로 받은 출판선인세(出版先印稅) 덕분에 한국에 올 수 있었다. 저자는 "북조선 사람들이 잔인한 독재체제에서 얼마나 굶어죽고 병들어 죽고 얼어 죽고 맞아 죽고 신음하며 살고 있으며 자유를 갈망하고 있는지" 외부사람들에게 알리려는 목적에서 썼다.

(16) 최지선(崔智善: 동아일보 정치부 기자), 「살기 고달픈 탈북민 '재입북의 유혹'… 9년간 28명 넘어갔다」, 『동아일보』(2020년 8월 7일), A27쪽.

탈북민의 현황을 자세히 설명했다.

(17) 전주람(서울시립대) · 곽상인(서울시립대) 지음, 『절박한 삶: 탈북여성 다섯 명

이 말하는 도망쳐온 생, 새로 꾸려가는 생』(경기도 파주시: 글항아리, 2021).

제목이 말하는 그대로 탈북여성 다섯 명을 인터뷰하고 그 내용을 담았다.

이수린(56세 여성; 중국 경유), 「1장 반듯하게 걷는 여인: "운좋게 남편과 딸내미 두 명 가족 모두 탈북했습네다"」, 21~67쪽.

※ 2006년에 남한에 들어왔다.

백장원(58세 여성; 탈북 중 2회 북송, 구류), 「2장 돈 안 주고 산 별장에서 즐겁습네다: "고통스런 세월 지나니 지금은 살 만합니다예"」, 69~145쪽.

※ 2004년에 딸 하나, 아들 하나와 함께 남한에 들어왔다.

원민형(42세 여성, 중국 경유), 「3장 꺾이며 꺽일지언정 굽어들지 않는다: "북한여군 출신입니다"」, 147~231쪽.

※ 1998년에 중국을 거쳐 남한에 들어왔다.

마현미(50세 여성), 「4장 피나는 노력이 있기 때문에 무대가 있어요: "북한있는 아들 쌀밥 먹이려고 부서져라 일했지"」, 233~325쪽.

※ 2005년에 남한에 들어왔다.

김미숙(50세 여성, 중국과 캄보디아 경유), 「5장 딸이라는 에너지: "여동생과 그 집 딸 세 명 빼왔시오"」, 327~395쪽.

※ 2004년에 남한에 들어왔다.

(18) 김경렬(金敬烈), 「북한이탈주민의 송금 분석: 행위자-연결망 이론을 중심으로」, 『현대북한연구』 제24권 제3호(2021년 12월), 107~142쪽.

남한에 정착한 탈북민들은 남한사회에서 열심히 일하고 번 돈을 이러저러한 통로를 통해 자신의 북한 가족 또는 친척들에게 보내주고 있다. 필자는 이 주제를 여러 각도에서 분석했다.

(19) 구대명, 『거품1』(경기도 군포시: 명화출판사, 2021); ______, 『거품2』(경기도 군포시: 명화출판사, 2022).

탈북민인 저자가 공산체제 아래 살다가 한국으로 귀순한 뒤의 삶을 그렸다.

(20) 주성하(周成河), 『북에서 온 이웃』(휴먼앤북스, 2022).

탈북민인 저자가 한국에 정착한 21명의 탈북민 이야기를 담았다.

제3항 만성적인 식량부족과 굶주림에 대한 관찰자의 증언

(1) 최보식(崔普植), 「최보식이 만난 사람: 북한정보의 핵심에 25년간 다가간 일본인…이시마루 지로(石丸次郎); “이해할 수 없었다…‘민주화’ 위해 싸운 운동권이 북정권 편드는 것을”」, 『조선일보』(2018년 3월 19일), A30쪽.

이시마루 지로(1962~현재)는 교토의 도시샤대학 문학부를 졸업한 후, 연세대학교 등에서 2년 6개월 유학하며 한국어를 익혔다. 재일조선인 문제, 한국의 학생운동, 일제시대의 조선인권투선수 등을 취재한 후 1993년에 북 · 중국경 1,400km를 답파했다. 북한 내부를 3회에 걸쳐, 그리고 북 · 중국경지역을 약 90회에 걸쳐 취재하는 가운데 2018년 3월 현재까지 900여 명의 북한주민을 취재했다. 북한 내부의 상황, 특히 굶주림 등을 현장에서 접했으며 비디오를 통해 외부에 알렸다.

비디오 취재로 「북한난민의 증언」(일본어)(NHK · ETV특집), 「북한에서 온 소녀」(일본어)(NHK · ETV특집), 「북한인 저널리스트, 리준 특집」(일본어)(닛폰TV), 「북한으로 돌아간 준」(일본어)(NHK특집) 등이 있다. 그 외 KBS 9시 뉴스, KBS파노라마, MBC뉴스데스크, 영국 채널4, 독일ARD, 미국 PBS프론트라인 등에 북한현지르포를 전하고 있다.

(2) 박한식(朴漢植), 「박한식의 평화에 미치다: “북한 농학자들 ‘미국 농축산업 견학’ 제안에 뛸 듯 반겼다”」, 『한겨레』(2020년 7월 6일), 17쪽.

김일성이 죽고 김정일이 후계자로 공식 등장한 직후인 1990년대 중반에 북한을 방문했던 필자의 관찰이 담겼다. 그는 다음과 같이 회상했다.

(i) “내 눈에 들어온 현실은 초근목피로 연명하는 북한주민들의 실상이었다. 인민들에게 이밥에 고깃국 실컷 먹고 살게 해주겠다던 김일성 주석의 약속은 온데간데 없고 굶주림에 신음하는 인민들로 나라 전체가 아우성이었다. 김일성 사후 식량사정은 그야말로 최악이었다. 소련의 해체로 인한 공산권의 붕괴가 북한의 경제적 고립을 가속화했고 엎친 데 덮친 격으로 가뭄과 홍수 같은 자연재해가 더해지면서 식량생산에 갑작스러운 차질이 생겼다. 1990년대 중후반에 일어난 대기근을 일컫는 ‘고난의 행군’ 기간에 최소 200만 명 이상으로 추정되는 북한주민이 굶어 죽는 참상이 발생했다.”

(ii) “부모가 굶어 죽어 탁아소에 맡겨진 아이들이 역시나 먹을 것이 없어 굶어 죽는 광경을 직접 눈으로 목격하였다. 내가 소학교 1년을 보냈던 평양의 한 마을에 가봤더니

먹을 것이 없어 소나무 껍질을 벗겨 겨우 목숨만을 부지하는 사람들로 넘쳐났다.”

(3) 이희영(李熙英), 『경계를 횡단하는 여성들: 분단과 이주의 생애사 연구』(푸른길, 2022).

저자는 2006년부터 13년에 걸쳐 다양한 연령대와 신분의 탈북여성 수십 명을 만난 뒤 이 책을 썼다. 2006~2008년에 만난 탈북여성 8명은 1990년대 북한 대기근 이후 오직 살아남기 위해 두만강을 건넜을 뿐 남한에 오려고 탈북하지 않았다. 그러나 2019년에 만난 신세대 여성들은 더 나은 삶을 찾아 남한행을 택했다.

※ 이희영(1963~현재)은 베를린공대(Technische Universität Berlin) 사회학과를 졸업하고 베를린공대 대학원 사회학과에서 석사학위를 받은 데 이어 카셀대학교(Universität Gesamthochschule Kassel) 대학원에서 사회과학연구방법론을 전공해 박사학위를 받았다. 현재 대구대학교 사회과학대학 사회학과 교수다. 그녀는 다음과 같은 논문도 발표했다. 이희영, 「제7장 북한 일상생활 연구자료의 생성과 해석: 구술자료 연구방법론을 중심으로」, 동국대학교 북한일상생활연구센터 기획/박순성(朴淳成)·홍민(洪珉) 공편, 『북한의 일상생활세계: 외침과 속삭임』(한울아카데미, 2010), 200~247쪽.

제4항 탈북 이후의 삶

미국과 영국에 정착한 탈북민

(1) 신혜란(申惠蘭), 『우리는 모두 조선족이다: 뉴몰든에서 칭다오까지, 오늘도 떠나는 사람들』(이매진, 2016).

제목에 나오는 ‘뉴몰든(New Malden)’은 영국 잉글랜드 런던의 교외지역으로, 탈북자를 비롯한 한인들이 많이 사는 지역이다. ‘칭다오(青島)’는 중국 산둥성 동부지역으로, 조선족 신흥집거지로서 대표적이다. 저자는 2010년~2014년에 현지 조사와 인터뷰 등 질적 연구방법을 써서 해외 이민자들을 연구했다.

(2) Ji-hyun Park and Seh-lynn, *Deux Coreennes: souvenirs du pays d'où l'on ne peut s'e chapper*(프랑스어)(Paris: 0Buchet-Chastel Paris, 2019)/채맹정(蔡孟貞, 중국어발음 차이맹첸) 역, 『살고 싶어 가다: 기근을 피해 두 한국 여성의 가장 행복하고 진실한 대

화』(중국문)(타이페이: 대전출판고빈유한공사[大田出版股份有限公司], 2021)/박지현(朴智賢) 이야기/채세린(전업작가) 글/장상미(전문번역가) 옮김, 『가려진 세계를 넘어: 우리는 계속해서 말할 것이다』(슬로비, 2021).

1968년에 함경북도 청진에서 태어난 박지현은 1998년에 탈북했으나 중국 남성에게 팔렸고 그렇게 낳은 아들 철이가 다섯 살 되던 해에 중국공안에 잡혀 북송됐다. 2004년에 인신매매를 자청해 중국으로 탈출한 뒤 2005년에 철이를 찾고 2008년에 난민 지위를 얻어 런던에 도착할 수 있었다. 한국외교관의 딸로 소르본대학교와 뉴욕대학교에서 프랑스문학을 전공한 채세린은 2004년에 영국으로 이주한 뒤 국제앰네스티 캠페인에 출연한 박지현을 만나고 이 책을 썼다.

(3) 이수정, 「영국 거주 북한이주민의 '안녕감'에 대한 관계적 이해」, 『현대북한연구』 제22권 제2호(2019년 8월), 8~46쪽.

(4) 김수현(金秀泫), 「'웜비어 장학금' 첫 수혜자는 미(美) 정착 탈북민 이서현 씨」, 『동아일보』(2022년 8월 26일), A28쪽.

북한에 장기간 억류됐다가 의식불명 상태로 송환된 후 숨진 미국 대학생 오토 웜비어(Otto Frederick Warmbier, 1994~2017) 씨의 부모가 아들의 이름으로 수여하는 초대 장학금 수혜자로 미국 정착 탈북민을 선정했다고 미국의소리(VOA)가 25일 보도했다. VOA에 따르면 웜비어 씨의 아버지 프레드 웜비어 씨는 탈북민 이서현 씨에게 장학금을 수여한다고 밝혔다. 프레드 씨는 "북한 고위 엘리트 출신의 안락함을 포기하고 북한의 자유를 위해 노력하는 열정에 감명을 받았다"며 이 씨를 계기로 다른 탈북민 학생들에게도 장학금 수여를 계속할지 고려할 것이라고 밝혔다. 이 씨는 미 컬럼비아대에서 국제관계학을 공부하는 대학원생이다. 이 씨는 VOA에 "이번 장학금은 북한 정권에 의해 부당하게 희생된 모든 사람에게 강력한 희망의 메시지를 줄 것"이라며 "북한 내 민주주의 체계를 세우고 번영하는 나라로 발전시키는 길을 도모하겠다"고 말했다. 이 씨는 북한 내 외화벌이를 담당하는 노동당 39호실에서 고위직을 지낸 리정호 씨의 딸이다. 이들은 2014년 북한을 탈출해 미국에 정착했다.

한국에 정착한 탈북민

(1) 이영선(李榮善) · 전우택(全宇鐸) 공편, 『탈북자의 삶: 문제와 대책』(오름, 1996).

「머리말」, 5~9쪽.

이영선(李榮善) · 전우택(全宇鐸), 「Ⅰ. 서장: 탈북자의 삶: 문제와 대책」, 9~15쪽.

전우택(全宇鐸) · 민성길(閔聖吉) · 윤덕룡(尹德龍: 대외경제정책연구원) 논평, 「Ⅱ. 탈북자들의 심리와 적응상의 문제」, 16~66쪽.

이윤구(李潤求) · 김동배(金東培) 논평, 「Ⅲ. 탈북자들의 적응을 위한 민간차원의 대책」, 67~91쪽.

안수길(탈북자) · 김명세(여의도침례교회 전도사) 논평, 「Ⅳ. 탈북자의 사회적응은 민족화합의 예비과정」, 92~108쪽.

「Ⅴ. 종합토론」

김병로(金炳魯: 서울대) · 김상봉(탈북난민보호UN청원본부) · 김수웅(한국기독실업인회) · 김창순(金昌順: 북한연구소) · 신현수(보건복지부) · 이만열(李萬烈) · 이정우(보건사회연구원) · 임재동(극동방송), 「1. 지정토론자 논평」, 109~126쪽.

「2. 자유토론」, 127~131쪽.

이영선(李榮善), 「3. 정리」, 132~134쪽.

「부록」, 135~139쪽.

(2) 김석향(金石香), 『북한이탈주민의 언어생활에 나타나는 북한언어정책의 영향』(통일부 통일교육원, 2003); ______, 『회령 사람들, 기억 속 이야기를 들려주다』(국민대학교 출판부, 2013).

(3) 박정란(朴貞蘭), 「여성 새터민의 직업가치와 진로의사 결정과정 연구: 북한에서 남한에 이르기까지의 맥락적 접근」, 이화여자대학교 대학원 북한학협동과정 북한학박사학위청구논문, 2006년 8월; ______ · 강동완(姜東完) · 김흥광(金興光), 『북한이탈주민 일자리 현황 및 연계 방안: 일자리생애 사례분석을 중심으로』(북한이탈주민지원재단, 2010).

※ 박정란(1972~현재)은 경희대학교 대학원에서 석사학위를 받고 이화여자대학교 대학원 북한학협동과정에서 북한학박사학위를 받았다. 국내 최초의 북한학박사이다. 현재 서울대학교 통일평화연구소 연구위원이다.

(4) 안준호(安埈豪: 월간조선 기자), 「한국사회에서 성공한 탈북자들: "목숨 걸고 탈북했는데 못할 일이 뭐가 있어?"」, 『월간조선』(2009년 3월), 364~382쪽.

탈북한 뒤 한국으로 들어와 '성공'한 사람들을 만난 뒤 그들의 이야기를 담았다. 여기에는 다음과 같은 사람들이 포함됐다.

(ⅰ) 회령정치범수용소 경비원이었던 안명철(安明哲): 현재 농협 과장이다.

(ⅱ) 정성산(鄭成山): 요덕정치범수용소로 끌려가다가 차가 전복하는 바람에 극적으로 탈출한 뒤 한국으로 입국하는 데 성공한 그는 요덕정치범수용소의 그 참상을 폭로한 『요덕스토리』를 감독했으며 현재 영화감독이다.

(ⅲ) 연예인으로 성공적인 삶을 살았던 김용(金勇): 현재 북한전문음식점 「모란각」을 개업하고 있다.

(ⅳ) 평양국립교향악단 수석 피아니스트였던 김철웅(金哲雄): 현재 세계적 피아니스트로 활동하고 있다.

(ⅴ) 사회안전부 88호 종합병원 진료부장이었던 석영환(石英丸): 그는 현재 한의사로 개업하고 있다.

(ⅵ) 혜산과학기술위원회 품질감독관이었던 이애란(李愛蘭): 그녀는 이화여자대학교 대학원 식품영양학과에서 「1990년 전후 북한주민의 식생활 양상 변화」(2009년 2월)로 이학박사학위를 받았다.

(ⅶ) 함흥공업대학 강좌장 겸 컴퓨터 실장이었던 김흥광(金興光): 그는 전문직출신의 탈북자들로 구성된 NK지식인연대 대표로 활동하고 있다.

(ⅷ) 해외 무역대표부에서 일했던 김광진(金光進): 그는 현재 국가안보전략연구소 선임연구원이다.

(5) 김광웅(金光雄: 북한학 연구), 「북한이탈주민의 사회적 배제와 사회성에 관한 연구」, 명지대학교 대학원 북한학과 박사학위청구논문, 2011년 2월.

(6) 김중태(金仲台), 「북한이탈주민의 직장생활과 적응 장애요인에 관한 연구: 남한출신 관리자와 북한출신 근로자의 상호인식을 중심으로」, 경남대학교 북한대학원 박사학위청구논문, 2014년 2월; ______, · 김광웅(金光雄: 북한학 연구) · 문병기(文丙基), 「북한이탈주민의 직장생활적응 장애요인에 관한 연구: 남한출신 관리자와 북한출신 근로자의 상호인식을 중심으로」, 『다문화와 평화』(다문화평화연구소), 제10권 제2호(2016년 8월), 29~52쪽.

※ 문병기(1963~현재)는 서울대학교 사회과학대학 정치학과를 졸업하고 미국 애크론대학교 대학원 정치학과에서 석사학위를 받은 데 이어 오하이오주립대학교 대학원 정치학과에서 박사학위를 받았다. 박사학위청구논문 서지사항은 다음과 같다. ByungGi Moon, "The Effect of Local Fiscal Structure on the Equilibrium Income of Central City Residents: Utilization of a Dynamic Urban Model", unpub. Ph.D. diss., Ohio State

University, 1998. 현재 한국방송통신대학교 사회과학대학 행정학과 교수다. 이민정책에 관심을 두고 논문을 발표해온 그는 현재 한국이민정책학회 회장으로 봉사하고 있다.

(7) 주성하(周成河) · 조의성(탈북민), 『어젯날 철천지원수의 땅에서 자유를 노래하다: 주성하와 탈북 청년들의 아메리카 방랑기』(북돋움, 2020).

탈북 이후 북한 전문가로 활동하는 저자가 탈북민 후배 2명과 미국을 횡단하며 나눈 대화와 경험을 담았다.

(8) 한성희(韓成熙), 「탈북여성 4명 중 1명꼴 성폭력 피해…'도움 요청'은 10%도 안돼」, 『동아일보』(2020년 8월 21일), A27쪽.

(9) 김명성(조선일보 기자), 「월북 · 탈북 · 일흔에 영(英) 이주…한 탈북민의 굴곡진 삶」, 『조선일보』(2021년 8월 28일),

영국 『가디언』지는 2021년 8월 24일자에 한국학전공의 오언 밀러(Owen Miller) 런던대학교 교수가 쓴 부고기사 「시실리아 김(Cecilia Kim)」을 게재했다. 시실리아 김의 한국 이름은 김찬숙이다. 그 요지는 다음과 같다.

> "김찬숙은 1930년대에 서울에서 태어났다. 한국전쟁 때 서울을 점령한 북한군 정치공작대 소속의 김일성대학 학생들은 젊은이들에게 "인민군에 들어오면 '무상교육 · 무상의료'를 보장해준다"라며 입대를 선전 · 강요했다. 김찬숙은 대학에 갈 목적으로 인민군에 입대했다. 5년간의 군복무 후 평양의학대학에서 공부한 그녀는 평양임상병원 내과의사로 배치됐다. 그러나 좋은 시절은 오래가지 못했다. 남로당파를 숙청한 북한은 전후 남한 출신에 대한 차별정책을 실시했다. 그녀와 그녀의 딸도 남한출신이라는 이유로 1973년에 평양에서 추방돼 함경북도 샛별군의 광산촌으로 쫓겨갔다. 그녀는 시골에서 잠시 다시 의사로 활동할 기회를 얻은 적도 있지만, 극심한 식량난이 이어지면서 집에서 만든 술을 암시장에 팔아 생계를 근근이 유지했다. 하지만 한계에 부딪힌 그녀는 1998년에 딸과 손녀를 데리고 중국으로 탈북했다. 이후 그녀는 가족과 함께 고향인 한국에 돌아왔지만 적응에 실패했다. 그녀는 결국 70대의 나이에 새로운 삶을 시작하기로 결심하고 2000년대 중반 영국에 정착했다. 영국은 2004년에 미국에서 북한인권법이 통과된 이후 탈북자들을 인도주의 차원에서 수용했다. 현재 영국에는 약 500여 명의 탈북민들이 거주하는 것으로 알려졌다. 영국거주 한 탈북자는 "처음에는 언어장벽 때문에 정착이 쉽지 않지만, 이곳에서는 오히려 한국보다 탈북자에 대한 차별이 없다. 북한이든 남한이든 '코리안'으로 인식된다"고 했다."

(10) HaeRan Shin, "The Geopolitical Ethnic Networks for De-bordering: North

Korean Defectors in Los Angeles and London," *Asian Journal of Peacebuilding*, Vol. 9, No. 2(2021), pp.209~232; HaeRan Shin, ed., *North Korean Defectors in Diaspora: Identities, Mobilities, and Resettlements*(Lanham, M.D.: Lexington Books, 2022).

Haeran Shin, Kyung-hyo Chun and Hyunuk Lee, "Introduction"

Section 1. Keeping Moving: North Korean Defectors

Hyun-uk Lee and Seok-hyang Kim, "Chapter 1. From Linked to Linking Agency: Transnational Ties of North Korean Defectors Living in Japan"

Heui-jeong Kim, "Chapter 2: Adaptation of North Korean Defector Families Who Resettled in South Korea after Having Left the South"

Haeran Shin, "Chapter 3: *I Opened My Eyes*: Female North Korean Defectors' Journey from Precarity to Empowerment"

Section 2. Life Outside the Korean Peninsula: North Korean Defectors' Settlements

______, "Chapter 4: Do They Get Along? Interactions Between North Korean Defectors and South Korean Migrants in London"

Heui-jeong Kim, "Chapter 5: Communication of North Korean Defector Families Through Transnational Migration"

Haeran Shin, "Chapter 6: De-bordering North Korea - Remittances and Global Networks"

Section 3. North Korean Identities Reconstituted as They Muddle Through

Kyung-hyo Chun, "Chapter 7: Representation and Self-Presentation of North Korean Defectors in South Korea: Image, Discourse, and Voices"

Haeran Shin, "Chapter 8: North Korean Nation-Building Outside North Korea

Haeran Shin and Kyung-hyo Chun, "Conclusion: Looking to the Future"

(11) 김이삭, 『북한 이주민과 함께 삽니다』(나무발전소, 2023).
탈북민인 저자가 서울에서의 생활을 에세이 형식으로 썼다.

탈북민을 상대로 한 통일의식조사

서울대학교 통일평화연구원은 탈북민을 상대로 통일의식을 조사했다.

(1) 정동준 · 정근식 · 조동준 · 서보혁 · 천경효 · 문인철 · 이정옥, 『북한주민 통일의식 2017』(서울대학교 통일평화연구원, 2018).

(2) 정동준 · 천경효 · 문인철 · 엄현숙 · 조동준 · 임경훈 · 이정옥, 『북한주민 통일의식 2018』(서울대학교 통일평화연구원, 2019).

(3) 김학재 · 김병로 · 문인철 · 엄현숙 · 조동준 · 임경훈 · 조용신, 『북한주민 통일의식 2019』(서울대학교 통일평화연구원, 2020).

(4) 김학재 · 엄현숙 · 문인철 · 김병로 · 천경효 · 조동준 · 임경훈 · 최현정, 『북한주민 통일의식 2020』(서울대학교 통일평화연구원, 2021).

한국인을 상대로 한 통일의식조사

서울대학교 통일평화연구원은 한국인을 상대로 통일의식조사를 실시했다.

(1) 정근식 · 김병로 · 장용석(張容碩) · 전동준 · 최규빈 · 김병조 · 송영훈 · 황정미 · 황창현, 『2016 통일의식조사』(서울대학교 통일평화연구원, 2017).

(2) 정근식 · 김선 · 문인철 · 송영훈 · 전동준 · 조동준 · 천자현 · 황정미 · 김희정 · 이정옥 · 임수진, 『2017 통일의식조사』(서울대학교 통일평화연구원, 2018).

(3) 전동준 · 김선 · 김희정 · 나용우 · 문인철 · 송영훈 · 임경훈 · 이정옥, 『2018 통일의식조사』(서울대학교 통일평화연구원, 2019).

(4) 김학재 · 강채연 · 김범수 · 김병로 · 김희정 · 이성우 · 최규빈 · 임경훈 · 조용신, 『2019 통일의식조사』(서울대학교 통일평화연구원, 2020).

(5) 김범수 · 김병로 · 김학재 · 김희정 · 박원호 · 이종민 · 최규빈 · 임경훈 · 최현정, 『2020 통일의식조사』(서울대학교 통일평화연구원, 2021).

남북통합지수

(1) 정근식 · 김병연 · 김병로 · 정은미 · 장용석(張容碩) · 이종민 · 김경민 · 안소연, 『2016 남북통합지수』(서울대학교 통일평화연구원, 2016).

(2) 조동준 · 김병연 · 천자현 · 김학재 · 안소연 · 이종민 · 김경민, 『2017 남북통합지수』(서울대학교 통일평화연구원, 2017).

(3) 천경효 · 조동준 · 김병연 · 김학재 · 안소연 · 이종민 · 조용신, 『2018 남북통합지수』(서울대학교 통일평화연구원, 2019).

(4) 안동환 · 김병연 · 김학재 · 천경효 · 이종민 · 조용신 · 황창현, 『2019 남북통합지수』(서울대학교 통일평화연구원, 2020).

(5) 김범수 · 김병연 · 김학재 · 이경수 · 조용신 · 김유연 · 최현정, 『2020 남북통합지수』(서울대학교 통일평화연구원, 2021).

제5항 만성적인 식량부족과 굶주림에 대한 연구

(1) Sung-wook Nam, "Prospects of Grain Production, Consumption and Trade: 1961~97," unpub. Ph.D. diss., University of Missouri, Columbia, 1998.

필자가 김정일정권 시기의 대기근 그 자체를 다룬 것은 아니다. 그러나 김일성이 추진한 제7차 경제계획 이후 1997년까지의 북한경제를 분석하면서 북한경제가 장기적 침체국면에 들어설 것이라고 예고했고, 만성적인 식량부족이 발생할 것을 느끼게 해주었다.

(2) 이신화(李信和), 「대량 탈북사태에 대한 조기 경보: '환경 난민'의 개념을 적용하여」, 『국제정치논총』제38집 제2호(1998년 12월), 63~86쪽.

※ 이신화(1965~현재)는 이화여자대학교 사범대학 영어교육과를 졸업하고 메릴랜드대학교 칼리지파크 캠퍼스 대학원 정치학과에서 난민문제가 빚어내는 국제관계에 대해서도 연구해 박사학위를 받았다. 박사학위청구논문 서지사항은 다음과 같다. Shin-wha Lee, "Environmental Changes, Refugee Flows, and Violent Conflict in the Third World," unpub. Ph.D. diss., University of Maryland, College Park, 1994. 현재 고려대학교 정경대학 정치외교학과 교수다. 다음과 같은 논문도 발표했다. 「분쟁과 난민의 역학: 아프리카 난민의 인도적 위기와 안보적 위협」, 『21세기 정치학회보』제27권 제1호(2017년 3월), 151~175쪽; ______, 「인구, 이주, 난민안보의 '복합지정학': 지구촌 신흥안보의 위협과 한반도에의 함의」, 『아세아연구』제60권 제1호(2017년 3월), 6~50쪽.

(3) 정광민(鄭光敏), 「북조선의 정치 · 경제 시스템과 식량권(食糧權): 수령경제과 식량권의 계층구조를 중심으로」(일본어), 『비교경제체제학회연보』(도야마대학[富山大學] 극동지역연구센터) 제42권 제1호(2005년 1월), 25~34쪽; ______, 「북조선 기근의 원인과 결과에 관한 연구」(일본어), 『아시아연구』(도쿄대학 사회과학연구소) 제51권 제1호

(2005년 1월), 59~75쪽; ______, 「북조선 기근의 정치경제학: 수령경제 · 자력갱생 · 기근」(일본어), 나고야대학(名古屋大學) 대학원 경제학과 경제학박사학위청구논문, 2005년 3월; ______, 『북한 기근의 정치경제학: 수령경제 · 자력갱생 · 기근』(시대정신, 2005).

※ 정광민(1958~현재)은 부산대학교 학생 때 유신체제반대운동과 광주민주화운동에 참여해 투옥되기도 했으나 부산대학교 사회과학대학 경제학과를 졸업하고 일본 교토대학 대학원을 거쳐 나고야대학 대학원에서 경제학박사학위를 받았다.

한국 및 국제사회의 지원

강동완(姜東完), 「정책네트워크 분석을 통한 대북지원정책 거버넌스 연구: 정책 결정과정과 정책효과 평가를 중심으로」, 성균관대학교 대학원 정치외교학과 정치학박사학위청구논문, 2008년 2월; ______, 『북한개발지원의 이론과 포괄적 전략』(통일연구원, 2009).

※ 강동완(1974~현재)은 현재 동아대학교 교수다.

제6항 북한정치체제의 대응과 체제변동 가능성

(1) 월간조선 엮음, 『대동란의 공화국: 무너지는 북한체제, 그 충격의 최근 실상』(조선일보사출판국, 1994년 9월).

「제1장 속으로 무너지는 신정체제」, 「제2장 군심(軍心)의 향방」, 「제3장 수용소 군도, 그리고 탈북인들」 등 세 부분으로 구성됐다. 『월간조선』의 기자들, 탈북자들, 그리고 한국의 북한전문가들이 집필한 글들을 모았다. 김일성 사망이 발표된 직후에 출판된 책으로, 북한의 장래에 대해 매우 비관적으로 진단했다.

(2) 차성근, 「북한 체제변동 가능성과 북한주민 의식구조 분석」, 경기대학교 정치전문대학원 북한학과 박사학위청구논문, 2015년 2월.

(3) 감희, 『북한사람 이해하기: 북한에서는 왜 민주화운동이 일어날 수 없는가』(한울, 2021년 11월).

탈북민 출신의 저자가 전체주의 공포체제에서 저항하지 못하고 살아갈 수밖에 없는 북한사람들의 심리를 다층적으로 분석했다. 1990년대 식량위기 이후 장터를 중심으로 사적 담론의 공간이 확장되는 모습도 담았다.

(4) 한규선(韓圭先), 「시장화(市場化)의 영향을 중심으로 본 북한의 통치성 변화와 함의」, 『정치와 평론』(한국정치평론학회) 29(2021년 12월), 43~92쪽; _____, 「6장 북한 통치성의 변화: 시장화의 영향을 중심으로」, 이동수(李東秀: 경희대) 외, 『동양의 근대적 통치성』(경기도 고양시: 인간사랑, 2022), 249~304쪽.

필자는 자신의 이 논문을 다음과 같이 요약했다.

> 사회주의 통제경제에 입각한 북한은 1990년대 중반부터 경제위기와 식량난을 겪기까지는 안정적으로 체제유지를 해왔다. 북한 경제위기와 식량난은 북한 사회주의체제의 존속을 위협하는 최대의 위기였다. 이 위기를 극복하는 과정에서 도입된 시장화는 북한 통치자들에게 시장과 사회주의를 어떻게 양립시키느냐의 문제를 초래했고 이를 해결하기 위해 '실리사회주의'라는 통치담론을 만들었다. 이 '실리사회주의'는 체제변화가 아닌 체제 안에서 제한적으로 시장화를 수용하려는 의도에서 만들었지만, 시장화의 확산과 함께 '실리(utility, 實利)' 개념은 지도자의 유일영도를 뒷받침하는 가부장제와 사회주의를 결합한 '사회주의 대가정'의 통치담론을 약화시키고 있다. 북한 통치자 김정은은 이에 대응하여 새로운 통치담론인 '인민대중제일주의'를 내세우고 있다. 이 논문에서는 '사회주의 대가정'과 '실리사회주의', '인민대중제일주의'의 통치담론 분석을 통해 이 통치담론에 반영된 통치성의 변화와 함의를 논의하고자 한다.

※ 한규선(1959~현재)은 경희대학교 정경대학 정치외교학과를 졸업하고 서울대학교 대학원 정치학과에서 석사학위를 받은 데 이어 영국 뉴캐슬대학교(어펀타인) 대학원에서 정치학박사학위를 받았다. 서지사항은 다음과 같다. Kyusun Han, "A Comparative Study of the Anti-Confucianism of Fukuzawa Yukichi and Yi Kwang-su," unpub. Ph.D. diss., University of New Castle upon Tyne, 1996. 현재 국가안보전략연구원 객원연구위원이다.

제6항 실향민

김정일정권과 김정은정권 때 탈북한 것은 아니지만 소련점령군 통치와 초기의 김일성정권 때 공산통치가 싫어 한국으로 들어온 사람들은 결국 실향민이 되었다. 그들 가운데 다음이 쓴 수기가 오늘날에도 읽힐 만 하다.

(1) 한광린, 『어느 실향민의 '삶'』(희망사업단, 2015).

(2) 윤태옥(답사여행저술가), 「38선 일곱 번 넘나든 사람, 현대사 태풍 속 생존 분투 생생: 어느 실향민의 수기」, 『중앙선데이』(2022년 6월 12일)

함경북도 경성군 용성면 출신의 남두용(1920~2012)은 평생의 38선을 일곱 번 넘나들며 결국 한국에 정착해 변리사로 활동했다. 그가 남긴 자료를 딸 남명애 여사가 『어느 실향민의 수기』로 출판했다.

제5절 북한의 인권상황

북한은 김일성체제 때부터 인권을 탄압하는 대표적인 국가로 꼽혔다. 김일성체제는 처음부터 자유민주주의 국가의 철학적 · 제도적 기둥들 가운데 하나인 삼권분립의 원칙을 공식적으로 부인하고, 사법부를 조선로동당이 지도한다고 공식적으로 선언했다. 북한의 최고법원인 최고재판소(훗날 중앙재판소로 개칭)의 소장은 법관이 맡았다고 해도 의미가 약한데 아예 법관이 아닌 조선로동당 고위인사가 맡기도 했다. 변호사는 자유민주주의 국가의 변호사와는 본질적으로 달라, 조선로동당의 지령을 그대로 따르도록 되어 있다. 인권탄압은 김정일체제 때 그리고 김정은체제 때 더 심각해졌으며, 그리하여 국제사회로부터 공개적 비판의 대상이 됐다. 따라서 유엔 그리고 서방세계의 국가들은 북한의 매우 열악한 인권상황을 비판하는 보고서 또는 연구서를 자주 발행해왔다. 김대중정부 · 노무현정부 · 문재인정부는 북한의 반발을 두려워해 북한인권에 대한 언급 자체가 '남북화해'를 해친다는 명분을 내세우며 침묵했다.

제1항 자료

한국정부의 북한 인권보고서

오랜 기간에 걸쳐 통일부의 이름으로 또는 통일연구원의 이름으로『북한 인권보고서』또는『북한인권백서』등을 출판해왔다. 한 사례는 민족통일연구원,『북한의 인권실태 연구』(민족통일연구원, 1993)이다. 특히 통일부는 2018년 이후 매년『북한 인권보고서』를 출판해왔다.『2023 북한 인권보고서』의 경우, 2017년부터 2022년까지 국내로 입국한 탈북민 508명과의 상세한 면담 내용을 바탕으로 작성됐다. 이 보고서는 북한이 사법절차를 거치지 않고 주민들을 처형한 사례가 적잖게 담겨 있다. 이 보고서에 따르면, 북한의 정치범수용소는 열 한 곳이지만 현재 운영되는 시설은 다섯 곳이다.

대한변호사협회의 인권보고서

대한변호사협회, 『2022 북한인권 백서』(대한변호사협회, 2022)/Korean Bar Association, *2002 White Paper on Human Rights in North Korea*(Seoul: Korean Bar Association 2023).

대한변호사협회는 2006년부터 매 2년 간격으로 북한인권백서를 한글본과 영문본으로 발행하고 있다.

사단법인 북한인권시민연합 뉴스레터(NKHR NEWSLETTER)

사단법인 북한인권시민연합(Citizens' Alliance for North Korean Human Rights)의 전신은 1996년 5월 4일에 인권운동가 윤현(尹玹) 선생을 중심으로 결성된「북한동포의 생명과 인권을 지키는 시민연합」이었다. 1972년 3월 28일에 국제앰네스티(Amnesty International) 한국지부를 창설해 양심수 석방과 보호에 힘을 썼던 윤현 선생은「북한동포의 생명과 인권을 지키는 시민연합」을 곧「북한인권시민연합」으로 개칭하고 이사장에 취임했다. 그의 뒤를 이어 박범진(朴範珍) 전 국회의원이 이사장을 맡았으며 현재는 김석우(金錫友) 전 통일부차관이 이사장을 맡고 있다. 이 단체가 정기적으로 발행하는『뉴스레터』는 탈북자들의 증언을 상세하게 기록하고 있다.

박범진(朴範珍) 외,『윤현(尹玹): 인권의 수레바퀴를 돌리다』(생명과인권, 2020).

1996년에 북한인권시민연합을 창립하고 북한주민의 인권향상을 위해 노력한 윤현 목사를 추모하는 글들을 모았다. 허만호(許萬鎬) · 안병훈(安秉勳) · 류근일(柳根一) 등을 비롯한 윤 목사의 지인들이 쓴 글, 그리고 윤 목사가 행한 연설문 등을 모았다.

※ 윤현(1929~2019)은 1947년에 조선공산당에 입당했으나 6·25전쟁의 민족상잔을 겪은 뒤 전향했다. 서울중앙신학교를 졸업해 목사가 됐으며 국학대학 정치학과를 졸업한 뒤 다시 연세대학교 연합신학대학원 신학교를 졸업하고 서울 감리회신학교 교수로 봉직했다. 제3공화정 때 민주화운동에 참여해, 1972년 3월에 국제앰네스티 한국지부 창설을 주도했다. 제4공화정 때 긴급조치위반혐의로 구속된 양심수들을 위한 지원활동을 이끌었으며, 제6공화정 때 북한인권시민연합을 창설했다.

유엔인권이사회

유엔인권이사회는 2013년에 「조사위원회(Commission of Inquiry: COI)」를 구성하고 북한의 인권상황 전반에 대해 조사한 뒤 2014년 2월 17일에 방대한 조사보고서를 공개했다. 이 보고서는 북한에서 자행되는 인권유린 행위가 2차대전 때 독일에서 자행된 '유대인 학살(홀로코스트)'를 연상시키는 것이라고 밝혔다.

미국 정부·의회·연구소의 보고서

(1) Edwin J. Feulner, Jr., ed., *Orwell's Nightmare: Human Rights in North Korea*(Washington, D.C.: Heritage Foundation, 1992)/ 남북문제연구소 역, 『북한의 인권: 오웰의 악몽』(남북문제연구소, 1992).

제목에 나오는 Orwell은 영국의 작가 조지 오웰(George Orwell)을 말한다. 본명이 에릭 아서 블래어(Eric Arthur Blair, 1903~1950)인 그는 이튼칼리지(Eaton College)를 졸업하고 영국의 식민지 버마에서 경찰관으로 봉직하다가 스페인내전에도 참전했고 영국으로 돌아온 뒤 사회주의자로 활동했다. 그러나 1945년에 출판한 『동물농장(*Animal Farm*)』을 통해 소련의 정치체제와 스탈린을 맹렬히 공격했으며, 1949년에 출판한 『1984(*Nineteen Eighty-Four*)』를 통해 전체주의에 대한 경각심을 일깨웠다. 위에 적시한 책은 북한이 오웰이 말한 전체주의 사회의 실상이 북한에서 나타났음을 상기시키고 북한에서 철저히 짓밟힌 인권상황을 고발했다.

(2) United States, *An Act to Amend the North Korean Human Rights Act of 2004 to*

Promote Respect for the Fundamental Human Rights of the People of North Korea, and for Other Purposes(Washington, D.C.: United States Government Printing Office, 2008).

(3) Jay P. Lefkowitz, *Final Report of Jay Lefkowitz, U.S. Special Envoy for Human Rights in North Korea*(Washington, D.C.: United States. Department of State, 2009).

(4) United States, Congress, House Committee on Foreign Affairs. Subcommittee on Africa, Global Health, and Human Rights, *Human Rights in North Korea: Challenges and Opportunities; Hearing before the Subcommittee on Africa, Global Health, and Human Rights of the Committee on Foreign Affairs, House of Representatives, One Hundred Twelfth Congress, first session, September 20, 2011*(Washington D.C.: United States Government Printing Office, 2011).

(5) Commission of Inquiry on Human Rights in the Democratic People's Republic of Korea and United Nations Human Rights Council, eds., *Report of the Detailed Findings of the Commission of Inquiry on Human Rights in the Democratic People's Republic of Korea*(Geneva, Switzerland: United Nations Human Rights Council, 2014).

(6) United States, Congress, House Committee on Foreign Affairs. Subcommittee on Africa, Global Health, Global Human Rights, and International Organizations, *Human Rights Abuses and Crimes against Humanity in North Korea: Meeting and Hearing before the Subcommittee on Africa, Global Health, Global Human Rights, and International Organizations of the Committee on Foreign Affairs, House of Representatives*, One Hundred Thirteenth Congress, second session, June 18, 2014(Washington, D.C.: U.S. Government Printing Office, 2014).

(7) Robert R. King, *Patterns of Impunity: Human Rights in North Korea and the Role of the U.S. Special Envoy*(Stanford, C.A.: Shorenstein Asia-Pacific Research Center, Stanford University, 2021)/김수경(金秀卿) 역, 『북한인권과 불처벌의 관행: 로버트 킹 미국 북한인권 특별대사 회고록』(한국과미국, 2022).

※ Robert R. King(1942~현재)은 브리검영대학교(Brigham Young University)를 졸업하고 터프츠대학교 플레처법률외교대학원에서 박사학위를 받았다. 독일 뮌헨에 있는 「라디오 프리 유럽(*Radio Free Europe*)」에서 봉직했으며, 연방하원 의원의 수석보좌관 및 백악관 국가안보실 보좌관으로 봉직했고, 2009~2017년에 대통령의 북한인권특사로

봉직했다.

제2항 개관

(1) James Chieh Hsiung, *Human Rights in East Asia: A Cultural Perspective*(New York: Paragon House, 1985).

(2) 한양대학교 사회과학대학 편, 『북한의 인권: 실상과 국제사회의 역할』(한양대학교 사회과학대학, 1994).

도준호(都俊鎬), 「북한의 인권 실태」, 8~31쪽.
최성철(崔成哲), 「법적 · 제도적 측면에서 본 북한의 인권」, 32~85쪽.
김학준(金學俊), 「북한인권개선을 위한 국제사회의 역할」, 86~100쪽.
김홍철(金洪喆) · 김국후(金局厚) · 양성철(梁性喆) · 전인영(全寅永) · 안혁(安赫) · 김동환(金東煥), 「토론 및 답변」, 101~120쪽.

(3) 최성철(崔成哲) 편, 『북한인권의 이해』(북한인권개선운동본부, 1995)/ Sung-chul Choi, ed., *Understanding Human Rights in North Korea*(Seoul: Center for the Advancement of North Korean Human Rights, Hanyang University, 1997).

뒤의 책의 구성은 다음과 같다.

Sung-chul Choi, "1. The Concept of Human Rights: A Historical Perspective," pp.1~72.
Choon-ho Park, "2. International Human Rights Provisions and North Korea," pp.73~110.
In-young Chun, "3. The Reality of Human-Rights in North Korea," pp.111~164.
Myung-bong Chang, "4. Human Rights in North Korea Viewed Legally and Systematically," pp.165~214.
Jae-chun Yoo, "5. The North Korean Press and the Reporting of Human Rights," pp.215~260.
Byung-hwa Lyou, "6. Legal Problems with the Repatriation of North Korean

Detainees and Settlement Programs," pp.261~308.

Chi-young Park, "7. The Legal Status of North Korean Refugees," pp.309~332.

Choong-hyun Paek, "A Survey of Human Rights in North Korea," pp.333~350.

※ 편자 최성철(1942~현재)은 한양대학교 법정대학 정치외교학과를 졸업하고 한양대학교 대학원 정치외교학과에서 석사학위를 받은 데 이어 경희대학교 대학원 정치외교학과에서 「강유위(康有爲)의 정치사상 연구」(1988년 2월)로 정치학박사학위를 받았다. 한양대학교 법정대학 정치외교학과 교수로 정년퇴임했으며, 현재 한양대학교 명예교수다.

(4) 김병묵(金昞默), 『북한의 인권: 그 실상과 허상』(다나, 1995).

헌법학자인 저자가 북한 헌법에서 기본권의 개념이 어떻게 바뀌어왔는가를 살핀 데 이어 기본권이 제약되고 인권이 유린되는 실태를 주로 탈북자의 증언을 자료로 삼아 상세히 소개했다.

※ 김병묵(1943~현재)은 경희대학교 법과대학 법학과를 졸업하고 일본 긴끼대학(近畿大學) 대학원 법학과애서 법학박사학위를 받았다. 경희대학교 법과대학 학장 및 총장을 역임했으며 충청남도 당진시에 있는 신성대학교 총장을 역임했다.

(5) Byoung-lo Kim, "Human Rights in North Korea: Current Situation and Prospects," *Korea and World Affairs*, Vol. 20, No. 3(September 1996), pp.431~450.

(6) 이원웅(李元雄), 「북한 인권문제의 성격과 인권정책의 방향」, 『한국정치학회보』 제32집 제1호(1998년 봄), 221~241쪽.

(7) 우에다 타케히코(植田剛彦), 『경악! '망명반도'의 진실』(일본어)(도쿄: 머크슈판[默出版], 1997).

(8) 송봉선(宋鳳善), 「북한정권의 장기화요인 분석」, 인하대학교 대학원 사회교육과 교육학박사학위청구논문, 2007년 2월; ______, 『김정은 체제 장기화는 지속될 것인가?』(선인, 2017); ______, 『북한 김씨 3대 인간 청소 실태를 고발한다』(선인, 2021).

※ 송봉선(1946~현재)은 고려대학교를 졸업하고 연세대학교 행정대학원에서 석사학위를 받았으며 인하대학교 대학원에서 박사학위를 받았다. 중앙정보부에서 시작해 북한을 상대로 하는 정보기관에서 경력을 키웠고, 북한연구소 이사장을 역임했다.

(9) 허만호(許萬鎬), 『북한의 개혁·개방과 인권: 후기 공산사회에서의 정치변동과

사회통제에 대한 비교론적 접근』(명인문화사, 2009)

저자는 오랜 기간에 걸쳐 북한의 인권상황을 연구했으며 그 열악함을 알려왔다. 이 책은 북한의 인권에 관한 국내의 저술 가운데 가장 많은 정보를 담고 있다.

(9-A) 허만호, 「Ⅲ. 북한의 유형별 인권침해 실태」 가운데 「11. 정치범수용소, 교화소 등 구금시설의 인권실태」, 대한변호사협회, 『2022 북한인권백서』(대한변호사협회, 2022), 331~361쪽.

그림까지 곁들인 이 논문은 북한의 인권상황이 지구의 모든 나라들 가운데 최악임을 그대로 보여준다.

(10) Margaret Haerens, *Human Rights*(Detroit, Mich: Greenhaven Press, 2011).

(11) 황재옥, 「북한의 인권인식과 대응유형 연구」, 이화여자대학교 대학원 북한학협동과정 박사학위청구논문, 2012년 2월.

(12) 「특집: 북한인권, 어떻게 접근할까?」, 『신아세아』, 제19권 제1호(2012년 3월).

(ⅰ) 이동복(李東馥), 『북한인권문제 해결의 왕도는 북한의 자유화다』, 7~13쪽.
(ⅱ) 김수암(金壽岩), 『북한인권 실태와 국제사회의 평가』, 14~39쪽.
(ⅲ) 정학진(鄭鶴鎭), 『북한인권문제에 대한 법적대응』, 40~54쪽.
(ⅳ) 김석우(金錫友), 『재중 탈북자문제와 중국의 책임』, 55~84쪽.
(ⅴ) 이원웅(李元雄), 『북한인권개선: 정책자원과 접근전략』, 84~100쪽.

(13) Geir Helgesen and Hatla Thelle, *Dialogue with North Korea?: Preconditions for Talking Human Rights with a Hermit Kingdom*(Copenhagen, Denmark: NIAS Press, 2013).

(14) Hazel Smith and Christine Hong, eds., *Reframing North Korean Human Rights,* 2 vols.(London and New York: Routledge, 2013, 2014).

Critical Asian Studies 2013년 12월호와 2014년 3월호에 게재된 논문들을 모았다. *Critical Asian Studies*는 *Bulletin of Concerned Asian Scholars*의 후신이다.

Volume 45, Number 4(December 2013)

Christine Hong, "Reframing North Korean Human Rights: Introduction," pp.511~532.

Ju Hui Judy Han, "Beyond Safe Haven: A Critique of Christian Custody of North

Korean Migrants in China," pp.533~560.

Christine Hong, "The Mirror of North Korean Human Rights: Technologies of Liberation, Technologies of War," pp.561~592.

Sanghyuk S. Shin and Ricky Y. Choi, "Misdiagnosis and Misrepresentations: Application of the Right to Health Framework in North Korea," pp.593~614.

Volume 46, Number 1(March 2014)

Bo-hyuk Suh, "The Militarization of Korean Human Rights: A Peninsular Perspective," pp.3~14.

Jong-Yun Bae and Chung-in Moon, "South Korea's Engagement Policy: Revisiting a Human Rights Policy," pp.15~38.

Dae-Han Song and Christine Hong, "Toward "The Day After": National Endowment for Democracy and North Korean Regime Change," pp.39~64.

Kyungyon Moon, "South Korean Civil Society Organizations, Human Rights Norms, and North Korea," pp.65~89.

Haeyoung Kim, "Stifled Growth and Added Suffering: Tensions Inherent in Sanctions Policies against North Korea," pp.91~112.

Paul Liem, "Peace as a North Korean Human Right," pp.113~126.

Hazel Smith, "Crimes against Humanity? Unpacking the North Korean Human Rights Debate," pp.127~143.

(15) Sandra Fahy, *Marching through Suffering: Loss and Survival in North Korea*(New York: Columbia University Press, 2015).

(16) 「특집: 북한 인권문제와 대북정책」, 『신아세아』 제26권 제1호(2019년 봄), 9~110쪽.

(ⅰ) 이동복(李東馥), 『통일정책과 북한인권 문제』, 9~13쪽.

필자는 "북한은 인권이라는 개념이 존재하지 않는 곳이다. 북한정권이 자행하는 인권유린은 원천적이고 태생적이다. [···] [···유엔의]「세계인권선언」에 명시된 개인의 자유와 권리는 원천적으로 존재 자체가 부정되어 있는 것이다"라고 단언했다.

(ⅱ) 김태훈(金泰勳), 『북한 주민의 인권실태』, 14~44쪽.

(ⅲ) 김미영(金美英), 『국군포로, 납북자, 탈북자 인권 문제의 현황과 해결 방법의 모색』, 45~72쪽.

(iv) 이원웅(李元雄), 『대북 인권정책: 현황 분석과 제언』, 73~89쪽.
(v) 이정훈(李政勳), 『유엔과 북한인권』, 90~110쪽.

(17) 이하원(李河遠), 「"아홉 살 소년의 눈에 비친 북 수용소…세계도 알아야 한다"」, 『조선일보』(2020년 6월 17일), A25쪽.

조선일보 도쿄특파원인 필자는 북한 정치범수용소를 정면으로 다룬 애니메이션 「트루 노스(*True North*)」의 제작자 겸 감독 시미즈 한 에이지(清水ハン榮治)를 회견했다. 시미즈 감독은 21세 때 일본으로 건너온 아버지와 재일교포 3세인 어머니 사이에서 태어난 재일교포 4세다. 그는 『14호 수용소 탈출』을 읽고 북한의 인권상황을 세계에 알리겠다는 결심으로 이 영화를 만들었다.

(18) 최보식(崔普植), 「최보식이 만난 사람: 북과 접촉해 온 GP '대면병' 출신 … 윤여상(尹汝常) 북한인권정보센터 소장; "우리 활동은 북 독재정권 상대로 했는데, 이제 문정권을 상대하게 됐다"」, 『조선일보』(2020년 10월 5일), A27쪽.

제목에 나오는 '대면병(對面兵)'은 명칭 그대로 북한군과 대면하는 병사라는 뜻이다. 대면병 출신인 윤여상은 문재인정부 출범 이후 북한인권정보센터의 활동을 크게 제약하고 있다고 비판했다.

※ 윤여상(1967~현재)은 영남대학교 정치외교학과를 졸업하고 영남대학교 대학원 정치외교학과에서 석사학위를 받은 데 이어 「국내 북한이탈주민의 사회적응 프로그램」(2001년 8월)으로 정치학박사학위를 받았다. 현재 북한인권정보센터 소장이다.

북한여성의 인권

권금상(權錦相), 「북한여성의 섹슈얼리티 연구: 국가권력과 여성주체 간의 동학을 중심으로」, 북한대학원대학교 박사학위청구논문, 2015년 2월; ______, 『영웅적 조선 녀성의 성과 국가: 북한 여성의 섹슈얼리티 탐구』(서울셀렉션, 2020).

저자는 앞의 학위논문을 바탕으로 뒤의 책을 썼다. 저자는 이 일련의 작업에서 문헌연구 밖에 탈북여성 60~70명을 인터뷰한 자료를 활용했다. 저자가 책에서 밝힌 내용들 가운데 하나는 다음과 같이 요약될 수 있다.

> 북한체제는 '봉건적 사회주의'다. 공적 영역에서는 사회주의 진보성을 표방하며 '혁명적

여성'으로 호칭하지만, 일상에서는 여전히 남성중심의 가부장적 질서가 유지되는 이중구조라고 할 수 있다. 의아한 점은 중국을 비롯한 사회주의국가에서는 여성의 인권이 높은 편인데, 북한에서는 여성의 인권이 열악하다.

※ 권금상(1960~현재)은 한국방송통신대학교 가정학과를 졸업하고 충남대학교 대학원 유아교육과에서 석사학위를 받은 데 이어 충남대학교 대학원 교육학과에서 「미디어 속 이주아동과 인권의 사회교육적 함의」(2010년 2월)로 교육학박사학위를 받았고 이어 북한대학원대학교에서 다시 박사학위를 받았다. 현재 서울특별시 건강가정지원센터장이다.

제2항 북한의 형법과 인권에 대한 이론

북한의 인권을 말하려면 무엇보다 북한의 국가적 특성부터 말해야 한다. '수령' 또는 최고권력자의 말 한마디가 한 인간의 생명과 안위를 지배하는 국가에서 인권을 말한다는 것 자체가 무리인 것이다. 그렇지만 범위를 좁혀 우선 북한의 헌법을 보면 문명국가에서는 이해될 수도 용납될 수도 없는 여러 조항을 포함하고 있어 애초부터 인권보호와는 거리가 멀다. 범위를 더욱 좁혀 북한의 형법 그리고 형법을 골격으로 하는 사법시스템을 보면, 인권과 관련해 너무나 많은 문제를 안고 있음을 알 수 있다.

한 예를 들어, 2012년도 개정형법은 제1조에서 "조선민주주의인민공화국 형법은 범죄 및 형벌제도를 바로세워 국가주권과 사회주의제도를 보위하고 인민들의 자주적이며 창조적인 생활을 보장하는데 이바지한다"라고 규정했는데, '사회주의제도를 보위하기 위해'라는 구절 그 자체가 문제가 되는 것이며, 제3조에서 "국가는 범죄자의 처리에서 로동계급원칙을 확고히 견지하고 사회적교양을 위주로 하면서 이에 법적제재를 배합하도록 한다"라고 규정했는데, '로동계급원칙'에서 '범죄자를 처리한다'라는 구절 그 자체가 문제가 되는 것이다. 제63조(조국반역죄)와 제68조(민족반역죄)는 현대형법이 요구하는 구체적인 설명이 약하고 추상적으로 규정하고 있어 문제가 된다. 이러한 것 이외에도 수많은 문제점을 지적할 수 있다. 북한형법과 관련해, 헤아릴 수 없을 정도의 저술이 국내외에서 출판됐는데 그것들 가운데 몇몇을 선택적으로 소개하면 다음과 같다.

대한민국 법무부 및 대법원 법원행정처 출판물에 소개된 북한형법과 관련 법제

(1) 대한민국 법무부 법무연수원, 『북한법연구 1: 통치기구 · 사법제도』(경기도 과천시: 법무부 법무실); ______, 『북한법연구 2: 형법』(경기도 과천시: 법무부 법무실, 1985); ______, 『북한법연구 3: 형사소송법』(서울특별시: 법무부 법무실, 1987); ______, 『북한법연구 7: 신(新)형법』(경기도 과천시: 법무부 법무실, 1990); 법무부 편, 『개정 북한형법 해설자료』(경기도 과천시: 법무부 법무실 특수법령과, 2002).

(2) 대한민국 대법원 법원행정처, 『북한사법제도개관』(법원행정처, 1996); ______, 『북한의 형사법』(법원행정처, 2006).

(3) 대한민국 법무부, 『북한법의 체계적 고찰 2: 형사관계법』(경기도 과천시: 법무부 법무실, 1993); ______, 『남북비교법령집 2015』(경기도 과천시: 법무부 통일법무과, 2015); ______, 『북한형법 주석』(경기도 과천시: 법무부법무실통일법무과, 2015).

이 책들에는 부록의 형태로 북한의 헌법, 형법, 형사소송법 등의 전문이 수록됐다. 예를 들어, 『북한의 형사법』 부록에는 다음과 같은 법이 수록됐다.

(i) 조선민주주의인민공화국 사회주의헌법, 521~544쪽.
(ii) 조선로동당 규약, 545~567쪽.
(iii) 조선민주주의인민공화국 형법, 568~618쪽.
(iv) 조선민주주의인민공화국 형사소송법, 619~691쪽.
(v) 조선민주주의인민공화국 재판소구성법, 692~694쪽.
(vi) 조선민주주의인민공화국 변호사법, 695~699쪽.
(vii) 조선민주주의인민공화국 검찰감시법, 700~705쪽.
※ 다음을 추가할 수 있다.
법률출판사 엮음, 『조선민주주의인민공화국 법전(증보판)』(평양: 법률출판사, 2016).

『북한사법제도개관』 부록에는 다음과 같은 참고자료가 수록됐다.

(i) 북한문헌, 747~749쪽.
김근식, 『형법학 1』(평양: 김일성종합대학출판사, 1986)을 포함해 북한의 저서와 논문이 수록됐다.
(ii) 한국문헌, 749~752쪽.
강구진(姜求眞)의 저술이 가장 많이 수록됐다. 그 사례들은 다음과 같다.

강구진, 「북한의 변호사」, 『법조춘추』(서울지방변호사회) 99(1972년 9월), 16~17쪽; ______, 「북한형법의 분석적 연구」, 『북한법률행정논총』(고려대학교 법률행정연구소) 2(1973년 1월), 133~223쪽; ______, 「북한의 변호사: 변호사의 법률상담」, 『법조춘추』104(1973년 3월), 33~36쪽; ______, 「특집: 북한의 사법기능분석; 북한연구」, 『북한』(1973년 5월), 253~265쪽; ______, 「북한형법의 연구」, 『법조춘추』106(1973년 5월), 5~9쪽; ______, 「북한형법의 연구」, 『법조춘추』107(1973년 6월), 22~27쪽; ______, 「북한 형법에 관한 약간의 고찰」, 『명대』(명지대학교) 4(1973년 6월) 22~33쪽; ______, 「북한형법의 기본원칙과 법원」, 『국토통일』(1974년 6월), 142~153쪽; ______, 「북한의 형사소송절차에 관한 소고」, 『법조춘추』122(1975년 6~7월), 14~18쪽; ______, 「북한의 형사소송절차에 관한 소고」, 『법조춘추』123(1975년 11월), 11~16쪽.

국가정보원의 북한법령집

국가정보원 편, 『북한법령집』(국가정보원, 2004); ______ 편, 『북한법령집』(국가정보원, 2006); ______ 편, 『북한법령집』전2권(국가정보원, 2008); ______ 편, 『북한법령집 2010』전2권(국가정보원, 2010); ______ 편, 『북한법령집 2017』전2권(국가정보원, 2017); ______ 편, 『북한법령집 2019』전2권(국가정보원, 2019); ______ 편, 『북한법령집 2020』전2권(국가정보원, 2020).

통일부의 북한법령집

(1) 국토통일원, 『북괴법령집』전3권(국토통일원, 1971).

(2) 국토통일원 조사연구실, 『북한의 합영기업관계법령집』(국토통일원 조사연구실, 1987).

(3) 국토통일원, 『북한형법의 형성과 전개에 관한 고찰』(국토통일원조사연구실, 1989).

한국개발연구원의 북한형법

한국개발연구원 북한경제팀 편, 「북한 형법: 주체93(2004)년 4월 29일 최고인민회의 상임위원회 정령 432호로 수정보충 형법」, 『KDI북한경제리뷰』 제6권 제11호(2004년 12월), 3~20쪽.

민간연구소를 포함한 학계의 북한형법 연구

(1) 김천일(金千一), 「북한형법에 관한 연구: 총론을 중심으로」, 동국대학교 대학원 법학과 박사학위청구논문, 1958년 8월; ______, 「북한형법에 관한 고찰 상(上)」, 『사법행정』(한국사법행정학회) 221(1979년 5월), 25~29쪽; ______, 「북한형법에 관한 고찰 하(下), 『사법행정』222(1979년 6월), 39~44쪽.

(2) 염정철(廉政哲), 「북한형법에 있어서의 그 특색과 문제점, 특히 북한형법의 총론에 있어서의 그 범죄론을 중심으로 하여」, 『법무자문위원논설집』(법무부법무자문위원회) 1(1978년 12월), 78~109쪽.

(3) 김영일(金英一), 「「북한형법」에 관한 이론적 소고(小考)」, 『통일정책』(국토통일원 평화통일연구소) 제5권 제2호(1979년 7월), 132~163쪽.

(4) 박동희(朴東熙), 「북한형법: 특히 인권침해규정을 중심으로」, 『북한법률행정논총』(고려대학교 법학연구소) 4(1980년 2월), 59~80쪽; ______, 「북한의 새 형법」, 『북한연구』(대륙연구소)(1993년 12월), 65~81쪽.

(5) 노창희, 「북한형법의 실태, 범죄론과 형벌론을 중심으로 1」, 『치안문제』10(1980년 3월), 26~28쪽; ______, 「북한형법의 실태, 범죄론과 형벌론을 중심으로 2」, 『치안문제』11(1980년 4월), 18~21쪽; ______, 「북한형법의 실태, 범죄론과 형벌론을 중심으로 3」, 『치안문제』12(1980년 5월), 56~60쪽; ______, 「북한형법의 실태, 범죄론과 형벌론을 중심으로 4」, 『치안문제』14(1980년 7월), 27~30쪽.

(6) 문정민(文正珉), 「북한형법에 있어서의 그 특색과 문제점: 특히 북한형법총론의 범죄론을 중심으로」, 『통일문제연구』(조선대학교 통일문제연구소)(1981년 2월), 55~70쪽.

(7) 이한교(李漢敎), 「북한형법에 있어서 범죄론의 기본문제」, 『사회과학연구』(강원대학교 사회과학연구소) 21(1985년 6월), 109~123쪽.

(8) 김규승, 『조선민주주의인민공화국의 형사법제』(일본어)(도쿄: 사회평론사, 1988).

(9) 배종대(裵鍾大), 「통일과 북한형법의 이해」, 『북한법률행정논총』(고려대학교 법학연구소) 7(1989년 6월), 29~76쪽.

(10) 권태호(權泰鎬), 『국가안보의 관점에서 본 북한의 법체제: 형법을 중심으로』(국방대학원, 1990).

(11) 북한연구소 편, 『북한형법의 실상: 그 비민주성 · 반인권성 · 반통일성을 해부한

다』(원일정보, 1990).

(12) 김일수(金日秀), 「개정 북한 형법은 어떻게 달라졌나」, 『북한』(1990년 11월), 129~139쪽; _____, 「북한형법 40년」, 『북한법률행정논총』(고려대학교 법학연구소) 8(1990년 12월), 57~94쪽; _____, 「북한형법상 형사정책의 방향과 그 변천」, 『북한법률행정논총』10(1995년 12월), 169~203쪽; _____, 「북한형법의 역사」, 『북한법연구』1(1997년 12월), 30~41쪽.

(13) 선우종원(鮮于宗源), 「북한형법과 우리의 대응」, 『북한』(1990년 12월), 130~141쪽.

(14) 김선수(金善洙) · 박광섭(朴光燮), 「북한 개정형법의 기본문제」, 『경남법학』(경남대학교 법학연구소) 6(1990년 12월), 3~24쪽.

(15) 통일일보 편, 「북한 '주체형법'의 실태」, 『극동문제』(1992년 6월), 38~47쪽.

(16) 강영철(姜榮喆), 「북한형법에 관한 고찰」, 『단국법학』(단국대학교 법학대학) 3(1993년 2월), 79~110쪽.

(17) 남북문제연구소, 『북한의 형법 무엇이 문제인가』(남북문제연구소, 1995).

(18) 정영일(鄭英一), 「북한형법의 성격과 기본적 내용」, 『아주사회과학논총』(아주대학교 사회과학연구소) 13(1997년 12월), 159~197쪽; _____, 「북한형법의 입법원리」, 『국제지역연구』(한국외국어대학교 외국학종합연구센터) 제5권 제1호(2001년 3월), 21~48쪽.

(19) 오경식(吳慶植), 「북한 형사법에 대한 일(一) 고찰」, 『통일문제연구』(강릉대학교 통일문제연구소) 15(1999년 2월) 53~74쪽.

(20) 전지연(全智淵), 「북한의 형법이론에 대한 연구」, 『연세법학연구』(연세대학교 연세법학연구회)제6권 제2호(1999년 12월), 133~154쪽.

(21) 김태석(金泰錫), 「북한형법에 관한 연구」, 청주대학교 대학원 법학과 박사학위 청구논문, 2000년 2월.

(22) 이재일(아주대 법학전문대학원), 「북한형법에 대한 일(一)고찰: 북한의 제2차 개정형법의 총론규정을 중심으로」, 『외법논집』(한국외국어대학교 외국학종합연구센터 법학연구소) 9(2000년 12월), 535~561쪽.

(23) 이덕구(李德求), 「북한형법상의 범죄의 성립요건」, 『통일문제와 국제관계』(인천대학교 평화통일연구소) 12(2001년 12월), 79~103쪽.

(24) 최석윤(崔錫胤), 「북한형법과 인권」, 『형사정책연구』 제13권 제4호(2002년 겨울), 251~280쪽.

(25) 엄상익(嚴相益), 「제4차개정 북한형법: 반혁명분자 억압하기 위한 무기역할」, 『북한』(2003년 2월), 130~139쪽.

(26) 이백규(李伯圭), 「북한의 1999년 형법 개정의 의미와 평가」, 『인권과 정의』(대한변호사협회)(2003년 5월), 28~42쪽; ______, 「북한의 최근 형법개정 동향과 평가: 형법개정을 중심으로」, 『북한법연구』(북한법연구회) 16(2015년 3월), 279~297쪽.

(27) 한인섭(韓寅燮), 「북한의 형법, 변화하고 있는가?」, 『북한법연구』6(2003년 6월), 33~50쪽; ______, 「2004년 북한형법 개정, 그 내용과 의미: 죄형법정주의를 향한 일대 진전인가」, 『법학』(서울대학교 법학연구소) 제46권 제1호(2005년 3월), 413~445쪽; ______, 「북한에서 형법의 해석 · 적용은 어떻게 이루어지나?: 「법투쟁부문 일군들을 위한 참고서」의 분석」, 『북한법연구』14(2012년 2월), 115~133쪽.

(28) 우재영(禹哉永) 편저, 『북한법 2006』(우일출판사, 2005); ______, 『북한법 2007』(우일출판사, 2006); ______, 『북한법 2008』(우일출판사, 2007).

(29) 오세인(吳世仁), 「북한 형법체제의 특수연구: 특히 인권문제를 초점으로 하여」, 동국대학교 대학원 법학과 박사학위청구논문, 2005년 8월.

(30) 윤대규(尹大奎), 「2004년 북한 개정형법의 내용과 의미에 관한 연구」, 『형사법연구』(한국형사법학회) 24(2005년 겨울), 365~384쪽.

(31) 최창동(崔創東), 「북한의 2004년 형법개정과 인권상황의 법적문제」, 『정책연구』(국가안보전략연구소) 155(2007년 겨울), 141~185쪽.

(32) 이효원(李孝元), 「북한의 형사법과 형집행제도」, 『교정담론』(아시아교정포럼) 제3권 제1호(2009년 6월), 63~94쪽.

(33) 정광진(丁廣鎭), 「북한형법의 특징에 관한 연구: 구조적 특징에 대한 연구」, 한양대학교 대학원 법학과 박사학위청구논문, 2010년 2월.

(34) 신현주(申賢珠), 「2009년 북한형법 개정으로 본 북한사회」, *CNU Law Review* (전남대학교 법학전문대학원) 3(2011년 4월), 347~361쪽.

(35) 이백규(李伯圭), 「북한의 사법제도와 형사법 개관」, 『통일과 법률』(법무부)(2015년 8월), 32~94쪽.

(36) 권영태(權寧泰), 「북한 헌법의 '국가목적규정'에 대한 연구」, 동국대학교 대학원

북한학과 박사학위청구논문, 2015년 8월.

※ 권영태(1972~현재)는 고려대학교 법과대학을 졸업하고 동국대학교 대학원 북한학과에서 석사→박사학위를 받았다. 현재 한양여자대학교 연구원이다.

(37) 권오국(權五國), 『북한 형사법체계 및 개정형법에 관한 연구』(충남 아산시: 치안정책연구소, 2018).

북한형법과 사회주의국가형법의 비교

(1) 김일수(金日秀), 「구소련 형법이 북한형법의 변화에 미친 영향」, 『북한법률행정논총』(고려대학교 법학연구소) 9(1992년 9월), 259~300쪽.

(2) 김재윤, 「사회주의 국가의 경제형법에 관한 비교법적 고찰: 러시아, 중국, 북한의 경제형법을 중심으로」, 『비교형사법연구』 제8권 제2호(2006년 12월), 719~736쪽.

(3) Dong-lyoul Kim, "Grundlagen der strafrechtlichen Aufarbeitung von DDR-Unrecht und Möglichkeiten ihrer Übertragung auf die Bewältigung nordKoreanischen Systemunrechts," unpub. Ph.D. diss., Ludwig-Maximilians-Universitaet Muenchen, 2012.

※ 김동률(金東律, 1973~현재)은 경찰대학을 졸업하고 고려대학교 대학원 법학과에서 석사학위를 받은 데 이어 독일 뮌헨대학교 대학원 법학과에서 박사학위를 받았다. 현재 영남대학교 사회과학대학 경찰행정학과 교수다.

북한형법과 대한민국 형법 및 국가보안법과의 비교

(1) 오도기(吳道基), 「남・북한형법 비교연구」, 『법학논총』(한양대학교 법학연구소) 7(1990년 9월), 221~250쪽.

(2) 신치재(申致宰), 「남북한 형법의 비교와 교류전망: 특히 북한형법의 이론적 기초를 중심으로」, 『사회과학연구』(한남대학교 사회과학연구소) 2(1992년 12월), 63~82쪽; ______, 「남북한 형법의 비교: 특히 북한 형법의 이론적 기초를 중심으로」, 『학술포럼논집』(한남대학교 대학원) 1(1996년 2월), 131~138쪽.

(3) 하등용(河登龍), 「국가보안법과 북한 형법」, 『통일로』(안보문제연구원) 69(1994년 5월), 166~179쪽.

(4) 이형국(李炯國), 「죄형법정주의와 남북한 형법」, 『법조』(법조협회) 476(1996년 5

월), 110~128쪽.

(5) 정성모(鄭星謨), 「국가보안법과 북한 형법의 반국가범죄와의 비교」, 『통일논총』(동의대학교 통일문제연구소) 10(1997년 10월), 187~224쪽.

(6) 정행철, 「남북한 형법상 언어범의 비교」, 『통일논총』(동의대학교 법정연구소) 11(1998년 9월), 119~147쪽; _____, 「북한형법과 국가보안법의 비교」, 『통일전략』(한국통일전략학회) 1(2001년 12월), 339~430쪽.

(7) 우재영(禹哉永) 편저, 『남·북한의 기본6법: 헌법·상법·민법·민사소송법·형법·형사소송법. 2006』(우일출판사, 2005); _____, 『남·북한의 기본6법: 헌법·상법·민법·민사소송법·형법·형사소송법. 2007』(우일출판사, 2006); _____, 『남·북한의 기본6법: 헌법·상법·민법·민사소송법·형법·형사소송법. 2008』(우일출판사, 2007).

(8) 이상철, 「국가의 존립과 안전에 관한 남·북한 법 비교 고찰: 국가보안법과 북한 형법을 중심으로」, 『원광군사논단』(원광대학교) 6(2010년), 169~205쪽.

(9) 이정훈(李政勳)·김두원(金杜源), 「통일을 대비한 남북한 형법 통합방향의 모색: 최근 개정된 북한 형법을 중심으로」, 『법학논문집』(중앙대학교 법학연구원) 제38집 제3호(2014년 12월), 29~68쪽.

인권에 대한 북한정권의 이론

북한은 '우리식 사회주의'론과 '우리식 인권'론을 제시하면서, 인권탄압을 정당화하고 있다.

(1) 정태욱(鄭泰旭), 『북한인권법제 연구: 북한의 법질서와 인권개념』(국가인권위원회, 2006); _____, 『한반도평화와 북한인권: 법철학적 기록』(경기도 파주시: 한울, 2009).

※ 정태욱(1964~현재)은 서울대학교 법과대학을 졸업하고 서울대학교 대학원 법학과에서 석사학위를 받은 데 이어 서울대학교 대학원 법학과에서 「절차적 정의에 관한 연구: 법절차에 관한 정의철학적 기초」(1995년 8월)로 박사학위를 받았다. 현재 인하대학교 법학전문대학원 교수다.

(2) 김수암(金壽岩), 『민주주의와 인권에 대한 북한의 인식과 대응』(통일연구원, 2007); _____, 「북한의 '우리식 사회주의'와 인권관」, 『북한법연구』11(2008), 37~62쪽.

(3) 이원웅(李元雄), 「국제사회의 인권압력에 대한 북한의 인식과 대응: 비판적 평가」, 『국제정치논총』제47집 제1호(2007년 3월), 215~234쪽.

(4) 이무철(李武喆), 「'북한 인권문제'와 북한의 인권관: 인권에 대한 북한의 시각과 정책에 대한 비판적 평가」, 『현대북한연구』제14권 제1호(2011년 4월), 144~187쪽.

제4항 정치범수용소: 탈출자의 증언을 중심으로

북한의 인권부재를 가장 극명하게 나타내주는 사례가 바로 정치범수용소다.

정치범수용소 개관

(1) David Hawk, *The Hidden Gulag: Exposing North Korea's Prison Camps; Prison Testimonies and Satellite Photographs, US Committee for Human Rights in North Korea*(Washington D.C.: US Committee for Human Rights in North Korea, 2001)/이재광(전문번역가) 역, 『감춰진 수용소: 북한의 강제수용소를 폭로한다(시대정신, 2003); David Hawk, *The Worst of the Worst: The World's Most Repressive Societies 2007*(New York: Freedom House, 2007)/『잔인함의 집결』(시대정신, 2007).

(2) 이영국(李英國), 『나는 김정일 경호원이었다: 김정일 친위대원의 수기』(시대정신, 2002; 시대정신, 2004년 개정판); ______, 『김정일의 경호원이 말하는 정치범수용소 요덕』(정언미디어, 2015).

이영국(1962~현재)은 17세 때인 1978년 5월에 김정일의 경호원들 가운데 한 사람으로 뽑혀 1979년에 김정일을 처음 대면했으며 10년에 걸쳐 경호원으로 일했다. 제대한 뒤 탈북을 시도하다가 붙잡혀 요덕정치범수용소에 수감됐으나 4년 6개월 뒤에 석방됐고 탈북에 성공해 2000년에 한국으로 귀순했다.

(3) 북한인권정보센터, 「세계 최악의 인권유린 현장 북한 정치범수용소: 20만 명 비참한 수감생활, 국제사회 지속 '해체' 요구 외면」, 『자유공론』(2009년 4월), 104~108쪽.

(4) 북한민주화운동본부 편, 『죽음의 경계에서 탈출한 12인의 증언: 북한 정치범수용소 실체를 밝힌다』(북한민주화운동본부, 2012).

요덕정치범수용소: 강철환의 저서를 비롯한 체험자들의 기록

강철환(1968~현재)의 할아버지와 할머니는 모두 일본 교토에서 태어나 그곳의 조총련 조직에서 열성적으로 활동하다가 1961년에 입북했다. 그러한 배경을 가졌기에 강철환은 평양에서 태어나 평양에서 성장할 수 있었다. 그러나 1977년에 할아버지가 '민족반역죄'로 국가안전보위부에 체포되자 그의 가족은 함경남도 요덕군(耀德郡)에 있는 정치범수용소에 수감됐다. 강철환은 10년의 수감생활을 마치고 1987년 2월에 출소해 요덕군에 거주하던 때 남한방송을 듣고 김정일을 비난하는 발언을 했다가 국가안전보위부에 다시 체포될 위기에 빠지자 친구 안혁과 더불어 압록강을 건너 중국으로 탈출했고 1992년 8월에 대한민국에 입국할 수 있었다. 이후 대한민국에서 한양대학교 무역학과를 졸업하고 조선일보 통한문제연구소 기자를 거쳐 현재 북한인권운동가로 활동하고 있다. 2005년 6월 13일에는 부시 대통령의 초청으로 백악관을 방문하고 미국정부가 북한인권문제에 더 깊은 관심을 가져줄 것을 요청하기도 했다.

(1) 강철환(姜哲煥)·안혁(安赫) 공저, 『대왕의 제전』전3권(향실, 1993)/ 이케다 키쿠토시(池田菊敏) 역, 『북조선탈출』전2권(일본어)(도쿄: 분케이슌슈[文藝春秋], 1994).

(1-A) 안혁, 『요덕 리스트』(천지미디어, 1995).

(2) 강철환 저/ 노부히코 오치아이(落合信彦) 해설 및 감수, 『안녕히, 수용소국가 북한』(도쿄: 자마사다[ザマサダ], 1994).

(3) 강철환(姜哲煥), 「북녘 동포들의 고통을 덮어두고 노벨상을 탄다면 우리는 인류를 속인 민족이 될 것입니다」, 『월간조선』(2000년 7월), 129~131쪽.

(4) ______, 『수용소의 노래: 정치범수용소 체험수기』전2권(시대정신, 2003); ______, 『수용소의 노래: 평양의 어항』(시대정신, 2005)/ Pierre Rigoulot and Yair Reiner, *The Aquariums of Pyongyang: Ten Years in the North Korean Gulag*(New York: Basic Books; Perseus Books Group, 2005)/ Pierre Rigoulot and Ukyung Song, Walter van der Star, *De aquariums van Pyongyang: tien jaar in de Noord-Koreaanse goelag*(독일어)(Amsterdam, Deustch: Olympus, 2010)/ Pierre Rigoulot, *Los acuarios de Pyongyang: recuerdos del infierno norcoreano*(스페인어)(Madrid: Amaranto, 2005)/ Bīzhan Ashtarī, *Akvmārumbā-yi Pyung yāng*(페르시아어)(Tihrān, Iran: Nashr-i, 2005)/ Jerzy Kierul. *Usta pelne kamieni: dziesiec lat w polnocnokoreanskim*(폴란드어)(Warszawa: Swiat Ksiazki, 2005); ______, 「북한의 생존조건은 무엇인가?: 과감한 체제변화만이 유일한 생존을 담

보」, 『북한』(2007년 4월), 86~94쪽; ______, 「원정화 간첩사건 실태: 보위부 대외공작은 대량탈북이 빚어낸 새로운 공작형태」, 『북한』(2008년 10월), 80~85쪽; ______, 「이명박 정부의 대북정책이 성공하자면: 상식과 원칙을 바로잡고 철저한 상호주의와 북한주민 인권 개선에 집중」, 『북한』(2008년 9월), 83~89쪽; ______, 「사이비 교주국가 북한: 샤머니즘적 토종종교의 확산과 반(反)사이비 교주국가와의 투쟁」, 『북한』(2008년 7월), 81~87쪽; ______, 「본격 탈북 10년… 목숨과 바꾸는 자유: 자유를 찾아 남하하는 탈북자의 수용과 정부의 근본적인 대책이 필요」, 『북한』(2008년 6월), 85~93쪽; ______, 「체제유지 임계점에 다가서는 북한: 북핵포기와 개혁 · 개방만이 유일한 위기 탈출구」, 『북한』(2008년 5월), 121~127쪽; ______, 「금강산 관광객 사살사건을 통해 본 요즘 북한 권력구조: 김정일 비서실 vs 군부 vs 노동당 3파전 수뇌부 권력투쟁 가속화」, 『주간조선』(2008년 7월 28일), 20~22쪽; ______, 「북한인권 민간단체의 역할과 차기 정부와의 협력방안」, *NK Vision*. 5(2007년 12월, 2008년 1월 통합호), 62~66쪽; ______, 「최악으로 치닫는 북한 식량난: 쌀 1kg이 한 달치 월급… 평양도 12년 만에 배급 중단」, 『주간조선』(2008년 5월 26일), 64~67쪽; ______, 「대북지원 쌀과 인도지원 물자 분배실태: 노출되지 않는 대북지원 물자전용과 대북지원 쌀의 실효성과 투명성이 필요」, 『북한』(2008년 2월), 82~93쪽; ______, 「이명박 시대를 맞은 북한 내부 동향: 김정일, 남한 좌파정권 재창출에 실패한 통일전선부 대대적 숙청」, 『월간조선』(2008년 3월), 633~637쪽.

(5) 강철환(姜哲煥) · 안혁(安赫) · 이영국(李英國) · 김용(金勇) · 안명철(安明哲) 등 분담집필, 『아! 요덕: 북한판 아우슈비츠 '정치수 수용소' 그 지옥에서 살아나온 사람들의 증언』(월간조선사, 2006).

(6) 김은철(金恩哲), 「강제송환 이후 요덕수용소에서의 3년」, 『생명과 인권』41(2006년 가을), 16~23쪽.

필자는 평양의과대학 구강학부에 재학하다가 체코 프라하 칼대학에서 치의학을 전공했다. 러시아로 망명하려다가 북한으로 강제송환됐고 요덕수용소에서 3년을 보냈다. 탈북해 한국으로 귀순한 뒤 경희대학교 치과전문대학원을 졸업하고 치과의사면허를 받았다.

(7) 정성산(鄭成山), 『요덕스토리: 북한 함경남도 요덕군 정치범수용소에서 벌어지는 사랑과 용서의 대서사시; 신이시여 이제 그 땅을 허락 하소서…』(NK문화재단, 2010)/

Jesse Russell and Ronald Cohn, *Yoduk Story*(Book On Demand, 2012).

※ 정성산(1969~현재)은 평양연극영화대학을 졸업하고 모스크바국립영화대학에서 유학했다. 요덕정치범수용소로 끌려가다가 기적적으로 탈출에 성공하고 한국으로 귀순했다. 요덕정치범수용소에 수감된 일은 없었으나, 이곳에 수감됐던 사람들의 증언 등을 토대로 위의 책을 썼다. 현재 유튜버로 활동하고 있다.

(8) 북한민주화운동본부 편, 『북한정치범수용소 254명 수감자 명단: 제15호 요덕관리소 혁명화 구역』(북한민주화운동본부, 2011).

안명철

(1) 고세훈(高世訓), 「북한 정치범수용소 경비원 안명철(安明哲)의 본격증언」, 『월간중앙』(1995년 1월), 442~453쪽; 안명철, 『그들이 울고 있다』(천지미디어, 1995); Yong-sam Kim and Myong-chol An, *Political Prisoners' Camps in North Korea: The Testimony of An Myong-chol, an Ex-guard at a Political Prisoners' Camp in North Korea*(Seoul: Center for the Advancement of North Korean Human Rights, 1995); 안명철, 『북조선의 정치수(政治囚) 수용소: 전(前) 북조선 정치수 수용소 경비원 안명철의 체험증언』(일본어)(서울: 북한인권개선운동본부, 1995)/ 이케다 기쿠도시(池田菊敏) 역, 『북조선 절망 수용소: 완전통제구역의 아비지옥(阿鼻地獄)』(일본어)(도쿄: KK베스트셀러, 1997); 안명철, 『완전 통제구역: 북한정치범수용소 경비대원의 수기』(시대정신, 2007).

※ 안명철(1969~현재)은 홍원농업전문학교를 졸업하고 정치범수용소 경비대에 입대해 국가안전보위부 11호(함경북도 경성군) 경성수용소에서 신병교육을 받았으며 회령수용소 근무 때 탈북해 중국을 거쳐 1994년에 대한민국으로 들어왔다. 건국대학교에 입학했으며, 현재 북한민주화위원회 사무총장이다.

이순옥 및 개천교화소

(1) 이순옥(탈북민), 『꼬리 없는 짐승들의 눈빛: 최초로 개천교화소를 폭로한 감동적인 실화』(천지미디어, 1996); 민주평화통일자문회의 편, 『꼬리 없는 짐승: 탈북귀순 이순옥 모자가 겪은 북한교화소 · 정치범수용소 체험기』(민주평화통일자문회의사무처, 1996).

이순옥은 1995년에 아들 최동철과 함께 탈북해 현재 미국에서 영주하고 있는 것으로 알려졌다.

(1-A) 김은중(金銀中), 「'꼬리 없는 짐승들'의 눈빛 세상에 알리고파」, 『동화(同和)』(동화연구소) 제10권 제1호(1997년 1월),

(2) 이승주, 『개천 1호 교화소: 살아남은 자들의 전언』(북한인권정보센터, 2016).

신동혁

Blaine Harden, *Escape from Camp 14: One Man's Remarkable Odyssey from North Korea to Freedom in the West*(New York: Penguin Group, 2012)/ 신동숙 역, 『14호 수용소 탈출: 자유를 찾아 북한에서 서방까지 한 남자의 놀랍도록 긴 여정』(아산정책연구원, 2013).

이 책의 주인공 신동혁은 1982년에 북한의 14호 수용소에서 태어나 2005년에 중국으로 탈출했고, 2006년에 한국으로 입국하는 데 성공했다. '죽음의 14호 수용소'에서 태어나 삼엄한 경비를 뚫고 탈출에 성공한 유일한 탈북자로, 그 수용소에서의 생활과 탈출 경험을 외부세계에 증언했고, 그의 증언은 북한 정치범수용소의 실상을 알리는 계기가 되었다. 저자는 『워싱턴 포스트』의 기자로 오랜 기간의 인터뷰와 취재를 통해 신동혁의 삶을 재구성했다.

제5항 탈북자들의 증언

국제인권단체 「전환기정의워킹그룹(Transitional Justice Working Group, 약칭 TJWG)」 편, 『김정은 시대 10년의 처형지도』(TJWG, 2021).

이 책은 서울에 있는 국제인권단체 「전환기정의워킹그룹」이 북한의 인권탄압에 대해 조사한 보고서다. 『조선일보』(2021년 12월 16일, A8쪽)는 이 책에 담긴 내용의 일부를 다음과 같이 소개했다.

> 보고서는 지난 6년간 국내 입국 탈북민 683명을 인터뷰한 내용과 위성지도와 공간지리 정보(GIS) 기술 등을 이용해 북한당국이 어디서 어떻게 처형을 벌였는지 분석했다. 보고서

에 따르면, 김정은 집권 이후 처형장소와 관련된 기록은 27건이다. 이 가운데 총살부대에 의한 공개처형은 21건, 교수형에 대한 증언이 2건 기록됐다. 비밀처형이 계속되는 것 같다는 진술도 나왔다.

처형상황에 대한 증언도 다수 나왔다. 보고서는 "2012년과 2013년 사이 평양에서 처형되는 사람의 가족들을 맨 앞줄에 앉혀 전 과정을 지켜보게 했다"며 "그 중 한 아버지는 아들의 시체가 불태워지는 것을 보고 기절했다는 진술이 나왔다"고 전했다. 또 "2012년 함흥시에서는 공개처형돼 머리가 깨진 시체 앞에 사람들을 일렬로 세워서 얼굴을 보게 했다는 진술도 있다"고 전했다.

한 탈북자는 2014년 황해북도 사리원시에서 진행된 공개처형에서 나무기둥에 묶인 사형대상자의 입속에 자갈돌이 채워져 있었다고 했다. 공개처형 이유는 남한 영상 시청·배포(7건), 마약관련(5건), 성매매(5건), 인신매매(4건), 살인·살인미수(3건), 음란행위(3건) 등이다. 북한당국은 정보가 유출되는 것을 막기 위해 공개처형장에 주민들이 휴대전화를 가져가지 못하게 하고, 전파탐지기 차량을 현장에 배치하는 등 감시통제를 강화한 것으로 나타났다.

미국의 북한인권법 발효

조지 W. 부시 대통령 때인 2004년 10월에 미국정부는 연방 상·하원의 입법조치를 거쳐 북한인권법(North Korean Human Rights Act)을 발효시켰다. 이것은 탈북자를 고무하고 미국으로의 이주를 허용하는 내용을 담고 있었다.

(1) 강정구(姜禎求), 「미국 북한인권법의 반인권성과 북한붕괴전략」, ______, 『허물어진 냉전성역 드러난 진실: 고암(高巖) 강정구 정년퇴임 기념문집 3』(선인, 2010), 479~512쪽.

동국대학교 강정구 교수는 남북정상회담 이후 첫 번째인 8·15경축행사를 계기로 방북하고 2001년 8월 17일에 만경대에 들러 방명록에 "만경대 정신 이어받아 통일 위업 이룩하자" 라는 글을 남겼다. 귀국한 뒤 국가보안법 위반 혐의로 구속됐다가 보석으로 석방됐다. 그는 미국 북한인권법을 거세게 비판했다.

(1-A) 강철환(姜哲煥), 「"만경대는 북한독재의 시발점이자 혁명의 요람 '만경대 정신 계승' 운운은 북한중심통일 의미"」, 『주간조선』(2001년 9월 6일), 34~36쪽.

강철환은 강정구 교수의 만경대 발언을 비판했다.

국제사회에서의 인권개선권고가 미치는 영향

황준호(黃俊皓), 「북한의 외교적 친소(親梳)와 인권개선 권고의 관계 분석: 유엔 보편적정례검토를 중심으로」, 『현대북한연구』제24권 제1호(2021년 4월), 112~138쪽.

탈북민을 포함한 코리안디아스포라 여성들

(1) 사단법인 조각보 기획, 『허스토리즈(Herstories) 다시 만난 코리안디아스포라 여성들의 삶 이야기』(북코리아, 2021).

홍달래를 비롯한 3명의 탈북여성들과 배안젤라를 비롯한 사할린 교포여성들, 그리고 우즈베키스탄·카자흐스탄·소련·중국·일본 등에서 생활한 한국여성들의 이야기를 담았다. 구체적인 내용은 다음과 같다.

홍달래, 1943-1996 북한을 살다/이정희, 1943-1991 소련을 살다
미순희, 1951-1998 북한을 살다/이란, 1958-2021 중국을 살다
박연희, 1961-2010 중국을 살다/이진선, 1962-2021 사할린을 살다
배안젤라, 1975-2021 사할린을 살다/장올가, 1975-2001 우즈베키스탄을 살다
조미수, 1976-2013 일본을 살다/김향, 197x-1998 북한을 살다
김세연, 1980-2021 일본을 살다/김숙진, 1998-2017 카자흐스탄을 살다

(2) 최희식(崔喜植), 「도의적 책임론의 등장과 의미: 사할린 한인문제를 중심으로」, 『한국정치연구』제30집 제1호(2021), 35~64쪽.

찾아보기

저자명

조선=한국인

(ㄱ)

(ㄴ)

(ㄷ)

(ㄹ)

(ㅊ)

일본인

중국인

기타

영문

(A)

(B)

(C)

(D)

(L)

(M)

(N)

(O)

(P)

건명

(ㅈ)

총서를 마치면서

저자는 이 총서를 원래 12권으로 구상했었다. 그러나 15권으로 바꿔서 진행하다가 결국 14권으로 끝을 맺게 되었다. 동북아역사재단을 떠난 이후 정확히 9년에 걸쳐 몰두해 이 정도라도 마치게 되어 다행이라고 생각한다.

우선 처음부터 이 총서의 집필과 출판을 격려해주신 전 단국대학교 총장이며 현재 학교법인 단국대학 명예이사장인 중재(中齋) 장충식(張忠植) 박사님에게 깊이 감사드린다. 장충식 선생님의 깊은 이해와 배려가 없었다면 이 총서는 처음부터 불가능했을 것이다. 전 단국대학교 총장이며 현재 학교법인 단국대학 이사장인 장호성(張淏星) 님, 그리고 단국대학교 영어영문학과 임영재(任永宰) 명예교수님에게도 감사드린다. 임 교수는 때때로 지친 듯한 저자를 격려하며 용기를 북돋아주었다.

은사이신 구범모(具範謨) 교수님과 이홍구(李洪九) 교수님도 이 총서의 학문적 의미를 과분하게 평가해주시면서 집필을 격려해주셨다. 또 이 용렬한 제자에게 과분하게 전임직을 마련해주시면서 공부 열심히 하라고 격려하셨던 공삼(公三) 민병태(閔丙台) 교수님과 인산(仁山) 김영국(金榮國) 교수님에게 이 총서를 감사와 동시에 사죄(謝罪)의 표시로 올리고자 한다.

단국대학교출판부에 감사하고자 한다. 구상의 단계에서 과감하게 출판을 결정해주었던 김남필(金南弼) 전 미디어홍보처장님, 그리고 처음부터 오늘날까지 편집에 모든 힘을 쏟아준 성두현(成斗鉉) 출판팀장님에게도 감사하고자 한다. 단국대학교 죽전캠퍼스의 퇴계기념중앙도서관과 법학도서관, 그리고 천안캠퍼스의 율곡기념도서관에 대해서도 고마움을 표시하고자 한다. 특히 이인숙(李仁淑) 님과 임예지(林叡智) 님을 비롯한 여러 사서는 마치 자기 일처럼 자료를 찾아주었다. 세 도서관이 모두 국내에서 자랑할 만한 양의 도서를 소장하고 있음에도 어쩌다가 없는 경우에는 해외까지 연락해 찾아주었다. 저자가 봉직했던 동아일보사에서도 이수항(李琇恒) 전 편집부국장님과 송홍근(宋泓根) 신동아부장님을 비롯해 지난날의 여러 동우가 도와주었다.

강원택(康元澤) 교수, 기광서(奇光舒) 교수, 김계동(金啓東) 교수, 김동수(金東洙) 교수,

김명구(金明九) 교수, 김명섭(金明燮) 교수, 김영수(金永壽) 교수, 김용민(金容敏) 교수, 김용호(金容浩) 교수, 김진호(金珍鎬) 교수, 김학노(金學魯) 교수, 김호섭(金浩燮) 교수, 김홍우(金弘宇) 교수, 박인휘(朴仁煇) 교수, 박종성(朴鍾晟) 교수, 박찬욱(朴贊郁) 교수, 백영철(白榮哲) 교수, 백운선(白雲善) 교수, 안인해(安仁海) 교수, 서희경(徐希慶) 교수, 손혁상(孫赫相) 교수, 신복룡(申福龍) 교수, 심지연(沈之淵) 교수, 유홍림(柳弘林) 교수, 윤영오(尹泳五) 교수, 윤정로(尹淨老) 교수, 이서항(李瑞恒) 교수, 이연호(李年鎬) 교수, 이종은(李鍾殷) 교수, 이지수(李志樹) 교수, 이철순(李哲淳) 교수, 임경훈(林炅勳) 교수, 임혁백(任爀伯) 교수, 장덕준(張悳俊) 교수, 정윤재(鄭允在) 교수, 정진영(鄭璡永) 교수, 진석용(秦錫用) 교수, 최문성(崔文誠) 교수, 한용섭(韓庸燮) 교수, 허만호(許萬鎬) 교수 [가나다 순] 등을 비롯한 한국정치학회 동료 회원들도 친절하게 도와주었다. 저자의 입장에서 본다면, 분초를 다투며 연구와 집필에 몰두하는 그 분들에게 폐를 끼친 것이다.

인터넷 검색과 타자는 물론 도서관 일을 맡아주었던 전 조교 이일배(李一培) 충청남도지사 비서관 그리고 고권(高權) 조교, 김대한(金大韓) 조교, 저자와 동명이인의 조교, 김예지(金藝智) 조교, 김윤건(金潤建) 조교, 김주연(金奏延) 조교, 배종훈 조교, 양승빈(梁承斌) 조교, 이수연(李秀娟) 조교, 이재호(李在鎬) 조교, 조영식(趙永植) 조교, 진하영(陳荷永) 조교 [가나다 순] 등 지난 9년 동안 연구실을 거쳐 간 여러 조교에게도 고맙다는 말을 꼭 하고 싶다. 그들은 토요일이건 일요일이건 공휴일이건 명절이건 간에 저자의 연구실에 나와 희생적으로 도와주었다.

경기도 의정부에서 국회의원과 시장을 각각 두 차례 역임한 신한대학교 평생교육원장 김문원(金文元) 석좌교수, 외우 선주성(宣周成) 동문, 매헌(梅軒)윤봉길의사기념사업회 이성섭(李聖燮) 상임이사, 중앙대학교 정경대학장을 역임한 이준일(李俊一) 명예교수, 임훈(林薰) 시인, 국민대학교 총장을 역임한 현승일(玄勝一) 명예교수 [가나다 순] 등 저자의 오랜 친구들은 때때로 저자의 연구실에 들러 조교들에게 점심이나 저녁을 사주며 격려해주었다. 저자가 존경하는 박범진(朴範珍) 전 한성디지털대학교 총장, 송진혁(宋鎭赫) 전 중앙일보사 편집국장, 이주혁(李柱赫) 전 KBS 방송사업단장, 그리고 윤보선(尹潽善) 대한민국 제4대 대통령의 장남으로 「윤보선민주주의연구원」을 후원하는 국제로터리클럽 차차기 회장(2026-27년) 윤상구(尹商求) 박사 [가나다 순]도, 중고등학교 때부터 어언 70년 가까이 우정을 나눠온 김수남(金秀男), 유충수(柳忠秀), 이주영(李柱郢), 전영수(全瑩洙), 차인호(車仁鎬), 홍우일(洪又一) [가나다 순] 등 영우회(永友

會) 벗들도 저자에게 집필 의욕을 북돋아 주었다.

이 총서에 꼭 수록되어야 할 저술이 빠진 경우가 적지 않을 것이다. 이것은 전적으로 제대로 챙기지 못해 생긴 저자의 불찰의 탓이다. 이 점에서, 양해를 구하고자 한다.

이 총서를 집필하는 동안 저자는 최소한의 경우를 제외하고는 사실상 대외 접촉과 활동을 끊다시피 하고 연구실에 파묻혀 생활했다. 워낙 공부가 짧고 역량이 모자라기에 그렇게 하지 않고는 도저히 이 작업을 계속할 수 없었기 때문이었다. 그래서 서운해 하는 친구들과 친지들도 적지 않았다. 이 자리를 빌려 용서와 양해를 구하고자 한다.

2024년 1월에 만 81세를 넘기고 나서 지난날을 돌이켜보면 저자는 무엇이 귀하고 무엇이 덜 귀하거나 귀하지 않은지를 제대로 구별하지 못한 채 살아왔다는 생각이 든다. 어리석었던 탓으로 자책과 회한이 짙다. 노인으로 70대를 이 총서에 바쳤는데 그렇게 할 만큼 이 총서가 귀한 것인지 지금도 자신이 서지 않는다. 다른 사람들은 귀하지 않게 여기는 것에 저자 혼자 귀하다고 느껴 매달린 채 오랜 세월을 보낸 것이 아닌가 하는 의문이 저자를 끊임없이 괴롭힌다. 그러나 이 총서가 조선=대한=한국 또는 코리아 연구자들에게 자료 찾기에서 안내의 역할을 조금이라도 맡아줄 수 있다면 보람을 느끼겠다.

그 사이 2023년 1월에 사랑하고 존경하는 형님[김학륜(金學倫)]이 향년 89세로 소천하셨다. 우리 7남매의 맏이로, 자상하신 형수님[지연희(池蓮姬)]과 함께, 평생 부모님께 효도하고 아우들을 따뜻하게 보살피셨다. 형수님께서 사랑하는 조카들[은애(恩愛) · 영기(英基) · 은미(恩美)]과 함께 건강하게 여생을 보내시기를 기도드린다.

2022년 11월에 이준일 교수가 갑자기 세상을 떴다. 1961년 4월에 동숭동의 문리대 교정에서 처음 만난 때로부터 61년 7개월 뒤의 일이다. 그 때 우리는 세상물정을 모르고 세속적인 가치에는 신경을 쓰지 않고 "남한의 자본주의와 북한의 공산주의를 초월하는 제3의 이데올로기는 무엇일까" 또는 "남한과 북한은 어떠한 방법을 통해 통일에 이르러야 하는가"와 같은, 좋게 말한다면 이상(理想), 좋지 않게 말한다면 환상(幻想)에 빠져 지냈다. 준일이는 이 때의 또 한사람의 심우(心友) 김문원 교수와 함께 이상 또는 환상에 대해 생각을 나누면서 『네오 이데아(*Neo Idea*)』라는 문집을 내곤 했다.

워낙 독실한 기독교인이며 성악을 좋아했던 준일이는 저자의 연구실에 들러 조교들에게 점심을 사주며 기도도 하고 찬송가를 불러주었는데, 어느 날에는 "우리 다시 만날 때까지 하나님이 함께 계셔"를 부르자고 했다. 돌이켜 생각하니, 자신의 죽음을 예감했던 것이 아니었던가 생각하게 된다. 자료를 잘 챙기라면서 이 못난 친구에게 준 배낭을 지금도 메고 다니면서 자연히 그의 따듯한 마음을 떠올리게 된다.

2023년 10월에는 이서항 교수가 세상을 떴다. 역시 1973년 9월에 문리대 교정에서 처음 만난 때로부터 50년 뒤의 일이다. 열심히 공부하면서 평생을 착하게 살아온 그의 부음을 듣고 정말 가슴이 아팠다. 2024년 9월에는 김왕식(金旺植) 교수가 세상을 떴다. 이화여자대학교 교수로 정년퇴임한 뒤 모교인 미주리대학교(콜럼비아캠퍼스) 교수로 미주리대학교 한국학연구소와 「윤보선민주주의연구원」을 연결해 학술대회를 주관하던 그가 갑자기 별세했다는 소식에 놀라웠다.

제1권에서 제14권까지 한 질(帙)을 다시 살펴보며, 저자는 자신의 공부가 얼마나 낮고 짧은가를 새삼 확인하게 되면서 자신의 왜소함과 초라함을 다시 느꼈다. 중국 송(宋)의 문인 소식(蘇軾)의 「전적벽부(前赤壁賦)」에 나오는 '넓고 큰 바닷속의 좁쌀 한 알'이라는 뜻의 '창해일속(滄海一粟)'을 떠올리게 된다. 그 정도의 지식으로 그사이 이러쿵저러쿵 말하기도 하고 쓰기도 한 것이 마냥 부끄럽다.

부족하나마 이 총서를 마칠 수 있게 허락해주신 하나님께 감사를 올린다. 앞으로 『한국정치학사』(가제)를 비롯해 몇 책을 더 쓰고 싶은데, 그렇게 할 수 있는지는 하나님께 달렸다고 생각한다. 건강을 허락해주신다면 정말 좋은 책을 더 쓰고 싶다.

오랜 세월 동안 이 총서의 집필과 출판을 기다려준 사랑하는 아내[강기원(姜基遠)], 딸[김은수(金恩秀)]과 사위[이훈범(李勳範)], 그리고 두 손자 이두원(李斗元)·이두희(李斗熙) 형제에게 고마움을 표시하며 그들 모두의 건강을 하나님께 기도하고자 한다.

2024년 11월 3일
단국대학교 개교 77주년의 날에
늘 어리석었고 모자랐던 사람
지은이 씀

김학준

1943년 심양에서 출생
현재 단국대학교에서 연구생활

남북한문전 14

2024년 11월 10일 초판 인쇄
2024년 11월 15일 초판 발행

지은이 _ 김학준
펴낸이 _ 안순철
기 획 _ 양영유
제 작 _ 성두현
편 집 _ 임현수
마케팅 _ 박광현
펴낸곳 _ 단국대학교출판부
등 록 _ 1968.2.27 : No. 제03-00095호
주 소 _ 경기도 용인시 수지구 죽전로 152
전 화 _ 031-8005-2405
팩 스 _ 031-8021-7154

값 70,000원

ISBN 978-89-7092-818-0 94000
ISBN 978-89-7092-710-7 (세트)